· PANZHIHUA YEARBOOK ·

攀枝花年鉴

攀枝花市人民政府　主办
攀枝花市地方志办公室　编纂

2013

方志出版社

图书在版编目(CIP)数据

攀枝花年鉴. 2013 / 攀枝花市地方志办公室编. —
北京:方志出版社, 2013. 10
ISBN 978-7-5144-1000-6

Ⅰ. ①攀… Ⅱ. ①攀… Ⅲ. ①攀枝花市—2013—年鉴
Ⅳ. ①Z527. 13

中国版本图书馆 CIP 数据核字(2013)第 233589 号

攀枝花年鉴(2013)

编　　者: 攀枝花市地方志办公室
责任编辑: 何明忠　齐　笑

出 版 者: 方 志 出 版 社
(北京市东城区夕照寺 14 号院富瑞苑公寓 6 层)
邮编　100061
网址　http://www.fzph.org
发　　行: 方志出版社发行中心
(010)67110500
经　　销: 各地新华书店
法律顾问: 北京市大禹律师事务所
设计制版: 成都市标点制版印务有限责任公司
印　　刷: 成都现代印务有限公司

开　　本: 889×1194　1/16
印　　张: 30. 25
字　　数: 1143 千
版　　次: 2013 年 10 月第 1 版　2013 年 10 月第 1 次印刷
印　　数: 0001~1000 册

ISBN 978-7-5144-1000-6/K·810　定价:180. 00 元

攀枝花市行政区划图

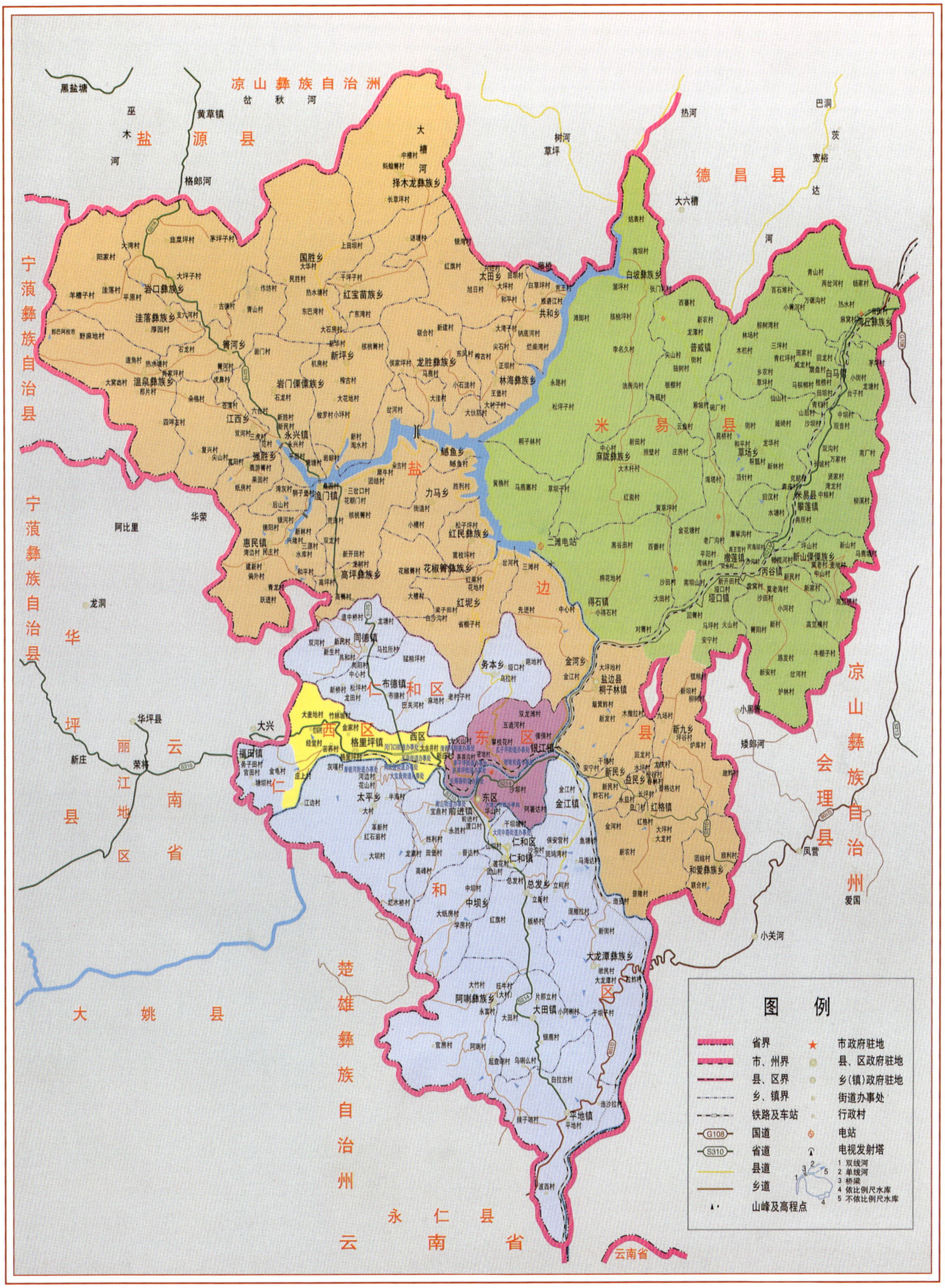

凉山彝族自治州
盐源县
德昌县
米易县
盐边县
仁和区
西区
东区
宁蒗彝族自治县
华坪县
丽江地区
云南省
楚雄彝族自治州
大姚县
永仁县
会理县
凉山彝族自治州
云南省
二滩电站
格里坪镇
银江镇
仁和镇
攀莲镇
永兴镇
渔门镇
惠民镇
桐子林镇
金江镇
平地镇
大田镇
同德镇
福田镇
丙谷镇
撒莲镇
垭口镇
得石镇
普威镇
图例
省界
市、州界
县、区界
乡、镇界
铁路及车站
国道
省道
县道
乡道
山峰及高程点
市政府驻地
县、区政府驻地
乡(镇)政府驻地
街道办事处
行政村
电站
电视发射塔
1 双线河
2 单线河
3 桥梁
4 依比例尺水库
5 不依比例尺水库

领导视察

中共十八大会议期间，中共中央总书记习近平（右一）亲切接见攀枝花市十八大代表、东区长寿路街道居民丁爱谱。

（东区地方志办提供）

2012年6月17日，中共中央政治局委员、中央书记处书记、中央宣传部部长、四川省委原书记、省人大常委会原主任刘奇葆在攀枝花市仁和区迤资工业园区调研。（宋俊康 摄）

2013年10月15日，在中国科技博览会上，全国政协副主席、科技部部长万钢（前排中）在中共四川省委书记、省人大常委会主任王东明（前排右一），中共四川省委副书记、省长魏宏（后排右一）陪同下视察攀枝花展区。（宋俊康 摄）

2012年7月2日，全国政协副主席、九三学社中央副主席王志珍（中）到攀枝花市调研。（宋俊康 摄）

2013年3月31日，全国政协常委、中国文联原党组书记、副主席胡振民（右二）到攀枝花市仁和区南山循环经济发展区调研攀枝花市苴却砚文化产业发展情况。（张中 摄）

2013年2月3日，中共十八届中央委员、四川省委书记、省人大常委会主任王东明率省委、省政府慰问团到东区大花地社区看望慰问困难职工。（张中 摄）

2013年10月29日，中共四川省委副书记、省长魏宏（右一）到攀枝花市调研丽攀高速攀枝花段建设情况。（宋俊康 摄）

2012年11月30日，中共四川省委常委、常务副省长钟勉（左二）到攀枝花市盐边县红果彝族乡，向广大少数民族群众宣讲中共十八大精神，与村民共庆彝族年。（张中 摄）

2013年2月25日，中共四川省委常委、省委宣传部部长吴靖平（右一）到攀枝花市部分企业、社区和重点工程建设现场进行调研。（张中 摄）

2012年12月27日，民建中央常委、四川省委主委，省政府副省长陈文华（左一）到攀枝花钒钛产业园区调研。（张中 摄）

2012年11月2日，四川省高级人民法院党组书记、院长王海萍（右二）到攀枝花市盐边县、米易县调研。（张中 摄）

重要会议

2013年7月10日，中共攀枝花市委九届五次全体（扩大）会议在攀枝花会展中心召开。（张中 摄）

2013年1月12日，攀枝花市第九届人民代表大会第二次会议在攀枝花会展中心召开。（宋俊康 摄）

2013年1月10日，政协第八届攀枝花市委员会第二次会议在攀枝花会展中心召开。（张中 摄）

2012年11月19日，攀枝花市传达学习贯彻中共十八大精神大会在攀枝花会展中心召开。（张中 摄）

2013年5月8日，攀枝花市开展“实现伟大中国梦、建设美丽繁荣和谐四川”主题教育活动动员大会在攀枝花会展中心召开。

2012年12月10日，攀枝花市“思想大解放、作风大转变、工作大落实”主题教育活动动员大会在攀枝花会展中心召开。

（张中 摄）

2013年6月26日，川滇黔赣冀五省二十市州政协第三十三次联系会议在攀枝花会展中心召开。（张 中 摄）

2012年11月24日，2012·攀枝花钒钛论坛在攀枝花会展中心召开。（张 中 摄）

重点工程

总装机容量300万千瓦的观音岩水电站（李学智 摄）

2012年12月27日，攀枝花市2012年底项目集中开工仪式在攀枝花钒钛产业园区举行。（张中 摄）

总投资130亿元，面积约1 333.33公顷的阿署达花舞人间景区项目建设。（攀枝花市旅游局提供）

建设中的丽攀高速公路攀枝花段C5标段花山沿江特大桥（张 中 摄）

总装机容量60万千瓦的桐子林水电站（李学智 摄）

总投资80亿元，面积866.67公顷的普达阳光国际康养度假区项目建设（李学智 摄）

新农村建设

东区阿署达村（攀枝花市旅游局提供）

米易县芭蕉箐村（攀枝花市旅游局提供）

米易县马槟榔村

盐边县红格村（攀枝花市旅游局提供）

（攀枝花市旅游局提供）

盐边县昔格达村（攀枝花市旅游局提供）

“五创联动”让城市更美丽

（攀枝花市林业局提供）

（攀枝花市林业局提供）

从2012年起，市委、市政府通过三到五年的努力，将攀枝花市创建成为国家环保模范城市、国家森林城市、国家园林城市、中国阳光康养旅游城市和全国文明城市（简称“五创联动”），为全面建设小康社会奠定坚实的基础，为实现幸福攀枝花营造良好的发展环境。

（攀枝花市创建全国文明城市指挥部提供）

（攀枝花市林业局提供）

（攀枝花市林业局提供）

沿江景观建设

规划建设中的沿江步行景观　（攀枝花市住建局提供）

按照规划，金沙江中心城区滨江景观带将被打造成一个以生态、休闲、娱乐为主要功能，展现攀枝花独特城市风貌的多功能立体滨江休闲带，并争创中国人居环境范例奖。

沿江景观建设现场（张中 摄）

沿江景观夜景（张中 摄）

丽攀高速公路攀枝花段

丽江至攀枝花高速公路攀枝花段（以下简称丽攀高速攀枝花段）起于川滇省界攀枝花市仁和区福田镇，经庄上、陶家渡、新庄、瓜子坪、银江，止于攀枝花钒钛产业园区金江镇，与已建成的京昆G5高速公路攀枝花至田房段相接，是国家高速公路网规划中东西横线上海至成都G42高速公路的成都至丽江重要联络线（G4216）和四川省高速公路网规划中南北纵线宜宾至攀枝花高速公路的重要组成部分，也是四川省西南部东西向重要的出川大通道。该项目全长51.213千米，桥

丽攀高速公路C12标倮果跨金沙江特大桥

隧比达62.64%，设计速度80千米/小时，路基宽度24.5米（分离式12.25米），沥青混凝土路面，荷载等级公路Ⅰ级，以及A级交通工程和沿线设施。全线设计桥梁66座（其中特大桥6座），隧道9座（其中特长隧道1座、长隧道2座），互通式立交6座（其中枢纽式互通立交1座）。初设批复概算总投资为53.9933亿元，其中项目资本金13.4983亿元（约占总投资的25%），国内银行贷款40.5亿元。按省、市要求，该项目C2至C13合同段（庄上互通至金江互通，39.4千米）于2013年12月底前建成通车，C1、C2合同段（川滇界至庄上互通）于2014年6月底前与丽攀高速公路云南丽江华坪荣将段同步建成通车。

丽攀高速公路C5标大水井跨金沙江特大桥左幅合拢段

丽攀高速公路C6标新庄互通段

丽攀高速公路C3标半边街大桥

丽攀高速公路C11标银江互通桥

丽攀高速公路C13标金江互通跨接攀田高速公路处

攀枝花市教育事业

大课间之动感兔子舞

国家级示范性高中——攀枝花市三中（攀枝花市林业局 提供）

攀枝花市第十二届校园艺术节第二届中小学生合唱节暨庆祝“六一”文艺汇演

攀枝花市教育事业起步晚、底子薄，但发展比较快。尤其是改革开放以来，历届市委、市政府高度重视发展教育事业，坚定不移地实施“科教兴攀、人才强市”战略，坚持教育优先发展战略，坚决落实尊师重教的政策措施，攀枝花市教育事业正在朝着均衡、协调、健康、持续方向发展，建成包括学前教育、基础教育、职业教育、成人教育和普通高等教育在内的现代教育体系。近年来，攀枝花市在全省率先普及九年义务教育，率先实施农村免费义务教育，率先普及高中阶段教育和学前三年教育，率先实施民区免费中等职业教育，各级各类教育快速发展。政府对教育的投入保持较高水平并持续增长，灾后重建、校安工程基本完工，教育信息化加速推进，学校办学条件明显改善，教育公平迈出重大步伐。教师待遇明显提高，教师队伍稳定，整体素质不断提升。课程改革全面推进，教学质量监测评价效果明显，素质教育向纵深推进，教育质量稳步提高，2013年高考本科上线突破3 000人大关，达到3 161人。教育事业的跨越式发展，保障了广大人民群众受教育的权利，为全市经济发展、城市建设、社会进步和民生改善做出了重要贡献。

级示范性高中——攀枝花市七中（攀枝花市林业局提供）

2013年9月10日，攀枝花市庆祝第29个教师节大会在攀枝花会展中心召开。

攀枝花宾馆

攀枝花宾馆外景

功能齐全、典雅舒适

攀枝花宾馆是中国四星级旅游饭店、全国金叶级绿色饭店，位于攀枝花市东区炳草岗人民街68号，地处市中心，交通便利，距攀枝花火车站20千米，距攀枝花机场21千米。攀枝花宾馆占地8万平方米，总建面积约5万平方米，馆内自成庭院，环境优美，且设施完善、功能齐全，是观光旅游、商务、公务、考察活动的理想下榻之处。

建馆以来，在各级领导和社会各界的关心、帮助、支持下，攀枝花宾馆坚持以人为本、团结拼搏、开拓进取，充分发挥了行业窗口示范作用，成为了宣传攀枝花市的重要桥梁和纽带。攀枝花宾馆始终奉行严格、高效、求实、创新的工作作风，秉承“宾客至上、员工第一”的宗旨，力求做到宾客满意和员工满意。多年来，作为攀枝花市重要政务接待基地和对外交往窗口，先后成功接待过江泽民、李鹏、朱镕基、乔石、张德江等多位党和国家领导人以及百余次国际、国内大型会议，为攀枝花市的经济建设和改革发展做出了突出贡献，荣获全国绿色餐饮企业、中华餐饮名店、省优秀星级饭店、花园宾馆、四川省旅游标准化示范试点单位等多项荣誉称号。

服务礼仪展示

职工春节联欢会

《攀枝花年鉴(2013)》编纂委员会

顾　　问	刘成鸣	中共攀枝花市委书记
	张　剡	中共攀枝花市委副书记、市人民政府市长
主　　任	沈　钧	中共攀枝花市委常委、市委宣传部部长
常务副主任	张　敏	攀枝花市人民政府副市长
副 主 任	徐明义	攀枝花市人民政府秘书长、市人民政府办公室主任
	唐明怡	中共攀枝花市委副秘书长、市国家保密局局长
	杨星坪	攀枝花市人民政府副秘书长
	李冠华	攀枝花市地方志办公室主任
委　　员	高　翔	攀枝花市人民政府办公室副主任
	刘元海	攀枝花市财政局局长
	赖小红	中共攀枝花市委宣传部副部长、市精神文明办主任
	柳建红	攀枝花市统计局局长
	张　玲	中共攀枝花市委副秘书长、市目标督察办主任

《攀枝花年鉴(2013)》编辑部

主　　编　李冠华

副 主 编　刘　朗　赵雪松　王　锋

编　　辑　李冠华　刘　朗　赵雪松　邓　明　王　锋

　　　　　郑龙跃　吉春蓉

编务人员　王雨朦　龚思宇

索引制作　王　锋

英文翻译　许　阳

责任审稿　高　翔

保密审查　杨国涛

数据审查　范从伦

编 辑 说 明

一、《攀枝花年鉴》是根据中共攀枝花市委、市人民政府决定，由攀枝花市人民政府主管、主办，攀枝花市地方志办公室编纂，全面反映攀枝花市政治、经济、文化和社会发展情况的地方综合性年鉴。《攀枝花年鉴》每年编辑出版1卷，已连续编辑公开出版22卷。

二、《攀枝花年鉴》是一部资料、知识、信息高度密集的大型综合性资料工具书，为认识攀枝花、研究攀枝花、建设振兴攀枝花提供翔实资料；为科学决策、指导工作提供可靠依据和最新信息；为教学和思想教育提供现实资料和乡土教材；为"让攀枝花走向世界，让世界了解攀枝花"提供窗口；也为攀枝花市留下可供借鉴的宝贵历史财富。

三、《攀枝花年鉴(2013)》系记述攀枝花市2012年度资料，内容以条目形式表述。从稳定性和连续性出发，全书设特载、大事记、要事纪略、概貌、党政群团、军事、政法、经济管理、工业、农业、交通、信息产业、口岸、开发区建设、林业·环保、城乡规划建设·城市管理、商贸、金融、财政·税务、科学、文化、教育、体育·卫生、社会、附录、索引共26个部类。内文配以统计表格和图片，力求图文并茂，增强可读性。附录中选载有重要文件目录、先进名录、实用指南等，增加了二次文献分量，以供使用者查询。

四、《攀枝花年鉴(2013)》所用资料、图片，均由有关单位撰写、提供，并经有关领导审核、单位盖章。有关全年主要经济指标数据经市统计局审核。个别部门数据由于统计口径不同而表述不尽相同的，以市统计局年报数为准。全书文稿经市保密局、市统计局审查。全书编纂结束后，送编委会终审定稿，由方志出版社出版，国内外公开发行。

五、《攀枝花年鉴(2013)》类目、分目、副分目标题，分别用魏体、隶书、楷体区别，条目标题均用黑体字加"【】"符号，一次文献和二次文献采用不同字体以示区别。

六、《攀枝花年鉴(2013)》在编辑出版过程中，得到各县(区)、市级各部门、中央和省驻攀单位、其他各有关单位及全体撰稿人员的积极支持和通力合作，在此一并致谢。并请所有关心和支持《攀枝花年鉴》编辑出版的各界人士给予批评、指正。

《攀枝花年鉴》编辑部

2013年6月

《攀枝花年鉴(2013)》编辑单位负责人、主撰人

（排名不分先后）

单　位	责任人	主撰人
中共攀枝花市委办公室、攀枝花市委研究室	夏应云	但镫宏　范长广　毛崇相　张　彬　刘　飞　张　雄　游　鸿
攀枝花市人大常委会办公室	钟国元	周　婷
攀枝花市人民政府办公室	徐明义	达士杰　陈　丽
政协攀枝花市委员会办公室	刘　岚	舒晓艳
中共攀枝花市纪律检查委员会、攀枝花市监察局	王汉军	林　莉
中共攀枝花市委组织部	张大奇	杨　茜
中共攀枝花市委宣传部	李　燕	雍茹元
中共攀枝花市委对台办	代兴强	王　铎
中共攀枝花市委统战部	钟毅刚	高　雷
攀枝花市精神文明建设办公室	董之云	刘嘉华
中共攀枝花市委党校	李国庆	周　玮
中共攀枝花市直机关工委	雷兴全	苗鹏亮
攀枝花市国家保密局	文　波	丁　利
中共攀枝花市委机构编制委员会办公室	张云忠	李家栋
中共攀枝花市委群众工作局、攀枝花市人民政府信访局	张卫中	廖东明
攀枝花市人力资源和社会保障局	刘忠杰	肖礼荣
攀枝花市人民政府外事办公室	高　翔	曾　媛
攀枝花市人民政府侨务办公室	陈君仁	张穗蓉
攀枝花市机关事务管理局	毛　明	陈其祥
攀枝花市扶贫和移民工作局	韦美辉	张细平
攀枝花市安全生产监督管理局	庞　德	陈泳帆
攀枝花市旅游局	唐明怡	张志明
攀枝花市人民政府政务服务中心	杨秋林	高泽林
攀枝花市住房公积金管理中心	李向前	张治文
攀枝花市投资促进局	张　玲	高　婕
中共攀枝花市委、市人民政府接待办公室	陈　忆	赵　智
民革攀枝花市委	魏渠河	曹文飞
民盟攀枝花市委	胡志林	蒋冰韬
民进攀枝花市委	朱发彬	张　玥

单　　位	责任人	主撰人
中国农工民主党攀枝花市委	许　勤	王沛然
中国致公党攀枝花市委	邓永玲	马　萍
九三学社攀枝花市委	吴　雨	郭绍珊
民主建国会攀枝花市基层委员会	李绍华	于立光
攀枝花市工商业联合会	刘宝林	刘　波
攀枝花市总工会	张开锋	张　磊
共青团攀枝花市委	许军峰	鲁　靖
攀枝花市妇联	刘道泸	徐云芳
中国农业银行股份有限公司攀枝花分行	方　蔚	杨丽梅
中国邮政储蓄银行股份有限公司攀枝花分行	李　华	李　剑
交通银行股份有限公司攀枝花分行	刘建龙	刘昆山
攀枝花市财政局	刘元海	张浩东
华西证券有限责任公司攀枝花新华街证券营业部	冯于顺	赵　鑫
中国工商银行股份有限公司攀枝花分行	余　平	李　广
中国银行业监督管理委员会攀枝花监管分局	林鹏程	唐　云
天安保险股份有限公司攀枝花中心支公司	李静萍	安　娜
阳光财产保险股份有限公司攀枝花中心支公司	黄仕平	赖庆秀
华安财产保险股份有限公司攀枝花中心支公司	王以刚	曾　平
中国建设银行股份有限公司攀枝花分行	张希强	邹瑜琦
中国农业发展银行攀枝花市分行	杨　辉	何　雯
攀枝花农村商业银行股份有限公司	周　海	张　琬
攀枝花市国家税务局	陈力功	唐　斌
攀枝花市地方税务局	杜西蜀	何明岚
中国人民银行攀枝花市中心支行	李　勇	尹歆桐
中国人民财产保险股份有限公司攀枝花市分公司	郑旭瀚	陈　宏
攀枝花市商业银行股份有限公司	杨宗林	李靓婧
中国平安财产保险股份有限公司攀枝花中心支公司	唐　华	向　玲
中国平安人寿保险股份有限公司攀枝花中心支公司	赵旭东	龙　英
中国人寿保险股份有限公司攀枝花市分公司	薛　飞	马艺瑕
中国太平洋财产保险股份有限公司攀枝花中心支公司	刘晓阳	尤奇伟
中国太平洋人寿保险股份有限公司攀枝花中心支公司	于　革	谭晓雯
中国银行股份有限公司攀枝花分行	罗万云	胡长生
中华联合财产保险股份有限公司攀枝花中心支公司	杨　东	皮宗兴
攀枝花市发展和改革委员会	覃发树	向彩宏
攀枝花市经济和信息化委员会	罗　军	王　振
攀枝花市国有资产投资经营有限责任公司	贺云海	张小勇
攀枝花市城市建设投资经营有限公司	曾光富	蔡　茵　李建莉
攀枝花市交通投资开发有限公司	蒋培胜	周　勇　黄冯莉

单 位	责任人	主撰人
攀枝花市政府国有资产监督管理委员会	陈绍泉	任文辉 杨 惠
攀枝花市统计局	徐 翠	肖文才
攀枝花市审计局	谢安德	蔡 华
四川省攀枝花市工商行政管理局	许城萌	杨承刚
四川省攀枝花质量技术监督局	唐 刚	王正中
攀枝花市国土资源局	郑 翔	唐 锐
攀枝花市食品药品监督管理局	何昌文	蒋劲松
攀钢集团有限公司	顾智忠	黄长银
中国十九冶集团有限公司	田 野	罗 珣
攀枝花煤业(集团)有限责任公司	袁渊泉	唐和平 王 宁
华电四川发电有限公司攀枝花分公司	贺熹坤	甘昌文
二滩水力发电厂	张树忠	王灵芝
四川省电力公司攀枝花电业局	林双庆	鲁丽玲 贾 雷
攀枝花钢城集团有限公司	王明伟	莫基秀
攀枝花市农牧局	李春华	青致刚
攀枝花市农业综合开发领导小组办公室	鲁 川	杨 东 雷 林
攀枝花市水务局	马泽林	景志飞
攀枝花市交通运输局	雷 雨	胡晓莉
攀枝花市保安营机场	李亚林	罗 莉
西昌车务段	郑泽培	李小莉
攀枝花市邮政局	杨 军	寇建梅
电信攀枝花分公司	单 歆	吴 艳
移动攀枝花分公司	彭加文	肖 军
联通攀枝花分公司	高 奎	文 玉
攀枝花市电子政务管理中心	李少昆	余自彬
攀枝花海关	陶 毅	刘代英
攀枝花检验检疫局	李明春	谢林儒 王春香 徐 洁
攀枝花钒钛产业园区	熊启高	余 斌
攀枝花市花城新区	唐成斌	曹洪英
攀枝花市林业局	杨礼文	樊 建
攀枝花市环保局	肖光辉	李 琳
攀枝花市住房和城乡规划建设局	刘志君	郭 荣 梁明俊
攀枝花市城管局	赵 琪	姜雪娇
攀枝花市商务和粮食局	陈远俊	李胶月
攀枝花市供销社	袁 斌	叶宗翠
中国石油攀枝花分公司	王 梅	李泽民 缪 君
攀枝花烟草专卖局(公司)	郭明全	刘思源
攀枝花市盐业分公司	邱 兴	杨世堂

单　　位	责任人	主撰人
攀枝花市教育局	孔　炜	兰　洋　邬　婷
攀枝花学院	黄双华	莫家莉
四川机电职业技术学院	许志军	周官强
攀枝花市体育局	刘　跃	彭小平
攀枝花市卫生局	杨　军	田维新
攀枝花市人口和计划生育委员会	柳建红	何双江
攀枝花市民政局	钱　卫	李泽明
攀枝花市残疾人联合会	李维忠	黄金秀
攀枝花市民族宗教事务委员会	罗文跃	马　灏
攀枝花市老龄工作委员会办公室	唐国建	李虹桦
攀枝花市五创联动工作领导小组办公室	刘　松	李　汨
攀枝花市东区人民政府	陈忠恕	张忠庆　鄢　平
攀枝花市西区人民政府	李兴华	杨　岷　胡茂林
攀枝花市仁和区人民政府	唐旭光	陶朝华　马尚平
攀枝花市盐边县人民政府	蔡　君	刘贵云　冯子国
攀枝花市米易县人民政府	张光明	周在元　吴兴刚　王小岚
攀枝花军分区	程少华	许正选
武警攀枝花市支队	李小波	蓝　斌
攀枝花市人民防空办公室	杜勇进	徐　明
攀枝花市公安消防支队	张步权	王　品
武警攀枝花市森林支队	李　林　李昌德	孟存业
中共攀枝花市委政法委	周元明	敬　波
攀枝花市公安局	殷旭东	姜　鑫
攀枝花市人民检察院	卢旭东	王　凯
攀枝花市中级人民法院	祝　鸿	郑天君
攀枝花市司法局	彭维滨	唐位伟
攀枝花市政府法制办公室	文　静	何　鹏
攀枝花市科学技术和知识产权局	丁建高	胡　荣
攀枝花市科学技术协会	林智深	潘学才
攀枝花市防震减灾局	卢开南	王　斌
攀枝花市气象局	肖仲民	陶洪福　杜成勋
攀枝花市农林科学研究院	张存岭	刘家伶
攀枝花市社科联	杜　非	谢仲华
攀枝花市地方志办公室	李冠华	王　锋
攀枝花市党史研究室	彭本瑜	何岱俐
攀枝花市文化广播影视新闻出版局	张　雷	杨　忠
攀枝花市文联	李　平	杨　解
攀枝花日报社	张　春	王　可
攀枝花市档案局	李加强	曾姗姗

目　录

党政群团

武　装

政　法

经济管理

工 业

交 通

信息产业

口 岸

开发区建设

林业・环保

城乡规划建设・城市管理

商　贸

文 化

教　育

附　录

索　引

Contents

Armed forces

Legal System

Economic Management

Industry

Finance · Taxation

Science

Culture

Education

Physical Culture · Public Health

Society

Appendix

Indexes

特　　载

在市委九届五次全体(扩大)会议上的讲话

中共攀枝花市委书记　刘成鸣
2013年7月10日

同志们：

市委九届五次全会是在我市全面建成小康社会进入攻坚阶段召开的一次重要会议。会议的主要任务是：贯彻落实中共十八大和省委十届三次全会精神，研究部署我市当前及今后一个时期的发展目标和任务，动员全市干部群众凝心聚力，再鼓干劲，众志成城，克难奋进，为实现攀枝花由资源大市向经济大市跨越、由总体小康向全面小康跨越而共同奋斗。

下面，我代表市委常委会报告市委九届三次全会以来的工作，并就今年下半年和今后一个时期的工作提出建议，请各位委员、同志们提出意见。

一、凝心聚力，攻坚克难，努力推动全市经济社会发展迈上新台阶

从市委九届三次全会至今，已有一年多的时间了。一年多来，喜逢中共十八大和省第十次党代会胜利召开，时逢宏观经济形势复杂多变、我市主导产业市场疲软，全市经济结构艰难调整，城市加快转型。一年多来，我们不断审视市情，统一了思想，更形成了共识；我们迎难而上，经历了艰难，更凝聚了力量；我们抢抓机遇，经受了挑战，更增强了信心，全市上下始终以昂扬的斗志、务实的作风和扎实的举措，推动经济社会健康平稳发展，形成了众志成城谋跨越、加压奋进克难关、齐心协力求突破的良好局面。

坚持继往开来不折腾，不断明晰发展路径，全市思想更加统一。在省委的坚强领导下，围绕市第九次党代会确立的建设幸福攀枝花的宏伟目标，全面审视和把握市情，提出了实施“三个加快建设”、推进“三个走在全省前列”、打好“六大硬仗”、实现“四个翻番”的总体思路和目标。中共十八大、省第十次党代会和省委十届三次全会召开后，按照中央和省委新的部署要求，立足当前，放眼长远，进一步突出特色和优势，不断完善发展思路，探索明晰实现路径，既狠抓打基础、利长远的基础性工作，又着力解决影响科学发展的重点工作，发展思路更清、发展路径更明、发展措施更实、发展成效更好。国家攀西战略资源创新开发试验区获批，攀枝花被列入国家新型工业化产业示范基地、国家钒钛新材料产业基地、国家外贸转型升级示范基地和国家现代农业示范区，在全国、全省发展格局中的战略地位进一步提升。

坚持加快发展不动摇，集中精力搞建设，发展信心更加坚定。创新建立“急难险重”任务制度，每年确定一批“急难险重”任务，每项任务明确市级包抓领导和一个牵头部门、一支工作队伍，签订责任书，交纳保证金，强化监督考核，强力推进各项事业发展。大力发展特色优势产业，制定出台一系列促进产业发展的政策措施，狠抓项目推进、政策争取、要素保障和技改创新，促进经济持续较快增长。去年，全市完成地区生产总值740.03亿元，增长14%，增速居全省第七

位;人均 GDP 达到60 391元,高居全省首位。今年上半年,在复杂严峻的宏观形势下,GDP 预计增长11.5%,高于全国、全省平均水平。通过一年多来应对复杂困难局面、推进"急难险重"任务的积极实践,我们凝聚了不畏艰险的拼搏精神,提振了加快发展的坚定信心,汇聚了克难奋进的无穷力量。

坚持改善民生不放松,着力提高群众生活水平,发展成效更加明显。不断加大资金投入,深入实施"十大民生工程",着力解决群众最急最盼的民生问题。深入开展"挂帮包"、"百千万·干群心连心"等活动,各级干部深入群众办实事、解难事。突出支持边远民族地区发展,出台专项实施意见,建立"6+2"结对帮扶机制,努力帮助困难群众增收致富;大力实施城市宜居工程,在全省率先启动"筒子楼"改造,着力解决城市低收入群体实际生活困难,全力弥补全面小康的"短板"问题。通过这一系列行之有效的举措,全市各族群众得到了实惠、看到了希望、增强了信心,催生了齐心协力奔小康的强大动力,凝聚了攀枝花科学发展、加快发展的正能量。

坚持攻坚克难不懈怠,切实加强队伍和作风建设,工作干劲更加高涨。紧扣科学发展需要,狠抓班子、队伍、基层组织和作风建设,在市级领导干部中明确提出了"五带头、五表率"的行为要求。注重在工作一线锤炼干部、检验干部、选拔干部,突出打造在急难险重工作一线抓攻坚、在招商引资工作一线抓开放、在边远民族地区一线抓发展、在群众信访工作一线抓稳定的干部队伍。深入开展"创先争优"活动,积极推行"4+2"分级分类管理法,不断夯实党的基层基础。大力开展"实现伟大中国梦、建设美丽繁荣和谐四川"和"思想大解放,作风大转变,工作大落实"主题教育活动,着力转变干部作风,提高工作执行力,形成了心齐、气顺、劲足的大好局面。

二、顺应期盼,乘势而上,进一步确立在全省率先全面建成小康社会的新目标

中共十八大提出了在中国共产党成立一百年时全面建成小康社会、在新中国成立一百年时建成富强民主文明和谐的社会主义现代化国家的"两个一百年"奋斗目标,习近平总书记发出了实现中华民族伟大复兴的中国梦的时代号召。省委十届三次全会确立了与全国同步全面建成小康社会的目标,作出了实施多点多极支撑、"两化"互动城乡统筹、创新驱动"三大发展战略",实现四川由经济大省向经济强省跨越、由总体小康向全面小康跨越的重大部署。按照中央和省委的决策部署,我们必须紧跟全国、全省发展步伐,在更高层次谋划,以更大力度推进,集中力量打一场全面小康决战决胜的总体战,奋力实现在全省率先全面建成小康社会的目标,谱写伟大中国梦的攀枝花恢弘篇章。

(一)准确把握全市发展的阶段性特征

根据目前国家统计局发布的数据,在全面小康的六大指标体系中,我市"经济发展"、"社会和谐"、"生活质量"三项已处于靠前位次,"民主法制"、"资源环境"两项处于中等水平,"文化教育"还明显不足。总体来看,我市全面建成小康社会的阶段性特征极为明显。

一是正处于全面建成小康社会的"关键期"。尽管我市全面小康的总体实现程度高于全省,但距离在全省率先全面建成小康社会的目标,还有不小的差距。特别是从全面小康的六大指标综合分析,提升较慢的都是"硬骨头",解决起来难度较大,对发展的制约也很明显。如"文化教育"、"资源环境"等指标提升速度较慢、实现程度相对较低,与全省其他市州相比还存在一定差距。同时,我们还存在发展不平衡、不协调,工农差距、城乡差距、贫富差距较大等问题,这些都是我们全面建成小康社会的"短板"。

二是正处于"两化"互动、"四化"同步、城乡一体化发展的"加速期"。大力提升工业化和城镇化,是迈向全面小康的必由之路。2012年,我市工业化率达到72.03%,城镇化率达到63.01%,都居于全省领先地位;按照省统计局的监测分析,我市的"两化"互动水平也高居全省第一位,为全面建成小康社会提供了强劲动能、奠定了坚实基础。特别是近两年来,市委、市政府高度重视城乡统筹和区域协调发展,制定出台了一系列政策措施,实施了新村建设、推进边远民族地区跨越发展、帮助城市低收入群体增收致富等一揽子扶贫开发计划,我市"两化"互动、"四化"同步、城乡一体化发展步伐正进一步加快。

三是正处于老工业基地持续发展的"振兴期"。今年4月初,国务院正式批复《全国老工业基地调整改造规划》,提出将振兴工作由前期以东北地区为主向巩固深化东北、统筹推进全国老工业基地振兴转变,攀枝花也被纳入其中。攀枝花作为典型的全国老工业基地,几十年来,在为国家经济建设和社会发展做贡献的同时,也面临着越来越突出的结构调整、城市转型、产业升级难度加大及调整改造资金不足、资源保障能力不足、生态环境修复难等一系列问题,亟

需得到国家的帮助。随着这项规划的出台,我市必将在财政、投融资、建设用地等方面面临更多的机遇、得到更大的支持。

四是正处于改革开放、创新驱动的"突破期"。近年来,面对国内外产业布局大调整和新一轮创新浪潮,我们坚持社会主义市场经济改革方向,全方位扩大对外开放,建立起更具活力、更加开放、城乡一体的现代经济体系,发展活力和综合竞争力明显增强,招商引资到位资金连年增长,去年突破了400亿元大关。在创新能力建设上,我们主动加强与中国工程院、中国科学院等全国最高科研机构的合作,举办了钒钛论坛等一系列有影响力的活动,四川钒钛产业技术研究院获准成立,中国工程院7位院士正在开展"攀枝花钒钛资源综合利用"战略研究,全市省级创新型企业达到30家,创新发展的基础扎实、实力雄厚、蓄势待发。

五是正处于扶贫解困的"攻坚期"。攀枝花全面建成小康社会,重点在农村,难点在农村,关键也在农村。目前,我市城镇化率位居全省第一,但县区之间发展很不平衡,东区已达到98.6%,而盐边县只有22%,城乡之间在居民收入、公共服务、社会保障等方面的差距都比较大。全市农村还有近10万绝对贫困人口,城市也有为数不少的低收入群体,这些都突出制约着全面小康的实现。

六是正处于由资源之都向产业之都、经济之都跨越的"质变期"。攀枝花是名副其实的资源之都,特别是钒、钛资源分别占到全国的63%和93%。今年初,国家发改委正式同意设立攀西战略资源创新开发试验区,为攀枝花和整个攀西地区的发展带来了前所未有的重大机遇。随着产业链的逐步延伸和产业集群的加速壮大,攀枝花已进入由钒钛"资源之都"向"产业之都"、"经济之都"迈进的"质变期"。

(二)准确把握在全省率先全面建成小康社会的目标任务

攀枝花作为我国西部重要的新兴工业城市,工业化率、城镇化率、人均生产总值和城乡居民收入均处于全省前列,完全有条件在全省率先全面建成小康社会。现在距2020年只有屈指可数的七八年了,时间紧、任务重,要牢牢把握时间节点和核心要求,加快发展,奋力赶超,始终保持在全省发展的领先水平。一是紧扣"率先"要求,实现进度的超前性。"率先",就是要领先一步、快人一拍。攀枝花作为四川重要的工业基地,既拥有48年开发建设打下的坚实基础,又面临着国家攀西战略资源创新开发试验区、国家新型工业化示范基地建设和全国老工业城市调整改造等重大历史机遇。我们唯有努力争先进位,始终保持高于全省平均水平的发展速度,才能确保人均地区生产总值处于全省领先地位,城乡居民收入高于全国当年水平,在全省率先全面建成小康社会。二是紧扣"全面"要求,增强发展的统筹性。"全面",就是要区域平衡、领域协调、发展可持续。要强化中心城区带动,推进县域经济跨越,提升乡镇发展水平,既注重全市整体小康,更注重以村为单位实现涵盖城乡的全面小康,增强发展的平衡性。既注重推进经济跨越发展,又注重统筹城乡和改善民生;既注重文化建设、生态文明和环境保护,又注重充分开放合作,更注重全面提升党的建设科学化水平,增强发展的协调性。既注重保持较快发展速度,又注重加快转变发展方式,提升发展的质量和效益,增强发展的可持续性。三是紧扣"小康"要求,体现成果的普惠性。"小康",要义是"全面发展",核心是富民。要坚持富民与强市相统一,重视总量更重视人均,重视平均数更重视大多数。特别要加大城乡统筹、强农惠农富农力度,大力推进综合扶贫开发,拓宽群众增收渠道,促进城乡居民收入增长与经济发展同步,使发展成果更多更公平地惠及全市人民,朝着共同富裕方向稳步前进。

发展是解决一切问题的"总钥匙"。要牢牢把握"科学发展、加快发展"工作要求,全力推进攀枝花大发展、大跨越,不断提升在全国、全省的战略地位。一是加快推进攀枝花由资源大市向经济大市跨越。立足得天独厚的资源优势,抓住叠加释放的政策机遇,把发展特色优势产业和战略性新兴产业作为优化产业结构的主攻方向,全力推进国家攀西战略资源创新开发试验区、国家现代农业示范区、中国阳光康养旅游城市建设,努力把资源优势转化为产业优势、发展优势,加快壮大整体经济实力。力争全市地区生产总值2014年达到1 000亿元,确保2017年达到1 500亿元,进入全省"第二方阵",建成特色鲜明、辐射面广、竞争力强的特色经济强市。二是加快推进攀枝花由总体小康向全面小康跨越。坚持工业化与城镇化并力、扩张总量与优化结构并举、发展经济与保障民生并重、整体小康与全面小康并进,全面推进经济、政治、文化、社会、生态文明"五位一体"建设,全力缩小城乡差距、工农差距、贫富差距,实现发展更加全面、协调。坚持速度和结构、质量、效益相统一,经济发展和人口、资源、环境相协调,实现发展更加可持续。

（三）准确把握在全省率先全面建成小康社会的战略途径

省委明确提出"三大发展战略"是全面建成小康社会的行动指引，其中多点多极支撑是总揽，"两化"互动、城乡统筹是路径，创新驱动发展是动力，为我们推进经济社会发展进一步指明了方向。要深刻把握"三大发展战略"的基本内涵和工作要求，坚持以做大经济总量为基础，以提高发展质量和效益为核心，以推动产业升级和城市转型为重点，以特色优势产业发展、新型城镇化建设、城乡统筹发展为支撑，以改革开放和创新驱动为动力，着力优化发展格局、培育竞争优势、增强跨越动力，向着率先全面小康的目标奋力前行。

1. 认真落实多点多极支撑发展战略，提升攀枝花在攀西城市群和川滇结合部的战略地位。按照分类指导、重点突破、以点带面、由点到极的思路，做强优势产业，做大县域经济，提升城市综合承载能力，构建多点多极支撑发展格局，带动和支撑全市经济社会又好又快发展。

一是充分发挥区域性中心城市的引领作用。牢牢把握加快建设中国钒钛之都、中国阳光花城、四川南向开放门户的目标定位，增添工作措施，加大推进力度，努力把攀枝花建成四川发展的重要一极。要在钒钛资源综合开发利用上再上台阶。依托丰富的钒钛资源，抓住国家攀西战略资源创新开发试验区建设的重大机遇，坚持以规划为龙头、企业为主体、项目为关键、科研为动力、机制为核心、政策为保障，坚定不移走新型工业化道路，创新资源开发模式，加快建设钒钛产品生产中心、质检中心、研发中心和交易中心，推动攀枝花由钒钛资源中心、产业中心向经济中心加快转变。要在阳光康养旅游城市建设上取得突破。依托得天独厚的阳光资源，大力推进红格、阿署达、普达、二滩等旅游产业项目群建设，围绕"吃、住、行、游、购、娱"六大要素，完善服务设施，提升旅游内涵，增强接待服务能力，加快把攀枝花打造成全国著名的阳光康养旅游目的地。要在构建区域综合交通枢纽上迈出步伐。围绕打造"四川南向开放门户"，大力推进"两高两铁一水"及攀大、攀盐、绕城高速公路等对外大通道建设，扎实开展国省干线公路改扩建攻坚，统筹实施"畅通城市"工程，加快构建方便快捷、安全高效的综合交通运输体系，确立攀枝花在川西南、滇西北的区域性交通枢纽地位。要在建设区域商贸物流中心上见到成效。大力发展现代物流业，加快建设一批综合服务型物流园区，培育发展一批物流龙头企业，培植壮大第三方物流市场；改造提升传统商贸流通业，引进一批精品店、专卖店、名餐饮店，规划建设一批特色商贸城、商业街、专业市场，扶持发展连锁经营、配送中心、代理制等现代经营业态，繁荣商贸流通，集聚商气人气。要在打造区域教育文化卫生高地上形成优势。坚持教育优先投入、优质发展，突出抓好学前教育，均衡发展义务教育，全力办好富有特色的职业教育、优质多样的高中教育、更高水平的高等教育、体系完善的终身教育，推动各级各类教育协调发展，培育一批有区域影响力的名师名校。加大对文化事业的投入，完善基层文化组织，健全公共文化服务体系，挖掘特色文化资源，推进以农村、城市社区为重点的公共文化基础设施建设，加快建设中国三线建设博物馆，打造一批创意文化街区，推出一批艺术精品，不断提升城市文化软实力。深化医药卫生体制改革，科学配置医疗资源，积极推进公立医院改革，鼓励支持民营医院发展，健全基层医疗卫生服务体系，建设区域一流的现代化综合性大型医院，发展一批特色鲜明、优势突出的专科医院，为全市和周边地区群众提供更加优质的医疗卫生服务。

二是大力推进县域经济跨越发展。鼓励支持东区以建设中央商务区为目标，重点发展现代服务业；西区以建设综合能源基地为目标，进一步提升煤化工产业；仁和区以建设新材料产业基地为目标，优先发展机械制造业；米易县、盐边县以建设特色经济强县为目标，突出发展钒钛磁铁矿综合利用、现代特色农业、阳光康养旅游等产业，米易县重点发展涉钒产业，盐边县重点发展矿业、钛产业；钒钛产业园区突出发展资源综合开发利用，着力打造千亿工业园区，创建具有示范性、带动性的国家级园区。力争到2017年，全市各县区地区生产总值在2012年的基础上翻一番，东区达到600亿元以上，仁和区达到300亿元以上，西区、米易县、盐边县分别达到200亿元以上，2～3个县区走在全省类区县的前列，切实推动和支撑全市发展目标的实现。

2. 大力实施"两化"互动、城乡统筹发展战略，形成"四化"同步、良性增长的发展格局。坚持以新型工业化为主导、新型城镇化为载体、农业现代化为基础、信息化为支撑，加快构建具有现代气息和地域特色的现代产业体系、现代城镇体系、现代城乡形态，全面增强产业核心竞争力、城市整体竞争力和区域综合竞争力。一是坚持"两化"互动，推进产城融合发展。抓住和利用我市工业化、城镇化“双加速”机遇期，推动工业化和城镇化互动发展，以产兴城、以城促产、产城融合、协调推进。着力在互动上下功夫，围绕工业发展优化城镇功能，促进城镇扩张，力争城镇化率每年提高1～1.5%；依托城镇发展集聚生产要素，推动工业发展。着力在结合上做文章，把钒钛产业园区等工业园区和花城新区作为“两化”互动发展的重要载体，打造产业集聚新高地、城市发展新组团。着力在新型上求突破，发挥信息化的先导作用，推动工业制造智能化、城市智慧化和农业农村现代化，全面增强可持续发展能力，提高工业化水平和城镇化质量。二是坚持城乡统筹，推进城乡一体化发展。坚持以工促农、以城带乡、工农互惠、城乡一体，因地制宜推进工业向园区集中、农民向城镇或社区集中、土地向规模经营集中，走集中、集约、集群发展道路。深化户籍制度、农村产权制度、社会保障制度改革，最大程度吸纳符合条件的农业转移人口落户城镇，促进农村资源和要素资本化，不断扩大社会保障覆盖面。加强城乡规划、基础设施、产业发展、公共服务、社会管理“五个统筹”，大力推进新村建设，促进城乡生产要素平等交换、公共资源均衡配置、生产生活方式同步变革，加快构建现代城市和现代农村和谐共融、协调发展的新型城乡形态。

3. 大力实施创新驱动发展战略，增强科学发展、转型升级的内生动力。坚持“自主创新、重点跨越、支撑发展、引领未来”的方针，以自觉创新为理念，以提升企业创新能力为核心，以体制机制创新为关键，以促进科技与经济社会发展紧密结合为重点，加快创新体系建设和重大科技成果转化，促进经济增长由要素支撑向创新驱动转变、由资源依赖向科技依托转变，增强转型发展、跨越提升新动力。一是推进发展理念创新。巩固和深化“三大主题”教育活动成果，勇于冲破陈旧观念的束缚、利益固化的障碍，牢固树立“转型才能更好发展”、“后发也要高点起步”、“危机也是发展契机”的观念，做到在思想观念上先行跨越、在精神面貌上焕然一新，努力在科技创新和转型发展上寻求出路，加快走出困境、抢占先机。二是推进科学技术创新。深入实施人才强市和科教兴攀战略，建立完善以企业为主体、市场为导向、产学研紧密结合的技术创新体系，整合研发资源，提升研发能力，支持有条件的企业建设高水平研发机构，促进攀枝花钒钛研究院提档升级，推动钒钛产业园区创建省级、国家级高新技术产业园区，保持科技工作在全省的领先水平。培育发展一批创新型企业、高新技术企业、高成长型企业，未来5年，新增6～10家国家高新技术企业，大中型工业企业平均研发投入占主营业收入比例提高到1.5%以上，高新技术产业实现产值翻一番、占规模以上工业总产值的比重超过30%，全社会研究与实验发展经费支出占地区生产总值的比例达到2.2%，科技进步对经济增长的贡献率达到53%。强化重点领域科技攻关，掌握一批关键核心技术，推动钒钛钢铁、机械制造等特色优势产业加快发展、向下延伸，到2015年，铁资源综合利用率达到75%，钒资源综合利用率达到50%，钛资源综合利用率达到20%以上，钒钛磁铁矿尾矿回收利用率达到70%以上，铬、钴、镍等主要伴生金属实现产业化、规模化回收利用。三是推进体制机制创新。推动攀钢等国有企业加快主辅分离步伐，建立现代企业制度，优化资产结构，提高管理和运营水平。重点抓好统筹城乡综合配套改革，深化投融资体制、国有资产管理体制改革，加快财政体制、事业单位分类改革，努力在体制机制上创新突破。实施充分开放合作战略，全方位、宽领域、深层次配置资源、深化合作，形成辐射周边、面向国内外的开放型发展格局。

三、鼓足干劲，增添措施，奋力开创全市各项事业发展新局面

今后几年，要紧紧围绕省委“三大发展战略”、“两个跨越”的战略部署，按照市委既定的思路和目标，突出重点，把握关键，扎实深入抓好经济社会发展各项工作。

一是大力推进产业发展，提升整体经济实力。工业是攀枝花的立市之本、强市之基。要坚持工业强市战略不动摇，坚定不移走新型工业化道路，着力优化产业结构、产品结构、成本结构、市场结构和体制机制，深入推进钒钛等资源综合开发利用，发展壮大特色优势产业，加快培育战略性新兴产业，不断提升工业化质量和水平，全力打造特色工业强市，加快建设中国钒钛之都。力争到2017年，全市钒钛及相关产业产值突破3 000亿元，钒钛产业园区建成国家级千亿园区，攀钢集团发展为千亿企业，形成一批百亿企业集群，新增1～2家上市公司，创成一批全国、全省品牌和地理标志品牌。现代服务业是经济增长的重要引擎。要突出发展与先进制造业相配套的现代物流、金融保险、科技研发等生产性服务业，大力发展文化旅游、餐饮娱乐、房地产等生活性服务业，积极发展信息、会展、商务服务、社区服务等新兴服务业，培育形

成新的经济增长点。

二是大力推进新型城镇化建设,拓展产业发展空间。城镇化是扩大内需的战略重点,是促进产业发展的强大动力。要把推进新型城镇化作为拓展发展空间的重要抓手,紧密对接四川攀西城市群建设规划,遵循山地城市一般发展规律,借鉴国内外成功经验,走出一条具有攀枝花特色的形态适宜、产城融合、城乡一体、集约高效的新型城镇化道路。要按照“显山露水、依山就势、错落有致”的原则,高标准、高起点、高速度推进花城新区建设,加快把新区建设成为科学发展的示范区、产城一体的样板区、承接产业转移的前沿区、体制机制创新的先行区、繁荣和谐的首善区。要大力实施沿江景观打造,加快把金沙江中心城区段两岸打造成为独具特色、风景靓丽的景观带、生态带、休闲带、娱乐带,争创中国人居范例奖。要把宜居宜业放在首要位置,合理规划市政设施、生活设施和公共服务设施,完善城镇功能,加强城镇管理,提升城市品位。要创新旧城改造模式,盘活城镇建设用地存量,实施城市“筒子楼”、危旧房、棚户区改造,支持扩大改善型住房消费。要有序推进农业转移人口市民化,统筹解决其住房、就业、养老、医疗、子女教育等问题,让进城落户农民享受和城镇居民同等的待遇。要按照规模适度、布局合理、功能健全的要求,统筹城乡发展,优化城镇整体布局,以米易、盐边县城和渔门镇、红格镇为重点加快建设一批城市副中心,因地制宜打造一批特色鲜明的中心集镇,充分发挥示范带动作用,加快推进城乡一体化进程。

三是大力推进农业农村发展,夯实统筹城乡发展基础。全面建成小康社会,最艰巨最繁重的任务在农村,没有农村的全面小康,就没有全市的全面小康。要充分利用攀枝花独特的光热气候资源,以国家现代农业示范区建设为载体,高水平建设特色水果、早春蔬菜、优质烤烟、畜牧水产和林业生物等现代农业基地,优化种养结构和区域布局,提高农业综合竞争力和增收效益。要加强农业基础设施建设,突出抓好农田、水利、道路及公共服务设施建设,不断改善农村生产生活条件。要深入推进农业产业化经营,大力发展农业龙头企业和农村专业合作组织。要健全农业社会化服务体系,推进农业科技和成果转化推广。要加快新村建设,重点抓好第二轮省级成片推进示范县、省级财政新村基础设施、新农村综合体、市级新村聚集点等重点项目建设,扎实推进西攀高速沿线、二滩环线、城镇周边地区新村建设。

四是大力推进基础设施建设,强化加快发展的基础保障。投资是拉动经济增长的强大引擎,基础设施建设是扩大投资规模、促进产业发展的重要抓手。要把投资作为全局性的重要任务,把好投资方向,加大投资力度,抓好重大基础设施、优势产业、民生和社会事业等领域的投入,稳定和扩大投资规模。要按照国家和省上发展规划和政策法规,坚持“两眼向上、两眼向外”,进一步加大项目对接和资金争取力度,力争更多的项目挤进国家和省上的“盘子”,更多的政策资金投向攀枝花。要注重从城市新区、旧城改造、新村建设、企业技改等方面挖掘投资潜力,超前研究谋划一批项目,论证和储备一批项目,创造条件开工一批项目,加快进度投产一批项目。要立足产业和城镇发展需要,抓住政策机遇,着眼长远、适度超前建设一批重大基础设施,重点加强交通、水利、能源、信息等重大项目建设,不断改善加快发展的保障条件。

五是大力推进改革开放,增强加快发展的动力与活力。改革是中国发展的最大红利。要坚持社会主义市场经济的改革方向,处理好政府与市场、政府与社会的关系,扎实推进重点领域和关键环节改革创新,加快形成有利于科学发展、加快发展的体制机制。要深化行政管理体制改革,推进政府职能转变,精简审批事项,提高行政效能,提升政务服务水平。要深化经济体制改革,加快国有资产战略性重组和股权多元化改革,加快攀钢等国有企业改革步伐。要优化政府投融资平台,创建市级资源统筹平台,拓展融资渠道,支持各类金融机构健康发展,切实解决企业融资难问题。要加快文化、教育、医疗、社会保障等社会事业领域改革,分类推进事业单位改革,鼓励和支持社会力量兴办公益事业,满足人民群众多层次多样化的服务需求。充分开放合作是促进攀枝花加快发展的不竭动力。要坚持把招商引资作为开放合作的重中之重,立足资源特色和产业优势,创新招商引资方式,着力引进一批成长性好、关联度高、带动力强的大企业、大集团和高端项目,促进我市产业优化升级。要深化与周边市州在资源开发、基础设施建设、旅游文化产业发展等方面的战略合作,主动加强与长三角、珠三角、成渝经济区等区域的交流合作,积极承接产业转移,不断拓展合作领域。要充分发挥地处川滇黔毗邻地区的地缘优势,以更加开放的姿态融入西部经济版图和东南亚、南亚发展格局,开辟更加广阔的发展空间。

六是大力推进生态文明建设,提高可持续发展能力。保护生态就是保护生产力,改善生态就是发展生产力。要把生态建设摆在更加突出的位置,大力实施绿色发展战略,加快形成节约能源资源和保护生态环境的产业结构、增长方式和消费模式。要加大节能减排力度,强化结构减排、工程减排、管理减排,狠抓重点行业、重点产业、重点区域污染治理,坚决落实产业环境准入制度,引导和支持企业加快淘汰落后产能,促进环境质量持续改善。要以“五创联动”为抓手,大力实施生态修复工程、环境亮化工程、素质提升工程,重点加强江河流域和水源地污染防治,推进全域污染治理。要大力发展绿色循环经济,编制完善绿色经济发展规划,积极扶持太阳能、生物质能等绿色能源及绿色食品、绿色旅游等相关产业发展,增强可持续发展能力。要以解决危害健康的突出环境问题为重点,强化大气、水、土壤等污染防治,努力让攀枝花“天更蓝、水更清、山更绿、空气更清新、食品更安全”,全面完成创建国家环保模范城市任务。

七是大力推进扶贫攻坚,促进全域同步全面小康。攀枝花率先全面建成小康社会,重点和难点在边远民族地区、在城市低收入群体。要把边远民族地区作为扶贫攻坚的主战场,作为补齐“短板”的主方向,深入实施新10年扶贫开发纲要,继续抓好对口扶贫工作,全力推动边远民族地区跨越发展,加快实现贫困村向小康村、贫困户向小康户转变。要大力实施“五大扶贫工程”,推进基础扶贫,把道路、水利、电网、通信等作为基础和先导,加快改善贫困地区发展条件;推进产业扶贫,因地制宜发展现代农业、生态旅游等特色产业,增强发展内生动力;推进新村扶贫,按照“产村相融、成片推进”的要求,开展具有地域和民族特色的扶贫新村建设;推进能力扶贫,加快提升教育、医疗、文化、信息等公共服务水平,增强贫困群众就业和致富能力;推进生态扶贫,依托生态优势发展生态经济,对生活环境恶劣的地方有序开展生态移民。要尽快启动实施城市宜居工程,加快推进城市“筒子楼”改造,着力解决城市低收入群体就医、就业、就学、社保等实际问题,促进城乡困难群众与全市同步小康。

八是大力保障和改善民生,保持社会和谐稳定。让人民群众过上更加幸福美好的生活,是我们肩负的一项重大而光荣的使命。要着眼率先全面小康的目标,坚持民生优先、共同富裕,加快建立覆盖城乡、富民惠民的民生保障体系,强化民生事业发展的制度、政策、机制和工作保障。要持续加大民生投入,继续实施十大民生工程,根据群众需要丰富工作内容,不断提升人民群众生活水平。要加快发展社会事业,加大就业促进力度,优先发展教育事业,提高医疗卫生服务水平,完善社会保障体系,加强保障性住房建设,努力在贫有所助、学有所教、病有所医、老有所养、住有所居、人有所业、劳有所得、怨有所诉上持续取得新进展。要深化平安建设、法治建设,加强和创新社会管理,健全党委领导、政府负责、社会协同、公众参与、法治保障的社会管理格局,完善“大调解”工作体系,做好社会稳定风险评估,加强信访积案化解,深化社会治安综合治理,狠抓安全生产工作,全力维护全市社会和谐稳定。

四、强化党建、改进作风,为谱写中国梦攀枝花篇章提供坚强保障

实现目标任务,关键在党、关键在人。要以党的执政能力建设、先进性和纯洁性建设为主线,认真学习贯彻习近平总书记在中央政治局专门会议上关于作风建设的重要讲话精神,全面推进新形势下党的建设新的伟大工程,为攀枝花各项事业发展提供坚强的组织保证和人才支撑。

(一)进一步加强思想理论建设,着力提升党员干部思想政治素质。要坚持用党十八大和省委十届三次全会精神武装头脑、指导实践、推动工作,增强中国特色社会主义的道路自信、理论自信、制度自信。要巩固深化主题教育活动成果,努力把活动要求转化为谋划发展的共识、推动发展的动力、促进发展的举措。要在改进思想政治工作方式上下功夫,以建设学习型党组织为载体,建立健全思想政治工作长效机制。要坚决破除“怕、满、慢、浮、僵”的消极思想,保持“闯、进、快、实、活”的进取激情,做到在思想解放中凝聚共识、在作风转变中改革创新、在工作落实中跨越赶超。

(二)进一步加强班子和干部队伍建设,着力提高领导能力和工作水平。为政之要,惟在得人;用人之道,重在导向。要选好配强各级班子,尤其要选好一把手,建强执政骨干队伍。要坚持“干部工作出人才”,紧扣科学发展需要,鲜明重品行、重实干、重公认的用人导向,突出在“急难险重”任务、招商引资、边远民族地区和群众信访工作“四个一线”培养选拔干部,大胆起用一批眼界宽、思路活、脑子灵、懂经济、晓市场、善经营的干部。要坚持“人才工作出成果”,抓好引进、培养、使用、服务四个环节,加快构建多层次人才支撑体系。要围绕全市发展规划部署,开展全方位、多层次干部培训,鼓励和选派干部到经济建设、改善民生、维护稳定等一线经受考验和磨砺,不断提升

领导能力和工作水平。

（三）进一步加强基层组织建设，着力夯实促发展惠民生的工作基础。要坚持"组织工作出经验"，深入开展"争创基层服务型党组织、争创为民务实清廉型党员干部"活动，构建灵活高效、贴近需求的基层党组织服务体系。要按照"政治素质好、带领力量强、服务能力强"的要求，选好配强基层党组织带头人。要深化"挂包帮"和"百千万·干群心连心"活动，建立健全党建惠民的长效机制。要突出先进性和纯洁性要求，以创建"五彩花城党建"品牌为引领，激励广大党员立足岗位创先争优，适时选树一批服务群众、为民办事的典型，推出能在全省乃至全国推广的模范，发挥导向引领作用，做到"一个党员一面旗帜、一个支部一个堡垒"。

（四）进一步加强干部作风建设，着力营造为民务实清廉的良好风气。要努力践行中央和省、市委关于改进工作作风、密切联系群众的各项规定，认真学习领会中央和省委关于开展为民务实清廉群众路线教育实践活动的要求，超前谋划，精心组织，确保明年初活动一启动就能出亮点、见实效。要加强和改进新形势下群众工作，心系群众所需所急所盼，真心诚意为群众办实事，努力解决群众生产生活中的实际困难。要强化执行力，把主要精力放在抓落实上，对确定的工作任务扭住不放、一抓到底。要完善惩治和预防腐败体系，保持惩治腐败的高压态势，切实解决群众反映强烈的突出问题。要倡导艰苦奋斗，坚持勤俭办一切事业，坚决反对和制止公款浪费现象，树立领导机关和党员干部的良好形象。

五、突出重点，狠抓落实，圆满完成今年目标任务

上半年，面对复杂多变的宏观经济形势，我们坚持稳增长、调结构、提质量、惠民生，采取各种前瞻性、针对性措施，全力以赴加快发展、提质增效，基本实现了"时间过半，任务过半"；但同时，也还存在部分指标进展滞后、一些指标推进不快、个别指标推进压力较大等问题，需要引起高度关注。下半年是我们顺势而为、借势发力、跨越提升的关键时期，全市上下一定要充分认识当前经济环境的复杂性和经济形势的严峻性，进一步增强忧患意识和责任意识，迎难而上，狠抓落实，全力推进各项目标任务。

一是坚定发展信念。面对危机和挑战，信心比黄金还重要。要准确研判形势，既直面问题又坚定信心，做到充分估计稳增长面临的各种压力，充分看到经济发展中的各种积极因素，坚持目标不变、要求不变、任务不变、决心不变，在求进上下功夫，在创新中谋发展，以非常之策，行非常之举，确保全年目标圆满完成。

二是营造合力氛围。各级各部门要严格按职履责，咬定目标不放松，积极担当责任，加强协作，通力配合，坚持部门联动，一起上、联手督、共同推；坚持各司其职，尽心抓、尽力干、尽责做。全市各级干部一定要把心思放在工作上，把精力用在推进发展中，同心同德，同舟共济，少一些指指点点和说三道四，多一些扎扎实实和示范带头，形成全市上下聚精会神搞建设、一心一意抓发展的强大正能量。

三是强化执行落实。今年的目标任务特别是"急难险重"任务年初就已确定，今后一段时期的努力方向刚才也已明确，对下半年的工作，一会儿张剡市长还要做具体安排，现在的关键就是抓执行、促落实。对市委确定的目标任务，要层层明确专人，级级落实责任，卡牢节点、挂牌督办，做到责任主体明确、工作标准明确、完成时限明确、追究措施明确。各级各部门要围绕市委总体部署和具体要求，环环相扣去落实、倒排工期去推进、级级督办去完成。对市委的决策部署，要定一项，抓一项，项项落地；对市委的工作安排，要干一件，成一件，件件落实。

四是严格考核奖惩。抓考核就是抓落实，抓考核就是抓发展。要健全考核机制，创新考核办法，分级分类进行考核，做到定性考核与定量考核相结合，年度集中考核与经常性考核相结合，组织考核与群众评价相结合，动态监控与跟踪问效相结合，确保考核结果客观公正。要注重对考核结果的运用，坚决逗硬奖惩，强化激励鞭策，无论哪项工作，无论形势如何变化，我们今年确定的目标不会变、考核标准不变会、奖惩条件不会变。总之，有什么样的业绩，就一定会兑现什么样的待遇！

同志们，因时之势，故易为力。让我们紧密团结在以习近平同志为总书记的党中央周围，深入贯彻落实中共十八大和省委十届三次全会精神，进一步振奋精神、坚定信心，励精图治、务实进取，全力以赴抓好今年和今后一个时期的各项工作，为在全省率先全面建成小康社会、谱写伟大中国梦的攀枝花篇章而努力奋斗！

政府工作报告

——2013年1月12日在攀枝花市第九届人民代表大会第二次会议上

市长　张剡

各位代表：

现在，我代表市人民政府，向大会报告工作，请予审议，并请政协委员和列席同志提出意见。

一、2012年工作回顾

2012年，面对复杂严峻的经济形势和改革发展稳定的繁重任务，在中共攀枝花市委的坚强领导下，在市人大、市政协的监督支持下，市政府团结和依靠全市人民，坚持以科学发展观为指导，坚定信心，迎难而上，务实进取，完成了市九届人大一次会议确定的目标任务，实现了新一届政府的良好开局。实现地区生产总值740.03亿元，比上年(下同)增长14%，其中第一产业增加值25.77亿元，增长4.6%，第二产业增加值561.41亿元，增长15.5%，第三产业增加值152.86亿元，增长10.5%；完成全社会固定资产投资463.25亿元，增长20.8%；实现社会消费品零售总额192.1亿元，增长16%；完成地方财政收入82.94亿元，增长17.9%；实现民营经济增加值323.93亿元，增长16%；城镇居民人均可支配收入22808元，增长15.6%，农民人均纯收入8728元，增长14.4%；城镇登记失业率为3.6%；人口自然增长率为3.1‰；预计万元生产总值综合能耗下降5%。

——过去的一年，我们克难奋进，全力抓项目促发展，经济实力有了新提升

项目建设成效显著。一批引领发展、优化结构的重大项目如期建成或加快推进。攀钢烧结系统改造工程、华润攀钢燃气、攀枝花Ⅱ500KV输变电工程等项目竣工投产；白马铁矿选钛工程、富邦1000万件刹车制动毂、翰通100万吨焦化、朵实10万吨铸件、天民钛制品及钛合金型材、中缅天然气管道攀枝花支线、丽攀高速公路攀枝花段、桐子林水电站、观音岩水电站等项目完成目标任务；成昆铁路新线攀枝花段完成前期准备工作，将于今年上半年全线开工，攀宜(宾)沿江高速公路、攀大(理)高速公路、金沙和银江水电站等项目前期工作按计划推进。

三次产业加快发展。出台了进一步加快工业经济发展的系列政策措施，工业结构调整升级的工作指南和路线图全面形成，国内最长最宽钛锭在我市成功面世，钛金属产业链实现重大突破，攀钢的“PG”商标被认定为全市首个中国驰名商标，攀钢被确定为全国首批资源综合利用“双百工程”骨干企业，我市被确定为全国首批资源综合利用“双百工程”示范基地，规模以上工业增加值实现460.1亿元，增长16.8%。成功应对连续特大干旱，农业经济保持稳步增长，预计实现农林牧渔业总产值44.5亿元，增长4.7%，收购烟叶40.69万担，经济林种植面积达129.75万亩；我市成为全域跻身第二批国家现代农业示范区的两个城市之一，“攀枝花芒果”被评为消费者最喜爱的中国农产品区域公用品牌，新增国家地理标志保护产品3个。旅游产业快速发展，实现旅游总收入66.83亿元，增长32.3%，旅游接待人数达853万人次；省际商贸物流中心加快构建，全市首个五星级酒店投入运营，餐饮名店银杏酒楼在我市开设全省唯一地级市分店，银泰城市综合体、金狮百盛、密地现代商贸物流园区等项目建设有序推进，汉风、鑫铁等6户企业被认定为全省首批物流重点企业。

财税金融平稳运行。预计实现地方财政支出137.2亿元，增长18.1%。国税、地税系统分别组织税收收入54.21亿元、44.13亿元，分别增长5.2%、14%。全市金融机构本外币各项存款余额766.76亿元、各项贷款余额533.92亿元，分别比年初增长15.9%、19.6%。

县(区)和园区经济不断壮大。完成县(区)属增加值571.7亿元，占全市的77.3%；各县(区)共完成

地方财政收入43.67亿元，增长22.3%，占全市的52.7%。钒钛产业园区创建国家级经济开发区工作取得阶段性成效，开工、竣工项目创历年之最，完成工业增加值49.32亿元，增长36.6%。

——过去的一年，我们统筹协调，全力抓创建促提升，城市转型迈出新步伐

“五创联动”加快实施。扎实推进国家环保模范城市创建工作，创建规划通过环保部评审，沿江环境污染综合整治等专项行动积极开展，环境空气质量优良率达93.7%，我市进入全省首批循环经济示范市行列，西区成为全省首个区域污染防治示范试点区。积极创建国家森林城市，“七大工程”全面展开，天保二期工程持续推进，金沙江中心区段沿江两岸视野区生态景观林建设年度任务顺利完成。大力创建国家园林城市，积极开展工矿废弃土地复垦利用试点工作，绿化改造老旧小区10个，创建花园社区(小区)19个，滨水新空间、金沙公园等项目快速推进，顺利通过省级园林城市复查。全面创建中国阳光康养旅游城市，投资130亿元的阿署达花舞人间景区和投资80亿元的普达阳光国际康养度假区开工建设，沿江休闲旅游经济带、红格温泉旅游度假区、米易南部新城休闲度假核心区等项目加快推进，16个旅游新村基本建成。着力创建全国文明城市，评选出全市第二届道德模范，“学雷锋、讲文明、树新风”系列主题活动深入开展，城市公共文明指数由全省第十二位跃居第四位。

城乡建设和管理成绩突出。深入实施“两化”互动、统筹城乡战略，《攀枝花市城市总体规划(2011—2030)》修编完成，花城新区城市设计及控制性详规正式实施。国省干线公路改扩建“三年攻坚”年度任务超额完成，炳仁路后段全线贯通，新密地大桥即将竣工，建成通乡油路(水泥路)48.4千米、通村公路206.8千米，全市乡、村通客车率分别达到91%和64%。花城新区建设有力推进，老黑地安置房、缅气入攀液化天然气加注站等十大项目全面启动。农村基础设施建设步伐加快，大竹河水库枢纽工程建成并关闸蓄水，马鞍山水库、梅子箐水库(扩建)、观音岩引水工程取水口开工建设，整治病险水库31座，新建渠系421.7千米，建成新村38个、省级新农村示范片2个。深入开展城乡环境综合治理，“五乱”现象和“三线”环境综合治理专项行动成效明显，75%以上的乡镇、60%以上的村庄基本达到清洁化、秩序化、优美化和制度化标准，国家卫生城市顺利通过复审。

——过去的一年，我们以人为本，全力抓民生促稳定，社会发展取得新成效

群众生活持续改善。投入资金32.5亿元，就业促进、扶贫解困等十大民生工程103个项目全面完成。城镇新增就业17 617人，下岗失业人员和失地无业农民再就业7 782人，被国务院授予“全国创业先进城市”殊荣。15万企业退休人员月均增加基本养老金214元，居民医保财政补助标准人均提高40元，生育保险待遇水平提高近一倍。二滩水淹区连片扶贫开发有序推进，顺利实现农村低保和扶贫开发制度衔接，发放移民后期扶持直补金1 668.6万元。保障性住房建设继续走在全省前列，建成保障性住房4 154套，完成农村危房改造2 187户，发放廉租住房补贴4 000户。建成并适时启动了社会救助和保障标准与物价上涨挂钩联动机制。

各项事业全面进步。加大教育投入，第40中小建成投用，中小学校舍安全工程和高寒山区学生温暖工程扎实推进，“百村支教”行动全面开展，普通高考本科上线率创历史新高，现代服务业职业教育集团和工业职业教育联盟组建成立，各级各类教育协调发展。加快建设区域医疗卫生高地，花城新区医院建设正式启动，名科名院建设成效显著，攀西职业病防治中心落户我市，实施卫生基建项目119个，新农合参合率达99%。三线建设博物馆等文化项目加快推进，图书馆、文化馆等公共文化设施免费开放，农村广电基础设施不断完善，文化引导力、影响力和服务力有效提升。全民健身计划深入实施，引进并成功举办中国男子篮球职业联赛季前赛等重大赛事，省红格体育竞训基地等项目快速推进。全面做好人口计生工作，符合政策生育率达90.9%。市档案馆建成国家二级档案馆。统计、食品药品监管、国安、出入境检验检疫、海关、外事、台务、侨务、气象、机关事务、供销、地方志、邮政、妇女、儿童、老龄、残疾人等工作取得新成绩。

社会保持和谐稳定。妥善应对“8·29”特别重大瓦斯爆炸事故，扎实开展“三项治理”，及时有效扭转了安全生产被动局面。应急指挥联动中心挂牌成立，成功开展了市、县(区)、乡(镇)三级联动的防灾救灾综合实战演练。启动实施社会管理创新项目85个，建成各级综合服务管理平台443个。着力打造便捷高效的多元化信访服务平台，“大调解”工作体系向基层延伸。平安攀枝花建设深入推进，社会治安态势持续平稳，群众安全感达到94.9%，较上年提高2.95个百分点。国防动员、民兵预备役和双拥工作不断加强，连续三届荣获“全国双拥模范城”称号。全面落实民族

宗教政策，民族团结进步事业不断发展。

——过去的一年，我们解放思想，全力抓改革促开放，发展活力得到新激发

体制机制进一步优化。妥善处理市属国有企业和经营性事业单位改制遗留问题，攀钢机制公司改制工作有序推进。积极开展户籍、产权、规划、社会保障、公共服务、社会管理六位一体制度改革，城乡一体化进程加快。市、县（区）两级文化行政管理体制改革和文艺院团改革及电台、电视台合并工作全面完成。医药卫生体制改革取得阶段性成果，取消“以药补医”试点工作稳步开展，在公立医院逐步推行药品按实际进价零差率销售。积极建立收入分配激励约束新机制，事业单位绩效工资改革扎实推进。

创新能力进一步提升。科技创新体系不断完善，成功举办“攀枝花钒钛资源综合利用院士行暨攀枝花钒钛论坛”，国家钒钛制品质量监督检验中心和全国唯一的钒钛资源综合利用国家重点实验室通过验收，四川钒钛产业技术研究院获准成立，新增国家级高新技术企业4家、省级创新型企业5家，我市被列为全省首批创建国家技术创新工程示范市。科技成果转化成效显著，组建四川省技术转移（攀枝花）中心，实施市级重大科技成果转化项目11项，总产值56亿元。人才强市战略加快实施，完成引智项目5个，引进高层次人才128名，攀钢集团院士（专家）工作站晋升为首批省级院士（专家）工作站。

开放合作进一步拓展。注重招大引强，积极对接中石化、联想、三一重工、日本住友电工等世界500强企业，履约和新签约10亿元以上重大项目32个，履约1亿元以上重大项目178个，招商引资到位资金408.64亿元。组团参加珠洽会、昆交会、东盟博览会等大型展会，在第十三届西博会上签约金额突破800亿元。外贸进出口稳步增长，出口总额超过2亿美元。外资项目实现县（区）全覆盖，实际利用外资1.04亿美元。攀西首家外派劳务培训中心在我市成立，外经合作营业额达1 206万美元。

——过去的一年，我们转变职能，全力抓服务促高效，政府自身建设得到新加强

自觉接受市人大的法律监督、工作监督和市政协的民主监督，充分听取各民主党派、工商联及社会各界的意见和建议，办结人大代表建议103件、政协委员提案244件，满意率均为100%。加快推进政务服务窗口标准化体系建设，开设全国首个三维电子政务大厅，乡村两级便民服务机构基本实现“四个标准化”。全面加强效能建设，设立效能直报点30个，开通“12345”市民热线，“市长信箱”反映事项得到高效办理。规范行政权力运行，在全国率先开展重大行政强制决定备案工作，下放或取消行政审批事项18个。政府信息更加公开透明，初步建成国内先进的政府门户网站群，市政府门户网站绩效评估位列西部第二。“六五”普法和依法治理工作有效开展。严格执行党风廉政建设责任制，切实加强行政监察和审计监督，严肃查处了工程建设、招投标等领域的违法违纪案件。

各位代表，过去的一年，我们克服了许多困难，取得了来之不易的成绩！这是中共攀枝花市委正确领导，市人大、市政协监督支持，全市人民团结奋斗的结果！在此，我谨代表市人民政府，向在全市各条战线和各个岗位上辛勤工作的全体劳动者，向驻攀部队、武警官兵和政法干警，向给予政府工作大力支持的人大代表、政协委员、各民主党派、工商联、人民团体和社会各界人士，向为攀枝花发展殚精竭虑、无私奉献的老领导、老同志，向来我市创业发展的建设者、投资者，表示衷心的感谢并致以崇高的敬意！

成绩固然可喜，但我市发展不足、发展不够、发展不充分的基本市情还没有根本改变，前进中还面临着不少困难和问题：经济总量相对偏小，产业结构不尽合理；城乡发展仍不平衡，一些边远民族地区生产生活条件亟待改善；资源环境约束趋紧，生态文明建设任重道远；交通瓶颈制约尚未根本解决，城市承载能力有待提升；社会管理面临许多新情况和新问题，确保安全生产、维护社会稳定任务艰巨。对于这些困难和问题，我们将通过坚持不懈、持之以恒的努力，在加快发展中认真解决。

各位代表，回顾过去的一年，我们深深体会到：要加快发展，必须解放思想，敢于担当，勇于作为；要加快发展，必须立说立行，埋头苦干，靠前落实；要加快发展，必须突出重点，抓住关键，带动全局；要加快发展，必须以民为本，凝聚民心，激发民力！这些宝贵经验，我们将在今后工作中贯穿始终，牢固遵循，以一流的业绩，让各位代表放心，让人民群众满意！

二、2013年主要任务

2013年，是全面贯彻落实中共十八大精神的开局之年，也是深入实施“十二五”规划承前启后的关键一

年，做好全年各项工作意义重大、影响深远。根据中共十八大、中央和省委经济工作会议精神及市委九届四次全会的统一部署，今年政府工作的总体要求是：坚持以中共十八大精神为总揽，以科学发展为主题，以转变经济发展方式为主线，以提高经济增长质量和效益为中心，牢牢把握“稳中快进，提质增效，争先进位，跨越提升”的工作基调，突出产业支撑、投资拉动、“四化”同步、统筹城乡、改善民生，大力推进“三个加快建设”、“三个走在全省前列”，继续打好“六大硬仗”，全力促进经济持续快速发展、社会更加和谐稳定，朝着在全省率先全面建成小康社会的目标奋勇前进。

全市国民经济和社会发展主要预期目标为：地区生产总值确保增长13.5%，力争14%以上，其中第一产业增长4.5%，第二产业增长15%，确保规模以上工业增加值增长16%，力争17%以上，第三产业增长10.5%；全社会固定资产投资确保增长17%，力争18%以上；社会消费品零售总额确保增长15%，力争16%以上；地方财政收入增长14%以上；城镇居民人均可支配收入和农民人均纯收入均确保增长14%，力争15%以上；万元生产总值综合能耗下降3.3%；城镇登记失业率控制在4%以内；人口自然增长率控制在4‰以内。

围绕上述目标，要重点做好八个方面的工作：

（一）扎实推进“两化”互动

以新型工业化为主导，推动工业发展提速增效。坚定不移地实施工业强市战略，加快把资源优势转化为产业优势和经济优势。推进攀西国家级战略资源创新开发试验区和矿产资源综合利用示范基地建设，创新开发模式，全力推动钒钛、机械制造、矿业和太阳能产业发展壮大。加大扶持力度，帮助攀钢打好扭亏控亏增效攻坚战，支持攀煤、钢城集团等企业降本增效、扭亏为盈，鼓励中小企业做大做强。加快产业园区建设，积极推进钒钛产业园区创建国家级高新技术产业开发区和国家级经济开发区，确保钒钛产业园区工业总产值超过200亿元。加快创新型城市创建步伐，加强重点实验室、工程中心、院士（专家）工作站等创新平台建设，组建国家、省、市三级联动的钒钛资源综合利用工作指导委员会和专家顾问委员会。整合科技资源，加快建设四川钒钛产业技术研究院、钛及钛合金研究所。大力实施“金桥工程”，加大科技攻关力度，加速科技创新和成果转化。强化品牌创建，促进质量提升，充分发挥标准化对产业发展的引领作用。扎实推进智慧城市建设，推动工业化和信息化深度融合。强化节能降耗管理，加快淘汰落后产能，推进循环经济发展，提高资源综合利用水平。

以新型城镇化为引领，加快城乡一体化进程。按照集约、智能、绿色、低碳的新型城镇化要求，完善城乡统筹规划，加快构建与城市定位和产业发展相协调的城镇发展新体系。重点开发花城新区核心区，加强公共设施建设，形成整体开发、连片推进的良好局面。加快实施沿江景观打造、煤气储配设施新建、金沙江大道中段改造、沿江快速通道等重点工程，确保密地桥南至龙箐大桥连接线等项目如期竣工。推动城市精细化管理，建立覆盖两县和重点乡镇的城乡一体化数字城管体系。加快城乡统筹步伐，引导资金、技术、人才等要素向农村聚集，系统推进产村相融，加大新村建设力度，着力打造风貌各异的重点乡镇、特色街村，切实改善农村生产生活条件。

（二）统筹发展一、三产业

大力推进农业现代化。加快建设国家现代农业示范区，着力发展现代农业主导产业，积极开展水果、蔬菜、畜牧、水产等新品种新技术集成示范。继续加强品牌建设，引导扶持农业龙头企业做大做强做优，支持专业合作社、农村专业技术协会快速规范发展。加快马鞍山水库、梅子箐水库（扩建）等重点水利设施建设，深入实施全国高效节水示范项目，创新管水用水体制机制，除险加固病险水库20座，大规模改造中低产田，连片建设高标准农田示范区2万亩。加强农产品质量全程监管和重大动物疫病防治，确保农产品质量安全。落实好各项强农惠农富农政策，有效拓展农民增收渠道，切实抓好民族地区小流域现代农牧业增收工程，促进农民收入持续较快增长。

加快服务业繁荣发展。加快红格温泉旅游度假区、普达阳光国际康养度假区、阿署达花舞人间景区、米易南部新城休闲度假核心区等重大项目建设，完成二滩湖区旅游发展规划，推进旅游新村建设，办好欢乐阳光节、金芒果节等旅游节庆活动，打造旅游品牌，实现旅游总收入80亿元。加快构建省际商贸物流中心，大力发展金融、保险、信息、中介等现代服务业，改造提升餐饮、住宿、娱乐等传统服务业。推进密地现代商贸物流园区、攀青煤炭物流中心等项目建设，积极培育成长型物流企业。健全市场体系，推进农贸市场升级改造，建成一批社区便民蔬菜直销网点。

（三）全力抓好项目工作

协调推进重大项目。认真研究国家产业政策和投资导向，强化项目储备，规划实施一批对长远发展具有重大影响和带动作用的项目。突出产业创新和技术改造，加快新中钛科技钒钛系列工程、富邦1 000万件刹车制动毂、攀钢煤矸石综合利用等项目建设，推动一批产业化项目投产达效。着力构建区域性交通枢纽，加快机场滑坡治理，力争上半年恢复通航，开工建设成昆铁路新线攀枝花段、攀田高速公路鱼塘互通至机场路连接线等项目建设，维修加固倮果大桥、巴关河大桥、荷花池大桥等一批桥梁，确保丽攀高速公路攀枝花段、省道214线总发至平地段改扩建及国道108线拉鲊至川滇界改建等项目如期竣工。加快建设观音岩引水工程和桐子林、金沙、银江等水电站，建成中缅天然气管道攀枝花支线、楚雄至攀枝花成品油管道。

加强项目保障服务。加大土地开发整理力度，推进工矿废弃地复垦利用，保障重点项目用地需求。强化财税支撑，落实好国家结构性减税政策。加强金融创新，加大对重点项目和中小企业的金融支持力度，用好住房公积金闲置资金，促进政银企对接，降低实体经济发展的融资成本。做好煤炭保供工作，建立健全煤炭储备机制，建成1～2个电煤应急战略储备基地。加快电网改造升级，进一步提升市域电网的安全性和主网供电能力。做好均衡供应，确保成品油库存稳定。

（四）深入实施“五创联动”

整体实施，集中攻坚，扎实开展城乡环境综合治理，全面推进“五创联动”，加快建设美丽攀枝花。大力创建国家环保模范城市。深入推进区域污染防治，加大执法监管力度，有效规范企业环境行为，继续实施重大生态环境建设工程，力争空气质量优良率保持在90%以上，确保饮用水水源地、地表水环境功能区水质达标率均达到100%。大力创建国家森林城市。按计划推进“七大工程”，加快构建以城区及近郊绿化美化为重点、道路和河流绿色通道为廊道、城市远郊国土绿化为屏障的森林生态网络，完成义务植树200万株，林业有害生物成灾率控制在3‰以内，森林火灾损失率控制在1‰以下。大力创建国家园林城市。编制《创建国家园林城市工作规划》，实施“六大系统工程”，提高绿化水平，力争建成区绿地率达36.5%以上、绿化覆盖率达39%以上、人均公园绿地面积达9.5平方米以上。大力创建中国阳光康养旅游城市。切实优化旅游环境，积极拓展阳光康养旅游市场，加快推进阳光康养旅游目的地建设，不断提升“阳光花城·康养胜地”的影响力和美誉度。大力创建全国文明城市。深入开展群众性精神文明创建活动，广泛推行志愿服务，不断加强未成年人思想道德建设，集中开展攻坚整治提升行动，力争建成四川省文明城市。

（五）不断提升开放型经济水平

加大招商引资力度。紧紧围绕产业升级和城市转型，加强信息收集分析，积极开展以商引商、驻点招商、节会招商和小分队招商，有针对性地招大引强，着力引进更多具有带动作用的投资项目。创新工作机制，落实全程跟踪服务，切实提高履约率、开工率和资金到位率，确保招商引资实际到位资金达400亿元。

切实加强“三外”工作。依托外贸转型升级示范基地，推进保税仓库建设，提升口岸服务能力。不断培育壮大外贸企业，积极拓展国际新兴市场，努力扩大对外贸易规模。强化外资项目引进，引导外资投向科技研发、高端设计、现代流通等领域。继续实施“走出去”战略，推进十九冶、攀钢工程公司、钢城集团等企业开展境外投资、国际工程承包和劳务合作。

（六）着力破解体制机制难题

加强国有资产监管，扩大国有资本经营预算范围。积极推进产权多元化改革，激发各类市场主体活力，引导支持民营经济转型升级、快速发展。继续深化民生领域改革，积极实施新一轮医药卫生体制改革，加快教育综合改革和文化体制改革步伐，推进收入分配制度改革。深入开展行政管理体制和事业单位分类改革，创新行政管理方式。推进预决算公开，加强预算绩效管理。加快统筹城乡综合配套改革步伐，完成农村集体土地所有权、使用权和承包经营权确权登记，稳步开展户籍制度改革。

（七）全面加强社会建设

办好群众关注的实事。把改善和保障民生作为公共财政支出的主要投向，统筹安排政府性资金，大力实施民生工程，着力解决好群众关心的现实问题。健全城乡公共就业服务体系，加强高校毕业生、农村转移劳动力、城乡困难人员的就业工作，搞好职业技能培训，促进创业带动就业。有序推动企业工资集体协商，构建和谐劳动关系。加大扶贫开发力度，积极支持边远民族地区经济社会发展，着力改善贫困地区生产生活条件，帮助困难群众增收致富。规范市场秩序，严厉打击制售假冒伪劣商品行为，确保食品药品质量安全。完善困难群众基本生活价格补贴机制，抓好菜篮子工程，抑制物价过快上涨。继续大力推进保障性住房建设，探索完善廉租住房制度，不断提高建设和管理水平。完善城乡居民养老保险市级统筹，健全城乡居民大病保险制度，有效提升社会保障水平和统筹层次。完善社会救助体系，做好优抚安置工作，鼓励发展社会福利、慈善事业，支持老龄、残疾人事业健康发展。

加强和创新社会管理。加强社会管理体系建设，引导社会组织健康有序发展，充分发挥企事业单位、人民团体和广大群众在社会管理和服务中的积极作用。做好第九届村(居)委会换届选举工作，增强村(居)委会服务功能。坚持依法行政，完善群众维权机制，畅通和规范诉求表达、利益协调、权益保障渠道，有效化解矛盾。深入开展普法教育，强化社会诚信建设，健全立体化社会治安防控体系，不断提升人民群众安全感。深刻吸取"八二九"特别重大瓦斯爆炸事故惨痛教训，切实加强安全生产及监管能力建设，坚决遏制重特大事故发生。继续大力推进煤炭资源整合、煤矿兼并重组、"打非治违"和矿区环境综合整治，全面开展社会主义新矿山建设，有效改善矿区生产生活条件。

繁荣和发展社会事业。规范发展学前教育，新建或改扩建7所城乡公办幼儿园；均衡发展义务教育，加快建设第27中小、第36中小和五十一阳光家园小学，推进"一师一校"规范化建设；进一步提高普通高中、职业、民族、特殊、高等及成人继续教育发展水平。加强医疗卫生基础设施、人才队伍和重点学科建设，加快中医药事业发展，健全公共卫生服务体系，增强基层医疗服务能力，努力为群众提供安全、有效、方便、价廉的公共卫生和基本医疗服务。进一步完善公共文化服务体系和基层文化基础设施，加快建设三线建设博物馆，精心筹办四川省第七届少数民族艺术节，全力打造大笮、颛顼、谈经古乐等特色文化品牌，积极发展文化产业。认真备战第十二届省运会，大力发展阳光体育产业，加快推进青少年及老年体育活动中心等体育设施建设。推动人口均衡发展，确保符合政策生育率稳定在85%以上。扎实做好攀枝花市第三次全国经济普查，加强全面建成小康社会统计监测。进一步做好国防动员、民兵预备役和"双拥"工作。重视并做好妇女、儿童、人防、国安、出入境检验检疫、外事、台务、侨务、气象、供销、地方志、档案、机关事务、防震减灾、邮政等工作。

(八)加强政府自身建设

新的形势和任务，对政府工作提出了新的更高要求。我们必须坚决执行中央关于改进工作作风、密切联系群众的八项规定，深入开展"三大主题"教育活动，努力打造务实政府、高效政府、法治政府和廉洁政府，全力开创政府工作新局面。

目标已经明确，思路已经确定，当前重点就是要细化措施，关键就是要狠抓落实。抓落实，必须牢固树立"在执行中解放思想、在落实中转变观念"的理念。各级各部门要勇于争先，敢抓大事，巧办难事，推动政府工作整体上台阶。各级领导干部要率先垂范，争当探索创新的先行者，不做因循守旧的"太平官"。抓落实，必须牢固树立"依法行政、规范透明"的理念。要善于运用法治思维和法治方式，化解发展中的矛盾，解决落实中的问题。要主动接受人大的法律监督和工作监督、政协的民主监督、新闻舆论监督、社会公众监督，加强监督、审计等内部监督，确保行政权力依法、公正、有效运行。大力支持各人民团体开展工作，充分调动一切积极因素，形成抓落实的强大合力。抓落实，必须牢固树立"实干就是能力、落实就是水平"的理念。要沉心静气，凝心聚力，把心思放在干事业上，把精力用到抓落实中，主动到困难大、矛盾多的地方去，到群众最关心、最需要的地方去，一个一个问题去解决，一个一个项目去推进，真正做到定下来的事情就抓紧实施，部署了的工作就一抓到底。抓落实，必须牢固树立"干净做事、清白做人"的理念，绝不能拿党和人民赋予的权力做交易、谋私利。要全面落实党风廉政建设责任制，认真履行"一岗双责"，严厉查处各类违法违纪案件，坚决纠正损害人民群众利益的不正之风。要变文风、改会风、转政风，少开会、开短会，少发文、发短文，言必行、行必果。要树立过紧日子的思想，坚持勤俭办事，反对铺张浪费，千方百计降低行政成本，把有限的财力更多地用在加快发展和改善民生上。

各位代表，事业凝聚人心，实干赢得未来，行动铸就辉煌。让我们以中共十八大精神为指引，在中共攀枝花市委的坚强领导下，紧紧依靠全市广大干部群众，同心同德，开拓创新，发奋图强，扎实工作，为全市人民的生活更加幸福、为攀枝花更加美丽而奋力拼搏！

大 事 记

1 月

2 日~6 日　中国人民政治协商会议第八届攀枝花市委员会第一次会议在攀枝花会展中心举行。3 日上午，中国人民政治协商会议第八届攀枝花市委员会第一次会议在攀枝花会展中心开幕。大会应到委员 300 人，实到 291 人，符合规定人数。在市政协八届一次会议上，委员们以无记名投票的方式，选举单荣为政协第八届攀枝花市委员会主席；赵勇、庞向东、伍维根、何群、吴文发、刘德顺、马晓凤、周治端为政协第八届攀枝花市委员会副主席；唐云城为政协第八届攀枝花市委员会秘书长。同时，选举政协第八届攀枝花市委员会常务委员。6 日下午，中国人民政治协商会议第八届攀枝花市委员会第一次会议圆满完成各项议程闭幕。

4 日~8 日　攀枝花市第九届人民代表大会在攀枝花会展中心举行。大会应到代表 277 名，实到代表 262 名，符合法定人数。大会有 4 项议程：7 日下午，市九届人大一次会议在攀枝花会展中心举行第三次全体会议。会议应到代表 277 名，实到 264 名，符合法定人数。会议进行选举，根据无记名投票选举结果，谢道全为市九届人大常委会主任，张如英、唐建民、张汝林、张国民、许秀峰、王向阳为市九届人大常委会副主任；张剡为市人民政府市长，杨自力、柳康健、殷旭东、李章忠、张敏、刘建明、李仁杰为副市长；祝鸿为市中级人民法院院长；卢旭东为市人民检察院检察长。截至 8 日下午，市九届人大一次会议圆满完成各项议程，在攀枝花会展中心闭幕。

9 日　攀枝花市政府召开东区银江镇统筹城乡策划、发展规划会。邀请省委、省政府决策咨询委员会和省委农工委、省县域经济学会的知名专家对发展规划进行评审论证。经专家组讨论，《东区银江镇统筹城乡发展规划》初步通过评审。市委副书记赵辉、市委常委许健民出席评审会。

10 日　四川省第十一届人民代表大会第五次会议开幕。由刘成鸣、谢道全、沈钧、张汝林、李章忠等 26 名省人大代表组成的攀枝花代表团参加开幕式；张剡、单荣、高方芹等列席大会开幕式。10 日下午，省人大常委会党组副书记、副主任郭永祥参加攀枝花代表团审议。11 日，省人大常委会党组书记、副主任李崇禧参加省十一届人大五次会议攀枝花代表团审议。李崇禧指出，要依托攀枝花独特的矿产、光热、旅游资源，在现有基础上，不断突破创新，破解难题，加快现代特色优势产业体系建设，走跨越式发展新路子，助推三次产业协调发展。市领导刘成鸣、张剡、谢道全、沈钧、张汝林、李章忠等参加审议。13 日，省委常委、副省长钟勉参加省十一届人大五次会议攀枝花团审议。钟勉指出，站在新的起点，攀枝花要在原有基础上不断创造发展新优势，努力将资源优势变为发展动力，推动攀枝花实现新的历史跨越。

18 日　攀枝花市推选出席中共十八大代表和省第十次党代会代表工作正式启动。当天，该市召开会议，学习贯彻全省会议精神，安排部署全市推选中共十八大代表和省第十次党代会代表工作。市委常委、市委组织部部长张祖芸出席会议并讲话。

△　市妇联八届五次执委会在攀枝花会展中心召开，会议替补市妇联八届执委，增补常委，选举产生市妇联副主席。市委常委、市委宣传部部长沈钧出席会议。

19 日　市委、市政府在金沙明珠大酒店举行 2012 年春节团拜会，向全市各族人民致以新春的祝贺和美好的祝愿。市委书记刘成鸣主持团拜会，并代表市委、市人大、市政府、市政协向全市各族人民致以新春的祝贺和美好的祝愿。市委副书记、市长张剡发表致辞。

△　市委书记刘成鸣，市委副书记、市长张剡通过攀枝花市人民政府门户网站，向广大市民和网民朋友致以节日问候和新春祝福。

21 日　晚，第三届“米易·迷易灯会”在迷易湖畔正式亮灯迎客。市委常委、市委宣传部部长沈钧宣布迷易灯会正式亮灯。市人大常委会副主任张汝林，副市长李章忠，市政协副主席何群出席亮灯仪式。

△　攀枝花市被农业部正式认定为国家现代农业示范区，并命名为“四川省攀枝花市国家现代农业示范区”。

29 日　中共攀枝花市委常委（扩大）会议在攀枝花会展中心召开。会议强调，市委、市人大、市政府、市政协领导班子要担负起时代赋予的重任，毫不松懈地加强自身建设，切实成为政治坚定、求真务实、作风过硬、团结协作、清正廉洁的领导集体，成为与广大群众水乳交融的领导集体，成为全市各级领导班子的楷模和表率，成为团结全市各族人民，推进攀枝花科学发展、加快发展、又好又快发展的坚强领导核心。市委书记刘成鸣主持会议并讲话。市领导赵辉、张祖芸、杨自力、李群林、程少华、沈钧、许健民、张伟等出席会议。

2 月

6 日　市委书记刘成鸣，市委副书记、市长张剡率攀枝花市党政代表团赴凉山州学习考察，了解凉山州加快发展方式转变，大力推进资源综合开发利用、发展旅游产业、推动经济又好又快发展的先进经验，共话友谊与发展，共促两地交流合作。在凉山州州委书记翟占一、州政协主席周文安等陪同下，市党政代表团一行对凉山州西昌市的邛海湿地保护工程等项目进行了学习考察。攀枝花市领导谢道全、单荣、赵辉、杨自力、王海波、李仁杰参加学习考察。

△　市直机关组织 71 个单位的3 000余人开展第十一届元宵节登山活动。市委常委、市委宣传部部长沈钧鸣枪并宣布活动开始，副市长张敏致辞。

△　市长张剡主持召开市政府 2012 年第一次常务会议，审议并原则通过《攀枝花市构建本质安全型城市行动纲要(2012—2020)》《攀枝花市保障性住房配建管理暂行办法》《关于在我市建立殡葬惠民救助保障制度的请示》《攀枝花市企业联盟标准管理办法》《攀枝花市建设项目安全设施监督管理实施办法》《攀枝花市民用建筑节能与新型墙体材料管理办法》以及 2011 年度攀枝花市科学技术进步奖相关事项。

8 日　由省科技厅、省经信委、省国土资源厅等部门专家组成的考察组莅临攀枝花市，并代表省政府对四川攀枝花钒钛产业园区创建省级高新技术产业园区工作进行现场考察。市委常委许健民，副市长刘建明出席汇报会并陪同考察。

9 日　中共攀枝花市委召开九届二次全委会，审议通过攀枝花市推荐的出席中共十八大代表候选人人选。市委书记刘成鸣主持会议。会议应到市委委员 45 人、市委候补委员 10 人，实到市委委员 38 人、市委候补委员 10 人，符合规定人数。市领导张剡、谢道全、单荣、赵辉、杨自力、李群林、沈钧、许健民、张伟、王海波、殷旭东、李仁杰、赵勇出席会议。

10 日　攀枝花市旅游产业发展汇报会在攀枝花会展中心召开。会议分析全市旅游产业发展现状和存在的问题，并就下一阶段工作进行安排部署。市委书记刘成鸣出席会议并就全市旅游产业发展目标、思路和重点提出要求。市委副书记赵辉，市委常委、市委宣传部部长沈钧，市委常委、市委秘书长王海波出席会议。副市长李章忠主持会议。

△　全市抗旱会商会议在攀枝花会展中心召开。会上，市政府防汛抗旱指挥部决定，从即日起启动Ⅱ级抗旱应急响应。市委常委、市纪委书记李群林，副市长李仁杰出席会议。

13 日～14 日　市委书记刘成鸣，市委副书记、市长张剡率市级有关部门负责人赴鞍山钢铁集团公司考察，并于 13 日下午与鞍钢集团公司领导进行座谈。双方就合作的具体事宜进行深入探讨，进一步明确合作的方向及重点。市委副书记赵辉，市委常委、市委秘书长王海波，副市长刘建明，鞍山钢铁集团公司党委书记、总经理张晓刚，党委副书记尹利，副总经理白静瀑，攀钢集团有限公司党委书记余自甦出席座谈会。

14 日～15 日　以省司法厅副巡视员杨跃为组长的省政府考核组对该市艾滋病防治工作进行检查考核，并听取副市长张敏汇报全市 2011 年艾滋病防治工作。在此次考核的 6 大领域 24 项指标中，攀枝花市完成率为 100%。

15 日～16 日　市委书记刘成鸣率市党政代表团前往昆明钢铁控股有限公司，考察学习昆钢跨越发展的先进经验，并以此次考察为起点，加强企业交流合作，相互学习借鉴，实现共同发展。市委副书记赵辉，市委常委许健民，市委常委、市委秘书长王海波参加考察。

20 日　市委常委、市委政法委书记张伟接见从京载誉归来的“全国模范法院”——东区人民法院的代表。市人大常委会副主任许秀峰，市政协副主席马晓凤，市中级人民法院院长祝鸿陪同接见。

22 日～23 日　以省人大常委会副主任、党组副书记王少雄为组长的省委督察调研组一行莅攀，就该市贯彻落实省委人大工作会议暨省委[2009]22 号文件精神进行督察指导，并分组听取相关情况汇报。22 日，市人大常委会主任、党组书记谢道全代表市人大常委会汇报攀枝花进一步加强人大工作的情况；市委常委、市委组织部部长张祖芸，市委常委、市委宣传部部长沈钧分别汇报市委组织部、市委宣传部贯彻落实省委文件精神有关情况。市委常委、市委秘书长王海波主持第一组汇报会。23 日，督察调研会在攀枝花会展中心举行，市委书记刘成鸣向省委督查调研组作汇报。市人大常委会主任谢道全主持会议。市领导张剡、赵辉、张祖芸、沈钧、王海波参加会议。省人大常委会委员王杨、谢昆、彭述明、宋国文参加汇报会。市人大常委会副主任张如英、唐建民、张国民、许秀峰、王向阳，秘书长钟国元参加会议。

23 日～24 日　由铁道部、成都铁路局、省发改委等部门和单位专家组成的成昆铁路新线现场踏勘组莅临攀枝花市，对成昆新线项目攀枝花段的站点、米易至丙谷线位问题进行现场踏勘。24 日,专家组在攀枝花会展中心同攀枝花市相关部门领导进行专题座谈。市委副书记、市长张剡出席座谈会,并就相关工作提出建议。铁道部鉴定中心副主任吴克非主持座谈会,并介绍成昆铁路新线项目审批相关情况。副市长李章忠出席座谈会。

24 日　副省长陈文华在省环保厅相关负责人陪同下,对攀枝花市环境保护,特别是节能减排工作开展情况进行调研。市委书记刘成鸣、市委常委许健民陪同调研。

△　市长张剡主持召开市政府第二次常务会议。会议审议并原则通过《关于调涨全市最低工资标准的请示》等。会议还审议并原则通过《关于促进 2012 年固定资产投资持续较快增长的意见》《关于在我市建立 80～89 岁高龄老人生活津贴的请示》等。

25 日　晚,“'2011 中国·攀枝花欢乐阳光节”闭幕式暨第四届“米易·迷易花会”启动仪式在米易县文化广场举行。市委常委、市委宣传部部长沈钧宣布欢乐阳光节闭幕、第四届“米易·迷易花会”启动。市人大常委会副主任张如英,副市长李章忠,市政协副主席庞向东出席闭幕式。

27 日　全国双拥模范城(县)命名暨双拥模范单位和个人表彰大会在北京市举行,攀枝花市再度荣获“全国双拥模范城”称号。这是攀枝花市继 2003 年和 2007 年获“全国双拥模范城”称号后第三次获此殊荣。

28 日　市九届人大常委会在攀枝花会展中心举行第一次会议。市人大常委会主任谢道全主持会议并讲话。市人大常委会副主任张如英、唐建民、张汝林、张国民、许秀峰,秘书长钟国元及委员共 32 人出席会议。市长张剡,常务副市长杨自力,市中级人民法院院长祝鸿,市人民检察院检察长卢旭东列席会议。市政协副主席庞向东应邀列席会议。4 名市人大代表应邀列席会议。会上,张剡对提请任命的新一届政府组成人员拟任人选情况进行说明。会议表决通过市人民政府提请的新一届市政府组成部门人事任免案,表决通过市中级人民法院提请的人事任免案。

29 日　中共攀枝花市委工作会在攀枝花会展中心召开。会议就全市统战工作、组织工作、宣传思想工作、政法工作、机关党的建设工作以及惩防体系建设推进工作进行总结部署。市委书记刘成鸣出席会议,并代表市委与各县(区)委和市教育局、市交通运输局党委负责人签订《党建工作目标责任书》。市委副书记、市长张剡主持会议。市委副书记赵辉,市委常委、市委组织部部长张祖芸,市委常委、常务副市长杨自力,市委常委、市纪委书记李群林,市委常委、攀枝花军分区司令员程少华,市委常委、市委宣传部部长沈钧,市委常委许健民,市委常委、市委政法委书记张伟,市委常委、市委秘书长王海波出席会议。会上,赵辉、张祖芸、李群林、沈钧、张伟、王海波就全市统战工作、组织工作、宣传思想工作、政法工作、机关党的建设工作以及惩防体系建设推进工作进行总结部署。会议表彰 2006～2010 年全市法制宣传教育先进集体和先进个人、人民调解工作先进集体和先进个人,2011 年度群众信访工作、社会治安综合治理工作、全市维护社会稳定工作先进集体和先进个人。

△　全市经济工作会议在攀枝花会展中心召开。会议的主要任务是:贯彻落实中央、省委经济工作会议,市第九次党代会和市九届人大一次会议精神,总结部署全市经济工作。市委书记刘成鸣出席会议并为受表彰单位颁奖。会议由市委副书记、市长张剡主持。市领导谢道全、单荣、赵辉、杨自力、许健民、张如英、柳康健、李章忠、刘建明、赵勇出席会议。会上,杨自力、柳康健、李章忠、刘建明分别就全市工业经济、三产服务业、交通运输、国土资源、财政和统计工作进行总结部署;对质量监督、商务粮食等工作进行总结部署;对 2011 年度全市商务服务业粮食工作先进单位和工业经济工作先进单位进行了表彰;签订 2012 年度攀枝花市“急难险重”项目目标责任书。

△　四川省教育技术装备和电化教育年度工作会在米易县召开。全省 21 个市、州的相关部门负责人参加会议,并就如何推进教育技术装备和电化教育工作进行交流探讨。省教育厅副厅长张林祥、省民政厅副厅长罗平恩,市委常委、常务副市长杨自力出席会议。

3 月

1 日　中共攀枝花市委九届三次全体(扩大)会议在攀枝花会展中心举行。会议强调全市各级各部门要以坚韧不拔的精神、百折不挠的意志、真抓实干的作风,大力实施“三个加快建设”,大力推进“三个走在全省前列”,全力打好“六大硬仗”,奋力实现“四个翻番”,确保“每年有新变化,三年见新成效,五年上大台阶”。全会由市委常委会主持。市委书记刘成鸣代表市委常委会对当前及今后一个时期全市工作进行安排部署。市委副书记、市长张剡就做好 2012 年重点工作发表意见。会议审议并通过《中共攀枝花市委九届三次全体会议决议》,进行年度考核民主测评。市领导谢道全、单荣、赵辉、张祖芸、杨自力、李群林、程少华、沈钧、许健民、张伟、王海波、张如英、唐建民、张汝林、张国民、许秀峰、柳康健、殷旭东、李章忠、张敏、刘建明、李仁杰、赵勇、庞向东、何群、吴文发、刘德顺、马晓凤、周治端出席会议。

△　中共攀枝花市委九届三次全委会在攀枝花会展中心召开。会议应到市委委员 45 名,候补委员 10 名;实到市委委员 41 名,候补委员 8 名,符合规定人数。会议审议并通过《中共攀枝花市第九届委员会关于召开中国共产党攀枝花市代表会议的决议》。根据决议,2012 年 3 月,攀枝花市将召开中国共产党攀枝花市代表会议,选举产生出席省第十次党代会的代表。会议圈选产生了攀枝花市出席四川省第十次党代会代表候选人预备人选。市委书记刘成鸣主持

会议。市委常委、市委组织部部长张祖芸就该市出席四川省第十次党代会代表候选人初步人选有关情况进行说明。市领导张剡、谢道全、单荣、赵辉、杨自力、李群林、程少华、沈钧、许健民、王海波、柳康健、殷旭东、李章忠、张敏、李仁杰、赵勇出席会议。

2日　为期三天的2012年全国皮划艇激流回旋冠军赛(米易站)在米易县国家皮划艇激流回旋训练基地开赛。

3日　上午,攀枝花市在北京银泰中心柏悦酒店举行中国阳光花城——攀枝花推介会,银泰集团、成都华西希望集团、攀枝花金海实业有限公司、攀枝花宏义投资有限公司、攀钢集团有限公司相关负责人先后在推介会上发言,向与会嘉宾介绍在攀投资发展的成功经验。市委书记刘成鸣致推介辞。推介会由市委副书记、市长张剡主持。向外界展示"攀枝花元素",搭建起携手合作、互利共赢的友谊之桥。全国人大常委会副委员长周铁农,国务院发展研究中心副主任侯云春,全国政协常委钮小明,国务院参事任玉岭,四川省人大常委会副主任王宇坤,四川省委宣传部常务副部长侯雄飞出席推介会。市领导张祖芸、沈钧、许健民、王海波、刘建明、李仁杰出席推介会。出席推介会的还有:中央和国家相关部、委、局、办有关领导,部分国内外知名大企业、大集团负责人,相关协会、机构、单位和北京市有关部门负责人。

5日　广元市委常委、市委宣传部部长王华蓉一行赴仁和区平地镇,捐赠155万元的抗旱救灾资金和价值20万元的矿泉水。市委副书记赵辉出席捐赠仪式。

10日、19日、20日、21日　受中共攀枝花市委书记刘成鸣委托,赵辉率市委统战部以及各民主党派市委、民建省委直属攀枝花支部和市工商联负责人,并特邀各民主党派四川省委、省工商联相关领导一道前往北京,专程拜访各民主党派中央和全国工商联。赵辉一行先后拜访九三学社中央、民革中央、致公党中央、民盟中央、民建中央、全国工商联和农工党中央,并分别进行座谈。全国人大常委会副委员长、民革中央主席周铁农,全国人大常委会副委员长、民建中央主席陈昌智,全国政协副主席、全国工商联主席黄孟复,全国政协副主席、九三学社中央副主席王志珍等在会见专程赴京拜访的市委副书记赵辉一行时,寄语攀枝花立足自身资源优势,进一步加强技术创新、产品创新,加快转变经济发展方式,加强经济结构战略调整,实现经济社会又好又快发展。市政协副主席、市委统战部部长赵勇全程陪同拜访。

11日　下午18时,全国人大代表、攀枝花市委书记刘成鸣应邀到人民网视频直播间,接受"'2012年全国两会"地方领导代表访谈栏目主持人采访。在约29分钟的访谈时间里,通过人民网这一网络平台,刘成鸣向全国人民热情推介"阳光花城"、展示攀枝花开发建设成就、介绍攀枝花今后一个时期的发展思路和重点。

13日　省委常委、副省长钟勉在市委副书记、市长张剡陪同下,深入攀枝花市部分乡镇、村组,考察指导抗旱减灾工作,调研农业农村发展,看望慰问基层干部群众。省政府副秘书长赵学谦、省农业厅厅长任永昌、省水利厅副厅长张强言、省农发办主任郭飞,市领导李群林、李仁杰等陪同调研。

13日~14日　四川省林业厅厅长王平一行莅临对攀枝花市林业工作进行调研。14日,四川省林业厅厅长王平一行前往米易县核桃综合种植基地,调研该市特色林业产业发展情况。市委副书记、市长张剡,副市长李仁杰陪同调研。

14日~15日　省爱卫办副主任黄武率省督导组对攀枝花迎接国家卫生城市复审准备工作进行检查指导。15日下午,督导情况通报会在攀枝花会展中心召开,会上,省督导组就攀枝花公共卫生情况、病媒生物防治工作、健康教育等方面的检查情况进行通报。市委副书记、市长张剡,市人大常委会副主任张汝林,市政协副主席庞向东出席会议。

15日　市长张剡主持召开市政府第3次常务会议。会议审议并原则通过《关于加快推进新型工业化新型城镇化互动发展的实施意见》《攀枝花市帮扶困难群众工作方案》《攀枝花市关于加强全市物业管理工作的意见》《关于三线建设博物馆(攀枝花博物馆)相关事项的请示》《关于加快工业经济发展,大力推进"中国钒钛之都"建设的意见》等。

△　由国家大宗蔬菜产业技术体系西南区综合试验站和四川蔬菜创新团队主办的国家现代农业产业技术体系攀西早春蔬菜设施栽培现场会在米易县举行。中国农科院研究员、原副院长朱德蔚,四川省农科院研究员、院长李跃建,副市长李仁杰出席现场会。

16日　攀枝花市"两烟"发展座谈会在成都举行。市委书记刘成鸣,市委副书记、市长张剡与省烟草专卖局局长龚锦华就进一步加快"两烟"发展步伐,提升现代烟草农业水平深入交换意见。市委常委、市纪委书记李群林介绍攀枝花"两烟"发展具体情况。副市长李仁杰,省烟草专卖局领导肖瑞、商波等出席座谈会。

20日　攀枝花市在市会展中心召开传达全国两会精神大会。会议的主要任务是学习传达贯彻全国两会精神,抢抓全国两会传递出的政策机遇,推动全市经济社会持续健康发展。市委书记刘成鸣出席会议并讲话。市委副书记、市长张剡主持会议并简要传达全国政协十一届五次会议精神。全国人大代表、攀钢集团有限公司党委书记余自甦在会上传达十一届全国人大五次会议精神、四川代表团参加会议情况及攀枝花参会代表在两会期间的工作情况。市领导谢道全、单荣、杨自力、李群林、张祖芸、程少华、许健民、张伟、张如英、唐建民、张国民、许秀峰、柳康健、殷旭东、李章忠、刘建明、庞向东、马晓凤、周治端出席会议。

21日　上午,花城新区规划汇报会在攀枝花会展中心召开，市委书记刘成鸣听取相关汇报，并与市级相关部门负责人共同研究花城新区城市设计及控制性详细规划，部署进一步加快新区开发建设各项工作。副市长柳康健主持汇报会。

△ 市总工会八届九次全委（扩大）会召开。全委会应到委员44名，实到委员38名，符合法定人数。市委常委、市委组织部部长张祖芸出席会议。会议通过市总工会八届八次常委会关于替补、免去部分市总工会第八届委员会委员及张祖芸不再担任市总工会第八届委员会主席、常委职务的建议和拟替补、免去的委员名单；市委常委许健民当选市总工会第八届委员会主席。

22日 省电力公司总经理王抒祥一行莅攀，调研攀枝花市抗旱保电及电网建设工作，并与攀枝花市进行座谈。市委书记刘成鸣，市委副书记、市长张剡出席座谈会。上午，在市领导张剡的陪同下，王抒祥一行先后前往米易500千伏输变电工程建设现场、米易抗旱保电工作现场、银江变电站、攀枝花电业局调度营业部在建现场进行实地调研。

26日 上午，市委书记刘成鸣在攀枝花会展中心主持召开会议，听取市级有关部门开展“五创联动”工作情况汇报，分析存在的差距和问题，研究部署下一步工作。市委副书记、市长张剡出席会议并对“五创联动”工作提出具体要求。市委副书记赵辉，市委常委、市委宣传部部长沈钧出席会议。

27日 市委农村工作会议在攀枝花会展中心召开。会议的主要任务是传达中央、省委农村工作会议以及中央、省委1号文件精神，全面总结2011年全市农业农村工作，分析2012年“三农”发展形势，部署2012年农业农村工作。市委书记刘成鸣，市委副书记、市长张剡出席会议并讲话。市委常委、市纪委书记李群林主持会议并就贯彻会议精神提出要求。市委常委、市委组织部部长张祖芸，市人大常委会副主任张国民，副市长李仁杰，市政协副主席马晓凤出席会议。

28日 攀枝花市人民政府与四川省工商业联合会战略合作签约仪式暨攀枝花重大项目投资说明会在攀枝花会展中心举行。市委书记刘成鸣出席签约仪式并致辞。省委统战部副部长、省工商联党组书记钟家霖出席签约仪式并讲话。市委副书记赵辉作重大项目投资说明，副市长柳康健代表市政府与省工商联签订战略合作协议。市人大常委会副主任张如英，市政协副主席、市委统战部部长赵勇，市政协副主席、市工商联主席吴文发出席签约仪式。

29日~31日 全国政协副秘书长、农工民主党中央副主席刘晓峰率队莅攀，调研攀枝花市县级公立医院改革发展情况，看望慰问基层医务工作者。市委书记刘成鸣等陪同调研。农工民主党四川省委主委、省卫生厅副厅长王正荣，农工民主党中央参政议政部部长隋路，农工民主党四川省委驻会副主委张庆文，农工民主党四川省委秘书长夏华祥，北京师范大学社会发展与公共政策学院院长、北京师范大学中国医疗卫生政策研究院执行院长张秀兰，陕西省榆林市政协副主席、农工民主党榆林市委主委麻宝玉，农工民主党中央社会与法制工作委员会副主任赵合宇参加调研。市领导单荣、赵辉、张祖芸、沈钧、张汝林、张敏、赵勇陪同调研或参加相关活动。调研中，刘晓峰一行先后前往攀枝花市部分县（区）公立医院，察看医疗硬件设施，询问了解医院运行管理情况及医院收治情况、医疗设施水平、医务人员编制、医疗后勤保障等。31日上午，调研组一行与攀枝花市相关部门负责人进行座谈，双方就深化县级公立医院改革发展，破除群众“看病难、看病贵”问题及进一步加强合作交流，共同推进攀枝花经济社会发展等深入交换意见。中共攀枝花市委书记刘成鸣出席座谈会。农工民主党中央参政议政部部长隋路主持座谈会。王正荣、张庆文、夏华祥、张秀兰、麻宝玉、赵合宇参加座谈会。市领导赵辉、张汝林、张敏、赵勇参加座谈会。

4月

6日 上午，省委、省政府召开电视电话会议，对四川省2011年度环境优美示范城镇乡村进行命名和表彰。攀枝花市米易县白马镇、垭口镇被命名为环境优美示范乡镇，东区银江镇攀枝花村、米易县丙谷镇芭蕉箐村等30个村被命名为环境优美示范村庄，东区环卫局魏军等10名环卫工人被授予四川省城乡环境综合治理优秀环卫工人称号。

△ 攀枝花市国家现代农业示范区建设启动仪式暨现代农业基地建设工作会在米易县举行。会上，四川省委常委、省委农工委主任李昌平发表书面讲话，并由省农业厅厅长任永昌宣读。农业部发展计划司现代农业示范区管理办公室副主任聂新鹏宣读相关批复文件。市委副书记、市长张剡主持会议并讲话。省发改委副主任邓正权，省财政厅副厅长帅克，省水利厅副厅长刘俊舫，省畜牧食品局副局长杨朝波，省气象局副局长钟晓平，市人大常委会主任谢道全，副市长李仁杰，市政协副主席吴文发出席会议。攀枝花市国家现代农业示范区规划区域包括仁和区、米易县和盐边县三个县（区），涉及42个乡镇，涵盖全市98.5%的耕地和99.3%的农业人口。

7日 市长张剡主持召开市政府第4次常务会议。会议审议并原则通过《攀枝花市“五创联动”工作启动方案》《关于进一步加快推进保障性安居工程建设的实施意见》《攀枝花市花城新区城市设计及控制性详细规划》《关于进一步加强招商引资工作的实施意见》《关于进一步加大财政教育投入的意见》等。

8日 中国共产党攀枝花市代表会议在攀枝花会展中心召开，本次会议应到代表237人，实到代表204人，符合规定人数。会议选举产生攀枝花市出席四川省第十次党代会代表20名。市委书记刘成鸣主持会议并讲话。市委副书记张剡、赵辉，市委常委张祖芸、杨自力、李群林、程少华、沈钧、许健民、张伟、王海波在主席台就坐。市领导谢道全、单荣、张如英、张国民、许秀峰、王向阳、柳康健、殷旭东、张敏、李仁杰、赵勇、庞向东、马晓凤出席会议。

10日　民建四川省委攀枝花市基层委员会成立大会在攀枝花会展中心举行，会议选举产生民建攀枝花市基层委员会委员和主任、副主任。民建四川省委副主委、省政协副秘书长王元勇出席会议，中共攀枝花市委副书记赵辉、市人大常委会副主任张国民、副市长刘建明、市政协副主席赵勇出席会议。

△　国家防汛抗旱总指挥部办公室副主任张旭莅攀，察看旱情，指导抗旱工作，看望慰问一线干部职工和受旱群众。副市长李仁杰陪同视察。

12日　攀枝花市"五创联动"暨迎接国家卫生城市复审暨城乡环境综合治理动员大会在攀枝花会展中心大会堂召开。市委书记刘成鸣代表市"五创联动"工作领导小组与分管领导签订目标责任书，并作动员报告。市委副书记、市长张剡主持会议并就贯彻落实会议精神提出具体要求。市领导谢道全、单荣、赵辉、张祖芸、李群林、程少华、沈钧、许健民、张伟、张汝林、柳康健、殷旭东、李章忠、张敏、刘建明、李仁杰、赵勇等参加会议。会上，沈钧、许健民、柳康健、李章忠、张敏、李仁杰分别就开展"五创联动"、迎接国家卫生城市复审、深入推进城乡环境综合治理等工作进行安排部署。攀钢集团公司代表杨天旺、东区市民代表黄晓华在会上发言。会议指出，从2012年起，通过三到五年的努力，将攀枝花创建成为国家环保模范城市、国家森林城市、国家园林城市、中国阳光康养旅游城市和全国文明城市，为全面建设小康社会奠定坚实的基础，为实现幸福攀枝花营造良好的发展环境。

13日　全市科学技术奖励大会暨科技工作会在攀枝花会展中心召开。会议对荣获2011年度攀枝花市科学技术进步奖的67项科技成果进行表彰，并安排部署2012年科技工作。市委书记刘成鸣就做好2012年科技创新工作提出具体要求。市委副书记、市长张剡主持会议。市委副书记赵辉宣读奖励决定。市人大常委会副主任张如英，市政协副主席周治端出席会议。副市长刘建明作工作报告。

△　全市对外开放和招商引资暨非公经济工作会议召开。市委副书记、市长张剡出席会议并讲话。市委副书记赵辉主持会议。会议还对2011年度招商引资先进单位、先进个人、优秀项目团队和单项工作先进集体，以及2011年度非公经济工作先进区县、2011年度全市非公企业营业收入前10强和纳税前10强进行表彰。市领导许健民、张汝林、柳康健、刘建明、李仁杰、赵勇出席会议。

14日　安徽省原省长傅锡寿和夫人王志英莅临阔别多年的攀枝花市，考察改革发展情况。市委书记刘成鸣陪同考察。安徽省政府办公厅党组成员、巡视员余华柱，四川省委副秘书长张宁，市委常委、市委宣传部部长沈钧陪同考察。

14日～15日　农业部市场信息司副司长李昌健率农业部春耕生产督察组莅临攀枝花市，就全市春耕生产情况进行专题调研。省农业厅总农艺师潘海平，副市长李仁杰陪同调研。15日，春耕督察组前往米易县调研。

16日　卫生部原疾控局副局长、国家爱卫办原副主任白呼群，山西省爱卫办主任高升华率国家爱卫办、四川省爱卫办的专家莅攀，对攀枝花市巩固国家卫生城市创建成果相关工作进行督导检查。副市长张敏陪同检查。

18日　省委、省政府决策咨询委员会主任、全国人大财政经济委员会委员甘道明，省委、省政府决策咨询委员会常务副主任、省工业化城镇化领导小组副组长李成云一行莅攀，就市钒钛磁铁矿综合利用及相关产业发展进行调研，并听取专题汇报。市委书记刘成鸣陪同调研并参加工业经济工作汇报会。市人大常委会主任谢道全陪同调研。市委常委、常务副市长杨自力主持汇报会。副市长刘建明作专题汇报。

△　普达阳光国际康养度假区项目投资协议签约仪式在攀枝花金海开元名都大酒店举行。仁和区人民政府与攀枝花阳城金海房地产开发有限公司签订普达阳光国际康养旅游度假区项目的投资协议。市领导张剡、沈钧、许健民、柳康健、李章忠、刘德顺出席签约仪式。普达阳光国际康养度假区项目选址为仁和区前进镇普达村，项目是集休闲商务、休闲度假、休闲运动、休闲居住为一体的旅游目的地；以阳光、休闲、康养为主题的度假旅游示范区。该项目规划区域占地总面积约800公顷，建筑面积约200万平方米，总投资不低于80亿元人民币。

△　全国生铁及铁合金标准化技术委员会钒工作组和钛工作组成立大会暨第一次全体委员大会在攀枝花会展中心召开。这标志着全国钒、钛标准化工作组正式在攀枝花市挂牌成立。冶金工业信息标准研究院院长张宇春，四川省质量技术监督局副局长雷动楚出席会议并为工作组授牌。市委常委、常务副市长杨自力出席会议并代表市委、市政府对工作组成立表示祝贺。

19日　市委、市人民政府决策咨询委员会成立大会在攀枝花会展中心召开，省委、省政府决策咨询委员会主任、全国人大财政经济委员会委员甘道明到会祝贺。市委书记刘成鸣出席会议并对决策咨询工作提出具体要求。市人大常委会主任谢道全，市政协主席单荣，省委、省政府决策咨询委员会秘书长、省科技厅副厅长罗玉彬，凉山州州委、州政府决策咨询委员会部分专家出席会议。市委副书记、市委、市政府决策咨询委员会主任赵辉在会上作工作报告。副市长刘建明主持会议。会上，甘道明、刘成鸣、谢道全、单荣、罗玉彬、赵辉、刘建明为到会的市委、市政府决策咨询委员会专家颁发聘书。会议还对2008年度~2010年度的《攀枝花区域性中心城市的战略定位与建设思路》等11项决策研究与咨询优秀成果给予表彰奖励。

△ 在攀枝花市调研的省委、省政府决策咨询委员会主任、全国人大财政经济委员会委员甘道明，应邀为攀枝花市各级党委理论学习中心组成员作以《认真做人、踏实做事、执政为民》为题的专题报告。市委书记刘成鸣主持报告会并讲话。市领导谢道全、赵辉、张祖芸、杨自力、程少华、沈钧、许健民、张伟、张如英、张国民、殷旭东、张敏、庞向东、刘德顺出席报告会。全市各级党委、党组理论学习中心组成员，市级部门机关干部，有关企业事业单位干部，武警支队的干部等600多人参加报告会。

△ 省委、省政府决策咨询委员会常务副主任、省工业化城镇化领导小组副组长李成云率省委、省政府决策咨询委员会部分成员，考察市钒钛关联企业发展情况、四川龙蟒矿冶有限责任公司选矿二期技改工程进展情况。副市长刘建明陪同考察。

△ 省政府保障性安居工程专项督察组莅攀，对全市保障性安居工程建设工作进行专项督察并听取专题汇报。副市长柳康健作工作汇报。

20日 市委书记刘成鸣深入金沙江中心区段部分沿江景观打造工作节点，察看详细规划和工程实施情况，分析存在的不足和差距，并召开专题会议，研究部署下一步工作。市委副书记赵辉，副市长柳康健随同督导并出席会议。市人大常委会副主任张如英、市政协副主席庞向东出席会议。刘成鸣强调，各有关部门要将其作为打好建设宜居宜业百万人口中心城市硬仗的突破口，切实增强“机不可失、时不再来”的紧迫感，拿出“分秒必争、快人一步、抢先一拍”的工作劲头，抓紧推进六大工作，加快实施景观打造，确保“每年有新变化、三年见新成效、五年上大台阶”。

△ 晚上，东区首届青年大学生创业设计大赛落下帷幕。迷你高尔夫创业团队以新颖的创业项目、先进的创业理念摘得此次大赛桂冠。市委副书记赵辉出席决赛，为一等奖获奖团队颁奖。温州商会、中汇特钢相关负责人分别与果复原创业团队、迷你高尔夫创业团队签订合作意向。

△ 第四届攀枝花市青少年科技创新市长奖颁奖大会在攀枝花会展中心举行。全市共有10名学生、6名优秀科技辅导教师和3所学校获奖。市委副书记、市长张剡为获奖学生颁奖，并就做好青少年科技创新工作提出要求。市委常委许健民宣读获奖人员名单，副市长刘建明主持大会。市人大常委会副主任王向阳、市政协副主席庞向东出席大会。

26日 省政协副主席、致公党省委主委陈杰率省政协考察组莅攀，通过实地考察、听取汇报等方式，就攀西战略资源开发工作进行调研。市委书记刘成鸣出席汇报会。市政协主席单荣主持汇报会。副市长李章忠向考察组一行汇报本市战略资源开发情况。市政协副主席庞向东，市政协副主席、致公党市委主委何群参加汇报会。下午，陈杰一行到米易县垭口镇安全村、丙谷镇雷窝村、攀莲镇青皮村和攀西农产品交易中心，对市现代特色农业发展情况进行现场调研，并提出相关要求和意见。市领导单荣、李仁杰、庞向东、何群，市政协秘书长唐云城陪同调研。

△ 上午，全市“双拥”工作表彰大会在攀枝花会展中心举行。会议对全市在双拥工作和创建“全国双拥模范城”活动中表现突出的模范县（区）、先进单位和个人进行表彰。市委书记刘成鸣出席会议并讲话，市委副书记、市长张剡对市“双拥”工作进行总结和具体部署。市人大常委会主任谢道全，市委常委、攀枝花军分区司令员程少华，市政协副主席马晓凤，攀枝花军分区政委陈向东出席会议。市委常委、常务副市长杨自力主持会议。会上，武警攀枝花市支队、攀枝花军分区政治部等单位进行了交流发言。

△ 上午，市委书记刘成鸣，市委副书记、市长张剡在攀枝花会展中心会见百威英博啤酒集团中国法律及企业事务总监于龙涛一行。刘成鸣代表市委、市政府对于龙涛一行到攀考察投资表示热烈欢迎。市委副书记赵辉，副市长李仁杰，百威英博啤酒集团相关代表参加会见。

△ 市长张剡主持召开市政府第5次常务会议，会议审议并原则通过《攀枝花市2012年民生工程实施方案》等。会议指出，2012年，全市共确定“就业促进、扶贫解困、教育助学、社会保障、医疗卫生、百姓安居、道路畅通、民生基础设施、生态环境、文化体育”为主要内容的民生工程共10个大项、103个分项，其中省级54项、市级49项。计划安排资金31.6亿元。

27日 召开市委常委会议，传达省委九届十一次全会精神，并结合贯彻落实全会精神，对推动全市经济发展，保持社会和谐稳定等工作进行重点部署。市委书记刘成鸣主持会议并讲话。市委副书记、市长张剡在会上传达省委九届十一次全会主要精神。市领导谢道全、单荣、赵辉、张祖芸、杨自力、李群林、沈钧、许健民等参加会议。会议强调，贯彻落实省委九届十一次全会精神，坚定信念，乘势而上，加快发展，以优异成绩迎接省第十次党代会和中共十八大胜利召开。

△ 国家工商总局商标局向社会公布新近认定的2012年“中国驰名商标”名单，攀钢集团钢铁钒钛股份有限公司“PG”商标榜上有名。这也是攀枝花市商标发展史上的首个“中国驰名商标”，实现零的突破。

28日 上午8时50分，随着市委书记、演练总指挥长刘成鸣一声令下，2012年攀枝花市防灾救灾综合实战演练在米易县白马镇威龙村藤家梁子中禾矿业公司矿山排土场拉开帷幕。此次实战演练是攀枝花市历史上最大规模的防灾救灾综合实战演练，以模拟突发里氏6.9级地震为背景。

市委书记刘成鸣,市委副书记、市长张剡分别担任此次实战演练总指挥长和副总指挥长,并在市人防应急通信指挥车内,使用市人防应急机动通信系统指挥演练。市领导杨自力、程少华、王向阳、柳康健、殷旭东、马晓凤参加并观摩指导演练。

△ 攀枝花市携手华铁传媒,在成都天府丽都喜来登饭店共同举办"中国阳光花城——攀枝花旅游品牌专列"启动发布会。会上,北京西——攀枝花的K117/K118次列车正式被命名为"中国阳光花城——攀枝花旅游品牌专列",5月1日,此专列将正式开通。省旅游局副局长吴勉,市委常委、市委宣传部部长沈钧,副市长李章忠出席发布会,并共同按下水晶球,启动"中国阳光花城——攀枝花旅游品牌专列"。

△ 攀枝花市在成都市举行"体验自驾高速之旅畅享中国阳光花城"攀枝花自驾游启动仪式。当天,自驾游车队统一从成都市出发,前往攀枝花市。省旅游局副局长吴勉宣布自驾游活动启动,市委常委、市委宣传部部长沈钧为自驾游车队授旗,副市长李章忠致辞。

5月

3日 攀枝花市纪念中国共产主义青年团成立90周年暨"五四"运动93周年表彰大会在市政务中心会议室举行,市委常委、市总工会主席许健民出席会议,并为攀枝花市优秀共青团员、优秀共青团干部和"五四"红旗团委、团支部颁奖。

△ 攀枝花市首个L—CNG(液化—压缩天然气)加气站在格里坪工业园区建成并投入使用。此L—CNG液化气加气站于2011年底开工建设,投入使用后每天加气量为1.5万立方米~2万立方米,可满足全市大、小车辆几百车次加气需求。

3日~4日 省委常委、省委农工委主任李昌平深入仁和区、盐边县、米易县等部分县(区)、乡镇、村组,调研抗旱减灾、新农村建设等情况,看望慰问基层干部群众。省农业厅副厅长傅志康,省林业厅副厅长包建华,市委书记刘成鸣,市委副书记、市长张剡,市委常委、市纪委书记李群林,副市长李仁杰陪同调研。

4日~5日 省委副书记李春城率省级有关部门负责人深入攀枝花云钛实业有限公司、攀钢部分厂区、攀枝花钒钛产业园区等企业、园区及城市建设重点项目施工现场,就"两化"互动、统筹城乡等工作进行调研,并听取工作汇报。省委副秘书长朱以庄,省发改委副主任吴光镭,省经信委副主任伍丕光,省住建厅副厅长田文,省科技厅副厅长罗治平随同调研并出席汇报会。

7日 "奋进四川、科学发展、辉煌成就"主题宣讲报告会在攀枝花会展中心举行。四川省社科院副院长、研究员四川省有突出贡献的中青年专家省委宣讲团地方党政团第五组主讲人杨钢作主题报告。市委副书记赵辉主持报告会并讲话。全市各县(区)和市直机关党委(党组)理论学习中心组成员、市级各部门机关干部、企事业单位干部、武警支队官兵等600多人听取报告。

7日~9日 市委书记刘成鸣,市委副书记、市长张剡率攀枝花市党政代表团在云南省保山市学习考察。市人大常委会主任谢道全,市政协主席单荣,市委常委、市委宣传部部长沈钧,副市长殷旭东、李章忠参加学习考察。7日下午,市党政代表团一行与保山市党政领导在保山官房大酒店进行交流座谈,并签订交流合作框架协议与旅游合作协议。

7日~11日 市委常委、市委组织部部长张祖芸率慰问团赴甘孜藏族自治州,代表市委、市政府看望慰问攀枝花市的支援藏区干部和公安干警。张祖芸还拜会当地州、县党委与政府相关领导,并开展座谈沟通。

9日 攀枝花市"两化"工作领导小组在攀枝花市西区举行会议,专题研究在加快推进新型工业化和新型城镇化,实现"两化"互动发展中,如何解决拆迁失地农民转移安置,建立城乡统一体的社会保障制度,完善社会服务机制等问题。市委副书记赵辉,副市长刘建明出席会议。

9日~10日 以省人大常委会副主任彭渝为组长的省人大调研组莅临攀枝花市,调研攀枝花市结构调整和钒钛产业发展情况。省人大常委会委员、副秘书长、办公厅主任朱新华,省人大常委会委员、财经委副主任委员张书铭,省人大常委会副秘书长吕华,省人大财经委副主任委员李长江,省人大财经委委员贺盛瑜,省人大常委会预工委副主任郑树全,省烟草专卖局纪检组长肖瑞,省发改委副巡视员吴德富参加调研。9日,省人大调研组在攀枝花会展中心听取全市结构调整和钒钛产业发展情况汇报。市委副书记赵辉、市人大常委会副主任张如英出席汇报会,副市长刘建明向调研组汇报情况。10日,省人大调研组深入攀钢部分厂矿和金瓯广场,就攀枝花市经济结构调整和钒钛产业发展情况进行调研。市委副书记赵辉、市人大常委会副主任张如英、副市长刘建明陪同调研。

10日 省委惩防体系建设督导检查组莅攀,对攀枝花市惩防体系建设工作进行督察调研。省预防腐败局专职副局长刘光辉,市委常委、市纪委书记李群林出席在攀枝花市举办的专题座谈会。当天,省委惩防体系建设督导检查组还先后前往市实验学校、市政务中心、东区纪委、市水务集团公司,详细了解部分市级部门、县(区)和事业单位惩防体系建设情况。

10日~11日 市委书记刘成鸣,市委副书记、市长张剡率攀枝花市党政代表团到云南省德宏傣族景颇族自治州学习考察，进一步深化与德宏州的交流合作。市人大常委会主任谢道全，市政协主席单荣，市委常委、市委宣传部部长沈钧，副市长殷旭东、李章忠参加学习考察。德宏州人大常委会主任余麻约，州委常委、瑞丽市委书记杨跃国，州委常委、州委组织部部长何汝利，州政府副州长板岩过，州政协副主席董成宝陪同考察。11日，市委书记刘成鸣，市委副书记、市长张剡率攀枝花市党政代表团一行与德宏州党政领导在芒市宾馆签订交流合作框架协议与旅游合作协议。

11日~12日　市委副书记赵辉率领的市委考察组一行赶赴凉山州木里县，就攀枝花市定点扶贫、对口帮扶藏区援建项目进行对接考察。11日下午，在座谈会上，市委考察组一行听取木里县关于援建项目的意见和建议。12日下午，召开攀枝花市对口支援木里藏族自治县项目对接会，双方就援建项目选择、资金投入、实施规划等进行广泛交流与沟通。

14日~21日　出席中国共产党四川省第十次代表大会的攀枝花代表团赴成都市参会。14日晚7时许，省委副书记、省长蒋巨峰，省委常委、省纪委书记王怀臣，省委常委、副省长钟勉利用休息时间看望出席省第十次党代会的攀枝花代表团代表。省党代表、市领导刘成鸣、张剡、张祖芸陪同。15日上午，中国共产党四川省第十次代表大会在成都金牛宾馆大礼堂开幕。攀枝花代表团全体成员参加开幕式，并在下午举行的代表团会议中，对第九届省委所作的报告进行认真讨论。省党代表、攀枝花代表团成员张作哈参加讨论并发言。省党代表、攀枝花代表团团长刘成鸣主持代表团会议。省党代表、攀枝花代表团成员张剡、赵辉、张祖芸、李群林、沈钧等参加讨论。17日，省党代表李登菊到成都新华宾馆1号会议室，与省第十次党代会攀枝花代表团的代表们围坐一起，共同讨论刘奇葆代表第九届省委所作的报告。省党代表、攀枝花代表团成员张作哈、张剡、赵辉、张祖芸、李群林、沈钧等参加讨论。省党代表、攀枝花代表团团长刘成鸣主持代表团会议。18日下午4时许，出席省第十次党代会的省党代表侯雄飞，省党代表、攀枝花代表团成员张作哈、刘成鸣、张剡、赵辉、张祖芸、李群林、沈钧等走进位于成都金牛宾馆的展览现场，参观"奋进四川、辉煌巨变"图片展。

16日　商务部外贸司副司长江帆一行莅攀调研钒钛产业基地建设情况。江帆一行先后前往攀枝花学院、国家钒钛制品质量监督检验中心、攀钢集团钛业公司等地，察看并了解钒钛产业科研等情况。副市长李章忠陪同调研。

17日　全国人大机关党委常务副书记、全国人大机关党校校长王平率全国人大机关党校培训班学员莅临攀枝花，就攀枝花市经济社会发展情况进行调研。全国人大法工委机关党委专职副书记、机关党委委员邓福祥参加调研，市人大常委会主任谢道全、市人大常委会副主任唐建民、市人大常委会秘书长钟国元陪同调研。18日，全国人大机关党校培训班学员一行前往二滩水电站调研。市人大常委会主任谢道全，市人大常委会副主任张国民、王向阳，市人大常委会秘书长钟国元陪同调研。

△　全国生铁及铁合金标准化技术委员会钒标准化工作组、钛标准化工作组在攀枝花挂牌成立。这标志着攀枝花正式取得全国钒钛制品标准制定修订主导权。

21日　攀枝花市传达学习省第十次党代会精神大会在攀枝花会展中心召开。会议强调，全市干部群众要认真贯彻落实省第十次党代会精神，主动对接全省新一轮发展重点，积极捕捉加快发展机遇，巩固增强加快发展优势，助推攀枝花经济社会在科学发展的轨道上实现跨越提升。市委副书记、市长张剡出席会议并讲话。市人大常委会主任谢道全，市政协主席单荣出席会议。市委副书记赵辉主持会议，市委常委、市委组织部部长张祖芸传达省第十次党代会精神。市领导沈钧、许健民、张伟、唐建民、张国民等出席会议。

22日　市长张剡主持召开市政府第六次常务会议。会议审议并原则通过《攀枝花市"十二五"节能减排综合性工作方案》《关于全面推进民族地区跨越式发展的意见》《关于加快发展现代林业产业的意见》《攀枝花市2012年节约能源实施计划》《攀枝花市"十二五"环境保护规划》《攀枝花市全民科学素质行动计划纲要实施方案（2011—2015年）》等。

△　攀枝花市党外知识分子联谊会成立大会暨第一次理事会在攀枝花会展中心召开。市委副书记赵辉出席会议并讲话。省委统战部副部长刘建军、市人大常委会副主任张国民出席会议。市政协副主席、市委统战部部长赵勇主持会议。

23日　第七届攀枝花文学艺术奖颁奖大会在攀枝花会展中心举行，47件文学作品榜上有名，2人荣获文学艺术贡献奖。市委常委、市委宣传部部长沈钧出席颁奖大会，副市长张敏宣读表彰决定。

△　全市工会系统启动"夏季送清凉"活动。上午，市委常委、市总工会主席许健民一行前往车间、工地，看望慰问盛夏酷暑仍奋战在一线的职工、外来务工人员以及执勤交警，向他们送去价值5万余元的防暑降温用品。

23日~24日　攀枝花市与凉山州木里藏族自治县就对口支援工作进行对接。攀枝花市委副书记赵辉，凉山州州委常委、州委统战部部长达久木甲出席相关座谈会。

24日　中国工程院副院长干勇和相关院士专家与专程赴中国工程院落实相关合作事宜的市委书记刘成鸣一行进行座谈，双方围绕提升钒钛资源综合开发利用整体水平这一主题，就相关合作事项达成共识。中国工程院院士张懿、邱定蕃，中国钢研集团工程用钢研究所所长杨才福，中国工程院一局局长谢冰玉，中国工程院三局副局长李仁涵，省科技厅党组成员、巡视员谭开林等参加座谈。副市长刘建明参加座谈并向与会院士、专家介绍市钒钛资源综合开发利用情况。

25日　全市人大宣传信息工作暨通讯员培训会召开。市人大常委会主任谢道全出席会议并讲话。市委常委、市委宣传部部长沈钧出席会议,市人大常委会秘书长钟国元主持会议。省人大《人民权力报》《民主法制建设》等报刊相关负责人作专题辅导。各县(区)人大常委会负责人、市级新闻单位相关负责人、人大宣传信息工作通讯员60余人参加会议。会议还对攀枝花市第十九届、二十届"宣传人民代表大会制度好新闻"获奖作品进行表彰。

△　由国土资源部、财政部相关负责人组成的评估组莅攀,就四川省攀枝花钒钛磁铁矿资源综合利用示范基地建设情况进行检查评估。评估组一行先后前往攀钢矿业公司表外矿利用工程现场、攀钢矿业公司密地选钛扩能改造项目现场,了解基地建设进展情况,听取相关汇报。

26日　攀枝花市政府与钢铁研究总院在中国钢研科技集团有限公司总部签订战略合作框架协议。中国钢研科技集团有限公司总经理、党委副书记白忠泉,攀枝花市委书记刘成鸣出席签约仪式。中国钢研科技集团有限公司副总经理、党委常委李波与攀枝花市政府副市长刘建明在合作协议上签字。

27日　晚上,攀枝花市金沙江中心区段沿江景观规划设计方案评审会召开。市委副书记、市长张剡出席会议并讲话。会上,《攀枝花市金沙江中心区段沿江景观规划设计》的设计单位深圳市北林苑景观及建筑规划设计院有限公司作了情况介绍。各县(区)负责人、专家就规划的科学性、可操作性、带动性等方面问题提出建议和意见。

29日　四川统计"四大工程"暨基本单位名录库建设现场推进会在攀枝花会展中心召开。省统计局局长刘晓华、副局长陈智、机关党委书记李兴怀、总统计师何健出席会议。市委常委、常务副市长杨自力致辞。

30日~31日　四川省人民检察院检察长邓川一行莅临攀枝花市,调研基层检察工作,看望慰问一线检察干警。邓川一行先后深入米易县人民检察院、仁和区人民检察院、盐边县人民检察院、东区人民检察院和市人民检察院实地调研,并听取相关工作汇报。市委书记刘成鸣,市委副书记、市长张剡,市委常委、市委政法委书记张伟陪同调研并参加汇报会。

6月

1日　攀枝花市"12345"市民热线正式开通。市委书记刘成鸣,市委副书记、市长张剡,市政协主席单荣,市委常委、常务副市长杨自力,市人大常委会副主任张如英,副市长殷旭东出席开通仪式。市委常委、市委政法委书记张伟主持仪式。

△　上午,以"阳光下成长"为主题的攀枝花市第十二届校园艺术节、第二届中小学生合唱节暨庆祝"六一"国际儿童节文艺汇演在攀枝花学院大礼堂举行,全市各县(区)中小学校、职业技术学校的学生们欢聚一堂,载歌载舞庆祝自己的节日。市委常委、市委宣传部部长沈钧,市人大常委会副主任张汝林、副市长张敏、市政协副主席周治端观看文艺演出。

5日　下午,市委书记刘成鸣,市委副书记、市长张剡在攀枝花会展中心会见了华润集团旗下的华润电力控股有限公司董事局副主席张沈文一行,双方就华润电力加快在攀水力发电项目建设交换意见。市委副书记赵辉,副市长柳康健,攀枝花华润水电开发有限公司相关领导参加会见。

△　省委、省政府督察组第六组组长、省委编办副主任张明一行对市文化行政部门整合工作进行督察。张明对攀枝花市委、市政府及县(区)相关工作给予肯定。市委常委、市委宣传部部长沈钧主持工作汇报会,副市长张敏作专题汇报。

△　攀枝花市民族乡和城市民族工作汇报座谈会在攀枝花会展中心召开,省委民工委、省民委调研组听取相关工作开展情况的汇报。调研组对市内民族乡和城市民族工作给予充分肯定。市委常委、市委政法委书记、市委民工委书记张伟,副市长、市委民工委副书记李仁杰,市政协副主席吴文发出席汇报会。

6日　省国土资源厅厅长宋光齐一行莅临攀枝花市调研国土资源综合利用情况。市委书记刘成鸣,市委副书记、市长张剡,副市长柳康健陪同调研。省国土资源厅副厅长王平,省国土资源厅总规划师王浩,川煤集团相关负责人随同调研。

7日　宋光齐一行先后前往攀枝花市花城新区、喻家坪滑坡治理项目点等地,调研花城新区规划、建设,攀枝花地质灾害防治情况等。市委副书记、市长张剡,副市长柳康健陪同调研。省国土资源厅副厅长王平,省国土资源厅总规划师王浩随同调研。

△　第二十届中国昆明进出口商品交易会暨第五届南亚国家商品展开幕。展会首日,攀枝花市签约《清香坪商贸综合体建设项目》和《西佛寺景区建设项目》,两个项目预计总投资4.8亿元,创下历届昆交会攀枝花签约额之最。

△　市长张剡主持召开市政府第七次常务会议。会议审议并原则通过《关于贯彻执行〈中华人民共和国农业技术推广法〉情况的报告》《关于贯彻执行〈中华人民共和国食品安全法〉情况的报告》。

△　省司法厅副厅长姚正奇率省司法厅督导调研组莅攀,就攀枝花市司法行政系统基层基础工作进行调研。调研组一行先后前往市法律援助中心、攀枝花公证处、法正司

法鉴定中心和市劳教所等地进行实地调研，并听取相关工作情况的汇报。市委常委、市委政法委书记张伟陪同调研。

8日　全国政协副主席、致公党中央主席、科技部部长万钢在成都金牛宾馆会见市委书记刘成鸣，市委副书记、市长张剡一行。副省长刘捷，省政协副主席、致公党省委主委陈杰，科技部发展计划司司长王晓方，科技部高新技术发展及产业化司司长赵玉海，省科技厅副厅长罗治平参加会见。

△　《中国阳光康养旅游城市发展规划》初评会在攀枝花会展中心召开。经过评审组讨论，该规划通过初评。市委副书记赵辉、市委常委许健民、副市长李章忠出席会议。

△　由规划、环保、交通等行业专家组成的评审组对《攀枝花市工业布局总体规划（2011—2030）》进行评审，原则上通过该项规划。市委副书记赵辉，副市长柳康健、刘建明出席评审会。

9日　国土资源部地勘司副司长于海峰率国土资源部找矿突破战略行动督导组，在省国土资源厅副厅长王平、省地矿局局长杨茂华等陪同下，深入攀枝花矿区和红格矿区检查指导工作，并现场表彰了一〇六队矿产勘查院在攀西钒钛磁铁矿整装勘查中取得的重大突破。

9日~11日　中国社科院当代中国研究所专家莅攀调研，与攀枝花市合作开展《三线建设和西部大开发中的攀枝花——基于攀枝花钢铁建设项目的实施与改革发展》课题，为中国三线建设博物馆建设提供学术和智力支持。9日，召开中国社科院国情调研三线建设座谈会，中国社会科学院当代中国研究所副所长武力、原国家计委三线建设调整办公室主任王春才，原攀枝花市委书记秦万祥参加座谈。王春才将一批珍贵的三线建设文物捐赠给攀枝花市，该批文物共6套317件，副市长张敏代表市政府向王春才颁发“文物捐赠证书”。10日，召开中国社科院国情调研攀枝花课题研讨会。研讨会就《三线建设和西部大开发中的攀枝花——基于攀枝花钢铁建设项目的实施与改革发展》课题总体研究思路进行专题讨论。11日，武力一行前往攀钢集团矿业公司兰尖铁矿和朱家包包铁矿、攀钢集团攀枝花钢钒有限公司提钒炼钢厂和轨梁厂进行实地考察。

10日　2012年攀枝花市事业单位公开招聘面试举行，1 040名进入面试环节的考生围绕438个岗位展开竞争。

11日　攀枝花市米易县国土资源局被国土资源部授予“全国国土资源系统‘两整治一改革，工作先进单位’荣誉称号，这是攀枝花市唯一获此殊荣的单位。

12日　全省工商系统创先争优暨争创“三满意”先进事迹巡回演讲报告会在攀枝花会展中心举行，攀枝花市、南充市、遂宁市、眉山市、甘孜州工商部门的5名报告团成员分别作演讲，攀枝花市260余名工商系统干部职工、企业及个体工商户代表聆听演讲。市委常委、市总工会主席许健民，市人大常委会副主任张如英，副市长李仁杰，市政协副主席庞向东出席报告会。

13日　下午，攀枝花市人民政府与中国农业银行股份有限公司四川省分行推进攀枝花“十二五”规划暨支持“国家现代农业示范区”建设战略合作协议签约仪式在攀枝花会展中心举行。市委书记刘成鸣出席签约仪式，市委副书记、市长张剡，农行四川省分行党委书记、行长张军洲先后在签约仪式上致辞。市委常委、常务副市长杨自力与农行四川省分行副行长陈实在合作协议上签字。市委常委、市纪委书记李群林主持签约仪式。

△　长江勘测规划设计研究院与市政府在攀枝花会展中心签订战略合作框架协议。市委副书记、市长张剡，市委常委、市纪委书记李群林，市人大常委会副主任张国民，副市长李仁杰，市政协副主席庞向东出席签字仪式。

14日　四川省原省长宋宝瑞在市委书记刘成鸣的陪同下，深入攀枝花钒钛产业园区，就攀枝花市钒钛产业发展情况进行调研。市委常委、市委宣传部部长沈钧，副市长刘建明陪同调研。

△　市长张剡主持召开市政府第八次常务会议。会议审议并原则通过《攀枝花市公共机构“十二五”节能规划》《关于进一步深化政务公开加强政务服务工作的实施意见》《攀枝花市天然气利用专项规划》等。

△　四川省高级人民法院咨询委员会2012年调研工作联系会在攀枝花市召开。省高级人民法院咨询委员会名誉主任任凌云、李玉龙，省高级人民法院咨询委员会主任敬瑞祥，省高级人民法院咨询委员会副主任郐红旗、陈智伦出席会议。市人大常委会主任谢道全出席会议并致辞。

16日~17日　省委书记、省人大常委会主任刘奇葆在攀枝花市委书记刘成鸣，市委副书记、市长张剡的陪同下，在攀枝花市调研。省委常委、秘书长、统战部部长陈光志，副省长王宁，省政府资政张作哈，省长助理、省公安厅厅长侍俊和省直有关部门负责人参加调研。市领导赵辉、杨自力、李群林、沈钧等陪同调研。

17日　四川省2012年统筹公开选拔县（处）级领导干部进行笔试。攀枝花市共有5个职位开考，57名考生参加笔试。

19日　省委常委、副省长钟勉在市委书记刘成鸣，市委副书记、市长张剡陪同下，前往东区调研现代农业和新村建设等情况，看望慰问基层干部群众。省财政厅副厅长帅克，省发改委党组成员、省以工代赈办主任邓正权，省水利厅副厅长胡云等参加调研。市委常委、市纪委书记李群林，副市长李仁杰陪同调研。

△　攀枝花市“百千万·干群心连心”活动启动仪式在盐边县渔门镇举行。市委书记刘成鸣宣布活动正式启动。市人大常委会主任谢道全、市政协主席单荣在启动仪式上与联系户结对并交换联系卡。市委副书记赵辉致辞。市委常委、宣传部部长沈钧为14支农村巡回医疗队授旗。启动仪式结束后，刘成鸣到自己的联系户——盐边县渔门镇朵

古村龙洞湾组村民李世权的家中，与当地傈僳族贫困群众面对面交流，帮助大家谋划发展思路，寻找致富门路。

△ 攀枝花市艺术剧院文化体制改革动员大会在攀枝花会展中心召开。市委常委、宣传部部长沈钧，副市长张敏出席会议。

20 日 马鞍山水库工程建设动员大会在米易县丙谷镇芭蕉箐村举行。这标志着该工程即将进入全面建设阶段。省委常委、副省长钟勉宣布工程建设正式启动，市委书记刘成鸣在动员大会上致辞，市委副书记、市长张剡主持大会。省委农工委副主任、省烟草办主任宋全安，省财政厅副厅长帅克，省发改委党组成员、省以工代赈办主任邓正权，省水利厅副厅长胡云，省环保厅副巡视员姚东升，市领导李群林、张国民、李仁杰、庞向东出席动员大会。动员大会开始前，钟勉在刘成鸣、张剡的陪同下，来到米易县丙谷镇雷窝村，调研攀枝花市新村建设推进情况。动员大会结束后，钟勉、刘成鸣、张剡等参会领导共同为工程培土奠基。

△ 中国共产党攀枝花学院第一次代表大会在攀枝花学院大会堂开幕。市委副书记赵辉，市委常委、宣传部部长沈钧，副市长张敏，市政协副主席赵勇、伍维根，省委组织部、省教育厅相关负责人出席大会。

21 日 市直机关庆祝中国共产党建党 91 周年暨“创先争优”表彰大会在攀枝花会展中心召开。会议对 30 个先进基层党组织、90 名优秀共产党员、30 名优秀党务工作者进行表彰。市委常委、宣传部部长沈钧出席会议。

24 日 全国老龄办副主任阎青春莅攀调研，并在攀枝花会展中心听取本市创建“中国阳光康养旅游城市”工作汇报。市委常委、常务副市长杨自力，副市长李章忠出席汇报会。

25 日 攀枝花市帮扶特殊困难群众工作指导小组会议在攀枝花会展中心召开。会议听取市慈善会“在同一片蓝天下”慈善帮扶资金捐赠情况汇报，审议《市帮扶特殊困难群众工作指导小组成员单位职责》《市帮扶特殊困难群众工作指导小组议事规则》《市帮扶特殊困难群众资金管理暂行办法》《攀枝花市“在同一片蓝天下·2012 慈善助学”帮扶方案》及“慈善助医”帮扶方案。市委副书记、市长张剡出席会议并讲话。市委副书记赵辉，市委常委、常务副市长杨自力，市人大常委会副主任唐建民，市政协副主席马晓凤出席会议。

26 日 市委书记刘成鸣率市招商小分队到山东省济南市，实地考察中国重型汽车集团有限公司，并与中国重型汽车集团有限公司总经理于有德等企业负责人进行座谈，双方进一步明确具体合作项目的“施工图”，并就拓宽合作领域，实现共同发展达成共识。市委常委许健民参加招商活动。

△ 市举行“攀枝花建设百万人口大城市”汇报会，向省企业经济促进会会长、原副省长徐世群率领的省调研组汇报相关情况。市委常委、常务副市长杨自力出席会议，并向省调研组汇报攀枝花经济社会发展情况。

△ 攀枝花禁毒工作二十年暨“6·26”国际禁毒日宣传活动在市中心广场举行，有社会各界的1 000余名群众参加此次活动。市委常委、市委政法委书记、市禁毒委主任张伟，市人大常委会副主任唐建民，副市长、市禁毒委副主任、市公安局局长殷旭东，市政协副主席马晓凤出席宣传活动。

△ 市人大常委会在攀枝花会展中心举办《四川省城乡环境综合治理条例》法制讲座，特邀省人大常委会委员、法制委员会主任委员邢泸生作专题报告。市人大常委会主任谢道全主持讲座。

△ 市政协八届五次主席会议召开。会议学习传达省第十次党代会精神和省政协十届第十八次常委会议精神；学习传达省委书记刘奇葆在攀调研视察所作指示精神；听取市公安局关于全市公安工作情况的通报；听取市经信委关于市全国工业固废综合利用示范基地建设情况的通报，审议市政协经济委员会的调查报告；听取市卫生局关于攀枝花市医疗纠纷情况的通报，审议市政协社会和法制委员会的调查报告。市政协主席单荣主持会议。市政协副主席赵勇、庞向东、伍维根、何群、刘德顺等出席会议。副市长殷旭东到会通报相关情况。

27 日 东区政府与华西希望集团就阿署达景区建设项目达成共识，双方于当天在成都家园国际酒店签订阿署达景区建设项目投资合作协议。市委书记刘成鸣，华西希望集团董事长陈育新出席签约仪式并致辞。省旅游局副局长郑学炳出席签约仪式并对项目建设提出具体要求。省招商引资局副局长余先河出席签约仪式。市委常委许健民主持签约仪式。

△ 攀枝花市国家卫生城市复审省级复查工作汇报会在攀枝花会展中心召开。由省卫生厅副厅长王正荣任组长、代表全国爱卫办对攀枝花巩固国家卫生城市工作进行复查的省级复查组，听取攀枝花市相关工作情况汇报，并查阅有关资料。市委副书记、市长张剡出席会议，并作汇报。市委副书记赵辉主持会议，市委常委、宣传部部长沈钧，市人大常委会副主任张汝林，副市长殷旭东、李章忠、张敏，市政协副主席庞向东参加会议。下午，在市委副书记、市长张剡，市委副书记赵辉，市委常委、宣传部部长沈钧，市人大常委会副主任张汝林，副市长殷旭东、李章忠、张敏，市政协副主席庞向东等陪同下，省复查组兵分八路，分别前往市东区、西区、仁和区进行实地检查。在检查中，专家们纷纷对市迎接国家卫生城市复审工作表示肯定，并就巩固创卫成果提出意见和建议。28 日，攀枝花市国家卫生城市复审省级复查情况通报会在攀枝花会展中心召开。省复查组通报了攀枝花市“国卫”复审省级复查情况，认为攀枝花市国家卫生城市成果得到有效巩固并有新的发展。省爱卫办将把复查结果上报全国爱卫办并申请复审。市委书记刘成鸣出

席会议并讲话。市委常委、市委宣传部部长沈钧，市人大常委会副主任张汝林、许秀峰，副市长殷旭东、张敏，市政协副主席庞向东参加会议。

△ 市九届人大常委会第三次会议在攀枝花会展中心召开。会议审议通过《攀枝花市人民代表大会代表联系群众工作办法》《攀枝花市人民代表大会代表联系原选举单位及履职登记报告暂行办法》和《攀枝花市人民代表大会代表小组活动暂行办法》；听取和审议市中级人民法院关于全市法院刑事审判工作的报告；听取和审议市人民检察院关于全市检察机关公诉工作的报告；审议通过了《攀枝花市人民代表大会常务委员会审议意见办理暂行办法》；听取和审议市人民政府关于贯彻执行《中华人民共和国农业技术推广法》情况的报告；听取和审议市人民政府关于贯彻执行《中华人民共和国食品安全法》情况的报告；决定人事任免。市人大常委会主任谢道全主持会议并讲话。市人大常委会副主任张如英、唐建民、张国民、许秀峰、王向阳，秘书长钟国元出席会议。市政府常务副市长杨自力，市中级人民法院副院长陈志峰，市人民检察院副检察长马明林列席会议。3名市人大代表应邀列席会议。

△ 省残联副理事长马骏率省残联调研检查组莅临攀枝花市，检查2012年省委、省政府下达给攀枝花市的6项残疾人民生工程项目推进情况。

28日 副省长刘捷率省级相关部门负责人莅临攀枝花市，前往仁和区遮资工业园区调研工业项目投资、科技创新等方面工作。市委书记刘成鸣，市委副书记、市长张剡，副市长李章忠陪同调研。省经信委、省发改委、省科技厅、省财政厅、省住房城乡建设厅、省扶贫移民局相关负责人参加调研。

△ 攀枝花市举行庆祝中国共产党成立91周年暨创先争优活动表彰大会。大会表彰了创先争优活动中涌现出来的先进基层党组织和优秀共产党员。市委书记刘成鸣出席大会并讲话。市委副书记、市长张剡主持大会。市委常委、市委组织部部长张祖芸在会上宣读《中共攀枝花市委关于表彰创先争优活动先进基层党组织、优秀共产党员的决定》。市领导刘成鸣、张剡、谢道全、单荣、张祖芸、程少华、许健民、张伟、王海波为先进基层党组织、优秀共产党员代表颁奖。

△ 四川省铁路产业投资集团公司莅攀考察，并与攀枝花市签订战略合作框架协议。市委书记刘成鸣，省铁建办副主任、省铁投集团董事长、党委书记孙云出席签约仪式并致辞。市委常委、常务副市长杨自力代表攀枝花市人民政府与省铁投集团副总经理陈大智签订战略合作框架协议。市人大常委会副主任张如英出席签约仪式。

△ 由省人力资源和社会保障厅副厅长刘功勋任组长的省医改工作检查组莅攀，就攀枝花市落实医改工作情况进行检查，听取攀枝花市基层医改工作情况的汇报。市委常委、常务副市长杨自力代表市委、市政府就相关工作情况进行汇报。刘功勋对攀枝花市委、市政府重视医改工作，全面落实医改工作所取得的成效给予充分肯定。

△ 下午，市金融机构在攀枝花会展中心召开全市金融消费者权益保护工作启动会。市委常委、常务副市长杨自力出席会议。会上，工商银行攀枝花支行、华西证券攀枝花营业部、人保财险攀枝花分公司与人行攀枝花市中心支行签订《攀枝花市金融机构保护金融消费者权益承诺书》，公开承诺履行“规范经营，诚信为本”等5项义务。

29日 攀枝花市花城新区五大项目集中开工仪式在仁和区四十九千米老黑地举行。项目集中开工标志着全市人民翘首以盼的花城新区建设进入了实质推进阶段。副省长刘捷下达开工令并为项目奠基。市委书记刘成鸣出席开工仪式并讲话。市人大常委会主任谢道全，市政协主席单荣，市委副书记赵辉，副市长柳康健、李章忠出席开工仪式。出席开工仪式的还有省经信委、省发改委、省科技厅、省财政厅、省住房城乡建设厅、省扶贫移民局相关负责人。当天，刘捷率省级相关部门负责人一行前往盐边县、东区，调研工业经济、新村建设等方面工作。市委书记刘成鸣，市委常委、常务副市长杨自力，副市长李章忠陪同调研。省经信委、省发改委、省科技厅、省财政厅、省住房城乡建设厅、省扶贫移民局相关负责人参加调研。

△ 攀枝花市开展大规模义务植树日活动，号召全市人民积极行动起来，大兴造林绿化之风，奋力创建国家森林城市。市委书记刘成鸣宣布2012年攀枝花“六二九”义务植树日活动启动。市人大常委会主任谢道全，市政协主席单荣，市委副书记赵辉，市委常委、市纪委书记李群林，市委常委、攀枝花军分区司令员程少华，市委常委、市委宣传部部长沈钧，市委常委许健民，市委常委、市委政法委书记张伟，市委常委、市委秘书长王海波，市人大常委会副主任张国民，副市长柳康健、李仁杰，市政协副主席庞向东在花城新区干坝塘花果山主活动现场参加攀枝花市2012年“六二九”义务植树日活动。

△ 市纪委与攀枝花学院举行“攀枝花加强党内民主监督推动科学发展”合作研究课题开题仪式。市委常委、市纪委书记李群林出席开题仪式。

△ 攀枝花市第三届全民读书节在仁和区总发乡立新村启动。市委常委、市委宣传部部长沈钧宣布第三届全民读书节正式启动。

30日 攀枝花市政府与中国电力建设集团有限公司项目合作座谈会在攀枝花会展中心举行。市委副书记赵辉，副市长刘建明，中国电力建设集团有限公司副总经理李跃平，中国水利水电建设股份有限公司副总经理刘明江，中国水电建设集团四川电力开发有限公司董事长、党委书记林修建等出席座谈会。

△ 四川省2012年统筹公开选拔县(处)级领导干部

攀枝花考点面试工作举行，共有23名考生参加面试。

7月

2日　全国政协副主席、九三学社中央副主席、中科院院士王志珍在市委副书记、市长张剡，市政协主席单荣等市领导陪同下，前往攀枝花市部分农村和攀钢部分厂区，通过实地察看、详细询问、听取汇报等方式，就攀枝花市农业发展与工业转型情况进行调研。副市长刘建明、李仁杰陪同调研。王志珍院士一行，在攀枝花会展中心与九三学社攀枝花市委基层组织负责人进行座谈。九三学社四川省委副主委、副市长、九三学社攀枝花市委主委刘建明汇报九三学社攀枝花市委工作。

3日　攀枝花市应急指挥联动中心在市人防办（民防局）挂牌成立，标志着攀枝花市应对重特大突发公共事件的能力迈上新台阶。市委常委、常务副市长杨自力出席揭牌仪式。

△　中国少年先锋队攀枝花市第四次代表大会在攀枝花会展中心召开。副市长张敏出席大会。

4日　乐山市委副书记、市长蒋辅义率乐山市政府代表团莅临攀枝花市，对攀枝花市城市建设、城乡统筹、“两化”互动等工作情况进行考察。市委副书记、市长张剡，副市长柳康健陪同考察。

△　“文化大发展大繁荣苴却砚、宝玉石、书画展暨花雨金沙旅游文化特色城”开业庆典在东区曼哈顿广场举行。市委常委、市委宣传部部长沈钧，副市长张敏出席剪彩仪式。

6日　市委书记刘成鸣，市委副书记、市长张剡率攀枝花市党政代表团到成都市学习考察。省委常委、成都市委书记黄新初，成都市委副书记、市长葛红林在成都锦江宾馆会见攀枝花市党政代表团一行。

7日　攀枝花市党政代表团一行来到成都市锦江区和新津县，重点对成都市在城乡一体化发展进程中，加快发展现代农业和推进乡村旅游的先进经验进行学习。

△　国务院参事张鹤镛、魏津生、秦小明莅临攀枝花市，就老龄人口照护制度建设进行实地调研。市委常委、常务副市长杨自力陪同调研。

7日～8日　市委书记刘成鸣，市委副书记、市长张剡率攀枝花市党政代表团到阿坝州，考察团一行受到阿坝州党委、政府和当地群众的热烈欢迎，向攀枝花市委、市政府和攀枝花人民对“五一二”地震灾区的无私援助表示真诚感谢。市领导谢道全、单荣、李群林、沈钧、王海波、李仁杰等参加学习考察。

10日　“爱我中华，建设美好四川”万名青少年夏令营攀枝花分营开营仪式在米易县举行。副市长张敏出席开营仪式。

11日　上午，省粮食局局长张书冬莅攀调研和检查粮食工作。副市长刘建明陪同调研。

16日　上午，米易县政府与四川铁骑力士牧业科技有限公司就10万头无公害生猪养殖及36万吨饲料加工项目举行签约仪式，标志着这一总投资达2.63亿元的大型农业项目正式落户米易县。据了解，该项目总投资2.63亿元，其中，生猪养殖项目总投资1.48亿元，初步选址位于丙谷镇小河村，将新建1个3 000头DLY优质种猪场、1个3 000头育繁猪场和10个万头养猪场，项目达产后预计可实现年营业收入1.92亿元；饲料加工项目总投资1.15亿元，项目达产后可实现年产值约15亿元。市委常委许健民、副市长李仁杰出席签约仪式。

17日　西区政府与攀枝花众一精细化工有限公司签订40万吨/年煤焦油深加工项目及12万吨/年炭黑项目投资协议。该项目是目前西南地区最大的煤焦油深加工项目，据了解，40万吨/年煤焦油深加工项目及12万吨/年炭黑项目，是由攀钢、攀煤、众一集团三方携手打造的高附加值煤化工产业链延伸项目。项目总投资约11亿元，分两期建设。一期包括两个项目及相关基础设施、配套设施建设等，计划投资5亿元，建成投产后将实现年销售收入15亿元。二期主要包括煤焦油下游产品精细化加工项目，包括5万吨工业萘、3 600吨咔唑、10万吨沥青、6 000吨甲基萘精细化加工等，计划投入6亿元，建成投产后将新增年销售收入15亿元。市委副书记赵辉、市委常委许健民、副市长刘建明、李仁杰出席签约仪式。

20日　环保部环境监察局副局长陈善荣率环保部2012年整治违法排污企业、保障群众健康环保专项行动督查组，对攀枝花市部分企业、园区进行督导检查，并听取相关汇报后督察组认为，攀枝花市委、市政府高度重视环境保护工作，并以创建全国环保模范城市的工作目标为抓手，切实采取措施，改善环境质量，整治违法排污企业，工作细致，全市环保工作得到进一步加强。副市长柳康健向督察组作专题汇报。

23日　台湾经济发展促进会理事长陈福文、台湾旅游协会理事长吴德富率台商参访团前往盐边县、攀枝花钒钛产业园区，实地考察攀枝花市旅游业、农业、工业发展情况和投资环境，并与攀枝花市有关方面负责人进行座谈。副市长李仁杰出席座谈会。

24日　在国务院召开的全国就业创业工作表彰大会上，攀枝花市被授予“全国创业先进城市”称号，市就业局常务副局长邓弘被授予“全国就业先进工作者”称号，市锐化农业开发有限责任公司董事长钟芳祥被授予“全国就业创业优秀个人”称号。市委常委、常务副市长杨自力代表市政府到京参加表彰大会。

△　市委书记刘成鸣深入地质灾害综合治理工程现场

调研，副市长李章忠参加调研。

26日　攀枝花市公交客运总公司108路、109路公交客运线路开通仪式在炳三区举行。副市长李章忠出席开通仪式，并就进一步做好城市公交工作提出要求。

△　市委书记刘成鸣率市级相关部门负责人深入攀枝花钒钛产业园区，实地了解企业生产经营情况，深入分析当前企业面临的困难，研究帮助企业战胜危机、走出困境的举措。副市长刘建明参加调研。

30日　市委副书记、市长张剡做客中央人民广播电台大型直播节目《城市新跨越——幸福攀枝花》直播间，通过华夏之声、香港之声携手内地及港澳15家电台推介"幸福攀枝花"的魅力，并和全国听众、港澳台同胞共同分享攀枝花市的建设成果。

31日　攀枝花市科学技术协会第七次代表大会在攀枝花会展中心大会堂召开，来自全市各条战线的269名科技工作者代表参加会议。市委副书记、市长张剡参加会议并发表讲话。

31日　下午，市委副书记、市长张剡在攀枝花会展中心会见中国石油天然气股份有限公司西南管道公司总经理常延魁、党委书记许强一行，双方就中缅天然气管道攀枝花支线项目建设情况进行座谈。副市长李章忠参加会见。

31日　晚上，由市委、市政府主办，武警四川省总队、市委宣传部承办的大型音舞蹈诗画情景剧《列兵日记》在攀枝花学院礼堂举行首演。市委副书记、市长张剡，市委常委、常务副市长杨自力，副市长殷旭东，市政协副主席马晓凤观看演出。

8月

1日　四川各民主党派省委领导班子建设学习研讨活动走进攀枝花。民盟中央副主席、民盟省委原主委、省政协副主席吴正德，致公党省委原主委、省政协副主席陈杰，民进省委主委、省政协副主席张雨东，民盟省委主委赵振铣，农工党省委主委王正荣，致公党省委主委杨兴平，中共四川省委统战部副部长聂文强及四川各民主党派省委领导参加学习研讨活动。中共攀枝花市委书记刘成鸣出席汇报会。市政协主席单荣主持汇报会。中共攀枝花市委副书记赵辉作工作汇报。汇报会前，参加活动的部分中共四川省委统战部和各民主党派省委领导先后前往攀枝花钒钛产业园区攀钢钛业公司海绵钛厂、东区银江镇阿署达新村建设点、花城新区视察项目建设情况。市政协副主席、市委统战部部长赵勇，民盟市委主委伍维根，民进市委主委周治端，农工党市委主委张汝林，致公党市委主委何群及民主党派相关负责人陪同视察或参加汇报会。当天下午，在攀枝花会展中心举办中国共产党领导的多党合作制度专题报告会。吴正德作专题报告。中共攀枝花市委常委、市委宣传部部长沈钧主持报告会。

2日　第二届"攀枝花市人才奖·创新人才奖"终评会在学府酒店召开。会议评选出4名"攀枝花市人才奖·创新人才奖"和5名"攀枝花市人才奖·创新人才提名奖"拟获奖人选。市委副书记赵辉担任主任评委并主持会议。市委常委、市委组织部部长张祖芸担任副主任评委并对第二届"攀枝花人才奖·创新人才奖"评选活动背景及推荐、初评情况作说明。

3日　全市边远民族地区发展座谈会在盐边县渔门镇召开。会议围绕深入实施"两化"互动、统筹城乡总体战略，重点分析攀枝花市偏远民族地区在发展中面临的困难，进一步明确推动攀枝花市边远民族地区加快发展、跨越发展的工作思路和重点任务。市委书记刘成鸣出席会议并讲话。市委常委、市纪委书记李群林，副市长李仁杰，市政协副主席吴文发出席会议，并对加快攀枝花市边远民族地区发展提出具体要求。会议由市委常委、市委宣传部部长沈钧主持。

△　市总工会举行'2012"圆梦行动"捐款仪式。当天，市总工会机关和职工个人共捐款11.725万元。市委常委、市总工会主席许健民出席捐款仪式并带头捐款。

6日　攀枝花市第七次民族团结进步表彰大会召开。市委书记刘成鸣，省委民族工委副书记、省民委党组书记、主任敬全林出席大会并讲话。市委副书记、市长张剡主持大会。市人大常委会主任谢道全，市政协主席单荣，市委副书记赵辉，市委常委、市委组织部部长张祖芸，市委常委、市纪委书记李群林，市委常委、攀枝花军分区司令员程少华等出席大会。市委常委、市委政法委书记、市委民工委书记张伟在会上宣读《攀枝花市人民政府关于表彰民族团结进步模范集体和模范个人的决定》。

7日~8日　攀枝花市召开深入实施"两化"互动、统筹城乡发展战略工作会议。7日，市委书记刘成鸣，市委副书记、市长张剡分别与出席攀枝花市深入实施"两化"互动、统筹城乡发展战略工作会议的代表们，前往各县（区）、攀枝花钒钛产业园区，实地参观考察"两化"互动、统筹城乡最新成果。市领导谢道全、单荣、赵辉、张祖芸、李群林、程少华、沈钧、许健民、张伟等参加考察。8日，在攀枝花会展中心举行大会。市委书记刘成鸣出席会议并讲话。刘成鸣强调，聚精会神谋划好、落实好"两化"互动、统筹城乡各项工作，加快推进"六个一体化"，努力构建统筹城乡发展新格局。市委副书记、市长张剡讲话。市人大常委会主任谢道全，市政协主席单荣出席会议。市委副书记赵辉主持会议。

8日　下午，市委理论学习中心组（扩大）学习会在攀枝花会展中心召开。会议邀请四川省委党校经济学教研部主任、经济学教授、经济学学科带头人、四川省经济社会发展战略研究所所长文大会，就全省深入实施"两化"互动、统筹城乡发展战略作专题辅导报告。市委副书记赵辉主持会议。市领导谢道全、单荣、张祖芸、李群林、程少华、沈钧、许健民、张伟、张如英、张汝林、张国民、许秀峰、王向阳、柳康健、张敏、赵勇、庞向东、吴文发、刘德顺、马晓凤、周治端出席会议。

8日～9日　副省长甘霖率省级相关部门负责人莅临攀枝花，就攀枝花市钒钛产业发展现状、重大项目建设、科技创新工作等进行调研。省商务厅厅长谢开华，省质监局局长刘云夏，省招商引资局局长张谷，四川博览局局长慕新海，省信用联社理事长王华等参加调研。市委书记刘成鸣，市委副书记、市长张剡，市委常委、常务副市长杨自力，市委常委、市总工会主席许健民等陪同调研。

9日　市九届人大常委会第四次会议召开。市人大常委会主任谢道全主持会议并讲话。市人大常委会副主任张如英、唐建民、张汝林、张国民、许秀峰、王向阳，秘书长钟国元出席会议。市人民政府副市长柳康健，市中级人民法院副院长李泽文，市人民检察院副检察长罗春梅列席会议。会议听取和审议市人民政府关于城市总体规划（2011—2030）的报告；听取市纪委通报2012年上半年党风廉政建设和反腐败工作情况。

10日　攀枝花市国资委企业发展论坛暨项目推介对接会在米易县举行。会议邀请包括中央、省属、市属国有企业和民营企业在内的36家企业负责人参加会议，主题是"融入中心抓机遇，抱团发展谱新篇"。省国资委副主任李继郁，市委副书记赵辉，市人大常委会副主任张如英，副市长刘建明，市政协副主席刘德顺出席会议。

13日　全市县级正职领导干部"加强思想政治建设·坚定理想信念"培训班开班仪式在攀枝花会展中心举行。

15日　省总工会党组书记、常务副主席罗茂乡一行前往攀枝花钒钛产业园区，看望慰问奋战在一线的工作者，为他们送去诚挚的问候和防暑降温用品。16日，罗茂乡一行深入东方钛业公司，对企业工会工作进行调研，市委常委、市总工会主席许健民陪同。

△　攀枝花市举行全面推进旅游标准化行动计划启动大会。市人大常委会副主任许秀峰，副市长李章忠，市政协副主席庞向东，省旅游局纪检组组长王继春出席会议。

△　国家环保部西南督察中心主任张迅一行莅攀，对攀枝花市环保工作进行调研。副市长柳康健陪同调研。

18日～19日　市委副书记、市长张剡率队参加第三届川滇黔十市州合作与发展峰会。18日晚，市委副书记、市长张剡出席峰会开幕式，并在现场观看文艺演出。19日，张剡在峰会上作名为"加强区域合作、促进共赢发展"的主题演讲。

19日　农工民主党四川省委与攀枝花市人民政府签署合作框架协议。农工民主党四川省委主委、省卫生厅副厅长王正荣，农工民主党四川省委副主委张庆文、夏华祥，秘书长邓蓉玲出席签字仪式。张庆文代表农工民主党四川省委与攀枝花市人民政府副市长张敏签订合作框架协议，市政协副主席、市委统战部部长赵勇主持签字仪式。农工民主党攀枝花市委主委、市人大常委会副主任、市中心医院院长张汝林出席签字仪式。

20日～21日　全国人大常委、全国人大农业与农村委员会副主任、民盟中央副主席索丽生，率领民盟中央"钒钛产业高技能人才培养基地建设"课题调研组，在攀调研、指导市钒钛产业人才工作。民盟中央参政议政部巡视员张冠生，民盟四川省委副主委田继万，四川省教育厅副厅长王康，中国钢研科技集团公司钢铁研究总院粉末冶金研究室主任、北京钢研高纳科技股份有限公司副总经理柳学全，天津冶金职业技术学院副院长孔维军，民盟四川省委秘书长姚其清，省人力资源和社会保障厅副巡视员赵巍等参加调研。中共攀枝花市委副书记赵辉，市人大常委会副主任张国民，市政府副市长张敏，市政协副主席、市委统战部部长赵勇，民盟攀枝花市委主委、市政协副主席伍维根参加相关活动。

21日　省、市（州）直机关工委贯彻省委新修订的《四川省〈中国共产党党和国家机关基层组织工作条例〉实施细则》提升机关党建科学化水平座谈会在攀枝花市召开。会上，全省21个市（州）直机关工委负责人作交流发言。省直机关工委常务副书记贾松青，市委副书记、市长张剡，市委常委、市委秘书长、市直机关工委书记王海波出席会议并讲话。

△　下午，市长张剡主持召开市政府第11次常务会议，审议并原则通过《关于加快推进文化产业发展的意见》《关于攀枝花市2012年上半年国民经济和社会发展计划执行情况的报告》《关于攀枝花市2011年财政决算及2012年上半年预算执行情况的报告》《关于2011年度市级预算执行及其他财政收支情况的审计工作报告》《关于我市水利工作情况的报告》等。

22日　市"五创联动"工作领导小组在市中心广场举行"五创十进"集中行动启动仪式。市人大常委会主任谢道全为"五创联动"公益宣传招贴画创意设计大赛获奖者代表颁奖；市委副书记赵辉宣布"五创十进"集中行动正式启动；市委常委、常务副市长杨自力作动员讲话；市委常委、市委宣传部部长沈钧主持仪式；市委常委许健民出席仪式并为获奖者代表颁奖。

△　市政协主席单荣率市政协常委会组成人员及部分委员，前往仁和区南山循环经济发展区迤资工业园和攀枝花钒钛产业园区，对市工业园区发展情况进行视察。市委常委许健民、副市长刘建明陪同视察。

23日　攀枝花市"在同一片蓝天下·2012慈善助学"活动仪式在攀枝花会展中心举行。市委常委、常务副市长杨自力，市委常委、市委组织部长张祖芸，市人大常委会副主任唐建民，市政协副主席马晓凤出席仪式。市委常委、市总工会主席许健民主持仪式。

27 日　下午，凉山彝族自治州木里藏族自治县县委副书记、县长伍松一行抵攀，在市委副书记赵辉的陪同下，考察攀枝花市水务集团公司，并就攀枝花市对口援建项目进行座谈。

28 日　市九届人大常委会第五次会议在攀枝花会展中心召开。会议听取和审议通过市人民政府关于攀枝花市2011 年财政预决算及 2012 年上半年财政预算执行情况的报告；听取和审议通过市人民政府关于攀枝花市 2011 年度财政预算执行及其他财政收支审计工作情况的报告；审查和批准 2011 年度市本级财政决算；听取和审议通过市人民政府关于攀枝花市 2012 年上半年国民经济和社会发展计划执行情况的报告。市人大常委会主任谢道全主持会议并讲话。市人大常委会副主任张如英、唐建民、张汝林、张国民、许秀峰、王向阳，秘书长钟国元出席会议。市人民政府市长张剡及市中级人民法院、市人民检察院相关负责人列席会议。

29 日～31 日　攀枝花“八二九”矿难抢险救援工作持续开展。29 日下午 17 时左右，攀枝花市西区正金工贸有限责任公司肖家湾煤矿发生瓦斯爆炸事故。事故发生后，中共中央政治局常委、国务院总理温家宝，国务委员、国务院秘书长马凯作出重要指示。省委书记、省人大常委会主任刘奇葆，省委副书记、省长蒋巨峰，国家安监总局局长杨栋梁，国家安监总局副局长、煤监局局长付建华，省委副书记李春城，副省长刘捷高度重视救援及善后工作。刘奇葆、蒋巨峰对抢险救援工作作出重要指示：一、迅速调集全省矿山救援力量，火速赶赴事故现场，把营救井下被困人员作为第一位的任务，千方百计救出井下被困人员并全力救治伤员。二、立即成立省、市联合抢险救援指挥部，迅速开展抢险救援有关工作，指派副省长刘捷及相关部门负责人迅速赶赴现场指导事故抢险救援工作。三、对全省煤矿和非煤矿山等重点行业、重点部位进行全面隐患排查，对存在安全隐患的企业和项目立即停业整改。四、要切实做好被困人员家属安抚工作，维护社会稳定。攀枝花市委书记刘成鸣，市委副书记、市长张剡及市、区两级领导赶到事故现场，立即启动应急预案，成立抢险救援指挥部，紧张有序地开展抢险救援工作。省委副书记、省长蒋巨峰，国家安监总局局长杨栋梁率国务院工作组，相继抵达事故现场指挥救援。截至 8 月 31 日 11 时，“八二九”肖家湾煤矿瓦斯爆炸事故发生后，有 108 人生还，41 人遇难，5 人正在搜救中。

9 月

1 日　经国务院批准成立的国务院四川省攀枝花市西区肖家湾煤矿“八二九”特别重大瓦斯爆炸事故调查组全体会议在攀枝花会展中心召开。调查组组长、国家安全监管总局局长杨栋梁出席会议并作重要讲话。事故调查组负责人付建华、郝明金、张鸣起、刘捷、吴吟，以及最高人民检察院检察官杨书文等分别在会上讲话。攀枝花市政府主要负责人汇报事故有关情况并作深刻检查。国务院事故调查组全体成员、专家组成员，四川省政府有关部门，攀枝花市和有关单位负责人出席会议。

△　市委书记刘成鸣先后到市中心医院、攀钢职工总医院和“八二九”事故现场，看望危重、重症伤员及坚守在一线的医护人员和战斗在搜救一线的工作人员。市委副书记、市长张剡，市委常委、市委宣传部部长沈钧，市人大常委会副主任张汝林，副市长殷旭东、张敏、刘建明一同看望伤员并参加搜救工作会商。

2 日　下午，全市集中开展煤矿安全生产大检查动员大会在攀枝花会展中心召开。市委书记刘成鸣出席会议并讲话。市委副书记、市长张剡就煤矿安全生产大检查工作提出具体要求。市委副书记赵辉主持会议。市领导谢道、单荣、张祖芸、杨自力、李群林、程少华、沈钧、许健民、王海波等出席会议。

3 日～23 日　由市委、市人大、市政府、市政协领导带队，聘请煤矿领域专家，率相关部门负责人，分成 33 个检查组，在全市范围内集中开展煤矿安全生产大检查。同时，通过媒体公布举报电话“12345”、“12350”，发动广大煤矿职工和社会各界群众积极参与监督煤矿企业安全生产违法行为。这次检查的重点内容为：煤矿落实企业安全生产主体责任情况，包括生产矿井各种证照是否齐全有效、是否健全完善安全生产规章制度等 21 项内容；各级政府安全监管工作开展情况，包括贯彻落实国家煤矿安全生产法律法规、标准情况，煤矿事故责任人的责任追究落实情况等 6 项。其间，全市共检查煤矿 100 家，针对检查中发现的问题，检查组已提出具体整改意见并要求相关企业立即进行整改。

3 日　金川集团股份有限公司副总经理王贵平一行莅攀，考察钒钛产业发展及投资环境，并在攀枝花会展中心就产业对接等内容进行座谈。市委副书记赵辉，市委常委许健民出席会议，副市长李仁杰主持会议。

4 日～5 日　中华全国总工会劳动保护部部长王俊治一行，调研攀枝花市工会劳动保护工作。省总工会副主席彭闯参加调研。5 日，王俊治一行在市委常委、市总工会主席许健民陪同下，参观即将投入使用的攀枝花市新工人文化宫、金色攀枝花展览馆。

6 日　国务院四川省攀枝花市西区肖家湾煤矿“八二九”特别重大瓦斯爆炸事故调查组在攀枝花会展中心听取攀枝花市开展煤矿安全检查工作汇报，并提出要求：全面查找安全生产薄弱环节，以强硬措施切实处理存在问题。国务院“八二九”事故调查组成员、国家煤监局事故调查司司长刘云涛，国务院“八二九”事故调查组成员、事故调查组技术组组长、国家煤监局监察专员赵苏启，国务院“八二九”事故调查组技术组副组长、四川煤监局总工程师鄢正文等听取汇报。市委副书记、市长张剡，副市长刘建明分别汇报。

△ 市委副书记、市长张剡，市委副书记赵辉，市委常委、常务副市长杨自力，市委常委、市委政法委书记张伟，副市长柳康健等召开紧急会议，研究立即成立“攀枝花市加大煤矿‘打非治违’、关停并转力度，全面建设社会主义新矿山工作领导小组”，迅速着力在煤矿关停整合、矿区环境整治、打击违法违规生产行为等方面开展专项行动。

7 日 全省安全生产工作电视电话会召开。市委副书记、市长张剡在攀枝花分会场作会议发言。

9 日 市委书记刘成鸣主持召开全市安全生产领域“打非治违”会议，再次深入安排部署当前及下一步全市安全生产尤其是煤矿安全生产工作。市委副书记、市长张剡，市委副书记赵辉，市委常委、常务副市长杨自力，市委常委、市委政法委书记张伟，副市长柳康健、殷旭东、刘建明出席会议。

△ 下午，受省委副书记、省长蒋巨峰，副省长刘捷的委派，省政府副秘书长蔡竞率省安全监管局（四川煤监局）、省能源局等部门相关负责人，到肖家湾煤矿“八二九”特别重大瓦斯爆炸事故现场指导救援后续工作。市委副书记、市长张剡陪同。

10 日 市委、市政府在攀枝花会展中心召开全市首批“党建示范亿元村”表彰暨产村相融成片推进新农村建设工作会议。市委书记刘成鸣出席会议并讲话。市委副书记、市长张剡在会上传达全省产村相融、成片推进新农村建设工作会议精神，并就全面推进攀枝花市新村建设工作提出具体要求。市委常委、市委组织部部长张祖芸主持会议。市委常委、市纪委书记李群林宣读有关表彰决定。市人大常委会副主任王向阳，副市长李仁杰，市政协副主席马晓凤出席会议。

13 日 市长张剡主持召开市政府第 12 次常务会议。会议审议并原则通过《攀枝花市煤矿整顿关闭工作指导意见》《攀枝花市煤矿矿区环境综合整治工作方案》《关于花城新区医院建设实施方案的请示》《关于加强鲜活农产品流通体系建设的实施意见》《攀枝花市处置重大、特别重大森林火灾应急预案》等。

14 日 攀枝花 2012 年国庆暨“阳光之旅”川渝大型旅游宣传促销活动第一站在成都市拉开帷幕。市委常委、市委宣传部部长沈钧，省旅游局副局长李永清出席推介会。中央人民广播电台、四川日报社、华西都市报社、新浪网等 20 余家中央和省、市级媒体及门户网站，近 15 家大、中型旅行社应邀参加推介会。

17 日 在全省“2 + 10”中型水利工程集中建设动员会攀枝花西区格里坪镇庄上村分会场，梅子箐水库扩建工程建设正式启动，该项目主要由水库枢纽工程、引水工程和灌区工程三部分组成。工程总投资 4.006 亿元，计划建设工期 36 个月。扩建后的梅子箐水库设计库容达2 069.2万立方米，最大坝高 65 米。项目建成后，将新增灌面积3 000公顷，改善灌面积 866.67 公顷，解决 1.3 万人、2.2 万头牲畜的饮水安全问题。市委书记刘成鸣下达开工令。市政协主席单荣、省水利厅副厅长张强言、省环保厅副厅长隋川成、省农牧厅总农艺师潘海平、市人大常委会副主任王向阳、副市长李仁杰出席动员会。市委常委、市纪委书记李群林主持攀枝花分会场动员会。动员会结束后，刘成鸣、单荣等共同为梅子箐水库扩建工程奠基。

18 日 全市煤矿整顿关闭工作会在攀枝花会展中心召开。市委书记刘成鸣出席会议并作重要讲话。市委副书记、市长张剡对煤矿整顿关闭工作提出要求。市委副书记赵辉主持会议，副市长刘建明安排部署煤矿整顿关闭工作。

20 日 市委、市政府召开“八二九”事故警示教育暨煤矿整顿、建设社会主义新矿山动员大会。市委书记刘成鸣出席会议并作重要讲话。市委副书记、市长张剡与各县（区）长签订煤矿整顿关闭工作目标责任书，并对全市煤矿关停并转和建设社会主义新矿山工作进行安排部署。市政协主席单荣出席会议。市委副书记赵辉主持会议。市委常委、常务副市长杨自力通报前期全市安全生产大检查工作情况。市领导李群林、程少华、沈钧、张伟等出席会议。

△ 市政协八届九次主席会议召开。会议协商讨论《攀枝花市工业布局总体规划（2011 ~ 2025）》、攀枝花市民商务办公区修建性详细规划及核心建筑方案；听取市科学技术和知识产权局关于攀枝花市农业科技创新和现代特色农业发展情况的通报；审议通过市政协教科文卫体委员会的调查报告。市政协主席单荣主持会议并讲话。市政协副主席赵勇、庞向东、伍维根、何群、吴文发、刘德顺、马晓凤、周治端出席会议。部分市政协委员列席会议。

21 日 攀枝花市两大重点旅游项目——阿署达花舞人间景区项目和普达阳光国际康养度假区项目正式启动。两大项目总投资约210 亿元，建成后将成为攀枝花市乃至四川省旅游产业的标志性项目。阿署达花舞人间景区项目占地约1 333.33公顷，总投资 130 亿元，是 2012 年全省投资总额超过 100 亿元的 4 个重点旅游项目之一。该项目以“阳光休闲、运动健康”为主题，以攀西阳光、民族风情、四季花果等资源为依托，预计用 6 ~ 8 年的时间，将景区打造成为国家 AAAA 级旅游景区、国际养生产业城。普达阳光国际康养度假区项目总投资 80 亿元，规划面积 866.67 公顷，将按照国家级旅游度假区标准打造国内一流、西南领先的阳光康养度假胜地。项目建设年限为8年,建设主要内容包括特色旅游服务型风情小镇、康养社区、水主题公园等。建成后,将成为继地中海阳光养生区、美洲阳光休闲区、东南亚阳光度假区之后的第4个具有国际影响力的阳光养生概念度假区。市委书记刘成鸣宣布两大项目启动。市委副书记、市长张剡致辞。省旅游局副局长郑学炳出席启动仪式并代表省旅游局向项目启动表示祝贺。市领导单荣、赵辉、李群林、沈钧、张如英、李章忠出席启动仪式。

△ 海南大学党委书记、教授刘康德率考察组莅攀,对攀枝花市芒果产业进行为期两天的考察。市委常委、市纪委书记李群林陪同考察。

△ 攀枝花市在仁和区大河中学举行"优秀小公民"表彰大会,对在学校、家庭、社会以及"五创联动"中表现突出的30名"优秀小公民"进行表彰。市委常委、市总工会主席许健民,市人大常委会副主任张汝林,市政协副主席马晓凤为受表彰的"优秀小公民"颁奖。

22日 2012年国家司法考试开考。攀枝花考区共有400名考生在市二中参加考试。四川省司法厅副厅长陈昌斌,市委常委、市委政法委书记张伟,副市长殷旭东,市政协副主席马晓凤进行巡考。

24日 下午,市委书记刘成鸣在成都拜会四川省机场集团有限公司董事长李伟、总经理潘校军。双方就加快推进攀枝花机场滑坡治理工程交换意见。副市长李章忠参加拜会。

△ 省妇联主席陈芳一行莅临攀枝花市,调研妇女儿童工作并听取专题汇报,并对攀枝花妇女儿童工作给予充分肯定。市委常委、市总工会主席许健民,市人大常委会副主任张汝林,市政协副主席马晓凤出席汇报会。

25日~27日 市委书记刘成鸣,市委副书记、市长张剡率攀枝花团成员参加第十三届中国西部国际博览会。25日上午,市委、市政府在成都岷山饭店隆重举行攀枝花市投资说明会暨项目集中签约仪式,共签约20个投资项目,总金额约260亿元。省委常委、省总工会主席李登菊到会祝贺。市委书记刘成鸣致辞。市委副书记、市长张剡作投资说明。市委常委、市委宣传部部长沈钧,副市长李仁杰出席会议。会议由市委常委许健民主持。华西希望集团美好家园投资有限公司和昆钢集团等企业相关负责人在会上发言。省经信委副主任翟刚,省国土资源厅副厅长毕胜,省旅游局副局长陈加林,省发改委、省住建厅、省招商引资局、省环保厅、省商务厅相关负责人,部分省政府驻外机构负责人,20家签约企业负责人出席投资说明会暨项目集中签约仪式。当日,市委、市政府邀请部分省政府驻外机构负责人,就本市对外开放和招商引资工作进行座谈。市委书记刘成鸣,市委副书记、市长张剡,省招商引资局副巡视员张旭出席会议。市委常委、市委宣传部部长沈钧,市委常委许健民,副市长李仁杰出席会议。当日,市委书记刘成鸣,市委副书记、市长张剡,在成都岷山饭店分别会见四川海天水务集团、内蒙古中鑫集团等省内外客商,并与香港豪德集团、毅德控股有限公司相关负责人座谈。市委常委许健民、副市长李仁杰出席活动并与四川莱克投资有限公司董事长康洪波就加快莱克汽车商贸园项目建设进行交流探讨。26日,市委书记刘成鸣,市委副书记、市长张剡和西博会攀枝花团部分成员走进位于成都国际会展中心装备制造馆8号馆A808区域的攀枝花综合展区,实地察看攀枝花市参展情况。市领导沈钧、许健民、李仁杰随同察看。26日上午,刘成鸣前往成都世纪城国际会议中心,参加第五届中国西部国际合作论坛。当日,市委书记刘成鸣在成都岷山饭店会见了参加第十三届西博会的四川发展(控股)有限责任公司董事长王彬。市委常委、市委宣传部部长沈钧,市委常委许健民,副市长李仁杰参加会见。当日,在成都岷山饭店,许健民、李仁杰还分别与成都菲斯特化工有限公司、恒大地产集团成都有限公司、安徽华菱汽车股份有限公司、四川川宏机械有限责任公司、四川三业汽车贸易有限公司等企业有关人员进行对接交流。27日,四川省政府常务副省长魏宏、甘霖在攀枝花市委书记刘成鸣的陪同下,到第十三届西博会攀枝花展区巡视。市领导李群林、沈钧、许健民、李仁杰在攀枝花展区陪同巡视。

27日 米易县举行"颛顼诞生地神龙天下行"旅游文化品牌省级专家论证会。市委副书记赵辉、市人大常委会副主任王向阳、副市长张敏、市政协副主席何群出席论证会,省文物局副局长朱小南应邀出席会议。

28日 攀枝花市金沙江中心区段沿江景观建设"七大项目"集中开工建设。市委书记刘成鸣出席开工仪式并宣布项目开工。市委副书记、市长张剡在开工仪式上致辞。副市长柳康健主持仪式。市政协主席单荣,市委副书记赵辉,市人大常委会副主任张国民出席仪式。刘成鸣、张剡、单荣、赵辉、张国民、柳康健共同为项目奠基。

△ 新华文轩攀枝花购书中心搬迁后,在台联锦绣时代广场重新开业,市委常委、市委宣传部部长沈钧出席开业庆典并为中心授牌。

29日 以省教育厅巡视员姜树林为组长的省督察组对市"治'五乱'、防反弹、迎国庆"专项治理工作推进情况进行督察。督察组对攀枝花市相关工作取得的成效给予了肯定。副市长张敏向督察组汇报了全市"治'五乱'、防反弹、迎国庆"专项治理情况。

10 月

3 日　武警四川总队政委黄志远莅攀看望慰问基层一线执勤官兵，向驻攀全体武警官兵送上节日祝福。市委副书记、市长张剡，市委常委、市委宣传部部长沈钧陪同。当天，黄志远一行还参观大田会议旧址。

9 日　市委副书记、市长张剡会见成昆铁路有限责任公司董事长王斌一行，并听取成昆铁路米易至攀枝花段扩能改造工程初步设计阶段工作情况介绍。副市长李章忠参加会见。

10 日　省委常委、省总工会主席李登菊一行莅攀调研市基层工会、婚前免费检查一站式服务、"手机建团"等工作情况。市委副书记、市长张剡，市委常委、市总工会主席许健民陪同调研。11 日，省委常委、省总工会主席李登菊一行在市委副书记、市长张剡的陪同下前往米易县，对市群团工作进行调研并听取相关工作汇报。同日，省委常委、省总工会主席李登菊在炳三区宣布攀枝花市新工人文化宫正式启用。市委副书记、市长张剡出席仪式并致辞。省总工会党组书记、副主席罗茂乡，团省委书记张彤，省妇联主席陈芳，市人大常委会主任谢道全，市委常委、市总工会主席许健民，市政协副主席马晓凤出席启用仪式。

10 日 ~ 11 日　省农田水利局局长王华带领省水利厅、省气象局相关人员组成的调研组，深入攀枝花市部分县(区)，检查指导水利建设及抗旱减灾工作。市委常委、市纪委书记李群林，副市长李仁杰陪同调研并汇报相关工作。

11 日　国家安监总局局长杨栋梁在北京听取市委书记刘成鸣关于攀枝花市深刻吸取肖家湾煤矿"八二九"特别重大瓦斯爆炸事故沉痛教训的工作专题汇报。副省长刘捷在会上汇报了四川省安全生产工作情况，并就攀枝花市在"八二九"事故发生后，积极组织抢险救援、稳妥推进善后工作、强力开展煤矿整顿关闭和大力建设社会主义新矿山等工作作了汇报。国家安监总局党组副书记、副局长王德学，国家煤矿安监局副局长黄玉治，国家煤矿安监局副局长李万疆，国家安监总局人事司司长徐绍川出席汇报会。省安监局(四川煤监局)局长孙建军，省安办副主任、四川煤监局副局长黄锦生参加汇报会。

12 日　全市"五创联动两化互动巾帼齐行动"主题活动暨"妇女贴息贷款助推新村建设"现场推进会在米易县举行。市委常委、市总工会主席许健民出席会议并讲话。市领导张汝林、马晓凤出席会议。

16 日　钢城集团瑞钢公司搬迁改造暨渣钢渣铁钒钛资源综合开发利用项目在仁和区南山工业园区迤资园破土动工。该项目由钢城集团投资 12 亿元建设，计划于 2013 年 6 月建成投产，建成后将形成年产 30 万吨铸件、100 万吨钢铁产品，实现年产值 80 亿元，年利税 4 亿元以上。市委副书记赵辉下达开工令，副市长刘建明致辞，市政协副主席马晓凤出席开工典礼。

17 日　攀枝花学院社会科学联合会成立暨首届会员大会召开。省社科联党组副书记、副主席唐永进为攀枝花学院社科联授牌。副市长张敏出席成立大会。

18 日　市委书记刘成鸣会见莅攀考察的鞍钢集团公司董事长、党委书记张广宁一行。市政协主席单荣，市委副书记赵辉，市委常委、常务副市长杨自力，市人大常委会副主任唐建民，副市长刘建明参加会见。鞍钢集团公司副总经理姚林，鞍钢集团公司副总经理，攀钢集团有限公司党委书记、总经理余自甦参加会见。

△　攀枝花华润燃气有限公司挂牌成立。攀枝花华润燃气有限公司由原攀钢生活服务分公司煤气一、二厂和华润集团共同出资组建。2011 年 8 月，攀钢与华润燃气签订合作协议；2012 年 3 月，双方以合资的形式组建攀枝花华润燃气有限公司。攀枝花华润燃气有限公司已拥有 15 万余用户，年供气能力约8 600万立方米。市委副书记赵辉，副市长柳康健，攀钢集团有限公司党委书记、总经理余自甦，华润集团副总经理马国安、王传栋出席挂牌仪式。

21 日　为期两天的四川省工商联第十次会员代表大会在成都市举行。会议选举产生第十届执行委员会领导机构和领导班子。攀枝花钢城集团总经理吴强当选为省工商联副主席，实现攀枝花市非公有制经济代表人士担任省工商联副主席职务零的突破。

22 日　市长张剡主持召开市政府第 13 次常务会议。会议审议并原则通过了《关于办理攀枝花市九届人大一次会议代表建议、批评和意见情况的报告》《关于将地方政府债券纳入预算管理并相应调整市本级 2012 年财政预算的报告》《关于第二届"攀枝花市人才奖"拟获奖名单的请示》。

23 日 ~ 24 日　国家发改委检查组莅攀检查"双百工程"推进情况。23 日，检查组一行深入攀钢钛业公司钛冶炼厂、海绵钛厂和钢城集团环业冶金渣开发公司，实地了解攀枝花市资源综合开发利用现状。24 日，检查组一行在金海开元名都大酒店听取了攀枝花市资源综合利用"双百工程"建设情况汇报，并对攀枝花市相关工作开展情况给予充分肯定。副市长刘建明作汇报。会上，检查组还听取攀钢集团、攀枝花钢城集团和川威集团等资源综合利用骨干企业的建设情况汇报。24 日，国家发改委基础产业司司长黄民率工作组深入米易县攀莲镇贤家村，对成昆铁路扩能改造工程米易东站进行现场踏勘。市委书记刘成鸣陪同踏勘，并向工作组的领导和专家重点汇报攀枝花"两高两铁一水"

等重大交通基础设施项目的进展情况。

24日　国家考评组莅攀对东区创建国家慢性非传染性疾病综合防控示范区进行现场考评。25日上午，考评组一行听取攀枝花市工作汇报，考评组对东区创建国家级示范区工作给予充分肯定。市委常委、市委宣传部部长沈钧出席汇报会。

26日　攀枝花市在攀枝花会展中心召开“五创联动”暨国家卫生城市复审和城乡环境综合治理工作督办会。市委书记刘成鸣出席会议并讲话。市领导谢道全、赵辉、杨自力、李群林、沈钧、许健民、李仁杰出席会议。

△　攀枝花市邀请复旦大学新闻学院博士生导师孟建教授，为全市600余名领导干部作专题辅导报告。市委书记刘成鸣主持会议并讲话。市人大常委会主任谢道全、市委副书记赵辉等市委理论学习中心组成员出席会议。全市各级党委（党组）中心组成员，市级各部门、各人民团体、各企事业单位干部，武警支队干部等聆听了报告。

△　四川省有色科技集团金砂选矿药剂年产1万吨新型选矿药剂项目项目开工奠基仪式在攀枝花钒钛产业园区举行。四川有色金砂选矿药剂有限公司是由四川省有色集团、四川产业振兴基金、四川蜀祥投资公司、四川有色新材料科技股份公司、中南大学、攀枝花一通集团共同出资组建的一家专注于矿产资源综合开发、科学利用新技术研究与应用的现代科技企业。公司投资建设和生产的新型环保选矿药剂——无砷钛铁矿石浮选药剂是公司自主研发的重大科研成果，系国内首创，已申请发明专利。此次开工的新型选矿药剂项目投资5 000万元，一期规划产能为10 000吨/年。该项目建成达产后将广泛服务于攀西地区钒钛磁铁矿选矿企业，带动和影响钒钛产业选钛技术指标的大幅提高，预计将给攀枝花钒钛产业新增工业产值100亿元。尤其是该无砷钛铁矿石浮选药剂的推广和使用将大幅降低选矿尾矿污染。市委副书记、市长张剡宣布项目开工。省国资委党委副书记雷建、市委副书记赵辉分别致辞，市委常委、攀枝花钒钛产业园区党工委书记许健民主持开工仪式，省国资委副巡视员钟德盛出席。

30日　上午，攀枝花市在攀枝花会展中心召开2012年全市“急难险重”重大工业项目督办会。市委书记刘成鸣出席会议并作重要讲话。市委副书记赵辉、市委常委许健民、副市长刘建明、市政协副主席何群出席会议。

△　武警森林指挥部政委亢进忠少将莅临攀枝花市，视察指导驻攀武警森林部队建设等情况。武警四川省森林总队总队长李广策、政委金德成，市委常委、市纪委书记李群林陪同视察。

△　市二医院外科住院大楼开工建设。市委常委、市委宣传部部长沈钧，市人大常委会副主任张汝林，副市长张敏，市政协副主席庞向东出席开工仪式并为项目培土奠基。

△　市九届人大常委会第六次会议在攀枝花会展中心举行。会上，谢道全为新任市人民政府副市长贾德华及有关负责人颁发任命书。

31日　常务副省长魏宏莅临攀枝花市并深入攀枝花机场地质灾害综合治理工程施工现场等地，调研基础设施建设、城市建设等情况。魏宏强调，要继续坚持民生优先，加强协同配合，统筹、彻底治理攀枝花机场地质灾害，不断巩固完善城市基础设施建设，为深入实施“两化”互动、统筹城乡发展战略，实现跨越式发展奠定坚实基础。市委书记刘成鸣，市委副书记、市长张剡，市委常委李章忠陪同调研。省政府副秘书长薛康、省财政厅厅长黄锦生、省国土资源厅厅长宋光齐、省政府督察室主任鲁兰参加调研。当日，魏宏还调研花城新区建设情况。

△　由省旅游局副局长郑学炳为组长的省乡村旅游示范县复核评定组莅临米易县，对该县省级乡村旅游示范县创建工作进行现场复核评定。经过评定，米易县达到省级乡村旅游示范县标准。副市长张敏陪同。

11月

1日　市委副书记、市长张剡与莅攀的中石油西南油气田分公司副总经理康建国一行在攀枝花会展中心举行座谈。市委常委李章忠参加座谈。

△　攀枝花市与中国钢研科技集团有限公司合作共建攀枝花钛及钛合金研究所签约仪式在攀枝花会展中心举行，标志着双方合作进入实质性阶段。市委副书记、市长张剡，中国钢研科技集团有限公司副总经理、党委常委王臣出席签约仪式并分别发表讲话。副市长刘建明主持签约仪式。

△　上午，四川省高级人民法院党组书记、院长王海萍一行莅攀，视察和慰问攀枝花市法院系统，并在市中级人民法院召开省高院征求在攀省人大代表、省政协委员意见建议座谈会暨市中级人民法院工作汇报会。省人大代表、市人大常委会主任谢道全，省政协委员、市政协主席单荣，市委常委、市委政法委书记张伟，市中级人民法院院长祝鸿等陪同视察并出席会议。在攀部分省人大代表、省政协委员出席会议。

△　《中国阳光康养旅游城市发展规划》在攀枝花会展中心进行最终评审，并原则性通过该规划。市委常委李章忠出席会议并讲话。

2日　四川省高级人民法院党组书记、院长王海萍在市委书记刘成鸣，市委副书记、市长张剡的陪同下，先后前往盐边县、米易县，视察攀枝花市法院工作，并看望慰问了基层法院和人民法庭的干警。省高级人民法院副巡视员王华参加视察。市委常委、市委政法委书记张伟，市中级人民法院院长祝鸿陪同视察。

△ 市委副书记、市长张剡在攀枝花会展中心会见中国重型汽车集团副总经理兼中国重汽集团济南卡车股份有限公司董事长于有德一行。市委常委许健民，副市长李仁杰参加会见。

△ 中国重型汽车集团与攀枝花市政府合作洽谈会在金海开元名都大酒店举行。中国重汽集团副总经理兼中国重汽集团济南卡车股份有限公司董事长于有德出席会议。市委常委许健民出席会议，副市长李仁杰主持。

△ 18 时 40 分，2012 ~ 2013 赛季 CBA 季前赛攀枝花站比赛在市体育馆鸣哨开赛。市委常委许健民开球并宣布比赛开始。市委常委、市委秘书长王海波到场观看比赛。

△ 央视中文国际频道总监杨刚毅及《远方的家》栏目组一行莅临攀枝花市，对盐边县格萨拉生态旅游区、二滩国家森林公园等景区景点进行考察。省旅游局副局长吴勉陪同考察。

3 日 攀枝花市新闻工作者协会第五次会员代表大会举行。大会审议通过《攀枝花市新闻工作者协会第四届理事会工作报告》，审议通过修改后的《攀枝花市新闻工作者协会章程》，选举产生市新闻工作者协会第五届理事会理事。市委常委、市委宣传部部长沈钧，副市长张敏出席会议。

6 日 全省市州人大常委会研究室工作座谈会在攀召开。省人大常委会副主任彭渝出席会议并讲话，市委副书记、市长张剡致辞。省人大常委会人事代表工作委员会主任肖萍，市人大常委会主任谢道全出席会议并讲话。省人大常委会研究室副主任姚德彬主持会议。

△ 全省妇女工作现场推进会在攀召开。会议提出，全省各级妇联组织要学习、借鉴、宣传、推广“攀枝花经验”，推动全省妇女工作新发展。省妇联党组书记、主席陈芳出席会议并讲话，攀枝花市委副书记、市长张剡致辞。省妇联党组副书记、副主席吴旭主持会议。省妇联副主席李泽影、施克玲、黄莉，攀枝花市委常委、市总工会主席许健民，副市长张敏，全省各市州妇联负责人参加会议。当日，与会代表还前往米易县、东区部分村组实地考察调研妇女工作组织开展情况和免费婚检“一站式”服务组织实施情况等。

7 日 民进省委副主委，省政协常委、副秘书长刘激涛率民进省委调研组莅攀就“构建四川南向开放门户”课题进行调研，并召开座谈会听取攀枝花市相关情况介绍。中共攀枝花市委副书记赵辉，市政协副主席、中共攀枝花市委统战部部长赵勇，市政协副主席、民进市委主委周治端出席座谈会。省招商引资局副局长、巡视员张旭参加调研。

8 日 9 时，攀枝花市委理论学习中心组在攀枝花会展中心集中收听收看中共十八大胜利召开的盛况。市委理论学习中心组成员谢道全、单荣、赵辉、程少华、沈钧、许健民、张伟、熊伟等参加收听收看。

△ 市委副书记、市长张剡在金海开元名都大酒店会见国家统计局四川调查总队总队长滕采模一行。市委常委、常务副市长杨自力参加会见。

△ 中石化石油工程技术服务有限公司副总经理宗铁一行莅攀考察，并就非金属矿产开发合作项目与攀枝花市进行意向性洽谈。市委副书记赵辉，市委常委许健民，副市长刘建明、李仁杰出席洽谈会。

14 日 市长张剡主持召开市政府第 14 次常务会议。会议审议并原则通过《攀枝花市人民政府关于进一步加强煤矿监管工作的通知》《关于高层次人才和兑现相关优惠政策的请示》等。

15 日 攀枝花市邮政管理局挂牌成立，标志着攀枝花市邮政监管体制工作迈出实质性步伐。市委副书记、市长张剡，省邮政管理局副局长张生泰出席揭牌仪式并揭牌，副市长柳康健讲话。

16 日 紫茎泽兰综合利用项目专家咨询会在攀枝花会展中心举行。中国农业科学院、华南农业大学、北京师范大学等科研机构和院校的专家、教授应邀出席会议，为攀枝花市紫茎泽兰综合利用项目进行咨询。市委常委、市纪委书记李群林，副市长李仁杰出席会议。

19 日 全市传达学习贯彻中共十八大精神大会在攀枝花会展中心举行。市委书记刘成鸣出席会议并讲话。市人大常委会主任谢道全，市政协主席单荣出席大会。市委副书记赵辉主持大会。市领导杨自力、李群林、程少华、许健民、张伟、李章忠、熊伟等出席会议。

20 日 市委书记刘成鸣在攀枝花会展中心亲切接见攀枝花市备战 42 届世界技能大赛焊接、建筑金属加工两个项目的十九冶技工学校的陈丹青、苏健、庄学宇、王晨宇等 4 名选手。市委常委、常务副市长杨自力参加接见。

△ 中国石油化工集团公司副总经理曹耀峰、中国石油化工集团石油工程公司总经理薛万东等一行 14 人到攀枝花钒钛产业园区专题考察石油压裂支撑剂项目合作事宜。考察结束后，市委副书记赵辉会见曹耀峰一行。市委常委、攀枝花钒钛产业园区党工委书记许健民，副市长李仁杰陪同考察。

△ 攀枝花市首家商务楼宇党组织——东区泰隆商务楼宇党委挂牌成立。市委常委、市委组织部部长熊伟为泰隆商务楼宇党委授牌。副市长贾德华出席授牌仪式。

△ “周树春技能大师工作室”在中国十九冶高级技工

学校焊工培训中心挂牌。这是攀枝花市首家获得人力资源和社会保障部、财政部认可的国家级技能大师工作室，同等规格的工作室目前全省仅有4家。该工作室同时还获得四川省技能大师工作室资格。

22日　19时，由市总工会、市体育局联合主办的攀枝花市第九届“篮协杯”暨2012年欢乐阳光节职工篮球比赛在市体育馆鸣哨开赛。市委常委、市总工会主席许健民宣布开赛，副市长张敏出席开幕式并致辞。

23日　市委、市政府审定金沙江大道东段绿化景观规划设计。市委书记刘成鸣出席审定会并讲话，市委常委、市纪委书记李群林主持审定会，副市长柳康健出席审定会。

△　攀枝花钒钛资源综合利用院士行活动启幕。中国工程院、中国科学院的院士，以及北京有色金属研究总院、四川有色金属学会等单位的专家，在市委副书记赵辉的陪同下，前往部分钒钛企业和科研机构等单位进行实地考察。下午，攀枝花钒钛资源综合利用院士行汇报会在攀枝花会展中心召开，中国工程院、中国科学院及相关科研院所、企业的院士和专家听取攀枝花市钒钛资源综合利用情况汇报。中国工程院院士、中国工程院副院长干勇，省委、省政府决策咨询委员会常务副主任李成云，省科技厅党组书记、厅长彭宇行，市委书记刘成鸣出席汇报会并讲话。副市长刘建明代表市委、市政府向院士、专家作汇报。市委常委、常务副市长杨自力主持汇报会。省科技厅巡视员谭开林，市政协主席单荣，省经信委副主任翟刚，省发改委副巡视员龙其云，省决策咨询工作办公室主任张洁，市委副书记赵辉，市人大常委会副主任张汝林出席汇报会。

24日　′2012·攀枝花钒钛论坛在攀枝花会展中心举行。中国工程院院士、中国工程院副院长干勇，中国工程院院士、中国工程院化工、冶金与材料工程学部副主任邱定蕃，中国工程院院士、中国科学院过程工程研究所研究员张懿，中国工程院院士、长沙矿冶研究院教授级高工余永富，中国科学院院士、北京科技大学教授周国治出席论坛。省委、省政府决策咨询委员会常务副主任李成云，省科技厅巡视员谭开林，市委书记刘成鸣出席论坛并致辞。市委常委、常务副市长杨自力主持论坛。市政协主席单荣，省经信委副主任翟刚，省发改委副巡视员龙其云，省决策咨询工作办公室主任张洁，市委副书记赵辉，市人大常委会副主任张汝林，副市长刘建明出席论坛。

25日　武警攀枝花支队举行2012年度士兵退役欢送仪式。市委常委、市委政法委书记张伟，副市长殷旭东出席欢送仪式。

26日　上午，《攀枝花市智慧城市总体规划》在攀枝花市会展中心通过专家评审。市委常委、市委秘书长王海波出席会议并讲话，副市长刘建明主持会议。中国电信系统集成公司总经理刘志勇、省经信委党组成员、省信息化办专职副主任李建疆等出席评审会。

27日　攀枝花首届青年创业论坛在攀枝花学院举行。省人力资源和社会保障厅副巡视员吴开平、市委副书记赵辉出席论坛并讲话，市人大常委会副主任张如英、市政协副主席庞向东出席论坛。

△　省级园林复查验收组组长、省住房和城乡建设厅副厅长杨光在攀枝花市省级园林城市复查工作汇报会上宣布：“攀枝花市通过省级园林城市复查。”市委常委许健民主持汇报会，市人大常委会副主任许秀峰，市政协副主席庞向东出席汇报会。会上，副市长殷旭东汇报攀枝花市巩固省级园林城市建设工作。

30日　省委常委、副省长钟勉在市委书记刘成鸣的陪同下，深入攀枝花市边远民族地区调研。钟勉强调，要以中共十八大精神为指引，加大统筹城乡发展力度，纵深实施扶贫开发战略，推动边远民族地区跨越发展，补齐全面建成小康社会的“短板”，让广大边远民族地区群众共享改革发展成果。省水利厅厅长冷刚，省农业厅厅长任永昌，省扶贫移民局局长张谷，省财政厅总经济师朱华勇等省级有关部门领导随同调研。市委常委、市纪委书记李群林，副市长李仁杰陪同调研。

△　攀枝花农村商业银行举行开业周年庆暨金融社保IC（集成电路）卡首发仪式。市政协主席单荣、省农村信用社联合社副主任杨超为金融社保IC卡揭牌。市委常委许健民，市人大常委会副主任张如英，副市长贾德华，市政协副主席、攀枝花农商银行党委书记、董事长刘德顺出席。

△　10支市直机关青年党员服务队宣告成立。市委常委、市委秘书长王海波为青年党员服务队授旗。

12月

1日　“′2012第二届中国攀枝花国际块菌（松露）节”在金海开元名都大酒店开幕。市委常委、市纪委书记李群林出席开幕式并讲话。市委常委、市委宣传部部长沈钧为中国首个块菌（松露）核心保护区“攀枝花大龙潭中心区”及获奖产品等授牌。市政协副主席吴文发宣布“2012第二届中国攀枝花国际块菌（松露）节”开幕。

△　四川博物院“大篷车”流动博物馆带着56件馆藏精品文物精品开进攀枝花学院，开展为期一天的流动展览进高校活动。这是四川博物院“大篷车”流动博物馆自2010年成立以来，巡展的第45站，也是流动新车投入运行的首站。市委常委、市委宣传部部长沈钧，攀枝花学院党委书记肖立军，校长黄双华，党委副书记胥刚，副校长何永斌，四川

博物院党委书记卢越、副院长谢志成等领导出席开展仪式并参观展览。

2 日　市委副书记、市长张剡在北京银泰中心会见银泰置地集团总裁辛向东。副市长李仁杰参加会见。

3 日　攀枝花市政府与中石化石油工程技术服务有限公司在北京北辰世纪中心举行战略合作协议签署仪式。市委副书记、市长张剡出席战略合作协议签署仪式并讲话。市委常委许健民、副市长李仁杰，中石化石油工程技术服务有限公司总经理薛万东出席仪式。李仁杰代表市政府与中石化石油工程技术服务有限公司副总经理雍自强签署协议。

5 日　上午，中国共产主义青年团攀枝花市第十次代表大会在攀枝花会展中心开幕。市委书记刘成鸣出席会议，并作重要讲话。市委副书记、市长张剡，市人大常委会主任谢道全，市政协主席单荣，团省委副书记克克出席大会。市委常委、常务副市长杨自力，市委常委、市纪委书记李群林，市委常委、攀枝花军分区司令员程少华，市委常委、市委宣传部部长沈钧，市委常委李章忠，市委常委、市委组织部部长熊伟，副市长张敏，市政协副主席马晓凤出席大会，团省委权益部部长陈星宇出席大会。原市政协主席、第三届、第四届团市委书记高方芹，第一届团市委书记马金生出席大会。市委常委、市青联名誉主席许健民主持大会。团市委书记、大会主席团常务主席许军峰代表共青团攀枝花市第九届委员会，向大会作了题为《勇担历史使命，谱写青春华章，为加快建设幸福攀枝花而努力奋斗》的报告。大会主席团常务主席任文致开幕词。大会为攀枝花市第二届创业设计大赛获奖者颁奖，并为乡镇实体化“大团委”特色团组织创建单位授牌。大会开幕前，刘成鸣、张剡、谢道全、单荣、克克等领导与参会代表合影，并观看《让青春焕发出绚丽的光彩》主题展览。6 日，共青团攀枝花市第十届委员会第一次全体会议召开。会议选举产生共青团攀枝花市第十届委员会常委、书记、副书记。市委常委、市青年联合会名誉主席许健民出席会议。

△　晚，'2012 中国·攀枝花欢乐阳光节开幕式暨“阳城金海·欢乐阳光盛典”在市中心广场启动。市委常委、市委宣传部部长沈钧，市委常委许健民出席启动仪式。

7 日　晚，“龙腾米易”专题晚会在米易县文化广场上演。省政协副主席曾清华，国家中医药管理局巡视员、人教司副司长洪净，市委副书记赵辉共同为晚会启幕。

△　省委宣传部副部长、省文明办主任邹吉祥莅临攀枝花市，调研攀枝花市文明城市创建工作情况。市委常委、市委宣传部部长沈钧陪同调研。

8 日　国家中医药管理局中医药养生健康产业发展重点研究室米易基地、四川省旅游协会养生旅游目的地示范基地、四川省治未病中心米易分中心在米易县草场乡克朗村正式奠基。省人大常委会副主任王少雄，省政协副主席曾清华，省文化厅厅长郑晓幸，市委书记刘成鸣为项目培土奠基。受市委书记刘成鸣，市委副书记、市长张剡委托，市委常委、常务副市长杨自力在讲话中代表市委、市政府向各位领导和专家长期以来对攀枝花经济社会发展给予的关心、支持和帮助表示衷心感谢，对项目奠基表示热烈祝贺。

△　首届迷易中华养生健康产业发展高端论坛在米易县开幕。省人大常委会副主任王少雄宣布论坛开幕。省政协副主席曾清华，中国科学院院士刘宝珺，中国科学院院士胡仁宇，中国工程院院士林祥棣，国家中医药管理局巡视员、人教司副司长洪净，省文化厅厅长郑晓幸，省人大常委会民宗委主任彭述明出席论坛。市委书记刘成鸣在论坛上致辞。市领导杨自力、张国民、张敏、周治端，省经信委、省科技厅、省教育厅、省科协、省移民局等省级有关部门领导，成都中医药大学、川煤集团、南京中医药大学等科研院所和企业的领导及专家出席论坛。

△　中国十九冶集团焊工周树春在国家人力资源和社会保障部等 10 部门在京召开第十一届高技能人才表彰大会上荣获“中华技能大奖”，成为全市乃至全省获此殊荣的“第一人”。

10 日　全市“思想大解放，作风大转变，工作大落实”主题教育活动动员大会在攀枝花会展中心大会堂举行。会议的主要任务是贯彻落实中共十八大精神，按照省委书记王东明对全省工作的新要求，动员全市上下以良好的精神状态投入到主题教育活动中，进一步解放思想、转变作风、狠抓落实，努力开创攀枝花经济社会发展新局面。市委书记刘成鸣出席动员大会并作重要讲话。市委副书记、市长张剡主持大会并就贯彻落实会议精神提出要求。市人大常委会主任谢道全，市政协主席单荣出席大会。市委副书记赵辉就深入开展“思想大解放，作风大转变，工作大落实”主题教育活动进行安排部署。市委常委、市纪委书记李群林，市委常委、市委宣传部部长沈钧，市委常委、市委组织部部长熊伟分别对主题教育活动的巡查工作、宣传工作和组织工作作了部署。市领导杨自力、许健民、张伟、李章忠、张如英、唐建民、张国民、王向阳、柳康健、殷旭东、张敏、李仁杰、贾德华、庞向东、何群、吴文发、刘德顺、马晓凤、周治端在位于攀枝花会展中心大会堂的主会场参加会议。县（区）副县级以上领导干部，县（区）委各部委，县（区）级各部门、人民团体正科级领导干部在各分会场参加会议。会上，与会人员观看作风建设专题片《行进中的反思》。

11 日　国家钒钛制品质量监督检验中心通过国家质检总局专家组现场验收，该中心是国内首家钒钛制品质检专门机构。国家钒钛制品质量监督检验中心坐落于攀枝花市炳三区机场路，建筑面积达18 981平方米，由1栋综合实验楼、2栋专业实验楼组成。实验室分部位于桃源街。中心拥有大型检测设备38台（套），设备总价值达2 500多万元；拥有专业技术人员56名；检测能力覆盖23个钒钛制品、304个项目（参数），重点产品5个、关键项目参数40个，关键项目参数均可按国内、国外先进标准实施检验。

12日　攀枝花市与成都铁路局在金海开元名都大酒店举行战略合作对接会。成都铁路局局长武勇，成都铁路局党委书记王晓州，攀枝花市委书记刘成鸣，攀枝花市委副书记、市长张剡，成都铁路局副局长黎宏，攀枝花市委副书记赵辉，攀枝花市委常委李章忠，攀枝花市副市长柳康健出席会议。

13日　市长张剡主持召开市政府第15次常务会议。会议审议并原则通过《关于提高我市城乡居民最低生活保障标准的请示》《攀枝花市农村扶贫开发纲要（2011～2020年）》《关于做好2012～2020年定点扶贫工作的通知》《关于2012年全市民生工程完成情况的报告》《关于扶持和促进中医药事业发展的实施意见》《关于我市社区文化建设情况的报告》等。

△　攀枝花市第二届“百岗万人”职工职业技能大赛决赛在四川机电学院举行，全市16个系统（单位）的近300名选手参加维修电工、维修钳工、矿山救护等工种（技能）的决赛。市委常委、市总工会主席许健民，市人大常委会副主任张如英，副市长张敏，市政协副主席马晓凤等出席。

14日　攀枝花（昆明）投资推介会暨项目签约仪式在云南省昆明海埂会议中心举行。全市各县（区）、攀枝花钒钛产业园区分别与11家企业签约，11个项目协议投资额共72亿元。攀枝花市委书记刘成鸣，攀枝花市委副书记、市长张剡，攀枝花市副市长李仁杰出席会议。会议由市委常委许健民主持。云南省商务厅厅长熊清华，昆明市委常委、常务副市长黄云波，云南省国资委副主任赵玉林，四川省政府驻云南办事处主任胡晓出席会议。

△　四川省旅游局和攀枝花市政府联合主办的2012中国·攀枝花欢乐阳光节新闻发布会在云南省昆明海埂会议中心举行。市委常委许健民介绍了攀枝花欢乐阳光节的情况并向全国游客发出邀请。云南省新闻办公室副主任田虎青主持会议，昆明市旅游局相关负责人出席发布会。

17日　九届人大常委会第十六次主任会议举行。会议听取市人民检察院有关人事事项汇报；听取市人大有关专（工）委会关于市九届人大二次会议相关事宜的汇报，市人大常委会第5号、第9号、第10号、第11号审议意见办理情况的汇报，个别代表的代表资格审查的报告，人事事项，2012年度市人大常委会规范性文件备案审查的情况汇报，市九届人大常委会第八次会议召开时间和建议议题的情况汇报。会议决定，市九届人大常委会第八次会议于12月24日在攀枝花会展中心召开，会议建议议题为：听取和审议市人民政府关于2012年民生工程实施情况的报告；听取和审议市人民政府关于市社区文化建设情况的报告；听取和审议市人民政府关于市服务业发展情况的报告；听取市人民政府关于2011年度市级预算执行及其他财政收支审计查出问题整改情况的报告；听取市人大常委会办公室关于市九届人大二次会议筹备工作情况报告；审议市九届人大二次会议议程（草案）。市人大常委会主任谢道全主持会议并讲话。市人大常委会副主任张如英、唐建民、张汝林、张国民、许秀峰、王向阳，秘书长钟国元出席会议。市人民检察院相关负责人列席会议。

19日　全市对口支援边远民族地区跨越发展工作会在盐边县渔门镇召开。市委书记刘成鸣出席会议并作重要讲话。市委副书记、市长张剡就开展对口支援工作作出安排部署。市人大常委会主任谢道全，市政协主席单荣，副市长李仁杰，市政协副主席吴文发出席会议。会议由市委常委、市纪委书记李群林主持。会上，攀钢集团公司、中国十九冶集团公司、攀煤（集团）公司、东区政府等8个支援单位分别与盐边县格萨拉彝族乡、温泉彝族乡、鳡鱼彝族乡、共和乡等8个乡镇签订《对口支援边远民族地区跨越发展协议》。

△　攀枝花市举行“畅享阳光最美攀枝花”主题摄影活动启动仪式，作为“'2012中国·攀枝花欢乐阳光节”的一个重要组成部分，13家中央、省级媒体及国内2位著名摄影师将借此平台聚焦攀枝花。此次主题摄影活动为期5天，中央、省级媒体及摄影师将以其独特的视角，展示二滩国家森林公园、红格温泉、金沙江峡谷、兰尖铁矿等20余处攀枝花城市美景、地域风情。本次摄影活动结束后，将征集相关照片在受邀媒体上发表反映攀枝花旅游的图片新闻、专题报道和图文版面。市委常委、市委宣传部部长沈钧出席启动仪式。

20日　晚8点，“'2012中国·攀枝花欢乐阳光节”在市体育场拉开大幕。省政府资政、省旅游产业发展领导小组副组长张作哈宣布欢乐阳光节开幕。省政协常委、省旅游协会会长陈保明，省委外宣办副主任郝跃南出席开幕式。省旅游局副局长郑学炳代表省旅游局致辞。市委书记刘成鸣出席开幕式并观看演出，市委副书记、市长张剡代表市委、市政府致辞。市领导谢道全、沈钧、张伟、李章忠、熊伟、许秀峰、张敏、李仁杰、庞向东、何群、吴文发、马晓凤等出席开幕式。副市长柳康健主持开幕式。

21日　攀枝花市人民广播电台、攀枝花市电视台合并为攀枝花市广播电视台。市委常委、市委宣传部部长沈钧，副市长张敏出席攀枝花市广播电视台成立大会并为其授牌、授印。

23日　省委宣讲团中共十八大精神报告会在攀枝花会展中心举行。市委书记刘成鸣主持报告会。市委副书记、市长张剡,市人大常委会主任谢道全,市政协主席单荣等市委理论学习中心组成员出席报告会。全市副县级以上领导干部聆听宣讲。

24日　市九届人大常委会第八次会议在攀枝花会展中心召开。会议听取和审议市人民政府关于2012年民生工程实施情况、攀枝花市社区文化建设情况、攀枝花市服务业发展情况、2011年度市级预算执行及其他财政收支审计查出问题整改情况的报告;审议通过调整市九届人大二次会议召开时间及建议议程的决定;听取市人大常委会研究室关于2012年度市人民政府办理市人大常委会审议意见情况的报告;审查和批准攀枝花市2012年工业增加值责任目标调整的报告;审议通过市人大常委会代表资格审查委员会关于市第九届人民代表大会个别代表的代表资格的审查报告;人事事项。市人大常委会主任谢道全主持会议并讲话。市人民政府常务副市长杨自力、副市长柳康健,市中级人民法院院长祝鸿,市人民检察院检察长卢旭东列席会议。市政协副主席庞向东应邀出席会议。3名市人大代表应邀列席会议。

25日　攀枝花市在攀枝花会展中心举行中共十八大精神专题报告会。中央党校党建教研部主任王长江教授应邀作宣讲报告。市委书记刘成鸣主持报告会。市委副书记、市长张剡,市人大常委会主任谢道全,市政协主席单荣等市委理论学习中心组成员出席报告会。市级各部门、企事业单位、县(区)机关干部、武警官兵聆听报告。

26日　攀枝花市在金海开元名都大酒店召开会议,专题研究攀枝花西区至凉山州盐源县高速公路、攀田高速公路鱼塘互通至机场路连接线等重要交通基础设施项目规划建设工作。市委书记刘成鸣,市委副书记、市长张剡出席会议并强调,要按照"总体规划、分段实施、急用先修、抓紧推进"的总体要求,努力把重大交通基础设施项目纳入全省的"总盘子",进一步优化设计方案,科学安排施工时序,打一场建设外通内畅的立体交通网络的总体战。市委常委李章忠,副市长柳康健参加会议。

△　攀枝花市召开钒钛资源综合利用国家重点实验室建设验收会。市钒钛资源综合利用国家重点实验室通过国家科技部专家组验收。这是攀枝花市首个依托企业完成建设任务并通过验收的国家重点实验室,也是中国钒钛领域唯一一个通过国家验收的重点实验室。副市长刘建明出席验收会议。

27日　副省长陈文华率省级相关部门负责人莅临攀枝花市,在市委书记刘成鸣,市委副书记、市长张剡的陪同下,深入攀枝花钒钛产业园区调研,督促指导攀枝花市项目投资工作。陈文华强调,要进一步加大工作力度,认真落实中共十八大对经济工作提出的新要求,以重点项目建设为抓手,加快转变经济发展方式。市委常委李章忠,副市长柳康健陪同调研。

△　攀枝花市2012年底项目集中开工仪式在攀枝花钒钛产业园区举行。副省长陈文华在仪式现场下达开工令。市委书记刘成鸣致辞,市委副书记、市长张剡主持开工仪式。省政府副秘书长何旅章,省发改委副主任代永波、省经信委副主任梁治辉、省环保厅副厅长杨雪鸿、省统计局副局长黄国芹、省政府金融办副主任艾毓斌、省国土厅副巡视员郭嘉,市人大常委会主任谢道全,市政协主席单荣,市委常委许健民、李章忠,副市长柳康健出席开工仪式。

△　市政府与市总工会第19次联席会召开,会议听取2012年全市经济社会发展情况、第18次联席会议意见建议的落实情况、全市工会工作情况。市委常委、市总工会主席许健民,副市长刘建明出席会议。

28日　市政协八届六次常委会议在攀枝花会展中心召开。会议审议政协第八届攀枝花市委员会常务委员会工作报告(审议稿)、政协第八届攀枝花市委员会常务委员会关于八届一次会议以来提案工作情况的报告(审议稿)、政协第八届攀枝花市委员会第二次会议议程(草案),审议通过政协第八届攀枝花市委员会第二次会议日程、政协第八届攀枝花市委员会第二次会议分组原则、政协第八届攀枝花市委员会第二次会议列席人员范围。会议决定,政协第八届攀枝花市委员会第二次会议于2013年1月10日在攀枝花会展中心召开,会期预计4天半。市政协主席单荣主持会议并讲话。市政协副主席赵勇、庞向东、伍维根、吴文发、刘德顺、马晓凤、周治端,秘书长唐云城出席会议。市人大常委会副主任王向阳应邀参加会议。

30日　中共攀枝花市委常委(扩大)会议在攀枝花会展中心召开。市委书记刘成鸣主持会议。市委副书记、市长张剡传达中央、省委经济工作会议精神。市领导谢道全、单荣、赵辉、杨自力、李群林、程少华、沈钧、许健民、张伟、王海波、李章忠、熊伟等出席会议。

31日　三一重机有限公司副总经理雷启明、三一重机有限公司投资项目总监等一行莅攀考察。市委副书记赵辉在攀枝花会展中心会见雷启明一行。

△　攀枝花市第三届"金沙放歌"群众歌咏比赛颁奖晚会在市中心广场举行。市委常委、市委宣传部部长沈钧,市人大常委会副主任张汝林,副市长张敏,市政协副主席庞向东出席晚会并颁奖。

(李冠华)

要 事 纪 略

五创联动

【概　况】 2012年4月，攀枝花市委、市政府决定启动“五创联动”（创建国家环保模范城市、创建国家森林城市、创建国家园林城市、创建中国阳光康养旅游城市和创建全国文明城市）工作，总体目标是“三年打基础、五年基本达标、力争通过验收”。为确保“五创联动”工作顺利开展，市委、市政府专门成立以市委书记刘成鸣、市长张剡及相关单位主要负责人组成的攀枝花市“五创联动”工作领导小组，领导小组下设办公室和5个创建指挥部，领导小组办公室与市城乡环境综合治理指挥部办公室合署办公，常务副市长杨自力兼任办公室主任。通过齐抓共建、攻坚克难、上下联动，攀枝花市2012年“五创联动”工作整体开局良好，年度任务基本完成，创建效果初步显现，全年计划创建124项，完成96项，完成率为77.4%。

【创建国家环保模范城市】 其工作是按照“科学规划、分步实施、逐年攻坚、重点突破、全面推进”的总体思路，全力开展国模创建攻坚行动，确保在“十二五”期间顺利完成国模创建26项考核指标中的23项考核指标，确保“城区环境空气质量”“城市生活污水集中处理率”“重点工业企业污染物排放稳定达标”3项难点指标取得重大突破，力争2016年底基本通过国家环保模范城市创建技术核查。创建步骤分为筹备启动（2012年3～12月）、全面攻坚（2013年1月至2016年12月）和技术核查和验收（2016年12月至2018年底）三个阶段。至年底67项年度攻坚任务已完成42项，全市环境空气质量达标率93.7%，地表水、饮用水环境质量达标率为100%。完成创建国家环保模范城市总体规划的制定，并获环保部审批，先后制订《攀枝花市大气主要污染物控制方案》《攀枝花市人民政府关于加快推进机动车污染防治实施方案》等专项治理方案，全面启动西区、东区倮果——五道河片区、钒钛产业园区、金沙江攀枝花市城区段四大创模攻坚工程。至2012年年底，盐边县龙蟒集团300万吨、昆钢攀枝花公司250万吨管道运输项目已启动实施，西区攀青物流、鑫铁物流煤炭管带运输稳步推进，46个重大工业产业化项目已通过审批24个，已建成生态乡镇31个（占全市乡镇的70.45%），生态村140个（占全市行政村的39.77%）。

【创建国家森林城市】 其工作思路是按照“城乡统筹发展、人与自然和谐发展、生态与经济协调发展”的要求，重点实施花城景观、环城景观林、森林廊道工程、矿山迹地植被恢复、山地森林保育、生态产业和生态文化建设等七大工程，形成功能完备的森林生态屏障和森林生态网络，到2018年，基本建成国家森林城市。创建步骤分创建发动（2012年初）、组织实施（2012～2017年）和申报验收（2014年创建四川省森林城市、2017年申报国家评审、2018年确保实现创建目标）三个阶段。至2012年底，6大重点建设项目中已完成3项，建成绿化面积3 286.67公顷，栽植树木365万株。全面推进花城景观林、环城景观林、森林廊道建设、矿山迹地恢复、山地森林保育、生态产业建设和生态文化“七大工程”建设。其中，干坝塘山地森林公园花景建设项目已完成施工道路、提水灌溉等配套设施建设，栽植各类景观植物7万余株，20%植物栽植任务已完成；沿江视野区生态景观项目共绿化面积240.07公顷，栽植各种绿化树种149 039株，综合成活率为68%；沿江视野区阿米什段生态景观林样板景观段于8月底全面完工，已建成太阳能抽水灌溉试验系统，完成花池砌筑5 500米，堆土4 504立方米，栽植苗木4.5万株；持续深入开展全民植树造林活动，全力争创四川省绿化模范单位，共完成义务植树227.59万株，参加人数60.1万人次，绿化面积1 466.67公顷；干热河谷典型地段修复工程已完成153.33公顷项目选点和年度实施方案编制报审。

【创建国家园林城市】 其工作思路是坚持“政府组织,部门负责,社会参与,统筹规划,因地制宜,注重实效”的原则,加大城市园林绿化建设力度,争取扩绿940公顷以上,使城区绿地总面积达到3 046公顷以上,确保在2017年成功创建国家园林城市。实施步骤分为全面启动(2012年4~12月)、创建攻坚(2013年1月至2015年12月)、申报完善(2016年1~12月)和评审验收(2017年1~12月)4个阶段。着力开展11项年度攻坚项目,其中花城景观建设项目已全面完成,其余项目正按计划稳步推进。以省级园林城市复查为契机,以花城新区绿化建设为着力点,大力实施中心城区花城打造,切实提高园林绿化指标。完成“花城新区山地森林公园项目可研报告”以及2012年实施的33.53万平方米阳光花海区绿化景观项目立项及施工设计,至年底已完成施工道路、提水灌溉等配套设施建设,栽植各类景观植物7万余株;完成炳三区山地森林公园(面积237.6万平方米)概念性规划编制,修建生产道路1 200米,栽植植物7 500株。完成金沙江大道中段景观打造工程、攀枝花公园闲云阁及游乐区坡面绿化工程、陈家垭口隧道右侧绿地完善工程等七个区域花城打造;改造老旧小区10个,创建19个花园家庭、19个花园社区(小区)、6个花园宾馆(酒店)、10个花园度假村(农家乐)。巴关河石灰石矿复垦、清乌复线以北复垦两个项目一期复垦方案已编制完成即将评审,二期方案正在编制;太平一棵树、西山矸石道、沿江片区、三十九片区及摩梭河片区等地质环境恢复治理项目,通过省国土资源厅审查;攀枝花市省级园林城市复检顺利通过。

【创建中国阳光康养旅游城市】 其工作思路是依托丰富的阳光气候资源优势,把攀枝花建成以健康、养生旅游为主要特色的国内著名、国际知名的旅游目的地,力争2018年成功创建为“中国阳光康养旅游城市”。创建步骤分为宣传发动(2012年)、创建攻坚(2013~2015年)、完善提升(2016~2017年)和评估验收(2018年)4个阶段。至2012年底,创建攻坚阶段8大重点42个项目已全部完成。其中“四大阳光精品旅游度假区”“八个重点旅游产业项目群”建设全面推进,旅游品牌宣传推广到位,旅游接待能力和服务水平全面提升。红格假日酒店二期主体工程建设基本完工,阿署达阳光生态旅游度假区新村建设集中居住区项目完成1#、2#、3#一层主体施工,普达阳光国际康养度假区正在开展项目区水保、环评、安评和节能评估和新农村建设安置等前期工作,完成攀枝花境内16个旅游新村30个旅游标识牌建设工作,并举办乡村旅游专题培训班27期,培训乡村旅游经营管理和从业人员共1 551人次。新增三星级以上宾馆和商务酒店床位2 398个,16个旅游新村新增床位10 000个;新增境内高速公路配套厕所6个、旅游综合服务站6个,各类旅游标识标牌66个;开展“中国阳光花城——攀枝花2012国庆暨阳光之旅”大型宣传促销活动,并先后举办“'2012攀枝花·格萨拉索玛花节暨'2012中国乡村欢乐健康游”等节庆大型旅游活动,组团参加泛乌蒙山区域旅游联盟合作高峰论坛会议、南方旅游城市(经济)合作体年会,并与保山、德宏等市签署《旅游发展合作协议》,进一步推广旅游城市新形象。

【创建全国文明城市】 其工作思路是以创建工作为载体,充分调动全社会力量,全面完善城市基础设施,优化城市功能,改善人居环境,提升城市形象,着力提高市民素质,提升城市文明程度,力争在2017年或2020年成功创建为全国文明城市。创建步骤分为启动准备(2012年3~6月)、集中攻坚(2012年7月至2013年4月)、自查申报(2013年5~6月)、考核验收(2013年7~10月)和持续创建(2013年11月以后)5个阶段。2012年,全市在广泛宣传发动上下功夫,着力抓好公共文明指数测评、道德主题活动和细胞建设等相关工作,形成“人人支持创建、人人参与创建”的生动局面。市委、市政府先后制发《关于做好迎接四川省城市公共文明指数测评工作的通知》等4个文件,分解落实114项测评标准和215个测评点位迎检责任,重点组织好13项整治行动,开展以“市民素质提升”为主题的活动,成立抗旱志愿服务队伍近700支,参与抗旱志愿服务党员干部、青年志愿者等1万余人;开设“弘扬雷锋精神寻找身边好人”和“掀起‘五创联动’高潮全面建设幸福攀枝花”等专栏专题,开展形式多样的志愿服务活动,推动公益事业不断向前发展。至年底,全市累计发放宣传单4万余份,增设公益广告1 000余幅,制作宣传道旗3 000面,大型户外公益广告5幅,群众参与活动10万余人次。积极推进四川省文明城市和县城创建相关工作,大力开展文化、科技、卫生“三下乡”集中服务活动,广泛开展星级农户、文明集市等创评活动,深化农村精神文明创建工作,着力形成集点成线、以线带面的精神文明创建工作格局。攀枝花市在全省17个市(州)公共文明指数测评中排位第4名,顺利实现市委提出的“上位求进”目标。

（李　泪）

概 貌

自然概貌

【地理位置】 攀枝花市是中国四川省直辖市，位于中国西南川滇交界部，北纬26°05′～27°21′，东经101°08′～102°15′，金沙江与雅砻江交汇于此。东、北面与四川省凉山彝族自治州的会理、德昌、盐源3县接壤，西、南面与云南省的宁蒗、华坪、永仁3县交界。北距成都749千米，南离昆明351千米，是四川省通往华南、东南亚沿边、沿海口岸的最近点，为“四川南向门户”上重要的交通枢纽和商贸物资集散地。

【建置人口】 2012年，攀枝花市辖东区、西区、仁和区、米易县、盐边县。有16个街道办事处、44个乡镇、130个社区居委会、352个村民委员会。攀枝花市有42个民族，其中汉族占全市人口的86.6%，41个少数民族中人口较多的彝族占8.89%，其次是傈僳族、苗族、纳西族、白族、傣族、满族等。

全市2012年年末户籍总人口111.86万人，其中农业人口51.77万人、非农业人口60.09万人，男性人口57.21万人、女性54.65万人。全年出生人口9 761人，死亡人口5 642人，人口自然增长率3.7‰。年末常住人口123.09万人，城镇化率为63.01%，比2011年提高1.37个百分点。

【地形河流】 攀枝花市地处攀西裂谷中南段，属侵蚀、剥蚀中山丘陵、山原峡谷地貌，具有山高谷深、盆地交错分布的特点，地势由西北向东南倾斜，山脉走向近于南北，是大雪山的南延部分。海拔最高点位于盐边县境内的柏林山穿洞子(4 195.5米)，最低点位于仁和区平地镇师庄(937米)，相对最大高差3 258.5米，一般相对高差1 500米～2 000米。

攀枝花市隶属长江水系，河流多，境内有大小河流95条，分属金沙江水系、雅砻江水系，两水系在雅江桥处汇合。流域控制面积较大的主要有安宁河、三源河、大河三大支流。其中流域面积大于500平方千米以上的6条；100平方千米～500平方千米的26条；50平方千米～100平方千米的18条；5平方千米～50平方千米的小河流只统计直接汇入金沙江、雅砻江的45条。

【气 候】 攀枝花市属南亚热带—北温带的多种气候类型，被称为“南亚热带为基带的立体气候”，具有夏季长，四季不分明，而旱、雨季分明，昼夜温差大，气候干燥，降雨量集中，日照长，太阳辐射强，蒸发量大，小气候复杂多样等特点。年平均气温是四川省年平均气温总热量最高的地区，无霜期300天以上。

2012年，攀枝花市平均气温20.4℃～22.1℃，较多年平均显著偏高0.9℃～1.4℃(仁和区偏高最明显，为1.4℃)。全年月平均气温最高出现在5月(27.8℃～29.6℃)，月平均气温最低出现在12月(11.8℃～13.8℃)。全年总降水量596.2毫米～842.9毫米，较常年异常偏少86.6毫米～289.2毫米，偏少幅度9%～26%。年日照时数2 616.5小时～2 869.3小时，较多年平均偏多121.3小时～244.2小时。年平均相对湿度48%～57%，较多年平均明显偏小8%～14%。

【国土资源】 2012年，攀枝花市幅员7 440.403平方千米，全市土地面积7 440.403平方千米。其中农用地约666 200公顷(耕地保有量为49 800公顷、基本农田保有量为43 100公顷)；建设用地约30 300公顷；未利用地约45 900公顷。

【水能资源】 攀枝花水能资源丰富,水能资源理论蕴藏量687.9万千瓦以上,可开发量达到599.4万千瓦,2012年装机容量约350万千瓦。攀枝花地区水能资源分布集中,主要集中在过境的金沙江、雅砻江以及支流安宁河、永兴河、藤桥河。

【矿产资源】 全市发现矿产76种,探明储量的矿产39种,得到开发利用的矿种45种。全市发现矿产地490余处(含矿点、矿化点),其中,特大型、大型矿床46个,中型矿床30个。

全市优势矿种的保有资源储量为:煤36 947.26万吨,钒钛磁铁矿669 374.10万吨,伴生钒矿1 037.59万吨,伴生钛矿42 457.93万吨,熔剂石灰石29 493.10万吨,冶金用白云岩36 347万吨,晶质石墨1 539.80万吨,硅藻土1 355.60万吨,苴却砚石2 098万吨,饰面用花岗石8 375万立方米。

【生物资源】 攀枝花市的植物和野生动物种类繁多,达2 500多种。珍贵稀有动物中,国家一级重点保护动物有4种(金雕、豹、黑颈鹤、四川山鹧鸪),国家二级重点保护动物30种。国家重点保护的一、二级珍稀濒危植物14种,其中,一级重点保护珍稀濒危植物攀枝花苏铁举世称奇,成片生长,达20多万株,且年年开花,雌雄竞放,与恐龙、熊猫一并被誉为"巴蜀三宝"。

国民经济和社会发展概貌

【经济综述】 2012年,全市牢牢把握"抢抓机遇,加快发展"的工作基调,大力实施"三个加快建设",大力推进"三个走在全省前列",全力打好"六大硬仗",紧紧围绕市九届人大一次会议确定的目标,凝心聚力,强化措施,全市经济社会呈现持续快速发展态势。全年攀枝花地区生产总值(GDP)突破700亿元大关,达740.03亿元,按可比价计算,增长14.0%。其中:第一产业增加值25.77亿元,增长4.6%,对经济增长的贡献率为1.2%,拉动经济增长0.2个百分点;第二产业增加值561.41亿元,增长15.5%,对经济增长的贡献率为83%,拉动经济增长11.6个百分点;第三产业增加值152.86亿元,增长10.5%,对经济增长的贡献率为15.8%,拉动经济增长2.2个百分点。人均地区生产总值60 391元,增长13.3%。三次产业结构由2011年的3.8∶75.5∶20.7调整为3.5∶75.8∶20.7。全市民营经济实现增加值323.93亿元,增长16.0%,占GDP的比重为43.8%,对GDP增长的贡献率为47.3%。全年东区实现地区生产总值306.70亿元,增长10.4%;西区85.67亿元,增长11.3%;仁和区151.93亿元,增长19.5%;米易县93.20亿元,增长19.0%;盐边县102.54亿元,增长15.0%。

【农　业】 2012年,全市农林牧渔业总产值达44.49亿元,增长4.7%。其中:农业产值23.18亿元,增长5.2%;林业产值0.73亿元,增长4.3%;牧业产值16.35亿元,增长3.7%;渔业产值3.61亿元,增长6.6%;农林牧渔服务业产值0.62亿元,增长6.5%。

全年全市农作物播种面积72 000公顷,增长1.5%。其中:粮食播种面积43 100公顷,增长0.8%;油料播种面积2 400公顷,增长5.4%;烟草播种面积9 800公顷,增长8.7%;蔬菜播种面积10 026公顷,增长4.5%。全年粮食总产量23.61万吨,增长0.6%;油料产量0.34万吨,增长3.4%;烟叶产量2.02万吨,增长11.0%;蔬菜产量60.57万吨,增长3.6%;水果类产量18.34万吨,增长5.7%。全年完成营造林面积18 900公顷,新增封山育林面积1 700公顷,森林覆盖率达58.97%。

全年全市生猪出栏67.91万头,增长3.0%;牛出栏4.04万头,增长1.8%;羊出栏37.91万只,增长1.2%;家禽出栏610.64万只,增长3.9%。全市肉类总产量7.18万吨,增长2.9%。其中:猪肉产量4.91万吨,增长3.1%;牛肉产量0.51万吨,增长1.7%;羊肉产量0.75万吨,增长1.1%;禽肉产量0.97万吨,增长3.8%。禽蛋产量1.46万吨,增长6.6%;蚕茧产量0.33万吨,增长0.6%;水产品产量3.04万吨,增长6.1%。

全市农业生产条件继续改善,农业机械总动力达641 424千瓦,增长5.6%,新增农田有效灌溉面积21 800公顷,年末有效灌溉面积30 980公顷。累计治理水土流失面积156 220公顷,全年新增11 450公顷。

【工　业】 2012年,攀枝花规模以上工业累计完成工业总产值1 274.40亿元,增长 10.8%,实现增加值 460.10 亿元,增长 16.8%。从轻重工业看,重工业实现增加值 441.23 亿元,增长 16.9%;轻工业实现增加值 18.87 亿元,增长 12.2%。从登记注册类型看,国有工业完成增加值 37.60 亿元,下降 8.4%;集体工业企业完成增加值 2.23 亿元,下降 11.9%;股份制工业完成增加值 402.87 亿元,增长 18.7%。

四大支柱产业累计完成工业总产值1 078.47亿元,增长 8.1%,占全市规模以上工业总产值比重达 84.6%,其中钒钛、能源、化工产值分别增长 45.5%、18.1% 和 22.8%,钢铁产值下降 6.3%。

规模以上工业企业实现销售产值1 239.28亿元,增长 9.0%,产销率为 97.2%,回落 1.7 个百分点;工业企业综合效益指数为 202.4%,回落 6 个百分点;实现利润总额 6.26 亿元,下降 82.5%;利税总额 65.82 亿元,下降 22.7%;总资产贡献率为 4.3%,回落 1.6 个百分点;资产负债率为 79.6%,上升 3.5 个百分点;成本费用利润率为 0.5%,回落 2.1 个百分点。

【建筑业】 全市年末资质等级以上总承包和专业承包建筑企业(含劳务分包)84 个,建筑企业实现总产值 158.45 亿元,下降 5.7%。

【固定资产投资】 2012 年,全社会固定资产投资完成额 463.25 亿元,增长 20.8%,其中固定资产投资完成额 452.28 亿元,增长 22%。从管理渠道看,基本建设完成投资 201.17 亿元,增长 20%;更新改造完成投资 194.28 亿元,增长 17.5%;房地产开发完成投资 54.68 亿元,增长 53%。从投资主体看,2012 年完成国有投资 177.43 亿元,下降 1.4%,完成民间投资 262.05 亿元,增长 35.4%。从三次产业看,第一产业完成投资 9.73 亿元,增长 16.3%;第二产业完成投资 223.42 亿元,增长 9.1%;第三产业完成投资 230.10 亿元,增长 35.2%。

【房地产业】 2012 年,全市房屋施工面积 471.4 万平方米,下降 5.8%。房屋竣工面积 51.7 万平方米,下降 68.3%。商品房销售面积 80.8 万平方米,下降 5.1%,其中住宅销售面积 76.3 万平方米,下降 3.2%。

【国内贸易及旅游】 2012 年,社会消费品零售总额 192.10 亿元,增长 16.0%,其中,限上企业实现零售额 84.48 亿元,增长 20.2%。按消费形态分,餐饮收入 24.56 亿元,增长 20.1%;商品零售 167.54 亿元,增长 15.4%。

全年旅游总收入 66.86 亿元,增长 32.3%。接待旅游总人数 852.68 万人次,增长 12.9%。全市共有名胜风景区和文物保护区 11 个,星级饭店、宾馆 17 个。

【对外经济】 2012 年,全市招商引资到位资金 408.64 亿元,增长 8.4%。全年全市实现进出口总额26 343万美元,下降 0.9%。其中,出口总额22 007万美元,增长 25.4%;进口总额4 336万美元,下降 52.0%。

【交通、通信和邮电】 2012 年,全市等级公路达2 888.18千米。公路旅客运输量5 897.99万人,客运周转量135 267万人千米,分别增长 8% 和 25.9%;完成货物运输量11 448.62万吨,货物周转量568 533.02 万吨千米,分别增长 7.6% 和 14.8%。全市机动车保有量 18.93 万辆,其中汽车 10.4 万辆、摩托车 8.51 万辆;营运车辆 2.53 万辆;私人汽车 8.04 万辆。境内铁路营运里程 181.6 千米,与 2011 年持平,境内火车站 16 个,完成铁路客运量 204.67 万人,下降 2.6%;铁路货运量2 818.2万吨,下降 0.8%。水路旅客周转量 785 万人千米,增长 1.4%,水路货运周转量1 008 万吨千米,增长 4.8%。

全年邮电主营业务收入 10.86 亿元,其中,电信业务主营收入 10.04 亿元、邮政业务主营收入 0.82 亿元。年末拥有邮电局(所)47 处;全年报刊发行量2 690.12万份;函件 366.6 万份;特快专递 15.43 万件;邮路长度(单程)1 300千米。年末固定电话用户 32.76 万户;年末移动电话用户数 132.61 万户,其中 3G 移动电话用户数 24.82 万户;国际互联网用户数 20.49 万户。

【财政、税收】 2012 年,全市地方财政收入 82.9 亿元,增长 17.9%。其中,公共财政预算收入 57.2 亿元,增长 15.6%。地方财政支出 135.66 亿元,增长 9.4%。其中:公共财政预算支出 108.65 亿元,增长 17.7%;教育、社会保障和就业、医疗卫生支出分别增长 30.6%、14%、19.1%。全年全市国税组织收入 53.54 亿元,增长 4.5%。其中,税收收入 54.21 亿元,增长 5.2%;增值税 41.81 亿元,增长 1.1%;消费税 0.59 亿元,增长 2.7%。地税组织收入 51.34 亿元,增长 14.5%。其中,税收收入 44.13 亿元,增长 14.0%;营业税收入 12.77 亿元,增长 14.9%。

【金融、保险】 2012 年末,全市金融机构人民币各项存款余额 765.69 亿元,比年初增加 105.16 亿元,增长 15.9%,其中,储蓄存款余额 358.99 亿元,比年初增加 49.14 亿元,增长 15.9%。全市金融机构人民币各项贷款余额 532.19 亿元,比年初增加 87.93 亿元,增长 19.8%。全年全市实现保费收入16.39亿元,其中财产保险保费收入6.44亿元、人寿保险保费收入9.95亿元。保险赔款支出4.85亿元,其中:财产保险赔款支出2.96亿元、人寿保险赔款支出1.83亿元。

【教育、科技】 2012年,全市拥有普通高等学校2所,普通中等学校64所,中等专业学校8所,小学学校63所,幼儿园188所。全市普通高等学校在校生23 049人,普通中等学校在校生86 172人,其中普通中学在校生70 993人,小学在校生84 821人,幼儿在园数31 248人。全市专任教师总数12 236人,其中普通中等学校专任教师5 558人。九年义务制教育完成率为84.5%,学龄儿童入学率100%,小学和初中毕业生升学率分别为98.5%和95.8%。

全年全市新增国家级高新技术企业4家、省级创新型企业5家,攀枝花市被列为全省首批创建国家技术创新工程示范市。实施市级重大科技成果转化项目11项,总产值56亿元。完成引智项目5个,引进高层次人才128名,攀钢集团院士(专家)工作站晋升为首批省级院士(专家)工作站。全年拥有国内专业技术人员62 719人,增加7 948人,其中具有中级职称以上人员23 873人,农业技术人员839人。

【文化、卫生和体育】 2012年,全市拥有博物馆和展览馆2个,文化(艺术)馆50个,其中文化站44个,剧场影院4个,公共图书馆6个,全年公共图书馆藏书总量74.67万册。全市乡镇广播电视站44个,352个行政自然村全部开通广播和电视。全市有线电视用户入户率达73.3%,比2011年提高1.3个百分点,广播覆盖率97%,比2011年提高1.1个百分点,电视覆盖率97.6%,比2011年提高1.2个百分点。全年全市拥有医院、卫生院71个,疾病预防控制中心6个,妇幼保健站6个。医院、卫生院技术人员8 789人,其中,执业医师3 200人,注册护师、护士3 523人。年末卫生机构床位8 578张。全年全市拥有体育场(馆)6个,各级体育社会团体38个,全民健身路径324条,社会体育指导站309个。全年举办20次全民健身活动,全市各类运动队夺得省级比赛金牌24枚、银牌17枚、铜牌41枚。

【生态建设和环境保护】 2012年,改造老旧小区10个,创建19个花园家庭、19个花园社区(小区)、6个花园宾馆(酒店)、10个花园度假村(农家乐),建成生态乡镇31个、生态村140个。全年全市环境空气质量达标率达93.7%,地表水、饮用水环境质量达标率100%,全年单位GDP能耗下降5%。

【收入及消费】 2012年,全市城镇居民人均可支配收入22 808元,增长15.6%。其中,工资性收入16 283元,增长16.4%;财产性收入336元,增长38.9%;转移性收入7 114元,增长6.2%。城镇居民人均消费支出15 286元,增长7.8%。其中,食品支出6 500元,增长6.4%,恩格尔系数为42.5%;衣着支出1 326元,增长1.0%;居住支出1 308元,下降2.4%;家庭设备用品及服务支出下降12.9%;交通和通讯支出增长24.0%;医疗保健支出下降2.5%;教育文化娱乐服务支出增长37.4%。

全市农村居民人均纯收入8 728元,增长14.4%。其中,家庭经营收入5 640元,增长15.0%;工资性收入2 397元,增长13.9%;财产性收入144元,增长8.4%;转移性收入546元,增长13.0%。农村居民人均生活消费支出7 114元,增长26.9%。其中,食品支出3 397元,增长26.1%;衣着支出增长25.5%;家庭设备用品及服务支出增长27.6%;居住支出增长75.8%;交通和通信支出增长9.7%;文化教育及娱乐支出增长17.2%;医疗保健支出增长8.8%。

【物价水平】 2012年,居民消费价格比2011年上涨3.0%,其中,食品类价格上涨6.0%,烟酒及用品上涨1.7%,衣着上涨7.1%,交通及通信上涨0.3%,居住上涨2.8%;家庭设备用品及维修服务、医疗保健和个人用品、娱乐教育文化用品及服务价格分别下跌0.2%、0.3%、1.0%;工业生产者出厂价格下跌4.1%,工业生产者购进价格上涨1.8%。

【居住条件】 抽样调查表明,2012年末,城镇居民人均住房建筑面积28.72平方米,增长5%;86.3%的城镇居民家庭拥有自有房屋产权;95.9%的城镇居民家庭住进单元房。

【社会保障】 2012年,全市参加养老保险的人数46.52万人,增加2.18万人;参加医疗保险人数68.62万人,增加3.51万人;参加失业保险人数15.7万人,减少6.01万人;参加工伤保险人数21.59万人,增加0.17万人,参加生育保险人数23.18万人,增加0.43万人。城镇新增就业人口1.76万人,城镇登记失业率为3.6%,与2011年持平。

全市享受城镇居民最低生活保障人数2.09万人,减少3 282人;享受农村居民最低生活保障人数2.94万人,增加1 076人;社会救济对象人数5.39万人,减少1.71万人。全市拥有社会福利性收养单位31个,床位3 220张;社会福利院4个,床位数511张;敬老院25个,床位数2 578张。

(赵雪松)

县(区)概貌

东　区

【建置人口】 东区为攀枝花市主城区，是全市政治、经济、文化、金融和商贸中心，位于北纬26°32′~26°39′和东经101°39′~101°49′。行政区域东起渡(口)金(江)公路雅砻江与金沙江汇合处下行850米处；西至云盘山顶、凉风坳，分别与仁和区、西区接壤；南抵攀枝花大道中段巴斯箐；北至大黑山麓、老岩山，与仁和区、盐边县分界。面积167.225平方千米，其中耕地面积209.60公顷，占辖区总面积的1.25%。

东区辖1个镇、9个街道办事处，9个村民委员会、61个社区居民委员会。2012年末，全区人口总数102 984户313 857人，其中男162 284人、女151 573人。总人口中非农业人口305 909人(男158 453人、女147 456人)、农业人口7 948人(男3 831人、女4 117人)。全年出生2 112人，出生率6.70‰；死亡1 423人，死亡率4.50‰；人口自然增长率2.20‰。全区有少数民族32个，人口10 321人。

【经济发展状况】 2012年，东区实现地区生产总值(GDP)306.70亿元，同比增长10.40%；完成区属经济增加值167.10亿元，同比增长13%；完成固定资产投资134.66亿元，同比增长22.90%；地方财政一般预算收入9.10亿元，同比增长25.90%；实现社会消费品零售总额117.05亿元，同比增长16.10%；招商引资实际到位资金83.87亿元，同比增长12.10%；城镇居民人均可支配收入24 960元，同比增长16%；农民人均纯收入10 781元，同比增长14.20%。

2012年东区主要经济指标

表1

指标名称	单位	2012年	比2011年±(%)
年末总人口	人	313 857	-0.59
地区生产总值	万元	3 066 968	10.40
第一产业总产值	万元	5 285	0.20
第二产业总产值	万元	2 202 085	10.20
第三产业总产值	万元	859 598	11.10

续表1

指标名称	单位	2012年	比2011年±(%)
全部工业企业总产值	万元	6 146 503	4.80
旅游收入总额	万元	274 257	26.30
金融机构各项存款余额	万元	4 829 892	14.90
参加基本养老保险职工数	人	218 034	3.10
参加失业保险人数	人	221 766	2.20
城镇登记失业人数	人	8 255	7.90
电信业务总量	万元	73 491	5.90
全社会固定资产投资总额	万元	1 346 555	22.90
社会消费品零售总额	万元	1 170 523	16.10
地方财政收入	万元	91 028	25.90
地方财政支出	万元	132 236	18.60
城镇居民人均可支配收入	元	24 960	16.00
农民人均纯收入	元	10 781	14.20

【工业经济】 2012年，东区实施技术更新改造项目22个，完成技改投资26.20亿元，支柱产业技术攻坚顺利推进。大力引导辖区选矿企业淘汰落后、规范整合，为培育废石资源综合利用百亿产业奠定坚实基础；太阳能综合利用等新兴产业全面起步，结构调整取得新成效。编制完成《攀枝花高新技术产业园区产业发展规划纲要(2011~2015年)》，修订完善《园区管理办法》，园区发展管理更趋科学；高梁坪园区向五道河方向拓展规划修编加快推进，园区承载和集聚能力进一步增强。不断加大地企协作力度，全年实现地企协作贸易额35.50亿元。引导成立东区工业企业行业协会，服务企业取得新实效。全年实现第二产业增加值220.21亿元，增长10.20%，完成区属地方规模以上工业增加值54.20亿元，增长31.70%。

【农业和农村经济】 2012年，东区修改完善“区、镇、村”三级新村建设规划，统筹城乡发展规划体系更加健全。加快推进新村建设，马路箐新村按期完工，大湾丘、小箐沟等新村快速推进，村民居住环境明显改善。投入1.10亿元，重点打造阿署达乡村旅游示范村，大力发展乡村旅游；新增乡村旅游接待床位1 514张，乡村旅游接待水平大幅提升。特色种植和规模养殖企业持续壮大，产业基地带动效应明显增强。红花田水库整治等基础设施项目完成并投入使用，农业生产综合保障能力不断提升。农村养老、医疗保险覆盖面进一步扩大，医疗卫生服务实现城乡一体化管理，城乡公共服务水平更趋均衡。全年实现一产增加值5 285万元，增长0.20%。农民人均纯收入10 781元，增长14.20%。

【第三产业】 2012年，东区编制完成《攀枝花市东区商业网点规划(2012～2020)》，修改完善《东区促进服务业发展奖励办法》，产业发展支撑体系更加健全。金瓯广场、曼哈顿广场等商业综合体快速发展，城市经济区位优势进一步凸显。马来西亚金狮百盛等国内外知名企业成功入驻，对外开放水平进一步提高。全年新增限上单位44家，限上单位总户数达到172家，全区商贸发展档次和水平不断提升。成功举办山城啤酒节、家居(家电)节等节庆会展活动，拉动消费近6亿元。成功创评11家“金银铜盘级旅游餐馆”[根据《旅游餐馆设施与服务等级划分》(GB26361－2010－T)，以旅游餐馆的服务项目、菜品质量、服务质量、安全卫生环境、建筑、设施设备等为依据，将旅游餐馆从低到高依次划分为铜盘级、银盘级和金盘级三个等级]，旅游标准化示范城区创建工作成功通过省级中期评估。全年接待游客269.40万人次，增长13.40%，实现旅游收入27.43亿元，增长26.30%。全年实现第三产业增加值85.96亿元，增长11.10%；社会消费品零售总额117.05亿元，增长16.10%。

【招商引资】 2012年，东区研究出台《东区项目储备管理办法》，建立健全招商引资信息平台，为“依法、科学、理性”招商奠定坚实基础。狠抓项目跟踪服务，纳入省政府督察的第十二届西博会11个签约项目全部履约并开工建设，各项考核指标均超额完成省政府下达的目标任务。全年新引进项目36个，其中亿元以上项目13个，招商引资到位资金83.87亿元，国内省外到位资金61.50亿元。

【科教文化】 2012年，东区组织完成55项国家、省、市科技项目(品种)的申报工作。攀研技术有限公司获国家级高新技术企业称号，志林网络科技有限责任公司、创盛粉末冶金有限公司申报国家级高新技术企业顺利完成公示。攀阳钒钛公司、攀研技术有限公司获省级创新型企业，年内东区有省级创新型企业8家。组织编写《攀枝花钒钛磁铁矿综合开发利用相关产品技术》，为东区重点工业产业发展提供详实的基础资料和实证支撑。按照《攀枝花市东区科学技术奖励办法(修订)》，兑现科技创新奖励42.21万元。获得19个国家、省、市科技计划项目资金支持共375万元，其中国家级科技计划项目2个、省级科技计划项目7个、市级科技计划项目10个。全年专利申请累计完成167件，完成市级年度目标任务122件的136.89%。发明专利申请累计完成40件，完成市级年度目标任务39件的102.56%。组织开展知识产权保护专项执法行动3次，查缴非法、盗版音像制品400余册(盘)，非法出版物100余册。成功创建国家级科普示范社区1个、省级科普示范社区2个、市级科普示范社区1个、市级科普示范学校1个、市级知识产权示范社区1个。

2012年，东区有区属学校(园)28所，其中小学13所、九年一贯制学校11所、初级中学2所、高完中1所、幼儿园1所。教职工4 110人，其中在职2 160人、离退休1 950人；在校学生3万余人。辖区内有民办学校(园)88所。全年东区小学监测成绩综合RSR(秩和比)值继续保持全市第一，初中七、九年级综合RSR值继续保持全市第一，中考国家级示范学校上线率、优生率及平均分均名列全市前茅。全年2 708人次享受“两免一补”(免杂费、免书本费，补助寄宿生生活费)，支付资金约30万元；妥善安置进城务工随迁子女2 132人，年内东区共有进城务工随迁子女8 964人。继续推进高中课程改革，深化与市优质高中合作，强化教育教学管理。全年东区高考本科上线112人，超额完成市里下达的高考奋斗目标，高考任务完成率115.46%，高考奋斗目标完成率108.74%。全年为1 100余人次发放普通高中国家助学金，发放资金80余万元；为21人次办理生源地信用助学贷款，发放资金11.48万元；为58人办理普通高校家庭经济困难学生入学资助手续，发放资金3.60万元。全年区政府通过《关于进一步鼓励和扶持民办教育与发展的实施意见》及《东区民办教育“以奖代补”实施方案》，拨出专项资金30万元用于爱心幼儿园奖励和民办校园品牌创建。区教育局对59所民办幼儿园进行评估，评出五星级幼儿园4所、四星级幼儿园11所、三星级幼儿园15所。年内东区涌现出花儿朵朵幼稚园、新东方泡泡少儿英语等优质民办教育学校。投入资金9 000余万元，完成市一小、市九小、市十小、市十一小、市十四小、市十六小、银江校区、市十七中、市十八中小、市二十中小、市二十三中小、市二十五中小等12所学校校舍安全工程项目。新建市四十中小，并于9月投入使用。完成市五小、市八小、市十二小、市二十八中小4所学校的运动场改造。积极推进市二十七中小改扩建及市三十九小、炳二区学校的新建工作。

2012年，东区有文化、新闻出版经营单位387家，其中歌舞娱乐场所83家、游艺娱乐场所22家、网吧73家、音像制品30家、国内出版物零售71家、打字复印95家、艺术品经营单位备案13家。全年东区出台《关于推动文化大发展大繁荣实施意见》、制定《攀枝花市东区文化大发展大繁荣工作目标任务分解表》，举办第三届东华山登山节、第八届社区艺术节、全民健身活动、首届体育博览会等系列群众性文化体育活动共40余次，指导辖区街道(镇)开展文化体育活动200余次，进行文化执法检查5 100家次，办理各类文化行政审批57件。

【体育卫生】 2012年,东区组织开展全民健身系列活动12次,开展风筝、羽毛球、网球、信鸽、老干部趣味体育、钓鱼比赛等各类群众性体育活动29次,积极参加全国第九套广播体操比赛、四川省第十四届老年人健身球操比赛、2012四川省青少年体操、跳水锦标赛,均获得优异的成绩。

2012年,东区境内有各级各类医疗卫生机构287个,其中国家三级甲等综合医院2所、国家三级甲等专科医院2所、二级甲等综合医院2所、镇卫生院1个、村卫生站9个、社区卫生服务站(中心)18个、其他253个。拥有病床3 895张,平均每千人占有病床约11.46张;卫生技术人员4 896人,平均每千人拥有卫生技术人员14.40人。全年东区深入推进医药卫生体制改革,全面实施国家基本药物制度;成功创建省级示范社区卫生服务中心2个,社区卫生服务水平明显提升;深入开展慢性非传染性疾病综合防控示范区创建工作,成功创建国家级慢病综合防控示范区。

【民生工程】 2012年,东区大力实施"11234"(全区全年提供就业引导资金10万元、免费推荐创业项目100个、创业培训达到200人、培育创业孵化基地3个、累计小额担保贷款和劳动密集型企业创业贷款达到400万元)创业行动计划,全面加强攀枝花高新技术产业园区、泰隆大厦、博美家居等创业孵化基地和大学生技术创业孵化园建设。成功举办"东区首届青年大学生创业设计大赛",圆满完成国家级创业型城市创建工作。全面落实就业优惠政策,发放各项补贴987万元、小额担保贷款283万元,创业培训1 720人次,城镇新增就业岗位6 314个,新增就业6 160人,城镇登记失业率控制在3.31%以内,"零就业"(在劳动年龄段内无一人就业)家庭实现当期动态消零。

进一步扩大社会保险覆盖面,征缴社会保险基金2.97亿元。深入开展社会救助,发放城乡医疗救助资金183.40万元,受益人群4 809人次。全年发放城乡低保金1 508.10万元,切实做到动态管理下的"应保尽保"。关心农村老弱孤寡残疾人员,发放"五保"供养金12.20万元,集中供养率70%。新建居家养老服务网点15个,成功创建省级养老服务示范社区3个;完善高龄老人生活津贴制度,为全区3 400位80岁以上老人发放长寿生活补贴208.60万元。新开工建设廉租房108套、公租房230套,发放廉租住房补贴1 212户共226万元。

推进街道、镇便民服务中心标准化建设,"一站式"便民惠民服务得到全面加强。投入500余万元,改(扩)建社区办公用房11个,建成市级城市社区7个、社区小广场5个。投入539.50万元,进一步调整提高全区422名社区干部、社会工作者的生活补贴。投入民生工程资金2.50亿元,10大民生工程全面完成,国计民生进一步改善。

【项目建设】 2012年,东区完成固定资产投资134.66亿元,增长22.90%。推出重点项目94个,累计完成投资35.80亿元。建立健全急难险重项目考核机制,奋力推进重大项目建设。全面履行沿江打造项目业主职责,统筹做好沿江景观规划和乌东德、银江水电站移民搬迁安置规划有效衔接;调查确认沿江可开发利用土地43.33公顷,总拆迁面积18.50公顷;完成沿江两岸美化亮化建(构)筑物81栋,亮化长度5 530米,植树造林15万余株。沿江美化亮化绿化工程、滨水新空间、310省道和滨江大道路面改造、金沙公园等项目相继开工建设,沿江打造工作全面铺开。阿署达AAAA级景区总体规划顺利完成并报审,村民集中居住区、文化旅游特色街区、花香果园区(一期)等项目加快实施,景区建设取得重大突破。

【"五创联动"】 2012年,东区投入创建经费2.70亿元,分解下达59项创建指标,细化落实83个创建项目,圆满完成年度创建目标。深入开展"五创十进"("五创联动"进机关、进校园、进军营、进工地、进企业、进社区、进家庭、进景区、进村组、进网络),各项创建工作深入人心,环境污染治理、中心城区森林覆盖率、城乡绿化覆盖率、城市容貌评价值、星级酒店标准化建设和城市公共文明指数等创建指标形成特色亮点,"五创联动"(攀枝花市创建国家环保模范城市、创建国家森林城市、创建国家园林城市、创建中国阳光康养旅游城市、创建全国文明城市)工作走在全市前列。

【城市建设】 2012年,东区钢城集团总部大厦、奥林匹克中心·花园、金海甲级写字楼等项目顺利推进,城市新区人气商气进一步聚集。瓜子坪人民商场等项目开工建设,市建二公司机关片区拆迁全面启动,旧城改造取得实质性进展。新建和改造小街小巷人行道6 500平方米、垃圾房10座、道路32千米、煤气管网9.50千米,城市功能进一步完善。

【城市管理】 2012年,东区推行城管工作重心下移,城市监督管理更加高效。深入开展爱国卫生运动,顺利通过国家卫生城市复审。深入推进城乡环境综合治理,大力实施花城景观打造和示范村镇建设,银江镇被四川省委评为全省城乡环境综合治理"五十百千"示范镇,攀枝花村、倮果村被四川省委评为全省城乡综合治理"五十百千"示范村。推进环卫保洁全覆盖,主次干道清扫保洁率100%,市容市貌继续保持整洁有序。

【社会管理创新】 2012年,东区全面剥离街道经济管理职能,各街道社会管理、公共服务和改善民生能力明显增强。全面推进创新社会管理项目化和街道社区管理网格化,全力实施32个社会管理重点项目,科学划分436个社区网格,精细化社会管理模式初步搭建。创新开展项目建设嵌入社会稳定风险评估,完成沿江打造、阿署达景区建设等项目风险评估 74 个,重大项目评估率 100%。

【安全生产】 2012 年,东区全面落实安全生产责任制,建立健全风险排查、隐患治理、责任倒查等工作机制,安全生产责任体系更加完善。强化企业安全生产主体责任,深入推进企业安全生产标准化建设。加大安全生产执法力度,深化“打非治违”专项行动,开展非煤矿山、道路交通、食品安全等 16 个重点行业领域专项治理,查处违规违法行为2 631起,整改各类安全隐患2 464处,全年安全事故、经济损失同比下降 35. 90% 和 49%。

【街道、镇发展状况】 2012 年,东区辖大渡口、炳草岗、密地、瓜子坪、向阳村、长寿路、南山等 9 个街道和银江镇。

各街道和银江镇以大党建为引领,以网格化管理为载体,以惠民便民为切点,以完善基层组织建设、保持辖区稳定、实现充分就业为重点,以实现和谐、时尚、全新、魅力街道(镇)为目的,不断加强社区建设和城市管理,创新工作方式,街道和镇继续保持稳定、健康、和谐发展。

2012 年东区各街道、镇基本情况

表 2

街道(镇)名称	常住人口(人)	面积(平方千米)	社区(个)	农民年均纯收(元)
大渡口	33 130	5	6	
炳草岗	55 704	7. 50	13	
密　地	16 961	6. 70	6	
瓜子坪	44 608	5. 20	9	
向阳村	12 451	13. 50	4	
长寿路	11 041	2. 70	2	
枣子坪	22 989	3	4	
弄弄坪	29 076	4. 80	9	
南　山	6 913	2. 50	2	
银江镇	27 334	116. 10	14	10 781

说明:银江镇人口数包括农村人口7 948人、社区数包括村委会 9 个。

(张忠庆　郝　平)

西　区

【建置人口】 西区位于攀枝花市西部,东与东区为邻,南、北与仁和区接壤,西和云南省华坪县交界,面积 123. 955 平方千米。辖 1 个镇、10 个村,6 个街道办事处、33 个社区居委会。2012 年末,全区人口总户数54 169户,人口总数148 888人(男76 806人、女72 082人)。非农业人口50 612户、139 033人(男71 946 人、女67 087 人),农业人口3 557户、9 855人(男4 860人、女4 995人)。全年出生 748 人,出生率 5. 02‰;死亡1 056人,死亡率 7. 09‰。

【经济发展状况】 2012 年,全区实现地区生产总值 85. 67 亿元,同比增长 11. 30%;完成地方财政收入 2. 88 亿元,同比增长 2. 80%;固定资产投资 59. 12 亿元,同比增长 37. 30%。2012 年,规模以上工业完成总产值 174. 47 亿元,同比增长 -2. 70%;完成规模以上工业增加值 65. 97 亿元,同比增长 11. 70%;地方规模以上工业总产值完成 146. 32 亿元,与 2011 年持平;地方规模以上工业增加值完成 52. 18 亿元,同比增长 13. 50%。实现农业总产值 1. 49 亿元,同比增长 10. 20%;实现农业增加值 7 930 万元,同比增长 4. 00%。城镇居民人均可支配收入21 830元,同比增长 15. 70%;农民人均纯收入10 472元,同比增长 14. 13%。实现社会消费品零售总额 22. 33 亿元,同比增长 15. 90%。旅游总收入 5. 53 亿元,旅游招商引资 2. 57 亿元,固定资产 2. 72 亿元,均超额完成目标任务;全年招商引资到位资金 60. 64 亿元,同比增长 10. 95%。

2012 年西区主要经济指标

表 3

指标名称	单位	2012 年	比 2011 年±(%)
地区生产总值	万元	856 696	11. 30
其中:区属增加值	万元	718 802	15. 50
第一产业增加值	万元	7 930	4. 00
第二产业增加值	万元	725 397	11. 60
其中:工业增加值	万元	703 299	11. 70
第三产业增加值	万元	123 369	10. 10
粮食产量	吨	2 923	-4. 80
蔬菜产量	吨	10 070	0. 40
肉类产量	吨	3 104	0. 60
禽蛋产量	吨	2 229	4. 10
固定资产投资总额	万元	606 317	37. 30
社会消费品零售总额	万元	223 341	15. 90
招商引资到位资金	万元	606 400	10. 95
地方财政收入	万元	28 830	2. 80
城镇居民人均可支配收入	元	21 830	15. 70
农民人均纯收入	元	10 472	14. 13

说明:区属增加值是指区生产总值扣除大企业增加值部分,西区扣除攀枝花煤业(集团)有限责任公司增加值部分。

【工业经济】 2012 年,西区 146 个“四个一批”重大工业项目竣工56个，开工55个，累计完成投资51.39亿元。金沙水电站业主营地主体竣工，瑞津、长衡等洗煤技改搬迁项目竣工（新增年洗煤能力120万吨），扬驰胶业技改搬迁项目即将竣工，华益能源LNG（液化天然气）、钢城起重机厂还蒸器等项目加快建设，重汽集团汽车城、攀创科技50万吨钢铁中间渣综合利用等项目开工。德胜攀煤化工等5家企业进入全市民营企业50强、9家企业进入全市民营企业纳税50强。全区68户地方规模以上工业企业累计完成工业总产值146.32亿元，地方规模以上工业增加值52.18亿元。淘汰德佑工贸、浩翔工贸、建斌工贸等企业落后产能81万吨，万元GDP综合能耗、规模以上工业增加值综合能耗分别下降5.91%和11.89%。煤及煤化工、钢铁及机械深加工、电力、建材实现产值127.15亿元、7.08亿元、14.23亿元、5.83亿元，分别增长－5.50%、－2.30%、2.50%、－17.40%。格里坪工业园区继续保持"百亿园区"称号，实现销售收入115亿元，被列入全省4个、全市唯一的"川商产业园"。园区北线道路及北线道路次干路1号支线竣工通车，马庄路、翰通焦化与省道310连接线完成可研，马上坪220千伏输变电站竣工，枣子坪220千伏输变电工程开工，初步形成自西向东的园区电网通道。成功引进邦钛科技木质纤维素、安华矸石砖等一批循环经济项目，成为全省"十二五"首批9个、全市唯一的省级循环经济示范县（区），格里坪工业园区进入全省首批22个循环经济示范园区，攀创科技进入省首批38户循环经济示范企业、省战略新兴产业示范单位。

【农业和农村经济】 2012年，西区完成农业总产值14 924万元，同比增长10.20%；农业增加值7 930万元，同比增长4.00%；农民人均纯收入10 472元，同比增收1 297元，同比增长14.13%；粮食产量2 923吨，同比下降4.80%；蔬菜产量10 070吨，同比增长0.40%；水果产量3 060吨，同比增长1.00%；禽蛋产量2 229吨，同比增长4.1%；出栏肉猪21 321头，同比下降0.50%；家禽出栏923 993只，同比增长1.7%。

投资4亿元的梅子箐水库扩建工程开工建设，钻探取水深井2口，新建小水窖（池）174口，改善灌面20公顷。金竹路路基施工基本完成，庄上新村连接线一标段完成路面铺设，大水井尖山通村公路进入招标阶段。当当鸡获批国家地理标志保护产品，完成大麦地36.67公顷核桃园建设，加快推进晚熟芒果、椪柑标准化生产示范基地建设。攀枝花市西宇生物科技有限公司的紫茎泽兰综合利用项目工业园区厂房基本建成，完成固定资产投资2 000万元。庄上花卉产业园于2012年5月开工建设，一期竣工投产，完成投资3 000万元，结束攀枝花市无大型高档花卉基地的历史。

【招商引资】 2012年，西区招商引资履约项目共73个，实际到位资金60.64亿元，完成55亿元目标任务的110.25%，同比增长10.95%。国内省外项目62个，到位资金50.03亿元，完成40亿元目标任务的125%，同比增长10.1%。新引进市级特重大项目1个，市级重大项目4个。外资引进取得历史性突破，实现外商投资500万美元。节会招商成果丰硕，第十三届西博会签约项目10个，签约金额53.4亿元，同比增加47%；第十二届西博会签约项目履约率、开工率100%，至年底，累计到位资金18.9亿元，资金到位率51.9%。

【科　技】 2012年，西区通过国家级科技成果鉴定1项，获攀枝花市科技进步奖二等奖3项，认定获批的国家级高新技术企业1家，省级创新型企业培育企业1家；申请专利35件，获攀枝花市知识产权工作二等奖；组织申报国家重点新产品计划1项，四川省科技支撑计划、战略性新兴产业计划、科技成果转化、科技推广活动专项、中小企业早期扶持资金、科技创新资金项目等项目15项；申报并获批准立项市级科技项目11个，申报市级成果转化项目2项。全年共争取市级以上项目经费685万元。其中，省级战略性新兴产业计划530万元，省级中小企业早期扶持资金30万元，省级科技推广活动专项10万元，市级项目经费115万元。安排区级科技计划项目3项，由攀创科技、恒泰化工、市科技发展战略所3家单位申报的3个项目获区级立项，安排资金18万元。科普月活动期间，累计发放各种宣传资料15万份（册），办各类科普专栏、板报266期，展出展板、挂图210块（幅），张贴科普标语、宣传画55幅，放映录像20场次，开展咨询3 000人次，举办各类培训班25期，举办科普讲座18场次，培训辖区群众3 000人次，科普上街宣传13次，赠送价值3万余元的书籍、家庭常用药品、妇女用品、日常用品、计生药具。全区近27万人次接受科普教育，科普覆盖达95%以上。

【教　育】 2012年，全区有区直属中小学校16所，其中省级示范高级中学1所、初级中学3所、九年一贯制学校4所、独立小学8所。辖区幼儿园40所，省级示范幼儿园1所、市级示范幼儿园4所、区级示范幼儿园12所。全区在岗专任教师1 131人。在职专业技术人员中，高级教师184名，一级教师630名，特级教师2人，省骨干教师16人，市级骨干教师123名，区级骨干教师129名，骨干教师比例达23.87%。全区在校中小学生18 111人，其中高中生1 637人、初中生5 443人、小学生11 031人。在园幼儿4 054人，学前3年幼儿入园率100%。

全年，高考本科上线85人，其中重点本科6人、二本35人、三本13人、艺体本科31人，超额完成高考任务。九年义务教育获市二等奖、市进步一等奖，其中初中国重上线157人。RSR综合评价全市第三，艺术监测RSR在全市五个县（区）中位居第二。组织教育行政干部15人参加第二期国家教育行政学院远程培训，组织 21 名班主任到成都市参加研讨会，高中新课改现场培训 18 人，参加四川省农村中小学校校长管理能力提升培训 5 人，国培计划参培人员达 351 人。完成校安工程 15 个，建设面积31 562 平方米，投资3 298. 34万元，完工率排全市第一。学前教育走在全市前列，全区形成“以民办为主，公办为示范”的办学形式，部分幼儿园的规模和办园条件在全市名列前茅。市第二十五小学校的“小手拉大手——共创宝鼎山生态环境”科技实践活动，获全国青少年科技创新大赛二等奖，并首次获2012 年市长奖。全年新增国家级家庭教育指导实验示范基地 1 个，国家级家庭教育指导实验示范学校 1 所，依法治校先进学校 2 所，市级实验教学示范学校 1 所，市级现代教育技术示范学校 1 所。评选出攀枝花市德育工作先进单位 3 个和优秀德育管理干部 3 名、优秀班主任（辅导员）8 名、优秀政治（思想品德）教师各 5 名、市三好学生 132 名、优秀学生干部 65 名、先进班集体 21 个。

全年春秋两学期落实“两免一补”政策，免除学杂费32 759人次，接收8 381人次进城务工人员子女入学，义务教育阶段残疾在校生就学 43 人，下拨困难家庭生活补助89. 31 万元，为 20 名符合条件的大学生办理入学贷款申请，通过银行发放资金 9. 9 万元，发放普通高校新生入学资助项目资金 4. 5 万元，资助学生 70 人。

【文　化】 2012 年，全区有国家二级文化馆 1 个、图书馆和镇综合文化站各 1 个，有 10 个村文体活动室，有 32 个社区文体活动中心。社区和村均拥有图书阅览室、综合教育培训室、多功能文化活动室和文化宣传画廊、室外活动场地、文体演出队伍。全区有各类文化休闲广场 40 多个，社区健身器材 62 套，拥有 1. 1 万平方米室内文体活动场地和 14. 6 万平方米室外活动场地。组织区文化馆京剧社、川剧社、音乐社在社区小广场举办曲艺、文艺演出 8 场；全年举办各种培训活动 100 余次，参加人员达4 000余人次，共借阅图书4 100余册。开展专项行动检查 75 次，出动人数 233 人次，检查经营户 410 家，取缔无证经营点 12 个，查处违规经营户 3 户，收缴淫秽、盗版等非法音像制品 300 余盘。文艺创作扎根基层，创作《放学路上》等小品 3 个、快板《说西区唱西区》《苏铁花开》等舞蹈 4 个，改编 12 首新庄村彝族打跳舞曲，创作《攀枝花之歌》和《我是个采煤的黑小伙》歌曲 2 首，均反映西区人民蓬勃向上的精神风貌。2012 年，西区四川浩天网络服务有限责任公司投入 100 多万元收购网吧 5 家，直营店从西区覆盖到东区、仁和区、盐边县，拥有直营店 8 家、加盟店 5 家。注册资金1 000万元，经营面积4 000多平方米，娱乐场所投资在 100 万以上的有 7 家。西区推行正版软件，区财政投入 107 万元，购买 631 套操作系统、801 套办公软件，建立完善的管理制度，将软件纳入资产管理，建立使用台账。12 月 28 日，《玉泉赋》汉白玉雕塑在玉泉广场举行落成典礼。西区苏铁文化旅游节活动期间，区文联书协、美协与市文联书画院在青瓦台山庄开展艺术交流活动，创作书画作品 30 余幅。苏铁艺术团苏铁汉子组合获攀枝花市第三届“金沙放歌”全市群众歌咏比赛一等奖，傈僳姐妹组合获三等奖。在市第三届读书月活动中，有 2 人分获演讲比赛一等奖和三等奖，格里坪镇文化站卢静获全市“十佳基层图书管理员”称号，区文化馆选送的 10 余件书法、绘画作品分别获二、三等奖。全年，放映公益电影 306 场，观众达 5 万余人次。

【体　育】 2012 年，全区 40 个小广场每晚举行“坝坝舞”、交谊舞等健身活动，45. 5% 的群众参与全民健身。3 月 ~5 月，完成对金沙滩全民健身户外营地、场地、网球场、钢架彩钢大棚、漂流广场、游泳池、健身活动室、攀岩场维修。免费开放体育场地，至年底，全区 6 万人次参与健身运动。安装体育健身路径 4 套，体彩资助贫困体育特长生 18 人，学校组织业余训练达 300 人，超额完成全年目标任务。12 月，举办“红山国际”2012西区苏铁文化旅游节，开展美食节、健身休闲、商贸展销、群众文体等系列活动，1 000名群众参加游泳、篮球、登山等比赛。西区代表队参加四川省老年人太极拳（剑）大赛获得各式太极器械自编套路团体第一名，42 式太极拳竞赛套路团体第四名，个人单项 2 人获第二名，3 人获第六名，5 人分别获第三、四、五、七、八名。杨丽君获“体育道德风尚运动员”称号。

【卫　生】 2012 年，西区有各级各类医疗卫生机构 133 个。其中：市级医院 1 个，企业医院 1 个，民营医院 2 个，镇卫生院 1 个，村卫生站 10 个，社区卫生服务机构 19 个，自主经营的诊所、医务室、卫生所 99 个。全区有病床1 312张，卫技人员1 454人，其中医院社区卫生服务机构以及诊所1 410人、村卫生站 23 人、疾控和卫监所 21 人。全年各级各类医疗机构诊疗人次数达605 399人。完成辖区医师资格考试及护士考试的组织、报名工作，依法注册执业医师（执业助理医师）、变更注册执业医师（执业助理医师）119 人次，首次注册护士 22 人，医疗机构注册、注销、换证及变更 38 家次。在全市率先推行基层医疗机构检验外包工作，二医院外科住院大楼开工建设，清香坪社区卫生服务中心列入省级示范。

全年对新型农村合作医疗补偿制度进行调整，新农合覆盖西区农业人口10 301 人，应参合人数8 818 人，覆盖率100%；参合人数8 697 人，参合率 98. 63%。全年筹集资金259. 19 万元，累计筹集资金 335. 83 万元。支出资金 309. 4 万元，其中住院补偿支出 283. 18 万元、门诊统筹支出 15. 16 万元、住院分娩定额补偿 1. 29 万元、慢性病补偿支出 9. 77 万元。农民累计受益5 213人次，其中住院补偿 919 人次、门诊统筹受益4 175人次、住院分娩定额补偿 26 人次、慢病补偿 93 人次。全年，政务中心窗口共受理卫生许可申请 458

件，其中发放卫生许可证326户，医疗机构年审118户，注销卫生许可证51户，办理从业人员健康证明1 570个。城镇、农村居民健康档案电子建档率分别为90.63%、94.39%。预防接种110 451人次，儿童保健18 265人次，孕产妇保健4 188人次，老年人保健36 091人次，重性精神疾病管理851人次，高血压管理11 997人次，糖尿病管理3 907人次。

【民生工程】 2012年，西区累计投入8.1亿元，完成民生工程145项。新增就业4 996人，失业人员再就业2 298人，城镇登记失业率控制在3.63%以内。继续完善社会保障体系，实现社会保险政策全覆盖，养老保险参保人数36 427人，医疗保险参保人数60 346人，新农合参合人数8 697人，发放城乡低保金2 666万元，覆盖3 377户。孤寡老人、"五保"户集中供养率均达到100%。清欠农民工工资875.6万元。保障性住房建设提质加速，8个新建项目共1 044套全面开工，4个续建项目1 402套完成主体施工。申请到公积金贷款9 400万元用于保障性住房建设。

【城乡建设与环境治理】 2012年，西区协助推进丽攀高速、沿江快速通道、310省道改扩建工程及清香坪污水处理厂配套管网建设。蓝湖森林公园、西佛寺景区、玉泉景观连接线景观、金沙水电站基地建设加快。36中小、格里坪中心幼儿园及卫生服务中心、江南社区服务中心、大水井新区路网及配套工程、格里坪安置小区道路及配套工程、建兴路改造工程、河石坝东向连接线、清香坪影视城、展览中心、文化广场、福广金城、金永兴商城等项目进入前期筹备。保障性住房建设工作有序推进，全年新开工建设住房1 444套，其中保障性住房1 044套，建成住房1 417套，其中保障性住房988套。2012年8个新建保障性住房项目共936套建设任务全面开工。5个续建项目共1 810套加快推进，其中4个续建项目1 402套已完成主体建设。完成9 400万元公积金贷款申报。协调加快攀煤公司清香坪安置房、木材水运局棚户区安置房、广厦二〇公司经济适用房建设。成立城市综合开发建设指挥部，按照"统一协调、部门联动、齐头并进、重点突破"进行城市建设。编制完成《西区城市空间发展战略规划》，确定"一城两片，九大组团，沿江轴向串珠发展"和主城区清香坪"一体两翼，三位一体"的城市发展格局。完成《西区清香坪大水井片区控制性详细规划修编》《西区格里坪镇新村建设总体规划》《西区清香坪"文化岛"项目城市设计》《西区大水井通江大道及周边地块城市设计》和《西区大水井城市景观中轴线及周边地块城市设计》，启动金沙江西区段沿江景观规划编制。开展行政村村域专项规划、金家村环境综合整治专项规划和格里坪镇镇区新区规划，配合完成金沙滩新村、庄上旅游新村等8个新村聚居点规划编制。大水井新村和格里坪田家湾新村基本完成建设任务，庄上旅游新村具备初步接待能力，梨树苑新村建设加快推进。同时，完成3个保障性住房建设项目、清香坪"文化岛"项目、重汽集团攀枝花西区汽车城及改（总）装汽车项目等11个重点项目用地规划调整工作，开展小水井地块、新法院北侧地块等4个旧城改造项目用地规划调整工作。

全面启动环境综合整治3年攻坚，投入资金4亿余元，实施23个专项整治项目，被列为全省唯一的区域污染防治试点示范区。全面开展点源、线源、面源污染整治，完成金家村四社等片区58家堆混煤场清理，关停并转迁工业企业34家。破解扬尘污染整治难题，在全市率先引进干雾抑尘、挡风抑尘网等环保设备，完成攀青物流至鑫铁物流管状皮带运输可研报告。环境空气质量达标天数287天，优良率达78.42%，同比提高3.35%，可吸入颗粒物浓度降低7.4%，二氧化硫浓度下降6.7%。无重度污染天数，有6天空气质量达优。功能区域水质达标率为100%，集中式饮用水水源水质达标率为100%，未发生重特大水污染事故；区域环境噪声平均值为51.9分贝，交通干线噪声平均值为66.7分贝，均优于国家标准。

【政务服务建设】 2012年，西区开展政务服务5个"标准化建设"工作，推进政务服务三级联网、并联审批和"96196"政务服务热线拓展，打造"十分钟政务服务圈"。8月，完成电子政务平台基础设施建设的各项目标任务，实现标准化电子政务平台和社区便民服务大厅全覆盖，实现政府网站应用系统、电子监察系统、政务服务通用系统与各部门业务专网的对接与融合。12月，依托电子政务平台加强政务公开和政务服务全国试点区工作通过省级验收。政府网站绩效评估名列全国100个试点县（区）第26位、全省第2位。实现区、街道（镇）、社区（村）三级便民服务体系全覆盖。部门年审、年检事项并联审批实现全覆盖。全年"96196"公共信息服务平台累计受理群众来电1035个，受理率及求助服务派单成功率均达到100%。全年共受理服务事项752 903件，其中行政审批事项受理数215 816件、公共服务事项受理数369 746件、其他服务事项受理数167 341件，共办结服务事项752 904件，按时办结率100%，现场办结率达94.57%，承诺提速45.45%，办理提速95.83%，当日受理办结率91.98%，群众满意率100%。

【梅子箐水库扩建项目】 2012年9月17日，梅子箐水库扩建工程开工。梅子箐水库扩建工程是全省开工的"2+10"中型水利重点建设项目之一，工程包含水库枢纽工程、引水工程、梅子箐灌区工程3部分。水库枢纽工程包括梅子箐水库扩建工程、三洞桥水库工程和高涧沟水库扩建工程。引水工程包括隧洞、暗渠、渡槽和跌坎，全长5 055米。灌区工程分为梅子箐水库直流灌区、梅子箐水库提灌区和梅子箐水库—干箐沟山坪塘联合灌区三大部分。梅子箐水库扩建工程总投资4.13亿元，计划建设工期36个月，到12月底,累计完成投资859万元。扩建后的梅子箐水库将从大兴河引水,蓄水量总库容从417万立方米增加到2 069.2万立方米,最大坝高65米,总灌溉面积将由原来的526.7公顷增加到2 913.3公顷,新增灌面2 386.6公顷,解决1.3万人、2.2万头牲畜的生活用水,农作物及经济作物年产值增加2.36亿元,并能防御50年一遇的洪水。

【煤焦油深加工项目】 2012年7月17日,攀枝花众一精细化工有限公司创立大会及12万吨/年新工艺特种炭黑项目签约仪式在攀枝花市开元名都大酒店举行。会议由区委副书记邓孝良主持。市、区主要领导、各相关部门负责人及相关企业代表近120人参加会议。

攀枝花众一精细化工有限公司12万吨/年新工艺特种炭黑项目总投资约11亿元。一期主要为12万吨/年特种炭黑项目及相关基础设施、配套设施等建设,计划投资5亿元;二期主要对原料预处理工段回收的副产品进行精细化加工(5万吨/年工业萘深加工、3600吨/年咔唑深加工、10万吨/年沥青加工、6000吨/年甲基萘生产线建设等),计划投资6亿元。项目建成后,格里坪工业园区将成长为全省最大的煤及煤化工产业园区,促进全市煤化工产业链的延伸,推动产业结构由采洗煤向特色煤化工的转型升级。12万吨/年新工艺特种炭黑项目年总销售收入预计达到30亿元以上。

【省际物流园区建设】 格里坪省际物流园区包括攀西工业贸易集中区、攀西铁路物资集散中心、格里坪铁路物流中心、攀青公路物流中心以及庄上精品农业物流中心,即"一区四中心"。2012年7月,攀青煤炭物流中心(攀枝花电煤战略储备基地)开工建设。该项目位于西区格里坪镇苦荞村,一期项目计划投资7 900万元,占地8.91公顷,建设周期为1年,新建煤炭存储区、煤炭洗选配加工区、公路物流区和综合服务区88 711平方米。截至12月底,累计完成投资5 000多万元。同月,新启铁路物资有限公司成立,规划建设攀西铁路物资集散中心,该项目位于西区河门口,规划占地面积33.3余公顷,计划总投资2亿元,分3期4年建设。12月28日一期工程开工,计划总投资5 000万元,主要建设物流仓储中心、集装箱、钢材货场及防湿货物仓库、扩建300米铁路专线等,建设周期为6个月,至年底,累计完成投资300余万元。9月,格里坪铁路物流中心一期二标段建设开始筹备,二标段占地4万平方米,建设周期5个月,至12月底,累计完成投资3 000万元,其中格八道铁路专线改道工程投入1 500万。一期铁路专用线建成后,年发送量将由90万吨提升到150万吨。2012年底,攀西工业贸易集中区完成规划,并在攀枝花市西区通过评审。

【庄上花卉产业园投产】 2012年12月,庄上花卉产业园一期投产。庄上花卉产业园位于庄上村,占地17.3万平方米,总投资约5 000万元,由攀枝花临江园艺公司投资建设,年内完成投资3 000万元,建成总面积15 000平方米的3个现代化智能温室,培育高档盆栽花卉10万余盆。庄上花卉产业园利用攀枝花光热资源,采用无土栽培管理技术,规模化生产红掌、凤梨、竹芋、蝴蝶兰等高档盆栽花卉,年产量约150万盆,年产值约5 000万元。花卉产业园建成后,将进一步促进西区产业转型,优化产业结构,为攀枝花市及周边地区提供高端花卉、苗木,并将成为攀枝花市最大的休闲主题花卉园。

【嘻嘻鸡成为国家地理标志保护产品】 2012年11月30日,攀枝花嘻嘻鸡通过国家质检总局专家组技术审查,被批准为国家地理标志保护产品,自2012年12月26日起实施保护。

攀枝花嘻嘻鸡是攀枝花市西区格里坪镇的土种鸡,由西区大麦地、竹林坡村傈僳族群众通过传统方法散养而成,生长周期在240天以上,具有肉质鲜美、生长周期长、营养丰富等特点。养殖规模达到年存栏2万只、出栏3万只,年产值560万元。攀枝花嘻嘻鸡成为攀枝花市第四个、西区第一个获得国家地理标志保护的产品。

【《攀西工业贸易集中区发展规划》制定并通过评审】 2012年12月21日,《攀西工业贸易集中区发展规划》评审会在西区检察院二楼会议室举行,西区区委常委蔡永光主持会议,由市规划专家、攀枝花学院经管学院教授及相关部门负责人组成专家组对规划方案进行评审。会议听取编制单位成都亿博物流咨询有限公司的汇报,对项目规划给予肯定。专家组认为,《攀西工业贸易集中区发展规划》指导思想明确、功能定位把握准确、目标合理、保障措施可行,同意该规划通过评审。同时,针对规划编制中存在的不足,提出意见和建议,要求规划编制单位修改并完善相关内容。

攀西工业贸易集中区是格里坪省际物流园区核心项目,位于西区格里坪镇新庄村,占地约114.7万平方米,总投资13.5亿元,项目分3期5年完成。攀西工业贸易集中区按照"一平台两中心九片区"进行布局。可提供近1 700个就业岗位,预计产值3.7亿元,实现年税收近8 000万元,是四川进出口东南亚的南端门户,西部钢材工业基地,世界钒钛工业中心战略基地。

【街道(镇)发展状况】 西区辖6个街道、1个镇,即清香坪街道、玉泉街道、河门口街道、陶家渡街道、摩梭河街道、大宝鼎街道、格里坪镇。全年6街道1镇共完成地方规模以上工业总产值1 463 203.0万元,地方规模以上工业增加值521 827万元,招商引资到位资金289 130万元。

2012 年西区街道(镇)基本情况

表 4

街道(镇)名称	人口(人)	面积(平方千米)	社区(个)	工业总产值(现价)(万元)	工业增加值(现价)(万元)	招商引资到位资金(万元)	农民人均纯收入(元)
清香坪	43 282	7.15	7	45 385	13 890	9 360	
玉　泉	21 790	5.2	5	62 228	25 173	7 562	
河门口	9 929	1.77	3	76 287	44 862	17 400	
陶家渡	22 284	3.5	5	24 494	9 234	36 130	
摩梭河	13 516	7.1	4	90 801	35 021.98	27 549	
大宝鼎	15 820	4.25	4	85 158	32 189	7 999	
格里坪镇	22 267	108.74	15	1 078 849	346 749.1	183 130(含园区)	10 472

说明:格里坪镇社区数包括10个村委会,人口数中包括非农业人口12 412人。

工业总产值与工业增加值均只统计规模以上企业。

陶家渡、摩梭河、大宝鼎面积为建成区面积。

(杨　岷　胡茂林)

仁和区

【建置人口】　仁和区地处攀枝花市南部,位于北纬26°06′~26°47′和东经101°24′~101°56′。东临会理县,南接云南省永仁县,西靠云南省华坪县,北连盐边县。辖8个镇、6个乡和1个街道办事处,共设81个行政村,604个村民小组,19个居民委员会,144个居民小组。全区幅员1 727.07平方千米,其中耕地面积9 451公顷。全区共23个民族,有平地、啊喇、大龙潭、福田、金江5个少数民族乡镇、32个民族行政村、267个民族村民小组,民族乡镇总人口62 200人。全区总户数71 581户,总人口226 303人。其中男性114 479人,女性111 824人,非农业人口93 541人,人口自然增长率为4.43‰。

【经济发展状况】　2012年,仁和区完成国内生产总值151.93亿元,同比增长19.5%。其中:第一产业完成增加值7.16亿元,同比增长4.10%;第二产业完成增加值124.49亿元,同比增长22.40%;第三产业完成增加值20.28亿元,同比增长9.20%。完成固定资产投资132.16亿元,同比增长6.70%。招商引资快速增长,全年签约项目33个,招商引资到位资金79.30亿元,同比增长9.80%。大力实施项目攻坚,实现财政收入12.99亿元,同比增长30.30%。城镇居民人均可支配收入达到19 520元,同比增长15.90%。全年实现社会消费品零售总额22.64亿元,同比增长15.70%。

2012 年仁和区主要经济指标

表 5

指标名称	单位	2012 年	比2011年±(%)
地区生产总值	亿元	151.93	19.50
第一产业增加值	亿元	7.16	4.10
第二产业增加值	亿元	124.49	22.40
其中:工业增加值	亿元	119.82	23.00
第三产业增加值	亿元	20.28	9.20
粮食总产量	万吨	7.11	0.70
蔬菜总产量	万吨	23.07	0.30
水果总产量	万吨	7.59	9.20
肉类总产量	万吨	2.36	2.80
禽蛋产量	吨	5700.00	4.70
烤烟总产量	万担	5.60	-17.50
固定资产投资总额	亿元	132.16	6.70
社会消费品零售总额	亿元	22.64	15.70
招商引资到位资金	亿元	79.30	9.80
地方财政收入	万元	129911	30.30
一般预算收入	万元	72888.00	18.60
城镇居民人均可支配收入	元	19520.00	15.90
农民人均纯收入	元	9352.00	14.30

【工业经济】 2012年,仁和区坚持以"抓项目、打基础、强服务、促效益"为重点,努力推动产业转型升级,使工业经济健康发展,白云铸造、润莹齿轮等项目达产达效,三圣机械和东林汽车制动系统生产线等项目建成投产,富邦钒钛制动毂、运力汽车上装生产线等项目加快建设,渣钢渣铁钒钛资源综合利用、钒制品加工等项目顺利开工。南山工业园区建设步伐加快,投入资金2.86亿元,完成迤富路、金拉路改造,建成工业用水泵站及管网,推进220千伏变电站建设,确保入驻项目的需要。橄榄坪园区基础设施逐步完善,迤资园区基础设施加速推进,园区产业聚集力不断增强。全力提升煤炭安全生产水平,完成34处矿井标准化建设并通过验收。积极开展煤炭资源关停并转、打非治违和社会主义新矿山建设3项工作,关闭21个年产能6万吨以下矿井,完成6个新矿山示范矿井建设,制订资源整合方案,检查整治828个安全生产隐患和问题,为煤炭安全生产打下坚实基础。全面落实稳定工业经济增长措施,加强协调和服务,筹集兑现技改、奖励扶持资金2.3亿元,帮助支持企业稳定生产经营。全年完成工业总产值300.63亿元,同比增长25.70%;工业增加值119.82亿元,同比增长23%;实现规模以上工业增加值100.81亿元,同比增长30.60%。

【农业和农村经济】 2012年,仁和区面对持续干旱等自然灾害影响,积极调整农业生产结构,以国家现代化农业示范区建设为契机,大力发展特色农业,加强农田水利基础设施建设,全面实施抗旱水源工程,大力推广节水灌溉技术和设备,全力抗旱保增收。全年投入抗旱减灾资金5 200万元,实施应急水源工程,新打井244口,新建提灌站14个,监测站47座,架设管道245千米。大竹河水库工程下闸试蓄水,实现新增和恢复蓄引提能力680万立方米,新增有效灌面1 866.67公顷;农村1万人饮水安全工程完工;跃进水库农业综合开发中型灌区节水配套改造项目(西水东调工程)、病险水库整治、1 333.33公顷高效节水灌溉项目加快推进。通过新村产业基地、农业综合开发项目实施,干果、水果种植面积达到10 200公顷,产量7.60万吨,同比增长9.20%;蔬菜产量23.10万吨,同比增长0.3%;粮食产量7.10万吨,同比增长0.7%;烤烟种植1 266.67公顷,收购烟叶2 650吨。特色产业基地规模逐步壮大。大力推进农业产业化,全区规模化养殖场达74家,产值达1.26亿元;农业龙头企业达21家,新增农民专业合作社52家,农民专业合作经济组织达193家。大力推广农业科技,开展抗旱生产和农村实用技术培训194期,培训农民25 636人次。转移农村劳动力2.65万人,实现劳务收入2.85亿元。落实支农惠农政策,兑现各类惠农补贴3 544万元。全年实现农业总产值12.20亿元,同比增长4.30%。实现农民人均纯收入9 352元,同比增长14.30%。

【第三产业】 2012年,仁和区坚持把加快发展第三产业作为培育新的经济增长点,普达阳光国际康养度假区开工建设;花城酒店主体竣工;北京华联超市仁和五十一分店开张营业;奥迪、宝马等4S店项目相继建成;众生开明医药物流中心、莱克国际汽车商贸园、总发物流园、花香渡森林公园等项目加快推进;汉风物流、一心堂药业、同乐世界国际家居博览中心等企业繁荣兴旺;全年新增限额以上企业7户。强力推进旅游新村建设,区级财政投入资金1.2亿元,农户自筹2.1亿元,整合各方面资金2.1亿元,完成涉及产业发展、基础完善、民居建设和风貌打造等七大类318个项目建设,形成1万人就餐和2 500人住宿的接待能力。开展服务行业星级评定和特色餐饮评选活动,打造餐饮示范店5家,宝兴街创建为省级餐饮示范街。全年接待游客150余万人次,实现旅游收入9亿元,同比增长23%。

【生态环境建设】 2012年,仁和区推进生态区创建工作,建成总发、前进等6个生态乡镇、17个生态村,义务植树42.6万株,补植造林468.47公顷,治理水土流失面积20平方千米。持续开展城乡环境综合治理,全面加强污染治理,医疗废物无害化集中处置率达100%,工业固体物处置率达90%以上,农村生活污水处理率达75.54%,生活垃圾无害化处理率达85.5%,城市集中饮用水水源地水质100%达标;成功创建8个"五十百千"工程示范村、20个花园单位、9个花园家庭、3个花园社区、2个花园宾馆、6个花园度假村。节能减排工作深入推进,新建排污管道1 840米,日均处理污水量1.315万吨,新增削减化学需氧量72.49吨、氨氮11.91吨。生态公益林、森林管护、退耕还林、市区视野区荒山造林等生态建设工程全面推进,森林覆盖率达57.3%,城区空气质量优良率达97.5%,宜居质量稳步提升。

【重点项目建设】 2012年,仁和区围绕市级15个重点项目和区级46个重点项目建设,加强项目协调,抓好保障服务,保持固定资产持续增长。积极促成普达阳光国际康养度假区项目投资80亿元,并成功争取将其列入全省重大项目库,规划编制、方案设计、征地拆迁和农民安置等工作全力推进。富邦钒钛制动毂项目投资15亿元,一期工程完工。攀枝花运力汽车上装生产线一期、攀枝花500千伏和大龙潭35千伏输变电站、南洋瑞景、田房箐农民安置房、建国汽车城、仁和城区大河防洪治理一期、区人民医院门诊医技楼等项目建设基本完成。攀枝花银泰城市综合体累计投资9.9亿元,实现商品房开发一期预售,完成商业综合体场平工程。投入建设资金1.5亿元,高起点、高标准实施大河景观工程，提升了城市品质。观音岩水电站、丽攀高速、省道214线改造、成昆铁路新线攀枝花段、中缅天然气管道攀枝花支线及其利用等项目进展顺利。全区完成固定资产投资132.16亿元，同比增长6.70%。

【城乡建设】 仁和区按照“两化互动，统筹城乡发展”的总体要求，坚持以拓展城市空间为主、有序改造旧城为辅，投资1.1亿元，开发建设莲花村片区、湾庄片区、宝灵片区、四号地块片区4个城市拓展区。新一轮城市规划、土地总体利用规划和城市规划区控制性详细规划修编工作稳步推进，完成储备土地37.2公顷，出让土地26.13公顷。莲花村、田房箐、老黑地、老街等安置点加快建设，攀枝花银泰城市综合体商业及住宅、大河两岸景观工程、银华路、云盘路、鑫园路等项目加快实施；仁和老桥至农贸市场翻水坝300米河堤及排污干管建设、仁和污水处理厂管网配套工程完工。投入资金5.4亿元，进行新村聚居点及基础设施建设，已建成10个旅游新村、1个民族团结新村。统规统建农房270户，统规自建房284户，风貌打造833户，完成聚居点74个基础设施和103个公共服务项目。

【文教科技】 2012年，全区有学校25所56个教学点，其中完全中学1所、初级中学4所、民族中学1所、九年一贯制学校4所、小学15所；乡镇中心校10所，农村小学教学点42个。有幼儿园39所，其中区属示范幼儿园1所、乡镇中心幼儿园13所、国企幼儿园1所、民办幼儿园24所。全区有在职教职工1 939人，其中专任教师1 820人、工勤人员119人；有民办幼儿教职工423人。秋季学期，全区有小学教学班389个、初中教学班163个、高中教学班61个；中小学有在校学生26 375人，其中义务教育阶段在校学生22 823人、高中在校学生3 552人，在园幼儿6 189人。全区小学入学率100%，初中入学率99%以上；小学辍学率为0.07%，初中辍学率为0.40%；小学生毕业率100%，初中毕业率99.89%。大力改善办学条件，预算内教育拨款增长高于财政经常性收入增长，增长9.27%，生均教育费用增长13.6%，生均公用经费增长40.2%，农村税费改革转移支付资金用于农村义务教育的比例达50.33%。全区中小学65人以上超大班额完全消除，农村义务教育家庭经济困难寄宿生生活补助标准比2011年提高250元，资助普通高中家庭困难学生1 288人、困难职工子女上大学55人。投入资金5 800万元，实施校安工程攻坚项目70个，面积92 641平方米，已完工67个、在建3个，完成建筑面积67 142平方米。义务教育均衡发展试点区工作稳步推进，大河中学高考本科上线385人，比2011年增加66人，在全市高考排位中名列第三。

2012年，仁和区实施专利申请费用补助措施，调动企业及科技人员的积极性和主动性，实施科技项目37项，争取省、市级科技项目25项，组织开展特色机械制造、新能源利用和芒果控时成熟技术推广。完成专利申请54件；加大重大科技项目攻关力度，实施钒钛球墨铸铁开发、汽车平衡增力制动器、300pS破碎机整机、畜禽冷却排酸肉加工、蔬菜速冻加工等5个重大科技攻关项目。已展开富邦、东林、三圣申报国家高科技新技术企业工作。

大力推进体育器材进社区和农民体育健身工程，全民健身活动广泛开展。新建2个文化大院和5个综合文化站；继续推进农村广播电视数字微波覆盖工程，完成数字电视整体平移1.8万户，建成地面数字电视基站18个，总发、中坝完成“村村响”工程。

【医疗卫生】 2012年，辖区有各类医疗卫生机构253个，其中区级综合医院（二级甲等）1个、疾病预防控制机构1个、妇幼保健院（一级甲等保健院）1个、卫生监督所1个、区新型农村合作医疗服务中心1个、社区卫生服务中心2个、社区卫生服务站8个、乡镇卫生院16个、民营专科门诊部5个、个体诊所82个、企业卫生所和学校医务室18个、全区81个行政村设有村卫生室117个。开设病床463张，每千人拥有病床数2.18张；有卫生专业技术人员815人，每千人拥有卫生技术人员3.85人。

2012年，继续深化医药卫生体制改革，市、区两级定点医疗机构住院报销比例分别提高10%和5%；住院支付限额由5万元提高到10万元；门诊报销比例提高10%，一般诊疗费全额报销，重大疾病报销比例按70%予以补偿。农村全民医保人均筹资290元，同比增长26.08%；补偿受益人次同比增长226.03%，住院实际补偿同比提高18.44%；农村孕产妇住院分娩率达99.92%。城市社区卫生服务工作全面启动，医疗卫生服务功能日趋完善，服务能力明显提高，完成17 043人次的15岁以下人群乙肝疫苗补种，新建和改建卫生院4个、社区卫生服务中心2个、农村无害化卫生厕所200座。加强流动人口服务与管理，计划生育帮扶和扶持奖励对象1 212人；免费孕前优生健康检查292人，为全区1 670名实施计划生育手术对象购买计划生育手术安全保险，全区符合政策生育率达90.49%，人口自然增长率为4.43‰，稳定了低生育水平。

【社会保障】 2012年，实现城镇新增就业2 850人，城镇登记失业率3.38%，控制在年计划4%以内。企业养老、职工基本医疗、工伤、生育、失业保险参保人数69 670人。认真落实城乡低保政策，城镇医疗保险参保人数36 300人，新型农村合作医疗补偿比例稳步提高，新农合人均筹资290元，全区农民参合人数126 553人，参合率达100%。享受城市低保待遇4 571人次，发放城市低保金1 345万元；享受农村低保待遇7 974人次，发放农村低保金834万元。法律援助2 980人次；农村"五保"对象集中供养率达59%，成功创建全市首个省级养老服务示范社区。建设保障性住房1 274套，棚户区改造安置房1 059套；完成农村D级危房改造621户，完成廉租房404套、公租房50套、经济适用房264套。发放廉租房租赁补贴800户。为4 168名被征地农民办理社会保险，帮助1 890名农村贫困群众发展产业；煤炭采空沉陷区农民安置和大中型水利水电移民后期帮扶工作稳步推进。

【交通能源建设】 2012年，仁和区大力推进畅通仁和建设，完成省道214线总发至平地路段改造，改建同乐路、天宇路等城市道路3千米，通乡、通村公路33.2千米，国道108线拉鲊至干海子段改造、银华路、云盘路和大河南路改线段等道路动工建设。攀田高速鱼塘互通至炳仁线连接线建设列入城市主干道建设规划，已启动建设前期工作；成昆铁路新线攀枝花段前期工作启动。攀枝花500千伏、大龙潭35千伏输变电站工程竣工，完成农村电网改造135.3千米，施家坪220千伏变电站扩建、仁和下沙沟LNG建设动工。

【街道、乡（镇）发展状况】 2012年，仁和区辖8个镇、6个乡和1个街道办事处，共设81个行政村，604个村民小组，19个居民委员会，144个居民小组。

2012年仁和区街办、乡（镇）基本情况

表6

乡镇名称	人口（人）	耕地面积（公顷）	农业总产值（万元）	工业总产值（万元）	粮食（吨）	蔬菜（吨）	水果（吨）	出栏生猪（头）	人均纯收入（元）
仁和镇	41 545	122	8 249	8 000	1 425	22 920	4 526	14 436	10 188
大田镇	8 802	400	8 265	2 290	4 079	21 065	8 551	11 320	9 322
平地镇	15 001	1 544	11 375	4 960	5 503	15 268	11 310	19 220	9 017
金江镇	17 659	265	5 468	18 630	2 568	11 438	2 000	8 400	9 533
福田镇	4 678	278	3 239	9 600	3 435	1 906	4 200	7 870	9 303
同德镇	14 077	949	11 523	98 000	8 470	13 340	4 200	21 130	9 251
布德镇	16 420	1 019	12 809	146 000	7 816	31 215	5 543	28 100	9 310
前进镇	18 723	387	6 449	443 150	3 003	17 151	4 782	11 280	9 807
太平乡	9 372	481	4 993	416 300	4 392	5 369	3 830	12 355	9 466
中坝乡	10 442	539	12 919	6 417	4 248	20 509	2 840	12 659	9 353
总发乡	8 780	313	9 859	11 890	3 204	23 705	3 848	13 059	9 689
大龙潭乡	15 536	2 168	14 429	800	13 628	26 166	12 615	28 320	9 274
务本乡	8 349	376	4 878	41 765	2 800	11 601	4 500	11 502	9 283
啊喇乡	9 326	532	7 206	1 209	6 552	9 013	3 175	10 285	8 895
合　计	198 710	9 373	121 661	1 218 521	71 123	230 666	75 920	209 936	9 325

（马尚平）

盐边县

【建置人口】 盐边县地处攀枝花市北部，位于北纬26°25′~27°21′和东经101°08′~102°04′。东邻米易县、凉山彝族自治州会理县，南接市郊仁和区，西与云南省华坪县、宁蒗彝族自治县接壤，北与凉山彝族自治州盐源县毗邻。县政府驻桐子林镇，距攀枝花市中心28千米、桐子林火车站3千米、攀枝花机场44千米、西攀高速公路盐边入口处

18千米。境内矿产资源富集，光热资源丰富，旅游资源独特。盐边县幅员3 269.453平方千米。下辖4个镇、12个乡、164个村、826个村民小组、7个居民委员会。共居住有25个民族，其中汉族人口最多，其余人口较多的依次为彝族、傈僳族、苗族、回族、纳西族、傣族等。2012年底，全县共有65 171户、210 305人，其中男107 870人、女102 435人；农业人口180 455人，占85.81%，非农业人口29 850人，占14.19%。人口自然增长率6.52‰，计划生育率86.68%。

【经济发展状况】 2012年，盐边县县属(不含二滩发电厂)生产总值完成82.78亿元，同比增长19.4%。其中，第一产业增加值7.67亿元，同比增长4.8%；第二产业增加值61.45亿元，同比增长24.8%；第三产业增加值13.66亿元，同比增长9.1%。地方财政收入完成9.6亿元，同比增长17.3%；财政支出18.19亿元，同比增长16.1%。国税收入完成5.34亿元，同比增长2.6%；地税收入完成7.41亿元，同比增长22.5%。城镇居民人均可支配收入20 073元，同比增长15.8%。农民人均纯收入7 997元，同比增长14.4%。全县金融机构各项存款余额46.13亿元，同比减少11.1%；金融机构各项贷款余额30.6亿元，同比减少4.8%。

2012年盐边县主要经济指标

表7

指标名称	单位	2012年	比2011年±(%)
地区生产总值	万元	1 025 371	15.0
#:县属	万元	827 837	19.4
第一产业增加值	万元	76 722	4.8
第二产业增加值	万元	812 019	17.2
#:县属	万元	614 485	24.8
工业增加值	万元	765 770	16.8
#:县属	万元	568 236	24.8
规模以上工业增加值	万元	693 108	17.4
#:县属	万元	495 574	26.5
规模以下工业增加值	万元	72 662	5.5
建筑业增加值	万元	46 249	25.0
第三产业增加值	万元	136 630	9.1
民营经济增加值	万元	427 030	16.5
农业总产值	万元	145 148	4.7
规模以上工业产值	万元	1 415 961	10.8
#:县属	万元	1 124 683	13.3

续表7

指标名称	单位	2012年	比2011年±(%)
全社会固定资产投资额	万元	535 149	31.5
社会消费品零售额	万元	102 076	15.6
地方财政收入	万元	96 076	17.3
#:一般预算收入	万元	73 652	20.4
地方财政支出	万元	181 932	16.1
#:一般预算支出	万元	151 916	21.1
国税收入	万元	53 421	2.6
地税收入	万元	74 072	22.5
金融机构各项存款余额	万元	461 266	-11.1
#:城乡居民储蓄存款余额	万元	261 735	-19.1
金融机构各项贷款余额	万元	306 018	-4.8
农民人均纯收入	元	7 997	14.4
城镇居民人均可支配收入	元	20 073	15.8

【农业经济】 2012年，盐边县红格镇省级新农村示范片建设通过验收。二滩水淹区连片扶贫开发3年建设目标基本完成，省级产业基地强县正式授牌。成功申报全省现代畜牧业重点县。完成水淹区万亩芒果示范区、益民砟石万亩芒果示范区建设，新发展优质晚熟芒果726.67公顷。种植烤烟3 866.69公顷，收购烟叶7 795吨，销售收入1.45亿元。新发展核桃2 533.35公顷、中药材166.67公顷。粮食产量7.3万吨，出栏生猪24.7万头、肉牛1.12万头、肉羊13.7万只、家禽117万羽，水产品总量1.38万吨。“盐边油底肉”成功申报国家地理标志保护产品，新申报绿色食品认证5个，新培育市级农业龙头企业2家。新成立农民专业合作社45家，总数达197家，辐射带动农户1万余户、3万余人。农业总产值14.5亿元，增长4.7%。

【工业经济】 2012年，盐边县工业重点项目加快推进。龙蟒项目群一选厂技改基本完成，二选厂竣工试生产；云钛公司2万吨钛锭项目(一期)热负荷试生产成功；水钢红发120万吨球团、一立120万吨球团竣工投产；龙蟒及昆钢550万吨铁精矿管道输送、天伦4万吨钛白粉技改、攀昆800万吨选矿厂及尾矿库、桐子林水电站等项目加快推进。完成新九湾子田专用公路1标段、安宁园区西干线二期、安宁园区固废处理场主体工程。完成110千伏城南变电站、新九变电站增容扩建工程，加快推进安宁220千伏变电站等一批电力设施项目建设。努力提高煤、电、油、运等生产要素保障。完成工业总产值156亿元,同比增长10.2%;完成规模以上工业总产值112.47亿元,同比增长13.3%。

【招商引资】 2012年,盐边县加大招商引资力度,积极组织参加西博会、珠洽会、渝洽会。在第十三届西博会及攀枝花(昆明)投资说明会上,与位列世界500强的中国建材集团、中国水电建设集团等大企业签订合作协议。新签约项目36个,协议投资138.83亿元。中国建材集团年产100万吨干法水泥生产项目、钛材产业园、得天矿业钒钛磁铁矿综合利用等项目正加快启动建设。招商引资累计到位资金59.9亿元,同比增长10.9%。

【科　教】 2012年,盐边县组织申报省级科技项目14个,获得项目支持4个,资金200万元;申报市级项目16个,获得项目支持8个,资金90万元;共安排实施县级科技计划项目12项,其中农业科研推广项目8项、工业产业化项目2项、社会发展计划项目2项。

2012年,盐边县中小学共有教职工1 958人,其中小学1 118人、初中621人、高中219人,中小学专任教师1 884人(含特岗教师171人)。县幼儿园有教职工35人,青少年活动中心7人。全县有特级教师1人,各级学科带头人、骨干教师438名,占教师总人数的23.3%,其中省级骨干教师23人、市级学科带头人8人、市级骨干教师197人、县级学科带头人20人、县级骨干教师190人。小学、初中、高中专任教师学历达标率分别为100%、100%、98.6%。全县有学校109所,其中公办学校90所(公办高完中1所、初中5所、县城小学1所、乡镇中心小学15所、九年一贯制学校1所、教学点67所)、幼儿园17所(公办幼儿园1所、民办学校16所)、职业培训中心1所、青少年活动中心1个。全县在校学生达35 117人,其中小学学生17 309人、初中学生9 798人、高中学生2 192人、在园幼儿5 818人。各类科研成果丰硕,全县在研立项省级课题2个、市级课题5个、县级课题21个。其中,教师论文在省、市级评比中获奖33人次,7名教师分别获得一等奖、二等奖,9名教师参加全市优质课赛课获奖。义务教育阶段在校学生人数27 107人,小学、初中正常适龄儿童少年入学率分别达100%和97.46%,毕业率均达到100%,完成率达到99.46%和97.10%。残疾儿童少年入学率94.74%。中考国重硬上线40人,定向切块115人,硬上线人数超出2011年21人。高考上本科线59人(文考上线42人、艺体上本科线17人),其中重本4人,超额完成市教育局下达的本科20人以上的基本任务。

【文　化】 2012年,盐边县以迎庆中共十八大召开为契机,精心组织,配合相关部门策划开展"第七届笮山情"歌手大赛、徒步大赛"阳光盐边"欢迎文艺晚会、2012年春节联欢晚会暨"我展示、我快乐"总决赛、'2012二滩至格萨拉徒步大赛文艺演出等活动。组队参加攀枝花市委宣传部主办的"金沙放歌"歌唱比赛,组队参加攀枝花市"五一"广场群众文化展演及原生态锅庄表演等文化活动,承办各类演出共10余场。创作《一杯美酒》等音乐作品7个、小品《喜迎十八大》等5个、舞蹈《好梦盐边》等5件。《彝家百灵鸟》《瀑布》和《国胜茶歌》入围2012年全国"大众音乐协会"歌曲歌词征集大赛并获奖。组建盐边艺术团,招录16名演员,完成演出120余场。组织"文化共享工程夏日电影展播"活动,共播放电影50余部。加大对可移动文物的保护、收集,大笮文物陈列室共搜集文物展品480件,编辑出版《盐边县代表性非物质文化遗产目录》、编录《笮山放歌》。切实做好四川省第五批非遗传承人申报工作,杨华高、马正书、熊献青分别被列为四川省第五批绷鼓仪式代表传承人、斗釜歌代表传承人、仡佬族代表传承人,实现省级非遗传承人零的突破。全年制作播出《盐边新闻》300余期,采用各类新闻稿件3 000余条,在中央台新闻频道播发1条、四川新闻联播7条(其中头条2条、简讯5条)、市级新闻媒体播发108条;县电视台与攀枝花市新闻综合频道联办新闻栏目《聚焦盐边》,多角度反映盐边县经济社会事业发展、民族风情等,播出15期。向"攀枝花市第三届全民读书节"选送征文5篇,其中《"农家书屋"让我致了富》获一等奖。全年,盐边县有新华文轩出版连锁店1家,个体书报刊零售单位29家,个体打字复印单位31家,电子出版物销售单位1家,音像制品销售单位19家。

【体　育】 2012年,盐边县深入实施《全民健身条例》,引导广大人民群众大力开展全民健身运动,体育人口达43%。组织开展"元旦环城徒步体验"健身、健身气功展示、"8月8日全民健身日"等系列群众性体育活动。做好各级单项体育赛事的训练、参赛工作,在全市中小学生运动会中获全市中小学生乒乓球比赛小学女子组团体第二名、小学男子组团体第七名,全市中小学生武术比赛获小学组团体第七名。承办攀枝花市国家级青少年体育俱乐部2012年健身操大赛,盐边中学飞天阳光俱乐部获有氧操第一名。全县各校认真推行《国家体育锻炼标准》,推行《学生体质测试》,实施体育锻炼达标活动,盐边县学校体育达标实施面为100%,学生体育达标率为99%。启动桐子林镇农民健身工程建设,在居民小区、新农村示范片安装健身路径11条,协调做好四川省运动技术学院红格竞训基地建设,落实资金16万元对雪炭工程健身馆进行改造。

【卫　生】 2012年，盐边县有各级各类医疗机构226个，其中县级医疗机构3个、政府举办的乡镇卫生院16个、村卫生站168个、个体诊所23个、其他医疗机构16个。县政府举办的医疗机构共有各级各类医疗卫生专业技术人员556人，其中有高级职称25人、中级职称120人、初级职称381人。全县平均每千人拥有卫生技术人员约2.5人，开设病床670张，平均每千人拥有病床数为2.67张。16个乡镇卫生院和县级医疗机构均配有救护车，村级卫生室已配齐村级基本设备。县人民医院通过二级乙等医院复审，正在积极创建并筹备申请二级甲等医院。

【民生工程】 2012年，盐边县认真解决事关群众切身利益的热点难点问题，投资5.03亿元，10个大项102个分项民生工程项目全面完成。新建保障性住房397套。完成农村危房改造2 081户，正在实施1 029户。加快推进基层公共文化服务设施建设，完善公共文化服务体系，完成村图书室2.34万册图书配送，放映优秀公益电影2 000场。扎实推进广播电视工程建设，完成1 080套直播星安装。启动农村地面无线数字电视工程，发展用户6 000户。积极推进县城有线电视网络改造及数字化整体平移工程，完成县城网络改造8 800户。完成红格镇、和爱彝族乡广播"村村响"建设。积极争取妇女小额贷款7 154.8万元。工行、攀枝花市商业银行、邮储银行分别在盐边县新设立分支机构，乡镇金融网点实现全覆盖。

城镇职工基本医疗保险参保率99%，新农合参合率98.5%，参加职工养老保险参保率96%。积极构建多层次的就业服务网络，城镇新增就业1 412人，城镇失业人员再就业386人，城镇登记失业率控制在3.5%。"国家级创业型城市"创建通过验收。提高五保供养和城乡低保标准，特殊困难群体帮扶力度进一步加大。

【《盐边厅乡土志》再版】 2012年，《盐边厅乡土志》再版。《盐边厅乡土志》是盐边县清末举人杨松年编撰的攀枝花市盐边县境内的第一本志书，是第一部记载古代本土历史的书籍。该志设志叙、建制沿革志、营建志、风俗志等四大部类，对盐边境域的变迁历史、政治、关隘道路、建筑古迹，民风民俗系统记载，成为盐边县社会发展、文化发展史上的重要见证和不可多得的历史文献。该志的编修成书，结束了盐边县历史无正式文字记载的历史。但该志付梓既久，多已不存，经多方搜寻，现仅存孤本于县档案馆。2011年5月，盐边县启动《盐边厅乡土志》抢修工作，并成立抢修委员会，特邀四川大学古文研究所的专家教授进行点校。2012年2月，由天隆文化传播公司出版发行。

【格萨拉索玛花节】 2012年4月29日至5月31日，以"绚丽索玛花·激情格萨拉"为主题的'2012·中国攀枝花格萨拉索玛花节暨中国乡村欢乐健康游攀枝花分会场活动，在格萨拉景区、大笮风旅游基地、择木龙杜鹃花海举行。活动主要包含'2012中国攀枝花·格萨拉索玛花节暨'2012中国乡村欢乐健康游攀枝花分会场活动启动仪式，"徒步花海"摄影大赛，"茶"主题活动，钓鱼、捉鱼比赛，"这里风光独好"自助游活动等板块内容。活动以索玛花节为媒，宣传及推广"百里生态长廊"优秀的旅游资源，展示盐边县优美的自然风光和多姿的民族风情，提升盐边县旅游人气。节会期间共接待游客23万人次，其中自驾游客2.3万人次，实现旅游综合收入1.1亿元。

【二滩至格萨拉全国山地徒步大会】 2012年12月29日至2013年1月1日，由盐边县人民政府、攀枝花市旅游局、攀枝花市体育局主办，相关部门及涉旅企业承办的"'2012·攀枝花欢乐阳光节二滩至格萨拉山地徒步大会"在"百里生态长廊"沿线举办。此次大会活动包括阳光之旅——攀西大裂谷自驾游发车仪式、开幕仪式、"阳光温泉康养红格"7千米个人徒步赛、"水墨二滩"观光游、"梦幻渔门"啤酒篝火晚会、"穿越大地画廊"25千米分组徒步赛、"多情格萨拉"大型原生态锅庄晚会、"阳光之旅"——攀西大裂谷自驾体验活动、"阳光运动康养盐边"美文大赛、闭幕仪式等10项内容。全国16个省、市的500余名选手参加此次大会，吸引了众多群众参观和体验，大成网、四川新闻网、新浪网、腾讯网、《攀枝花日报》《攀枝花晚报》、GOGO攀枝花网、攀枝花电视台等媒体对此次大会进行全方位报道。在徒步大会举办期间，盐边县各景区共接待游客8.1万人次，旅游综合收入839.19万元，同比分别增长120%和90%。

【乡镇状况】 2012年，盐边县辖16个乡镇，其中4个镇（桐子林、红格、渔门、永兴）、12个乡（新九乡、和爱彝族乡、益民乡、红果彝族乡、鳡鱼彝族乡、共和乡、惠民乡、国胜乡、红宝苗族彝族乡、箐河傈僳族乡、温泉彝族乡、格萨拉彝族乡）、164个村、826个村民小组。其中格萨拉彝族乡面积最大，为339.55平方千米；桐子林镇人口最多、国内生产总值最大，分别为24 971人、281 019万元；益民乡蔬菜产量最大，为24 947吨；共和乡烤烟产量最大，为1 469吨；永兴镇蚕茧产量最大，为991吨；渔门镇水产产量最大，为8 828吨；国胜乡为茶叶之乡，茶叶产量达64吨。

2012 年盐边县乡镇情况

表 8

指标 / 乡镇名称	面积（平方千米）	村（个）	人口（人）	国内生产总值（万元）	工业总产值（万元）	财政收入（万元）	农民人均纯收入（元）	农业总产值（万元）	粮食总产量（吨）	蚕茧产量（吨）	蔬菜产量（吨）	水果总产量（吨）	畜禽出栏 生猪（头）	牛（头）	羊（只）	家禽（只）	水产品产量（吨）	烤烟产量（吨）	茶叶产量（吨）
桐子林镇	240.00	4	24 971	281 019	504 574	1 764	9 674	7 997	3 267	—	6 842	5 525	14 605	892	5 485	178 268	120	—	—
红格镇	160.23	4	19 956	49 418	70 291	3 304	8 361	9 599	4 225	—	20 625	4 138	13 103	328	2 256	32 490	88	345	—
渔门镇	236.64	17	17 703	44 359	53 867	1 117	8 042	22 759	6 115	278	4 879	970	20 869	601	6 024	104 815	8 828	584	—
永兴镇	223.02	18	22 773	22 586	20 000	765	8 150	14 214	8 711	991	6 868	1 417	33 557	788	3 495	128 767	561	771	1
益民乡	66.75	10	13 059	19 943	28 878	658	8 490	11 101	4 020	—	24 947	5 215	18 937	301	2 152	202 545	160	—	—
新九乡	124.80	7	11 839	238 975	514 905	1 249	8 419	4 899	4 976	—	2 849	345	15 106	340	2 232	24 425	200	131	—
和爱彝族乡	64.50	4	5 380	8 717	900	380	7 702	4 515	1 858	—	6 460	1 105	6 250	362	3 220	23 300	20	685	—
红果彝族乡	245.73	11	13 013	38 858	73 342	1 029	7 800	8 647	6 106	—	4 953	1 896	15 150	545	13 833	42 792	931	771	—
鳡鱼彝族乡	272.00	14	10 078	8 591	800	567	7 713	5 940	2 905	102	2 076	813	8 477	330	7 246	24 889	466	838	—
共和乡	240.84	17	9 520	7 330	300	510	8 270	7 520	3 400	—	3 390	479	10 322	593	10 650	26 100	88	1 469	1
国胜乡	321.42	14	18 647	15 078	17 000	644	8 552	11 793	6 488	296	5 890	1 673	17 196	657	7 802	68 290	820	171	64
红宝苗族彝族乡	304.00	7	5 192	4 073	900	459	7 777	3 655	1 707	11	879	253	5 830	376	12 008	18 603	7	215	4
惠民乡	146.67	13	17 758	14 272	2 700	618	8 253	15 791	8 083	847	6 609	1 045	30 512	503	5 073	95 577	421	210	—
箐河傈僳族乡	115.38	6	6 432	5 205	8 000	418	7 781	3 540	3 346	67	3 401	449	4 792	75	4 412	14 300	21	183	7
温泉彝族乡	167.92	7	7 375	5 839	2 700	368	7 596	5 567	2 644	43	2 292	451	11 769	2 324	17 027	42 514	12	717	—
格萨拉彝族乡	339.55	11	12 609	18 113	5 528	832	7 605	7 614	5 194	—	3 506	8	19 870	1 970	28 383	45 600	20	310	—

（刘贵云　冯子国）

米易县

【建置人口】 米易县地处攀枝花市东北部，面积2 152.695平方千米，其中实有耕地16 519公顷，森林面积125 827公顷，覆盖率61.08%，比2011年增长0.15个百分点。辖7个镇，5个乡（少数民族乡4个），88个村（少数民族村38个），826个村民小组（少数民族村民小组187个），11个社区居委会，189个居民小组。总人口219 233人（其中农业人口186 625人），少数民族人口占18%。全县出生人口2 055人，较市下达控制指标2 300人少生245人；符合政策生育1 832人，符合政策生育率89.15%，较市下达目标任务85%高4.15个百分点，人口出生率9.77‰，死亡率5.4‰，自然增长率4.37‰。全员流动人口登记总数37 988人，全员流动人口登记管理占常住总人口的17.94%，较市下达的目标任务15%高2.94个百分点。

【经济发展状况】 2012年，米易县委、县政府齐抓共建，县域经济综合竞争力首次迈入全省20强，实现县域生产总值93.2亿元，比2011年增长19%。其中：第一产业增加值9.61亿元，增长5.2%；第二产业增加值62.97亿元，增长24.8%；第三产业增加值20.62亿元，增长11%。完成地方财政收入9.08亿元，增长21%。完成固定资产投资79.84亿元，增长28.6%；社会消费品零售总额19.87亿元，增长15.7%；城镇居民人均可支配收入和农民人均纯收入分别为20 721元和8 959元，分别增长16.3%和14.5%。政府机构改革、农村综合配套改革更加深化，建立公共资源交易机制，规范政府采购；推进农村土地承包经营权确权登记颁证试点工作；完成文工团改制；开展取消“以药补医”试点工作。推行财政精细化管理和财政资金使用绩效评估，完成会计集中核算向国库集中支付转轨，完善乡镇财政体制。推进金融生态县、农村信用体系试点工作，金融机构存款余额61.06亿元，增长17.7%；贷款余额37.49亿元，增长9.2%。完成妇女财政贴息小额贷款1.7亿元，占全市的46%。

2012年米易县主要经济指标

表9

指标名称	单位	2012年	比2011年±(%)
县域生产总值	万元	931 976	19.0
第一产业增加值	万元	96 083	5.2
第二产业增加值	万元	629 687	24.8
第三产业增加值	万元	206 206	11.0

续表9

指标名称	单位	2012年	比2011年±(%)
粮食总产量	吨	88 017	0.6
肉类总产量	吨	18 834	3.5
禽蛋产量	吨	1 319	0.7
牛奶产量	吨	341	0.3
水果产量	吨	54 225	16.1
蔬菜产量	万吨	25.22	8.2
水产品产量	吨	13 600	9.68
社会消费品零售总额	万元	198 708	15.7
固定资产投资总额	万元	822 873	28.6
地方财政收入	万元	90 826	21.0
财政总支出	万元	177 466	18.6
地税税收收入	万元	67 699	47.2
国税税收收入	万元	59 388	34.8
农民人均纯收入	元	8 959	14.5
城镇人均可支配收入	元	20 721	16.3

【工业经济】 2012年，米易县继续实施工业强县战略，积极应对宏观经济下行等不利因素的影响，在稳定增势中奋力推进新型工业化进程。出台《促进工业经济平稳健康发展的意见》，主动协调融资贴息，简化行政审批程序，兑现民营企业突出贡献奖励，全力保障企业正常生产、结构调整、产能释放，工业企业无一停产。安宁铁钛铁矿采选改扩建工程、华铁钒钛二期等建成投产，德胜项目群、东方钛业二期、正源科技偏钛酸一期、安宁球团、元宝山技改等加快推进，鸿舰重机钒钛耐磨铸锻造、新材料孵化中心项目前期工作取得突破，立宇钒钛磁铁矿综合利用中试生产；节能降耗成效明显，规模以上企业能耗同比下降6%。白马工业园区控制性详规修编完成，500千伏橄榄变电站工程、青杠物流园区等项目加快推进；工矿废弃地复垦、土地“二调”显化新增耕地整理项目顺利入库，全年获批项目建设用地250公顷。全年，规模以上企业实现发电量61 633万千瓦时，比2011年增长5.9%；生产水泥683 625吨，增长34.8%；铁矿石2 484万吨，增长54.3%；铁精矿1 098万吨，增长38.5%；钛精矿508 821吨，增长10.4%；花岗石荒料50 146立方米，增长0.2%；花岗石板材1 641 281平方米，增长0.6%；钛白粉34 272吨，下降8.5%；钒铁2 570吨，增长44.5%；食糖10 296吨，增长50%；氧化球团322万吨，增长8.8%。完成工业总产值132亿元，其中规模以上工业总产值1 271 621万元，增长27.1%；实现工业增加值594 369万元，增长28.4%。

2012年，白马工业园区实现工业产值（按园区统计口径）120.61亿元，比2011年增长18.58%，实现销售收入122.61亿元，增长15.72%。完成固定资产投资额35.52亿元，占全年目标任务34亿元的104.47%，增长18.40%。继续实施园区8 000万元基本建设贷款指标余额，确保钒钛工业区渣场项目建设资金及时到位；帮助企业解决融资中的困难和问题，为兴辰钒钛等企业提供保障性担保2 000万元；完成工投公司转增资本金530万元。

【农业综合生产】 2012年，米易县马鞍山水库、麻晃引水工程进展顺利，产业基地、烟叶单元基地等项目完成，实施高效节水灌溉、农业综合开发等重点项目6个，新增及恢复蓄引提能力368万立方米，新增及改善灌面2 600公顷，整理土地733.33公顷，解决4.2万人饮水安全问题。新发展农民专业合作社23家，建成农业部蔬菜标准示范园1个，农业科技千亩示范园8个，枇杷万亩示范区1个，水稻高产万亩示范片2个，蔬菜绿色防控示范面933.33公顷，农作物高产核心示范面2 466.67公顷；全年粮食产量88 017吨，增长0.6%；蔬菜产量25 220吨，增长8.2%。完成烟叶收购9 900吨，被评为全省烟草发展先进集体；新建标准化养殖小区12个，万民生猪养殖场创建成国家级生猪标准化养殖基地，深加工项目开工建设。推进"阳光米易"农产品品牌建设，成功申报1个有机食品、3个绿色食品和8个无公害农产品品牌，"米易何首乌"获国家地理保护标志认证。狠抓农产品质量安全，启动农产品质量检测站建设。超额完成省级新农村建设示范片3年目标任务，示范片内农民人均纯收入达10 200元；年内到位新农村建设资金6 200万元，建成新村聚居点11个、农房920户，实施农房风貌整治2 300户，成功创建省级沼气化县。

【第三产业】 2012年，米易县以壮大商贸物流业、发展康养旅游业为重点，培育新的经济增长点。继续举办"迷易灯会""迷易元宵焰火晚会""迷易花会"，成功举办"首届激光水幕灯会""迷易中华养生健康产业发展高端论坛"；川煤集团疗养基地建成运营，南部新城休闲旅游度假核心区、"龙文化"主题风景区、"两基地，一中心"（国家中医药管理局中医养生健康产业发展重点研究室米易基地、四川省旅游协会养生旅游目的地示范基地、四川省治未病中心米易分中心）等项目前期工作加快推进，攀西农产品交易中心冷链配送体系进入省级物流项目库；青杠粮食仓储一期工程有序推进。以规划控制权威化、绿化管护市场化、社区管理规范化为导向的城市管理机制探索建立，川煤疗养基地、樱花大道等休闲项目建成使用，幸福里、"110"指挥中心等城建项目加快推进，迷易湖大桥、河西中央公园等配套项目加快建设。"龙文化"主题风景区打造加快启动，省养生旅游目的地示范基地、中盛车旅度假中心等康养项目成功引进，6个重点旅游新村和2个乡村旅游景区加快建设，迷易花会、全国皮划艇冠军赛等节庆赛会活动成功举办，实现旅游收入10.04万元、外贸出口3 800万美元，同比增长6.2%；第三产业增加值206 206万元，增长11%。

【城乡建设】 2012年，米易县坚持走新型城镇化建设之路，城镇面貌不断改善，管理有效加强，城镇化率达35%。建成档案馆、阳光水岸、幸福里、城北滨河景观长廊、樱花大道、攀莲镇三期农民安置房、尚舍迷阳农家乐等项目；推进世行贷款城南基础设施建设、人武部迁建、迷易温泉城、大坪子水厂扩容等项目基础工作；启动城北农贸市场、河西中央公园、河西农民安置房、迷阳湖大桥、金乌书画院、公安局指挥中心及原公安局片区、普威林业局棚户区改造等项目。成功创建全国可再生能源建筑应用示范县。县域和白马镇、普威镇总体规划编制完成，白马、垭口、丙谷、湾丘集镇"八个一"（每个集镇建设一个独具特色的镇区入口、一条风光优美的景观大道、一个绿树成荫的休闲公园、一个设施齐全的健身广场、一个功能完善的文化中心、一个繁华兴旺的商贸街区、一个便民惠民的农贸市场、一个现代宜居的居住小区）工程加快建设。完成城区污水管网改造，推动污水处理厂扩容。完成铁建路、德盐路三滩桥至得石段改建，推进214省道米易段、田白路、湾黄路、高龙安置区道路改建，新建通乡通村公路106千米。城镇、农村客运车辆升级换代，管理水平不断提高，通信、环卫、供电等逐步完善。实行城区绿化、垃圾分选市场化管护，城区交通管理规范，小区物业管理改善，社区服务功能不断完善。开展公路、铁路、河道沿线环境综合治理，白马镇、垭口镇及芭蕉箐等9个村通过"五十百千"示范工程验收，城乡环境综合治理成果得到巩固。推动县城污水处理厂二期、瑞达水泥烟气脱硝工程，成功创建市级生态村16个、生态家园140户。

2012年，县城区全年新增购垃圾保洁车11辆、市政吸污车1辆、多功能清洗车1辆、垃圾收集箱72个、垃圾桶300个、果皮箱600个，完善现役生活垃圾处理场设施，新增垃圾废水池1座，对垃圾场内渗滤池、场外2 000米沟渠实施清淤，修复20米垃圾场进场道路，每周用生物药品消杀垃圾场。试行生活垃圾分选处理，3月，生活垃圾分选处理厂投入运行，垃圾无害化处理率达92%。县城区城市绿化覆盖率达42.46%以上，人均公共绿地面积达9.44平方米以上。维护城区道路、人行道、雨污管网巡查修复，全年修复灯杆396根、路灯907盏，修复城北商业步行街景观灯890米，更换电缆1 350米，配电箱4台。安装城北新农巷—老北街区域路灯23盏，路灯亮化率达95%，市政设施完好率达90%以上。由北京星光影视设备科技股份公司负责设备的采购安装工作，春节前完成固定资产投资3 220万元，亮化县城迷易湖区域。地表水、城镇集中式饮用水水质达标，城区环境空气质量优良率达100%。

【招商引资】 2012年，米易县出台《加强招商引资工作意见》《重点项目奖励暂行办法》等项目引进推进机制不断健全，组建招商小分队，派驻招商联络员，参加西博会等招商推介活动，围绕产业提升、产业延伸，先后与川威集团、雨润集团、成都中医大、成都农工委等建立战略合作关系，引进鸿舰重机钒钛耐磨铸锻造、中盛阳光车旅休闲等项目，全年引进项目 77 个,实现招商引资到位资金650 500万元。

【科　技】 2012 年,米易县制定《米易科技创新奖励办法》和《米易科技创新奖励管理办法》,建立米易县科技创新激励机制,营造出良好的科技创新政策环境。组织实施米易县新农村示范片农业科技园区早春蔬菜技术集成与综合示范、优质早熟梨品种选育及矮化密植技术引进开发、山药优良品种引种选育研究、规模化猪场生态循环养殖技术集成示范、早熟梨新品种种植示范、食用菌工厂化生产示范等省、市级科技项目,编写《米易县晚熟芒果栽培技术》,印发3 000册。引进早市蔬菜、山药、粮油及枇杷、核桃、葡萄、梨子、樱桃等特色林果新品种并开展试验。制定人才引进、稳定、培养等办法,开展首届优秀人才评选工作,表彰各类优秀人才 15 名,培养各类职业技师 47 名。4 家企业跻身国家高新技术企业,米易县成为全省首批国家技术创新工程示范活动创建县。

【教　育】 2012 年,米易县推进第二初级中学教学楼、米易二小迁建工程等项目,建成县幼儿园、民族中学教学楼、二中学生宿舍楼、华森职业学校教学楼等项目,完成投资4 000万元的校安工程加固项目。投入 650 万元对农村义务教育阶段学生实施营养改善计划和交通费补助。率先出台义务教育住校学生交通补助政策。县教育局被国务院和省委、省政府分别授予"两基"工作先进单位称号。全县有学校 99 所,其中政府举办的学校 75 所、民办学校 24 所。政府举办的学校中,有高级中学 1 所,初中 8 所(城区初中 3 所、农村初中 5 所),小学 65 所(城区小学 2 所、乡镇中心校 12 所、村小及教学点 51 所),省级示范性幼儿园 1 所。民办学校中,有职业学校 1 所,民办幼儿园 23 所。全县有中小学生29 676人,其中义务教育阶段在校学生26 742人(初中在校生9 863人、小学在校生16 879人)、高中生2 934人,在园幼儿5 747人。小学适龄儿童入学率 100%,在校生辍学率0.01%,小学毕业班学生毕业率 100%。初中阶段入学率114.30%,在校生辍学率 0.17%,初中毕业班学生毕业率99.91%。残疾儿童、少年入学率 98.59%,15 周岁人口中初等教育完成率 99.78%,17 周岁人口中初级中等教育完成率99.57%。年内,米易县获全省教育工作先进县。

【文　化】 2012 年,米易县首次举办激光水幕灯会取得成功,"龙腾米易"大型文艺晚会和 21 场文艺调演成功举办,颛顼龙文化研究取得突破,"五七"干校遗址被评为省级文物保护单位。建成电视台演播大厅,完成城区数字电视整转工作,为边远山区 176 户无电户发放太阳能电视机。完成文工团改制工作。申报国家皮划艇激流回旋高水平后备人才基地,成功举办全国皮划艇激流回旋冠军赛、元旦越野赛、广播体操比赛等赛事,群众性体育活动深入开展。组织农民书画作品参加市第三届全民读书节农民书画比赛。其中:田洁的《守望家园》,李英杰的《牡丹》获二等奖;麦钰晗的《两只黄鹂》,曾丽的《三栖图》,梁玲艳的《梦幻幽兰》,吴茂然的《荷韵图》获三等奖。在全国"星星河"书画比赛中 30 件书画作品获奖项,其中特金奖 6 件、金奖 11 件、银奖 7 件、其他均获优秀奖。图书馆接待读者71 300人次,借、阅图书资料167 400册次,办借书证 560 个。完成全县 85 个农家书屋8 500册图书的配送工作,及时有效的补充农家书屋图书。

【卫　生】 2012 年,米易县中医院迁建和村级卫生室标准化建设有序推进,县、乡、村三级医疗卫生服务体系得到加强。县中医院增挂成都中医药大学附属医院米易分院牌子,实现了优质资源在一定程度上的整合,创建省级重性精神疾病综合防控示范县、省级免疫规划示范县。开展取消"以药补医"试点工作,创建国家卫生县城通过考核验收。落实人口和计划生育目标管理责任制,全力推进全员人口信息化采集创新试点工作,国家免费孕前优生健康检查率达 80% 以上。按政策、程序、时间完成全县奖励扶助、特别扶助新进人对象资格确认和继续享受对象年审工作,全县有奖励扶助对象资金、特别扶助对象资金享受对象1 842人,确认误差率小于 0.5‰。完成计划生育"三结合"新增户328 户,巩固帮扶基地 12 个。兑现 2011 年度奖励扶助对象资金、特别扶助对象资金、独生子女父母奖励金 186.20 万元。全县符合农村计划生育家庭奖励扶助对象1 778人,其中新增 102 人、继续享受1 676人,符合计划生育家庭特别扶助对象 66 人,其中新增 11 人、继续享受 55 人,新增对象确认零误差,年底兑现奖励扶助金 181.01 万元,三级以上计划生育手术并发症人员 47 人纳入计划生育特别扶助。继续深化计划生育"三结合"帮扶工作,年初将具体帮扶任务安排给各支农帮乡部门,由牵头部门负责组织对挂钩联系乡镇进行帮扶,帮扶新增户 328 户。

【体　育】 2012 年,米易县组织举办"奥之康杯"第 33 届元旦越野赛,参加比赛 890 人;米易县第三届徒步 50 千米活动,参加比赛 416 人;米易县第二届山地自行车赛,参加比赛 90 人;米易县第九套广播体操比赛,33 支代表队 825 人参赛;米易县中国象棋团体赛暨第五届中国象棋排位赛和围棋比赛 60 人参赛。组织参加中国门球冠军赛四川分赛区攀枝花选拔赛暨全市第二十七届门球比赛选拔赛、四川省"亿万农民健身活动"展示暨四川省第二届农民健身秧歌大赛、攀枝花市第三届羽毛球比赛、四川省煤炭产业第五届桥牌比赛、全国第九套广播体操通讯赛(决赛)四川选拔赛攀枝花赛区比赛、攀枝花市中小学生乒乓球赛、四川省首届农民龙舟比赛暨四川省第七届全国农运会龙舟选拔赛、全市第八届棋类比赛、攀枝花市健身气功比赛。

【社会保障】 2012 年,米易县调整支出结构,致力保障和改善民生,总投资 7.8 亿元的 143 项民生工程有序推进,民生支出占财政总支出的50%以上。建立城市低收入认定标准自然增长机制，五险扩面征缴工作全面推进，新农合参合率、新农保参保率、“五保”集中供养率分别达98.8%、94.3%和67%，基本养老保险在全市率先实现城乡居民全覆盖。投入7 000万元，继续实施二滩水淹区连片扶贫开发；完成白马铁矿开发移民永久性安置818人、农转非安置334人，推进高龙移民新村安置房、土地整理、对外交通、生产生活用水等工作开展和项目建设；推进保障性住房建设及农村危房改造工程，新建保障性住房942套，完成优抚对象困难户及残疾人危房改建171户。出台《关于全面加快民族地区跨越式发展的实施意见》，推动民族地区经济社会发展，第五次民族团结进步表彰大会召开，民族宗教事务工作上新台阶。国防教育、民兵预备役工作有效开展，征兵工作圆满完成，实现连续44年45次无责任退兵。

2012年，全县城镇新增就业1 746人，城镇失业人员再就业668人，城镇登记失业率为3.14%，落实用人单位招用农民工社保补贴，促使2 825名农民工稳定就业，2 642人享受职业培训补贴，1 755名失业人员领取失业金104.03万元，为失业人员缴纳基本医疗保险费39.54万元，202名失业的农民合同制工人领取一次性生活补贴21.47万元。开展就业援助2 500人次，帮助255人实现就业，农民工在岗培训2 480人，转移输出农村劳动力3.98万人，实现劳务收入3.9亿元以上。11个社区、88个行政村成立服务站，由社区（村）干部兼职开展工作，乡镇、村、社区的建成率均达100%，劳动保障协理员聘用率达到90%以上。全县新型农村和城镇居民社会养老保险参保人数91 605人，新型农村社会养老保险参保率达94.33%，城镇居民社会养老保险参保率为90.23%；城镇居民基本医疗保险参保人数为31 377人。年内，米易县获全省第三轮敬老模范县荣誉称号。

【社会管理】 2012年，米易县开展创新社会管理基层基础年建设，制订《“十二五”社会管理创新发展规划》，把城乡社区建设作为创新社会管理的切入点，推行一岗多职、一专多能的网格化管理模式，实现管理与服务的全覆盖，全国村务公开与民主管理示范县通过国家级检查验收。制订《米易县信用体系建设工作实施方案》，信用体系建设成效初显。开展工矿企业、道路交通、消防民爆等领域安全大检查，关闭得石煤矿，集中整改一批违规生产企业，重特大安全事故得到有效避免。深化平安米易建设，破获刑事案件625起，群众安全感测评达97.6%，县公安局首次获全省公安系统集体二等功。开展社会稳定风险评估51项，开展领导干部接访、下访和包案化解工作，安排3 500万元维稳资金，成功化解一批信访积案，全年县领导接访286批746人次，干部下访排查调处矛盾纠纷745件，办结上级交办信访案件76件。“三二O”妨碍公务案件稳妥处置，成功承办全市最大规模的防灾救灾综合实战演练。“1+N”社区管理模式在全省推广，实现重大活动期间“零进京、零赴蓉”工作目标。

【民生工程】 2012年，米易县涉及10个领域、总投资达7.8亿元的143项市、县民生工程按计划推进，其中105项全面完成、38项跨年度项目加快实施。新增就业1 746人，城镇登记失业率控制为3.1%。社会保险扩面征缴工作全面推进。城市征地拆迁补偿安置政策调整完善，二滩水淹区等扶贫开发项目加快实施，新改建通乡通村公路106千米，建成保障性住房1 278套，实施残疾人危房改造150户，安装无电户太阳能电视176户。

2012年，全县实施大中型水利水电工程建设和移民安置、移民后期扶持及常规扶贫等项目，严格执行国家移民后期扶持政策，督促、指导11个乡镇按季度检查二滩水电站、晃桥水库以及外迁安置到米易县的三峡水电站、瀑布沟水电站农村移民后期扶持直补金的兑现工作。全年，发放后扶直补金281.16万元；投入资金7 278.39万元，主要实施基础设施建设、产业发展、社会事业等项目，改造环湖公路20.1千米，新建社道31千米，完成28.4千米村道建设任务，完成3个小码头建设任务，整治山坪塘1口、新建5千米引水渠，整治18.4千米引水渠建设任务，完成700口沼气池建设任务。实施生态鸡养殖和肉羊养殖两个子项目，林下生态鸡项目涉及的草场乡30户农户、白坡乡30户鸡舍修建完工；得石、白坡两个肉羊养殖项目涉及7个村142户农户，完成圈舍建设，调种羊142只，发展核桃106.67公顷。开展核桃、枇杷、芒果、中药材种植等实用技术培训900人次。完成芒果种植100公顷，建成高标准蔬菜基地33.33公顷。

【政府精细化管理】 2012年，米易县推行政务精细化管理，完善《米易县规范执行办法》《米易县执行行为过错追究办法》，优化行政审批程序，行政效能不断提升，各窗口受理的行政审批现场办结率达99.4%，提速69%。在全省181个县（市、区）党风廉政建设社会评价群众满意指数测评中排名第11位，列全市县（区）第1位；监察、审计等工作卓有成效，监督工程建设招投标项目49个、政府集中采购项目85个。办理人大代表建议112件和政协委员提案81件，办复率达100%，满意率和基本满意率达100%，铁建路改造、民办教师养老保险等一批代表、委员集中反映的问题得到切实解决。推行财政精细化管理和财政资金使用绩效评估，完成会计集中核算向国库集中支付转轨，乡镇财政体制进一步完善。

【创先争优活动】 2012年，米易县围绕构建学习型组织，《县委理论学习中心组学习意见》修订完善，“米易发展论坛”规范化。健全完善《县委工作规则》《十三届县委常务委员会议事决策规则》《加强常委会自身建设的意见》等议事决策机制，开展党代会常任制试点，办理党代表意见建议53件、办结率达100%。组织全县430个党组织10 117名党员扎实开展创先争优活动，创建“十星基层党组织”347个，评定“五星共产党员”7 912名，树立党员示范岗554个，建立党员服务队157支,兑现公开承诺2 634项,为群众办好事实事1 729件,创先争优满意率达98%。探索规范干部初始提名制度,创新完善乡科级副职后备干部选拔培养机制,坚持常委会票决任免干部、全委会票决任用干部的“双票决”制度,全年票决提拔干部43名、交流干部52人次。与北京大学等知名高校建立干部培训合作关系,分期培训干部5 000人次。制定《人才引进稳定培养暂行办法》,开展首届优秀人才评选表彰活动,全年引进各类人才157名。启动安宁河流域党建示范带创建工作,创建“党建示范亿元村”4个;实施凝心聚力工程,抗旱节水先锋行动取得实效;实施固本强基工程,新建“两新”(新社会组织和新经济组织)党组织16个。

【生态环境建设】 2012年,全县森林覆盖率达61.08%,林业产值实现2 680万元,林农人均收入1 271元,林业产业投资500万元。在视野区灵官山(米易中学背面)、广东山、康家菁、打靶场等地完成高标准视野区造林200公顷,对鸡爪山、老河湾补植补造,完成高速公路风貌打造186.67公顷、安宁河河岸5.5千米造林任务,完成40万株义务植树任务。森林火灾受害率0.15‰,森林火灾发生率21.5次/10亿平方米,森林当日扑火率98%,火案查处率95%。

年内,检查企业污染治理600家次,并开展夜间突击检查6次、错时检查10次,检查污染治理设施300台套次,下发环境问题的企业监察意见15份。取缔土法生产小选厂5家,受理群众举报、投诉63件次,处理率达100%、办结率达100%。监管已建成的减排项目,确保县城污水处理厂和白马镇、垭口镇、普威镇等3个污水处理站以及钢企白马球团、中禾球团的烟气脱硫设施正常运转并完善减排台账。办理“辐射安全许可证”的企业共有5家,存在的48枚放射源和医疗机构中办理“辐射安全许可证”的11家、23台射线装置,都在正常使用或安全保存。建立农村环境管理长效机制,垭口、白马、湾丘、丙谷等4个乡镇申报的项目被纳入中央农村环境综合整治项目库,其余8个乡镇申报的项目也拟纳入省、市级农村环境综合整治项目库。年内,米易县获中央及省、市级农村环境连片整治等环保补助专项资金400万元,创建市级生态村16个,生态家园140户。全县地表水水质达标率达100%,城镇集中式饮用水水源地水质达标率达100%,城区环境空气质量优良率达99.4%,区域环境噪声平均值为52.5分贝,优于国家Ⅰ类标准(55分贝),交通干线噪声平均值为68.2分贝,低于国家推荐的道路交通噪声控制标准(70分贝)。

【民族地区经济】 2012年,全县民族乡镇实现国内生产总值235 463万元、地方财政收入20 909.6万元。年内,指导民族地区发展烤烟3 040公顷,收购烟叶6 135吨,产值12 211.85万元,按照“政府主导、群众主体、项目带动”的资金投入机制,按时按质按量完成400公顷林下产业基地建设,完成核桃基地建设苗木移植716.67公顷、定植坑挖掘203.33公顷。少数民族新农合参合率、新农保参保率均达95%以上,县民族中学教学楼竣工投入使用,并在22间教室安装电子白板等教学设备,学生宿舍楼和食堂完成主体工程。民族地区中小学校寄宿制教育不断深入,初中和小学入学率均达100%。新修及维修公路3条17.5千米,公路硬化6条20.6千米;新建乡村桥梁1座,解决1 000人交通运输困难;整治三面光沟渠4条9.8千米;改造已安置自发迁居农民住房40户。麻陇彝族乡民族团结示范新村、普威镇旅游新村和湾丘彝族乡移民新村建设稳步推进,成功申报沟渠整治、桥梁修建、道路硬化、太阳能及厕所改造、住房改造及教学设备购置等建设项目26个,申报资金1 304万元。

【国土资源管理】 2012年,米易县完成基本农田永久划定与土地整治专项规划。基本农田保护面积15 426公顷,耕地24 670公顷得到有效保护,新增建设用地规划300公顷。供应国有土地57宗,面积64.46公顷。其中,划拨1宗,面积42.38公顷;出让56宗,面积22.08公顷。成交价款25 029.21万元,比2011年增长13%,其中协议出让938.21万元、“招拍挂”24 091万元。发放国有土地使用证131宗,面积133.75公顷;办理变更登记255宗,面积8.2公顷;办理他项权利登记242宗,面积105.66公顷,登记贷款金额35 696.11万元。完成攀莲镇新农村示范片建设723.2公顷土地综合整理项目的施工,新增耕地62公顷。完成挂榜河坝土地开发项目施工工程,新增耕地58公顷,为城市批次报件储备106.67公顷的占补平衡指标。完成丙谷镇、新山乡土地开发立项工作,项目可增加102公顷耕地,项目完成后可为乡镇批次报件储备49.53公顷的占补平衡指标。全县工矿废弃地复垦面积571.5公顷的初步设计规划经国土资源部组织专家评审通过,可复垦耕地210公顷,用作城市与工矿建设用地。完成两个工矿废弃地100公顷复垦利用试点项目的立项资料编制。开展第二次土地调查,耕地增加9 086.67公顷实施显化整理。完成攀莲镇3个村新增耕地显化土地开发项目省级立项入库,组织丙谷“金土地”工程项目与昔街杨家河坝土地开发整理终验工作。

年内,全县钒钛磁铁矿整装勘查区4个,勘查面积94.67平方千米,完成勘查投入7 460万元,完成地质测绘80平方千米,钻探进尺17 881米。管理勘探区探矿权17个,其中铂矿6个、铁矿2个、镍矿1个、铌钽矿1个、硅线石矿1个、长石矿2个、铜镍矿2个、石灰石矿1个、铅锌矿1个。成功创建为全省首届国土资源节约集约达标县。

【安宁河流域党建示范带创建活动】 2012年6月26日,米易县制定出台《创建安宁河流域党建示范带实施意见》,围绕“两化”(新型工业化、新型城镇化)互动、“三化”(新型工业化、新型城镇化、农业现代化)联动总体要求和“一心两区三组团”[做大县城;建设河谷经济开发区和生态农业发展区；打造南部城镇组团（丙谷、撒莲、垭口集镇组团），北部城镇组团（白马、湾丘集镇组团），西部生态农业组团（普威、麻陇集镇组团）］发展战略，按照先行试点、以点促面、连片推进的思路，把安宁河流域的7个乡镇、30个村、4个社区和5个规模以上企业打造成为由点及片，连片成带的“两化”互动、“三化”联动党建示范带。12月20日，米易县在文化广场举行创建安宁河流域党建示范带启动仪式。市委组织部领导，县委、县人大、县政府、县政协在家领导，中国共产党米易县第十三届代表大会代表，创建工作成员单位主要负责人和试点村、社区、企业代表共300人参加。活动以“和谐米易·幸福安宁”为主题，内容包括安宁河流域党建示范带建设、建设“和谐幸福米易”暨国家卫生城市创建培训、米易“十二五”规划、远程教育走进“农家女”大课堂、健康知识讲座、和谐幸福家庭构建、礼仪培训、妇女维权、巾帼志愿者爱心服务台以及趣味体育活动比赛等。乡镇、部门（单位）建立主要领导亲自抓、分管领导重点抓和成员单位具体抓、有关部门配合抓的示范带创建工作格局，倾力打造城乡统筹发展、“两化”互动、农业产业化等3类示范乡镇和旅游康养、特色农业、新村建设、幸福社区、文明企业等6类示范村示范点，通过示范带打造，实现党的基层组织体系建设、基层党组织战斗力、党员生机活力、基层党建工作保障、基层组织运行管理、抓党建促发展的“6个走在全省山区县前列”目标。

【打造迷易文化旅游牌】 2012年8月10日，由国内考古、文化、旅游、民俗等方面专家学者组成的米易县龙文化课题组，经过实地考察和查阅大量的历史、文献资料，发布考证意见，确认古代五帝中的颛顼大帝即轩辕黄帝孙子诞生在攀枝花市的米易县境内，为米易着力打造“颛顼故里，龙吟天下”旅游文化品牌提供历史依据。米易县成立“龙文化”课题专家组，以境内的龙潭溶洞AAA级风景区为载体，把龙文化资源与旅游资源进行有机整合，利用米易的地理优势、交通优势、光热优势，着力打造“颛顼故里，龙吟天下”旅游文化品牌，提升文化软实力，促进米易旅游休闲服务业健康持续发展。9月27日，米易县举行“颛顼诞生地　神龙天下行”旅游文化品牌省级专家论证会。论证会上，省民俗学会、省文物局及四川大学的专家、学者与攀枝花市社科界专家展开热烈讨论，并提出宝贵的意见和建议。12月6日，“高端养生论坛”论道米易“龙腾米易”专题晚会上演。12月7日，米易县“迷易中华养生健康产业发展高端论坛”开幕，议程包括健康产业发展论坛、合作交流洽谈专题活动、养生基地奠基仪式以及传统运动养生术、绿色无公害产品展示体验等活动。其间，国家中医药管理局重点研究室米易分中心、省养生旅游目的地示范基地、省治“未”病中心米易分中心等重点项目也在米易奠基开工。12月9日，成都中医药大学内科、外科、针灸科、呼吸科等专家名医现场义诊以及传统运动养身术展示吸引众多市民参与。

【乡镇发展状况】 2012年，米易县12个乡镇，农业总户数49 384户、182 822人。县委、县政府贯彻落实中央和省、市农村工作会议精神，落实强农惠农政策，开展农业综合开发，发展特色农业和现代畜牧业，搞好城乡统筹，推动农村经济发展，全面完成产业基地强县、烟叶基地单元等产业特色化项目，国家高效节水灌溉试点县、马鞍山中型水库等设施配套化项目加快推进，中央财政现代农业生产发展、省级高标准农田等生产标准化项目按期建成，华森食用菌生产等园区产业化项目加快建设，何首乌国家地理标志等特色品牌通过认证，省级沼气化县成功创建，以农民投入为主体的新村建设成效显著，建成新村11个、农房920户，实施农房风貌整治2 300户。

2012年米易县乡镇主要经济指标

表10

乡镇名称	人口（人）	耕地面积（公顷）	农业总产值（万元）	乡镇工业产值（万元）	粮食产量（吨）	蔬菜产量（吨）	烤烟产量（吨）	甘蔗产量（吨）	园林水果产量（吨）	出栏生猪（头）
攀莲镇	53 474	1 725	23 997	15 095	14 642	49 935	581	27 350	5 022	28 768
丙谷镇	25 130	2 247	16 662	78 817	10 838	44 112	815	19 170	5 091	19 357
撒莲镇	16 594	1 204	13 493	31 923	8 385	48 160	361	3 900	5 065	13 123
垭口镇	10 484	609	6 444	308 631	3 609	23 040	74	2 730	1 420	8 128
得石镇	8 930	670	13 358	32 722	2 905	5 371	399	2 000	2 465	8 540
新山乡	7 040	1 060	6 865	611	4 343	7 658	662	9 840	1 893	17 416
湾丘乡	15 952	1 203	9 098	527 277	6 548	10 689	563	98	1 440	11 515
白马镇	29 307	1 981	18 790	178 930	14 963	22 654	620	832	8 675	18 942
草场乡	19 850	1 666	14 389	3 799	9 368	17 581	875	15 564	6 930	16 548
普威镇	13 322	1 128	10 690	830	3 660	5 499	1 429	368	10 259	15 084
麻陇乡	8 782	1 400	7 148	418	4 393	7 366	1 543	450	1 021	8 961
白坡乡	10 368	1 626	12 119	314	4 363	9 960	1 993	4 455	2 343	12 876
合　计	219 233	16 519	153 053	1 323 367	88 017	252 205	9 915	86 757	51 624	179 258

（周在元　吴兴刚　王小岚）

党政群团

中共攀枝花市委

综　述

【国民经济发展】 2012年，市委团结带领全市干部群众，深入学习贯彻落实中共十八大、省第十次党代会和市委九届三次全会精神，坚定信心、振奋精神，攻坚克难、务实进取，积极应对严峻复杂的宏观经济形势和主导产业市场疲软、效益下滑的困难局面，努力化解“八二九”事故带来的负面影响，大力实施“三个加快建设”，大力推进“三个走在全省前列”，全力打好“六大硬仗”，实现了经济社会持续快速健康发展，全市上下呈现出众志一心谋发展、加压奋进攻难关、创新实干求突破的良好局面。全年完成地区生产总值740.03亿元，增长14%，高于全国平均水平6.2个百分点、全省平均水平1.4个百分点，增速居全省第七位；实现地方公共财政收入57.2亿元，增长15.6%；实现城镇居民人均可支配收入22 808元、农民人均纯收入8 728元，增长15.6%和14.4%，分别居全省第二和第三位。

【工业经济】 2012年，攀枝花市围绕加快建设中国钒钛之都，努力克服出口不畅、内需不足、市场持续低迷造成的不利影响，集中力量保企业，着眼长远抓规划，健全机制抓落实，全力以赴稳生产、保增长、调结构、增效益。强化顶层设计，坚持以规划为龙头、以企业为主体、以项目为关键、以科研为动力、以机制为核心、以政策为保障，出台并实施了加快发展工业经济、强力推进重大工业产业化项目建设、“急难险重”任务专项考核奖惩等一系列政策措施，着力推动工业由钢铁经济为主向钒钛经济为主转变、由粗放式发展向集约化发展转变、由初级产品向精深加工转变、由分散布局向工业园区集中布局转变，发展思路更清、发展方向更明。强化路径支撑，大力推进“四个优化”、“四个集中”，着力优化工业空间布局、产业流程、设施配套、企业产业结构，促进企业向园区集中、资源向优势企业集中、土地向规模集中、居民向小区集中，加快打造千亿产业、培植百亿企业、建设百亿园区、发展中小企业、扶持上市公司、争创中国名牌，努力做大做强钒钛产业，发展路径更明、发展部署更实。强化机制保障，建立督办会、联席会、信息报送、定期督查及考核等制度和机制，狠抓项目推进、政策争取、要素保障和技改创新，推动工业经济持续快速发展。全年完成工业增加值561.41亿元，增长15.5%；实现规模以上工业增加值460.10亿元，增长16.8%。攀枝花被确定为国家首批24个资源综合利用示范基地，攀钢集团被确定为首批资源综合利用骨干企业；攀钢铁精矿生产首破千万吨，成为全国第二大矿业企业，攀钢重轨在钢铁产业市场疲软的情况下仍一枝独秀、供不应求。

【农业农村经济】 2012年，攀枝花市按照“依山就势、错落有致、适度集中”的原则，坚持“道路标美化、产业特色化、农房标准化、庭院优美化、公共服务城镇化”的标准，加快建设功能完善、环境优美、特色鲜明的农民新村，统筹推进城乡一体化发展。全年共投入资金9.03亿元，在79个村开展新村建设，完成新村住房24 795户，建成39个30户以上规模的新村聚居点、4个新农村综合体、3个市级示范片；全面完成盐边红格和米易“湾丘—垭口”2个省级新村示范片建设，并提前通过验收；16个旅游新村建设全面完成，新增1万张床位的接待能力。攀枝花全域跻身第二批国家现代农业示范区，“攀枝花芒果”被评为消费者最喜爱的中国农产品区域公用品牌，新增“米易何首乌”“攀枝花噹噹鸡”“盐边油底肉"3 个国家地理标志保护产品。全年完成农业增加值25.77 亿元,增长 4.6%。

【现代服务业】 2012 年,攀枝花市围绕打造全国著名阳光休闲康养旅游目的地,加快构建以都市阳光休闲旅游发展核心区、百里生态长廊旅游发展轴、仁和—米易乡村旅游发展翼为重点的"一心一轴两翼"旅游发展体系。细化发展思路,编制完成《中国阳光康养旅游城市发展规划》《二滩小环线得石镇片区核心景区修建性详细规划》《米易龙潭溶洞中国龙文化主题景区旅游文化策划方案》等旅游项目规划,发展路径更加明确具体,产业布局更加科学合理。狠抓项目带动,正式启动总投资 130 亿元的阿署达花舞人间景区和总投资 80 亿元的普达阳光国际康养度假区项目,红格温泉旅游度假区、米易南部新城休闲度假核心区等项目加快推进。突出品牌塑造,积极在央视和四川卫视宣传攀枝花"阳光花城"旅游形象,成功举办"2012 中国·攀枝花欢乐阳光节""米易·迷易灯会""索玛花节"等重大节庆活动。省际商贸物流中心加快构建,全市首个五星级酒店投入运营,餐饮名店银杏酒楼在攀枝花市开设全省唯一地级市分店。全年完成第三产业增加值 152.86 亿元,增长 10.5%;实现旅游总收入 66.83 亿元,增长 32.3%。

【地方经济和民营经济】 2012 年,攀枝花市继续坚持把县(区)作为推动国民经济跨越发展的战略支点,充分挖掘县(区)发展潜力,加快提升县(区)整体经济实力,完成县(区)属增加值 571.7 亿元,占全市的 77.3%;实现县(区)地方财政收入 43.67 亿元,增长 22.3%,占全市的 52.7%。坚定不移地支持民营经济发展,充分发挥财政资金的导向作用,多渠道缓解中小企业融资难问题,鼓励和支持民营企业参与优势资源就地开发、产业链就地延伸,充分激发民营经济发展活力,实现民营经济增加值 323.93 亿元,增长 16%,占 GDP 的比重提高到 43.77%。

【项目建设】 2012 年,攀枝花市进一步建立健全重大工作(项目)协调推进、重点工程现场办公会、专项工作周报月会等制度,积极优化政府投资,努力争取国家投资,全力支持大企业投资,鼓励扩大民间投资,大力推动重大基础设施项目建设,一批引领发展、优化结构的重大项目如期建成或加快推进。攀钢烧结系统改造工程、华润攀钢燃气、攀枝花Ⅱ500KV 输变电工程等项目竣工投产;白马铁矿选钛工程、富邦1 000万件制动毂、翰通 100 万吨焦化、朵实 10 万吨铸件、天民钛制品及钛合金型材、中缅天然气管道攀枝花支线、丽攀高速公路攀枝花段、桐子林水电站、观音岩水电站等项目完成目标任务;成昆铁路新线攀枝花段完成前期准备工作,将于 2013 年上半年全线开工,攀宜(宾)沿江高速公路、攀大(理)高速公路、金沙和银江水电站等项目前期工作按计划推进。

【招商引资】 2012 年,攀枝花市坚持把招商引资作为经济工作的重要抓手,创新招商方式,实行市主要领导带队招商,组建招商小分队分赴北京、上海、广州、深圳、成都等地驻点招商,精心组织参加西博会、昆交会、广交会、厦洽会等专题招商,切实加强与长三角、珠三角、成渝经济区的对接,全面扩大开放,努力引进大企业、大集团、大项目,为经济社会发展注入新活力。全年共开展全国性招商活动 300 余次,举办投资说明会 10 余场,引进亿元以上项目 173 个,开工建设 137 个,建成投产 34 个,仅在第十三届西博会上,就签约项目 75 个,签约金额达 800 亿元。全年招商引资到位资金408.64 亿元,增长 8.4%。

【现代化大城市建设】 2012 年,攀枝花市围绕建设宜居宜业百万人口区域中心城市目标,努力推动重化工业城市转型发展。坚持规划引领,突出项目支撑,统筹编制建设方案,分类出台实施意见,以"五创联动"为载体,以花城新区建设和金沙江沿江景观打造为抓手,大力推进重大城市基础项目建设,加快提升城市综合承载力。成功引进总投资30 亿元的银泰城市综合体项目,开工建设花城新区山地森林公园、缅气入攀 LNG 加注站等五大项目,启动实施金沙江中心区段沿江景观打造的七大项目,顺利通过国家卫生城市和省级园林城市复查,创建国家环保模范城市规划已获环保部批准。

【对内改革和对外开放】 2012 年,攀枝花市加大市属国有企业和经营性事业单位改制遗留问题化解力度,攀钢机制公司改制工作扎实推进;积极开展户籍、产权、规划、社会保障、公共服务、社会管理六位一体制度改革,城乡一体化进程加快,市、县(区)两级文化行政管理体制改革和文艺院团改革及电台、电视台合并工作全面完成。医药卫生体制改革取得阶段性成果,取消"以药补医"试点工作稳步开展,在公立医院逐步推行药品按实际进价零差率销售;积极建立收入分配激励约束新机制,事业单位绩效工资改革扎实推进。深化区域交流合作,先后组团赴云南保山、德宏等地开展交流合作,精心组织参加"川滇黔十市地州合作与发展峰会"等区域合作活动,积极融入成渝经济圈和昆明经济带等区域发展格局。

【民生工程与社会事业】 2012 年,攀枝花市共投入资金31.6 亿元,深入实施十大民生工程。广开渠道扩大就业再就业,成功创建"全国创业先进城市"。大力加强文化建设,公共文化服务体系在全省率先覆盖到村。积极推进教育改革,基础教育得到巩固,高等教育、职业教育加快发展。不断健全社会保障体系,新增"五险"参保人员 4.05 万,新型农村养老保险、新型农村合作医疗、城镇居民养老保险实现“全覆盖”。扎实推进住房保障工作,开工建设保障性住房2 976套、棚户区改造1 651套,分别完成省下达任务的102%和126%。千方百计加快边远民族地区发展,出台对口支援实施意见,建立“6+2”结对帮扶机制,全力解决全面建成小康社会的“短板问题”。

【维护社会稳定】 2012年,攀枝花市进一步加强和创新社会管理,全力确保中共十八大、省第十次党代会及全国全省两会等重要敏感期非访“零进京”和集访“零赴蓉”,促进人民群众的安全感和满意度进一步提升。积极妥善应对“八二九”特别重大瓦斯爆炸事故,对全市103家煤矿进行停产整顿,关闭全部29家年产6万吨以下的煤矿,及时有效扭转安全生产的被动局面。应急指挥联动中心挂牌成立,成功开展市、县(区)、乡(镇)三级联动的防灾救灾综合实战演练。启动实施社会管理创新项目85个,建成各级综合服务管理平台443个。着力打造便捷高效的多元化信访服务平台,“大调解”工作体系向基层延伸。平安攀枝花建设深入推进,社会治安态势持续平稳,群众安全感达到94.9%,较2011年提高2.95个百分点。

【民主法治建设】 2012年,攀枝花市积极加强和改进党领导下的人大工作,支持和保证人大及其常委会依法履行职责,人大工作成效显著。坚持和完善党领导下的多党合作和政治协商制度,充分发挥人民政协政治协商、民主监督、参政议政职能作用,人民政协事业健康发展。加强同各民主党派、工商联和无党派爱国人士的广泛联系,统一战线工作不断巩固和壮大。高度重视老干部和关心下一代工作,工、青、妇等群团组织的桥梁纽带作用得到充分发挥。民族、宗教、妇儿、残联、侨务、外事、对台等工作取得新的成绩。加快推进依法治市进程,积极开展“六五”普法活动,全社会学法、守法、用法的自觉性不断增强。扎实做好党管武装工作,加强国防动员和国防后备力量建设,军政军民团结得到巩固和发展。

【党建工作】 2012年,攀枝花市突出加强市委常委班子自身建设,领导科学发展的能力进一步提升。深化干部人事制度改革,拿出8个县级、58个科级领导岗位面向全省、全市统筹公选,选派干部到木里藏区挂职锻炼、到一线城市招商引资,选人用人公信度和干部实战能力明显提高。深入开展“创先争优”活动,积极推行“4+2”分级分类管理法,基层党建工作扎实推进。认真开展“三心一推进”“百千万·千群心连心”“与党同心、为民解困”等活动,党的影响力不断扩大。创新开展宣传思想工作,中共十八大、省第十次党代会精神系列宣传活动扎实有效。集中开展“思想大解放,作风大转变,工作大落实”主题教育活动,党员干部作风持续好转。全面落实党风廉政建设责任制,扎实推进惩防体系建设,源头预防和治理腐败工作取得新进展。

重要会议

【市委九届七次常委(扩大)会议】 2012年1月29日,中共攀枝花市委九届第七次常委(扩大)会议在会展中心召开。市委书记刘成鸣主持会议并发表讲话。会议对进一步加强市委、市人大、市政府、市政协“四大班子”建设进行专题研究和安排部署。

刘成鸣在讲话中强调,新一届的“四大班子”要有新气象,要担负起时代赋予的重任,加强自身建设,努力做到“五带头五表率”。即:带头坚持理想信念,做始终忠诚党和人民事业的表率;带头坚持真抓实干,做千方百计为攀枝花人民谋福祉的表率;带头坚持群众路线,做密切联系群众的表率;带头坚持精诚团结,做顾全大局的表率;带头坚持清正廉洁,做风清气正的表率。刘成鸣号召,全市上下要以“等不起”的紧迫感、“慢不得”的危机感、“坐不住”的责任感,从早从紧抓工作,确保实现“开门红”。

【市委九届三次全体扩大会议】 2012年3月1日,中国共产党攀枝花市第九届委员会第三次全体会议在会展中心召开。全会由市委常委会主持。市委书记刘成鸣代表市委常委会对当前及今后一个时期全市工作进行安排部署。市委副书记、市长张剡就做好2012年重点工作进行安排部署。

全会明确了2012年和今后一个时期全市经济社会发展的总体思路、目标任务以及必须牢牢把握的“五大原则”。全会指出,2012年和今后一个时期,全市上下要坚持以科学发展观为统领,以解放思想为先导,以求真务实为根本要求,以充分开放为抓手,以以人为本为出发点和落脚点,大力实施以建设中国钒钛之都、中国阳光花城、四川南向开放门户为定位的“三个加快建设”,大力推进以“两化”互动、统筹城乡和民生改善为核心的“三个走在全省前列”,全力打好以资源综合开发利用、宜居宜业百万人口大城市建设、区域交通枢纽建设、现代农业发展和新村建设、全国著名阳光度假康养旅游目的地建设以及民生改善和社会事业发展为重点的“六大硬仗”,切实做到“每年有新变化、三年见新成效、五年上大台阶”,确保到2015年全市地区生产总值、地方财政收入、城镇居民人均可支配收入和农民人均纯收入分别在2010年的基础上翻一番,固定资产投资总量在前五年的基础上翻一番,奋力实现“四个翻番”的目标。

刘成鸣强调,落实好总体决策部署,重点是持续打好“六大硬仗”,加快实现“六大突破”:要围绕资源综合开发利用,着力培育千亿产业、打造百亿企业、建设百亿园区、发展中小企业、扶持上市公司、争创中国品牌,在推进新型工业化、加快建设中国钒钛之都上实现突破；要围绕宜居宜业百万人口大城市建设，加快推进花城新区建设和沿江景观打造，积极开展创建全国文明城市、国家园林城市和国家环保模范城市、国家森林城市、中国阳光康养旅游城市"五创"联动，在推进新型城镇化、建设中国阳光花城上实现突破；要围绕区域交通枢纽建设，积极构建交通建设多元投入格局，加快推进"两高两铁一水"重点项目，大力提升干线路网通达能力，确保农村地区村村通水泥路、柏油路或弹石路，在打通对外大通道、加快建设四川南向开放门户上实现突破；要围绕现代农业发展和新村建设，大力推进水利建设配套化、产业发展特色化、道路建设标准化、新村建设规范化、公共服务城镇化，在推进城乡一体化、加快统筹城乡发展上实现突破；要围绕全国著名阳光休闲康养旅游目的地建设，突出打造景点景区，大力提升旅游接待能力，积极发展养老产业，加快繁荣商贸物流，切实加强宣传推介，在打造旅游品牌、加快现代服务业发展上实现突破。要围绕民生改善和社会事业发展，大力推进贫有所助、学有所教、病有所医、老有所养、住有所居、人有所业、劳有所得、怨有所诉，在提升群众生活质量、加快建设幸福攀枝花上实现突破。

刘成鸣号召，全市各级党组织和广大党员干部，要进一步强化临危受命的忧患意识、如履薄冰的危机意识、慢进即退的紧迫意识、勇于担当的责任意识，主动作为，积极奉献，全力以赴抓好落实，加快把建设幸福攀枝花的宏伟蓝图，细化成思路、细化成目标、细化成项目、细化成措施，转化为具体的施工图，做到"千斤重担人人挑、个个肩上有指标""一级带着一级干、一级干给一级看""一年一年干下去、干就干出成效来"，确保各项目标任务圆满实现，以优异成绩迎接中共十八大和省第十次党代会胜利召开，向建市 50 周年献礼。

【全市"五创联动"工作动员大会】 2012 年 4 月 12 日，攀枝花市"五创联动"暨迎接国家卫生城市复审暨城乡环境综合治理动员大会在会展中心大会堂召开。市委书记刘成鸣代表市"五创联动"工作领导小组与分管领导签订目标责任书，并作动员报告。市委副书记、市长张剡主持会议并就贯彻落实会议精神提出具体要求。

会议指出，实施"五创联动"是建设幸福攀枝花的重要内容，是建设宜居宜业宜游大城市的必然选择，是建设川滇交界区域中心城市的战略举措，是顺应人民群众新期盼、提高广大市民生活质量的迫切需要。全市上下要认清形势、统一思想，以"等不起"的紧迫感、"慢不得"的危机感、"坐不住"的责任感、"欠不起"的使命感，不断掀起城市创建的新高潮，力争通过 3～5 年的努力，将攀枝花创建成为国家环保模范城市、国家森林城市、国家园林城市、中国阳光康养旅游城市和全国文明城市，为实现幸福攀枝花营造良好的发展环境。

刘成鸣指出，开展"五创联动"的总体目标是"三年打基础、五年基本达标、力争通过验收"。为确保目标任务的实现，全市各级各部门要落实责任、狠抓关键，扎实推进"五创联动"的各项工作。具体来说，就是要明确"两个要求"，处好"三大关系"，抓住"三个关键"，突出"三个重点"。

明确"两个要求"，即：在实施中，要明确"五创联动"的质量要求，对照创建项目的国家标准，坚持"指标就高不就低"的原则，科学制定总体规划和单项规划，确保创得上、保得住、不过时；充分做好打持久战的心理准备，鼓足必胜的信心和勇气，一仗接着一仗打，一年一年干下去，最终将攀枝花建设成为一个生态良好、卫生整洁、环境优美、生活舒适、秩序井然、文明和谐的现代化城市。要明确"五创联动"的进度要求，按照"单项突破、整体推进"的思路，在分秒必争、分步实施、分级落实上下功夫，确保各项目标任务的顺利推进。

处好"三大关系"，即：在实施中，要处理好"五创联动"与加快发展的关系，坚持以经济发展为中心不动摇，以经济的快发展、大发展来不断增强"五创联动"的物质基础；处理好指标完成与目标实现的关系，坚持全面达标不动摇，以扎实的工作不留空促进目标实现；处理好达标要求与工作目的的关系，坚持求真务实不动摇，使全市上下真正形成一心一意搞创建，万众一心保目标的生动局面。

抓住"三个关键"，即：在实施中，在"联"字上做文章。围绕"每年有新变化、三年见新成效、五年上大台阶"的目标，在规划制定和实施上把城市发展与"五创联动"结合起来，统筹城市基础设施建设；把握好"联"这个关键，积极协调配合，避免重复建设，从而形成创建合力；综合考虑"五创联动"的具体要求和城市发展需要，既加大重点难点的攻坚力度，又要从看得见、摸得着的小事做起，持之以恒、常抓不懈；统筹实施"硬件"和"软件"的提档升级，全面提升创建工作水平。在"动"字上下功夫。通过全面抓落实、全民讲实干的行动去求取各项创建工作的实效；积极做好广泛深入的宣传发动工作，使"五创联动"家喻户晓、深入人心，从而真正把各方面积极性充分调动起来，把人民群众的力量凝聚起来，形成全民关心创建、全民齐抓创建的浓厚氛围。在"创"字上见成效。按照市场经济规律，运用市场的方法和手段，通过创新投入机制、创新建设机制、创新工作机制、创新管理机制、创新激励和约束机制，不断开创创建工作的新局面，确保创建工作取得实效。

突出"三个重点"，即：在实施中，要着力加快城市建设，努力塑造城市新形象；加快实施金沙江沿江景观打造，不断提升城市形象；在巩固中国优秀旅游城市、国家卫生城市、全国双拥模范城市成果的基础上，深入推进城乡环境综合治理，全面做好迎接国家卫生城市复审的准备。

刘成鸣强调，"五创联动"是一项牵涉面广、工作量大、时间紧、任务重、要求高的系统工程，各级各部门要加强领导、强化保障，确保“五创联动”目标任务的圆满实现。在实施过程中，要不断强化领导、明确任务，形成坚强有力的创建指挥体系；强化责任，严明纪律，形成高效有序的创建运转机制；强化联动，协调配合，形成步调一致的创建工作合力；心往一处想、劲往一处使，共同将攀枝花建设成为环境宽松、美丽富饶、充满活力、文明开放的宜居宜业宜游的现代大城市。

【全市深入实施“两化”互动、统筹城乡发展战略工作会】 2012年8月8日，攀枝花市深入实施“两化”互动、统筹城乡发展战略工作会在会展中心召开。市委书记刘成鸣、市长张剡作重要讲话，市委副书记赵辉主持会议。

刘成鸣指出，实施“两化”互动、统筹城乡发展战略，是省委着眼四川全局和长远发展作出的重大战略部署，是攀枝花增强发展动力、推进跨越式发展的必然选择，是攀枝花创新资源开发模式、转变经济发展方式的重要抓手，是攀枝花消除“三大差别”、建设幸福攀枝花的有效途径，是攀枝花推进科学发展、提升战略地位的首要抉择。当前，攀枝花正处于多种机遇汇集、多元挑战并存、多重任务叠加的历史阶段，要积极抢抓机遇，主动对接政策，高起点规划，高标准推进，聚精会神谋划好、落实好“两化”互动、统筹城乡发展各项工作。总体思路是：深入贯彻落实科学发展观，以“新型”为方向，以“统筹”为抓手，以“互动”为关键，坚持规划引领，突出工业主导，凸显城市特色，深化开放合作，统筹推进新型工业化、新型城镇化互动发展，做到时间上同步推进、空间上产城一体、布局上功能分区、产业上三产融合；打破城乡壁垒，破除二元障碍，缩小城乡差别，促进协调发展，构建公共资源均衡配置、生产要素自由流动、发展活力充分激发、城乡社会和谐相融的一体化发展新格局。主要目标是：加快推进“六个一体化”，即城乡规划一体化、产业发展一体化、市场体制一体化、基础设施一体化、公共服务一体化、社会管理一体化，促进城乡同发展共繁荣，基本形成城乡统筹发展新格局，为建设幸福攀枝花提供强力支撑。

刘成鸣要求，要以科学规划为龙头，树立“全域攀枝花”、“城乡一盘棋”的理念，突出整体性，制定“路线图”、“时间表”、“任务书”，使规划纵向到底、横向到边，覆盖全市每一寸土地，以顶层设计推动整体联动、形成整体合力，切实增强“两化”互动、统筹城乡发展的牵引力。要以产业发展为支撑，创新开发钒钛战略资源，坚定不移地实施工业强市战略，千方百计打造千亿产业、培植百亿企业、建设百亿园区、发展中小企业、扶持上市公司、争创中国名牌，切实增强“两化”互动、统筹城乡的支撑力。要以城镇化建设为基础，围绕建设区域性百万人口中心城市，加快实施花城新区建设、沿江景观打造和“五创联动”工作，积极建设城市副中心，着力打造一批有承载能力的小城镇，切实增强“两化”互动、统筹城乡的承载力。要以交通枢纽建设为依托，加快推进丽攀高速公路、攀宜沿江高速公路、成昆铁路新线、丽攀遵铁路、金沙江航道等“两高两铁一水”项目建设，扎实抓好攀枝花机场滑坡治理，积极开展国省干线公路改扩建攻坚活动，统筹实施“畅通城市”工程，尽快建成贯通南北、连接东西、通江达海、内畅外通的区域综合交通枢纽，切实增强“两化”互动、统筹城乡的推动力。要以充分开放合作为载体，创新招商工作思路，提升招商项目质量，深化区域互惠合作，切实增强“两化”互动、统筹城乡的新活力。要以推进综合配套改革为抓手，深化城乡一体的户籍制度改革、社会保障制度改革、公共服务制度改革、产权制度改革、规划建设制度改革，扎实推进新村建设，切实增强“两化”互动、统筹城乡的内驱力。

【攀枝花市“八二九”特别重大事故警示教育暨煤矿整顿、建设社会主义新矿山动员大会】 9月20日，攀枝花市“八二九”事故警示教育暨煤矿整顿、建设社会主义新矿山动员大会在会展中心召开。市委书记刘成鸣出席会议并作重要讲话，市委副书记、市长张剡与各县(区)长签订煤矿整顿关闭工作目标责任书，并对全市煤矿关停并转和建设社会主义新矿山工作进行安排部署，市委副书记赵辉主持会议。

刘成鸣要求，全市各煤矿企业必须充分认识当前安全生产工作的极端重要性、艰巨性和复杂性，绝对不允许思想上有半点侥幸、工作上有半分敷衍，对安全生产隐患，必须严肃对待、坚决整改，达不到安全生产要求，绝对不允许复产。要以铁的决心、铁的作风、铁的举措，全市动员、干群同心、强力整顿，迅速打一场安全生产翻身仗，尽快消除“八二九”事故造成的负面影响，坚决杜绝重特大安全事故再次发生，扎实推进社会主义新矿山建设，尽快实现安全生产形势根本好转，为攀枝花加快发展创造良好的生产环境和社会环境。

刘成鸣强调，全市各级党委政府和各煤矿企业，要痛定思痛，深刻反省肖家湾煤矿“八二九”特别重大事故给我们带来的惨痛教训，充分认识攀枝花市煤矿安全生产形势的严峻性、复杂性，举一反三，刮骨疗伤，以亡羊补牢的态度，全面整改落实，全面推进社会主义新矿山建设：必须坚定不移地推进“打非治违”专项行动，拉网排查，不留死角，围绕安全生产的重点环节，从严查处违法违规生产行为；必须坚定不移地推进煤矿关停并转工作，在全省率先关闭年产6万吨以下的小煤矿，绝不允许改头换面、蒙混过关，绝不允许多井拼凑、搞假关闭，真正做到彻底关闭，防止死灰复燃；必须坚定不移地推进安全保障能力建设，处理好安全与生产、安全与效益、安全与发展的关系，突出加强生产现场管理，全力抓好监管队伍和机制建设，切实增强职工安全生产的主人翁意识，不断提高应急处置能力，全面筑牢安全监管防线；必须坚定不移地推进矿区环境综合整治，按照建设社会主义新矿山的标准，高起点规划建设矿区基础设施，落实

"一矿一策"、"一矿一方案"的要求，推动煤矿矿区迅速实现面貌改观、形象升级；必须坚定不移地推进安全生产责任落实，严格落实党政领导责任，按照"市领导包县(区)、县(区)领导包矿"和"一岗双责"的要求，加快提升安全生产工作的带动力和执行力，坚决杜绝重大安全责任事故的发生。

【传达学习贯彻中共十八大精神大会】 11月19日，全市传达学习贯彻中共十八大精神大会在攀枝花会展中心举行。市委书记刘成鸣出席会议并讲话，市委副书记赵辉主持大会。

刘成鸣指出，中共十八大提出的一系列新思想、新概括、新论断，是我们继往开来的政治宣言和行动纲领，为我们吹响了新征程的前进号角，认真学习宣传和全面贯彻落实中共十八大精神，是当前和今后一个时期的首要政治任务。要深刻领会，全面把握，切实把思想和行动统一到中共十八大精神上来，坚决拥护新一届中央领导集体，准确把握党带领人民取得的历史新成就、中国特色社会主义的新认识、科学发展观的新定位、全面建成小康社会的新目标、改革开放的新要求、治国理政的新部署、提高党的建设科学化水平的新格局，迅速掀起学习宣传贯彻中共十八大精神的热潮，让大会精神深入人心，真正做到用大会精神武装思想、统一认识、指导实践、引领发展，把中央、省委的要求和部署落实到攀枝花各项工作之中，不断推动攀枝花的改革开放和现代化建设迈上新台阶，奋力在全省率先全面建成小康社会。

刘成鸣要求，要按照中共十八大确立的目标和方向，尤其是围绕"全面建成小康社会"的总体奋斗目标，抓住攀枝花的发展差距和薄弱环节，找准工作的着力点和突破点，埋头苦干，顽强拼搏，奋力推进全市经济社会大发展大跨越。为此，要着力解决又好又快发展这个最根本的问题，充分利用独特的资源优势和雄厚的产业基础，坚持"好"字当头、"快"字当先，加大科技研发和成果转化力度，创新钒钛资源开发模式，努力建成世界级的钒钛生产、加工、研发中心和国际知名、国内领先的中国钒钛之都。要着力解决全面建成小康社会的"短板"这个最紧迫的问题，力争通过3~5年的努力，实现边远民族地区乡镇财政收入翻番，农民人均纯收入翻番，特色优势产业收入翻番，新村建设任务完成过半，基础设施全面改善，公共服务全面发展，实现城乡共同发展、共同富裕。要着力解决改善民生这个最基本的问题，以实现贫有所助、学有所教、病有所医、老有所养、住有所居、人有所业、劳有所得、怨有所诉的"八有"为目标，切实解决人民群众最关心、最直接、最现实的利益问题。要着力解决生态环境这个最突出的问题，以推进资源型城市转型为核心，以打造中国阳光花城和百万人口区域性中心城市为目标，以"五创联动"为抓手，全面加强生态环境建设。要着力解决和谐稳定这个最基础的问题，强化各级领导班子上下一心，团结进取；加强和创新社会管理，切实维护社会和谐稳定；毫不懈怠地抓好安全生产，坚决杜绝一切重特大事故的发生。要着力解决好党的建设这个最核心的问题，持续不断地加强理想信念教育，完善竞争性选拔干部方式，加强干部作风建设和党风廉政建设，全面提升党建科学化水平，始终保持党的先进性和纯洁性，不断提高党的公信度和群众满意度。

刘成鸣号召，当前和今后一个时期，要始终坚持以中共十八大精神为指引，创新发展机制，增添发展举措，全面推动，重点突破，努力在推进思想解放、"两化"互动、统筹城乡、固本强基及完成年度目标任务上见成效，不断开创攀枝花加快发展、科学发展新局面，奋力谱写全市人民幸福生活新篇章。

【全市"思想大解放，作风大转变，工作大落实"主题教育活动动员大会】 12月10日，全市"思想大解放，作风大转变，工作大落实"主题教育活动动员大会在攀枝花会展中心大会堂隆重举行。市委副书记、市长张剡主持会议，市委书记刘成鸣出席动员大会并作重要讲话。

刘成鸣指出，开展"思想大解放，作风大转变，工作大落实"主题教育活动，是深入学习宣传、全面贯彻落实中共十八大精神，坚持用中共十八大精神统揽工作全局的需要，是推动攀枝花加快发展、科学发展的客观需要，是各级干部敢于担当、勇于作为的内在需要。各级各部门和广大党员干部要从讲政治、谋全局的高度出发，从解决推进发展中暴露出的突出问题出发，从促进攀枝花又好又快发展的需要出发，从满足人民群众对广大党员干部最新期盼出发，深刻认识和把握开展此次教育活动的重大意义，自觉增强开展好活动的责任感和紧迫感。

刘成鸣强调，扎实开展好"思想大解放，作风大转变，工作大落实"主题教育活动，要紧密结合中共十八大精神的要求找差距，结合省委对各项工作的新要求找症结，结合攀枝花发展的要求找问题，结合推进工作、服务群众的实际找不足，明确整改方向，切实转变作风，以新思维、新面貌、新举措谋划和推动各项工作，奋力开创攀枝花市建设发展的新局面。刘成鸣指出，破除"怕"字，强化"创新"观念，开拓奋进添活力。坚决破除"保守"思想，牢固树立"创新"观念，把思想从墨守成规、一成不变的桎梏中解放出来，做到"敢"字当先，敢担责任，敢冒风险，敢试敢闯，敢想敢干，敢争一流，敢于突破陈规和条条框框的束缚。破除"满"字，强化"赶超"观念，只争朝夕谋跨越。坚决破除"自满"思想，牢固树立"赶超"观念，把思想从坐井观天、夜郎自大的桎梏中解放出来，对比先进找差距，变压力为动力，变心动为行动，以强烈的进取精神，咬住发展不放松，奔着目标不停步。破除"浮"字，强化"务实"观念，真抓实干写新篇。坚决破除"浮躁”思想，牢固树立“务实”观念，为官一任、造福一方，知难而进、迎难而上，脚踏实地、务实进取，努力在全市形成百姓创家业、能人创实业、干部创事业的生动局面。破除“慢”字，强化“机遇”观念，与时俱进争一流。不断强化机遇观念，善于发现机遇、创造机遇、把握机遇、用好机遇，与时俱进，争创一流。破除“僵”字，强化“市场”观念，广聚资源增动力。积极根除“经验主义”，牢固树立“市场”观念，充分发挥市场配置资源的基础性作用，在更宽广的领域，用更开放的办法，向市场寻求各种经济要素，用市场的办法解决经济发展中的各种问题，服务社会、服务企业、服务发展。

刘成鸣强调，要精心组织，统筹推进，确保“思想大解放，作风大转变，工作大落实”主题教育活动取得实效。为此，要加强领导、强力推进。全市各级领导机关和领导干部要率先垂范、身体力行，真正做到一级抓一级、一级带一级、层层抓落实；要把握导向、造势推进。充分运用各种载体、各种形式，强化宣传造势，切实把思想和行动统一到解放思想、转变作风上来，把智慧和力量凝聚到落实工作、推进发展上来；要完善措施、扎实推进。坚持开门搞活动，结合全年目标任务完成情况和“急难险重”任务完成情况，自觉接受社会各界监督评议，敢于亮丑，深挖原因，特别是对群众反映强烈的问题、影响发展的关键问题，要切实做到边整边改、见到实效，坚决禁止走过场、搞形式；要健全机制、长效推进。注重对活动成果的提炼、转化和运用，总结提炼一批行之有效的经验做法，建立健全加强干部管理、作风建设和执行力建设以及激励干事创业的长效机制；要狠抓当前、统筹推进。正确处理开展教育活动与抓本职工作的关系，做到“两手抓、两不误、两促进”，使活动的开展真正成为统一思想的过程、凝聚力量的过程、破解难题的过程、推进可持续发展的过程。

重要决策

【强力推进重大工业产业化项目建设】 为加快推进产业结构调整和优化升级，促进新型工业化、新型城镇化良性互动，坚定不移地推进重大工业产业化项目建设，确保经济社会又好又快发展，2012年4月1日，中共攀枝花市委办公室、攀枝花市人民政府办公室下发《关于强力推进重大工业产业化项目建设的意见》（攀委办发〔2012〕9号）。《意见》确定了2012年的46个重大工业产业化项目和10大重点工业项目，在明确各项目市级联系领导、牵头协调责任单位、建设单位责任人、年度进度要求等的基础上，要求各级各部门按照“抢抓机遇、加快发展”的总体要求，围绕目标任务，增强责任心和创新意识，建立完善督办会、联席会、信息报送、定期督查、绩效考核等制度机制，积极增添措施，切实增强合力，确保项目建设顺利推进。

【深化文化体制改革】 为全面贯彻落实中共十七届六中全会和省委九届九次全会精神，进一步深化文化体制改革，推动攀枝花文化繁荣发展，建设区域文化高地，2012年4月11日，中共攀枝花市委下发《关于深化文化体制改革推动文化大发展大繁荣的实施意见》（攀委发〔2012〕3号）。《意见》指出，文化建设是中国特色社会主义事业总体布局的重要组成部分，在新的历史起点上深化文化体制改革、推动社会主义文化大发展大繁荣，关系全面建设小康社会，关系坚持和发展中国特色社会主义，关系实现中华民族伟大复兴。攀枝花要真正建成“中国钒钛之都”“中国阳光花城”“四川南向开放门户”，成为经济繁荣发展、交通四通八达、城市宜居宜业、社会全面进步、人民生活更加美好的幸福攀枝花，既需要强大的经济力量，更需要强大的文化力量，必须深入贯彻落实科学发展观，牢牢把握社会主义先进文化前进方向，坚持以科学发展为主题，以转变文化发展方式为主线，以构建社会主义核心价值体系为根本任务，以注重社会效益为首要追求，以满足人民精神文化需求为出发点和落脚点，提高文化自觉，增强文化自信，深化文化体制改革，大力实施文化素质提升、文化事业惠民、文化产业开发、文化体制改革、文化精品打造、文化传播促进、文化人才培养等重大文化工程，重点突破，带动整体，切实促进文化大发展大繁荣，加快建设区域文化高地，确保到2020年基本建成具有较强集聚力和辐射力的川滇交界区域文化高地。

【加强和创新社会管理】 为认真贯彻落实中央和省加强和创新社会管理的部署要求，深入推进社会管理创新和平安攀枝花建设，全面加强以社区（村）为重点的基层基础建设，2012年4月25日，中共攀枝花市委、攀枝花市人民政府下发《关于加强和创新社区（村）社会管理工作的意见》（攀委发〔2012〕5号）。《意见》指出，加强和创新社区（村）社会管理工作，要紧紧围绕建设幸福攀枝花，把做强做优社区（村）作为加强社会管理、服务人民群众的重要平台，以持续提升人民群众幸福感和满意度为主题，以加强和改进基层群众工作为主线，以争创“攀枝花市社会管理居民（村民）满意社区（村）”和“社会管理基层基础建设年”活动为载体，以机制创新和基层能力建设为抓手，完善工作格局，强化问题导向，用好倒逼机制，深化居民自治，最大限度激发社会活力，最大限度减少不和谐因素，全面提升社区（村）社会管理服务水平。《意见》确定，把2012年至2015年确定为“社会管理基层基础建设年”，通过4年努力，确保实现“四个明显提升”，即：社区（村）组织体制机制完善规范，基层社会管理能力明显提升；社区（村）管理服务网络建立健全，基层社会管理成效明显提升；社区（村）基层基础建设全面加强，基层平安建设水平明显提升；社区（村）和谐稳定局面巩固发展，人民群众的安全感明显提升。《意见》要求，要科学划分网格、落实网格责任、明确网格职责，突出抓好社会管理工作五级网格体系建设；加强社区（村）综合服务站、社区（村）综治工作站、社区（村）社工队伍等建设，建立和完善社区事务准入制度，突出抓好基层基础建设；深入推进社会治安综合治理，着力提升人防物防技防建设水平，坚决杜绝公共安全事故，突出抓好民生安全工作；强化源头预防机制建设，深化“大调解”机制建设，加强应急处置机制建设，突出抓好源头预防工程；突出抓好重点人群管理，加强流动人口服务管理，强化对特殊人群的帮教管理和对青少年的教育引导；建立健全组织领导机制、目标管理机制、科学考评机制、协作共建机制和经费保障机制，确保相关工作稳步推进。

【加快推进城乡统筹发展】 为加快建设中国阳光花城、促进城乡统筹发展，2012 年 4 月 27 日，中共攀枝花市委、攀枝花市人民政府下发《关于加快新村建设推进城乡统筹发展的实施意见》（攀委发〔2012〕6 号）。《意见》提出，要坚持以科学发展观为指导，以科学规划为前提，以村落民居建设、主导产业发展、观光休闲旅游打造、基础设施建设、村级公共服务活动中心建设、基层组织建设为重点，结合重大招商引资、重大工程建设、产业园区建设和农村社区建设，按照“道路标美化、产业特色化、农房标准化、庭院优美化、公共服务城镇化”的要求，将新村建设与统筹城乡发展相结合，实行整村连片打造，分类推进全市不同地区的新村建设，积极探索新农村综合体建设，打造一批依山就势、错落有致、特色突出的农民新村，形成“生产发展、生活宽裕、乡风文明、村容整洁、管理民主”的新农村发展格局。要遵循“规划先行、‘五划’统筹（城乡体系规划、道路水利基础设施规划、新村建设规划、农业产业规划、旅游产业规划），政府主导、农民主体，因地制宜、梯度推进，产业互动、突出特色，环境生态、城乡差异，依法建设、民主管理”的基本原则，加快新村建设，推进城乡统筹发展。新村建设方面，要通过迁建、新建、改建、扩建、风貌功能改造等方式，到 2020 年全面完成全市 44 个乡镇 352 个村的新村建设目标，确保在建设速度、建设质量、风貌打造、公共管理等方面走在全省前列。主导产业方面，要按照特色、优质、精品、高效、安全、循环的标准，力争到 2020 年，全面建成国家现代农业示范区，全市现代特色农业发展走在全国前列。农民收入方面，要通过新村建设促进特色农业和乡村旅游业互动发展，使开展新村建设的村农民人均纯收入年均增长率高于所在县（区）的平均增长率 3 个百分点以上；要重点抓好科学编制规划和年度实施方案、分类推进村落民居建设、强化产业支撑、提升公共服务能力、加强基础设施建设、强化新村文化建设、积极开展新农村综合体建设试点等 7 个方面的工作，全面推进新村建设、促进城乡统筹发展。在综合保障上，要切实加强组织领导，加大资金投入，深化结对共建，强化责任落实，确保各项工作热任务落到实处。

【加快推进新型工业化新型城镇化互动发展】 为深入贯彻省委、省政府“两化”互动发展战略，加快建设幸福攀枝花，2012 年 6 月 12 日，中共攀枝花市委、攀枝花市人民政府下发《关于加快推进新型工业化新型城镇化互动发展的实施意见》（攀委发〔2012〕8 号）。《意见》提出，要以科学发展观为指导，以加快转变经济发展方式为主线，紧紧围绕省委关于攀枝花“三个走在全省前列”的要求和市委、市政府加快建设中国钒钛之都、中国阳光花城、四川南向开放门户的战略定位，坚持“统筹规划、发展优先、产城一体、工业主导、科技引领、改革创新、生态环保、民生为本、协同推进”的原则，依靠新型工业化夯实城市发展的产业基础，依靠新型城镇化保障工业发展的空间载体和要素支撑，形成新型工业化新型城镇化良性互动、社会进步和生态环境保护相得益彰、经济增长和人民生活水平同步提升的发展格局，全面实现市第九次党代会确立的“建设幸福攀枝花”宏伟目标。产业发展方面，到 2015 年，全市地区生产总值要达到1200亿元，规上工业总产值达到2 500亿元，其中钒钛及相关产业产值达到2 000亿元；培育一个 500 亿园区、两个 300 百亿园区、两个 200 亿元园区；培育销售收入超 500 亿企业 1 户，超 300 亿企业 1 户，超百亿企业 4 户以上、50 亿元企业 6 户以上；建成世界最大的钒钛原材料生产基地，中国最大的钒钛及合金产业基地、最具竞争力的钒钛钢及机械制造产业基地，世界钒钛加工、生产和研究中心，建成名副其实的“中国钒钛之都”。城市建设方面，城市建成区面积要达到 100 平方千米以上，城市人口达到 100 万；加快农业人口向城镇人口转化，城镇化率达到 70%，建成 10 个左右二级中心城镇；积极推进“五创联动”，努力建成国家环保模范城市、国家森林城市、国家园林城市、中国阳光康养旅游城市和全国文明城市；加快建设区域交通、医疗、教育、科研、商贸、物流中心，基本建成生态环保、社会文明、宜业宜居的区域中心城市。民生建设方面，人均地区生产总值达到 8 万元，城镇居民人均可支配收入达到 3.3 万元，农民人均纯收入达到 1.2 万元，继续保持全省领先；基本实现城乡统筹发展格局，社会基本保障覆盖率达到 100%。《意见》要求，要加强规划统筹、区域统筹、城乡统筹和工作推进统筹，促进“两化”有序互动；坚持以新型工业化为主导，大力实施“工业强市”战略，加快产业转型升级，加快特色优势产业示范推广，进一步加强产业园区建设，大力支持科技攻关，有效推进信息化与工业化深度融合，不断夯实城镇化的产业支撑；大力推进新型城镇化，加快完善城市公共设施，着力发展现代服务业，积极推进生态城市建设，加快建立科学合理的新型城镇体系，不断强化工业化的承载平台；坚持制度创新，积极推进户籍制度改革，建立健全统筹城乡的社会保障体系、公平就业、居住和教育保障体系，努力完善城乡社会管理和服务机制，加快建立园区（企业）与乡镇互动共建模式，不断完善“两化”互动的政策环境；提高土地供给保障水平，加大财税支持力度，加强资金要素保障，大力选拔和培养人才，不断完善“两化”互动发展的要素保障及政策措施；加强组织领导，优化服务环境，强化督查考评，确保“两化”有序推进、健康发展。

【加强招商引资工作】 为深入实施充分开放合作战略，以招商引资规模和质量的双提升促进全市经济社会又好又快发展，2012 年 6 月 13 日，中共攀枝花市委、攀枝花市人民政府下发《关于进一步加强招商引资工作的实施意见》（攀委发〔2012〕9 号）。《意见》提出，要把招商引资作为开放合作的重中之重，作为发展经济的第一抓手，坚持招大引强、沿链引进、集群发展，深入研判产业，创新体制机制，加强需求对接，提升承载能力，优化发展环境，做到主动招商、创新招商、科学招商。市级层面要集中抓好区域性、功能性、支撑性的重大项目，县（区）级层面和各类产业园区要具体抓好集聚性、配套性、特色性的重大项目。“十二五”期间，全市招商引资累计到位资金要确保1 300亿元以上，力争达到1 500亿元。《意见》要求，要着眼于钒钛产业延伸实现重大突破、机械制造业加快集聚发展、化工产业快速形成优势产品、非金属矿业创新开发、工业废弃物综合利用、新兴产业和高端制造业培育、服务业做大总量、特色农业加快产业化进程，大力推进重点产业招商引资工作突破发展；要务实搭建促进平台，积极创新促进措施，加快提升承载能力，切实强化要素保障，全面深化区域合作，全力推动招商引资工作整体跃上新台阶；要坚持高位推动，强化组织领导，加强队伍建设，优化服务环境，形成工作合力，促进整体联动，全面开创全市招商引资工作新局面。

【开展“百千万 · 干群心连心”活动】 为深入贯彻《中共四川省委办公厅、四川省人民政府办公厅关于在“领导挂点、部门包村、干部帮户”活动中深入开展机关干部直接联系服务群众工作的意见》（川委办〔2012〕15 号），进一步密切党群干群关系，更好地服务群众、凝聚人心、推动发展、促进和谐，2012 年 7 月 17 日，中共攀枝花市委、攀枝花市人民政府下发《关于开展“百千万 · 干群心连心”活动的实施意见》（攀委办发〔2012〕24 号）。《意见》指出，开展“百千万 · 干群心连心”活动，是进一步做好新形势下群众工作，巩固党的执政地位，夯实党在基层执政的群众基础的根本要求；是真心服务基层和群众，帮助解民难化民忧，让广大群众共享改革发展成果的惠民之举；是转变机关干部作风，增进与群众感情，真正问政于民、问需于民、问计于民的重要载体；是密切党同人民群众血肉联系，消除党群干群隔阂，维护改革发展稳定大好局面的迫切需要，对于深入贯彻落实市委总体决策部署，确保“每年有新变化，三年见新成效，五年上大台阶”，具有十分重要的意义。《意见》提出，要坚持围绕“加强党的执政能力建设和先进性建设”这一主线，突出“密切党同人民群众的血肉联系”这一核心，践行“全心全意为人民服务”的根本宗旨，落实“抓落实、办实事、求实效、受欢迎”的工作要求，丰富联系服务群众内容，拓展联系服务群众途径，畅通群众诉求渠道，积极帮助基层强组织、抓发展、惠民生，着力解决群众生产生活中的实际困难，推动活动具体化、制度化、常态化开展，切实增强干群之间的感情，让干部群众手相牵、心相连、情相融，真正做到群众满意、干部满意、基层满意；要通过广泛、深入开展“百村支教”“千户送医”“千人就业援助”“万名干部直接联系服务群众”等活动，让干部受教育、群众得实惠、基层得发展；要落实领导职责，加强督查考核，营造活动氛围，形成长效机制，提升工作实效，努力把“百千万 · 干群心连心”活动向纵深推进。

【推进边远民族地区经济社会发展】 为深入贯彻落实《中共四川省委、四川省人民政府关于加快推进彝区跨越式发展的意见》（川委发〔2010〕15 号）和全省第六届民族团结进步表彰大会精神，扎实推进民族地区跨越发展，2012 年 8 月 2 日，中共攀枝花市委、攀枝花市人民政府下发《关于全面推进民族地区跨越式发展的意见》（攀委发〔2012〕12 号）。《意见》指出，加快民族地区发展不仅是一个重大的经济问题，也是一个重大的政治问题，是全市当前和今后一段时期的重要工作任务。要坚持以科学发展观统领民族地区发展，紧紧围绕市委总体发展思路与发展目标，抓住发展与稳定两大主题，加大政策支持和资金投入力度，以基础设施建设、特色产业发展、民族新村建设、民居环境改造为重点，按照“产业上山，居住下山”的基本要求和“山上是生态林，山腰是经济林，山下是基本农田”的发展布局，加快提升民族地区经济社会发展水平，努力实现“十二五”期间农民人均纯收入年均增长 14% 以上，逐步赶上全市发展步伐。《意见》要求，要围绕目标任务，大力推进交通、水利、电力、通讯、广播电视等基础设施建设，全面改善民族地区的生产生活条件；要突出发展林果、烤烟、畜牧水产、旅游等特色产业，加强各类技术培训，加快现代农业产业基地建设，切实推动民族地区经济跨越发展；要加快推进民族新村建设，深入实施民居环境改造工程，努力提高民族地区群众生活水平；要大力发展民族地区教育、文化、卫生、体育等社会事业，努力推进民族地区社会事业全面发展；要深入开展民族团结进步创建、法制宣传教育等活动，切实加强城市民族工作，努力维护民族和谐稳定；要进一步强化民族地区人才资源开发和干部队伍建设，建立促进民族地区发展的政策支持和资金投入长效机制，切实加强党对民族工作的领导，努力推动民族工作全面进步。

为切实推动边远民族地区发展上新台阶，2012 年 11 月 29 日，市委办公室、市政府办公室又下发《关于开展对口支援边远民族地区经济社会发展工作的实施意见》（攀委办发〔2012〕40 号），就对口支援边远民族地区经济社会发展作出具体安排，提出要按照“6+2”结对帮扶和多方支援方式，做好规划、项目、资金管理等工作，推进边远民族地区社会管理创新，促进边远民族地区经济社会跨越发展，努力实现受援乡（镇）〔首批确定8个最贫困的民族乡（镇）〕财政收入、农民人均纯收入、特色优势产业收入翻一番，新村建设任务基本完成，基础设施全面改善，公共服务全面发展，最终实现与平坝河谷地区同步奔小康。

【规划建设金沙江市中心区段沿江景观】 为加快改善人居环境，确保沿江视野区荒山绿化工作有序推进，2012年8月2日，中共攀枝花市委办公室、攀枝花市人民政府办公室下发《关于印发〈金沙江中心区段沿江两岸视野区生态景观林建设实施方案〉的通知》（攀委办发〔2012〕27号）。《方案》提出，要坚持以科学发展观为指导，牢牢把握市委、市政府“五创联动”工作动员大会精神，按照“山水相依，林水相伴”的城市建设理念，以城乡环境综合治理和创建国家森林城市工作为契机，以加强城市生态环境建设、创造良好人居环境、促进城市可持续发展为中心，着力构建总量适宜、布局合理、植物多样、景观优美的中心城市规划区绿地系统，加快提升攀枝花市的城市品位和城市形象。要坚持政府主导、全民参与，科学规划、合理配置，突出重点、体现特色，落实责任、目标管理的基本原则，在保护、利用原有植被和绿化成果的基础上，通过自然恢复和局部改造提高两种方式，采取增加特色观花（赏叶）乔、灌类植物和修筑花池、花台等措施，提高中心城区段视野区森林覆盖率和质量，做到成林后中心城区段视野区30%的区域为观花彩叶植物，形成视野区山体“月月有花开，山山添色彩”的绿化景观，使山体与城、江融合成一幅多彩的画卷。根据绿化地块的区域位置和综合条件，《方案》共确定阿米什、磨刀沟等11个重点景观建设区，计划实施绿化面积245.27公顷。

【创建国家森林城市】 为进一步改善城乡生态环境，提高城市品质，加快生态文明建设，促进人与自然和谐发展，扎实推进“五创联动”工作，2012年8月6日，中共攀枝花市委办公室、攀枝花市人民政府办公室下发《关于印发〈攀枝花市国家森林城市建设实施方案〉的通知》（攀委办发〔2012〕29号）。《方案》提出，要以科学发展观为指导，大力实施“绿色发展”战略，坚持“生态经济并进、山水林城相融、城市乡村共荣”的原则，按照“让森林走进城市、让城市拥抱森林”、“山水宜居林城、生态康养花城”的森林城市建设理念，大力推进生态建设，强化资源保护，发展生态经济，弘扬生态文明，塑造“山川秀丽、林茂花繁、宜居康养”的现代城市新品质，加快打造中国阳光花城，建设长江上游生态屏障。要通过建设城市森林、城周森林、森林廊道、农村森林、森林产业，构建资源丰富、布局合理、优质高效的森林生态体系和文化繁荣的生态文化体系，形成功能完备的森林生态屏障和森林生态网络，确保到2018年，全市森林覆盖率达到60%以上，城市建成区绿化覆盖率达到41%、绿地率达到37.5%、人均公共绿地面积达到9平方米，城市近郊乡土树种使用率不低于80%，城市森林的自然度不低于0.5，道路（公路和铁路）、水系等通道宜绿地段绿化率达到80%以上，矿山迹地植被恢复达到70%，建成具有攀枝花特色的“绿之都、花之城”，实现城乡绿化协调发展、生态功能充分发挥、城市品位明显提高、生态产业富民增收、生物多样性有效保护、生态文明广泛传播的目标。《方案》明确，要围绕2014年建成四川省森林城市、2018年建成国家森林城市的目标，深入实施花城景观工程，着力打造中国阳光花城；深入实施环城景观林工程，着力建设森林生态景观圈；深入实施森林廊道工程，着力实现绿脉贯通；深入实施矿山迹地植被恢复工程，着力改善矿区生态环境；深入实施山地森林保育工程，着力推进山林添绿增效；深入实施生态产业工程，着力促进地方经济发展；深入实施生态文化工程，着力弘扬生态文明。

【加快工业经济发展】 为大力实施工业强市战略，促进攀枝花工业经济又好又快发展，确保全面完成“十二五”工业发展目标任务，2012年10月19日，中共攀枝花市委、攀枝花市人民政府下发了《关于进一步加快工业经济发展的意见》（攀委发〔2012〕13号）。《意见》指出，进一步加快工业经济发展，是实现全市经济社会发展新跨越的关键，是提升全市经济发展水平的必然要求和现实选择，要坚持以加快转变经济发展方式为主线，紧紧围绕省委提出的攀枝花“三个走在全省前列”要求和市委、市政府打造中国钒钛之都、中国阳光花城、四川南向开放门户的战略定位和“四个翻番”的目标，充分发挥攀枝花工业发展优势，切实解放思想，大胆开拓创新，倾力攻坚克难，强力推进工业经济持续快速健康发展。要坚持优势传统工业、战略性新兴产业、高新技术产业“三位一体”发展战略，按照“规划是龙头、企业是主体、项目是关键、科技是动力、机制是核心、政策是保障”的工作思路，全力以赴打造钒钛及相关产业千亿产业集群，积极支持百亿园区建设，着力培育超百亿企业，突出发展中小企业，大力培育上市公司，努力争创更多的中国名牌产品，力争到2015年，全市规模以上工业总产值达到2500亿元以上，形成一个千亿产业、两个千亿产业带、5个百亿园区（其中千亿园区一个）、10户百亿元企业、千户规上企业，新增2~3户上市企业、5~10个中国名牌，工业化率达到75%以上，民营经济占GDP比重达到50%以上，二氧化硫（SO_2）、氮氧化物（NOX）、化学需氧量（COD）、氨氮含量（NH_3-N）排放量控制在下达的总量控制指标内，单位GDP能耗比“十一五”末下降25%。《意见》要求，要科学统筹制定工业发展规划，持续加大工业经济发展投入，大力提升要素保障水平，全面加强招商引资和对外合作，强力争取上级政策资金支持，积极改善对企业的服务指导，加快培育壮大企业人才队伍，全方位纵深推进工业经济持续快速健康发展。

【加快建设中国钒钛之都】 为深入推进钒钛磁铁矿资源高效综合开发利用，加快建成中国钒钛之都，2012 年 10 月 31 日，中共攀枝花市委、攀枝花市人民政府下发《关于加快建设中国钒钛之都的实施意见》（攀委发〔2012〕14 号）。《意见》指出，加快建设中国钒钛之都，是变攀枝花资源优势为产业优势和经济优势、促进钒钛及相关产业向产业高端和产品高端转变的重要途径，是促进产业结构调整优化和经济发展方式转变的有力抓手，是纵深推进"两化"互动、统筹城乡发展的动力源泉，是推进攀枝花跨越式发展、加快建设区域性中心城市的重要载体。要深入贯彻落实科学发展观，以加快钒钛及相关产业壮大升级为核心，以建设攀枝花钢铁（钒钛）国家新型工业产业化示范基地为突破口，以科学规划为指导，以加快推进资源开发模式、政策机制、重大技术、产品结构创新为动力，以项目建设为抓手，以园区建设为平台，以要素保障为支撑，坚持循环发展、低碳发展和绿色发展理念，加快把攀枝花建设成产业规模世界一流、产业层次国内最高、产业科技创新国内最强、产业影响力世界最广的国家战略资源创新开发示范区，成为名符其实的中国钒钛之都。《意见》提出，要以钒钛为核心，构建资源开发、材料制备、延伸应用三个层次的关联产业群，到 2015 年，钒钛及相关产业产值突破2000亿元，建成世界最大的钒钛原材料生产基地，中国最大的钒钛及合金产业基地、最具竞争力的钒钛低微合金钢及机械制造产业基地，国际领先的钒钛及相关产业技术研发和产业化应用基地。要坚持以规划为龙头、以企业为主体、以项目为关键、以科技为动力、以机制为核心、以政策为保障，着力推动"四个优化"（即优化工业空间布局、产业流程、设施配套、企业产业结构）、促进"四个转变"（即推动工业由钢铁经济为主向钒钛经济为主转变、由粗放式发展向集约化发展转变、由初级产品向精深加工转变、由分散布局向工业园区集中布局转变），实现钒钛资源综合利用效益最大化。要迅速做大矿业经济总量，优化提升传统钢铁产业，积极发展钒钛磁铁矿非高炉冶炼新流程产业，大力发展机械制造产业、稀散金属综合利用产业、钒钛磁铁矿综合开发利用伴随及配套产业，加快做大做强钛产业、做大做深钒产业。要高起点、高标准编制发展规划，积极开展标准制（修）订和品牌创建，加快推进产业园区和重大项目建设，深入实施重点企业培育工程，大力发展循环经济，突出发展中小企业，着力扶持企业上市，努力推进信息化与钒钛及相关产业深度融合。要加强组织领导，争取上级政策支持，加大财税支持力度，加强基础设施、融资平台和行业协会建设，强化生产要素保障，着力培育产业发展人才，切实优化政务服务环境，为建设中国钒钛之都提供坚强保障和有力支撑。

【创建中国阳光康养旅游城市】 为加快城市转型发展，切实做好创建中国阳光康养旅游城市工作，2012 年 11 月 14 日，中共攀枝花市委办公室、攀枝花市人民政府办公室下发《关于印发〈攀枝花市创建中国阳光康养旅游城市工作方案〉及〈创建中国阳光康养旅游城市目标任务分解表〉的通知》（攀委办发〔2012〕38 号）。《方案》指出，创建中国阳光康养旅游城市，是一项兴业兴市的系统工程，是加快经济结构调整、促进产业转型升级的重要抓手，是贯彻落实科学发展观、建设宜居宜业宜游城市的重要举措，是提升攀枝花城市品位、增强城市竞争力的必然选择，对攀枝花市调整产业结构、实现跨越式发展、提升城市总体形象、提高市民生活质量具有十分重要的意义。要全面贯彻落实《国务院关于加快发展旅游业的意见》，以构建和谐人居环境为根本出发点，以加快景区、景点建设和完善城市旅游功能为主要内容，按照"政府主导、整体部署、部门联动、全面推进、注重实效"的原则，着力构建分工明确、责任落实、相互配合、全民参与的创建工作大格局，积极打造精品阳光康养旅游度假区，大力发展特色旅游城镇、村，加快形成阳光康养旅游度假区体系；积极优化阳光康养旅游通道，完善旅游集散服务体系，加快自驾游营地建设，扩大和提高旅游餐饮和住宿设施的规模和档次，大力开发旅游商品，加强旅游信息化建设，推进旅游产业与养老、文化、体育产业互动发展，全面加强旅游基础配套服务设施建设；积极推进标准化建设，全面提升旅游整体发展水平；积极塑造、推广"阳光花城、康养天堂"形象，加强阳光休闲度假康养旅游目的地营销，力争到 2018 年，成功创建"中国阳光康养旅游城市"，并争取国家相关部委或行业协会对攀枝花市作为"中国阳光康养旅游城市"或者"中国阳光康养旅游目的地"进行认定和授牌。

【开展"思想大解放，作风大转变，工作大落实"主题教育活动】 为深入落实中共十八大精神，认真学习贯彻中央关于改进作风、密切联系群众的八项规定，进一步坚定理想信念、明确目标方向、凝聚智慧力量，2012 年 12 月 10 日，中共攀枝花市委、攀枝花市人民政府下发《关于深入开展"思想大解放，作风大转变，工作大落实"主题教育活动的意见》（攀委发〔2012〕15 号）。《意见》指出，要实现中共十八大提出的"两个翻番"和"两个百年奋斗"的目标，实现在全省率先全面建成小康社会的目标，需要全市上下始终保持昂扬向上、奋发有为的精神状态，不断解放思想、更新观念、攻坚克难、奋力拼搏。但目前，全市干部队伍中仍存在一些与发展不相适应的观念、作风和做法，突出表现为"怕""满""浮""慢""僵"等 5 个方面的问题。为适应攀枝花加快发展、科学发展新需要，必须在全市范围内开展一次"思想大解放，作风大转变，工作大落实"主题教育活动，以解放思想为先导，以转变作风为保障，以狠抓落实为关键，努力使广大干部干事有激情、做事有思路、推进有举措、落实有效率、工作有实效，促进全市党风政风行风进一步好转、工作效率显著提升、群众满意度不断提高，确保“三个加快建设”“三个走在全省前列”“六大硬仗”“四个翻番”等战略任务加快推进，切实做到“每年有新变化、三年见新成效，五年上大台阶”，推动全市经济、政治、文化、社会、生态文明建设事业全面协调发展。《意见》明确，要从2012年12月10日到2013年5月31日，用半年多的时间，按照思想发动、集中教育、整改落实、跟踪问效的步骤安排，高举中国特色社会主义伟大旗帜，认真学习贯彻中共十八大精神，结合中央、省委、市委的新要求，围绕目标找差距，围绕差距抓重点，围绕重点添措施，围绕措施抓落实，迅速掀起一场解放思想、转变作风、狠抓落实的热潮，及时清除认识障碍、增强思想动力，做到在思想观念上先行跨越，在精神面貌上敢争一流，在工作推进上务实高效，在攻坚克难上积极有为，努力开创攀枝花加快发展、科学发展、和谐发展新局面，为加快建设幸福攀枝花、全面建成小康社会打下坚实基础。

制度建设

【建立市“四大班子”主要领导联席会议及秘书长联席会议制度】 为进一步发挥市委总揽全局、协调各方的作用，促进市委、市人大、市政府、市政协“四大班子”工作规范、运转协调、公正透明、廉洁高效，形成整体工作合力，推动全市各项工作的顺利开展，经市“四大班子”主要领导联席会议研究同意，中共攀枝花市委办公室于2012年1月29日下发《攀枝花市委、市人大、市政府、市政协“四大班子”主要领导联席会议工作规则》（攀委办发〔2012〕2号）和《攀枝花市委、市人大、市政府、市政协秘书长联席会议制度》（攀委办发〔2012〕3号）。《规则》明确，要按照“市委领导、民主集中、分工负责、团结协作”的原则，至少每半月召开一次市“四大班子”主要领导联席会议，传达学习党的路线、方针、政策和上级党委、政府的重要会议精神、重大工作部署，通报全市经济社会发展方面的重要决策部署、重大活动安排和重点工作情况，协调、沟通“四大班子”之间的工作，通报和研究市委、市人大、市政府、市政协的日常工作，研究市人大常委会、市政府、市政协提出的需要由市委讨论决定的事项，酝酿需要提交市委常委会讨论决定的重大事项，切实加强市“四大班子”的工作协调和互相支持，形成推进发展的强大合力。同时，由市委秘书长召集和主持，每月召开一次市“四大班子”秘书长联席会议，重点围绕贯彻落实市“四大班子”主要领导联席会议议定的事项进行沟通和协商，确保市委重大部署和工作安排得到及时、全面、准确的落实。

【出台“急难险重”项目专项考核奖惩办法】 为深入贯彻落实市第九次党代会精神，紧紧围绕“三个加快建设”战略定位和“四个翻番”总体目标，扎实推进“三个走在全省前列”，确保全市2012年度重点项目全面完成，中共攀枝花市委办公室、攀枝花市人民政府办公室于2012年6月19日下发《攀枝花市2012年度“急难险重”项目专项考核奖惩办法》和《攀枝花市2012年度“急难险重”项目目标责任分解表》（攀委办发〔2012〕20号）。《办法》对纳入2012年度“急难险重”任务的项目进行专项考核和奖惩，在考核范围、考核对象、考核内容、目标责任、目标实施、考核奖惩等方面做出了具体的规定和要求，并将2012年度全市“急难险重”项目分解为10大类56项，一一明确了具体的责任单位和责任人。

【制订民族地区教育发展十年行动规划】 为进一步促进攀枝花市民族地区教育跨越式发展，夯实民族地区长治久安的社会基础，根据省、市中长期教育改革和发展规划纲要及《四川省民族地区教育发展十年行动计划（2011～2020年）》精神，中共攀枝花市委办公室、攀枝花市人民政府办公室于2012年7月29日下发了《攀枝花市民族地区教育发展十年行动计划（2011～2020年）》（攀委办发〔2012〕26号）。《规划》总结了攀枝花市民族地区教育发展的历史成就，指出了攀枝花市民族地区教育发展面临的机遇和挑战，提出要深入贯彻落实科学发展观，坚持党和国家的教育方针，以提高质量为核心，以促进各级各类教育协调发展为目标，紧紧围绕巩固、提高、发展三大主题，大力加强民族团结教育，全力推进各级各类教育改革发展，加快改善民族地区学校办学条件，切实加强民族地区教师队伍保障体系和教育助学体系建设，确保到2020年，全市民族地区教育整体实现跨越式发展，教育事业主要指标与国民受教育程度基本同步达到全市平均水平，促进攀枝花市在全省率先实现教育现代化、率先建成学习型社会、建成教育强市和区域性教育高地。

【加强领导干部反腐倡廉教育】 为切实加强攀枝花市领导干部反腐倡廉教育，建立健全符合攀枝花市实际的拒腐防变教育长效机制，推动以完善惩治和预防腐败体系为重点的反腐倡廉建设深入开展，2012年11月29日，市委办公室下发《转发〈市纪委、市委组织部、市委宣传部关于加强领导干部反腐倡廉教育的实施办法〉的通知》。《通知》明确了总体要求、工作原则和工作目标，提出要建立健全拒腐防变教育长效机制，进一步丰富领导干部反腐倡廉教育内容，不断改进领导干部反腐倡廉教育方式方法，加强领导干部培养、选拔、管理、使用全过程的反腐倡廉教育，确保领导干部反腐倡廉教育取得实效。

【建立市级领导包县区和县区领导包矿责任制度】 为进一步落实安全生产责任制，加强对安全生产工作的领导，强化安全生产监督管理，有效防止各类事故的发生，切实保障人民群众生命财产安全，2012 年 9 月 20 日，市委办公室、市政府办公室下发《关于印发〈攀枝花市市级党政领导安全生产职责〉的通知》。《通知》明确了市委书记、市委副书记、市长、分管副市长等市级党政领导的安全生产职责，要求市委书记每年至少主持召开 1 次听取市政府安全生产专题汇报的市委常委会，指导市政府解决安全生产方面的重大问题；市长将安全生产纳入政府的重要议事日程，每季度至少主持或者委托分管综合安全监督管理工作的副市长主持召开 1 次防范重特大安全事故工作会议，每半年至少听取 1 次安全生产情况专题汇报，分析安全生产形势，研究制定政策措施，及时解决工作中存在的重大问题；市委副书记每年至少听取一次联系部门的安全生产工作汇报，及时指导联系部门解决安全生产工作方面存在的问题。

【出台基层党建工作联述联评联考实施细则】 根据《中共四川省委办公厅关于印发〈四川省基层党建工作三级联述联评联考实施办法（试行）〉的通知》《中共攀枝花市委办公室关于建立健全县（区）委、市级部门党组（党委）抓基层党建工作责任制的实施意见》的规定，2012 年 12 月 25 日，市委办公室下发《关于印发〈攀枝花市基层党建工作联述联评联考实施细则（试行）〉的通知》。《通知》对联述、联评、联考，即县（区）、乡镇（街道）分别向上一级党委或党建工作领导小组作基层党建工作专项述职，县（区）、乡镇（街道）、村（社区）开展基层党建工作情况接受基层党组织书记、党员和群众代表的评议，上一级党组织对县（区）、乡镇（街道）及村（社区）党组织开展基层党建工作情况进行考核等三个方面的情况，在时间、内容、方式以及考核结果运用上做出了具体规定、提出了明确要求。

政策研究

【增强攀枝花市发展用地保障对策研究】 为破解土地供应紧张、发展用地不足难题，助推攀枝花“两化”互动发展，2012 年，市委政研室对全市“两化”互动发展中土地要素的保障问题进行调查研究，形成《增强我市发展用地保障的对策建议》的调研报告，就强化发展用地保障提出了建设性的意见。《报告》提出，要充分发挥土地利用规划龙头作用，促进企业向园区集中、土地向规模集中、居民向小区集中；积极开展耕地占补平衡土地整治项目建设，推进工矿废弃地复垦利用试点和城乡建设用地增减挂钩试点工作；积极争取上级指标支持，争取土地利用年度计划指标省预留规划指标工作；积极盘活存量土地，开展矿业开发临时用地试点，集约、节约、科学、合理用地。

【攀枝花市旅游新村建设研究】 为推进全市旅游新村建设，全面加快攀枝花城乡统筹步伐，2012 年，市委政研室对全市 16 个旅游新村建设情况进行摸底调查，通过现场察看、干群座谈、入户走访等形式，形成《关于我市旅游新村建设情况的调查报告》。《报告》提出，要制定出台统筹全市乡村旅游发展的办法和措施，积极争取统筹城乡改革发展试点，着力破解制约新村建设的土地瓶颈问题，妥善解决城乡一体化进程中农民的身份问题，充分调动和发挥农民积极性，全方位吸引社会资金投入到新村建设中，切实加快旅游新村建设，尽快形成接待能力，强力助推农村经济社会发展和农民增收致富。

（但镗宏、范长广、张雄、毛崇相、张彬、刘飞、游鸿）

纪律检查与行政监察

【概　况】 2012 年，全市各级纪检监察系统以邓小平理论和“三个代表”重要思想为指导，深入贯彻落实科学发展观，按照党的十七大和十七届历次中央全会精神，中央、省纪委全会的部署，坚持标本兼治、综合治理、惩防并举、注重预防方针，在主动听取人大、政协等社会各界对党风廉政建设意见基础上，积极发挥组织协调和监督检查作用，突出重点，抓住关键环节，扎实推进反腐倡廉建设各项工作，认真落实建立健全惩治和预防腐败体系实施纲要及 2008 ~ 2012 年工作规划，深化廉政风险防控体系建设，强化监督力度，着力解决群众反映强烈的突出问题，保持查案强劲势头，狠抓自身建设，为全市经济社会又好又快发展作出了新贡献。

根据中央纪委、监察部和省委、省政府先后下发的《关于加强乡镇纪检组织建设的指导意见》（中纪发〔2011〕26 号）和《关于加强乡镇纪检组织建设的实施意见》（川委办〔2012〕3 号），市纪委全面完成全市乡镇纪检组织建设，并把街道一起纳入基层纪检组织建设之中。全市 44 个乡镇中，有 43 个乡镇配齐了纪委书记和专职纪委副书记，乡镇纪委书记、专职副书记配备率均达 98%。全市 16 个街道纪工委书记、专职纪工委副书记全部配齐。乡镇和街道都设有 3 ~ 5 名纪委委员，所辖的 352 村和 111 个社区，全部成立纪检小组并配齐纪检小组长463 名，各村民小组均设立党风廉政信息员共2 316名。各乡镇（街道）在便民中心都设立纪检监察窗口，在村（社区）政务服务代办点设置民情收集箱，设置率均达 100%。建立了规范的乡镇（街道）—村（社）—村民小组纪检组织机构和监督管理服务体系，切实保证全市纪检监察工作不留盲区和死角。完善乡镇（街道）党风廉政建设和反腐败工作责任落实机制、组织协调机制、查办案件协作机制和督促检查、管理考核、干部培训制度等，结合廉政文化建设，将部分制度上墙。各县（区）乡镇（街道）纪

(工)委已将工作经费纳入财政预算统筹管理，保障了基层纪(工)委办公办案基本需要。各县(区)纪委已经按照“十有”标准给乡镇(街道)纪(工)委配备了办公办案硬件设施。同时，全市所有乡镇(街道)纪(工)委书记、副书记都享受办案补贴，各县(区)已经落实村(社区)纪检小组长工作补助。

【市纪委九届二次全会】 3月29日，中国共产党攀枝花市第九届纪律检查委员会第二次全体会议在会展中心召开。27名市纪委委员出席会议，各县(区)纪检监察机关负责人，市级各部门及企事业单位纪检监察组织负责人，市纪委特约纪检员、特邀监察员等68人列席会议。会议传达学习十七届中央纪委七次全会精神和省纪委九届九次全会精神，总结回顾2011年党风廉政建设和反腐败工作，研究部署2012年工作任务。市委书记刘成鸣出席全会第一次大会并作重要讲话。市委常委，市政协主席，市人大常委会党员副主任，市政府党员副市长，市政协党员副主席出席会议。全会审议通过李群林同志代表市纪委常委会所作的《坚持围绕中心，全面履行职能，不断推进党风廉政建设和反腐败工作创新发展》的工作报告。全会提出，2012年，各级党委、政府和纪检监察机关要以邓小平理论和“三个代表”重要思想为指导，深入贯彻落实科学发展观，紧紧围绕大力实施“三个加快建设”、大力推进“三个走在全省前列”、奋力实现“四个翻番”战略定位，全力推进反腐倡廉建设工作创新发展，切实维护党的先进性和纯洁性，为顺利实施“十二五”规划、建设幸福攀枝花提供坚强的纪律保证。

【全市反腐倡廉警示教育大会】 3月29日，全市反腐倡廉警示教育大会在会展中心大会堂召开。市委、市人大、市政府、市政协领导出席会议，全市各级各部门660余名党员干部参加会议。市委书记刘成鸣出席会议并作重要讲话。刘成鸣强调，党员干部特别是领导干部要自觉增强党纪国法意识和拒腐防变能力，筑牢“三道防线”，要警钟长鸣，筑牢思想道德防线；严格管理，筑牢全力监督防线；要健全机制，筑牢惩防体系防线，努力将腐败问题解决在萌芽状态，把腐败发生几率降到最低程度，着力营造政治清明、作风清廉、政通人和的良好环境。市委常委、市纪委书记李群林主持会议。会上，参会人员一起观看警示教育片《滑向深渊》。

【新提拔县级领导干部集体廉政谈话会】 2012年4月19日，全市新提拔县级领导干部集体廉政谈话会召开。会上对2011年3月以来全市新提拔的90余名县级领导干部进行集体廉政谈话。市委常委、市纪委书记李群林在廉政会上要求严格遵守党的纪律，始终保持党的纯洁性。要坚持深化教育和锤炼党性不放松，大力构筑坚实的信仰防线、道德防线、心理防线，始终保持党员干部思想纯洁，恪守做人做事为官的道德底线。要坚持弘扬传统和加强政治不放松，切实彰显一心为民的执政情怀，始终保持党员干部作风纯洁。要坚持深入开展学雷锋活动，率先垂范、身体力行，全心全意为人民服务，始终保持党员干部行为纯洁；认真贯彻《廉政准则》，严于律己，洁身自好，自觉接受监督。严格执行领导干部廉洁从政各项规定，管住生活小节，防微杜渐。妥善处理亲情友情，严格要求配偶、子女、亲属和身边工作人员，谨慎对待各种感情，正确处理人际关系，防止为情所累，为情所误；永葆进取之心，既廉政也要勤政。要坚持终身学习，脚踏实地工作，多深入基层、深入群众，勤访勤问勤沟通，切实增强工作的责任心和紧迫感。要善于团结合作，强化集体意识和大局观念，增强诚信意识，切实维护班子团结；认真履行“一岗双责”，切实担负起反腐倡廉的职责。加强对分管部门、分管单位干部的教育管理和监督，做到早提醒、早制止、早纠正，认真研究分管工作、分管领域权力运行环节上的廉政风险点，大力推进制度机制创新。会上，参会人员观看警示教育片，并填写《县级领导干部廉洁自律承诺书》。

【全市发展软环境测评情况通报会】 2012年6月18日，攀枝花市召开发展软环境测评情况通报会。根据《关于建立发展软环境测评长效机制的意见》，为推动政府部门和公共服务行业转变职能，改进作风，营造高效务实的发展软环境，促进攀枝花市经济社会加快发展，由效能办和国家统计局攀枝花调查队联合组织实施发展软环境测评工作，分季度分别对具有综合管理职能的部门或直接面向社会、面向市场主体的关键部门、行政执法部门、公共服务部门、纳入年度考核的全体部门单位进行测评。调查内容包括县(区)卷、部门卷两类问卷，主要涉及政务环境、政策环境、法制环境、市场环境、社会文化环境等综合评价，以及在加强和改善软环境方面的意见、建议。每次测评结束后，对排名靠前的部门(单位)公开通报表扬，排名靠后的部门(单位)视情况由党委、政府分管领导对其主要负责人进行谈话或诫勉谈话，并由效能办发出限期整改通知书，责令其限期整改并报告整改情况。测评结果与年度考核挂钩，对连续两年排名倒数第一的部门(单位)，对其班子主要领导提出组织处理建议，对连续三年排名倒数后三位的垂直部门单位，将测评结果函告其上级主管部门按照有关规定进行处理。此次会议通报2012年一季度对与发展软环境密切相关的37个市级部门、各县(区)、钒钛产业园区开展的软环境测评情况。对测评得分后3名的单位下发限期整改通知书，对23家单位反馈了在测评过程中收集到的一些具体意见和建议，并通报攀枝花市效能直报点的建立情况。

【全市纪检监察系统“三项建设”主题活动动员部署会】 2012年7月11日，根据省纪委、省监察厅的安排部署，攀枝花市纪检监察系统开展“能力素质建设、思想作风建设、基层组织建设”主题活动动员部署会召开。会议介绍省纪委在全省纪检监察系统开展“三项建设活动”的重要背景，并印发《攀枝花市纪检监察系统开展“能力素质建设、思想作风建设、基层组织建设”主题活动的实施方案》，确定攀枝花市以开展“三项建设”打造阳光纪检为活动主题，并对全市纪检监察系统“三项建设”主题活动进行安排部署，活动时间从2012年6月28日至2013年6月30日，为期1年。全市各级纪检监察机关主要负责人参加会议。会议还邀请市人大、市政协、市委组织部相关领导列席。

【新农村党风廉政建设暨三项建设工作座谈会】 2012年8月15日，攀枝花市农村党风廉政建设暨纪检监察系统“三项建设”工作现场会和工作座谈会在米易县召开。座谈会传达全省相关会议精神，并对全市纪检监察系统正在开展的能力素质、思想作风和基层组织“三项建设”活动进行安排部署，各县（区）和钒钛产业园区在会上进行经验交流。市委书记刘成鸣出席会议并讲话。市委常委、市纪委书记李群林出席座谈会并就深入推进农村党风廉政建设和“三项建设”活动提出具体要求。市纪委、市监察局机关领导班子成员、机关各室负责人，各县（区）党委、纪委负责人，钒钛产业园区党工委主要领导，市级各部门及企事业单位纪检监察组织负责人，部分乡镇党委书记，共计110余人参加座谈会。

【省纪委作风巡察工作会】 8月21日，省纪委、省监察厅派出第九作风巡察组莅临攀枝花开展作风巡察。由省纪委、省监察厅派驻省外办纪检组组长罗雷同志带队，采取听取汇报、评议测评、个别谈话、民意调查、查阅资料、延伸巡察和受理举报等方式进行。在作风巡察会上，市委常委、市纪委书记李群林向巡察组汇报攀枝花市开展“三项建设”活动的情况和下一步工作思路、打算，要求各级纪检监察机关对前期征求到的意见和建议进行梳理汇总，认真查找分析存在的问题和不足，通过完善措施，确保存在的问题和不足得到切实有效解决，抓住关键，助推纪检监察业务再上新台阶，认真按照省巡察组提出的意见和建议开展好下一阶段的工作。市纪委、市监察局领导班子成员及机关全体干部，近5年市纪委、市监察局机关退休的副处级以上干部，各县（区）纪委书记、副书记，派驻市级部门纪检组组长参加会议。

【重大决策部署落实情况监督检查】 2012年，市纪委、市监察局切实加强对学习贯彻中共十八大精神的监督检查，切实把思想和行动统一到十八大精神上来，用十八大精神指导工作。对落实始终保持党的纯洁性的要求开展监督检查，把党员干部执行政治纪律的表现情况，纳入领导班子民主生活会、领导干部述职述廉和党风廉政建设责任制，严格考核，严肃问责。主动服务全市“三个加快建设”、大力推进“三个走在全省前列”、全力打好“六大硬仗”、深入开展“五创联动”等重大决策部署和“急难险重”项目推进，加强监督检查力度，快速推进对口支援木里藏区建设。参与工程建设招投标、政府采购和土地矿权国有资产招拍挂监督556宗，节约资金49 129.35万元，增加财政收入134 565万元。对2010年至2012年9月全市11家农口部门中央、省政策性资金和向上争取的176 702.11万元资金进行监督检查。对1起政府部门及工作人员和2名评标专家不正确履行职责进行严肃查处。组织参与开展对城乡环境综合治理工作、环境保护、节能减排、现代烟草农业生产和安全生产法律法规执行情况等监督检查173次，自主立项开展监督检查33次，提出工作建议25条，督促建章立制17项，查处违纪违法案件16件，挽回经济损失300余万元。

【全面落实党风廉政建设责任制】 2012年，市纪委、市监察局将2012年党风廉政建设和反腐败任务细化分解为16个大项、123个小项，逐项落实到党政班子成员和40个牵头部门、71个协办部门，为13位市级领导和40个牵头部门（单位）印制党风廉政建设和反腐败工作手册，做到“台帐”管理。切实抓好各级各部门党风廉政建设落实情况的年度考核、日常督促检查和重点抽查，对履行职责不到位的3名领导干部实施党风廉政建设责任追究。完善责任制考核办法，建立健全党风廉政建设群众满意指数考核评价体系，群众满意度调查权重增加到50%以上，其结果纳入到党委政府经济社会发展综合目标考核评价体系。启动党风廉政建设社会评价体系建设，委托统计调查部门在全市进行满意度指数调查。2012年上半年，省党风廉政建设领导小组办公室对全省21个市（州）党风廉政建设和反腐倡廉社会评价调查结果进行通报，攀枝花市名列全省第2位。

【违纪违法案件查处】 2012年，市纪委、市监察局严肃查处违纪违法案件，共受理群众来信、来访和电话（网络）举报1 186件（次），初核线索303件，较2011年同期下降27.6%；立案153件153人，较2011年同期上升12.5%，其中县处级领导干部6人；结案153件153人，给予党纪政纪处分150人。严肃查处市疾控中心原主任、市机关事务局原局长及1名副局长、钒钛产业园区管委会原主任、市规划建筑设计研究院原院长、“八二九”肖家湾煤矿特大瓦斯爆炸事故涉及人员玩忽职守、收受贿赂礼金等一批典型案件。坚持惩处与保护相结合，为236名受到错告、诬告的党员干部澄清是非,维护党员干部的合法权利。对全市县(区)、市直部门、大企业等8个单位2008年以来党纪政纪处分决定执行情况进行集中抽查。加强对办案工作的监督管理,实行市带县(区)、县(区)促市、市县(区)联动的“办案一体化”工作模式,严格依纪依法安全文明办案,全市各级纪检监察机关在办案中未发生一起安全责任事故。加大对案件协作审理指导力度,组织市级案件审理协作小组开展案件审理模拟训练活动。出台《市纪委市监察局机关案件线索管理办法》,制定对县(区)和企业纪委查办案件工作的考核办法,建立健全全市案件工作考核机制。加大纪检监察机关与司法机关、行政执法机关、有关行业和监管机构之间的协调配合力度。健全网络举报、受理、信息收集和处置机制,完善举报人和证人保护制度、暂扣涉嫌违纪款物流程和提请保全流程、违纪违法线索移交等工作流程。加大对县(区)纪委办案工作的指导和督办力度,尤其加强乡镇(街道)纪(工)委查办案件工作,探索开展乡镇交叉办案。全市44个乡镇、16个街道纪(工)委共查办案件48件48人。

【专项治理工作】 2012年,市纪委、市监察局认真开展公车治理专项工作,先后清理党政机关超标公务用车97辆、超编车辆40辆。对全市39所中小学、幼儿园公车接送学生现象进行暗访,通报批评并责令纠正涉及的30个党政机关、事业单位的38辆次公务车辆违规私用情况;对经查实在节假日期间7辆涉嫌公车私用私驾情况进行严肃处理。继续开展违规收受现金、有价证券、支付凭证专项治理,全市各级各部门共有24人主动上缴未能拒收的现金和有价证券共计20.46万元。查处各级各类学校教育乱收费问题9起,清退违规收费56.1万元。开展医药卫生服务价格专项检查,严肃查处各种乱收费行为,共没收违法所得298.73万元。严格查处违规要求企业开展申报能源计量合格行为,清退违规收取费用2.7万元。督促纠正市内3家大型零售企业向供应商违规收费的问题。加强对仁和区廉租房建设、市中心医院二住院楼电梯设备采购及安装等5个急难险重项目和民生工程的招投标合同履行情况的监管。深入推进工程建设领域突出问题专项治理,重点抓好金融、国土资源、交通运输、农林水、电力等领域以及招标投标、资质资格审批等环节的治理工作。

【作风建设】 2012年,市纪委、市监察局以攀枝花市被列为全省政务标准化建设试点城市为契机,全面推进市、县(区)、乡镇(街道)、村(居)“四级”政务服务标准化建设。进一步优化并联审批流程,有效巩固审批服务“两集中、两到位”改革成果。2012年,全市两级6个政务服务中心共受理行政审批3 060 387件,办结3 060 952件,现场办结率为99.42%,按时办结率99.97%,提前办结率为99.88%,办理提速达91.42%,群众满意率100%。对政务服务中心受理的300万余件行政审批项目进行了电子监察,发现违纪问题22人次,预防超时件150余件次。印发《机关工作人员“八不准”工作纪律规定》,先后6次对全市包括县(区)、部分乡镇(街道)73个部门(单位)的工作作风、办事效率和制度落实情况进行明察暗访,发现不良现象96起,问责处理89人。及时开通“96960”全省行政效能投诉电话,进一步畅通效能投诉渠道。受理效能投诉32起,办结32起,群众满意率达100%。建立机关效能直报机制,确定30个重点企业和重点项目效能直报点。先后共播出“效能热线”节目30期,现场解答和解决群众问题240件,满意率100%。对全市面向社会公开电话值守情况进行抽查,拨通66部电话,14个部门16部电话未能接通,整体拨通率80.49%。建立发展软环境测评长效机制,实行发展软环境季度测评制度,连续3个季度对113个单位部门开展软环境测评工作。围绕市委开展的“思想大解放、作风大转变、工作大落实”主题教育活动,先后组织15个巡查小组对全市县(区)、部门(单位)开展情况进行全面集中巡查,收集意见建议300余条。对74个市级部门、99个县(区)单位贯彻中央“八项规定”情况暗访,在媒体曝光违规行为13人次。认真贯彻厉行勤俭节约规定,对全市46家大型餐饮企业、9家娱乐场所、13家大型农家乐进行了突击检查。

【深化源头治理】 2012年,市纪委、市监察局在市、县(区)、乡(镇)、村(居)四级,从党政机关、事业单位、国有企业、产业园区、农村基层等全面推进惩防体系建设,形成配套制度400余项,在全省率先开展“两新”组织惩防体系基本框架构建。切实完善廉政风险防控体系,启动廉政风险防控工作“回头看”,认真落实“五定”(即风险定岗、定量、定级、定责、定制),实行全员排查、全域覆盖、全程监控,建立健全廉政告知、行为纠错、长效治本等预防腐败机制。在全市8个单位开展规范性文件廉洁性审查试点工作。扎实推进廉政文化“八进”活动,加大廉政文化示范点的建设力度,会同宣传、广电部门组织创作廉政公益广告宣传片,在市级媒体先后播放“扬正气,促和谐”“倡廉洁,树新风”全国全省优秀廉政公益广告。开通网上投诉和网上举报,逐步完善网络舆情的监测、收集、分析、研判和应对处置等工作。与攀枝花学院建立廉政理论研究合作机制开展“课题式研究”,不断提高反腐倡廉建设的科学化水平。制定《攀枝花市党政领导干部“双责联审”办法(试行)》、《关于党政领导干部职务变动后党风廉政的实施办法》《严禁公车私用私驾暂行规定》等制度;切实强化扶贫资金项目和保障性住房建设(配置)监管,督促落实联席会议制度、信息通报制度和公开公示制度;完善财政权力运行监管机制,实行预算审查委员会制度;建立政府投资工程建设项目招投标后督查、政府投资工程责任档案、政府投资工程投标保证金和履约保证金集中统一管理等系列制度，积极推行政府投资工程建设项目实施固定价比选法确定承包人，推动建设统一规范的公共资源交易市场。

【领导干部廉洁自律】 2012年，市纪委、市监察局加强对全市县级领导干部执行《廉政准则》情况的监督检查，坚决纠正并严肃处理违反《廉政准则》行为。严格落实党内监督制度，领导干部述职述廉1 092人，任前廉政谈话161人。对存在苗头性、倾向性和一般性轻微违纪问题的党员干部实施提醒谈话66人次、信访诫勉谈话25人次。对20名县处级领导干部进行任中和离任经济责任审计。采取纪委主要领导给下级党政领导班子成员和部门负责人上廉政党课、剖析典型案例、个别交心谈心等做法，对全市县（区）、部门、企事业单位610名领导干部进行集中警示教育，组织观看《滑向深渊》《失德之害》等警示教育片和党内教育参考片《苏联亡党亡国二十年祭》，参观市警示教育基地等形式深化警示教育。建立落实"三早"机制的有效途径，先后对416名党员干部、8个单位的工作作风、廉洁自律等方面的问题实施了信访监督，共发放信访询问书139份、信访通知书86份、信访建议书24份，强化提醒防范。继续开展制止公款出国（境）旅游、"小金库"治理等专项治理工作，清理"小金库"1个，涉及金额42万元，处理3人。全市共有24名党员领导干部主动上缴未能拒收的现金和有价证券共计20.46万元。审查了63批449人次拟提拔任用、表彰和因私出国（境）人员的党风廉政情况。

【干部队伍建设】 2012年，市纪委、市监察局根据省纪委、省监察厅统一部署，认真开展"三项建设"活动，以建设一支忠诚可靠、服务人民、刚正不阿、秉公执纪的纪检监察干部队伍为目标，丰富活动载体、改进思想作风、夯实组织基础、提升工作能力，着力打造具有攀枝花特色的"阳光纪检"。大力推进思想作风建设。广开言路、开门纳谏，及时刊登办公地址、监督电话，发送信函征求意见表3 160份，广泛征求省纪委、省监察厅各室，市、县各机关、企事业单位以及1 055名"三委员、两代表"意见和建议，"四大班子"主要领导均亲笔回复意见建议，共收到回复2 000多份，对335条意见建议进行分类汇总制定整改措施，并在规定时限内以书面形式给予明确回复。积极开展"纪委开放日"，邀请16名行业代表通过实地参观、听取介绍、座谈会等形式全面了解纪检监察工作。对全市5个县（区）和98个市级单位纪检监察机构进行作风巡察，发现问题120余个，收集意见建议150余条。大力推进能力素质建设。通过开展"天天阅读"、"周末大讲堂"、岗位模拟训练等教育培训活动，将训练与实际工作有机结合，共组织1 000余人次开展信访初核、案件查办、执法监察等技能训练。加大纪检监察干部队伍轮岗锻炼力度，重点让基层纪检监察干部、新任纪检监察干部到市、县（区）纪委监察局进行3～6个月的岗位锻炼，切实增强纪检、省监察干部履职能力。大力推进基层组织建设。全市专兼职纪检监察干部3 545名，新增2 779名。乡镇（街道）纪（工）委书记、专职副书记、村（社区）纪检小组长、村（居）民小组党风廉政信息员配备率均达100%，乡镇（街道）便民中心纪检监察窗口和村（社区）民情民意收集箱设置率达100%。进一步增强市直机关纪检监察机构工作力量。全市新增派驻纪检组9个、派驻监察室11个、党群机关副县级纪检员1个。全市市直机关45个机关党委、57个机关党总支、707个党支部新增专兼职纪检干部315名。建立"三项建设"活动领导责任制和乡镇、县级、市直机关纪检监察组织建设领导责任制，健全完善工作联动协作机制，管理选拔考核机制和内部监督机制等。

【机关党建】 2012年，市纪委、市监察局按照《关于深化学习型机关建设的实施意见》，采取自学为主、集中为辅方式加强机关党员干部的政治理论知识和纪检监察业务知识学习，深入学习贯彻中共十八大精神；认真开展"领导挂点、部门包村、干部帮户"活动，下派干部到帮扶村挂职帮助工作，积极协调有关部门为帮扶村改善基础设施建设争取项目和资金800余万元；深入开展创先争优活动，制定机关创先争优活动方案，设置党员服务窗口和党员示范岗；组织机关18名县级领导干部向其联系困难户送去价值10 800元的慰问物资及现金，积极配合机关县级领导干部对困难户反映的一些实际困难问题予以协调解决；加强对机关离退休干部的管理和服务工作，先后组织机关离退休干部开展了四次集体活动和组织生活。在"同在一片蓝天下"活动中，委局机关积极响应，在全市率先组织机关全体党员干部职工为特殊困难群众捐款59 340元。

（林　莉）

组织工作

【概　况】 2012年，全市组织工作以迎接中共十八大和省第十次党代会为主线，深入贯彻落实市委九届三次全会精神，以"干部工作出人才、组织工作出经验、人才工作出成果"为目标，围绕中心、服务大局，积极探索、大胆实践，在改革创新中实现组织工作新发展。全市党员总数109 684人，其中女党员27 594人，少数民族党员7 340人。全年调整县级领导干部164人次，培训各级各类干部19 290人次，发展党员3 139名。

攀枝花市 2012 年党组织基本情况统计资料

表 11

类别		数量(个)	类别		数量(个)	类别		数量(个)
党的地方委员会		6	党的基层组织数		4 617	城市街道、社区、镇乡、建制村法人单位建立基层党组织数	城市街道	16
其中	省辖市委	1	其中	党委	237		乡镇	44
	县委	2		党总支	403		城市社区	88
	市辖区委	3		党支部	3 977		乡镇社区	42
市委直属党(工)委		25	其中	城市街道	332		建制村	352
其中	工委	4		乡镇	940	补充资料:城市街道党工委 16 个;建制村党支部(总支部)书记 352 名,其中女性 8 名;村民委员会主任 352 名,其中女性 10 名。		
				企业	2 216			
	派出党委	10		机关	765			
	基层党委	11		事业单位	673			
市委直属党组		49		其他	963			

攀枝花市 2012 年党员基本情况统计资料

表 12

类别		数量(人)	类别		数量(人)
党员总数			109 684		
其中	预备党员	3 245	职业	在岗职工党员数	52 551
				农牧渔民党员数	14 789
	女党员	27 594		学生党员	1 808
				离、退休(退职)人员	34 454
	少数民族党员	7 340		其他	6 082
年龄	35 岁及以下	20 654	学历	研究生	1 747
	36 岁至 45 岁	31 240		大学本科	21 147
	46 岁至 54 岁	16 201		大学专科	21 398
	55 岁至 59 岁	8 863		中专	13 133
	60 岁及以上	32 726		高中	13 152
				初中及以下	39 107

【市级领导班子换届】 2012 年,根据换届工作需要,在市第九次党代会完成市委班子换届工作的基础上,2012 年 1 月,第九届一次人大会议、政协八届一次会议召开,换届选举市人大、市政府、市政协班子和法检两长。依照法定程序,精心组织实施,严肃换届纪律,省委批复的候选人全部高票当选,全面实现组织意愿和群众意愿相结合。针对市政府领导班子换届后需任命新一届政府组成人员的要求,首次采用市委全委会全额定向预推新一届政府组成人员的形式,进一步扩大干部工作民主。按照市委提出的大稳定、小调整;在正县级干部中选拔;选拔敢抓善管、敢打硬仗的干部;充分发扬民主;充分考虑发挥干部自身特长和面上使用干部综合平衡;充分体现党管干部和群众公认相结合的六项原则确定新一届政府组成人员人事任免方案。其中,继任 25 人,调整 8 人。新一届政府部门正职干部队伍结构进一步优化,平均年龄 47.7 岁;大学以上学历的 31 人,占 94%;女干部、少数民族干部各 4 人,分别占 12.1%;非中共党员干部 2 人,占 6.1%。

【十八大代表、省第十次党代会代表选举】 2012 年中共十八大代表和省第十次党代会代表推选工作中,严格按照中央、省委规定的代表基本条件、推选程序，坚持代表先进性和代表性的统一，坚持发扬民主，组织全市各级党组织和党员做好两级代表候选人的推荐、考察、征求意见、公示等工作。全市4 399个基层党组织，107 815名党员知晓并参与中共十八大代表和省第十次党代会代表推选工作，党组织和党员参与率分别达到100%和99.3%。在省第十次党代会上，市委书记刘成鸣、基层代表丁爱谱两名同志成功当选中共十八大代表。其中，丁爱谱同志是攀枝花市一名来自基层一线的全国党代表。在市第九次党代会上，成功选举产生攀枝花市出席省第十次党代会代表20名，各项结构比例均符合省委有关要求。开展换届风气测评，确保攀枝花市中共十八大代表和省第十次党代会代表选举工作风清气正。

【领导干部思想政治建设】 突出坚定理想信念，围绕加强党性建设、能力建设、作风建设和民主集中制建设，狠抓各级领导班子和干部队伍思想政治建设。推进中共十八大精神和省第十次党代会精神进课堂、进头脑，教育引导各级领导干部自觉运用党的创新理论指导实践、推动工作。围绕“坚定理想信念，加强思想政治建设”主题，采用“理论教学、现场教学、学员报告”三段式培训模式，组织全市县级正职领导干部专题培训班106人、新任县级干部培训班36人、中青年干部理论培训班59人赴井冈山，组织选调生培训班58人赴延安，开展现场教学和革命传统教育。突出增强培训实效性，坚持“干啥学啥、缺啥补啥”原则，采取送出去培训、请进来讲授等方式，进一步整合干部教育培训资源，统筹开展政法、统战、妇联等市级部门重点培训项目，组织不同层级的领导干部参加国家和省级各类调训。全年累计培训党政领导干部19 290人(次)。其中，地厅级干部12人(次)，县处级干部903人(次)，科级及以下干部18 375人(次)。培训村(社区)负责人、两新党组织负责人1 574人(次)，企业经营管理人员2 363人(次)，专业技术人员38 048人(次)。突出转变干部作风，深入开展党员干部直接联系群众主题实践活动，推进“百千万·干群心连心”活动。全市共有1 025名副县级以上领导干部结对联系群众2 827名，送慰问金88万余元，送电器、衣物、学生用具等生产生活用品若干，收集意见建议1 254条，确定帮扶事项664个，落实并见到成效253个。

【创先争优活动】 2012年，以开展基层组织建设年为重点，继续深化全市创先争优活动。广泛开展承诺践诺活动，全市3 673个党组织，72 713名在职党员进行公开承诺，承诺事项94 600余项，完成89 700余项，承诺履行率达95%。深化“三亮三比三评”活动，在电业局召开全市深化创先争优活动现场会，选树总结推广攀枝花电业局党员服务队、市政务服务中心党支部、“丁爱谱工作室”等三个代表性、服务性、可学性较强的先进典型。全市各级党组织成立党员应急突击队、先锋队、志愿服务队1 100多支，设立党员示范岗、党员先锋岗6 387个，党员责任区3 387个。开展创先争优先进评选表彰，采取无记名差额票决的方式，向省委组织部推荐23个创先争优先进典型。其中，东区炳草岗街道湖光社区党总支被评为全国创先争优先进基层党组织，卢嘉等5名共产党员被评为全省创先争优优秀共产党员，仁和区大龙潭乡混撒拉村党总支等13个党组织被评为全省创先争优先进基层党组织，东区区委被评为全省创先争优先进县(市、区)委。全市各级党组织层层开展创先争优先进评选表彰总结，市委评选表彰奖励50个创先争优活动先进基层党组织、168名创先争优活动优秀共产党员，在全市范围营造学习先进、争当先进、超越先进的浓厚氛围。做好创先争优理论研讨工作，评选6篇理论研讨文章并上报省委组织。其中，《实行评星定级，构建长效机制》入选全省创先争优理论研讨会论文集，并在全省创先争优理论研讨暨庆祝建党91周年座谈会上作书面发言。做好创先争优活动总结工作，形成《全市创先争优活动总结》，召开全市创先争优总结大会，促进创先争优长效化常态化。

【党的基层组织建设】 坚持以创先争优为载体深化基层组织建设年活动，全面推进各领域基层党组织建设。制定《关于开展基层组织建设年的实施意见》。建立基层组织建设年例会制度和督查制度。根据中央和省、市委要求，梳理出58项“规定动作”和16项“自选动作”，促进基层组织建设年各项工作落实。开展基层党组织分类定级，全市4 040个基层党组织中，评定为先进的1 284个，占31.8%；评定为一般的2 673个，占66.1%；评定为后进的83个，占2.1%。攀枝花市确定后进党组织七条“一票否决”做法得到省委组织部肯定。制定晋位升级方案，开展整改提高，基层党组织先进、一般、后进党组织的提升率、升级率、转化率分别达到10%、15%和90%以上。加强村级组织带头人队伍建设，举办“三区”(二半山区、高寒山区、民族地区)党组织书记培训班，帮助提高政策理论水平和推动建设发展能力。抓好党建示范点打造，命名表彰15个“党建示范亿元村”，选树攀枝花电业局党员服务队、“丁爱谱工作室”、市政务服务中心、盐边县纳尔河村、仁和区渡口村等为民服务先进典型，以典型引路、示范带动促进全市基层党建工作深入开展。推进“两新”领域基层组织建设，新建“两新”党组织156个，非公企业党的组织覆盖面达到84.2%，党的工作覆盖面达到100%，党员比例达到5.8%，新社会组织党组织覆盖率达到64.5%。党务工作者增长到622名(有专职党组织书记96名)，党建工作指导员达到810名。落实“两新”党建工作经费，加强“两新”党组织活动阵地建设。开展“先锋”活动和“与党同心、为民解困”行动，为抗旱救灾捐献资金和器材，为受灾群众送水送温暖，发挥“两新”党组织政治引领和政治核心作用。

加强党员教育管理服务,在全省率先制定下发《攀枝花市"三学三强"基层党员教育培训活动方案》。运用信息化手段加强基层党员教育,在全省率先实现远程教育节目播放收看"一点通"。打造攀枝花市"112 党员教育服务平台",夯实党员队伍教育管理基础。加强党员发展工作,制定《攀枝花市 2012 年发展党员工作计划》,推广《发展党员工作纪实表》,实现发展党员"两升一降一加强"(发展工人党员和农民党员明显上升,发展学生党员数明显降低,进一步加强在青年知识分子中发展党员工作)。推进党员管理服务信息化,开展党员管理服务"红卡工程"试点和党员组织关系无纸化接转试点,统筹协调推进全市公务员信息系统建设。开展党内帮扶工作,组织全市各级党员领导干部走访慰问老党员和困难党员。全市共组织走访慰问活动 1 051次,参加走访慰问的各级领导2 392人次,发放走访慰问资金 317.35 万元。深化党务公开,继续落实党员旁听基层党委会议制度,开展党费收缴使用公示工作。做好市第九次党代会代表提案办理工作,办结代表提案 55 件,提案代表满意率达 100%。

强化基层党建工作保障,进一步健全落实"承诺、述职、评议、追究"四位一体的基层党建工作责任制,建立"三级联述联评联考"制度,把基层组织建设年纳入县(区)委、市级部门党(工)委年度重点目标考核内容,纳入县(区)委书记、部门党(工)委书记向市委常委会汇报抓基层党建责任制落实重要内容。大幅度提高村(社区)党组织工作和活动经费、村(社区)干部报酬,实现"两翻番、两提高"目标,即:村级党组织工作和活动经费、社区工作者报酬实现翻番,社区党组织工作和活动经费、村干部报酬实现大幅度提高。落实党员教育培训经费和远程教育站点维护费,有效解决村(社区)基层党组织"有经费办事"、基层干部"有积极性做事"问题。

【干部人事制度改革】 突出围绕中心大局选用干部。坚持德才兼备、以德为先的用人标准,按照市委"五个带头、五个表率"的要求,坚持重品行、重基层、重实绩、重公认的用人导向。实施干部选拔"聚焦工程",注重在"急难险重"工作一线培养选拔干部。2012 年,全市共调整县级领导干部 134 人次,其中,交流 44 人次,提拔 49 人次。新提拔人员中,有大学以上学历 43 人,占 87.8%;女干部 9 人,占 18.4%;少数民族干部 4 人,占 8.2%。进一步加大年轻干部培养选拔力度。建立完善机关优秀年轻干部和国有骨干企业、重点民营企业优秀管理人员双向互派机制,优秀年轻干部到经济主战线和基层一线挂职锻炼制度,鼓励引导优秀年轻干部在基层建功立业。结合"双千工程"、干部人才援藏行动、双向交流任职"百人计划"等,选派 8 名优秀年轻干部到省级机关挂职锻炼。为增强年轻干部服务全市"急难险重"能力,首批选派 10 名干部到北京、上海、深圳、成都开展驻点招商。为增强年轻干部做群众工作的能力,选派 16 名"挂包帮"下派干部到市委群工局信访一线锻炼。同时,接收省委组织选派的 9 名"双千工程"干部、1 名"科技副职"干部,3 名中国热带农业科学研究院"科技副区县长"到攀枝花市挂职锻炼。进一步加大竞争性选拔干部力度。拿出 8 个县级领导干部职位参加全省统筹公选,实际开考 5 个职位。进一步畅通社会优秀人才进入党政干部队伍渠道,打破身份、打破地域,拿出 58 个科级领导岗位面向社会统筹公选科级领导干部,实际开考 34 个岗位。推进科级领导干部调任工作,从国有企事业单位中调任科级领导干部 12 人。构建从基层一线培养选拔干部机制,坚持突出基层经历、突出优中选优、突出德才兼备、突出人岗相适原则,统筹遴选市级机关工作人员 10 名。面向优秀村(社区)干部和服务基层项目人员定向招录乡镇机关公务员 10 名。

【干部管理监督】 坚持从严管理与关爱激励相结合,激发干部干事创业的热情。加强干部选任政策宣传教育,开展干部选任工作培训检查、"提高选人用人公信度集中学习教育宣传月"活动,引导广大干部群众积极参与、支持、监督干部选任工作。狠抓干部选任政策的贯彻执行,开展干部选拔任用"一报告两评议"工作,切实把好选人用人关。进一步健全干部监督管理机制,强化领导干部日常管理监督,抓好对"一把手"的监督。联合审计部门制定下发《攀枝花市党政领导干部"双责联审"办法(试行)》。坚持派员列席部分市级部门党组(党委)讨论干部任免议题会议。坚持和完善领导干部述职述廉、诫勉谈话和函询、个人有关事项报告、经济责任审计等制度。坚持和完善民主集中制,印发《关于规范市级部门党组(党委)会议讨论干部任免无记名投票表决的通知》,推行干部任免票决制度。积极发挥"12380"信访举报平台、干部监督信息员、督查员作用,拓宽监督渠道加强对领导干部的日常管理监督。加强关心关爱干部,开展县级领导干部"全覆盖"谈心谈话和"一封家书"活动,从政治上、思想上、生活上充分了解干部、关爱干部、疏导情绪。继续执行具有攀枝花地方特色的干部职级待遇政策。全年共审核办理 176 人享受上一级非领导职务工资、医疗待遇,其中,正县级 12 人,副县级 57 人,正科级 107 人,有效激发干部积极性。

【人才工作】 推进"人才强市"战略。抓政策创新,增强区域引力。制定出台《攀枝花市"高层次专业技术人才和高技能人才培养计划"实施意见》《关于推进攀枝花市技能大师工作室建设的意见》《关于建立市级领导干部联系高层次人才制度的意见》《攀枝花市人才优先发展试验区建设实施暂行办法》等 10 余项人才工作制度政策,构建政策和制度优势,让人才"引得进、留得住、用得好"。

抓载体创建，孵化重点人才。推动“钒钛之光”人才工程，开展首批院士后备人才培养阶段考核工作，4名院士后备人才培养和3个创新团队建设取得新进展。加快创建人才优先发展试验区，攀钢集团公司成功申报为省级人才优先发展试验区首批试点单位，并成为10个全省首批院士（专家）工作站建站单位之一。全面启动市级人才优先发展试验区建设工作，推进工业优势产业、特色农业、旅游、现代服务业和公共服务“五大人才培养工程”。实施“高层次专业技术人才和高技能人才培养计划”，遴选确定177名新一批市学术和技术带头人及其后备人选、有突出贡献专家。攀枝花市2名人才通过第六届“四川杰出创新人才奖”候选人初评进入考察程序，实现攀枝花历史上首次突破。十九冶集团公司高级技师周树春荣获“中华技能大奖”，“周树春技能大师工作室”被评为国家、省技能大师工作室。攀枝花新中钛科技公司技术总监、美籍博士陈树忠成功申报四川省引进海外高层次人才“百人计划”项目并获100万元项目资助。

抓关爱激励，激发人才潜能。首批认定316名高层次人才，首次兑现高层次人才工作津贴补助等费用720余万元。组织开展第二届“攀枝花市人才奖”评选工作，对市七中、得天独厚餐饮管理公司等5个单位和攀钢研究院研究员李军、市中心医院外科专家杨映弘等34名个人进行表彰奖励。完善干部人才保健政策，制定出台干部健康检查管理办法等六项干部保健系列制度，全面开展中医“治未病”中心建设工作。首次免费发放健身活动券，组织开展领导干部和高层次人才体育健身活动。组织安排10名市委直接掌握联系高层次人才和干部保健专家外出疗养。为高层次人才协调解决工作生活、子女就学等方面的具体问题。推进人才公寓配套建设工作，及时安排符合条件干部入住。

抓责任落实，夯实工作合力。探索建立各责任单位发挥优势主动开展人才工作、全社会广泛参与人才工作的新机制。制定县（区）年度“一抓一”目标任务考核细则，印发《2012年攀枝花市人才工作要点及责任分工方案》，开展人才工作领导小组成员年度述职和县（区）年度工作汇报，召开人才工作领导小组会部署推进人才工作，推动各县（区）、市级有关部门落实人才工作目标任务。

【老干部工作】 以离退休制度建立30周年为契机，进一步营造更加尊重老干部、更加重视老干部工作的良好氛围。坚持政治上尊重，思想上关心，生活上照顾，精神上关怀，日常中多关注，平常中多关爱，扎实做好关心关爱老干部工作，让老干部老有所乐、老有所学、老有所为。完善特殊困难老干部帮扶机制，制定《攀枝花市市级单位离退休干部特殊困难帮扶暂行办法》，对长期患重病、家庭遇突发事件等造成生活困难的老干部给予特别关心和帮扶。抓好建国初期参加革命工作部分退休干部生活困难补助待遇的落实工作。推进市老干部活动中心建设。推进老干部工作进社区。

【援藏工作】 2012年，根据省委藏区工作部署，攀枝花市负责支援凉山（木里县、普格县）、甘孜（甘孜县、康定县、理塘县、雅江县）两州六县。市委、市政府成立由市委书记刘成鸣，市委副书记、市长张剡任组长的援藏工作领导小组，确立“真情援藏、务实援藏、长效援藏”理念，作出“项目资金援藏、技术管理援藏、干部人才援藏”部署，将援藏工作纳入全市“急难险重”项目推进落实。攀枝花市先后向支援的两州六县派出援藏干部、人才、干警315人。由攀枝花市统一组织实施的定点扶贫、对口支援凉山州木里县工作。先后向木里县派出援藏干部人才2批75人（第一批35名，任务期为2010年5月至2012年5月；第二批40名，任务期为2012年7月至2014年7月），2012年拨付援藏资金2 474万元，帮助援建项目7个。截至2012年底，已完成投资1 920万元，完成项目4个，培训木里县各类干部人才855人，帮助战胜“七一二”特大山洪泥石流灾害，推动发展和改善民生工作取得进展；攀枝花市负责派员或开展具体工作的其他援藏工作。先后向甘孜州、凉山州普格县派出援藏干部干警240人，如省委派驻甘孜县（攀枝花市）群众工作组等。攀枝花市从政治上、经费上、生活上为援藏干部人才提供支持保障，坚持严格管理和关心关爱相结合。全体援藏干部人才在推动藏区发展稳定及教育、卫生等各条专业战线上发挥积极作用。

攀枝花市援藏工作获省委书记王东明批示1次，获市委书记刘成鸣、市长张剡等市领导批示42次。省委藏区办、省委组织部共采用报送攀枝花市援藏信息10期、综合信息20条。攀枝花市第一批“千名干部人才援助藏区行动”的9名援藏干部人才和3个单位受到省委表彰，35名援藏干部人才全部受到市委表彰。甘孜州康定县委、县政府和县公安局对攀枝花市第一批援藏增援警队授予锦旗。攀枝花市援藏工作经验做法受到《四川日报》、四川广播电视台、四川新闻网等省级媒体关注宣传。

【组织部门自身建设】 以“一迎双争”为主线，围绕“建设模范部门，打造过硬队伍”目标，扎实推进组织部门自身建设。2012年全国组织工作满意度调查中，组织工作总体评价测评分值86.76分，同比提高1.97分，在全省排名第4名，同比提升2名；组工形象评价测评分值86.91分，同比提高2.12分，在全省排名第4名，同比提升2名。市委组织部机关获省、市及部门表彰奖励23项。

增强党性锻炼，制定《中共攀枝花市委组织部机关在创先争优活动中开展基层组织建设年的实施方案》，深入开展学习李林森同志活动，广泛开展“什么是组工干部的党性”学习讨论，加强对组工干部职业道德教育、勤政廉政教育，严格执行“十严禁”和“五条禁令”。加强教育培训，推进学习型组织部门建设，实施“组工干部大培训计划”，组织部机关职工22人次参加各类主题培训和跟班学习，选派3名年轻干部到中组部组干院和省委组织部上挂锻炼；实施组工干部“双向互派”挂职锻炼计划，选派2名年轻干部分别下派东区、米易县委组织部挂职锻炼，从县（区）组织部先后抽调8名同志到市委组织部顶岗锻炼、帮助工作。狠抓作风转变，深入开展“走出机关、访问群众、帮助基层”主题活动，建立组工干部直接联系服务群众制度。组织部机关干部深入仁和区平地镇、大龙潭乡抗旱救灾一线送饮用水并看望慰问党员干部和受灾群众，指导基层党组织和广大党员干部发挥作用。落实新村建设结对共建任务，组织混撒拉村、阿署达村“两委”班子成员赴汶川地震灾后重建新村参观考察。大兴调查研究之风，开展组织工作36个重点课题调。出台《攀枝花市组织系统信息宣传工作考核办法（试行）》，开展组工信息宣传专题培训，实施信息员队伍“一三五”培养计划，做好网络宣传和涉组涉干舆情监控引导工作。全年编发《攀枝花组工通讯》21期、《攀枝花组工信息》20期、《攀枝花组织工作舆情专刊》20期，发布部网信息797条。被《四川组工通讯》采用6条，《四川组工信息》采用13条，《四川组工网宣》采用8条，省委组织部基层动态采用108条，市委办《每日晨报》采用信息46条。

（杨　茜）

宣传工作

【概　况】 2012年，中共攀枝花市委宣传部机关行政编制27人，工勤人员编制3人，实有干部25人，工勤人员3人。内设办公室、政策法规研究室、干部管理处（挂离退休人员工作处牌子）、理论处、宣传处、文艺教育处、新闻出版处、对外宣传处、网络文化和建设管理处、网络监管协调服务处。市精神文明建设办公室下设综合处（挂未成年人思想道德建设工作处牌子）、创建协调处。代管四川电台电视台攀枝花记者站、四川日报攀枝花记者站、市舆情信息中心（挂攀枝花市互联网不良与违法信息举报中心）。

2012年，中共攀枝花市委宣传部围绕迎接、学习、宣传、贯彻十八大精神这条主线，掀起学习宣传贯彻中共十八大精神热潮。围绕全市中心工作，创新理论学习方法和内容，邀请了王长江、孟建等12名国内知名专家学者到攀枝花市举办高质量的专题讲座。建立健全新闻发布工作机制，积极应对“八二九”煤矿事故等多起重大新闻舆论“热点”，锻炼提高攀枝花市应对突发事件的舆论引导和危机公关能力。大力推进文明城市创建，城市公共文明指数测评实现争先进位。积极稳妥地推进了文艺院团的转企改制，完成市、县（区）文化广播影视新闻出版部门合并、攀枝花电台与攀枝花电视台合并等改革任务。深入开展“三大主题教育”（思想大解放，作风大转变，工作大落实）活动，充分发挥宣传思想文化战线的载体优势，营造良好舆论环境。

【理论武装】 2012年，市委宣传部深入开展理论学习。围绕中共十七届六中全会、省第十次党代会、市委九届三次全会、中央经济工作会议、全国两会和中共十八大等12个专题，组织开展了12次市委中心组集中学习，参学率达98%。围绕学习型党组织建设，扎实推进学习型城市建设，开展学习型党组织、学习型机关、学习型企业、学习型社区、学习型村镇、学习型家庭的创建，举办“全民读书月”“全民读书节”“读一本经典、上一次党课”等主题学习活动。扎实开展理论研究和理论宣传，形成了《思想政治工作‘一点三面’法》《深入推进学雷锋活动，努力建设幸福攀枝花》《加强文化建设，打造攀枝花人的精神家园》等一批理论研究成果。组织市委宣讲团，深入各县（区）、农村、社区、学校、企业进行十七届六中全会、省第十次党代会、中共十八大精神的宣讲，及时把会议精神传到千家万户，在全市实现了理论宣讲全覆盖。创新工作思路，根据全年各阶段的形势任务和广大干部群众的需求，邀请中央党校王长江教授、复旦大学孟建教授等12名国内知名专家、学者到攀枝花举办高质量的专题讲座、报告会12期，现场听众超过8 000人。坚持办好面向市民大众的“攀枝花讲坛”。到2012年底，“攀枝花讲坛”共已举办202期，听众达9万人次，为广大干部群众加强理论学习、拓宽视野、解放思想提供了学习平台。

【舆论宣传】 2012年，中共攀枝花市委宣传部全面宣传攀枝花市大力实施“三个加快建设”、推进“三个走在全省前列”、实现“四个翻番”的工作举措，及时报道推进新型工业化、新型城镇化、花城新区建设、沿江景观打造、马鞍山水库工程等重大项目的进展情况，凝聚发展信心。认真组织好省第十次党代会和两会宣传，开展“民营经济巡礼”大型集中采访活动，开设“幸福攀枝花·喜看新变化——迎接省第十次党代会特别报道”“迎接党代会·共产党员风采”“挂包帮在行动”等专栏。做好“国卫”复审宣传，推出“掀起‘五创联动’高潮、全面建设幸福攀枝花”“巩固创建成果、迎接‘国卫’复审”等专栏。继续加大城乡环境综合治理宣传，播放公益广告和设立“曝光台”，大力宣传“除陋习，树新风”“七进”活动，宣传文明礼仪、卫生环保知识。组织全市新闻媒体集中开展了民生新闻系列报道，以消息、通讯、专栏、专题片等多种形式，开设“关注特殊困难群众，深入推进走转改活动”专栏，播出“在同一片蓝天下”专题片等，大力宣传各级党委、政府在解决住房、教育、就医、就业、扶贫帮困等人民群众关心的热点难点问题上采取的积极态度，惠民政策、措施和成效。开设“巾帼风采”“时代青年”“劳动者之歌”新闻专栏，集中宣传了一批优秀妇女、青年、劳动战线的先进个人。推出"'促和谐、惠民生、同发展'援藏工作专题报道"专栏，深入挖掘攀枝花市近年来对口援建工作的亮点和成效。组织拍摄《远山的呼唤》《在同一片蓝天下》《行进中的反思》《肖家湾"八二九"矿难警示录》等5部警示教育宣传片，发挥典型案例的宣传警示作用。

【文化建设】 2012年，中共攀枝花市委宣传部强力推进"中国三线建设博物馆"建设，建设项目于2010年初启动，2012年6月14日经四川省发改委立项，将于2013年3月1日场平开工，力争在2015年攀枝花市建市50周年之际开馆，2012年已启动文物征集和口述历史采集工作。年内全面完成国有文艺院团改革，市、县(区)广播电视部门与文化和新闻出版部门的合并工作。基本完成"两台"合并，攀枝花电台和攀枝花市电视台合并方案获国家广电总局批复，挂牌成立攀枝花市广播电视台，相关机构整合工作正在加快落实。加强和扶持文艺精品创作，重点扶持《花雨诗韵》《马飚诗选》等优秀文学作品创作出版，组织开展省精神文明建设"五个一工程"评选，向省里推荐歌曲5首、文艺图书2部、电视剧作品1部、广播剧作品2部，电视片《共和国记忆——大三线攀枝花工业文化溯源》荣获了省"五个一工程"优秀作品奖。积极策划重大文化活动，开展了对音乐舞台剧《迤沙拉》《水拍金沙——攀枝花开发建设50周年重大历史题材美术创作工程》的文艺创作策划活动。与《星星》诗刊合作开展"阳光花城·全国大学生诗歌夏令营"主题文艺创作活动。成功举办第二届全民读书月、广场群众文艺展演、"攀枝花市第三届读书节"等群众文艺活动，为群众提供了更多更好的精神食粮。大力扶持发展文化产业，举办全市文化产业发展论坛，制定我市重点文化产业项目扶持办法、扶持文化产业企业发展优惠政策，出台《攀枝花市关于加快推进文化产业发展的意见》，成功申报攀枝花市花雨金沙旅游文化有限公司、钢城集团印刷广告有限公司、四川浩天网络服务有限责任公司、市敬如石艺有限责任公司等为全省重点文化产业培育企业，推荐仁和区苴却砚文化艺术城项目申报中央财政专项扶持资金。

【精神文明建设】 2012年，市委宣传部大力开展公民道德建设主题活动，推进社会主义核心价值体系建设。广泛开展"媒体学雷锋"活动宣传，通过开展雷锋日、公民道德宣传月、"传承和弘扬雷锋精神"征文、"岗位学雷锋，携手共抗旱"、选树"身边好人"等活动，印发"学雷锋"宣传资料60多种30余万册(份)，集中宣传了30多位"学雷锋"先进典型，刊播学雷锋活动信息400余条，推动学雷锋活动常态化。开展攀枝花市第二届道德模范评选活动，评选出徐刚等11名道德模范。开展"我推荐、我评议身边好人"和"四川好人"推荐投票活动，杨为之入选中国文明网2012年3月份"诚实守信好人榜"。启动"幸福家园""我们的节日"等主题实践活动，利用传统节日广泛开展节日民俗、诗文诵读、文艺表演等群众性文化活动，引导干部群众了解、继承和弘扬中华民族的优秀传统文化。深入开展群众性精神文明创建活动，健全了创建文明城市工作机制，对500余家省、市级文明单位进行复查登记，开展文明社区、文明家庭、文明住户、和谐家庭、星级农户、文明集市等创建、创评活动。开展以"喜迎十八大、讲文明、树新风"为主题的文明劝导、志愿服务和网络主题活动，大力实施市民文明素质提升工程。做好四川省城市公共文明指数测评工作。重点组织好净化社会文化环境、交通违法行为整治、窗口行业规范化服务等13项专项整治行动，攀枝花市顺利通过四川省城市公共文明指数测评，名次由2011年的四川省第12名跃升至第4名，远远超出了市委市政府的预期目标。着力提升未成年人思想道德建设工作水平，积极推进乡村学校少年宫建设项目。指导东区银江镇中心校等5所学校加强建设和管理，推荐3所2012年乡村学校少年宫项目建设学校。命名了34所未成年人思想道德建设示范学校。

【对外宣传】 2012年，市委宣传部围绕对外宣传重点，努力提升攀枝花市的影响力。以全国两会为契机，积极推介"阳光花城"城市形象品牌，组织协调、邀请中央、四川省、港、澳等境内外40余家新闻媒体在北京举办"中国阳光花城—攀枝花"推介会，展示中国阳光花城、中国钒钛之都的独特魅力。组织协调四川"巴蜀万里行"采访团到攀枝花实地采访，20余家中央和省级媒体、40余名记者聚焦攀枝花，宣传报道攀枝花市在经济发展、民生改善、文化建设、党的建设、社会管理创新等方面所取得的新成就。协调《奋进四川·美好家园》大型航拍摄制组来攀枝花进行空中拍摄，第一次全方位从空中展示攀枝花城市的新貌和城市景观。邀请四川电视台四套"巴蜀文化行新春之旅"，在攀枝花进行两场专题直播活动，对迤沙拉村的历史、民俗文化、建筑风格、谈经古乐等进行深入的采访报道。邀请中央驻川媒体和省级媒体参加第13届中国西部博览会推介会，分别在凤凰周刊、华西都市报、四川电视台上开设专版(专题)，在中央、省级媒体上发稿56条。以"阳光、运动、休闲、养生"为主题，对欢乐阳光盛典、全球洲际旅游形象小姐暨攀枝花旅游形象大使"阳光天使"选拔赛、苴却石文化艺术节、第四届迷易灯会等12大板块、31个子项目的攀枝花欢乐阳光节进行宣传报道。2012年，在中央、省以上新闻媒体刊(播)攀枝花新闻稿件2 200多篇(条)。积极应对社会公共突发事件宣传，建立健全新闻发布工作机制，增强社会舆论引导本领，提高了攀枝花市对外宣传应对社会公共突发事件和危机公关的能力，特别是在肖家湾煤矿"八二九"事故中，牢牢把握舆论宣传主阵地，积极应对、正确导向，充分发挥了舆论正面引导的积极作用。

【互联网宣传管理及舆情信息】 2012年，中共攀枝花市委宣传部为加强互联网管理，撤销攀枝花市委、市政府网络文化建设和管理办公室，新成立攀枝花市互联网信息办公室；将民间商业网站GOGO攀枝花网纳入主流网站管理，完成中国攀枝花网的资质申报登记手续使攀枝花市有资质转载新闻信息的网站增加到5家；完善并严格执行敏感时段24小时值班制度、论坛先审后发制、版主实名制，确保了中共十八大召开期间的网络文化氛围。加强舆情信息的收集、分析、归纳和整理，全年共编发《舆情摘报》41期，刊载攀枝花市舆情信息245条，省内外舆情信息200条，境外舆情信息250条，领导批示141条，编发《舆情专报》47期，领导批示10条，向中央报送信息1 500条，中央舆情类刊物采用信息40余条。管好用好新媒体，11月8日推出涵盖“花城简讯”“一览四川”“社会广角”“民声快递”“网络天下”等几大版块，涉及全市、全省以至国内国际重大新闻信息的“攀枝花信息”手机彩信，搭建了宣传党的路线方针政策和为群众提供便捷信息服务的快捷平台；政府官方微博“微攀枝花”粉丝155 000余人，共发布信息300余条，获网友转播和点评上万次。中国攀枝花网重点宣传市委、市政府中心工作，开展丰富的网络专题宣传，全年共登载新闻信息3万余条。

【宣传干部队伍建设】 2012年，中共攀枝花市委宣传部加强宣传文化系统各单位领导班子建设，新交流提拔任命科级干部3名，调动、公招、聘用了16名干部职工到部机关工作，选拔4人到部机关上挂锻炼，选派2人到下属事业单位、乡镇挂职锻炼，推荐4人到省级宣传文化系统单位挂职锻炼。组织全市分管宣传工作的领导干部58人，在省委党校进行了为期一周的专题培训，全年共组织部机关领导干部及县(区)委宣传部部长12人次参加了省市级业务培训班。探索建立了高层次文化人才开发引进培养机制，探索文艺创作人才引进道路，为文联成功引进2名创作人才。拟定了《攀枝花宣传文化系统“四个一批”人才选拔培养管理工作实施办法》。修改完善了市委宣传部机关惩治和预防腐败体系基本框架图、2012年度廉政文化建设实施方案等系列指导性政策文件，全面完成年度党风廉政建设的各项任务。

【学习贯彻宣传中共十八大精神】 为加强迎庆中共十八大社会氛围营造，在全市重要交通路段和路口、广场、各类人群集散地以及机关、单位、社区等办公地点，通过张贴标语、制作宣传栏、播放电子显示屏、设置道旗、单立柱等开展“喜迎中共十八大”宣传。编写、发出了宣传短信10万余条次，开通宣传电话彩铃2万多户。在市中心广场、攀枝花公园以及各县(区)、主要商业街区等地，摆放了近20万盆鲜花、2 000多个灯笼，制作“花城辉映党旗红”、“中国红攀枝花红”等主题景观。全市各新闻媒体围绕迎庆中共十八大主题，通过专题、专栏、刊播宣传报道稿件等形式，全方位、多角度地进行宣传。开展“回顾辉煌历程，喜迎中共十八大”读书活动，发放了《理论热点面对面》4 000多册；联合开展第三届“金沙放歌”群众文艺赛演、“高举旗帜跟党走”系列“魅力花城”文艺晚会等群众文化活动70余场。举办“丰收大地”美术书法作品展、农民书画展等书画摄影展20场，组织万余名志愿者广泛开展“志愿者献礼十八大”志愿服务活动。认真做好中共十八大精神宣讲学习工作，市委宣讲团创新宣讲方式，实行“1+2”模式，市级领导和宣讲专家按照宣讲计划深入各县(区)、机关、学校、企业、部队等开展宣讲，市级领导作大型宣讲报告会26场。同时市委宣讲团按照“分类指导、梯次展开、全域覆盖”的原则，深入基层面对面向群众宣讲，全市已集中开展396场十八大精神宣讲学习会，配合组织开展中共十八大精神省委宣讲团“走基层”宣讲活动11场，实现中共十八大精神全域覆盖。

【“思想大解放，作风大转变，工作大落实”主题教育活动】 2012年，市委宣传部按照市委、市政府《关于深入开展“思想大解放，作风大转变，工作大落实”主题教育活动(简称“三大主题教育”活动)的意见》精神和工作部署，切实做好思想发动、开展讨论交流、深入抓好学习教育、广泛征求各方意见和加强好舆论引导工作，圆满完成了第一阶段的各项工作任务。在12月10日动员会上，印发了“思想大解放，作风大转变，工作大落实”主题教育活动领导小组宣传组工作实施方案(攀委办发〔2012〕42号)，对思想动员、集中学习、舆论引导工作进行具体安排部署。以深入学习宣传贯彻中共十八大精神为主线，明确了26篇推荐学习篇目。在学习方式上，采取了专家学者举办专题讲座、集中培训、网络学习等形式，12月份，省委党校张星炜教授、中央党校教授王长江先后来攀枝花市作专题报告。开展主题学习培训，先后举办了“加强思想政治建设—坚定理想信念”“中共十八大报告精神解读”等主题培训班。通过广泛征求诊断意见，综合整理了影响攀枝花发展的“十大思想病”，并全文转发(攀委办〔2012〕88号)。深化专家问诊活动，12月25日形成了《“思想大解放，作风大转变，工作大落实”专家意见》，推荐4篇专家署名文章。同时，市级相关部门征集问题182条，收到来信248件，发放问卷1 500份。市级各媒体和相关网站同步发布《公开信》，开设“问计于民”信息平台，公开向社会征集“影响和制约攀枝花发展的主要问题”，共征集问题311条，迅速在全市掀起“三大主题教育”活动的舆论热潮。12月14日，新华社播发消息《攀枝花开展“思想大解放，作风大转变，工作大落实”主题教育活动》，介绍活动的开展情况，攀枝花市各新闻媒体共刊发新闻稿件253条，制作公益广告2条，访谈节目8期。中国·攀枝花网、GOGO攀枝花等市级网站开设了“三大主题教育”活动专栏，《公开信》的访问浏览量已达475 000多人次，网民跟帖留言近100条，主题教育活动舆情反应平稳可控。

市委宣传部机关也认真开展“三大主题教育”活动，及时制定了一阶段工作方案，组织全体干部职工学习了“三大主题教育”活动推荐学习资料26篇书目和中央、省市委有关文件。12月20日，市委宣传部向各县(区)、市级各部门、各新闻文化单位发出征求意见函，收回征求意见表150份，梳理查找出各类问题15条。12月28日，市委宣传部召开“三大主题教育”活动领导点评会，对在第一阶段中查找出来的问题进行集中点评，市委常委、宣传部部长沈钧出席会议并进行集中点评。

【肖家湾煤矿“八二九”事故对外宣传】 肖家湾煤矿“八二九”事故发生后，市委宣传部立即启动突发公共事件新闻报道工作应急预案，每天24小时安排专人在事故现场值守，负责新闻中心的协调、采访安排、审稿等工作，及时发布官方消息，增强政府工作的透明度，定时参加肖家湾煤矿瓦斯爆炸事故抢险救援指挥部例会，对敏感数据反复核实后及时组织市级媒体向中央、省级媒体供稿，确保信息发布及时、准确、有序。煤矿事故处理期间，适时召开新闻发布会2场，在人民日报发稿7篇，在新华社、中央电视台、中新社、凤凰卫视、四川日报等发稿180多篇。全市各级新闻媒体、网络媒体全程跟进，全时段开展正面宣传和引导，发布事件进展情况，消除了流言和猜疑。在四川省委宣传部的大力支持和帮助下，通过舆论引导不同阶段的及时转变，肖家湾煤矿特别重大瓦斯爆炸事故新闻报道的总体舆论导向平稳，正面宣传唱主角的良好状态全程保持，为事故处理创造了良好的舆论环境，受到业界一致的认同。

【开展“领导挂点、部门包村、干部帮户”活动】 帮助解决民生问题，协调帮助解决仁和区莲花村回龙、新村两个组214户计610人开发搬迁过渡期间饮用水问题，总投资达60多万元的饮用水工程已于2012年11月开工建设，有望2013年春节前建成。积极开展走访慰问活动，2012年市委宣传部领导干部及党群组织联系帮扶了21户贫困农户(困难党员)。全年开展3次走访慰问活动，送去价值约1万多元的米、油、月饼等慰问品，慰问金3万多元，参与慰问的党员干部达38人次。以创文明村为目标，认真打造攀枝花市“挂包帮”精神文明建设示范村，形成通过《莲花村农村精神文明建设示范点打造方案》。在全村623家农户中开展“创业增收、遵纪守法、环境卫生、家庭和睦、好学重教”为中心内容的“五好农户”、“季评10件好事”等评选活动，评出“五好农户”47户，好人好事15件。为支持村里开展的创建活动，市委宣传部支持创建活动经费3万元。2012年10月，市委宣传部被表彰为2011年度全省“领导挂点、部门包村、干部帮户”活动先进单位。

(雍茹元)

精神文明建设

【攀枝花市第二届道德模范评选表彰活动】 2012年，经市委常委会专题研究，市精神文明建设委员会组织开展攀枝花市第二届道德模范评选表彰活动。7月，市文明办联合市委宣传部、市综治办、攀枝花军分区政治部、市总工会、团市委、市妇联成立由市委常委、宣传部部长、市文明委副主任沈钧担任主任，相关单位负责人担任副主任的第二届道德模范评选表彰活动组委会，审议道德模范的推荐标准和候选人的资格条件，审定道德模范表彰人选的最终名单；组建由党代表、人大代表、政协委员、专家学者、新闻界代表、群众代表等31人组成的第二届道德模范评选委员会，确定道德模范候选人，参加道德模范表彰人选的投票活动；制订实施方案和学习宣传方案，明确评选表彰活动的实施步骤，细化各阶段的具体任务，落实相关单位的责任要求；广泛发动干部群众参加评选推荐，收到推荐人选材料77份；在报纸和网络开设投票专栏专题，积极动员17万余人次通过纸质和网络方式参加投票活动，评选出陆学英、徐刚等11名“攀枝花市第二届道德模范”；在市中心广场隆重举办攀枝花市第二届道德模范颁奖晚会，通过播放专题片、歌舞、曲艺、现场访谈等多种形式，多角度、多形式展示道德模范的先进事迹和崇高品质。与此同时，市文明委坚持把学习宣传贯穿于第二届道德模范评选表彰的全过程，协调市级媒体开设专栏专题，在活动前期，刊登活动公告，做好宣传动员；在活动中，及时报道活动进展情况、集中展示道德模范候选人的先进事迹；在活动后，开展道德模范巡讲活动，深入挖掘宣传道德模范的日常生活细节，通过小故事、小角度反映道德模范的大精神、高品质，着力塑造丰满、立体、鲜活的人物形象，将学习宣传道德模范活动引向深入。

【公民道德宣传教育活动】 2012年，市精神文明建设办公室以“弘扬雷锋精神、树立文明新风、建设幸福家园”和“评选道德模范、树立文明新风、创建文明城市”为主题，开展“公民道德宣传教育月”和“公民道德宣传日”活动，深入宣传各行各业涌现出来的道德楷模，通过召开干部职工会议、座谈讨论、观看爱国主义教育片等形式，组织广大干部群众学习各行业各系统涌现出来的先进典型，进一步掀起学先进、争先进、当先进的热潮。组织动员各机关单位、各县(区)、广大市民积极推荐各行业涌现出来的先进人物和身边的好人好事，广泛参加“我推荐、我评议身边好人”和“四川好人”推荐评选活动，杨为之入选中国文明网2012年3月份“诚实守信好人榜”。

【“我们的节日”主题活动】 2012年，市精神文明建设办公室以“我们的节日”为主题，组织协调各县（区）、各单位开展节日民俗、诗文诵读、文艺表演等群众性实践活动，引导广大干部群众了解、认识、热爱和继承中华民族的优秀传统文化。在春节、元宵节期间，组织资深画师、书法知名人士免费为市民写春联、画画，组织村社群众排演灯戏、舞狮等传统文化节目，开展邻里文化节等系列活动，丰富群众节日生活。在清明节期间，组织干部职工、劳动模范、道德模范、中小学生、驻地官兵等开展“缅怀革命先烈传承攀枝花精神”等公祭活动，缅怀革命先烈，追忆攀枝花开发建设的激情岁月。在端午节、中秋节、重阳节期间，广泛介绍传统节日的文化内涵，积极组织干部群众参加网络主题活动，开展走访慰问活动和关爱老年人、未成年人、家庭困难人员志愿服务活动，广大群众对中华民族的认同感不断增强。

【迎接四川省城市公共文明指数测评工作】 2012 年，市精神文明建设办公室认真做好迎接四川省城市公共文明指数测评工作。年初，制发《2011 年攀枝花市城市公共文明指数测评反馈意见》，将影响 2011 年全省城市公共文明指数得分的 30 个问题逐项逐条分解到 14 个责任单位，督促各区、市级相关单位针对薄弱环节和突出问题，迅速整改落实。年中，制定 2012 年全省城市公共文明指数测评实施方案，多次召开迎接四川省城市公共文明指数测评督查工作专题会，细化责任、明确分工，安排部署工作任务；开展集贸市场环境整治、净化社会文化环境、交通违法行为整治、“窗口”行业规范化服务等 13 项整治行动；组织 10 个市级责任单位牵头对 215 个实地考察的点位进行专项督查，督促各单位针对存在的问题加强整改，积极配合省文明办完成全省城市公共文明指数测评工作。与此同时，加大宣传引导力度，在市级新闻媒体开设专题专栏，及时报道各级各单位深入开展文明城市创建工作的动态，深入反映广大市民参加文明城市创建的火热实践，集中刊播文明礼仪知识，深入解读四川省文明城市考核验收的指标体系，深刻点评市民身边的、日常生活中的不文明现象，为深入推进文明城市创建工作营造浓厚氛围。利用公交车车身和车内语音提示系统宣传文明礼仪知识，精心设计印制 4 万余份创建四川省文明城市和公共文明城市指数测评宣传单，发放到各县（区）、各单位和各大企业；充分运用全市各大广场、各大窗口行业的电子显示屏等，滚动播放创建文明城市宣传标语；协调开通创建文明城市手机铃声，面向全市发送创建文明城市知识手机短信 100 余万条，基本覆盖到全市所有手机用户；在繁华地段、公共场所、城市主要干道等地设置宣传“五创联动”、创建文明城市的单立柱公益广告、道旗广告、灯杆公益广告1 000余幅，在车站、广场、公园等公共场所设置场景化公共文明温馨提示、道德格言 1 万余条，有效提升社会各界对公共文明知识的知晓率。据四川省精神文明建设办公室公布的 2012 年城市公共文明指数测评结果显示，攀枝花市在全省 17 个接受测评的市（州）中排位第 4 名，顺利实现年初市委提出的“上位求进”目标。

【加强创建文明城市工作】 2012 年，市精神文明建设办公室切实履行牵头协调职能，强化组织指导，扎实开展文明城市创建工作。成立由市委常委、宣传部部长沈钧任指挥长，市人大、市政府、市政协分管领导任副指挥长的创建全国文明城市指挥部，下设办公室和 9 个创建专项工作组，充实工作人员，加强对文明城市创建工作的指导。制定《攀枝花市创建全国文明城市工作方案》和《攀枝花市创建四川省文明城市攻坚工作方案》，明确创建目标、任务和要求，逐项逐条地把《四川省文明城市考核测评细则（2011 年版）》中总计 48 项测评指标、151 项测评内容、397 条测评标准分解到 80 多个责任单位，落实到责任人。与各区、钒钛产业园区、市级创建单位签订目标责任书，保证创建工作领导、队伍、目标、责任、标准和考核“六落实”。建立创建文明城市工作周报、联席会议和信息报送制度，总结工作，交流经验，安排任务。加大对创建工作的督查督办力度，采取集中督查与日常督查、定期督查与专项检查、现场督办与会议督办相结合的方式，加强对创建工作的协调、督促和考核，构筑起“层层有人抓、事事有人管、人人有指标”的创建督查体系。邀请省文明办创建处负责同志对各区县、市级创建责任单位的负责同志和具体工作人员进行业务培训，组织全体工作人员逐条逐句研究解读《四川省文明城市考核测评细则（2011 年版）》及其《操作手册》的主要内容，熟悉掌握创建四川省文明城市工作的相关考评程序和标准，做到统一认识、统一标准、统一口径。

【文明细胞创建活动】 2012 年，市精神文明建设办公室强化协调指导，积极推进盐边县争创第三届四川省文明城市和全国文明县城的相关工作，指导盐边县、米易县完成省文明办组织的城市公共文明指数测评工作。加强文明单位创建的管理指导，着力提高文明单位创建质量，对 500 余家省、市级文明单位进行复查登记，指导各单位认真自查、全面总结，规范整理创建档案资料，清理一批创建动力不强、创建积极性不高、创建质量下滑的单位。健全完善文明单位管理机制，引导各级文明单位充分发挥示范带头作用，积极争做文明创建的排头兵和示范者。与此同时，在党政机关开展“创文明机关，做人民满意公务员”活动，在窗口服务行业开展“礼貌待人、诚信服务”活动，配合做好“婚育新风进万家”活动，深入开展军地、警民精神文明共建活动，着力形成以点成线、以线带面的精神文明创建工作格局。深化农村精神文明创建工作，制定《攀枝花市关于进一步加强新形势下农村精神文明建设工作的实施意见》，以市委办、市政府办名义下发落实。制定《攀枝花市关于进一步加强新形势下农村精神文明建设工作的任务分工方案》，将工作任务分解落实到82个责任单位。指导各县(区)、市级相关单位广泛开展星级农户、文明集市等创评活动,着力培育新农民,倡导新风尚。

【“讲文明树新风”系列活动】 2012年,市精神文明建设办公室认真组织开展“喜迎十八大、讲文明、树新风”主题活动,科学设置活动内容,组织干部职工参加文明劝导活动和志愿服务活动、看望慰问结对帮扶困难人员、开展社会公益慈善事业等,选送31幅图片资料、39篇文字材料参加“喜迎十八大说说四川新变化”活动,展示良好城市形象,营造浓厚社会氛围。开展“文明餐桌行动”,联合市商务和粮食局、市教育局、市工商局等单位联合制发实施方案,明确活动内容、任务分工和工作要求。在市级媒体上刊登倡议书,指导餐饮企业酒店在餐厅门口摆放告示牌、在店堂内张贴宣传海报、在每张餐桌放置文明用餐提示牌,各学校在校园内悬挂“文明餐桌行动”提示牌和相关名言警句,营造“文明消费、勤俭节约”的良好社会风气。实施市民文明素质提升工程,推动文明礼仪“进机关、进社区、进学校、进企业、进农村、进家庭、进景区、进市场、进窗口”。联合市公安局继续推进文明交通行动,广泛宣传交通法规和安全常识,引导群众自觉摒弃不健康陋习,树立文明新风尚。

【未成年人思想道德建设】 2012年,市精神文明建设办公室着力健全完善常态化的未成年人思想道德建设工作机制,协助市委目标督查办对58个未成年人思想道德建设责任单位2011年的工作情况进行目标考核,专题向市委常委会汇报2012年未成年人思想道德建设工作要点,分解落实2012年省委下达的未成年人思想道德建设保证目标和工作任务,加强学校德育工作,提高家长开展家庭教育的能力和水平,发挥“五老”人员在加强思想道德教育、净化社会文化环境等方面的积极作用,进一步调动全社会关心、支持未成年人健康成长的积极性和主动性,构建更加完善的学校、社会、家庭“三结合”教育网络。深化拓展“做一个有道德的人”主题活动,以“心向党、跟党走”为主题,组织中小学生参加“网上祭英烈”和“学习雷锋、做美德少年”网上签名寄语活动。举办“童心向党”歌咏会,来自第十小学的1 500余名学生参加演出活动。开展第一届全省优秀童谣和未成年人国庆节日小报创作推荐活动,收到各县(区)上报的优秀童谣45首、国庆节日小报280余份,向省文明办推荐优秀童谣25首、国庆小报28份。联合市委宣传部、市教育局制定《攀枝花市推进中华经典诵读活动实施方案》,重点对各中小学校广泛开展中华经典诵读活动提出明确要求。以“认识雷锋叔叔、发现身边雷锋、争当雷锋少年”为主题,组织广大未成年人开展“学习雷锋精神、创建和谐校园”活动,通过召开学雷锋主题队(团)日、征文比赛、讲故事比赛、演讲比赛和学唱经典歌曲等形式,引导中小学生在讨论和交流中认识雷锋、了解雷锋;成立共青团员、少先队员社区义务劳动志愿队等,到社区、敬老院开展“学雷锋争当小小志愿者”等活动,推动雷锋精神进教材、进课堂、进学生头脑。大力营造有利于未成年人健康成长的社会文化环境,协调督促相关单位开展校园周边环境集中整治“百日行动”,以查处网吧违规接纳未成年人、查缴非法出版物、查处娱乐场所违规接纳未成年人为重点,加大对文化出版市场整治力度,规范网吧经营秩序,为广大青少年营造了良好的学习和生活环境。加大对关心下一代工作的宣传力度,协调市级新闻媒体通过报纸、广播电视等形式,广泛宣传关心下一代工作亮点和成果;指导各级宣传文化部门在社区和农村开辟宣传专栏,积极宣传各级党委、政府推进关心下一代工作的新措施、新办法和工作成效;协调中国攀枝花网、攀枝花新闻网、四川新闻网攀枝花频道等及时转载新华网四川频道上3篇关于攀枝花关心下一代人物先进事迹的报道。做好《英雄少年谱》《“感恩·奋进”书系—今日汶川国之少年》等优秀文艺作品的宣传推介工作,满足未成年人多样化的需求。积极推进乡村学校少年宫建设项目,指导东区银江镇中心校等5所学校,按照《四川省乡村学校少年宫考核评估标准》,完成场地维修、设备采购等工作,制定落实相关管理制度。组织人员对各乡村学校少年宫的建设、管理和使用情况进行专项督查,指导其发挥在推进社会主义核心价值体系方面的引领示范作用。向省文明办推荐米易县新山傈僳族乡中心校、仁和区平地中心校和盐边县渔门镇中心校3所2012年乡村学校少年宫项目建设学校,指导各申报学校做好项目规划、建设场地等前期准备工作。推进自建乡村学校少年宫建设任务,积极与市财政局、市教育局协商,制定出台进一步推进乡村学校少年宫建设实施方案,明确全市乡村学校少年宫和城市试点学校少年宫的建设进度、投入渠道、实施步骤和工作要求。命名34所“做一个有道德的人”主题活动联系点、未成年人中华经典诵读示范点和学雷锋活动示范点学校,发挥各类爱国主义教育基地和青少年校外活动场所的濡染培育作用,引导广大未成年人认知传统、继承传统、弘扬传统。指导攀枝花市外国语学校继续实施“心海护航”心理健康教育工程,指导市实验学校做好攀枝花市未成年人心理成长指导中心的筹建工作。协调各相关单位开展“暖冬行动”等活动,加大对留守儿童、空巢儿童、流浪未成年人、犯罪人员未成年子女、特困家庭子女、残障儿童等特殊未成年人群体的关爱和帮扶力度。

【“学雷锋”志愿服务活动】 2012年,市精神文明建设办公室以推动学雷锋活动常态化为契机,建立健全社会志愿服务工作机制,建立由市文明委领导,市委宣传部牵头,市文明办、市教育局等为成员单位的深入开展学雷锋活动联席会议制度,加强对活动开展情况的指导、协调、督促和检查。把学雷锋活动作为精神文明建设的重要内容,纳入到文明单位创建考核验收之中。加强志愿服务队伍建设，起草《攀枝花市志愿服务队伍建设实施方案》等文件，对全市志愿服务工作的领导机构、组织体系、招募培训机制、管理激励机制和保障措施进行安排。组建攀枝花市志愿服务总队，推动各县（区）、市级各单位加快建立志愿服务支队和大队。开展“学雷锋·抗旱灾”志愿服务活动，协调全市各级党组织、群团组织、文明单位组建“学雷锋党员志愿服务队”“青年抗旱服务队”等各类抗旱志愿服务队伍近700支，动员广大党员干部、工人学生、市民群众深入旱情严重的乡镇，开展抗旱技术培训、节水灌溉技术推广、帮助村民找水引水等活动，参与抗旱志愿服务的党员干部、青年志愿者等有1万余人。开展弘扬雷锋精神主题志愿服务活动，组织城乡居民、干部职工、未成年人认真阅读《学雷锋，我们在行动》读本，积极参加知识竞赛，精心撰写心得体会，累计有2万余人次参加知识竞赛，收到志愿者心得体会100余篇。开展“喜迎十八大，我为老党员、老干部、老模范做一件事”主题志愿服务活动，协调民政、教育、共青团、老龄办等相关部门以及各级文明单位依托社区居委会、老年知心热线、老年人协会等，开展健康知识讲座、义诊、免费体检活动，为老年人详细介绍日常生活保健和心理保健等健康知识；开展走访慰问活动，帮助打扫环境卫生，解决生活中遇到的困难和问题；邀请老党员、老干部、老模范等分别举行座谈会、茶话会、红歌会等，组织老年人参加象棋、桥牌、书画、摄影等活动，丰富老年人的日常生活。联合各级新闻媒体开设“弘扬雷锋精神，寻找身边好人”等专栏专题，集中宣传介绍雷锋同志先进事迹，及时报道各县（区）、各单位开展学雷锋活动的动态消息，集中宣传30多位“学雷锋”先进典型，累计刊播学雷锋活动信息400余条，营造出学习雷锋、服务群众的良好氛围。

【文化惠民工程】 2012年，市精神文明建设办公室认真做好各项文化惠民工程，完成“‘绿色’电脑进西部活动”赠送电脑的具体分配和接收工作，指导接收单位加强对电脑的管理使用。推荐敖亚萍、纳万祝等5名同学为2012年“西部开发助学工程”受助大学生，及时将10万元助学贷款发放给20名受助学生，跟踪收集15名在读受助学生的学习、生活、思想情况。组织25名网络文明传播志愿者参加省文明办举办的培训活动，加强对网络文明传播志愿者的日常管理和信息报送工作的考核，组织网络文明传播志愿者积极参加“喜迎十八大”、“我们的节日”等网络主题活动，表达爱党、爱国、爱社会主义的热情。积极向中央文明办和省文明办报送攀枝花市精神文明建设的相关信息，在中国文明网、《精神文明报》、四川文明网等刊载相关信息140余条次。

【城乡环境综合治理宣传报道】 2012年，市城乡环境综合治理宣传报道专项指挥部不断健全完善宣传报道工作机制，先后制订《加大“五乱”曝光力度助推城乡环境综合治理再掀高潮的宣传报道方案》等文件，下发到各县（区）和大企业党委宣传部、市级新闻媒体、相关成员单位具体组织实施。不断完善宣传报道工作沟通协调机制，把城乡环境综合治理宣传报道工作纳入市委宣传部每个月召开的新闻通达会，进行统一安排部署。加强新闻单位与其他专项指挥部之间的横向联系，加强新闻单位与各县（区）之间的纵向联系，坚持实施工作动态周报制度。通过编发52期《宣传报道工作简报》、12期《宣传报道工作月报》，协调、指导全市面上的宣传报道工作有序推进。持续营造浓厚的舆论氛围，组织指导市、县（区）、大企业新闻媒体统一开设“深入治五乱，整洁迎五一”“巩固创建成果，迎接‘国卫’复查”等专栏，运用动态报道、深度调查、图片等形式，及时宣传推广各区县、各部门的工作进展情况和创新举措。组织记者深入工作一线，精心选择视角、展现生动画面、反映生活场景，推出人物访谈、互动话题，先后围绕“花城景观打造”“国家卫生城市复检”“五创联动”等工作，集中宣传华山副食批发市场集中脏乱差现象、西区大水井社区积极美化生活环境、全市工商系统全力打造示范市场等一批典型报道。2012年，市级媒体累计刊播城乡环境综合治理工作相关报道1 622篇，县（区）广电媒体播出城乡环境综合治理相关新闻200余条，市、县（区）广电媒体还制作城乡环境综合治理公益广告，每天在广播频率和电视频道中滚动播出。指导市级新闻媒体开设“城乡环境综合治理曝光台”等专栏，收集、报道市民对城乡环境综合治理的意见、建议、呼声，先后曝光380余个群众意见大、久拖无成效的城乡环境卫生问题。督促市级相关部门和各县（区）建立媒体曝光问题处置情况追踪制度，使曝光的各类问题及时得到了整治。协调各县（区）、市级各单位通过发放宣传资料、张贴标语横幅、召开群众会议、发放年历和环保袋、开展知识问答等形式，广泛宣传文明礼仪和卫生环保知识，共开展宣传活动和签名活动200余次，设置宣传栏、宣传展板、悬挂横幅标语500多个（幅），发放调查问卷、环保袋、宣传扑克等宣传材料23 500余份。结合城乡环境综合治理“七进”活动，组织干部职工、中小学生、志愿者等在城市主干道、公园、广场等公共场所开展环境卫生知识宣传和文明劝导活动，城乡居民参加城乡环境综合治理的积极性更加高涨。协调东区、西区、仁和区、米易县、盐边县、钒钛产业园区组建人员固定的文明劝导队，坚持每周至少开展一次文明劝导活动，劝导“乱吐、乱扔、乱倒、乱穿”和其他不文明行为2 190余人次。组织各相关单位、各县（区）大力开展城乡环境综合治理户外公益广告宣传，在交通要道、社区广场、机场、车站、码头等地，制作悬挂单立柱公益广告幅、道旗广告幅、灯杆公益广告1 200余幅，维修破旧、破损的道旗广告和标语横幅1 267面。协调“攀枝花市公众信息网”“中国·攀枝花网”继续在首页显著位置设置专栏和专题，及时进行动态报道，广泛收集民意。组织市级媒体和省级媒体驻攀记者站积极向省级媒体报送相关稿件,全面展示攀枝花市城乡环境综合治理工作的进展情况和显著成效。

(刘嘉华)

统战工作

【概　况】 2012年,中共攀枝花市委统战部内设办公室、干部处、党派知识分子处、经济联络与海外处,民主党派工商联机关事务管理处、民族宗教处6个处(室);行政编制13名,单列管理行政编制3名,机关后勤事业编制3名,实有在职干部职工15人。2012年,中共攀枝花市委统战部按照中央和省、市委的工作部署,认真贯彻落实统战一系列方针政策,组织和引导全市统一战线深入贯彻"同心"思想,紧紧围绕全市中心工作和各项目标任务,充分发挥独特优势和作用,整合资源,突出重点,大力开展以争取各民主党派、工商联上级组织支持为重点的"同心·共推发展"主题活动、以专题调研为重点的"同心·共献良策"主题活动、以统一战线集中三下乡活动为重点的"同心·共促民生"主题活动、以参与和服务社区社会管理为重点的"同心·共建和谐"主题活动等"四大同心"实践活动,打造"同心"品牌,为服务全市科学发展和促进社会和谐做出积极贡献。2012年,中共攀枝花市委统战部获2010~2012年全省统战工作先进单位、全省统战理论研究优秀成果奖、统战工作实践创新成果奖、统战信息工作先进单位等荣誉称号。

【政治引导】 2012年,为做好统一战线的思想政治引导工作,中共攀枝花市委统战部以践行"同心"思想为重点,组织全市统一战线广大成员认真学习中共十八大精神、四川省第十次党代会精神、攀枝花市第九次党代会和中共攀枝花市委九届三次全会精神,深入开展政治交接、树立和践行社会主义核心价值体系等主题活动,不断加强对统一战线的政治引导。2012年5月2日至5月11日,中共攀枝花市委统战部组织全市各民主党派、工商联负责人到贵州毕节地区开展第21期暑期教育活动,通过深入到毕节地区实地考察,与当地民主党派、工商联负责人座谈交流,听取"毕节模式""毕节经验"情况介绍,观看《毕节试验区践行同心思想纪实》纪录片等形式,全方位、多视角地了解全国统一战线参与支持毕节试验区建设所采取的重要举措、取得的显著成效和积累的成功经验,不断巩固统一战线"同心同德、同心同向、同心同行"的共同思想政治基础。

【助推发展】 2012年2月上旬和3月中上旬,在中共四川省委统战部的精心指导和四川省各民主党派、四川省工商联的支持帮助下,受中共攀枝花市委书记刘成鸣委托,中共攀枝花市委副书记赵辉率领中共攀枝花市委统战部各民主党派攀枝花市委、民建省委攀枝花市基层委员会和攀枝花市工商联的有关负责人,分别赴成都和北京,带着课题专程拜访各民主党派四川省委、四川省工商联和各民主党派中央、全国工商联,以争取各民主党派、工商联上级组织支持和帮助,助推攀枝花市经济社会发展。拜访活动得到各方热情接待,受到时任民革中央主席、全国人大常委会副委员长周铁农,民建中央主席、全国人大常委会副委员长陈昌智,全国工商联主席、全国政协副主席黄孟复,九三学社中央副主席、全国政协副主席王志珍等国家领导人的亲切接见。通过拜访,2012年,民盟中央、农工党中央、致公党中央、九三学社中央以及民主党派四川省委、四川省工商联先后到攀枝花调研、考察、讲学,为攀枝花经济社会建设建言献策、鼓与呼,并形成长效合作交流机制。

2012年3月27~28日,由四川省工商联发起的川内60余家知名企业负责人到攀枝花开展"攀枝花行"活动,实地考察攀枝花投资环境,并参加攀枝花市举办的重大项目投资说明会。四川省工商联与攀枝花市签订战略合作协议,并授牌攀枝花市西区格里坪园区为"川商产业园"。

2012年3月29~31日,农工党中央副主席刘晓峰率调研组到攀枝花就县级公立医院医疗改革进行调研,为攀枝花市医疗改革提供指导和帮助,农工党中央将攀枝花市列为全国唯一的地级市参政议政联系点。

2012年6月8日,致公党中央主席、全国政协副主席、科技部部长万钢在成都亲切会见中共攀枝花市委书记刘成鸣,中共攀枝花市委副书记、市长张剡,并表示科技部将加大协调推动力度,搭建国家级科技攻关平台,支持攀枝花推进钒钛战略资源创新开发。

2012年7月2日,九三学社中央副主席、全国政协副主席王志珍,九三学社中央副主席、农业部副部长张桃林,九三学社中央副主席赖明等率调研组到攀枝花就"农业发展与工业转型"进行调研,帮助攀枝花市在金沙江干热河谷治理工作、特色农业发展等方面争取政策和支持。

2012年8月1日,民盟中央副主席、省政协副主席、民盟省委原主委吴正德到攀枝花就"中国共产党领导的多党合作制度"为全市统一战线作专题报告,通过切身体会,帮助和指导统战广大成员更好地履行职责。

2012年8月1日,省委统战部组织换届后的7个民主党派省委新任领导班子成员齐聚攀枝花,开展学习调研活动,为攀枝花市经济社会发展建言献策,提供指导和帮助。

2012年8月19日,农工党四川省委与攀枝花签署为期4年的合作框架协议,为攀枝花打造区域医疗卫生高地提供医卫方面的智力帮扶、技术支撑、学科指导,将米易县人民医院作为人才培养和定点帮扶单位。农工党四川省委还组织省内知名专家到米易县开展"三下乡"服务活动,现场捐赠药品18万元。

2012 年 8 月 20 ~ 21 日，民盟中央副主席索丽生率调研组到攀枝花就“中国钒钛产业高技能人才培养基地建设”进行调研，并就有关问题与攀枝花市达成合作共识。

2012 年 11 月 7 日，民进省委副主委刘激涛率调研组到攀枝花就“构建四川南向开放门户”课题进行调研，并确定在 2013 年四川省政协大会上发言，助推攀枝花市加快建设四川南向开放门户。

【建言献策】 2012 年，按照“党委出题、党派调研、政府采纳、部门落实”的模式，中共攀枝花市委统战部组织全市各民主党派、工商联和党外知识分子联谊会深入开展一年一度的专题调研活动，集中向党委、政府建言献策。2012 年 12 月 17 日，攀枝花市统一战线专题调研成果汇报会在攀枝花会展中心举行。中共攀枝花市委书记刘成鸣，中共攀枝花市委副书记、市长张剡出席会议并讲话。攀枝花市人大常委会主任谢道全，攀枝花市政协主席单荣，中共攀枝花市委常委、常务副市长杨自力，攀枝花市政协副主席、中共攀枝花市委统战部部长赵勇出席会议。会议由中共攀枝花市委副书记赵辉主持。攀枝花市各民主党派、市工商联、市党外知识分子联谊会和市级相关部委的负责同志参加会议。会上，攀枝花市各民主党派、市工商联、市党外知识分子联谊会负责人先后汇报专题调研成果。本次专题调研共形成 9 项成果，涉及构建四川南向门户、打造“千亿钒钛产业”、加快保障性住房建设、建设定向运动城市、打造康养基地、构建城市困难群众帮扶体系、发展慈善事业、优化水资源利用、促进民营骨干企业发展等方面。中共攀枝花市委书记刘成鸣在听取调研成果汇报后，对各民主党派、工商联所做务实有效的工作给予高度评价，要求全市统一战线要深入学习贯彻中共十八大精神，继续充分发挥各自优势，认真履职尽责，进一步提高参政议政、服务发展的水平。

【服务民生】 围绕服务和改善民生，中共攀枝花市委统战部组织全市统一战线整合资源，整合力量，建立统一战线集中“三下乡”活动机制。2012 年 11 月 3 日，攀枝花市统一战线 2012 年“同心 · 服务民生”活动在仁和区仁和镇大河社区举行。全市各民主党派、工商联和党外知识分子联谊会组织近百名专家成员参加活动。攀枝花市政协副主席、中共攀枝花市委统战部部长赵勇出席活动并讲话。活动当天，全市各民主党派、工商联和党外知识分子联谊会组织专家成员现场为群众开展义诊、药品发放、保健讲座与食品安全、法律咨询、科普宣传、文艺演出等服务，捐赠物资和现金 20 万余元，受到基层群众的热烈欢迎和好评。

【参与和服务社会管理】 2012 年，按照中央和省、市委加强和创新社会管理工作部署，中共攀枝花市委统战部结合工作实际，创新思路，在统一战线开展服务社区社会管理试点工作，组织和引导统战广大成员参与和服务社区社会管理工作，为促进社会和谐献计出力。试点工作以社区为平台，分别选择东区炳草岗街道红星社区、东区瓜子坪街道四合院社区、西区清香坪街道路南社区、仁和区仁和镇大河社区等 4 个社区作为试点社区，并在社区开展“社区为统战成员服务、统战为社区建设添彩”主题活动，发挥统战成员积极作用，服务社区社会管理工作。全市统一战线服务社区社会管理工作被中共攀枝花市委纳入全市加强和创新社会管理工作体系，并作为特色亮点打造。经过一年来的摸索，初步形成“领导重视、情况清楚、双向服务、制度保证”的工作格局。

【自身建设】 2012 年，中共攀枝花市委统战部把加强统一战线自身建设作为履职的组织保障，积极协助统战广大成员加强自身建设，不断提升统一战线服务科学发展和实现自身科学发展的能力。积极协助民主党派加强自身建设。2012 年 2 月 1 日，中共攀枝花市委副书记赵辉主持召开全市各民主党派和工商联相关问题专题研究会议。中共攀枝花市委常委、市委组织部部长张祖芸，中共攀枝花市委常委、市委宣传部部长沈钧，攀枝花市政协副主席、市委统战部部长赵勇出席会议。中共攀枝花市委组织部、中共攀枝花市委统战部、中共攀枝花市委编办、攀枝花市财政局等部门负责人参加会议。会议就市级各民主党派和工商联反映的困难和问题进行研究，并达成一致意见。2012 年 8 月 27 日至 8 月 30 日，中共攀枝花市委统战部、中共攀枝花市委组织部在攀枝花市社会主义学院举办全市民主党派基层组织负责人培训班，对全市 7 个民主党派的 40 余名基层组织负责人进行培训。2012 年 9 月 21 日，中共攀枝花市委统战部在攀枝花市社会主义学院举办全市第一期民主党派入党积极分子培训班，对全市 6 个民主党派的 59 名入党（盟、会）积极分子进行培训。积极协助民建攀枝花支部升格为攀枝花市基层委员会，并于 2012 年 4 月 10 日成功召开成立大会。加强工商联建设，圆满完成攀枝花市工商联和各县（区）工商联换届工作。在广大非公经济代表人士中开展攀枝花市首届优秀中国特色社会主义事业建设者评选表彰活动。加强党外知识分子队伍建设，按照中央统战部的规定和省委统战部的要求，成立涵盖全市国家机关和国有企事业单位、新经济组织和新社会团体等领域以中、高级党外知识分子为主体的攀枝花市党外知识分子联谊会（首批成员为 120 人），并于 5 月 22 日成功召开攀枝花市知识分子联谊会成立大会暨第一届理事会。全面加强统战部门自身建设，加强统战干部队伍建设、作风建设，强化对基层统战工作的指导、督促、考核，不断夯实统战工作基础，基层统战工作取得全面进步。

（高　雷）

对台工作

【贯彻全省对台工作会议精神】 2012年4月，中共攀枝花市委副书记赵辉出席中共四川省委召开的全省对台工作会议，会后，市台办立即将会议精神传达贯彻到全系统的干部职工。按照省台办和市委的要求，结合攀枝花市实际，研究制定《关于贯彻落实2012年全省对台工作会议精神的实施意见》。

为进一步推动川台交流合作深入发展，2012年9月，四川省委办公厅、省政府办公厅联合转发《中共四川省委台湾工作办公室关于做好新形势下对台交流工作的意见》（川委台〔2012〕29号）后，按照攀枝花市政府分管领导的要求，结合攀枝花市近几年对台交流工作情况，市台办制定《中共攀枝花市委台湾工作领导小组办公室关于贯彻省委办公厅、省政府办公厅做好新形势下对台交流工作意见的通知》（攀委台发〔2012〕26号），提出攀枝花市下一步对台经济、城市管理、科教文卫等方面交流合作的意见，并规范了攀枝花市对台交流管理工作。

【对台经济工作】 2012年，在积极推动在攀台资和台属企业扩大投资的同时，有效利用向省发改委争取的攀枝花台湾特色水果母本示范园项目建设资金，对现有涉台项目进行扶持和帮助。2012年，市台办协调台湾九品莲花生态园与攀枝花市园林处对接，园林处组织人员前往福建漳州台湾九品香水莲花大陆种苗基地进行考察学习，成功引进1 500株台湾九品香水莲花，分别在竹湖园、攀枝花公园、攀大景观湖内种植（九品香水莲花每年的花期长达8个月）。截至2012年底，攀枝花市引种的九品香水莲花已进入盛花期，这对打造阳光花城有一定的促进作用。协调60多万元专项资金，帮助台湾农民创业园特色水果母本示范园新修温室大棚和园中道路，翻新、新建灌溉系统。年内，市台办积极支持台属企业攀枝花干热河谷生物工程有限公司进行基础设施建设和扩大种植规模，在100公顷咖啡种植园新基地上扩建蓄水池、铺设灌溉设施、建设新苗圃，协调抗旱用水。协调解决台资企业大友农业开发有限公司与金江镇沟坝村3个合作社的土地租用纠纷问题，协调解决永丰余农业公司因丽攀高速公路工程公司施工占地的补偿问题。

【对台交流工作】 2012年10月16日至23日，市台办组织以攀枝花市人大常委会主任谢道全率领，有11人参加的城市社区文化建设考察团到台湾南投县埔里镇桃米里等地，实地考察了解台湾各个形态的社区建设、社区管理体制、机制。这对攀枝花市加强和创新社区管理，提升城市文化建设和社区管理水平具有积极的借鉴意义。10月23日至30日，攀枝花市副市长柳康健率城市景观建设考察团一行10人，赴台考察特色城市文化景观打造，实地了解台湾在城市建设中注入花卉文化和生态旅游元素、提升城市文化内涵和品质的经验和做法。10月16日至23日，中共盐边县委副书记谭兴忠带领盐边10名乡镇党委书记和农业龙头企业负责人共计21人参加的农业产业化考察团赴台考察，实地了解台湾在加强农业基础设施建设、探索农业产业化经营模式、提高农业组织化程度、加强产学研合作、注重品牌培育等方面的做法。

2012年7月22日至24日，台湾经济发展促进会理事长陈福文、台湾旅游协会理事长吴德富率18人的台商两会参访团来攀枝花市考察。市政府副市长李仁杰和副秘书长尹森陪同台湾两会参访团先后前往盐边县桐子林镇、钒钛产业园区、米易县雷窝村实地考察了解攀枝花市工业、农业、旅游业发展情况和投资环境。参访团表示，攀枝花之行印象深刻，将以此次考察为契机动员两会台商加强与攀枝花在台湾农民创业园、生物科技等方面的交流合作。2012年9月13日至14日，台湾清华大学、台湾大学、中山大学等学校18名硕士和博士组成的台湾青年学子科技交流团来攀，交流团参观了攀枝花开发建设纪念馆、攀枝花苏铁园、攀钢、兰尖矿采矿场等地。

截至2012年底，来攀考察、探亲、旅游的台胞共计50人次。

【台湾农民创业园工作】 2012年5月31日，由国台办经济局副局长彭庆恩牵头、国土资源部港澳司、农业部台办以及中国进出口发展银行、国家发改委相关人员组成的台湾农民创业园调研组赴四川省调研，主要了解四川新津台湾农民创业园和攀枝花盐边台湾农民创业园的相关情况。根据省台办要求，市台办、市农牧局、盐边县分别派有关负责人到新津，将攀枝花盐边台湾农民创业园的园区建设、项目合作情况和存在的问题向调研组作了详细汇报。

2012年1月，市台办、市农牧局、盐边县对“四川攀枝花盐边台湾农民创业园”发展情况和存在的问题以及下一步打算进行摸底调查，共同拟定了攀枝花盐边台湾农民创业园招商引资方案（送审稿）上报市委，为市委市政府决策提供参考。

【争取上级支持】 为争取省台办在攀枝花盐边台湾农民创业园建设、“明德”学校的名额分配等方面的大力支持，2012年6月12日，市台办和市委统战部的主要负责人陪同攀枝花市委副书记赵辉专程赴蓉，拜访省台办领导，与省台办主任刘俊杰及相关处室负责人进行座谈交流。市委副书记赵辉代表攀枝花市委向省台办汇报攀枝花市概况、“十一五”以来取得的成就、“十二五”规划和市第九次党代会确定的各项目标任务及对台工作情况。通过座谈交流，省台办主要领导表示，将一如既往地在攀枝花盐边台湾农民创业园建设、攀枝花对台交流、接受台胞捐赠等方面，发挥省台办的优势，给予攀枝花大力支持。

【对台宣传】 2012年，攀枝花市台办利用组团赴台湾考察和台胞台属在台湾岛内的特殊关系等加强入岛宣传；积极向省台办所办刊物《四川对台工作》和《中国台湾网—四川网站》、《锦绣四川》网站报送攀枝花市社会经济发展、资源优势、招商项目和优惠政策等情况，吸引台胞到攀枝花投资兴业。

【台胞捐赠】 2012年，积极督促、协调有关区县抓紧台胞捐建的灾后重建学校收尾工作；在四川省台办的支持下，争取台胞王永庆基金，在米易县白马镇捐建明德学校1所，所需建校资金45万元已获批准；与市残联共同努力，争取到"台北曹仲植基金会"捐赠攀枝花市残疾人轮椅50辆并及时发放到残疾人手中。

（王　铎）

保密工作

【目标管理】 2012年，市委、市政府将保密工作纳入市委、市政府综合目标考评保证目标内容。根据《四川省县级以上党政机关各部门、各企事业单位保密工作目标管理暂行办法》和《攀枝花市国家保密局关于〈暂行办法〉的调整补充意见》的要求，从自查报告、年度工作安排和总结、涉密文件清退、涉密图纸清查、保密宣传教育资料征订、"六五"保密法制宣传规划、计算机户籍管理系统建设与违规外联软件安装、党政机关保密大检查等方面，对114个县级（含县级以上）单位进行考核，其中，达省一标单位77个，占67.5%；达省二标单位17个，占14.9%；达省三标单位12个，占10.5%；不达标单位8个，占7.1%。根据年初市委制定的目标绩效考核办法，对年内没有达到省一标的单位要进行扣分、未达省二标单位扣0.5分、未达省三标单位扣1分，发生重大泄密事件的每件次扣2分。

【网络清查检查】 按照全国和省保密局的统一部署和市委保密委员会2012年工作要点的安排，10月至11月在全市开展党政机关保密大检查工作。市委保密委员会对检查工作高度重视，成立由市委办副主任戴道云任组长的检查领导小组，制定下发《中共攀枝花市委保密委员会关于开展2012年度保密工作检查的通知》（攀密办〔2012〕6号），对全市党政机关保密检查工作进行安排部署，明确将把抽查情况作为2012年度保密工作目标考核的重要依据，检查工作分自查整改和抽查检查两个阶段。各级各部门按照全市统一部署，认真开展自查整改工作，80个市级部门、5个县（区）按时报送自查整改报告，全市共检查计算机4 120台，涉密计算机220台，移动存在介质3 060个。10月22日至11月7日，市保密局抽调县（区）保密局局长和技术骨干组成6人的检查组，对5个县（区）、市级五大班子和部分涉密重点单位等15个市级部门的自查整改情况进行抽查。检查组针对查出的问题，与被查单位现场交换意见，提出整改要求，限期整改。从抽查情况看，总体好于2011年，特别是市级五大班子制度健全，可操作性强；定密范围清楚，涉密文件管理规范，登记清楚，账物相符；计算机和移动存储介质台账清楚，分类规范，使用符合保密规定。这次抽查共检查20个要害部门、35个要害部位、355台计算机（其中涉密计算机31台、内部工作计算机105台、非涉密机219台），移动存储介质45个（其中涉密介质23个）。

【制定完成保密科学技术"十二五"发展规划规划】 2012年，市保密局根据省委的要求，市委保密委员会结合实际制发了《攀枝花市"六五"保密法制宣传教育规划》，对全市保密科学技术"十二五"发展进行安排部署，并及时上报省保密局。各县（区）制定了相应的保密科学技术"十二五"发展规划。

【网络使用设备集中清理】 2012年初，市保密局收到上级有关严禁购买和使用不合格网络设备的通知后，市保密局及时向市委常委、市委秘书长、市委办公室主任王海波作专题汇报，并下发《关于做好网络交接机、路由器使用情况统计的通知》（攀保〔2012〕6号）文件，在全市范围内对网络使用设备情况进行一次清查。各县（区）、市级各部门积极开展清查工作，上报网络交换机、路由器使用情况统计表。截至3月25日，共收到全市5个县（区）、86个单位的网络交换机、路由器使用情况统计表。经查，绝大多数单位的网络交换机、路由器都使用的是合规设备，极少数单位使用不合规设备。只有盐边某单位使用3台不合规设备，市委保密办立即组织技术人员到该单位检查网络，全面检查该网络的实施方案、政府采购项目、设备配备情况等，责成立即更换正在使用的3台不合规设备；组织技术人员全面清查接入该网络单位的网络设备，明确要求只能使用合规设备。

【保密宣传教育工作】 2012年，市保密局制作计算机标识，互联网标识5 000张9万条，电子政务内网标识700张1万条，涉密标识500张2 000条，下发到全市各单位，进一步规范了计算机的分类管理。播放《保密技术专题演示》《信息化条件下的主要技术窃密手段及其防范》专题片10场，1 000余人观看；全市各级各部门还按照市委保密委员会的统一安排，通过检查、标语、专栏、学习讨论、挂图展示、手机短信等多种形式，深入学习宣传新《保密法》，增强了全市干部职工保密法制意识。全年,分别在市委党校中青班、县干班、东区等单位举办保密专题讲座8期,培训干部500多名。市保密局向省保密局投稿28份,征订发放《保密技术防范须知》1 977份,《涉密计算机信息系统保密管理教程》7份,新《保密法》2 506份,新《保密法》(释义)689份,新《保密法》宣传挂图318份,《保密工作》杂志374份,为全市保密宣传教育提供的充足的资料。

【筹备党政机关互联网统一出口平台建设】 2012年,为了实现市级以下党政机关逐步实现互联网集中接入的要求,市保密局与市电子政务中心在委托机关事务管理局进行采购失败后,多次与相关网络服务公司就网络安全平台建设、系统软硬件建设、互联网出口电路和互联网接入电路等内容进行协商,并组织专家进行评审,争取早日完成任务,确保网络安全。

【保密业务综合管理平台】 保密业务综合管理平台是2012年省委下达市州目标工作任务之一。市委保密办根据省局的统一要求,积极争取财政的支持,已与清华高科公司签订项目合同,截至2012年底,保密业务综合管理平台正在安装调试中。

【完善计算机户籍管理系统】 2012年,市委保密办完善攀枝花市涉密计算机户籍管理系统和涉密计算机违规外联阻断系统,至年底,已有35个部门、5个县(区),共863台计算机纳入管理,有效防止计算机违规接入互联网造成泄密事件的发生。

【涉密计算机维修定点单位复查】 2012年,市保密局为加强涉密计算机的管理,根据《四川省涉密计算机维修管理办法》的要求,市保密局通过场地检查、公司技术人员保密培训、维修任务等,对已确定为攀枝花市涉密计算机维修定点单位的攀枝花市宇森公司和志林公司进行复查,有效期到2014年4月止。

【计算机信息系统分级保护】 2012年,市委保密办认真贯彻落实《信息系统和信息设备使用保密管理规定》,落实计算机信息系统"分类管理、分级保护"要求,开展计算机信息系统清理核查工作,有计划地开展涉密信息系统的分级保护工作,配备相应的防护设备。经过确定,全市共登记备案涉密单机300余台。

【国家统一考试保密管理】 2012年,市保密局积极指导、协助和配合教育、招生、人事、司法、财政、卫生、统计等主管部门,切实做好全市国家统一考试保密管理工作。把高考试卷的安全保密作为重中之重,市保密局与市教育局、市招办、市公安局组成联合检查组,对县(区)高考保密室的安全保密情况进行复查,还坚持高考期间对高考情况、保密室值班情况和保密制度执行情况进行抽查。各县(区)保密局对高考进行全程跟进。同时,市保密局统一协调其他几项国家考试的试卷存放问题,加强检查和指导,2012年全市2次人事考试和司法考试中,市保密局配合人事局、司法局做好试卷押送工作,加强试卷保密室的督促检查和指导,防止失泄密事件的发生。2012年全市各项国家统一考试未发生泄密事件。

【涉密文件清退督查和保密审查】 2012年,市保密局根据省委的要求,加大对涉密文件清退督查力度,并处理相关责任人。对文件清退不齐的单位在年度目标中进行了降等次处理。同时做好公开出版刊物审查工作。审查包括《攀枝花市志》和《攀枝花年鉴》等公开出版刊物共300多万字。

(丁　利)

市直机关工委

【思想建设】 2012年,中共攀枝花市直属机关工作委员会(以下简称市直机关工委)坚持以科学发展观为指导,全面贯彻落实中共十八大和省第十次党代会、市委九届三次全会精神,组织市直机关各级党组织和广大党员干部通过征订学习资料、举办专题报告会、召开学习交流会等多种形式,认真学习中共十八大报告、修改后的党章及有关文件,深刻领会中共十八大的精神实质、思想内涵以及贯穿其中的一系列新思想、新观点、新举措,切实把思想和行动统一到中共十八大精神上来,把智慧和力量凝聚到落实中共十八大提出的各项任务上来。同时,各直属机关党组织结合自身工作实际,将学习宣传贯彻中共十八大精神贯穿于工作中,结合活动的有效开展,切实当好中共十八大精神宣讲员,及时全面准确地将大会精神传达到基层、宣传到群众,为中共十八大精神尽快深入人心搭建平台。

继续深入推进"学习型机关"创建活动,按照市委、市政府关于攀枝花市建设"学习型城市"的总体要求,扎实开展"学习型机关"创建活动。市直机关各部门以转变职能、改进作风、搞好服务、提高效率为目标,紧紧围绕履行职责,健全和完善机关学习制度,严格规范管理,完善务虚研讨,增强学习效果,实现浅层学习向拓展延伸、掌握知识向创新转化的转变,使学习研究与科学决策、解决问题、推进发展有机统一起来。同时,进一步加强个人自学,培养学习兴趣、激发学习动力,强化知识积累、更新知识结构,引导机关党员干部养成良好的学习习惯,自觉把学习作为一种政治责任、一种精神追求、一种生活习惯,形成工作学习化,学习工作化的良好氛围,通过学习推动工作,为全面完成机关各项目标任务奠定了坚实基础。

【组织建设工作】 2012 年,新任专职书记 1 名,新进党组 2 名,6 名专职书记试用期满按期转正,3 名专职书记交流到行政岗位任职。全年新成立机关党组织 7 个,机关党组织改建 2 个,共指导 39 个机关党组织按期换届。通过民主选举,基层党组织班子健全,分工明确,团结协作,履职尽责,表率作用得到充分发挥。

加强党建目标管理,召开机关党委、党总支部专职书记年度考核述职测评会。结合新时期新形势新要求,进一步完善机关党建目标考核内容,印发《市直机关党建目标管理考核细则》,将《中国共产党党和国家机关基层组织工作条例》文件的学习贯彻活动、学习型机关创建活动、创先争优活动、"领导挂点、部门包村、干部帮户"活动、城乡环境综合治理"进机关"活动、党组(党委)抓党风廉政建设责任制工作、党报党刊征订工作等纳入党建目标考核内容。

进一步加强党员教育管理,举办市直机关第 31 期入党积极分子培训班,对 207 名入党积极分子进行党的基本知识的培训,邀请市纪委、市委统战部等部门的领导现场授课,对入党积极分子进行形势任务教育和红色经典教育,取得较好效果。举办"市直机关学习贯彻《中国共产党党和国家机关基层组织工作条例》暨四川省《实施细则》专题讲座";组织 58 名机关党务干部到四川省级机关党校进行了为期 10 天的学习培训和实地考察。

先进典型示范带动作用进一步发挥,市直机关广大党员干部职工,坚持在学习型机关创建、"挂包帮"、城乡环境综合治理"进机关"中努力创先争优,涌现出一批先进典型,形成良好的示范带动效应。6 月 21 日,召开市直机关纪念中国共产党建党 91 周年暨"创先争优"表彰大会,对 30 个先进基层党组织、30 名优秀党务工作者、90 名优秀共产党员进行表彰。6 月 28 日,由市直机关工委推荐的 5 个先进基层党组织、18 名优秀共产党员受到市委表彰。同时,2 个先进基层党组织受到省委表彰。

积极主动做好迎接中共十八大胜利召开各项工作,完成了十八大和省十次党代会代表推荐提名和公示工作,市直机关 331 个党组织、5 125名党员积极参与,共推荐提名中共十八大代表候选人初步人选 228 人,省十次党代会代表候选人初步人选 88 人,在与市委组织部沟通基础上,经工委会议研究,按照绝大多数基层党组织和党员的要求遴选提名了出席中共十八大代表候选人初步人选 39 名,出席省十次党代会代表候选人初步人选 8 名。按照省、市委要求,将四川省出席中共十八大代表初步人选在整个市直机关进行了为期 7 天的张贴公示。完成市直机关半年党内统计相关工作,组织 76 个直属党组织进行专题集中培训,对市直机关 5 年来党员统计情况进行了问卷调查,综合市直机关整体情况形成了统计分析报告,为中共十八大提供了市直机关准确详实的基础数据。

创先争优活动进一步深化,市直机关工委负责组织市直机关开展创先争优活动,按照市创优办的要求,制定《关于在市直机关创先争优活动中开展基层组织建设年的实施意见》和《关于开展基层党组织现状大调查在市直机关实施"三分类三升级"的活动方案》。在市直机关通过开辟党政网专栏、局域网、墙报以及召开会议传达、开展信息交流等方式进行广泛的宣传动员。下发《市直机关基层党组织情况调查问卷》和《国有企业基层党组织情况调查问卷》,开展市直机关群众工作薄弱环节大排查,341 个基层党组织,5 219名党员参加大调查活动,活动中共召开座谈会 168 次,参加座谈的党员和群众分别为4 980人次和 813 人次,入户走访 516 人次,发放调查问卷3 510份,个别访谈1 020人次,54 个支部开展案例剖析,收集到需解决的问题 28 个。针对查找到的问题,形成整改措施 137 条,结合分类指导标准,积极承诺践诺,认真开展"三亮三比三评"活动。积极开展"三分类三升级"活动软件化工作,对 76 个直属党组织进行了软件信息系统专题培训。创先争优长效机制建设工作基本完成,建立长效机制 225 个,创先争优活动进入长效化管理阶段。

【廉政建设】 2012 年,市直机关工委始终坚持把党风政风建设作为机关党建工作的重要内容常抓不懈,严格执行党风廉政建设责任制,坚持标本兼治、综合治理、惩防并举、注重预防的方针,推进惩治和预防腐败体系建设,切实解决党员干部党性党风党纪方面存在的突出问题,努力建设为民、务实、清廉的新型机关。

全面开展市直机关"三项建设"主题实践活动。成立活动领导小组,制发活动实施方案和阶段性工作安排,召开市直纪工委纪检监察干部"三项建设"活动推进会,确保各级纪检监察干部参与面、教育面、受益面达到 100%。

认真落实党风廉政建设责任制,牢牢把握惩防体系建设、廉政风险防控和党务公开工作内容,成立党风廉政建设责任制领导小组,按照一把手负总责和谁分管谁牵头负责的原则,明确责任,健全工作机构。制定印发《2012 年党风廉政建设责任制年度实施意见》,出台《关于构建惩治和预防腐败体系的工作方案》《进一步认真学习贯彻〈中国共产党党员领导干部廉洁从政若干准则〉的实施意见》《中共攀枝花市直属机关工委廉政风险防控管理工作实施方案》和《市直机关工委机关党支部关于实行党务公开工作的实施方案》。

加强工委机关惩防体系建设。按任务分工,明确各部门职责,认真梳理机制制度,以点面结合的方式,围绕机关工作实际,在充分征求机关内部意见和建议的基础上,以"拒腐防变教育机制、权力运行监督机制、源头治理预防机制、纠风治乱长效机制和从严治腐惩戒机制"五大机制,以

"领导干部廉政教育、党员干部廉政教育、面向社会反腐倡廉宣传教育"等十二大板块的制度建设为主要内容，制定出工委机关惩治和预防腐败体系框架模型，并将相关制度分门别类、归档处理。

认真贯彻执行《廉政准则》。严格执行《关于领导干部报告个人有关事项的规定》，坚持层层签订党风廉政建设责任书，落实"一岗双责"工作要求，结合年底民主生活会，围绕"八项严禁"和"52个不准"，认真组织领导干部进行对照检查，开展自查自纠。

抓好廉政风险防控管理工作。工委成立领导小组，制定实施方案，广泛宣传发动和深化廉政教育，切实增强机关党员干部廉政风险防控意识。在开展风险点防控查找期间，共梳理出"决策权、党内审批权、党内执纪权、财物管理权、干部人事权、物资采购权"7个类别的职权19项，部室风险识别33条，防控措施40项，个人风险识别58条，防控措施61项，形成了工委机关风险防范管理教育制度、决策制度、执行制度、监督制度、预警和处罚制度等相关配套制度体系。

【统战、工会、共青团、妇女工作】 2012年，市直机关工委重视和加强统战工作理论宣传教育，加强市直机关优秀党外干部的调查统计和推荐工作，引导、调动和组织各民主党派人士和党外知识分子充分发挥各自优势力量，推进攀枝花市经济社会又好又快发展。把政治素质好、工作能力强的人推荐发展为民主党派成员，帮助致公党在市直机关发展党员2名，帮助民盟在市直机关发展盟员1名。协助市委统战部、侨联、侨办和台办举办"三胞三属"(即台湾同胞、港澳同胞、海外侨胞及其家属)中秋茶话会，安排5名侨眷和台属参加茶话会，按时为4名困难老归侨发放生活补助费。通过各种机会与民主党派等党外人士保持联系，开展联谊交友活动，进一步拓宽发现人才、推荐人才渠道，为"市智联会"推荐14名党外知识分子，为东区政协增加推荐9名市直机关委员，并完成市政协第八届委员的推荐工作。

市直机关工会工委积极开展"送温暖"活动，在元旦、春节和"七一"期间，组织机关领导干部走访慰问对口帮扶职工生活困难户、市直机关特困职工和困难职工、有特殊困难的老党员、在职(退休)职工、死亡职工遗属、劳动模范等，慰问金总额50余万元。组织开展群众性健身活动。1月1日，组织市直机关300名干部职工参加2012年元旦健身越野跑活动。组织70个单位3 000余名干部职工参加市直机关第十一届元宵节登山活动。组织参加全国第九套广播体操通讯赛四川选拔赛攀枝花赛区比赛。同时，各部门(单位)结合各自特点和实际，立足本单位或本系统，广泛开展了小型多样、喜闻乐见的系列活动。通过这些活动把职工群众凝聚在工会组织周围，增强了工会组织的号召力和影响力，为完成本单位的各项工作聚集了力量、形成了合力。

市直机关团工委在机关团员青年中开展的手机团委团购打折活动影响广泛，为参与活动的团员青年节约开支15万余元。举办"阳光花城，青春飞扬"市直机关青年联谊活动，为广大机关青年搭建互相交流学习的平台。市直机关100余名团员青年参与活动。市直机关妇工委以建设"坚强阵地"和"温暖之家"为目标，围绕"做幸福女性、建幸福家庭、建设幸福攀枝花"工作主题，充分发挥"巾帼文明岗"在各个行业中的示范带动作用，深入开展"幸福攀枝花、巾帼齐行动"活动和"五好文明家庭""绿色家庭"等创建活动，取得明显成效。

【"领导挂点、部门包村、干部帮户"活动】 2012年，在市委、市政府的领导下，在全市各级挂点领导、包村部门、帮户干部的支持参与下，"挂包帮"工作继续深入开展，特色亮点突出，取得明显成效，呈现出"基层得发展，群众得实惠，干部受教育"的良好局面。

着力产业发展，进一步提高农民收入。活动以带动特色农业产业发展为核心，注重在"一村一品"上下功夫，切实提高了农民的收入水平。各县(区)、市级各部门(单位)坚持走产业化发展扶贫之路，积极发挥人才、技术、项目等优势，按照市场的需求，指导并帮助帮扶村发展优势种植业、特色养殖业、农家旅游业等具有市场竞争力又适宜当地发展的特色产业，并引导推荐农产品向深加工发展，提高农产品附加值，增加农民收入，并确保农民群众实现持续稳定增收。同时，以"走出去、请进来""农民点菜、专家下厨"等多种方式，组织村组干部、基层党员和村民群众参观考察先进村，既更新群众观念，改变"等、靠、要"思想，又学习实用技术，提升发家致富能力。全市各级部门(单位)共组织开展农民实用技术培训705次，培训农民53 836人，共发展优质果树种植6 466公顷，发展优质蔬菜种植1 293公顷，发展养殖生猪2.2万头、养殖牛羊2.1万头、养殖水产17公顷，养殖家禽9.6万只。

深化扶贫解困，进一步改善群众生活。各县(区)、市级各部门(单位)结合帮扶村实际，针对制约帮扶村的发展瓶颈，积极采取措施"对症下药"，有效地改善了群众生活。广泛开展结对帮扶工作，帮助困难群众度过生活难关。全市各级部门(单位)共走访慰问贫困群众5 766户，慰问贫困党员3 400人，慰问贫困学生8 191人，捐款297万元，赠送物品折价180万元。以新村建设为抓手，重点加强农村基础设施建设，有效改善农民的生产生活条件。全市共新改建村级公路322千米、桥梁28座，整治山坪塘172口、渠道319千米，整修蓄水池339口。按照"依山就势、错落有致、适度集中"的原则，新建村民聚居点39个，新改建农房10 423间，改水改厕2 695户，新建沼气池2 987口，解决3.5万余群众的饮水困难问题。新建农村书屋45个，新建村级健身场所47个，新改建村级活动室305个。

强化转变作风，进一步提升干部能力。强化为民思想，转变机关作风，“挂包帮”活动让大批机关干部走出机关，“带着责任、带着感情”深入农村，想群众之所想，急群众之所急，把群众最关心、最直接的问题摆在首要位置，既强化他们“发展为了人民、发展依靠人民、发展成果由人民共享”的民本思想，又帮助其去除“机关气”、“城市气”，转变机关工作作风。提高推动科学发展的能力，深入基层的挂职锻炼要求挂职干部实事求是，根据各自乡镇和村社的具体情况，清醒认识推动发展的优劣条件，以谦虚的学习态度和科学的工作发展态度制定帮扶规划，调整产业结构。全市共收集梳理群众意见602条，制定帮扶措施307条。增强服务基层、联系群众的能力，下派干部在工作中与群众面对面，直接面对群众做宣传、做工作，共化解矛盾纠纷833起，处理信访329件，为帮扶村解决困难149个，极大地丰富机关干部群众工作经验，提高机关干部联系服务群众的能力。有5名下派干部被省“挂包帮”联席会议办公室表彰。

加强组织建设，进一步增强凝聚力。通过下派党员干部、结对帮扶，把城市、机关基层党组织建设的经验和资源带到农村，有效推动农村基层党组织建设，构建起“优势互补、资源共享、以城带乡、共同发展”的统筹城乡基层党建工作新格局。各级帮扶部门(单位)共培训村级党组织书记1 303人次，指导帮扶村发展新党员779人。通过指导帮扶村完善村务公开、党务公开、制度建设、开展“创先争优”和党建联谊等活动，进一步增强基层党组织的凝聚力和战斗力。

注重舆论引导，进一步营造帮扶氛围。制定《2012年攀枝花市“挂包帮”活动宣传工作方案》，开辟《“挂包帮”在行动——贯彻省第十次党代会精神特别报道》等宣传报道专栏，开展“挂包帮宣传月”活动，宣传各地各部门各单位开展活动的推进情况、有效做法、成功经验、生动事例和先进典型，突出宣传各帮扶地区和群众脱贫致富奔小康的新生活、新气象，展示联系点、帮扶村和困难户的可喜变化。同时，积极主动与省级和省外媒体联系，将全市开展“挂包帮”活动取得的成果、积累的经验、采取的措施和做法等信息向各级媒体和网站发送，进一步拓展全市“挂包帮”活动的宣传效果。市“挂包帮”活动领导小组办公室共形成工作简报117期，其中有2篇简报被省委、省政府活动联席会议办公室专报采用，《四川日报》16次刊载了攀枝花市的相关消息，有40余期简报被人民网、新华网、中直党建网、中国网、新民网、四川新闻网、省“挂包帮”活动专题网等网站采用。

【城乡环境综合治理“进机关”活动】 2012年，市直机关工委紧紧围绕全市城乡环境综合治理工作大局，按照“示范宣传、服务引领、创新创优”的工作基调，充分结合机关工作实际，统筹兼顾，扎实开展攻坚治“五乱”、喜迎中共十八大专项行动和文明劝导等活动，全市城乡环境综合治理“进机关”工作继续有效推进。

持续开展文明劝导活动，除了在重大节日期间集中组织开展文明劝导活动外，在全省文明城市指数测评期间，连续两周组织机关干部职工上街开展文明劝导活动，通过面对面的示范、劝导，宣传城乡环境治理贴近民生、贴近百姓生活的重要现实意义，提升市民知晓率和文明意识。全年各直属机关共组织开展文明劝导1 000余人次，劝导不文明、不卫生行为5 000余人次。

扎实开展攻坚治“五乱”，喜迎中共十八大专项行动，组织市直机关各部门(单位)结合“五创联动”进机关、国家卫生城市复审、文明城市指数测评等工作，以深入开展文明劝导、举办健康教育知识讲座、清除“牛皮癣”、清理卫生死角等活动为抓手，认真开展治“五乱”专项行动，以实际行动迎接十八大的胜利召开。

切实开展好城乡环境综合治理“进机关”自查、巡查工作，按照省城乡环境综合治理“进机关”活动领导小组要求，成立市城乡环境综合治理“进机关”活动巡查、自查工作领导小组，定期对市直机关单位开展城乡环境综合治理“进机关”活动进行督查，全力助推城乡环境综合治理“进机关”活动取得实际效果。8月6日至8月8日，省城乡环境综合治理“进机关”活动第四巡查组组长张世奎一行莅临攀枝花，检查指导城乡环境综合治理“进机关”活动开展情况。巡查组一行先后到仁和区政务中心、仁和区城管局、市工商局、市检察院进行实地检查指导，听取攀枝花市关于城乡环境综合治理“进机关”活动和城乡环境综合治理活动整体开展情况的汇报，并对攀枝花市的城乡环境综合治理“进机关”工作给予了充分肯定。

积极做好迎接国家卫生城市复审工作，下发《中共攀枝花市直属机关工作委员会关于做好迎接国家卫生城市复审工作的通知》，要求各直属党组织充分认识做好迎接国家卫生城市复审工作的重要意义，进一步增强责任感和紧迫感，统一思想，提高认识，扎实开展机关环境卫生集中整治活动，进一步改善机关环境卫生状况，确保顺利通过复审。6月14日，组织召开了市直机关迎接国家卫生城市复审工作会，邀请市爱卫办同志重点就如何做好机关环境卫生整治及档案收集管理等方面作了具体的讲解，市直机关工委常务副书记雷兴全在会上就做好市直机关迎接国家卫生城市复审工作作了明确要求，确保市直机关各部门(单位)顺利通过复审检查。

积极开展机关节能降耗活动，市直机关各部门(单位)围绕机关节能降耗工作，大力倡导艰苦奋斗的优良作风，反对铺张浪费，身体力行节约。一方面要求广大干部职工认真做到勤俭节约，节约一滴水、节约一张纸、节约一度电、节约一升油；另一方面要严格控制公务接待和公务支出，树立节约型机关形象。

加强学习交流，建立长效机制。不断创新思路，总结工作经验,巩固扩大治理成果,探索建立城乡环境综合治理工作推动制、督促检查制、考核奖励制等制度建设,制定《攀枝花市城乡环境综合治理"进机关"活动"十二五"规划》,确保城乡环境综合治理"进机关"活动制度化、常态化、持久化。

（苗鹏亮）

党校工作

【概　况】 2012 年,攀枝花市委党校、攀枝花行政学院、攀枝花社会主义学院(以下简称校院)有在职职工 65 人(含离岗待退 3 人、人大任职 1 人),其中在岗专兼职教师 19 人(教授 1 人,副教授 8 人、讲师 7 人、助教 3 人)。内设 15 个处室,即办公室、组织人事处、科研处、图书馆(信息技术部)、机关党委办公室(工会)、继续教育处、联络处、后勤管理处、教务处、公务员培训处、党建党史教研室、经济学教研室、行政学教研室、哲学文化教研室、科社法学教研室。

2012 年校院有四川省有突出贡献优秀专家 1 人,四川省宣传文化系统"四个一批"人才 1 人,攀枝花市学术和技术带头人 1 人,攀枝花市学术和技术带头人后备人选 2 人,攀枝花市有突出贡献优秀专家 1 人,市级优秀人才示范岗 2 人。校院第七届校学科带头人 2 人、校院专业技术骨干 1 人、校院优秀青年教师校 1 人。

2012 年校院共完成主体班培训 40 个班次,共轮(培)训 3 437人。2012 年校院教研人员共发表各级各类理论文章 100 余篇。

校院 2012 年完成研究生 3 个年级共 83 人、东北财经大学网络学院 196 人的教学管理及考试工作。

2012 年,攀枝花市委党校被四川省委党校评为"在职研究生综合目标管理先进单位",四川省干部函授学院攀枝花分院被四川省干部函授学院评为"学院网络教育先进学习中心"。攀枝花市委党校东北财经大学网络学习中心被东北财经大学网络教育学院授予"学习中心成长奖"。2012 年,市委党校在攀枝花"传承和弘扬雷锋精神"征文活动中获得"优秀组织奖"。获得 2012 年度"全省党校系统信息化建设工作先进单位"称号。该校在 2012 年全省党校系统第三届乒乓球比赛中获得"组织奖",参赛队员取得男子团体冠军、女子团体第五、男子单打第五的成绩。参加全市广播体操比赛获得"三等奖"。

2012 年开展"干群心连心——万名干部直接联系服务群众活动",与每名群众建立联系卡,县级干部填写民情记录本。校院 8 名县级干部经常看望慰问直接联系的 22 名困难群众,向困难群众送去关心慰问,展现校院领导和干部们扶危济困的优秀品质。为帮扶村解决部分实际困难。

年内,校院与金江村签订《2012 年度城乡党组织互帮互助和"挂、包、帮"协议》,制定具体的帮扶措施。2012 年学校协助金江村继续完善村支两委办公活动阵地,并帮助金江村建立"党员干部现代远程教育网",为金江村的干部群众提供全新的学习平台,提供长期的技术支持。年内,已帮助金江村进一步完善了"农家书屋",建立了现代化远程学习网站,为金江村购置了 500 余册农业科技图书。在金江村"两委"会和村民代表参加的测评中,对校院"挂包帮"工作的满意率达到了 100%。

【干部培训】 攀枝花市委党校、市行政学院始终坚持正确的办学方向和求实创新的办学理念,围绕党委政府中心工作,搞好干部教育培训,充分发挥校(院)在干部培训教育中的主渠道、主阵地作用。校(院)全年共完成 40 个主体班培训班次,共轮(培)训3 437人次,其中:完成第三期选调生提升综合素质培训班 1 期,培训学员 55 人。完成攀枝花市级部门、县(区)正职领导干部"加强思想政治建设,坚定理想信念"培训班 5 期,培训学员 117 人。完成攀枝花市县级领导干部"学习贯彻中共十八大精神,推动思想大解放,作风大转变,工作大落实"轮训班 7 期,培训 725 人。完成 2012 年政协委员培训班 2 期,培训学员 300 人。完成 2012 年新任副县级领导干部培训班 1 期,培训学员 36 人。完成第 23 期中青年干部理论培训班 1 期,培训学员 61 人。举办攀煤(集团)公司处级后备领导干部培训班 1 期,培训学员 36 人。举办东区街道(镇)社区(村)党组织书记培训班 1 期,培训学员 148 人。举办东区机关党组织书记培训班 1 期,培训学员 89 人。完成公务员任职培训班 3 期,培训学员 270 人。完成公务员职业道德培训班 13 期,培训学员1 300 人。完成公安系统晋升非领导职务任职培训班 2 期,培训学员 200 人。完成攀枝花市民主党派基层组织负责人培训班 1 期,培训学员 40 人。完成民主党派入党积极分子培训班 1 期,培训学员 60 人。校院教师上课能自觉遵守政治纪律,治学严谨、教风端正,做到"讲台有纪律,探讨无禁区",注意维护党的形象、校院形象,主体班学员综合评价满意率达 95%以上。

【继续教育教学管理和招生】 2012 年校院加强四川省委党校研究生、东北财经大学网络学院攀枝花教学点的招生宣传和招生报名录取注册工作,2012 年研究生招生 36 人。东北财经大学网络学院攀枝花教学点录取注册 93 人。

完成研究生 3 个年级共 83 人的教学管理及考试工作。完成东北财经大学网络学院攀枝花教学点 196 人的教学管理和考试工作。

2012 年,攀枝花市委党校被四川省委党校评为"在职研究生综合目标管理先进单位",四川省干部函授学院攀枝花分院被四川省干部函授学院评为"学院网络教育先进学习中心"。攀枝花市委党校东北财经大学网络学习中心被东北财经大学网络教育学院授予"学习中心成长奖"。

【科研工作】 校(院)科研工作坚持为提高教学质量服务、为地方党委政府决策服务、为"五大建设"服务、为理论创新服务,积极履行党的哲学社会科学研究机构的职能,主动成为党委政府重要的思想库,进一步提升党校的学术地位和社会影响力。

校(院)全年共发表理论文章100余篇,其中国家级期刊发表1篇(《关于中国发展优势的理论思考》,载于《科学社会主义》2012年5期);核心期刊发表1篇(《执政规律探索的中国路径》,载于四川省委党校《理论与改革》2012年5期),省级公开刊物发表27篇,市级刊物60余篇。

2012年校(院)承担各级各类课题29项,包括省哲学社会科学研究"十二五"规划课题1项《攀枝花市建成百万人口特大城市对策研究》;省委党校重大研究课题(市州项目)1项《攀枝花工业化、城市化发展互动研究报告》;市重大软课题2项《突出攀枝花特色、建设区域性文化高地》《攀枝花市社会组织创新与培育研究》;市年度课题1项《攀枝花市区域性文化高地建设研究》;省委党校调研课题10项(《攀枝花市城市社区党组织书记队伍建设的调查与思考》《钒钛工业园区托管模式下金江镇社会矛盾的变化、应对及其影响研究》《基层党校的生存现状调查研究——以攀枝花市为例》《攀枝花市创建国家公共文化服务体系示范项目——大大地书香农村家园工程的调查与思考》《农村基层当组织建设科学化水平的调查研究——以攀枝花仁和区金江镇为例》《攀枝花市"苴却砚文化产业园区"品牌建设研究》《"干部下派"与农村基层党组织建设研究——以攀枝花"挂、包、帮"活动为例》《攀枝花市发展特色农业面临的困境与对策研究——以地理标志产品国胜茶为例》《攀枝花东区社区基层党组织建设的实践与思考》《关于建立"中国三线建设博物馆"的研究报告》);校级课题14项(包括县(区)党校8项)(《攀枝花城市建设的价值导向与着力点研究》《攀枝花市"挂包帮"活动的调研报告》《攀枝花市基本公共文化服务创新研究》《工业城市发展乡村旅游的意义和路径》《攀枝花区域性文化高地建设研究》《攀枝花市人口发展趋势研究——以建设百万人口特大城市为视角》)。

科研成果获奖13项,其中省政府三等奖1项(《政府问责的制度化研究》);攀枝花市2012年度优秀政务调研成果一等奖1项《攀枝花市建成百万人口特大城市相关问题及主要对策研究》、二等奖1项《攀枝花市区域性文化高地建设研究》、三等奖1项《攀枝花市爱心超市调查研究》;全国党校图书馆学会省党校分会科研成果二等奖3项(《构建西部山区农村文化建设的长效机制》、《省委党校十二五规划丛书攀枝花卷》、《数字图书馆争论与开放存取的障碍及对策》);攀枝花市干部人事制度改革重点突破项目优秀成果奖1项《关于干部教育培训运行机制改革问题研究》;攀枝花市传承和弘扬雷锋精神理论征文一等奖2项《论雷锋精神的时代内涵》、《攀枝花市传承和弘扬雷锋精神》,二等奖2项《千秋气节久弥驻　万古精神又日新——论雷锋精神超越时代的三种关系》《以弘扬雷锋精神为引领持久深入开展学雷锋活动》,三等奖2项《雷锋精神的时代价值》《弘扬雷锋精神　推进道德建设》;市"十二五"时期城乡居民收入翻番对策研究理论征文三等奖1项《城乡居民收入翻番是民生建设的核心》。

党校科研工作充分发挥学科优势和人才优势,通过对重大理论和现实问题的研究,向市委、市政府提交对策性研究报告,当好市委、市政府的智库。2012年向市委、市政府提交了调研咨询专报和《2010~2011年调研报告选编》等决策咨询材料。其中,调研咨询专报《构建攀枝花市现代产业体系》从理论层面以及现实情况的分析对攀枝花产业升级这一现实问题提出意见和策略,该专题得到市委书记刘成鸣重要批示。

组织校(院)教研人员围绕全市中心工作撰写理论文章,并参加各级各类理论研讨会、征文活动等。包括全市"传承和弘扬雷锋精神"征文活动、学习省第十次党代会精神征文活动等、学习"7·23"讲话征文活动、攀枝花城市形象塑造对策研究征文活动等。扩大校院在全市社科理论研究方面地的影响力。

科研管理制度建设方面,根据变化的形势完备已有的科研管理制度系统,对科研奖励制度、课题管理制度等进行修改,从制度上对教研人员的积极性给予保证。

积极组织学术活动和社会调查。采取多样化的形式开展学术研讨活动,组织召开全市党校系统学习贯彻省第十次党代会精神理论研讨会和多次校内理论座谈会、组织召开全市党校系统深入学习贯彻十八大精神理论研讨会。积极为校院教研人员搭建展示科研能力的平台。

【中共十八大精神宣讲活动】 2012年按照市委的安排部署,把学习贯彻中共十八大精神进一步覆盖到基层、深入到群众,除了在全校上下迅速掀起学习中共"十八大"精神的热潮,还积极配合市委成立中共"十八大"精神宣讲团,市委党校选派教学和宣讲经验丰富的教授吴宏放、副教授罗莲、王跃等6人参加宣讲团。党校专家教授深入到市级各部门(单位)、县(区)、企业、部队进行"中共十八大精神"理论宣讲,全年共宣讲50余场,全面准确地宣传中共十八大精神,并深入宣传攀枝花市"思想大解放,作风大转变,工作大落实"主题教育活动,紧密结合省情、市情,掀起学习中共十八大精神和主题教育活动思想发动的高潮,收到良好效果,获得社会各界的一致好评。

【图书馆、信息化建设】 2012年校(院)完成图书馆搬迁、书库布置。整理、上架图书4万余册。宽敞明亮整洁的新图书馆,为校(院)教研人员和参加培训的学员提供更优质地学习环境。采购新书为教学、科研提供文献信息资源服务。按照《攀枝花市委党校图书馆藏书建设规划》,在图书资料采购过程中突出党校重点学科藏书的采集,保障教研部门所需专业用书为主。至2012年年底共采购图书117册、报纸15种、杂志239种。满足教研人员和学员的教学科研需求。

2012年度获得"全省党校系统信息化建设工作先进单位"称号。协助省委党校在攀枝花举办2012年的"四川省党校、行政学院系统信息化工作会",在全省党校系统展现校院信息化工作取得的成绩,促进校院信息化建设更快地发展。搞好网络以及计算机等办公设备的维护和故障排除,不断规范信息网络管理,积极推进信息技术在教学、科研、日常工作中的应用。组织党校系统教师和相关单位人员参加CDDLN(中国西部开发远程学习网)举办的专题课3场,共计参训人数80人。顺利完成2次(197人)拟任县处级领导干部政治理论水平远程考试。考试组织严密、措施得力,获得有关部门的好评。

不断完善OA办公系统。对校(院)教职员工进行办公自动化(OA系统)的培训,推广其在管理、教学、科研等业务管理中的应用,逐步推进党校的电子化办公和无纸低碳办公,提高办公效率,节约办公成本。

(周　玮)

编制管理

【机构和人员】 中共攀枝花市委机构编制委员会办公室(攀枝花市机构编制委员会办公室,简称市委编办)为市委、市政府的工作机构。市委编办在中共攀枝花市委机构编制委员会(攀枝花市机构编制委员会,简称市委编委)的领导下,负责全市行政管理体制改革和机构编制管理的日常管理工作。2002年机构改革,市委编办为市委编委的常设办事机构,与原市人事局合署办公。2010年政府机构改革,市委编办独立运行,列入市委机构序列。2011年5月,根据中共攀枝花市委办公室、攀枝花市人民政府办公室《关于印发〈中共攀枝花市委机构编制委员会办公室(攀枝花市机构编制委员会办公室)主要职责内设机构和人员编制规定〉的通知》(攀委办〔2011〕42号)精神,截至2012年年底,市委编办共有18名行政编制,设主任1名、副主任3名、副县级纪检员1名;内设6个职能处室:综合处、党群和政法机构编制处、政府机构编制处、事业机构编制处、督查调研处(政策法规处)、实名制管理处;正科级领导职数6名,副科级领导职数2名。

【行政管理体制改革】 2012年,紧紧围绕"三个走在全省前列""三个倾力打造"创新机构编制管理。如探索创新花城新区管理体制,设立花城新区规划分局、土地储备中心等9个分支机构,承担新区筹建过渡时期的相应职能;进一步完善铁路、公路建设的职责分工和机构设置,并增加人员编制,从机构编制上确保全市重点项目的顺利推进;积极研究数字化城市管理所涉及的机构编制问题,设立攀枝花市数字化城市指挥中心。围绕市里的重点工作,跟进机构编制服务。如围绕保障和促进全市金融业发展,新增市金融办行业监管和指导企业上市的职能,并为其增加工作力量;为加强创新社会管理工作,强化市政法委创新社会管理的牵头抓总职能,并配强工作力量;为加强援藏工作的统筹管理,在市委组织部增设市援藏办的办事机构,并加强工作力量;加强目标督查考核体系建设,将市政府目标督查办公室并入市委目标督查办公室,充实机构、编制和人员。

深化行政管理体制改革。加快推进文化体制改革。按照省里统一部署,整合文化、广电行政机构,组建攀枝花市文化广播影视新闻出版局,并清理研究所属事业单位的整合,完成了市广播电台和市电视台的合并工作。同时,督促指导仁和区、米易县完成文化广播影视新闻出版等部门职责整合和机构合并组建工作,扎实开展政府机构改革评估,切实巩固改革成果。市委编办采取自查和抽检相结合的方式,对市政府工作部门"三定"(定职责、定内设机构、定编制)规定执行情况进行检查评估,了解各部门在执行"三定"规定中的好经验及存在的问题并及时提出整改意见。同时,认真做好政府机构改革部门"三定"规定的收尾工作。多次与市公安局进行沟通,并对市公安局"三定"规定方案进行反复研究讨论,针对公安系统警力分配、机构设置等问题提出调整方案。配合做好乡镇财政管理体制改革工作。会同有关部门对全市乡镇财政建设管理情况进行调研,拟订乡镇财政机构设置和人员编制配备方案。

【事业单位清理调整】 2012年,市委编办扎实推进事业单位改革,完成事业单位清理规范的实施工作,共撤销机构20家,收回编制299名。进一步深化事业单位清理规范工作,对市属事业单位职能职责进行梳理,初步完成事业单位模拟分类。加强对事业单位改革的宣传力度,制定分类推进事业单位改革宣传工作方案,就事业单位改革的目的、意义、相关政策、其他省市改革的经验做法等内容编印事业单位改革专刊。

进一步加强事业机构编制管理,强化事业单位公益服务职能。按时完成中小学教职工编制调整工作。按照城市、县镇中小学和特殊教育中小学教职工编制核定标准和综合权重系数,核定了市直属中小学编制;理顺市、区两级政府卫生监督职能事权分工,将原市卫生监督局承担的东区卫生执法监督工作属地化交由东区政府承担;认真做好部分公益性事业单位的机构编制调整工作。设立市妇女儿童医院,调增部分市属医院领导职数和市经贸旅游学校人员编制。配合市级有关部门做好行业体制改革和调整工作。按照中共中央宣传部、文化部有关要求，完成市文艺剧院的改制工作。为进一步整合职业教育资源，培养所需的高等技术应用性专门人才，打造优质品牌职业教育学校，完成市信息职业技术学校与市经贸旅游学校合并工作。进一步加强民生工作。2012 年开通“12345”市民热线，作为市委、市政府听民声、察民情、解民困、分民忧的一个新的便民通道，市委编办积极跟进，设立攀枝花市市民热线受理中心，承担市长信箱和“12345”市民热线具体工作。同时，为加强社会保险和住房保障工作，加强市社保局和市住房保障工作事务中心工作力量。

【机构编制监管】 2012 年，市委编办认真贯彻落实《中共中央办公厅国务院办公厅关于严格控制机构编制的通知》(厅字〔2011〕22 号)精神，严格按权限和程序审批机构和调剂编制，严格控制部门内设机构和领导职数。继续做好编制使用前置审批工作，进一步牵头完善组织、人事、财政等多部门联动机制。认真开展实名制管理工作。按照中央编办、省委编办的统一安排，部署机构编制实名制管理工作，并较好地完成市级机关事业单位实名制工作的阶段性任务。建立健全机构编制事项登记督察制度，完善“12310”举报电话受理制度，对市级部门执行“三定”规定等情况进行重点监督检查。强化县(区)机构编制报送制度，及时督查问题的解决情况。

【事业单位登记管理】 2012 年，市委编办完成事业单位网上登记工作，按时完成事业单位法人年检，并在公告网上对年检、登记、变更、注销的情况进行公告。全市事业单位共登记1 135家，年检率为 91%。其中，市级事业单位 253 家，已登记 253 家(新登记 11 家，年检合格 216 家，待注销暂缓年检 26 家)。县(区)共有事业单位 882 家，已登记 882 家，(新登记 71 家，年检合格 769 家，待注销暂缓年检 42 家)。认真做好中文域名注册名称审核工作，分 4 期对中文域名注册工作进行培训。目前中文域名注册单位共有 450 家。扎实开展事业单位改革试点工作。组织县(区)编办、事登局赴绵阳、遂宁等地对法人治理结构工作进行学习考察和交流，拟定试点工作的思路、方法和步骤，并开展试点。继续开展法定代表人培训工作。11 月 29 日，邀请市委党校专家在攀枝花会展中心报告厅举办专题讲座。

(李家栋)

攀枝花市人大常委会

【市九届人民代表大会会议】 2012 年 1 月 3 日至 8 日，攀枝花市第九届人民代表大会第一次会议在攀枝花会展中心召开。会议议程：听取和审查攀枝花市人民政府工作报告；审查和批准攀枝花市 2011 年国民经济和社会发展计划执行情况的报告及 2012 年国民经济和社会发展计划(草案)；审查攀枝花市 2011 年财政预算执行情况的报告及 2012 年财政预算草案，批准 2011 年攀枝花市本级财政预算执行情况的报告及 2012 年市本级财政预算；听取和审查攀枝花市人民代表大会常务委员会工作报告；听取和审查攀枝花市中级人民法院工作报告；听取和审查攀枝花市人民检察院工作报告；选举。

会议作了市人民政府工作报告、市国民经济和社会发展第十二个五年规划纲要、市 2011 年国民经济和社会发展计划执行情况及 2012 年国民经济和社会发展计划、市 2011 年财政预算执行情况及 2012 年财政预算、市人大常委会工作报告、市中级人民法院工作报告、市人民检察院工作报告等的决议。

会议依法选举谢道全为市人大常委会主任；选举张如英、唐建民、张汝林、张国民、许秀峰、王向阳为市人大常委会副主任；选举张剡为市人民政府市长；选举刘建明、李仁杰、李章忠、杨自力、张敏、柳康健、殷旭东为市人民政府副市长；选举祝鸿为市中级人民法院院长；选举卢旭东为市人民检察院检察长；选举钟国元为市人大常委会秘书长，王怀斌、王明雄、邓冰蓉、叶勇、朱发彬、任平、刘立、刘敏、刘栓宁、刘道泸、许军峰、杜春文、李国家、李绍华、吴强、何先春、沙立森、张大奇、张开锋、林双庆、赵牧、敖进清、徐明磊、唐晓华、彭新旗为市人大常委会委员；选举李国家为市人大法制委员会主任委员，赖伟民为市人大法制委员会副主任委员，朱发彬、任平、刘栓宁、杜春文、杨发莲、范晓红、颜昌福为市人大法制委员会委员；选举王明雄为市人大财政经济委员会主任委员，熊九儒为市人大财政经济委员会副主任委员，辛洪斌、沙立森、陈林、罗结、赵晓林、赖忠能、潘元昌为市人大财政经济委员会委员；选举邓冰蓉为市人大城乡建设环境资源保护委员会主任委员，叶勇、代长华、李文学、何先春、周燊、贺喜坤、秦建军为市人大城乡建设环境资源保护委员会委员；会议期间，收到代表提出的议案（均转为建议）9件；批评、建议和意见98件，两项合计107件。

本次会议应到代表277人，实到代表266人。

【市九届人大常委会议】 2012年，攀枝花市九届人大常委会在攀枝花会展中心召开了第1～第8次常委会议，先后听取和审议的议题有：审议通过市人大常委会2012年工作要点；审议通过《攀枝花市人大常委会议事规则》和《攀枝花市人大常委会组成人员守则》；审议通过市九届人大常委会教育科学文化卫生工作委员会、农业民族宗教侨务工作委员会和代表资格审查委员会组成人员名单；听取和审议市人民政府关于贯彻执行《中华人民共和国城市房地产管理法》情况的报告；听取和审议市人民政府关于矿产资源开采情况的报告；听取市人大财经委关于攀枝花汽车运输总公司经济适用房二期项目委托代建资金列入市财政年度预算的情况说明；审议通过《攀枝花市人大常委会主任会议议事规则》；表决通过市人民政府、市人民检察院提请的人事任免案；审议通过《攀枝花市人民代表大会代表联系群众工作办法》《攀枝花市人民代表大会代表联系原选举单位及履职登记报告暂行办法》和《攀枝花市人民代表大会代表小组活动暂行办法》；听取和审议市中级人民法院关于全市法院刑事审判工作的报告；听取和审议市人民检察院关于全市检察机关公诉工作的报告；审议通过《攀枝花市人民代表大会常务委员会审议意见办理暂行办法》；听取和审议市人民政府关于攀枝花市贯彻执行《中华人民共和国农业技术推广法》情况的报告；听取和审议市人民政府关于攀枝花市贯彻执行《中华人民共和国食品安全法》情况的报告；听取和审议市人民政府关于城市总体规划（2011～2030）的报告；听取市纪委通达2012年上半年党风廉政建设和反腐败工作情况；听取和审议通过市人民政府关于攀枝花市2011年财政预决算及2012年上半年财政预算执行情况的报告；听取和审议通过市人民政府关于攀枝花市2011年度财政预算执行及其他财政收支审计工作情况的报告；审查和批准2011年度市本级财政决算；听取和审议通过市人民政府关于攀枝花市2012年上半年国民经济和社会发展计划执行情况的报告；听取和审议通过市人民政府关于攀枝花市水利工作情况的报告；听取和审议市人民政府关于办理市人大代表在市九届人大一次会议上所提建议、批评和意见情况的报告；审查批准关于将地方政府债券纳入预算管理并相应调整市本级2012年财政预算的报告；审议通过《攀枝花市人民代表大会常务委员会关于召开攀枝花市第九届人民代表大会第二次会议的决定》；听取和审议市人民政府关于2012年民生工程实施情况、攀枝花市社区文化建设情况、攀枝花市服务业发展情况、2011年度市级预算执行及其他财政收支审计查出问题整改情况的报告；审议通过调整市九届人大二次会议召开时间及建议议程的决定；听取市人大常委会研究室关于2012年度市人民政府办理市人大常委会审议意见情况的报告；审查和批准攀枝花市2012年工业增加值责任目标调整的报告；审议通过市人大常委会代表资格审查委员会关于市第九届人民代表大会个别代表的代表资格的审查报告；历次常委会议还分别进行了有关人事任免。

【市九届人大常委会主任会议】 2012年，市九届人大常委会召开了第1～第16次主任会议，研究的事项和审议的议题分别有：听取市人民政府、市中级人民法院有关人事任免的情况报告；讨论市人大常委会2012年工作要点；讨论市九届人大常委会教育科学文化卫生工作委员会、农业民族宗教侨务工作委员会、代表资格审查委员会组成人员名单（草案）；听取关于市第九届人民代表大会个别代表的代表资格的情况介绍；讨论市人大各专委会及常委会各工作办事机构对口联系市级有关部门的划分；讨论市人大常委会议事规则、市人大常委会组成人员守则；听取市人大常委会办公室关于市九届人大常委会第一次会议召开时间和议题（草案）的汇报；听取市人大常委会代表资格审查委员会关于市第九届人民代表大会个别代表的代表资格的审查报告（草案）；听取市人大财经委关于攀枝花汽车运输总公司经济适用房二期项目委托代建资金列入市财政年度预算的情况说明；通过对市政府贯彻执行《中华人民共和国农业技术推广法》及《四川省〈中华人民共和国农业技术推广法〉实施办法》情况进行执法检查方案；听取市人大常委会代表资格审查委员会关于攀枝花市第九届人民代表大会个别代表的代表资格的审查报告（草案）；讨论《攀枝花市人大常委会主任会议议事规则（送审稿）》；通过《攀枝花市人大常委会秘书长办公室会议制度》；听取市九届人大常委会第二次会议召开时间和建议议题的情况汇报；听取市人大常委会办公室关于收集整理市人大各专委会及常委会各工作办事机构工作规则、工作职责的报告；听取市人大城环资委关于市人民政府贯彻执行《中华人民共和国城市房地产管理法》情况的审议意见；听取市人大城环资委关于攀枝花市矿产资源开采情况的审议意见；听取了市人大常委会执法检查组关于检查《中华人民共和国农业技术推广法》和《四川省〈中华人民共和国农业技术推广法〉实施办法》实施情况的报告；讨论《攀枝花市人民代表大会代表联系群众工作办法（草案）》、《攀枝花市人民代表大会代表联系原选举单位及履职登记报告暂行办法（草案）》和《攀枝花市人民代表大会代表小组活动暂行办法（草案）》；讨论《攀枝花市人民代表大会常务委员会审议意见办理暂行办法（草案）》；听取市人大常委会办公室关于市九届人大常委会第三次会议召开时间和建议议题的情况汇报；听取市人民政府、市中级人民法院、市人民检察院关于上半年工作情况的报告和城乡交通建设情况的报告；审议通过全市法院刑事审判工作、全市检察机关公诉工作和农业技术推广法执法检查、食品安全法贯彻情况的审议意见；听取市人民政府关于提请市人大常委会审议《攀枝花市人民政府关于城市总体规划(2011～2030)》报告的说明；听取市人大城环资委关于建议加开市人大常委会专题听取审议《攀枝花市人民政府关于城市总体规划(2011～2030)》的说明；听取市人大常委会办公室关于市九届人大常委会第四次会议召开时间和建议议题的情况汇报；听取市人大常委会办公室关于市九届人大常委会第五次会议(8月份例会)召开时间和建议议题的情况汇报；听取市人大城环资委关于市人民政府贯彻执行《中华人民共和国城市房地产管理法》情况的审议意见；听取市人大城环资委关于我市矿产资源开采情况的审议意见；听取市人民政府关于花城新区开发建设情况的报告；听取市人民政府关于攀枝花市创新型城市建设工作情况的报告；听取和审议市人大财经委、市人大常委会农业民族宗教侨务工委关于市人大常委会审议意见初稿的情况汇报；听取市中级人民法院关于请求对个别市人大代表进行刑事审判许可的报告；听取攀枝花市市民商务办公区规划设计方案的情况汇报；听取市人大常委会人事代表工委有关人事事项的汇报；听取市人大常委会代表资格审查委员会关于个别代表的代表资格审查的报告；听取市人大法制委、市人大财经委关于建议对市九届人大常委会第六次会议相关议题进行调整的情况汇报；听取市人大常委会办公室关于市九届人大常委会第六次会议召开时间和建议议题的情况汇报；听取讨论市九届人大常委会第七次会议建议议程及日程安排意见的汇报；听取讨论市政府关于创建国家级创业型城市工作情况、"三个走在全省前列"进展情况的报告；听取市人大城环资委、财经委和市人大常委会教科文卫工委、人事工委有关工作情况的汇报；听取市人大有关专(工)委会关于市九届人大二次会议相关事宜的汇报；听取市人大常委会第5号、第9号、第10号、第11号审议意见办理情况的汇报；听取个别代表的代表资格审查的报告；听取2012年度市人大常委会规范性文件备案审查的情况汇报；听取市九届人大常委会第八次会议召开时间和建议议题的情况汇报；听取市人民检察院对个别人大代表采取强制措施的报告；听取市人大常委会、市人民政府、市中级人民法院、市人民检察院有关人事事项的汇报。

【调查视察】 2012年，市人大有关专门委员会及常务委员会有关工作委员会，围绕常委会议和主任会议审议"一府两院"工作情况的议题，先后就市政府贯彻执行《中华人民共和国房地产管理法》情况、贯彻执行《中华人民共和国农业技术推广法》情况、贯彻执行《中华人民共和国食品安全法》情况、攀枝花市矿产资源开采情况、攀枝花市中级人民法院全市法院刑事审判工作情况、攀枝花市检察机关公诉工作情况、攀枝花市2011年度市级财政预算执行及其他财政收支审计工作情况、攀枝花市2011年财政决算和2012年上半年财政预算执行情况、攀枝花市2012年上半年国民经济和社会发展计划执行情况、攀枝花市水利工作情况、攀枝花市推进依法行政工作情况、攀枝花市服务业发展情况、攀枝花市2012年预算调整情况、攀枝花调整2012年全市工业增加值增速目标情况、攀枝花市社区文化建设情况、花城新区开发建设情况、攀枝花市创新型城市建设情况等进行了调查、调研，并形成调查报告或审查报告，指出存在的问题和不足，提出合理的建议，供常委会议或主任会议参考。

关于贯彻执行《中华人民共和国房地产管理法》情况，调查报告认为存在的主要问题：房地产开发项目规划执行不严，规划指标控制不严，规划调整随意性较大，开发用地仍须进一步规范；房地产交易、权属登记等市场管理工作有待进一步加强；房地产综合行政执法能力亟待提高；四是房地产中介管理混乱，房地产经纪行为隐患严重；物业管理整体水平仍然很低。调查报告建议：进一步明确执法主体，理顺房地产管理体制，强化房地产行政执法，建立部门执法工作联动机制，加大协调配合力度，强化项目竣工验收监督管理，建立相关工作机制，加大房地产综合执法力度，依法打击房地产违法违规行为，维护消费者合法权益；进一步加强对房地产开发用地的规划管理，结合本地房地产市场用地需求，加强房地产开发用地的监管，进一步完善国有土地收购、储备和出让机制；进一步加大对房地产建设项目的监管力度，严格规范房地产开发建设行为，对擅自更改规划、提高容积率、降低楼房间距等行为要依法及时查处，严禁以罚代管、以罚代法，切实维护房地产权利人的合法权益；进一步加大对房地产市场的管理，加强商品房预售、销售管理工作，规范房地产交易行为，切实保障人民群众的合法权益；进一步规范物业管理行业，完善物业管理市场机制，严格市场准入，积极推进老旧住宅小区改造和物业管理工作，提高物业管理和服务水平，不断提升小区品位。

关于矿产资源开采情况，调查报告认为存在的主要问题：矿产资源开发存在技术瓶颈，宏观调控力度欠佳，制约矿产业的健康发展；矿产行业管理不够规范，矿产资源开采和利用方式简单粗放，一定程度上还存在无序开采现象；矿山地质环境保护工作需进一步加强。调查报告建议：进一步提高思想认识，切实加强对矿产资源开采工作的组织领导，做到矿产开发科学布局、合理规划、依规生产、提高效益；加大矿产资源整合力度，强化政府引导，进一步提高招商引资质量，严把招商引资准入关，着力培育和引进资金实力雄厚、开采技术先进、市场销售网络通畅的大企业，坚持规模化、规范化、节约化、产业化的发展方向；进一步加大投资环境建设，不断加大与矿产资源开发管理有关的法律法规的宣传贯彻力度，依法严厉打击违法行为，进一步强化矿管协调机制建设，规范明确涉矿管理部门职能职责，严格依法管理矿产开发工作；加强矿产行业管理，强化矿产业宏观调控，建立和完善公正、公平、公开和竞争有序的矿业权市场，维护市场秩序和公平竞争；处理好矿产资源开发与保护的关系，加强矿区环境治理和地质灾害防治工作，切实保护生态环境和人民生命财产安全。

关于贯彻执行《中华人民共和国农业技术推广法》情况，调查报告认为存在的主要问题：对“两法”的学习应用重视不够；农技推广体系有待进一步完善；农技推广工作经费投入不够，工作手段滞后。调查报告建议：进一步加强政府对农技推广工作的组织领导，抓好“两法”的学习和宣传，制定和优化农业技术推广规划和年度计划，依法确保农业科技推广工作落到实处，不断拓展农技推广的领域和范围；及时明确县、乡两级农技推广机构的事权界限，理顺管理关系，进一步完善基层农技推广体系建设；研究建立攀枝花市农业技术推广专项资金的筹集和管理机制，继续加大投入，有力保障农技推广工作的发展；健全基层农技推广工作的目标管理及绩效考评制度，有效保证农技推广队伍正常开展工作。

关于贯彻执行《中华人民共和国食品安全法》情况，调查报告认为存在的主要问题：上级配套法规和食品安全标准制定工作缓慢、滞后；食品安全机构还不健全，基层执法监管力量薄弱、检验检测技术能力不足；受经济发展和消费水平所限，以及公众食品安全意识不强、监管难以切实到位等因素影响，我市食品安全还存在一定隐患，形势不容乐观；全社会食品安全法制意识、道德诚信意识和防范意识有待进一步提高；食品安全执法监管的长效机制还没有完全形成。调查报告建议：完善机构，加大投入，强化保障，尽快建立和完善攀枝花市各级食品安全综合协调和监管机构，落实必要的编制和人员，加强部门联动，形成食品安全监管合力，进一步提高政府食品安全公共服务和监管能力；加强实际问题研究，创新体制机制，切实构建执法监管长效机制；进一步督促食品生产经营企业建立健全并切实落实企业内食品安全法律法规和食品安全知识、管理制度定期培训制度，注重发挥街道、社区作用，探索对食品生产经营从业者、小作坊、小摊贩进行专门宣传教育和培训的更为有效的方法途径，加大法制宣传和食品安全知识教育力度。

关于法院刑事审判工作情况，调查报告认为存在的主要问题：办案任务不断加重，刑事法官尤其是骨干刑事法官少，办案任务重与办案力量不足的矛盾较突出；个别刑事案件在证据审查、事实认定、量刑等方面存在一些问题，办案质量不高、办案效果不好；刑事被害人的救助工作推进力度不够，申报程序操作性不强，救助金额不能满足实际需要，司法救助基金的作用发挥不充分。调查报告建议：要加强思想政治工作，加强业务培训工作，努力提高法官的职级待遇，加强刑事审判队伍建设；要建立健全案件质量评查机制，加强刑事案件流程管理，严格落实办案责任制，探索建立审判质量评估体系，大力提升刑事案件审判质量和水平；要进一步重视刑事被害人救助工作，细化刑事被害人救助制度，完善司法救助基金的申报操作程序，加大刑事被害人救助力度。

关于检察机关公诉工作情况，调查报告认为存在的主要问题：办案任务不断加重，公诉人尤其是骨干公诉人少，办案任务重与办案力量不足的矛盾较突出；诉讼监督力度不够大、质量不够高；极少数公诉人业务素质不高，知识更新不够，特别是少数年轻公诉人实践办案能力欠缺，出庭公诉水平尤其庭审应变能力不强，业务水平还不能适应新形势的需要。调查报告建议：要立足实际，深挖内部潜力，优化配置公诉队伍，加大公诉人培训力度，大力推进公诉队伍专业化建设，努力加强公诉队伍建设；要强化监督意识、突出监督重点，敢于监督、善于监督，努力提高监督质量，着力加大诉讼监督力度；要进一步严格准确把握宽严相济刑事司法政策，努力完善案件质量保障机制、公诉业务考评机制、轻微刑事案件快速办理和刑事和解机制，进一步提升公诉工作质量。

关于攀枝花市2011年财政决算和2012年上半年财政预算执行情况，审查报告建议：要保持合理的政府投资规模，统筹协调各类政府性资金，继续落实好各项税费减免等优惠政策，全力支持经济发展，进一步培植财源；要树立“用财要问效”的理念，规范预算编制程序，细化预算编制内容，推进预算绩效管理，提高预算权威性；强化财政管理基础工作，提升管理科学化、精细化水平；要挖掘增收潜力，依法加强税收征管，规范非税收入管理，努力做好增收节支工作，确保财政安全稳健运行。

关于攀枝花市2011年度市级财政预算执行及其他财政收支审计情况，调查报告认为存在的主要问题：“屡审屡犯”问题尚未得到根本遏制，违纪违规行为时有发生，单就社保资金审计为例，暴露出来的违规资金、管理不规范资金数额巨大，移送处理案件多；对重点领域、重点项目、重点资金的审计力度有待加强，审计范围需进一步扩大；审计成果的运用有待推广，审计公开力度应继续加大。调查报告建议：常抓不懈，继续强化审计查出问题的整改；突出重点，继续加大对重大项目的审计力度；积极运用审计成果，推进阳光审计。

关于攀枝花市2012年上半年国民经济和社会发展计划执行情况，调查报告认为存在的主要问题：部分指标欠计划进度；受产业结构单一、市场需求萎缩、企业生产成本上升等方面的影响，以及融资难、融资贵和土地、资源等要素的制约，工业经济形势严峻；重大项目建设进展缓慢；物价仍在高位运行，给居民生活尤其是低收入群体基本生活带来较大影响。调查报告建议：要认真研究落实国家和省上关于扶持民营经济、加快中小企业发展、扩大消费和稳增长的政策，并结合当前攀枝花市工业企业的现状，尽快出台相应的办法措施，全力稳定工业经济生产形势；要全力以赴抓好项目投资工作，做好一批即将竣工项目的协调服务和要素保障工作，加速推进重大项目建设进程，继续加大招商引资力度；要正确处理当前与长远、产业与城市、城镇与农村、经济与社会、开发与保护等发展中的重大关系，着力推动城乡统筹发展；要着力关注和改善民生，深入实施重大民生工程，加快建设和谐幸福攀枝花。

关于攀枝花市水利工作情况，调查报告认为存在的主要问题：全市小微型水利工程建设维护运行机制不完善，政策扶持力度不够，资金投入不足；对过境水资源特别是金沙江水资源开发利用研究不够；工业生产用水和城镇生活用水与农业生产用水的矛盾有待统筹协调；水务体制改革有待深入和完善。调查报告建议：进一步加大水利规划实施的力度，提高现有水资源调控保障能力，确保攀枝花经济社会全面协调可持续发展；建立攀枝花小微型水利工程建设维护的扶持机制，加大高效节水灌溉农业和小微型水利工程建设管理力度，发挥小微型水利工程对二半山区、少数民族地区农业生产的作用；加大攀枝花市过境河流特别是金沙江水资源利用科学论证工作，解决旱区水资源严重匮乏和农村集镇供水的问题；不断创新完善水利管理体制，建立事权清晰、分工明确、行为规范、运转协调的水资源管理机制，真正形成“一龙治水”的格局。

关于攀枝花市社区文化建设情况，调查报告认为存在的主要问题：各级社区建设领导机构议事协调机制制度有待建立和完善，社区文化建设推进中整体规划、部门统筹的力度有待加大；政府部门中和有的企业、社会组织对社区文化建设重要性存在认识不到位问题，认识和工作有误区；基础设施等条件有待不断改善，保障支持政策有待不断完善和切实落实。调查报告建议：建立协调议事机制制度，在制定社区文化建设目标任务和政策措施上切实发挥统筹规划、协调推进作用，制定各级政府社区文化建设指导性意见和年度实施方案，进一步加强政府统筹；探索多种办法解决社区文化活动场地和经费方面存在的问题；把满足群众不同层次爱好的和健康的文化需求作为丰富社区文化活动的出发点和落脚点，充分挖掘利用已有文体活动资源和传统，引导群众在活动中自我管理、自我教育、自我服务；加快改善市、县(区)文化馆场馆设施条件，丰富社区干部培训方式，加强社区文化指导机构和队伍建设。

关于攀枝花市服务业发展情况，调查报告认为存在的主要问题：对服务业发展的重视程度不够，对服务业的推进不力，措施不到位，政策措施没有得到很好的贯彻落实，严重制约了服务业的发展；服务业比重偏低、发展不快、结构不优、质量不高，全市生产性服务业与民生性服务业发展不平衡，交通运输邮电仓储业和批发零售贸易餐饮等传统服务业所占比重较重，现代物流业、咨询业、中介服务业、信息服务业等发展滞后；体制机制有待健全，行业规划衔接不够，部门之间协调联动机制不健全，统筹协调力度弱，缺乏系统的服务业空间布局研究；服务业人才整体素质不高，专业人力资源稀缺，服务业技术含量不高。调查报告建议：提高认识，切实增强加快服务业发展的责任感和紧迫感，创新思路，完善政策，狠抓落实，巩固服务业发展基础，努力推进全市服务业发展上规模、上档次、上水平；进一步完善加快服务业发展的领导体制和综合协调机制，进一步明确市县区服务业办的职责职能，规范服务业市场秩序，营造公平有序的市场环境；抓住重点，整体推进，大力发展旅游业，大力发展现代物流业，加快发展房地产、金融、节庆会展、科技和信息等新兴服务业，全面推进服务业发展；注重人才建设，选拔一批懂业务、能干事、肯干事的优秀干部充实到服务业发展的相关领导岗位上，提升服务业发展的规划、统筹和管理水平，健全服务业智力支撑体系。

关于花城新区建设情况，调查报告认为存在的主要问题：新区开发建设工作委员会是市政府派驻机构，工作人员均是从市级各部门抽调，其自身工作体制、运行机制尚未建立，市级部门、区政府、新区建设委员会三者配合协作机制没有建立，新区各类建设项目的规划、审批、招商等工作推进乏力；土地、林权等方面受国家政策或法规限制，部分项目虽完成规划，实施过程中因土地指标、林地权属等因素推进困难，难以完成市政府制定的年度工作目标任务；新区建设项目资金保障不力，建设进度缓慢。部分项目受项目主体资质不符、招商政策限制、政府直接投入欠缺等原因无法推进，已经筹措到的建设资金无法及时拨付到项目业主方，项目停止建设。调查报告建议：市政府须尽快明确新区开发建设工作委员会的工作体制，要具体做好市级部门、区政府和新区开发建设工作委员会三方在新区开发建设中的职能职责界定划分工作，形成分工明确、管理规范、运作高效、配合密切的新区建设管理机制；相关市级部门要密切配合，协调一致，积极向上争取利好政策，共同做好新区建设项目的规划编制、行政审批、拆迁补偿等具体事务性工作，齐心协力推进新区范围内各个项目的建设，处理好审批权限和相关利益关系，为各项目的招商、建设和相关问题处理营造良好的政务软环境；市政府要积极牵头协调，执行好相关促进民间资金投入新区建设的政策，多方式、多途径筹措新区建设资金，要大力支持新区范围内水、电、气、交通、电信等城市基础设施建设，灵活使用建设资金的同时要严格资金运作管理，保障各个新区建设项目如期推进施工建设，使各个项目尽快建成发挥经济、社会效益，带动新区快速发展。

关于攀枝花市创新型城市建设情况，调查报告认为存在的主要问题：以企业为主体、市场为导向、产学研结合的科技创新体系还没有完全形成，不少企业还缺乏创新内在动力，自主创新能力薄弱，与攀枝花市产业发展相适应的研发平台建设还相对滞后，产学研结合推动产业技术进步、攻克关键性技术难关的条件还有所欠缺，科技研发资源还不能有效整合；科技投入还不能满足发展对科技创新的要求，政府科技投入还不能完全做到国家要求的稳定增长，研发投入占国民生产总值的比重低；促进创新的政策机制和社会氛围还不够完善，引导社会各类创新主体积极创新的激励机制还不够健全有力，科技信息、创新和成果推广转化融资等公共服务配套体系还不够成熟，创新驱动发展的社会文化氛围还没有真正形成。调查报告建议：把创建国家创新型城市摆上议事日程，确定创建国家创新型城市的奋斗目标，制定创新发展规划，把自主创新作为攀枝花市发展核心战略，贯穿到经济社会发展的各方面；着力建设多元化、多层次，多渠道科技创新投入体系，加强科技投入稳定增长目标考核，建立政府科技投入激励政策，健全引导促进企业加大科技投入的激励政策和机制，进一步加强自主创新投融资体系建设，完善风险投资体制机制和科技型企业信用担保体系，拓宽中小企业创新和成果转化融资渠道；进一步夯实基础，加快完善创新机制政策和社会环境，重视激发和调动生产一线劳动者科技创新潜力和积极性，加大以科技进步贡献率为指标对自主创新进行奖励的力度，进一步深化社会管理和服务创新，探索建立激励机制制度；深化改革，加强引导，努力促进科技创新形成整体合力。

【办理代表批评、建议和意见】 市九届人大一次会议期间，代表提出的议案转建议9件；建议、批评和意见101件，共计110件。其中，涉及法制方面的6件，占5.5%；涉及财政、经济、交通方面的40件，占36.4%；涉及城市规划、城市管理、国土资源、环境保护方面的26件，占23.6%；涉及教育、科技、文化、卫生方面的20件，占18.2%；涉及农业民族方面的7件，占6.4%；涉及劳动保障、人事方面的5件，占4.5%；涉及其他方面的6件，占5.5%。在110件代表建议中：交由市政府办理103件；另外7件分别由市委农工委办理3件、市委组织部办理1件、市委宣传部办理1件、市妇联办理2件。

截至8月31日，市政府办理103件代表建议的情况是：已经解决或基本解决的有32件，占总数的31.1%；正在解决或列入规划逐步解决的有55件，占总数的53.4%；因目前不具备条件难以解决或权限不在市里，需向代表说明情况的有16件，占总数的15.5%。

其他部门办理的情况分别是：市委农工委办理3件，正在解决或列入规划逐步解决的2件，因目前不具备条件难以解决或权限不在市里，需向代表说明情况的1件。市委组织部办理1件，已经解决或基本解决。市委宣传部办理1件，留作今后工作参考。市妇联办理2件，已经解决或基本解决1件；目前不具备条件难以解决或权限不在市里，需向代表说明情况的1件。

在市政府及各承办部门的努力下，市第九届人民代表大会第一次会议期间代表所提110件建议已按要求全部答复代表。

截至10月22日，市人大常委会人事代表工作委员会共收到代表对办理情况的反馈意见表209份，其中，满意187份，占89.5%；基本满意21份，占10%；不满意1份，占0.5%。

【信访工作】 2012年，市人大常委会办公室信访处共接待来信来访982人件次。其中，来信156件(其中5人以上联名信45件)．从这156件来信中所反映的内容看：涉法涉诉类信访70件，占信访总量的44.9%；反映人事和劳动社会保障类信访19件，占信访总量的12.2%；反映房地产及建筑纠纷类信访17件，占信访总量的10.7%；反映征地补偿及土地林权纠纷类信访13件，占信访总量的8.5%；举报类信访11件，占信访总量的6.8%；反映人民权利类信访5件，占信访总量的3.5%；反映拖欠民工工资和工程款方面信访7件，占信访总量的4.5%；反映环境污染类信访2件，占信访总量的1.3%；反映医疗纠纷类信访3件，占信访总量的1.9%；其他类信访9件，占信访总量的5.8%。

【人事任免】 2012年，市九届人大常委会议任免“一府两院”及其他工作人员60人次，分别是：2月28日，市九届人大常委会第1次会议，根据市人民政府市长张剡的提名，决定任命徐明义为攀枝花市人民政府秘书长、办公室主任；覃发树为攀枝花市发展和改革委员会主任；孔炜为攀枝花市教育局局长；丁建高为攀枝花市科学技术和知识产权局局长；罗军为攀枝花市经济和信息化委员会主任；吴文发为攀枝花市民族宗教事务委员会主任；殷旭东为攀枝花市公安局局长；姚宏为攀枝花市监察局局长；钱卫为攀枝花市民政局局长；彭维滨为攀枝花市司法局局长；刘元海为攀枝花市财政局局长；刘忠杰为攀枝花市人力资源和社会保障局局长；肖光辉为攀枝花市环境保护局局长；刘志君为攀枝花市住房和城乡规划建设局局长；雷雨为攀枝花市交通运输局局长；马泽林为攀枝花市水务局局长；李春华为攀枝花市农牧局局长；杨礼文为攀枝花市林业局局长；陈远俊为攀枝花市商务和粮食局局长；董之云为攀枝花市文化和新闻出版局局长；杨军为攀枝花市卫生局局长；柳建红为攀枝花市人口和计划生育委员会主任；谢安德为攀枝花市审计局局长；赵琪为攀枝花市城市管理局局长；陈绍泉为攀枝花市政府国有资产监督管理委员会主任；张雷为攀枝花市广播电影电视局局长；刘跃为攀枝花市体育局局长；庞德为攀枝花市安全生产监督管理局局长；徐翠为攀枝花市统计局局长；龙勇为攀枝花市旅游局局长；韦美辉为攀枝花市扶贫和移民工作局局长；杜勇进为攀枝花市人民防空办公室主任；何昌文为攀枝花市食品药品监督管理局局长；根据攀枝花市中级人民法院院长祝鸿的提名，任命胥军为攀枝花市中级人民法院审判监督庭庭长、审判委员会委员；梅进为攀枝花市中级人民法院民事审判第二庭庭长；免去胥军的攀枝花市中级人民法院刑事审判第二庭庭长职务。6月27日，市九届人大常委会第3次会议，根据攀枝花市人民政府市长张剡的提请，决定任命张雷为攀枝花市文化广电新闻出版局局长；决定免去董之云的攀枝花市文化和新闻出版局局长的职务；张雷的攀枝花市广播电影电视局局长职务；根据攀枝花市人民检察院检察长卢旭东的提请，任命周远军为攀枝花市人民检察院检察员；许志为攀枝花市人民检察院检察员；冯琴为攀枝花市人民检察院检察员；李长鹏为攀枝花市人民检察院检察员；杨世杰为攀枝花市人民检察院检察员；肖蕾为攀枝花市人民检察院检察员。10月30日，市九届人大常委会第6次会议，根据攀枝花市人民政府市长张剡的提请，决定任命贾德华为攀枝花市人民政府副市长；决定免去李章忠的攀枝花市人民政府副市长职务；根据市人大常委会主任会议提请，任命张洪波为攀枝花市人大常委会办公室副主任；根据攀枝花市中级人民法院院长祝鸿的提请，免去姚孝胜的攀枝花市中级人民法院审判员职务。11月26日，市九届人大常委会第7次会议，根据攀枝花市中级人民法院院长祝鸿的提请，免去周亮的攀枝花市中级人民法院审判员职务。12月24日，市九届人大常委会第8次会议，根据市人大常委会主任会议提请，任命周健为攀枝花市人大城乡建设环境资源保护委员会副主任委员；免去周健的攀枝花市人大常委会办公室副主任职务；根据市人民检察院检察长卢旭东的提请，任命袁向阳为攀枝花市人民检察院检察员；谢洪伟为攀枝花市人民检察院检察员；刘鸿为攀枝花市人民检察院检察员；刘鹏为攀枝花市人民检察院检察员；崔雪萍为攀枝花市人民检察院检察员；杨强为攀枝花市人民检察院检察员；杨莎为攀枝花市人民检察院检察员；免去姚梅的攀枝花市人民检察院检察员职务。

（周　婷）

攀枝花市人民政府

综　述

【国民经济】　2012年，全市实现地区生产总值740.03亿元，比2011年（下同）增长14%。其中，第一产业增加值25.77亿元，增长4.6%；第二产业增加值561.41亿元，增长15.5%；第三产业增加值152.86亿元，增长10.5%。人均地区生产总值60 391元，增长13.3%。工业结构调整升级的工作指南和路线图全面形成，新型工业化水平不断提高，钒钛、钢铁、能源、化工四大支柱产业不断壮大、结构不断优化，矿业和机械加工制造业加快发展，太阳能等新兴产业培育取得新进展。规模以上工业累计完成工业总产值1 274.40亿元，增长10.8%，实现增加值460.10亿元，增长16.8%。农业经济保持稳步增长，农林牧渔业实现总产值44.49亿元，增长4.7%。粮食、蔬菜、水果总产量分别增长0.6%、3.6%和5.7%。现代服务业蓬勃发展，实现旅游总收入66.86亿元，增长32.3%，实现社会消费品零售总额192.1亿元，增长16%。民营经济加快发展，实现增加值323.93亿元，增长16.0%，占GDP的比重为43.8%，对GDP增长的贡献率为47.3%。财税金融平稳运行，全市地方财政收入82.94亿元，增长17.9%。地方财政支出137.21亿元，增长18.1%。国税、地税系统分别组织税收收入54.21亿元、44.13亿元，分别增长5.2%、14%。全市金融机构本外币各项存款余额766.76亿元、各项贷款余额533.92亿元，分别比年初增长15.9%、19.6%。实现保费收入16.39亿元。

【城乡建设】　2012年，全市深入实施“两化”互动、统筹城乡战略，《攀枝花市城市总体规划（2011～2030）》修编完成，花城新区城市设计及控制性详规正式实施。国省干线公路改扩建“三年攻坚”年度任务超额完成，炳仁路后段全线贯通，新密地大桥即将竣工，建成通乡油路（水泥路）48.4千米、通村公路206.8千米，全市乡、村通客车率分别达到91%和64%。花城新区建设有力推进，老黑地安置房、缅气入攀液化天然气加注站等十大项目全面启动。农村基础设施建设步伐加快，大竹河水库枢纽工程建成并关闸蓄水，马鞍山水库、梅子箐水库（扩建）、观音岩引水工程取水口开工建设，整治病险水库31座，新建渠系421.7千米，建成新村38个、省级新农村示范片2个。深入开展城乡环境综合治理，“五乱”现象（垃圾乱扔、广告乱贴、摊位乱摆、车辆乱停、工地乱象）和“三线”（公路、铁路、河道沿线）环境综合治理专项行动成效明显，75%以上的乡镇、60%以上的村庄基本达到清洁化、秩序化、优美化和制度化标准，国家卫生城市顺利通过复审。“五创联动”深入推进，全市森林覆盖率达到58.97%，环境空气质量达标率93.7%，地表水、饮用水环境质量达标率100%。城市生活污水处理率和生活垃圾无害化处理率分别达到81.3%和95.6%。全年单位GDP能耗下降5%。

【社会事业】 2012年，全市科技支撑发展能力不断增强，国家钒钛制品质量监督检验中心、钒钛资源综合利用国家重点实验室顺利通过验收，攀枝花市被列为全省首批创建国家技术创新工作示范市，新增国家级高新技术企业4家、省级创新型企业5家；组织实施省、市级重大科技成果转化项目11项，产值达56亿元。公共文化服务体系建设进一步加强，图书馆、文化馆等公共文化设施免费开放，文物保护得到加强，全市有7处文物被列为全省第三批文物保护单位，农村广播电视信号实现全覆盖，文化引导力、影响力和服务力有效提升。高寒山区学生温暖工程扎实推进，“百村支教”行动全面开展，普通高考本科上线率创历史新高，现代服务业职业教育集团和工业职业教育联盟组建成立，各级各类教育协调发展。花城新区医院建设启动，名科名院建设成效显著，攀西职业病防治中心落户攀枝花市，实施卫生基建项目119个，新农合参合率达99%。全民健身计划深入实施，引进并成功举办中国男子篮球职业联赛季前赛等重大赛事，省红格体育竞训基地等项目快速推进。全面做好人口计生工作，符合政策生育率达90.9%。妥善应对“八二九”特别重大瓦斯爆炸事故，扎实开展“三项治理”（煤矿关停并转、社会主义新矿山建设和煤矿“打非治违”），及时有效扭转安全生产被动局面。启动实施社会管理创新项目85个，建成各级综合服务管理平台443个。平安攀枝花建设深入推进，社会治安态势持续平稳，群众安全感达到94.9%，较2011年提高2.95个百分点。

【人民生活】 2013年，全市城乡居民收入与经济发展同步增长，农民人均纯收入8 728元，增长14.4%；城市居民人均可支配收入突破2万元，达到22 808元，增长15.6%。民生工程扎实推进，投入资金32.5亿元，就业促进、扶贫解困等十大民生工程103个项目全面完成。就业创业工作成效明显，城镇新增就业17 617人，下岗失业人员和失地无业农民再就业7 782人，藏区“9+3”免费教育计划毕业生初次就业率达98.4%，城镇登记失业率控制在3.6%以内，被国务院授予“全国创业先进城市”称号。社会保障水平进一步提高，基本养老、基本医疗、失业、工伤、生育保险参保人数覆盖面进一步扩大，15万企业退休人员月均增加基本养老金214元，居民医保财政补助标准人均提高40元，生育保险待遇水平提高近一倍。二滩水淹区连片扶贫开发有序推进，顺利实现农村低保和扶贫开发制度衔接，发放移民后期扶持直补金1 668.6万元。城镇居民住房条件不断改善，保障性住房建设继续走在全省前列，建成保障性住房4 154套，完成农村危房改造2 187户，发放廉租住房补贴4 000户。

重要举措

【大力实施投资拉动】 2012年，全市全社会固定资产投资完成463.25亿元，增长20.8%。投资结构不断优化，三次产业投资分别增长16.3%、9.1%、35.2%，第一、三产业投资增长较快，农业和服务业基础进一步夯实；国有投资和民间投资分别增长-1.4%、35.4%；基本建设、更新改造投资分别完成201.17亿元、194.28亿元，增长20%和17.5%，房地产开发投资完成54.68亿元。重点建设项目支撑明显，全年20个省重点项目完成投资82亿元，128个市级“四个一批”（竣工投产一批、加快建设一批、新开工一批、加快前期一批）重大项目完成投资191.3亿元。重大项目投资占固定资产投资比重达41.3%。市级“急难险重”及重大建设项目加快推进，丽攀高速公路攀枝花段收尾攻坚；省道214总发至平地段改造工程、省道310线红格过境线新建工程等国省干道整治工程快速推进；成昆铁路新线攀枝花段完成前期准备工作；攀宜（宾）沿江高速公路、攀大（理）高速公路纳入交通部西部大开发“八纵八横”骨架网规划；500千伏大通道建设快速推进，攀枝花Ⅱ500千伏变电站顺利投运，米易500千伏变电站主体收尾；缅气入攀LNG加注站项目顺利开工；沿金沙江城市景观打造启动实施；观音岩水电站、桐子林水电站进展顺利，金沙、银江水电站已获国家发改委批准同意开展前期工作。

【全面提升工业经济】 2012年，市政府把加快发展特色优势产业和战略性新兴产业作为工业强市的重要举措，通过实施进一步促进工业经济发展的系列政策措施，强化企业培育服务，推动产业集约集群发展，铁矿石原矿、钛精矿、钛白粉、高钛渣等主要工业产品产量稳定增长；工业企业培育力度加大，新增规模以上工业企业11户，总数达到345户。重大产业化项目加速推进，46个重大工业产业化项目已开工32个，年度累计完成投资40.5亿元。加快发展工业园区，积极推进钒钛产业园区创建国家级经济技术开发区工作，钒钛、化工、机械制造等特色产业加速发展；2012年，钒钛产业园入驻园区企业达142户，投产企业86户；以各县（区）工业集中区为主要支撑的县域经济发展加快，产值超100亿工业集中区达3个，县（区）属规模以上工业累计实现增加值256.45亿元。国内最长最宽钛锭在攀枝花市成功面世，钛金属产业链实现重大突破，攀钢的“PG”商标被认定为全市首个中国驰名商标，攀钢被确定为全国首批资源综合利用“双百工程”骨干企业，攀枝花市被确定为全国首批资源综合利用“双百工程”示范基地。

【持续发展第三产业】 2012年,市政府把加速发展现代服务业作为结构调整和城市转型的有效载体,加速构建省际商贸物流中心、重要旅游节点,加强旅游接待能力建设,康养旅游城市建设力度空前,旅游重大项目建设加快,以金沙江中心区段沿江景观打造、阿署达花舞人间景区、普达阳光国际康养度假区等为重点的旅游项目开始启动。物流产业加快发展,攀西农产品交易物流中心(二期)、锐华冷链、粮食中转仓及铁路专线等一批物流业基础设施相继竣工,投入使用。在"欢乐阳光节"等旅游节庆活动带动下,全年旅游实现总收入66.83亿元,同比增长32.3%,旅游接待总人数达853万人次,创历史新高。传统商贸流通业提档升级,成功引入金狮百盛、银泰、银杏等国际、国内知名商贸流通企业和品牌,以沃尔玛、北京华联、同乐世界等为代表的商贸零售业和全市餐饮、住宿达标创优活动深入开展,服务品牌效益明显提升,电子商务等现代商贸流通业快速发展。金融保险健康发展,截至12月末,全市金融机构本外币各项存款余额766.76亿元、各项贷款余额533.92亿元,分别比年初增长15.9%、19.6%;保险行业实现保费收入16.38亿元,增长5.8%。

【稳步发展农业经济】 2012年,市政府把提升农业现代化水平、转变农业发展方式作为兴农富民的主要路径,组织全市力量,打响持续抗旱攻坚战,取得大旱之年无大灾、大旱之年不减产的可喜成绩。国家现代农业示范区启动,水果、烟叶、蔬菜、畜牧、水产等一批特色农业基地加快建设。农业基础设施建设不断加强,大竹河水库全部枢纽工程建成并关闸蓄水,米易县马鞍山水库、西区梅子箐水库(扩建)、观音岩引水工程取水口开工建设,藤桥河引水工程和烟区水源项目等骨干水源工程前期工作进展顺利;农村人饮安全、病险水库整治等民生工程均顺利实施。农业产业化水平进一步提高,农业产业化龙头企业总数达到63个,其中省级龙头企业12个;新发展农民专业合作组织121个,总数达到540个。新农村建设联动推进,米易县湾丘—垭口、盐边县红格片区等省级新农村示范片,按期完成并通过省级验收,5个县(区)的市级新农村示范片全面推进,16个旅游新村基本建成。

【有效推动民生改善】 2012年,市政府继续扎实推进保障和改善民生的各项工作,在承担省政府下达的10个大项54个分项目标任务的基础上,根据攀枝花市的实际情况,增加49个分项,全市民生工程项目总数达到10个大项、103个分项。计划安排资金31.6亿元,比2011年增加5.3亿元,增长20.2%;全年执行资金32.5亿元,执行进度为102.8%。社会保障水平进一步提高,城乡社会保险覆盖面不断扩大,15万企业退休人员月均增加基本养老金214元,居民医保财政补助标准人均提高40元,生育保险待遇水平提高近一倍。就业局势保持总体稳定,攀枝花市被评为"全国创业先进城市"。连续5年将保障性安居工程列入攀枝花市十大民生工程的百姓安居内容,住房保障工作全面提速,保障性住房开工率、建设进度和投资额均居全省前列,有效缓解城市低收入家庭的住房困难;大力推进二滩水淹区连片扶贫开发和农村危房改造,积极开展广播电视"村村通"、乡镇综合文化站、农村电影放映、体育健身路径安装等系列文化体育惠民工程建设,贫困地区和偏远山区人民的生产条件和生活质量得到不断改善。实施"两化"互动、统筹城乡发展与产村相融成片推进新村建设、发展乡村旅游相结合,缩小城乡差距,城乡居民收入与经济发展同步增长并逐年提高。

【加快实施"五创联动"】 2012年,市政府扎实推进国家环保模范城市创建工作,创建规划通过环保部评审,沿江环境污染综合整治等专项行动积极开展,环境空气质量优良率达93.7%,攀枝花市进入全省首批循环经济示范市行列,西区成为全省首个区域污染防治示范试点区。积极创建国家森林城市,花城景观工程等"七大工程"全面展开,天保二期工程持续推进,金沙江中心区段沿江两岸视野区生态景观林建设年度任务顺利完成。大力创建国家园林城市,积极开展工矿废弃土地复垦利用试点工作,绿化改造老旧小区10个,创建花园社区(小区)19个,滨水新空间、金沙公园等项目快速推进,顺利通过省级园林城市复查。全面创建中国阳光康养旅游城市,投资130亿元的阿署达花舞人间景区和投资80亿元的普达阳光国际康养度假区开工建设,沿江休闲旅游经济带、红格温泉旅游度假区、米易南部新城休闲度假核心区等项目加快推进,16个旅游新村基本建成。着力创建全国文明城市,评选出全市第二届道德模范,"学雷锋、讲文明、树新风"系列主题活动深入开展,城市公共文明指数由全省第十二位跃居第四位。

【深入推进改革开放】 体制改革全面深化,稳步推进医药卫生体制改革,巩固完善基本药物制度和基层医疗卫生机构运行新机制;继续推进农村产权制度改革,有序开展农村土地承包经营权流转;开展矿业城市建设用地管理机制改革试点和工矿废弃地复垦利用试点工作;着力推进户籍管理制度改革,实施流动人口居住证制度;深化行政审批制度改革,企业投资项目并联审批全年办理基本建设项目50个、技术改造投资项目33个;就业和社会保障服务体系不断完善,养老、医疗等社会保障改革不断深化。区域合作加快推进,开展赴省(境)外招商活动300余次,对接企业660多家,在北京市举办"阳光花城·攀枝花推介会",市党政代表团赴云南保山市、德宏州商谈合作协议,开展"知名企业家攀枝花行"等活动,在第十三届西部博览会上,签约项目75个,签约金额达802.32亿元;招商引资成效明显,全年招商引资履约项目360个,到位资金408.64亿元。对外贸易逆势增长，全年外贸进出口总额2.63亿美元，其中出口2.2亿美元，同比增长25.4%。

【协调发展社会事业】 2012年，市政府着力推进教育事业协调发展，学前教育3年行动计划推进顺利，全市新建幼儿园9个，市第40中小投入使用，一批中小学新建项目前期工作有序推进，中小学校校舍安全工程顺利推进；义务教育“两免一补”、中职学校和普通高中学校家庭经济困难学生资助工作全部完成；实施高寒山区学生温暖工程，为符合条件的225所义务教育学校54 993名学生提供免费营养餐；教育质量迈上新台阶，普通类本科各批次上线人数创历史最佳，上线率达39.6%；市经贸旅游学校、市建筑工程学校等职教集团组建，特殊教育、高等教育等得到加强。卫生基础设施建设加快，市中心医院二住院楼、市二医院外科住院大楼等项目建设进展顺利，花城新区医院前期工作和妇幼保健院迁建工作加快推进，城乡医疗保障体系逐步健全，人民健康保障水平不断提高。公共文化服务体系建设进一步加强，文化信息资源共享工程、农村书屋工程建设全面推进，文物保护得到加强，全市有7处文物被列为全省第三批文物保护单位。体育公共服务体系建设加快，青少年体育活动中心进展顺利，体育公园开工建设，全市体育场馆免费向群众开放达70万人次。

重要会议

【全市经济工作会议】 2012年2月29日，全市经济工作会议在攀枝花会展中心召开。会议的主要任务是：贯彻落实中央、省委经济工作会议，市第九次党代会和市九届人大一次会议精神，总结部署全市经济工作。市委书记刘成鸣出席会议并为受表彰单位颁奖。会议由市委副书记、市长张剡主持。市领导谢道全、单荣、赵辉、杨自力、许健民、张如英、柳康健、李章忠、刘建明、赵勇出席会议。会上，杨自力、柳康健、李章忠、刘建明分别就全市工业经济、三产服务业、交通运输、国土资源、财政和统计工作进行总结部署。会议指出，工业经济方面，2012年，攀枝花将确保规模以上工业增加值增长19%、力争达到20%；三产服务业方面，全年旅游总收入要完成60亿元，增长19%，力争完成66亿元，增长31%；交通运输方面，要用3~5年的时间，初步构建起区域性综合交通枢纽骨架，为攀枝花市加快发展、打造区域性中心城市提供强力支撑。会议还对质量监督、商务粮食等工作进行总结部署；对2011年度全市商务服务业粮食工作先进单位和工业经济工作先进单位进行表彰；会上签订2012年度攀枝花市“急难险重”项目目标责任书。

【中国阳光花城——攀枝花推介会】 2012年3月3日，攀枝花市在北京银泰中心柏悦酒店举行中国阳光花城——攀枝花推介会，向全国、全世界展示“攀枝花元素”，并通过加强与各方的交流沟通，争取更多的支持帮助，搭建起携手合作、互利共赢的友谊之桥。全国人大常委会副委员长周铁农出席推介会。国务院发展研究中心副主任侯云春，全国政协常委钮小明，国务院参事任玉岭，四川省人大常委会副主任王宇坤，四川省委宣传部常务副部长侯雄飞出席会议。市委书记刘成鸣致推介辞。推介会由市委副书记、市长张剡主持。市领导张祖芸、沈钧、许健民、王海波、刘建明、李仁杰出席推介会。出席推介会的还有中央和国家相关部、委、局、办有关领导，部分国内外知名大企业、大集团负责人，相关协会、机构、单位和北京市有关部门负责人。银泰集团、成都华西希望集团、攀枝花金海实业有限公司、攀枝花宏义投资有限公司、攀钢集团有限公司相关负责人先后在推介会上发言，向与会嘉宾介绍在攀枝花市投资发展的成功经验。

【“五创联动”动员大会】 2012年4月12日，攀枝花市“五创联动”暨迎接国家卫生城市复审暨城乡环境综合治理动员大会在攀枝花会展中心召开。市委书记刘成鸣代表市“五创联动”工作领导小组与分管领导签订目标责任书，并作动员报告。市委副书记、市长张剡主持会议并就贯彻落实会议精神提出具体要求。市领导谢道全、单荣、赵辉、张祖芸、李群林、程少华、沈钧、许健民、张伟、张汝林、柳康健、殷旭东、李章忠、张敏、刘建明、李仁杰、赵勇等参加会议。会上，沈钧、许健民、柳康健、李章忠、张敏、李仁杰分别就开展“五创联动”、迎接国家卫生城市复审、深入推进城乡环境综合治理等工作进行安排部署。攀钢集团公司代表杨天旺、东区市民代表黄晓华在会上发言。会议指出，从2012年起，通过三到五年的努力，将攀枝花创建成为国家环保模范城市、国家森林城市、国家园林城市、中国阳光康养旅游城市和全国文明城市，为建设幸福攀枝花营造良好的发展环境。

【全市科学技术奖励大会暨科技工作会】 2012年4月13日，全市科学技术奖励大会暨科技工作会在攀枝花会展中心召开。会议对获2011年度攀枝花市科学技术进步奖的67项科技成果进行表彰，并安排部署2012年科技工作。市委书记刘成鸣就做好2012年科技创新工作提出具体要求。市委副书记、市长张剡主持会议。市委副书记赵辉宣读奖励决定。市人大常委会副主任张如英，市政协副主席周治端出席会议。副市长刘建明作工作报告。会议指出，2012年攀枝花市正处于产业升级、城市转型的关键时期，全市科技工作者要认清形势、抢抓机遇，加快科技创新的步伐。在推进资源综合开发利用，打造中国钒钛之都上形成有力的科技创新支撑；在推进新型工业化、新型城镇化，实现“两化”互动上形成有力的科技创新支撑；在切实“打好六个硬仗”，完成市委、市政府提出的各项目标任务上形成有力的科技创新支撑；牢牢把握新时期科技创新的需求、机遇和挑战，以更加饱满的热情，更加积极的行动，将攀枝花市的科技事业推向前进。

【深入实施“两化”互动、统筹城乡发展战略工作会议】 2012年8月9日，攀枝花市召开深入实施“两化”互动、统筹城乡发展战略工作会议。市委书记刘成鸣，市委副书记、市长张剡出席会议并讲话。市人大常委会主任谢道全，市政协主席单荣出席会议。市委副书记赵辉主持会议。会议指出，实施“两化”互动、统筹城乡发展战略，是省委着眼四川全局和长远发展作出的一项重大战略部署，是攀枝花市增强发展动力、推进跨越发展的必然选择，是创新资源开发模式、转变发展方式的重要抓手，是消除“工农差距、城乡差距、贫富差距”、建设幸福攀枝花的有效途径，是推进科学发展、提升战略地位的首要选择。会议要求，要加速新型工业化进程，大力构建现代工业体系；坚持走新型城镇化道路，倾力打造区域性中心城市；推进城乡统筹发展，着力加快城乡一体化进程；扩大消费有效需求，努力促进第三产业繁荣发展；强化投资拉动效应，不断推动经济提速增效；加大开放合作力度，切实增强经济发展活力；提升公共服务水平，加快建设幸福攀枝花。

【“八二九”事故警示教育暨煤矿整顿、建设社会主义新矿山动员大会】 2012年9月20日，市委、市政府召开“八二九”事故警示教育暨煤矿整顿、建设社会主义新矿山动员大会。市委书记刘成鸣出席会议并作重要讲话。市委副书记、市长张剡与各县(区)长签订煤矿整顿关闭工作目标责任书，并对全市煤矿关停并转和建设社会主义新矿山工作进行安排部署。市领导单荣、李群林、程少华、沈钧、张伟等出席会议。市委副书记赵辉主持会议。市委常委、常务副市长杨自力通报前期全市安全生产大检查工作情况。会议强调，要以铁的决心、铁的作风、铁的举措，全市动员、干群同心、强力整顿，迅速打一场安全生产翻身仗，尽快消除“八二九”事故造成的负面影响，坚决杜绝重特大安全事故再次发生，扎实推进社会主义新矿山建设，尽快实现安全生产形势根本好转，为攀枝花市加快发展创造良好的生产环境和社会环境。

【全市第七次民族团结进步表彰大会】 2012年8月6日，攀枝花市第七次民族团结进步表彰大会召开。市委书记刘成鸣，省委民族工委副书记、省民委党组书记、主任敬全林出席大会并讲话。市委副书记、市长张剡主持大会。市人大常委会主任谢道全、市政协主席单荣、市委副书记赵辉等出席大会。大会表彰了在民族团结进步事业中涌现出来的市委办公室等42个模范集体、李海等121名模范个人。会议指出，市委、市政府历来高度重视发展民族团结进步事业，紧紧围绕“共同团结奋斗、共同繁荣发展”的民族工作主题，全面落实中央、省委对民族工作的决策部署，把民族工作摆到更加突出的战略位置，纳入全市工作的大局统筹安排部署，着力夯实民族团结进步的各项基础，民族团结进步事业取得显著成绩。全市各级党委、政府要从政治和全局的高度，深刻认识进一步加强民族工作的重大意义，切实增强责任感和紧迫感，更加自觉、更加主动做好民族工作，不断巩固和发展团结和谐的政治局面，不断巩固和发展平等、团结、互助、和谐的民族关系。

【全市第七次民政会议】 2012年10月29日，市委、市政府在攀枝花会展中心召开全市第七次民政会议。四川省民政厅厅长黄明全到会指导并作讲话，市委书记刘成鸣出席会议并就民政工作提出具体要求。市委副书记、市长张剡主持会议。省民政厅副厅长罗平恩，省民政厅机关党委书记廖永康，市委副书记赵辉，市委常委、常务副市长杨自力，市委常委、攀枝花军分区司令员程少华，市委常委、市委宣传部部长沈钧，市人大常委会副主任唐建民出席会议。会议全面总结第六次民政会议以来攀枝花市在民政工作中取得的成绩和改革发展经验，研究部署当前和今后一个时期的民政工作任务，并表彰全市民政系统中的先进单位和个人。会议强调，攀枝花市要紧紧围绕大局，加快推进民政事业科学发展，充分发挥民政在社会建设中的骨干作用，为推进四川西部经济发展高地建设和攀枝花“三个加快建设”贡献力量。

重要事件

【四川首个加油站光伏发电项目在攀枝花市建成】 2012年3月4日，西攀高速攀枝花服务区加油站光伏发电项目投入试运行，这是四川省建成的首个加油站光伏发电项目。该项目投资130余万元，总装机容量30千瓦，是由一个10千瓦太阳能追踪系统和一个20千瓦光伏独立系统电站组成，每天发电100千瓦时，可满足加油站生产、办公、照明等正常用电需求。攀枝花市光热资源丰富，年日照时间长达2 300～2 700小时，为太阳能应用提供了良好条件。项目投入使用后，每年可节约电30 610千瓦时，减少二氧化碳排放28.59吨、二氧化硫排放1.53吨。

【攀枝花市启动国家现代农业示范区建设】 2012年4月6日，攀枝花市国家现代农业示范区建设启动仪式暨现代农业基地建设工作会在米易县举行。市领导谢道全、李仁杰、吴文发，省农业厅厅长任永昌、省发改委副主任邓正权，省财政厅副厅长帅克,省水利厅副厅长刘俊舫等出席会议。市长张剡主持会议。攀枝花市国家现代农业示范区规划区域包括仁和区、米易县和盐边县3个县(区),涉及42个乡镇,涵盖全市98.5%的耕地和99.3%的农业人口。按照规划要求,攀枝花市将以现代农业为指针,特色产业为主导,基础设施为先行,科技创新为支撑,质量安全为前提,生态保护为基准,机制创新为保障,通过建基地、抓培训、促生产,树品牌、拓功能、促提升,推动示范区农民、农业、农村的"三大转变",提升农业科技、农产品标准化生产、农村生态环境建设、农业公益性服务、川滇黔区域示范等能力和水平。项目计划在2020年建成,届时示范区农业产值将达160亿元。

【市委、市政府决策咨询委员会成立】 2012年4月19日,中共攀枝花市委、攀枝花市人民政府决策咨询委员会成立大会在攀枝花会展中心召开。市领导刘成鸣、谢道全、单荣、赵辉,省委省政府决策咨询委员会主任、全国人大财政经济委员会委员甘道明,省委省政府决策咨询委员会秘书长、省科技厅副厅长罗玉彬等出席会议,副市长刘建明主持会议。2007年,攀枝花在全省率先将"科技顾问团"更名为"中共攀枝花市委、攀枝花市人民政府专家咨询委员会",2012年将其更名为"中共攀枝花市委、攀枝花市人民政府决策咨询委员会",聘请栗素娟等54人为市委、市政府决策咨询委员会专家。会上,甘道明、刘成鸣等为到会的市委、市政府决策咨询委员会专家颁发聘书。

【"12345"市民热线开通】 2012年6月1日,攀枝花市"12345"市民热线开通。市领导刘成鸣、张剡、单荣、杨自力、张如英、殷旭东出席开通仪式。市委常委、市委政法委书记张伟主持仪式。"12345"市民热线是一个向市民提供多领域、全天候、高效率服务的综合信息系统,是市委、市政府听民声、察民情、解民困、分民忧的全新载体和宽广平台。该热线按照"一号对外、集中受理、归口办理、分别回复、统一监管、分类选登"的要求,24小时不间断地受理市民提出的咨询、意见、投诉、举报和一般性求助,市民可通过电话、电子邮件、手机短信、发送传真等任何一种方式联系该热线。"12345"市民热线作为一个新的便民渠道,让全市群众省去了记忆众多部、委、办、局号码的麻烦,市民诉求可以实现"一号通",是拓宽群众诉求表达渠道、及时了解社情民意、密切联系群众的服务平台。

【花城新区五大项目集中开工】 2012年6月29日,攀枝花市花城新区五大项目集中开工仪式在仁和区四十九千米老黑地举行,项目集中开工标志着花城新区建设进入实质推进阶段。副省长刘捷下达开工令并为项目奠基,市领导刘成鸣、谢道全、单荣、赵辉、柳康健、李章忠,省经信委、省发改委、省财政厅、省住房城乡建设厅等相关负责人出席开工仪式。花城新区总面积60平方千米,设计承载人口35万,定位为商务办公区集中、高端服务业集聚、生态优美宜居于一体的现代化新型城区。集中开工的五大项目,总投资约16.24亿元,是一批对新区滚动开发具有全局性、带动性、标志性的骨干项目,主要包括花城新区山地森林公园、巴斯箐森林公园、缅气入攀LNG加注站、新区供水、老黑地安置房。

【攀枝花钒钛检测实验室被确立为国家重点实验室】 2012年7月27日,攀枝花钒钛检测实验室被国家质检总局确立为国家重点实验室。攀枝花钒钛检测实验室由攀枝花检验检疫局和攀枝花学院共同承担建设,是目前国内唯一专门从事钒钛原材料及制品检测业务的实验室。其主要任务是开展钒钛、稀土、钢铁、铁合金等原材料及制品检测工作,研究和建立钒钛、钢铁等领域产品的检测方法和标准。这一"国字号"科技平台的确立,进一步凸显了攀枝花在国内钒钛检测领域的地位及重要性。攀枝花市相关部门、单位将充分利用国家重点实验室平台,开展钒钛原材料及制品等方面检测工作,在进一步深化钒钛资源综合开发利用的基础上,力争在"十二五"期间将其打造成为具有国际一流检测水平的实验室。

【全力做好"八二九"煤矿事故抢险救援及善后处置工作】 2012年8月29日,攀枝花市西区肖家湾煤矿发生一起特别重大瓦斯爆炸事故。事故发生后,攀枝花市立即启动煤矿安全生产应急救援预案,市委副书记、市长张剡第一时间率领相关人员赶到事故现场,成立临时抢险救援指挥部,紧张有序地开展抢险救援工作,并及时向国家安监总局、省政府及有关部门上报情况。8月30日,省、市联合成立抢险救援指挥部,由副省长刘捷任指挥长,市委书记刘成鸣、市长张剡、省政府副秘书长蔡竞任副指挥长,下设现场救援等7个工作组,建立救援工作协调机制,研究部署抢险救援和善后处置等各项工作。抢险救援期间,累计出动2 216人次专业搜救力量入井救援,累计投入警力23 650人次、出动医务人员5 150人次参与抢险救援工作。市委、市政府积极做好善后工作,与受伤矿工和遇难矿工的家属或亲属均签订赔偿协议并及时兑现补偿资金。

【成昆铁路攀枝花段扩能改造工程获可研批复】 2012年9月20日,成昆铁路米易至攀枝花段扩能改造工程获得铁道部和省政府的可研批复。成昆铁路扩能改造项目是四川省《西部综合交通枢纽规划》中四川南向出川大通道之一,在批复中,同意米易至攀枝花段按照I级双线的线型标准进行扩能改造。该项目自米易丙谷东站经盐边新县城至攀枝花南站,计划投资140亿元,全长95千米,货运联络线长39千米,桥隧总长占线路的93%。旅客列车设计行车时速为160

千米,预留每小时200千米提速空间,限制坡度6‰,加力坡13‰,最小曲线半径1 600米,电力牵引,到发线有效长880米,自动闭塞。该段工程完成后,按照预计速度推算,攀枝花市4小时可到成都市。

【阿署达花舞人间景区项目和普达阳光国际康养度假区项目启动】 2012年9月21日,攀枝花市两大重点旅游项目——阿署达花舞人间景区项目和普达阳光国际康养度假区项目启动。市领导刘成鸣、张剡、单荣、赵辉、李群林、沈钧、张如英、李章忠,省旅游局副局长郑学炳出席启动仪式。两大项目总投资约210亿元,建成后将成为攀枝花市乃至四川省旅游产业的标志性项目。阿署达花舞人间景区项目占地约1 333.33公顷,总投资130亿元,项目以"阳光休闲、运动健康"为主题,将景区打造成为国家AAAA级旅游景区、国际养生产业城。普达阳光国际康养度假区项目总投资80亿元,规划面积866.67公顷,将按照国家级旅游度假区标准打造国内一流、西南领先的阳光康养度假胜地。项目启动后,将对攀枝花市创建中国阳光康养旅游城市起到积极推动作用,对推动四川省实现从旅游资源大省向旅游经济强省转变具有深远意义。

【举行首届攀枝花钒钛论坛】 2012年11月24日,2012·攀枝花钒钛论坛在攀枝花会展中心举行。中国工程院院士、中国工程院副院长干勇,中国工程院院士邱定蕃、张懿、余永富,中国科学院院士周国治,省委省政府决策咨询委员会常务副主任李成云,省科技厅巡视员谭开林,市领导刘成鸣、单荣、赵辉等出席论坛。论坛由常务副市长杨自力主持。此次论坛是首届攀枝花钒钛论坛,由攀枝花市人民政府,中国工程院化工、冶金与材料工程学部,钒钛资源综合利用产业技术创新战略联盟主办,来自中国工程院、中国科学院及相关科研院所、高校、企业的70余名专家围绕钛资源综合利用新技术这一主题进行深入交流探讨,为攀枝花市加快建设中国钒钛之都提出真知灼见。攀枝花钒钛论坛将致力于集聚优势科研力量围绕钒钛磁铁矿综合开发利用开展技术交流与合作,吸引更多科研力量及企业加入攀枝花钒钛磁铁矿综合开发利用队伍,提高钒钛企业科技创新能力和成果转化能力,加速钒钛产业做大做强。

表彰奖励

2月2日,市政府决定,对周廷银等5名见义勇为的先进个人进行表彰奖励。

2月9日,市政府决定,对转炉—连铸流程生产38CrMoAl钢工艺技术研究等67项科技成果授予2011年度市科学技术进步奖,予以表彰。

2月22日,市政府决定,对2011年度11个"攀枝花市政务服务示范窗口"、10个"攀枝花市政务服务标兵"、5个"优秀县(区)政务服务中心"、15个"优秀市级窗口部门"、67个"优秀市级窗口工作人员"予以表彰。

2月27日,市政府决定,授予东区人民政府2011年度攀枝花市服务业发展工作先进单位称号,授予仁和区人民政府2011年度攀枝花市利用外资工作先进单位称号,授予四川攀枝花钒钛产业园区2011年度攀枝花市外贸工作先进单位称号,授予攀枝花市商务和粮食局2011年度攀枝花市商务和粮食工作先进单位称号。

2月27日,市政府决定,对在2011年度工业经济工作中表现突出的攀钢集团有限公司等57个单位予以表彰。

2月27日,市政府决定,对米易县人民政府等27个安全生产优秀目标责任单位、邓斌等61名优秀目标责任人、仁和区安监局等72个安全生产先进单位、蒋加明等197名安全生产先进个人予以通报表彰。

3月1日,市政府决定,对在"两基"迎国检工作中作出突出贡献的米易县政府等2个单位、东区政府等13个优秀单位、市民宗委等11个先进单位给予表彰。

4月9日,市政府决定,对在招商引资工作中取得优异成绩的东区人民政府等13个先进单位、成志忠等50个先进个人、攀枝花银泰综合体等12个优秀项目团队和仁和区人民政府等39个先进集体予以表彰。

4月10日,市政府决定,对2011年度非公经济工作先进县(区)进行表彰,东区、米易县、盐边县获一等奖,仁和区、西区获二等奖。

4月10日,市政府决定,对钢城集团有限公司等2011年度全市营业收入前10强非公企业和攀西红格矿业有限责任公司等2011年度全市纳税前10强非公企业进行通报表彰。

4月10日,市政府决定,对促进非公有制经济发展的攀枝花钢城集团有限公司等32家企业予以奖励,对攀枝花市锐华农业开发有限责任公司等11家企业予以贷款贴息。

4月16日,市政府决定,对在2011年城乡住户调查工作表现突出的东区炳草岗街道办事处等8个单位、赵朝会等18名优秀辅助调查员、金慧霞等24名优秀记账户予以通报表彰。

4月16日,市政府决定,对在攀枝花市第六次全国人口普查工作中表现突出的东区银江镇人民政府等60个先进集体和王炎等320名先进个人予以表彰。

4月19日,市政府决定,对市政府办公室等26家2011年度金融工作先进单位予以表彰。

5月25日,市政府决定,对在2011年度两项资金管理工作表现突出的市民宗委等8个先进单位予以通报表彰。

8月1日,市政府决定,授予市委办公室等42个单位"民族团结进步模范集体"荣誉称号,授予李海等121人"民族团结进步模范个人”荣誉称号。

9月4日，市政府决定，授予范晓红等4人第五批“攀枝花模范校长”称号，授予王仕昭等16人第五批“攀枝花优秀教师”称号，并予以表彰奖励。

10月27日，市政府决定，对东区民政局等10个“攀枝花市民政系统先进集体”、西区玉泉街道等6个“攀枝花市民政工作先进乡镇(街道)”、仁和区大河社区居民委员会等26个“攀枝花市民政工作先进村(社区)”、毛富才等15名“攀枝花市民政工作先进个人”、田维康等6名“攀枝花市优秀民政助理员”、颜守洪等29名“攀枝花市村(社区)民政工作先进个人”予以通报表彰。

11月22日，市政府政务调研成果评审委员会决定对东区人民政府等5个政务调研工作先进集体和《攀枝花十二五时期城乡居民收入翻番的财政研究》《攀枝花建成百万人口特大城市相关问题及主要对策研究》等60篇优秀调研成果予以通报表彰。

12月25日，市政府决定，对2012年度农田水利基本建设“农建杯”竞赛一、二、三等奖和农田水利基本建设“李冰杯”竞赛先进县(区)和先进市级部门予以表彰和奖励。

12月28日，市政府决定，对在2012年度餐饮、住宿、美容美发行业达标创优活动中评选出来的“米易县安宁明珠大酒店”等8家获奖企业予以通报表彰并给予奖励。

12月28日，市政府决定，对在2010～2012年度抗旱救灾工作中表现突出的东区人民政府防汛抗旱指挥部办公室等50个先进单位和郑东胜等100名先进个人予以通报表彰。

政务工作

【目标管理和督查督办】 2012年，市政府修改完善攀枝花市政府部门目标绩效考核办法和县(区)目标绩效管理办法。在市政府部门目标绩效考核办法中，重点对省政府下达目标在整个考评体系中的分值权重进行适当调减，对完成情况设定加扣分上限。在县(区)目标绩效管理办法中，重点在业务目标的计分方式上进行修改，首次把量化下达的业务指标得分设置为基础分得分加超额得分，并且规定超额得分最高不超过超额分值的2倍。通过实施新的考评体系，目标绩效考核工作更加公正、公平。对2011年度市政府机关、各县(区)综合目标完成情况和纳入目标管理的中央、省驻攀机构共55个单位进行逐个考核，按照考核办法进行奖励。根据省政府下达的2012年度目标任务，向纳入市政府考核范围的53个市级部门下达年度工作目标，向24个市级部门下达向上争取项目资金的目标任务。以《政府工作报告》确定的任务为主要依据，向5个县(区)、钒钛产业园区下达2012年度目标任务。切实抓好省上及市政府主要领导交办的督办工作，对市政府全体会、市政府常务会、市长办公会等重要会议研究确定的重大事项和市政府确定的各项重点工作、民生工程进行督查督办。2012年，共编发督办通知16期，督查督办常务会议议定事项共120余项，印发督查通报12份，有力地推动了市政府重点工作的顺利进行。

【办理人大代表建议和政协提案】 2012年，市政府精心组织开展办理人大代表建议和政协提案工作，加强组织领导，各承办单位实行主要领导总负责、分管领导具体抓、落实具体人员的工作责任制，市政府督查室督促办理，确保任务分解到位，责任落实到位。市政府不断健全制度建设，完善“分级负责，归口办理”制度、走访制度、文书规范化处理制度等，建立限期办结责任制和答复审查制度，逐步形成程序化、规范化、制度化的办理工作新机制。进一步拓展办理建议和提案的工作思路，注重调查研究，坚持开门办案，让承办人员走出去，上门拜访代表、委员，不断创新办理举措。加大督促检查力度，加强常规督查，完善B类件追踪督办制。深化重点督查，对市人大常委会确定的10件重点建议和市政协确定的5件重点提案，各分管副市长逐件阅批，定期听取承办单位办理情况汇报，提高办理工作的时效性和落实率。全年办结人大代表建议103件、政协提案244件，按时办复率达到100%，从反馈情况看，满意率均为100%。

【政务公开】 积极探索完善考核激励机制，将政务公开纳入全市党风廉政建设责任制、政府系统工作评价和目标管理体系。全面推进公共企事业单位办事公开，加强县级政府政务公开和政务服务试点工作。在全省率先建设“2012年信息公开重点工作”专题，推进财政预决算、“三公”经费和行政经费等信息的公开。加大对重大建设项目、政府投资项目和民生工程的信息公开力度，在市政府门户网站设置民生工程专题栏目。在“市政府法制办公众信息网”上建立行政执法证公示平台，实现全部行政执法人员基本信息网上公开。规范和延伸基层政务公开，打造规范一致的村务公开栏模板，制订《乡镇政务公开及村(居)务公开目录编制实施方案》和《乡镇政务及村(居)务公开目录》。全市44个乡镇和352个村都设立固定的政务公开栏，成立村务公开监督委员会和村民民主理财小组；乡镇政务公开面达100%，规范面达95%，村务公开面达100%，规范面达92%。全年主动公开信息数量1 075 703条，通过政务服务中心、档案馆、图书馆等其他途径查询信息数量1 973 628条，全年召开新闻发布会18场。

【政务信息】 制定出台《攀枝花市政务信息工作管理规定》，明确政务信息组织机构、队伍建设、工作制度、报送范围、质量保障、考评奖励等内容，促进全市政务信息工作的规范化、制度化和程序化运行，提高政务信息工作质量和水平。全年共收到各县(区)政府、市级部门和部分企事业单位报送的各类信息共11 820条,向省政府报送信息1 000余条,被省政府办公厅采用动态信息 64 条,经省政府办公厅报送国务院办公厅信息 7 条,全面客观地反映全市经济社会以及各行各业的发展情况。共编发《攀政快讯》85 期、《攀政快讯特刊》23 期,筛选出党政网上报信息5 723条,编发高价值信息1 582余条,为市领导决策提供有力参考,为各部门提供及时、准确、全面的信息服务。深入基层开展政务信息培训,共组织省级培训 1 次、市级培训 6 次,先后共 700 余人次参加政务信息培训,政务信息人员业务水平得到提高。圆满完成《执政实录》政府篇编辑工作,编发《攀枝花市人民政府工作大事记》12 期,全面概要记载市政府领导重要工作活动和辖区内重大事件。

【政务调研】 2012 年,市政府深入开展系列富有成效的专题性、重点性的调查研究,进一步改进调研方式,转变工作作风,完成《关于攀枝花“两化”互动内涵式发展的思考》《发挥优势资源、产村相融发展,加快建设攀枝花现代农业示范区》《攀枝花城市定位的研究和探讨》《攀枝花在国家区域发展新战略中的展望与对策》等重大及热点课题的调研工作。组织开展全市政府系统2012 年度政务调研成果评选活动,收到调研文章 356 余篇,评出获奖文章 60 篇和政务调研先进集体 5 个并予以表彰奖励,精选出 82 篇优秀文章汇编成《调查与研究》一书,有力地推动全市各级政府、部门政务调研工作的全面开展,为领导决策提供重要参考。

【紧急救援与应急保障】 进一步健全应急管理体系,组建市应急指挥联动中心,成立减灾委员会和减灾中心,筹建公共卫生应急指挥中心暨 120 急救医疗指挥平台,制订完善突发地质灾害等应急预案。加强应急救援队伍建设,组建公安应急处突队伍、食品药品应急处置队伍以及 210 余支防汛抢险队伍、21 支专业森林消防队伍和 42 支半专业队伍,市、县(区)卫生应急队伍基本建成。强化应急救灾物资储备,完成 3 个重大工程项目的建设场地地震安全性评价和地震小区划,建设 24 个地质灾害应急避险场所,安装 39 台地震预警监测仪;11 所防震减灾科普示范学校和 2 个防震减灾科普示范社区设备投入使用;民政系统应急指挥体系实现省、市、县互联互通,国土资源系统野外移动卫星通讯实现省、市与地质灾害现场之间实时实地电话通讯、图像传输。及时发布地质灾害预警预报信息,安全生产重大危险源监控系统建设已经启动。排查安全事故隐患7 590条,整改率 99.8%。组织防灾救灾实战大演练,开展各级各类防灾救灾演练 304 次,参与演练人数超过 17 万人(次)。积极应对 46 起自然灾害、306 起事故灾难、3 起公共卫生事件和其他突发公共事件。

(达士杰、陈　丽)

信　访

【概　况】 2012 年,全市有专门信访机构 11 个,市委群工局(市政府信访局)领导班子职数一正二副,内设机构增设为 4 处 1 室 1 中心(办公室、接访处、办信处、督查督办处、网络投诉处、“12345”市民热线受理中心),全局共有行政编制 11 名,工勤人员 2 人,科级领导职数 6 名,职能职责及分工管理都作了相应调整。全市 5 个县(区)均设立县(区)委群众工作局(政府信访局)及群众工作中心(副科级事业单位),共有行政编制 19 人,事业和工勤编制 25 人;在市级部门中市人大、市政协、市纪委、市公安局、市人社局、市国资委内设机构中设置有专门的信访处(室),配备专职信访工作人员;攀钢、攀煤、十九冶、电力、钢企等五大企业设有专兼职信访机构,配备专职信访工作人员。

市、县(区)、乡(镇)三级党政部门和有关企事业单位共配备专兼职信访干部1 083,其中专职信访干部 186 人、兼职信访干部 897 人。人员中有硕士研究生 14 人,大学本科 650 人,大专及以下 419 人;35 岁及以下 325 人,36 ~ 49 岁 739 人,50 岁以上 19 人,干部队伍年龄结构、学历层次趋于合理,综合素质较高。

2012 年,市、县两级党政机关信访部门受理群众信访总量为2 466件(批)次8 797件(人)次。其中,来信 199 件次,来访2 267批次8 598人次;集体访 455 批次5 861人次,重信重访 214 件(批)次1 363件(人)次。与 2011 年相比:信访总量件(批)次下降 22.8%、件(人)次下降 13.5%;来信件次下降 76.4%;来访批次下降 3.5%、人次下降 7.9%;集体访批次上升 4.8%、人次下降 8.2%;重信重访件(批)次下降 50.6%、件(人)次下降 40.7%。

市委群工局受理群众信访总量为1 168批次4 891人次,占全市两级信访总量的 55.6%。其中,来信 112 件次,来访1 056批次4 779人次;集体访 257 批次3 607人次,重信重访 152 件(批)次1 073件(人)次。同比:信访总量件(批)次下降 34.0%、件(人)次下降 11.7%;来信件次下降 82.2%;来访批次下降 7.4%、人次下降 2.4%;集体访批次上升 31.8%、人次上升 3.5%;重信重访件(批)次下降 37.4%、件(人)次下降 16.4%。

新兴渠道信访大量涌现:受理网络、电话等形式信访14 635件次,其中,“市长信箱”接收群众来信2 772件,回复率 100%;人民网书记留言 38 件,办结率 100%;“省长信箱”留言 152 件,回复率 100%;“12345”市民热线受理中心接收群众来信来电11 863件,办结回复率 100%

群众到省上访 51 批 95 人次,同比批次下降 17.4%,人次下降 19.1%,其中集体上访 1 批 6 人次,同比批次下降 75.0%,人次下降 85.7% 人次;进京访 34 件(批)37 件(人)

次，同比批次下降19.1%，人次下降25.7%，无进京重复非访。

办理中联办，省联办，省委、省政府信访办交办的要结果的案件16件，办结率100%；自立信访案件90件，处理复查复核信访事项15件；市领导阅批重要来信8件，普通来信61件，办结率、回复率均达到100%。

群众信访反映的问题按件（批）次计算，排前五位的是：城乡建设类546件（批）次，占22.1%，同比下降10.8%；劳动社保类467件（批）次，占18.9%，同比下降8.3%；涉法涉诉243件（批）次，占9.9%，同比下降38.5%；土地征用213件（批）次，占8.6%，同比上升2.9%；资源能源类162件（批）次，占6.6%，同比上升62.0%。

2012年，全市信访总量继续下降，集体上访、重信重访数量下降，到省进京上访数量下降，群体性事件发生数量下降，信访秩序持续向好。市委群工局获全省信访积案化解工作先进集体、全省信访系统"创先争优·能力建设活动"先进集体、全市群众信访工作先进集体、全市法制宣传教育先进集体、全市人民调解工作先进集体、社会治安综合治理一等奖、维护社会稳定工作先进集体一等奖等称号。全市群工信访系统和干部，获全国系统表彰"优秀办信员"1名，获全省系统表彰"先进集体"7个、"先进个人"7名，获市级表彰各类"先进集体"33个、"先进个人"45人，陈德香被授予"全国信访系统优秀办信员"荣誉称号。

存在的主要问题：全市信访总量仍在高位运行，市、县（区）两级信访量严重倒置，越级信访明显；群众反映的问题多样多元，化解难度越来越大，仍存在一定数量的疑难复杂信访积案未得到彻底化解，已成为引发恶性信访事件的极大不稳定因素；信访老户缠访闹访影响恶劣，依法管控任务艰巨；从群众信访的情况来看，反映出依法行政、社会管理服务以及工作效能方面存在一定的偏差和不到位的方面；群众信访工作总体水平与当前新时期、新形势、新任务的要求和人民群众的需求尚有差距。

【信访目标管理】 2013年2月27日，市委召开市委工作会议，对2013年的信访工作进行安排部署，对2012年度成绩突出的43个先进集体和65名先进个人进行表彰。

按照《中共攀枝花市委办公室关于印发〈2012年攀枝花市市级党群部门及归口单位目标绩效考核办法〉的通知》和《攀枝花市人民政府关于印发〈攀枝花市政府部门目标绩效考核办法（试行）〉的通知》要求，市委群工局结合2012年度全市群众信访工作的安排部署和工作重点，下发《关于2012年度群众信访工作目标管理考评的通知》，专门成立群众信访工作目标管理考核小组，对照相应考评细则，对申报群众信访工作目标考评的县（区）、市级部门、人民团体和企事业单位2012年度群众信访工作目标任务完成情况进行抽查考核和综合考评。2012年11月，市委群工局代表市委、市政府对各级各有关部门和单位的目标执行情况进行检查考评，业务目标合格率100%。考核评定结果：综合业务合格单位55个，优秀单位37个，开展领导干部接访和下访活动先进集体5个，开展"信访积案化解"先进集体8个，进京到省非正常上访处置工作先进集体5个，到市集访处置工作先进集体5个，"市长信箱"、市民热线办理先进集体8个，群众信访工作体制机制创新先进集体5个。

【矛盾纠纷排查化解】 2012年，攀枝花市各级各部门深入贯彻落实《关于把矛盾纠纷排查化解工作制度化的意见》，把矛盾纠纷排查化解工作作为信访工作的重中之重来抓，注重源头治理防范，促使大量的矛盾和问题化解在初始和萌芽阶段。

全市群工信访部门采取经常性排查和集中排查相结合、一般排查和重点排查相结合、块块排查和条条排查相结合等形式，对劳动社保、房屋拆迁、征地安置、涉法涉诉、环境保护等突出领域的矛盾纠纷，尤其是对有可能发生大规模集体上访、越级非正常上访和群体性事件的苗头性、倾向性的不稳定因素进行全面排查。对排查出来的矛盾纠纷和突出问题逐一建立台账，落实责任单位，制定工作方案，明确化解时限，疑难复杂的实行领导包案，综合采取经济、法律、解释、教育等方法进行化解。全年在日常排查的基础上，先后开展集中排查11次，共排查出各类矛盾纠纷和突出问题1 021件次，化解941件次，化解率92.2%。其中，排查信访和涉稳突出问题136件次，重信重访问题25件次，纳入重点稳控人员162人。

【联合调处】 强化基层联合调处机制，促进源头防治常态化。坚持"大调解"促"大和谐"、推"大发展"工作思路，加大人民调解、行政调解、司法调解"三调联动"的工作体系，整合乡镇信访、综治、维稳、民政、司法和工会、共青团、妇联等工作力量，健全信访调解对接机制，将人力、物力、财力向基层倾斜，积极搭建从市级到村（社区）四级工作平台，推动群众工作网络触角向最基层延伸，进一步形成群众工作大家做、共同做、就近做、随时做的工作格局，做到调小防大、调个体防集体、调萌芽防扩大。2012年，共调处各类矛盾纠纷3 201件，成功调处2 957件，调处成功率达92.4%。

【领导包案化解信访积案】 2012年，全市各级各部门继续落实领导包案制度。按照"五定、五包"原则（定领导、定方案、定专人、定质量、定时限、包掌握情况、包解决问题、包教育转化、包稳控措施、包依法处理），落实工作责任，按照"五个一次"（对所包案件的处理作出批示或指示一次，参加调查研究一次，同信访人或信访人代表见面交谈一次，对案件办理督查督办一次，对办结书面材料审查签批一次）底线，确保包案效果。市委、市政府领导以身作则，率先垂范，落实各级责任,实现接案、办案、督案三环节责任措施层层落实,采取领导带头包案化解一批、用好信访专项资金化解一批、集中专项攻坚一批、依法终结备案一批等多种方式并举,有力推动上级交办案件事项得到妥善化解、人员得到有效稳控。中央信访工作督导组带案督办1件,现已化解,信访人已息诉罢访,中央和省联席办交办的14件积案分别由市委、市政府领导一人一件包案落实,已全部化解并结案入库,化解结案率100%;化解省联席办挂牌督办案件1件并结案上报,对省联席办交办的中共十八大前17件重点信访事项和81个重点人员下达了《化解稳控责任通知书》,在中共十八大期间未出现到市大规模集体上访或进京到省非正常上访情况。全市梳理排查出的136件信访突出问题,化解117件。争取中央、省下拨特殊疑难信访专项资金193.5万元,协调配套专项资金700余万元,化解了无责任主体案、历史沉积案43件;研究重点信访积案14件、重新核查答复24件、息诉罢访24件;市复查复核委员会作出复核意见15件,申报依法终结备案4件。圆满完成2011年省联席办交办的103件信访积案补录工作,结案入库总数103件,入库率为100%。

【领导接访下访和联合接访】 2012年,全市各级各部门按照《关于领导定期接待群众来访的意见》和《关于机关干部下访的意见》要求,有序有效开展领导定期接访和机关干部下访活动。

按照公开透明、规范有序、方便群众、解决问题的原则,把握公示、接访、包案、落实四个环节,确保领导定期接访活动有序有效开展。刘成鸣、张剡、张伟等市主要领导带头,各班子成员每季度安排1天时间到市群众工作中心接待来访群众。县(区)委、人大、政府、政协领导每月安排1天时间到县(区)群众工作中心接待来访群众。市、县级各部门主要负责人及班子成员每月安排2天时间接待来访群众。乡镇(街道)领导干部和企事业单位的负责人实行滚动接访制,随时接待群众来访。各级党代表、人大代表、政协委员都选择适当时间并保证不少于2次接待来访群众。2012年,全市各级领导干部829人次共1 001次接访群众1 264批4 986人次,解决988件信访问题,其中市领导接访45批451人次;全市各级领导干部201人次共107次第一时间到达第一现场接访群众636人次。

全市各级各部门把干部下访活动纳入重要议事日程,坚持"三个结合"(面上推动和重点推动相结合,解决问题和研究政策相结合,总结经验和查找问题相结合),融合"挂包帮"、"创先争优"、城乡互助工程、大调解"三联两进"、"村(居)民说事日"、信访代理、送法进村等活动,综合采取督促检查、带案督办、座谈走访、调查研究等方式,深入到重信重访、到省进京上访较突出的重点区域,督导贯彻落实上级决策部署的情况,收集群众意见和建议,协调处理疑难信访问题。张剡、杨自力、张伟、殷旭东等市委、市政府领导在丽攀高速公路建设拆迁、全国全省"两会"等重要政治敏感时段,带着重大信访问题深入群众、深入一线下访、走访。市信访联席会议根据不同时段的工作重点组织相关部门开展集中下访10次。各级各部门确保每月至少组织干部下访1次,乡镇(街道)干部每月2次到村(社区)、村民小组或居民小区下访。全年全市各级各部门组织机关干部集中下访721批1 985人次,化解各类矛盾纠纷745件,走访慰问困难信访群众257户。

群众工作中心"一站式"办理机制不断完善,效能进一步提高,先后有107个部门和单位在市、县(区)两级群众工作中心联合接访群众308批1 770人次。其中各级领导干部201人次第一时间到达第一现场107次接访群众636人次。

【开通"12345市民热线"】 增设攀枝花市"12345市民热线"受理中心和网络投诉处,畅通政府与市民的沟通交流渠道,更好地贴近民众,倾听民声,关注民意,服务群众。市委书记刘成鸣亲自过问、常务副市长杨自力亲自抓,在市委办公室、市政府办公室和市电子政务办等相关单位的支持和密切配合下,通过短短3个月时间的筹备和施工建设,"12345"市民服务热线于6月1日正式开通。

按照市委、市政府的要求,市委编办专门行文成立了攀枝花市市民热线受理中心,作为市委群众工作局下属全额拨款正科级事业单位,增配事业编制5人,通过合作单位中国移动公司攀枝花分公司派遣劳务话务员10人,承担"12345"市民热线管理等日常工作,实行24小时受理来电业务。

为确保市民热线受理中心正常开展工作,实行严格考核,逐步建立健全运行管理体制机制,先后制定了《中共攀枝花市委办公室攀枝花市人民政府办公室关于成立攀枝花市"12345市民热线"受理工作协调领导小组的通知》《攀枝花市"12345市民热线"管理暂行办法》《关于对"12345市民热线"办理工作进行督办的通知》以及日常管理制度,如保密制度、人员管理制度、设备管理制度、值班制度等长效工作运行机制,推动市民热线工作步入规范化、制度化、科学化的轨道;坚持周报和月通报制度,与年底市委、市政府对市级单位和县(区)目标绩效考核挂钩,作为单项目标考核内容,分值为1分,确保"件件有着落,事事有回音"。

"12345市民热线"以"一号对外,集中受理、归口办理、统一监管、分别回复、分类选登"的方式办理、回复市民来电来信,解决市民日常生活一般性求助、各类建议和诉求、投诉举报、政策法规咨询,是市委、市政府推进法治城市创建活动的新举措,是创新社会管理、畅通诉求渠道、维护群众合法权益的新路径,是关注民生、构建和谐、维护稳定的新平台。自开通以来,群众积极来电来信反映问题、建言献策,12345市民热线共接到群众来信来电件11 863件,已办结

11 477件，办结率达 96.8%。

对“12345 市民热线”来电来信、市长信箱群众来信等重要信访情况，及时收集、研判，并通过《政法要情》《群工专报》《每月信访情况通报》等形式反馈给县区党委、政府主要领导，分管领导和涉事部门，及时向党委政府和涉事责任主体单位提供快捷准确的信息，切实把各种已经显现的或潜在的矛盾隐患解决在初期。全年共编发各类情况通报 125 件，反馈信访信息 387 条，推动化解矛盾隐患 298 件。其中，办理较好群众满意的有公交 11、12 路线路调整、中高考期间烧烤扰民问、居民小区内饲养家禽家畜造成环境污染、社区管辖范围调整划分导致居民不能正常办理养老退休金业务等问题。

【重大敏感时期的信访维稳】 2012 年，市委、市政府高度重视重大活动期间的社会稳定工作，坚持一手抓“事要解决”，一手抓“依法处理”，在强化“事要解决”的基础上，要求各级各部门对“凡是进京非访的，接回后先处理行为，再受理问题，受理合理诉求推迟一个工作周期”，切实树立“非正常上访不但无助于问题的解决，而且要受到依法追究”的导向。全年公安部门依照四川省高级法院、四川省人民检察院、四川省公安厅、四川省司法厅《关于依法处理违法上访行为的意见》（川公发〔2010〕126 号）文件依法训诫 8 人，拘留 3 人，树立起“非正常上访不但无助于解决问题，还会受到法律追究”的良好导向，维护依法有序上访的良好秩序。

在元旦春节、全国全省两会、省第十次党代会、中共十八大等重要时期和敏感时段，联合维稳、公安、民政、法院、人社、国资、住建等多个部门进行大排查，对可能发生非正常上访、大规模集体上访和群体性事件的苗头性、倾向性信访问题进行滚动排查，切实做到“发现得早、化解得了、控制得住、处理得好”“纵向到底、横向到边”，不留死角和空档。对排查出来的矛盾纠纷逐一分类登记建档、逐件落实包案领导、逐案制定化解方案，坚持及时就地化解、专案攻坚、联动调解、责任化解。

在全国全省两会、省第十次党代会和中共十八大等重要时期和敏感时段，超前谋划，启动“村组（社区）、出攀（川）通道、途中车上、中转地点、北京外围”五道防线稳控机制，实现了重大节日活动、全国全省两会、中共省第十次党代会、中共十八大期间等重要敏感期非正常上访“零进京”和集访“零赴蓉”。全面排查化解矛盾纠纷，按照“发现得早、化解得了、控制得住、处理得好”的要求，各级各有关部门和单位共排查各类矛盾纠纷 328 起，化解 293 起，落实领导包案 103 件，落实责任单位 76 家；主动掌握情报信息，执行“日碰头、周研判、零报告、24 小时值班”制度，会议期间，市信访联席办累计收到信访维稳信息 126 条，其中重大紧急信息 21 条，为后续工作赢得了主动和时间；加强督导检查，市联席办、市委群工局领导带队到各县（区）、重点部门和大企业检查指导人员稳控情况、值班接访情况、领导接访情况、包案情况、干部下访情况以及非访处置情况等，确保信访渠道畅通，责任落到实处；切实筑牢“五道防线”，强化属地稳控措施，对 103 名重点人员，其中市联席办下达稳控通知书 76 份，集访隐患 12 件，落实包案领导 103 名、稳控责任单位 193 个、稳控责任人 289 名，采取 24 小时防控；信访、公安、铁路、公路、民航等部门联动，重点单位设卡布防，成功劝阻试图进京上访 14 名。组建驻京信访维稳工作组，劝返接回进京上访群众 5 批 8 人次。

根据中央、省信访联席会议的精神和省委、省政府领导指示、批示精神，市委、市政府在全国全省两会、省第十次党代会、中共十八大期间，从市、县（区）两级公安、信访等有关部门以及在攀大企业抽调人员与北京联络处、成都办事处组建驻京工作组、驻蓉工作组。工作组的同志服从安排、遵守纪律、团结协作、克服困难，做好巡查值守和接人劝返工作，为完成目标任务做出积极贡献。

【网上信访】 承担“市长信箱”及网上信访的办理工作。市政府决定自 2012 年 1 月起，市政府信访局正式承担“市长信箱”栏目办理工作，在年初无机构、无人员情况下，努力克服困难，坚持按“100% 下载、100% 甄别、100% 交办、100% 网上回复”的办理原则，高效地转达市民诉求，构筑了良好的沟通渠道，大力推进了政府信息公开，增强了政府工作透明度。全年，已办理人民网网民留言 38 件，“省长信箱”留言 152 件，“市长信箱”受理群众来信2 772件，已办结2 640件，办结率 95.2%。同时加强“人民网地方领导留言板”网民留言、“省长信箱”网民留言、“市长信箱”网民留言、“网上投诉”信访等办理工作，以提升办理质量来推动网上信访渠道进一步畅通。

【信访事项复查复核】 2012 年，严格按照《信访条例》和攀枝花市人民政府《规范市级信访事项复查复核暂行办法》的规定，对申请复查复核信访事项审查把关，对因程序不当退回原处理或复查机关重新办理的有 1 件，对不符合市政府复核受理范围的有 2 件出具不予受理告知书；加强业务指导，规范责任单位的办理程序，使复查复核工作的权威性得到进一步提升；加强协调，整合力量办难事。对因机构合并、职能转变后责任主体不够明确的，或涉及部门较多，难度较大的复查复核事项，通过加大协调力度，整合各方力量，推动复查复核工作的开展；开展信访事项终结和备案工作；耐心做好复查复核申请人的政策解答和思想疏导工作，推动信访人息诉息访。全年市复查复核委员会办公室共收到群众向市政府申请复查复核信访事项 15 件，均依法按程序进行办理；认真贯彻执行中联办《关于对已依法终结信访事项实行备案的实施办法（试行）的通知》和省联办《关于依法做好信访事项终结工作的实施意见（试行）的通知》，扎实做好已终结信访事项的报备工作。

【全国信访信息系统推广应用】 2012年，按照国家、省关于推广应用全国信访信息系统分步走的要求，进一步规范办信接访程序，拓展强化网上信访办理工作，及时转办交办、加强督导协调，市、县（区）两级群工信访部门在全省率先实现全国信访信息系统推广应用，确保群众来信来访及时办理，信息系统运用率、录入率均达到100%。市委群工局应用全国信访信息系统共受理群众信访2 466件（批）次8 797件（人）次，市领导阅批145件次，立案交办98件（批）次，复查复核15件，召开协调会议67次，群众信访诉求得到及时妥善处理，受到省信访局通报表扬。

【开展信访督导】 为切实做好中共十八大期间的信访维稳工作，确保社会和谐稳定，全国人大常委会办公厅信访局巡视员、副局长、中央信访工作督导组副组长白平胜同志一行在四川省信访局相关领导的陪同下于9月14日莅临攀枝花开展信访工作督导工作。在为期3天的信访工作督导检查中，重点督导检查攀枝花市深入开展领导干部接访下访、排查化解矛盾纠纷、信方积案化解、及时就地解决信访问题和部分军队退役人员信访工作情况。督导组莅攀后先后前往东区湖光社区、炳草岗街办、攀枝花“12345”市民热线中心和米易县群众工作中心、攀莲镇镇政府、新北社区督导检查，并听取了市委市政府信访工作汇报。

督导组每到之处采取听取汇报、现场介绍、查看台账、座谈走访、协调指导、重点督办等方式，重点督导检查攀枝花市深入开展领导干部接访下访、排查化解矛盾纠纷、信访积案化解、及时就地解决信访问题等方面情况。

督导组在督导检查中，对攀枝花市东区开展“信访进社区·相约构和谐”系列活动和米易县推行“六步工作法”（民主议事重主体、进村入户听民意、政策宣讲看长远、愿景引导促共识、典型示范除顾虑、真情相助得信任）和“和谐家园建设”表示赞赏。东区以社区建设为平台，以加强和创新社会管理为统揽，以领导干部下访约访、职能部门联合下社区、村（居）民“说事日”“党员会客厅”“相约星期三”等多种形式开展活动，联系群众交流沟通，化解矛盾纠纷，解决群众诉求，基本实现了“小事不出社区、中事不出街道、大事不出县（区）”和矛盾就地化解的工作目标，有效地发挥了社区作为社会生活的最基本单元在构筑和谐中的基础性作用。米易县把工作着力点放在基层，深情融入群众，得民心顺民意，做到“大事让村民知晓、议事让村民参与、要事让村民做主、做事让村民监督”，结合开展“三级联创”、“文明村”创建和“星级农户”评选活动，整合组织资源、整合工作手段、发挥整体合力，全面增强农村基层组织活力，为统筹城乡发展、构建和谐社会奠定了坚实基础。

市委常委、市政法委书记、市信访联席会议主要召集人张伟主持汇报会并代表市委市政府作了题为“立足五个坚持，实现五个突破，全力营造和谐稳定的社会政治环境”的汇报。会上，督导组对攀枝花市信访工作取得的成绩给予充分肯定和高度评价，认为攀枝花市委、市政府高度重视信访工作，深入贯彻落实中央、省委、省政府决策部署和相关会议精神，认真履行“一岗双责”，措施得力，效果明显。市委书记刘成鸣、市长张剡等市委、市政府领导多次听取信访工作汇报，多次召开专题会议研究部署信访工作，多次亲自接待上访群众、深入基层走访群众，解决群众诉求。各级各部门各单位积极行动，深入开展领导干部接访下访活动，组织各级领导干部敞开大门接待来访群众，深入农村、社区、企业了解社情民意，分类及时就地化解矛盾纠纷，落实领导包案，化解信访积案，着力基层源头治理防范，措施扎实有力，效果显著。近年来，攀枝花市在全国两会期间和重大敏感时段，实现了“非访零进京”“集访零赴蓉”，并有效防止发生影响社会政治稳定的重大信访问题和群体性事件，为确保全国全省社会和谐稳定做出积极贡献。

市委副书记、市长张剡在汇报会上表示将坚决按照中央信访督导组的要求，认真贯彻落实中央督导组的督导意见和指示精神，坚持科学发展，从源头上预防信访问题的发生，加强属地管理，切实化解矛盾，完善组织领导，强化责任落实，突出工作重点，切实做好中共十八大期间的信访工作。

（廖东明）

人力资源综合管理

【概　况】 2012年，全市设置6个人力资源和社会保障局，其中，市局1个，县（区）5个；下辖9个直属单位，分别是市社保局、市就业局、市医保局、市人才服务中心、市转业军转培训中心、市劳动保障监察支队、市人事局考试中心、市劳动争议仲裁院、市劳动保障信息中心，其中副县级单位5个，参照公务员法管理事业单位3个。全系统共有在编在职人员258人，其中共产党员204人，占68.2%；35岁以下67人，占23%；大学本科及以上学历167人，占70%。全系统中有高级职称的2人，中级职称的15人，初级职称的9人。

着力推进就业促进工程，创建创业型城市成绩突出。全年全市城镇新增就业17 617人，完成全年15 000人目标的117.45%。着力加强社保经办管理，社会保障体系建设成效明显。1～12月，全市基本养老、基本医疗、失业、工伤、生育五项保险参保总人数202.93万人，5项社保基金总收入达35.70亿元，共支付五项社保待遇47.53亿元。企业退休人员月人均增加基本养老金214元，达到1 870元，高于全省平均水平。失业保险金标准由546元/月上调至672元/月。

医疗、生育保险待遇水平都有所提高。发放社会保障卡60.18万张。着力实施人才强市战略,人才培养和服务体系更加健全。1~12月,面向社会公开考录公务员136人,引进高层次人才128名,建成国家级技能大师工作室和省级技能大师工作室各1个,建成市级技能大师工作室3个。着力深化人事制度改革,积极建立收入分配激励约束机制。收入分配制度改革稳步推进。全市月最低工资标准从780元调整到960元。完成事业单位实施绩效工资工作。事业单位人事制度改革深入推进。面向社会公开考试招聘事业单位工作人员513名。全面实行事业单位人员实名制管理。人事考试安全规范。全年共完成各类人事考试42项。着力构建和谐劳动关系,依法维权工作打开新局面。劳动保障监察工作进一步加强。截至12月底,主动监察用人单位1 534户,涉及劳动者人数7.51万人,接受举报投诉204件,结案率达99%;为5 506名农民工追讨工资3 729.66万元;督促4有用人单位为25名劳动者缴纳社会保险费204.7万元。劳动人事争议工作依法推进。1~12月,市共处理劳动争议1 558件,结案率94%。着力推动形成行业文化,队伍和能力建设展现新风貌。以"奋进、务实、严谨、包容、自律"为主要内容,积极推进系统文化建设。坚持"固本强基、创先争优"的工作理念,固守本职、夯实基础,敢为人先、锐意进取,不断推动人力资源和社会保障工作创新发展。

存在的主要问题:就业形势不容乐观。劳动力供大于求,总量矛盾和结构性矛盾依然存在;城镇化发展使农村剩余劳动力不断涌入城镇,造成城镇就业压力不断扩大。企业养老保险基金支撑能力脆弱。当期基金收支缺口将达到14.7亿元。稳定劳动关系形势不容乐观。企业员工投诉和上访已由以前的单一投诉和上访逐渐演变为群体性投诉和上访,个体和群体的劳动争议数量都急剧上升。农民工工资清欠难度大,严重影响劳动保障执法权威性。

【就业工作】 2012年,市人力资源和社会保障局大力实施"就业促进"民生工程,不断拓宽就业渠道,改善就业结构和就业环境,进一步稳定和扩大就业。全年全市城镇新增就业17 617人,完成全年15 000人目标的117.45%;下岗失业人员和失地无业农民再就业7 782人,完成全年5 000人目标的155.64%;帮助就业困难对象再就业1 714人,完成全年1 000人目标的171.4%;保证每户"零就业"家庭都至少已安置1名登记失业人员实现就业,动态消除当期"零就业"家庭;城镇登记失业率为3.6%,全市就业局势保持总体稳定。全面落实各项就业扶持优惠政策,通过充实政策项目,完善补贴办法,加强政策宣传,及时兑现各项补贴,有力扶持下岗失业人员实现就业。共计审核发放社保补贴共计1 728.280 7万元(其中审核发放灵活就业人员社保补贴3 305人,补贴金额1 243.811 4万元;审核发放企业社保补贴13户132人次,补贴金额484.469 3万元),共审核发放培训补贴316.67万元(其中创业意识培训补贴3,146人,共65.36万元;创业能力培训补贴269人,共25.14万元;创业实训补贴198人,共37.17万元;企业新招员工岗前培训1 260人,共189万元)。着力推进高校毕业生就业创业工作,完善了促进高校毕业生就业创业政策体系。多渠道全方位实施"创业引领计划"。全年全市共组织301名高校毕业生参加就业见习,超额完成全年300人的目标任务;帮助182名高校毕业生实现创业,完成全年目标180人的目标任务。认真做好藏区"9+3"学生就业促进工作,加强与教育局、国资委等成员单位协调,督促中职学校加强校企合作,鼓励学生顶岗实习企业吸纳学生就业。315名2009级"9+3"毕业学生落实就业岗位,就业率达98.4%。市、县(区)两级人力资源和社会保障部门加大投入和建设力度,面向全市各基层服务站(所),开展全市劳动就业和社会保障服务平台规范化、网络化建设,选取12个社区作为首批平台建设示范点。已基本完成试点建设。积极做好富士康人力资源招募工作,全年为深圳富士康招募输送人员1 710人,全面完成招募任务。全市转移和输出农村劳动力11.07万人,为目标任务的100.7%。实现劳务收入11.04亿元。

【创建国家级创业型城市】 2012年,市人力资源和社会保障局深入开展国家级创业型城市创建工作,完善方案,强化措施,全面完成各项考核指标。强化创建创业型城市工作领导小组成员单位协调调度。在工作中实行工作动态周报、季度小结、半年督查、年度总结制度,定期督查、通报工作进展情况,推动工作按计划推进,加强对创建各项工作的协调推进,针对出台落实优惠政策、数据统计、督查等重点工作环节,召集相关责任部门召开各类工作协调会议共5次。加强创业促就业政策保障,完善促进创业优惠扶持政策。针对创业促就业专项补贴额度较低的问题,出台《攀枝花市创建国家级创业型城市创业专项补贴及有关问题的通知》,大幅提升创业跟踪服务,创业项目收集、创业专家指导等专项补贴额度。继续把落实小额担保贷款政策作为推动创业带动就业的着力点,努力扩大小额担保贷款规模。全年全市小额担保贷款基金规模达6 127.10万元,兑现小额担保贷款贴息394.15万元,发放小额担保贷款12 899.3万元,完成全年5 000万元目标任务的268.74%(其中:个体工商户小额贷款643笔,发放贷款5 951.3万元;中小企业小额贷款37笔,发放贷款6 948万元),带动吸纳就业68 000余人。积极搭建创业服务平台,推进创业基地建设,为创业者提供专业化、个性化的项目信息、开业指导、培训推介、税费减免、跟踪扶持等创业服务。进一步强化政策宣传,通过发布创建宣传短信、设置宣传彩铃、在电视栏目录播创业培训节目、制作创业宣传动漫等手段,营造浓厚的创业氛围。继续开展促进创业专项活动,通过协办配合相继开展创业大赛、创业明星评选和青年创业论坛等主题活动。全年全市新增创业实体13 396家，新增创业者15 720人，带动就业人数40 531人。攀枝花市创建国家级创业型城市工作取得显著成效，被国务院评为“全国创业先进城市”。

【“千人就业援助”活动】 2012年7月开始，市人力资源和社会保障局按照市委、市政府开展“百千万·千群心连心”活动要求，出台实施方案，积极推进“千人就业援助”活动开展，切实帮助“4045”（女40岁、男45岁）人员、残疾人员、低收入家庭人员、按城镇人员安置的被征地农民、连续失业一年以上的人员、“零就业”家庭成员、享受城市居民最低生活保障的登记失业人员、就业困难的大（中）专毕业生、家庭贫困的农村转移劳动力等就业困难群众和困难群体解决就业问题。通过送政策、送岗位、送技能、送服务、送资金“五送”活动，帮扶就业困难人员和困难群体实现就业，建立起攀枝花市就业援助长效机制。全年全市累计登记就业援助对象1 722人，开展就业援助10 319人次［其中：职业指导3 033人次，岗位援助1 901人（次），享受政策1 394人（次），职业培训730人（次），创业帮扶189人（次），跟踪服务2 530人（次），其他就业帮扶542人（次）］，实现就业人数1 439人，完成目标任务的124.05%。

【公共就业服务】 2012年，市人力资源和社会保障局进一步加强公共就业服务工作，服务质量得到明显提升。组织开展“就业援助月”“春风行动”“民营企业招聘周”“残疾人就业招聘会”等公共就业服务专项活动，积极落实鼓励、支持民营经济和中小企业发展及各种服务业加快发展的政策措施，促进了各类群体就业。继续做好《就业失业登记证》发证工作和就业困难人员认定工作。全年全市就业失业登记工作共录入单位采集信息8 160条，个人采集信息62.32万条，个人就业登记信息32.6万条，个人失业登记信息3.11万余条。全市办理《就业失业登记证》47 831本，认定援助对象17 166人。做好重点企业失业动态监测工作，按时做好数据汇总和上报。按照人社部、省人社厅要求，健全监测企业从业人员情况基础数据档案，形成了协调有序的工作机制，按时完成了数据报送和分析工作任务。全面推行就业信息监测制度，通过定期收集统计调查城乡就业失业数据，建立和完善失业预警机制。

【人力资源招募】 2012年，市人力资源和社会保障局继续将重大产业项目人力资源招募工作作为一号工程来抓，切实采取措施，积极挖掘招募资源，完善招募方式，提升后续服务和安全管理水平，确保了全年招募任务的圆满完成，全年为深圳富士康专项招募输送人员1 710人。开展重点招商引资项目“中缅天然气管理攀枝花支线项目”人力资源配置和服务工作，与高等院校合作开展了花城投资有限责任公司组织结构、岗位说明、薪酬设计工作和人员招募工作，为全市GDP稳定持续增长、优化产业结构、扩大就业规模做出积极贡献。

【职业培训超市建设】 2012年，为充分发挥职业培训促进就业、稳定就业的重要作用，进一步收集、整理劳动者的培训需求，更好地有针对性地开展各类职业培训，市人力资源和社会保障局制定《攀枝花市职业培训超市工作方案》，提出在全市街道、乡镇人力资源和社会保障服务平台、人力资源市场、职业介绍所等地设立职业培训超市，收集、整理、发布培训机构、项目、课程等培训信息，帮助全市劳动者，重点是“城镇登记失业人员、农村转移就业劳动者、毕业年度高校毕业生、城乡未能继续升学的应届初高中毕业生”及时掌握培训动态。总体目标是力争“十二五”末，实现全市培训信息、求职者信息、企业用工需求信息的实时发布、交换，实现新进入人力资源市场的劳动者都有机会接受相应的职业培训，使技能人才培训满足产业结构优化升级和企业发展需求。培训超市主要依托“两个平台、三级网络”运行。两个平台，即网络平台和实地信息平台。网络平台就是在攀西人才网和攀枝花市人力资源和社会保障网站开设“培训超市”栏目，对外公布培训政策、培训机构、近期培训信息等资料，便于劳动者查询。劳动者也可根据自身培训需求，在网络上登记自己的培训需求。实地信息平台就是在攀西人才市场、攀枝花市劳动力市场、全市各街道、乡镇人力资源和社会保障服务平台，人力资源市场、职业介绍所等地悬挂“攀枝花市职业培训超市”标示，设立职业培训服务窗口，采取培训制度上墙，向求职者发布《攀枝花市职业培训需求表》等方式收集求职者的培训需求和对外公布近期培训信息。三级网络，即全市各职业培训机构和实地信息平台为第一级网络，主要负责收集劳动者的培训需求，对外公布培训机构信息，实时查询培训者需求，掌握培训信息；各县区人社局和就业局为第二级网络，主要负责将审批合格的培训班开班信息及时发布到网络平台；市人社局和市就业局为第三级网络，主要负责劳动者培训需求的汇总、整理，并根据劳动者的意愿安排培训。2012年底，网络平台基本建成，全市范围内建设成10个实地信息平台，对超市进行试运营。

【技能人才队伍建设】 2012年，市人力资源和社会保障局按照“政府引领、社会参与、竞赛推动”的工作思路，以提升职业素质和职业技能为核心，以技师和高级技师为重点，加强对工业优势产业发展有重要影响的主要专业技能人才、通用基础专业技能人才的培训和培养，大力推进技能人才队伍建设。政府引领到位。制定《关于建设攀枝花市技能大师工作室的意见》，以“技能大师工作室”的创建作为高技能人才队伍建设的重要抓手，充分发挥高技能人才带徒传技、技能攻关、技艺传承等方面的重要作用，拓宽技能人才成长之路，提升技能人才培养成效。全年全市建成市级技能大师工作室3个，省级1个，国家级1个。制定“攀枝花市高技能人才培养计划”，重点围绕本市“6+2”产业发展，加强对工业优势产业发展有重要影响的主要专业技能人才、通用基础专业技能人才的培训和培养，确定30名技师培养对象，20名高级技师培养对象，培养对象参加与从事专业密切相关的学历教育的费用全额报销，其中市财政专项经费报销70%，单位报销30%。其他培养费用市财政每人每年补助3 000元。除市财政资助经费外，培养对象所在单位应按不低于1:1的比例匹配培养经费。开展“攀枝花市十佳技术能手”评选表彰工作，获奖个人一次性奖励1万元，使得技能人才的社会地位和崇尚技能的社会氛围进一步提高，有效激发职工岗位成才的积极性。竞赛推动有力。2012年，与市总工会、市财政局、市民政局、市卫生局等部门联合组织攀枝花市第二届“百岗万人职工技能大赛”，共组织电工、钳工、矿山救护、老人康养等6个工种的比赛，参与人数达上千人次，涌现出一大批技术能手和岗位标兵。第42届世界技能大赛将于2013年7月在德国莱比锡举行，中国十九冶高级技工学校4名学生跻身国家队将代表中国参加第42届世界技能大赛焊接、建筑金属加工两个项目的比赛，教师周树春、刘定律分别担任这两个项目的主教练。市委书记刘成鸣亲切接见参赛选手和主教练。社会参与广泛。注重发挥行业、企业的主体作用，开辟行业和企业培养技能人才的成长通道，由政府给予一定的政策支持和技术指导服务，企业可自行培养考核，也可与职业院校和培训机构联合培养所需人才。充分发挥职业院校和培训机构的骨干作用，重新认定19家职业培训定点培训机构，将培养高技能人才的机构列为重点扶持单位，从资金和政策上给予支持，逐步形成政府引领、行业发动、企业行动、个人需求的技能人才培养新格局。按照《攀枝花市人才培训基地建设实施意见》，进一步加大高技能人才培训基地建设，依托市内大型国企的软硬件设施，大力指导四川机电职业技术学院和十九冶技工学校开展高技能人才培训基地建设工作。2012年，全市现有高级工24 000余人，新增1 126人，完成目标任务的110%；技师3 845人，新增201人，高级技师571人，新增102人，完成目标人任务的110%。

【职业技能培训和创业培训】 2012年，市人力资源和社会保障局坚持“以促进就业创业为目标，以提高能力为核心，面向市场、服务社会”为宗旨，着力完善和健全就业培训和创业体系，努力实现“培训一人就业一人和就业一人培训一人”的工作目标。根据城镇登记失业人员、农村转移就业劳动者、毕业年度高校毕业生、城乡未能继续升学的应届初高中毕业生以及有创业愿望和要求的城乡劳动者等不同服务对象，分类进行就业指导，有针对性地帮助其树立正确的就业观念和创业意识。进一步完善攀枝花市就业培训政策，扩大培训政策优惠范围，提高补贴标准，加大扶持力度。坚持以劳动力市场需求为导向，结合企业的用工需求开设培训专业，有针对性地开展大企业新招用新员工岗前培训职业培训、失业人员实用性技能培训，提高职业技能。不断探索创新创业培训，把创业培训与落实小额担保贷款等各项优惠政策紧密结合，不断扩大创业培训的覆盖面，加强创业实训基地建设，探索开展创业实训，为准创业者提供创业知识培训、项目开发、开业指导、后续服务、担保贷款、税费减免等一条龙服务，帮助创业者实现创业。加强培训管理，严格执行开班前、开班中和结业后的有关规定，强化培训机构资质认证和师资建设，规范培训资金审核拨付，保障补贴资金的合理使用，提高资金使用效益。全年全市共组织城镇失业人员培训3 246人，完成全年培训任务2 500人的129.8%，培训后就业率为91.5%；农村劳动者职业技能培训5 643人，完成全年培训任务4 500人的125.4%，转移就业率为93%；创业意识培训4 256人，完成全年培训任务3 000人的141.8%；创业能力培训3 169人，完成全年培训任务2 500人的126.8%。抓紧推动创业实训基地的硬件建设和创业实训师资的培训。按照相关技术标准和要求，指导培训机构做好实训基地的硬件投入，环境的布置等，建成攀枝花学院、转业军官培训中心、十九冶职业培训中心、米易华森职业培训学校、攀花园美容美发学校等5个创业实训基地；组织开展攀枝花市创业实训师的培训工作，联系北京华普亿方软件公司和5个有实训基地的培训机构，对35名教师进行创业实训师资的培训，使培训机构具备了开展创业实训所必备的师资力量，2012年11月3日“首期创业实训班”在攀枝花学院在顺利开班。重视师资培训和教学质量的管理。组织50多名创业培训定点机构的教师到省就业培训中心进行SIYB（创办和改善你的企业）师资专业培训，并对培训机构及其学员的培训情况进行抽查、回访，要求并指导培训机构建立健全各项管理制度、注重资料的收集整理、定期评价培训和服务效果、并为培训学员提供创业跟踪指导和创业咨询等后续服务，努力将创业培训工作做实做好。为贯彻部、省级培训实名制管理的要求，加强职业培训规范管理，提高职业培训补贴资金安全性、规范性和有效性，结合攀枝花市的具体情况，发挥市、县（区）、乡镇（街办）、社区四级劳动保障工作平台的优势，做好培训实名制工作。

【职业技能鉴定】 2012年，市人力资源和社会保障局进一步加强对全市14家职业技能鉴定机构的管理指导，稳步推进高校毕业生和社会各类人员的培训和职业技能鉴定工作。严格执行培训大纲，严格考试纪律，进一步树立职业资格考试的权威性。加强计算机职业资格在线考试和国家题库建设，使考试管理进一步走向科学化管理。全年共组织电工、焊工、人力资源、物流等15个职业的鉴定考试工作，共有15 482人报名参加考试，有12 691人取得职业资格证，其中，初级1 931，中级9 331人，高级1 126，完成目标任务的126.9%。完成全省机关事业单位工人技术等级考试工作，全市初级工参考36人，合格31人，合格率86.1%，中级工参考204人，合格189人，合格率92.6%，高级工参考619人，合格467人，合格率75.4%。技师参考240人，合格190人，合格率79.1%。

【技工学校改革】 2012年，市人力资源和社会保障局大力推进技工院校改革发展，加强对4所技工学校学生学籍注册、助学金、零时价格补贴等管理和向上申报工作。与市教育局共同做好学校师资配备、课程设计、教学科研、考试考核、教材使用、学生安全等方面的教学监督管理工作。及时办理其他技校学生咨询、投诉事件。及时作好技工学校实习指导教师技术职称评定的申报组织工作。支持十九冶技工学校申报国家中等职业学校示范学校、高级技工学校建设项目等工作。全年共为3所技工学校审核助学金320人次、审核免学费183人次、审核新生入学资格1 093人。

【劳务开发暨农民工工作】 2012年，市人力资源和社会保障局深入推进劳务开发暨农民工工作，全面完成省市下达的各项任务。出台攀枝花市农民工资性收入倍增促进计划。通过技能培训、发展劳务经济等措施，力争到2016年农民工资性收入增幅居全省前列。2012年，全市转移和输出农村劳动力11.07万人，为目标任务的100.7%，实现劳务收入11.04亿元。外出务工人均劳务收入9 972元，同比增加532元，农民人均劳务收入2 214元，同比增加32元。农民人均劳务收入占农民人均纯收入的26%。突出技能培训，促进就业创业，全面完成各项民生工程培训任务。完成“农村劳动力转移就业培训计划”5 643人，为目标任务的125.4%，转移就业率93%；“农民工在岗培训”10 431人，为目标任务的118.5%；完成“劳务品牌培训”800人，为目标任务的100%；“农村劳动力技能培训”4 500人，创业培训6 599人，“新型农民培训”5 896人，为目标任务的1118%；“农村实用技术培训”37.6万人次，为目标任务的125%；“阳光工程培训”3 040人，水淹区农村劳动力转移培训2 262人，“农村青年技能培训”232人，均超额完成目标任务。同时积极组织开展创业意识培训4 256人，完成市下达目标任务(3 000人)的141.8%；创业能力培训3 169人，完成省下达目标任务(2 500人)的126.8%，组织企业新招员工(含农民工)岗前技能提升培训1 994人。强化公共服务，解决保障问题。全市农民工参加工伤保险人数31 065人。农民工参加医疗保险人数40 293人；全市共招收21 207名农工子女入学就读；开展“农民工关怀关爱行动”和“寒窗助学行动”，切实解决贫困学子就学难问题，全市工会已资助870名家庭经济困难学生，发放助学金485.21万元；通过市总工会与《攀枝花晚报》开展“圆梦行动”，募集资金295.06万元，资助考上大学的城乡贫困学生255名；通过发放“攀枝花农村商业银行助学金”50万元，资助考入大学的城乡贫困学生100名；通过充分发挥市、区两级困难职工帮扶中心作用，各级工会自筹资金为307名困难职工、农民工子女发放助学金29.7万元；切实做好留守儿童工作，关爱空巢老人活动，看护空巢老人，帮助农民工解决实际困难；继续加强吸引农民工加入工会组织，全市已吸纳1.85万名农民工入会；开办农民工学校，全市开办农民工业余学校8所，已开办农民工夜校27所，开设安全生产、法律法规、文明施工、社会公德、职业道德、卫生防疫、操作技能、农民工维权常识等课程；精心组织实施四川省首届农民工原创文艺作品大赛各项工作，推荐闭幕颁奖演出节目“格萨拉”歌舞组合，已经上报省组委会，征集稿件(作品)15件，其中美术、书法、摄影类11件，文学类1件，音乐类3件。

【人事人才培训】 2012年，市人力资源和社会保障局进一步加强人事人才培训工作。圆满完成公务员任职培训，共培训拟晋升副主任科员、主任科员公务员765人；完成全市行政机关公务员《职业道德》培训及考试工作，8 000余名县处级以下公务员及参照公务员法管理的机关(单位)工作人员参加培训和考试；继续选派100名优秀公务员和事业单位管理人员赴四川大学参加公务能力提升培训。通过培训切实增强公务员的公仆意识、法治意识、发展意识、创新意识和忧患意识，提高公务员的科学行政、民主行政和依法行政能力。紧紧围绕支柱产业和人才结构调整进行，重点开展了以新知识、新理论、新技能、新技术、新方法、新信息为主要内容的专业技术培训。完成全市9 418名专业技术人员和管理人员《低碳经济》的培训考试工作；统筹推进专业技术人员的继续教育，全年全市16 000人次专业技术人员和管理人员接受培训教育，其中：教育系统5 300人次，卫生系统3 800人次，文化系统700人次，交通建设系统620人次，科技部门420人次，农业部门500人次，其他部门4 660人次。进一步加强公务员培训及专业技术人员继续教育登记管理工作，完成了8 000人次专业技术人员和管理人员培训教育的登记管理任务，新登记培训科目6 700余人次，验证登记1 300余人次；结合城乡环境综合治理长效机制建设，继续开展城乡环境综合治理工作人员培训，组织71名街道、乡镇的相关工作人员赴成都培训，助推全市城乡环境综合治理工作；继续邀请国内知名专家、学者赴攀讲学。为提升全市党政机关工作人员处置突发公共事件能力，树立危机意识、责任意识和服务意识，增强责任心、事业心和使命感，邀请清华大学崔和平教授来攀作《公共事件的信息传播与管理》学术报告。

【公务员管理】 2012年，市人力资源和社会保障局，以“三个着力”为工作主线，健全公务员管理机制，优化公务员效能建设。着力加强公务员队伍建设，公务员素质有新提高。狠抓考录工作，推进“阳光考录”工程建设。全面完成2011年度各项公务员招录后续工作，共录用公务员（参公人员）108人。认真做好2012年度各项公务员招录工作，完成从优秀村干部和服务基层项目人员中录用10名乡镇公务员的各项考录工作；完成政法干警培养体制改革试点班招录18名“体改生”的笔试、面试、体能测验、体检工作；完成全市公开考试录用260名公务员（参公人员）的网上资格审查、笔试工作。加强公务员录用面试考官库建设，举办2012年攀枝花市省级公务员录用面试考官资格培训班，160余人参加培训学习和资格考试。狠抓创建工作，树先进典型。认真贯彻落实《关于开展创先争优争做人民满意公务员活动的意见》，在全市行政机关深入开展创先争优争做人民满意公务员活动，加大活动宣传力度，注重树立典型，增强行政机关公务员的宗旨意识和服务意识，引导广大公务员争做勤奋学习、努力工作、清正廉洁的模范，推动学习型、责任型、服务型、效率型、廉洁型机关的建设。狠抓教育培训，强素质提升。开展全市公务员职业道德轮训工作，组织全市8,500余名公务员、参照公务员法管理事业单位人员参加培训。完成2006年以来晋升非领导职务公务员培训工作，770名晋升人员参加培训。组织部分优秀公务员赴四川大学参加“管理能力与素质提升培训班”，提升受训者的公共管理能力、沟通与协调能力、领导执行力、创新实践能力及应变能力。狠抓考核奖惩，促工作规范。制定《攀枝花市公务员考核实施细则（试用）》，对进一步完善公务员考核办法和机制，增强考核的针对性和实效性，特别是对考核的标准、考核的内容、平时考核的操作以及考核结果运用等环节进行明确和细化，推动各行政机关细化平时考核具体方案，进一步加强机关公务员队伍建设起到重要作用。完成2011年度公务员年度考核工作，对考核为优秀等次人员予以嘉奖，对不称职人员按规定予以处理，对2009年至2011年连续三年考核被确定为优秀等次的公务员记三等功，起到较好的激励引导作用。贯彻落实《关于严格执行评比达标表彰活动相关政策规定的紧急通知》精神，巩固清理规范评比达标表彰成果，并会同有关部门认真做好国家、省各类评选表彰的推荐工作，共推荐先进集体70个、先进个人92名。着力完善公务员管理机制，公务员管理上新台阶。加快推进公务员分类管理工作。按照全省监狱劳动教养机关执法勤务机构人民警察警员职务套改工作安排部署，制定《攀枝花市劳动教养管理所人民警察警员职务套改工作实施方案》，组织开展警员职务套改工作，套改警员职务64人，其中三级警长34人、二级警员30人。结合《聘任制公务员管理试点办法》的实施，认真学习领会试点办法，借鉴全国、省内试点城市的做法，结合实际，探索攀枝花市推行试点工作的可行性，已完成前期调查摸底和分析评估工作。不断完善公务员任用机制。完成2011年全市统筹公开遴选市级机关（参公单位）工作人员工作。做好遴选人员的顶岗试用工作，统筹遴选的10名人员已全部到位。细化和完善调任工作程序，进一步明确调任的申请提出、方案审批、人选产生、考察公示以及人选研究确定等10个环节具体工作程序，及时引进行政机关急需紧缺的专业性人才。从国有企事业单位中调任科级领导干部12人，进一步畅通社会优秀人才进入行政机关干部队伍的渠道。认真规范参照公务员法管理工作。2011年底省人社厅批准攀枝花市农村经营管理站等23个事业单位参照公务员法管理，完成拟登记人员资格审核、登记考试等工作，为考试考核合格的135人办理参公登记，并按规定完成参公人员的非领导职务确定工作。着力扎实公务员管理基础，公务员管理出新成绩。做好公务员（参公人员）日常登记工作；完成了2011年度公务员统计年报工作；认真办理提请市政府常务会议、市人大常委会议人事任免事项57人；做好公务员非领导职务晋升、公务员（参公人员）流动、信访等工作。

【事业单位人事管理】 2012年，市人力资源和社会保障局深入推进事业单位人事制度改革，切实加强对事业单位岗位设置管理实施情况的监督、检查，制定进一步规范事业单位岗位设置和岗位聘用管理的相关制度和管理意见，建立起按岗聘用联动机制和岗位设置动态管理机制，全市聘用制推行面已达99.9%。加大事业单位人事管理制度化建设，认真贯彻执行事业单位工作人员处分、奖励、考核、申诉等政策规定，在全市全面推行绩效考核制度和考核反馈制度，要求每个单位对专业技术岗位根据行业的不同特点，结合实际制订量化绩效考核的指标体系。建立考核结果反馈机制，针对以往考核结果反馈机制流于形式的问题，明确要求事业单位负责人必须与每一位被考核人员进行谈话，重点明确指出被考核人存在的缺点和不足，并提出今后改进的办法和努力的方向，使事业单位人员绩效考核工作真正成为发挥人事管理激励作用的关键环节。加快事业单位人事管理科学化、规范化建设，进一步规范人员流动条件和程序，全年共办理107人的流动手续。全面实行事业单位人员实名制管理工作并建立起事业单位岗位设置管理信息数据库，对24 000余名事业单位工作人员人员初步实现实名制管理。深入推行公开招聘制度。事业单位人员除高层次人才和紧缺人才实行直接考核招聘外，已全部面向社会公开考试招聘。为规范事业单位公开招聘工作，制定《关于进一步规范县（区）事业单位公开招聘工作的通知》和《关于进一步规范事业单位直接考核招聘工作人员工作的通知》，全年直接考核招聘事业单位工作人员128人。2012年上半年，首次采取市、县、乡三级联考方式，面向社会公开考试招聘事业单位工作人员513名，共有5 758名人员报名，4 988人参加笔试，竞争比例为11.22:1，是攀枝花市规模最大的一次事业单位公招考试；下半年市本级面向社会公开考试招聘事业单位工作人员84名。为解决专业技术人员晋升难问题，在大量调查研究基础上与相关部门制定《解决我市事业单位专业技术人员晋升难问题的意见》，经市政府常务会议审定通过并下发实施意见（攀人社发〔2012〕22号），使事业单位岗位设置工作中的结构性矛盾得到有效化解。完善机关事业单位后勤服务体系改革，妥善处理好市级机关事业单位按照攀委办〔2005〕90号文占编聘用工勤岗位人员管理政策的调整工作。

【专业技术人员管理】 2012年，市人力资源和社会保障局积极推进专业技术人员管理工作。创新高层次专业技术人才培养和服务保障机制，研究制发高层次专业技术人员培养计划实施意见和加强高层次人才服务保障工作意见，高层次人才服务管理系统、权益保障及事业发展等平台建设工作正在推进中。做好高层次专业技术人才培训和培养工作，举办四川省钒钛产业新技术高级研修班；组织开展首批高层次专业技术人才培养人选的遴选工作；推荐10名中、高级专业技术人才参加新能源、装备制造业新技术应用、第十五期高层次复合型人才进修班等省级高级研修班培训。做好专家推荐选拔和服务管理工作，完成第七批攀枝花市有突出贡献专家和第五批攀枝花市学术和技术带头人及其后备人选的选拔工作；组织开展攀枝花市2012年享受政府特殊津贴人员、第十一批省突出贡献优秀专家、第十批省学术和技术带头人及其后备人选的推荐申报工作。启动中小学教师职称制度改革扩大试点工作，拟定《攀枝花市深化中小学教师职称制度改革扩大试点工作实施方案》及相关配套文件，已上报省深化中小学教师职称制度改革厅级联席会议办公室审核，待批准后实施。加强2012年职称申报、评审和考试工作，研究制定《攀枝花市中级专业技术职务任职资格评审办法（试行）》，进一步规范和完善了中级专业技术职称的申报、评审、审批和监督工作。加强2012年专家示范基地建设，完成2012年度专家示范基地推荐申报及审核批准工作。研究制定《关于贯彻攀枝花市高层次人才引进稳定培养暂行办法有关问题的处理意见》，拟认定316人为攀枝花市高层次人才。利用优厚的人才引进政策吸引高层次人才到攀枝花服务，2012年全市共引进高层次人才128名，考核引进急需紧缺的本科生256名。组织开展“攀枝花市第二届农村优秀人才奖”评选工作。

【人事考试管理】 2012年，市人力资源和社会保障局狠抓人事考试管理，各项工作推进有力。加大考务培训力度，层层落实责任，坚持采取考前抽签确定监考教室、“2+1”监考模式，加强与无线电管理部门和公安机关合作，取得很好的成效，在人社部直接监控的全国职称外语等级考试中，连续两年没有出现雷同考场，成绩突出。严格考风考纪，全年累计处理违反考试纪律考生43名，确保考试的公平、公正，维护了人事考试的严肃性和权威性。圆满完成国家、省、市下达的各类人事考试任务40项，参考人数26 482人，61 429科次，考试项数和参考人数创近年新高。其中，公务员考试7项（笔试5项，面试2项），参考人数9 998人，科次24 452科；事业单位考试4项（笔试3项，面试1项），参考人数6 901人，科次11 196科；各类专业技术资格（水平）考试23项，参考人数8 445人，科次24 228科；社会化代理和其他考试6项，参考人数1 138人，科次1 553科。

【人力资源开发工作】 2012年，市人力资源和社会保障局，加强人才开发管理工作，通过落实政策、引才引智，整体推进了各类人才队伍建设。高层次人才引进工作成效明显。对申报高层次人才的申请进行认真审核，拟认定316人为攀枝花市高层次人才，经公示无异议，兑现工作津贴等费用7 185 800元；优厚的人才引进政策吸引大量高层次人才到攀枝花服务。市本级共引进高层次人才73名，各县（区）及攀钢、攀煤、十九冶、钢企引进硕士研究生55名，市本级和各县（区）直接考核引进急需紧缺的本科生258名；广泛征集全市各级机关企事业单位海外高层次人才、项目需求信息，报送海外高层次人才引进需求计划5名；通过明确拟引进人才的具体岗位、拟任职务、事业平台、提供薪酬、生活待遇或其他优惠条件薪酬待遇等，做到以事业平台引人、以优厚待遇留人，广泛吸纳海外人才来攀服务。开展2013～2015年急需紧缺高层次人才需求情况调查。共收集77家单位的需求信息，经汇总，需求硕士研究生以上学历学位的紧缺专业有矿物加工工程、钒钛冶金、地质资源与地质工程、机械制造及其自动化等183个，需求高级工程师、高级会计师、副主任医师、主任医师等副高以上职称的紧缺专业有33个。积极做好引进国外智力工作。开展2013年引进国外技术、管理人才项目和引智成果示范推广项目申请工作，引导相关单位积极申报引智项目，全市5家单位共申报8个引智项目；严格按照相关要求，督促协调引智单位认真执行引智项目，扎实推进各项引智工程，林业、农业、卫生、钒钛等领域5项引智项目顺利完成；根据省外专局的资助经费，按市财政等额匹配的原则，向已完成2011年引智项目的单位划拨匹配资金共计39.2万元；推荐申报为攀枝花市第三人民医院服务的德国主任治疗师乌尔苏拉·帝门斯为“四川金顶奖”候选专家，树立对攀枝花市经济建设和社会发展作出突出贡献的外国专家典型。积极做好政府顾问及政府特聘专家有关工作。2012年初开展2011年度政府顾问和政府特聘专家的年度考核工作，10名政府顾问和27名政府特聘专家均考核合格，按照政府顾问工作经费每人每年2万元、政府特聘专家工作经费每人每年1万元的标准，协调市财政局，对年度考核合格的10名政府顾问和27名政府特聘专家划拨了47万元工作经费；开展2012年政府顾问及政府特聘专家的申报工作，经市政府第15次常务会议研究同意，新聘3人、续聘3人为攀枝花市人民政府顾问；新聘6人、续聘4人为攀枝花市人民政府特聘专家，在聘政府顾问、特聘专家分别达到13人和33人。

【人力资源市场监督管理】 2012年，市人力资源和社会保障局积极抓好人力资源市场监管工作。开展人力资源服务机构年检工作。对41家人力资源服务机构的人力资源服务许可证、工商营业执照、场地使用情况、从业人员职业资格证书、学历情况、劳动合同签订、保险缴纳情况等进行检查，并对具备相关的资质，经营合法，依法开展人力资源服务活动的进行公示。抓好统计工作。根据省厅的安排，对全市41家人力资源服务机构情况进行统计，全面掌握全市人力资源服务的机构、人员、业务发展情况，对有效促进人力资源公共服务机构和人力资源市场经营性服务机构的协调发展，进一步加强人力资源市场建设管理起到基础性作用。抓好人力资源服务机构培训活动监管工作。会同综治办、教育局、公安局、国安局、民政局、商粮局、国税局、地税局、工商局联合转发省人力资源和社会保障厅、省综治办、教育厅、公安厅、国安厅、民政厅、商务厅、省国家税务局、省地方税务局、省工商行政管理局等10部门联合转发中央《关于切实做好监管和查处有害培训活动工作的通知》，对攀枝花市监管和查处有害培训活动工作提出明确要求，建立了监管和查处有害培训活动市级协调会议制度，统筹协调监管和查处有害培训活动。抓好清理整顿人力资源市场秩序专项行动，为劳动者就业营造了良好的社会环境。

【农村人才工作】 2012年，市人力资源和社会保障局认真做好农村人才开发工作。组织开展"攀枝花市第二届农村优秀人才奖"评选工作，组织农业专家对各县(区)、市农牧局、钒钛产业园区推荐的28名候选人中评审出10名拟表彰人选，已经市人才工作领导小组、市政府常务会议、市委常委会议审议通过。认真组织实施"三支一扶"计划。做好招募工作。根据招募计划，切实抓好报名、资格初审、笔试、资格复审、面试、体检、签订协议、岗前培训等工作环节，圆满完成招募任务。新招募的5名"三支一扶"大学生，已于2012年7月正式上岗。做好"三支一扶"大学生信息管理工作。运用全国统一的"三支一扶"大学生管理信息系统，对"三支一扶"大学生信息进行数据整理和更新录入，完成信息统计任务。做好服务期满就业服务工作。按照"续期、转聘、考录招聘、自主创业、择业"的就业服务工作思路，指导县(区)做好期满考核、考试加分、考核聘用、推荐就业等工作。做好补助经费和落实绩效工资工作。会同市财政局研究中央、省补助资金分配方案及市、县的分担比例，并全额拨付到位，市财政配套划拨20.56万元"三支一扶"志愿者2011年生活补贴和绩效工资经费。组织开展年度考核慰问工作。组织部署各县(区)开展年度考核工作和新春慰问活动，21名志愿者中4名考核为优秀，17名考核为称职。各县(区)均安排专人走访慰问本地大学生志愿者，并给大学生志愿者送去慰问金。

【工资福利工作】 2012年，市人力资源和社会保障局严格落实工资福利政策，圆满完成各项目标任务。积极开展其他事业单位实施绩效工资工作，兑现其他事业单位2010年、2011年基础性绩效工资和退休(职)人员生活补贴以及在职人员2010年奖励性绩效工资；兑现2011年奖励性绩效工资。审核、兑现市属义务教育学校和公共卫生与基层医疗卫生事业单位2011年度奖励性绩效工资。完成市级机关公务员进一步规范津贴补贴的审核工作。制定提高事业单位绩效工资水平的实施意见，并组织执行。审核公务员(机关工勤人员)正常晋升工资档次3 690人，机关按套改表滚动晋升级别612人，事业单位工作人员正常增加薪级工资9 447人。审核、兑现市级机关工作人员2011年度年终一次性奖金。积极配合有关部门做好市直机关公务员2011年度预留津贴补贴部分(目标考核奖)。审核、兑现市级机关、事业单位2011年度目标绩效奖。审核、兑现市级机关事业单位职工2011年度应休未休年休假酬金。审核2012年度市级机关事业单位符合疗养条件的人员安排其疗养。审核市级机关事业单位调入(录、聘用)人员确定工资490人，因职务(技术等级或学历)变动工资待遇1 522人。完成全市2011年度工资和退休统计年报上报工作。

【军转干部安置解困维稳工作】 2012年，市人力资源和社会保障局，从稳定大局出发，积极做好军转干部安置、解困、维稳工作。采取指令性确定部分接收单位和超编超职数安置方式，积极稳妥地做好企业军转干部安置工作。全年接收安置军转干部16名(计划分配军转干部15名，自主择业军转干部1名)。16名军队转业干部中：正团职2人，副团职5人；正营职干部5人，副营职干部3人；技术干部1人。7名团职干部全部安置在公务员岗位并落实相应领导职务；7名营职干部，全部安置在公务员岗位；1名技术干部安置在市中心医院。全面完成各项目标任务。按计划及时开展企业军转干部解困工作，按月发放退休军转干部的生活困难补助，全年补助困难军转干部达2 268人次，补助金额达636.54万元；为失业军转干部、再就业军转干部代缴养老保险。继续完善、巩固改制(破产)企业再就业军转干部的工作，解决军转干部的后顾之忧，稳定军转干部的情绪。积极做好维稳工作，全年接待企业军转干部来访和咨询有关政策500余人次；加强与有关部门的信息沟通，及时向领导和有关部门通报苗头性问题，保持连续多年没有企业军转干部进京到省上访、没有大规模到市委市政府集访的事件发生。

【依法行政工作】 2012年，市人力资源和社会保障局，采取积极有效措施，全面推进人力资源和社会保障依法行政工作。严格执法监督，把好具体行政行为合法关，对行政审批、行政许可、行政确认、行政处罚、行政复议等具体行政行为以及对作出行为的过程都建立行为规范准则，公布上墙，严格执行；认真做好规范性文件备案的审查和有关行政处罚的事前、事后监督，杜绝下级人社部门乱作为的现象发生。依法配备执法人员，切实加强对执法证件的管理。新报和更换执法证15人，行政执法监督证2人，并拟上报公布31名行政执法人员和5个执法主体。认真清理规范行政权力，确保用权有依据。对2012年2月28日之前颁布的行政权力事项进行清理。清理后的行政权力共105项，其中行政审批10项；行政处罚62项；行政征收2项；行政确认12项；行政给付4项；其他行政权力15项。依法办理行政复议和行政应诉案件。全年办结行政复议案件共计4件，参与行政诉讼案件共计6件。做好"六五"普法的宣传教育。拟制定出台《攀枝花市人力资源和社会保障局行政执法监督制度》、《攀枝花市人力资源和社会保障局执行执法过错责任追求制度暂行规定》和《攀枝花市法律法规宣传制度》。做好两法对接工作，向市公安局移送案件1件。积极组织参加行政处罚案件评查暨优秀案件评选活动。《攀枝花市图书馆(唐春丽)未依法与劳动者签订劳动合同、未依法为劳动者申报办理社会保险、工资标准未达到最低工资标准案》(按号:〔2011〕第014号)，被省人社厅评为2012全省优秀案卷。《对攀枝花市楚运工贸有限公司违法收取劳动者财物的行政处罚》(攀仁劳社局监罚字〔2009〕第5号)，被攀枝花市政府法制办评为2012年全市十佳优秀行政处罚案卷。

【行政审批】 2012年，市人力资源和社会保障局共承担11项行政许可和非行政许可事项，其中以退休审批和工伤性质认定两项工作为主。全年共受理工伤认定案件1 924件，其中，对1 908件案件的工伤性质进行确认、对16件案件作出不予认定的结论，阻止受伤害职工骗取用人单位及社保基金10余件，为单位及工伤保险基金挽回经济损失350余万元，有效维护劳资双方的合法权益并确保工伤保险基金的安全。全年退休审批700件，群众评议满意率100%，没有受到有效投诉。积极开展困难企业性质认定工作。全年共有4家企业被认定为困难企业，涉及职工10余万人。

【劳动保障监察执法】 2012年，市人力资源和社会保障局，以突出"劳有所得"为重点，充分发挥劳动保障监察职能作用，积极开展专项整治行动，依法保障农民工劳动报酬权，排除影响劳动关系和谐稳定的隐患。积极开展农民工工资支付专项治理。着重对市级机关及下属事业单位，中央企业、省属企业在攀单位、金融保险行业、建筑施工等用人单位进行拉网式的检查，做到横向到边、纵向到底、不留死角。共检查各类用人单位112户，涉及劳动者人数共8 725余人，其中农民工6 960人；涉及拖欠劳动者工资的用人单位19户，涉及劳动者6 321人，涉及被拖欠工资的农民工5 506人，涉及拖欠的工资17 467 200元，其中涉及拖欠农民工的工资17 364 514.89元；已责令拖欠农民工工资的用人单位全额补发了被拖欠的农民工工资。重视维稳应急处置工作。积极处理因拖欠农民工工资等而引发的群体性事件11件，涉及4 521余人。特别是及时有效处理攀钢冶建公司分包工程拖欠农民工工资、钒钛产业园区玉典电冶公司突然停产引起群体投诉、曼哈顿工程欠薪等3起可能引起公共安全的群体性事件。为此，建立首个农民工工资专用账户，并划入3 000余万元资金用于支付农民工工资，避免了有可能爆发的大规模群体性事件。不断完善"两网化"建设。为更加有效推进和谐劳动关系建设工作，积极完善劳动保障监察"两网化"建设。通过"两网化"管理，实现管理信息化、执法化、监管一体化，进一步提高劳动保障监察执法效能，将农民工工资纠纷化解在平时，化解在基层，有力维护了广大农民工合法权益。认真开展清理整顿人力资源市场秩序行动、农民工劳动合同签订"春暖行动"、用人单位遵守劳动用工和社会保险法律法规情况专项检查、加强劳动用工和社会保险执法检查及劳务派遣专项清理整治行动、小企业劳动合同制度实施专项行动和促进出租汽车行业深入开展和谐劳动关系创建活动，统筹推进构建和谐劳动关系工作的开展。

【劳动争议仲裁调解】 2012年，市人力资源和社会保障局，始终以构建和谐劳动关系为宗旨，牢固树立保障民生和促进企业发展相并重、促进就业和维护劳动关系稳定相兼顾、执行法律与贯彻政策相统一、调解前置和着重调解相并举的工作理念，充分发挥劳动争议仲裁维护劳动者权益的职能作用，畅通群众怨有所诉渠道。积极做好预防工作。开展推进劳动争议仲裁进企业、进园区、进乡镇、进校园活动，筑牢劳动争议预防"第一道防线"，有效遏制争议快速上升的势头，使劳动争议预防工作进入一个新阶段。狠抓服务化解矛盾。树立和强化"四入"(入心、入情、入理、入法)、"四个一"(一张笑脸相迎、一把椅子让座、一杯热茶暖心、一席话语宽怀)的服务理念，坚持接待服务五项制度，即首问导诉制度、预约接访制度、裁后答疑制度、回访制度、排查制度，有效地疏导农民工的情绪、化解矛盾。加强依法办案维权工作。坚持"快立、快审、快调、快结"的指导思想，建立符合仲裁规律、有利于规范运作和公正、公开、高效、廉洁的工作运行机制和监督管理机制，有效促进农民工的维权工作。强化协作协同工作。主动加强与仲裁委员会成员单位、用人单位及其主管部门、行业管理协会、信访、工会、劳动保障监察、人民法院的联系与协作。着力开展劳动争议法律适用问题研讨和案件规范处理交流等活动，使仲裁维护农民工权益的作用得到更加有效发挥。2012 年，全市共处理劳动争议2 358件，涉及劳动者2 358人，涉及标的8 693. 39万元。为维护经济社会发展和社会和谐稳定做出积极贡献。

【和谐劳动关系】 2012 年，市人力资源和社会保障局，积极探索构建清理整顿农民工工资拖欠问题长效机制，坚持从源头抓起，既治标更治本，努力营造困有所助新环境。加强协调劳动关系工作机制建设。建立由市人社局、市总工会、市工商联、市企业家协会、企业家联合会等部门和组织共同组成的协调劳动关系三方委员会，并制定相关规则，充实三方机制职能，完善三方机制工作制度。各县（区）相应成立协调劳动关系三方委员会。明确协调劳动关系工作由三方四家主办、相关部门协办的工作机制，并结合部门职能，对具体工作进行详细分工，形成多方联动局面，确保工作落实到位。积极开展构建和谐劳动创建活动。在开展和谐企业、工业园区、街道（社区）、乡（镇）创建活动中，采取典型示范，充分发挥创建和谐劳动关系先进企业的引领作用，引导非公有制企业、中小企业积极参加创建活动，不断扩大创建覆盖面，有效提高创建质量。全年全市创建面达到 90% 以上。积极开展宣传培训考评工作。充分利用报刊、电视、网络媒体，广泛宣传劳动保障法律法规知识，形成宣传和谐、构建和谐的大气氛；强化劳动保障政策法规培训，提高用人单位对构建和谐劳动关系重要性的认识，增强用人单位维护劳动关系和谐稳定的自觉性；积极建立考评制度，将用人单位对员工进行法律法规培训作为评选先进、发放岗位补贴和职业培训补贴、企业劳动保障诚信评价的参考指标，有效推进了和谐劳动关系的构建工作。

【劳动保障信息化建设】 2012 年，市人力资源和社会保障局大力实施能力提升规划，积极推进攀枝花市金保工程平稳运行，取得较好的成绩。确保金保工程业务系统安全运行。始终坚持把确保金保系统安全运行放在工作重中之重，定期检查系统数据库运行状态，按规定做好数据日常备份工作，进一步优化网络配置策略和软件架构。通过安全检测与服务项目，对系统经安全检测暴露出的如代码质量、SQL（结构化查询语言）注入式漏洞、弱口令、安全设备策略等问题进行整改，堵住一些明显的安全漏洞；完善现有管理制度，并结合新的安全形式以及系统暴露的一些问题正在重新制定新的安全管理制度，建立新的安全体系；建立 VPN（虚拟专用网）拨号的内部远程维护平台，并在维护队伍中强行推行数据库管维平台，保证核心系统的安全；完成介质管理、接入管理、网络管理方案的制定；针对系统出现的宕机问题进行初步修复和数据库调优。全年系统共办理各项业务 800 余万笔。完成社会保障卡发卡 60. 18 万张。做好对业务运行的保障支撑工作。完成 2012 年度离退休人员基本养老金调整工作，误差率仅为 0. 03%；完成公共就业服务信息系统改造升级工作；完成新农保和城镇居民养老保险业务系统及财务系统上线运行；做好对社保、医保、就业等前台日常业务的支撑保障工作。进行金保工程首次灾备演练恢复工作。模拟金保工程系统数据库出现突发情况，有针对性地开展应急恢复演练，进一步完善攀枝花市金保工程应急处置预案，实时掌握处置突发情况时可能出现的意外因素，积累有益经验。保持“12333”人力资源和社会保障咨询服务热线平稳运行。全年来电总量142 126次，其中人工服务总量69 532次，自动服务总15 694次，放弃量56 900次。

【信访、维稳、综治工作】 2012 年度，市人力资源和社会保障局按照“全员信访、全程维稳、主动应对、提前介入、及时处理和疏导”的工作举措，积极推进信访、维稳、综治工作。以“事要解决”为主要抓手，狠抓信访积案排查化解，严格实行责任追究制，不断创新工作方法，使信访形势逐步好转，信访秩序不断规范，信访存量大幅减少，信访人满意率明显上升。企业改制、超龄人员基本养老保险、企业军转干部解困、企业退休教师待遇、老工伤人员纳入工伤保险社会统筹、被征地农民社会保险、企业退休人员要求按照机关事业单位享受绩效工资和绩效目标奖等涉及职工群众切身利益的信访积案得到有效化解。全年共受理群众来信423 件次；来访1 337批（次），涉及职工群众1 389人（次），重复访 162人（次），集体访 20 批（次）。与 2011 年同期相比，来信件次上升 28. 2%；来访人次下降 34. 4%；集体访下降 145%。办理上级交办 175 件（其中，国家级 1 件、省级 12 件、市级 162件），办理职工群众给各级党委、政府领导的信访留言人民网 2 件、“市长信箱”156 件、“12345”市民热线 82 件。召开对信访人的专题政策解释说明会 22 次；受理复查信访案件 4 件、复核 1 件；群众来信来访案件办结率达到 100%。

（肖礼荣）

外　事

【因公出国（境）】 2012 年，全市派遣因公出国（境）共 34批 56 人。其中市级各部门、县（区）及地方企事业单位 33批 50 人（党政机关 37 人），自组团 3 个、总人数 17 人，分赴美国、俄罗斯、瑞典、德国、瑞士、澳大利亚、韩国、日本等 20多个国家和中国香港、澳门等地区执行项目洽谈、医疗援助、文化交流和学习培训等任务。

【外宾到访接待】 2012 年，攀枝花市先后邀请美国、德国、以色列、奥地利、哈萨克斯坦、泰国等国的专家共238 人到攀枝花市和攀钢所属各企业所在地开展友好访问、项目评估、实地考察、业务培训、商务洽谈、技术指导和学术交流等活动，内容涵盖钒钛资源综合利用、冶金技术等多个领域。"大规模高品质海绵钛关键生产技术升级"重点引智项目取得阶段性成果，提高共伴生钒钛磁铁矿资源节约与综合利用的整体技术水平和攀枝花市钒钛工艺在世界上的知名度。

2012年，全市累计接待外国游客410人次。

【赴日研修生项目执行】 2012年，全市共选派12名研修生赴日本进行园艺、城市建设、铸件打磨、焊工等技术研修工作。为切实做好研修生选派工作，市友协充分利用已建立的赴日研修生人才选拔库，严格选拔，重视培训，在初步确定研修生名单后，派专人对研修生进行一对一的面试，并向研修生讲解赴日研修的各项政策，强调有关纪律；同时，还对研修生进行日语培训，确保攀枝花市研修生在赴日前具备一定语言交流能力，为日后工作和生活奠定基础。

（曾　媛）

侨　务

【概　况】 2012年，全市侨务工作新增国内工作对象18人，国外工作对象6人。截至2012年底，全市国内、国外侨务工作对象分别达到3 736人和2 227人。

全年，市侨办、侨联紧密团结广大归侨侨眷和海外侨胞，充分发挥自身优势，团结奋斗，开拓进取，在引资引智、侨务捐赠、参政议政、侨务联谊等方面，做了大量卓有成效的工作，为促进攀枝花市经济建设、对外开放和社会发展作出贡献。争取到15名香港同胞及攀枝花市1名侨眷资助农村贫困学生30人，捐赠助学金及衣物合计19 166元；组织攀枝花市东区投资促进局等11个部门(企业)和攀枝花市30个重点招商引资项目、5名海外高层次人才需求项目参加"第十届东盟华商投资西南项目推介会暨亚太华商论坛"和"2012海外华侨华人高新科技洽谈会"；走访慰问16户生活困难的归侨侨眷，送去慰问金(慰问品)近万元，为仁和区、米易县3户散居农村贫困侨眷家庭送去帮扶资金9 000元；做好4名到攀枝花市投资考察、探亲访友的海外侨胞和香港同胞的接待工作；继续为攀枝花市50名老归侨发放生活补助费41 720元；先后组织"归侨侨眷迎春茶话会""三胞三属中秋茶话会"等活动；大力加强组织建设，工作稳步推进，定期召开全市"五侨"联席会议暨主席办公会，彼此交流涉侨侨务工作情况，研究讨论如何进一步做好侨务工作，进一步延伸侨务工作手臂，增强工作合力；同时帮助支持市侨声合唱团、区县及大企业侨联基层组织开展工作，并取得良好效果。市侨联积极参政议政，在省、市政协有关会议中，6名侨界政协委员提交《关于缓解机场路口交通堵塞的建议》等提案共5份，攀枝花市1名侨界省政协委员还多次参加省、市政协组织的学习和视察活动，攀枝花市侨眷、市人大代表赵鸥在市人大九届一次会议上提交33份建议案，并接受《攀枝花日报》的专访，攀枝花市侨联副主席汤铁、市侨联五届委员会国内顾问刘庆华被攀枝花市决策咨询委员会聘任为市决策咨询委员会专家，为全市各项事业的发展建言献策；全年接待、处理归侨侨眷来信来访17件次；工作基础得到新加强，市委、市政府更加重视侨务工作，2月，市委副书记赵辉专程到市侨办、侨联进行调研，听取工作汇报，并对全市侨务工作提出五点要求和希望。6月，赵辉副书记带领市侨办等有关部门负责人一道拜访省侨办、侨联，旨在进一步加强联系与沟通，争取省侨办、侨联加强对攀枝花市工作的指导、帮助和支持力度。8月，市政府首次专门制订下发《攀枝花市2012年度侨务工作计划》，整合资源，发挥侨力，服务全市发展。

2012年，攀枝花市侨办被国侨办评为"全国侨办系统信访工作示范单位"；被四川省侨办评为"2012年度全省国内侨务工作目标考评一等奖"；《攀枝花年鉴》、《中共攀枝花执政实录》、侨务部分的编撰工作单位先后被市委办、市政府办评为优秀单位；市侨联获得由中国侨联、中央电视台、《人民日报》海外版等6个单位联合举办的"第十三届华人学生作文大赛"组织奖。

【侨务捐赠】 继续争取侨胞在攀枝花市开展助学公益活动，在原有24名农村贫困小学生得到香港同胞资助的基础上，新争取到5名香港同胞资助6名新增农村贫困学生，全年累计有攀枝花市1名侨眷和15名香港同胞资助农村学生30人，捐赠助学金13 000元，捐赠衣物83件，惠及学生108人次。

主动做好海外侨胞捐赠的侨心小学的后续服务，为让山区小学生体验城市生活、增长见闻，帮助他们健康成长，市侨办、侨联，通过香港同胞资助，首次组织攀枝花市仁和区大龙潭彝族乡干坝子侨心小学的全体师生开展城市一日游活动，香港同胞钟碧梅一行6人专程到攀枝花市和市侨办侨联、仁和区委统战部、仁和区大龙潭中心校领导一起陪同干坝子侨心小学全体师生参加一日游活动。

2012年，市侨办、侨联走访看望帮扶的仁和区和米易县3户贫困侨眷家庭，送去帮扶资金9 000元，并实地查看生产和生活状况，详细了解3户贫困侨眷家庭需要继续帮扶致富的项目情况。攀枝花市退休侨眷汤文藻继续向平地镇迤计厂侨心小学10名品学兼优的小学生捐赠奖学金1 000元。

【侨益维护】 市侨办、侨联结合省侨办、省侨联"六五"普法规划，与市司法局联合下发《关于加强"六五"普法期间侨务法制宣传教育的通知》，对全市"六五"普法期间侨法宣传教育的主要任务、重点对象、学习形式、考核措施等提出明确要求。2012年，市侨办、侨联规范行政权力，严格依法行政，按时完成市侨办行政权力的规范清理工作，并在市政府公众信息网上进行公示，通过依法梳理侨务行政权力，加深对侨法的学习和认识，依法行政能力进一步加强。

市侨办利用机关会议、工会活动等时机学习法律法规，认真组织市侨办、侨联职工参加“攀枝花市学习中共十八大精神和宪法知识竞赛”等活动，在办理归侨侨眷身份证明，开展侨务走访慰问，举办归侨侨眷茶话会等联谊活动时以及通过市侨办互联网页等多种场合和途径广泛宣传侨法，依法行政意识进一步增强。在12月4日法制宣传日，在全市首个侨法宣传角——民建社区侨法宣传角在辖区内开展主题为“凝聚侨心、汇集侨智、发挥侨力、维护侨益”的侨法宣传活动，散发侨法宣传资料79份，同时就侨法等为居民做详细的解释咨询工作。年内结合攀枝花市侨情实际，有重点地选择炳草岗、仁和区等6个社区，免费向社区提供侨法宣传资料100余册，进一步扩大社区宣传范围。攀枝花市负责侨务工作的统战部门也与市侨办、侨联密切配合，结合自身统战工作优势，开展丰富多彩的侨法普法宣传活动，例如市直机关工委统战部不仅制定下发加强新时期机关党员学法用法工作的专门文件，而且将侨法宣传教育纳入机关党建统战工作内容予以考核，同时还向市直机关工委下属的70余个党组发放《常用侨务法律法规汇编》，进一步提高机关党员干部依法行政、依法护侨的意识与水平。米易县委统战部、盐边县委统战部联合当地的司法局、法建办等部门，各自制定下发专门文件，对全县的侨务普法工作进行安排部署，东区、仁和区统战部结合统一战线服务社区社会管理创新工作，积极开展侨法进社区宣传工作，西区统战部门主动在格里坪镇广场开展侨法宣传活动，发放侨法资料300余份，直接面向广大居民宣传侨法。

全年，市侨办共处理归侨侨眷来信、来访17件次，涉及归侨侨眷在医疗救助、职称待遇、人身伤害等方面的困难和问题，做到事事有落实，件件有结果，化解矛盾，维护侨益、维护稳定，得到攀枝花市归侨侨眷和海外侨胞的赞誉，被国务院侨办评为“全国侨办系统信访工作示范单位”。

【侨务招商引资、引智】 6月，市侨办组团参加国侨办和云南省政府举办的“第十届东盟华商西南项目推介会暨亚太华商论坛”，市侨办共组织攀枝花市东区投资促进局、米易县招商引资局、攀枝花钢城集团有限公司等11个部门（企业）和30个重点招商引资项目参会。在推介会上，设置“中国钒钛之都，魅力阳光花城——攀枝花”大型展板，发放宣传资料近百份，积极做好参会单位的组织服务工作，与来自新加坡、西班牙、葡萄牙等国家和中国香港、台湾地区的华商以及联想集团等大型企业进行项目交流洽谈，就攀枝花市优良的投资环境和沿江开发、IT商城、旧城改造等招商引资项目进行重点推介。同时，还参加会议主办方举办的部分海外侨领恳谈会，进一步加强交流合作。

参加“2012海外华侨华人高新科技洽谈会”，积极开展侨务引智工作。认真组织攀枝花市中心医院的海外高层次人才需求项目参会，就攀枝花市中心医院护士长赴外培训、加强与海外医学交流等项目达成初步合作意向，取得较好效果。

【侨务联谊】 2012年，市侨办、侨联以参加“第十届东盟华商西南项目推介会暨亚太华商论坛”等重大侨界活动为契机，发放宣传资料近百份，广交新朋友，大力推介宣传攀枝花。继续密切与已有海外侨胞的联系，热情做好4名到攀枝花的海外侨胞的接待来访工作，主动邀请在攀侨资企业参与新春茶话会等侨务联谊活动，在春节、端午、中秋等中华民族传统佳节之际向侨务工作对象发放电子贺卡上百份，进一步加强沟通合作。

2012年1月17日召开50余名归侨侨眷代表参加的归侨、侨眷迎春茶话会。9月25日，市侨办与中共攀枝花市委统战部等单位共同召开“2012年全市统一战线各界人士迎中秋茶话会”，市委副书记赵辉在会上指出，攀枝花已进入“十二五”发展的关键时期，希望统一战线各界人士要始终把贯彻“同心”思想、增进政治共识作为第一要求，把推动科学发展、促进社会和谐作为履职要务，当好经济社会建设的参与者，共同谱写攀枝花跨越发展的新篇章。茶话会上，攀枝花市归侨侨眷代表纷纷发言，热情讴歌攀枝花市近年来取得的成就，满怀深情地展望美好未来。

大力开展“走出去”工作，6月市侨办、侨联主动到云南省著名侨乡——保山市侨办侨联交流侨务工作，学习保山市侨务工作先进经验，进一步加强双方合作，侨务资源共享，携手共谋发展。

为进一步做好海外华侨华人第三代的工作，向外界充分展现攀枝花市学生积极向上的良好精神风貌，市侨办、侨联组织全市28所学校505篇小学生作文参加由中国侨联、《人民日报》海外版、中央电视台等主办的“第十三届世界华人学生作文大赛”，共有39名学生获奖，其中一等奖5名、二等奖14名、三等奖20名，市侨联再次获大赛组织奖。

【侨务宣传】 2012年，市侨办、侨联在《四川侨报》《四川侨联简讯》《攀枝花日报》《攀枝花晚报》《攀枝花每日晨报》及攀枝花电视台、广播电台等新闻媒体上发表侨务报道20余篇次。2012年，侨眷丁爱谱当选为中共十八大代表，《四川日报》《攀枝花日报》进行采访报道。在市人大九届一次会议上，侨眷、市人大代表赵鸥提交33份建议，并接受《攀枝花日报》的专访。市侨办吴庆育被四川省侨办、侨联评为2012年度《四川侨报》《四川侨网》“优秀通讯员”。市侨办还积极通过互联网开展网络侨务工作，及时更新、完善市侨办、侨联网页。通过宣传，使攀枝花市更多的部门与市民了解侨务工作。

（张穗蓉）

机关事务管理

【概　况】 2012 年,攀枝花市机关事务管理局有工作人员 22 人,设办公室、房地产管理处、车辆管理处、节能管理处、物业管理处 5 个处室及 1 个下属事业单位(市政府采购中心),主要负责市本级党政机关、事业单位的房地产管理、公务车辆管理、公共机构节能管理和政府采购等工作。全年完成办公用房维修工程 29 项,预算投入资金2 487万元,实施跨年新建市人才公寓和干部周转房(炳三区廉租房)工程 2 项,完成投资5 500万元。全年组织实施政府采购项目 202 次(其中协议供货 127 次),实际采购资金12 355.23万元,节约财政预算资金2 520.05万元,资金节约率 16.94%。开展全市公务用车问题专项治理工作,通过清理、核查,报省公车办核定攀枝花市超编车 111 台,超标车 214 台,违规借车 27 台,违规换车 1 台。按省公车办批示,同意攀枝花市 143 台超标车继续使用,其余 71 台超标车逐步作报废处理。

【房地产管理】 2012 年,攀枝花市市级机关纳入管理的办公用房 552 处,面积 50.6 公顷,比 2011 年增加 1.27 公顷,同比增长 2.57%;办公地产 159 宗,面积1 069 483.06平方米,比 2011 年减少2 946.96平方米,同比减下降 0.27%。开展经营性房地产委托管理,共向财政上缴收益 41.7 万元。2012 年,为解决市教育局、卫生局、环保局等 11 家市级党政机关、事业单位解决办公用房困难,外租办公用房11 423平方米,比 2011 年减少1 537.86平方米,同比下降 11.9%,共投入财政资金 341.8 万元,比 2011 年减少 29.24 万元,同比上升 9.4%。

2012 年,维修市级机关办公用房工程 27 项,开展工程可研、勘察设计投入 42 万元,工程监理投入 40 万元,工程预算投资1 462万元。其中市委办公大楼屋面防水、市法院办公楼消防改造等年度维修工程 13 项,工程预算投入 253 万元。攀枝花会展中心安全隐患治理工程、劳动大厦维修改造、市国税局办公楼维修改造工程等专项资金工程完成 5 项,工程预算投入1 029万元。完成计划外代建市煤气总公司办公服务用房配套工程和市农科院改造工程 2 项,工程预算投入 142 万元。完成市民政局供水管处理、市检察院电梯维修等计划外应急零星工程 7 项,工程预算投入 38 万元。

全年实施跨年新建工程 2 项。继续实施市人才公寓和干部周转房(炳三区廉租房)工程建设,累计投资达 1.2 亿元,全年完成投资5 500万元。

办理市疾病预防控制中心、市人社局、市土地储备中心等单位国有土地使用证 12 本,房屋所有权证 46 本。根据各相关单位的用房实际需求,报经市政府批准,改造维修办公业务用房 9 处,改造面积23 584平方米,调整解决四川日报社驻攀记者站等 3 家新闻媒体办公用房;盘活攀枝花市现有房产,用以解决攀枝花市钒钛产业园区管委会、攀枝花市卫生局、攀枝花市教育局等 14 家单位办公用房,减少外租办公用房8 227平方米,减少租金 286 万元。调整 33 家单位办公用房,基本解决 33 家单位因机构调整、职能扩展导致办公室少及攀枝花市中西医结合医院建设用地需求等问题。

编制上报攀枝花市人才公寓和职工周转房家电配置方案并经市政府分管领导同意报市政府常委会审定。

【公务车辆管理】 2012 年,纳入管理的市级公共机构公务车2 046辆,其中小轿车1 187辆,越野车 323 辆,特种专业用车 59 辆,其他车辆 477 辆。2012 年贯彻执行中央、省公务用车问题专项治理工作规定,在对全市公务车基本情况进行全面清理统计、审核及分析的基础上,对公务车信息的真实性、准确性和完整性进行再次复核,通过"回头看"活动,并报经省公车办核定攀枝花市公务车编制总数2 933台,实有公务车2 822台,其中越野车 609 台。全市超编车 111 台,其中县(区)超编车 68 台;超标车 214 台,其中县(区)超标车 67 台;违规借车 27 台,违规换车 1 台。经省公车办批准攀枝花市 143 台超标车继续使用,其余 71 辆超标车逐步作报废处理。

2012 年与市财政局共同监督车辆报废公司对 100 台公务车(含摩托车)分 4 批次进行报废。为解决部分部门(单位)用车难问题,调拨公务车 21 台。按照中央及省公务车专项治理精神,全年未新增公务车辆。制定《攀枝花市党政机关公务用车配备使用管理实施细则》,并通过两办发文(攀委办发〔2012〕19 号)公布实施,进一步规范攀枝花市公务车配备、使用及管理。组织市级各部门(单位)建立完善公务车档案,将公务车购置批文、拨款函、行驶证、采购计划申报表、保险合同、销售协议等文件进行归档管理。

【公共机构节能管理】 2012 年,开展全市公共机构 2011 年度能耗统计工作,根据统计情况撰写 2011 年度能耗分析报告并报送四川省省直机关事务管理局。2011 年全市公共机构统计数量 782 个,公共机构办公用房建筑面积 276 公顷,用能人数260 606人,公车数量3 915辆(其中汽油车3 590辆,柴油车 325 辆)。全年公共机构消耗电10 654.3万千瓦时,消耗水1 024.29万立方米,消耗汽油 963.62 万升,消耗柴油 116.1 万升。消耗能源折合标煤 19.1 万吨,人均消耗标煤 0.73 吨,同比下降 4%,每公顷建筑面积消耗标煤 689.77 吨,同比下降 3.2%,人均用水 39.3 吨,同比下降 2.3%,均完成省里下达的下降 2% 的目标任务。

贯彻落实《公共机构能源资源消耗统计制度》,建立和完善公共机构节能统计台账,定期开展公共机构能耗统计并分析上报数据,完善公共机构名录库和《县(区)能耗统计员信息表》。印发《攀枝花市公共机构能源资源消耗统计实施方案》。征求市级公共机构意见和召集各县(区)讨论《攀枝花市公共机构节能“十二五”规划》(初稿),报市政府审批并印发《攀枝花市公共机构节能“十二五”规划》,通过《攀枝花日报》专刊登载宣传。拟定并印发《攀枝花市机关事务管理局关于分解全市公共机构节能“十二五”目标任务的通知》,将公共机构“十二五”节能目标任务分解到各县(区)。开展全市公共机构2011年能耗统计年报工作,按省里要求及时上报2011年能耗统计报表及2011年能耗分析报告。开展市疾控中心既有建筑节能改造和市财政局办公楼中央空调节能改造示范项目的申报、节能诊断、委托设计工作。开展公共机构节能宣传周活动,并积极参加全市2012年节能减排全民行动。开展“科技助力公共机构节能”科普巡展活动和配合东区开展节能减排全民行动启动仪式。宣传周期间,共发放公共机构节能宣传画1 200张,共印发节能常识宣传资料6 500余份,悬挂宣传横幅900余条。公共机构宣传覆盖面达100%,宣传效果显著。推广新能源示范利用,通过多方协调相关部门(单位),争取分管市领导支持,增加炳三区廉租房、人才公寓建设项目太阳能供热系统示范项目,两个太阳能热水供应系统集热面积可达到0.24公顷,预计2013年随住房一并投入使用。加强空调运行管理,推广空调限温节能改造,停止使用其他遥控器。认真迎接省考核组考核检查,听取意见和建议,积极整改存在的问题。10月认真迎接省发改委组织的节能考核小组对全市节能工作的考核检查,针对检查组提出的问题,认真研究,切实整改。推进节约型公共机构示范单位的创建工作。

【政府采购】 2012年,完成市级机关政府采购项目168个,组织实施政府采购202次,(其中协议供货65次),比2011年减少123次,同比减少37.8%。财政预算采购资金14 875.27元,通过实施政府采购,实际支付采购资金12 355.23元,节约财政预算资金2 520.05元,资金节约率16.94%,比2011年提高6.81%。

从采购结构上看,公开招标金额3 698.46万元,占采购总金额的29.93%;竞争性谈判采购金额2 097.71万元,占采购总金额16.98%;询价方式采购金额4 539.31万元,占采购总金额36.74%;单一来源采购金额2 019.75万元,占采购总金额16.35%。货物类采购金额10 768.71万元,占采购总资金的87.16%;服务类830.6万元,占6.7%;工程类755.91万元,占6.14%。

制定《攀枝花市政府采购中心公开招标操作程序》《攀枝花市政府采购中心邀请招标操作程序》《攀枝花市政府采购中心竞争性谈判操作程序》《攀枝花市政府采购中心询价采购操作程序》《攀枝花市政府采购中心单一来源采购操作程序》五项制度,并与市公共资源交易中心联合发文公开政府采购开标现场流程,接受社会监督。

(陈其祥)

扶贫与移民

【概　况】 2012年,攀枝花市扶贫和移民工作局以邓小平理论、“三个代表”重要思想和深入贯彻落实科学发展观为指导,认真贯彻落实省、市扶贫开发工作会议精神,按照“整村推进、连片开发、改善民生、构建和谐”的扶贫移民工作思路,突出抓好扶贫移民规划编制、二滩水淹区连片扶贫开发、移民搬迁安置、社会扶贫、移民后期扶持和采沉区治理等重点工作,各项工作进展顺利,取得扶贫移民工作显著成效,被四川省扶贫和移民工作局授予全省扶贫移民工作一等奖。到年底,建卡贫困户人均纯收入达到4 310元,比2011年增加620元,返贫率控制在5%以内。大中型水利水电库区移民年增收660元以上。

2012年,市、县两级扶贫和移民工作机构6个,工作人员共有105人。

【在建水利水电工程移民】 2012年,攀枝花境内在建水利水电工程有观音岩水电站、桐子林水电站、乌东德水电站、金沙水电站、银江水电站、楠木河水电站等。桐子林水电站对所出的20 048万元移民资金分县(区)和项目进行梳理,对桐子林电站前期实施的4 091.5万元资金进行清理,并完成与二滩公司的对账工作。对16.9千米公路、1座总投资为4 467万元的桥梁进行迁复建工作,目前完成投资2 823.2万元。完成79.66千米线路、386户固定电话、12座基站的迁复建工作,总投资445.86万元。对13.49千米电力线路进行迁建,总投资466.07万元。完成湾滩水文站总投资261.4万元的迁建工作。指导长江造林局拟定搬迁、维稳方案,并对方案进行讨论、咨询,协调处理小得石林场整体搬迁工作中的相关问题。督促安置房的建设,500套37 000平方米的职工住房,已正式移交长江造林局。协调桐子林电站施工区、料场临时出现的相关问题。认真处理桐子林电站移民上访,积极解答移民上访问题,督促长江造林局做好移民的稳定工作,拟写并上报《桐子林水电站移民搬迁安置情况报告》,对桐子林水电站移民搬迁安置工作进展情况、困难及下步工作打算向省局作出详细报告。

观音岩水电站移民　组织协调金台子二平台、六平台道路场平内600米水沟恢复建设,督促抓好环保、水保及绿化工程建设,人畜饮水和尾断田间水渠完成审查。81户移民永久性建房已全面建成,其中56户已搬进新居。枢纽区244人土地分配完成,并栽种40公顷优质芒果。

乌东德电站水电站移民　完成5个可容纳1 368人移民点的选址工作,各县(区)对移民点的确定进行确认。积极做好规划大纲编制的准备工作,收集各县(区)政府对乌东德水电站建设的相关要求。就电站对攀枝花主城区的影响与长江设计公司和三峡公司进行多次沟通协调,积极争取和妥善处理防护与搬迁安置的关系,确定规划方案。对涉及的4个县(区)的淹没人口1 478人开展移民意愿调查工作,基本形成规划方案。召集三峡公司、长江设计院及攀枝花市相关县(区)及相关部门,召开工作会议,议定规划大纲编写中的有关重大问题。参与乌东德水电站攀枝花库区总体报告的讨论修改,并积极征求、收集相关县(区)、单位的意见,对专业项目复建和近100家企业的处理方案、报告,分别征求交通、电力、电信、广电和企业等单位的意见。

金沙水电站移民　钢企电冶厂搬迁是制约金沙水电站坝址选择和前期工程开工的决定性因素。攀枝花市扶贫和移民工作局组织能投公司攀枝花水电开发有限公司和钢城企业集团公司就电冶厂的搬迁问题进行多轮磋商,确定电冶厂搬迁的补偿费用35 000万元,既为金沙水电站制造条件,又为钢企电冶厂搬迁改造奠定坚实的物质基础,并最终确定金沙水电站的大坝选址工作。对华电集团等20余家大中型企业进行摸底,确定电站施工区施工道路的开工日期,初步确定电冶厂的停产时间。组织能投公司攀枝花水电开发有限公司和钢城企业集团公司就电冶厂搬迁协议、安全协议进行讨论。参与金沙水电站建设征地补偿和移民安置社会风险评估报告的修改与评审工作。

银江水电站移民　积极协调攀枝花华润水电开发有限公司电站开工前的手续办理及有关准备工作。协调4个县(区)组织配合长江设计公司开展银江水电站预可研阶段的实物摸底调查工作,完成9个乡镇(街道办)13个村(社区)涉及人口9,217人、企业126家、6家专项(交通、电力、通信、广电)的调查摸底,至年底,已完成资料的整理并通过初审,配合业主开展预可研审查工作,接受国家咨询。

其他水利水电工程移民　完成梅子箐水库规划大纲的编写并通过审查,确定移民搬迁的总体任务。完成移民规划报告的编写并通过审查。协调处理规划大纲、规划报告编写、报审、审查过程中出现的相关问题。完成大竹河水库移民通讯光缆、国防光缆及214省道迁复建等9个专业项目的迁复建工程,基本完成高速公路防护工程。完成50户173人的搬迁工作。对大竹河水库移民搬迁安置工作组织蓄水阶段验收。指导米易县扶贫和移民工作局制定马鞍山水库移民搬迁安置方案,与米易县人民政府、马鞍山水库建设管理局签订马鞍山水库建设征地补偿和移民安置工作协议。

【移民后期扶持】　2012年,市扶贫和移民工作局坚持做好人口核增核减工作,确保移民按时按量领到直补资金,充分维护移民的利益,保证移民稳定。全年共发放移民后期扶持直补资金1 668.6万元。

全力抓好移民扶贫整村推进示范片建设工作,到位项目资金2 000万元。硬化村道17.6千米、硬化社道8千米、新建社道23.4千米、机耕道20千米、修建渔码头1个、整治灌溉渠15千米、解决饮水不安全人口1 940人、土地改造300平方米,新种芒果3 400平方米、改良芒果2 230平方米、新种枇杷485平方米、新建土鸡养殖小区示范户42户、新建生猪养殖小区3个、农村剩余劳动力培训300人、新建垃圾集中收集池28个、完善维修村级活动阵地3个、农户住房风貌改造487户、农房重建主体完成77户、生态旅游农家乐打造主体完工11户。

制订2012年度大中型水利水电工程库区基金830万元项目计划、大中型水库移民后期扶持结余应急资金230万元项目计划,报四川省扶贫和移民工作局批准并下达实施。全市库区基金项目57个,应急资金项目19个,目前已全面启动实施。

调查认定攀枝花市二滩库区71户303人为新增滑坡塌岸移民,其中,盐边县42户174人,米易县29户129人。争取上级滑坡塌岸移民安置资金1 763万元,已全部落实到位。盐边、米易两县正在抓紧实施滑坡塌岸移民搬迁安置项目,至年底,盐边县已有26户103人完成旧房拆除和新房修建工作,实施进度已达到62%。至年底全面完成二滩电站库区滑坡塌岸移民搬迁安置工作。

开展对三峡工程自主外迁到攀枝花市的移民13户56人新增土地补偿资金落实工作。严格按照新增土地补偿资金规定用途和移民每人8 916元的补偿标准,因地制宜,指导县、乡制定既符合实际又符合三峡移民意愿的帮扶项目,由移民本人提出项目申请,县、乡政府与移民签订帮扶协议书,保证资金使用合理、合规又合法,使移民真正得到实惠。

开展移民工程统计报表培训2次,组织填报大中型水利水电工程2011年度移民统计报表和2012年度移民工程统计预测报表。

【煤炭采空沉陷区居民搬迁安置】　2012年,全市安置居民222户609人,安置资金投入4 266万元。居民住宅地质成因鉴定987户,严格界定成因性质。

西区安置居民197户506人。资金投入共计1 991万元,其中货币安置居民197户506人,资金投入850万元,过渡费、监测费资金投入65万元,格里坪安置点一期安置采空区居民90户投入730万元,河门口一期安置采空区居民12户投入96万元,河门口二期投入250万元。居民住宅地质成因鉴定650户,市财政投入资金39万元。

仁和区花山一期住房分插、货币安置居民25户103人,花山二期住房建设开工。资金投入共计2 207万元,其中花山一期住房建设投入640万元,安置居民投入980万元,花山二期住房建设投入527万元。过渡费、监测费投入60万元。落实集中安置点资源(前进镇胜利村、布德镇老村子)。居民住宅地质成因鉴定337户,市财政投入资金29万元。

【扶　贫】 2012年,市扶贫和移民工作局对全市两县三区各村进行基本情况调查,在此基础上按新一轮贫困线标准确定攀枝花市贫困村75个、贫困人口85,732人(与省分解数基本吻合)。根据各村基本情况和《纲要》确定的扶贫开发内容、目标,编写《中共攀枝花市委、攀枝花市人民政府关于贯彻落实〈四川省农村扶贫开发纲要(2012~2020)〉的意见》、《攀枝花市农村扶贫开发纲要(2011~2020年)》、《攀枝花市农村扶贫开发规划(2012~2020年)》、《关于做好2012~2020定点扶贫工作的通知》等文件。整个规划在总结前10年工作经验的基础上,按照"规划引领,整合资源,连片开发、综合治理,整体推进,加快建设"的要求进行编制。做到结合实际,科学编制,规划合民情、顺民意、实效显。目前规划方案通过市领导和市扶贫开发领导小组成员单位初审,已作好报市政府常务会议审议的各项准备工作。

严格按要求确定项目,安排资金,组织扶贫项目实施。2012年,省、市两级安排财政专项扶贫资金1 937万元,其中省级财政整村连片开发资金400万元,产业化扶贫项目资金400万元,二滩水淹区连片扶贫开发资金817万元。市级财政配套产业发展和基础设施建设资金320万元。按照"看得见、摸得着、有指标、能考核"的原则确定项目和下达资金。确定盐边县红果彝族乡的4个村为整村连片开发地区,主要实施乡道建设23千米,村社道路建设24千米,部分水利、电力、住房风貌打造;种植烤烟5 152平方米、种植核桃4 000平方米、购买新西兰杜泊羊种公羊18只,以及劳动力转移、实用技术培训等。集中投放200万元在盐边县红果彝族乡花椒箐村、大槽村两个村实施核桃种植和少量的基础设施配套项目;集中投放200万元在米易县普威镇西番村村、扳棚村两个村实施核桃种植以及必要的基础设施配套。市级配套资金320万元主要用于仁和区布德镇老村子村、米易县湾丘乡青山村、盐边县国胜乡淌水村和益民乡砗石村、红宝乡广东湾村,进行以核桃、芒果、中药材为主的产业建设。投入40万元为全市302户贫困户购买太阳能便携式电视机。

2012年总投资15 040.36万元,其中,省级部门资金2 133.85万元(财政扶贫资金817万元,省级部门资金1 316.85万元),市县配套资金6 182.45万元,二滩开发公司资金3 797万元,业主资金1 411万元;农户自筹(含投劳折资)1 516.06万元。完成村道建设27.8千米、社道建设42千米;环湖公路建设完成盐边县境内8千米,米易县境内26千米已开工20.1千米,完成7.5千米路基建设和3.5千米路面铺设。盐边观音岩大桥建设11月底可以开工。完成新建山坪塘1口,新建和改造引水渠45.6千米。农户人居环境改造盐边县完成312户,完成计划的60%,剩余的预计11月底完成年度计划。米易县的520户已启动实施,预计12月底前完成年度计划。盐边县完成沼气池1 000口,米易县完成沼气池700口。完成新植芒果33.33公顷、枇杷40公顷、中药材66.67公顷。养猪、养羊、羊鸡项目全面完成年度计划。劳务转移培训2 262人、实用技术培训3 000人次。新发展村级互助社16个、农民专合组织4个。新建敬老院1个。

农村低保和扶贫开发两项制度衔接工作。组织召开两项制度衔接工作动员会暨业务培训,明确指导思想、目标任务[将省上确定的8.537 2万贫困人口分解落实到攀枝花市的36乡(镇)和75个行政村]、基本原则、实施步骤。攀枝花市五县(区)已按时完成对确认为扶贫对象农户的审核和相关资料的建档立卡工作,并组织人员按要求将相关信息录入国务院扶贫办开发的"贫困农户信息管理系统"。根据《关于2011年度扶贫开发工作考核的通知》精神,攀枝花市在搞好各县(区)自评考核的基础上,认真对照市级各项考核指标进行自评打分,自评总分为98分。为23名贫困大学生共获得栋梁基金9.95万元,超过年初省上指导计划名额13名。

依靠大企业,大力开展社会扶贫工作,动员全市社会各界力量加入到扶贫开发工作中来,整合壮大社会扶贫力量,开创依靠大企业、推动社会扶贫工作的新局面。在具体工作中,我们积极搞好协调,推动双向互动、建立长效机制,坚持形式多样、量力而行、倾尽全力的方针。各帮扶单位把帮扶工作与本单位的实际工作紧密结合起来,做到有钱出钱、有力出力,深入村社、真帮实扶。2012年,市级以上定点帮扶单位下乡村开展帮扶工作达1 237人次,其中领导干部下乡425人次,帮扶项目151个,帮扶单位直接支援资金2 874万元,帮扶物资(以物折资)156万元,科技培训12 887人次,送科技资料9 550册。

采取多种形式,利用各种媒体,重点宣传前10年扶贫移民的成就、经验和先进典型,增强干部群众打好扶贫移民攻坚仗的信心。进一步拓宽宣传渠道,加强与各新闻媒体、网站的沟通联系,经常做到在电视上有新闻、广播上有声音、报刊上有文章、网站上有信息。在攀枝花电视台制作扶贫专题片、在攀枝花日报、晚报上宣传扶贫成果,发送信息和新闻稿件30余条,做好扶贫项目建设公示公告。

【信访维稳】 2012年,市扶贫和移民工作局对不稳定因素实行一月一查、一月一报制度、及时消除隐患。对上访人提出的问题不推不压,耐心宣传政策,充分与移民对话,关心体贴上访人,在符合政策的前提下和力所能及的范围内为上访人解决实际困难。2012年,攀枝花市扶贫和移民工作局共接待移民群众来信来访37件(批),232人次。其中,来访14批,68人次(集体访3批,50人次);来信23件,164人次(联名信1件,140人)。为确保稳定,攀枝花市扶贫和移民工作局多次开展库区和移民安置区矛盾纠纷隐患排查工作。至年底,没有发生任何不稳定现象和上访案件。

【扶贫移民资金管理】 2012 年,根据国家和省扶贫移民资金管理规定,攀枝花市制定扶贫移民专项资金管理使用办法,横向、纵向层层签订扶贫移民专项资金安全运行责任书,扶贫项目资金严格实行县级报账制度,实行财政管理专户储存,专账管理,注重对到村到户环节的督查,确保扶贫移民资金使用合理、运行安全。按规范编制扶贫移民工程项目资金计划和财务资金收支预算,指导、检查、审计县(区)扶贫移民资金的使用情况,真正实现"阳光操作"。今年标准会计师事务所对攀枝花市桐子林和观音岩电站移民资金的例行内部审计,四川省扶贫和移民工作局对攀枝花市扶贫和移民工作局移民资金资金内审开展情况检查、计划执行情况检查,攀枝花市审计局对攀枝花市扶贫和移民工作局一把手任期经济责任审计和二滩水淹区扶贫开发审计调查,都顺利通过各级审计,没有发生违规违纪行为。

(张细平)

安全生产监督管理

【概　况】 2012 年,中共攀枝花市委、市人民政府按照国务院和省有关安全生产工作的安排部署,坚持安全发展、科学发展理念,以着力构建本质安全型城市为总目标,以"安全生产标准化年"为主线,以加强监管、落实责任为重点,以安全生产大检查和"打非治违"专项行动为抓手,深入开展"安全生产年"活动,安全生产工作取得一定成效。但肖家湾煤矿"八二九"特别重大瓦斯爆炸事故的发生,使全市安全生产工作陷入极其被动局面,充分暴露出全市安全生产工作中存在的突出问题。有成绩,有教训,是 2012 年安全生产工作的总体情况。

2012 年,全市共发生各类伤亡事故 296 起,死亡 138 人,受伤 284 人,直接经济损失7 905.35万元。与 2011 年同期同比,事故起数减少 24 起,下降 7.50%;死亡人数增加 46 人,上升 50%;受伤人数增加 4 人,上升 1.43%;直接经济损失增加4 694.35万元,上升 146.20%。发生较大事故 2 起,死亡 7 人,同比减少 1 起、4 人,分别下降 33.33% 和 36.36%。发生一起特别重大事故,死亡 48 人,受伤 54 人。各类事故死亡人数占省政府下达攀枝花市全年控制指标 97 人的 142.27%,突破年度控制指标。六项相对指标完成情况:亿元 GDP 生产安全事故死亡率为 0.197%,工矿商贸 10 万从业人员事故死亡率为 16.80%,道路交通万车死亡率为 2.8,地方煤矿百万吨死亡率为 11.636%;10 万人火灾事故死亡率为 0.077%;特种设备万台事故死亡率为零。

【安委会工作】 2012 年,市安委会按照省政府下达的安全生产控制目标(死亡指标控制数 97 人),分解落实全市 2012 年度的安全生产目标任务,与各县(区)人民政府、市级有关部门、各大企业签订安全生产目标责任书,将安全生产责任层层落实到各级政府、各有关部门、各企业,进一步落实政府安全生产监管责任和企业安全生产主体责任,做到职责明确,责任落实。

市安委会组织考核组,对 2012 年与市政府签订《安全生产目标管理责任书》的各县(区)、市级各部门、各大企业完成年度控制指标和工作任务情况进行考核。

市安委会健全重大隐患逐级上报备案制、分级督办整改制、公开挂牌督办制及整改验收申报制,认真落实市、县(区)、乡(镇)三级隐患整改责任,完善隐患排查整治制度体系。5 月,在《攀枝花日报》通告 9 项市级重大安全隐患整治项目,明确整治责任、措施和时限,并组织相关部门适时对重大安全隐患整治进展情况进行督查。开展矿山、道路交通、烟花爆竹及民爆物品、危险化学品、消防、特种设备等重点行业安全生产专项整治,对排查出的隐患,分类建档,整改到位。排查重大隐患 21 项,已整改 19 项,整改率 90.4%。共发出隐患整改指令书 871 份,处罚罚款 432.38 万元。

2011 年 12 月 22 日至 2012 年 3 月 31 日,市安委会用 100 天的时间,在全市范围内开展以"强化监管、落实责任、突出预防、保障平安"为主题的"百日安全生产活动"。活动期间,全市深入开展宣传教育活动,出动宣传车 123 台次,展出展板 315 块,设置宣传专栏 200 余处,出黑板报1 867期,电视播出标语 246 条次,发放各类资料43 226份,更新补充标志牌2 745处,悬挂布标 533 条,粘贴标语、宣传画等32 523 条(幅),受教育人数 20 余万人;围绕"两个重点"(重点行业、重点场所),抓住"三个关键"(关键部门、关键企业和关键岗位),开展以"三查"(企业全面自查、部门专业检查、政府综合督查)为主的安全大检查及专项整治活动。活动期间,共开展安全检查 682 家次,查出隐患1 427项,市级挂牌督办重大安全隐患 9 项,下达《责令整改通知书》130 余份。

2012 年,全年召开安委会 5 次,召开安全生产工作专题会议 6 次,安排部署各阶段的安全生产工作。

【安全教育培训】 2012 年,市安监局组织培训机构开展生产经营单位负责人、安全管理人员、特种作业人员的培训,全年累计举办各类培训班1 514期,培训各类从业人员 7 万余人,合格率 83.5%。

【安全监管监察执法】 2012 年,根据《安全生产监管监察职责和行政执法责任追究的暂行规定》,按照"属地监管"的工作原则,市安监局主要负责对全市高危行业生产经营单位和重点监管单位安全生产情况和职业健康的监管执法。年内重点抓了以下几类生产经营单位的监管执法:煤矿、非煤矿山、危险化学品、烟花爆竹、民用爆炸物品、冶金机械、煤炭洗选和型煤加工、选矿、建材生产及加工、电力等行业的生产经营单位以及重大项目建设单位、安全生产中介机构等。2012年,共出动执法人员2 105人次,共检查1 082家生产经营单位、下达检查记录358份、下达责令改正指令书47份、立案查处19件(其中安全隐患立案查处10件、事故立案查处9件)、下达行政处罚决定书35份、罚款149万元。

【"12350"举报投诉电话】 2012年,市安监局加强值守,保持"12350"安全生产举报电话24小时通畅,接受安全生产相关举报。"八二九"事故后,向社会刊发《关于煤矿安全生产违法违规行为举报奖励的公告》,举报人实名举报查实后将获得不低于1万元的重奖。2012年,收到举报34起,已全部由相关部门进行调查处理。

【安全生产宣传】 2012年,市安监局采取多种形式在全市范围内广泛开展安全生产宣传教育活动。加强安全生产法律法规宣贯。充分利用电视、标语、横幅、手机短信、专题节目等多种方式开展安全生产法律法规和常识宣传,营造浓厚的舆论氛围。通过攀枝花电视台"小柯"栏目,录制关于面向社会培训办理特种作人员操作证的宣传短片;联系日报、晚报、电视台、省安全技术中心视频采编室记者对我市安全生产工作进行专题报道;组织各处室参加市电台"效能热线"节目,让市民了解全市安全生产状况,并宣传煤矿安全、职业健康安全、烟花爆竹安全等知识;分别在4月、6月开展《职业病防治法》宣传周活动和安全生产月活动,举办咨询日活动、职业安全健康知识竞赛活动、"安康杯"竞赛活动。

市安监局组织《四川安全生产》杂志专刊编辑组深入各相关单位、企业、厂矿,对全市近年来的安全生产工作进行现场采访和调研,编印攀枝花专刊。专刊内容涵盖全市近年来各县(区)、重点单位、大企业的安全生产工作情况、相关领导对安全生产工作的重要讲话和深切寄语,以及攀枝花市构建本质安全型城市的目标和措施等,较全面地反映攀枝花市安全生产形势持续稳定好转的情势。

5月,市安监局局长庞德作客攀枝花电视台公共频道《金沙江播报》栏目,就《攀枝花市构建本质安全型城市行动纲要》进行详细解读,动员社会各方力量关注、支持、参与本质安全型城市的构建。

【依法行政】 认真开展清理规范行政权力工作,从行政权力名称(行政审批(行政许可)、行政处罚、行政强制、行政征收、行政确认、其他行政行为等)、实施主体、行政权力依据、收费标准、收费依据、处罚种类、自由裁量标准、行政强制种类、征收标准、行政相对人维权渠道等各方面,对全局行政权力工作进行全面清理,并编制了行政权力运行流程图,进一步规范全局行政执法行为。清理结果经多次修改并报市法制办审查通过,在市安监局局网站公布。经清理,全局共有行政权力265项,其中行政审批(行政许可)14项、行政处罚239项、行政征收1项、行政强制4项、行政确认2项以及其他行政行为5项。

年初,规范建设项目的安全管理,草拟《攀枝花市建设项目安全设施监督管理办法》,报市政府同意,以市政府令113号颁布,于2012年3月1日起实施。

开展执法资格管理工作,对市安监局36名行政执法人员的行政执法证进行年审,组织全市安监系统164名执法人员参加执法培训并取证。重新规范行政执法文书编号,针对原来的行政执法文书编号已不适用的情况,重新编制各处室、支队、中心的行政执法文书编号,并印发各处室、支队、中心,要求严格按编号规范执法文书。

市安监局建立法律顾问制度,长期聘请攀枝花市知名律师担任法律顾问,对市安监局安全生产行政执法工作提供专业咨询服务。遇到重大事项,特别是程序性很强的具体事项,都及时召开联席会议,充分听取法律顾问意见,在发挥集体智慧实行民主决定的基础上,坚持实体和程序"两手抓",促进具体事项运作的实体和程序"双合规"。

市安监局在互联网设立门户网站,方便公众查询监督。该网站对法律法规、行政审批、安全监管、安全培训、安委会工作、领导班子、执法人员信息等情况实行公开,适时更新,并开设公众参与专栏,提供举报、投诉、咨询等便民通道,依法行政实现公开化、透明化。

【安全文化建设】 2012年,攀枝花市对2011年申报创建省级安全文化建设示范企业的9家企业进行初步检查验收并报省安监局审核。攀枝花市7家企业,包括攀煤下属3家企业[攀枝花煤业(集团)有限责任公司花山煤矿、水电分公司、精煤分公司]和其他4家企业(二滩水电开发有限责任公司桐子林建设管理局、攀枝花三维发电有限责任公司、四川恒鼎实业有限公司大河沟煤矿、中国石油四川攀枝花销售公司)被授予"省级安全文化建设示范企业"的荣誉称号。

【安全生产月活动】 2012年6月,市安监局牵头组织开展以"科学发展、安全发展"为主题的"安全生产宣传咨询日"活动。活动现场设置市安监局、市公安局、攀枝花质监局、攀钢、攀煤、十九冶、钢城集团等重点部门和大企业共计18个宣传咨询台,接受咨询600余人次;展出宣传展板34块,悬挂挂图126幅,发放安全宣传资料40 000余份。

在全市400余辆公交车和1 400余辆出租车LED(发光二极管)显示屏滚动播发安全生产主题宣传标语,扩大宣传覆盖面。开展"安康杯""青安岗"竞赛活动,共有3 089家企业、13 760个班组、29万余职工参加竞赛活动,企业、班组、职工参赛面均达到90%以上。

6月,市安监局和市体育局联合举办"众望安全杯"第八届桥牌团体赛暨双人赛。来自全市各相关部门和企业的

20支代表队，以及凉山州的4支代表队，共计144人参加比赛。

【安全生产行政审批】 2012年，市安监局简化程序，提高办事效率和服务质量，及时受理并办结各项行政审批事项，共受办结事项14 113件。办理提速84.54%，累计提速天数达8 669天。实现“三百一零”（现场办结率100%，按时办结率100%，群众测评满意度100%，有效投诉率为零）。

【煤矿安全监督管理】 加强日常安全监管。全年出动检查人员2 156人次，开展安全执法检查387矿次，交叉执法检查22矿次，纠正各类违法违规行为200起。对煤矿开展技术服务42矿次，对事故矿井进行复查22矿次，检查覆盖率达到100%。

积极推进“六大系统”建设。全市98处地方煤矿已经基本完成矿井监测监控系统、矿井压风自救系统、矿井供水施救系统、矿井通信联络系统等“四大系统”的建设工作；有31处煤矿完成井下人员定位系统的建设。

深刻吸取“八二九”事故的惨痛教训，加大整治力度，组成33个检查组对所有煤矿开展拉网式大检查，查出各类问题和隐患1 642个，下达责令整改文书62份，查出涉嫌重大问题的煤矿9个，重大隐患16项。全面推进小煤矿关停并转和社会主义新矿山建设，关停29个6万吨/年及以下生产规模的小煤矿，开展了10个社会主义新矿山示范矿建设。建立市级领导包县，县级领导包矿的煤矿包保责任制，真正把监管责任落到实处。

【职业健康监督管理】 加强职业卫生法律法规宣传。以《职业病防治法》宣传周活动为契机，充分利用电视台、广播等媒体大力宣传职业卫生法律法规。围绕“贯彻《职业病防治法》，关注职业安全健康”主题，发放各种职业病防治宣传资料约2 000份，现场接受群众咨询3 000余人次。

加强职业卫生培训。举办木质家具制造企业职业病危害管理培训班，对16家销售个体户的主要负责人进行职业卫生知识培训，提高企业对职业健康工作重要性的认识。加强职业卫生两档建设。督促企业建立健全个人职业健康监护档案和企业职业健康监护档案，至年底，市属以上企业已基本建立职业卫生两档建设。

强化职业危害项目申报。将职业危害项目申报纳入职业卫生工作的重点，通过开展职业卫生专项检查，针对申报情况进行重点检查，全市已有308家企业申报了职业危害项目。强化职业卫生监督检查。开展2次职业卫生专项检查，共检查出50余条隐患，对存在的隐患当场下达责令整改指令书，督促企业认真落实职业卫生主体责任。

【非煤矿山安全监督管理】 2012年，市、县（区）安监部门全年共检查非煤矿山企业163个，检查次数684次，监察覆盖率达92.6%，查出一般事故隐患或问题1 339条，已完成整改1 207条，整改率为90.7%；行政处罚42次，责令停产整顿30家，暂扣安全生产许可证1家。

开展安全生产解剖式专项检查行动。邀请技术专家，从安全管理和现场生产条件入手开展全方位解剖式检查，抽查5家重点企业，集中约谈企业负责人，暂扣1家企业的安全生产许可证，2家企业交由市局执法支队立案查处，另外2家企业予以警告处理。

切实开展选矿行业整顿行动。行动期间，共检查114家选矿企业，查处未履行安全“三同时”（与项目主体工程同时设计、同时施工、同时竣工验收）手续企业6家、手续不完善的9家，未办理工商、立项、土地、林业或水保等相关前置手续，暂不具备办理安全“三同时”条件的39家，对未办理安全“三同时”手续的相关企业按规定下达停产指令书，要求限期整改。

集中开展尾矿库汛期专项检查。将尾矿库度汛检查与“打非治违”工作紧密结合，在5月至6月集中开展尾矿库汛前专项督查行动，重点检查尾矿库度汛准备工作情况，做到县（区）100%检查、市级100%重点督查，并积极配合省局做好抽检，通过各级、各相关单位的共同努力，整个汛期，全市尾矿库没有发生安全生产事故或险情。

【危险化学品安全监督管理】 2012年，市安监局扎实做好“三同时”和安全许可工作。严格执行建设项目“三同时”有关法律法规规定，采取清理整顿、限期执行、及时办理等切实措施，组织专家对32家危险化学品建设项目项目进行设立安全审查，对8家危险化学品建设项目进行安全设施设计审查，对4家危险化学品建设项目进行试生产（使用）备案告知，对12家危险化学品建设项目进行安全设施竣工验收；严格按照行政许可有关规定条件和程序，强化强现场核查，认真履职履查，做好危险化学品经营许可审查工作，全年共组织审查甲、乙类危险化学品经营许可证审查51家。认真开展涉及爆炸性危险化学品生产、储存企业安全专项检查工作。在专项检查中，把涉及“两重点一重大”（重点危险工艺、重点监管危化品和重大危险源）的企业作为重点监管对象，落实责任，进一步强化监管措施。对攀枝花市涉及爆炸性危险化学品生产、储存企业进行详细的调查摸底，制定《攀枝花市涉及爆炸性危险化学品情况统计表》，并将调查摸底情况整理成册。

【烟花爆竹安全监督管理】 2012年，市安监局强化烟花爆竹经营安全监管，督促各批发企业把好产品进货关，确保采购合法企业生产的不含氯酸钾的合格产品。同时严把烟花爆竹布点关，形成烟花爆竹零售点布局合理、安全规范、定点挂牌、亮证经营的良好经营秩序。安监、公安、工商等部门全年联合检查生产、经营(批发)、经营(零售)户92家次,联合检查26家次,没收非法渠道进货、非法经营烟花爆竹产品18件,价值1万余元。

【民用爆炸物品安全监督管理】 2012年,安监局联合公安等部门加强对重大节假日、"十八大"前后等重要节点的安全检查,强化安全责任制,全面落实安全防范和整改措施,堵塞漏洞,消除隐患,防止各类重大安全事故的发生。共排查涉爆单位326家次,排查各类矿点、业主56人,排查涉爆从业人员562人,发现安全隐患62处,当场整改38处,下发隐患整改通知书24份,指导帮助其完善各种安全制度措施9条,查处涉爆案件15起,处罚人员64人,处罚违规单位12家。

【冶金安全监督管理】 2012年,市安监局以深入开展冶金企业隐患大排查专项行动为抓手,强化冶金行业监管,下发《关于立即开展我市冶金企业隐患大排查的通知》,要求企业开展安全隐患自查,通过自查,发现安全隐患和问题1 899项,整改1 657项,整改率87.3%;对全市冶金企业进行专项检查,检查企业覆盖率达100%,排查治理安全隐患123项。对各县(区)各大企业以及钒钛产业园区开展冶金企业安全隐患大排查的情况进行专项督查,对重点企业进行了抽查,检查企业的覆盖面达到了55%以上。共查出隐患56项。

【园区安全监督管理】 2012年,攀枝花市成立钒钛园区安全监管分局,受市安监局、钒钛园区管委会双重领导。园区分局深入调查研究分析园区安全生产中存在的问题和困难,及时提出针对性措施。根据国家、省、市、园区管委会安全生产方针政策,制定钒钛产业园区安全生产百日安全活动、打非治违专项行动、集中整治行动、隐患排查治理体系建设等实施方案,研究制定了全员安全培训、检修作业安全管理、领导挂牌联系、举报奖励办法、《关于加强工业园区安全生产工作的意见》等指导和规范性文件,并对园区党政领导安全生产职责进行修订和完善。

组织协调园区各单位部门开展安全生产百日安全生产活动、安全生产领域"打非治违"专项行动、安全生产集中整治行动及"八二九"矿难后安全生产大检查等重大安全生产活动。综合协调园区道路交通、道路运输、危险品运输、建设施工、消防、地质、防汛等行业领域安全工作,与相关部门组成联合检查组对园区企业、建筑工地、重要公共场所及设施进行检查。

开展企业从业人员全员安全培训工作。编写《安全生产须知》《安全生产职业卫生法律法规和相关政策措施》两本培训教材,组织本市安全生产专家,从7月底开始利用每个周末举办培训班,分"企业安全隐患排查治理""企业安全生产标准化建设""企业班组安全管理""企业安全生产主体责任"等专题,对园区企业负责人、安全管理人员、重点岗位作业人员进行培训,举办培训班12期,1 300余人参加培训。9月中下旬至10月中旬,编撰、制作了钒钛产业园区生产安全事故警示教育片《生命之殇》。该片以2012年发生在园区的7起生产安全事故案例为素材,通过动画模拟、现场再现、深度剖析等电视手法,全方位展现事故发生的经过、原因、后果等,对企业安全管理中存在的诸多问题进行揭示,以鲜明、生动、形象的形式展现事故的危害,为园区安全生产教育提供活教材。

加强安全检查和督促整改事故隐患。根据企业危险程度实行分类监管,对化工企业每季度实施一次监督检查,对冶炼企业每半年实施一次监督检查,对其他企业每年实施一次检查。分局共对88家企业进行现场安全检查,排查治理安全隐患189条、对正惠源工贸、运达钛业、均鹏工贸、怡容氧气等企业采取停产整顿措施。经复查,至年底已完成隐患整改59项。

【企业安全生产标准化建设】 2012年,市安监局以继续巩固成果,全面铺开的工作思路,推进全市的安全生产标准化建设工作更上一个台阶。目前煤矿领域全部完成标准化。非煤矿山领域已完成标准化建设94个,其中二级15个、三级79个,金属非金属矿山68个,尾矿库22个,非煤洗选企业4个;冶金行业领域已完成标准化建设15个,其中二级4个、三级11个,另有9家正在进行安全标准化建设考评;危化行业领域已完成标准化建设35个,其中一级1个,二级23个、三级11个,另有23家正在开展标准化建设;工贸企业行业领域由于情况复杂,小微企业多,无相关标准等因素,全局认真进行排查摸底,搞清底数,草拟《攀枝花市小微企业安全生产标准化考评办法》,指导督促企业开展标准化工作,至年底已完成标准化建设20个,其中二级3个、三级17个,另有9家正在进行安全标准化建设考评。

【本质安全型城市建设】 2012年2月,攀枝花市人民政府颁布实施了《攀枝花市构建本质安全型城市行动纲要(2012~2020)》(以下简称《纲要》)。《纲要》明确构建目标和主要任务,成立领导小组,领导小组下设13个推进小组。为稳步推进本质安全型城市建设,着力开展本安城市构建宣传活动,本安社区、本安园区、本安企业、本安交通的调研工作,形成一批各个行业领域的本质安全型城市创建实施方案。为下步开展创建工作提供理论依据和行动指导。

【安全生产监测监控】 2012年,市安监局认真落实国家安监总局和省局"关于开展基于物联网的远程安全监管监察与事故应急处置系统建设试点"工作。积极配合省安监局技术中心开展基于物联网的远程安全监管监察与事故应急处置系统试点工作,试点工作选定煤矿14家、尾矿库6家、危化企业 5 家、烟花爆竹厂 1 家、民爆生产 1 家、加油站 4 家、油库 1 家作为试点企业，将上述 32 家企业接入中心综合监管监察平台，在平台上展示相关监管信息。

认真做好攀枝花市安全生产重大危险源监测监控系统建设工程项目。为有效利用资源、提高监管工作效率、降低运行成本，实现“间断性检查”向“连续性实时监控”、“人为判断”向“智能分析”、“事后应急反应”向“事前预警、自动响应”三大转变，有利于企业安全管理方式和政府安全监管方式实现“变检查为监控”的根本性改变，从而实现监管部门对企业生产过程、作业场所、安全要素进行“全方位、全天候、全因素、全过程”监控和智能处置。结合市安全生产远程监测监控的发展规划及建设、运行现状实际，市政府投入 277.3 万元，开展重大危险源监测监控升级改造工作，并通过公开招标选定实施单位，现已基本完成升级改造任务，现处于试运行阶段。

【“八二九”特别重大瓦斯爆炸事故】 2012 年 8 月 29 日 17 时左右，攀枝花市西区肖家湾煤矿发生一起特别重大瓦斯爆炸事故。事故造成 48 人遇难，54 人受伤。

事故发生后，市委、市政府第一时间成立“八二九”事故应急救援指挥部，市委、市政府领导，西区区委政府、攀西煤监分局、市安监局和相关部门的领导立即赶赴现场，全力组织抢险救灾工作。市安监局主要参与现场救援工作。国家安全监管总局和四川省委、省政府主要领导率队奔赴事故现场指导救灾工作。四川省安全监管局、四川煤监局主持工作的黄锦生副局长率领救援指挥中心和相关处室负责人紧急赶赴现场。攀煤公司救消大队第一时间赶到事故现场，各驻矿中队也相继赶到，四川省救援指挥中心、攀枝花市安监局紧急调动省内 9 支矿山救护队火速赶往现场救灾，云南省华坪矿山救护队也前来增援。至 9 月 16 日 15 时，在国家局、省、市、区及攀煤公司领导的关心和指导下，全体指战员经过 18 天 405 个小时的艰苦奋战，成功抢救出遇险人员 7 名，搜救出遇难人员 45 名，完成现场抢险救援工作。整个救援过程中共有 11 支专业矿山救援队伍参加，参战人员 836 人(其中专业矿山救援人员 410 人，邻近矿井辅助救援人员 426 人)，参战车辆 41 台(483 台次)，共派出专业矿山救援队伍 233 队次、2 216人次入井，侦查巷道23 000 余米，清理、维护巷道 88 米，调整通风系统 6 次，建设风障 5 道，恢复局部通风 3 处；调动邻近矿井辅助救援人员1 099人次，维护巷道 160 余米，架棚 126 架，清理煤、矸石 463 立方米，延接消尘管路 200 余米。

在市委、市政府的领导下，市、区共同配合，依法、科学、规范处置了“八二九”事故善后工作。

“八二九”事故后，市安监局痛定思痛，深刻汲取事故教训，深入分析事故原因，举一反三，采取切实措施，全面整改存在的问题。

加强煤矿方面整顿、检查及治理。第一时间对全市所有煤矿实施停产整顿，全面开展隐患排查治理。停产期间，市安监局对停产整顿情况进行 30 余次明察暗访，坚决杜绝明停暗产等违规现象。迅即开展全市煤矿安全生产大检查。由市领导带队组成 33 个检查组约 300 余人，对 100 家煤矿集中开展为期一个月的拉网式安全生产大检查，查出各类问题和隐患1 642个，其中查出涉嫌重大问题的煤矿 9 个，重大隐患 16 项，下达责令整改文书 62 份。充分发挥社会各界对煤矿安全生产的监督作用，在报纸、电视台、广播电台等媒体上连续 3 天发布《关于煤矿安全生产违法违规行为举报奖励的公告》，公布 9 项举报内容、3 种举报方式，举报人实名举报查实后将获得不低于 1 万元的重奖。收到举报 19 起，涉及 19 家煤矿，已全部由相关部门进行调查处理。

大力实施煤矿“三项治理”(煤矿关停并转、建设社会主义新矿山和“打非治违”三项治理工作)。根据国务院调查组指示精神，成立“三项治理”工作领导小组，下设煤矿关停并转、煤矿矿区环境综合整治和市区联合专项调查 3 个工作组，紧锣密鼓地开展各项工作。已关停 29 个年产 6 万吨及以下小煤矿。对事故矿井肖家湾煤矿实施关闭。

(陈泳帆)

旅　游

【概　况】 2012 年，攀枝花市旅游局按照“一心一轴两翼”的旅游发展总体布局，通过科学编制规划，加快项目建设，强化宣传营销，提升服务能力，特别是抓住雅攀高速公路建成通车的重要机遇，加大阳光花城旅游形象的宣传力度，市外游客大幅增加，本地旅游市场兴旺，确保旅游经济快速增长。全年实现旅游总收入 66.83 亿元，同比增长 32.3%；旅游接待总人数 852 万人次，同比增长 12.85%，超额完成四川省旅游局和攀枝花市政府下达的旅游总收入目标。但是，旅游业发展仍存在一些问题和困难：景区交通进入性较差，短期内不能有效改善；在旅游宣传促销上创意还不够新，需要进一步“借脑借智”，提升水平；因旅游新村正在建设之中，其营销推广工作也还相应滞后。

【创建活动】 创建中国阳光康养旅游城市是市委、市政府作出的重大决策，是调整产业结构、加快旅游发展的战略部署。按照“政府主导、整体部署、部门联动、全面推进、注重实效”的原则，市旅游局认真制定《攀枝花市创建“中国阳光康养旅游城市”工作实施方案》，明确了组织领导、创建目标、主要任务、工作措施、工作步骤、评价指标等主要内容，实行每月 2 期向市创建办上报创建工作进度。全市形成了分工明确、责任落实、相互配合、全民参与的创建工作大格局。

【编制规划】 攀枝花市旅游局会同攀枝花市发改委等单位，完成《中国阳光康养旅游城市发展规划》编制工作，2012年11月完成规划终评。年内，市旅游局完成《二滩小环线得石镇片区核心景区修建性详细规划》《米易龙潭溶洞中国龙文化主题景区旅游文化策划方案》和二滩库区旅游开发建设策划等旅游项目规划策划，并精心包装规划项目，制作项目招商引资手册。

【招商引资】 全市加大招商引资力度，着力推进“8个重点旅游产业项目群”建设，重点推动二滩国家森林公园、米易龙潭溶洞、格萨拉生态旅游区、阿署达花舞人间旅游度假区、沿金沙江经济休闲景观等重点旅游项目招商引资工作。全年旅游招商引资合同项目12个，投资金额272.37亿元，实际到位资金37.25亿元，旅游固定资产投资40.54亿元，超额完成省、市下达的年度目标任务。

【项目建设】 打造重大旅游项目是旅游发展的前提和支撑。2012年，全市按照每年开工一批、建成一批旅游项目的总体要求，重点推动阿署达花舞人间旅游度假区、普达阳光国际康养度假区、红格温泉旅游度假区、金沙江中心区段沿江景观带、米易龙潭溶洞风景区龙文化主体公园、米易南部新城休闲度假核心区、桐子林山水休闲度假区、16个旅游新村共“8个重点旅游产业项目群”建设。

阿署达花舞人间旅游度假区：属省级重点旅游项目，9月21日正式启动，总投资130亿元。完成《攀枝花阿署达阳光生态旅游度假区概念规划方案》、项目用地规划选址、土地勘测工作和拆迁安置工作。

普达阳光国际康养度假区：属省级重点旅游项目，9月21日正式启动，总投资80亿元。按计划推进项目区水保、环评、安评、节能评估和新农村建设安置等工作。

红格温泉旅游度假区：12月20日完成红格旅游小镇绿化、美化、净化、亮化工程以及过境通道改建工程；竞训基地基本完成运动员公寓、训练场馆，形成接待能力；红格假日酒店二期的北楼、VIP(贵宾)楼、多功能会议中心、洗浴中心主体工程建设基本完工；中心集镇改造和红格癞山造林绿化正按进度稳步推进。

金沙江中心区段沿江景观带：9月28日举行项目启动仪式。制定《沿江规划建设东区范围内征地拆迁补偿安置实施方案》和《沿江规划建设东区范围用地征收补偿安置及建(构)筑物拆除工作实施方案》。

米易龙潭溶洞风景区龙文化主体公园：成立龙文化课题研究小组，开展龙文化课题研究及包装、策划，举行“颛顼诞生地神龙天下行”旅游文化品牌省级专家论证会，编制《龙潭溶洞龙文化项目策划方案》，建设景区内洞内灯光、游览通道、保坎护栏、游客中心、旅游标识标牌、厕所等旅游基础设施。

米易南部新城休闲度假核心区：完成城南滨水居住区的初步规划设计，按计划推进迷易湖大桥、南部新城市政道路一期、北湖湿地生态公园、城南新区保障性住房等工作。

桐子林山水休闲度假区：完成《二滩风景名胜区菩萨岩景区总体规划暨风貌控制性规划》《二滩风景名胜区菩萨岩景区修建性详细规划暨建筑控制规划》，调整月亮湾度假村规划及施工设计方案，启动景区旅游公路和大门区建设。

16个旅游新村：完成阿署达村、班庄村、立新村、红格村、独树村等16个旅游新村的项目规划、游客中心建设、导览图制作等基础性工作。

【宣传促销】 攀枝花市旅游局整合宣传力量，创新营销方式，着力塑造“花·是一座城城·是一朵花”和“阳光花城·康养胜地”城市旅游品牌形象，大力提升攀枝花城市知名度和美誉度，客源市场不断拓宽。

以各类媒介为载体，强化“阳光花城·康养胜地”旅游新形象。首次在中央4套《北纬30度中国行——远方的家》片头广告播出为期一个月的旅游形象广告；拍摄和制作攀枝花整体形象宣传片在川台卫视《新闻联播》前播出；在成都《汽车生活报》、云南《假日旅游》、《攀枝花日报》星期二版“争创中国阳光康养旅游城市”专刊等市内外媒体开辟旅游宣传专栏；在四川卫视新闻中心《鲜花盛开的四川》栏目报道全市旅游资源和产品；利用手机网络平台发布“吃住行游购娱”等旅游资讯；在成都部分公交车发布攀枝花旅游的车身、车内海报，在成都地铁一号线全线媒体导航机上投放旅游形象图片和影像播映，在成雅高速收费站附近建成3幅“中国阳光花城——攀枝花”大型广告单立柱，在重庆火车站2号站台设置旅游形象喷绘广告；在攀枝花旅游信息网及时推介攀枝花旅游，发布旅游相关信息1 100余条，其中被省级以上旅游网站采用700余条。据统计，在百度搜索引擎共搜出与攀枝花相关信息4 100万条，攀枝花旅游信息网(网页)在百度总排名位居前第13名。

以各种专项活动为载体，增强攀枝花旅游影响力。开通“中国阳光花城——攀枝花号”旅游文化专列；在成都、德阳、绵阳、重庆四地开展“中国阳光花城——攀枝花2012国庆暨阳光之旅”大型宣传促销活动；组织实施“我与阳光花城攀枝花的故事”有奖征文活动、“阳光小天使”形象代言大赛及颁奖活动、“我为攀枝花旅游献一计”金点子征集评选活动；开展“2012体验自驾高速之旅“畅游中国阳光花城”——“五一”、国庆赴攀枝花自驾游活动、“欢乐阳光行，最美攀枝花”阳光旅游志愿服务行动、“寻找四川100个最美观景拍摄点”活动。

以各类会展为载体，加强对外合作交流。参加中国（重庆）国际休闲产业博览会、第十三届中国西部国际博览会、中国国际自驾游交易博览会、“泛乌蒙山区域旅游联盟合作高峰论坛”会议、上海世博园举行的中国国际养老服务业博览会等，推广旅游新形象；参加在贵州毕节市召开的泛乌蒙山区域旅游联盟合作高峰论坛会议、南方旅游城市（经济）合作体年会，与保山、德宏等市签署《旅游发展合作协议》。

此外，市旅游局精心策划并印制10万份新版《攀枝花旅游自驾游手册》、10万份《攀枝花旅游服务便携卡》和4万份《阳光花城·康养胜地》等旅游宣传资料，制作2000件《阳光花城——攀枝花》旅游纪念屏风摆件，编撰制作《阳光花城·康养胜地》专业推介PPT文档。

【行业管理】 质量是旅游的生命。在创建中国阳光康养旅游城市中，市旅游局以创省级标准化旅游试点城市为抓手，强化服务监管、完善服务功能、提升接待能力，确保了安全、质量、秩序、效益“四统一”。

大力提升接待承载能力。按照市委、市政府制定的新增接待床位1万张工作目标，全市不断加大引进加盟商务连锁酒店和经济型酒店力度，大力扶持农家乐（乡村酒店）发展，加强宾馆、酒店、农家乐的提档升级工作，提升旅游接待能力。截至2012年年底，全市共有旅游接待床位数13 945张，其中，星级宾馆及商务酒店床位数8 456张（仅三星级以上宾馆和商务酒店就新增床位2 368个），农家乐（乡村酒店）床位数2 254张，社会旅馆床位数3 235张。

大力提升优质服务能力。全市以创建旅游标准化试点城市、国家卫生城市复检、创建文明城市、城乡环境综合治理进景区、“挂、包、帮”等活动为契机，大力推进规范化、标准化建设。起草制发《攀枝花市旅游行业2012年“质量兴市”工作计划》《攀枝花市全面推进旅游标准化行动计划工作实施方案》；积极开展创星指导及初评工作，完成110家乡村酒店（农家乐）的等级评定，金、银、铜盘级特色旅游餐饮名店评定；举办各类培训班、讲座42期，培训人员3 052人次；完善雅攀高速公路攀枝花境内旅游公共服务及配套设施建设，分别在西攀高速米易、攀枝花（盐边境内）、大田服务站内，新增旅游厕所6个、旅游综合服务站6个；在雅攀高速公路攀枝花境内新增旅游标识标牌66个（其中A级旅游景区标识标牌36个、16个重点旅游新村标识标牌30个）。

大力提升应急处置能力。针对雅攀高速通车后可能出现的游客急增特别是黄金周游客“井喷”问题，制发《成攀高速公路通车应对工作方案》《攀枝花市成攀线旅游突发事件应急工作预案》等；组织实施2012年度消防安全和投诉处置应急演习，对突发事件的预测预警、响应等级、应急处置、信息报送、协调保障、监督管理进行精心布置；大力开展旅游专项整治工作，定期开展旅游安全联合大检查，在宾馆饭店、景区景点、旅行社、车船公司、导游服务等重点服务领域，建立健全旅游安全应急工作机制。

【旅游节庆】 全市举办2011中国·攀枝花欢乐阳光节闭幕式暨第四届“米易·迷易花会”启动仪式、“乌拉好运桃花节”、“2012攀枝花·格萨拉索玛花节暨2012中国乡村欢乐健康游攀枝花分会场”、第六届宝鼎旅游度假区百合花艺术节、“2012中国·攀枝花欢乐阳光节”等旅游节庆活动，受到社会各界的热切关注和衷心喜爱。

（张志明）

政务服务

【概　况】 2012年，攀枝花市人民政府政务服务中心（以下简称中心）围绕全市工作大局，继续深化行政审批体制改革，推进审批服务“两集中、两到位”，推进窗口服务标准化体系建设，强化内部运行监督管理，创新行政审批服务方式，改进完善投资项目并联审批和重大项目审批“绿色通道”，加强电子政务服务，审批服务实效和水平得到进一步提高。

2012年，中心共进驻行政审批管理部门、公共服务单位、公共资源交易部门、代理收费银行和监督管理部门共66个，进驻项目610项，进驻人员450人。2012年共办理事项305万件，其中，建设项目并联审批窗口共受理办理基本建设项目和企业技术改造投资项目各83和320个，包含备案项目49个，核准项目2个，按时办结率100%，现场办结率99.98%，办理提速90.1%，群众满意率99.99%，实现零有效投诉。

攀枝花市公共资源交易中心开展建设工程招投标301个项目，概算总投资30.02亿元，节约资金3.86亿元，资金节约率12.88%；政府采购项目258个，国有土地矿权拍卖12宗，国有资产拍卖1宗。

2012年中心机关党支部被省委评为全省创先争优先进基层党组织，中心被省政府办公厅评为全省政务中心标准化建设先进单位。中心在电子政务大厅上安装启用的三维虚拟导航系统，在2012年全国电子政务应用发展研讨会上被评为全国政务服务类电子政务应用的优秀案例。

【深化行政审批服务“两集中、两到位”】 2012年，市政务服务中心继续深入推进行政审批服务“两集中、两到位”工作。加强行政审批“两集中、两到位”的监督落实。根据政府机构改革和市政府公布市级行政审批项目调整的情况，中心积极加强与进驻部门和市编办的沟通协调，确保机构调整后各审批部门的审批职能向一个内设机构集中，该机构向中心窗口集中，年初市政府公布保留的382项行政审批事项全部进驻中心窗口办理，部门100%地授予窗口审批决定权、组织协调权和审核上报权，确保审批事项在窗口现场办结，有力保障审批服务“两集中、两到位”工作。在此基础上，进一步将进驻内容向行政管理和配套服务拓展。协调社会保险卡信息采集和发放、市国税局和市地税局窗口对税务登记类（含变更、注销等）事项实行联合集中办理。市住建局窗口将与施工许可密切相关的7项行政管理事项全部并入施工许可实行一次性同时集中受理办理，将需重复多次提交的相同申请材料改为只提交一套材料，所有事项的整体办理时限较原来分项办理压缩约30个工作日，办理提速90%。同时，精简办事环节，提高办事效率。将20项事项由承诺件改为即办件，即办件总数增至126项，即办件比例从上年的18%提升至今年的22%。

【窗口服务标准化体系建设】 2012年，市政务服务中心按照全省政务服务标准化试点的要求，深入推进窗口服务标准化体系建设。全面启动市级部门窗口的服务标准化体系编制工作，根据已制订的服务保障、服务提供、服务通用基础三大类标准体系框架，收集大量相关素材，以市质监局窗口的政务服务标准体系为样板，联合市质监局编制各市级部门窗口的政务服务标准体系。督导县（区）推进政务服务标准化建设，指导县（区）政务服务中心、乡镇（街道）便民服务中心、村（社区）便民服务代办点三级政务便民服务机构完善服务平台建设、拓展增强服务功能、改进提升服务方法。

【并联审批服务】 2012年积极探索创新并联审批服务机制，着力推进重点项目审批报建工作。设立并联审批综合窗口，由专人全面负责建设项目、市场准入项目办理的咨询、一次性告知、窗口督办、综合协调等工作。在优化审批流程的基础上进一步完善投资建设项目并联审批工作手册，发送到各并联审批窗口和攀枝花市重点工业企业，予以全面告知。建立重点项目跟踪、督查、通报制度。将市级重大产业化、花城新区建设、第十二届西博会、沿江打造等40余个项目，列为中心重点跟踪项目，按项目报建的各审批阶段，确定牵头责任窗口及前期准备服务时限、审批办理时限，下发各并联审批窗口，积极督导各窗口做好项目前期服务和审批服务。新并联审批服务方式，为企业提供保姆式服务。指定专人与跟踪项目联系，通过上门、邮寄或电话告知的方式，向企业提供告企业通知书、办事流程和办事指南等相关资料，并随时根据企业需求，组织相关窗口开展预约、上门等各种特殊服务，为企业提供最大便利。

【电子政务大厅建设】 2012年，市政务服务中心实时将进驻项目办理须知的政策法规在电子政务大厅公开发布，实现所有进驻项目的申请材料格式文本、示范文本均可在电子政务大厅进行网上下载和填报，积极推进网上咨询和网上办理，努力为公众提供方便快捷的网络化服务。网上办理事项总计590项，网上办理事项占进驻事项的82%，50%以上的项目实现网上受理，网上事项按时办结率100%，群众满意率99%。网上办结8项，位居全省前列。与此同时，中心积极督导各县（区）完成电子政务大厅的安装开通，实现进驻项目的网上公开、网上咨询和网上办理。中心安装启用的三维虚拟导航系统，采用三维动画效果直观方便地引导群众进行在线咨询和申请办事，增强电子政务大厅的可视性和人性化服务功能，促进电子政务大厅的广泛应用。攀枝花市电子政务大厅的这项创新应用，在2012年全国电子政务应用发展研讨会上被评为全国政务服务类电子政务应用的优秀案例。

（高泽林）

住房公积金管理

【概　况】 攀枝花市住房公积金管理中心是直属于攀枝花市人民政府，不以营利为目的的正县级事业单位。其主要职能是按照国务院《住房公积金管理条例》及国家相关政策规定履行攀枝花市行政区域内的住房公积金管理。2012年，攀枝花市住房公积金管理中心设资产保全部、资金部、信贷部、综合部、项目贷款部5个职能部门和仁和区办事处、盐边县办事处、米易县办事处、西区办事处、东区办事处5个派出机构，有在岗职工38名：其中正县级干部1名、副县级干部2名、正科级干部10名、副科级干部3名。另有编外临聘人员10人。

2012年，攀枝花市住房公积金管理中心以改善服务为抓手，以改革创新为动力，强化对住房公积金的管理和服务，克服国家对房地产市场进行宏观调控对公积金信贷的影响，住房公积金政策作用进一步体现，为构建“实力、魅力、活力、和谐攀枝花”做出积极贡献。

【住房公积金归集管理】 2012年度本市住房公积金归集持续增长，新增缴存职工3 275人。全年归集住房公积金

153 494万元,较上年增加23 721万元,增长18.27%。截至2012年12月末归集余额586 087万元。至2012年底全市缴存职工16.70万人,单位和个人住房公积金缴存比例各为5%~12%,单位和职工月缴存额上限为1 254元,下限为48元。住房公积金归集率为87.50%。

【住房公积金使用管理】 2012年,使用住房公积金达到140 324万元(含项目贷款25 400万元),占当年归集额153 494万元的91.42%,比2011年减少7,761万元。住房公积金的合理及时使用有力地支持攀枝花市保障性住房建设和职工改善住房条件。

2012年度全市共提取住房公积金62 444万元,其中,购房提取22 437万元(3 525人次)、离退休提取13 248万元(1 902人次)、户口迁出攀枝花市转出1 828万元(252人次)、偿还购房贷款本息提取23 092万元(8 693人次)、租赁住房提取4万元(2人次)、其他提取18 340万元(280人次)。2012年度攀枝花市提取住房公积金较上年增加20 683万元,同比增长49.52%。住房公积金提取率为9.62%。提取住房公积金成为广大职工家庭购买住房和偿还住房贷款的重要资金来源之一。

2012年度本市共向3 125户职工家庭发放住房公积金贷款52 480万元,较上年增加12 356万元,增长30.8%。截至2012年12月末,累计向26 108户职工家庭发放住房公积金贷款300 853万元,住房公积金委托存贷款比率(含项目贷款)为58.05%。住房公积金贷款有力地支持了职工改善住房条件。2012年度住房公积金个人购房贷款回笼情况良好,回笼资金29 884万元。同时住房公积金个人住房贷款风险得到进一步控制,2012年12月末个人住房公积金贷款的逾期余额为3.39万元,逾期率小于0.01%。

2012年度共向5个保障性住房项目(其中,4个新增项目、1个续贷项目)发放住房公积金项目贷款25 400万元。截至2012年末共收回5个项目(其中,全部回收完1个项目、部分回收4个项目)贷款本金11 820万元。2012年12月末项目贷款余额84 780万元,无逾期贷款,项目贷款为支持保障性住房作出积极贡献。

【住房公积金运营效益及收益分配】 2012年,住房公积金业务收入为23 699万元:其中住房公积金利息收入10 670万元、增值收益利息收入476万元、委托贷款利息收入12 553万元。业务支出为14 856万元:其中,支付职工个人住房公积金利息14 410万元、归集手续费支出146万元、委托贷款手续费支出300万元。当年实现增值收益为8 843万元。2012年提取分配个人贷款风险准备金5 306万元、提取项目贷款风险准备金1 695万元、分配管理费用638万元、廉租住房补充资金1 204万元。截至2012年年底贷款风险准备金余额达到19 933万元,累计提取廉租房补充资金5 952万元。住房公积金保障能力和抗风险能力进一步增强。

【便民措施】 2012年攀枝花市住房公积金管理中心以人为本,在发挥住房公积金政策作用、减轻职工负担上推出了实实在在的便民利民新措施,得到了广大职工的欢迎和肯定。

调整公积金提取额度,增强职工购房支付能力。根据《四川省住房公积金提取管理办法》的规定,结合攀枝花市住房公积金缴存、使用实际,经市住房公积金管理中心认真研究,决定对攀枝花市现行住房公积金提取额度做适当调整。从2012年5月1日起,缴存职工符合住房公积金提取条件,要件齐全的,可申请提取本人和配偶的住房公积金,提取额不超过本人和配偶住房公积金账户的上年度储存余额。

简化公积金提取手续。2012年3月起,除第一次还贷提取时提供全套资料外,以后提取取消重复资料的提供,仅需提供“还款记录”(如一并提取配偶的住房公积金还需要提供“婚姻证明”);与受托银行和软件开发公司协调,完善住房公积金管理信息系统和住房公积金联名卡功能,对住房公积金贷款还贷提取时逐步实现自动提取还贷功能(需签订受托银行、借款人、公积金中心三方协议)。取消贷款保证金。随着个人征信系统的逐步健全和抵押担保的完善,根据目前攀枝花市个人贷款风险管理的变化实际,从2012年7月起,取消向借款人按贷款总额的1%收取的贷款保证金,实实在在地减轻职工负担。

改善服务条件。为使业务办理标准化、规范化,2012年市住房公积金管理中心对“住房公积金管理信息系统”按照优化的业务办理流程进行升级改造。截至2012年底,新的“住房公积金管理信息系统”运行正常,启用新系统操作办理住房公积金业务,不仅便于监管、减少差错,也提高了工作效率。2012年市住房公积金管理中心积极筹集经费,对下属的县、区办事处进行安全隐患集中整治,添置服务设备和设施,为各办事处提高工作效率和提升服务水平创造良好条件。

【利用住房公积金贷款支持保障性住房建设试点】 2012年市住房公积金管理中心克服困难,加强项目贷款的发放管理,规范操作、合规守纪,保证了试点进度和质量。2012年全年共向5个保障性住房建设项目发放住房公积金贷款2.54亿元。攀枝花市成为全省唯一、全国为数不多圆满完成贷款发放任务的试点城市,为推进全市保障性住房建设提供有力的资金支持。

2012年全年共向5个保障性住房建设项目发放住房公

积金贷款2.54亿元。其中公租房项目1个,棚户区改造项目4个,总投资4.46亿元,建设保障性住房2 150套。2012年住房公积金支持建设的保障性住房套数占2012年省政府下达目标任务的51%,贷款额占省政府下达目标任务投资额的38%。(2012年省政府下达攀枝花市保障性住房建设任务为4 230套,总投资为6.7亿元)

2011年、2012年两年间,共向攀枝花市17个保障性住房建设项目发放住房公积金贷款9.66亿元。其中,经济适用房项目2个,公租房项目2个,棚户区改造项目13个,总投资13.45亿元,建设保障性住房9 382套。两年间住房公积金支持建设的保障性住房套数占省政府下达目标任务的72%,贷款额占省政府下达目标任务投资额的59%。(2011年和2012年省政府下达攀枝花市保障性住房建设任务为12 983套,总投资为16.5亿元)

截至2012年年末,按期收回攀煤清香坪小区、西区格里坪一期、西区西贵金沙3个棚户区改造项目和人才公寓公租房项目、盐边县经济适用住房项目贷款本金共11 820万元,现有项目贷款余额84 780万元。2012年按合同约定收回到期贷款利息3 650万元,截至2012年年末,累计收回17个项目到期贷款利息4 535万元。截至2012年年末,未发生一笔逾期贷款和逾期利息,住房公积金项目贷款本息按期收回,实现住房公积金闲置资金的良性循环。

经过3年多的试点工作实践,形成分管副市长牵头、管委会决策、相关部门监督和配合、公积金中心主导贷款发放和管理的试点工作运行机制。由县(区)政府主导建设的保障性住房项目贷款,采用"政府负责、住建局牵头、借款人申请、财政兜底"的工作机制。明确县(区)政府还款责任,用县(区)政府拥有的非公益性资产作抵押,以非营利事业单位作为借款人向住房公积金中心申请保障性住房建设项目贷款,县(区)住建局负责贷款资金使用管理,县(区)财政局监督并兜底还款;由大企业主导建设的保障性住房项目贷款,采用"企业负责、财务部牵头、借款人申请、企业承诺"的工作机制。用大企业国有土地使用权和在建工程作抵押,大企业或其分公司作为借款人向住房公积金中心申请保障性住房建设项目贷款,大企业财务部门负责贷款资金使用管理,当项目收益不足偿还贷款时安排企业生产经营资金偿还。

项目贷款试点工作得到了省住建厅的首肯。为此,专门印发了《关于攀枝花市完成公积金试点任务的通报》(川建金管发〔2013〕2号)"该市公积金中心会同有关部门严密组织,精心实施,至2012年底提前完成全部扩大试点贷款任务,走到了全国试点工作前列"决定对攀枝花市公积金管理中心给予通报表扬。

(张治文)

招商引资

【概　况】 2012年,攀枝花市招商引资部门坚持以科学发展观为指导,认真实施科学招商,按照招大引强、集群承接、延链引进的工作思路,着力重大项目的包装、推荐、洽谈、签约和建设,通过内外联络、上下联手、部门联动,积极抢抓机遇,大胆探索创新,推动加快发展,招商引资取得新成效。

2012年,全市招商引资履约项目360个,到位资金408.64亿元,完成市政府下达380亿元目标任务的107.54%。其中国内省外履约项目256个,省投资促进局认定到位资金263.35亿元,完成省局下达国内省外资金目标任务260.5亿元的101.09%。

2012年,全市履约投资额在1亿元以上的项目178个,到位资金343.49亿元,占总到位资金的84.06%。其中,投资额1~3亿元(不含3亿元)的履约项目75个,到位金额76.56亿元,占总到位资金的18.73%;投资额3亿元以上的履约项目103个,到位金额266.93亿元,占总到位资金的65.32%。

2012年,攀枝花市以产业链延伸、行业引领和推动产业集群发展为目标,按照"在谈项目抓签约,签约项目抓建设,在建项目抓投产"的思路,积极对接重要企业,推介、洽谈、促进重大项目。在项目洽谈上注重分析项目可行性及投资回报点,研究投资合同及优惠政策,指导县(区)谈判策略,推动了中国重汽与攀钢集团、运力汽车合作,打造中国重汽西南地区矿用车生产基地项目;促成日本住友电工钒电池项目与攀钢签订《技术交流保密协议》,就钒电池电解液展开合作;确保了阿署达、普达等旅游业项目的顺利签约。在项目协调上前期针对企业的政策、环境、市场等需求及项目可行性,中期针对项目进展中遇到的实际困难,后期针对项目落地后推进中存在的问题由专人负责跟踪。全年针对重大项目共组织召开协调会、会商会80余次,仅阿署达风景区项目就达11次,专题研究中国重汽矿用车生产基地、旭派新能源电池、百威啤酒生产、昆钢项目群、中石化石油压裂支撑剂、住友电工钒电池、联想农业、恒大城市综合体等重大项目;协调推进银泰城市综合体项目、普达康养城项目、金江钛业项目、运力汽车项目、开元空分项目、富邦制动鼓下延合作项目、中节能危废处理中心项目、中电建集团合作项目、总发物流园项目。此外,还力促内蒙古中鑫集团钒钛磁铁矿无水采选技术在攀运用;力促百威英博公司来攀考察投资建设啤酒厂;力促泛华建设集团赴攀考察米易溶洞、二滩小环线、花城新区行政商务中心、直却石文化城等项目。通过全力推动重大项目,不仅实现普达国际阳光康养城、阿署达景区等特别重大项目的签约，还为联想控股农业项目、重汽70矿用车组装生产等重大项目的进一步对接奠定了合作基础。全年全市共履约在建重大项目149个，到位资金301.03亿元。其中，第一产业项目14个，到位资金4.65亿元；第二产业项目63个，到位资金198.38亿元；第三产业项目72个，到位资金98亿元。2012年新签约履约特别重大项目10个，到位资金38.78亿元。

2012年，全市共组织开展赴省（境）外招商活动469多次，由市主要领导（书记、市长）带队开展赴省（境）外投资促进活动22次。通过实地考察、举办投资说明会、登门拜访、上门对接等形式，对接企业720余家，其中世界500强5家，中国500强4家。

【招商引资工作实施意见出台】 攀枝花市以规划为引领，立足全市资源构成和产业基础，以实现产业结构调整和升级为目的，经过1年的调研及反复征求意见，出台《中共攀枝花市委、攀枝花市人民政府关于进一步加强招商引资工作的实施意见》。工业上，把钒钛产业、机械制造业、化工产业、非金属矿产业、新兴产业和高端制造业作为重点，着力将攀枝花打造成钒产业研发制造基地，全流程钛工业基地，一流的新材料生产基地，高水平的国家新型工业化产业示范基地，名副其实的中国钒钛之都。服务业继续以旅游、现代物流、大型城市商业体和基础设施建设为重点，打好建设全国著名阳光休闲康养旅游目的地这张牌。农业突出早春蔬菜、特色水果、优质烤烟、林业生物、畜牧水产五大优势产业。

【投资促进实务培训会】 1月15～17日，攀枝花市投资促进实务培训会在米易安宁明珠酒店举行，培训由发改、国土、安监、住建、环保、水务、工商等部门长期从事业务工作的领导和专家，针对攀枝花市招商引资中涉及的热点、难点问题进行讲解。全市投资促进系统及承担招商引资目标任务的市级部门负责人近100人参加培训。市委常委、副市长许健民出席开班仪式并讲话。

【阳光花城·攀枝花推介会】 3月3日，市委书记刘成鸣率队，在北京银泰中心柏悦酒店举行中国阳光花城·攀枝花推介会，展示"攀枝花元素"。此次推介会共有来自国家部委、各大企业和各界媒体的嘉宾200余人，全国人大常委会副委员长周铁农、国务院发展研究中心副主任侯云春、全国政协常委钮小明、国务院参事任玉岭、四川省人大常委会副主任王宇坤、四川省委宣传部常务副部长侯雄飞出席会议。中国水利水电建设集团公司、中铁物资集团有限公司、中国国电集团公司、中国建筑材料集团公司、四川省能源投资集团有限责任公司等企业参加会议。

（高　捷）

政务接待

【概　况】 攀枝花市委、市政府招待办公室下设3个职能处室，综合处、接待一处、接待二处；1个下属事业单位，攀枝花市接待服务中心，另内设车队。2012年底有公务员编制10名，事业编制5名，工勤人员编制13名，其中，主任1名，副主任2名，科级领导职数7名。各县（区）均成立专职接待机构，属事业单位。至2012年底，东区接待办5人，归区政府办管理；西区接待办4人，与机关事务管理局合署办公；仁和区接待办5人，独立单位；盐边县接待办4人，归县政府办管理；米易县接待办5人，独立单位。

截至2012年底，中共攀枝花市委、攀枝花市人民政府接待办公室在职职工22人（男性15人、女性7人），退休人员4人。在职职工中，公务员8人（平均年龄45.3岁，50岁以上3人、40岁以下3人，最大56岁，最小37岁），事业编制人员4人（平均28.5岁），工勤人员5人（平均46.4岁），聘用人员5人（平均36.8岁）。现有主任1名、副主任2名，调研员1名，副调研员1名。

2012年，共完成市委、市人大、市政府、市政协、市纪委及相关部门的接待任务465批14,633人次，其中，国家领导人2批390人次，省部级38批1,047人次，厅局135批2,308人次，商务接待55批892人次。安全行车约25万千米无大小责任事故，确保了接待工作安全、准时、优质。

【接待管理】 2012年，市委、市政府高度重视接待工作，把接待工作作为展示攀枝花经济社会发展的重要窗口，作为联系上级机关和对外友好交往的桥梁纽带。重要接待任务，主要领导亲自审定方案，分管领导亲自主持召开协调会，各县（区）、市级有关部门、大企业、机场车站、参观考察点、接待点以强烈政治责任感，各司其职、相互配合，保证每一批接待任务的圆满完成，形成"全市一盘棋"的大接待格局。

接待流程逐步规范。面对日新月异的变化，不断完善规章制度，包括《市级对内政务接待规定》和《市级对内政务接待操作规程》等，并加大制度执行力度，进一步规范了接待流程。在接待过程中，坚持总值班制度，统一安排接待任务，严格执行"三通知""三签字""三定"制度，做到每批接待任务有批示、有通知，每项费用开支有经手人、审核人，避免超范围接待和铺张浪费。在监督管理方面，严格执行《接待"六不准"规定》和《效能责任追究细则》，杜绝接待过程中有违纪违规行为的发生。经过不懈努力，接待工作基本上做到运转有序、操作规范。

接待行车确保安全。接待工作，安全第一，尤其是行车安全。完善《车队岗位责任制》和《车辆管理制度》，实行调度“三签字”，定人定车，严禁出私车，进一步加强人员和车辆管理；安全行驶里程实行月报、年报制度，并与个人绩效挂钩，既调动驾驶员的工作积极性，又有利于促进安全生产。

队伍建设不断加强。始终按照“忠诚、贡献、学习、人性”的要求，进一步加强队伍建设。要求接待人员牢固树立一丝不苟、密切配合、团结协作的团队精神，形成一个风正、气顺、心齐，能干、会干、干好的工作局面。

工作思路更加明确。2012 年 4 月 5 日，市委书记刘成鸣对接待工作进行专题调研并强调接待工作要以客人为中心、要使客人满意、要突出宣传攀枝花、要不断改造硬件、要加强队伍建设、要突出工作特色。基本做到“尊重来宾意见、实现领导意图”。在研究来宾方面下功夫，提前通过网络、同行、领导工作人员等渠道，多方面了解来宾信息，了解来攀的目的和意图，有针对性地安排日程，并搞好个性化服务，基本达到来宾满意的要求；在加强宣传方面下功夫，围绕“中国钒钛之都、中国阳光花城、四川南向开放门户”主题，在方案上、讲解中甚至茶余饭后，积极向来宾宣传攀枝花的资源、阳光、山珍美餐、人文历史、改革开放成果、发展前景，让客人了解攀枝花、关心攀枝花、支持攀枝花；在解决接待人手方面下功夫，按照“宁可花钱养人，不要花钱定人”的思路，通过网络、报刊、学校、社会，招聘接待人员，至 2012 年底已有 2 人正在试用，3 人顶岗实习，逐步缓解了人手紧张的问题；在修饰环境方面下功夫，攀枝花宾馆作为接待的主要基地，因多年未投入，环境较差，出资 4 万余元，购电视机、点歌系统，做背景画、攀枝花风光画，对接待常用场所和主要通道进行了美化修饰；在展示文化元素和地方特色上下功夫，大型接待安排高雅艺术、部分小型接待安排民族歌舞，甚至相互穿插安排，逐步突出文化特色；同时，在接待过程中，有意识地展示和使用苴却砚、块菌、国胜茶、澳洲坚果、时令水果、石花、树花、攀枝花、核桃油、油底肉等，展示了攀枝花丰富的物产和地方特色。

【主要接待】 2012 年 3 月 3 日，攀枝花阳光花城推介会在北京召开，全国人大常委会副委员长周铁农应邀出席。6 月 16 日至 17 日，四川省委书记、省人大常委会主任刘奇葆到攀枝花市调研。7 月 1 日至 3 日，全国政协副主席、九三学社中央副主席王志珍到攀枝花市视察。8 月 30 日至 9 月 1 日，“八二九”矿难发生后，省委书记刘奇葆，省委副书记、省长蒋巨峰，省委常委、秘书长陈光志，国家安监总局局长杨栋梁、副局长、总工程师，国家监察部副部长郝明金，全国总工会副主席张鸣启等领导到攀枝花。同年，接待全国政协副秘书长、农工党中央副主席刘晓峰，民盟中央副主席索丽生，国家安全部原副部长牛平，国务院参事张鹤镛、魏津生、秦小明，四川省委常委李登菊、柯尊平、钟勉、李昌平，省人大常委会副主任彭渝，省政府副省长张作哈、陈文华、刘捷、甘霖，省政协副主席吴正德、陈杰、张雨东，省高院院长王海萍，省检察院检察长邓川，武警四川总队政委黄志远少将，鞍钢集团董事长张广宁，原省级老领导谢世杰、宋宝瑞、冯元蔚、秦玉琴、张玉钧、席义方、孙同川、甘道明、杨志文等领导到攀枝花市调研。

（赵　智）

政协攀枝花市委员会

【政协第八届攀枝花市委员会第一次会议】 2012 年 1 月 2 日至 6 日，中国人民政治协商会议第八届攀枝花市委员会第一次会议在会展中心举行。会议应到委员 300 人，实到 297 人。

出席开幕大会并在主席台前排就座的有政协第八届攀枝花市委员会第一次会议主席团常务主席会议主持人单荣，常务主席赵勇、庞向东、伍维根、何群、吴文发、刘德顺、马晓凤、周治端。大会的执行主席是单荣、赵勇、伍维根、何群、刘德顺。

应邀出席开幕、闭幕大会并在主席台就座的有中共攀枝花市委、市人大、市政府、市纪委、攀枝花军分区、市中级人民法院、市人民检察院、各民主党派的领导和市级老领导，七届市政协主席、副主席和有关单位负责人。在攀第十届省政协委员，市委、市政府部门及有关单位负责人，市级民主党派、工商联负责人，大企业分管统战工作的领导，不是市政协委员的大企业、攀枝花学院、市直机关工委统战部

(科)负责人,市政协机关县级干部应邀列席会议。

大会期间,有27人代表市级民主党派、工商联、各人民团体、委员学习活动组及委员个人身份进行大会发言。发言围绕增加城乡居民收入、营造浓厚节庆气氛、提升钛白产业整体实力、增强城市归属感、建设区域医疗卫生高地、发展文艺事业、推进旧城改造、建设健康文明社区、加速职教园区建设、办好学前教育等方面积极建言献策。

与会委员列席市九届人大一次会议,听取并讨论市政府工作报告、市中级人民法院工作报告、市人民检察院工作报告,讨论2011年国民经济和社会发展计划执行情况及2012年计划草案的报告、2011年财政预算执行情况和2012年财政预算草案的报告,会议对以上报告表示赞同。

会议审议并通过赵勇同志代表政协第七届攀枝花市委员会常务委员会所作的工作报告和何群代表政协第七届攀枝花市委员会常务委员会所作的提案工作情况的报告。

会议通过《政协第八届攀枝花市委员会第一次会议决议》《政协第八届攀枝花市委员会提案审查委员会关于八届一次会议提案审查情况的报告》。

会议选举单荣为政协第八届攀枝花市委员会主席,赵勇、庞向东、伍维根、何群、吴文发、刘德顺、马晓凤、周治端为政协第八届攀枝花市委员会副主席;唐云城为政协第八届攀枝花市委员会秘书长。同时,选举产生41名政协第八届攀枝花市委员会常务委员。

在闭幕大会上,新当选的政协第八届攀枝花市委员会主席、副主席和常委在主席台上就座。中共攀枝花市委书记刘成鸣作重要讲话,市政协主席单荣主持大会并讲话。

【主席会议】 2012年,市政协共召开15次主席会议。会议学习传达中共十八大精神,中共中央办公厅、国务院办公厅关于进一步加强人民政协提案办理工作的意见精神,省第十次党代会精神,省政协十届第十八次常委会议精神,省委书记刘奇葆来攀调研视察所作指示精神和攀枝花市"思想大解放,作风大转变,工作大落实"主题教育活动动员大会精神。

会议听取市政协八届一次会议各小组讨论常委会工作报告和提案工作报告情况汇报,市国土资源局关于攀枝花市工矿废弃地复垦利用试点工作的通报,市公安局关于全市公安工作情况的通报,市经信委关于攀枝花市全国工业固废综合利用示范基地建设情况的通报,市纪委(监察局)2012年上半年党风廉政建设和反腐败工作情况的通报,市中级人民法院、市人民检察院2012年上半年工作情况的通报,市卫生局关于攀枝花市医疗纠纷情况的通报,市农牧局关于攀枝花市农业病虫害防治工作的通报,攀枝花质监局关于攀枝花市电梯安全监察工作情况的通报,市科学技术和知识产权局关于攀枝花市农业科技创新和现代特色农业发展情况的通报,花城新区开发建设情况的通报;市政协参与全市煤矿安全生产大检查相关工作的部署,市政协各工作机构上、下半年工作情况汇报,市政协外出学习考察汇报,市政协提案委员会、经济委员会和联谊民族宗教委员会外出学习考察汇报。

会议审议通过《政协第八届攀枝花市委员会2012年工作意见》,《关于表彰市政协八届一次会议大会发言的决定》,《政协第八届攀枝花市委员会副秘书长名单》《政协第八届攀枝花市委员会专门委员会设置方案》《政协第八届攀枝花市委员会专门委员会主任、专职副主任名单》《政协第八届攀枝花市委员会常务委员会免职名单》,政协第八届攀枝花市委员会2012年工作安排、主席会议成员分工、各专门委员会组成人员名单、学习活动组名单,2012年市政协主席会议成员督办的5件重点提案,《关于市党政部门和单位与市政协各专门委员会对口联系的意见》,《政协攀枝花市委员会委员管理办法(试行)》,《关于聘请张永初、刘谋辉、强兴林同志为八届市政协提案委员会特邀副主任的报告》《关于聘请杜自力、杨旋同志为八届市政协经济委员会特邀副主任的报告》《关于聘请马泽林、龙勇同志为八届市政协人口资源环境委员会特邀副主任的报告》《政协第八届攀枝花市委员会专门委员会兼职副主任建议名单》《市政协八届二次全委会议筹备工作日程安排》《市政协八届二次会议筹备工作机构各组负责人名单》《政协第八届攀枝花市委员会第二次会议大会执行主席分组名单》《小组临时召集人建议名单》,《2013年攀枝花市政协新年茶话会方案》和市政协机关有关制度。会议还审议通过市政协经济委员会、人口资源环境委员会、教科文卫体委员会、社会和法制委员会、联谊民族宗教委员会的相关调查报告。

会议通报市委、市政府领导对市政协报送的调查报告、视察报告的批示情况,审议《关于进一步加强人民政协提案办理工作的实施意见(草案)》和有关人事事项,研究筹备召开2012年常委会议和全省政协后勤工作川南片区联席会议有关事宜,协商讨论《攀枝花市工业布局总体规划(2011~2025)》、攀枝花市民商务办公区修建性详细规划及核心建筑方案。

【常委会议】 2012年,市政协共召开6次常委会议。会议学习传达中共十八大精神、省第十次党代会精神、省政协十届第十八次常委会议精神和省委书记刘奇葆来攀调研视察所作指示精神。

会议听取市政协八届一次会议各小组讨论《政府工作报告》和《计划》、《预算》报告、"两院"工作报告、会议决议及提案审查报告情况汇报,市国土资源局关于攀枝花市矿产资源开发利用情况的通报、市文化广电新闻出版局关于攀枝花社区公共文化服务建设和发展情况的通报、市民宗委关于"民族新村"项目推进情况的通报、市民政局关于攀枝花市老龄化现状和社会养老服务体系建设的通报、市人力资源和社会保障局关于攀枝花市促进创业带动就业工作情况的通报,市政府关于市政协八届一次会议以来提案办理情况的通报、市政协提案委员会关于市政协八届一次会议以来提案及提案办理工作情况的汇报，市发改委关于攀枝花市2012年国民经济和社会发展计划执行情况及2013年计划草案编制情况的通报、市纪委（监察局）关于党风廉政建设的通报，市政协各专门委员会年度工作总结。

会议审议通过政协第八届攀枝花市委员会2012年工作意见，政协第八届攀枝花市委员会副秘书长名单、专门委员会设置方案、专门委员会主任和专职副主任名单、常务委员会免职名单，《政协第八届攀枝花市委员会常务委员会关于任命专门委员会副主任（兼）的决定》《政协攀枝花市委员会关于加强委员管理工作的试行办法》，《关于免去周浩同志政协第八届攀枝花市委员会提案委员会副主任职务的决定》《政协第八届攀枝花市委员会常务委员会关于同意王天堂等10人辞去委员职务的决议》《政协第八届攀枝花市委员会常务委员会关于增补王英等10人为政协第八届攀枝花市委员会委员的决议》《政协第八届攀枝花市委员会常务委员会关于撤销韩建乐政协第八届攀枝花市委员会委员资格的决议》，会议还审议通过《关于我市社区公共文化服务建设和发展情况的调研报告》《关于我市民族地区新村建设情况的调查报告》《关于我市矿业发展情况的调查报告》《关于我市老龄化和社会养老服务体系建设的调查报告》《关于我市促进创业带动就业工作的调研报告》，《中国人民政治协商会议第八届攀枝花市委员会常务委员会工作报告（草案）》《中国人民政治协商会议第八届攀枝花市委员会常务委员会关于八届一次会议以来提案工作情况的报告（草案）》《关于召开政协第八届攀枝花市委员会第二次会议的决定》《政协第八届攀枝花市委员会第二次会议议程（草案）》《政协第八届攀枝花市委员会第二次会议日程》《政协第八届攀枝花市委员会第二次会议常委会工作报告报告人建议名单》《政协第八届攀枝花市委员会第二次会议提案工作报告报告人建议名单》《政协第八届攀枝花市委员会第二次会议分组原则》《政协第八届攀枝花市委员会第二次会议列席人员范围》。

【提案工作】 八届一次会议以来，提案委员会共收到提案263件，经审查立案254件，其中，委员提案占75.2%，集体提案占24.8%。按类别分：经济建设方面94件，占37%；教科文卫体方面44件，占17.3%；民主法制、劳动和社会保障、统战政协和民族宗教等方面116件，占45.7%。截至2012年底，立案提案均已办复，办复率达100%。提案所提问题已经解决或基本解决的69件，占27.2%；正在解决或列入规划逐步解决的122件，占48%；因条件所限，暂时难以解决的63件，占24.8%。从委员反馈的意见看，对提案办理结果表示满意的为89.7%，基本满意的为10.3%。

10月31日，市政协召开提案办理工作暨重点提案督办会。市政协主席单荣，市委副书记赵辉，市委常委、常务副市长杨自力，市政协副主席赵勇、庞向东、伍维根、吴文发、刘德顺、马晓凤，秘书长唐云城出席会议。提出相关提案的市政协参加单位代表和市政协委员，负责办理相关提案的部门负责人、市政府目标督查办和市政协提案委员会负责人参加会议。会议由市政协副主席何群主持。会议学习传达中共中央办公厅、国务院办公厅关于进一步加强人民政协提案办理工作的意见精神和中共四川省委办公厅、四川省人民政府办公厅关于进一步加强人民政协提案办理工作的实施意见精神。在督办会上，市委副书记赵辉对攀枝花市做好提案办理工作提出具体要求，市委常委、常务副市长杨自力就市政府系统办理市政协重要提案及提案办理工作情况作通报，市农牧局、市水务局、市交通运输局、市司法局等相关部门分别就其承办的重点提案办理情况作通报。参加会议的市政协领导分别对领衔督办的《关于尽快建立医疗纠纷解决新途径的建议》、《关于为仁和征地拆迁农民安置房办理产权证的建议》《关于加强我市农村水利基础设施建设的建议》《关于加快我市长途客运中心异地重建的建议》《关于加强农产品质量安全监管的建议》等5件重点提案进行督办；与会人员还就提案办理工作进行交流。11月21日，市政协主席单荣主持召开市政协八届二次会议大会发言和集体提案专题协商会。市政协秘书长唐云城，各民主党派、工商联、各人民团体、各大企业统战部（科）、各县（区）政协负责人，市政协副秘书长、各专委会负责人参加会议。各民主党派、工商联、各人民团体、各大企业统战部（科）、各县（区）政协、市政协各专委会通报大会发言和集体提案的准备情况。12月12日，市政协主席单荣主持召开重点提案督办会，就《关于尽快建立医疗纠纷解决新途径的建议》提案进行督办。市政府副市长殷旭东应邀出席会议，市政协副主席庞向东、马晓凤，秘书长唐云城出席会议。会议听取市司法局、市综治办、市卫生局等相关单位负责人关于所涉提案办理情况的介绍，并就建立解决医疗纠纷体制机制进行研究。

【视察、考察】 2012年3月21日，市政协主席单荣率市政协常委会组成人员对攀枝花市交通建设情况进行视察，市政协副主席庞向东、周治端参加视察，市政府副市长李章忠陪同视察，形成《关于我市交通建设情况的视察报告》。市委书记刘成鸣对报告作出批示。5月22日，市政协主席单荣率市政协常委会组成人员、市级相关部门及县（区）负责人，对攀枝花市区域医疗卫生高地建设情况进行视察，并听取相关情况汇报。市政协副主席庞向东、伍维根、何群、马晓凤、周治端，秘书长唐云城参加视察。市政协教科文卫体委员会在视察的基础上，经过几个月的调研，完成《攀枝花市打造区域医疗卫生高地对策研究》课题报告。市委书记刘成鸣，市委副书记、市长张剡对报告作出批示。6月22日至25日，市政协经济委员会与相关部门组成联合视察组，对攀枝花市商贸流通和服务业发展情况进行视察。视察结束后，市政协主席单荣主持召开商贸流通服务业情况通报会，并对相关工作提出要求。市政协秘书长唐云城，市政府分管副秘书长，市商务和粮食局、市工商行政管理局、市政协经济委员会、东区相关部门负责同志参加通报会。8 月 22 日，市政协主席单荣率市政协常委会组成人员及部分委员对攀枝花市工业园区发展情况进行视察，市政协副主席赵勇、庞向东、伍维根、何群、吴文发、刘德顺、马晓凤，秘书长唐云城参加视察，并形成《关于我市工业园区发展情况的视察报告》。市委副书记、市长张剡，市委副书记赵辉，副市长刘建明分别对报告作出批示。10 月 19 日，市政协人口资源环境委员会组织部分委员，在市政协副主席伍维根带领下，对攀枝花市花城新区开发建设情况进行视察，形成《关于我市花城新区开发建设情况的视察报告》，市委书记刘成鸣、副市长贾德华对报告作出批示。11 月 2 日，市政协主席单荣率市政协常委会组成人员视察攀枝花市保障性住房建设情况，市政协副主席庞向东、伍维根、何群、马晓凤、周治端参加视察，并形成《关于我市保障性住房建设情况的视察报告》。12 月 5 日，市政协副主席庞向东率部分市政协委员视察攀枝花市强制戒毒工作。

2012 年 5 月 25 日至 6 月 8 日，市政协经济委员会组织部分市政协委员就攀枝花市矿产资源综合开发利用情况赴青岛、宜昌等地考察、学习、交流。6 月中旬，市政协提案委员会组织部分委员在何群副主席带领下，赴湖南省和广西壮族自治区学习借鉴当地政协提案工作的先进经验和好的做法。7 月 20 日，市政协主席单荣率市政协考察团赴北京市西城区学习交流政协工作经验，市政协副主席赵勇、伍维根、何群、吴文发，秘书长唐云城参加交流活动。10 月 9 日 ~19 日，市政协联谊民宗委组织部分委员赴新疆、甘肃、青海、陕西学习考察西北四省民族宗教工作的先进经验。10 月 12 日 ~24 日，市政协学习考察组在副主席庞向东带领下，赴辽宁省 10 个城市学习考察文化建设、文化体制改革和文化产业发展情况，学习当地政协在履行政协三大职能、创新方式、完善机制、提高政协工作科学化水平方面的主要经验。

【专题调查】 2012 年 3 月 22 日至 23 日，市政协联谊民族宗教委员会，组织部分省、市政协委员，在市政协主席单荣，副主席赵勇、吴文发、马晓凤带领下，深入盐边县、米易县和仁和区对攀枝花市民族地区新村建设工作进行调查，形成《大力扶持民族地区发展，扎实推进新村和谐建设——关于我市民族地区新村建设情况的调查报告》，市委书记刘成鸣对报告作出批示。4 月 10 日 ~12 日，市政协经济委员会组织部分委员，在市政协副主席赵勇、刘德顺带领下，对全市工业固体废弃物综合利用示范基地建设情况进行调查，形成《关于我市"工业固体废弃物综合利用示范基地建设试点地区"建设情况的调查报告》，市委副书记、市长张剡，市委副书记赵辉，副市长刘建明分别对报告作出批示。4 月 12 日 ~13 日，市政协教科文卫体委员会组织部分委员，在市政协副主席庞向东、伍维根带领下，对攀枝花市社区公共文化服务建设和发展情况进行调查，形成《加强社区文化建设完善公共文化服务体系——关于我市社区公共文化服务建设和发展情况的调查报告》，市委副书记、市长张剡对报告作出批示。4 月 23 日 ~24 日，市政协人口资源环境委员会组织部分委员，在市政协副主席庞向东、伍维根带领下，对攀枝花市工矿废弃地复垦利用试点工作进行调查，形成《关于我市工矿废弃地复垦利用试点工作的调查报告》，市委书记刘成鸣、副市长柳康健分别对报告作出批示。5 月 17 日，市政协社会和法制委员会组织部分委员，在市政协副主席马晓凤带领下，对攀枝花市医疗纠纷预防与处置工作情况进行调查，形成《关于我市医疗纠纷预防与处置工作情况的调研报告》。6 月 8 日，市政协联谊民族宗教委员会组织部分委员，在市政协副主席马晓凤带领下，对攀枝花市农业病虫害防治情况进行调查，形成《预防为主科学防治综合防治为打造现代特色农业基地保驾护航——关于我市农业病虫害防治情况的调查报告》。副市长李仁杰对报告作出批示。7 月 25 日至 27 日，市政协经济委员会组织部分委员，在市政协副主席赵勇、刘德顺带领下，对攀枝花市矿业发展情况进行调查，形成《牢牢把握发展机遇做大做强优势产业——关于我市矿业发展情况的调查报告》，市委副书记赵辉，副市长刘建明分别对报告作出批示。7 月 31 日至 8 月 1 日，市政协教科文卫体委员会组织部分委员，在市政协主席单荣，副主席庞向东、伍维根带领下，对攀枝花市农业科技创新与现代特色农业发展情况进行调查，形成《充分发挥农业科技支撑作用加快我市现代特色农业发展——关于我市农业科技创新与现代特色农业发展情况的调查报告》，副市长李仁杰对报告作出批示。8 月 10 日，市政协社会和法制委员会组织部分委员，在市政协副主席马晓凤带领下，对攀枝花市电梯安全监察工作情况进行调查，形成《关于我市电梯安全监察工作情况的调查报告》。8 月 24 日，市政协人口资源环境委员会组织部分委员，在市政协副主席庞向东带领下，对攀枝花市人口老龄化和社会化养老工作进行调查，形成《关于我市老龄化和社会养老服务体系建设的调查报告》，市委书记刘成鸣对报告作出批示。9 月 6 日，市政协社会和法制委员会组织部分委员，在市政协副主席马晓凤带领下，对攀枝花市促进创业带动就业工作进行调查，形成《关于我市促进创业带动就业工作的调研报告》。市委书记刘成鸣对报告作出批示。

【学习会和委员培训会】 2012 年 2 月 28 日，市政协委员学习活动组工作会议召开。市政协主席单荣，市政协副主席何群、周治端出席会议。会议学习《市政协委员学习活动工作管理办法》、《市政协学习文史委员会工作制度》，讨论通过《市政协委员学习活动组 2012 年工作计划》。

3 月 26 日 ~31 日，市政协在市委党校举办两期八届市政协委员学习培训班，每期培训 3 天，委员参训率达

94.5%。市政协主席单荣，市政协副主席赵勇、庞向东、伍维根、何群、吴文发、马晓凤、周治端，秘书长唐云城出席培训会。市委副书记赵辉应邀就攀枝花市当前经济形势与任务作专题报告。市委统战部常务副部长毛明、市政协提案委员会主任张南菲分别对统战政协理论和提案知识进行讲解。委员们深入东区、西区、仁和区、花城新区，实地察看湖光社区、金海五星级酒店、同乐家居世界、富邦1000万件钒钛制动毂项目建设现场、蓝湖国际生态小区、河门口保障性住房、观音岩水电站并听取相关情况介绍。驻攀省政协委员、各县（区）政协主席、市级民主党派、工商联负责人应邀参加视察。

7月14日~19日，市政协组织部分市政协常委、委员、专委会主任及专（兼）职副主任、政协机关、统战部机关、各民主党派、工商联机关、大企业统战部（科）、人民团体相关人员共70余人，赴北戴河全国政协培训中心，参加全国政协2012年度第二期地方政协委员（干部）培训班。市政协副主席赵勇、伍维根、何群、吴文发，秘书长唐云城出席开班仪式并随班培训。市政协主席单荣出席培训班毕业典礼。

12月7日，市政协主席单荣主持召开全市政协系统中共“十八大”精神学习会，市政协副主席赵勇、庞向东、伍维根、吴文发、刘德顺、周治端，秘书长唐云城出席会议。会议听取市委宣讲团成员、市委党校原常务副校长吴宏放教授《深入学习贯彻中共十八大精神全面提高政协工作科学化水平》的宣讲。

【经济形势报告会】 2012年8月10日，市政协办公室、市委统战部联合举办经济形势报告会。市政协主席单荣出席会议并讲话，会议由市政协副主席赵勇主持。会议邀请市政府副市长李章忠作经济形势报告。市政协主席会议成员、常委，部分市政协委员，各民主党派、工商联班子成员、市委委员、基层组织主要负责人，各人民团体负责人，大企业、攀枝花学院统战部（科）负责人，市县（区）政协、市县（区）委统战部、各民主党派、工商联机关全体干部近300人参加报告会。副市长李章忠通报攀枝花市上半年经济运行总体情况和重大项目建设进展情况。

【联系会议】 四川省政协后勤工作川南片区联系会议于2012年9月12日~14日在攀枝花市召开，会议由攀枝花市政协承办。自贡市政协、泸州市政协、内江市政协、乐山市政协、宜宾市政协、凉山州政协、攀枝花市政协7个市（州）共80余人参加会议。省政协副秘书长、办公厅主任何顺洪出席会议并作重要讲话，对政协系统贯彻落实国务院颁发的《机关事务管理条例》提出明确要求。中共攀枝花市委副书记、市长张剡，中共攀枝花市委副书记赵辉到会祝贺。中共攀枝花市委常委、常务副市长杨自力代表市委、市政府在会上致辞。攀枝花市政协主席单荣出席会议并讲话。会议期间，与会各市（州）政协深入学习贯彻西部十二省（区、市）政协第六次后勤工作联系会议精神和全国政协副秘书长卢昌华在会议上的重要讲话精神，以“改革创新、增强质效、提升水平”为重点，围绕政协如何强化“三为服务”，推动后勤管理科学化、保障制度化、服务社会化等议题开展交流和探讨。

5月18日，市政协召开市、县（区）政协、各民主党派、工商联秘书长联系会议，市政协副主席赵勇出席会议并讲话，市政协秘书长唐云城主持会议。会议以构建和谐机关为切入点，以提高机关事务管理水平为重点，结合工作实际，总结开展机关后勤服务保障工作的方法和经验，推进精细化管理，增强服务意识，提高服务质量。11日30日至12月2日，市政协召开市、县（区）政协，各民主党派、工商联秘书长联系会议。会后，在市政协副主席马晓凤、秘书长唐云城带领下，就城市建设和旅游产业发展赴云南省昆明市学习考察。学习考察组先后实地查看滇池、呈贡新区、长水国际机场、螺蛳湾国际商贸城，听取昆明市政协关于滇池水污染防治工作、新昆明建设、昆明旅游业发展情况介绍并进行广泛交流。考察组建议，攀枝花要学习借鉴昆明市的成功经验，立足全省战略高度加快打造四川南向发展门户的步伐；加强交通枢纽建设，完善区域内交通、管理、收费及运输便捷措施。

【协商座谈会】 2012年3月7日，市政协常委会召开花城新区规划专题协商会。市政协主席单荣主持会议并讲话，市政协副主席赵勇、庞向东、伍维根、何群、马晓凤、周治端，秘书长唐云城出席会议。会议听取副市长柳康健关于花城新区规划编制工作情况的通报。

3月19日，市政协联谊民族宗教委员会约请市水务局和部分市政协委员，就加强水利设施建设、增强抗旱能力召开对口协商会。在实地察看、听取情况介绍后，与会人员建议继续加大投入力度，改善水利基础设施建设；强化指导，加大服务力度；增强全民节水意识，提高水的利用效率；积极争取水电开发单位按发电比例支持地方优惠电量政策，加强与金沙江水电开发的业主单位衔接，使落地电能尽快惠及沿江乡镇；加强基层水利队伍建设，为水利工程建设提供人才支持和技术保证。4月19日，市政协联谊民族宗教委员会组织部分市政协委员再次协商抗旱工作。市政协副主席马晓凤出席会议。

4月20日，市政协社会和法制委员会组织部分市政协委员就攀枝花市消防安全工作进行专题协商。听取相关工作情况通报后，与会人员建议继续推动消防安全纳入政府目标考核；加大消防安全监管力度，加强对重难点单位、地段消防安全隐患监管整改；加大投入，提升消防装备设施水平；通过多种宣传手段，增强全民消防意识，建立完善全覆盖的社会消防防控体系。市政协副主席马晓凤出席会议。

8月17日，市政协人口资源环境委员会组织部分市政协委员召开攀枝花市沿江景观打造工作对口协商会。听取情况介绍后，与会人员建议沿江景观打造要突出“江”的主题，重视护堤、护岸、护栏工程等；突出以人为本的原则，重视广场、步道工程及体育设施建设，为市民拓展活动空间；实现宜居城市的目标，重视沿江绿化；对各区段的功能定位，应尽量挖掘内涵，体现内在联系。市政协副主席庞向东、伍维根出席会议。

11 月 6 日，为跟踪市政协办公室向市委、市政府报送的《关于我市民族地区禁毒工作情况的调查报告》落实情况，推进禁毒工作深入开展，市政协联谊民族宗教委员会与市禁毒办、市公安局召开对口协商会。在听取相关负责人情况介绍后，与会委员建议相关部门进一步统一思想，提高认识，不断增强禁毒工作的责任感和使命感；强化领导，落实责任，特别要明确相关部门责任，形成禁毒工作的合力；创新方式，整合资源，提升针对性，深入开展禁毒工作；加大力度，多措并举，努力改善民族地区经济面貌；强化基层基础建设，努力提高保障能力，特别要加强信息化建设，适应禁毒工作的新形势；突出重点，强化措施，进一步加强严打整治工作。市政协副主席吴文发、马晓凤出席会议。

11 月 12 日，市政协经济委员会与市审计局专题协商审计工作。在听取完相关情况介绍后，与会人员建议要加强对市级各部门、各县（区）和大企业的审计工作，进一步提高资金的使用效率；要注重审计部门形象品牌和工作职能的宣传，努力营造让全社会理解和支持审计工作的浓烈氛围与环境；要加强审计队伍建设，注重人才的交流和引进，有针对性地引进专业技术人才，充实审计队伍，努力打造一支思想好、业务精、效率高的审计队伍。市政协主席单荣，副主席赵勇、庞向东、刘德顺、马晓凤，秘书长唐云城出席会议。

11 月 28 日，市政协主席单荣主持召开专题协商会，组织市经信委、发改委等市级相关部门与农业银行攀枝花分行就攀枝花市经济发展中钒钛产业规划与金融准入政策对接、中小企业融资、农村金融环境打造等问题进行协商。在听取相关情况介绍后，与会人员建议各级相关部门加强与农行的交流、沟通，做好对接，不断适应农行信贷政策的条件要求；相关部门充分利用“攀西战略资源创新开发试验区”即将在攀枝花市挂牌成立的契机和攀枝花作为国家新材料成果转化及产业化基地的优势，研究行业标准，争取优惠政策，将钒、钛产品纳入新型材料行列，解决产业发展中的融资问题；推进农村金融改革，对农民宅基地使用权等具体问题进行量化确权政策研究，建立流转、抵押登记及交易平台，建立押品创新机制，为农民多渠道筹措建设资金寻找新路子。市政协副主席赵勇、何群、吴文发、刘德顺、马晓凤、周治端，秘书长唐云城出席会议。

【委员无题座谈会】 2012 年 3 月 15 日，市政协召开委员无题座谈会，市政协提案委员会、学习文史委员会部分委员参加会议，市政协副主席何群、周治端出席会议。6 月 19 日，市政协召开委员无题座谈会，市政协经济委员会部分委员参加会议，市政协副主席赵勇出席会议。9 月 18 日，市政协召开委员无题座谈会，市政协人口资源环境委员会、教科文卫体委员会部分委员参加会议，市政协副主席庞向东出席会议。11 月 9 日，市政协召开委员无题座谈会，市政协社会和法制委员会、联谊民族宗教委员会部分委员参加会议，市政协副主席马晓凤出席会议。会上，委员们就抗旱工作、打造阳光花城、文化基础设施建设、森林防火、停车收费、交通建设、增加居民收入、学前教育、新区金融规划、矿业发展、职业技术人才紧缺、环境保护、基础教育、食品安全、城市管理长效机制、青少年教育、房屋权属查询联网、政务服务中心服务、医疗卫生等方面问题提出意见和建议。

【宣传工作】 2012 年 6 月 8 日，市政协召开政协新闻宣传培训会议。会议邀请攀枝花日报社资深编辑彭宗云作培训辅导报告，《四川政协报》攀枝花市工作站通讯员和市政协机关科以下干部参加培训。

全年在市内外报纸及各级新闻网上发表宣传政协工作的稿件 410 余篇（幅）。继续在《攀枝花日报》上举办《政协之窗》专版，办好市政协网站。市政协被评为 2012 年全省政协新闻宣传报道先进单位。市政协办公室、市委宣传部联合举办第十八届“宣传中国共产党领导的多党合作和政治协商制度好稿件”评选活动，市级新闻单位、各县（区）政协、各民主党派、工商联、大企业统战部（科）、市政协机关选送稿件 40 件，由市政协办公室、市委宣传部、各新闻媒体负责人及有关人士组成的评委组，经过认真评审，评出一等奖 1 件、二等奖 3 件、三等奖 5 件、优秀奖 25 件。

【文史工作】 做好攀枝花文史资料第 16 辑《从不毛之地到钒钛之都》交换发行工作。该书于 2012 年 4 月份，在国家图书馆评审会上被评为一级图书资料，永久收藏于中国国家图书馆地方文献资料库。完成好文史资料第 17 辑《天堑变通途》的征集、编辑、出版工作。

3 月 6 日市政协组织书画院成员到米易县写生，参加“三花节”，与米易文化馆进行书画交流联谊。6 月 5 日市政协组织书画院成员到盐边县益民乡写生。11 月 9 日市政协组织书画院成员与市中西医结合医院联合举办笔会，书画家为医护人员作画、书写书法作品。

【驻攀省政协委员考察】 2012 年 10 月 15 日 ~28 日，市政协组织部分驻攀省政协委员，在驻攀省政协委员召集人、七届市政协主席高方芹带领下，赴贵州、广西学习考察当地少数民族文化事业发展情况和驻市省政协委员履行职能、参政议政方面好的经验和做法。市人大副主任张国民、市政府副市长张敏作为省政协委员随团考察。

【上下联动活动】 3 月 5 日 ~6 日，省政协民宗委主任董玉梅率省政协调研组莅攀，就攀枝花市民族新村建设工作进行调研。市政协积极参与配合调研，并协助市委、市政府举办汇报会，向调研组汇报攀枝花相关情况。市政协主席单荣，市政协副主席赵勇、吴文发、马晓凤陪同调研并出席汇报会。调研组形成的《关于攀枝花市彝家新寨建设情况的调研报告》报送省委、省政府，魏宏、李昌平、陈文华等省领导作出重要批示，省级有关部门落实批示，目前已启动专项调查。4月26日，省政协副主席、致公党省委主委陈杰率省政协考察组莅攀，对攀西战略资源开发工作进行调研并听取攀枝花市相关工作情况汇报。市政协主席单荣主持汇报会，市政协副主席庞向东、何群出席汇报会。7月10日，省关工委常务副主任、省政协原副主席陈官权，省关工委副主任余国成一行莅攀调研攀枝花市关工委工作情况并听取汇报。市政协副主席何群陪同调研并出席汇报会。8月1日，民盟中央副主席、民盟原省委主委、省政协副主席吴正德应邀作关于中国共产党领导的多党合作制度专题报告。市政协副主席赵勇出席报告会。11月1日，四川省高级人民法院党组书记、院长王海萍一行莅攀，视察攀枝花市法院系统工作，并在市中级人民法院召开省高院征求在攀省人大代表、省政协委员意见建议座谈会暨市中级人民法院工作汇报会。市政协主席单荣陪同视察并出席会议。11月7日，民进省委副主委，省政协常委、副秘书长刘激涛率民进省委调研组莅攀，就“构建四川南向开放门户”课题进行调研，并召开座谈会听取攀枝花市相关情况介绍。市政协副主席赵勇、周治端出席座谈会。

【督导检查活动】 2012年6月19日，市政协副主席庞向东带领市政协教科文卫体委员会赴西区督导“创卫”复审工作，先后查看法拉大桥、攀钢清香坪生活区、清香坪集贸市场。市“创卫”办、市交通局、市工商局、市食品药品监管局、市城管局等相关单位负责人陪同参加督导检查活动。针对发现的问题，检查组现场落实责任，要求相关部门提高认识，抓好落实，处理好创卫死角，发现问题及时解决，确保创卫复审迎检工作圆满成功。

攀枝花市西区肖家湾煤矿“八二九”特别重大瓦斯爆炸事故发生后，按照市委的统一安排，市政协及时召开会议抓落实、抓执行。2012年9月10日至17日，市政协主席单荣，市政协副主席赵勇、庞向东、伍维根、何群、吴文发、刘德顺、马晓凤、周治端分别带领9个检查组，对27个煤矿进行安全生产大检查。检查组深入井下，核查资料，现场座谈，共发现各类问题和隐患312个，下达责令整改文书9份，圆满完成该项工作任务，有力促进煤矿企业安全生产主体责任和政府安全监管职责的落实。

（舒晓艳）

民主党派·工商联

中国国民党革命委员会攀枝花市委员会

【组织状况】 2012年共发展党员3人，平均年龄41岁，其中有东区仁民口腔诊所院长兼攀枝花市口腔医学会秘书长、仁和区环保局污控科科长、市国土资源局法规处干部3位同志加入了民革组织。至2012年底，民革攀枝花市委会有基层组织5个，民革党员103人。其中，有女党员39人，占总数38%；与原国民党及中国台湾地区、海外有渊源关系的党员39人，占38%。按界别划分：科技界17人，占16%；教育界17人，占16%；医卫界14人，占14%；政府机关、群团组织机关30人，占30%；大企业10人，占9%；新的社会阶层人士15人，占15%。从学历职称看，具有大专以上学历的党员93人，占90%；具有高级职称的党员37人，占36%；具有中级职称的党员31人，占31%；从年龄结构看，党员平均年龄50岁，其中40岁以下的16人，占16%；41～50岁的52人，占51%；51～60岁的14人，占13%；60岁以上的21人，占20%。离退休党员25人，占24%。

至年底，民革党员中担任人大、政府领导职务的有：副主委邓冰蓉担任市人大城环资委主任，副主委魏渠河担任盐边县副县长，民革党员魏功训担任市水利农机局总工程师，民革党员刘辅江担任市财政局国库支付中心主任。全市民革党员中，省人大代表1人、省政协委员1人；市人大常委1人、市人大代表1人、市政协常委2人、市政协委员6人；有东区人大常委1人、政协常委2人、政协委员4人；西区政协常委2人，政协委员1人；仁和区政协常委1人；米易县人大代表1人；盐边县人大代表1人。担任各类特约检察员、监督员的共5人。

【主要工作】 2012年，民革市委积极争取民革中央、省委领导的关心支持。3月，在民革市委主要领导的联系协调下，副主委魏渠河、秘书长孙美娟陪同中共市委副书记赵辉、市政协副主席、市委统战部部长赵勇先后拜访民革省委、民革中央领导，争取高层领导对攀枝花经济社会发展的支持帮助。在拜访中，受到全国人大副委员、民革中央主席周铁农的亲切接见。在全国两会期间，周铁农主席应邀参加攀枝花举办的“阳光花城”推介会。

市委会领导和各类特约监督员积极地参加中共市委、市人大、市政府、市政协及相关部门召开的民主协商会、座谈会、情况通报会、行风评议会、征求意见会共30余次。在市政协八届一次会议上提交《让希望的田野孕育幸福的生活》的大会发言1件，《加快推进法治城市建设为建设幸福攀枝花营造良好法治环境》的书面发言材料1件；提交《加快特色农业发展确保“十二五”农民人均纯收入翻番的建议》等集体提案7件。其中《让希望的田野孕育幸福的生活》被评为市政协优秀大会材料。其他提案也分别得到市级相关部门的积极办理，许多意见和建议被采纳，且逐渐得以实现。如：全市法治城市建设稳步推进，法治观念深入人心；炳仁路公交车站点已设置完成，竹湖园—沃尔玛交通拥堵状况得到一定程度改善。8月，民革市委与民革省委，整合资源，上下联动，确定“充分发挥攀枝花光热资源优势，打造全国一流的阳光康养基地”为省重点调研课题，民革市委与民革省委研究室组成联合调研组赴海南省海口、三亚市，召开海南省旅游康养业界的专家和企业家座谈会，形成《关于攀枝花打造阳光康养旅游城市》的调研报告。为引起中共省委、省政府高度重视，助推攀枝花阳光康养旅游城市建设，民革省委拟定在2013年省政协大会上作为集体提案提交。2012年，民革攀枝花市委在中共市委、市政府下达的调研课题中选择课题深入调研，形成《加快推进保障性住房建设让幸福攀枝花建设普惠民生》的调研报告，参加全市统一战线建言献策会并获二等奖。2012年，民革市委加强与市司法局、市商务粮食局、市农牧局和市台办的对口联系，做到“互通工作信息，支持党派调研，提供参政素材”的良好工作局面。对口联系单位将部门工作动态及时传递给民革市委，做到知情明政、知情参政。

全年共召开主委会6次，市委(扩大)会7次，全体党员活动2次。召开年终总结表彰会暨新春团拜会，5个基层支部获民革市委先进集体荣誉称号，10位党员获先进个人荣誉称号。“三八”国际妇女节之际，组织党员到西昌与凉山州、西昌市民革市委联谊；利用重阳节之机，看望慰问退休老党员。全年各基层支部按照市委会的要求，结合时政，围绕区委区政府中心工作，组织开展学习中共十八大会议精神、民革中央十二大会议精神及民革省委十一大会议精神等形式多样的活动各4次。

2012年民革市委以“民革中山合唱团”为抓手，民革组织的凝聚力和向心力得到加强。“民革中山合唱团”在市委会的领导下，树立品牌，扩大民革的影响力。年内到仁和区敬老院开展演出慰问活动；参加市委统战部举办的“同心服务社区”演出活动。

作为以促进祖国和平统一为重点工作的参政党，民革市委紧紧围绕两岸关系和平发展的主题，抓住广泛团结台湾同胞主线，坚持“和平统一、一国两制”方针和推进祖国和平统一进程的“八项主张”，坚决反对“台独”分裂活动。民革市委十分重视加强与民革省委联络处的联系，学习外地民革祖统工作的经验，力争在涉台交流合作等方面有所建树。5月，组织民革党员赴台湾学习考察，并撰写《台湾游记》《宝岛中禅寺》等文章在民革市委《祖统资讯》上发表。8月，民革市委通过民革省委牵线搭桥，邀请与民革党员有联系的台港澳投资考察团到攀枝花市考察投资项目。9月，民革市委举办庆中秋暨读《团结报》演讲比赛，其主题为“思两岸情忆民革史”，通过演讲比赛活动营造全体党员都关心祖统工作的氛围。

年内，组织党员赴盐边县红宝乡开展“三下乡”活动，为当地群众现场书写春联，送医送药，发放普法宣传资料；向仁和区敬老院捐赠人民币15 000元；参加市委统战部“同心服务社区”活动，提供法律咨询，并向仁和区困难群众捐款10 000元；干旱期间，民革仁和区支部为仁和区平地镇迤沙拉小学送去价值2 400元的矿泉水和6吨自来水；“六一”儿童节期间，为盐边县国胜乡希望小学援建图书室，送去书架3个、阅览桌2张、阅览椅30把，价值1万余元；响应民革省委号召，组织各支部和党员为云南省昭通市彝良地震灾区捐款5 350元；推荐盐边县桐子林中心校1名女教师，参加四川中山学院、“光亚”学校举办的为期一年全免费英语培训班；联系市财政局，为米易县草场乡仙山村争取种植经济作物金银花40 000株、修建乡村公路2.6千米的相关资金；民革党员、米易安宁铁钛董事长罗阳勇向“攀枝花市特殊困难群体帮扶资金”慈善会捐款达200万元；民革党员杨杰、高建山继续捐助仁和区、米易县、东区、市七中和盐边县民族中学等7名贫困学生。

民革市委积极参与社区服务和社会创新管理工作，与瓜子坪街道四合院社区建立定点联系机制。副主委邓冰蓉带队深入社区调研并召开座谈会，了解社区工作重点难点，与社区协商制定开展一系列活动方案，如联系社区台属；帮助社区贫困人士；捐助“爱心”超市等。

全年发《攀枝花民革》简报9期，向民革省委、市政协、市委统战部发送消息、报道40余条，《团结报》采用文章1篇，民革省委网站采用文章39篇，《四川民革》杂志采用报道6篇、简讯37条，四川新闻网站采用民革市委开展活动图片4幅，攀枝花日报采用文章4篇，攀枝花市有线电视台新闻栏目报道了民革市委开展读《团结报》暨演讲比赛活动。民革市委有8个单项工作被民革省委评为先进集体。副主委魏渠河被评为民革省委参政议政先进个人；副主委邓冰蓉被评为民革省委组织建设工作先进个人；民革市委委员、市二十八中小校长姜文炳被评为民革省委祖统工作先进个人。民革市委委员陈伟、杨映弘获得攀枝花市第七批有突出贡献专家奖;民革市委委员、米易安宁铁钛有限公司董事长罗阳勇被评为攀枝花优秀企业家;民革党员、市26中小高级教师张凤英荣获攀枝花市优秀教师荣誉称号;民革市直支部副主委、农业银行高级会计师刘英荣获农行四川省省分行优秀主管称号;民革党员、市林业局造林处处长陈宾被授予国家级绿化奖章。

(曹文飞)

中国民主同盟攀枝花市委员会

【组织状况】 2012年,民盟攀枝花市委有总支2个,支部18个。年内新发展盟员19人,至年底有盟员394人,其中女盟员134人,占盟员总数34%;具有中共党员和民盟盟员双重身份的有27人,占7%。按界别划分,教育界197人,占50%;科技医卫文化界107人,占27%;政府机关、群团组织机关等46人,占11%;新社会阶层人士8人,占2%,;公有制经济35人,占9%。从学历职称看,具有大专以上文化程度的334人,占85%;具有高级职称者172人,占44%;具有中级职称者190人,占48%;具有突出贡献享受市政府津贴的2人。从年龄结构看,全市盟员平均年龄55岁,其中40岁以下的55人,占14%;40~50岁的140人,占36%;51~60岁的64人,占16%;61岁以上的135人,占34%。离退休盟员158人。

2012年,全市盟员中有市人大代表4人,其中常委1人;县(区)人大代表3人,其中县(区)人大副主任2人。有省政协委员2人;市政协委员9人,其中副主席1人、常委2人;县(区)政协委员16人,其中副主席1人、常委4人。担任省旅游服务质量监督员1人,市旅游服务质量监督员1人,市教育督导员1人,市特约审计员1人,市检察院特约检察员1人,市社会治安督察员1人,市公安局特邀监督员3人。

【主要工作】 2012年在市政协八届一次大会上,民盟攀枝花市委的大会发言是《育乡土情让钢城柔媚酿归属感促安居幸福》和《加速职教园区建设助推"钒钛之都"成长》《切切实实办好学前教育利国利民利发展》,其中《育乡土情让钢城柔媚酿归属感促安居幸福》在参与评选的27件大会发言中,高票当选第一名,受到市政协表彰。提交《关于尽快把钒钛之都变为我们的家园故土的建议》《关于建立攀枝花市居家养老服务体系的建议》等集体提案14件。此外,盟市委撰写的《引导国企与民企加强合作,助推我省工业经济又好又快发展》《尽快突破科技瓶颈努力提高攀西矿产经济附加值》被民盟省委采用。作为参加省政协十届五次全会集体提案。

在中国民主同盟四川省第十二次代表大会上,伍维根、雷武岷、胡志林等同志当选为中国民主同盟四川省第十一届委员会委员。同时,伍维根主委当选为中国民主同盟四川省第十一届委员会常务委员和四川省出席民盟第十一次全国代表大会代表。

配合中共市委、市政府中心工作,积极争取民盟省委、中央的支持攀枝花地方经济文化建设服务。为贯彻落实好统一战线开展"同心"实践活动的要求,按照中共攀枝花市委提出的希望各民主党派、工商联立足各自的界别和优势,每年为促进全市经济社会发展至少办一件实事、好事的要求,2012年2月,中共攀枝花市委副书记赵辉率市政协副主席、市委统战部部长赵勇,市政协副主席、民盟市委主委伍维根,民盟市委副主委兼秘书长胡志林,市委统战部党派处处长郑秋蕾一行5人,专程赴成都拜访民盟省委、寻求支持。

3月,赵辉率队并特邀民盟四川省委领导一道前往北京,专程拜访民盟中央。在民盟省委的大力支持、协调和帮助下,此行拜访受到民盟中央领导的热情欢迎并与攀枝花市拜访组一行亲切座谈,拜访活动取得了圆满成功。赵辉代表中共市委恳请民盟中央协同教育部和国内知名职业教育专家莅攀,就建设"攀枝花·中国钒钛产业高技能人才培养基地"进行实地调研,并向国家有关部委呼吁和建言以争取支持。民盟中央表示,攀枝花市提出的关于建设"攀枝花·中国钒钛产业高技能人才培养基地"的设想,完全契合民盟中央参政议政的主攻方向,也是民盟中央关注的重点领域(即职业教育课题研究),2013年将带领民盟省委并组织和聘请专家莅攀开展专题调研。

5月,民盟攀枝花市委拟就《中国钒钛产业高技能人才培养基地建设方案》《中国钒钛产业高技能人才培养基地建设调研方案》预案,做好民盟中央课题调研组莅攀进行调研指导的相关准备工作。

7月,攀枝花市钒钛产业高技能人才培养基地建设调研协调会在攀枝花宾馆召开。民盟四川省委主委赵振铣、副主委田继万,民盟攀枝花市委主委伍维根以及市委统战部、市教育局、发改委、人社局、经信委和攀枝花钢铁研究院、攀钢集团科技部、四川机电职业技术学院等有关领导参加会议,副市长张敏主持会议。

8月,民盟中央副主席索丽生率领民盟中央"钒钛产业高技能人才培养基地建设"课题调研组,主要成员有民盟中央参政议政部巡视员张冠生,民盟四川省委副主委田继万,四川省教育厅副厅长王康,中国钢研科技集团公司钢铁研究总院粉末冶金研究室主任、北京钢研高纳科技股份有限公司副总经理柳学全,天津冶金职业技术学院副院长孔维军,民盟四川省委秘书长姚其清,省人力资源和社会保障厅副巡视员赵巍等,专程到攀调研、指导攀枝花市打造全国钒钛人才培养基地工作及盟务工作。

8月,民盟中央副主席、民盟原省委主委,省政协副主席吴正德到攀作《中国共产党领导的多党合作制度中民主党派的话语权及实现方式》专题报告。

搞好调研工作，反映社情民意。2012 年，民盟市委承担民盟四川省委 2011 年度调研课题 2 个，即《促进攀西地区先行对接云南“桥头堡战略”的体制机制问题调查及政策建议》《学前教育师资培养、使用、成长中存在的问题、思考与建议》，已结题报盟省委。民盟市委另自身独立开展《攀枝花市城市贫困问题调查及对策建议》《中小企业职业病防控情况调查及政策建议》《促进攀西地区先行对接云南“桥头堡战略”的体制机制问题调查及政策建议》《高等教育招生模式对“应试教育”的影响及政策建议》《学前教育师资培养、使用、成长中存在的问题、思考与建议》等 5 个课题调研。

为切实做好政治交接及树立和践行社会主义核心价值体系学习教育活动，民盟市委分 4 期组织全市 200 多名盟员到南充张澜故里、广安小平故里及重庆特园民主党派博物馆等地学习考察，全体盟员思想素质得到很大提高，有力促进各项盟务工作深入开展。在“攀枝花民盟网”陆续刊载相关学习资料和文章，不断增强全市盟员对社会主义核心价值体系的政治认同、理论认同。同时，将社会主义核心价值体系教育自觉融入到民盟的自身建设全过程和履行职能的各项工作中，使全市盟员不断增强政治意识和大局意识，沿着正确的方向和目标前进，多党合作的共同思想政治基础进一步巩固，发挥自身优势，做好社会服务工作。

3 月，经民盟市委多方努力奔走，为仁和区大龙潭中心校争取到广元市民政局抗旱资金 20 万元，用于解决学校师生饮用水问题。

4 月，民盟攀枝花学院支部与民盟盐边县支部共同举办的一场别开生面的学术联谊活动在盐边县中学礼堂举行。攀枝花学院英语系盟员教师过俊就大学和中学英语教育的衔接问题与盐边中学、民族中学和红格中学的全体英语教师进行学术交流，受到盐边县教育局和参会老师的一致好评。

5 月，民盟攀枝花市委邀请攀枝花学院医学院聂岚、周丽两位老师，在大龙潭乡中心校分别举办男生、女生青春期知识讲座，帮助孩子们了解青春期生理和心理的相关知识，正确面对青春期这一身体和心理迅速发育时期产生的各种困惑和苦恼。该校五、六年级共 300 余名学生参加培训。

5 月，民盟攀枝花市委邀请大龙潭中心校 32 名优秀学生到攀枝花学院参观学习，感受大学校园氛围，开阔视野，增长见识。民盟攀枝花学院支部主委王兵带领孩子们参观攀枝花学院图书馆、分析测试中心、语音实验室等。民盟攀枝花市委主委、市政协副主席伍维根寄语同学们好好学习，刻苦钻研，将来读中学，读大学，长大后成为建设国家的栋梁之才，更好地服务家乡，服务社会，报效祖国。

2012 年，民盟攀枝花市委荣获民盟四川省委 2007—2012 年参政议政工作先进集体、宣传工作工作先进集体、机关建设工作先进集体先进称号。

（蒋冰韬）

中国民主建国会攀枝花市基层委员会

【组织状况】 民建攀枝花市基层委员会现有会员 51 人，主要分布在非公有制经济领域、国有企业和医药卫生等界别，从事与经济管理与研究密切相关的工作。会员平均年龄 42 岁，有女会员 14 人；具有大学以上学历的 43 人，其中 8 人为研究生学历；有高级职称的 6 人；会员中有省政协常委 1 人，市人大常委 1 人，市政协委员 4 人；有县（区）人大代表 1 人，县（区）政协委员 10 人；有市公安局特邀监督员 3 人，市检察院特邀检察员 1 人，市法院特邀监督员 1 人；民建省委专门委员会委员 6 人。会员中经济界人士 36 人，占 71%，其中 22 人为非公有制经济人士和新的社会阶层代表人士，经济界人士中有国有企业管理人员，钢铁钒钛产业业主及管理人员，流通领域业主等。机关内设办公室，有 1 名行政编制人员驻会办理日常会务。

2012 年 2 月 29 日，民建攀钢小组召开会员大会，选举民建攀钢支部委员会委员和支部主任、副主任，魏小英当选支部主任，程伟当选支部副主任，王明亮当选支部委员；3 月 7 日，民建攀枝花市产业小组召开会员大会，选举民建产业支部委员会委员和支部主任、副主任，黄璞当选支部主任，虞振糯、谢敏当选支部副主任，谢玉奎、金振华、刘蒙江、李格当选支部委员；3 月 9 日，民建攀枝花市综合小组召开会员大会，选举民建综合支部委员会委员和支部主任、副主任，梁云彬当选支部主任，冯晓华、张永华当选支部副主任，尹茜、苟淑云当选支部委员。

4 月 10 日，民建四川省委攀枝花市基层委员会成立大会在攀枝花会展中心举行。民建四川省委副主委、省政协副秘书长王元勇出席会议；中共攀枝花市委副书记赵辉、市人大常委会副主任张国民、副市长刘建明、市政协副主席赵勇出席会议。会议选举产生民建攀枝花市基层委员会委员和主任、副主任，李绍华当选主任，于立光、苟淑云当选副主任，魏小英、虞振糯、梁云斌、冯晓华当选为委员。攀枝花市级各民主党派、工商联和人民团体负责人，市委统战部、组织部及对口联系部门负责人，各县（区）和攀枝花学院、大企业党委统战部的负责人参加会议。

【主要工作】 2011 年 3 月 20 日，中共攀枝花市委领导会同民建四川省委领导专程赴京拜会全国人大常委会副委员长、民建中央主席陈昌智，受到亲切接见，民建中央副主席辜胜阻参加接见会。民建四川省委副主委王元勇，攀枝花市委副书记赵辉，攀枝花市政协党组副书记、副主席、市委统战部部长赵勇，民建攀枝花支部主任李绍华等出席会议。陈昌智对攀枝花在国家战略发展中的重要地位以及多党合作事业的发展给予充分肯定，对攀枝花市今后的发展提出了突出特色，注重产业、产品创新，注重质量、提高效益，搞好产品深度延伸，坚持科学发展，改善民生等指导性意见。对中共攀枝花市委给予攀枝花民建工作的高度重视和关心支持表示感谢，希望中共攀枝花市委进一步加强对中共中央[2012]4号文件的学习贯彻力度，创造出新的经验。陈昌智还就民建攀枝花支部今后的工作提出新的更高的要求，强调要做好组织发展工作，把民建的优势发挥好，希望早日建立民建市级委员会，并希望中共攀枝花市委给予大力支持和帮助。赵辉简要汇报介绍攀枝花市市情以及改革发展的情况和攀枝花统一战线工作，尤其是攀枝花民建工作的情况。赵辉表示，中共攀枝花市委将进一步加大对攀枝花民建工作的领导和支持力度，积极支持民建建立地方组织，市委、市政府将对民建会员的培养、使用，机关人员编制、车辆配备、经费预算等方面给予更大支持。

民建攀枝花市基层委员会充分发挥经济界优势和特色，围绕党委、政府中心工作，深入调研，积极向党委和政府建言献策。在市政协八届一次大会上作《加快攀枝花旅游产业发展建议》的发言，会员中各级人大代表、政协委员共提交提案、建议7件；在参政议政调研成果汇报会上，《攀枝花“两化”互动中优化水资源利用的建议》的书面发言，获得三等奖。

民建三个支部成立后，分别组织会员开展参政议政、社会调研及服务等活动。民建攀钢支部组织会员参观考察攀钢海绵钛厂生产经营情况。钛产业是攀钢的支柱产业，海绵钛产品是钛产业链的延伸，是攀钢钛产业原料和钛金属产品的桥梁和纽带，经过1年多的攻关和实践，海绵钛工艺逐步走向成熟，攀钢将会成为全球唯一拥有完整钛产业链的企业。钛产品可以应用于医疗、航空航天、汽车、食品、化妆品等多个行业，具有非常广泛的用途。作为攀钢的民建会员，大家感到自豪，表示将立足岗位，奉献才智；民建产业支部在仁和区参政议政调研成果汇报会上，作了《依托资源，发挥优势，促进特色农业产业化发展建议》的书面发言。

民建攀枝花市基层委员会积极务实开展社会服务活动。攀枝花旱情发生后，民建攀枝花市基层委员会积极向各方面传递信息，呼吁帮助；4月，组织会员、企业家到仁和区大龙塘乡迤资村莲花塘社，实地察看农田水利设施和受灾情况，鼓励村民坚定信心，采取有效措施，减低损失，现场捐资3万元用于堰塘清淤和维修整治；还为仁和区布德镇村民购买3 200件纯净水。

11月，在全市统一战线“同心服务民生”社会活动中，民建攀枝花市基层委员会现场捐赠现金12 000元，用于农村贫困家庭学生学习，民建攀枝花市基层委员会主任李绍华参加活动，产业支部负责人参加捐赠仪式。

2012年，经民建攀枝花市基层委员会积极争取，由民建中央“思源”扶贫基金会捐助的盐边县渔门中学欧莱雅“扬帆”班的50名学生每人资助2 000元的生活学习费，共计10万元；由捐赠人购置的3 500册爱心图书存放于学校图书室；另外，民建中央和中华思源扶贫基金会为攀枝花市分配2个“扬帆”夏令营班的计划指标，暑假期间，盐边县渔门中学、米易县丙谷中学的20名同学参加2012年“扬帆计划”暑期夏令营活动，赴南京进行学习和社会实践活动。

（于立光）

中国民主促进会攀枝花市委员会

【组织状况】 2012年，民进攀枝花市委共有总支部3个（下设7个支部）、直属基层支部11个，会员355人，其中女会员155人。会员中具有大专以上学历的知识分子324人，占会员总数91%，其中有博士2人、博士后1人。具有高级职称的会员86人，中级职称的会员244人。获特级教师称号7人。会员中教育界298人，其他界别57人。

会员中，有市人大常委1人，市人大代表3人；有县（区）人大副主任1人，常委3人，人大代表5人；有省政协委员1人，市政协副主席1人，市政协常委2人，委员9人；有县（区）政协常委4人，委员16人；有省交警总队的特邀规范执法监察员1人，市政府行政执法监督员1人，市人民检察院特约检察员1人，市中级人民法院司法监督员1人，市司法行政系统政风行风特邀监督员1人，市新闻评论员1人，市监察局特邀监察员1人，市卫生局医德医风监督员1人，市交警支队警风监督员1人，市公安局特邀监督员2人，市教育局行风监察员5人。会员中有中共党员22人。全年发展会员10名，其中基础教育界7人、政府机关1人、文艺界1人、私营企业界1人。

2012年，在市政协第八届攀枝花市委员会第一次会议上，市委主委周治端当选为攀枝花市政协副主席，市委副主委汪沛川当选为攀枝花市政协常委。在攀枝花市第九届人民代表大会第一次会议上，市委副主委兼秘书长朱发彬当选为市人大常委、市人大法制委员会委员，同时并被任命为市人大教科文卫委员会委员。

【主要工作】 2012年，民进攀枝花市委向市政协八届一次大会提交一份大会发言《高度重视传统节庆文化营造浓厚节庆氛围努力建设幸福攀枝花》和一份大会书面发言《强力推进加快发展加快确立攀枝花机械制造业的支柱产业地位》。向市政协提交《关于完善城市基础设施建设解决停车难问题的建议》《关于关注高中教育进行新课改后老百姓对教育投入负担加重的建议》《关于加强中小学生传统文化教育培育学生主流文化思想的建议》等7件集体提案；向市人大提交《关于加快打造攀枝花机械制造业的支柱产业地位的建议》《高度重视传统节庆文化营造浓厚节庆氛围努力建设幸福攀枝花的建议》等6件代表建议。民进攀枝花市委政协委员、人大代表向两会提交个人、联名提案、建议、议案共18件。

在市政协八届一次大会上，民进攀枝花市委《高度重视传统节庆文化营造浓厚节庆氛围努力建设幸福攀枝花》的大会发言荣获二等奖，《强力推进快速发展加快确立攀枝花机械制造业的支柱产业地位》的书面发言荣获鼓励奖，前者得到市政府、市重大节日办的高度重视和采纳，市重大节日时还派人专程到市委机关进行沟通交流，并将在下一步工作中将和民进市委开展更加深入广泛的合作，不断提升攀枝花节庆文化的层次和水平，切实提升攀枝花人民的认同感、归属感和幸福感。

民主党派建言献策专题调研工作：2012 年初，中共攀枝花市委、市政府向统一战线提出关于全市中心工作和经济社会发展方面的 14 个调研课题，民进攀枝花市委围绕市委市政府确定的发展战略，选择"攀枝花打造四川南向开放门户"作为 2012 年度重点调研课题。围绕课题先后三次召开课题专题研讨会，并在主委会、全委会和市委机关办公会进行深入研究和讨论，充分动员参政议政工作委员会、市委机关全体成员、特邀民进之友会外专家学者参与课题研讨工作。主委、副主委多次赴民进省委进行沟通协调，并与市发改委紧密沟通。同时，课题组专程深入云南腾冲、瑞丽、景洪实地考察，在昆明组织有云南省和昆明市政府相关部门、云南社科院、云南大学、四川省招商局、四川省驻昆办有关领导和专家教授参加的高层次座谈会。通过大量深入细致的工作，最终形成高质量的调研报告《抢抓机遇加快把攀枝花打造成四川南向开放门户》。2012 年 12 月 17 日，在全市统一战线建言献策专题调研成果汇报会上，民进市委的调研成果获攀枝花市统一战线 2012 年度专题调研工作唯一一等奖。

2012 年，市人大常委、民进攀枝花市委副主委兼秘书长朱发彬带领机关干部，与攀枝花市食品药品监督管理局就攀枝花市食品药品安全监督管理工作联合开展调研，形成专题报告《加强监管综合治理努力保障全市餐饮食品和药品安全》作为 2013 年政协大会书面发言，将攀枝花市食品药品监管中的客观困难、问题以及如何理顺食品药品安全监管体系、完善食品药品安全监管机制等问题写出集体提案，努力将攀枝花市食品药品监管工作推上新的台阶。

2012 年，民进市委紧紧围绕全市的中心工作，积极为全市的经济建设和社会发展建诤言献良策。民进市委领导班子、省市县（区）人大代表、政协委员及各类特邀人员共参加中共攀枝花市委、市人大、市政府、市政协及县（区）党政部门、市公检法等部门召开的协商会、通报会、座谈会、研讨会、学习会和各项调研、视察活动 70 余次，就攀枝花市的重要人事安排、经济社会发展、城市建设、产业发展、新村建设、"五创联动"、机关效能建设等重大项目建设和民生工程方面提出许多好的意见和务实的建议，得到中共攀枝花市委、市政府主要领导的好评，不少意见得到采纳。

积极组织基层组织负责人参加民进四川省委、中共攀枝花市委统战部组织的基层组织负责人培训班 7 人次，组织入会积极分子参加由市委统战部组织的民主党派入党分子培训班 3 人次，推选 1 名会员参加由民进中央举办的"同心·彩虹行动"2012 年骨干教师暑期培训班。进一步加强对基层组织的指导、帮助，加强与县（区）委统战部和基层组织所在单位党组织的联系与交流，全年到各县（区）调研 15 次。基层组织开展以政治学习、参政议政、社会服务等为内容的会务活动 40 余次，会内各项工作开展得有声有色，做到"计划完善、总结详尽、主题鲜明、记载完整、汇报及时"，促进了党派基层工作的正规化建设。

2012 年是攀枝花民进成立 30 周年，同时也是换届工作年。民进攀枝花市委对会庆工作、换届工作相关事宜和编史修志工作给予高度重视和大力支持，专门召开修志工作会议，邀请民进市委老领导出席会议，并在全委会、主委会、机关办公会上进行研究讨论达 10 余次，对志书的主线、具体框架和主要内容作出明确要求，对市委机关、各总支、支部承担的修志工作进行任务分解和责任划分。至 2012 年年底，志书初稿已基本完成。

民进攀枝花市委各级组织全年共捐助 6 名贫困生共 5 380元，捐献书籍3 550册，参与 4 次"三下乡"活动和进社区活动，发放科技资料 300 余份，受益群众 900 余人。积极响应中共攀枝花市委、市政府开展的"百千万·干群心连心"活动号召，民进市委机关全体干部为帮扶攀枝花困难群众捐资5 000余元。市委主委周治端、市委驻会副主委兼秘书长朱发彬行程数百千米，走访、慰问 7 户联系户，为困难群众送去米、油和慰问金。

全年，机关编发简报 11 期，向民进省委、市政协、市委统战部发送消息、报道 100 余条，民进中央网站采用报道、文章 7 篇，中国经济报刊网刊载报道 1 篇，四川新闻网刊载报道 1 篇，《四川政协报》刊载报道 1 篇，《攀枝花日报》刊载报道 1 篇，《四川民进》刊载报道 1 篇、文章 25 篇，民进省委网站采用报道 99 篇。机关干部 2 人积极参与民进四川省专职干部宣传工作绩效竞赛，在全省宣传工作绩效考评中同获二等奖，被民进四川省委评为 2012 年度优秀通讯员。

2012 年，民进攀枝花市委荣获民进四川省委"参政议政工作先进单位""新闻宣传工作先进单位""网络宣传工作先进单位""社会服务工作先进单位""机关建设工作先进单位""《多党合作在四川》（民进卷）编纂工作先进单位"和"2012 年度综合工作先进单位"7 个奖项，在全省民进地方组织中位列第 3 名。

（张　玥）

农工民主党攀枝花市委员会

【组织状况】 2012 年，市委会共有 17 个基层组织，其中 4 个总支委员会，13 个支部。截至 12 月底，全市共有农工党员 268 人。其中，男党员 136 人，占党员总数 50.7%；女党员

132 人，占党员总数 49.3%；具有中共党员和农工党员双重身份的有 14 人。按界别划分，教育界 12 人，占 4.5%；科技界 3 人，占 1.1%；医药界 221 人，占 82.5%；公有制经济 1 人，占 0.4%；新的社会阶层 1 人，占 0.4%；法律界 2 人，占 0.7%；政府机关、党派机关、环保等 26 人，占 9.7%；其他界别 2 人，占 0.7%。从学历职称看，具有大学以上文化程度的 124 人，占 46%；具有高级职称的 69 人，占 25.7%；具有中级职称的 187 人，占 69.8%。从年龄结构上看，全市农工党员平均年龄 52 岁。其中，40 岁以下 47 人，占总人数的 17.5%；41～50 岁的 92 人，占 34.3%；51～60 岁的 48 人，占 17.9%；61～70 岁的 48 人，占 17.9%；71 岁以上的 33 人，占 12.4%。在职党员 161 人，占总人数的 60%；离退休党员 107 人，占 40%。

全市农工党员中有省人大代表 1 人，省政协委员 2 人，市人大副主任 1 人，市人大代表 1 名，市政协委员 11 人，其中，担任市政协常委 3 人。县(区)人大代表 2 人，县(区)政协委员 7 人，县(区)政协常委 4 人，市公安局特邀监督员 2 人。

市委会批准符合发展条件的 10 人为农工民主党党员，其中男 4 人、女 6 人，平均年龄为 40 岁。新党员中，大学本科学历 8 人、大专学历 1 人，大专以下 1 人，高级职称 2 人、中级职称 8 人。

2012 年，农工党攀枝花市委会党员中因工作调动转出 2 人。

【主要工作】 2012 年，农工党攀枝花市委会以《发挥大企业医疗卫生优势助推区域医疗卫生高地建设》为题作为主要发言材料在市政协八届一次全委会上发言，另一大会发言《进一步加强我市消防安全工作为构建幸福攀枝花保驾护航》也在政协全委会上作了大会发言。市委会共提出集体提案 8 件。其中，市委会提出的《关于尽快建立医疗纠纷解决新途径的建议》集体提案被市政协列为主席督办提案，同时也被市政府目标办列为重点办理提案。市委会提出的集体提案《关于建立对先天性心脏病患儿救助体系的建议》，对完善攀枝花市社会保障和社会救助制度，减轻患儿家庭和社会负担，建设幸福攀枝花具有重要意义，也受到市政协重视。除此之外，成员中的市政协委员共提出个人及个人联名提案 16 件。提案内容涉及攀枝花市政治、经济、交通、医疗卫生、消防安全等多个方面。市委会还积极参加市有关部门和单位组织的各种活动和会议。

2012 年，农工党攀枝花市委会积极开展调研活动。3 月底，受中共攀枝花市委邀请，全国政协副秘书长、农工民主党中央副主席刘晓峰率队到攀枝花市，调研全市县级公立医院改革发展情况，并看望慰问基层医务工作者。中共攀枝花市委书记刘成鸣等市领导陪同调研。调研中，刘晓峰副主席一行先后前往米易县人民医院及市中心医院、仁和区医院，察看医疗硬件设施，询问了解医院运行管理情况及医院收治情况、医疗设施水平、医务人员编制、医疗后勤保障等。7 月底，四川各民主党派省委领导班子建设学习研讨活动走进攀枝花，参加活动的各民主党派省委领导通过实地视察、听取汇报等方式，对攀枝花市贯彻落实省第十次党代会精神，深入实施“两化”互动、统筹城乡发展战略各项工作进行指导。中国农工民主党省委会主委，副主委，秘书长参加此次活动并针对攀枝花的实际情况提出了较好的意见和建议。8 月，为发挥农工党医药卫生界别优势，市委会组织机关支部党员利用自身专业特点，到市司法强制戒毒所开展工作调研。在调研中，深入分析戒毒人员复吸率高的深层面原因。就如何使吸毒人员从身体和心理上完全脱毒，并回归到正常社会生活中来进行探讨。在 12 月召开的有中共市委书记、副书记、市长、副市长及政府相关部门主要负责人参加的全市统一战线建言调研成果汇报会上，农工党攀枝花市委会作了题为《努力打造(全国)一流康养基地，着力提升城市综合竞争实力——谈阳光康养基地建设中融入医疗模块(式)的重要作用》的调研成果专题汇报发言，此汇报发言获得调研成果三等奖，并得到市委、市政府及与会者的充分肯定。

为贯彻落实好统一战线开展“同心”实践活动的要求，按照中共攀枝花市委提出的希望各民主党派、工商联立足各自界别和优势，每年围绕促进攀枝花市经济社会发展至少办一件实事、好事的要求。2012 年 2 月，中共攀枝花市委副书记赵辉，市政协副主席、市委统战部部长赵勇，农工党市委会主委、市人大副主任张汝林率相关同志一行走访农工党省委机关，并与农工党省委达成协议，按照协议要求，农工党省委于 2012 年 8 月组织省华西医院和省人民医院等医院医疗专家，赴攀枝花市米易县人民医院开展定点联系医院大型义诊和药品捐赠(价值 18 万元的药品和医疗器械)等活动。活动期间，农工党四川省委张庆文副主委与攀枝花市人民政府张敏副市长签署了定点联系攀枝花市县级医院合作框架协议。

3 月，受中共攀枝花市委书记刘成鸣的委托，市委副书记赵辉，市政协副主席、市委统战部部长赵勇，市人大副主任、农工党攀枝花市委主委张汝林一行前往北京拜访农工党中央，并与农工党中央有关领导进行亲切友好座谈。农工党中央根据《中共攀枝花市委关于恳请农工党省委帮助协调把攀枝花市作为农工党中央和农工党省委联系点的函》(攀委〔2012〕26 号)文件精神，专门召开主席会议研究，并以农工中办发〔2012〕29 号文作批复，同意将攀枝花市作为农工党中央参政议政联系点，农工党中央地级市设立参政议政联系点在全国尚属首次，参政议政联系点的设立将进一步加强对攀枝花医疗卫生、环境保护、人口资源等工作的指导、支持与帮助，积极助推攀枝花经济社会实现又好又快发展。

2012 年 6 月，农工党四川省委召开四川省第十一次代表大会，农工党攀枝花市委会共有 9 名同志参会，其中市委会主委张汝林、副主委兼秘书长许勤分别作为常委和委员参会。12 月，农工党中央第十五次代表大会召开，市委会主委张汝林作为代表参加了会议，并在会上当选为农工党中央监察委员会委员，这是全国农工党组织中唯一一个地级城市主委当选。

2012 年 8 月底，市委统战部举办 1 期全市民主党派基层组织负责人培训班，农工党攀枝花市委各基层支部负责人参加此次培训，在培训班上，农工党攀枝花市委会主委、市人大副主任张汝林作为特邀讲师给学员们上了一堂关于如何做好民主党派工作的讲座。9 月，市委统战部举办民主党派入党积极分子培训班，并将入党前培训纳入民主党派发展成员培养教育期的重要内容。农工党攀枝花市委会 5 名入党积极分子参加此次培训。12 月，农工党市委举办新党员暨后备干部培训班 1 期，参训人员 50 余人。全年市委会共出工作简报 10 期；向《统战信息》投稿 6 篇；向省委统战部投稿 3 篇；向农工省委投稿 33 篇，采用 33 篇；向农工党中央《前进》杂志投稿 5 篇，采用 1 篇；向《攀枝花日报》《攀枝花晚报》等投稿 3 篇，采用 3 篇。

2012 年，市委会积极发挥农工党医药卫生界别优势，为攀枝花市建设区域性医疗卫生高地开展服务工作。按照中共攀枝花市委办公室关于开展“百千万 · 干群心连心”活动（攀委办发〔2012〕24 号）精神，农工党攀枝花市委会副主委兼秘书长许勤积极走访所联系的 2 名困难群众；市委会积极参加由市委统战部在仁和区仁和镇大河社区举办的“同心 · 服务民生”为主题的“三下乡”活动，为当地群众开展义诊近 300 人次并发放2 000余元的药品。农工党攀枝花市直机关支部继续援助仁和区务本乡贫困优秀女大学生冯淋，送去新学年的助学款2 500元。

农工党市中心医院支部肿瘤科为在该科住院的西区大水井的一位患下肢骨肉瘤且家境十分贫困的和姓纳西族女孩发出扶贫捐助活动，组织多名农工院党员每年送助2 000多元，长达 5 年之久，帮助其渡过难关，其恶性疾病也得到治愈。

（王沛然）

中国致公党攀枝花委员会

【组织状况】 2012 年，中国致公党攀枝花市委员会（以下简称致公党市委会）发展新党员 17 名，至年底党员数达到 170 名。党员平均年龄 50.7 岁。其中女党员 79 人，占总数 46%。党员中有侨海关系的 98 人，占 58%。党员从事教育工作的占 24%，科技工作的占 13%，医疗卫生工作的占 10%，公有制经济的占 12%，党政机关的占 31%，其他占 10%。党员担任四川省、攀枝花市各级人大代表、政协委员人数为：市人大常委 1 人、市人大代表 1 人、省政协委员 2 人、市政协副主席 1 人、市政协常委 1 人、市政协委员 12 人、县（区）政协常委 7 人、县（区）政协委员 19 人。有 1 人担任市侨联主席、侨办副主任。1 人被市中级人民法院聘为调解员、1 人被市公安局聘为警风警纪监督员、1 人被市法制局聘为行政执法特邀监督员、1 人被市政府聘为教育督导员、1 人被市公交公司聘为行风义务监督员、1 人被市纪委聘为特约监督员、1 人被市司法局聘为政风行风特邀监督员、2 人被东区纪委聘为特约监察员、1 人被西区环保局聘为特约监督员、1 人被仁和区国税局聘为义务民主监督员、1 人被米易县公安局聘为警风警纪监督员、1 人被盐边县人民法院聘为陪审员、1 人被盐边县人民法院聘为监督员。

6 月 30 日，致公党市委会五届六次市委（扩大）会议研究决定成立致公党市委会参政议政专委会，以适应近年来中共市委、市政府对民主党派工作期望越来越高的形势。专委会由唐光荣任主任委员，周斌任副主任委员，参政议政专委会为全市致公党员更广泛地参与参政议政工作搭建了平台。

2012 年主委何群驻会，通过公招增补 1 名机关干部，办公室主任张尔栗退休。

【主要工作】 2012 年，致公党市委会在攀枝花市政协八届一次会议上，共提交 1 篇大会发言，5 件集体提案，其大会发言“抢抓机遇全面提升攀枝花钛白产业整体实力”被评为优秀大会发言。政协会议期间，有 2 名成员获得攀枝花市政协优秀委员的荣誉称号。集体提案“关于便民电话‘一话通’的建议”“关于打造攀枝花钛白区域品牌的建议”，被写进《中国人民政治协商会议第八届攀枝花市委员会常务委员会关于八届一次会议以来提案工作情况的报告》。致公党市委会在全市统战系统成果调研汇报会上的大会发言《促进慈善组织发展提升我市扶贫帮困开发整体合力》获三等奖。调研报告《攀枝花市机械制造产业发展现状及对策研究》围绕如何发挥攀枝花市钢铁原材料优势延伸产业链促进机械制造产业发展相关问题提出新颖、操作性强的建议为市委市政府提供了决策参考。3 月中旬，中共市委副书记赵辉带领致公党市委会主委、秘书长一道拜访致公党中央副主席杨邦杰。致公党市委会围绕攀西战略资源创新开发科技攻关相关问题，积极争取致公党中央、四川省委会支持，在各方共同努力下，全国政协副主席、致公党中央主席、科技部部长万钢在蓉听取市委、市政府关于推进攀西战略资源开发的专题报告。致公党市委会与市科学技术和知识产权局召开对口联系座谈会，就攀枝花市创新开发钒钛战略资源整合全国科技资源、争取国家科技部支持等问题提出好的建议。

2012 年致公党市委会继续向仁和区 16 名贫困女童及仁和区、盐边县、米易县农村 33 名贫困孤儿资助 1 学年的学习费用，捐赠金额 6.7 万元。主委、秘书长走访所联系的 7 名困难群众，并联系市农林科研院专家为其克服困难、发展生产想办法、出主意。年初攀枝花市发生严重干旱，致公党市委会及时联络党员企业家开展“爱心送水公益行活动”，为平地中心校的师生带去了价值1.2万元，共300件金沙源矿泉水。7月，积极响应致公党四川省委会号召，向泸州市遭受暴雨袭击的灾区捐款6 400元。向市第十八小学校及盐边县城第一小学校捐赠总价值6.6万元共176套鼓号器材，帮助这两所学校建立“致公爱心鼓号队”。在市委统战部组织的“同心·服务民生”活动中致公党市委会向仁和区平地镇中心卫生院捐赠价值15万元的医疗器械。在了解到市江南基督教堂迁建存在资金困难的情况后，通过致公党北京西城区委会牵线搭桥，致公党市委会联系北京市缸瓦市教堂杜凤英牧师，对方表示在深入研究实地情况后尽最大努力为教堂迁建资金提供支持，也表示愿意与攀枝花市基督教会在人员培训、教义宣传等方面进行交流帮扶。

致公党市委会面向内部印发4期《攀枝花致公》。成员作品有2篇被《四川致公》登载，2篇被《攀枝花日报》登载。并有2名成员被聘为政协宣传员，并参加由政协组织的培训班。

2012年致公党市委会分别与致公党深圳市委会、泸州市委会、湛江市委会、中山市委会、泉州市委会、北京西城区委会开展交流学习活动，收效良好。

致公党市委会前主委、致公党党员刘庆华主编的《九华丹枫——林文泉从教六十周年纪念文集》出版。致公党攀钢支部主委、攀钢冶金材料有限公司首席工程师、教授级高工王怀斌的科研项目“提钒转炉衬修补料组合物及其制备方法”“利用刚玉渣制备耐火原料的方法”获国家授权专利。攀枝花市农林科学院畜牧水产中心所长、副研究员、致公党党员杨应东科研项目“颈枷式羔羊专用补饲槽”获国家授权专利。攀枝花学院讲师、致公党党员周斌撰写的《基于模糊理论的我国外贸发展量化分析》《川滇黔“资源金三角”区域合作机制研究》发表于《攀枝花学院学报》(2012年第2、4期)。攀枝花学院工程技术学院副教授、致公党党员李玫瑾撰写的《“十二五”期间交通环境改善对攀枝花旅游业的影响》《旅游业推动攀枝花城市转型的研究——对攀枝花市转型中工业旅游开发的思考》发表于《消费导刊》(2012年第1、2期)，《对我国酒店员工高流失率现象认识——以攀枝花市得天独厚餐饮酒店集团为例》发表于《旅游纵览》(2012年第11期)，《试论服务人员情感服务》发表于《品牌》(2012年第11期)。

致公党市委会驻会秘书长邓永玲获得致公党中央社会服务“先进个人”、并获公务员记“三等功”奖励。致公党盐边支部主委、盐边县发展和改革局副局长陈颖获“2011年度盐边县优秀乡科级领导干部”。东区人口计生局副局长、致公党党员杨琳获“市‘十一五’期间先进个人”称号。市体育中学训练处主任、致公党员刘世文获“市体育局‘先进工作者’”称号。市中心医院副主任医师、致公党员吕胜获攀枝花市科技二等奖。大河中学教师、致公党员彭涛被评为“2012—2014年度市级学科带头人”。大河中学教师、致公党员张秀华被评为“2012—2014年度仁和区学科带头人”。仁和区大田中学教师陈吉明被评为2012年仁和区优秀教师。盐边县质监局业务科科长、致公党员何远美被评为盐边县“五五”普法先进个人。盐边中学教师衡先奎被评为“2012—2014市级骨干教师、市初中数学张长平名师工作室成员”。致公党市委会机关干部、致公党员马萍撰写的《弘扬雷锋精神促进社会发展》获市“弘扬雷锋精神”主题征文活动三等奖。

（马　萍）

九三学社攀枝花市委员会

【组织状况】 2012年，九三学社攀枝花市委员会(以下简称九三学社市委)有基层委员会1个、基层支社15个，共有社员597人，其中女社员217人，占37%。按界别分：科技界219人，占37%；医卫界149人，占25%；教育界86人，占14%；公有制经济46人，占8%；政府机关58人，占10%；其他界别39人，占6%。其中高级技术职称196人，占33%；中级技术职称391人，占65%。社员平均年龄55岁，40岁以下62人，占10%；41~50岁218人，占38%；51~60岁93人，占16%；60岁以上224人，占38%。有离退休社员218人，占37%。2012年社市委发展28名社员，平均年龄36岁，其中女社员13名，高级职称3名，中级职称18名，硕士4名。科技界2名，医卫界4名，工程技术4名，教育界5名，政府9名，文艺界2名。

九三学社市委现有九三学社中央委员1人、省政协常委1人、省人大代表1人、市人大代表6人(其中常委1人、代表5人)、市政协委员23人(其中常委4人、委员19人)、县(区)人大代表8人(其中专职副主任1人、常委1人、代表6人)、县(区)政协委员35人(其中专职副主席4人、常委8人、委员23人)、担任副县级以上领导职务23人。

2012年，九三学社市委主委刘建明在市人大九届一次会议上当选为市人民政府副市长；在九三学社四川省委第七次代表大会上当选为九三学社四川省委第七届委员会副主委。

【主要工作】 九三学社市委高度重视参政议政工作。针对攀枝花市经济社会发展重大问题和人民群众关注的热点、难点问题，精心选择调研课题，深入开展调查研究，高质量地完成调研报告、集体提案、大会发言。在市政协八届一次大会上《增加攀枝花市城乡居民收入的对策和建议》的大会发言获三等奖，《瞄准市场定位、推动钒钛新材料产业发展》和《用科技支撑引领攀枝花现代特色农业发展》获大会发言鼓励奖。2012年九三学社市委共提交12篇集体提案,《关于加强我市农村农田水利基础设施建设的意见》被列为市政协重点督办案。九三学社市委《对打造攀枝花市千亿产业的对策和建议》在全市统一战线专题调研成果汇报会上获二等奖。

2月7日,四川省政协副主席、九三学社四川省委主委黄润秋等九三学社省委领导与中共攀枝花市委副书记赵辉等一行进行座谈交流。

为了争取九三学社中央和省委对攀枝花市经济社会发展的关心和支持,九三学社市委积极协调联络,并陪同市委副书记赵辉拜访九三学社省委、九三学社中央。7月1~3日,全国政协副主席、九三学社中央副主席王志珍,九三学社中央副主席、国家农业部副部长张桃林,九三学社中央副主席赖明率"农业绿色发展与工业转型"调研组莅攀调研指导工作。调研组实地察看、听取汇报、提出建议,形成《金沙江干热河谷流域生态恢复与治理的建议》和《钒钛磁铁矿资源综合利用产业发展及政策建议》两项调研成果,九三学社中央将帮助我市争取国家层面的支持,同时争取《攀西无公害农产品检测中心建设项目》在农业部批准立项。

11月3日,攀枝花市统一战线2012年"同心·服务民生"社会服务活动在仁和区仁和镇大河社区举行。九三学社市委组织20余名社员参加并开展三方面的社会服务活动。组织苴却砚雕刻专家,对攀枝花市苴却砚生产过程进行介绍、鉴赏、展示,并开展有关砚台的技术咨询服务活动;组织市科协大篷车利用展板宣传防震减灾科普知识并发放九三学社中央编制的《农村医疗健康手册》;组织九三学社社员参加文艺演出。

11月11日,九三学社市委组织社员在东区四合院社区开展第二十四届"国际科学与和平周"活动,活动邀请市科技局、科协、东区统战部等单位参加,组织社员和社区的同志20人组成社会服务工作者,利用展板、宣传手册及现场讲解、现场捐赠等方式开展活动,内容分为义诊、社保、医保、健康卫生、计生优育等知识宣传以及攀枝花市特有的"苴却砚"鉴赏等,同时发放九三学社中央普及推广的《新农村健康卫生手册》200本,并给看望慰问5户特困家庭。

(郭绍珊)

攀枝花市工商业联合会

【概　况】 2012年底,全市工商联会员总数1 498个。市工商联有执委75人,其中,主席、副主席18人(企业家副主席14人),副会长11人(企业家副会长8人),秘书长1人,常委37人。市工商联下属行业商(协)会8个。市工商联机关有干部职工12人,其中,行政9人(超编2人),事业人员1人,工勤人员1人,临聘人员1人。

2012年,在省委、省政府召开的四川省民营企业转变发展方式现场会上,市工商联作为市(州)工商联代表进行交流发言;获得(2009~2012)全省工商联系统综合工作先进单位称号,上规模民营企业调研、光彩事业统计等工作得到省工商联的表彰奖励;民族团结进步、双拥等工作得到市委、市政府的表彰奖励。

【服务非公有制经济发展】 2012年,市工商联加强与全国工商联、省工商联联系,促成市政府与省工商联联建立战略合作关系,促成西区格里坪工业园区获得省工商联支持共建"川商产业园"工作。

4月,承办"四川知名民营企业家攀枝花行"活动。邀请宏达集团等全省60余家知名企业的负责人到攀枝花钒钛产业园区、花城新区、米易县一枝山工业园区进行实地考察,并参与攀枝花市重大项目投资说明会,与攀枝花市30余户民营骨干企业进行对接。按照市委、市政府的工作要求,发挥好市级领导联系民营骨干企业领导小组办公室协调作用,优选确立2012年市级领导联系的重点企业,认真做好市领导到联系企业走访调研的联络工作和企业反映问题的协调工作。

在"2012全国知名民营企业家四川行暨第七届泛成渝经济区商会合作峰会"和省工商联十次会员代表大会期间,向与会的全国、全省知名企业家送发《攀枝花投资指南》《招商引资项目册》和市工商联服务联系卡230余份。积极组织会员企业参加"西博会"。在会议期间,一批副主席、副会长、执委企业在攀枝花市举办的投资说明会上成功签约,一批骨干会员企业组织开展名优特色产品参展。组织接待广西壮族自治区工商联、香港新世纪金融投资集团、太平洋建设集团等10余次组团到攀枝花的商务考察、交流活动。应贵州省德江县工商联的请求,组织企业家参与贵州德江·攀枝花市项目推介会。协助会员企业开展各类商务活动20余次。广泛搜寻商务信息,分类提供给全市有经济实力的民营企业,分批在《金沙商界》会刊和"攀枝花商会网"上刊发,着力开展本土招商活动。

针对民营企业面临的产品产销不旺,市场普遍低迷的新形势,倡导企业"加强战略合作,积极应对危机,聚力共谋发展"并主办以此为题的工商企业联谊会,钢城集团发布与市工商联会员企业进行战略合作的八大优惠措施。

【营造非公有制经济发展氛围】 2012年,市工商联开展"民营经济集中宣传月"活动。争取市委宣传部等部门支持,组织在攀媒体统一开设"2012民营经济巡礼"专栏,对民营企业典型进行集中宣传报导,树立非公经济发展的典型。

发挥自办网站和刊物宣传作用,编辑出版《金沙商界》4期;利用市工商联网站、省工商联网站、四川新闻网等媒体和平台,发布工商联工作简讯200余篇,信息数增质升,较多信息被国家级媒体采用，宣传力度不断加大。

定期向执委以上人员发布时政要闻、产业发展新政策等，不断提高企业家政治素质、业务能力、思想境界，提高宣传引导的覆盖面。

通过交流和推荐，省工商联刊物《新蜀商》上对攀枝花市两位民营企业家作专题宣传，拓展企业家在全省的知名度和影响力。

【引导非公有制经济人士健康成长】 年内，邀请省委党校王蓉教授从商务交往中的服饰礼仪、社会交往礼仪和接待礼仪3个方面对全市300余位企业管理人员进行培训；针对各县(区)工商联换届后，驻会领导班子成员普遍存在人员变动的情况，组织召开县(区)工商联新班子培训会；根据市委对推动非公企业转型升级的工作指示，组织民营企业家赴西藏拉萨，云南楚雄，四川南充、泸州等地，就民营企业投资三产、工商联组建行业商(协)会等内容等进行考察学习。

为推动解决中小企业融资难题，筹建攀枝花市工商联中小企业信用互助分会；加强与战略合作银行的日常联系和协调，组织举办银企联谊对接活动3次，并积极协调会员企业的贷款工作40多次。

着力打造市工商联"非公荣誉体系"。按照相关程序，认真评审年度"攀枝花市民营企业50强""攀枝花市优秀民营企业家""商界精英""光彩之星""优秀轮值主席(会长、常委)"等称号，并在媒体上广泛宣传，增强了工商联组织的影响力。

筹划启动"娘家亲，心连心"活动，通过召开座谈会或举办联谊活动等方式，切实畅通工商联机关与企业的联系渠道，进一步增进工商联与企业间的了解互信，不断增强市工商联的影响力和吸引力。2012年，先后与锐华农业、鼎金投资、立新养殖等企业组织开展活动。

公开招聘维权服务中心专职工作人员，制定服务、维权工作体系，积极为企业提供信息、法律、融资、技术、人才等服务，对企业发展中遇到的维权问题积极帮助解决，全年为企业提供服务70多次。

【参政议政】 按照市委、市政府的安排，举办民营企业家新春座谈会。市政府主要领导，市级有关部门和全市行业代表企业家就攀枝花市民营经济发展中存在的问题与不足，以及加快产业结构调整、优化资源配置、进一步改善投资环境等等方面进行交流、探讨；对会议中民营企业家们所提出的问题，市委办公室专门发文进行专项督查和落实。

在调查研究的基础上，在市政协八届一次大会期间，提交《关于加大本土招商引资力度的建议》等9个集体提案，作《创新机制发挥政府引领作用为非公企业发展提供人才支撑》的大会发言。

全年开展"稳增长、谋转型"等主题调研活动，机关干部先后到一百多户企业走访调研，认真分析存在问题，研究解决措施，形成《攀枝花市民营骨干企业的现状及建议》等专题调研报告。

认真完成全国工商联、省工商联组织的上规模民营企业调研工作、小微民营企业现状及发展的调研工作；参与配合市人社局、市教育局完成对全市职业教育改革发展调研。

向市纪委推荐25户民营企业作为全市机关效能直报点；与省工商联签订《建立中小企业监测示范点的协议》，将钢城集团等20户非公企业作为攀枝花中小企业监测示范点的样本企业；推荐一批非公经济代表人士担任各部门行风监督员。

【组织建设】 2012年，顺利完成工商联换届工作。按照选好配强新一届领导班子成员的原则，精心筹备，周密谋划，严格换届程序，圆满完成换届工作任务。新一届班子增设常委职务，班子结构更趋合理；非公有制经济人士执委、副主席、副会长数量得到增加，符合非公有制经济快速发展的需要；班子成员中的非公有制经济人士代表性更强，行业影响力更大，为各项工作的更好开展打下良好基础。同时，加大对县(区)工商联换届工作的指导，确保各县(区)工商联选好人、换好届。

认真推选攀枝花市进入省工商联新一届领导班子的人员，经过努力，吴强当选为省工商联副主席，并当选为全国工商联换届代表，实现市非公有制经济代表人士担任省工商联副主席和参加全国工商联换届会议"零的突破"；同时，8位同志当选为省工商联执委(有5位同志为常委)。

建立执委进退机制，出台《攀枝花市工商业联合会执行委员会委员管理试行办法》；建立县(区)工商联工作考评机制，研究制发《攀枝花市各县(区)工商联2012年度工作目标考核办法》《攀枝花市各县(区)工商联2012年度单项工作年度评比办法》；全面推动机关效能建设，在机关内部全面推行工作落实情况月通报制度，对会员来访所反映的问题，做到事事有回音，件件有着落。

积极发展会员，及时把一批有影响、有代表性、热心工商联工作的民营经济人士发展为会员，全年共发展会员企业32家；在加强对已建行业商(协)会的管理指导的同时，积极组建了攀枝花市工商联(商会)中小企业信用互助分会，并大力推动市小水电商会、茶文化研究会的筹建工作。

切实加强机关的思想建设、组织建设、作风建设，选配3个部室负责人，从总体上建成一支政治素质高，业务能力强，组织纪律严明、具有开拓创新精神和较强执行力，能干事、会干事、干成事的干部队伍。

组织每月轮值企业家先后组织开展"八一"拥军慰问、资助贫困学生就学、向社区捐赠书籍、工商企业座谈会等10多次活动。

对已建党组织的会员企业加强党建工作规范化、制度化的指导，对未建党组织的企业做好主要经营者的思想工作，积极推动党组织的组建工作。经过大力推动和具体指导帮助，符合条件的会员企业党组织应建已建率达100%；同时，加强对商(协)会党建工作的指导，攀枝花市汽车流通商会党支部挂牌成立。

认真开展“万名干部直接联系服务群众”活动、结对共建新村活动、“关心下一代”等工作。

（刘　波）

群众团体

攀枝花市总工会

【概　况】　2012年，全市各级工会组织以邓小平理论和“三个代表”重要思想为指导，认真学习贯彻中共十八大、市第九次党代会和省第十次党代会精神，深入贯彻落实科学发展观，围绕一个主题，抓住一条主线，紧盯一个目标，落实好十项举措，即以学习实践中国特色社会主义工会发展道路为主题，以“面对面、心贴心、实打实”开展职工群众工作为主线，以建设幸福攀枝花为奋斗目标，落实好维护权益、走访基层、深化“双基”、协商工资、建功立业、帮扶救助、关爱劳模、提振文化、保障支撑、提升效能“十项举措”，为实现全市经济社会健康良好发展、全面建设幸福攀枝花做出积极贡献。全年共获市级以上表彰奖励26项，其中中华全国总工会表彰4项、省级表彰14项。

截至2012年年底，全市已组建各类工会组织3 429个，发展会员47.3万余人，共有专职工会干部431名(不包括省属企事业单位专职工会干部)。市总工会现有职工(含直属事业单位及临聘人员)为172人，其中，在职在编职工63人；离退休职工69人；聘用人员40人(机关聘用人员12人，特派员18人，专职社会化工会工作者10人)。

【建功立业促发展行动】　深入实施重点工程竞赛，促进市委市政府确定的基础设施建设工程项目早日发挥效益。围绕丽攀高速公路、新密地大桥等17个重点工程建设组织开展“五比五赛”“我为节能减排做贡献”等竞赛活动，涉及重点工程建设投资资金达120亿余元，参赛职工达3万余人，创节约价值2.6亿元。扎实开展第二届“百岗万人”职工职业技能大赛，涉及全市13个大企业、产业，130余个工种，参赛职工达7万人，并挑选出25名优秀技术员工参加全省第四届职工技能大赛，荣获第四届职工技能大赛优秀组织奖。

【“钒钛之光”职工经济技术创新工程】　紧紧围绕建设创新型城市和经济转型升级要求，立足市委、市政府“在做大做强钢铁、钒钛产业基础上，致力于推动机械加工制造业、光伏产业发展”产业结构战略调整布局，在“打造千亿产业、培育百亿企业、建设百亿园区”进程中，联合市科技局、市社科联、市职工技协等单位组织开展攀枝花首届“钒钛之光”职工经济技术创新活动，收集到职工提合理化建议68 550万余条，被采纳27 829万余条，实施23 787万余条，创可计算经济价值20 346.3万元，产生国家级科技成果6项，省级科技成果34项。

【维权与维稳】　进一步加大对职工权益维护工作汇报、协调、沟通力度，通过两会、联席会等途径积极向党政提出意见和建议70余件，广泛参与涉及职工切身利益的《四川省工伤保险条例》(征求意见稿)、《攀枝花市贫困家庭脑瘫儿救助工程》等法律法规、政策方案制定，主动加强源头维权，切实维护广大职工群众合法权益。充分发挥各级劳动保护监督检查组织作用，检查各类企业546家，涉及劳动者1.965 9万人，农民工1.7863万人，已责令企业支付工资及赔偿金11 766万元；加强生产安全事故的调查处理，接到事故隐患举报757起，实施整改685起，参与事故调查87起，提供法律援助、调处重大劳动纠纷咨询服务和办案267件，涉及职工、农民工861人，仁和区总工会为攀枝花市州鑫混凝土有限公司30余名职工拿回拖欠工资61.73万元，市总工会为四川犍为县到攀枝花市华阳煤业有限责任公司打工的农民工陈世坤提供法律援助，帮助他拿到一次性伤残补助金、伤残津贴、一次性工伤补助、护理费等20万元，被省总评为农民工维权案例三等奖。广泛开展工会系统“六五”普法工作，举办现场宣讲30余场，解答法律咨询10 000余人次，发放《劳动法》《劳动合同法》《劳动争议调解仲裁法》《职业病预防宣传手册》等资料5万余份。深入开展“安康杯”竞赛，组织开展安全生产培训、专题讲座等达500期，参与职工20余万人次。开展各类安全生产监督检查9 626次，查出事故隐患9 757起，提出整改意见7 695条，实施整改4 956起。

【困难帮扶体系建设工程】 按照市委加快构建城乡居民困难帮扶体系要求，积极推动建立全市城乡居民困难帮扶体系，在巩固、发展市、县（区）困难职工帮扶中心标准化建设基础上，促进乡镇（街道）、社区困难职工帮扶中心建成率分别达60%和30%，在有条件的国有企业和规模以上非公企业建立帮扶站点；设立“12351”职工服务热线和“帮扶直通车”，形成困难帮扶、法律援助、就业扶助、生活救助四位一体帮扶格局，一站式办理、一条龙服务。组织开展“企对一就业”等“项目制”帮扶，有针对性地向困难职工送政策、送岗位、送技能、送项目、送信息，帮助他们彻底摆脱贫困。把物质帮扶与精神帮扶相结合，建立“职工心灵驿站”，关爱职工身心健康。

【“送温暖”活动】 继续坚持把改善职工群众生活作为工会推动和谐社会建设着力点，切实做好春送岗位、夏送清凉、秋送助学、冬送温暖“四季送”和“干群心连心”走访慰问活动，积极对接党政有关民生政策抓好落实，在保障职工群众共享改革发展成果上更好地发挥拾遗补缺作用。全年，各级工会组织筹集送温暖资金1 232.7万元，走访慰问困难职工、下岗失业职工、农民工、劳模、离退休职工、工亡遗属、伤残职工等41 480户（人）；同时，对下岗失业职工、农民工、困难职工在就医、子女就学、生活等方面遇到的困难积极开展有针对性的帮扶救助，发放生活困难救助金、医疗救助金、专项生活救助金等485.57万元，救助困难职工、农民工11 875人次，最高救助金额5 000元/次，超额完成“全年符合条件的建档困难职工救助300～1 000元”的目标任务。

【“寒窗助学”行动】 不断创新“寒窗助学”活动形式，本着不重复、不遗漏的资助原则，加强与民政、慈善机构的沟通协作，进一步加大对考上大学的城乡贫困学生进行助学救助，努力实现城乡困难学生助学覆盖面最广、救助学生最多、助学金额最大的目标。2012年，“圆梦行动”募集资金295.06万元，“攀枝花农村商业银行助学金”50万元、“攀枝花商业银行爱心助学金”30.5万元，各级工会自筹资金146.56万元，共资助1 229名困难家庭学生，发放助学金522.12万元，超额146%完成全年目标任务。

【就业创业促进活动】 全市各级工会积极推动政府就业政策落实，优化工会就业帮扶形式，通过开展下岗失业职工、农民工技能培训、创业培训和创业援助工作，将扶贫向扶志、扶技延伸，由输血转化为造血，提升服务水平。积极开展农民工岗前培训、转岗培训、法律知识培训等基础性培训，下岗失业职工、农民工技能培训，创业意识、创业能力培训、创业贷款贴息、创业担保补贴、创业资金扶持等工会创业援助工作，帮助下岗职工、农民工自主创业来实现就业、带动更多人就业。继续开展“春风送岗位行动”“工会就业援助月”“民营企业招聘周”等大型就业促进活动，全市各级工会组织培训各类人员3万余人次，扶持帮助下岗失业职工、农民工就业再就业3 000余人次。

【职工生命健康关爱行动】 积极推进“医疗卫生工程”，为攀枝花市21 870名建档困难职工、环卫工人和接触职业危害职工按照每人300元标准进行免费健康体检，其中建档困难职工（含困难农民工）3 583名，环卫工人2 287名，接触职业危害职工16 000名。积极开展“安康杯”竞赛活动，健全市、县区（产业、大企业）两级竞赛工作领导小组，完善竞赛活动长效规范机制。组织开展安全生产监督检查（排查）9 626次，检查各类企业546家，涉及劳动者19 659人，查处事故隐患9 757起，提出整改意见7 695条，实施整改4 956起。继续牵头开展攀枝花市主要职业危害防治研究，完成钒及其化合物、磷及其化合物、电离辐射、苯系物的基础性调查。积极参与“八二九”事故抢险救援、调查、善后及全市煤矿安全生产大检查工作，并针对企业安全生产措施落实、职工安全生产培训、劳动保护等问题提出整改意见和建议等，从源头上维护职工的合法权益。

【工资集体协商工作】 提请市委召开第三次工会工作会暨“两个普遍”工作专题推进会，继续将“两个普遍”工作纳入市委对县（区）和市级相关部门的年度目标考核内容，纳入政府年度民生工程，进一步健全完善党政主导推进“两个普遍”的工作格局。继续开展工资集体协商“十项措施”（由党委、政府召开“两个普遍”工作推进会；加大对“两个普遍”工作经费投入；建立市总领导和各部室“两个普遍”工作分片包抓制度；建立每月“两个普遍”工作情况统计图上墙制度和定期通报制度；加大对“两个普遍”工作的宣传力度；专门编印“两个普遍”工作信息；开展全市工资集体协商工作专项调查；建立“两个普遍”督导制度；探索建立全市专职工资集体协商指导员制度，进一步充实、调整市总工会兼职工资集体协商指导员队伍；进一步发挥协调劳动关系三方机制作用，共同推进工资集体协商工作），实施专项督查督办、严格逗硬奖惩，确保工作落实。成立工资集体协商专家指导委员会，积极推行工资集体协商专职指导员季度研讨交流会议等制度，促进全市已建会企业工资集体协商建制率达95%以上。

【“双基”夯实行动】 按照“组织起来，切实维权”的要求，以“盯重点、破难点、推亮点”为抓手，全力抓好非公企业、小型分散企业、有雇工个体户的建会工作，着力解决一些“钉子户”“遗漏户”“挂名户”的建会问题。进一步建立健全工会组建月报和例会制度，发放《加入工会十大好处》宣传单，探索制定和实施工会“会员证”优惠政策，取消工会账户开户费和基层工会法人资格登记工本费，引导职工主动入会、企业主动建会。2012 年，全市新建工会组织 722 个，建会率达 92%，净增会员22 697人，职工入会率达 90%，提前 1 年完成全总工会组建 3 年规划目标。不断夯实工会基础工作，继续安排 100 万元资金用于基层工会规范化建设，为 10 个乡镇（街道）各聘用 1 名社会化专职工会工作者，对工会特派员、社会化专职工会工作者实行工作日记管理制度，大力推行“双亮”工程，培养工会干部服务意识，进一步提高工会干部参与工会决策、工会工作和工会活动的积极性。

【劳模评选与关爱行动】 按照《攀枝花市劳模评选表彰管理办法》，认真做好劳模关爱、劳模选树和劳模宣传工作。广泛开展劳模关爱周、劳模走访慰问及劳模疗休养活动，共慰问全市各级劳模 702 人，发放“劳模三津”及劳模慰问金 111.7 万余元。顺利完成全国、省“五一”劳动奖章（状）、工人先锋号先进集体和个人推选工作，选出全国“五一”劳动奖章 1 名、全国“工人先锋号”班组 1 个；推选出“灾后重建再立新功”全国“五一”劳动奖章 1 名、全国“工人先锋号”班组 1 个；推选出四川省“五一”劳动奖章 2 名、四川省“五一”劳动奖状先进单位 1 个、四川省“工人先锋号”先进班组 3 个。编制完成《攀枝花劳模名录》，收录了建市以来到 2010 年受到表彰的市级以上劳模 640 名。

【企业和职工文化建设工程】 全市各级工会按照党的十七届六中全会关于构筑“精神高地”要求，制定下发《工会系统企业和职工文化建设四年规划（2012～2015）》，成立工会系统推进企业和职工文化建设领导小组，并确定了企业和职工文化氛围浓郁、基础扎实、工作到位、积极性高的攀钢集团有限公司、龙蟒矿业有限公司、钒钛产业园区、电业局等四家单位为全市首批企业和职工文化示范点。大力开展“五个一”（建设一批企业和职工文化示范点、打造一批企业和职工文化品牌、建设一批企业和职工文化建设阵地、建立一支企业和职工文化队伍、开展一次企业和职工文化活动）和“四个送”（送知识、送法律、送技术、送文化）活动，全面推动攀枝花市企业和职工文化的发展，广泛开展职工喜闻乐见的文体活动、原创优秀文艺作品征集评选活动。推荐上报全国工会“职工书屋”示范点 1 个、全国职工教育培训示范点 2 个，盐边县被评为全国职工教育优秀示范点、仁和区被评为全国职工教育示范点。

【新工人文化宫全面投入使用】 2012 年，市总工会举全会之力实施市新工人文化宫启用“攻坚行动”，建立周一例会、每周情况通报、每月集中研究等工作制度，实行每天向工会主要负责人报情况、3 天见工作成效、问题整改落实到人等推进机制，确保工程有序、按期推进。主动加强与市发改委、财政、城投等相关部门的沟通协调，加快推动新建工程的步伐，通过“内引外联”等多种方式积极争取大额资金投入，对工人文化宫主体进行装修、装饰，确保各功能区发挥作用。同时，不断优化文化宫功能分区，全市工会发展史展览室、劳模风采陈列室、惠民帮扶中心、64 个电子职介窗口等凸显工人文化宫的工会服务职能；职工教育培训中心、文体活动中心等，为广大职工和市民提供一个高品质的教育、学习、活动和娱乐阵地，凸显工人文化宫公共服务平台作用。在全总、省总、市委的关心、支持下，2012 年 10 月 11 日，占地 4.7 万余平方米、投资 2 亿余元、设施现代、功能完善的新工人文化宫正式投入使用。

【工会自身建设】 紧扣“引人才、抓素质、强能力、重实践”目标，坚持把创先争优活动与加强各级工会领导班子和工会干部队伍建设结合起来，不断加强机关领导班子和干部职工的思想、组织、作风建设，进一步提高领导干部的工作能力和水平。在推行新的选人用人机制方面，通过采取中层干部竞争上岗，一般干部双向选择，基层遴选、公开招考机关干部等方式，不断调整充实干部队伍力量。在提升工会干部的业务能力方面，形成“三级”培训工作格局：即抓全员学习培训，继续开展好“学习型工会”的创建；抓骨干专题培训，以讲座学习、参观考察、科研课题研究等方式，提高工会干部的综合能力。认真贯彻落实全总关于“面对面、心贴心、实打实服务职工在基层活动”要求，组织开展“五必进、五必访”和“工会工作调研月”活动，积极寻策于基层、问计于职工。截至 2012 年年底，全市各级工会开展调研活动6 000余人次，收集意见建议1 600余条，促进推动或直接解决问题 600 余个，建立健全定点联系长效机制 5 个。积极承担市委《关于开展外来务工人员融入“攀枝花百万人口大城市”面临的问题及对策建议》、省总《关于中国特色社会主义工会发展道路及其实践》课题调研，得到市委和省总领导的高度评价和认可。

（张　磊）

共青团攀枝花市委

【组织建设】 截至 2012 年，全市共青团组织共有基层团委 225 个，团总支 191 个，团支部2 526个，其中直属团（工）委、总支 28 个，协管团委 3 个，共有团员75 242人，占全市 14～35 周岁青年数（346 520人）的 21.7%。全市专职团干部 43 人。团市委机关共有行政编制 14 个（其中 2 个专用于关心下一代工作），工勤编制 2 个，实有 13 人，其中书记 1 名，副书记 4 名（1 名副书记兼任关工委专职秘书长）。下辖市少年宫和金色攀枝花展览馆 2 个事业单位，市少年宫职工 21

人,市展览馆职工 8 人。

【青少年思想道德建设】 2012 年,团市委坚持用社会主义核心价值体系教育引导青少年,创新活动载体,深入开展形式多样、内容丰富的主题教育活动,青少年思想道德建设取得新进展。

开展"缅怀革命先烈传承攀枝花精神""学习十八大精神,争做优秀技能人才"等教育实践活动。邀请"最美警察"李惠川为 100 余名团员青年代表作"信仰指引人生路、青春喜迎十八大"主题报告,教育引导广大青年立足本职创先争优,以一流的业绩为建设幸福攀枝花贡献青春和力量。

开展学雷锋升旗仪式、红领巾广播站、手抄报比赛等各类主题实践活动8 030余场次,278 600余名青少年参与其中;3 月至 5 月,组织全市 2 万余名青年、少年儿童开展学雷锋活动6 000余次,义务献血共计70 000余毫升。

开展纪念中国共青团成立 90 周年系列活动。以"我的青春我的团"为主题,整合基层团组织力量,举办表彰大会、五四免费观影、征文、演讲、辩论赛、青年联谊会、成人宣誓仪式、青年马克思主义工程学生骨干培训班等 30 项系列活动,覆盖团员青年上万人次。

开展"阳光花城小主人"少儿征文和摄影作品征集、"金沙童话之星"少年儿童才艺大赛、"龙凤呈祥缘来有你"校企青年联谊等特色主题活动,深受青少年、家长和广大青年的好评。

开展分类引导工作,针对团员青年骨干、普通大中专学生、"9 +3"学校民族学生、进城务工青年等群体,研究不同的引导措施,注重用社会主义先进文化、感恩、时尚、网络文化等教育引导青少年,加强新媒体运用,依托网络、飞信、QQ(中文网络即时通信软件)、团组织论坛等载体,推出"手机团委"专题网站,整合虚拟社区、微博等青少年喜闻乐见的交流平台,开展思想引导活动,组织团员青年集中讨论热点话题,针对经济社会建设和共青团工作等建言献策;全市各级团组织、团干部新开通官方微博 18 个,个人微博 40 个,QQ 群 47 个,飞信群 14 个,通过开展新媒体相关主题活动,加强互动交流,突出引导服务,使微博、微信等新媒体平台成为团组织凝聚青年、引导青年的新阵地。

【青春建功活动】 2012 年,团市委围绕中心,以市委、市政府重点工作为切入点,以各类主题活动为载体,团结凝聚团员青年为幸福攀枝花建设贡献力量。

开展青年突击队建功竞赛活动。以"青春绽放突击队,建功幸福攀枝花"为主题,在全市急难险重工作和重大项目建设中开展青年突击队建功竞赛活动,围绕抗旱救灾和新村建设、工业生产、招商引资等重点工作,组建抗旱救灾和新村建设先锋型、工业生产攻关型、招商引资开拓型等 6 大类 72 支、1 350余人的青年突击队,广泛开展赛增效增收、赛增值增效、赛到位资金等活动,充分发挥青年在服务大局中的生力军和突击队作用,取得良好的社会效应。

开展"争做'五创'志愿者,共建幸福攀枝花"系列活动。围绕市委、市政府"五创联动"工作部署,在中秋、国庆假期,招募青年志愿者在重点景区、交通要道等开展志愿服务,接待游客23 000多人次,提供咨询服务14 000多次,便民服务7 050次,应急服务 47 次,发放各类宣传资料 5 万余份,获得社会各界一致好评。开展"五创联动"知识竞赛,组织引导团员青年学习宣传"五创联动"相关知识,支持、参与"五创联动",覆盖青年近 3 万名。

积极参与全市公共文明指数测评工作,配合完成未成年人校外活动场所迎检。联合攀枝花学院志愿者协会开展电话亭清扫、文明劝导等志愿服务,参与人数达 300 多人次,发放资料千余份,取得了明显成效。持续开展"关爱'候鸟'老人,情暖阳光花城"主题志愿服务活动,进一步宣传攀枝花冬季阳光旅游。

抗旱救灾工作。结合攀枝花市严峻旱情,深入旱区一线,了解农户受灾情况,广泛开展抗旱送水、电路检修、抢收咖啡豆等志愿服务活动。全市团组织共募集抗旱资金124 777. 40元,矿泉水1 075件、价值21 500元送到灾区,团干部、团员青年参与抗旱志愿服务合计2 100余人次,并积极向团省委争取"共青水池"建设资金,服务抗旱救灾。

边远贫困山区帮扶工作。组织团干部、青联委员等深入盐边县等边远贫困山区走访慰问,筹集近 10 万元资金为山区群众修水池、建磨坊,扶持村民发展"生态鸡"养殖项目,形成调研报告和专题片向市委报送,为扶贫解困提出意见和建议,营造了良好的舆论氛围。

推动社会管理创新试点工作。开展"重点青少年群体排查摸底专项行动",协调未成年人保护和预防青少年违法犯罪的领导机构成员单位落实工作职责,推进攀枝花市重点青少年群体和预防犯罪工作。加强下属青年志愿者协会、援助少年儿童志愿者协会的规范化建设,不断扩大协会的社会影响力和覆盖面。在全市开展务工青年基本情况调研,形成《在攀枝花务工青年留城计划研究报告》,并积极推动报告部分成果转化为攀枝花加快"两化互动"的政策措施。

【青年创业就业】 2012 年,团市委通过努力整合社会资源,服务青年创业就业,为攀枝花市创建创业型城市做出贡献。

坚持以青年为本,继续扎实推动"青年就业创业见习基地"建设,组织指导青年见习 212 人;深化青年创业小额贷款工作,联合攀枝花邮储银行共同推进四川青年小额贷款项目,积极做好贷款青年的主体资格证明工作,发放小额贷款 200 万;整合全市金融机构,为 240 名青年发放贷款 240

笔、近1 000万元。

开展青年就业创业技能培训，加大就业创业宣传，技能培训2 400人次；联合相关部门对农村青年进行技能培训 340 人次；利用“手机团委”短信平台及时向青年发布 10 万余条就业创业宣传信息；联合市人社局承办“攀枝花市第二届青年创业设计大赛”，对获奖的创业项目给予资金和政策扶持。

【青少年权益维护】 2012 年，团市委开辟青年合理诉求渠道、强化青少年权益维护、组织团员青年关爱特殊青少年群体，有效维护青少年合法权益。

深入开展暖冬行动。利用元旦、春节等节假日，开展科技文化卫生三下乡，关爱孤残儿童、贫困青少年等丰富多彩、形式多样的暖冬主题活动，走访慰问弱势青少年群体、民族地区困难学生、青年岗位能手等，直接捐赠价值 3.8 万余元的物资。

开展“阳光小梦想，快乐微公益”爱心圆梦活动。以市第十次团代会召开契机，动员全市少先队组织广泛收集贫困青少年新年愿望，建设专题网站，利用团市委官方微博开展“盖高楼”活动，凝聚全市团员青年及爱心人士力量，募集社会爱心圆梦基金 1.7 万元，帮助特殊困难青少年群体实现“小梦想”135 个，圆梦活动长效机制正在进一步的健全之中。

开展全市留守学生之家情况普查，针对问题推动基层团组织及时整改。召开全市留守学生、进城务工人员随迁子女关爱现场工作会，通报表彰 2007 ~2012 年度全市关爱留守学生、进城务工人员随迁子女工作先进，制发《关于深入开展关爱留守学生（儿童）、进城务工人员随迁子女工作的意见》，整合关爱工作小组力量。组织开展“大手拉小手，快乐过端午”“梦想小画家，花城是我家”“快乐学校亲子课堂”等多个关爱活动，参与人数达 500 多人（次）。2012 年，新建留守学生之家 3 所。

开展贫困学生关爱帮扶工作。做好省第十一届“志远班”和第五届“希望班”学生组织推荐工作，资助 4 名贫困初中毕业生进入重点高中免费就读；做好成都百年职校学生的考核推荐工作，促进品学兼优的应届初中毕业贫困学生健康成长。继续开展社会力量捐资助学活动，推进一对一结对助学；积极对接省青基会等相关机构，争取资金 39 万元，直接捐助 78 名贫困学子圆大学梦。整合市内爱心人士力量，通过社会力量捐资助学活动，共捐助中、小学生 10 名，捐助金额6 100元。

开展“共青团与人大代表、政协委员面对面”活动。通过基层调研、与两会代表沟通交流，形成《关于丰富农民工精神文化生活的建议》《关于加强市少年宫建设的建议》《关于进一步缓和教师与家长关系推进教育事业和谐发展的建议》等多个提案，集中呼吁为青少年的健康成长营造更好的社会氛围。全市各级团组织也积极通过走访座谈、网络接待等方式，探索建立健全“面对面”活动长效机制。

服务“9 +3”藏区学生成长工作。多次前往“9 +3”藏区学生接收学校开展调研，通过发展“9 +3”学生党团员、组织开展文娱活动、培养学生干部等方式服务藏区学生成长成才。及时掌握和了解学生就业动态，积极协调市人社局等相关单位，做好第一批“9 +3”毕业生的就业安置工作，协调解决学生在就业过程中的各种困难，加强教育引导，帮助学生转变思想观念适应工作岗位。

加强“12355”青少年心理关爱。在每周定期开展青少年心理问题免费沙龙的基础上，开展“12355”青少年心理驿站专栏进校园试点活动，深入开展“轻松备考 · “12355”与你同行”中、高考减压专题讲座，开通中、高考减压 24 小时热线电话和“12355”青少年心理驿站微博，每日刊发中、高考应考心理学小常识，全面服务中、高考学生。

【团组织建设】 2012 年，团市委深入开展创先争优活动，坚持以党建带团建，夯实基层基础，深化“四强三带”的工作理念，切实推进创新型团组织建设，为团组织履行职责提供动力和保障。

大力开展党团共建创先争优活动。依托创建青年文明号、争当青年岗位能手等活动，开展创先争优为民服务系列活动。选树先进典型，表彰先进个人 198 人、先进集体 85 个，并利用传统、新兴媒体广泛开展典型宣传活动，形成学习先进、争当先进、赶超先进的良好氛围；抓住建党纪念日等特定节点，组织机关党员走访慰问困难党员，为其送去价值6 000余元慰问品。

联合市委组织部开展党建带团建推进情况摸底调查，尤其加强对县（区）团委及班子情况调查。通过与党政领导面对面沟通、基层工作实地调研，推动 3 个县（区）配齐配强团委班子。联合市委组织部出台《关于加强新形势下基层党建带团建工作的意见》，召开全市党建带团建工作会，推动落实党建带团建考核工作细则。联合市财政局下发《关于进一步支持和推动共青团基层组织建设和基层工作的意见》，将乡镇（街道）每年不低于 3 万元的共青团工作经费标准列入县（区）财政预算。

强化驻外团工委建设、非公企业团建、乡镇实体化“大团委”建设。2012 年新建驻外团组织 16 个，共建驻外团组织 78 个。结合手机建团、青年就业创业见习基地建设等工作，进一步加强非公企业团建工作，全年新建非公有制经济组织团组织 100 个。在巩固基层组织格局创新成果的基础上，在全市 44 个乡镇开展实体化“大团委”建设，推动建立乡镇直属团组织1 100余个，进一步强化乡镇团委的桥头堡地位和作用。

“手机建团”工作取得新突破。5月，“手机建团”项目被推荐参加全团新媒体和文化成果交流展览会，作为唯一的地市级团委品牌项目入选团中央一号展区，获得好评。完成手机团委移动彩信端口审批，构建非层级化和层级化交错覆盖的团组织网络体系，纳入手机团委体系的团员青年超过2万人，创新共青团组织青年的模式；开展2次团购活动服务团员青年需求，团购活动商品增加到30余种，团购金额达300余万元，为青年节约生活成本近400万元，联盟商家发展为403家，19 369名团员青年申请并取得消费打折认证资格，产生良好的社会效益和经济效益。通过安全飞信活动、志愿服务激励反馈等方式，激发一个平台多种用途的“航母效应”，创新支持基层活动的载体。

成功召开市第十次团代会。2012年12月4日，共青团攀枝花市第十次代表大会召开，大会总结市第九次团代会以来的工作，明确今后五年攀枝花市共青团工作的指导思想、奋斗目标和基本任务，选举产生新一届领导班子，提出“四强三带”工作理念，要求全市各级团组织深入学习贯彻中共十八大精神，准确把握当前形势下共青团工作和青年成长的规律和特点，增强工作的针对性和时效性；深入推进青年“培养、建功、民生、关爱”四大工程，提高团的建设科学化水平，履行组织、引导、服务青年和维护青少年合法权益四项基本职能，团结带领全市团员青年努力开创攀枝花市共青团工作新局面。

圆满召开市青联六届一次全会、市第四次少代会。开通青联微博、建立青联QQ群、网站、举办“青联论坛”、青联联谊会等，积极搭建青联委员交流、沟通平台；选举产生新一届少工委班子，评选表彰少先队“十佳”个人和集体，配强市级少先队总辅导员团队，努力推动县（区）配备总辅导员，制发《关于进一步加强攀枝花市少先队辅导员队伍建设的实施意见》；积极推动少先队辅导员队伍建设和基层少先队工作，扎实开展辅导员教研及分级培训工作。

深入开展“两深入、四同、一带头”活动。按照市委“百千万·干群心连心”活动要求和团省委工作部署，在全市共青团干部中开展“深入基层、深入青年，与青年同吃同住、同学习、同劳动，带头参与志愿服务”活动和团干部直接联系服务青年群众工作，加大对基层团组织的工作指导、项目带动和资源支持，机关干部带头结对帮扶困难群众60户，为基层团组织提供资金支持超过10万元，各级团干部带头参与扶贫济困、抗旱送水、城乡环境综合治理等志愿服务，累计深入基层200余次，与3 000余名团员青年座谈交流。

开展“思想大解放，作风大转变，工作大落实”主题教育活动。通过深入高校、医院、企业调研，开展“共青团提案”、“金点子”征集活动，开设主题教育活动专栏，利用团组织微博、QQ群、飞信群开展讨论等方式，倾听青年心声，了解青年所需，认真查找工作中存在的与共青团事业加快发展、科学发展要求“不符合、不适应、准备不够、准备不足”的问题，转变全市各级团干部存在的与发展不相适应的观念、作风，使广大团干部“干事有激情、做事有思路、推进有举措、落实有效率、工作有实效”，推动共青团工作作风持续好转、工作效率提升、青年群众满意度提高。

全年推荐各级团干部参加团中央、团省委组织的各类培训50余人次，选派1人到甘孜州开展援藏工作，选拔3名高校团干部分赴东区、西区、仁和区团委挂职工作，3名市教育局遴选的优秀教师到团市委挂职锻炼，组织19名基层团干部外出学习考察，提高个人综合素质。

【关心下一代工作】 发挥优势，加强思想道德教育。开展“心向党、讲品德、学雷锋、见行动”主题教育活动，数万名老少志愿者参与评雷锋、找雷锋、学雷锋，开展环境整治、文明劝导、主题宣讲、传唱雷锋歌曲等活动。联合市妇联等开展优秀“小公民”评选活动，表彰30名市级优秀“小公民”。在中共十八大召开之际，开展“喜迎十八大，说说新变化”、“喜迎十八大，爱传千万家”等活动，引导青少年爱党爱国。

真情关爱，重点帮助特殊青少年。元旦、春节、“六一”等节日期间，联合相关部门开展“送温暖”活动，到留守儿童之家、帮扶基地、边远困难学校慰问留守儿童、农民工子女、残疾少儿等困难青少年和失依老人。联合县（区）关工委、市科技局等单位举办免费公益夏令营，并为山区学校送水、捐物，直接受益的特殊青少年2 000余人。据不完全统计，今年各级关工委关爱特殊青少年约1万余人次，募集社会善款约350万元。

参与社会管理，优化成长环境。各级关工委长期配合有关部门督查网吧，整治校园周边环境，净化青少年成长环境。297名“五老”网吧义务监督员持证上岗，监督全市172家网吧，并实行工作月报制，全年网吧监督达4 259人（次）。组织老少志愿者参加环境综合治理、宣讲党和国家方针政策，开展社会公益、科技创新、卫生保健、禁毒安全宣传等社会实践活动。开展“四零”（零犯罪、零吸毒、零失学、零网瘾）社区创建活动，38名未成年人得到有效帮教，开展未成年人思想道德教育28次、社会实践活动37次，辖区青少年受教育率达95%以上。

加强组织建设，建立长效机制。结合中国关工委“基层工作年”活动，攀枝花市通过党建带群建、以点带面等方法，充分发挥老党员、关工委老同志作用，基层关工委组织建设加强。截至2012年底全市各级关工组织约1 652个。各县（区）、街道（乡镇）、社区、学校已全部建立关工委，多数市级部门、大型企事业单位、部分自然村建立关工组织，覆盖率达98%。各级关工委老同志约6 000人，参与关心下一代工作的“五老”志愿者约15 050人。2012年关心下一代工作目标考核、经费保障和工作联系形成机制。市委、市政府正式将关心下一代工作纳入年度目标考核，决定将关工委年度工作经费按市级30万元、县(区)15万元，市级部门直属关工委、乡镇(街道)平均2万元，市级部门非直属关工委平均1万元的标准，纳入同级财政预算；市关工委每年适时向市委常委会汇报工作，召开成员单位联席会议研究具体事项。

（鲁　靖）

妇联工作

【概　况】 2012年，市妇联内设机构为“3部1室1中心”，即：组织联络部、宣传教育部、权益部(市政府妇儿工委办)、办公室和攀枝花市妇女儿童服务中心。有正式职工16人。全市县(区)、乡镇(街道)、村(社区)及机关事业单位均建有妇联组织，各级工会女职工委员会为妇联组织的团体会员。

年内，市妇联以建设“坚强阵地”和“温暖之家”为载体，以维护妇女儿童权益、促进妇女儿童发展为目标，围绕“做幸福女性，建幸福家庭，建设幸福攀枝花”工作主题，大力推动“幸福攀枝花巾帼齐行动”工程。

2012年，市妇联被评为“全国妇女创先争优先进集体”，获得四川省妇女宣传思想工作先进单位、四川省家庭文化建设年系列活动先进单位等荣誉称号，在省妇联综合目标考评中获一等奖，多项工作受到市委、市政府表彰。但工作中还存在一些问题和不足，妇联工作距离市委、市政府的要求和妇女群众的期盼还有差距；妇联组织的能力建设需要进一步加强，统筹城乡妇女发展的途径需要进一步拓展，妇女工作的方法需要进一步创新。

【妇联组织建设】 2012年，在巩固发展农村、社区“妇女之家”的基础上，推动在乡镇、街道妇联、两新组织中建“妇女之家”。全市在484个村(社区)、15个乡镇街道、12个两新组织中建立了“妇女之家”。市妇联把“妇女之家”规范化建设纳入各级妇联组织工作年度考核内容，加强督促检查和分类指导。各级妇联组织整合资源，不断加强“妇女之家”建设。全市“妇女之家”组织学习、宣传教育、培训1 260余次，参加妇女达9万余人(次)；维权服务1 800余次，服务人数达32 000余人(次)；开展文体活动1 540余次，参加妇女达10万人(次)；帮扶救助1 500余名妇女。

市妇联将妇女组织设置形式进一步向村、居民小组延伸，全市352个村2 381个村组，配备妇女小组长的有1 435个，占60.27%；132个社区1 397个居民小组，配备妇女小组长的有748个，占53.54%。建“两新”妇女组织90个。

在妇联基层组织示范创建活动中，进一步健全组织网络，完善组织功能。全市有3个乡镇(街道)、20个村(社区)被评为全国妇联基层组织建设示范乡(镇、街道)、示范村(社区)。

年内，市妇联配合市人大、市政协、市委组织部、市委统战部等部门做好“两代表一委员”的推荐及培养选拔女干部工作。县(区)换届后，县(区)领导班子中有妇女干部16人，比上一届增加4人，其中新提拔2人。乡镇(街道)女党委(党工委)正职6人，女乡镇长(街道主任)5人。县(区)女党代表、女人大代表比例均较上届有较大幅度上升。2012年还向省妇联推荐2名优秀女厅级干部。

各级妇联组织加大培训力度，除层层举办培训班外，还组织各级妇女干部参加省妇联岗位培训以及北大、清华等高层次培训。2012年7月，市妇联组织108名女干部和妇联干部参加四川省妇联组织的清华大学培训班。

【“两纲”实施】 市妇儿工委办开展编制新“两纲”调研征求意见活动，并对新“两纲”的主要目标任务进行分解，使成员单位明确职责和任务，切实担负起推动妇女儿童发展的主体责任；多次组织召开新“两纲”编撰会，各成员部门建言献策，充分论证评审，为科学编制新“两纲”打下坚实基础。攀枝花市新“两纲”在确保涵盖省新“两纲”主要目标内容外，紧密结合市情，突出优势工作，更加关注妇女儿童民生，孕产妇住院分娩率、学前3年毛入园率等11项定量指标高于省指标，增加了实现贫困地区妇女年平均纯收入、0～6岁儿童口腔保健健康检查率等3项定量指标，并提出量化要求。市、县(区)两级政府相继颁布实施了新“两纲”。

2012年，市妇儿工委办、市妇联深入开展“婚前保健服务”“事实无人抚养儿童”“禁毒帮教”“女大学生村官”等课题调研，为促进妇女儿童发展奠定基础。

【妇女维权】 市妇联通过“三八”维权周、“法制宣传月”、“六二六”、“十二·一”法制宣传日等活动，宣传妇女权益保障法、未成年人保护法，发放《攀枝花市妇女儿童维权手册》《妇女健康知识》《大调解机制常识》以及艾滋病防治等宣传资料2万余份，现场接受维权咨询200余人(次)。利用“三下乡”、计生“三结合”等时机，深入乡村开展法律知识讲座和宣传，全年开办法律讲座10场，3 000余人参与。通过乡镇、街道、村社层层推荐选拔，市妇联在5个县(区)创建“平安家庭”示范户500户。

在处理家庭暴力、性伤害案件中积极与县(区)妇联、公安、医院协调沟通，及时联系心理辅导专家对受害人及父母实施紧急创伤干预，鼓励当事人依法维权、理性维权。发挥巾帼维权志愿者、心理志愿者积极性，建立维权心理热线，开通维权心理帮扶绿色通道，对有心理问题的当事人给予心理辅导。全年给予心理疏导150余人次，深度心理辅导为30余人次，法律援助15件次，协调、追踪典型个案10次。

2012 年，市、县（区）两级妇联接待群众来访 420 件次，办结率为 100%。

市妇联每年定期为攀籍在云南女子监狱服刑的妇女寄去帮教信和女性杂志。这项工作已坚持 10 年。通过书信往来，很多服刑的妇女有了很大变化，有些在刑满释放回归社会后，主动来妇联表示感谢。

【“五创联动、两化互动、巾帼齐行动”活动】 2012 年，全市妇联组织以“巾帼文明岗”“巾帼示范村”“岗村联动”等活动为载体，组织动员广大妇女群众和家庭成员“人人参与、家家行动”“从我做起、从现在做起”，投身“五创联动”和“两化互动”。2012 年 10 月，市妇联在米易县召开全市妇联系统“五创联动两化互动巾帼齐行动”主题活动暨“妇女贴息贷款助推新村建设”现场推进会。与会代表参观了全国巾帼现代农业科技示范基地、全市 16 个重点打造的旅游新村之一丙谷镇雷窝村建设情况。就如何进一步开展“五创联动、两化互动”工作、深入推进城乡统筹、产村相融成片推进新农村建设作出具体安排。16 个“巾帼文明岗”代表和 16 个重点旅游新村签订“岗村联动、共建旅游新村”结对协议。现场为米易县获贷妇女发放“妇女财政贴息小额贷款”80 万元。

开展“巾帼文明岗”年度考核工作，全市有 111 个“巾帼文明岗”考核合格。同时开展“巾帼文明岗”创建申报工作，经市“巾帼建功”活动领导小组验收，命名 67 个市级“巾帼文明岗”。开展“岗村联动”活动，将 47 个各级文明岗和 29 个村结成对子，整合城乡资源，充分发挥巾帼文明岗在项目、资金、技术、信息等方面的优势，实现城乡互动、优势互补、相互促进、共同发展。

开展岗位练兵、岗位建功、岗位成才等活动。各级妇委会、女职工委员会以“建一流队伍，树一流形象，创一流业绩”为目标，以“提高妇女素质、开展优质服务、树立行业新风、创业建功成才”为主要内容，举办和参加各类培训班和竞赛活动，提高女职工综合素质，提高工作效率，展示巾帼风采，促进行业发展。市农林院女科技工作者牵头在三区两县建立蔬菜、水果、烤烟、畜牧、节水等示范基地 26 个，示范户 800 多户，举办培训班 85 期，培训实用技术人才5 200余人（次），发放实用技术资料 1.6 万份（册），技术示范与成果推广总面积达 1.16 亿平方米，实现经济效益 1.26 亿余元。

【妇女小额担保贷款财政贴息】 2012 年，全市妇联组织把推进妇女小贷工作作为一号工程，报请市委、市政府将此项任务纳入民生工程组织实施和管理，牵头联合市人社局、市财政局、人行等单位按照“贷得出、收得回、用得好”的原则强力推进。

市委、市政府分管领导多次就妇女小贷专题听取工作汇报，组织召开联席会、协调会、推进会 10 余次；组织学习考察省内先进地区工作经验；以两办名义出台妇女小贷实施意见，建立联席会议制度，增强政策执行力；以“妇女小贷助创业财政贴息惠民生”“妇女贴息贷款助推旅游新村建设”为题狠抓宣传、咨询、培训工作；将妇女小贷纳入各县（区）、成员单位年终目标考核，严格执行月报告、季分析、半年检查、年终考核的工作制度。

2012 年，全市完成妇女小贷 4.08 亿元，获贷妇女6 503余名，帮扶带动近两万名妇女创业就业。其中，城市获贷妇女 764 名，获贷金额9 911.9万元；农村获贷妇女5 739名，获贷金额30 870.28万元。攀枝花以完成省上下达4 000万任务的1020% 的完成率位居全省前列，自 2010 年以来各市州妇女小贷累计发放人均数攀枝花位居全省第一。通过小额贷款，助推了全市产业发展和新农村建设。

【“三八”妇女节纪念活动】 开展“幸福攀枝花巾帼齐行动”征文、演讲比赛及主题巡讲报告会。广大女职工踊跃参与，共评选出 20 篇优秀征文。各级妇女组织举办近 20 场演讲预赛、复赛，选拔出 10 名优秀选手参加全市决赛。市妇联联合市委宣传部、市委党校组织理论专家和演讲比赛优秀选手深入 5 个县（区）、市直机关和部分大企业开展了 9 场主题巡讲报告会，2 000余名妇女干部聆听报告会。

举办联谊会和专题讲座。市妇联牵头举办“幸福攀枝花巾帼齐行动”高层女性人才联谊活动，全市副县级以上女领导干部、优秀女企业家和攀枝花十大女杰等优秀妇女代表 150 余人齐聚一堂，共庆佳节，共谋发展。同时，市妇联联合市纪委、市委组织部举办“魅力女性智慧人生”专题讲座。

表彰先进典型，展示女性风采。表彰攀枝花市“党群共建创先争优”先进妇女组织、优秀妇女、优秀妇女干部，以及攀枝花市十佳“爱心家庭”“学习家庭”“平安家庭”“低碳家庭”“洁美家庭”建设先进典型代表。广泛宣传优秀女性先进事迹和在经济社会发展中的突出贡献，引领各行各业妇女学先进、比先进、当先进。

【“家庭文化建设”年活动】 2012 年，各级妇联组织开展家庭才艺展示，挖掘家庭才艺人才，展现地方文化底蕴和绚丽多姿的艺术风采。女职工书画、摄影、刺绣等1 000余幅作品参加展示。市妇联推选 2 个优秀节目参加省级展演，精选 7 件作品参加省上比赛。开展母亲节“妈妈我爱你”亲情短信征集活动，市妇联获得活动组织奖。推荐 9 个家庭成员参加四川省优秀母亲和孝女孝子孝媳孝婿评选表彰宣传。与市纪委联合下发《关于深入开展家庭廉政文化建设知识竞赛活动的通知》，各级妇联积极组织广大妇女和家庭参与竞赛活动,全市10 877个家庭参加知识竞赛。

以"健康、环保、低碳"为理念,以"美化城乡环境、巾帼主动作为"为主题,以家庭为阵地,持续深入推进城乡环境综合治理"进家庭"工作。开展"清洁楼栋、清洁居室"等活动,发放卫生清洁用品、用具。各县(区)按照"五家"建设的总体要求,创造性开展和谐家园建设工作,其中,仁和区妇联、米易县妇联分别深入开展了"五星农户""九星农户"的创评表彰工作。

市妇联制定深入开展巾帼志愿服务工作实施方案和管理办法,建立健全志愿者档案,据统计,全市有巾帼志愿者队伍59支,833人。巾帼志愿服务者依托"妇女之家",开展城乡环境综合治理、政策宣传、知识传播、信息传递、服务等活动,引导妇女积极投身新农村建设、和谐社区建设。

【儿童工作】 2012年,市妇联为切实搞好学校、家庭、社会"三结合"教育网络,不断提升家庭教育质量,市妇联、市教育局邀请四川省家庭教育讲师团专家来攀枝花开展家教知识讲座。专家们以"家校携手——培养孩子的自主能力"和"家校协作——科学家教"等为主题就"如何当好父亲母亲""如何帮助孩子成长""如何与孩子沟通"等问题进行通俗易懂、生动鲜活的讲解,全市66所学校、幼儿园近3万名家长、教师听取讲座。

"六一"期间,市妇联、市妇儿工委办与教育局、文化局等部门联合,以"在阳光下成长"为主题在全市开展校园艺术节、合唱节、"金沙童话之星"才艺大赛等活动。以社区管理为平台,统筹协调各类力量,开展离异家庭、刑事在押人员家庭、吸毒人员家庭等问题家庭中行为出现偏差儿童的心理健康指导和行为矫正工作。

围绕"爱国爱家,争做优秀小公民"主题,开展优秀小公民评选、表彰、宣传活动,全年表彰优秀小公民30人。

【"巾帼惠民关爱行动"】 市妇联及时向上级妇联上报攀枝花旱灾情况,争取抗旱救灾资金和"母亲水窖"项目支持。全国妇基会将攀枝花纳入2012年"母亲水窖"项目单位,下拨项目资金120万元。分别在米易、仁和、盐边的部分村社实施,并指导县(区)将"母亲水窖"与安全饮水工程相结合。旱灾期间,省、市妇联支持资金4万元,用于仁和、米易和盐边重灾区妇女儿童生活救助。

将"两癌"查治范围扩大到全市5个县(区),并与"两纲"实施、关爱女性健康、城乡环境综合治理等工作相结合。各级妇联组织通过农家女大课堂、广播、电视、在社区(乡村)张贴海报等各种方式广泛开展宣传活动,举办"两癌"防治知识巡讲、知识竞赛,邀请医院、妇幼保健院等医疗机构开展"两癌"咨询和义诊活动25次,为6 000余名妇女提供帮助,提高妇女群众对此项工作的知晓率,适龄妇女"两癌"防治知识知晓率达到90%以上。通过宣传、普查,全市共查出"两癌"患者22人,已有12人通过省妇联获得每人1万元的项目救助。

全市各级妇女组织利用春节、"三八"节、母亲节、儿童节走访慰问贫困母亲和少年儿童。至2012年年底,市、县两级妇联走访慰问妇女儿童200多名,送去慰问金10万余元。

积极参与第四届"爱在花城小科帮忙相亲汇"活动。以"贴息贷款助创业幸福牵手促和谐"为主题,采取走基层方式进行为期15天的巡回宣传,1 000余名单身男女积极参与。至2012年底,自"小科帮忙相亲汇"活动开展以来,已有近200对新人喜结良缘。

与盐边永益村20户村民签订帮扶协议,兑现帮扶经费。组织市女企业家联谊会与盐边县永益村开展"岗村联动共建和谐新家园"活动,市女企业家联谊会为永益村送去1万元的帮扶资金。

依托妇女儿童服务中心职介平台开展家政服务工作,为进城务工农村妇女,城镇失业、待业妇女进行免费登记和推荐就业。2012年接待求职登记200余名,用户登记180户,成功安置175人次。

【四川省妇女工作攀枝花现场推进会】 2012年11月5~7日,四川省妇女工作现场推进会在攀枝花召开,学习推广攀枝花妇女工作经验。省妇联党组书记、主席陈芳出席会议并讲话。市委副书记、市长张剡出席大会并致辞。会议由省妇联党组副书记、副主席吴旭主持。省妇联厅级干部、机关事业单位负责人和各市(州)妇联主席出席大会。攀枝花市妇联、市直机关各部门妇委会相关人员和所属县(区)分管妇联工作的领导、妇联主席列席大会。

与会人员先后前往米易县垭口镇安全村、东区大渡口社区卫生服务中心,现场观摩学习"星级农户"评选活动、妇女小额贷款助推产业发展和"一站式"免费婚检服务工作情况,听取相关工作经验介绍。市委副书记、市长张剡在致辞时介绍了攀枝花市经济、社会发展状况和攀枝花市委、市政府加强对妇女儿童事业的领导、支持,促进全市妇女儿童事业创新发展的情况。市妇联主席刘道泸、米易县委书记刘先伟、东区人民政府区长陈忠恕从各自的角度交流了开展妇女工作和领导妇女工作的经验。

省妇联主席陈芳在讲话时全面总结攀枝花市开展妇女工作的经验。各市州妇联主席也纷纷表示,攀枝花妇女工作取得显著成效,相关经验值得学习和推广。

(徐云芳)

武　　装

地方武装

【概　况】 2012年，攀枝花军分区辖东区、西区、仁和区、米易县、盐边县5个人武部和攀钢集团公司、攀煤（集团）公司、中国十九冶集团公司3个大企业武装部。

2012年，军分区党委面对特殊的形势任务和要求，认真贯彻落实两级军区党委扩大会议精神和市委、市政府有关指示，牢牢把握稳中求进总基调，紧紧围绕国防和军队建设主题主线，扎实抓好以提高遂行多样化军事任务能力为龙头的各项工作，官兵高举旗帜、听党指挥的思想根基更加牢固，部队履行使命任务能力稳步提升，后装综合保障能力有新的进步，党委班子和党组织凝聚力、创造力、战斗力进一步增强，部队建设呈现全面发展、稳步推进的良好势头。攀枝花军分区被成都军区评为军事志编撰先进单位，被成都军区绿化委员会评为“军区绿色军营”，被四川省国防动员教育委员会评为“全民国防教育十佳贡献单位”，被省军区评为安全稳定工作先进单位、电视会议系统值勤维护管理先进单位。

【思想政治建设】 2012年，军分区把迎接中共十八大召开、宣传学习贯彻十八大精神作为部队首要政治任务抓紧抓好。面对中共十八大召开的特殊背景，始终坚持把坚决听党指挥、绝对忠诚作为部队建设的根本，把严守政治纪律作为重点加以突出，切实从思想上、政治上牢牢掌握部队。按照国家军委主席习近平“走在前列”（军队学习贯彻中共十八大精神要努力走在前列）、“四个下功夫”（要在持久学习上下功夫、要在学深学透上下功夫、要在突出成效上下功夫、要在加快发展上下功夫）指示要求，组织全军分区官兵、职工和专武干部集中收听收看大会盛况，集中参加军地组织的传达学习和宣讲活动，制发专武干部和民兵预备役人员学习贯彻十八大精神的具体措施并抓好落实，指导工作实践，推动部队建设。深入开展“讲政治、顾大局、守纪律”和“赞颂科学发展成就，忠实履行历史使命”两项重大教育以及“三比三知三珍惜”（比境界、比奉献、比作为，知恩珍惜机遇、知责珍惜岗位、知进珍惜荣誉）、“每月一课”教育活动，广大官兵高举旗帜、听党指挥、履行使命的思想政治基础更加牢固。积极推进先进军事文化建设，开展“红心永向党”主题征文、“迎春杯”篮球赛等群众性文化活动，军分区机关建成网球场等军营文化设施，盐边县人武部建成军营文化走廊。持续抓好“十分钟讲坛”、荣誉室、“优秀图书漂流”活动、军分区工作动态等学习阵地和载体建设，“优秀图书漂流活动”经验做法被省军区转发。努力搞好新闻报道工作，全年在市级以上报纸、杂志、电台、电视台、网络投稿564篇，较好地完成上级赋予的新闻报道任务，军分区政治部被省军区表彰为新闻宣传工作“先进师旅级单位”，仁和区人武部被表彰为新闻宣传工作“先进团级单位”，仁和区人武部政工科科长彭烽被省军区表彰为新闻宣传工作先进个人，司令部参谋赵绪平被省军区表彰为要讯工作先进个人，军分区被省国教委表彰为“全民国防教育‘十佳’贡献单位”，米易县县委书记刘先伟被省国教委表彰为“全民国防教育‘十佳’杰出人物”。

【战备训练】 2012年，军分区认真落实战备制度，结合形势发展和任务转换，修订完善应急应战预案及保障方案22个。扎实抓好战备值班综合整治，制定《军分区战备值班管理规定》，落实值班首长检查监督和问责制度，战备值班进一步规范，上级多次不打招呼抽查，均受到表扬。建好以基干民兵和应急救援专业力量为核心的国防后备力量队伍，整合建成“应急”“支援”“储备”3支应急队伍共3 615人，市、县（区）两级组建地质灾害救援、森林灭火、交通运输、医疗救护等8支应急救援专业队伍，提升攀枝花市国防后备力量队伍整体建设水平。扎实开展首长机关训练，组织完成“三实”（实兵、实弹、实爆）作业及参谋业务等训练，提高全军分区干部业务技能。狠抓民兵应急、支援2支队伍训练，实训1 900多人，完成队列、战术、射击、防暴、抢险救灾等共同科目和专业科目训练。严格按省军区的要求进一步健全训练档案，切实加强训练管理，建立严格正规的训练、生活秩序，确保训练的“四落实”（人员、时间、内容、质量），米易县人武部民兵接受省军区考核，成绩得到工作组的充分肯定，东区人武部民兵在军分区机关组织的考核中，训练落实率第一。组织民兵军事三项比武竞赛集训，遴选5名队员参加省军区的选拔并有1名队员被选入省军区集训队。全力抓好“五一二”防灾救灾演习，组织驻攀枝花部队官兵、民兵预备役人员1 600余人，完成灾情报知、组织筹划、动员集结、疏散转移、应急救援、道路抢通等防灾救灾科目演习。扎实抓好信息化工作落实，高标准完成信息化建设和通信战备值勤任务，军分区被省军区表彰为“电视会议系统值勤维护管理先进单位”。加大学生军训工作的指导和协调力度，全市共7家单位取得学生军训资质认证，全年为全市各类院校军训学生5 000余人；圆满完成310名新兵征集、1名士官选取、2名士官转业、3名战士退役任务。高质量完成军事志编撰工作，攀枝花军分区被成都军区表彰为“军事志编撰工作先进单位”，仁和区人武部被省军区表彰为“军事志编撰工作先进单位”，攀枝花军分区司令部参谋许正选被省军区表彰为“军事志编撰工作先进个人”。

【党委班子和干部队伍建设】 2012年，军分区突出以思想、作风、组织建设为重点，以提高党委班子能力建设和先进性建设为目标，不断加强各级党委班子思想、组织、制度和作风建设。7月24日，中共攀枝花军分区第九次代表大会召开，选举产生新一届党的委员会和纪律委员会。全年军分区认真学习贯彻《军队党员领导干部廉洁从政若干规定》，突出抓好倾向性问题专项整治，六类倾向性问题得到有效治理。大力加强基层党组织建设，深入开展创先争优活动，推动创先争优常态化、长效化，东区人武部党委被省军区党委表彰为“创先争优先进团级党委”，仁和区人武部政工科科长彭烽被表彰为“创先争优优秀共产党员”。加强对人武部党委班子经常性考帮建，先后利用各单位召开党委民主生活会等时机对人武部班子进行考查帮带，党委决策水平有新提高。认真抓好党风廉政建设制度落实，严肃查处违法违纪问题，对违纪违规干部通过诫勉谈话等方式进行帮教。严格落实干部选拔任用制度规定，加强干部宏观调控和精确管理，调整3个人武部党委班子，选送4名干部培训深造，圆满完成6名转业干部的安置。搞好老干部的服务管理工作，全年走访慰问老干部及遗孀70余人次，移交地方安置老干部1人。做好计划生育工作，10项工作指标均达标。

【部队管理】 2012年，军分区坚持把依法治军、从严治军贯彻到部队建设的各方面和全过程。认真贯彻落实“眉山会议”精神，制定下发《军分区(人武部)正规化建设实施方案》。改造军分区办公设施及电网、水网等设施，对市、县(区)两级武器库安防系统和战备值班系统进行升级改造。认真贯彻军委、总部和两级军区安全稳定工作指示，结合军分区部队实际，扎实开展“三互”(互帮、互学、互教)、“三责”(我的安全我负责、单位安全我尽责、他人安全我有责)活动和“条令学习月”、“百日三无竞赛”(无刑事案件、无责任事故、无严重违纪)等活动；坚持以防范“六类重大安全问题”(涉枪、涉弹、涉密的重大事故案件；群伤群亡的自然灾害、重大事故和恶性案件；严重飞行事故；影响边境稳定的重大事件；因部队原因引发严重影响社会稳定的民族、宗教问题和群体性事件；武器弹药、油料仓库及其他重要军事目标发生爆炸和遭受袭击破坏)为重点，以“六个管好”(人、车、枪弹、营院、信息、经费)为抓手，在重大节日、重要时期和敏感时段，逐人、逐车、逐库、逐室、逐柜、逐机、逐院、逐岗进行检查，消除事故案件苗头和安全隐患。加强预防犯罪工作力度，协助地方党委、政府做好军队复转退人员稳控工作，确保了大事之年的安全稳定，军分区被省军区表彰为安全稳定工作先进单位。

【基层建设】 2012年，军分区认真贯彻全军和两级军区基层建设工作会议精神，召开军分区基层建设工作会议，采取各种措施，不断夯实基层建设基础。5月，组织全军分区干部及部分乡镇专武干部进行“两个经常性”(经常性管理工作、经常性思想工作)工作能力集训，采取连队化管理、院校式教学的模式，通过课题式研究等方式将做好“两个经常性”工作存在的难点进行剖析研究，理清抓好“两个经常性”工作的思路，提高官兵的工作能力。推进“两个经常性工作”能力培训成果转化，先后分两批，由军分区5名常委带领机关干部分别到5个人武部蹲点调研，解决基层存在的20个具体问题，有效提高经常性、基础性工作的落实质量。加大对乡镇武装部建设的检查和督导力度，乡镇武装部建设整体推进。依据《基层建设纲要》和《要则》，狠抓各县(区)人武部全面建设，部队建设整体水平不断提升。盐边县人武部被省军区表彰为基层建设先进单位，仁和区人武部被省军区表彰为全面建设先进人武部，米易县人武部部长和政委被省军区表彰为“一对好主官”，盐边县人武部后勤科助理员付春辉被省军区表彰为“基层建设先进个人”，西区玉泉街道武装部干事游钦全被省军区表彰为“基层民兵预备役建设先进个人”。

【后装建设】 2012年，军分区着眼全面建设现代后勤，不断完善后勤保障预案，积极开展应急保障演练，组织1期后勤干部集训。修订完善《军分区机关经费管理规定》，坚持党委当家理财，严格财经管理各项制度规定，确保经费投向投量科学合理，省军区综合检查考评小组对军分区党委理财情况给予高度评价，总评为优秀。加强军交运输管理，组织一期驾驶员复训，开展“红旗车驾驶员”评比竞赛活动，强化车辆安全运行和管理。加大基础设施建设力度，积极推进攀枝花市国防动员综合教育训练基地建设，拟于2013年上半年投入使用。投入资金260余万元，建成军分区应急指挥系统。按规定完成军队职工工资调增工作，协调市中心医院为全区官兵进行体检，有效提高后勤保障效益。修订完善《武器弹药管理规定》，调整补充应急维稳装备，圆满完成报废弹药运送上缴任务。加强营区建设，攀枝花军分区被成都军区绿化委员会评为“军区绿色军营”。

【双拥共建】 2012年，军分区继续加强拥政爱民工作。将全市国防后备力量建设纳入各县(区)党委、政府和市级部门目标管理考核，有力地推动全市国防后备力量建设和经济社会协调发展。大力搞好“挂、包、帮”工作，全年为帮扶单位筹集帮扶资金30余万元，帮助修复损毁公路10余千米，修建饮水灌溉工程20余个，提高了帮扶民众的生产生活水平。继续开展军地联防联治共建平安活动，全年共出动民兵12 232人次，圆满完成煤炭管理秩序维护、打击煤炭私挖盗采、保护苴却石矿、护林防火、重大活动维稳执勤等任务70多次。组织官兵及民兵预备役人员搞好抗旱救灾、抗洪抢险等工作，特别是2012年攀枝花市出现四季连旱，13个乡（镇）受灾，军分区积极响应市委、市政府号召，先后出动民兵6 000余人（次），挖沟疏渠3 500余米，修堤筑坝20多条2 500余米，送水3 000多吨，抗旱保苗4万余株，有效缓解13个乡（镇）村民生活用水的困难，仁和区人武部政工科干事刘满昌被省政府表彰为“防汛抗旱先进个人”。“八二九”肖家湾矿难发生后，军分区迅速组织民兵救援，根据成都军区司令员李世明和省军区首长的指示，西区人武部先后出动民兵1 800余人（次），历时近两月，配合地方政府搞好政策宣传、秩序维护、医疗救护、应急救援、善后处置等工作，受到市、区两级党委、政府的高度赞扬。

（许正选）

武　警

【思想政治教育】 2012年，武警攀枝花支队着眼中共十八大召开之年特殊的政治要求，坚持从培育当代革命军人核心价值观抓起，下功夫促进官兵全面发展，确保部队政治可靠。扎实抓好党的创新理论武装工作，采取专家解读、领导宣讲、讨论交流等手段，积极回答和解决好官兵关注的理论难点、社会热点、舆论焦点，不断夯实“四信”（对马克思主义的信仰、对中国特色社会主义的信念、对改革开放和社会主义现代化建设的信心、对以胡锦涛为总书记的党中央的信赖）思想根基。深入开展“赞颂科学发展成就，忠实履行职责使命，永远做党和人民的忠诚卫士”教育活动，突出抓好集中辅导授课、组织讨论交流、开展演讲比赛等环节，引导官兵在赞国事、叙家事、评队事中，感怀发展、感知使命。认真抓好党委机关反腐倡廉警示教育和基层风气教育整顿，纯正部队风气。扎实做好意识形态领域工作，支队主官带头上党课，专题开展“严守政治纪律”、钓鱼岛事件、反邪教和形势政策教育，严格落实“三个半小时”（每天用半小时收听广播、用半小时收看新闻联播、用半小时读报评报）制度，加强网络和手机管控，有效防范网络政治谣言影响，确保官兵政治坚定。广泛开展“深知官兵、研究官兵”活动，注意把握不同人员的思想心理、行为方式、价值取向等特点，组织对官兵思想状况、现实表现、实际困难进行调查摸底、梳理问题、研究对策。扎实抓好以“交心、暖心、顺心、稳心、爱心”为主题的密切内部关系教育，开展战友情大讨论、大谈心活动，让官兵充满安全感、踏实感、快乐感、责任感、成就感，内部关系和谐健康。认真抓好新兵入伍和“第二适应期”工作，跟进做好一人一事尤其是个别人的思想工作，积极回答解决官兵在名利、得失、婚恋和交往等立身做人上的基本问题。严密组织《列兵日记》汇报演出，注重用英雄的事迹感召官兵、激励官兵。1个中队、8个班排荣立集体三等功，27名官兵荣立三等功；20名干部被评为“优秀干部”，146名战士被评为“优秀士兵”，3名战士考入武警警官学院，4名大学生士兵提干。

【组织建设】 2012年，武警攀枝花支队着眼在平稳过渡中保持连续性、在磨合融合中推动新发展，狠抓先进性建设和能力建设，充分发挥了党委领导核心作用。着眼提高学习研究决策一体化质量，严格落实集体学习、个人自学、课题攻关、成果转化等制度，高度重视用党中央、中央军委和武警总部、总队党委决策指示统一思想的工作，认真抓好主题主线重大战略思想、防范重大安全问题、先进军事文化建设、蹲点帮建和中央关于薄熙来、王立军、刘志军事件通报精神的学习理解。广泛开展“多读书、读好书、善读书”活动，不断拓宽班子成员知识面和理性思维层次。认真开展“讲政治、顾大局、守纪律”学习教育活动，党委常委带头谈体会、查问题、批歪理，组织新进班子成员作公开承诺、全体常委作廉政承诺，研究制定措施，促进教育活动经常化。认真落实根本制度，开展民主集中制理论的学习思考活动，从严规范议事决策程序，严格落实“六个不上会”（没有经过机关调查论证并提出建议的不上会，没有按规定程序办理的不上会，违背原则和政策规定的不上会，没有经过充分酝酿的不上会，大家意见分歧较大特别是正副书记形不成共识的不上会，临时动议的不上会）要求，坚持党委集体研究决定，不搞个人专断、武断和决断，努力提高党委科学领导水平。着眼缩短磨合期，加强融入融合、搞好班子团结，注重依靠和落实“四个一点”（交流经常一点、处事公正一点、做人大气一点、说话负责一点），形成合心合力合拍干事创业的好局面，团结一致抓工作、齐心协力谋发展，为基层班子发挥样板作用。坚持把风气建设作为部队建设的治本之策，扎实开展党委机关反腐倡廉警示教育和基层单位风气教育整顿，在全支队上下形成“风气连着你我他、纯正风气靠大家”的和谐氛围。始终扭住敏感问题正风气，在用人、花钱、工程建设等问题上不闯红灯、不打“擦边球”，在涉及干部使用、战士入党、考学、选送技术学兵等热点敏感问题上实行“阳光操作”，做到名额、条件、程序、结果“四公开”，全年调整使用31名干部、组织12名战士考学、选送11名技术学兵，做到公平公正。通过采取组织调整、以会代训、送学培训、岗位培养和领导帮带等措施，基层党支部“三个能力”（领导部队全面建设的能力、解决自身问题的能力、带领官兵遂行多样化任务的能力）明显增强。坚持从树立“三个导向”（公正的用人导向、务实的工作导向和科学的评价导向）入手，做到以公心选人识人用人，以正确的指导思想端正工作导向，实事求是、客观公正评价基层的工作，从而不断培养班子的好作风，带出部队好风气。大力强化“一班人”的号令意识、扎实作风和表率作用，引导大家以良好的自身形象想落实、抓落实、促落实。支队被武警四川省总队表彰为“基层建设先进支队”，支队团委被武警四川省总队表彰为红旗团委，第五中队、盐边县中队、米易县中队被武警四川省总队表彰为“基层建设先进中队”，第三中队党支部、团支部被武警四川省总队分别表彰为创先争优先进基层党组织、红旗团支部。第一中队政治指导员杨进涛、第二中队副中队长张雷、第五中队副班长李安童分别被武警四川省总队表彰为创先争优优秀共产党员、优秀团干部、优秀团员。第一中队政治指导员杨进涛、第五中队团支部书记龙帧、第一中队上等兵杨俊被市委表彰为优秀共产党员、优秀共青团干部、优秀共青团员。

【干部队伍建设】 2012年，武警攀枝花支队始终坚持把干部队伍作为抓部队建设的突破口，认真贯彻武警省总队《关于以加强干部队伍建设为突破口，推动部队建设上质量“两个确保”上水平的决定》精神，着力在解决“三力”（动力不足、能力偏弱、精力外移）问题上使长劲、下狠力。持续抓引导，紧密结合使命任务和干部思想实际，扎实搞好经常性思想教育，深入开展“四个正确对待”（正确对待组织、正确对待同志、正确对待进退走留、正确对待利益得失）、“增强事业心责任感，努力想本职钻本职干本职”和“明辨是非荣辱、端正价值追求”系列教育，引导广大干部正确对待利益得失、看待工作压力、认清素质差距；广泛开展谈心交心活动，准确把握干部思想脉搏，有针对性地解决现实思想问题，不断提高干部队伍思想政治素质。公正抓调配，坚持科学公正的用人导向，把看素质、看实绩、看口碑有机结合起来，按照既用任职时间长工作踏实肯干的老干部、也用工作实绩突出的年轻干部的原则，科学制定调配方案，搞好群众推荐、任前公示、公开承诺、常委谈话，切实营造勤勉敬业、爱岗奉献、人心思进的良好氛围。严格抓管理，先后修订《支队干部管理规定》，研究制定《加强干部队伍建设二十条》和营以下干部平时考评、定期考评两个《实施细则》，运用谈心谈话、思想汇报、全面监督、全时管控、平时考评等手段，加大干部队伍管理力度；广泛树立表彰先进典型，鞭策激励后进，充分调动和激发干部安心尽职的内在动力。注重抓能力，扎实开展“四个熟悉”（熟悉基本法规、熟悉基本制度、熟悉基本职责、熟悉基本知识）活动，集中组织基层党支部书记和副连职以下干部培训，进一步深化总队集中轮训成果；利用干部轮流授课、参加函授学习，推荐选送优秀干部到总队代训、到院校深造，抓好经常性提高；组织对副连、排职干部分析定位，合理确定发展方向，搞好定向培养；督促各级干部加强在职学习、岗位实践、任务锻炼和问题研究，在实际工作中提高做经常性、基础性工作的能力。着力抓解难，组织对96名干部逐个调查摸底，梳理具体困难，研究制订干部队伍建设推进计划和办实事计划，围绕解决“四个困难”（随军家属就业、转业安置、子女入学、大龄干部婚恋困难）、开展“三项暖心工程”（为随军无工作家属争取地方补助、保证干部休假、每年组织干部体检），大力关心关爱干部，尽力为干部排忧解难。全年，先后挤出经费9万多元，看望慰问20名生病住院、结婚生子、家庭困难的干部及家属；为25名无工作随军家属争取自谋职业补助28万余元，帮助解决3名干部家属工作调动、4名干部子女入学入托问题，积极协调地方军转部门为5名转业干部安置到想去的单位。

【文化宣传】 2012年，武警攀枝花支队坚持用先进文化育人，以“强化警魂意识、培育战斗精神、陶冶官兵情操、促进安全发展”为主题，加强警营政治环境建设，搭建育人平台，促进部队全面建设快速发展。围绕巩固深化支队2011年文化建设先行试点成果，投入80万元对政治环境建设进行全面规范，投入20余万元建成警营互联网吧；采取重温入党誓词、参观驻地建设成就、设立党员先锋岗位等形式，深入开展主题党日活动；以“八小”（值日小讲评、进步小周记、警营小板报、学习小交流、情感小故事、新闻小点评、才艺小表演、影视小评论）活动为载体，广泛开展“五红”（读红色书籍、唱红色歌曲、看红色影视、讲红色故事、做红军传人）系列文化活动，打造军乐队、威风锣鼓队、腰鼓队等特色队伍，举办文艺骨干、网络技术和教歌员培训，组织演讲比赛、知识竞赛和群众性歌咏活动，营造了健康向上的文化氛围和育人平台，促进了官兵全面发展、全面进步。为满足官兵日益增长的精神文化需求，积极投入经费给基层官兵购买学习书籍，订阅报纸杂志，改善学习条件。采取报销部分学费的方法，鼓励官兵参加函授学习和自学考试，改善官兵知识结构，增强部队建设发展后劲。大力开展舆论宣传工作，积极宣传支队建设中涌现出的人和事。全年，在省级以上报刊（网站）发表新闻稿21篇，12篇经验（材料）被武警四川省总队原文转发。支队互联网建设的鲜活经验被武警四川省总队转发推广。支队信息网站《钢城影院》栏目被武警四川省总队评为优秀栏目，电视新闻《四川攀枝花发生矿难驻军全力救援》被武警四川省总队评为新闻报道优质稿件三等奖。

【警民共建】 2012年，武警攀枝花支队积极支持驻地新农村建设，大力开展拥政爱民工作，与盐边县惠民乡德阳村、岩门乡岩门村结成扶贫和党员互助对子，捐资5万元帮助改善基础设施，定期开展送文化、医疗到村社等助民活动。与地方24个单位结成共建对子，开展警民联欢、座谈会、篮球友谊赛等活动34次，参加义务巡诊、义务劳动日6个，军乐队义务演出42场次，发动广大官兵向抗旱灾区、贫困地区、希望工程捐款31 359元，积极参与“让贫困学子圆大学梦”活动，资助10名贫困学生，长年义务照顾2名孤寡老人。深入市福利院、各县（区）敬老院、特殊学校走访慰问，配合驻地院校加强国防教育，为攀枝花学院、机电学院、攀枝花市第三、十、十一、十五、十九中学、经贸旅游学校、十九冶技工学校等单位军训学生15 262人。第三中队政治指导员朱立波被市政府表彰为民族团结进步模范个人。

【军事训练】 2012年,武警攀枝花支队坚持以科学正规组训为根本,突出专勤专训、专哨专训,加强射击、防暴器材使用、“三员一兵一组”(作战勤务值班员、网络查勤员、领班员;执勤哨兵;三人应急小组)协同、哨兵情况处置“五步法”(口头警告、鸣枪警告、拉响警报、击其次要、电话报告)、班(排)带执勤处突背景的综合演练等重点课目训练,严密组织三期勤训轮换,确保了训练安全。以季度会操为载体,突出干部、士官这个重点,每季度组织军事业务技能大会操,带动和促进了部队的训练。以季度考核为手段,每季度组织对官兵阶段性训练科目进行普考,建立官兵个人训练档案,提升了全员训的质量。以教导队为支撑,严密组织各类集训,为每个中队培养3~5名教练员,培训反恐及执勤业务等各类训练骨干30余人,新兵训练在总队交叉考核中取得总评优秀的成绩,充分发挥了随营警校作用。以“卫士-12”演习和防汛抗洪检验性实兵演练为平台,锤炼领导机关组织指挥、部队紧急拉动、情况处置和自我保障能力,有效提升了部队军事训练质量。教导队被武警总部表彰为先进教导队,1名士官被武警四川省总队评为十大训练标兵,2名干部、1名战士被武警四川省总队树为百名训练尖子。

【战备执勤】 2012年,武警攀枝花支队着眼提高能力保中心,坚持任务牵引,不断促进部队能力建设,确保了以执勤处突为中心的各项任务圆满完成。狠抓战备执勤秩序正规运行,采取网络覆盖全程管、不打招呼随机查、跟踪督导末端抓、通报讲评限期改等方法,落实常委编组查勤、值班干部网上录像、每日网络通报、每周交班会汇报、每月大交班会讲评、每季度常委会分析等机制,有效治理了执勤中的“常见病”“多发病”,正规了执勤秩序,确保了固定执勤目标绝对安全。扎实抓好“王立军事件”“钓鱼岛事件”等特殊敏感时期和重大节日战备工作,针对驻地可能出现的连锁反应和突发事件,及时完善预案,加强针对性训练和演练,提高了部队战备水平。精心组织各类临时勤务,先后出动兵力XX人次、车辆XX台次,圆满完成春运执勤、城市巡逻、武装设卡、押运押解、肖家湾矿难救援和搜救凉山支队失踪战士等任务30起。特别是在担负肖家湾矿难救援任务中,支队快速到位、处置高效,受到国家和省、市主要领导的高度赞誉,市委、市政府专题为支队请功,给支队发感谢信。支队被武警四川省总队表彰为2012年度正规化执勤一级支队机关。

【后勤建设】 2012年,武警攀枝花支队按照建设现代后勤的新要求,坚持以规范管理、精细管理为主线,突出保中心、保生活、保基层,不断提高综合保障水平。坚持紧贴中心任务,搞好应急保障,修订完善各类应急保障方案,加强应急保障物资储备,与地方单位签订应急征用车辆和物资协议书,与驻地医院建立官兵就医绿色通道。下功夫提高后勤队伍素质能力,先后举办11期司务长、卫生员、炊事员、军械员、驾驶员集训。坚持从完善制度、改进手段、强化监督入手,修订完善经费、车辆、资产等管理规章;狠抓“四项经费”(标准经费、专项经费、预算外经费、机关事业部门业务经费)管理,采取支队代发工资、支队和基层主官开通短信银行等手段,保证资金安全;每月组织司务长集体办公、以报代审,每季度组织对基层单位进行财务审查、营产营具检查和伙食质量考评,进一步规范后勤管理秩序;成立采购中心,将机关消耗性办公用品和业务性开支全部纳入集中采购,实施指标管理、物资采购、经费管理三分离,提高了保障效益。

(蓝 斌)

人民防空

【概 况】 攀枝花市人防工作紧紧围绕“服务社会、服务群众、服务经济建设”的指导思想,按照“平时服务、急时应急、战时应战”的要求,立足防空、应对防灾,大力推进防空防灾“两防一体化”建设,切实推进指挥控制、预警报警、综合防护、应急救援和持续发展五种能力建设,突出融合发展、服务民生这一重点,高起点谋划,大手笔推进,大力推进人防建设融入经济社会发展体系,提高人防(民防)综合防护能力,形成风清气正、干事创业的崭新局面,人民防空各项建设持续、快速、协调发展,努力形成自身的特色,走出一条符合山地城市“两防一体化”的路子。2012年,加挂攀枝花市应急联动中心牌子,新增积极配合市政府应急办统一受理全市各类突发事件和应急求助的组织指挥和通信保障,遇有重特大突发事件,协调、指挥、调度相关联动单位开展应急处置等职责。2012年,在全省“五一二”防灾救灾综合演练中,攀枝花市人防办被省委、省政府表彰为“‘五一二’防灾救灾综合演练先进单位”。10月,在全省的跨省跨战区实兵演练中,攀枝花市人防应急通信支队受到省军区、省人防办以及拉练驻地单位的一致好评。

【工程建设】 2012年,市人防办认真执行《人民防空工程建设管理规定》等法规制度,完成审批“流程优化”工作,将人防行政审批的5个项目的四项承诺件的承诺办理时间由原来的20天缩短为5天,申报材料减少四分之一,人防工程的质量监督和竣工验收的非行政审批项目纳入中心窗口服务,为办件提速提供实质性的保障。至年底,共审批办理结合民用建筑修建防空地下室项目14件,审批建设人防工程面积为49 480平方米;审批办理易地建设费项目61件,征收易地建设费2 667万元;竣工验收人防工程9件,建筑面积33 116平方米,掩蔽面积24 815平方米,完成年度竣工验收计划的110%。坚持实行事前施工图交底,事中跟踪上门服务,邀请房产开发单位参加“座谈会”,向开发商讲解人防法律法规与政策,听取开发商的意见及建议,加强与开发商的沟通。不断提高人防工程等设施开发利用和为社会提供公益服务的能力和水平,突出主城区平战结合人防工程建设,新增平战结合人防工程建筑面积1.5万平方米,全力打造竹湖园地下商城,使人防产业成为调结构、扩内需和惠民生的新的增长点。全年,完成人防工程开发利用3万平方米,产值(营业额)1 400万元,人防工程平时使用费收入86万元。发挥人防工程单位面积效益,实现分散化向集约化转变,2012年建成的金海·开元名都大酒店人防工程(规模化建设人防工程),该项目建筑面积为1万平方米,分为6个防护单元,抗力级别为核六级常六级,防化级别为丙级,新增停车位350个。金海世纪城2.8万平方米规模化人防工程和金域阳光1.7万平方米规模化人防工程已经启动,年底进入规划审批阶段。

【平战结合】 2012年,实现社会投入人防工程建设1.9亿余元,新增人防"结建"面积43 360万平方米,工程完好率达100%;开发利用的人防工事3.2万平方米,创工事产值(营业额)1 400万元,解决就业岗位960多个。强化全市14 800平方米公共人防工程的维护管理,一把手亲自抓、负总责,分管领导具体抓,安全责任落实到人头,对于早期人防工程,坚持属地管理和单位工程由单位自行管理维护相结合的原则,加大对人防工程的改造和加固力度,加强监管,能利用的利用。对全市人防工程进行拉网式检查,重点检查安全制度和操作规程制度落实情况、爆破器材管理情况、安全用电情况及有无易燃易爆违禁物品等情况。针对存在的问题,下发整改通知书督促整改,彻底消除安全隐患。

【组织指挥】 2012年,紧扣防空、防灾相结合的"两防一体化"建设,攀枝花市已建成军地联合、平战一体的人民防空指挥体系和应急指挥机构,建立"市—县(区)—街道(乡镇)—社区(村)"四级人防应急组织指挥网络。加挂攀枝花市应急联动中心牌子,新增配合市政府应急办统一受理全市各类突发事件和应急求助的组织指挥和通信保障,遇有重特大突发事件,协调、指挥、调度相关联动单位开展应急处置等职责。加强米易县和盐边县的规范化建设,建设完成小型指挥车通信系统建设,购置超短波电台,配置指挥软件,录入各种信息资料,完成有线与无线、固定与机动相结合通信手段建设,大力提高应急通信保障能力。明确县人武部部长兼任人防办副主任,做到人员定位、职责明确、分工具体、工作人员相对固定。依法落实东区、西区和仁和区人民防空工作经费补助,每年市级财政给予适当补助,专项用于人民防空事业建设。建成以地面站、市机动通信系统以及盐边县、米易县为依托的全市人防应急机动通信系统,基本形成以卫星地面站、短波通信、超短波通信、3G(第三代移动通信技术)图传和警报信号发放等多手段一体化的网络体系,确保全市人防(民防)卫星通信、短波通信、视频会议、北斗导航和警报统控系统的统一性和互联互通,使人防战备资源更好地为政府应急救援发挥作用。

【通信警报】 2012年,按照国家人防办提出的"一网一库一图一链"的要求,充分发挥人防在短波、超短波、微波、数字集群、移动3G、卫星通信等方面的优势,加大投入力度。逐步完善攀枝花市人防应急指挥中心指挥信息系统工程及灵敏可靠的城市二级短波指挥通信网,建成仁和区中继台,加大超短波网覆盖面积,新购30部手持机和安装10部车载台,完善短波和无线指挥通信网络,实现市人防指挥所、三区两县、大企业、社区人防工作站之间的通信联络。2012年,卫星信道使用共申请4兆带宽45小时,6兆带宽8小时,10兆带宽7小时。省级短波网联络次数313次,沟通311次,收报279份6 975组(字),发报5份共300组(字),沟通率为99.4%;市级短波二级网全年共联络25次,沟通25次,发送报文25份共595组(字),沟通率为100%。完成报务人员数、字码抄收、微机操作、电台值班等业务训练,训练达1 500小时以上。完善警报无线多媒体发放系统,2012年,建设一套升降式警报器,完成"移动警报车"的选型、招标比选及合同签订工作,组织完成对全市防空警报设备设施的普查、抽查工作。至年底,全市警报器已达到112台(52台电声、22台电动、11台车载、27台手摇),已逐步形成固定、移动、手摇、升降四位一体的防空警报体系。在"四二八"攀枝花市防灾救灾综合实兵演练中,鸣放防空警报和灾情警报信号,鸣响率达98%,手控鸣响率达100%,遥控成功率达98.3%。

按照平台通用、作业协同、信息共享的思路,坚持"边建边用、以用促建"的原则,建成市、县两级机动指挥所和集短波、超短波、电缆、光缆、移动、卫星通信网"六网一体"的机动指挥通信系统,并组织开展综合演练和执行防灾救灾信息保障任务,以提高地上、地下和机动指挥所之间的功能配套和运用熟练程度,基本形成地上与地下、固定与机动相配套的防空防灾综合指挥平台,为应急救援及战时防空提供可靠的指挥信息平台。4月,由市人防中型指挥车(总指挥部)、米易小型指挥车(现场指挥部)及市人防小型采集车、盐边小型指挥车组成的作战指挥平台,完成"全省'五一一'防灾演练增援力量队伍集结训练""盐边新九乡防灾演练"和"全市'四二八'防灾救灾综合实兵演练"等各种情况下的通信保障任务,特别是圆满完成"攀枝花市'四二八'防灾救灾综合实兵演练"的指挥调度和现场图像实时传输任务。整个训(演)练期间,租用卫星信道时常28小时,车辆45台次,里程3 000余千米,业务训练时间达80小时。在正式演习过程中,无论是在指挥部还是在前方采集的操作技术员,都表现出娴熟的操作技能和临危应变的处置能力,展现人防应急通信队伍"纪律严明、作风顽强、技术娴熟"的新形象。

【宣传教育】 2012年,市人防办认真落实《关于加强人防宣传教育工作的意见》,为《中国人民防空》《国防时报》《四川人防》等组稿80余篇,在《攀枝花日报》《攀枝花晚报》,开辟《关注民防、平安生活》公民避难知识宣传系列专栏48期;制作人防宣传展板144张、人防(民防)宣传标语100余条。通过市政府门户网站、攀枝花防空防灾信息网、政务信息公开平台、新浪微博播发人防防空防灾知识,与广大网友互动,取得良好的宣传效果。以"'四二八'防灾救灾综合实战演练"为契机,通过演练科目设置的地震引发房屋倒塌、公共卫生、危化品泄露和道路、电力中断等次生灾害的应对处置，进一步增强全社会的防灾救灾意识，宣传和普及防灾避险知识，提高公众自救互救能力。9月18日，在攀枝花学院举行《人防（民防）应急手册》发放仪式，受教育学生达3 000人。抓好《关于在省级重点人防城市党校（行政院校）开设人民防空教育课的通知》贯彻落实，将人防知识教育列入党校干部培训、县干班及青干班学习的必修课程，受教育人数3 500人；对全市初级中学学生进行人民防空知识教育，受教育学生达5 000人。在攀枝花公园、机场路等地建立图文宣传教育阵地，制作人防法律法规和民防知识宣传栏，悬挂宣传标语，制作宣传牌，为广大市民提供学习人防法律和民防知识的平台。

（徐　明）

消　防

【概　况】 2012年，攀枝花市消防工作和部队建设以科学发展观为指导，以风气建设为牵引，紧紧围绕打造全省消防部队"南向门户的门面，边远支队的头牌"战略目标定位，以"风气先导、建设先行、铁军先进、文化先锋"和"执法最阳光、队伍最和谐"为要求，凝心聚力、加鞭快进，创造火灾防控和部队发展的全新业绩。全市连续7年杜绝较大以上火灾事故发生，消防部队内部实现安全、稳定、和谐发展。被省委办公厅、省政府办公厅表彰为"五一二"防灾减灾大演练先进集体，被省公安厅表彰为"清剿火患"火灾隐患排查先进支队和宣传工作先进支队；在全省第三届打造"现代化天府消防铁军"基层指挥员比武中勇夺亚军，被表彰为"大比武先进支队"；被省消防总队表彰为信息宣传工作一等奖、"财务报表先进支队""给养核算管理先进单位"和"财务会审二等奖"；被市委、市政府表彰为"拥政爱民先进单位"；攀枝花大道特勤中队获"全国公安优秀基层单位"。消防支队官兵受到省委书记刘奇葆的亲切接见，多项工作得到省公安厅副厅长岳德松、省消防总队总队长马先宏等各级领导的高度肯定。多名官兵先后获得全省政法系统先进个人、全省优秀人民警察、全省无偿献血先进个人、全省消防十佳政工干部、市拥政爱民先进个人、市民族团结进步模范个人、市感动东区人物等荣誉。

【火灾及接警出动情况】 2012年，攀枝花市共发生火灾110起，受伤1人，死亡1人，受灾户数67户，烧毁建筑3 694.2平方米，直接财产损失265.9万元。与2011年相比，火灾起数上升35.8%，伤亡人数持平，直接财产损失下降42.8%。连续7年未发生较大以上火灾事故，保持消防形势的持续、高度稳定。

全年，全市消防部队共接警出动1 606次，出动消防车2 813辆次、官兵16 535人次，抢救被困人员322人，疏散人员2 045人，抢救保护财产价值逾1.5亿元，无灭火救援失误。

【构筑"防火墙"工程】 2012年，市消防支队围绕构筑社会消防安全"防火墙"工程这一中心，竭力加强社会火灾防控能力建设，确保消防形势持续平稳。消防安全责任制进一步落实，充分发挥公安消防部门参谋助手作用，积极争取党政领导对消防工作和部队建设的重视支持。市委书记刘成鸣在常委会上专门强调消防安全并主动带队检查中共十八大召开期间全市消防保卫工作，市长张剡亲自到支队视察调研并现场办公解决购置远程供水系统等问题，市人大常委会主任谢道全、副市长殷旭东出席"119"公益晚会并讲话；市政府在全省率先出台《关于加强和改进消防工作的实施意见》，宣传贯彻《国务院关于加强和改进消防工作的意见》，在常务会上专题研究市政消火栓建设，明确消火栓维保责任单位；各地也分别通过印发政府消防工作意见、召开消防工作会议、逐级签订目标责任书等措施全面落实政府责任。加强部门协同联动，市政府消防安全委员会制定下发成员单位联席会议制度，切实发挥消防安全委员会平台作用，有力推动文化、工商、质监、住建等部门履行消防安全职责，解决消防工作实际问题。大力开展农村消防安全自治，将城乡消防规划纳入城乡总体规划修编并认真组织实施，东区、西区、米易、盐边等县（区）均已完成消防规划编制，将农村公共消防设施建设纳入新农村建设规划；组织主管消防工作的乡（镇）长、村"两委"（党支部委员会、村民委员会）负责人参加消防安全培训，完成两年一轮训的任务。发挥社会单位消防安全主体作用，市政府消防安全委员会发文实施消防安全"网格化"管理和消防安全重点单位"户籍化"管理，落实单位"三项申报"（消防责任人管理人变更、消防设施维护保养、定期开展消防安全评价）制度，深化推进"四个能力"（检查消除火灾隐患能力、组织扑救初起火灾能力、组织人员疏散逃生能力、消防宣传教育培训能力）建设。至年底，全市100%的乡镇、街道、社区、农村实行消防安全"网格化"管理，属于人员密集场所的一般单位"四个能力"建设100%达标；印发《"三制"试点工作实施方案》，推动健全工程消防设计、施工质量和消防审核验收终身负责制，建立设计、施工、监理单位重大消防安全违法行为"黑名单"制度，加强消防安全源头管控，进一步推动消防工作社会化进程。健全举报投诉机制，完成"96119"火灾隐患举报投诉中心建设，投入10万元火灾隐患举报投诉奖励专项经费，鼓励社会单位和人民群众积极参与消防安全工作，全年共受理投诉举报电话134个，查处火灾隐患218处。

【消防安全建设】 2012年6月，中共十八大消防安全保卫战正式打响，市委、市政府高度重视，市委常委、常务副市长杨自力专门听取消防支队中共十八大消防安保工作汇报并作重要指示；市政府副市长、市公安局局长殷旭东主持召开全市中共十八大消防安全保卫工作动员部署会并带队开展检查。保卫战期间，全市各级党委政府召开消防工作会18次，专题研究消防工作16次，出台相关文件18份，市政府消防安全委员会出台《中共十八大消防安全保卫工作实施方案》，全面指导十八大安保战工作的有效开展；市公安局出台《攀枝花市公安机关中共十八大消防安全保卫战工作方案》《全市公安机关多警联勤消防工作实施意见》，优化和整合全市警种力量，建立完善公安消防工作联动模式；公安、住建、安监、消防等部门联合制定《易燃易爆场所消防安全及市政消火栓建设维护专项治理工作方案》，成立领导小组，联合开展易燃易爆场所及市政消火栓专项治理工作。消防支队全面推行"户籍化"管理，建立火灾高危单位消防安全信息系统，组织消防安全重点单位开展"户籍化"管理培训，实现对社会单位的动态预警监管，在全市范围内开展"守护"系列火灾隐患排查整治专项行动，全力整治火灾隐患和消防违法行为。中共十八大消防安全保卫战期间，全市共出动消防警力29 924人次，检查单位（场所）14 798家，发现并依法整改火灾隐患或违法行为54 518处，下发《责令改正通知书》11 479份，责令"三停"（停产停业、停止施工、停止使用）136 家，临时查封 207 家，行政拘留 100 人。

【"网格化"管理】 2012 年，为深入贯彻落实省人民政府消防安全委员会《关于推行消防安全网格化管理工作的实施方案》，切实加强全市消防工作，市政府消防安全委员会印发《关于推行消防安全网格化管理工作的实施方案》《关于进一步加强全市乡镇（街道）消防安全网格化管理的意见》等文件，在全市街道、乡镇全面推行消防安全"网格化"管理模式。全市共划分2 647个网格，建立由街道和乡镇组成的"大网格"60 个、社区和村庄组成的"中网格"468 个、村组和楼院街区以及社会单位组成的"小网格"2 119个，建立健全监督检查台账、建筑信息台账等基本资料，形成强大的"三级"网格管理机制。10 月，在东区湖光社区召开消防安全"网格化"管理推进工作现场会，推动全市"网格化"管理工作模式有效开展。明确管理职责，在街道、乡镇落实消防安全"一岗双责"制度，确定以镇村长、街道办主任为责任人，分管领导为消防安全管理人的工作模式，制定完善管理制度，层层落实责任。组建以社区、乡镇干部为带头人的消防专（兼）职队伍，配备简易灭火器材，定期开展防火巡查，组建以老人、学生为主体的消防宣传队伍，进一步强化群众的消防安全责任意识。

【火灾隐患整治】 2012 年，市消防支队围绕构筑社会消防安全"防火墙"工程，全面加强消防监督执法工作，强力推进火灾隐患排查整治，社会消防安全环境明显改善。以"清剿火患"战役为基础，以中共十八大消防安全保卫战为主线，加大消防监督执法力度，保持火灾隐患排查整治高压态势。2 月"清剿火患"战役结束时，全市实现火灾"四项指数"全面下降，即火灾起数下降 36%、直接财产损失数下降 88%、火灾受伤人数下降 100%、火灾死亡人数下降 100%，火灾防控能力大幅度提高。结合旱季防火、消防安全"打非治违"、"清剿火患"战役"回头看"活动、"守护"系列专项行动、易燃易爆场所及市政消火栓专项治理等专项活动，深入农村地区、高层和地下建筑、公众聚集场所、易燃易爆场所等进行消防安全大检查，全面排查整治火灾隐患及违法行为。全年全市共出动消防警力30 203人次，检查单位（场所）14 928家，发现并依法整改火灾隐患或违法行为54 454处，下发《责令改正通知书》11 493份，责令"三停"138 家，临时查封 207 家，行政拘留 100 人，无执法投诉、执法过错、行政复议。加强对重大火灾隐患单位的挂牌督办，市消防安全委员会组织召开重大火灾隐患单位整改协调会，协调各方力量促进火灾隐患整改，全年共报请市政府对 20 家重大火灾隐患单位（场所）实施挂牌督办，至年底，整改期限内的单位均已整改销案。开展多部门联动执法，与市公安、安监、建设、工商、质检等部门建立联合执法机制，全年共开展多部门联合检查 40 余次，检查单位（场所）1 837家，发现并整改火灾隐患及违法行为 800 余处，开展消防产品监督检查和抽样送检专项工作 11 次，全市消防安全环境得到有效净化。

【消防宣传】 2012 年，市消防支队以提高全民消防安全素质为目标，以社会化消防宣传和媒体消防宣传为抓手，深入开展《全民消防安全宣传教育纲要（2011—2015）》和《社会消防安全教育培训大纲（试行）》宣贯工作，建立政府主导、立体互动的消防宣传新格局。推进"百千万"工程，广泛宣传消防安全常识二十条，实施消防宣传教育试点推广工作，推选市第三高级中学、米易中学、仁和大河中学为全市消防安全示范教育学校；推行"家庭消防安全"和"社区平安使者"计划，结合"119"宣传周、全民消防安全宣传周、六五普法宣传周等专项宣传活动，大力开展消防安全"六进"（进社区、进家庭、进农村、进企业、进学校、进景区）工作，聘请 3 位社会知名人士担任"攀枝花市民间消防宣传大使"。全年发放宣传资料 15 万余份，培训各类人员 1.4 万余人，安装悬挂警示标牌、标语等5 000余块（条），指导开展疏散逃生演练近 200 次。突出开展"119"系列主题宣传活动，承办首届攀枝花市消防宣传大型公益晚会，市人大常委会主任谢道全、市政府副市长殷旭东等领导亲临现场并作重要讲话。依托各级新闻媒体，刊播消防常识、火灾信息、消防法律法规和消防时事新闻，全年，支队在中央、省市主流媒体刊播消防新闻信息 930 余条，与市电视台合办《攀枝花消防》栏目 7 期，全年在全省消防部队内网宣传排名支队级第一、在社会媒体宣传排名支队级第六。3 月，支队被省消防总队评为"信息宣传先进单位一等奖"。

【消防产品立法调研】 2012 年 10 月 11 日，省政府法制办巡视员邹忠民、省政府法制办处长陈标、省政府法制办调研员刘晓、省消防总队副总队长王松林、省消防总队防火部法规处处长孟祥敏、省消防总队防火部技术处副处长蒲珂一行莅临攀枝花市开展消防产品立法调研工作。市公安、质监、工商、消防等部门相关负责人以及部分生产、销售、使用商家和建设工程施工、监理单位代表 20 余人参加调研座谈。座谈会由市政府法制局副局长唐志强主持。会上，省消防总队防火部法制处处长孟祥敏就《四川省消防产品监督管理规定》(代拟稿)的起草情况和与会代表进行交流,市消防支队相关人员就本辖区消防工作情况进行汇报,参会人员结合本部门特点和消防工作实际,对《四川省政府消防产品监督管理规定(代拟稿)》中所涉及的消防产品内涵确定、消防经费保障、监管机构职责、责任落实、消防产品流通使用和检验等方面的问题进行探讨,集思广益、畅所欲言,提出建设性的意见和建议。调研组领导认真听取每个部门的发言,并就部分问题同单位负责人进行深入讨论。

【打造“钢城消防铁军”】 2012年,市消防支队以“打得赢”为标准,以全面提高部队战斗力为目标,加强“钢城消防铁军”打造,全力提升灭火救援攻坚制胜能力。夯实铁军队伍建设基础,落实新《公安消防部队灭火救援业务训练与考核大纲》,大力开展全员岗位练兵活动,举办建筑消防设施操作、灭火救援业务管理系统应用、火场新闻摄像等培训班,开展冬训考核、攻坚班组考核、执勤岗位练兵年度考核等考核,优良率均达90%以上;开展铁军中队创建活动,对3个首批一星级铁军中队优先满足人员编配、优先配置车辆装备、优先保障经费,并严格组织考核,确保创建工作有序推进;积极备战全省第三届“打造现代化天府消防铁军”基层指挥员大比武,举办支队基层指挥员暨新兵比武竞赛活动,抽调竞赛尖子组成集训队,并科学制定集训细案,投入经费109万余元,有力地确保了比武勇夺佳绩,成功夺得团体亚军。夯实战训工作基础,部署开展“战训大讲堂”“学战训、谋战训、评战训”等活动,强化官兵对业务理论知识的熟悉掌握,共开展“战训大讲堂”授课9次,各级指战员在各级网页发表战训调研文章116篇;完善战训基础资料,完成省消防总队下达的8类典型预案模版编制工作,制定或修订重点单位、节庆场所灭火预案537份、重点单位熟悉卡540余份,完善电子地图9份,规范制作各类应知应会资料500余册;扎实开展实兵实战演练,随机抽取演练地点,采取按预案展开、临机设置灾情、中队干部指挥作战的形式开展,不断提高预案的针对性和实战性,不断提升基层指挥员组织指挥水平;推进专职队伍建设,组织专职队员轮训活动和比武活动。夯实应急救援工作基础,完善应急救援力量建设,全市5县(区)全年共投入近600万元加强应急救援装备建设,并都将应急救援保障经费纳入每年财政预算;定期召开应急救援成员单位联席会议协调落实工作配合,加强应急救援演练,开展3次应急通讯演练和3次物资保障演练;充分发挥应急救援力量作用,圆满完成各种应急救援任务,积极参与年初抗旱救灾工作与全省“五一二”防灾减灾大演练工作,得到各级党委政府、社会群众和社会媒体的积极评价。

【后勤建设】 2012年,市消防支队紧紧围绕“后勤基础工作年”中心工作目标,以“突出重点、强化管理、夯实基础、全面提升”为总体思路,抢抓机遇,深化管理,突出重点保障工作,强力推进基础建设,大力提升后勤正规化建设水平和可持续保障能力。强化基层基础建设,积极争取地方党委政府和相关部门的重视支持,推进支队重点项目建设,至年底,支队炳三区消防训练基地已进入设计阶段,钢城大道中队异地迁建工程完工并交付使用,瓜子坪消防站竣工并通过省消防总队验收;车辆器材装备建设全面加强,全年添置特勤及常规器材6 018件(套),消防车辆9台,部队灭火救援装备建设整体水平明显提升;投入9万元为基层单位更换电脑24台,投入19万元购置移动执法终端设备53件(套)。加强保障能力建设,制定完善灾害事故现场医疗急救、后勤物资等战勤保障方案10份,与市石油、医院、超市等单位建立联勤保障机制,签订联勤保障协议15份,开展大型战勤保障实战演练2次,为部队遂行作战提供实时保障8次;建立健全重大灾害事故应急救援物资紧急调运机制,加强灭火药剂、油料物资和装备器材的战时储备;加强车辆装备管理,开展12次车辆车场日活动、4次装备器材安全性能检测活动和8次装备器材专项检查,完成所有战斗、行政车辆例行保养工作,确保了车辆装备运行安全无事故;加强驾驶骨干队伍建设,开展车辆装备修理人员培训,选送12名战士参加省消防总队驾驶培训,夯实了部队驾驶员队伍的业务素质和实际操作能力;加强从优待警工作,投入近17万元组织官兵体检、购买意外伤害保险和防暑降温物品、开展卫生防疫,安排5名优秀士官学习驾驶,为4名家属争取到政府未就业补贴,募集“党员济困帮扶基金”12万余元并对27名家庭困难官兵进行帮扶,投入近5万元保障部队院校考学工作。强化后勤规范化建设,坚持党委当家、后勤理财和“一支笔”审批制度,认真贯彻落实《公安消防部队总队级以下单位党委理财责任暂行规定》,研究制定《关于进一步加强和改进部队后勤工作的意见》,对重大开支项目坚决做到集体研究、集体决定、集中采购;认真编制2011年度支队本级综合预算,下发《关于下达2012年预算控制指标的通知》和《武警攀枝花市消防支队公务卡管理实施细则》文件,增强了规章制度的针对性和可操作性;加强财务督促指导工作,提高基层财务管理水平;规范集中采购工作,建立装备资产基础台账,规范装备资产出入库程序和手续,实行流动式挂牌管理;建立规范的粮秣管理制度,做到手续完善,账务清楚;成立支队职业健康管理办公室,做好年度评残工作和卫生防病工作。2012年,支队被省消防总队表彰为“财务报表先进支队”“给养核算管理先进单位”和“财务会审二等奖”。

【思想政治建设】 2012年,市消防支队思想政治建设本着“精要管用、资源共享、减负增效”的原则,着眼解决思想政治建设紧贴时代要求、紧贴使命任务、紧贴官兵实际的时代课题,强化官兵精神支柱,促进官兵全面发展,不断打牢官兵忠诚可靠、服务人民、竭诚奉献的思想政治基础。坚持思想育警,行使好思想政治教育“四种权利”(对具体教育内容的调整权、教育时机的选择权、方法形式的决定权、经常性思想教育的自主权),创新推行以盘活驻地教育资源上大课、整合政治教员资源上串课、用好传统教育手段上小课为内容的“三课”制度,使思想政治教育在基层减负增效。在“三课”制度统揽下,开展“喜迎十八大、全力保安全”、总书记胡锦涛“三句话”(努力建设一支忠诚可靠、服务人民、竭诚奉献的消防队伍)总要求3周年纪念、学习“最美警察”等专题教育活动,全年上“大课”15次、上“串课”17次。召开以风气建设促进作风大转变工作大发展动员部署大会,通过开展专项教育整顿、撰写心得体会等形式切实统一了官兵干事创业的信心和决心。加强经常性心理工作,与市心理卫生中心联办“心理健康服务站”,在每个中队建立心理宣泄室和心理疏导室,组织新兵心理测查和中共十八大安保心理健康“巡诊”,健全官兵心理健康档案库,逐渐形成支队心理工作长效机制。坚持文化塑警,以省消防总队总队长马先宏寄语支队“精神如碑”题字为统揽,精心谋划以英雄文化为核心的中层设计和基层的底层设计,在中层设计上以司令部“行为”文化、政治处“成长”文化、后勤处“制度”文化、防火处“服务”文化为骨架,在底层设计上以9个中队各具特色的分核文化为支撑,形成在全省独树一帜的警营文化建设品牌。在具体推进上,按照“实际、实用、实效”的建设原则和“警营文化环境建设、文体骨干培养、文艺作品创作”的划分细则,制定出台支队警营文化建设三年规划,总结推广攀枝花消防英雄赋、队训和精神,并在逐一审核的基础上以支队党委名义下发机关和基层中队警营文化建设方案,主核分核文化逐渐根植官兵思想。在文化打造的同时,组建文艺小分队开展文艺巡演活动,有效提振了官兵士气。

【队伍建设】 2012年,市消防支队紧紧扭住班子和队伍建设这个根本抓试点,以风气建设为牵引,组织建设为根本,抓住党委讨论重大事项票决制试点和“两个经常性”(经常性思想政治教育、经常性心理辅导)工作试点的有利契机,着力加强班子自身建设,狠抓队伍管理教育工作,部队上下形成人心思齐、人心思干、人心思进的新风正气。坚持组织建警,积极推进党委讨论重大事项票决制试点工作,认真开展党委成员联系基层“六个一”(与每名官兵谈一次心、参加一次训练、一次教育课、一次支委会、一次队务会、一次班务会)活动,切实提高了支队党委班子执政能力,全年召开党委会17次,研究解决重大议题91个,中心组学习11次,民主生活会2次,为基层解决实际困难32件。积极落实党建要求,调整充实11个基层班子,举办基层党组织书记培训班和入党积极分子培训班,开展“党员亮身份”活动和“五型机关”(学习型、创新型、团结型、服务型、廉洁型)创建活动,机关和基层工作效能显著提升。加强干部队伍建设,开展干部全员轮训,组织政工干部岗位练兵活动,落实营职干部“双考”(考核、考试)要求,破格提拔14名优秀年轻行政领导干部,逐步形成“凭实干进步、靠业绩用人”的导向。坚持从严治警,创新实施部队网格化管理,着力推进“五长联动”(五长即支队长、大队长、中队长、班长、小组长)、“五员联防”(五员即驾驶员、文书通信员、战斗员、炊事员、安全员)、“三点一线”(形势分析要做到“点穴”、空白盲点要经常“点击”、工作情况要定期点评和推行“一线工作法”)、师徒“结对子”等机制,规范制订《基层中队干部日常管理工作流程》,有效解决了基层工作“有人干、会干”问题。以“安全建设年”为载体,强力开展纪律作风教育整顿、“秩序正规”评比竞赛等活动,科学修订车辆安全管理规定,大力加强安全文化建设,全力推行安全员“11113”工作制度(日常管理做到“一巡查、一汇报、一排查、一讲评、三记录”;执勤训练做到“一检查、一观察、一制止、一提醒、三督促”;灭火救援做到“一查看、一占领、一登记、一判断、三督促”),官兵安全意识、纪律意识增强。加大纪检工作力度,全年开展督察43次,编发《督察通报》11期,下发整改通知书23份,整改问题32个,提醒谈话2人。坚持廉洁从警,以“廉政消防”建设为载体,开展“三访三评”(访问民情、访察民意、访排民忧、评议工作、评查问题、评选先进)深化“大走访”“审计整改年”回头看和“五条禁令”集中排查整治等活动,出台支队纪委介入建设工程消防设计审核及备案抽查工作规定,召开党风廉政特邀监督员座谈会,针对岗位廉政风险点建立“一岗一牌”预防机制,组织参观看守所、观看警示教育片等警示教育活动,推动落实消防监督执法回执制度和消防监督执法单位及人员向社会公开述职述廉制度。全年官兵无违法违纪行为发生。

【抗旱救灾】 2012年2~5月大旱期间,市消防支队认真贯彻落实市委、市政府指示精神,高举“送水抗旱,消防在行动”的旗帜,忠实履行“有灾必救”的庄重承诺,全警动员,反复深入旱情严重地区大力开展抗旱救灾和旱季防火工作,取得显著成绩。深入开展送水抗旱工作,支队在全市旱情持续严重的特殊时期,全力加强抗旱力量投入,抽调大量官兵和车辆并合理安排调度,根据旱情变化和群众生活生产需要,保障水资源的不间断供应,着力解决全市多个区域受灾群众最为迫切的生活用水问题,同时帮助人民群众积极做好输水供水、蓄水储水工作,最大限度地发挥了消防部队应急救灾的积极作用。支队累计出动346次,运水4 157.5立方米,惠及群众近2.4万人次,抗旱浇灌46.67公顷,行程近1.5万千米。强力开展旱季防火工作,支队针对旱季城区、乡镇火灾易发、高发的特点,组织警力大力展开拉网式、地毯式火灾隐患排查整治行动,有效清除了一批消防安全隐患,打击了一批易诱发火灾的违法违规行为。加强对重点区域、人员密集场所消防安全的管控,同时深入旱情严重的乡镇展开防火巡查,积极动员一切消防安保力量参与到当前的旱季防火工作中来,确保了全市火灾形势的高度稳定。广泛开展消防宣教工作,支队利用电视、广播、报刊、网络等媒体平台,借助横幅、挂画、图册等传统宣传手段,有组织、有针对、有重点地进行消防知识巡回培训宣讲,重点加强农村用火用电安全教育、留守老幼群体消防知识普及,强化了城乡多种形式消防力量的业务培训,广泛开展旱季消防安全知识宣传普及教育工作。大旱期间,支队共组织消防安全知识宣讲人员327人次，开展培训教育122次，发放宣传资料5万余本(册)。大旱期间，全市未发生一起亡人火灾，支队在抽调大量官兵开展抗旱工作、警力有限的情况下，及时成功处置几起极易引发群死群伤的火灾事故，最大限度地挽回了人民群众生命财产安全，消防形势实现高度稳定。

【全市防灾减灾大演练】 2012年4月28日，全省“五一二”防灾减灾大演练市级防灾救灾综合实战演练在米易县白马镇中禾矿业公司矿山排土场举行。市消防支队按照省消防总队党委“四个最好”(最好的装备、最好的技战术、最好的精神、最好的宣传)要求，积极参与，出色完成倒塌埋压救援、交通事故救援、危化品火灾事故处置、应急疏散、地质灾害事故救援等多个消防救援科目，充分展示了钢城消防铁军“敢打能拼、英勇顽强、攻坚克难”的战斗精神，健全了应急联动机制，锤炼了应急队伍，为演练的圆满举行做出了积极贡献，赢得党委、政府对消防应急救援工作的高度赞誉和支持，被省委办公厅、省政府办公厅评为“五一二”防灾减灾大演练先进集体。

【东区“四二三”川惠大酒店火灾】 2012年4月23日15时45分，市东区炳草岗川惠大酒店负一楼发生火灾，火势迅速蔓延，现场浓烟弥漫，严重危及整栋建筑楼及附近居民区、商业区和美食城的安全，处置不当极易发生群死群伤惨剧。15时46分，市消防支队指挥中心接到报警，立即调集辖区特勤中队6台消防车、42名消防官兵前往处置，并相继调遣钢城大道中队、金沙大道中队、攀枝花大道中队3个作战单位6台消防车、42人前往增援，支队全勤指挥部迅速反应、遂行作战。支队值班总指挥、政委陈琳第一时间到场指挥，并在了解现场火灾情况后立即向省消防总队指挥中心和市公安局主要领导报告。在外出差的支队长张步权接到情况反映后紧急作出指示：一、做好官兵个人防护安全工作；二、快速展开，全力搜救被困人员，争取尽快灭火；三、根据现场情况及时向省消防总队及市公安局汇报。市公安局副局长银宏立即作出指示：首先确保官兵自身安全；二、调集足够力量，快速灭火，全力确保人民群众生命财产安全。省消防总队副总队长付立兵要求：一、保障官兵安全防护；二、科学处置，控制火情，有效进行排烟降温；三、全力以赴搜救被困人员。15时51分，先期到场的特勤中队官兵通过侦察发现，该商务酒店共有23层，地上20层为商业酒店，地下3层中负一层为桑拿洗浴中心，负二层为停车场，负三层为配电室。起火点位于负一层桑拿洗浴中心仓库，由于该酒店正在进行局部装修，大量的可燃材料堆放在着火层，造成火势蔓延极快，滚滚浓烟迅速向上层和毗邻建筑蔓延。由于火发突然，酒店内的宾客和工作人员大部分没有疏散，困在浓烟中不知所措，极易引发群死群伤。据此，指挥员命令参战官兵立即展开战斗，一方面组织疏散小组迅速进入各楼层紧急有序引导疏散人员，同时利用消防广播稳定人员情绪，避免恐慌引发混乱和践踏等危险；另一方面在一层设置水枪阵地，阻止火势蔓延，同时加强楼层内部的排烟工作。16时10分～19分，增援力量相继到达现场。火场指挥部进一步制定灭火作战方案：一、组织救援小组立即对着火层及上下楼层进行再次搜救，确保无一人员被困火场；二、增加水枪阵地设置，深入火场内部强攻，集中兵力围歼大火；三、增强掩护力量，掩护内攻人员，分别从酒店两边的楼梯对火势进行夹攻，阻止火势蔓延；四、组织到场的公安民警扩大火场警戒带，协助维护现场秩序。该起火灾发生的时间正好是市区交通运行高峰期，周边人员车辆密集，且该酒店系高层建筑，着火层为地下层，因此给火灾扑救和人员疏散带来较大困难。在危急关头，全体参战官兵凭借近年来打造钢城消防铁军练就的过硬本领，全面贯彻“救人第一、科学施救”的指导思想，敢打硬仗，全力与火情赛跑，最终经过3小时的艰苦奋战，于18时30分成功完成火灾扑救工作，先后疏散被困人员400余人，无一人员伤亡，解除了火灾对该建筑及其附近地区的威胁。

【“八二九”矿难抢险】 2012年8月29日18时，攀枝花市西区正金工贸有限责任公司肖家湾煤矿发生瓦斯爆炸事故，多人被困。事故发生后，市消防支队官兵全勤动员，第一时间出动10余台消防车辆、70余名官兵赶赴现场，全力投入到抢险救援工作当中。得知消息后，省公安厅高度重视，副厅长岳德松立即率领省消防总队总队长马先宏、参谋长卿海等一行，星夜兼程、长途奔袭700余千米火速赶赴现场指挥抢险救援工作。按照各级党委、政府和相关领导的指示要求，攀枝花消防部队与矿山救援、公安、武警、民兵等多股参战力量汇在一起，严格按照现场指挥部分工要求，展开协同配合，充分发挥消防部队应急救援专业化、器材装备高精尖端化的优势，迅速投入一线救援工作，完成夜间照明、装备运输、秩序维护等大量救援工作。就在救援工作全力展开的时候，8月30日16时30分，省委书记、省人大常委会主任刘奇葆在省消防总队总队长马先宏的陪同下，到抢险救援现场亲切慰问了现场参战消防官兵。8月31日，消防部队圆满完成既定救援任务，撤离现场。

(王 品)

武警攀枝花市森林支队

【思想政治建设】 2012年，武警攀枝花市森林支队深入学习党的创新理论，抓好主题教育和经常性思想政治教育工作，官兵争做党和人民忠诚卫士的思想根基日趋牢固。始终坚持用党的创新理论建队育人，组织官兵深入学习贯彻中共十八大精神，狠抓严守政治纪律和组织纪律，确保官兵信念坚定、对党忠诚。扎实开展主题教育，积极转化“网上课堂”成果，落实周二备课、周三查课制度，认真组织大课辅导、小课串讲和14项配合活动，增强教育实效。深入开展经常性思想教育，组织保卫委员、思想骨干培训和法律心理服务到基层活动，注重做好个别人排查转化，确保官兵思想稳定。坚持用先进军事文化铸魂励志，积极筹建总队业余演出队，大力加强特色文化分队建设，广泛开展“绿色卫士杯”作品征集、“支队之歌”创作演唱、学唱百首军歌活动，培育践行队魂队风和特有精神，提振官兵精气神。跟进做好任务中政治工作，安装车载教育系统，持续开展“讲、唱、做”和“三学一唱”（学少数民族语言、学少数民族舞蹈、学少数民族习俗，唱少数民族歌曲）活动，深入藏区村寨结对认亲，激励官兵斗志，融洽警民关系。结合建队 10 周年，组织军地记者进警营，宣扬部队建设成果，先后在中央级媒体刊稿 700 余篇，扩大社会影响。比机拉贵被总部表彰为优秀带兵班长，政治处被总队表彰为先进政治处.

【组织建设】 2012 年，武警攀枝花市森林支队各级党组织把关定向好，团结质量高，民主气氛浓，坚持原则，弘扬正气，充分发挥核心领导作用。狠抓党委班子和机关作风建设，广泛开展党纪政纪条规学习、廉政教育“五个一”（上一堂廉政党课、写一篇体会文章、学一次廉政法规、受一次廉政教育、开一次廉政剖析会）和“读书思廉”活动，努力营造崇尚廉洁的良好氛围。开设“首长信箱”、印发“连心卡”、设立“建言箱”，畅通民主渠道，建立“369”工作制度，对官兵反映的问题，中队 3 天、大队 6 天、支队 9 天内予以答复和解决。坚持公道正派选人用人，先后研究 24 名干部晋职晋衔，15 名岗位调整，31 名士兵学技术、骨干培训等，官兵普遍满意。攀枝花大队党委和三中队党支部分别被总队表彰为“先进基层党组织”。

【中心工作】 2012 年，武警攀枝花市森林支队严格落实战备制度，深入开展战备形势教育，及时修订方案预案，完善指挥编成和兵力配备，落实值班坐班制度，坚持基指全时备勤，促进战备工作落实。组织入伍、单兵专业、分队合成训练阶段考核和训练尖子比武，实行预选指挥士官训后直选、全程淘汰和新兵自训自管自用机制，形成大抓训练的良好氛围，提升了部队遂行多样化任务能力。3 月 15 日，支队出动 80 人参加金江火车站森林火灾扑救。同月 19 日 19 时 40 分支队长李林率盐边大队 35 名官兵参加红格镇昔格村森林火灾扑救。同月 29 日，支队政委李昌德带攀枝花大队 45 名官兵参加仁和区布德镇森林火灾灭火作战。4 月 3 日，支队副支队长与市防火办、市森林公安组成联合工作组，对全市清明节期间防火工作情况进行检查。同日，副支队长率攀枝花大队 45 名官兵参加攀枝花公园后山森林灭火作战。同月 5 日，支队长李林带盐边大队 45 名官兵参加盐边县益民乡森林火灾扑救。全年共出动兵力2 600余人次，完成 19 次灭火作战、26 次防火执勤、8 次抗旱救灾、7 次维稳处突和 1 次抗洪抢险任务，高标准实现“两个确保”（确保多样化任务圆满完成，确保部队安全稳定）目标。

【正规化建设】 2012 年，武警攀枝花市森林支队落实指挥部两个《细则》（《机关正规化管理实施细则》《基层正规化管理细则》），深入开展“条令学习月”活动和“迎盛会、严纪律、树形象、保安全”作风纪律教育整顿，狠抓官兵日常养成，部队“四个秩序”（战备、训练、工作、生活）更加正规。围绕“七不”（不亡人、不丢枪、不发生政治性问题、不发生经济问题、不发生责任事故、不超生、不发生警民纠纷）控制性目标要求，扭住政治安全、任务安全、日常安全和经济安全不放松，突出防范重大安全问题，紧盯新兵补入、老兵退伍、重大节日、执行任务等关键环节，加大“五个重点问题”（人、车、枪弹、酒、内外关系）治理，排查整治安全隐患和事故苗头，购置配发电脑手机保管箱，牢牢把握了安全工作主动权，部队全年实现“三无”（无严重违纪、无刑事案例、无行政责任事故）目标。以迎接正规化管理达标检查验收为契机，指导部队完善基础设施，规范库室设置，整治营区环境，改建装修支队机关办公楼和公寓房太阳能热水器，部队正规化建设水平有新的提高。支队机关、盐边大队和警勤排正规化建设在指挥部检查验收中达标，支队被总部表彰为“连续 7 年安全无事故先进单位”。

【后勤保障】 2012 年，武警攀枝花市森林支队坚持围绕中心抓保障，及时修订完善应急保障方案，开展战时装备抢修、物资补给、战场救护等应急保障演练，狠抓司务长、炊事员、驾驶员、卫生员等各类专业骨干培训，为部队遂行任务提供有力支撑。注重加强经费物资管理，坚持党委集体理财，制定《物资采购实施细则》，实行资金网上支付和公务卡结算，确保资金运行安全。理顺大中队保障关系，落实中队自主办伙，因地制宜发展两业生产，官兵伙食满意率达 95%以上，后勤处被总队表彰为先进后勤处。

【按纲建队】 2012 年，武警攀枝花市森林支队依据《纲要》《三十条》和森林部队《实施办法》抓经常打基础，基层建设稳中有升。采取多回合、小集中的办法开展岗位实践活动，各级按纲抓建能力显著提升。注重搞好顶层设计，科学制订计划方案。严格落实周检查、月讲评、季度双向讲评、半年初评、年终总评要求，不断强化基层组织功能，注重建章立制，实现工作同步、教育同频、安全同保，保证部队形散但神聚。广泛开展“双争”和“士兵之星”评比活动，官兵创先争优热情高涨。按照“三治”（治平、治短、治庸）和“三个一遍”（调查分析一遍、综合考评一遍、全面帮建一遍）要求，对基层大、中队进行分析排队，落实“一帮二”（一名党委常委帮建一个大队、两个中队，重点帮建两名大队主官）制度，对基础较弱的中队，由支队党委常委重点帮扶。全年支队常委平均跑面 46 次、蹲点 6 批次，2 次由主官带队组织按纲抓建考评，有效提升了基层建设质量。攀枝花大队和一中队、三中队被总队表彰为“基层建设先进大、中队”。

（孟存业）

政　　　法

综治管理

【维护社会稳定】 2012年，各级各部门牢固树立“第一要务与第一责任统筹抓”的理念，以为全国两会、省第十次党代会和中共十八大胜利召开营造和谐稳定社会环境为工作目标，以深化社会矛盾化解、加强和创新社会管理、化解信访积案和解决信访突出问题为工作重点，认真履行维稳第一责任，全力维护社会和谐稳定。全年实施重大项目稳定风险评估138件，经评估暂缓实施3件，化解稳定隐患300余件，没有发生未按规定进行风险评估而引发涉稳事件。开展矛盾纠纷集中排查11次，排查不稳定因素134件，化解120件，化解率达89.6%；调解各类矛盾纠纷4 105件，调解成功3 765件，调解成功率达91.7%。落实中央和省委“坚决防止发生重大政治事件、非法聚集事件、大规模群体性事件、暴力恐怖事件、非正常信访事件、网络舆情炒作事件”的工作要求，实现重大节日活动、全国全省两会、省第十次党代会、中共十八大等重要敏感期非访“零进京”和集访“零赴蓉”工作目标，应急机制建设在全省作经验交流。在省委、省政府组织的年终检查中，攀枝花市维稳工作获得好评，进入全省优秀行列。

【社会管理综合治理】 2012年，市委政法委坚持将加强和创新社会管理纳入“十二五”经济社会发展总体规划和重点规划，编制完成《攀枝花市“十二五”社会建设和社会管理创新发展规划》，制定下发《攀枝花市加强和创新社会管理20项重点工作方案》《加强和创新社区（村）社会管理工作的意见》等文件，明确全市加强和创新社会管理的指导思想、基本原则、工作格局、工作步骤和工作重点。深入开展“十项”（消防安全、校园周边环境、食品安全、道路交通安全、治安重点区域、重点行业领域安全生产、打击多发性侵财犯罪、“打黑除恶”“打四黑除四害”“缉枪治爆”）专项治理“百日行动”，集中开展“打黑除恶”、“缉枪治爆”、“打非治违”等专项行动，消除一批社会管理隐患。全面启动31个城市社区、11个村“攀枝花市社会管理居民（村民）满意社区（村）”市级试点社区（村）创建活动，全市治安形势总体平稳，人民群众安全感不断提升。93.2%调查者认为社会治安状况有所好转，群众对社会治安安全满意度达93.56分，社区（村）社会管理创新工作经验在全省交流推广，“三电”（电力、电信、广播电视设施）工作被评为“全省三电设施安全保护工作先进市”。在省委、省政府组织的年终检查中，攀枝花市综治工作获得好评，进入全省优秀行列。

【服务经济社会发展】 2012年，全市政法系统先后制定推出《攀枝花市政法机关服务实体经济发展七项规定》等系列服务企业发展的新措施。积极探索专项服务、专人服务和专业服务等便民利民的新办法。牵头开展打击合同诈骗、金融诈骗、偷税漏税、职务侵占、商业贿赂、阻碍施工等违法犯罪活动。破获各类破坏经济秩序案件391起，审结各类民商事案件8 617起，查办商业贿赂渎职侵权等职务犯罪88件，挽回直接经济损失1 400余万元；提供法律援助21 684人（次），担任法律顾问510家，办理各类公证6 235件，司法鉴定机构办理司法鉴定1 650件。

【领导责任制】 2012年，全市政法系统牢固树立“第一责任与第一要务统筹抓”的理念，坚持把维稳综治工作摆上重要议程，纳入经济社会发展全局来研究和谋划，作为“保障工程”“民生工程”来抓，做到维稳综治工作与经济社会发展同规划部署、同研究落实、同考核奖惩。依托维稳综治领导责任制和目标考核体系，全市各级党政主要领导也都与下属单位层层签订责任书，切实将责任逐级、逐项细化分解落实到部门、落实到岗位、落实到人头，在全市范围内建立和完善党政主要领导负总责、班子成员负责分管范围维稳综治工作的责任体系。市委维稳办、市综治办会同市委目标督查办、市政府目标督查办把综治维稳工作的进展情况和工作成效作为全局工作的重要考核指标，加强日常督促检查，推动综合治理和维护稳定各项措施的落实。

【基层基础工作】 2012年，市委政法委建立健全专群结合、人防物防技防、打防控管建结合的社会治安整体联动防控体系，全力推动“天网二期”工程建设，不断深化平安乡村、平安社区、平安市场、平安楼院、平安景区、平安家庭等各种形式的创建活动，社会治安综合治理和平安创建根基不断夯实。全市325个村、114个社区建立调解室，建成社区警务室129个、企业警务室146个、农村警务室19个，校园警务"室站点"覆盖面达100%。全市"社会管理居民（村民）满意社区（村）"市级试点社区共划分网格1 343个，配备网格管理员10 417名、社工283人，建立巡防队伍349支3 516人，投入经费842万元。强化队伍培训工作，投入训练经费400余万元，开展各类培训819场次，培训基层科所队长1 732人次，培训干警27 158人次，新任领导参训率、新进干警、初任（新任）科级干部培训率达100%。

【铁路护路联防】 2012年，坚持把铁路护路联防工作和平安铁道线建设纳入社会治安综合治理工作的重要内容，一同部署、一同要求、一同考核、一同奖惩。紧紧围绕全市中心工作，以深化"平安铁道线"和"九无"（无货盗案件、无拆盗案件、无割盗案件、无路外伤亡事故、无大牲畜上道、无机动车上道肇事事件、无摆放路障、无石击列车事件、无乱耕滥种）平安铁路示范村（社区）创建活动为载体，以"爱路护路联户代表"活动为抓手，以重点时期的铁路安全畅通为重点，整合各种群防群治力量，实现"一段一警（路地公安民警）、一段一人（护路承包责任人）、一段一队（各类群防群治队伍）"，形成全方位、全时段、全覆盖的防控格局，始终确保铁路沿线治安秩序良好，确保铁路运输安全畅通，全年实现"零发案、零货盗、零破封、零险情"的工作目标，实现涉路刑事和治安案件发案率全省最低，涉路可防性案件发案率全省最低，因治安问题引发的铁路货赔额全省最低。

【政法队伍建设】 2012年，全市政法系统先后深入开展"警民亲"、政法干警核心价值观教育、政法干警"下基层、进民户""挂、包、帮"等主题教育实践活动，共开展集中学习302次，开展技能练兵250余次，政法干警进社区839个、进乡村895个、进单位3 073个、进学校820个，帮助特殊困难群众520个，为群众办实事、解难事1 160余件，化解矛盾纠纷1 060余起。与市纪委联合成立全市政法系统作风巡察办公室，重点巡察全市政法部门领导作风、思想作风、工作作风、纪律作风、服务作风，督导"三项制度"（政法系统教育培训制度、技能练兵制度、作风建设制度）落实情况300余次，督导基层单位近100个次，全市政法系统出台便民措施近300条，解决问题近200个。全市政法干警为民意识有大转变、精神面貌有大提升、工作成绩有大提高，群众对政法机关和政法干警的满意度测评达83.30分。以"公开、公平、公正"为原则，严把选人关、笔试关、面试关、体验关，完成政法干警体改生招录工作和政法干警招录工作，做到考生满意、用人单位满意、党委政府满意、社会满意。

（敬　波）

公　安

【概　况】 2012年7月18日，德阳市公安局原党委委员、副局长尚建调攀枝花市公安局工作。2012年8月16日，攀枝花市公安局原党委委员、副局长银宏调遂宁市公安局工作。

全年全市公安机关围绕为中共十八大召开营造稳定和谐治安环境这一首要政治任务，紧扣市委、市政府工作大局，积极服务全市"三个加快建设""三个走在全省前列""六大硬仗"和"四个翻番"重大战略目标，组织开展"2012—霹雳行动""破案会战"等系列行动，统筹做好打击防范、安全监管、自身建设、社会管理创新等各项工作，积极服务经济社会发展。全年共立刑事案件7 928起，破获4 716起；抓获刑事作案成员3 066人，逮捕1 326人，起诉2 093人；破获毒品案件718起，缴获毒品海洛因86 800克；侦破经济犯罪案件391起，挽回经济损失6 452.22万元；查处治安案件11 322起，治安处罚10 233人。办理人大代表建议、政协委员提案23件，满意率达到100%。国家统计局攀枝花调查队调查结果显示，94.88%的群众感到安全，较2011年上升2.95个百分点。

【打击刑事犯罪】 2012年，全市公安机关紧紧围绕群众安全感提升这一目标，以打击多发性侵财犯罪为重点，始终保持严打高压态势，组织开展"岁末年初集中打击整治""2012—霹雳行动""五打两防三查"集中行动等系列专项行动，坚持推行轮流接案、现场必勘、案侦搭档等破案机制，加大情报研判、科技办案、合成作战，增强破案打击实效性。全年共立刑事案件7 928起，破4 716起；抓获刑事作案成员3 066人，逮捕1 326人，起诉2 093人。破获20起现行命案、6起绑架案，破案率100%。坚持"打早打小、露头就打、除恶务尽"原则，完善黑恶线索摸排研判长效机制，共摸排涉恶线索17条，打掉涉恶团伙10个，破获刑事案件32起，打击处理成员43人。全年共立侵财案5 610起，破2 490起，破案率44.4%；成功破获西区"二二五"系列抢夺案、东区系列砸车窗玻璃盗窃案、仁和区系列盗窃电缆线团伙等大要侵财案件。

【治安管控】 2012年，全市公安机关以治安"大巡防"为核心，采取网格布警、机关增援、电子巡更、蹲坑守候等措施，深入推进街面、社区、校园"三张防控网"建设，最大限度把警力部署到防范薄弱的时段和案件高发的居民小区、背街小巷，实现打防衔接，提升防范实效。按照目标、措施、重点、效果"四明确"要求，主动开展春节、"五一"、国庆等重要节日、全国全省全市两会等敏感期间集中统一行动，加大出租房屋集中区、暂住人员聚集区、旅馆网吧重点行业场所的清查整治，有效震慑违法犯罪分子。全市杀人、绑架、强奸、伤害等八类严重暴力犯罪同比下降12.3%，抢劫同比下降15.2%，盗窃机动车同比下降13.2%。健全“黄赌”案件责任倒查追究和“黄赌”线索举报奖励机制，持续开展整治行动，共查处涉赌案件320起，抓获违法人员1 058人，行政拘留235人，罚款758人；查处涉黄案件171起，抓获违法人员336人，行政拘留266人，警告1人，罚款69人。持续开展“打四黑除四害”（四黑：“黑作坊”“黑工厂”“黑市场”“黑窝点”；四害：严重危害人民群众生命健康、严重危害青少年身心健康、严重危害群众切身利益、严重危害公共安全和社会诚信）专项行动，共破获刑事案件770件，刑事打击处理574人，捣毁黑作坊、黑窝点115个，打掉犯罪团伙15个，查获各类假冒伪劣商品涉案价值达700余万元，成功侦破公安部督办“一一·三”销售假酒案、朱新年特大制售假证章案、仁和特大非法经营案等案件。组织开展缉枪治爆专项行动，全年全市发现整改安全隐患58起，破获涉枪刑事案件28件，查处涉枪治安案件3件、涉爆治安案件18件，刑事打击29人，治安处罚75人，收（追）缴各类枪支36支。按照“严之又严，细之又细，实之又实”要求，圆满完成欢乐阳光节开幕式等大型群众性活动、重大活动安全保卫。全年全市共受理治安案件11 747起，查处11 322起；查处违法人员12 802人，其中治安处罚10 223人（警告3 487人、治安罚款3 333人、治安拘留3 400人、吊销许可证3人）。

【禁毒缉毒】　2012年，全市公安机关以打击零星吸贩毒、大宗毒品犯罪、过境毒品犯罪、新型毒品犯罪为重点，大力开展专案侦查，共破获毒品案件718件，其中侦破千克级以上大案13件；抓获毒品犯罪嫌疑人376人，缴获毒品海洛因86 800克；办理毒品行政案件1 774件，处理违法人员1 991人次。组织开展娱乐场所、涉毒重点区域和重点部位整治和吸毒人员“大收戒”，强制隔离戒毒690人。加大易制毒化学品管理力度，确保易制毒化学品不流入非法渠道。组织开展禁毒宣传工作，开展“我在警营有个家”关爱农民工子女禁毒知识宣传志愿服务和留守儿童禁毒知识宣传教育活动，增强农民工子女、留守儿童拒毒、防毒意识。探索禁毒宣传新模式，在全市推广“禁毒宣传乡村行”“市九中禁毒宣传教育”模式；开展禁毒志愿者授旗、禁毒志愿者宣誓、禁毒预防教育联系学校授牌仪式和禁毒专题文艺演出，向群众发送预防毒品短消息，在全市派出所、红绿灯、出租车LED显示屏上滚动播放禁毒宣传标语，营造禁毒宣传氛围。

【打击经济犯罪】　2012年，全市公安机关以打击经济犯罪、维护群众利益“破案会战”专项行动为龙头，坚持打击与服务并举，严厉打击金融诈骗、侵犯知识产权等破坏社会主义市场经济秩序犯罪和涉企性、涉众性等关系民生改善的经济犯罪，全力维护全市经济社会发展环境。全年共立各类经济犯罪案件395起，破案391起，涉案金额15 346万元；抓获犯罪嫌疑人205名，为国家、企业和群众挽回经济损失6 452.22万元。成功破获“卢某等人系列职务侵占案”“陈某、刘某骗取贷款案”“攀森商贸公司特大系列虚开增值税专用发票案”等一批影响大、危害大的经济案件。

【安全监管】　2012年，全市公安机关全面加强民爆物品隐患排查整改，积极推广“一体化”爆破作业，引导现场混装技术使用，有效降低民爆物品生产、销售、存储、运输、使用等各环节安全风险，未发生民爆物品安全事故；积极推动建立民用爆炸物品限量审批、煤矿安全信息员制度，竭力服务社会主义新矿山建设。针对严峻的旱季防火形势，主动开展“清剿火患”战役和中共十八大消防安全保卫战，全面实施消防重点单位“网格化”排查、“户籍化”管理，发现并依法整改火灾隐患5.4万余处，有效防止恶性火灾事故发生。全年发生火灾事故110起，死亡0人，受伤1人，直接经济损失262.9万元，伤亡人数与2011年持平，直接经济损失下降38.9%，消防安全形势保持平稳。在全市公安监管场所深入推进看守所管理机制创新，严格落实看守所安全工作、人权保障、医疗管理、服刑罪犯管理机制，创新建立在押人员安全风险评估和分级管理等系列制度；组织开展“两防一退”（防安全事故、防在押人员非正常死亡，退出舆情关注热点）、涉案财物专项治理、安全隐患大排查等专项活动；全市监所共获取各类违法犯罪线索1 066条，协助破获刑事案件472起，抓获犯罪嫌疑人134人。

【交通管理】　2012年，全市公安交警部门围绕市委、市政府建设“中国钒钛之都、中国阳光花城、四川南向门户”目标，以“路通畅，少伤亡，群众安，形象好”为工作目标，全面深化道路交通管理工作。坚持科技护畅、管理保通，完成主城区主要路口红绿灯控制系统升级，根据早晚交通流量高峰期，细化10套配时方案，最大限度地发挥红绿灯管控系统的效能；组织开展全市交通秩序堵点乱点摸排，梳理堵点13处、乱点70处，推出缓堵保畅系列措施和办法，最大限度缓解城区交通拥堵。组织开展“打非治违”“道路客运安全年”“牵手平安行”“六严查一教育”和“三超一疲劳”等系列专项整治行动，全年共查处各类交通违法755 348起，其中超速133 952起、醉酒驾驶108起、酒后驾驶122起、无证驾驶1 802起、客车超员94起、货车超载1 727起；行政拘留796人次，吊销驾驶证124本，确保全市道路交通安全形势平稳。开展以预防重特大交通事故为重点的车辆、驾驶人源头管理。严把机动车查验检验、驾驶人考试发证、驾驶人审验教育、企业安全监管检查、交通安全隐患排查、路面违法查处管控等“六关”。实施“文明交通行动计划”，加强交通安全宣传教育，全年共刊（播）宣传稿件2 287篇，制作横幅430条，张贴宣传画4 000张，发放宣传画册25 500本，印发宣传材料45万份，发送信息120余万条；播放公益广告1 180条次；与市广播电台联办《实时交通诱导》《龙哥说交通》《每周二交通事故分析警示》等直播节目，及时提供路况信息，方便群众出行。全年全市共发生道路交通事故298起，死亡106人，伤408人，直接经济损失124.7万元，同比分别下降32.6%、10.9%、32.3%、1.6%。

【"2012—霹雳行动"】 2012年5月，攀枝花市公安局为迎接中共十八大胜利召开，确保全市社会平安稳定，提前启动并组织开展为期7个月的"2012—霹雳行动"。行动以维护社会政治稳定、严厉打击各类违法犯罪、加强治安防控工作、加强安全监管工作、加强基础机制建设为工作重点，突出破案打击重点、突出治安防范薄弱环节、突出治安热点难点问题，重点打击多发性侵财、严重暴力、涉毒、破坏经济秩序等违法犯罪活动。行动中，全市公安机关共破获刑事案件3 608起，逮捕直诉1 537人，强制隔离戒毒498人。

【"八二九"特别重大瓦斯爆炸事故抢险救援】 2012年8月29日，攀枝花市西区正金工贸有限公司肖家湾煤矿因瓦斯爆炸引发安全生产事故后，市公安局立即启动事故应急预案，先后共出动民警、武警和消防官兵23 929人次、车辆7 885台次，全力维护抢险救援现场、医院、遗体存放场所正常秩序，确保救援车辆、物资、人员快速安全通行，保障国务院调查组、新闻媒体驻地的安全；完成相关企业、人员的资产清查、立案侦查工作，公安机关依法冻结银行账户现金3 643.9万元，配合西区法院冻结银行账户现金2 100万元，查封、冻结机器设备、厂房、生产原料、房产、车辆、股权等不动产、动产若干。依法查明21名人员的责任，移送起诉18人，取保候审2人，移交检察机关处理1人。在全市公安机关抽调刑事技术人员，组成法医鉴定、DNA采集、DNA比对等5个小组，仅用7天6个小时，完成对48名遇难者死因检验和身份确认，有效保障抢险救援和善后处置工作开展。

【"警民亲"活动】 2012年，攀枝花市公安局落实"警民亲"活动新添十项措施，有序推进"平安守护网"建设、城区网格化巡防、公共户口簿7日内办结、加急出国（境）证件5日内签发、驾驶人体检证明远程和异地提交、"网上110"开通、初信初访电话回访等便民利民举措，方便群众，提高效率；继续开通"我来评说攀枝花警察"网络载体及"警民亲"电话、短信互动平台，全方位征求各界群众、企事业单位和党政机关对公安工作的意见和建议。坚持以市、县（区）两级公安局局长手机、邮箱"两个公开"和电话、短信、网络评警"三个平台"为载体，拓宽"警民亲"活动等形式，办理"市长信箱"、"12345"市民热线、局长公开电话等来电、来信、来访1 643件；组织报告会20场。开展评议活动278次，走访警风警纪监督员、人大代表和政协委员500余人（次），走访群众87 000余人（次），走访企事业单位1 900余家（次）；评查解决治安突出问题、安全突出隐患168个，评查队伍管理问题55个，为群众办实事、做好事、解难事1 160余件。

【社会管理创新】 2012年，全市公安机关坚持"民需警应"理念，在创新管理理念、拓宽服务领域、改进管理方式、提升工作效能上狠下功夫，牵头负责全市流动人口、吸毒人员管理服务"两个机制"创新，推进户籍制度、居住证制度"两项制度"改革，提出吸引流失外地车辆回攀上户、吸引周边地区车辆入攀落户"两个吸引"等11条建议，推出主城区治堵保畅系列举措，完善"一站式、一窗式"服务机制，为群众办理护照及港澳台通行证、驾驶证、二代身份证等各种证照25.9万余份。

【绩效考核】 2012年，攀枝花市公安局深化绩效考核层级考核机制，积极推进以"四定三考"（"定岗、定员、定责、定目标"，"考勤、考纪、考绩"）为主要内容的全员绩效考核改革。坚持考核结果与公务员考核、干部选拔、立功受奖、经济待遇直接挂钩，切实推进"干与不干、干多干少、干好干坏"难题解决，激发公安民警干事创业积极性。全年全市公安机关共评定一级绩效民警459名，二级绩效民警1 676名，三级绩效民警13名，四级绩效民警7名。同时，对2011年度7名四级绩效民警进行离岗培训。

【队伍建设】 2012年，攀枝花市公安局领导班子和领导干部考核评价机制初步形成。配合市委组织部提拔9名县级领导干部，首次对全局34个二级班子和112名中层领导干部实施年度考核评价，完成65名三级班子科级干部试用期考察、15名县级和12名科级中层干部任职及交流调整；深化领导干部工作动态每日公示、中层干部每月到基层当一天民警、履职情况每月报告、工作绩效季度评定等制度。系统开展"思想大解放、作风大转变、工作大落实"主题教育活动和"大学习、大排查、大反思、大整改"集中教育整顿活动。坚持落实从优待警举措，坚持年度民警健康体检制度和四年一次疗养制度，开通民警因公负伤救治绿色通道；坚持对基层公安机关、困难民警、优警和因公负伤民警、因公牺牲民警家属的慰问活动；查处侵害民警执法权益案件28起，涉及被侵权民警31人，打击侵害民警权益违法嫌疑人54人。全年共组织284名民警参加4期警衔晋升培训；116名民警参加4期警务实战教官培训；2 203人（次）参加公安部、省厅调训和全市非领导职务任职培训等各类培训；开展练兵竞赛14场，实战演练16次，参训民警4 400余人（次）。完成应急处突预备大队组建，开展应急处突基本技战术训练。加大宣传工作力度，全市公安机关共刊播新闻稿件3 444件，其中省级以上媒体发稿867件、中央级媒体上稿31件。开展警营文化建设，组织警官合唱团，举办"五一放歌""祖国万岁""社区联谊"等演出。全年全市公安机关共71个集体受到部、省、市级表彰，367名个人受到中央、省、市级表彰。其中，1个集体荣记集体三等功，8个集体受到嘉奖，1名个人荣记个人一等功，89名个人荣记个人三等功，95名个人受到嘉奖。

（姜　鑫）

检 察

【概 况】 2012年,全市有市和县(区)两级检察院6个,共有在职检察官218名,其他工作人员101人。全市检察机关依法打击各类刑事犯罪,全力维护社会和谐稳定,共批准(决定)逮捕各类刑事犯罪案件827件1 325人;提起公诉1 294件2 087人。依法查办和预防职务犯罪,促进反腐倡廉建设,立案查办贪污贿赂、渎职等职务犯罪案件56件69人,其中大案53件,占立案总数的94.6%;查办县处级以上领导干部6人,占立案人数的8.7%;为国家挽回直接经济损失777.48万元。围绕中心工作,积极服务发展大局;立足检察职能,依法维护和谐稳定;加大惩防力度,促进反腐倡廉建设;加强诉讼监督,促进社会公平正义;强化规范建设,全面加强自身监督;夯实基层基础,筑牢检察发展根基。两级检察院受到最高人民检察院、省级和市级以上表彰的先进集体32个(次)、先进个人25人(次)。

【刑事检察】 2012年,全市检察机关立足检察职能,依法维护和谐稳定,突出打击故意杀人、故意伤害、抢劫、盗窃等严重影响人民群众安全的刑事犯罪,深入推进平安建设。全年共批准(决定)逮捕各类犯罪案件827件1 325人,同比下降9.9%和12.5%;提起公诉1 294件2 087人,件数同比上升4.4%,人数同比下降2.7%,其中"两抢一盗"(抢劫、抢夺、盗窃)犯罪案件406件598人,分别占31.4%和28.7%;毒品犯罪案件88件152人,分别占6.8%和7.3%;故意杀人、故意伤害犯罪案件235件299人,分别占18.2%和14.3%。认真贯彻宽严相济的刑事司法政策,依法保障公民的合法权益。对涉嫌犯罪但无逮捕必要的,决定不批准逮捕89件202人;对犯罪情节轻微,依照刑法规定不需要判处刑罚或者免除刑罚的,决定不起诉22件33人。

【查办和预防职务犯罪】 2012年,全市检察机关共立案查办贪污贿赂、渎职侵权等职务犯罪案件56件69人,其中大案53件,占立案总件数的94.6%;要案6人,占立案总人数的8.7%,为国家挽回直接经济损失777.48万元。突出查办贪污贿赂大要案,查办一批有影响、有震动的贪污贿赂大要案件,其中大案45件57人(含要案6件6人)。深入推进治理商业贿赂专项工作,立案查办严重破坏市场经济秩序、损害公平竞争、影响投资环境的商业贿赂职务犯罪案件32件37人,其中工程建设领域13件13人、资源开发领域6件11人、其他领域13件13人。深入查办涉农职务犯罪,制定《攀枝花市检察机关查办和预防涉农惠民领域贪污贿赂等职务犯罪专项工作实施方案》,共立案查办危害农民合法权益和农村社会稳定等涉农职务犯罪案件5件9人。突出查办涉及民生领域的职务犯罪,共立案查办危害民生的职务犯罪案件13件19人。严肃查办行政执法重点领域和关键环节的职务犯罪,共立案查办发生在基层政权组织和重点行政执法岗位的贪污贿赂犯罪案件17件19人。

积极查办渎职侵权犯罪,深入贯彻落实《关于加大惩治和预防渎职侵权违法犯罪工作力度的若干意见》,按照全省检察机关第六次反渎职侵权侦查工作会议精神的要求,依法查办渎职侵权犯罪案件。全年共立案查办渎职侵权犯罪案11件12人,其中玩忽职守案9件9人、滥用职权案2件3人,特大案8件9人。紧密结合市委、市政府开展的专项整治行动,严厉查处"八二九"特别重大瓦斯爆炸事故背后的国家机关工作人员渎职犯罪案件。对国土矿产资源管理、煤矿安全监管、行政执法部门等监督管理部门的履职情况进行深入调查,严查事故背后的渎职犯罪、钱权交易、行受贿等问题。共立案查办玩忽职守、滥用职权犯罪案件8件8人。

坚持标本兼治,不断拓展预防职务犯罪工作领域,开展预防职务犯罪工作。以阳光花城新区、丽攀高速公路、观音岩水电站、马鞍山水库等新开工和在建重点工程项目为中心,推进全市重点建设项目预防跟踪服务工作顺利开展。着力抓好重点联系单位和共建单位预防工作,拓展共建新领域。首次与金融单位——攀枝花农村商业银行股份有限公司建立共同预防职务犯罪工作机制,为企业在局域网中开办预防职务犯罪栏目。进一步延伸预防触角,将预防教育纳入党校培训计划,列入选调生、中青班和县干班培训内容,共开展专题讲座3场。全力做好省检察院预防职务犯罪宣讲团到攀枝花市进行预防职务犯罪宣讲会的各项工作。全年共提出预防建议15件,被相关单位采纳14件;开展专项预防调查41次,预防咨询22件;开展预防警示教育47场,受教育面达3 495人(次);开展职务犯罪案例剖析6件,帮助落实预防措施10项,深入重点工程开展跟踪服务15次,受理并提供行贿犯罪档案查询11次。调查报告《利用生猪养殖场补贴发放中的管理漏洞进行权力寻租的现象应予重视》被作为2012年全国检察机关预防调查经验交流会书面交流材料;市检察院制作的《预防职务犯罪多米诺骨牌》廉政宣传短片被省检察院评为一等奖,并被最高人民检察院评为全国展播作品。

【诉讼监督】 2012年,全市检察机关强化立案侦查监督和刑事审判监督,全年共办理立案监督案件42件,依法纠正侦查活动中的违法情况8件次,纠正漏捕犯罪嫌疑人47件60人,对重大案件提前介入、引导侦查取证59件,退回补充侦查314件777人。不断深化行政执法与刑事司法相衔接工作机制,市检察院与市政府法制办牵头组织召开全市行政执法与刑事司法衔接工作联席会议,制定并在全市实施《关于加强行政执法与刑事司法衔接工作的实施意见》,督促行政执法机关移送涉嫌犯罪案件17件19人。针对公安机关办理的418件735人"另案处理"案件,逐案逐人梳理核查并建立信息库。提出刑事抗诉9件，法院审结5件，采纳抗诉意见4件；向法院发出纠正审理违法意见书1件，已纠正；追诉漏罪31件，漏犯6人，均获有罪判决。加强适用简易程序诉讼监督，实现简易程序案件100%派员出庭；深入推进量刑建议规范化，拓展监督新途径，对1 126件案件提出量刑建议，法院采纳率94.7%。

强化民事审判和行政诉讼监督，全年共受理各类民行申诉案件60件，其中提请抗诉5件，向法院发出个案再审检察建议31件。办理执行监督案件14件，支持、督促起诉14件，办理刑事附带民事诉讼案件10件，调解监督2件。移送职务犯罪线索7件，诉讼过程违法情形监督6件，违法行为调查5件。

强化刑罚执行和监管活动监督，继续巩固和深化核查纠正监外执行罪犯脱管漏管专项行动成果，努力推进刑罚变更执行同步监督机制建设，加强对减刑、假释、保外就医的监督力度，实行全程同步监督。全年共开展入所检察2 057人（次），出所检察1 986人（次），审查减刑、假释、暂予监外执行案件4件，纠正监管场所刑罚执行和监管活动违法9件次，监督纠正监外执行违法124人（次）。配合监管机关开展各类安全检查60余次，发现、消除各类安全隐患40余起，提出口头检察建议23次，确保监管场所的安全与稳定。确保各诉讼环节继续保持"零"超期和刑事诉讼活动的顺利进行。

【社会管理创新】 2012年，全市检察机关健全检调对接工作机制，预防和减少不稳定因素。做好检察环节的矛盾纠纷排查化解工作，依托"大调解"体系，全年共引导轻微刑事案件和解46件。拓展释法说理案件范围，对22件重点案件开展说理工作，促成民事行政申诉案件当事人达成和解6件，息诉罢访7件20余人次，有效消除当事人之间以及当事人与司法机关之间的对立情绪。认真执行检察长接待工作制度和日常阅批重要来信制度，及时掌握涉检信访情况，促进信访问题的解决。全年两级检察院检察长共接待群众来访80次，阅批信件117件。

开展"举报宣传周"活动，畅通诉求渠道。共设立举报宣传点17个，举办讲座8次，制作展板和展示宣传挂图79幅（块），提供法律咨询126人次，接受举报6件次，受理控告17件次。继续深化涉检案件"零上访"争创活动，受理群众来信来访325件，同比下降32.8%，均已办结；妥善处理集体访2件，有效化解社会不稳定因素。

构建未成年人犯罪诉防一体工作格局，探索专人办理、品行调查、回访帮教等适合未成年人身心特点的办案模式，推动未成年人刑事检察工作深入开展。全年办理未成年人犯罪案件50件113人，作出不起诉决定1人，建议法院从宽处理84人。

做好综治维稳工作，制定《攀枝花市人民检察院关于做好维护社会稳定工作的意见》，切实为中共十八大胜利召开营造和谐稳定的社会环境和司法环境。认真细致地做好重大涉众型经济犯罪案件利益受损人员稳定工作，坚持排查、化解各种不稳定因素，及时上报维稳工作情况。坚持实行24小时领导带班、干警值班、每天零报告等制度。

规范社区矫正法律监督工作，定期通报、分析、研究社区矫正人员监外执行情况，利用在乡镇和社区成立的社区矫正法律监督工作办公室、乡镇检察室等机构，把检察工作向街道、社区、村社延伸，及时掌握社区服刑人员的思想动态，消除脱管漏管和重新犯罪隐患，有效化解社会矛盾，促进提高社会管理水平。制定《攀枝花市人民检察院监外执行（社区矫正）巡视检察暂行办法（试行）》，建立和完善监外执行社区矫正检察监督机制，有效保证监外执行检察监督向社区矫正法律监督工作的顺利过渡。

高度重视涉检网络舆情，制定《攀枝花市人民检察院关于进一步落实舆情引导及应急处置工作的通知》，确定舆情检测员，建立网络舆情日报制度，应对涉检网络舆情，及时进行研判和甄别筛选。加强检察门户网站的建设、维护和管理，通过网络向社会公开检察工作开展情况，加强与群众的互动交流，引导群众理性合法表达诉求。在本地网站、论坛开设预防、举报、控告申诉专栏，在新浪微博、正义网微博注册开通检察微博，回应社会关注，"仁和检察""攀枝花检察技术"等微博得到众多"粉丝"好评。

充分运用检察调研和检察建议，促进完善社会管理体系。对办案中发现的社会管理中存在的突出问题和薄弱环节（如特殊人群犯罪现象、"两抢一盗"案件高发地区等），积极开展检察调研，及时提出消除隐患、强化管理、预防犯罪的检察建议125件次，促进社会管理法治化。

【检察宣传】 2012年共制作播出"阳光检察"电视栏目50期，收到较好反响。加大平面和网络媒体宣传报道力度，稿件被各级新闻媒体采用190篇，其中国家级媒体采用13篇、省级媒体采用60篇，扩大了检察机关影响力。组织新闻媒体集中采访报道省检察院检察长邓川莅临攀枝花市视察、全市公诉人业务竞赛等活动，增强宣传的规模效应。大力培养宣传先进典型，注重先进典型的示范引领作用，挖掘、培养、树立、宣传体现检察特色、弘扬时代精神、具有人格魅力的先进集体和模范人物。全年共有71个集体80人次受到各级表彰，其中，受到省级表彰的先进集体5个、先进个人7人，市级表彰先进集体27个、先进个人19人，三名干警被省检察院记二等功。

【法律政策研究】 2012年共完成调研文章186篇，被采用30余篇，其中被市级以上批转10篇，被中文核心期刊采用2篇，在国家级刊物公开发表5篇。参加四川省第六届公检法司执法理论研讨会，仁和区检察院的《检察机关案件管理机制改革有关问题研究》获三等奖，东区检察院获优秀奖。充分利用检校合作平台，成功立项2个重点课题，其中市检察院的《检察机关职务犯罪预防工作机制研究》课题被省级公开刊物《攀枝花学院学报》和国家级公开刊物《创新基层党建，推进社会管理创新探索与实践》采用，盐边县检察院的《基层检察联络点的定位和运行机制》课题被中文核心期刊《社会科学研究》采用。以信息化建设为载体，进一步规范检察委员会工作。组织两级检察院检察委员会成员通过网络集体学习、讨论修改后的《中华人民共和国刑事诉讼法》和《人民检察院检委会议事和工作规则》，试行网上议事议案，规范检察委员会的工作程序和管理办法，所有议案均运用案件管理系统进行流程管理。建立案件流程管理办法，确保检察委员会对案件办理过程的管理、监督与决策作用。

【检察技术】 全年共受理检察技术案件254件，其中检验鉴定11件、文证审查案件155件。不断完善“同步录音录像”保障机制，建立对职务犯罪案件讯问过程实行远程网上安全巡查通道，有效提高对办案现场的监督，全年共办理视听类案件88件。充分发挥法医专业在执法办案中的作用，全年共办理法医文证审查案件153件，出具法律文书153份，其中发现原鉴定机构的错误鉴定8件，均得到纠正；深化“检医联动”，建立“法医介入自侦讯问”机制。深入推进视频会议系统、网上办公、办案系统的应用，加强网络的规范化管理工作。参加司法鉴定能力验证，认真落实《四川省检察机关2010～2013年司法鉴定实验室建设规划》，参加由司法部司法鉴定科学技术研究所举办的“法医临床学损伤程度鉴定能力验证”，并取得验证证书。

【司法警察】 2012年，全市检察机关司法警察共参与查办职务犯罪案件67件69人，执行看管472人次，执行拘传16人，执行传唤26人，协助执行逮捕26人，执行提押70人，参与搜查出警37人次，参与扣押（查封）18人次，参与查询出警231人次，协助调查取证出警240人次，送达法律文书234人次。为刑检部门办案提供警务保障，共参与刑检案件出警771人次，特别是在涉黑、涉恶以及有重大影响案件的提押、出庭公诉工作中，切实保护检察官人身安全，维护正常办案秩序。落实司法警察编队管理，提升建制队警务保障能力，4个司法警察建制队被评为全省检察机关争创司法警察编队管理示范单位，1个司法警察建制队被评为全国检察机关首批争创司法警察编队管理示范单位。高度重视办案安全防范工作，加强办公办案工作区规范化建设，严格执行办公办案工作区审批、出入登记、交接、执勤等规章制度。

【人民监督】 建立由市检察院检察长负总责、班子成员分片负责、部门负责人及各县（区）检察院检察长担任联络员的人大代表、政协委员立体联络机制；通过多种形式主动征求代表、委员对检察工作的意见和建议，并及时反馈整改落实情况；定期向代表、委员通达检察机关重大安排部署、检察工作阶段性成果、有重大社会影响案件的办理情况等，共寄送资料6 000余份。就2010年以来全市检察机关公诉工作、2012年半年工作向市人大、市政协作汇报和通报。主动接受人民监督员监督，组织人民监督员依法对拟不起诉案件进行监督评议，试行组织特约检察员监督强制措施变更审查，邀请部分人大代表、政协委员、人民监督员和特约检察员参与“检察开放日”、案件评查、观摩评议公诉论辩赛、涉检信访接待等活动。

【规范化建设】 开展理论学习和技能培训，通过专题研讨等形式强化对修改后的《中华人民共和国刑事诉讼法》《中华人民共和国民事诉讼法》等基本执法规范的专题培训，引导干警牢固树立理性、平和、文明、规范的执法理念；组织开展“论坛研讨”、业务竞赛等岗位练兵活动，进一步提升规范能力。

完善制度建设，制定并实施《关于加强职务犯罪案件审查逮捕工作联系实施办法》《公诉工作规范》《关于民事行政申诉案件受案管理办法》等系列规定，进一步规范工作流程。

实施案件统一集中管理，两级检察院全部成立案件管理机构，全面启动案件集中管理工作，初步实现统一受案、全程跟踪、动态监督，逐步开展律师阅卷、文书送达、案件移送和文书管理、质量评查、业务统计、涉案款物管理等案件管理工作。

深入推进公诉见习，44名干警通过见习活动在出庭公诉、综合技能等方面得到锻炼和提高。

以信息化促进规范化，推进网上流转公文、网上办案、检委会网上讨论案件、利用视频会议系统参加远程讨论案件和教育培训等工作，加强侦查指挥中心、远程视频接访系统建设方案设计等工作。

【内部监督制约】 2012年，完善职务犯罪案件办理机制，全面落实讯问职务犯罪嫌疑人同步录音录像，实现办案全程监督。全面实施职务犯罪审查逮捕上提一级和一审判决“两级同步审查”（上下两级检察院对职务犯罪案件第一审判决进行同步审查），促进办案质量不断提升。进一步完善“双向制约”（职能部门内部、职能部门之间、上级检察院对下级检察院三个层面对执法办案活动实行监督和制约）工作机制，实现执法过程互相监督。完善检务督察机制，坚持重大案件回访考察及“一案三卡”（办理每一件案件时印制发放“办案告知卡”“廉洁办案卡”和“回访监督卡”）等制度，加大对重点执法岗位、执法环节和执法人员的监督检查力度，全年无违纪违法情形发生。

（王　凯）

审　判

【概　况】 2012年，全市国家审判机关有市中级人民法院、东区人民法院、西区人民法院、仁和区人民法院、米易县人民法院、盐边县人民法院,共设16个人民法庭。全市法院共有政法专项编制439个,实际在编人员386人。其中,法官231人,占59.84%;司法警察、书记员及其他工作人员155人,占40.16%。

全市法院紧紧围绕全市中心工作和上级法院安排部署,认真践行"三个至上"(党的事业至上、人民利益至上、宪法法律至上)指导思想,落实市九届人大一次会议确定任务,将"两个一流"(打造一流队伍、争创一流业绩)作为"服务大局、能动司法"的主引擎和总平台,找准结合点和着力点,充分发挥审判职能,各项工作取得新进展,为全市中心工作提供有力司法保障。全年共办结各类案件15 224件,同比上升1.74%。其中,市中院办结1 425件,同比上升0.21%。全年全市法院获国家级表彰3人(次)、省级表彰44人(次)、市级表彰40人(次)。东区法院荣膺"全国模范法院"称号,市中院等5个单位(部门)获评"全省法院系统先进集体",市中院团总支被团省委表彰为全省"五四红旗团支部"。

【刑事审判】 2012年,全市法院审结刑事案件1 496件,同比上升16.98%。其中,依法免于刑事处罚32人,判处拘役、管制、缓刑1 014人。减刑、假释6人。

严厉打击暴力犯罪和侵权、侵财等多发性犯罪,审结故意杀人、故意伤害、抢劫、绑架等案件271件,盗窃、抢夺、诈骗等案件391件,依法对李刚等罪大恶极的犯罪分子执行死刑。切实净化社会环境,积极参与禁毒专项斗争,审结毒品犯罪案件88件,从严惩处建市以来最大的沙长发等6人贩卖、运输21 293克毒品案,依法对其中5人判处死刑。切实维护经济安全,审结制售伪劣产品、偷税漏税、合同诈骗等破坏市场经济秩序犯罪案件43件。切实推动反腐败斗争深入开展,加大职务犯罪惩处力度,审结贪污贿赂、挪用公款等职务犯罪案件47件。

【民商事审判】 2012年,全市法院审结民商事案件8 617件,同比上升1.59%。为全市加快调结构、转方式提供保障,审结钒钛、钢铁、机械制造、化工、能源等案件125件,促进中国钒钛之都建设;审结旅游、物流、买卖合同等案件1 212件,促进中国阳光花城、四川南向开放门户和省际商贸、物流中心建设;审结农村土地确权登记、土地承包经营权流转和宅基地置换等案件180件,促进新村建设和统筹城乡发展。

为加快实体经济发展提供保障,审结银行借款、资金拆借等纠纷1 180件,涉及金额7.9亿元,有效缓解企业融资难题;审结涉企劳资纠纷、社会保险等案件1 300件,促进劳资双方互利共荣;不定期开展"服务中心保障大局走访调研"活动,走访调研重点园区、龙头企业100余人次,解决法律问题40余个,促进从源头上防范和减少经营、法律风险。审结专利权、商标权、著作权等知识产权案件9件,促进品牌经济发展。

【行政审判】 2012年,为支持依法行政与保护行政相对人合法权益有机统一,进一步密切干群关系,有效提升攀枝花市良好法治形象,全市法院审结行政案件80件,同比上升53.85%。协调解决22件,撤销、变更行政行为等4件,妥善化解可能影响稳定的征地拆迁、劳动保障等纠纷26件。审查并准予执行行政非诉案件74件。

【执行工作】 2012年,全市法院大力开展执行风暴行动,对拒不履行义务的,积极运用公开曝光、限制高消费、拘留等手段,同时加强与公安、税务、工商、金融等部门的协调配合,充分发挥威慑联动机制作用,敦促被执行人自觉履行法律义务。受理执行案件3 901件,执结3 776件,同比分别上升13.47%和19.57%;实际执行率87.6%,同比上升1.2%;涉案标的2.7亿元,同比上升12.5%。全市法院无一件上级挂牌督办的执行案件。积极妥善抓好涉党政机关案件专项执行活动,在各级党政大力支持下,在全省率先完成任务。

【能动司法】 2012年,全市法院提出贯彻市第九次党代会和市委九届三次全会精神的14项主要任务和若干举措。出台为全市文化大发展大繁荣提供司法保障的18条意见。服从大局,主动作为,倾力投入"八二九"矿难法律应对指导、矛盾纠纷化解、赔偿款项筹措等工作。

大力开展"百篇司法建议"专项活动,全市法院共发出司法建议110条,被采纳35条,及时有效促进相关单位、企业加强管理、堵塞漏洞、改进工作。

积极开展调解工作,诉前调解化解纷争735件。深化"三大调解"(司法调解、行政调解、人民调解)衔接互动和专业化、类型化纠纷调处机制,调撤率68.94%,同比上升5.45%。

扎实开展社会管理创新实事项目,参与社区矫正457人次,回访帮教刑释解教人员207人次,预防和减少重新犯罪。市中院组织"惩戒失信行为,共建诚信体系"专项活动,积极参与全市社会信用体系建设。东区法院与攀钢合力打造防范涉企犯罪工作机制,西区法院建立"信访窗口、咨询中心、合议庭"三位一体的涉环保矛盾纠纷处理机制,仁和区法院推动实现"无讼乡镇",米易县法院积极服务现代特色农业,盐边县法院大力惩治涉农涉林犯罪等,体现法院在社会管理中的独特价值。

【司法为民】 2012年,全市法院积极开展诉讼服务中心建设。体现"一站式、全方位、多层次、高效能"特征的市中院诉讼服务中心建成投入使用,接待群众逾5 000人次。扩大简易程序适用范围,审理案件5 186件,实现减轻群众讼累和降低司法成本的统一。加大巡回审判力度,人民法庭巡回办案2 093件,占审结案件数的58.87%,列全省首位,实现方便群众诉讼和以案普法的结合。

切实加大涉民生案件审判力度,审结追索赡养费、扶养费、劳动报酬、工伤赔偿等涉民生案件1 600余件，涉案标的1.2亿元。高度关注群众权利的保障和救济，缓、减、免诉讼费428万元，发放司法救助金99万元，为刑事被告人指定辩护人87人。

【司法公开】 2012年，全市法院将接受监督指导作为争创一流的坚强保障。向市人大常委会会议、主任会议和市政协主席会议汇报、通报半年工作情况、争创一流重大部署和刑事审判专题，按照常委会会议决议和主席会议意见，细化制定加强改进工作的具体措施。加大督办力度，市人大常委会交办的10件案件，做到“件件有落实、事事有回音”。主动加强与人大法制委、政协社法委的日常联系，切实兑现工作承诺。

积极加强代表委员联络，将代表、委员的关心帮助转化为争创一流的强大动力。认真办理意见建议，对两会期间、闭会期间和通过多种方式收集到的意见建议，对照制定改进措施，及时反馈落实情况。多渠道开展联络，邀请代表、委员“把脉”会商争创工作，虚心听取意见，广泛汲取智慧；深入开展“一对一”联络，登门走访代表、委员500余人次；发送开庭信息6 000余条，寄送《法院重大事项通报》近7 000份；邀请120余名代表、委员旁听庭审、监督执行、参加重要会议和重大活动。

大力推进司法公开，以市中院门户网站、诉讼服务中心为依托，公开诉讼指南、收费标准、开庭公告、风险告知、相关法律法规等。邀请500余名群众走进法院观庭审，及时召开新闻发布会，向社会公布争创一流工作部署。在人民法院诉讼资产网公示司法拍卖信息，公开接受社会监督。推进司法民主，人民陪审员参审案件1 850件，陪审率同比上升28.88%。加大法制宣传力度，邀请省、市媒体共商法制宣传。播发“现在开庭”52期、“每周一案”48篇、“法庭聚焦”42篇，在各类媒体发表新闻稿件400余篇。举办法制宣传200余场，参与群众超过1万人次，市中院被评为“全省法院宣传报道工作先进单位”。

【涉诉信访】 2012年，全市法院把为省第十次党代会和中共十八大胜利召开营造和谐稳定的社会环境作为首要政治任务，全心投入，全力以赴。

着力推进源头防范，深化风险评估，对所有案件实行“维稳风险—宣传舆情—司法建议”全程评估。强化涉诉信访工作，大力开展“大接访、大下访、大回访”活动，对进京访实行一票否决，处理来信来访2 200余件次，同比下降32.17%。

着力开展排查化解，开展集中拉网式排查7次，对排查出的22件重点信访案件采取“五定一包”（定领导、定方案、定专人、定质量、定时限，一包到底）措施强力化解。中央、省委政法委交办的涉诉信访案件，结案率、息诉率均达100%。

着力强化应急处突，收集分析情报信息500余条，开展法警技能培训100余人次，值班值守1 000余人次。在省第十次党代会和中共十八大期间，全市法院没有发生一起进京访、涉诉极端事件和安全事故，市中院获“全省法院信访维稳及安保工作先进集体”。

【队伍建设】 2012年，全市法院积极开展“素质提升年”活动。加大培训力度，一线法官参训率100%，推行全员质效提升专题考试。针对问题差距，大兴“五个一”（全体法官“每天一回顾”，反思质效得失；业务部门“每周一小结”，专题分析本部门审判质效；审判门类各条线“每月一剖析”，加强中院和基层法院的互动协调；各个法院“每季一总结”，及时研判影响各项主要指标的原因，逐一制定整改方案，努力争比进位；全市法院“每年一集中”，召开审判质效经验交流和问题整改专题会，研究当年部署来年）专项整改活动。认真开展“两评查”（庭审评查、裁判文书评查），全市法院共评查庭审87次、裁判文书534份，优良率100%。制定《市中院审判质效奖惩暂行规定》和《基层人民法院审判质效奖惩办法（试行）》，将审判质效与记功评奖、干部选任等有机结合，充分发挥考评体系的导向作用。全市法院审判质效明显提升，公正和效果指标并列全省第一位，总体评估值96.98分，超过全省法院满意值。

提升思想建设，扎实开展政法干警核心价值观、“警民亲”、全市“三大主题”教育等活动，强化先进性、纯洁性，确保正确政治方向。开展队伍建设联合调研，积极思对策提建议，推进重点“瓶颈”问题解决；实施“连心聚力工程”，不懈增强队伍精气神。启动“后起之秀”计划，每两周为年青干警开办量身定制的专题培训；开展新颁法律等培训600余人次；开辟成才“绿色通道”，对考取研究生、通过司法考试的干警给予奖励。

提升文化建设，传承攀枝花精神，确立“掘进、阳光、致远、攀高”的攀枝花法院精神；精心设计打造“文化五室”（院史展览室、图书室、法律文化室、荣誉室、文体活动室），推动文明单位建设向更高层级迈进，营造积极向上、争创一流的良好氛围。创新廉洁司法机制，狠抓制度，排查岗位廉政风险点334个，认真制定防范措施，廉政风险防控机制进一步健全。狠抓教育，大力开展“三抓三促”（抓规范促管理、抓效能促质效、抓落实促发展）、整治“酒后滋事”等专项教育，市中院召开警示教育大会3次、院领导上廉政课13次、开展廉政谈话85人次。狠抓监督，向当事人发放《审判作风监督卡》，就干警审判作风、司法程序、工作态度、履行责任、办案效率等作出评价并积极整改；以“五个严禁”（严禁接受案件当事人及相关人员的请客送礼；严禁违反规定与律师进行不正当交往；严禁插手过问他人办理的案件；严禁在评估、拍卖等活动中徇私舞弊；严禁泄露审判工作秘密）、“四项要求”（严守工作纪律、体现司法文明、保证服务质效、优化法院法庭环境）为重点，开展审务督察、作风巡查12次。

狠抓查处，对2名违纪干警给予通报批评，对有反映的5人进行严肃的诫勉提醒谈话。

（郑天君）

司法行政

【概　况】 2012年，全市司法行政系统包括市司法局机关、市劳教（司法强戒）所、市法律援助中心、5个县（区）司法局、6个公证处、60个司法所、17个律师事务所、18个基层法律服务所。全市司法行政系统主要由公务员、劳教人民警察、法律服务人员3支队伍组成，有机关公务人员216人、劳教人民警察93人、法律服务人员224人。市司法局机关内设办公室、法制处（行政审批处）、法制宣传处、律师公证工作处（法律援助工作处）、基层工作处（社区矫正工作处）、国家司法考试处、司法鉴定管理处、计财装备处、外来企业投诉处、劳教强戒管理处、警务督察处、组织培训处、人事警务处等13个职能处室和政治部（警务部）、机关党委、纪检处。

全年全市司法行政机关以“关注民生、服务群众、维护稳定”为着力点，以司法行政系统服务群众“八件实事”（构建“一小时法律援助服务圈”，人民调解化纠纷促和谐，建立法律服务“绿色通道”，开展“亲情帮教大走访”，“法律顾问进万村”，“法制宣传进万家”，坚持“阳光执法”，开展“外来企业专项服务”）为抓手，以维护社会稳定、促进经济发展、服务和谐社会建设为重点，以开展“五创联动”为结合，深入推进社会矛盾化解、社会管理创新、公正廉洁执法，充分发挥法制宣传、法律服务和法律保障职能，在维护全市社会和谐稳定，促进经济平稳较快发展中发挥了积极作用。建立起以6个市、县（区）法律援助中心为依托、69个行业部门法律援助工作站为支撑、60个乡镇（街道）法律援助联系点为基础的服务网络，提供法律援助服务21 684人（次），完成省市法律援助民生工程。市劳教（司法强戒）所以基层基础建设年活动为契机，积极构建长效安全防范体制，保持劳教场所的安全稳定，全年累计收治强戒人员275人，解除强戒194人，现有在册强戒人员394人，在所382人，实现了全年无毒品流入所内和复吸毒事件发生，所内毒瘾戒断达100%，无脱逃、无所内案件、无非正常死亡、无重大安全事故发生。全面启动并推进“六五”普法和法治城市、法治县（区）创建，加强对普法重点对象法制宣传教育，推动基层民主法治进程，切实提高全民法律素质，全年开展“法律六进”（法律进乡村、进机关、进社区、进学校、进企业、进单位）528场次，提供法律咨询服务5 135人次。全市人民调解组织共排查调解矛盾纠纷8 103件，调处成功8 002件，调解成功率99%，防止群体性上访118件4 367人。全市共接收刑释解教人员394人，安置335人，安置率85%，帮教394人，帮教率100%，无重新违法犯罪。全市在册社区矫正对象1 096人，其中新接收社区矫正对象606人，成功教育改造解除社区矫正340人。全市律师共办理各类案件7 560件，担任政、企事业和社会团体法律顾问510家，法律顾问覆盖村级组织427家。基层法律服务机构代理各类案件1 830件，解答法律咨询6 000余件，为当事人避免或挽回经济损失1 000余万元。公证机构办理各类公证6 235件。司法鉴定机构办理案件1 650件。

全年司法考试工作获全省国家司法考试工作先进单位，市劳教所获全国“四无劳教所”称号，市律协党委被命名为全省社会组织“创先争优，树立四个新形象”示范党组织，市律师协会获全省律师行业惩戒工作先进集体。行政执法责任制、政务调研、城乡环境综合治理、“创先争优”、人口普查、综合治理、维稳、执政实录、信访、年鉴等工作获得市委、市政府表彰。

【劳教及强制隔离戒毒】 积极开展场所基层基础建设年活动，切实加强场所安全警戒设施建设，大力改善管教区、大队干警工作环境和条件，投入400余万元资金完成大队改造，投入340余万元完成场所安防监控系统建设，总投资6 028余万元的中央投资建设项目已审批立项，场所安全防范系统全面建立和更新。大力挖掘场所资源，完善“常青藤”戒毒康复模式，坚持采取有针对性的心理矫治、个别化教育和亲情教育等有效手段，结合五禽戏、眼保健操、广播体操等身段康复训练手段，提升戒毒矫治工作水平。全年收治强制隔离戒毒人员275人，所内戒断率达100%，所内案发率、脱逃率、重新违法犯罪率、责任事故率、毒品流入率、非正常死亡率均为零，劳教及强制隔离戒毒场所安全稳定。继续保持“省级文明劳教所”、“省级优秀劳动教养学校”、“省级文明单位”、“全国劳教系统卫生先进单位”称号，连续12年成为全国“四无”劳教所。

【人民调解】 2012年，全市共建立人民调解组织956个，有人民调解员9 577人，在全市6个法院、14个基层法庭、37个公安派出所建立人民调解室，在全市9个交警大队设立道路交通事故损害赔偿人民调解委员会，设立“五进”〔矛盾纠纷“大调解”进城镇小区、进车站（码头）、进农村院落（集中居住区）、进规模性市场（商场）、进开发区（园区、景区）〕工作窗口190个，选派204名人民调解员进驻开展工作。全市共排查调解矛盾纠纷8 103件，调处成功8 002件，调解成功率99%；防止民间纠纷引起的自杀9件10人，防止民转刑案件32件178人，制止群体性械斗9件215人，防止群体性上访118件4 367人。6名人民调解员获“全国人民调解能手”称号，2名个人、3个集体受到司法部的表彰。

【矛盾纠纷“大排查、大调解”专项活动】 自2012年2月下旬起，在全市范围内有计划、分步骤、多层次地开展矛盾纠纷“大排查、大调处”专项活动。为营造良好的活动氛围，提升活动的社会知晓度，在《四川法制报》《攀枝花日报》和

《攀枝花晚报》刊登宣传文章5篇，上报信息、简报60余篇，出动宣传车45台次，办宣传专栏、版报28期，书写标语1 588幅，上街设置宣传点24个。活动开展以来，排查矛盾纠纷9 124件，调解成功9 033件，其中疑难复杂案件168件，涉及金额500余元。

【探索建立医疗纠纷人民调解组织】 2012年，针对医疗纠纷矛盾突出的形势需要，组织相关人员深入医疗机构和就医群体开展深入细致的调研，并考察学习医疗纠纷人民调解先进经验，积极探索医疗纠纷人民调解新思路。6月20日，成立攀枝花市医疗纠纷人民调解工作领导小组及其办公室，提出攀枝花市医疗纠纷人民调解组织建设规范性要求，指导县(区)成立领导小组和办事机构，迅速开展医疗纠纷人民调解工作。5个县(区)均成立医疗纠纷人民调解委员会，自9月18日攀枝花市第一家医疗纠纷人民调解委员会(盐边县医疗纠纷人民调解委员会)成立以来，共提供医疗纠纷咨询服务100余次，接待医疗纠纷投诉35例，进入调解程序28例，调处成功28例。

【司法所建设】 2012年，攀枝花市现有乡镇(街道)司法所60个，60个司法所均实现立户列编。有司法助理员专项编制84个，司法所工作人员发展到190人，其中专职司法助理员158名，聘用人员32人。全年全市司法所参与调解疑难复杂纠纷1 636件，进行法制宣传500余场次30余万人，为基层政府提供司法建议110余条，被采纳96条，制定规范性文件28件，协助基层政府处理社会矛盾纠纷544件，处理成功526件，加强对人民调解工作的指导，参与矛盾纠纷大排查2 856件，防止群体性上访108件，制止群体性械斗60件，参与“严打”整治及专项治理活动150余人(次)。

【安置帮教】 2012年，坚持把好“入矫关”，落实重点人员专门接送、风险评估和帮困扶助制度，进一步完善与监所的信息互通和网上沟通机制，进一步完善“两类”(刑满释放人员、解除劳教人员)人员突发事件处置程序、应对措施以及责任追究细则，加强摸底排查工作，防患于未然，有重点有针对性地制定帮教管控方案。全年全市共核查服刑在教人员基本信息1 718人，核查率达95%，在全省居领先行列。开展亲情帮教，共走访在教人员家庭35户、服刑人员家庭420户，开展交心谈心900余人(次)(含在教人员)，指导服刑在教人员家属制定帮教措施350余条，拟定司法行政机关帮教计划584份，解决服刑在教人员家庭困难82起，成功开展各种亲情传递700余人(次)。开展服刑在教人员未成年子女排查帮扶活动，为14名服刑在教人员子女家庭解决最低生活保障，为2名实行家庭寄养，为1名解决入学问题。全年共接收刑释解教人员394人，安置335人，安置率达85%，帮教394人，帮教率达100%，无一人重新违法犯罪。

【社区矫正】 2012年，深入推进社区矫正“规范化建设推进年”活动，做好《社区矫正实施办法》宣传实施工作，进一步完善社区服刑人员社会评估、接收、管理、考核、奖惩、解矫等全过程监管措施。共成立市、县(区)、乡(镇)、街道社区矫正工作领导小组及办公室66个、社区矫正工作站60个，形成完整的社区矫正组织网络体系。将市劳教所、看守所确定为社区矫正警示教育基地，定期不定期地组织矫正对象入所接受警示教育，防止社区矫正对象重新违法犯罪。将11个敬老院确定为公益劳动基地，适时组织矫正对象参加义务劳动。突出社区矫正对象“技能培训基地”建设，在“安置帮教技能培训基地”的基础上，建立8个“社区服务基地”，组织矫正对象参加技能培训。全年全市在册社区矫正对象1 096人，其中新接收社区矫正对象606人，成功教育改造解除社区矫正340人，无漏管、无脱管、无影响安全稳定事件的发生。攀枝花市撰写的《社区矫正风险评估模式与机制探索》论文，在第六届四川省“法检公司”执法理论研讨会上获得一等奖。

【律师工作】 2012年，攀枝花市17家律师事务所、196名执业律师主动服务重大决策、主动服务招商引资、主动服务重大项目、主动服务市场主体，主动面向群众、面向基层、面向社区开展法律服务，积极向困难群众提供公益性法律服务和法律援助。全年全市律师共办理各类案件7 560件，担任政、企事业和社会团体法律顾问510家，法律顾问覆盖村级组织427家，覆盖率达89%，担任村级组织法律顾问116人，与村级组织签订法律顾问协议375个，为村级组织提供法律服务8 170件，为城乡居民提供法律服务10 000余人(次)，开展公益事业和社会活动3 000余人(次)，提供法律援助609件。市律协党委被命名为全省社会组织“创先争优，树立四个新形象”示范党组织，广聚律师事务所党支部获全省律师行业创先争优活动先进集体，市律师协会获全省律师行业惩戒工作先进集体。

【司法考试】 2012年，严格执行报名审查、考点设置、考场布置、试卷保密、试卷运送、监考督考等各环节的规定，确保2012年国家司法考试攀枝花考区工作“平稳、安全、顺利、有效”进行，圆满完成本年度国家司法考试考务工作，被评为全省国家司法考试工作先进单位。2012年攀枝花市共有400名考生报名参加国家司法考试，法律专科10人，本科毕业304人，本科在读83人，硕士研究生3人，年龄最大的69岁，最小的19岁。

【公证工作】 2012年，全市6个公证处紧紧围绕政府中心工作和经济建设，通过参与重点工程和项目建设、招投标、土地使用权转让、房屋拆迁、城市改造、基础设施建设等领域的公证，靠前提供法律服务，预防矛盾纠纷的发生。全年共办理各类公证6 235件，其中民事类公证3 005件、经济类公证2 720件、涉外公证 510 件,办证合格率达到 98% 以上,无错证、假证,公证质量有效投诉为零。在全省公证质量交叉大检查中,办证合格率达 99%。攀枝花公证处被市直机关工委授予“巾帼文明岗”称号。

【基层法律服务】 2012 年,全市 18 个基层法律服务所 58 名基层法律服务工作者,发挥面向基层、面向社区、面向群众的优势,广泛提供公益性、便民性法律服务,引导群众依法合理表达利益诉求,有效预防集体上访事件的发生。担任法律顾问 162 家,代理各类案件1 830件,其中代理诉讼事务 910 件、代理非诉讼事务 520 件、办理法律援助案件 400 件,解答法律咨询6 000余件,为当事人避免或挽回经济损失 1 000余万元。

【司法鉴定】 2012 年,申请新设立 2 个鉴定机构,改变了攀枝花市鉴定工作机构少、鉴定项目单一的不利局面,填补了攀枝花市司法鉴定的两项空白。积极开展司法鉴定援助、上门服务、减免缓收费、鉴定预检等活动,把为民、爱民、惠民举措落到实处,维护好当事人的合法权益和社会稳定。全年共完成司法鉴定案件1 650件,业务量同比增长 21%,完成司法鉴定援助案件 16 件,上门服务 50 件,案件限时办结率、合格率达 100%,鉴定结论采信率达 98%,提前办结率 50% 以上。

【法律援助】 2012 年,全市法律援助机构认真落实各项便民利民措施,进一步畅通受理渠道,力争做到“受援案件范围、经济困难人群、援助申请渠道”三个扩大,满足群众日益增长的法律援助需求。圆满完成省政府下达民生工程目标任务,全年共提供法律援助服务21 684人(次)[目标任务 17 000人(次)],其中办理法律援助案件1 141件,提供法律咨询、代书等其他事项18 862人(次);建成仁和区法律援助接待大厅,东区银江镇、米易县攀莲镇和草场乡法律援助工作站。完成市级民生工程目标任务,建成仁和区法律援助流动工作站。攀枝花市探索的“法律援助‘惠民七法’”被省司法厅和省法律援助中心在全省推广,受到省政府领导肯定。在中共十八大召开前完成省政府重点信访督办李某案,得到当地党委政府的好评和群众的赞誉。

【普法工作】 2012 年,做好“五五”普法总结表彰和“六五”普法启动,2 月 29 日,在中共攀枝花市委工作会上,总结全市“五五”普法工作,安排部署“六五”普法和法治城市、法治县(区)创建活动,对 5 个先进县(区)、66 个先进单位、7 个先进法建办和 189 名先进个人进行表彰奖励。市委、市政府把普法依法治理和法治创建工作纳入对县(区)、市委各部委、政府各部门年度目标绩效考核。推进重点普法对象学法用法工作,全年开展“法律六进”528 场次,提供法律咨询服务5 135人次。开展“六五”普法大型校园公益活动,组织市直属学校26 557名中小学生开展法律知识竞赛。深入推进“民主法治村”、“民主法治社区”、“民主法治示范学校”创建活动,完成 16 所中小学校的检查验收,推荐上报东区、西区格里坪镇、盐边县红格镇、仁和区总发乡立新社区、四川省富邦钒钛制动毂有限公司为省级普法依法治理工作联系点。推荐盐边县桐子林镇木撒拉村为第五批“全国民主法治示范村”。

【外来企业投诉】 2012 年,对全市 336 家外来企业基本情况进行全面摸底调查,建立全市外来企业数据库,主动向 130 家外来企业负责人致信,介绍司法行政工作职能,了解外来企业在生产、经营中存在的问题,对外来企业的投诉做到“件件有落实、事事有回音”。在米易县白马工业园区成立“外来企业投诉服务处”,5 月 23 日,在四川安宁铁钛股份有限公司和攀枝花兴辰钒钛有限公司分别设立“米易县司法局驻四川安宁铁钛股份有限公司法律服务工作室”和“米易县司法局驻攀枝花兴辰钒钛有限公司法律服务工作室”,打造全市外来企业投诉工作新亮点,得到省司法厅的充分肯定和好评。开展外来企业专项服务活动,全年为外来企业开展法制宣传 239 场,举办法制讲座 87 场,解答投资商法律和政策咨询 722 人次,担任外来企业常年法律顾问 150 家,处理外来企业法律事务 580 件,帮助外来企业申请仲裁 2 件、申请强制执行 7 件、提起民事诉讼 13 件、提供公证服务 7 件、提供法律援助 52 件,为外来企业避免和挽回经济损失 300 余万元。

【警务督查】 2012 年,采取重点督察、专项督察、定期督查与不定期督查等方式,使督察活动常态化。对局党组会议及其扩大会议、局行政办公会议研究事项落实情况进行督查,对法定节假日的安全稳定工作进行专项警务督察,对重大警务活动、重大事项、重要时段的维稳工作进行专项警务督察,对警用车辆的使用管理和劳教(司法强戒)人民警察依法履行职责、行使职权和遵守纪律的情况进行不定期督查,推进全系统警务督查规范化。

【队伍建设】 2012 年,进一步完善班子内部议事规则和决策机制,班子决策的民主化和科学化水平进一步提高。坚持和落实政治理论学习制度,加强政务调研,市司法局获 2012 年度全市政务调研工作先进集体,局长彭维滨撰写的《改善和优化攀枝花市外来企业投资环境调研报告》获二等奖,在全省第六届“法检公司”执法理论研讨会上,局长彭维滨撰写的《社区矫正对象风险评估体系研究》一文获一等奖,并在会上代表全省司法行政系统进行经验交流。积极推进基层组织建设年活动,机关党组织建设更加规范,活动更加丰富,形式更加多样。围绕“忠诚、为民、公正、廉洁”政法干警核心价值观主题教育和“八件实事”等活动的开展,强化理想信念教育,确保干警和法律服务人员忠于党、忠于人民、忠于事业、忠于法律，在全系统倡导“想干事、会干事、敢担当”的工作导向。开展“岗位学雷锋，奉献在司法”主题活动，成立党员法律服务队，深入基层为群众提供法律服务，12 人参加市直机关党员服务队，以自己的实际行动践行共产党员全心全意为人民服务的宗旨。开展“扶贫帮困”活动，为村、社发展出点子、找路子，提出合理化建议 137 条，确定帮扶事项 6 个，为帮扶家庭送去帮扶物品和帮扶资金共 6 万余元，为特殊困难群众捐赠帮扶资金181 105.6元。完成部分中层岗位竞争上岗和调整交流工作，对局机关及市劳教所 6 名正科级干部进行岗位调整，通过民主推荐方式在市局选拔 2 名正科级领导干部，在市劳教所选拔 5 名正科级领导干部，市劳教所完成 5 名副科级领导干部的竞争上岗选拔工作。坚持党务公开、政务公开、局务公开、警务公开、所务公开，做到“阳光执法”，公开政务、警务、所务等重大事项 9 项，聘请执法监督人员 16 人，接受市人大、市政协和上级机关监督检查 2 次，开展警务督察和执法执纪专项检查 5 次。开展廉政风险防范管理，扎实推进惩防体系基本框架建设，初步建立具有司法行政特色的惩防体系基本框架，基本形成“事前有预防、事中有监控、事后有处置”三道防线，基本实现“权力阳光运行、监督全程跟踪、风险动态防控、腐败有效预防”的目的，全年全市司法行政系统未发生重大违纪违法案件。

（唐位伟）

政府法制

【贯彻实施《行政强制法》】 《中华人民共和国行政强制法》（以下简称《行政强制法》）自 2012 年 1 月 1 日施行后，市政府法制办组织开展系列贯彻落实措施，取得明显成效。

2012 年 3 月 7 日，市政府办公室印发《攀枝花市重大行政强制决定备案办法》，在全国率先开展重大行政强制决定备案工作。

5 月 9 日，市政府法制办印发《关于重新确认市级行政执法主体及报送行政执法人员基本信息的通知》，安排各县（区）政府、市政府各部门按规定开展行政强制实施主体清理规范工作，审核确认市级行政强制主体及依据。

6 月，市政府法制办举办“市级行政执法部门行政强制法骨干培训班”，培训市级部门行政强制业务骨干 150 余人；将《行政强制法》纳入行政执法人员资格认证培训内容和考试科目；通过与部门联办专题讲座、开辟网络宣传专栏等多种方式宣传《行政强制法》，推进工作深入开展。

【审查、制定市政府规范性文件】 2012 年，市政府法制办共收到攀枝花市政府各部门报送的拟以攀枝花市政府名义下发的规范性文件草案及其他涉法文件草案 21 件，均已审查完毕，向市政府提交审查报告 16 件。经市政府常务会议审议通过，以市政府令第 112 号、113 号公布实施规范性文件 2 件，分别是《攀枝花市民用建筑节能和新型墙体材料管理办法》《攀枝花市建设项目安全设施监督管理实施办法》。

【行政权力清理】 2012 年，市政府法制办按照省、市政府统一安排，组织 45 个市级有关部门（单位）结合现行法律对行政权力进行全面清理。在各有关部门自行开展清理的基础上，经市政府法制办审查复核，全部 43 家（因机构改革等因素导致部门总数减少 2 家）市级行政执法部门的行政权力清单分 4 批在“攀枝花市政府公众信息网”进行公示，征求单位和个人的监督意见。此次清理，梳理出市级行政执法部门行政权力共6 959项，其中行政审批（许可）434 项、行政处罚5 683项、行政征收 75 项、行政强制 201 项、行政确认 102 项、行政裁决 3 项、行政给付 18 项、其他行政行为 443 项。攀枝花市在全省各市（州）中率先开展此项工作，并率先公告公示行政权力清理结果，对依法规范用权、深化政务公开、巩固效能建设成效、提高政府公信力具有十分重要的意义。“攀枝花市政府公众信息网”已经开通“行政权力透明运行平台”，待统一编码后，市级部门全部行政权力将上线公开透明运行。

【受理并审理行政复议案件】 2012 年，市政府法制办收到公民、法人和其他组织向市政府提起的行政复议申请 38 件，已全部审结，其中维持 29 件、终止 8 件、不予受理 1 件。行政复议案件涉及工伤认定、房屋拆迁、行政处罚等多项行政执法领域。在行政复议案件审理中，坚持秉公办理，不偏袒，不护短，依法维护当事人的合法权益。立足“案结事了、定纷止争”的原则，不断创新工作方法，有效提高案件审理质量和公信力，促进社会和谐稳定。

行政复议规范化建设深入推进，基本建立完备的行政复议配套制度，配备专门的办公用房和专用办案设备器材。7 月，攀枝花市行政复议规范化建设顺利通过省政府的检查验收。

行政复议体制机制创新取得重要进展，3 月，市政府法制办印发《攀枝花市行政复议案卷评查办法（试行）》和《攀枝花市行政复议案卷评查内容和标准（试行）》，启动行政复议案件评查工作，强化行政复议办案监督力度。11 月，市政府法制办根据受案具体情况，创新案件审理方式，选择听证审理 1 起当事人不服行政处罚的行政复议案件，充分保障行政复议案件当事人行使陈述权、申辩权等合法权利，有效提升行政复议质量。

【行政执法证件管理】 2012 年，市政府法制办办理各类行政执法证件 921 本，其中行政执法证 604 本、委托执法证 271 本、行政执法监督检查证 38 本、临时行政执法证 2 本。

年审合格有效的行政执法证 383 本、委托执法证 439 本。

【行政执法人员资格认证】 2012年6月，市政府法制办根据《攀枝花市行政执法人员资格认证及行政执法证管理办法》规定，印发《攀枝花市行政执法人员培训考试办法》，将执法人员的培训工作纳入制度化轨道。

6月28日，市政府法制办举办市级部门行政执法人员资格认证培训班，培训市级部门行政执法人员200余人并组织统一考试，合格者方可申领执法证件。市政府法制办还指导市环保局、市交通局等执法任务重、人员多的系统和各县（区）政府举办行政执法人员资格认证培训班12期，培训行政执法人员1 100余人。

【行政执法人员基本信息公开】 2012年，市政府法制办完成全市（含县、区）3 107名行政执法人员基本信息的数据采集工作，其中市级43个部门1 759名、县（区）级91个部门1 348名。在"市政府法制办公众信息网"上建立行政执法证公示平台，公开全部行政执法人员基本信息，实行动态管理、时时更新。公布内容包括行政执法人员姓名、性别、行政执法证类型、颁证机关、行政执法证件编号、行政执法类别、行政执法区域、行政执法证件有效期等。

【行政处罚案卷评查】 2012年5月14日，市政府法制办与市档案局联合下发《关于开展行政处罚案卷评查暨优秀案卷评选活动的通知》，启动2012年市级行政执法部门行政处罚案卷评查暨十佳案卷评选工作。9月25～26日，对市级部门报送的55卷市级优秀案卷采取"集中抽调人员、集中时间、集中地点、集中案卷"的方式进行封闭交叉评查，并邀请市中级法院行政审判庭负责人参加此次集中评查，最终评定《攀枝花市公安局西区分局对攀枝花市锦联工贸有限公司违反民用爆炸物品安全管理的行政处罚案》《攀枝花市发改委对仁和区人民医院扩大收费范围和收取高于政府指导价幅度费用的行政处罚案》等10卷为优秀案卷，并进行公开通报表彰和展示。

【行政执法与刑事司法衔接】 为贯彻落实中办、国办联合转发的国务院法制办等8个部门《关于加强行政执法和刑事司法衔接工作的意见》和省委办公厅、省人民政府办公厅转发的配套实施意见，进一步加强行政执法与刑事司法衔接工作，建立规范高效、监督有力的协作机制，严厉打击各类违法犯罪行为。2012年8月20日，中共攀枝花市委办、攀枝花市政府办转发市检察院和市政府法制办联合拟定的《关于加强行政执法和刑事司法衔接工作的实施意见》，确定市检察院和市政府法制办为攀枝花市"两法衔接"工作牵头单位，建立由市监察局、市中级人民法院、市公安局等部门为成员单位的联席会议制度，为攀枝花市深化开展"两法衔接"工作奠定了制度基础。2012年，攀枝花市将有关各种制售假冒伪劣产品药品、生产销售有毒有害食品、侵犯知识产权等案件作为本年度行政执法与刑事司法衔接工作的重点，维护人民群众切身利益。

【修改法规、规章草案】 2012年，市政府法制办收到省政府法制办发来的《四川省森林消防条例》《四川省公共机构节能管理办法》等地方性法规、省政府规章征求意见稿9件。市政府法制办及时向市政府各部门及县（区）政府征求意见，并将意见收集、汇总、研究后按时反馈书面意见，为立法工作提供相关建议。

【行政调解】 2012年，市政府法制办加强对市级各部门行政调解工作的指导、督促和协调。定期召开行政调解联系会议，传达学习全省行政调解工作意见精神，通报全市开展行政调解工作情况，分析面临的困难和存在的问题，提出下一步工作要求。加大行政调解宣传力度，继续开设行政调解专刊，及时通报各县（区）、各行政机关行政调解成功案例，总结推广先进工作经验，有效提高行政调解人员化解矛盾纠纷的水平。认真做好行政调解数据统计报送，对全市行政矛盾纠纷及时作出研判，指导各行政部门及时妥善化解行政争议纠纷。全年，攀枝花市各级行政调解主体受理行政调解案件1 255件，调解成功1 168件，调解成功率达93.1%。市政府法制办获得市委、市政府颁发的2011年度全市维护社会稳定工作一等奖。

【仲裁工作】 2012年，根据《国务院法制办公室关于恢复仲裁委员会换届工作的通知》精神，攀枝花仲裁委员会全面启动换届工作。经省政府法制办审核和国务院法制办复核，10月30日，省政府法制办下发《关于同意攀枝花仲裁委员会换届的函》，批复同意第三届攀枝花仲裁委员会换届。

全年，攀枝花仲裁委受理案件41件，标的额1 300万元。已审结案件113件（含2011年结转案件），其中，和解6件、调解2件、裁决105件。

【宣传培训】 2012年10月，市政府法制办与中国政法大学联合举办"攀枝花市第三期依法行政高级培训班"，培训市、县（区）安监、国土、工商等行政执法部门行政执法人员43人。

2012年，市政府法制办编印《政府法制工作摘要》16期、《政府法制工作参阅》2期，为领导决策提供参考。继续办好网站，全年上传更新各类信息数据160余条，网站自2012年元旦重新改版上线运行以来，点击访问量突破25万次，充分发挥依法行政工作宣传主平台作用。向省政府法制办报送信息75条，被国务院法制办采用19条。完成《攀枝花年鉴（2012）》"政府法制"及《中国共产党攀枝花执政实录（第五卷）》"政府法制"部分的撰稿工作，均获"先进单位"称号，受到市委、市政府通报表彰。

（何　鹏）

经 济 管 理

宏观经济管理

【经济总量】 2012年，全市经济总量再上新台阶，生产总值达到740.03亿元，同比增长14%，完成年初确定的计划目标。其中，第一产业完成增加值25.77亿元，增长4.6%；第二产业完成增加值561.41亿元，增长15.5%；第三产业完成增加值152.86亿元，增长10.5%。民营经济完成增加值323.93亿元，增长16%，占全市生产总值的43.8%，比2011年提高2.2个百分点。完成地方财政收入82.90亿元，同比增长17.9%，其中，地方公共预算收入57.2亿元，同比增长15.6%。城镇居民人均可支配收入达22 808元，增长15.6%。农民人均纯收入达8 728元，增长14.4%。

【农业生产】 2012年，全市农林牧渔业实现总产值44.49亿元，增长4.7%。粮食总产量、各类蔬菜、特色水果分别增长0.6%、3.6%和5.7%；生产收购烤烟20 345吨；肉类总产量和水产品产量分别达7.18万吨和3.04万吨，分别增长2.9%和6%；国家现代农业示范区启动，水果、烟叶、蔬菜、畜牧、水产等一批特色农业基地建设加快。农业基础设施建设不断加强，大竹河水库枢纽工程全部建成并关闸蓄水，米易县马鞍山水库、西区梅子箐水库(扩建)、观音岩引水工程取水口开工建设，藤桥河引水工程和烟区水源项目等骨干水源工程的前期工作进展顺利。农村人饮安全、病险水库整治等民生工程均顺利实施。农业产业化水平提高，农业产业化龙头企业总数达63个，其中省级龙头企业12个。新发展农民专业合作组织121个，总数达到540个。新农村建设联动推进，米易县湾丘—垭口、盐边县红格片区等省级新农村示范片，按期完成并通过省级验收，五个县(区)的市级新农村示范片全面推进，16个旅游新村基本建成。农村劳务经济发展加快，转移输出农村劳动力11万人(次)，增长15.8%；实现劳务收入10亿元，增长25%。

【工业生产】 2012年，全市实现工业总产值1 283.14亿元，增长10.8%，其中，规模以上工业增加值460.1亿元，增长16.8%(完成调整后的计划)。铁矿石原矿、钛精矿、钛白粉、高钛渣等主要工业产品产量稳定增长。工业企业培育力度加大，新增规模以上工业企业11户，总数达345户。重大产业化项目加速推进，46个重大工业产业化项目已开工32个，年度累计完成投资40.5亿元。云钛公司钛锭项目已投产，攀钢烧结系统改造工程、攀钢密地选矿厂工艺设备升级改造工程、攀钢表外矿利用破碎工程等项目基本完工。白马铁矿选钛工程、朵实10万吨铸锻件及深加工、旭鼎10万吨动力发动机钒钛铸件一期、富邦1 000万件制动毂、翰通100万吨焦化等项目抓紧推进。工业园区发展加快，钒钛产业园区创建国家级经济技术开发区工作正在积极推进，钒钛、化工、机械制造等特色产业加速发展。2012年，钒钛产业园区入驻企业达142户，投产企业86家；钒钛园区经济实现较快增长，全年完成工业增加值54.73亿元，增长35%。县域经济整体实力不断壮大，以各县(区)工业集中区为主要支撑的县域经济发展加快，产值超100亿元工业集中区达3个，县(区)属规模以上工业累计实现增加值256.45亿元。

【服务业】 2012年，全市社会消费平稳增长，累计完成社会消费品零售总额192.1亿元，同比增长16%。旅游经济蓬勃发展，在“欢乐阳光节”等旅游节庆活动带动下，全市旅游实现总收入66.83亿元，同比增长32.3%。旅游重大项目建设加快，以金沙江中心区段沿江景观打造、阿署达花舞人间景区、普达阳光国际康养度假区等为重点的旅游项目开始启动。物流产业加快发展，攀西农产品交易物流中心(二期)、锐华冷链、粮食中转仓及铁路专线等一批物流业基础设施相继竣工，投入使用。传统商贸流通业提档升级，成功引入金狮百盛、银泰、银杏等国际、国内知名商贸流通企业和品牌，以沃尔玛、北京华联、同乐世界等为代表的商贸零售业和全市餐饮、住宿达标创优活动的深入开展，服务品牌效益明显提升，电子商务等现代商贸流通业快速发展。金融保险健康发展，截至12月末，全市金融机构本外币各项存款余额766.76亿元、各项贷款余额533.92亿元，分别比年初增长15.9%、19.6%；保险行业实现保费收入16.38亿元,增长5.8%。

【项目储备】 2012年,市发改委把项目库建设作为项目工作的重中之重,根据国家产业政策和攀枝花市的资源优势及产业结构调整方向,建立完善"四个一批"项目储备管理机制,强化项目储备库建设,实行项目动态储备目标管理,梯次推进,滚动发展,分批建设。全市纳入"四个一批"项目540个,总投资达2 666亿元。

【争取项目资金支持】 2012年,市发改委面对投资和项目资金保障的巨大压力,认真研究省上确定集中财力支持的9件大事,向上对接政策,积极争取国家和省级资金支持。全年共争取项目208个,争取资金52 964万元,其中,中央资金39 179万元、省级资金13 785万元,有力保障了攀枝花市政法基础设施、保障性住房、城市建设等重大项目建设。

【拓宽融资渠道】 2012年,市发改委组织汇总《攀枝花市2012年申请银行贷款项目表》,向市内金融机构推荐项目98个,涉及总投资227亿元,提出银行贷款需求116亿元。2012年新发放贷款19.61亿元。积极向国家开发银行四川省分行推荐申请贷款项目10个,总投资39.8亿元,提出开行贷款需求6.54亿元,全年省分行实际发放贷款3.065亿元,其中抗旱贷款1亿元。争取省级贴息资金160万元,掌握利用世行贷款和外国政府贷款项目的进度,抓好申请利用外国政府贷款项目工作。

【固定资产投资】 2012年,全市完成固定资产投资463.25亿元,同比增长20.8%。投资结构不断优化,三次产业投资分别增长16.3%、9.1%、35.2%,第一、三产业投资增长较快,农业和服务业基础进一步夯实。国有投资和民间投资分别增长-1.4%、35.4%。基本建设、更新改造投资分别完成201.17亿元、194.28亿元,增长20%和17.5%,房地产开发投资完成54.68亿元。重点建设项目支撑明显,全年20个省重点项目完成投资82亿元,128个市级"四个一批"重大项目完成投资191.3亿元,重大项目投资占固定资产投资比重达41.3%。其中,第一产业重大项目6个,投资6.9亿元,占第一产业投资比重的70.8%;第二产业重大项目60个,投资116.1亿元,占第二产业投资比重的52%;第三产业重大项目62个,投资68.3亿元,占第三产业投资比重的29.7%。市级"急难险重"及重大建设项目正加快推进,丽攀高速公路攀枝花段进入收尾攻坚阶段。省道214总发至平地段改造工程、省道310线红格过境线新建工程等国省干道整治工程快速推进。成昆铁路新线攀枝花段完成前期准备工作,将于2013年上半年全线开工。攀宜(宾)沿江高速公路、攀大(理)高速公路纳入交通部西部大开发"八纵八横"骨架网规划。500千伏大通道建设快速推进,攀枝花Ⅱ500千伏变电站顺利投运,米易500千伏变电站主体收尾。缅气入攀LNG加注站项目顺利开工。沿金沙江城市景观打造启动实施。观音岩水电站、桐子林水电站进展顺利,金沙、银江水电站已获国家发改委批准同意开展前期工作。仁和干坝子49.5兆瓦风电场项目通过可研审查。花城新区"十大项目"启动。资金保障能力增强,全市利用公积金贷款支持保障性住房建设达2.54亿元,成功发行国投公司二期债券10亿元,争取地方政府债券2.93亿元。

【体制改革】 2012年,市发改委全面梳理总结米易县成为统筹城乡综合配套改革试点县以来的工作进展情况,上报《统筹城乡综合配套改革试点县总结材料的报告》和《攀枝花市统筹城乡综合配套改革信息》6期;积极推动西区就业和社会保障建设项目的落实,使该项目成为攀枝花市首家列入中央投资基层就业和社会保障服务设施建设的试点项目;代政府起草《攀枝花市2012年深化经济体制改革重点工作意见》,完成《2013年度基层就业和社会保障服务设施建设项目报告》。继续推进农村产权制度改革,有序开展农村土地承包经营权流转;开展矿业城市建设用地管理机制改革试点和工矿废弃地复垦利用试点工作;着力推进户籍管理制度改革,实施流动人口居住证制度;深化行政审批制度改革,企业投资项目并联审批全年办理基本建设项目50个、技术改造投资项目33个;就业和社会保障服务体系不断完善,养老、医疗等社会保障改革也不断深化。区域合作加快推进,开展赴省(境)外招商活动300余次,对接企业660多家,在北京举办"阳光花城·攀枝花推介会",市党政代表团赴云南保山市、德宏州商谈合作协议,开展"知名企业家攀枝花行"等活动,在第十三届西部博览会上,签约项目75个,签约金额达802.32亿元;招商引资成效明显,全年招商引资履约项目360个,到位资金408.64亿元。对外贸易逆势增长,全年外贸进出口总额2.63亿美元,其中出口2.2亿美元,同比增长25.4%。

【医疗制度改革】 2012年,攀枝花市稳步推进医药卫生体制改革,巩固完善基本药物制度和基层医疗卫生机构运行新机制,医改工作获省医改办好评。市发改委牵头完成全市三年医改工作巡礼宣传专题片《春风化雨济苍生》的制作,向省医改办报送《攀枝花市深化医药卫生体制五项重点改革(2009~2011年)总结》,代市政府起草《关于进一步加强基层医改工作的意见》,印发《攀枝花市深化医药卫生体制改革2012年度主要工作安排》和《攀枝花市医改信息工作制度(修订版)》,完成对5个县(区)的年度医改目标责任考核,组织、筹备各类医改会议,医改工作进展顺利。

【节能减排】 2012年，全市实施节能减排重点工程，淘汰落后产能力度加大，关闭11家落后产能企业，淘汰10家企业落后工艺设备，全年共上报减排项目52个，节能减排年度计划目标全面完成。

【循环经济】 2012年，攀钢1 000万吨表外矿综合利用、聿铭科技公司30万吨/年硫酸渣综合利用等循环经济项目积极推进，马坎、金江污水处理厂开工建设，垃圾焚烧发电项目前期工作有序推进，三区两县污水管网配套建设加快推进，重点企业开展清洁生产试点。攀枝花市和攀钢集团公司被国家发改委批准为首批资源综合利用"双百工程"示范基地和骨干企业。

【居民生活】 2012年，全市民生工程扎实推进，共实施103个分项，安排31.6亿元资金用于建设。截至12月底，已投入资金约32.5亿元，占全年目标任务的102.8%。社会保障水平提高，全市基本养老、基本医疗、失业、工伤、生育保险参保人数覆盖面扩大。就业创业工作成效明显，全年，全市城镇新增就业17 617人，下岗失业人员和失地无业农民再就业7 782人。城镇登记失业率控制在3.6%以内，就业局势保持总体稳定。藏区"9+3"免费教育计划毕业生初次就业率达98.4%。创建国家级创业型城市工作取得新成效，开展"十大创业行动"，攀枝花市被评为"全国创业先进城市"。城乡居民收入与经济发展同步增长，农民人均纯收入8 728元，增长14.4%。城市居民人均可支配收入突破2万元，达到22 808元，增长15.6%。城镇居民住房条件不断改善，保障性安居工程建设工作继续保持在全省前列，全年开工建设保障性住房2 976套，施工4 944套，发放廉租住房补贴4 000户，农村危房改造2 187户。

【社会事业】 2012年，全市教育事业发展取得进展。学前教育三年行动计划推进顺利。市第40中小投入使用，东区、仁和区等一批中小学新建项目前期工作和中小学校校舍安全工程顺利推进，全年开工项目428个，完成建设面积613 573平方米。义务教育"两免一补"、中职学校和普通高中学校家庭经济困难学生资助工作全部完成。实施高寒山区学生温暖工程和学生免费营养餐计划，为5 000多名高寒山区寄宿制学生补充卧具，225所义务教育学校54 993名学生提供免费营养餐。2012年普通高考类本科各批次上线人数创历史最佳，达2 736人，上线率达39.6%。积极推进市经贸旅游学校、市建筑工程学校等职教集团组建、职教资源整合工作。特殊教育、高等教育和未成年人思想道德教育全面加强。科技支撑发展能力不断增强，成功举办"攀枝花钒钛资源综合利用院士行暨攀枝花钒钛论坛"活动，国家钒钛制品质量监督检验中心、钒钛资源综合利用国家重点实验室顺利通过验收，攀枝花市被列为全省首批创建国家技术创新工作示范市，新增国家级高新技术企业4家，省级创新型企业5家。组织实施省、市级重大科技成果转化项目11项，产值达56亿元。居民健康保障水平不断提高，积极实施基本公共卫生服务项目和重大公共卫生服务专项。卫生基础设施建设加快，市中心医院二住院楼、市二医院外科住院大楼建设进展顺利，花城新区医院新建和妇幼保健院迁建前期工作以及基层医疗卫生机构建设项目积极推进，城乡医疗保障体系健全，重大疾病防控能力增强，卫生应急能力提高。文化、体育等其他各项社会事业建设工作积极开展，体育公共服务体系建设加快，公共文化服务体系建设加强，文物保护得到加强，全市有7处文物被列为全省第三批文物保护单位，农村广播电视信号实现全覆盖。计生、妇女儿童、民政福利、档案等各项社会事业全面发展。公共安全继续加强，深入推进"平安攀枝花"建设，依法打击违法犯罪活动，加强流动人口、特殊人群社会管理，强化城乡结合部等复杂公共场所综合治理。重点行业和领域的安全监管和专项整治不断强化。强化公共食品安全工作，食品市场准入制度进一步巩固。

【国民经济运行监测预警】 2012年，市发改委每季度对全市经济运行情况进行分析，并完成经济运行分析报告，在对5个县(区)、工业园区、攀钢、钢企、攀煤进行调查研究的基础上，完成《攀枝花市2012年计划执行情况和2013年计划草案的报告》《2012年工业经济完成情况及2013年工业经济发展计划》。加强规划编制、课题研究工作。为加快推动四川省南向开放战略，以金沙江中下游六级电站开发建设为契机，促进金沙江下游经济产业带的发展，编制完成《四川省金沙江下游沿江经济带攀枝花区域发展规划》,《四川省金沙江下游沿江经济带发展规划(2012～2017年)》已通过省政府常务会议审议。根据中央推进藏区跨越式发展和长治久安的总体战略部署和四川省委、省政府的援藏工作精神，市发改委作为援藏工作领导小组项目组的牵头单位，积极开展《攀枝花市对口支援凉山州木里藏族自治县经济和社会建设发展规划(2012～2016年)》的编制和木里县"十二五"规划修编工作。年底，已完成《攀枝花市对口支援凉山州木里藏族自治县经济和社会建设发展规划(2012～2016年)》的编制。市发改委按季出版《攀枝花论坛》和《攀枝花价格信息》，牵头完成《攀枝花天然气利用专项规划》《攀枝花市"十二五"服务业发展思路》《中国阳光康养城市规划》《边远少数民族贫困村扶贫开发规划(方案)》等规划的编制工作。完成《攀枝花市"十二五"节能减排综合性工作实施方案》的编制工作，与国开行四川省分行共同编制《攀枝花钒钛资源开发规划》。抓紧开展金沙水电站的可研编制。起草《关于推进攀西战略资源创新开发试验区建设的意见建议》，同时积极向国家、省汇报情况，争取国家、省的政策支持。

【建设项目并联审批】 2012年，市发改委积极发挥建设项目审批牵头职能作用，对重大建设项目，采取与项目单位共同协商、联合会审、核准或备案进行会签的方式，大力推行并联审批工作。截至12月底，完成企业投资项目备案39个，核准2个，项目总投资额达127亿余元，受理企业延长备案项目19件。实现现场办结率100%，按时办结率100%，群众评议满意率100%，有效投诉为零。

【招标投标】 2012年，市发改委全面推进依法行政工作，制定《攀枝花市发展和改革委员会2012年推进依法行政工作安排》。开展发改系统行政处罚案卷评查暨优秀案件卷评选活动，推进"六五"普法工作，制定《2012年全市发展改革系统法制宣传教育工作实施意见》和《2012年攀枝花市发展和改革委员会法制宣传教育工作学习安排》。清理规范行政权力，完成行政执法主体的资格确认并公布相关信息。贯彻执行有关法律法规政策，严格规范攀枝花市工程建设项目招投标市场交易行为，依法核准国家投资工程建设项目招标事项，严格执行招标备案工作。截至12月底，全市完成招标共237个标段，项目招标总控制价191 648.39万元，总中标金额160 218.86万元，节约资金31 429.53万元，节资率为16.40%。完成比选项目351个，项目总控制价29 565.17万元，总中标金额26 430.47万元，节约资金3 134.71万元，节资率为10.6%。

【重点项目稽查及代建工作】 2012年，市发改委积极开展重点项目稽查工作，对2011年6个社会事业项目、9个政法基础设施项目、9个廉租住房项目建设和2012年2个环保项目中央预算内资金的使用情况进行专项稽查。加强政府投资代建项目管理，认真落实代建合同备案制度，搭建代建单位交流平台，全面掌握市本级代建项目总体实施情况，严格执行基本建设程序，严把工程质量关。截至12月，下达市级政府投资代建项目17个，项目总投资控制额度35 435万元。在已下达的代建项目中，前期阶段项目7个，预计投资31 020万元。实施项目4个，预计投资1 497万元。竣工项目6个，控制投资2 918万元。

【铁路建设】 2012年8月29日，铁道部、四川省人民政府对成昆铁路米易至攀枝花段扩能改造工程可研报告作出批复，同意计划投资140亿元对成昆铁路米易至攀枝花段进行扩能改造。市发改委在取得可研批复的同时进行实地踏勘，优化方案，积极与各方协调达成共识，形成新货运联络线方案上报铁道部审批。参与市政府与四川省铁路产业投资集团公司签订《关于加强战略合作、促进共同发展的框架协议》工作。对铁路建设初级阶段的赔付问题进行规范统一，保证初设工作的顺利进行。做好成昆铁路攀枝花段扩能改造工程开工、启动仪式等工作。加强新闻宣传，把铁路建设的进展情况及时地告知全体市民，联合各方力量搞好铁路建设工作。

【物价工作】 2012年，市发改委加强全市物价监测预警，切实做好控制价格总水平过快上涨工作。健全完善价格应急工作机制，积极开展主副食品、基础性商品价格的预警预报工作。开展物价走势及预测分析和重要商品价格变动情况分析，重点关注结构性价格矛盾对CPI(消费者物价指数)的影响并提出对策措施。加强价格监测质量建设，及时准确掌握重要基础性商品价格的变动情况，确保监测数据的科学性、时效性和准确性。定期在《攀枝花日报》上刊登攀枝花市主要农贸市场副食品、蔬菜价格，以正确引导市场主副食品价格信号和城镇居民的消费行为，稳定社会心理预期。加强价格调控，稳妥推进各项价格工作。2012年，攀枝花市居民消费价格持续走高，为有效降低价格通胀预期，贯彻落实国家、省出台的价格政策，执行成品油价格调整政策，药品、医用耗材最高限价政策，稻谷、小麦最低收购价格、烟叶收购价格、蚕茧收购价格政策，安排攀枝花市蚕茧收购各等级具体收购价格。调整居民电价标准、道路旅客运输价格，对重新开通和改变运营线路的公交票价进行审核和批复。积极贯彻落实《国家发展改革委关于加强发电用煤价格调控的通知》。加强对"铁矿资源及铁矿产品价格调节基金"的征收和使用管理。启动2012年社会救助和保障标准与物价上涨挂钩联动机制，将1～7月的临时价格补贴一次性发放到位。加强收费管理，强化收费监督，规范各种收费行为，积极疏导收费矛盾。截至12月底，共取消31项不合理收费，停止2项社团收费，免征22项行政事业性收费，修订15项医疗服务价格；启动规范2012版医疗服务价格工作。认真开展涉农、涉企收费项目公示工作。直接向全市各乡镇、村组发放《四川省2012年乡镇主要涉农行政事业性收费公示表》和《攀枝花市2012年(村组)主要涉农价格和收费公示表》，极大地提高了公示面，促进攀枝花市收费环境和收费秩序的改变。认真做好市场价格监管工作，按照国家和省的安排部署，积极组织开展各类专项检查和重点检查，全年攀枝花市价格监督检查机构共查处各类价格违法案件13件，实施经济制裁301.07万元，其中退还消费者2.14万元、没收违法所得及罚款298.93万元，上缴市财政298.93万元。共受理群众信访和电话共700件次，调查处理完结并给举报人答复700件，办结率100%。大力做好涉案物品价格鉴定工作，不断提高案件鉴定质量。严格按法律、法规办理涉案财物价格鉴定工作，全年，办理各类价格鉴定案件119件，鉴定金额382万元。现场调解交通事故价格纠纷5件。

【物价形势】 2012年，攀枝花市价格总指数呈逐季度下降的态势。据统计数据显示，全年全市居民消费价格总指数为103.0，同比上涨3.0%，较2011年下降1.8个百分点。分类别看，8大类居民消费价格呈“五升三降”的态势。即：食品上涨6.0%，烟酒及用品上涨1.7%，服装上涨7.1%，居住上涨2.8%，交通和通信上涨0.3%，家庭设备用品及维修服务下降0.2%，医疗保健和个人用品下降0.3%，娱乐教育文化用品及服务下降1.0%。

2012年攀枝花市集贸市场主副食品零售价格情况

表13　　　　单位:元/500克

品　种	规格等级	1月	2月	3月	4月	5月	6月	7月	8月	9月	10月	11月	12月
大　米	标　米	2.63	2.63	2.59	2.49	2.51	2.52	2.52	2.51	2.55	2.53	2.57	2.57
面　粉	特　粉	2.00	2.01	2.00	2.02	2.06	2.08	2.07	2.05	2.08	2.08	2.08	2.10
挂　面	特　粉	3.23	3.06	2.86	2.85	2.99	3.02	3.06	3.04	3.05	3.06	3.06	3.06
豆　腐	中　等	1.86	1.86	1.98	1.99	2.10	2.08	2.09	2.16	2.20	2.20	2.20	2.28
菜子油	精　制	5.80	6.35	6.56	7.04	7.12	7.15	7.17	7.21	7.23	7.24	7.29	7.30
白砂糖	一　级	4.30	4.26	4.24	4.26	4.24	4.28	4.33	4.29	4.26	4.28	4.20	4.19
猪　肉	去骨一级	14.93	14.54	14.04	14.36	14.46	14.42	14.25	13.74	14.42	14.99	15.19	15.02
鸡	公　鸡	10.93	10.72	10.50	10.45	10.25	11.18	10.25	10.25	9.97	10.02	10.01	10.05
鸡　蛋	中　等	5.04	4.81	4.44	4.56	4.38	4.47	4.73	5.13	5.54	5.34	5.20	5.39
草　鱼	中　等	8.68	8.77	8.17	8.29	8.07	8.13	8.14	7.96	8.08	8.14	7.93	7.93
鲤　鱼	中　等	8.50	8.43	8.13	8.10	8.03	8.13	8.18	7.92	7.91	7.81	7.62	7.69
鲢　鱼	中　等	8.58	7.54	7.05	7.50	7.53	7.40	7.47	7.48	7.47	7.41	7.46	7.62
鲫　鱼	中　等	9.65	9.61	9.50	8.95	9.53	9.65	9.89	9.84	9.49	9.08	8.89	9.05
大白菜	中　等	1.36	1.40	1.54	1.70	1.83	1.86	1.67	1.63	1.60	1.62	1.48	1.42
黄　瓜	中　等	3.18	3.11	2.69	2.63	2.65	2.61	2.37	2.00	2.05	2.15	2.10	2.14
白萝卜	中　等	1.11	1.10	1.34	1.43	1.73	1.71	1.64	1.58	1.55	1.54	1.48	1.41
茄　子	中　等	2.65	2.61	2.59	2.61	2.66	2.53	2.27	2.21	2.17	2.18	2.15	2.13
西红柿	中　等	1.83	1.84	2.22	2.34	2.65	2.59	2.78	2.51	2.38	2.24	2.18	2.28
四季豆	中　等	2.75	2.79	3.09	2.86	3.06	3.18	3.19	2.76	2.75	2.78	2.68	2.64
土　豆	中　等	1.51	1.51	1.68	1.79	1.81	1.84	1.89	1.85	1.81	2.04	1.92	1.78
青　椒	中　等	4.32	4.22	3.42	3.37	3.70	3.65	3.40	3.09	2.97	2.74	2.61	2.49
圆白菜	中　等	1.33	1.35	1.51	1.76	1.95	2.07	2.10	2.04	1.79	1.64	1.66	1.61
韭　菜	中　等	2.82	2.79	2.59	2.67	2.91	2.88	2.78	2.72	2.75	2.78	2.72	2.76
莴　笋	中　等	2.22	2.18	2.13	2.12	2.22	2.35	2.49	2.31	2.19	2.26	2.28	2.18

说明：表中价格为主城区及东区、西区、仁和区、盐边县、米易县等主要集贸市场的综合价格。

（向彩宏）

工业经济管理

【工业经济综述】 2012年，全市工业经济按照“稳定增势、高位求进、加快发展”的工作基调，以加快转变经济发展方式为主线，牢牢把握“‘两化’互动、统筹城乡、投资拉动、产业支撑”四个着力重点，实现全市工业平稳增长。全年全市实现规模以上工业总产值1 274.4亿元，同比增长10.8%；实现规模以上工业增加值460.1亿元，同比增长16.8%，完成市人代会（调整后）下达目标；实现更新改造投资194.28亿元，同比增长17.5%，完成市政府下达的194亿元目标；完成非公有制经济增加值323.93亿元，同比增长16%；规模以上工业万元增加值能耗下降7%以上。但由于宏观经济下滑、主要行业市场不景气和突发事故影响，全市工业增速未达到预期目标，全年规模以上工业实现利润6.26亿元、同比下降82.5%；产销率97.24%、下降1.64个百分点；资产负债率79.56%、提高3.49个百分点。

【生产要素协调】 2012年，受国内宏观经济形势紧缩影响，全市煤炭行业艰难运营，面临价格加速下跌、市场需求量萎缩、有价无市、行业企业普遍经营亏损的困难局面。“八二九”煤矿安全事故的发生，使得本来就十分困窘的煤炭经营行业雪上加霜，使得煤炭保供，电力供应趋紧，成品油供应紧张形势凸显，全市煤、电、油、运等要素保障供应运行更加困难。

市经信委借鉴国内主产煤省市建立电煤战略储备基地建设的有效经验，加快推进建立政府电煤应急战略储备基地的建设进程，年底初步建成攀青物流、鑫铁物流两个攀枝花市电煤应急战略储备基地，并对两个电煤储备基地下达各3万吨的储备任务，确保春节期间有煤可供。市经信委还组织市里骨干煤炭生产经营企业赴新疆、甘肃、内蒙古、云南和贵州等地采购，尽全力弥补电煤供应缺口。9～12月，攀枝花市从上述各省组织煤炭入攀15.87万吨，全年累计供应电煤472.14万吨。至年底，3个主网火电企业电煤累计库存53.29万吨，全面完成省政府下达的48万吨电煤储备任务。煤炭价格调节基金征收工作取得好成绩，累计征收煤调基金8 097万元。按统计口径数据，全年全市生产原煤累计960.76万吨，同比下降14.38%；生产焦炭累计534.46万吨，同比下降1.58%；加工洗精煤累计995.58万吨，同比下降8.11%；重点耗煤企业消耗煤炭累计2 026.53万吨，同比下降0.94%；12月末，重点耗煤企业库存煤炭75.16万吨，同比下降7.8%；外调煤炭入攀1 273.62万吨，同比增长7%。

切实做好电力运行协调，为社会经济平稳健康发展提供可靠保障。2012年，全市累计用电1 191 547万千瓦时，工业累计用电1 074 739万千瓦时。

加快完善成品油经营企业设施设备，推进加油站点的改建、迁建进程。2012年，全市累计购进成品油72.41万吨，同比增长3.95%；全市销售成品油71.85万吨，同比增长2.49%。12月底，全市成品油库存量1.62万吨，同比下降39.52%。

落实成都铁路局、攀枝花市人民政府《关于攀枝花地区铁路物流园区建设有关问题的会议纪要》精神，加快攀枝花物流园区建设，缓解运输需求与铁路运输能力的矛盾，进一步促进攀枝花地区经济和社会发展。2012年，累计铁路客运量204.67万人次，同比下降2.63%。累计货运量2 818.19万吨，同比下降0.8%。

上报攀钢集团设计研究院有限公司、盐边天成丝绸有限责任公司、攀枝花市科技基础条件平台管理中心等企业为省2012年生产性服务业示范企业。为2011年生产性服务业示范企业——攀枝花鑫铁物流有限公司争取省级2012年生产性性服务业发展专项资金，已落实50万元的资金扶持。

【重大工业产业化项目推进】 2012年，继续实施由市委常委负责的重大工业产业化项目推进责任制。46个重大工业产业化项目2012年完成投资404 668万元、开工累计完成投资850 948万元，重大工业产业化项目成效较显著。

一批项目相继竣工。2012年度有攀钢炼铁厂烧结系统改造（三期）工程、攀钢矿业公司表外矿利用破碎工程、密地选矿厂工艺设备升级改造项目、金江钛业钛渣及不锈钢项目一期、白马铁矿选钛工程一期选矿项目、龙蟒800万吨/年红格钒钛磁铁矿开采技改项目、东林汽车制动系统加工制造项目一期、四川长帆4万吨/年硅基铝复合材料项目、云南君晟攀枝花学院太阳能屋顶电站项目、立宇钒钛磁铁矿综合利用新工艺中试线项目、云钛实业2万吨钛锭项目等11个项目竣工，有的已投产。吉鑫管业纳米（改性）聚氨酯复合钢管项目、旭鼎10万吨/年动力机械发动机钒钛铸件项目、朵实10万吨/年铸件项目及天民钛业2 000吨/年钛制品及钛合金型材项目等4个项目预计2013年一季度竣工投产。

一批项目实现年内开工。经过责任单位和协调责任部门及项目建设单位共同努力，本年度有钢城瑞钢搬迁改造及渣钢渣铁综合利用项目、正源科技脱硝催化剂载体二氧化钛原料扩建项目、吉鑫管业纳米（改性）聚氨酯复合钢管项目、旭鼎10万吨/年动力机械发送机钒钛铸件项目、祥安轧钢生产线搬迁技改项目、安宁130万吨护炉钒钛球团项目、天民钛业2 000吨钛制品及钛合金型材项目等7个项目实现年内开工。

一批项目推进顺利。如富邦1 000万件载货汽车钒钛制动毂项目等8个项目完成或超过年度投资计划。富邦1 000万件载货汽车钒钛制动毂项目完成年度投资10亿元，开工累计投资135 000万元，制氧车间完工，综合料场完成90%，烧结系统完成75%，球团车间完成60%，铸造车间完成75%，预计一期500万件制动毂项目2013年一季度竣工投产；攀钢兰尖铁矿尖山采场露天转地下开采工程开工累计投资58 200万元，150万吨挂帮矿回收项目已竣工投产，200万吨地下矿开采部分正在进行巷道掘进施工；攀钢矿业公司表外矿利用破碎工程开工累计完成投资27 997万元，年度累计完成23 997万元，设备安装完毕，12月完成联动试车，预计2013年一季度试生产；钛都化工5万吨化纤钛白扩能改造项目完成年度累计投资9 500万元，开工累计投资17 500万元，厂房建设已完工，正在进行设备采购及安装；旭鼎10万吨/年动力机械发动机钒钛铸件项目完成年累计投资17 530万元，开工累计投资19 530万元，主体厂房及设备安装收尾，预计2013年一季度竣工投产；云钛实业2万吨钛锭项目年度累计完成投资10 650万元，开工累计完成投资41 650万元，项目一期建设完毕，已试生产出钛锭，预计2013年一季度正式投产。

部分项目进度滞后。由于市场、技术、政策等原因，14个项目未能在2012年实现开工，能缘化工高端色素炭黑项目因项目产品方案调整，项目不再建设。

【经济发展方式转变】 2012年，继续推进以重点行业、重点企业、重点节能工程为主的工业节能降耗工作。通过开展国家万户和省千户节能行动企业节能实施方案，进一步加强节能基础管理工作。开展节能工程示范，不断推动企业节能技术进步。坚持对技术改造项目实施用能审核制度，从源头加强节能管理。大力开展节能监察，全面提高企业节能管理水平。2012年全市工业增加值能耗下降9.21%。

全力推进淘汰落后生产能力工作。2012年全市安排淘汰落后产能企业共11家，截至9月30日，全市淘汰落后产能工作目标已全面顺利完成。通过淘汰落后产能累计节能76 725吨标煤，减排二氧化碳215 768吨，涉及关停和淘汰落后工艺设备的企业需分流安置的1 143名职工（不含1家煤矿企业85人）已全部妥善安置。2012年，全市共争取2011年度中央淘汰落后产能奖励资金、关小资金及省财政淘汰落后产能奖励资金共计1 048.54万元，已全部足额安排落实到相应企业（项目）。

加大技术改造和创新力度。2012年直接办理技术改造备案项目33个。建立完善重大工业产业化项目推进机制，全力协调项目规划、环保、土地等前期手续办理，使项目尽快开工建设。通过炼铁厂烧结系统改造（三期）工程、兰尖铁矿尖山采场露天转地下开采工程、矿业公司表外矿综合利用工程、富邦1 000万件载货钒钛制动毂项目、潘家田铁矿采选改扩建工程、新中钛钒钛系列项目、龙蟒800万吨/年红格钒钛磁铁矿矿山开采技改工程、翰通100万吨焦化项目、旭鼎10万吨动力机械发送机钒钛铸件项目、天民钛业2 000吨/年钛制品及钛合金型材项目、朵实机械10万吨逐渐及深加工项目、钛都化工5万吨化纤钛白扩能技改项目、云钛实业2万吨钛锭项目等一大批重大技术改造项目的带动示范作用，有力促进了投资。2012年完成更新改造投资194.3亿元，较2011年度增长17.5%，完成省市下达的目标任务，更新改造投资已成为拉动全市工业经济快速增长的重要动力，为全市经济持续、快速发展做出积极贡献。加快企业技术创新步伐，2012年全市企业实现技术创新投资8.37亿元，在资源综合利用、钒钛产品开发、新材料等领域关键技术研发取得重要突破。2012年全市新增省级企业技术中心4个（立宇公司、华铁公司、东方钛业公司、三维红坭煤业公司），全市省级企业技术中心达到8个。2012年，市经信委技改创新口共争取到国家级和省级财政资金11 416万元，其中中央重点产业振兴和技术改造资金2 437万元、中小企业技改专项资金240万元、国家科技成果转化专项资金200万元，省级技改资金1 650万元、省级产业研究与发展资金280万元、2012年下达的2011年战略性新兴产业项目余下60%资金6 549万元、2012年度开门红资金60万元。2012年市经信委、市财政局共安排市级工业发展资金2 400万元，重点支持德攀钒钛2×5 000吨/年五氧化二钒生产线项目、天民钛业2 000吨/年钛合金及型材项目等35个项目。

加大资源综合利用工作力度。2012年，积极帮助推进攀枝花立宇矿业有限公司4万吨/年钒钛磁铁矿综合利用新工艺中试项目、新中钛科技公司盐酸法处理钛精矿生产3万吨富钛料中试线项目等重大资源综合利用项目建成投产，促进全市钒钛产业资源综合利用水平上台阶。配合市政协两次组织调研全市“工业固体废弃物综合利用基地”建设情况及矿产资源综合利用情况，推动全市工业固废综合利用工作的深入和资源综合利用水平提高。做好攀枝花兴茂开发公司尾矿选矿等9个项目的资源综合利用项目（产品）认定工作，帮助企业享受税收减免；全年取得认定的33项资源综合利用产品实现产值29.06亿元，共计减免税金6 000余万元，增强了企业开展资源综合利用的积极性。积极提供材料，配合市发改委申报国家资源综合利用“双百工程”示范基地并成功取得命名。努力推进工业清洁生产和循环经济发展工作，组织兴辰钒钛等9户企业开展清洁生产审核工作，组织部分企业和园区向省经信委报送“循环经济典型模式案例”，以便推广攀枝花市企业、园区的先进经验。

【信息化工作】 2012年，市经信委按照“摸清情况，编制规划，理清思路，建立机制，狠抓重点”的原则，以建设“智慧攀枝花”为重点，在加强电子政务建设、推行政府信息公开、促进企业信息化发展、提高信息化队伍素质等方面取得积极成绩。

截至2012年年底，攀枝花市共有光缆20 133.55皮长千米，手机基站2 048个。全市城域网出口带宽240G。全市固话用户46万户。在网手机用户127.66万户；固网宽带用户

282 807户。数字电视用户84 503户;有线电视接入用户总数120 891户。全市电信业务总收入105 378万元,同比增长9 452万元,增速9.85%,为近四年增速最高的一年。

完成智慧城市总体规划编制工作并通过专家评审。完成《攀枝花市党委系统信息化建设规划(2013~2015)》(征求意见稿)和《攀枝花市电子政务内网建设和管理规划(2013—2015)》(征求意见稿)编制任务。

建立信息化项目库。入库项目146个,总投资约6.1亿元。其中,政府部门项目74个,投资约1.6亿元;企业和园区项目72个,投资约4.5亿元。

确保民生工程各项任务完成。2012年累计完成投资3 561万元,43个20户以上自然村通电话,65个行政村通宽带,建设45个光网智慧小区。编制75个贫困村通信问题解决方案。

深入开展信息化工作调研。对攀枝花市五个县(区)和攀钢、攀钢工程公司、志林科技、冰点、鑫铁物流、昌硕等企业的信息化现状、研发能力、发展规划等情况进行调研;结合智慧城市规划调研,基本摸清了全市电子政务、各部门信息化发展的现状和问题,为信息化的下一步发展打下了基础。

组织开展纠正电信领域侵害消费者权益问题专项行动。正式开通"12345"市民热线,受理投诉12 544件,办结12 450件,搭建了市民与政府的沟通渠道和桥梁。对全市信息化应用系统、门户网站、工业控制系统进行安全自查,共检查4家企业的工业控制系统和54个部门在用的门户网站及系统服务器93台、网络设备364台、数据库系统47套。组织各区、县申报了2013年信息化和工业化融合专项资金项目4个。

【产业园区建设】 2012年,市经信委为进一步明确园区产业定位,增强产业园区工业发展承载能力,积极开展园区产业发展规划和百亿园区工作推进方案编制工作,努力争取省产业园区产业发展引导资金,全年共获得省经信委等部门2 000万元资金支持。

全市现有6个产业园区,包括1个市直管园区(钒钛产业园区)、5个县(区)园区。钒钛产业园区、米易白马工业园区、东区高新技术园区、西区格里坪工业园区被省经信委列为"1525工程"重点培养的百亿园区。2012年全市园区实现规模以上工业总产值674亿元,占全市规模以上工业总产值的52%,比2011年提高约2个百分点,其中钒钛园区、西区格里坪工业园区、米易白马工业园区产值超过百亿元,达到培育目标。

【太阳能产业发展】 制定《2012年全市太阳能应用工作安排》,实施15个太阳能重点应用项目和开展10项重点工作,召开全市太阳能应用现场经验交流会,全市太阳能应用领域不断扩大,应用水平不断提高,太阳能产业得到发展。2012年全市建成1个国家金太阳示范工程,建成投运3个解决干热河谷区视野区绿化和干旱山区农村用水的太阳能发电抽水示范项目,初步形成年产太阳能真空管热水器3万套、平板热水器1万套、太阳能电池组件30兆瓦、钒电解液1 000立方的生产能力。

【无线电管理】 严格规范行政许可审批审核。2012年为3个单位或个人新指配无线电频率3条;批准3个单位或个人新设置超短波对讲无线电台站35个。收回12个单位或个人在用无线电频率15条;同意注销或报废在用150兆赫、400兆赫无线电对讲台(站)57个,电信攀枝花分公司注销PHS基站170个。

2012年年审在用电台3 286个。占应年检数98.60%;抽检发射设备357台(含新设台检测),占10.8%,比2011年增加1.2%,其中公众通信基站抽检85台;无线电频率占用收费19.5万元,收取设备检测费6.66万元。

开展无线电台站核查工作。2012年现场执法检查25次,抽查79家单位,查处5个违法单位设台30余台;整理3 733份台站资料,抽查20个台站数据,校正2 920个数据,录入2 920个台站数据。

开展无线电监测工作,加大对无线电干扰的查处力度,有效维护空中电波秩序。2012年对国家和省上要求常规监测和特殊监测的9个频段开展监测3 500小时;对机场、攀钢主厂区部分工业园区等地方电磁频谱状况进行执法监测50小时;监测非法使用频率6条;及时处理无线电干扰申诉,受理并排查干扰申诉4起,完成信访函件处理以及其他3次。

开展无线电安全保障工作。加强对航空无线电专用频率的保护;加强对铁路无线电专用频率的保护。按照应急工作预案开展重要时段、重大活动、重大节日无线电安全保障监测保障等500小时,观察记录100余个信号,参加人员56人次。开展各类考试防无线电作弊保障监测75场次,出动车辆75辆次,参加人员225人次,查获2起多人无线电考试作弊案件,阻断3起无线电作弊信号。参加军地协作和毗邻地区监测协作各1次。

开展无线电管理宣传。9月,开展无线电管理宣传月活动,发送短信20余万条;组织无线电管理宣传月专题宣传活动,制作展板7个,宣传手册4 000份,发放手册1 000余份,电视宣传报道3台次,报社文章1篇。

推进无线电人才队伍建设。参加省市无线电业务学习、设备应用、测试训练20人次;参加川滇毗邻地区无线电协调联席会3人次,参加演练2次,参加人员10人次。

(王　振)

国有资产投资经营管理

【概　况】 2012年,攀枝花市国有资产投资经营有限责任公司(简称"市国投公司")紧紧抓住服务地方经济发展主线,突出企业转型工作重点,创造性开展工作,各项工作迈上新台阶。截至12月31日,公司融资余额为35.54亿元,较2011年增加10.88亿元;担保余额为7.66亿元,较2011年减少4.78亿元;实现利润8 757.41万元;新增投资11 550万元,新组建企业2家;投资收益17 914万元,上缴财政3 818.30万元。

【银行融资】 2012年,市国投公司向开发银行四川分行融资1.9亿元,分别用于抗旱救灾和汽运公司经济适用房项目。3月16日,市国投公司与国家开发银行四川省分行在成都签订协议,给予攀枝花市1亿元期限一年的抗旱救灾应急贷款,该笔贷款重点用于铺设管道、修复沟渠、打井等抗旱救灾工作,有力地支持了攀枝花市的抗旱救灾工作。9月24日,市国投公司与国家开发银行四川省分行签订金额为9 000万元的借款合同,融资9 000万元建设攀枝花汽车运输总公司经济适用房二期项目。该项目是攀枝花市政府委托市国投公司代建的民生项目,新建经济适用房856套。

【债券发行】 2012年3月13日,市国投公司成功发行总额为10亿元的二期企业债券,本期债券为实名制记账式公司债券,10年期,债券票面年利率为8.18%,在债券存续期内前5年固定不变,第5年末附发行人上调票面利率选择权和投资者回售选择权。债券由中信建投证券有限责任公司担任主承销商,采取通过上海证券交易所向机构投资者协议发行和通过承销团成员设置的发行网点向境内机构投资者公开发行相结合的方式发行。债券所筹措的资金主要用于攀枝花市炳三区公共租赁住房项目、西区城市棚户区改造工程项目、攀枝花市国有改制企业经济适用房项目和炳四区至密地大桥城市干道工程、炳三区至金江城市干道一期工程、金江—鱼塘立交连接线工程等民生项目。

【投　资】 2012年,市国投公司新增投资11 550万元,资产结构得到新优化。其中,增资攀枝花市金鼎融资担保公司8 450万元,帮助其将注册资本做到5.17亿元;自筹资金100万元,按1:1比例收购金鼎融资担保公司所持有的金源创投公司股权,对金源创投公司的股权结构进行优化;按照攀枝花市政府成立国有独资公司作为观音岩城乡供水工程项目业主,推进工程项目建设的要求,投资3 000万元成立攀枝花市原水投资管理有限公司;为打造中小企业融资服务平台,根据市政府与开发银行的战略合作协议,国投公司自筹资金500万元,启动专门为中小企业开行贷款服务的攀枝花市金宇投资有限公司的组建工作。

截至2012年12月31日,市国投公司共拥有17家参股、控股企业,其中全资子公司4家、绝对控股公司家,涵盖金融、保险、担保、房地产开发、电力、创投等国家产业政策扶持的多个重点行业,全年投资收益17 914万元,上缴财政3 818.3万元。

【代建项目】 2012年,市国投公司共代建政府项目11个,其中,已通过竣工验收的项目4个,正在办理竣工验收的项目4个,正在建设的项目3个。

气象局雷达站投资370万元、拘留所投资1 096万元、戒毒康复所投资1 260万元、三医院重症精神病监管病房投资3 900万元,项目已通过竣工验收。

气象局防灾减灾中心投资240万元、公安指挥中心投资5 452万元、公安局地下停车场投资810万元、公安局食堂投资150万元,项目正在办理竣工验收。

十九冶技校教学楼投资1 510万元、公园索道投资536万元和中心医院二住院楼投资15万元,项目正在建设中。

【转贷应急资金】 按照市委、市政府的要求,2012年,由国投公司筹资4 000万元,东区、西区、仁和区、米易县、盐边县财政局各筹资1 000万元,攀枝花钒钛产业园区筹资1 000万元,组成由国投公司具体运作总额为1亿元的转贷应急资金。截至2012年12月31日,资金全部筹措到位、运作准备全部就绪,将在防范中小企业资金链断裂风险方面发挥积极作用。

(张小勇)

城市建设投资经营管理

【概　况】 攀枝花市城市建设投资经营有限公司是经攀枝花市人民政府批准,依照《中华人民共和国公司法》,按照现代企业制度组建的投资经营性公司,公司注册资本金12亿元人民币,实行独立核算、自主经营、自负盈亏。经市人民政府授权,公司以合资控股或参股方式实施国有资产的经营和管理,房地产开发,中介代理等,下设咨询公司、物业公司及工贸公司。攀枝花市城市建设投资经营有限公司秉承着经营城市理念,致力于城市基础设施建设和综合开发,努力实现城市资产的不断积累和资本的滚动发展。

2012年,市城投公司细化目标、落实责任、抓住关键、重点突破,使项目建设抓出实效,企业管理纵深推进,廉政建设细化巩固,对外宣传有声有色,企业文化建设丰富多彩,各项工作实现了预期目标。特别是项目建设得到强力推进。全年共组织实施新开工项目23项、续建项目12项、拟开工项目11项,已完工项目22项,完成投资36 950万元。

【城市基础设施建设】 2012年,市城投公司承接了三线建设博物馆、马坎及金江污水处理厂、三处行人过街设施、攀西职业病防治中心等新的一批代建项目。这些项目均为全市重点建设项目，部分项目要在年内开工建设或建成投用。公司深入推行《工程技术管理办法》《工程项目监理管理及考核评价办法》《现场文明施工管理办法》，围绕城乡综合环境治理和创卫复查等中心工作，狠抓施工现场管理和文明施工。建立项目管理工作例会和会议议定事项督办制度。对项目建设中出现的各类问题进行认真分析、重点梳理，并经集体研究，提出解决思路，制定解决方案。2012 年，按期完成炳仁路后段四十九立交桥连接渡仁西线段道路工程、沿江护岸及景观绿化工程、临江路立交桥 A 匝道渐变车道边坡加筋土挡墙维修加固、三处行人过街设施（市八中路口和市二中人行地道、西区三站转盘人行天桥）等民生工程及红格训练基地配套给排水、供电工程、市气象局外电、（2009 年）仁和区廉租房、工人文化宫室外景观、市四医院放射科、国防动员综合教育训练基地基础设施等代建工程。市中西医结合医院住院大楼主体工程已封顶，（2011 年）仁和区总发乡、区供销社、沙沟廉租房分别完成工程总量的 72%、76%、92%，省运动技术学院红格训练基地室内场馆部分（二标段）完成工程总量的 88%；食堂（三标段）完成工程总量的 82%；室外绿化部分（四标段）和棒垒球场（五标段）改造工程已完成，金沙江大道中段砼路面改为沥青路面铺筑开始实行半幅通行、半幅施工；攀西职业病防治中心和全科医生临床培养基地项目已开展招标工作；攀枝花三线建设博物馆正进行场平土石方工程施工招标；马坎、金江污水处理厂及截污干管项目于 12 月 26 日动工。

2012 年攀枝花市城市建设投资经营有限公司建设项目情况

表 14

<table>
<tr><th>项目名称</th><th>建设规模</th><th>资金来源及金额</th></tr>
<tr><td>独松树梁子隧道工程</td><td>全长1 117米</td><td rowspan="12">以上项目均为世行项目，世行项目总投资114 164万元，其中工程费用79 904万元，征地拆迁及其他费用34 260万元。在项目资金来源中，使用世行贷款6 908万美元，其余为攀枝花市自筹，项目业主为攀枝花市城投公司。</td></tr>
<tr><td>巴斯箐隧道工程</td><td>全长1 771米</td></tr>
<tr><td>炳仁路路基工程</td><td>总长2 093米</td></tr>
<tr><td>炳仁路冲沟大桥及仁和沟桥工程</td><td>全长2 020.58米</td></tr>
<tr><td>炳仁路 49 立交桥工程</td><td>全长2 101.498米</td></tr>
<tr><td>炳仁路路面及道路照明工程</td><td>路面段9 096米，道路照明及交通控制系统（含路灯、给水、强电、弱电、燃气、重要景区电气及照明、道路照明及交通管理系统）</td></tr>
<tr><td>滨江大道上段道路工程</td><td>全长2 205米</td></tr>
<tr><td>沿江护岸及沿江景观工程</td><td>新庄大桥—密地大桥 14 千米</td></tr>
<tr><td>沿江护岸及沿江景观工程</td><td>密地大桥—金江车站 16 千米</td></tr>
<tr><td>沿江整治重点景点工程</td><td>渡口桥下两岸，大梯道下江边南岸，双江交汇处北岸，金江火车站南岸等景点。</td></tr>
<tr><td>清香坪截污干管工程（PW5B）</td><td>全长 12.6 千米，管径 300 ~ 900 毫米收集格里坪、河门口、河石坝、大水井、清香坪片区生活污水</td></tr>
<tr><td>五十四至炳草岗截污干管</td><td>全长7 687米，管径 300 ~ 900 毫米收集五十四至大渡口片区生活污水</td></tr>
<tr><td>大渡口污水处理厂工程</td><td>1.9 万吨/日</td><td rowspan="3">以上项目均为日元贷款项目，日元贷款项目总投资14 559.84万元，其中工程费用12 117.77万元，工程其他费用2 442.06万元。该项目利用日元贷款 12.6 亿日元，其余为地方配套。项目业主为攀枝花市城投公司。</td></tr>
<tr><td>小沙坝污水处理厂工程</td><td>2.0 万吨/日</td></tr>
<tr><td>小沙坝污水处理厂厂外截污工程</td><td>全长 12.3 千米</td></tr>
<tr><td>工人文化宫新建工程</td><td>总建筑面积30 000平方米</td><td>7 000万元</td></tr>
<tr><td>工人文化宫新建项目室外景观工程</td><td></td><td>1 699万元</td></tr>
</table>

续表14

项目名称	建设规模	资金来源及金额
2009年东区廉租住房工程(一期)	新建廉租房建筑面积为4 800平方米,1栋48套	500万元
2009年东区廉租住房工程(二期)	新建廉租房建筑面积为4 800平方米,1栋48套	500万元
2009年仁和区廉租住房主体工程	金江镇96套、大河中路188套	1 917万元
仁和廉租房室外及附属工程	场平、水、电、气、有线电视、道路、绿化工程等	821万元
市中西医结合医院住院大楼工程	总建筑面积27 000平方米	7 500万元
省运动技术学院红格训练基地	总建筑面积34 578.8平方米	19 960万元
红格训练基地配套给排水工程	生活用水、温泉水、雨水、污水管道铺设及相关的附属设施	241万元
红格训练基地配套供电工程	变压器容量2 230千伏安,线路总长1千米,新建高压分支箱2个	237万元
红格开发区地热水资源勘探项目	勘探范围为红格开发区及其周边约37千米,通过野外地质、水文地质调查、地球物理勘探、水文采集分析等选定布井位,布设钻孔4个,探采井施工约1 400米	226万元
密地桥南至龙箐大桥主干路	主线里程4 150.22米,道路标准路幅宽23米,双向四车道	31 026万元
临江路连接滨江大道立交桥工程	A、B、E、F四条匝道共长1 160.87米	2 176万元
攀枝花大道南段仁和路歇桥等四处城市主干道地质灾害治理工程	处理边坡13 000平方米	983万元
国防动员综合教育训练基地基础设施项目	新建综合楼和食堂,大门及附属设施等	730.7万元
攀枝花市公安局指挥中心二期侦查技术用房	总建筑面积为6 300平方米	1 550万元
城市主干道无障碍设施改造项目	—	—
攀枝花大剧院	—	—
老干部活动中心	该项目总占地面积10 833平方米,总建筑面积6 273平方米	1 923万元
仁和区2011年廉租房	新建廉租房住房200套,总建筑面积10 000平方米并配套建设给排水、供电、供气、道路、绿化等基础设施。(其中:沙沟片区S-16地块80套,仁和沙沟P2010-22地块96套,总发乡24套,每户50平方米,两室一厅)	1 924万元
国营林场总场危旧改造工程	国营林场总场建筑规模9 600平方米,危改住户132户,每户70平方米	1 646万元
攀枝花公园愉悦苑改造暨攀枝花文艺中心	攀枝花愉悦苑7 600平方米,新建攀枝花文艺中心2 500平方米,特设园林建筑,框架结构	895万元
四医院医院门诊医技办公综合楼项目	拆除受灾的原门诊医技办公综合楼,原址新建门诊医技办公综合楼,框架结构,建筑面积4 725平方米	1 200万元

续表14

项目名称	建设规模	资金来源及金额
国家基本气象站迁建工程项目	该项目规划占地面积7 702.91平方米	730万元
市三中运动场南侧挡墙边坡治理工程	采用排水系统+埋入式抗滑桩+桩板墙相结合的治理方案，综合治理运动场南侧挡墙边坡1 126平方米	310万元
市三中新建行政办公楼	拆除半截楼（原学生宿舍），原址新建行政办公楼，框架结构，四层，建筑面积1 203平方米。	266万元
攀枝花市青少年体育活动中心	建设总面积17 550平方米	2 200万元
攀西职业病防治中心建设项目	总建筑面积12 500平方米	5 760万元
攀枝花市全科医生临床培养基地建设项目	新建培养综合楼4 400平方米	2 500万元
临江路立交桥A匝道渐变车道边坡加筋土挡墙维修加固工程	采用土工格栅挡土墙方式，对临江路立交桥A匝道起点北侧边坡的加筋土挡墙因加筋带失效造成垮塌部分进行修葺，长度57米，高度25米。	190万元
金沙江大道中段十二座桥梁维修加固工程项目	金沙江大道中段沿线12座桥梁，包括：沿江大桥、1～9号桥、匝道1号桥、匝道2号桥。桥梁载荷等级维持原设计标准；只对破损桥面及结构进行修补加固。	476万元
金沙江大道中段砼路面改为沥青路面铺筑项目	起点为炳草岗大桥下金沙江大道2号桥，终点止于密地桥与渡金线相接处。对该路段8.04千米水泥混凝土路面进行“白加黑”处理，道路等级为城市主干道II级，设计时速40千米/小时双向四车道，路面类型为沥青混凝土。沿江一侧人行道扩至1米宽，靠山一侧利用水沟盖板铺设1.2米宽的人行道3.8千米，修复排水设施；沿线3处高危边坡治理及绿化	4 892万元
苏铁中路西区三站转盘人行过街设施建设工程	人行过街设施选型采用“钢结构人行天桥”，天桥全长48.5米，桥面全宽3.2米，净宽3.0米，桥面面积155.2平方米	230万元
攀枝花大道东段市二中人行过街设施建设工程	人行过街设施选型采用“人行地道”，通道全长27.37米，全宽4.7米，净宽4.5米，净高2.5米	330万元
临江路市八中路口人行过街设施建设工程	人行过街设施选型采用“人行地道”，通道全长26.32米，全宽5.2米，净宽5米，净高2.5米	365万元
四川攀枝花三线建设博物馆（攀枝花博物馆）	总建筑面积20 000平方米	19 703万元
金江污水处理厂和马坎污水处理厂及截污干管工程	1. 金江污水处理厂厂址位于火车站南1.3千米处，金江水泥厂北侧空地，设计污水处理能力总规模1.5万吨/天（其中一期0.75万吨/天，二期0.75万吨/天），截污干管收集的污水范围为金江船厂至火车站区域，总面积约668万平方米，干管沿攀枝花大道敷设至金江污水处理厂内，全长7千米。2. 马坎污水处理厂厂址紧邻金沙江北岸位于倮果桥北上游约1.3千米处，设计污水处理能力4万吨/天，截污干管以污水处理厂为分隔点，分为上游和下游两段；上游段西起于弄弄坪片区钢花村，沿金沙江江岸向东行至渡口吊桥，而后靠钢城大道外侧继续向东，最后到达污水处理厂，全长14.818千米，下游段东起倮果大桥桥北，沿钢城大道东段向西行至污水处理厂厂内终点提升泵站，全长1.815千米。	攀枝花市金江、马坎污水处理厂及截污干管工程总投资预算为30 749.71万元。1. 金江截污干管及厂外提升泵站预计投资1 436.47万元，污水处理厂内总投资5 503.24万元。2. 马坎污水处理厂及厂外截污干管项目总投资17 910万元（含污水处理厂10 120万元，厂外截污干管7 790万元）。

【拆迁安置】 2012 年,公司积极协助、配合项目所在辖区的相关单位和部门协调解决炳仁路后段 PB13 合同段、龙密路、省运动技术学院红格训练基地等项目的征地拆迁安置补偿问题,使拆迁安置工作满足工程建设的需要。

【筹融资】 2012 年,市级财政资金尤为紧张,部分项目建设资金严重紧缺,影响项目建设。在公司领导的全力沟通协调下,资金安排方面得到了市级相关部门的支持,累计筹集各类建设资金22 000万元,维护了公司的正常运转。但所筹资金仍不能满足项目全面建设,为此,根据国家有关法律法规和市政府决定,公司大力拓展融资空间,并积极与相关金融机构沟通洽谈。通过大量卓有成效的工作,公司已形成初步融资方案,拟报政府及相关部门审批后执行。

(蔡　茵　李建莉)

交通投资开发经营建设和管理

【概　况】 攀枝花市交通投资开发有限公司(以下简称“交投公司”)成立于2002 年 12 月,注册资本金 12.47 亿元,经营范围是对交通基础设施建设投资,对道路、桥梁、隧道工程建设经营;汽车站点、船舶码头建设投资。属国有独资企业,攀枝花市交通运输局是公司唯一股东。公司成立的初衷是构建一个融资平台以筹集全市交通路桥建设所需要的建设资金,无任何经营性质收入。2012 年,交投公司围绕市委、市政府开展的“国省干线公路改扩建攻坚活动”任务和要求。严格按照国家基本路桥建设程序和有关规定组织建设,建立健全管理制度,加强工程质量、安全、造价、廉政等方面的全过程控制,各项目实行标准化管理,努力实现工地标准化、施工标准化、管理标准化,文明施工,顺利完成市交通局规定的 2012 年工作目标任务。但由于代建体制不明确,交投公司作为全市重点路桥建设项目代建单位除承担具体代建管理工作外,还承担大量资金筹集和工程前期工作的任务,增加了大量的费用成本,而现阶段的代建费取费比例较低,公司运营存在一定困难。同时,部分工程建设资金未能落实或部分落实,使得公司在签订代建合同任务后,不能及时开展工作,工程实施过程中无法及时支付工程款,对公司本身的声誉造成影响,也影响了公司代建工作绩效考核成绩。2012 年,交投公司共完成招投标重点项目 7 个,中标金额16 506.32万元;办理先还后贷业务21 200万元;代建重点路桥建设大项目 10 个,完成总投资25 433万元。

【招投标】 2012 年,交投公司认真做好各项目招投标准备工作,强化合同管理,督促施工、监理、监控等参建单位严格履行合同义务和各自职责,认真核查建设、监理单位资格条件,确保建设管理机构和管理人员条件合格、素质过硬、管理规范,并制定对建设单位和施工、监理管理人员的考核办法,努力为各项目的开工建设创造有利条件。2012 年共完成招投标大项目 7 个,中标金额共计16 506.32万元。

2012 年攀枝花市交通投资建设招投标项目情况

表 15

	工程项目		开标日期	中标单位	中标金额(万元)
1	省道 310 格福路 K252 + 770—K255 + 300 改造及路面大修工程	监　理	2012. 2. 27	四川华达建设监理有限公司	59. 55
2	省道 310 格福路 K255 + 300—K275 + 586 段改建工程	勘察设计	2012. 2. 6	四川恒盛路桥勘察设计有限公司	234. 86
3	省道 310 倮渡北线 K215 + 490—K229 + 650 段路面改造工程	勘察设计	2012. 3. 7	中国市政工程中南设计研究总院有限公司	104. 07
		监　理	2012. 8. 20	北京中交安通工程技术咨询有限公司	102. 77
		施　工	2012. 7. 23	四川公路桥梁建设集团有限公司	4419. 74
4	国道 108 线 K3019 + 101 - K3076 + 585 段路面改造工程	代理机构	2012. 2. 20	四川精正建设管理咨询有限公司	—
		勘察设计	2012. 4. 6	四川公路工程设计院	205. 28
		监　理	2012. 8. 13	四川国际工程监理有限公司	188. 86
		施　工	2012. 8. 13	A 标:核工业西南建设集团有限公司	2808. 60
				B 标:四川腾达路桥有限责任公司	2982. 91

续表15

	工程项目		开标日期	中标单位	中标金额（万元）
5	国省干道安保工程(一期)	监　理	2012.9.23	攀枝花金路工程咨询监理有限公司	12.13
		施　工	2012.9.14	攀枝花瑞达交通工程有限责任公司	456.63
6	省道214线总发至平地段改建工程	路　面	2012.7.18	湖南省郴州公路桥梁建设有限责任公司	3263.70
		交　安	2012.8.29	江西中煤建设集团有限公司	574.89
7	荷花池大桥维修加固工程	监　理	2012.4.17	四川省亚通公路工程监理所	25.91
		施　工	2012.4.17	攀枝花公路桥梁工程有限公司	1066.42

【拓展融资渠道】 2012年，由于国家金融政策的调整，国家对政府融资公司进行清理，作为交通建设融资平台的交投公司属于清理范畴，不仅无法取得新贷款，同时老贷款均面临催收。面对不利情况，交投公司认真搞好项目包装，积极配合各大银行做好对建设项目的评估工作。交投公司先后同攀枝花市区中国银行、农业银行、信用联社、商业银行进行合作，筹集大量资金，2012年度通过各种渠道到位工程建设资金21 659万元，其中，省补资金4 074万元，车购税资金12 635万元，交通投入4 950万元；到位还本付息金为13 038万元，其中，财政投入4 518万元（贴息资金2 218万元，归还银行借款本金2 300万元），交通投入5 920万元，车辆通行费拨款2 600万元，用于还本付息，办理先还后贷业务，共计21 200万元。在资金使用过程中，主动汇报建设项目进展情况和资金使用情况，听取银行好的资金管理建议。按期还本付息，全力维护攀枝花交通在银行的信誉，在资金日常支付过程中，严格实行专款专用，专项存储，保证资金安全有效，确保工程项目资金。

【重点路桥建设】 2012年，市交投公司继续强化精细化管理理念，落实精细化管理措施，努力做到靠前指挥、靠前协调、靠前服务，项目管理责任人员积极深入建设一线和施工现场，对项目建设各环节、各工序进行监督和管理，对工程建设过程中存在的问题及时发现、及时处理，积极协调外部施工环境，创造良好的施工氛围和条件，提高工程品质。全年交投公司组织实施的代建重点建设项目10个，其中续建项目2个，为新密地大桥工程和沿江快速通道西区段Ⅰ标段工程；新开工项目8个，为省道214线总发至平地段改建工程、沿江快速通道西区段Ⅱ标段工程、省道310线格福路（格里坪至504电厂段）改建工程、省道310线倮渡北线路面改造工程、荷花池大桥维修加固工程、国道108线拉鲊至川滇界段示范工程、机场路地质灾害治理工程、国省干道安保工程（一期）；完工已交付使用但尚未完成审计的项目1个：为机场路（2千米+470米～2千米+745米）地质灾害治理工程。全年累计完成总投资25 433万元。

新密地大桥工程　项目全长296米，桥面宽30米，4车道双向独立通行，批复金额为9 729.6万元。2009年2月正式开工建设，2011年9月实现上游幅桥通车的目标任务，改善了大桥南北两岸的交通压力和通行条件，同时完成新老桥人车分流的组织工作，消除了旧桥行车的安全隐患。下游幅桥于2012年6月19日完成主拱圈浇筑，截至12月完成投资7 972万元，占合同总金额的113%。沿江快速通道西区段Ⅰ标段工程项目全长2.68千米，投资总概算4 048万元，2010年4月正式开工建设。2012年路基工程完工，累计完成投资1 041.77万元。

省道214线总发至平地段改建工程　项目起点为省道214线总发（130千米+880米）与攀田高速总发立交相连处，途经大田镇、白拉姑、太坪掌、止于平地镇（166千米+336.78米），是通往云南及凉山州会理地区的重要公路，道路总长35.87千米，为三级公路。路基宽度8.5米、路面宽度8米，沥青混凝土路面，项目总投资约18 404.9万元，工期1年。该项目是攀枝花市启动国省干线公路改扩建三年攻坚工作实施的第一个项目，2012年2月开工建设，截至12月底该项目主体工程基本完成，交安、绿化工程同步实施，累计完成投资10 874万元。

国道108线拉鲊至川滇界段示范工程　项目全长57.5千米，分两部分实施。一期工程拉鲊（3 019千米+101米）至干海子（3 036千米+488.96米）段18.6千米由土路升级改造为二、三级公路，起于拉鲊金沙江大桥桥南B匝道，沿旧路走向，经大龙潭乡，终点止于国道108线3 097千米+700米处，即总龙路与国道108线连接处。设计速度40(30)千米/小时，路面宽8.5(7.0)米，沥青混凝土路面。路基工程于2012年10月正式开工，完成投资3 038万元。二期干海子（3 036千米+488.96米）至川滇界（3 075千米+177.02米）段为完善安保工程、机养中心等附属设施和景观打造等工作。

省道310线倮渡北线路面改造工程　项目是穿越攀枝花市东西向的省道310线的重要组成部分，为过境车辆穿过主城区的主要干线公路。项目起于倮果大桥桥北桥头附近，途经烂院子，止于新渡口大桥，路线全长14.16千米，路基宽12米，路面宽11.4米，设计荷载为公路Ⅰ级，采用白加黑路面结构，总投资为5 803万元。2012年9开工，2012年完成投资2 751万元。

省道310线格福路（格里坪至504电厂）改建工程　该

路段全长2.53千米(长链229米),起点位于西区格里坪镇石场交叉口(252千米+770米),经西区电煤化产业园区,终点止于格里坪收费站附近(255千米+300米)。按二级公路标准建设,设计行车速度40千米/小时,为双向四车道,路基宽度20米,路面宽度15米。路面类型为沥青混凝土。项目总投资为6 050万元。路基工程施工于2012年5月开工建设,2012年完成投资1 765万元。

荷花池大桥维修加固工程　荷花池大桥横跨金沙江,是攀钢原料、物资、产品进出厂区的重要通道,为城市路网的重要组成部分。大桥全长274.3米,全宽15.5米,维修加固工作设计荷载按照公路Ⅰ级进行。大桥维修加固工程的主要工作有对全桥所有结构裂缝、结构缺陷进行修补,更换全部T梁,对主桥拱圈、盖梁、拱上立柱进行加固补强,重新做桥面系结构,总投资为1 823.56万元。2012年8月开工,2012年完成投资560万元。

沿江快速通道西区段Ⅱ标段工程　项目全长2.2千米,起点位于原攀枝花市肉联厂,经格扬路,止于宝鼎大桥,路基宽度22米,公路等级为一级公路,设计行车速度为60千米/小时,投资总概算8 875万元,合同总工期为24个月。2012年2月开工建设,2012年完成投资2 326.44万元。

机场路(13千米+785米~13千米+945米)地质灾害治理工程　攀枝花市机场路是攀枝花市交通体系的重要组成部分,前段为攀枝花市炳仁路,承载着攀枝花市公路网主骨架的构成。机场路于2003年底建成通车,但自从机场路投入使用后,因沿途地形多变,地势险峻,地质情况复杂,造成的地质灾害时常发生。2012年7月开工,总投资176万元,2012年12月完工。

国省干道安保工程(一期)　国省干道安保(一期)工程,涉及G108线总龙路口至云南界段、S214线甸沙关至雅江桥段、S216线长坪子至乌龟井段、S310线和爱乡至格里坪段等国省干线公路,项目总投资为1 619.72万元。2012年先实施S216线长坪子至乌龟井段安保设施工程。该项目全长119.5千米,位于攀枝花市盐边县、仁和区、西区境内。新增波形护栏10 656米,混凝土护栏150米,千米标线6 770平方米,标志标牌10套,合同造价456.63万元,于2012年9月完成招投标工作,10月施工单位进场,12月底完工。

其中G108线总龙路口至云南界段安保工程待G108线拉鲊至川滇界改建工程实施时一并建设;S214线甸沙关至雅江桥段安保工程,由市公路管理处在实施大修工程时进行完善;S310线和爱乡至格里坪段安保工程待S310线红格至雅江桥段改建工程实施时一并建设。

其余在建项目S214线总发至平地改建工程、沿江快速通道西区段工程、格福路(格里坪至收费站段)改建工程、机场路地质灾害等工程正在进行路基施工,安保附属设施按照同时设计、同时施工、同时投入使用的"三同时"原则实施。

另外,在项目前期工程上,积极与勘察设计单位沟通联系,提供各种服务,完成各有关项目的勘察设计前期工作,为各项目按期开工建设创造有利条件。认真完成项目招标准备工作,做好项目招投标和合同签订工作,保证项目按期开工建设。2012年完成省道310线格里坪至504电厂段改造工程、荷花池大桥维修加固工程、国道108线拉鲊—川滇界改扩建工程、省道310保渡北线改造工程等项目的招标控制价编制、报审等工作以及鱼塘—机场路连接线工程、巴关河大桥维修加固工程、省道310线灰老桥新建工程、省道310线纳拉河桥新建工程等10余项工程的招标代理机构比选工作。

在征地拆迁工作上,与当地政府密切配合,督促有关部门尽快完成征地拆迁,配合解决项目建设中出现的拆迁矛盾,充分做好协调服务工作。结合征地拆迁业务开展宣传征地拆迁政策,积极争取有关方面对征地拆迁工作的理解、支持、配合,在减少征地拆迁费,减低工程造价方面取得较好成效。如:省道214总发至平地段工程建设中,经过细致工作,项目建设占用村民住房位置,实行占多少,拆除多少,补偿多少;罗布旧桥通行便道进行设计优化,减少路边修挡墙数量;C合同段大填方用料,改调运废方做填料为就近征荒地取土做填料等,仅此三项工作,节约费用近百万元。

在安全控制管理上,加强工程建设的全过程安全管理,深入开展"安全生产年""打非治违"九月份安全大检查平安工地创建等活动,并根据交通建设项目的实际情况,采取有效措施狠抓施工现场、人员驻地安全预防预控工作;狠抓施工人员的安全意识和安全教育工作;狠抓安全工作制度化建设和制度化实施,督促施工单位完善应急预案和措施并做好演练,强化隐患排查和治理,定期组织日常安全巡查和专项安全检查。2012年,各重点建设项目均较好的开展安全生产工作,各项目均未发生源头管理的人员死亡和重伤事故。

(周　勇　黄冯莉)

国有资产监督管理

【国有资产管理】　2012年,国资监管企业资产总额31.22亿元,同比增长10.38%,所有者权益12.13亿元,同比增长4.26%,实现经营收入7.78亿元,同比增长35.05%,上缴税金7 924万元,同比增长156.27%,完成国有资本经营预算收入400万元。

组织做好"2012攀枝花市国资委企业发展论坛及项目对接会",签订7个战略合作协议和项目合作意向协议,协议资金达20.96亿元。推进建立攀枝花市国资委与在攀央企、省属企业沟通联系及服务的常态化机制。

推进国资监管企业抱团发展,解决市金泰房地产集团公司融资难题,实现优势互补。协调云南省国资委、昆明市国资委动员10多家在滇央企、省企参加市委、市政府举办的昆明招商投资推介会。加强对县(区)国资办日常工作的指导,逐步把县(区)国有资产管理纳入全市国资"一盘棋"

格局。

与花城新区签订战略合作框架协议，争取参与融入花城新区建设。深入十九冶、市建设工程公司等攀枝花市重点建筑施工企业调研，就进一步规范攀枝花市建筑市场招投标工作，推进攀枝花市地方国有建筑施工企业做大做强提出建议意见。参与攀枝花市文化旅游产业集团、“市民卡”公司组建工作，推进监管企业参与融入攀枝花市钒钛资源开发和综合利用。

组织对全市企业国有资产，包括在攀中央企业、省属企业以及县（区）属企业资产进行全面摸底，截至2011年年底，全市共有国有企业（国有独资企业和国有控股企业）87户。其中，中央、省属在攀企业16户，市属企业37户，区县属企业34户。企业资产总额（含市商业银行市外资产）2 362.47亿元。其中，中央在攀企业资产总额1 550.22亿元，占65.64%；省属在攀企业资产总额92.24亿元，占3.9%；市属企业资产总额659.32亿元，占27.92%；区县属企业资产总额60.69亿元，占2.57%。

推进攀枝花市产业投资经营有限责任公司与西南联交所合作建立西南联交所攀枝花分所，西南联交所攀枝花分所于12月挂牌。完善企业产权登记管理，攀枝花市国资委获四川省国资系统产权登记、国资统计等先进单位。加强企业财务审计监督，对企业工资总额使用情况、企业职工“五险一金”缴纳情况进行监督检查。加强和改进监事会工作，对企业规范制度建设及重大事项决策程序、重大事项报告等相关情况进行重点检查。全面启动攀枝花市国有经济发展中长期规划编制工作。

【企业改革】 完成职工安置房240套，超目标任务20%，在建130套；加大改制资金筹集力度，争取到国开行9 000万元国企改制贷款及四川省国资委800万国企改制困难企业补助资金；初步解决市属国有改制企业养老、失业、医疗、老工伤保险欠费及死亡职工供养直系亲属生活困难补助专项资金缺口问题；完成市万珂房产公司、市通力装饰公司改革收尾工作，对37名职工进行妥善安置。

参与攀枝花市文化体制改革，协力完成攀枝花市艺术剧院公司的组建，督促指导攀枝花市艺术剧院公司加快转型发展步伐。

督促协调攀枝花市教育局、市人社局等部门，将符合条件的退休教师落实待遇审批手续上报省政府相关部门审批。

召集市人社局、西区政府、市产业投资公司、四川广聚律师事务所、攀枝花大地水泥有限责任公司就金沙水泥公司改制相关遗留问题进行深入研究，采取措施筹集资金彻底解决金沙水泥公司人员安置问题，推进金沙水泥公司进入破产和重组程序。

【监管企业发展】 市水务集团炳二水厂配套工程、金江水厂扩能改造正在抓紧实施。市金泰集团金泰·境界及金碧天下项目已竣工验收，公园大地部分楼房顺利推进。攀枝花建设工程公司取得花城新区医院等6个项目代建，新增项目总投资达5.25亿元，创代建业务新高。完成市恒德废物集中处理有限公司法定代表人和总经理工商变更登记。督促企业完善内部管理体系，加强项目后期运营人才培养和储备。解决项目筹资难题，引进中节能资产经营有限公司资本进入项目公司，解决项目地方筹资、项目推进及后期正常运营问题。恒德危险废弃物处置中心项目建设所涉及的场平工程、生活建筑及附属工程、生产区建筑及配套工程、填埋库区工程及设备供应安装工程5个标段，已按照工程进度全面展开。

市水务集团大力实施“双轮驱动、三位一体”战略，企业转型纵深推进。市金泰房地产集团加快由单纯项目公司到房地产开发公司转型步伐。市产业投资公司引进上海“锦江之星”等知名品牌，加速资产利用。市国正投资公司开展进入钒钛资源综合开发利用等系列项目的前期工作。攀枝花建设工程公司成立盛安设备租赁公司，延长企业产业链。市艺术剧院公司转制改企后，开拓市场取得初步成效。

市水务集团引进先进设备和领先的水处理技术，水质检测能力达到106项，在全省仅成都市、攀枝花市、绵阳市能达到此检测能力。污水全部达标排放，削减COD（化学需氧量）及氨氮量占全市节能减排指标的95%以上。攀枝花宾馆被市政府确定为全市首批推进旅游标准化示范试点企业。市金泰集团试点中层管理岗位公开竞聘，探索打破国有企业人才培养机制。攀枝花建设工程公司强化施工及代建管理，完工11个项目，在建施工10个项目，工程质量合格率100%，连续三年获全市代建管理第一名。市阳光影业公司创新营销模式，经营收入、利润及职工收入继续保持增长。

【国有资本经营预算】 2012年，市国资委监管企业上缴国有资本经营预算收入400万元。其中，市水务集团公司上缴国有资本红利320万元，市金泰房地产集团公司上缴国有独资企业利润收入80万元。

【监管企业安全和稳定】 落实企业稳定工作责任制和国资委班子成员包案责任制，组织对改制企业不稳定因素进行全面清理排查，落实工作责任，加强中共十八大召开前及会议期间的稳定工作，重点加强对企业退休教师待遇、个别市属改制企业退休职工统筹外养老保险等重点上访问题的处理，实现市国资委系统零上访记录。贯彻落实市委书记刘成鸣、市长张剡在“八二九”特大安全事故检查工作会等系列会议讲话精神，组织安全检查198次，共检查单位、场所857个，发现隐患256起，及时整改252起，落实整改资金175.6万元。

【国有企业党建】 国资委党委与5家监管单位签订2012年党建目标责任书；监管的29个基层党组织按照隶属关

系，层层签订党建目标责任书。

牵头组织实施第二届攀枝花市有突出贡献企业家评选活动，王毓等5名企业家获攀枝花市有突出贡献企业家称号；完成《攀枝花市钒钛领域优秀企业家培养实施办法》及《攀枝花市企业经营管理者队伍建设规划》(2012～2020年)的起草工作。

2012年，在国资委监管单位中组织开展党建工作专项述职1次，组织党建工作专项检查1次，并结合年度考核，对7家监管单位的党建工作进行专项考核。对国资委系统各级基层党组织负责人、近三年加入中国共产党的党员共89人进行集中培训；全年新发展预备党员4名，审批3名预备党员转正。

针对国有企业党组织发挥政治核心作用、党组织参与企业重大决策等7个方面的情况开展基层党组织情况大调查，在5个监管单位共发放调查问卷478份、召开座谈会18场(参会人员总计451人，其中党员262人、群众189人)、入户走访18人(次)、个别访谈73人(次)、案例剖析2起，形成调查报告5份。

建立国资委系统基层党组织分类管理台账，在29个基层党组织中，有1个省级先进基层党组织、2个市级先进基层党组织、15个委系统先进基层党组织、11个一般党组织。

开展"三亮三比三评"活动，国资委系统设岗定责党员共135人，建立责任区30个，设立党员先锋岗10个，设立党员示范窗口8个，设立党员示范岗16个，设立党员服务队2支。

组织开展庆祝中国共产党成立91周年系列活动，表彰国资委系统在工作中涌现出的10个先进基层党组织、10名优秀共产党员和6名优秀党务工作者。市水务集团公司"共产党员服务队"获市委"先进基层党组织"称号，市水务集团公司被省委评为全省"创先争优先进基层党组织"。

形成《市国资委监管单位人才队伍建设工作调研报告》和《市国资委监管单位领导班子建设现状及思考》课题调研报告，确定15名监管单位领导班子后备干部人选，启动后备干部培养计划，首批选调5名干部到国资委机关上挂锻炼。

组织举办市国资委系统首届"怡康杯"职工运动会，市国资委监管企业、改制重组企业及委机关15支队伍1 500余人次参加竞赛。

【国有企业党风廉政建设】 组织国资委机关全体工作人员、监管企业领导人员、纪检监察干部，企业财务、资产管理和营销部门等重要岗位人员180余人次参加反腐倡廉集中教育培训。组织监管单位纪检干部及分管领导参加中纪委组织的为期14天的2012年第5期纪检监察综合业务培训。

制定下发《攀枝花市国资委2012年反腐倡廉建设工作要点》《攀枝花市国资委2012年党风廉政建设和反腐败工作任务分工》等文件，明确工作重点，将党风廉政建设责任分解到领导干部和机关各处室。委领导班子成员和监管企业及领导人员与委主要领导签订党风廉政建设责任书、廉政(廉洁)承诺书。机关处室负责人分别与分管领导签订党风廉政建设责任书、廉政承诺书。形成一把手负总责，分管领导各负其责的党风廉政建设工作格局。

加强对国有企业"三重一大"(重大问题决策、重要干部任免、重大项目投资决策、大额资金使用)决策制度执行情况的监督检查。要求各监管单位把"三重一大"决策制度执行情况纳入民主生活会、领导人员述职述廉内容，纳入对企业年度考核、党风廉政建设责任制考核的内容；国资委把"三重一大"决策制度执行情况作为对企业领导人员考察和任免的依据。组成工作组对监管企业重大决策方式是否合规、程序是否规范、权限是否清楚、执行是否严格有效、监督是否有力、违规是否纠正等方面进行专项检查。

加大查处工作力度，2012年市国资委纪委共受理群众信访举报96件(次)，其中信30件(次)，主要反映职工利益受到侵害及国有资产流失，立案初核1件，办结率为100%。

(杨　惠)

统　计

【统计报表】 2012年，市统计局始终坚持统计数据的准确性、及时性和完整性，规范专业数据的审核、评估、上报和发布程序，密切加强与上级业务主管部门的协调沟通，认真组织开展各项常规统计调查工作，圆满完成工业、农业、能源、服务业、贸易外经、劳动工资、社会科技、投资、建筑业、综合等涉及一、二、三产业，国民经济行业20个门类、96个大类、432个中类、1 094个小类，20个专业，40余套统计月报、季报和年报，230多张定期报表，共1万多个统计指标。开展城乡居民收入、投入产出调查、单位清查、平安创建、"两纲"监测、旅游产业、扩权强县、乡镇信息、民营经济、文化产业、灾后恢复重建、钒钛产业和工业园区、工业经济效益评价、非公有制经济、非公人才统计监测，个体经营户、国家级创业型城市、"五创联动"、"6+2"重点产业运行监测、工业景气指数、劳动力抽样调查、"三大"主题教育活动问计于民等统计监测和统计调查工作。

【人口普查】 为认真做好攀枝花市第六次全国人口普查数据衔接，确保历史统计数据的连续性和稳定性，市人普办积极主动配合省人普办完成数据衔接工作，切实发挥人口普查数据重要的基础性作用，使普查数据经得起历史检验，为社会提供真实可信的统计数据信息。加强人口普查资料收集归档工作和对人口普查纸质原始表的销毁工作。切实做好总结表彰和资料开发应用工作，市政府下发《关于表彰攀枝花市第六次全国人口普查先进集体和先进个人的通报》，对全市在普查中涌现出的60个先进集体和320名先进个人予以表彰。发布人口普查主要数据公报，编印《攀枝花市第六次全国人口普查资料》，组织开展人口普查课题评审评奖和表彰活动。

【统计资料】 2012年，市统计局紧紧围绕市委、市政府确定的工作重点、全市经济发展的难点、社会关注的热点问题，深化对经济形势的预测预警，攀枝花统计服务实现提速、提质、提效。全年撰写《着眼强县，找准差距，抢抓机遇，加快发展——基于聚类分析的攀枝花县域经济研究》《攀枝花工业发展水平研究》2篇重点课题，分别获得攀枝花市2012年度优秀政务调研成果一等奖和二等奖。全年撰写统计分析78篇，被省局内网"经济分析"栏目采用56篇，被《四川省情》杂志采用6篇；撰写调研报告8篇，统计专报28期，统计内参17期，撰写的《攻坚克难，努力确保首季"开门红"》《关于攀枝花市打造百万人口城市，加快城镇化进程的思考》《多措并举，让城乡居民共享改革发展成果》、《着眼全省强县，加快我市县域经济发展》等14篇统计专报、统计内参被刘成鸣、谢道全、赵辉、杨自力等多位市领导批示。撰写政务信息196篇，被省局内网"市州工作"栏目采用106篇；撰写经济信息373条，全部被省局内网"市州信息"栏目采用，被市委办公室《每日晨报》、市政府办公室《攀政要情》和《攀政快讯》采用信息93条，被省、市各大媒体采用90篇，超额完成省统计局和"两办"下达的政务信息目标任务。发布的信息被省市各大媒体采用90篇。改版编印《攀枝花统计月报》《攀枝花统计年鉴(2012)》《攀枝花乡镇统计年鉴》《攀枝花统计》季刊。制定新闻发布制度，确定新闻发言人，召开半年和全年两次新闻发布会，在攀枝花市各主流媒体上及时发布各项统计数据，受到社会各界的高度关注。在两会召开之际，及时编印《攀枝花统计——两会专刊》，赢得两会代表的一致好评，统计优质服务水平不断提升。

【"四大工程"建设】 统计"四大工程"包括：建设真实完整、及时更新的基本单位名录库；建立统一规范、方便填报的企业(单位)一套表制度；建设功能完善、统一兼容的数据采集处理软件系统；建设安全畅通、便捷高效的联网直报系统。

基本单位名录库建设 2012年，市政府调整充实攀枝花市基本单位名录库系统建设领导小组，全市各级名录办建立健全相关工作制度，基本上构建上下联动、部门配合、齐抓共管的工作格局。截至12月底，全市名录库延伸实现所有乡镇、街道全覆盖，乡镇、街道延伸覆盖率达100%，社区延伸覆盖率为99%，村委会延伸覆盖率近11%；法人单位覆盖率达81%，产业活动单位覆盖率达79%。2012年5月28～30日，成功举办四川统计"四大工程"建设现场推进会议，攀枝花市统计局就"四大工程"建设取得的成绩经验在会上作交流发言，东区政府结合创新社会管理模式，积极探索建立"名录库与数据库"并行的"一库在线，社区维护，动态更新"的新做法，得到省局领导和各市州与会代表的高度评价。

"一套表"改革 扎实开展统计人员进万家企业督导"一套表"工作，认真组织专业人员参加全省一套表平台切换培训，并分组对各县(区)专业人员进行现场培训指导，取得较好的效果，"一套表"平台切换工作顺利推进。

数据采集处理 围绕"一套表"工作，优化统计数据采集流程，加强对四川统计数据采集处理系统内容的更新、维护和管理，积极构建规范统一、运转高效的统计信息资源工作平台和共建共享、互通有无的信息交换机制。

联网直报 要求各县(区)政府积极为基层提供联网直报的工作环境，增强网上直报意识，加强联网直报系统建设，从统计数据处理采集平台上报统计数据的单位和企业达到600多家，2012年，攀枝花市各月联网直报率均保持在95%以上，名列全省前列。

【统计规范化建设】 2012年，市统计局以统计规范化建设年活动为抓手，统计基层基础得到有效夯实，部门联动、上下互动、企业主动的工作机制初步建立。

局机关工作规范化建设 2012年，为全面推进局机关行政工作规范化步伐，市统计局认真修订和完善局机关22项内部管理制度，向机关各处(室)、直属事业单位及各县(区)印发《攀枝花市统计局规章制度汇编》，规范局机关内部管理标准和流程。修订完善《攀枝花市统计局绩效考核办法》和《攀枝花市县区统计工作绩效考评办法(试行)》，对局机关各处(室)、直属事业单位和县(区)统计局绩效考评进行量化考核，进一步促进各项工作规范化、制度化。

县(区)、乡镇(街道)统计规范化建设 为进一步加强县(区)、乡镇(街道)统计规范化建设，攀枝花市人民政府办公室下发《关于印发〈攀枝花市县级统计机构工作规范化管理办法〉和〈攀枝花市乡镇(街道)统计基础工作规范化管理办法〉的通知》。从统计机构和人员、统计调查、统计资料、统计服务、统计信息化建设、法制建设、统计管理等方面对县(区)以及乡镇(街道)统计工作做出具体规范要求，对县(区)、乡镇(街道)的统计工作进行规范，充分发挥统计整体功能，切实加强乡镇统计基层基础工作，推进统计工作规范化建设，按季召开五县(区)统计数据协调性评审会议，为更好把脉全市经济运行情况奠定基础，形成上下互动的统计机制，确保源头统计数据质量。

部门统计规范化建设 为进一步完善部门统计管理制度，切实加强对全市统计工作的组织和协调，增进部门间的协调配合，建立健全部门统计数据信息共享机制，实现科学统计，攀枝花市人民政府办公室下发《关于印发〈攀枝花市部门统计工作规范化管理办法〉的通知》和《攀枝花市人民政府关于建立统计工作联席会议制度的通知》，理顺政府综合统计和部门统计的关系，实现政府综合统计和部门统计的协调发展和资源共享，明确统计联席会议工作机制和各部门的任务，加大对部门统计工作的联系和指导，积极为各部门提供统计业务咨询服务，进一步完善部门统计信息共享和资料交换制度，初步形成统计工作分工明确、资源互补、信息共享、部门联动的运行机制。

统计工作联络员制度　为把统计工作的规范管理落到实处，使统计台账更加规范，统计从业人员持证上岗率全面提高，杜绝统计漏报、瞒报现象，攀枝花统计局制定出台《攀枝花市部门、企业统计工作联络员制度》。形成市、县（区）、乡镇（街道）统计机构业务人员一对一联系部门、企业的统计工作机制，常态化开展统计人员进万家企业督导企业统计工作，企业统计人员的积极性得到提高，主动性也明显增强。同时，建立统计巡查、统计督察、统计约谈三项制度，包括市政府对县（区）政府、部门统计工作进行巡查、督察，市政府主要领导对统计工作落实不到位的县（区）、部门进行专题约谈。

【统计信息化建设】　2012 年，为深入推进统计信息化建设步伐，切实提高统计工作效率，市统计局高度重视统计信息网络扩容改造工作，把统计信息网络改造作为攀枝花市统计信息化建设的重点工程。采用 8 兆电信 MSTP（多业务传输平台）线路，以 SSLVPN（基于安全套接层协议的虚拟专用网络）作为线路备份，实施网络改造，确保联网直报的线路畅通。要求各县（区）在防火墙上对 MAC（苹果电脑）地址进行绑定，通过访问策略进行访问限制，未对 MAC 地址绑定的电脑不允许访问网络，各县（区）信息化管理员定期对网络安全设备进行维护，进一步加强网络安全管理，提高网络传输效率。

【统计法制建设】　2012 年，全市统计系统坚持加强统计法制宣传、执法检查和综合执法监督工作体系建设，在全市范围内推行统计法律事务告知制度，创新开展统计"柔性执法"，加强业务培训，提高统计执法人员的行政执法水平。开展专业检查、统计巡查、统计从业资格和从业人员继续教育等专项执法检查。从 6 月 10 日到年底，重点对工业、建筑业、房地产开发、固定资产投资、能源、贸经、服务业、劳动工资等统计报表的企事业单位和乡镇、部门的统计报表人员进行清理摸底。10 月中旬至 11 月底组成执法检查组对县（区）、乡镇（街办）企业（单位）统计基础工作规范化建设落实情况进行检查指导，进一步规范基层统计工作。利用人口普查、中国统计开放日、"一二・四"法制宣传日、企业一套表联网直报等载体，印制"攀枝花网报企业工作流程"、国家统计局局长马建堂的一封信、四川省统计局统计法律事务告知书等宣传画、宣传单，发送全市所有联网直报企业，切实做好普法宣传工作，扩大宣传范围，进一步提升各级领导和社会公众对统计的认识。

【统计队伍建设】　为抓好领导班子建设和队伍建设，2012 年，市统计局在班子中开展"四好"活动，坚持中心组理论学习和领导干部上廉政党课，坚持和健全民主集中制，在每周一班子办公例会上，通达情况，汇报工作，反映重大事项，解决实际问题，确保政令畅通。注重对优秀干部的选拔和培养，全年提拔 3 名正科级干部和 1 名副科级干部，进一步激发职工的工作积极性和主动性，为统计工作提供人才保证。

为提升队伍业务水平，2012 年，市统计局加强学习型机关建设，每月开展"学习日"活动，要求各处轮流开展专题讲座，培养干部的学、说、写的能力。积极组织人员参加相关业务培训，着力提高统计队伍分析问题和解决问题的能力。组织 2 人次副县级以上领导干部到厦门大学学习；组织 2 名新提拔副县级领导干部参加市委县干班学习培训；组织局机关及下属参照公务员管理单位 36 人参加全市职业道德学习培训；组织 3 名县（区）统计局局长参加国家统计局举办的业务培训。组织 87 人参加全国统计中、初级职称考试，595 名统计人员参加统计从业资格培训和考试，773 人参加统计继续教育，统计继续教育培训人数创新高。组织档案人员、会计人员的业务知识更新培训工作。

为全面推进惩防体系建设和党风廉政建设工作，2012 年，市统计局认真学习贯彻省、市纪委全会精神和《廉政准则》，制订党风廉政建设实施方案，层层落实分解目标责任，扎实开展以"思想建设、作风建设、能力建设"为主要内容的"三项建设"主题活动。加强机关党建工作，开展基层党组织"三分类三升级"活动，认真开展党组织星级评定，划分党组织类型。扎实开展城乡环境综合治理、"挂、包、帮"、新村结对帮扶、关心下一代工作，向米易县白马镇黄草回族村协调项目资金 10 万元。

为全面开展"统计文化建设年"活动，2012 年，市统计局出台《攀枝花市统计文化建设年活动实施方案》。开办统计文化专栏，开展元旦春节迎新联欢活动、"我参与、我奉献、我快乐"及"庆祝新中国政府统计六十周年"征文活动、组织开展攀枝花市统计系统第五届职工运动会，丰富干部职工的精神文化生活，弘扬团结协作、开拓创新、奋发有为的精神，营造快乐统计、忠诚统计、和谐统计的良好氛围。

（肖文才）

审　计

【概　况】　2012 年，攀枝花市审计局人员编制 57 人，在编 52 人，领导职数 6 名，设有办公室、人事教育处、监察室、法规处、内部审计监督指导处、经贸审计处、行政事业审计处、固定资产投资审计处、财政金融审计处、经济责任审计分局、农业与资源环保审计处、社会保障与外资审计处等 12 个职能处（室）、分局。

全年全市审计机关紧紧围绕攀枝花"十二五"规划的目标任务，认真履行审计监督职能，积极发挥审计"免疫系统"功能，当好公共财政"卫士"，推动完善国家治理等方面的作用，较好地完成各项任务。全年全市审计系统共完成审计项目及调查 190 个，查出违规金额 391 万元，管理不规范金额 15 亿元，审计处理后，应上缴财政收入 391 万元，应调账处理金额3 171万元，核减工程投资14 751万元，向市、县纪委移送违纪违法案件线索 7 项，涉及相关责任人员 6 人，涉案金额30.22万元，均已得到相关部门的处理。向市委、市政府及省审计厅报送审计信息、审计专报和审计工作动态136篇。有效规范了经济秩序，提高了政府性资金使用效益，减少了浪费。

市审计局在2012年继续保持“省级文明单位”称号及“省级最佳文明单位”称号。组织全市审计机关对5个县(区)社会保障资金开展专项审计和审计调查。由于成效显著，在对全国37个省本级、404个市本级和2 790个县开展的社会保障资金审计项目评选中，市审计局获得国家审计署“全国社会保障资金审计公务员集体嘉奖”，这是攀枝花审计史上获得的最高殊荣。市审计局自行完成的《政府审计项目成本效益研究》课题，在2012年的各项评选中，夺得省社科联一等奖和市科技进步三等奖；其子课题《政府审计项目成本效益关系研究》被省审计厅评为2010～2011年度优秀审计论文一等奖，还被审计署评为2010～2011年度优秀审计论文二等奖，是四川省审计系统在审计署该次评选中获得的最高奖项。被省审计厅表彰为全省审计宣传与通联工作先进单位和《现代审计》信息宣传工作先进单位。

【预算执行情况审计】 2012年，预算执行审计继续按照“目标统一、内容衔接、层次清晰、全局联动”的财政审计大格局新思路，以促进完善部门综合预算管理，提高年初预算到位率和预算执行的均衡性、严肃性，推动部门进一步提高依法理财能力为目标，不断拓展预算执行情况审计的广度和深度。开展对市财政局、市地税局、市经信委、市统计局、市群工局、市仲裁委员会秘书处、市药监局、市安监局、市民宗委、市建设工程交易中心、市机关事务管理局、市文化和新闻出版局等12个单位2011年预算执行情况审计，查出违规和管理不规范资金264.38万元，并提出相应的审计意见和建议。在市人大常委会和市政府的高度重视下，各有关部门和单位针对预算执行和自身管理中存在的问题，认真制定整改措施，落实审计处理决定，并深入分析产生问题的原因，完善相关制度。8月28日，市九届人大五次会议审议通过市政府《关于2011年度市级预算执行及其他财政收支审计工作报告》，市人大常委会对2012年度市级预算执行审计工作给予充分肯定。12月24日，市九届人大常委会召开第八次会议，会上市审计局局长谢安德受政府委托作了《关于2011年度市级预算执行和其他财政收支审计查出问题整改情况的报告》，并通过大会的审议。

【领导干部任期经济责任审计】 2012年，市审计局对团市委、市委党校、市红格温泉旅游度假开发区管委会、市交通运输管理处、市旅游局、西区政协、米易县审计局、市环保局、市外国语学校、市科知局、市计生委、仁和区政协、仁和区人大、原市移民办、市科技发展战略研究所及米易县人民政府等16个单位领导任期经济责任进行审计；对市药监局、市统计局、市群工局、市安监局、市发改委等5个单位领导结合预算执行审计、财务收支审计进行任期经济责任审计。

全年市审计局开展的经济责任审计，按照有关文件精神，认真做好牵头工作，成效明显，得到市党风廉政建设办公室的高度评价。在项目具体实施过程中，加强制度建设，创新经济责任审计组织方式和方法。市审计局与市委组织部为适应新形势发展需要，在全省率先联合制定《攀枝花市党政领导干部“双责联审”办法(试行)》新规定，“双责联审”制明确了各自的职责分工和联审的程序内容，并将结果作为联审对象及其所任职地区或者部门工作实绩考核、干部选拔任用、机构编制调整、评优表彰奖励和实施责任追究的重要依据。该办法的出台将为新形势下加强领导干部监督管理，促进惩防体系建设，推动全市经济社会又好又快发展发挥重要的作用。也将对审计决定的执行和审计项目质量的提升起到良好的推动作用。

截至2012年12月31日，市本级完成经济责任审计21个，通过审计查处违规金额7万元，管理不规范金额147万元。审计处理后，应上缴财政收入7万元，应调账处理金额225万元。审计结果为组织部门考核、任用领导干部提供了参考，对促进党风廉政建设、推进依法行政、加强经营管理发挥了积极作用。

【投资建设项目审计】 2012年，市审计局开展的固定资产投资审计项目围绕市委、市政府“推进投资拉动战略，保持投资较快增长”的工作重点，把党委、政府关注，人民群众关心的扩大内需、灾后恢复重建工程项目以及民生工程项目作为投资审计监督的重点，积极探索创新投资审计方法，完善、规范投资审计程序，推动投资审计工作纵深发展。

按照2011年初审计署对已完工的灾后重建项目加大竣工决算审计要求，继续加强对校安工程审计和督察力度。对6所学校12个维修加固工程灾后重建项目开展竣工决算审计，送审金额3 523万元，审减578万元。同时，为确保校安工程健康、有序、顺利实施，充分发挥定点督察单位督察作用，市审计局还到东区了解校安工程进展情况和校安工程实施过程中存在的困难和问题，并对市14小、市16小抗震加固项目和市40中小新建项目现场进行检查，对工程质量、工程进度、资金落实、工程管理等情况进行指导，对新建项目现场管理问题提出意见和建议；对涉及民生的政府重大投资项目如国道310路面改造项目、机场路改造项目、市工商局新建大楼项目、市属改制企业水电表改造工程等开展审计，出具审计报告，促进政府投资管理水平和资金使用效益的提高；继续对市重大项目大竹河水库进行跟踪审计，并提出相关建议，力求在建设期间避免不必要的损失浪费，为国家节约投资。

截至2012年12月31日，全市审计系统固定资产投资审计项目共核减工程投资14 750.74万元。

【专项资金审计(调查)】 2012年，全市审计机关坚持“审计为民、为民审计”的基本原则，不断加强对民生资金、民生项目的重点审计(调查),促进党和国家的惠民政策真正落到实处。

以保障民生为目标,深入开展社会保障资金审计。按照国务院办公厅《关于做好全国社会保障资金审计工作的通知》文件精神和审计署、省审计厅的统一部署,认真组织全市审计机关对5个县(区)社会保障资金开展专项审计和审计调查。查处管理不规范金额12 068.42万元。审计处理后,上缴财政收入9 586.07万元,已纠正和调账处理1 487.85万元。发现违法违纪案件线索5件,发出移送处理书7份,涉及相关责任人员6人,涉案金额30.22万元。东区纪委对侵吞残保金工作人员李某处以留党察看两年处分,给予聘用人员谢某开除处分,涉案金额已追缴国库。西区人民法院对2名贪污残疾人就业保障金涉案人员分别作出开除公职,判3年缓4年和判2年6个月缓3年有期徒刑的判决;盐边县纪委对挪用公款的残联工作人员席某处以留党察看两年处分,对偷逃路桥通行年费的问题由市交通运输局进行追缴路桥通行年费2 480元。市政府对审计发现的主要问题已责成各县(区)人民政府、市级相关部门进行认真剖析、积极整改,并按有关要求形成《攀枝花市人民政府关于攀枝花市社会保障资金审计发现问题整改情况的函》及时上报四川省人民政府办公厅,从而加强全市社保资金管理,提高资金使用效益。

以服务城市建设为目标,深入开展专项资金审计(调查)。

按照市委、市政府的安排,组织审计人员对全市7家融资公司的经营状况进行专项审计调查。通过此次审计调查,全面摸清融资公司基本情况、负债和经营情况。审计调查结果表明,7家融资公司成立大多在10年以上,为加强攀枝花市城市建设和发展发挥了积极作用,但随着市场经济的发展,多数公司由于职能定位不清,体制机制不顺以及缺乏经营性资产等因素的影响,制约了融资公司的进一步发展。针对融资公司的现状,提出审计建议,要明确公司职能定位,理顺管理关系,积极推进公司转型工作。要建立健全相关管理制度,采取有效措施,防范、管理和化解公司偿债风险。

对市属改制企业职工生活用电(水)户表改造工程进行专项审计调查。户表改造工程共涉及19家改制企业,电表改造13 346户、水表改造5 025户,工程总投资5 778.22万元。审计结果表明,通过水电表改造工程达到了预定目标。

根据省审计厅及市委、市政府的工作安排,对米易县、西区、仁和区的财力状况进行专项审计调查,为党委、政府决策提供相关依据。对米易县、盐边县和仁和区2011年《攀枝花市民族地区教育发展十年行动计划》专项资金进行审计,通过此次审计,全面监督该行动计划实施中的各项资金落实、管理、使用及效益情况,及时揭露和纠正存在的问题,提出改进意见和建议,健全和完善内部控制制度,保障该行动计划的顺利实施。对2012年城镇保障性安居工程进行跟踪审计,旨在摸清全市城镇保障性安居工程,包括廉租住房、公共租赁住房、经济适用住房、限价商品住房、各类棚户区改造建设目标完成、资金筹集使用、工程建设质量管理、保障性住房分配等情况,合理评估成效,揭示存在的结构性、政策性问题,促进城镇保障性安居工程政策全面贯彻落实。对政府收费还贷二级公路新增债务及里程牵头进行审计核实工作,从而锁定政府收费还贷二级公路2009年1月1日以后的新增债务及里程,为一次性整体取消全省政府还贷二级公路收费工作提供依据。

【审计自身建设】 2012年,全市审计机关以造就一支政治坚定、纪律严明、作风优良、业务精湛的审计队伍为目标,以加大干部培训力度为抓手,以建立相应制度为保障,不断加强教育培训,优化队伍结构,为审计事业的发展提供人才及智力支持。坚持正确的用人导向,推进干部选拔任用工作科学化、民主化、制度化的进程,不断增进审计队伍实战能力。

加强审计队伍建设,提高职工政治素质和业务技能。加强思想政治教育。实行年初培训月整训、定期举行中心组理论学习并结合每季度处室政治理论学习等,树立审计干部队伍社会主义价值观和荣辱观。严格执行《党政领导干部选拔任用工作条例》,坚持正确的用人导向,有力地推进了干部选拔任用工作科学化、民主化、制度化的进程,为审计事业的发展提供了坚实的组织保证。不断增强审计机关学习氛围,努力实现“三个提高”(审计工作相关专业背景、大学本科以上文化程度、审计工作相关的中级以上专业技术资格的公务员比例不断提高)。坚持召开两年一度的全市审计系统运动会和新春团拜及文艺汇演活动。加强全市审计机关之间、干部职工之间的交流和沟通,丰富业余生活,培养和提升竞争意识、团队意识,展示审计干部职工团结拼搏、奋力向上的精神风貌。

加强法制建设,发挥审计法制工作服务保障作用。印发《攀枝花市审计机关2012年度普法工作计划》,明确2012年全局法制建设的重点和目标。制定三项制度,增强审计质量控制水平。按照《四川省审计机关行政执法责任制度》的要求,结合审计工作实际,制定《攀枝花市审计局审计项目审理工作试行办法》《攀枝花市审计局审计项目复核办法》《攀枝花市审计局审计业务会议制度》。进一步规范审计业务流程、明确审计工作各环节的责任,增强审计质量控制水平。完成对攀煤集团公司内部审计人员及全市2012年度工会经审人员的审计业务及法制培训,不断提高内审人员的审计业务技能,促进被审计单位对照日常所作所为,深刻反思,发现本部门、单位在财务管理、项目管理及制度建设中存在的问题,从而全面提高本部门、单位的财务管理水平,减少违纪违规问题的发生,扩大审计效果,促进审计成果的运用。

全市审计机关继续以金审工程二期建设为依托,不断加快审计信息化建设步伐,逐步把数字化技术应用到机关行政管理和审计质量控制的诸多环节。2012年,市审计局运用《审计现场实施系统》及AO(审计师办公室)软件开展审计项目20余个。其中社会保障资金审计操作全部电算化,计算机得以充分运用,对社会保障资金审计事项的确认和甄别起到关键性的作用,提高审计工作的质量和效率。在对市经信委2011年度预算执行及其他财政收支情况的审计项目中,运用AO审计快速发现84万余元软件资产不入固定资产账、50万元项目采购未公开招标等问题,依法进行审计处理。强化软件资产相关法律、法规和政府采购法等的监督和宣传,对自觉规范和加强单位内部软件资产管理和软件正版化工作、规范政府采购工作,防止损失浪费,发挥了明显的审计促进作用。据此撰写的信息文章被《中国审计》《现代审计》等采用。

(蔡　华)

工商行政管理

【个体私营经济监督管理】　2012年,全市工商系统积极优化政务环境,切实落实优惠政策,降低准入门槛,大力宣传贯彻新《个体工商户条例》,支持鼓励投资者从事创业活动,全市民营经济继续保持健康快速发展。全年,新登记个体工商户、私营企业市场主体12 086户,注册资金34.28亿元,个体工商户验(换)照率96.24%。其中,新登记个体工商户10 879户、同比增长19.75%,新增从业人员19 151人。全市新登记私营企业1 207户,注册资金27.69亿元,新增从业人员11 296人。全年减免企业副本费6.61万元,免收企业分支机构年检费10.50万元。免征小微企业登记费1万余元。全年全市民营经济完成增加值323.93亿元,增长16.0%,在全省排第11位。

工商部门依托攀枝花市烟叶、茶叶、坚果、蔬菜、水果等经济作物和生猪、牛、羊、鱼等养殖特色农业,发展壮大农民专业合作社,把推进农民专业合作社的发展作为创新服务农村发展的重要举措。全市有农民专业合作社540户,成员总数10 982个,出资总额13.69亿元。全年新增农民专业合作社121户、同比增长59.21%;成员总数2 550人、同比增长353%;出资总额3.63亿元、同比增长97.83%。

【企业登记管理】　2012年,市场主体不断发展壮大,全市工商系统全面推行登记窗口政务公开、登记事项分类、建立注册登记QQ群和完善"绿色通道"等服务新举措,为市场主体提供高效优质的"准入"环境。全年全市新登记各类市场主体12 221户、同比增长3.24%,新登记注册资金39.9亿元。其中新登记国有集体企业7户、外资企业7户、私营企业1 207户、个体工商户10 879户、农村专业合作社121户。全市各类市场主体达53 820户、同比增长9.63%,注册资金993.69亿元、同比增长25.85%。其中私营企业8 337户、个体工商户44 353户、国有集体企业537户、外资企业53户。积极推进企业网上年检,内资企业年检率为97.7%,外资企业年检率97.06%。

工商部门还不断推动市场主体信用体系建设,充分发挥合同监管职能,集中开展消费领域"霸王条款"专项整治行动,清理供水、供电、供气、旅游、有线电视、商品房买卖六大行业126户经营者格式合同。全市共检查各类合同4 413余份、合同金额15.69亿元,纠正侵权格式条款45条,调解合同争议28件,解决争议金额8.03万元,查处合同违法案件7件;积极培育"守合同重信用"企业,倡导诚信经营,全市有"守合同重信用"企业221户(其中省级16户、市级41户、县级164户);加大对企业不诚信行为惩处力度,立案查处企业提交年检虚假材料等案件21件,提高了企业的失信成本,增强了企业的诚信意识。积极开展诚信市场创建,攀枝花市港龙家居市场有限公司同乐世界被确定为中国诚信市场。

【非公经济扶持】　2012年,全市工商系统出台多项创业扶持政策,帮扶安置下岗失业人员、高校毕业生就业创业1 259人,非公经济市场主体吸纳下岗失业人员、高校毕业生、退役军人12 924人,免收工商管理行政性收费2.25万元。积极为新设立企业会员、创业投资者举办创业培训,提供政策咨询。全市各级个体私营经济协会举办创业培训班7期次,培训会员300余人次;为创业人员提供政策咨询100多人次,印发创业宣传材料4 000余份,有效地推动了攀枝花市创业型城市创建工作。

工商部门还大力开展股权出质登记、股权出资登记。全面加强融资服务水平,重点突出企业信用建设,指导并帮助企业完善内部管理制度。引导企业创品牌,讲信誉,不断提高社会信誉度。召开农商银行与个体工商户金融服务座谈会,为企业融资创造有利条件。全市工商系统共办理股权出质设立登记189户,股权出质金额45.63亿元,帮助企业融资128.40亿元。

【商标广告管理】　2012年,全市工商系统商标品牌工作稳步推进。有序推进商标培育和争创工作,积极开展攀枝花市知名商标申报认定工作,申报认定市知名商标16件,向省工商局申报认定3件四川省著名商标。攀钢集团有限公司的"PG"商标被认定为中国驰名商标,实现攀枝花市驰名商标零的突破。全市注册商标已达1 200余件。与公安、知识产权等部门紧密配合,严厉打击侵犯注册商标专用权违法行为,全系统共查办各类商标违法案件9件,没收、销毁侵权商品2 079件。

全年全系统共查办各类违法违规广告案件28件,没收各类虚假违法宣传资料3.8万份。积极组织会员单位参加各类广告作品大赛,大力提升攀枝花市广告行业的知名度,在四川省广告协会举办的2011"中国娇子"四川省优秀广告作品大赛中,攀枝花市取得13件作品获奖的佳绩。

【市场监督管理】　2012年,全市工商系统认真开展城乡结合部市场治理和市场监管综合整治工作。全市工商系统整顿市场4 003个次，检查经营户55 096户，清理垃圾4 445吨，规范摊点10 361处，清理占道经营和乱搭建1 090处，整治乱摆摊行为556起，取缔无照经营54户，规范广告设置和店招店牌悬挂593个，整治虚假误导消费者和不健康广告及乱张贴小广告403起。牵头做好迎国卫复检农副产品市场规范整治工作，按时按规定完成全市8个亮点示范市场打造和其他48个市场的清理、规范任务，并顺利通过省检。

工商系统扎实开展春季打假百日行动和红盾护农工作，严把市场准入关、农资商品质量关，认真规范农资经营行为，依法查处销售掺杂使假、以次充好、有效含量不足等假冒伪劣农资违法行为，检查农资经营户785户（次），查处农资违法案件4件，没收不合格农资1.6吨。

【食品安全管理】 2012年，全市工商系统继续强化流通环节食品安全日常规范监管、专项整治和宣传教育，监管领域进一步深化。在省、市食品安全委员会办公室的食品安全督察和市人大的调研中，流通环节食品安全监管工作得到充分肯定。全市工商系统核发“食品流通许可证”3 195户，检查食品经营户28 600户（次），抽样检验食品505批（次）、乳制品快速检测300批（次）。加大食品违法案件查处力度，立案查处销售不合格食品案件124件，查获不合格食品3 914千克。全市工商系统培训食品安全监管人员410人次，培训流通环节食品经营人员7 000余人（次）。

【保护消费者合法权益】 2012年，全市工商系统在2011年推进消费维权服务站规范化建设工作的基础上，总结经验做法，继续对原“三站”（消费者投诉站、“12315”联络站、行政调解站）职能进行整合。全市已建成消费维权服务站68个。在方便城乡消费者就近投诉、申诉和举报、就近化解各种消费纠纷等方面效果显著。全市“12315”网络受理、办结消费者申诉326件、举报27件、咨询605件，为消费者挽回经济损失42.8万元。

加强流通领域商品质量监管制度建设和日常监督管理，开展专项执法整治，对群众举报、媒体曝光和政府关心、社会关注的热点问题，加强执法检查。针对中央电视台“三一五”晚会曝光儿童玩具质量问题，及时开展专项整治。检验农资、建材、化妆品、装饰装修材料等8个品种106个批（次）商品质量，立案查处销售不合格商品案件26件，查获不合格商品货值7.47万元。

积极开展消费教育、消费引导。大力开展2012年“三一五”国际消费者权益日“消费与安全”年主题宣传活动，创新消费教育形式和内容，扩大消费者权益保护工作社会影响面。举办“消费与安全”有奖征文活动，收到21个省（区、市）的应征作品378件，60余万字；开展消费维权能手评选，产生“消费维权能手”6名，“消费维权优秀案例”3件；在《攀枝花晚报》开设《消费提示》专栏，发布消费提示24期。与市电台合办“885市民热线”节目，播出工商系统消费维权案例57件。同时通过现场咨询服务、展示假冒伪劣商品、讲解识假辨假知识等方式，因地制宜宣传普及消费知识和维权知识。

【公平交易执法】 2012年，全市工商系统共立案查处各类经济违法案件209件，为营造竞争有序的市场环境奠定了基础。

无照经营监管责任划分明确，工作流程规范，工作监管痕迹清晰。积极依靠地方政府，将“查无”工作纳入综治目标考核，推动其他部门在“查无”工作中落实职能职责。全市查处取缔无照经营案件78件，引导办证204家，规范亮照经营625家，抄告相关部门涉及前置许可无证无照经营261家。

加强对垄断行业、垄断企业的调查研究和监管，积极探索查处各种协会及相关企业涉嫌垄断行为。加强对商业贿赂热点难点问题的研究，以工程建设、产权交易、政府采购、医药食品购销、土地出让等为重点，开展治理商业贿赂工作。全市查办商业贿赂案件2件，案值352万元。

严格落实打击传销工作“七个机制”，加强与公安等部门的协作配合，重点打击“拉人头”“团队记酬”“利用互联网”传销等违法行为，强化对重点人群、重点区域的监控，提高宣传教育的针对性和有效性。全年共检查社区市场39个、学校26所，印制、发放宣传品35 000份，调查核实群众举报传销2起，立案查处传销案件2件，清查传销人员60余人。

积极参与社会管理综合治理，主动配合行业主管部门开展网吧综合治理、扫黄打非、“三电”设施和铁路护路专项整治，取缔“黑中介”和无证废旧金属收购站点。认真做好校园及周边环境整治工作，净化未成年人成长环境。开展流动人口管理、刑释解教人员安置帮教、禁毒防艾等专项工作。加强校园及周边环境秩序整治，清理整治132个中小学及幼儿园，检查经营户2 084户（次），发放宣传资料7 500份，查处取缔无证及超范围经营“黑网吧”9户。“扫黄打非”工作中，检查出版物经营单位1 134户（次）、印刷复印企业695户（次），取缔无证经营非法出版物游商地摊14个。

（杨承刚）

质量技术监督

【质量监督抽查】 2012年，根据四川省质量技术监督局的安排部署，攀枝花质量技术监督局制订下达《攀枝花市2012年产品质量定期监督检验计划》，共抽查农用、建材、冶金、能源、化工、轻工、其他等7类38种工业产品235家企业341批次。其中，检验合格340批次，不合格1批次，产品抽查批次平均合格率为99.71%，同比上升5.75个百分点。

【质量管理】 2012年，继续深入开展TQM（新一轮质量管理培训)的普教工作。获市级优秀质量管理小组成果65篇、质量信得过班组21个。全市企业共申报质量管理小组成果49个,申报优秀班组22个,对48个质量管理成果申报材料、22个质量信得过班组的申报材料分两组进行评审。通过评审,其中16项成果、8个班组被评为省级优秀。

认真开展“质量监管质量提升”示范推广活动。在全市各行业中选取66家规模以上企业参加2012年的“质量提升”示范推广活动,攀枝花质监局下发《“质量监管,质量提升”示范推广工作实施方案》,对照省局《“质量监管,质量提升”示范推广工作落实企业主体责任考核验收表》,将“一标(严格按标准组织生产)、三关(强化原材料进厂验收关,强化生产过程控制关,强化出厂检验关)、两符合(符合法律法规规定,符合许可认证要求)”的打造要求作为推动质量提升的核心和总纲。结合攀枝花企业实际,编制了企业“质量监管质量提升”示范推广达标标准。

【两个中心建设】 国家钒钛质检中心建设 2012年,国家钒钛质检中心建设受到市委、市政府进一步重视,被列入全市“急难险重”项目。总投资约6 285余万元,建成18 981平方米的检测实验室,7月完成工程总验收,9月底搬迁完毕,11月2日通过省级预验收。其中,全国生铁及铁合金标准化技术委员会钒和钛标准化工作组正式落户攀枝花,具备钒钛相关标准制修订话语权;参与“钒铁”“钛铁”等国家标准制定修订;与冶标院(冶金工业信息标准研究院)达成意向,正式启动钒钛磁铁矿分技术委员会筹建工作;已顺利通过以国家实验室认可、计量认证、审查认可为主要内容的“三合一”评审;具备23类钒钛制品的304个项目(参数)的相应资质;首次参加全国生铁及铁合金标准化技术委员会年会,国家钒钛质检中心主任被增列为一级委员,成为第3位四川籍委员;承办第一届钒钛钢铁检测新技术交流会,搭建高校、科研院所研发资源公共技术交流平台。

2012年12月11日,国家质检总局验收专家组从6个大项进行现场审查,形成专家意见书,认为国家钒钛质检中心定位准确,特色鲜明,能力建设达到“国际先进,国内领先”水平,攀枝花市在土地、资金、资源整合上超额兑现承诺,集全市之力在地级市打造国家级公共检测服务平台是一个创新举措。国家钒钛制品质量监督检验中心顺利通过国家质检总局专家组现场验收。

筹建省石材质检中心 2012年四川省石材产品质量监督检验中心暨米易县监督检验检测中心被米易县县委、县政府列为重点工程。为节约资源、避免重复建设,米易县将农牧、环保、交通、水务、食药、规建等部门检测机构整合为“米易县检验检测中心”,与省石材中心一并建设。总规划建筑面积为6 926.65平方米,投资概算2 100万元。

中心建成后将集石材、工程、矿产品、农产品检验检测等为一体,为产业集聚、快速发展提供强有力的技术支撑。

12月24日,四川省石材产品质量监督检验中心暨米易县监督检验检测中心破土动工。

【质量档案】 结合攀枝花企业的实际情况,攀枝花质量技术监督局在2012年建立质量档案的基础上,继续补充完善质量档案和加强质量档案的更新工作。截至2012年12月31日,已完善1 243家企业的质量档案,全面落实产品质量分类监管制度,针对调查发现的质量问题,及时加强监管和跟踪服务,为政府宏观决策提供科学依据。

【质量安全准入】 2012年,攀枝花质量技术监督局对涉及人身财产安全的产品开展市场准入检验工作。全市工业产品生产企业956家中有55家企业取得67张工业产品生产许可证(验配眼镜、电焊条2012年取消生产许可证管理);食品生产加工单位有287家,其中有118家企业取得食品生产许可证共140张,食品加工小作坊171家。

【食品安全监管】 2012年,全市有食品生产加工单位291家,其中食品及相关产品取证企业119家、食品生产小作坊172家,均建立质量档案,实现“科学分类、准确定位,实时动态,详细准确”的目标。全系统共巡查走访食品生产企业320家次,食品生产加工小作坊466家次,巡查走访覆盖率为100%。2012年度共完成食品生产领域产品抽查任务288家单位1 213批(次),合格1 172批(次),综合平均合格率96.62%。其中省级监督199批(次),合格196批(次),平均合格率98.5%;省级专项及风险111批(次),合格110批(次),平均合格率99.1%;市级监督467批(次),合格447批(次),平均合格率95.72%;市级专项及风险监测436批(次),合格419批(次),平均合格率96.1%。产品类别涉及粮食加工品、食用油、调味品、乳制品、肉制品、饮料、酒类、茶叶及相关制品、蔬菜制品、蜜饯、食糖、糖果、淀粉制品、炒货及坚果食品、糕点、豆制品、食品用包装等20个大类35个小类的食品。

2012年攀枝花质量技术监督局继续开展《中华人民共和国食品安全法》《中华人民共和国食品安全法实施条例》及《食品标签管理规定》等相关法律、法规的宣贯工作,在各县(区)培训食品监管人员及食品生产单位280多人次。开展“三一五”“食品安全宣传周”“质量月”等集中宣传活动,共发放宣传资料20 000余份;建立“黑名单”制度,对存在滥用食品添加剂或在食品中添加非食用物质等情形的企业列入“黑名单”实施重点监管并向社会公布和通报有关部门;完善《生产加工环节食品安全事故应急预案》,健全监督管理制度。

【品牌战略实施】 为强力推进全市品牌建设,培育和发展知名品牌,积极发展品牌经济。2012年,攀枝花质量技术监督局对《攀枝花市人民政府强力推进品牌战备实施意见》进行全面修订,明确实施品牌战备的指导思想、目标任务、主要措施和组织保障。

2012年,全市新增四川省名牌12个,复查确认四川省名牌21个;新增四川省著名商标5件、攀枝花市知名商标

11件;新增有机食品10个、绿色食品1个。全市有10家企业的12个产品(服务)被新确认为四川省名牌产品(服务)。攀钢集团攀枝花钢钒有限公司等9家生产企业的19个产品和攀枝花得天独厚餐饮酒店管理有限公司的餐饮服务项目、攀枝花钢城集团汉风物流有限公司的物流服务项目同时被复查确认为四川省第十届名牌,全市四川省名牌数量已增至33个,其中四川省服务名牌达到4个。

【生产许可证管理】 2012年,攀枝花质量技术监督局加强生产许可证的换发证及发证后的监管工作。截至12月31日,全市取证企业总数为98家,到期应年审企业数为78家次(含验配眼镜、电焊条),其中9家企业因改制、停产等原因没有参加年审,实际年审合格企业数69家(次),年审合格率为88.46%。

【质量专项监督检查】 2012年,攀枝花质量技术监督局主要开展强制性认证产品、食品安全、生产许可证、食品农产品认证、生产许可证产品等专项整治行动。

对全市的强制性认证产品生产企业进行拉网式检查,查处1家企业擅自将列入目录未经认证的产品出厂销售。

深入开展“质检利剑”行动。根据总局和省局关于开展“质检利剑”行动的总体部署,分局积极开展汽车配件、化妆品、农资、酒类产品等“质检利剑”专项行动。全系统共查处5家经营户销售不合格的化肥,1家企业无证生产白酒。

开展打假保名工作,共开展农资、酒类产品、粮油、明胶、“家电下乡”产品等多次专项打假行动(全年目标任务为3次以上专项打假行动),检查化肥生产企业3家、农机生产企业1家、农资经销商60余家、白酒生产企业11家、葡萄酒生产企业3家、配制酒生产企业3家、粮油经销门市10家、“家电下乡”备案销售网点10家以及可能使用食用明胶的糖果、含乳饮料、果汁饮料、糕点、面条、米线等重点食品生产企业100余家。出动执法人员200余人(次)、车辆100余台次,组织执法人员对全市白酒和葡萄酒生产企业进行拉网式排查,共检查白酒生产企业(含小作坊)20余家、葡萄酒生产企业3家,没有发现攀枝花市辖区内白酒和葡萄酒生产企业存在酒类侵权相关问题。

开展“清新居室百日行动”,对全市3家室内装饰装修材料生产加工企业的资质、质量保障措施、生产销售情况进行全面检查。共出动执法人员12人(次)、车辆3台(次),未发现无证生产、以不合格品冒充合格品、伪造产地、伪造或冒用他人厂名厂址、伪造或冒用认证标志等违法行为。

对建筑工地中安装、使用的强制性认证产品进行集中检查。已检查建筑工地3个,检查计量箱、配电箱、进线柜、出线柜、电容补偿柜等强制性认证产品100余台(套),被检查的建筑工地基本上能提供其所安装、使用的强制性认证产品的“3C”证书。

深入开展打击“地条钢”反弹活动,多次对辖区内轧钢、炼钢企业进行日查夜巡,尤其是对有过违法记录的钢材生产企业进行重点检查,共查获4家企业生产国家明令淘汰产品“地条钢”,没收地条钢及用于生产地条钢的模具84.5吨。

大力开展特种设备安全执法检查,查处1家企业未按照安全技术规范要求进行充装活动、4家企业未经许可擅自安装特种设备,1家企业使用未取得生产许可的单位生产的特种设备。

共检查沃尔玛、旺客隆等大型超市6家、玩具专卖店13家,检查的儿童玩具包括童车、电玩具、塑胶玩具、金属玩具等。从检查的情况看,市场上销售的儿童玩具大多数经过强制性认证,贴有“3C”认证标志。针对检查发现的部分无中文标识和“3C”认证标志、未标注厂名厂址的玩具,执法人员当即责令销售商将问题玩具下架,要求其严把进货关,不得销售未经“3C”认证的儿童玩具。

【消费者质量投诉】 2012年共受理各类投诉、举报20件,涉及的主要产(商)品有钢材、水泥、电梯、起重机械等,其中特种设备类投诉6件,占30%;建材类投诉4件,占20%;食品类投诉7件,占35%;计量及其他类投诉3件,占15%。已处理20件,结案率达100%。另接待电话或当面咨询服务658人(次),其中食品安全监管咨询80人(次),占12%,位居咨询业务类首位。

【标准化工作】 2012年,攀枝花质量技术监督局积极督促、帮助企业收集国家标准、行业标准、地方标准,指导企业制定产品标准。截至12月31日,攀枝花质量技术监督局备案企业标准128个,注销25个,累计备案1 692个企业标准。县(区)备案企业标准14个,注销2个,累计备案598个,提前完成2012年全市企业产品标准复审备案计划,达到标准清理登记100%、标准复审100%、产品标准覆盖100%。

结合攀枝花市政府“打造中国钒钛之都,建设特色经济强市”的战略目标,围绕钒钛、钢铁等优势产业,主动与冶金标准化研究院沟通,大力宣传国家钒钛制品质量监督检验中心筹建情况。通过努力争取,2012年4月18日授牌,全国生铁及铁合金标准化专业技术委员会钒工作组和钛工作组落户攀枝花。

2012年,成立由全市35家企业组成的攀枝花市首个企业联盟组织——攀枝花市钛矿行业企业联盟,制定、备案首批联盟企业标准——《钛精矿(岩矿)》和《钛中矿》。

按照发展“高产、优质、高效、生态、安全”农业和“走精细化,集约化、产业化道路”的要求,继续推进攀枝花市农业标准化体系建设,新建区域性地方标准体系《无公害生猪》《无公害玉米》《二滩鱼网箱技术规范》《普威雪梨》,编写体系标准29个,并加强对省级无公害国胜茶标准化示范区和省级米易普威无公害雪梨标准化示范区的建设。

深入开展攀枝花市政务服务标准化试点工作,共编制政务服务共性标准14个(行为规范标准5个、工作标准7个、工作规范2个),并在此基础上完成市级政务大厅地税、国税、质监、工商、公安、环保、经信、交通、林业等 21 家单位共 89 个窗口业务工作标准的编写。

2012 年，攀枝花质量技术监督局帮助和指导攀枝花市钛矿行业企业联盟建立和完善《钛精矿（岩矿）》标准体系，该体系涉及原料进厂到产品出厂的全部生产过程的标准 9 个，其中原料标准 1 个、取制样方法 2 个、试验方法 5 个、产品标准 1 个。

2012 年，攀枝花质量技术监督局在全市生产企业中继续开展采用国际标准工作。帮助攀钢集团攀枝花钢钒有限公司、攀枝花钢城集团有限公司等 5 家企业的 St14 低碳铝镇静钢冷轧钢板和钢带、DC03 无间隙原子（IF）钢冷轧钢板和钢带、PTM88 还原用铁粉等 15 个产品顺利通过认可，取得四川省采用国际标准产品认可合格证书和采用国际标准产品标志证书。截至 2012 年 12 月 31 日，全市共有 70 个单位 156 个产品采用国际标准或国外先进标准。

【地标工作】 2012 年，攀枝花质量技术监督局围绕产业发展，挖掘市域特色，突出品牌建设，发挥集聚效应而取得的新突破。

继“国胜茶”“苴却砚”之后，2012 年 12 月，国家质检总局在 2012 年第 205、219 号公告分别批准对“米易何首乌”、“攀枝花当当鸡”、“盐边油底肉”实施国家地理标志产品保护，攀枝花国家地标名牌增至 5 个。

【市场计量专项整治】 2012 年，开展“健康计量进医院”活动，投入 40 余万元新建 5 项计量标准；落实“诚信计量进市场”活动，检定 27 家集贸市场3 183台（件）在用计量器具，免收检定费 25.6 万余元；与大专院校合作设立能效评价研究室，对重点耗能企业开展调查和在用锅炉能效普查，引导首批 80 家企业健全完善计量标准体系建设，积极促进攀枝花节能减排。开展定量包装检查，加强对各类计量器具的管理，全年对全市 35 家企业 236 批次定量包装商品进行检查，合格 217 批（次），不合格 19 批（次），批次合格率为 92%。

检测各类计量器具74 331台（件），其中加油机和出租汽车计价器1 473台，受检率为 100%。全年共派出检测人员 150 余人（次），出动车辆 60 余车（次），对东区、西区、仁和区、米易县、盐边县 44 家集贸市场的在用计量器具进行全面免费检定，共检定各类在用计量器具2 700台件，合格率为 95%。

【认证工作】 2012 年，攀枝花质量技术监督局开展 4 次定期检查和 2 次专项检查，涉及获3C 认证生产企业 11 家电线电缆、电动工具、汽车配件、儿童玩具等 3C 产品。共检查“3C”产（商）品1 600余批（次），检查合格率达 96% 以上。检查经销商 260 家，通过质量管理体系认证企业 82 家，获得省级资质认定实验室 26 家，通过测量管理体系确认企业 1 家。

【计量检定与计量测试】 2012 年，计量检定与测试工作以对强制计量器具的强制检定为重点，全年测试和强制检定计量器具53 787 台（件）。其中出租车计价器强检率达 100%；燃油加油机税控装置、流量计强检率达 100%；商用贸易结算计量器具强检率达 92%。组织对各医疗机构的专项计量监督检查，乡镇以上医疗单位在用强检计量器具受检率在 96% 以上。

【特种设备安全监察】 2012 年，攀枝花质量技术监督局印发《攀枝花质量技术监督局“特种设备百日安全生产活动”实施方案》，深入落实《攀枝花市电梯安全监督管理暂行办法》。

2012 年，攀枝花质监局采用现场授课的形式开展特种设备作业人员和特种设备安全管理人员培训。截至 12 月 31 日，全市特种设备作业人员共19 132名，其中起重机械作业人员11 548名，压力容器操作人员3 599名，电梯操作人员 444 名，锅炉司炉工2 005名，特种设备焊工 158 名，厂车作业人员1 168名，游乐设施操作人员 85 名，特种设备安全管理人员 125 名。

截至 2012 年 12 月 31 日，攀枝花市特种设备数量为14 911台（套），其中锅炉 838 台、压力容器5 242台（不含气瓶）、电梯1 622部、起重机械5 992台、游乐设施 162 台（套）、厂（场）内机动车辆1 055台，压力管道2 220条。全市 21 家工业及民用气瓶充装单位共办理“气瓶使用登记证”4 497份，涉及各类气瓶221 078只，其中无缝气瓶59 719只、溶解乙炔气瓶44 492 只、焊接气瓶 900 只、民用液化石油气瓶115 967只，排查安全隐患 184 起，下达《特种设备安全监察指令书》213 份；对其中 4 起严重违反特种设备安全管理要求的违法违规行为予以立案查处。

2012 年无重特大安全生产事故发生，特种设备事故死亡人数为零。

【法人代码、商品条码工作】 2012 年，全市代码数据库总数17 667家、新办2 590家、年检7 608家、换证2 791家、变更1 332家、废置2 524家、迁出 286 家、迁入 282 家、废置恢复2 437家，电子档案录入18 323 家、沉淀数 697，数据更新率83.93%，有效数据质量合格率 99%，完成组织机构代码电子档案扫描数19 511，扫描率 96.51%。2012 年全市共申办商品条码 14 家，新办完成率 100%；续展 38 家，续展率 100%。

【质监行政执法建设】 贯彻落实《中华人民共和国行政许可法》及行政执法责任制和错案追究制，做好涉案物品和罚没物品管理，建立相关台账，并详实规范做好记录，加强案卷的规范管理，规范执法行为。通过自学、集中学、交流学等方式，全力提升执法人员素质提高行政执法队伍执法水平。组织对全系统执法机构进行调查，详细了解各执法机构的人员、执法装备、经费等情况，狠抓行政执法的监督检查。2012年攀枝花质量技术监督局共立案查办行政案件113件。结案率达100%，回访率达15%以上，案件准确率达100%。全年无败诉案、无行政复议撤销案。

（王正中）

国土资源管理

【国土资源情况】 2012年，攀枝花市幅员7 440.403平方千米。全市土地面积7 440.403平方千米，其中，农用地约666 200公顷（耕地保有量49 800公顷，基本农田保有量43 253.23公顷），建设用地约30 300公顷，未利用地约45 900公顷。

全市发现矿产76种，探明储量39种，得到开发利用的矿种45种。全市发现矿产地490余处（含矿点、矿化点），其中，大型、特大型矿床46个，中型矿床30个。

全市优势矿种保有资源储量情况为：煤36 947.26万吨，钒钛磁铁矿669 374.10万吨，伴生钒矿1 037.59万吨，伴生钛矿42 457.93万吨，熔剂石灰岩29 493.10万吨，冶金用白云岩36 347万吨，晶质石墨1 539.80万吨，硅藻土1 355.60万吨，直却砚石2 098万吨，饰面用花岗岩8 375万立方米。

【耕地和基本农田保护】 2012年，为促进耕地保护各项工作的深入落实，确保耕地保护"红线"不突破，市政府与各县（区）政府签订耕地保护暨国土资源管理目标责任书，严格实行耕地保护目标一票否决制度。

全面落实永久基本农田划定及数据库建设任务，抓好基本农田保护，严格执行耕地先补后占、占补平衡，深入实施土地综合整治。2012年，全市基本农田43 253.23公顷，实有耕地75 580.60公顷。

【保障经济社会发展用地】 2012年，全市国土资源管理系统围绕市委、市政府中心工作，依法统筹各业用地，做好重大产业化项目、新区建设和民生工程用地服务，优先保证能源、交通、水利等重要基础设施用地。全年共上报农用地征（转）用批次（项目）29个，总用地面积1 203.11公顷，获批准农用地征（转）用批次（项目）22个，批准面积575.65公顷，新增建设用地498.28公顷。土地出让价款实际征收入市财政非税专户15.06亿元。

【矿产资源管理】 2012年，继续推进矿业权市场建设，市场配置资源机制全面形成，全年共入库矿产资源补偿费3 400余万元，采矿权价款3 000余万元。

全年共办理采矿权抵押备案和知悉证明2起，授信金额达12 200万元，拓宽中小矿山企业的融资渠道；完成2011年度全市245个矿山企业采矿许可证年检和"三率"（采矿回采率、采矿贫化率、选矿回收率）指标考核工作。

全市共有2家矿山企业成功申报国家级绿色矿山企业。对全市所有矿山的《矿山储量年度监测报告》进行审查，审查率达100%。立项开展《攀枝花市矿产资源利用现状调查成果集成与应用报告》。按照用地预审的要求，为5家企业的用地进行压覆矿产资源调查初审。

【执法监察】 2012年，全市国土资源系统共开展土地、矿产动态巡查1 896次，重点区域巡查覆盖率达100%，其他区域动态巡查覆盖率达85%以上，发现违法行为272件，制止272件，制止率100%，挽回经济损失约1 245万元。全年共立案查处土地、矿产违法案件51件，结案47件，结案率92.2%。

开展2011年度土地矿产卫片执法检查工作，并顺利通过部、省验收。

【地质灾害防治】 2012年，全市国土资源系统完成地质灾害汛前检查及防灾预案编制，对全市264个隐患点建立市、县（区）、乡（镇）、村、社五级防灾网络，完成371名专职监测人员建设工作，省、市、县（区）共投入监测经费150万元，在重点区域新实施并完成24处应急避险场所建设，共投入建设资金180万元。

组织开展盐边县国胜乡花果山不稳定斜坡治理、东区博美建材广场对面斜坡危岩治理等4个重大地质灾害工程治理项目，项目资金共1 356万元。开展花山煤矿三十九处片区等3个矿山地质环境恢复治理项目，项目资金共837万元。

全年开展应急避险演练50次，并参与2012年攀枝花市防灾救灾综合大演练；举办专职监测员培训班10期，培训人员1 100人，发放宣传手册2 000份。

【行政审批制度改革】 2012年，在个人土地证申办业务中，实施"预收件"和土地证"委托代领"服务模式。在提升服务效率上取得重大突破，首次实现个人国有土地使用权证即接即办，当天取件，办件效率由法定时限20个工作日，承诺时限5个工作日缩短为现场即办。其他各项审批和服务项目承诺时限分别缩短3~5个工作日。

严格落实首问责任制、限时办结制和责任追究制，特别加强对市国土资源局驻市政务中心窗口的建设和管理，切实提高行政效能。推进并联审批工作，按照"统一受理、提前介入、同步审查、信息共享、公开透明、限时办结"的原则，对全市重点建设项目进行跟踪服务，对已经完成规划立项等前期工作的项目主动介入，即时为企业办理用地手续提供有效的指导，并协调单位共同为企业提供必要的服务。全年共办理行政审批和服务事项25 922件，现场办结率达100%。

【国土资源基础能力建设】 2012年，攀枝花市完成44个乡（镇）土地利用总体规划的编制，完成市级审批权限内的39个乡（镇）土地利用总体规划的审批。完成市级土地利用总体规划数据库和44个乡（镇）数据库建设。完成攀枝花市土地利用总体规划与第二次土地调查成果数据衔接工作方案编制，并实现全市增加建设用地规模指标667公顷。

集体土地所有权已确权登记2 349宗，完成总量的100%；集体建设用地（包括农民宅基地）使用权已确权登记93 467宗，完成总量的71%，剩余部分已完成外业测量和权属调查工作，并已进入权属审核、结果公示阶段，各县（区）实际落实工作经费共1 400余万元。

全面开展国土资源规范性文件和行政权力清理工作。办理了苏开福对盐边县国土资源局作出的地质灾害成因及防治责任认定不服的行政复议案。坚持重大问题内部会审制度，全年形成会议纪要17件。

【攀西钒钛磁铁矿整装勘查】 2012年，攀枝花市共开展整装勘查续作项目5个，省地勘基金共投入5 108万元，预获资源量4.2亿吨。

配合省国土资源厅编制完成《四川攀西地区钒钛磁铁矿整装勘查区和国家规划矿区矿业权设置方案》，并已获国土资源部批准。编制完成中干沟钒钛磁铁矿禁止开采区规划功能调整论证报告。

【矿产资源节约与综合利用专项工作】 2012年，市国土资源局对获得2010、2011年度中央和省级矿产资源节约与综合利用专项资金的5家市内企业资金使用和项目建设情况进行专项监督检查，组织3家市内企业申报2012年中央矿产资源节约与综合利用专项资金。

【钒钛磁铁矿综合利用示范基地建设】 2012年5月，攀枝花市钒钛磁铁矿综合利用示范基地项目接受国土资源部、财政部关于2011年度2.5亿元专项资金使用情况的评估检查。

2012年8月，接受省国土资源厅对示范基地三家依托企业2011年基地项目建设投入资金和专项资金使用情况的专项审计。2012年度2.5亿元专项资金已于9月下拨到攀钢集团公司账户。

【编制完成工矿废弃地复垦利用试点专项规划】 工矿废弃地复垦利用试点工作取得突破性进展。2012年3月17日，国土资源部下发《关于开展工矿废弃地复垦利用试点工作的通知》，同意四川等十个省、区开展工矿废弃地复垦利用试点。2012年8月2日，国土资源部办公厅印发《关于同意四川省工矿废弃地复垦利用试点工作方案的函》，正式确定攀枝花市作为全省第一批工矿废弃地复垦利用试点城市。市国土资源局编制完成《攀枝花市工矿废弃地复垦利用专项规划（2012～2015年）》。

【保障性安居工程用地】 2012年，市国土资源局全力为保障性住房提供用地，建立“优先保障、按需供应、应保尽保”的土地供应机制，提高用地质量，优先使用储备土地。全年，市本级提供保障性安居工程建设用地11.3公顷，供地率达128.26%。

（唐　锐）

食品药品监督管理

【概　况】 2012年，攀枝花市辖区内共有药品生产企业2家，药品批发企业15户，药品零售连锁企业5户，药品零售门店548个（其中连锁门店428个）。有医疗器械生产企业1家，医疗器械经营法人企业及分支批发27户，分支零售门店147个。市食品药品监管局监管11家市属及大企业医疗机构、1家市级疾病预防控制中心的药械使用。

全市共有持证餐饮服务经营户4 723户，其中市食品药品监管局监管55家大型餐饮服务单位和市管学校食堂。全市共有保健食品经营户587户（在工商行政管理部门登记标注保健食品经营范围），化妆品经营户1 050户（在工商行政管理部门登记标注化妆品经营范围），其中市食品药品监管局监管34家较大的保健食品经营企业，38家较大的化妆品经营企业。

2012年，市食品药品监管局在职人员73人，其中，行政人员31人，事业执法人员10人，事业检验检测人员29人，工勤人员3人。

2012年，市食品药品监督管理局强化餐饮服务环节食品安全整治，以药品生产流通领域集中整治和铬超标问题胶囊查处为重点，规范治理全市药械市场。全年未发生食品药品安全事故。

规范行政执法工作，对2012年3月之前颁布的行政权力事项进行清理，清理后的行政权力共352项，对履行新职能后的行政许可文书进行统一修订，修订行政许可文书18种。开展行政执法复核工作，共复核案件23件，下达听证告知9件，上报备案9件，全年没有行政复议和行政诉讼案件。下放审批权限，简化审批程序，将核发“药品经营许可证”（零售）、变更“药品经营许可证”（零售）、换发“药品经营许可证”（零售）3项行政许可权委托各县（区）食品药品监督管理局行使。全年全市办结药品、医疗器械、餐饮行政审批服务事项2 486件次。

加强药品、医疗器械日常监管。指导、帮助鑫利中药饮片厂取得合法生产中药饮片的资格，填补攀枝花市中药饮片医药产业的空白。加强药品生产企业监管。联合市禁毒支队对全市特殊药品、含特殊药品复方制剂等高风险药品经营企业进行2次检查,未发现违法违规情况。药品不良反应监测报告数全年共886例,医疗器械不良事件报告数10例,每百万人口报告数位居全省第一。开展软性角膜接触镜专项检查及彩色平光隐形眼镜市场摸底调查。开展药品零售企业GSP(药品经营质量管理规范)认证工作,全年完成药品零售企业资料审查101家,共完成认证101家,责令整改2家。

加强保健食品、化妆品监管。对33家保健食品经营企业和67家超市共124名从业人员开展法规培训。将全市所有保健食品、化妆品经营企业纳入监管范围。开展经营秩序专项检查,重大节日保健食品、化妆品专项检查,假冒保健食品专项检查。

加强食品药品科普宣传。开展社区食品药品安全知识讲座、社区食品药品科普宣传活动、"安全用药月"大型宣传活动;与市级相关部门共同修订编印《饮食用药安全手册》;在全市大中学校开展"饮食用药安全关注青少年活动",与攀枝花电视台合作,播放食品药品普法科普公益片40条次;与《攀枝花日报》合作开设"食品药品科普法制宣传专栏"4期;在市政府门户网站上累计公开信息2 987条,被省食品药品监督管理局采用信息133条。

加大对餐饮服务食品和药品违法违规行为的查处。全年共开展药品、医疗器械、餐饮服务、保健食品、化妆品专项检查202次,检查经营户65 000余户次。受理群众投诉举报121件,处理率100%。立案90件(其中餐饮案件55件、药品医疗器械34件、保健食品1件),罚款388 173.7元。

【餐饮服务环节迎国卫复审】 2012年,市食品药品监管局采取有效措施,充实一线监管力量,共对全市主城区内的3 215户餐饮服务单位实施餐饮服务食品安全量化分级管理,实施率达98%。

全市食品药品监管系统将餐饮服务环节创卫复审工作列为全年工作中心,制定《餐饮服务环节迎国卫复审工作实施方案》,发布《关于规范餐饮服务秩序严禁无证经营的通告》,在全市开展餐饮服务无证经营专项整治。制订《攀枝花市小餐饮食品整规工作实施方案》,明确整治标准。制订出台《攀枝花市餐饮服务环节突发事件应急预案》,制定《攀枝花市餐饮服务示范店检查验收标准》《攀枝花市餐饮服务食品安全监督量化分级管理工作指南》等三项保障制度,2012年3~5月在全市范围内开展量化分级评审工作。5~8月在全市范围内开展迎国卫复审督导工作,由局党组成员"分片"包抓各区的餐饮行业整规工作的落实情况,共出动执法人员840人次,共检查餐饮服务单位1 560家次。

开展"五一"、国庆、中秋、元旦及欢乐阳光节等重要时段的餐饮服务安全检查。做好重大活动餐饮服务食品安全保障工作,保障全市两会期间的餐饮服务食品安全。加强对列入全市民生工程的10家餐饮服务食品安全示范店、2条示范街、1个示范区的检查和指导,对全市餐饮服务示范店进行检查验收。2012年,全市创建省级示范县(区)1个、示范街2条、示范单位5家,市级示范街2条、示范单位10家,市东区唔嘣滋澳味豆捞店、东区和元回转寿司日式料理店、金海实业有限公司金海餐饮分公司,西区万宝隆饺子店,仁和区东坡菜馆、眉州菜馆、巴诺克西餐厅,米易县红灯笼火锅店、米尼斯咖啡美食餐厅,盐边县迎来君宾馆被授予"餐饮服务食品安全示范店"。

【药品生产流通领域集中整治】 2012年3~9月,市食品药品监管局按照国家食品药品监督管理局的统一安排和部署,在全市开展药品生产流通领域集中整治。成立以局长何昌文任组长,副局长钟正明、李继彬、纪检组长刘可亮任副组长,各业务处(室、队)负责人为成员的药品生产流通领域集中整治行动工作领导小组。制订《攀枝花市2012年药品生产流通领域集中整治工作方案》,并要求各县(区)结合本地区实际制订实施方案。2012年3月8日,召开全市药品生产、批发、零售连锁企业负责人参加的药品生产流通领域集中整治工作动员会议,安排和部署集中整治工作,明确整治范围和整治重点。确定2家药品生产企业、15家药品批发企业,5家药品连锁公司总部,253家药品零售企业为整治重点,对存在的突出问题和薄弱环节,组织专门力量开展重点监督检查。检查药品生产企业2家(次),药品经营企业1 317家(次),检查覆盖面100%。全市共查处药品医疗器械违法案件34起;注销药品经营许可证2份,取缔医疗器械无证经营3户。

【铬超标药用胶囊查处】 2012年4~8月,市食品药品监督管理局按照国家、省食品药品监督管理局的统一部署,在全市开展铬超标药用胶囊查处工作。成立以局长任组长,分管副局长任副组长,各相关处(室、队、所)负责人为成员的铬超标药用胶囊和胶囊剂查处工作领导小组,明确任务,落实责任。结合攀枝花市实际,制订查处铬超标药用胶囊和胶囊剂具体方案。

2012年4月24日,市食药局专题召开全市药品批发企业、零售连锁企业、市属医疗机构、企业医院、各县(区)局、市局相关人员参加的胶囊剂药品专项整治工作会议,通报铬超标药用胶囊查处情况,并就查处工作提出具体要求,全市31家涉药单位签订规范经营胶囊剂药品承诺书,郑重承诺绝不销售、使用国家局通报的铬超标胶囊剂药品;对通报的铬超标胶囊剂药品坚决封存,协助生产企业履行召回义务。

组织执法人员对全市涉药单位铬超标胶囊剂药品进行专项清查清理,共清查出国家局通报铬超标胶囊剂共6个生产企业、6个品种、6个批次22 272粒,召回21 552粒,暂停销售使用149家生产企业的290个药品品种936批次共16 294 434粒,退回供货商3 192 881粒,下架封存1 489 873粒。

【食品药品及医疗器械检验检测】 2012年，市食品药品检验所接受攀枝花市计量测试所及成都市测试所对检验仪器强制检定和校准，检定和校准37台药品检验仪器，检定玻璃量器76个，获得检定校准证书。2012年6月28日，市食品药品检验所接受攀枝花市实验室资质认定监督检查领导小组对获证实验室定期监督检查，共检查23项，检查结果为2项需要整改，总体结论为基本符合。

2012年2月，市食品药品监督管理局向市政府报送《关于攀枝花市食品药品检验所食品、保健食品实验室建设及设备需求的情况报告》，市发改委批准市食品药品检验所食品、保健食品实验室建设及设备配置立项，项目总投资579万元。市食品药品检验所严格按照《四川省政府投资建设项目固定价比选办法》的有关规定，选定招标代理机构，制作招标文件、发布比选公告、召开比选会、确定施工单位。2012年10月，实验室建设工程安全竣工。

2011年10月至2012年9月底，市食品药品监督管理局共完成药品抽样检验924批次，检出不合格药品9批次，不合格率0.97%。其中，中药饮片2批次，中成药4批次，胶囊壳3批次，不合格率同比略有增加。2012年，市食品药品监督管理局加强被抽样单位覆盖率、基层涉药单位覆盖率、基本药物品种覆盖率等的抽验力度，其中被抽样单位627个，覆盖率67.86%；基层单位抽验623批次，占总批次的67.42%；抽验国家基本药物324批，抽验四川省补充基本药物190批。

2012年，完成省食品药品监管局医疗器械抽样任务检品共有15个品种，53个批次。全市送检的医疗器械中未发现不符合检测标准的医疗器械。

开展餐饮服务单位食品抽样检测工作，配合省食品药品检验所完成餐饮服务单位食品抽检任务216批次。全市粮油、糕点、餐饮用具、饮用水、肉制品主要品种监测指标良好，全市无一起重大食品安全事故发生。

开展药品不良反应监测工作，收集、核实、评价285个基层监测单位上报的药品不良反应病例报告表1 168份，其中新的严重报告330份，占总报告数的28.25%；每百万人口ADR报告数1 062份；收集上报4个药物滥用监测点的药物滥用监测调查表729份，较2011年增加476份；收集、核实、评价10家医疗器械经营企业上报的医疗器械不良事件报告25份。全年采取以会带训、专题培训、个别讲解等形式，组织药品不良反应专业技术培训3次，参培人员达300余人(次)。

按期完成攀西中药材标本资源库建设。完成220余种中药材标本的收集、采集、拍摄、加工、制作和贮存。其中本地品种80余种，非本地品种140余种。对已收集的生药标本资料进行汇编，包括品名、基源、性状、功效等信息。制定生药标本室管理制度、腊叶标本室管理制度、生药标本制作操作规程和蜡叶标本制作操作规程。

（蒋劲松）

民营经济

【概　况】 2012年，全市非公有制经济发展工作紧紧围绕“大力实施‘三个加快建设’、大力推进‘三个走在全省前列’、全力打好‘六大硬仗’、奋力实现‘四个翻番’、确保‘每年有新变化、三年见新成效、五年上大台阶’”总体目标，按照“推进‘四个转变’、做到‘四个优化’、促进‘四个集中’和‘培育千亿产业、打造百亿企业、建设百亿园区、发展中小企业、扶持上市公司、争创中国名牌’”的发展要求，不断完善政策体系、加强结构调整、优化发展环境，力促全市非公经济健康可持续发展。2012年非公有制经济总量持续增加，全市非公有制经济完成增加值323.93亿元，增长16%。其中，第一产业完成增加值8.71亿元，第二产业完成增加值232.84亿元，第三产业完成增加值82.38亿元，分别增长4.9%、18.4%、10.9%。个体私营经济是非公有制经济主力，全市非公有制经济中个体私营经济占99%，外商、港澳商经济仅占1%，非公有制经济三次产业比例为2.7∶71.9∶25.4。非公有制经济占GDP比重进一步提升。全市非公有制经济增加值占GDP比重为43.8%，比2011年提高2.2个百分点；非公有制经济增加值对国民经济的贡献率为47.3%。非公有制经济成为财税收入的重要来源。全市非公有制经济纳税总额为61.85亿元，增长9.8%，占全市税收收入的比重为62.3%。其中非公有制国税税金为33.93亿元，占国税税收收入的65.8%；非公有制地税税金为27.91亿元，占地税税收收入的72.1%。非公有制经济已成为商品流通领域的主要力量。全市运输仓储邮政业和批发零售业中，非公有制经济增加值分别为15.39亿元和28.1亿元。

【非公有制工业】 2012年非公有制工业增势强劲。非公有制工业实现增加值215.36亿元，占全市非公有制经济增加值的66.5%，较2011年提高1.6个百分点，对全市GDP增长的贡献率为37.6%。非公有制工业增长19.7%，增速比全市非公有制经济高3个百分点，遥遥领先于其他行业。非公有制经济三次产业结构为2.7∶71.9∶25.4。

【非公有制经济队伍】 2012年，随着非公有制经济的快速发展，个体工商户和私营企业蓬勃发展，全市非公有制企业注册资金大幅提高，经济规模不断扩大，企业竞争实力不断增强。全市工商登记注册的个体私营和外商、港澳台企业分别是52 116户和53户，全市个体企业注册资金22.3亿元，同比增长5.7%；私营企业注册资金达205.6亿元，同比增长16.6%。全市工商登记注册的非公有制企业52 169户，从业人员176 868人，分别较2011年增加11.2%和14%。

（王　振）

工　　业

钒钛工业

【概　况】 2012年，攀枝花钒钛产业实现快速发展，全年规模以上钒钛企业实现产值144.08亿元，同比增长45.45%。2012年全市规模以上钒企业生产平稳；钛产业则实现快速发展。全年生产钒渣25.56万吨，与2011年基本持平；五氧化二钒11 692吨，同比下降8.08%；三氧化二钒16 002吨，同比增长8.15%；钒氮合金4 924吨，同比增长63.37%；高钒铁29 237吨，同比下降10.54%；钛精矿194.8万吨，同比增长19.35%；钛白粉37.56万吨，同比增长51.04%；高钛渣37.64万吨，同比增长48.33%；四氯化钛29 081吨，同比增长330%；海绵钛3 146吨，同比下降30.07%；钛中矿等38.2万吨，同比增长28.07%。

2012年，全市钒钛产业项目建设取得新进展：龙蟒、安宁、钛联等企业的新、扩建采选项目相继建成投产；钛海科技完成二期建设，产能由4万吨提升至8万吨；全市单厂规模最大、有自己独特生产工艺流程的海峰鑫6万吨金红石钛白粉生产线于5月份建成投入试生产，实现正常运行；金江钛业亚洲最大的一期7.5万吨矩形炉生产钛渣项目全线贯通，已生产出合格钛渣，正准备增负扩产；四川华铁建成二期15 000吨脱硝催化剂载体二氧化钛生产线，形成2万吨特种钛白生产能力；云钛实业2万吨钛锭一期8 000吨的第一部分4 000吨项目于9月建成投产；新中钛公司建设了3万吨/年以攀枝花钛精矿为原料采用盐酸浸取法生产二氧化钛含量80%的富钛渣和90%的人造金红石生产线；天伦化工4改8项目、钛都化工3扩11项目、天民钛业2 000吨/年钛铸件及钛型材项目等正在建设中。

钒钛产业发展的外部政策环境进一步优化。2012年7月，国家发改委出台《钒钛资源综合利用和产业发展“十二五”规划》；8月，省政府向国家发改委报送了《攀西战略资源创新开发试验区建设规划》；10月底，市委、市政府出台《关于加快建设中国钒钛之都的实施意见》；国内各省纷纷出台加快应用高强钢筋的实施意见。

钒钛产业科技创新平台建设加快。2012年12月11日，攀枝花国家钒钛制品质量监督检测中心获国家质检总局专家组现场验收合格；2012年12月26日，钒钛资源综合利用国家级重点实验室通过国家验收；四川省钒钛产业技术研究院、钛及钛合金产业研究所筹备工作启动；11月23～26日，攀枝花市成功举办攀枝花钒钛资源综合利用院士行活动暨首届攀枝花钒钛论坛。

钒钛产业发展科技水平进一步提升。6月初攀钢公司的“氧化钒清洁高效生产关键技术及装备研究”项目通过省科技厅技术鉴定，在西昌钢钒公司建成年产1.8万吨五氧化二钒生产线。钛化工产业实现清洁生产，建成投运了多个废酸浓缩、七水硫酸亚铁综合利用项目，钛海科技、东立化工形成了硫、磷、钛循环产业链。立宇矿业新建了采用固体碳还原铁矿法的钒钛磁铁矿综合利用新工艺中试线，9月建成投产并生产出合格的海绵铁、钒渣和钛渣。攀钢高钛型高炉渣高温碳化、低温氯化中试线经过多轮次试验，基本打通生产流程，生产出合格的四氯化钛产品。

（王　振）

钒产业

【概　况】 2012年，全市钒制品企业包括攀钢集团有限公司（攀宏钒制品厂）、攀枝花钢城集团有限公司（含控股的攀枝花市杜宇钒钛有限公司、四川省卓越钒钛有限公司钒业分公司）、攀枝花市金江冶金化工厂、攀枝花市红杉钒制品有限公司、攀枝花兴辰钒钛有限公司、攀枝花市锦利钒钛有限公司、攀枝花仁通钒业有限公司、攀枝花市攀研科技产业有限责任公司。攀钢全年生产钒渣25.56万吨。2012年钒产品市场受钢铁行业不振影响，总体上市场较低迷，分为三个阶段，其中1月至4月五氧化二钒价格稳定在7.5万元/吨左右，4月底至10月底五氧化二钒价格逐渐跌至6万元/吨左右，11月份后受国家加快应用高强钢筋政策的带动，五氧化二钒价格快速回升至8.5万元/吨～8.8万元/吨。攀钢研究院继续积极推进钒离子电解液的研究和应用。钒电池应用取得新进展，2012年7月，银江金勇工贸有限责任公司在花城新区建设了太阳能发电钒电池储能提灌抽水示范项目，钒电池储能容量2兆瓦，钒电解液由金勇公司新建的钒电池电解液生产线生产，项目共使用1.7摩尔浓度电解液4.2立方米。

（王　振）

【攀钢氧化钒清洁生产】　国际上现有的氧化钒产品生产技术存在着固体废弃物无法循环利用，易危害环境；废水处理量大，能耗高；有大量的难处理副产物，副产物处理产品附加值低；设备难维护等一系列问题。攀钢经过多年研究，原创性地提出氧化钒清洁生产的核心原理，解决了钠盐提钒工艺无法解决的废水排放成本高等技术经济难题和固体废弃物无法利用难题，也解决了俄罗斯钒图拉石灰提钒工艺无法获得高质量氧化钒产品、残渣分离石膏、含石膏残渣和废水中和渣不能利用、残渣的高效过滤洗涤等难题，实现了氧化钒的清洁高效生产，形成了世界领先的氧化钒清洁生产成套技术。攀钢开发的“氧化钒清洁高效生产关键技术及装备研究”项目，属国家“十一五”科技支撑计划项目，已申请4项国际发明专利、9项国内发明专利、1项国内实用新型专利。其中，自主研发的钙盐提钒、沉钒废水资源化利用、重选分离石膏、用残渣生产炼钢造渣球等氧化钒清洁高效生产关键技术，均属世界首创。在攀成钢公司完成该技术中间试验，建成年产500吨五氧化二钒生产线，生产废物基本实现资源化再利用。2012年4月，西昌钢钒公司以此为设计依据，建成年产1.8万吨五氧化二钒生产线。2012年5月30日攀钢承担的氧化钒清洁高效生产关键技术及装备研究项目，在成都顺利通过四川省科学技术厅组织的专家技术鉴定。专家一致认为，该项目解决了传统氧化钒生产工艺存在的水消耗量大、废水难处理、废渣难利用等世界同行长期悬而未决的技术难题，综合技术达到国际领先水平，建议在国内外大力推广应用。

【攀钢钒业有限公司】　攀钢钒业有限公司现有资产原值11.05亿元，建筑面积7.77公顷，在岗职工1 011人，现有氧化钒生产线3条，钒铁、钒氮合金生产线各2条，是世界单体最大的钒制品生产企业。拥有一批具有自主知识产权的核心技术和特色产品，具备年加工钒渣25万吨，年产氧化钒2.2万吨（以五氧化二钒计）、钒铁1.6万吨（以50钒铁计）、钒氮合金0.4万吨的生产能力，还可根据用户需要，生产多钒酸铵、偏钒酸铵、高纯五氧化二钒及粉状五氧化二钒等产品，产品质量好，杂质含量低，达到国际领先水平，远销亚、欧、美市场。该公司装备一流，生产工艺先进，检测手段齐全。拥有一批具有自主知识产权的专利和专有技术。其中，提取钒渣技术接近世界先进水平，三氧化二钒生产技术、钒氮合金生产技术填补了国内空白，并达到世界先进水平。80钒铁和五氧化二钒产品为出口免检产品；80钒铁获“北京冶金产品博览会金奖”“冶金科学技术特等奖”；裂谷奇葩——攀枝花牌钒氮合金打破了美国的垄断；80钒铁和50钒铁获四川省名牌产品称号，其知名度已蜚声海内外。钒系列产品广泛用于冶金、石油化工、机械、原子能、航空航天、超导等行业与领域，市场前景看好。

2012年，钒业公司共加工钒渣25.56万吨、生产氧化钒20 429吨（以五氧化二钒计）、高钒铁7 770吨、中钒铁2 389吨、钒氮合金4 183吨，氧化钒（以五氧化二钒计）、高钒铁、钒氮合金同比分别增长4.68%、1.89%和83.38%，均创历史最好水平。实现销售额15.11亿，销售利润1 265万元，合同兑现率100%。氧化钒系统收率“破七见八”，达到80.1%，创历史最好水平。2012年，面对严峻的形势，钒业公司千方百计降本增效。实行每月滚动预算，层层分解落实三次倒逼成本指标；狠抓22项超常降本增效项目；对标深挖内部潜力，细化公司级对标指数47个，作业区级对标指数108个；向供销两头大力传导成本压力，强化辅料市场价格收集，加强供应商沟通；大幅压缩劳务协力，减少办公支出，严格控制能源消耗，严把费用审批关；全面清理半成品、产成品、备品备件、原辅材料库存，全年可比目标成本降低4 000万元，资金占用降低6 149万元，采购成本降低940万元，降本增效力度前所未有。

（黄长银）

【攀枝花钢城卓越钒钛有限公司】　攀枝花钢城卓越钒钛有限公司的前身为四川省卓越钒钛有限公司钒业分公司，成立于2008年10月。钢城集团为做大做强钒钛产业，2010年11月与四川省卓越钒钛有限公司协商，决定共同出资组建攀枝花钢城卓越钒钛有限公司。2011年1月18日，攀枝花钢城卓越钒钛有限公司注册成立。注册资本3 500万元人民币，其中，钢城集团以货币出资1 785万元，占总股本的51%，四川省卓越钒钛有限公司以实物出资1 640.93万元、货币74.07万元，占总股本的49%。公司设在攀枝花钒钛产业园区，主要生产、加工、销售钒制品，以攀钢弃渣为主要原料，生产五氧化二钒和钒铁，已形成年产五氧化二钒4 400吨、50钒铁4 000吨的生产能力。公司为降低生产成本，减少环境污染，充分利用周边企业的附属产品，以川投化工的尾气、东立化工的蒸汽取代原煤，符合国家节能减排总体要求。公司黑沙残钒量一直控制在0.35以下，在攀西地区处于行业领先地位。2011年，通过了“质量、环境、职业健康”三体系认证，办理了进出口资质。

公司下设安全生产部、营销部、设备工程部、技术质量部、行政部、财务部和五氧化二钒车间、检修车间，实行职能部门和车间一体化管理。截至2012年12月底，公司总资产4 822.74万元，固定资产原值1 693.30万元、净值1 436.31万元；在岗员工160人。

2012年，卓越钒钛公司生产五氧化二钒1 558.71吨，比2011年增加638.35吨，增幅69.36%；销售五氧化二钒1 951.15吨，比2011年增加1 443.18吨，增幅284.11%；实现收入8 453.93万元，比2011年增加3 737.6万元，增幅79.25%，实现利润308.2万元，比2011年下降301.44%。

【攀枝花市柱宇钒钛有限公司】 攀枝花市柱宇钒钛有限公司的前身是广汉市柱宇西园大酒店有限公司在攀枝花投资成立的一家民营企业，主要从事钒、钛产品生产、销售及进出口业务，注册资本2 650万元，设计能力为年产五氧化二钒3 000吨，2006年7月建成投产。2009年10月，钢城集团与柱宇钒钛公司开展股权合作，收购该公司45%的股权，成为第一大股东。根据双方合作协议，钢城集团取得对柱宇钒钛公司的管理控制权，并按照控股子公司管理模式对其进行管理。同年10月16日，完成工商注册变更登记。公司设在攀枝花市高梁坪工业园区，占地4.7公顷。公司生产以低品位钒渣（全钒含量0.8%左右）为主要原料，同时为攀钢代加工少量精钒渣（全钒含量9%左右），正常生产情况下每日可消耗精钒渣200吨、低品位钒渣150～300吨。有五氧化二钒生产线一条，工艺流程为：破碎—球磨—配料—焙烧—冷却—浸出—沉淀—过滤—熔化。公司生产工艺先进，产品品质高，产品畅销全国，并且出口韩国、日本及欧洲，在国内外享有较高声誉。

2012年，公司围绕全年经营目标，在资源紧张、市场竞争异常激烈的情况下，克服钒渣原料价格上涨且品位降低、产品价格下降等不利因素，内抓管理，外拓市场，全年共生产五氧化二钒1 706吨，其中精渣钒1 153吨，尾渣钒553吨；全年实现经营收入9 580万元、利润290万元，上缴税金503万元。

截至2012年12月底，公司总资产6 183.2万元，其中，固定资产原值3 639.75万元、净值2 470.63万元；有员工140人。

（莫基秀）

钛产业

【概　况】 2012年，全市钛产业快速发展。受市场需求旺盛带动，全市钛精矿产量达到195万吨，价格居高不下。钛白粉生产企业采取以价换量的措施，积极开拓产品市场。钛金属产业发展取得重大突破，攀枝花云钛实业有限公司建成一期第一条4 000吨钛锭生产线，并于9月16日生产出长8.36米、宽1.395米、厚0.21米、重10.85吨的世界上最长、最宽、最重的钛扁锭；攀钢钛业海绵钛厂基本打通镁氯联合循环工序，成功生产出大批量的PTI－90超软海绵钛，填补了国内空白。云钛钛锭项目和攀钢钛业高品质海绵钛产品标志着攀枝花市钛金属产业的装备和技术水平迈上新台阶。

2012年底攀枝花市具备年产钛精矿240万吨、钛渣55万吨、钛白粉46.2万吨、海绵钛2.75万吨、钛锭4 000吨的生产能力。

（王　振）

【攀钢集团钛业有限责任公司】 攀钢集团钛业有限责任公司系攀钢集团钢铁钒钛股份有限公司下属的独资子公司，经营范围为：加工、销售钛原料；生产、销售钛白粉、钛合金、海绵钛、钛金属及其制品；钛产业技术开发服务，钛产业检测化验服务；仓储、货运代理服务；劳务服务；进出口贸易。至年底，钛业公司注册资本16亿元，总资产56.50亿元，资产负债率59.45%，在册职工4 096人，下属单位有钛白粉厂、钛冶炼厂、海绵钛厂、贸易公司、氯化法钛白筹备处、攀钢集团有限公司钛白产品应用研究中心（集团公司设立，钛业公司负责日常管理）、攀钢集团重庆钛业有限公司（独资子公司）、攀枝花东方钛业有限公司（控股65%）和攀钢集团成都钛业贸易有限公司（独资子公司，正在办理注销手续）。钛业公司具备年产钛渣18万吨、钛白粉12万吨、海绵钛1.5万吨、经营钛精矿50万吨的能力，销售市场覆盖全国，产品出口欧美、日本、东南亚等30多个国家和地区，已经成为亚洲最大、技术领先的钛原料生产基地、中国硫酸法钛白粉生产技术一流企业和中国最大、具有世界级工厂规模和水平的海绵钛生产企业，初步形成了从钛原料到钛化工、钛金属的钛产业链。钛业公司2008年以来连续2次被认定为“国家高新技术企业”，2009年被评为“推动中国涂料科技进步10大杰出民族企业”，2012年被中国涂料工业协会评为首批“AAA级信用企业”，2010年当选为中国涂料工业协会钛白粉行业分会理事长单位和国家化工行业生产力促进中心钛白分中心理事长单位，长期担任中国钛锆协会副会长单位及攀枝花钛协会会长单位。

2012年，钛业公司狠抓安全生产、生产控制和设备点检定修，岗位操作基本达到制度化、精细化、标准化，确保了顺产稳产高产高效，全年累计生产钛白粉6.17万吨（不含东方钛业3.42万吨）、钛渣11.67万吨、海绵钛3 166吨、生铁5.81万吨，较2011年均有较大增长，经营钛精矿51.44万吨，所有产品产销率均达100%，实现营业收入29.16亿元、利润4.01亿元。建立市场“竞争机制”，落实降成本责任，全流程成本控制不断加强。大力开展降低库存工作，减少资金占用1 522万元。推进企业安全生产标准化达标晋级，钛白粉厂、海绵钛厂和钛冶炼厂顺利通过化工、冶金企业二级安全标准化验收、授牌。海绵钛达产攻关。公司成立海绵钛达产推进小组，海绵钛项目实现全流程贯通，产品单月最大产量、90钛品级率分别达400吨和22%,氯化精制及各工序连续稳定运行。

(黄长银)

【攀枝花市钛海科技有限责任公司】 成立于2006年9月,是一家集钛产品生产销售、钛生产技术研发为一体的民营企业。公司坐落于攀枝花钒钛产业园区,占地面积约10万余平方米。公司拥有国内首条最大的、采用酸溶性钛渣生产的、单条高档金红石型钛白清洁生产线。

公司采用独特的生产新工艺,杜绝了危险废物硫酸亚铁的产生,同时因为原料更纯净,设备大型化,再加上利用锅炉烟气回用,废酸浓缩回用等做到循环经济,避免传统硫酸法生产产生的环境污染,真正实现环保经济,达到清洁生产。

公司自成立以来,先后被评为重大工业化项目工作先进单位、攀枝花钛产业十强企业、工业总产值亿元企业、中国质量诚信企业、国家外贸转型升级专业型示范企业。

2012年公司拥有固定资产约4.5亿元,生产金红石型钛白粉3万吨,实现销售收入4.5亿元。

(王　振)

【攀枝花钢企欣宇化工有限公司钛业分公司】 攀枝花钢企欣宇化工有限公司钛业分公司是钢城集团投资建设的海绵钛专业生产公司,位于攀枝花钒钛产业园区马店河化工区内,占地26万余平方米,总投资9.5亿元,设计年产海绵钛5 000吨。主要产品有海绵钛、氯化钙。采用镁还蒸馏生产工艺,主要步骤包括:高钛渣—氯化—(中间产品:粗四氯化钛)—精制—(中间产品:精四氯化钛)—镁还原蒸馏—破碎包装—商品海绵钛。生产线与已建成的1万吨/年高钛渣、5万吨/年氯碱厂配套,在工艺上形成上下流程对接和氯、镁内部循环,排放物、废弃物互为资源,实现环保运行,清洁生产,构成完整的钛产业链,成为国内第一家真正意义上的全流程海绵钛生产企业。海绵钛全流程的主要生产线有:一条低温氯化生产线、三条氯化生产线、一条精制生产线、一条镁电解生产线(共8套电解炉)、一条还原蒸馏生产线(共44套炉子)。截至2012年12月底,公司拥有固定资产原值8.48亿元、净值7.22亿元;在岗员工560人。

2005年10月,钢城集团根据攀枝花市钒钛产业发展需要,结合攀钢及自身发展提出建设四氯化钛项目。2006年11月,钢城集团5 000吨海绵钛项目获准立项,2007年8月通过安评,9月底通过环评,12月开工建设。2009年6月18日生产出第一炉海绵钛。2011年生产海绵钛670.74吨,实现产值3 486.4万元,生产氯化钙1 218.2吨,实现产值176.65万元。2011年生产海绵钛3 532.29吨。2012年生产海绵钛2 794.36吨、精四氯化钛9 567.92吨,粗四氯化钛11 128.83吨,海绵钛总体合格率在原有基础上提高10.9%,达到85.9%;总体优等率(0A+0+1)在原有基础上提高20.3%,其中(0A+0)级提高25.1%,达到40%,超过国内平均水平。全年共销售海绵钛2 784.71吨,产销率99.65%,销售精四氯化钛192.12吨,粗四氯化钛539.46吨,液体氯化钙折百1 392.42吨,固体氯化钙13.9吨。全年实现经营收入17 518.54万元,其中主营业务收入15 777.88万元,其他收入1 740.67万元。

(莫基秀)

冶　金

钢铁生产

【生产经营】 2012年,攀钢全力应对市场挑战,狠抓产供销高效衔接和低成本运营,生产经营实现平稳运行。坚持把减亏控亏增效作为首要任务,建立产供运销联动机制,扎实推进降本增效。全年完成铁969万吨、钢925万吨、钢材858万吨,钒制品2.8万吨,铁精矿1 056万吨,钛精矿55万吨、钛白粉9.6万吨、高钛渣11.7万吨,实现营业收入556亿元,经营规模平稳增长。针对严峻的市场形势,制定下发控亏倒逼方案,及时下达减亏控亏增效指标和措施,全面落实倒逼机制,减亏控亏增效取得阶段性成果。鞍钢集团"九二七"会议后,攀钢对照目标再次调整经营指标,细化工作措施。各单位层层分解指标,深入开展对标挖潜,落实降本增效措施,减亏控亏工作取得初步成效。攀成钢公司着力调整炉料结构,生铁成本逐步接近攀钢钒公司。坚持效益优先原则,结构调整增效取得积极成效。始终坚持"均衡、稳定、经济、高效"的生产组织原则,探索经济运行模式,狠抓关键设备稳定顺行,提高市场应变能力。建立"天天算、日日清"的机制,强化资源优化配置和品种结构调整,推动优势品种增产增效，铁精矿、钛精矿产量再创历史新高，全年完成重轨99.8万吨、专用无缝钢管86.8万吨，同比分别增长29.6%和18.4%。新建项目达产达效进展良好，西昌钢钒进入“双炉”运行新阶段；海绵钛厂基本实现全流程贯通。积极应对市场变化，采购降本销售增利取得较好效果。建立进退有序的供应商动态管理机制，优化供应商队伍。把降低大宗原燃料价格作为主攻方向，加大高性价比资源采购力度，利用周边资源最大限度替代进口矿资源，克服攀枝花煤矿事故带来的不利影响，全年采购降成本增利13.6亿元。把握钢材区域市场竞争规律，优化区域市场结构，热轧板卷、冷轧板卷在西南市场占据较高的市场份额。积极开拓国际市场，实现出口销售收入6.2亿美元，全年累计出口重轨17.3万吨、无缝钢管27.08万吨，其中重轨出口量占全国钢轨出口量的37%。

【管理创新】 2012年，攀钢深入开展管理提升活动，夯实基础管理，全面提升企业执行力和运行效率。坚持“超过标准定额的存货是万恶之源”理念，把控制存货占用贯穿到生产经营全过程和整个价值链，抓好存货管理体系建设，层层分解落实占用指标，全面清理降低各类库存，加快推进存货标准化定额管理，实行部分物资“零库存”供应模式，2012年年底存货占用比年内最高点降低近50亿元，库存结构逐步优化。深化全面预算管理，完善滚动预算体系，探索建立预算执行情况评估机制。按照“以收定支、先收后支、收支平衡”原则，完善资金管理体系，制定集团内部资金有偿使用规则，强化资金成本意识，下半年公司连续实现经营活动现金净流量为正。严格按预算使用资金，优化资金支付流程，优先保证关键性业务的正常开展，提高资金使用效益。多渠道、低成本筹措资金，置换高于基准利率贷款近100亿元。按照“建体系、定规则、控运行、评效果”的职能定位，健全完善管理制度体系和流程。着力抓好风险控制，编制出台股份公司内部控制手册。加快实施信息化整体规划，完善采购、销售系统功能，完成OA（办公自动化）系统升级改造。积极创建名优品牌，“PG”商标被认定为“中国驰名商标”。出台《职工实名反映问题给予奖励的管理办法》。加强设备、招标、审计、监察等专项管理，企业规范化、精细化管理水平进一步提升。

【工程建设】 2012年，攀钢共完成固定资产投资501 113万元。加快落实发展战略，着力抓好重点项目建设，稳步推进产业转型升级。钒钛特色产业加快发展。西昌钢钒钒制品工程顺利竣工投产，矿业公司白马选钛项目的铁精矿回收工程完工，生产运行良好；重庆钛业硫酸法钛白环保搬迁，攀枝花钛白易地建设等项目正在积极开展前期工作。矿产资源开发力度加大。组织实施攀枝花钒钛磁铁矿资源综合利用示范基地建设，白马铁矿精矿管道输送工程竣工投入使用，尖山转地下开采挂帮矿体工程、及及坪采场矿石破碎及胶带运输系统、表外矿利用破碎主体工程等项目已投入生产，密地选矿厂工艺设备升级改造等项目建设步伐加快。钢铁产业结构调整有序实施。西昌钢钒炼铁、炼钢、热轧等主要生产线陆续投入生产，攀钢钒3号烧结机顺利实现达产达效，西昌钢钒冷轧、3～4号焦炉等项目稳步推进。

【科技工作】 2012年，攀钢科技创新的引领支撑作用进一步增强。狠抓科研平台建设，设立攀钢技术委员会，“钒钛资源综合利用国家重点实验室”顺利通过国家验收。狠抓科技项目研发与成果转化，“宇航级钒铝合金关键问题基础研究”列入国家973计划；高配比钒钛磁铁矿高强度冶炼、金属钛提取、热连轧和冷连轧钛卷、氧化钒清洁生产等工艺技术研究取得重大突破。全年申请专利569项，其中申请发明专利362项、申请国际专利5项。全年获得专利授权316项，其中授权发明专利124项、授权国际专利12项。审查评审发布攀钢集团公司级技术秘密（专有技术）9项。《钢轨热处理方法及钢轨热处理机组》获第十四届中国专利优秀奖，是攀枝花市唯一获奖项目。通过中国钢铁工业协会科技成果鉴定1项，四川省科技厅科技成果鉴定42项；攀枝花市科技成果鉴定56项。获得省部级科技奖励成果20项，其中，中国钢铁工业协会“冶金科学技术奖”4项；四川省科技进步奖16项（其中一等奖1项）。获得攀枝花市科技进步奖42项（其中一等奖2项）；获得鞍钢集团公司重大科学技术奖10项（其中一等奖1项）；评审、奖励攀钢集团公司科技进步奖51项（其中一等奖1项）。完成2项国家标准、10项行业标准的制（修）订工作。加强新产品开发和推广应用，累计完成新产品产量256万吨，其中独有和领先产品201万吨。

【改革改制】 2012年，攀钢着力深化改革，加快推进体制机制创新，充分激发企业内部的生机与活力。人力资源优化工作平稳起步。确立“不能养懒人、不应有闲人、激励勤快人、奖励有功人”原则和“总体设计、整体规划、分步实施、常抓不懈”的工作思路，着手制定公司2013～2015年人力资源优化滚动规划。积极开展劳动定额定员工作，出台《岗位劳动定员管理办法》和《岗位设置管理办法》。各单位对标同行业同类型先进企业，认真做好岗位调查摸底、分析评价等基础工作。落实西昌钢钒劳动用工总定员及在岗正式职工定员方案，完成氯化法钛白等钛产业项目人力资源补充规划。正激励导向的分配机制基本确立。改进工效挂钩管理办法，强化工资总额调控。增强收入分配的激励功能，设立“科技创新奖”和“总经理奖励”，加大对贡献突出单位和人员的奖励力度，调动干部职工的积极性。出台针对性的支持政策，鼓励各单位开源节流，促进企业增效、职工增收。转换经营机制稳步实施。按照鞍钢集团统一部署，做好区域子公司的筹建工作，完成管控模式、组织机构及机关改革方案设计。拓展对外合资合作领域与模式，与贵州盘江集团合资组建攀枝花、西昌盘江煤焦化公司。强化辅业单位市场关系再造,建立内部产业协同发展机制,完善工程项目承包、设备及备品备件采购内置目录,从机制和政策上扶持各产业走市场化发展道路。有序推进辅业分离改制,四川鸿舰重型机械制造有限责任公司移交攀枝花市政府相关工作进展顺利。

【节能减排】 2012 年,攀钢按照"建体系、定规则、控运行、评效果"的总体管理思路,在进一步清理公司内部节能减排管理制度的基础上,组织开展《环境保护管理标准》《节能管理标准》《突发环境污染事故应急预案》等节能减排管理标准及办法的制订和完善工作,建立节能减排工作例会制度,每两个月由公司主管领导组织召开一次节能减排专题会。在各单位开展节能减排对标挖潜的基础上,结合公司二次能源回收利用水平与标杆企业相比差距较大的实际,组织开展钢铁系统二次能源回收利用专项对标。与标杆企业相比,公司在二次能源回收利用方面年少回收 28.65 万吨标煤。为此,公司开展深入的对标工作,制定完善措施,不断提高回收利用率。积极推动节能减排技术改造项目的实施,2012 年攀钢共投入资金53 524万元,实施冷轧厂退火炉废气余热回收、炼钢转炉余热蒸汽回收系统改造、煤化工厂蒸氨系统改造、煤化工厂 C410 除尘系统改造、新 3 号烧结机的烟气脱硫设施、余热回收装置等节能减排项目 20 个,年节约能源 6.6 万吨标煤;年减少粉尘排放 1.52 万吨;年增加二氧化硫削减能力 2 万吨。2012 年,通过开展节能减排工艺优化,流程改进,共节约 4.98 万吨标煤。主要开展攀钢钒干熄焦、TRT、烧结机余热回收等二次能源设施的工艺优化,钛业公司钛白粉厂用电、用汽工序的优化等。

【对标挖潜】 2012 年,攀钢启动"对标挖潜、降本增效"工作,横向到边,纵向到底,在全公司范围内广泛、积极地推进,形成"铺摊子、理思路、建体系、求突破"的总体态势。明确工作定位与工作主体。攀钢公司相关部委室,子分公司(单位)及其所属厂矿、车间(作业区)、班组是各层面开展"对标挖潜、降本增效"工作的主体。明确工作目标、思路、方法。2012 年 7 月 6 日,攀钢发布《"对标挖潜、降本增效"2012 年度工作方案》,明确按产业板块对标以及分层级对标的原则,指出"三对""三找""三抓"的基本对标方法,有效地带领和指导各单位开展对标工作。建立组织保障体系。2012 年 4 月 20 日,攀钢成立总经理张大德任组长的"对标挖潜、降本增效"领导小组,各子分公司也相应建立组织保障体系。公司还相继成立《人力资源优化工作督导小组》和《财务工作督导小组》,积极稳妥推进公司人力资源优化工作和财务减亏控亏工作。构建学习、交流平台,建立交流、督导机制,通过及时发布优秀对标事例,组织先进单位分享对标方法,促进各单位及时改进、共同提升。

【资源综合利用】 2012 年,攀钢资源综合利用新工艺中试线连续运行 20 天以上,并开展红格矿直接还原试验,得到合格的钒铬渣;高品质富钛料中试线连续运行 19 天,人造金红石品位最高达 88.49%;低温氯化中试线经过一系列优化整改,全流程连续运行23 天,实现工艺设备稳定运行。资源综合利用项目稳步推进。其中,半干法脱硫灰处理钛业酸性废水和废旧铸铁轧辊综合利用 2 项已实现产业化;高炉瓦斯泥综合利用技术、钒铬还原渣资源化利用技术和刚玉渣浇注料在高炉下渣沟流嘴上应用 3 项已完成产业化方案。含钒尾渣防氧化脱碳涂料、攀钢钒能动中心粉煤灰制砖项目进展良好,其工艺和技术已打通。积极研究掌控含铁废弃物开发价值,对高炉渣、钢渣等 9 种含铁物料资源情况进行调研;攀钢钒公司成立东渣 10 道、巴关河渣场、西渣场、合金分公司四个试验标定小组,完成对高炉渣等含铁料的成分和数量标定工作。加快废旧资源综合利用项目产业化进程,实现"攀钢钒能动中心粉煤灰生产铁水保温剂"项目产业化,年创效 254 万元;打通钒铬还原渣扩试线全部工艺,被鉴定为二次资源综合利用创新技术,属国内首创,同时申请"含铬废渣酸浸液中铁的去除方法"等 2 项专利;完成攀钢高炉下渣流嘴用浇注料、高炉瓦斯泥循环利用等 9 个项目的结题鉴定,其中 5 项具备产业化条件;废旧铸铁轧辊循环利用技术研究年可创经济效益约 300 万元。

【与盘江集团组建合资公司】 攀钢集团与盘江集团自 2011 年 6 月签订战略合作协议以来,建立了彼此信赖的战略伙伴关系。2012 年双方共同出资组建攀枝花、西昌盘江煤焦化有限公司,在煤焦化领域开展全面战略合作。2012 年 2 月 10 日,攀枝花盘江煤焦化有限公司、西昌盘江煤焦化有限公司创立大会在攀钢南山宾馆举行。攀钢集团公司党委常委、股份公司副总经理张大德,集团公司总经理助理邓民新,盘江集团董事、盘江精煤股份公司总经理孙朝芦,盘江集团副总经理王立军出席会议。盘江集团副总经理王立军、攀钢钒公司总会计师阳春平、西昌钢钒总经理李文谱分别代表各自公司在出资协议上签字。2012 年 5 月 4 日下午、5 日上午,西昌盘江煤焦化有限公司、攀枝花盘江煤焦化有限公司授牌仪式分别在西昌市和攀枝花市举行。攀钢集团公司党委书记、总经理,股份公司党委书记余自甦,集团公司党委常委、股份公司总经理张大德,集团公司党委常委、股份公司副总经理段向东,贵州盘江投资控股(集团)有限公司党委书记、董事长,贵州盘江精煤股份有限公司董事长张仕和,贵州盘江投资控股(集团)有限公司副总经理王立军出席授牌仪式。出席两家公司授牌仪式的还有凉山州和西昌市领导赵世勇、胡坤、李俊、余明良,攀枝花市领导许健民,攀枝花市东区领导魏国民等。在授牌仪式上,张大德、张仕和为西昌盘江煤焦化有限公司授牌,余自甦、张仕和为攀枝花盘江煤焦化有限公司授牌。合资组建的新公司既集中了盘江集团与攀钢集团的资源优势、技术优势和人才优势，又有现代企业的体制机制优势，既实现了盘江集团的业务拓展，也为攀钢提供了长期、优质、稳定的焦煤供应渠道，同时对地方经济社会发展具有重要的意义。

【与三一集团战略合作】 2012年9月20日，攀钢与三一集团有限公司在成都市联合举行战略合作协议签字仪式。攀钢集团公司党委常委、股份公司总经理张大德与三一集团董事、三一重工总裁向文波共同出席签字仪式并致辞。攀钢集团公司党委常委、股份公司副总经理段向东，三一集团董事、三一集团高级副总裁毛中吾分别代表攀钢、三一集团在《战略合作协议》上签字。协议规定，攀钢将与三一集团建立战略合作组织与工作机制，由双方高层合作决策，每季度召开一次战略合作推进会议，按项目检查合作进展；攀钢常规产品全面列入三一集团优先采购目录，在同等条件下三一集团优先采购攀钢钢材产品，采购所有钢材适用攀钢的直供客户政策，三一集团全面支持攀钢在工程机械行业钢材新产品方面的开发应用；三一集团全线机械装备产品列入攀钢采购目录，攀钢在同等条件下优先采购与租赁三一集团机械装备产品，攀钢采购三一集团所有装备适用钻石大客户政策，另享受3~5年的设备融资租赁服务和3个月延期还款政策。双方还约定，在对方需要时，利用各自在钢铁行业、工程机械行业的影响力，配合对方在工程机械行业钢材应用、机械装备产品在钢铁产业链全面应用方面的产品宣传。《战略合作协议》的签订，将使攀钢钢铁产品升级并全面进入工程机械特钢领域，使三一集团机械装备产品全面应用成为钢铁行业示范，从而形成双方新的产业增长点。

【获"中国驰名商标"】 2012年4月27日，国家工商行政管理总局商标局公布认定410件2012年"中国驰名商标"名单，攀钢"PG"商标榜上有名。由国家工商行政管理总局商标局认定并公布的驰名商标，具有区别于一般商标的作用，知名度高，影响范围广，已被消费者、经营者所熟知和信赖，有较高的商业价值。经过多年的发展，攀钢建立了适应市场经济发展的运行机制和公司治理结构，质量管理和质量保证体系完善，拥有良好的商业信誉，曾被授予"企业信用等级AAA级"、"四川省质量管理优秀企业"等荣誉称号。攀钢的"PG"商标钢铁产品，10次获得"冶金产品实物质量金杯奖"。攀钢已培育和形成以"PZH"牌高速铁路重轨为代表的大型材，以"PG"牌汽车大梁板、冷轧家电板为代表的板材，以"攀枝花"牌钛精矿为代表的钛产品，以"攀钢"牌工业萘、焦化苯为代表的煤化工产品，以"CSST"牌为代表的无缝钢管等商标品牌。"PG"商标中P、G分别为"攀钢"二字汉语拼音的第一个字母，并于2010年被认定为四川省著名商标。2010年5月，攀钢向国家工商行政管理局正式申请对"PG"商标给予"中国驰名商标"认定。2012年，"PG"商标终被认定为"中国驰名商标"。

【获四川省首批院士工作站授牌】 2012年2月28日，经过严格评审，攀钢在33家申请单位中名列第一，获得四川省首批院士(专家)工作站建站资格和授牌。攀钢首批进站的有中国科学院院士李洪钟，中国工程院院士张懿、王国栋、殷国茂，以及西安摩尔实验室研究员史交齐、中广核集团苏州热工院有限公司材料寿命所研究员赵彦芬。进站之后，他们将带领研发团队就"钒钛磁铁矿流化床还原新工艺研究""深还原钛渣综合利用""焦化废水强化处理集成技术研究""攀成钢CST特殊螺纹技术评价""攀成钢核电用无缝钢管国产化研究"等重大科研课题开展技术攻关。攀钢成为四川省首批院士(专家)工作站，为攀钢建设自主创新型企业提供了新机遇、新机制、新平台，必将对攀钢的二次创业战略产生重要的推动作用。攀钢将以开发利用攀西钒钛磁铁矿资源为己任，持续加大科技投入力度，切实抓好工作站的建设和运行管理，为院士、专家团队提供良好的工作、生活环境条件，充分发挥其集聚创新要素、激活创新资源、转化创新成果的基础性作用，努力把攀钢院士(专家)工作站打造成为引领钒钛钢铁产业科技创新的战略基地。

【钒钛国家重点实验室建成】 钒钛资源综合利用国家重点实验室为国内钒钛领域唯一的国家重点实验室，由攀钢集团负责建设，是科技部批准依托企业建设的第二批国家重点实验室之一。该实验室以钒钛资源综合利用及产业链延伸为主线，围绕钒钛磁铁矿的高效采选、冶金分离、"三废"利用与节能减排、钒钛产品的开发与应用、技术标准5个方向，开展相关基础研究、关键共性技术研究、工程化技术装备开发。实验室建设期间，承担国家"973"计划、"863"计划、科技支撑计划、重大专项等项目36项，获发明专利42项，制定行业标准4项，自主研发的"氧化钒清洁生产工艺开发""攀枝花钛铁矿高效回收工艺及装备产业化集成技术研究"等分获四川省2011年、2012年科技进步一等奖，并在攀钢生产现场得到推广应用，取得良好经济效益和社会效益。该实验室主管单位和攀钢累计投入6 900余万元用于基础平台的新建和改造，自主研制、购置试验设备39台套，投入68 600余万元用于中试工程平台的建设和运行。主办全国性学术交流会9次，实施开放课题2项，推进钒钛资源综合利用基础及关键技术的研究。2012年12月26日，科技部组织专家在攀钢南山宾馆召开钒钛资源综合利用国家重点实验室建设验收会。专家组一致认为，实验室建设完成计划任务书规定的任务，实现建设目标，同意通过验收。该实验室顺利通过验收，标志着中国钒钛资源综合利用领域基础研究、关键共性技术研究、聚集和培养优秀科技人才的开放基地正式形成，这将带动中国钒钛磁铁矿利用研发水平的提升，推动行业技术进步，变攀西地区钒钛磁铁矿资源优势为经济优势，提高以攀钢为代表的中国钒钛产业的国际话语权。

【和谐企业建设】 2012年，攀钢坚持以人为本，着力维护好职工根本利益，实现企业与职工共同发展。加强人才队伍建设，职工队伍整体素质进一步提高。建立攀钢首席制，选拔第二批钒钛领域特殊人才培养对象10人，确定首批优秀青年科技人才培养对象312人。大力实施职工素质工程，加强班组长、专业技术人才、高技能人才培训，抓好新建项目人员业务能力培训，开展机关管理人员"传帮带"等活动。加强思想文化建设，营造拿出激情、献出睿智、共克时艰的浓厚氛围。深化形势任务教育，开展"树立六种发展理念，推动扭亏控亏增效"大讨论活动；畅通职工诉求渠道，开展"面对面、心贴心、实打实，服务职工在基层""领导干部联系基层车间、班组和一线职工"活动，建成职工在线网络平台，进一步增强思想政治工作的实效性。较好地维护了工作秩序和生产秩序的稳定。迅速启动应急预案，有效地处置了攀成钢公司职工聚集事件。健全维稳工作责任体系，明确各层级行政一把手是维稳工作的第一责任人，党委书记是重要责任人。抓好矛盾纠纷排查调处，深入开展"信访积案清仓"活动，确保了中共十八大和全国两会期间赴省进京零上访目标。积极维护职工合法权益，力所能及地改善职工物质文化生活条件。加强厂务公开和民主管理，坚持工资集体协商制度，着重推进基层车间和班组事务公开。积极争取政策支持，逐步改善职工住房条件，"天骄名城""阳光水岸"等职工住房交付使用；抓好困难职工帮扶救助工作，全年累计发放慰问金、帮困金、助学款560多万元。

（黄长银）

【钢城集团渣钢渣铁资源综合利用项目】 钢城集团渣钢渣铁资源综合利用项目位于仁和区南山循环经济发展区迤资工业园区，计划投资12亿元。项目建成后，将形成年产5万吨钒渣、100万吨钢、15万吨优质铸钢件的生产能力。为抓好项目的推进，市委、市政府确定督办会机制、联席会机制、信息报送机制、定期督察机制及考核办法。2012年，市委、市政府领导多次调研该项目。4月1日，市委办、市政府办出台《关于强力推进重大工业产业化项目建设的意见》，选择10个特别重大的对全市工业经济具有重要带动作用和深远影响的项目予以重点推进。钢城集团渣钢渣铁资源综合利用项目进入十大工业项目序列。该项目包括原钢城集团瑞钢公司整体搬迁，建设内容包括：2座70吨电炉、2座LF炉、1座VD炉、2台小方坯连铸机及配套设施。同时，还将搬迁还建轧钢生产线，实现热送热轧。10月16日，钢城集团瑞钢公司搬迁改造暨渣钢渣铁钒钛资源综合利用项目开工典礼，在仁和南山工业园区迤资园举行。市委副书记赵辉下达开工令，副市长刘建明致辞，市政协副主席马晓凤出席开工典礼。

【钢城集团成功试轧PHB300热轧光圆钢筋】 2012年，钢城集团轧钢分公司根据轧制HPB300光圆钢筋的工艺需求，对相关专业人员进行理论培训。针对轧制中可能出现的问题和难点进行分析预判，拟定应对措施，制定出整套试轧操作制度，采用两切分轧制工艺轧制直径16规格的光圆钢筋。在轧过程中，加强对试样尺寸、变开形量，以及各项经济指标的检验，并对轧制过程进行总结、分析，重点加强对问题的剖析和研究，成功试轧出PHB300热轧光圆钢筋。4月8日，钢城集团轧钢分公司首次成功试轧PHB300热轧光圆钢筋，实现了建筑用光圆钢筋的升级换代，成为攀西地区首家生产此类产品的企业。

（莫基秀）

矿业生产

【基本情况】 攀钢集团矿业有限公司是攀钢集团钢铁钒钛股份有限公司的全资子公司。公司拥有钒钛磁铁矿资源储量13.09亿吨，其中可采储量7.9亿吨，占攀西地区钒钛磁铁矿可采储量的20%。公司下属15个分（子）公司（单位）、机关部（室）14个，有职工10 160人。主营矿石采选及其技术开发、咨询服务，矿产品加工，矿产品质量检测，矿产资源开发利用编制工作，工程勘察、设计、汽车、矿山机械、工程机械、机电设备、起重设备修理等。其产品主要有钒钛铁精矿、钛精矿、石灰石成品矿、高镁石灰、硫铁矿、硫酸等，是攀钢高炉冶炼的主要原料供应基地。"十二五"末，公司将形成年产钒钛铁精矿1 500万吨、钛精矿80万吨、石灰石成品矿250万吨，硫酸20万吨的生产能力。公司先后荣获全国思想政治工作优秀企业、全国企业文化建设先进单位、首批全国重合同守信用企业、首届全国矿产资源合理开发利用先进矿山企业、第二届全国冶金矿山"十佳厂矿"、国土资源部矿产资源节约与综合利用专项优秀矿山企业等称号。

2012年，矿业公司面对钢铁行业的严峻形势，以生产经营和1500工程建设为主线，坚持"放量生产、降本增效"，努力克服矿石性质变化、工程建设任务重、降本增效难度大及限电等困难，全年完成铁矿山采剥总量9 172.70万吨，为计划的94.71%；输出铁矿石3 140.48万吨，为计划的97.83%，生产铁精矿1 055.95万吨，为计划的100.57%；生产钛精矿55万吨，为计划的112.24%；生产石灰石粉矿47.90万吨，生石灰粉48.99万吨，高镁灰6.01万吨，确保了集团公司需求；公司实现考核利润5.05亿元，销售收入51.51亿元。

【铁精矿产能首次突破千万吨】 2012年，面对钢铁行业的严峻形势，矿业公司生产经营坚持"放量生产、降本增效"，努力克服矿石性质变化、工程建设任务重、降本增效难度大及限电等困难，着力本部矿山挖潜和铁精矿产能的释放，按时编制完成年度生产经营计划、采剥计划以及季度、月份、周、日生产经营计划，对主要产品产量指标进行分解落实，对重点推进部位和重点工作进行详尽的安排，为生产经营的顺行创造条件。针对铁矿山采剥失调、剥离欠账以及钢铁市场形势变差，矿产品阶段性过剩等情况进行了解分析，完善确保2012年精矿产量达到预算水平或超过预算水平的措施，及时印发《2012年矿石性质配矿工作安排意见》，加强采场、溜井、原矿仓配矿工作，确保采场矿带比例处于最佳配比波动范围之内，原矿品位和性质均衡稳定，为选矿技经指标的优化创造条件。以铁精矿生产放量生产为原则，进一步稳定磁选操作工艺参数，优化各项技术指标，保持铁精矿系统稳产、高产的势头。全年完成铁矿山采剥总量9 172.70万吨，为计划的94.71%；输出铁矿石3 140.48万吨，为计划的97.83%。生产铁精矿1 055.95万吨，为计划的100.57%。公司铁精矿产量迈上千万吨级台阶，铁精矿产能居全国第二。

【钛精矿产能居全国第一】 2012年，通过精细选钛新工艺的生产管理，进一步优化生产组织方式，强化调度指挥，加强对各条生产线的监控，加强各工序间的衔接和重点工序的管理，平衡组织好各生产线间矿与水的良好协调工作，创造良好的生产经营环境。加强工艺流程管理，规范岗位操作，严格执行标准化作业模式。定期对各关键工序、岗位进行常规考查，及时纠正操作上的偏差，确保生产处于正常稳定状态。规范药剂管理，开展有针对性的降耗攻关工作，制定药剂管理制度，降低药剂消耗，努力实现消耗最低、产能最大化。加强过程质量的监管，严格实行“厂、车间与班组”三级监管机制，严格按照相关规定对过程产品质量、化验质量与包装计量进行抽查，确保产品质量受控，实现钛精矿产量稳定提高。全年较计划增产4万吨，钛精矿品位47.53%，其中8月生产钛精矿4.71万吨，日产量最高达到1 530吨，均创历史最好水平。全年生产钛精矿55万吨，为计划的112.24%，钛精矿产能居全国第一。

【重点工程建设】 2012年，完成固定资产投资9.34亿元，安排实施限上技改工程项目十四项，白马二期1号土场首排部位、及及坪采场矿石破碎及胶带运输系统在7月投入使用；白马铁矿精矿输送管道工程在7月通过交工验收并完成工程移交，已基本正常输矿；白马选钛铁精矿回收工程已全部完工，生产运行良好；尖山转地下开采工程的转地下部分全面进行施工，胶带斜井在10月底贯通；朱矿岩石破碎运输系统的胶带平巷已完工，岩石破碎站至大表外矿的通廊主体结构已完工；选矿工艺设备升级改造中6台破碎机和20台叠层筛7月底安装、调试完工并投入生产；密地选矿厂全尾矿深度回收利用工程在12月底正式开工，设备采购、施工图设计等工作全面展开；表外矿利用破碎工程已施工完成，11月底完成空负荷试车，待重负荷试车。

【财务管理】 以全面预算管理为重点，进一步完善预算管理制度，制定《全面预算管理办法》，做好财务指标分解落实工作，推进工序成本管理，深入开展对标和外协清理评价，加强成本管控。加强资金管理制度建设，配合股份公司拓展外部融资渠道，合理安排资金支付，进一步加强银行账户管理，提高资金使用率，加强债权及专项资金管理，降低公司资金风险。加强价格管理，成立价格委员会及专委会，使价格管理更加合理。强化公司资产管理，对公司闲置资产按照价值最大化原则进行内部调拨和处置，最大限度盘活公司现用资产。规范存货核算管理，加大存货监控，及时掌握存货动态，大力推进“存货降库”工作。推进工程投资精细化管理，将财务稽核关口前移，改事后核算为全程监控，从工程项目可研就介入论证，合同签订、项目实施、竣工验收到项目的后评价，全过程参与、控制项目投资，全年工程项目比选2.8亿元，节约1 352万元。积极研究国家和地方税务政策，降低公司税负，加强税务风险管控。严格控制非生产性费用支出，压缩变动费用。全年白马铁精矿单位生产成本较2011年下降17元/吨；钛精矿单位生产成本较计划下降31.63元/吨。

【物资管理】 按照专业化和精细化要求，强化物资计划管理，明确物资月度需求计划、年计划、紧急计划的申报时间、流程等具体要求，细化考核内容和考核办法。加大价格管控，实行双重询价机制，建立建议采购方式、价格评审及审批制度，及时跟踪大宗原材料以及市场价格变化大的物资市场行情，掌握最新市场动态，强化物资采购和价格的制约管控。优化采供模式，分别对生产经营影响重大的物资、重点设备的备品配件、事故件和不易购买等物资采取不同的采购模式，有效降低运输和仓储成本。积极探索“归零为整”的招标方式，修订完善招标基础工作和流程，扩大邀请招标范围，发挥批量采购优势。全年招标采购物资14 373.45万元，节约采购成本1 413.19万元。规范供应商管理，对在网供应商的资质进行全面清理和更新，停止34家两年未发生业务厂商的供货资格，对1家经评审不合格供应商发出书面整改，通过15家新增供应商的评审，终止与6家供应商的业务关系和20家不配合降采工作供应商的供货资格。全面启动“对标挖潜、降采利库”工作，开展现有库存结构清理，探索实施增大直供比例、减少中间环节、实行零库存管理和分级管理等措施。全年通过降低采购成本创效益5 345.62万元，利库1 164项，金额1 885.42万元。

【设备管理】 适应集团公司把矿业生产纳入最高层级管控要求，深化设备管理基础工作，狠抓设备管理制度及标准建设，重新修订、印发及推广《矿业公司主体设备三大规程》《矿业公司设备管理文件汇编》。积极推进“设备TPM管理体系”建设，加大主体设备作业率绩效副指标奖惩及设备事故考核力度，激励效应逐步显现，主体设备作业率得到稳步提升，设备事故得到有效控制。不断完善消耗写实及消耗定额制度，机旁备件及材料库存量大幅降低，库存结构优化效果显著。不断尝试外委检修发包模式，议价、比价等竞争性评比方式的引入，有效降低检修成本，检修单位的选择更加合理。稳妥有序的引进先进的管理理念及系统，白马选矿、朱矿设备点检定修信息化系统研究及白马铁矿二通道无人值守系统建设正按计划进行，加大设备管理力度，主体设备的运行总体受控，杜绝了重、特大设备事故发生，密地选矿厂球磨作业率达95.84%，创历史最好水平，白马二通道、三台半自磨作业率实现攻关目标。大力开展节能减排，科学控制工序能耗，“移峰填谷”降成本303.03万元，铁精矿、钛精矿综合能耗比2011年分别降低1.13千克、2.94千克标煤/吨。

【安全环保管理】 2012年，矿业公司层层签订安全目标责任书，组织职工开展年度安全承诺活动，分别制订教育、危化品、特种设备、防洪、定置管理、劳动保护、党组织参与安全管理等年度专项检查计划，认真开展季度安全生产目标考评。努力推进安全生产标准化达标工作，完善安全生产规章制度，健全管理体系，矿业公司四矿两库共9个安全生产许可证系统均达到国家安全生产标准化二级企业标准。开展2012年危险源辨识、风险评价及风险控制和QES(质量-环境和职业安全健康管理)工作。基本完成三体合一管理手册制定。严格安全管理和“一岗双责”制度落实，强化各级履责，以尾矿库、排土场重大危险源为主线，强化各级危险源安全监管和岗位日常安全巡检工作，严格执行公司不定期抽检、厂矿月检、车间周检、班组日检制度，确保各级危险源的安全受控。认真落实应急管理，强化现场安全监管和重要时段重点监管，严抓节日期间和季节性的安全工作，深入开展生产岗位、要害部位节前安全检查和隐患治理，确保节日期间安全生产。强化外协作业和外委工程建设项目安全监管，重点抓好隐患整改落实，确保现场安全文明施工。全年事故隐患整治率100%，职业危害监测率100%。发生轻伤事故16起，轻伤16人。进一步加强环境保护工作，积极进行绿色矿山申报工作，兰尖、朱矿绿色矿山建设规划通过四川省矿业协会审查，成为绿色矿山试点单位。

【科技质量管理】 深入开展科技工作，成立10个攻关分队，大力推进国家“863”“钒钛磁铁矿高效选矿关键技术与示范”项目，深入开展高铬型钒钛磁铁矿高效清洁采选新技术及装备、攀钢熔分渣选矿试验、朱兰采场资源保障方案、提高攀精矿品位及高炉冶炼工业试验等研究，开展科技项目121项，获得集团公司及以上科技进步奖19项次，其中“攀枝花钛铁矿高效回收工艺及装备产业化集成技术研究”获得冶金矿山企业协会科技进步二等奖。深入推进知识产权工作，共组织申请专利13项，其中发明专利申请5项；获得专利授权3项，其中发明专利1项。大力开展群众性合理化建议活动，创效6 213.36万元。认真开展QES体系建设，积极推进钒钛磁铁矿综合利用国家重点实验室建设方案设计工作。深入开展QC(品质控制)小组活动，获国优成果2项，冶金行业优秀成果1项，省优成果4项，市优成果13项。修订完善新白马公司管道输送至西昌钢钒公司铁精矿取制样、化检验、计量等协议。开展名牌产品和质量体系工作，完成钛精矿名牌产品的复审获证工作。建立矿业公司质量对标体系和质量安全责任体系。加强质量管理，密地选矿厂和白马选矿厂铁精矿品位分别达到54.02%、55.23%。

【矿业改革】 积极推进改革创新，优化整合内部资源，完成白马选矿厂、白马铁矿物资配送及库房统一划转物资处配送中心，白马选矿厂工程机械施工业务划转兴茂公司，白马尾回水系统及趸船划归能动中心等工作。创新劳动组织方式，优化人力资源配置，按照鞍钢集团公司人力资源优化指导意见，结合攀钢集团公司岗位设置及劳动定员文件精神，安排部署公司岗位设置及劳动定员编制工作，形成《矿业有限公司2012年岗位设置及劳动定员编制方案》。进一步完善绩效分配制度，实行“层级化管理，差异化激励”薪酬管理制度，公司机关及二级单位一般管理、工程技术及其他不易量化工作任务的岗位中，实行岗位绩效平衡计分卡计发工资待遇制度。

【思想政治工作评价指标体系建设】 开展《思想政治工作评价指标体系纲要》试点工作，深化思想政治工作的机制建设、运行实施和效果评价，形成党委统一领导，党政工团共同负责、共同研究、共同落实，各部门职责分工明确的思想政治工作组织机构，实现层层发动、全员覆盖、全程贯穿、全面反映、全员参与。完善思想政治工作的保障体系，公司按人均100元、全公司120万元的思想政治工作专项经费确保整个思想政治工作的实施。并将各单位职工阅览室、车间宣传栏等阵地硬件建设纳入职工小家建设，不断丰富和完善职工思想政治工作的基础设施。《实施细则》的贯彻落实，打破了原来只有政工干部才做思想政治工作的局面，树立公司全体管理者均有做思想政治工作，全体职工均有参与思想政治工作的职责和义务的观念，定期对各单位思想政治工作实行考核，其考核结果直接与该单位年度评先挂钩，确保思想政治工作收到实际效果。

(黄长银)

冶金建设

【企业实现“双百亿”目标】 2012年，中国十九冶紧紧围绕年初制定的目标，“危”中寻“机”，难中求进，深度开拓非钢市场，精心组织在手工程，不断提升管理水平，有效破解发展难题，市场营销继2011年超百亿元后，再次刷新纪录，新签合同达112.3亿元，营业收入100.2亿元，市场营销和营业收入首次同步实现百亿元目标。其中，钢铁市场占比34.75%；非冶金市场新签合同73.3亿元，占新签合同的62.25%。

海外市场大幅增长，呈现点多面广的新态势。从借船出海到造船出海，海外工程遍布四大洲，涉及越南、阿富汗、孟加拉、纳米比亚、委内瑞拉、塔吉克斯坦、巴布亚新几内亚，新签合同额创历史新高，达到23.8亿元，占新签合同的21.18%，实现重大突破。西部市场分布更加广泛。区域分公司充分利用"一江八点"（东进重庆、武汉、南京、上海，南下昆明、广深、湖南，北上成都，建立和形成了沿长江一线施工基地和靠拢大城市、靠拢大钢厂有利的市场格局）的市场布局优势，取得良好的市场业绩，共签合同43.6亿元，市场贡献率占全公司半壁江山。

【管理成果获奖】 由中国十九冶董事长田野主创，总经理蔡仲斌、党委副书记刘伟、董事会秘书谢维贵参与创造的《施工企业"西部铁军"品牌建设》管理成果获第十九届"国家级企业管理现代化创新成果"二等奖。

2012年4月以来，由中国企业联合会、国务院国资委企业改革局、工业和信息化部产业政策司和中小企业司共同主办，全国企业管理现代化创新成果审定委员会负责组织，开展了第十九届全国企业管理现代化创新成果的申报、推荐与审定工作，共收到并受理企业申报成果441项。经过组织政府部门、高等院校、科研机构、企业团体有关专家初审、预审，媒体公示，并由全国审委会会议终审，197项成果被审定为"国家级企业管理现代化创新成果"，其中一等奖30项、二等奖167项。

【民生工程】 2012年，中国十九冶先后签订青白江区大同镇同福苑安置房（一期）配套道路项目、青白江区工业南区安置房一期项目、双流县黄水镇杨公小区安置房项目、双流县公兴镇金河苑小区安置房项目和双流县正兴镇回龙小区安置房项目的投资合同。

承建的攀枝花棚户区项目是全国利用住房公积金贷款支持保障性住房建设试点项目，住建部专家组三次莅临检查，对中国十九冶为民办实事、好事的行为给予高度赞扬。

中标的成都二环路东段改造工程EPC2合同段施工总承包工程是全国首创，将快速公交、快速路合二为一，共同架上高架桥的创新性工程，是成都市"五大兴市战略"重要项目之一，是缓堵保畅、惠及全市人民的重大民生工程。截至12月底，已创造了整个成都二环路改造工程中首家完成盖梁施工、首片小箱梁浇筑、首片钢箱梁吊装、首家桩基提前完工、首家承台提前完工、首家完成小箱梁预制"六个第一"。

【科技成果】 2012年，中国十九冶专利受理89项，新授权专利79项；主编2项国家行业标准颁布；6项工法通过省级工法评审；6项成果通过攀枝花市鉴定；7项科技成果获得攀枝花市2012年科学技术进步奖；2项成果获中国施工企业管理协会科学技术奖技术创新成果奖；顺利通过四川省级企业技术中心2012年度年审。被确定为四川省第六批建设创新型企业试点企业。

中国十九冶编制完成的《高炉炼铁工程管理与施工技术》一书，由冶金工业出版社出版发行，这是企业成立以来正式出版发行的第一本冶炼施工技术管理专业专著，代表了国内高炉施工和技术管理的新水平，是"西部铁军"为企业和国家留下的一笔宝贵精神财富。该书体现了当前高炉工程建造技术的实用性和创新性，具有较强的应用指导价值，比较全面地对高炉修造施工技术和管理等进行了归纳和总结，并作为四川省2012年度重要研究转化成果课题项目，得到四川省经济信息委员会30万元的专项资金支持。

【人才建设】 2012年11月7日，中国十九冶4名选手在淘汰赛中脱颖而出，包揽第42届世界技能大赛建筑金属加工和焊接项目参赛名额；11月20日，"周树春技能大师工作室"在中国十九冶高级技工学校焊工培训中心挂牌，这是中冶集团和攀枝花市首家获得人力资源和社会保障部、财政部认可的国家级技能大师工作室，同等规格的工作室四川省仅有4家，该工作室同时还获得四川省技能大师工作室资格；12月8日，周树春获"中华技能大奖"，成为攀枝花市、四川省、中冶集团获此殊荣的"第一人"。

【构建"西部铁军"核心价值体系】 2012年，中国十九冶以文化与品牌"双核"为驱动，努力构建"西部铁军"核心价值体系，积极从企业的发展中汲取新知识、新信息，不断更新、持续打造企业文化发展战略，增强企业文化竞争力。

实施企业文化发展规划，推进CIS（企业形象识别系统）建设。根据《中国十九冶企业文化建设发展规划》，中国十九冶编印出版企业文化、品牌手册——《"西部铁军"文化与品牌》，广大员工人手一册，加大了"西部铁军"品牌的传播力度，使"西部铁军"文化固化于心，使企业文化、品牌建设落地生根。

8月25日，与四川省企业文化研究会、四川大学企业文化与文化经济研究所承办了由四川省企业联合会/四川省企业家协会、四川大学主办的"践行社会主义核心价值观·四川省企业文化建设'西部铁军'现场研讨会"，国内知名专家纷纷对"西部铁军"品牌的建设进行了高屋建瓴的点评、建议和指导，认为文化—品牌"双核"驱动模式值得中国企业研究、学习、借鉴和推广，使"西部铁军"品牌的提升与发展有了全新的方式、全新的方法和全新的高度。

（罗 珣）

煤　炭

【概　况】 攀煤公司位于川滇交界的攀枝花市西区，北距四川省成都市749千米，南距云南省昆明市351千米，矿区总人口近10万人，总面积209平方千米。经过近半个世纪的艰苦创业，攀煤公司已发展成为以煤为主，电力、化工、火工、建筑建材、机械制造等多业并举、配套发展的综合型企业。截至2012年年底，公司共有4对矿井、6个分公司、5个子公司和辅助后勤等24个单位，资产89亿元，职工1.72万人，煤炭核定生产能力507万吨/年。

【生产经营】 2012年是攀煤公司进入新世纪以来改革发展最为复杂困难的一年，受煤炭行业市场突变，产品价格大幅下降等因素的影响，公司总体经营形势不尽理想，主要生产经营指标未完成计划，同比有所下降。全年生产原煤400万吨，同比减少25万吨；产销精煤168万吨，同比减少7万吨；产销焦炭57.12万吨，同比减少12.38万吨；矸石发电14.96亿千瓦时，同比减少1.58亿千瓦时；生产矸石砖（含蒸压砖）1.43亿块，同比增加1 068万块；生产火药8 048吨，同比减少2 787吨。企业实现营业收入34亿元，同比减少6.5亿元，亏损1.45亿元。全公司实现安全生产，创历史最好水平。职工人均收入4.17万元，与2011年基本持平。

【安全工作】 2012年，攀煤公司实现安全生产，矿井百万吨死亡率为零，创公司成立近半个世纪（含攀煤公司前身攀枝花矿务局）以来最好成绩。全年攀煤公司突出安全履职建设，严格领导干部带班值班制度，强化安全包保，加大责任追究力度，全年组织各类安全检查8 500人次，安全处罚2 391人次，各类罚款71万元，安全工作执行力进一步增强。突出安全现场管理及“双基”（基层、基础）建设，4矿质量标准化均达到川煤一级标准，地面生产单位全部达标，全员安全培训9 139人次，区队长安全培训493人，小宝鼎矿等5个生产单位被命名为“四川省安全文化示范企业”，严清班等12个班组分别获省、市和行业工人先锋号和优秀班组称号，基层基础管理进一步加强。突出安全必要投入，全年提取使用安全费用7 949.8万元，矿井6大系统及综合信息化建设稳步推进，国债安全技改项目主要工程基本完成，矿井防治水、机电、运输监控系统小宝鼎、花山矿通过省级验收，大宝顶、太平矿年底投入使用。

【生产形势】 2012年，是煤炭产业最为复杂困难的一年。经济层面，欧债危机继续发酵，世界经济整体仍然疲软，国际煤价大幅下降导致中国煤炭进口量同比上涨近30%，国际煤炭对国内煤炭产业冲击明显。政策层面，受国家房地产调控力度不断加大和节能工作大力推进影响，钢材需求和火电出力大幅下降，进而导致煤炭需求大幅下滑。产业层面，随着部分新建矿井和重组整合技改矿井陆续投产，2012年新增煤炭产能继续释放，社会煤炭库存持续高位。多因素作用下，攀煤公司全年煤炭售价持续下滑，年底煤炭价格较2011年同期下降近40%，严重影响公司盈利水平，加之随着煤炭深部开采，开采条件日趋恶化，赋存条件日趋复杂，特别是公司主要生产矿井花山煤矿和大宝顶煤矿频遇过断层，严重影响矿井产量，成为公司2012年未完成经营目标的又一重要原因。

【煤炭生产】 2012年，攀煤公司破除重产量、轻质量思想，狠抓煤炭生产组织。在矿井生产上，不断调整生产布置，攻克生产过程中遇到的各种自然条件变化和实际困难，研究落实以薄煤层、急倾斜为重点的机械化采煤方法；制定实施生产管理办法，开展机电运输大会战，加大欠产及中断生产事故问责，从下半年开始逐步扭转生产下滑被动局面。在精煤生产上，突出抓好产率攻关，加强设备维护检修和重点环节工艺改进，洗煤新系统作用发挥明显，精煤产率42.58%，同比提高2.05个百分点。在质量管理上，进一步落实合理配采、分装分运、现场捡矸等措施，加大目标责任考核力度，严格扣矸扣水计量，全年原煤灰分55.28%，同比下降2.95百分点，煤炭质量和精煤产率的止滑提升成为全年生产工作的主要效益点。在系统配套改造上，花山矿240万吨技改扩能主体工程基本完工；大宝顶矿+1400米运输系统改造6月开工建设；巴关河6 000吨精煤仓投入使用，为煤炭产业持续发展打下基础。

【相关产业】 2012年，在市场持续低迷、资源保障十分困难的局面下，攀煤公司破除重规模、轻效益思想，推进相关产业稳定运行。焦化产业围绕大幅度减亏目标，从实施采供销一体化管理入手，在资金、政策支持，组织、人员和技术保障等方面做了大量工作，同时根据市场变化和投入产出情况，主动采取限产保产措施，进入8月后生产经营取得回升，但由于成本倒挂，市场低迷，亏损仍然严重。其他电力、建材、机制等相关产业总体运行较为平稳，电力上半年基本做到满负荷生产，4月发电1.92亿千瓦时，创月度发电历史最高记录；机制公司成功研制生产两台730重型刮板机，引进生产一批截齿产品，综采检修车间10月投入使用，全年实现销售收入4 569万元，同比增加1 338万元；九鼎建材利用与经销商合作方式，实现矸石砖产销平衡，并略有盈利；恒威公司整合组建爆破股份公司，全年爆破产业实现收入4 142万元，同比增加609万元；电冶公司由于受市场、电价等多方面影响，经营困难，1月主动停产；其他产业也在创收增效上取得一定成绩。

【持续发展】 2012年，攀煤公司一手抓资源接续，一手抓项目储备，为企业可持续发展提供有力保障。1月启动宝鼎矿区接替资源勘探，累计钻孔21 821米，预计可获得3.26亿吨储量；5月取得云南宣源桃树坪煤矿探矿权，含信德煤矿新增异地煤炭资源近3亿吨。着力搞好重点项目研究储备，与曲靖众一、攀钢合作建设的40万吨煤焦油精细化加工项目8月正式开工建设；积极组织开展光伏发电、电冶转产等项目的考察和论证；桃花玉、都江堰灾后重建等项目前期筹备工作均在稳步推进中。

【经营管理】 2012年，攀煤公司按照精打细算，全面从紧的总基调，着力经营过程管控，维护正常经营秩序。在经营活动监控上，成立内部市场化办公室，把管理范围由矿井向地面单位逐步拓展，搭建纵横内管的基本框架。坚持经营活动季度分析、月度考核，出台重点亏损企业经营管控办法，强化对指标落实、工资分配、小金库清理、改制上市等重点工作以及焦化、电冶等重点企业的内部审计和效能监察，一定程度遏制了经营持续被动局面。在成本费用控制上，恢复设备租赁制度，加强材料设备回收复用，推行错峰生产，压缩非生产性费用，全年回收复用、修旧利废创价值7 000余万元，非生产费用同比下降5%以上。在资金预算管理上，加大资金筹措力度，严格资金控制使用，创新融资方式，优化融资结构，在十分困难的情况下基本保证了资金链条不断。在项目工程管理上，坚持以安全生产工程为主，严禁计划外、超预算及擅改设计、违规扩建工程，压缩非生产工程、杜绝零星工程，全年安排落实重点项目12项，完成投资4.09亿元。

【安全"双基"工作】 2012年，攀煤公司按照川煤集团及公司"双基"（基层、基础）工作要求，扎实工作，开拓创新，"双基"建设取得良好效果，矿井百万吨死亡率为零，创历史最好水平，全年杜绝了较大及以上事故发生。队伍建设方面，"五好班组"（经济效益好、安全质量好、思想作风好、业务素质好、民主管理好）、"六好区队"（班子建设好、队伍作风好、思政工作好、安全生产好、民主管理好、经济效益好）大于70%；采区回采率94.06%，掘进效率0.207米/工，高于上年度水平；技术人员占职工总数的16.6%，高于8%的要求。基础工作方面，安全培训9 400人次，超计划9.2%，全员应知应会合格率达到100%，特殊工种持证上岗率达100%；"双基"建设投入800万元，超计划34%。

【安全文化建设】 2012年，攀煤公司制定《关于进一步加强安全文化建设的指导意见》，注重安全理念培育，着力加强安全文化载体建设。各矿建立安全文化长廊，开展安全飞信"攀煤行"活动，打造"矿嫂"安全品牌，初步形成有攀煤特色的安全文化氛围。小宝鼎矿、花山矿、水电分公司、精煤分公司、矸石发电厂被省安办命名为"省级安全文化建设示范企业"。各级党政工团组织把安全列为业务工作中的重要内容，广泛开展党员"双无"（无违章、无事故）、安全生产流动红旗、群监网员监督检查、家属协管会送温暖、青安岗监督检查、干部作风督察等活动，实现了齐抓共管的工作局面，共同筑牢安全防线。

【人力资源管理】 2012年，攀煤公司在人力资源管理上加大力度，注重员工培训与人才引进，完善选人用人机制。全年劳动合同签订率100%，续签劳动合同314人，新签劳动合同427人，其中大中专毕业生380人。制定实施《攀煤（集团）公司劳务用工管理办法》，开展劳动劳务用工清理，全年共清理不在岗职工460人。实施职工素质工程，举办第九届职工技能大赛，强化队伍培训工作，全年计划培训各类人员14 286人（次），实际培训15 471人（次），完成计划的108.3%。其中，专业技术人员培训383人（次），区（科、队）长、班组长培训304人（次），处级、科级（含后备）、青年干部269人（次），职工岗位技能培训及技能鉴定1 010人（次），人事档案、办公室业务、劳动工资法律法规、信息自动化、资本运营及证券知识、改革改制及产权管理等专业系统培训2 789人（次），党务工作类培训101人（次），特种作业人员培训3 839人（次），合格2 621人（次），特种作业人员持证上岗率100%，全年提取使用职工教育经费1 800万元。制定《攀煤公司2012年工资管理暂行办法》，对各单位工资总额核定坚持以质量效益为中心，以经营目标挂钩考核为手段。出台《调整地面职工夜餐工作补贴标准》《调整井下班中餐补贴标准》等办法，深夜班补贴，值班、看守补贴，井下采掘工、盯面安检员和瓦检员的井下班中餐补贴等大幅提高。

【科技创新】 2012年，攀煤公司全年安排科技项目54项，其中通过四川省科技成果鉴定4项，攀枝花市科技成果鉴定7项；获四川省科技进步奖三等奖1项，获攀枝花市科技进步奖4项，其中二等奖3项、三等奖1项。通过川煤集团科技鉴定15项并报奖。专利工作取得较好效果，"一种增强粉煤灰在水泥中活性的激发剂""高掺粉煤灰水泥生产工艺及粉磨工艺"等2项发明专利，以及"带有防滑装置的爬底板采煤机组""用于在煤矿工作面的钻孔内埋设排瓦斯套管的装置""双风机通风系统的三通风筒""用于巷道的碰撞式风门""深孔装填测试装置""药卷除水装置"6项实用新型专利获国家知识产权局授权。"静态敏化装置及其切刃体"1项发明专利，以及"矿用单轨吊车转弯装置""深孔装填测试装置""药卷除水装置""一种煤矿探放水用止水套管结构""用于刮板机的防护装置"5项实用新型专利获国家知识产权局受理。2012年，攀煤公司科技经费投入13 645万元，科技贡献率达53%。

【综合信息化建设】 2012年，攀煤公司综合信息化建设按建设规划有序推进。完成太平矿、大宝顶矿综合信息化、自动化系统的建设，并于2012年12月通过预验收进入试运行阶段。共完成三维集控软件平台、工业以太环网平台、调度

DLP 大屏显示系统、数字式工业电视系统、无线通信系统、水文监测系统、矿灯管理系统、用广播系统、车信集闭系统等 18 个子系统。2012 综合信息化建设共投入4 600万元。

【节能环保】 2012 年，攀煤公司节能环保工作扎实推进，取得较好效果。节能方面，公司全面完成市政府下达的节能减排目标，年节能8 000吨标准煤，工业经济责任目标增加值能耗下降 8.9%，超市经信局下达的 6% 的目标 2.9 个百分点。以矿井机械化建设为龙头，建设高产高效矿井。加快精煤技改工程进度，提高精煤回收率，减少洗选损失。加强煤矸石电厂的经济运行管理，降低供电煤耗。利用太阳能等新型能源，取消燃煤锅炉，减少能源消费。环保方面，“三废”（废气、废水、固体废物）排放、治理、综合利用均达到相关规定要求。矸石电厂产生527 878万标立方米废气，焦化公司废气 58 万标立方米全部实现达标排放。公司建成使用 5 座矿井水处理站，年废水处理能力达到1 300吨/小时，年回用废水 160 万吨，排放废水全部达标。公司洗煤矸石年产生 176 万吨，生产砖年利用 31 万吨，生产低热值电煤约 10 万吨。

【和谐建设】 2012 年，攀煤公司坚持以人为本的核心理念，努力构建和谐稳定矿区。召开第三次党代会，明确“十二五”规划发展目标和工作任务，统一职工思想认识，增强全员发展信心。注重关心职工生产生活，依法提高职工住房公积金，调整规范井下班中餐、地面夜班津贴和高温高空、有毒有害补贴，矿区老工伤全部纳入市级统筹管理，医院新住院大楼投入使用，全年组织职工健康体检25 916人次，疗养 733 人，送达慰问金1 544万元，公司被评为四川省厂务公开、民主管理示范单位。积极履行国企社会责任，参与攀枝花肖家湾煤矿“八二九”事故抢险，出动指战员 826 人次，救出遇险遇难人员 52 人，在抢险救护中取得突出贡献。启动以小宝鼎矿为试点的社会主义新矿山建设，完成矿区 35 千伏全部线路及花山、淌家度片区水电改造，棚户区改造主体工程基本完工，安置居民 4 案 367 户。加强信访维稳工作，努力解决历史遗留问题，化解部分矛盾；配合政府加大对私挖盗采打击力度，加强社会治安综合治理，矿区保持安全稳定。

【棚户区改造】 2012 年，攀煤公司棚户区改造工程完成投资 8.4 亿元，工程建设基本完工，新建安置房7 577套，小区内外配套设施建设同步完成，6 005户棚户区居民喜迁新居。宝鼎矿区煤矿棚户区总投资 15.3 亿元，涉及户数12 641户。改造工程自 2005 年开始实施，2008 年年底上报实施方案，2009 年 4 月中咨公司受国家发改委委托对宝鼎矿区棚户区改造工程进行评估，2009 年 8 月四川省发改委批复宝鼎矿区棚户区改造工程的初步设计。工程规划利用 3 年时间，采用异地新建和就地新建方式进行棚户区改造，共新建 18 处住宅小区（组团），建筑面积 99.63 公顷。其中，住宅建筑面积84.8 公顷，配套公建面积5.49 公顷。工程预计于2013 年全部完工。

（王　宁）

电　　力

四川省电力公司攀枝花电业局

【概　况】 国家电网四川攀枝花电业局为四川省电力公司下属的特一型企业。本部设置 11 个职能部门，市公司层面业务支撑和实施机构 6 个，所属全资县公司 2 个，省公司授权管理控股公司 2 个。有职工1 145人，其中国网公司和省公司优秀人才 44 人，优秀人才密度居省公司前列。

2012 年，拥有变电站（开关站）49 座，变电容量 539.38 万千伏安，其中，220 千伏变电站 9 座、110 千伏及以下变电站 36 座、10 千伏开关站 4 座；35 千伏及以上线路1 412千米，配网线路2 131千米。

2012 年，攀枝花电业局累计完成售电量 115.25 亿千瓦时，居省公司系统第三位；日最大负荷 156.8 万千瓦（网供），日最大电量3 402万千瓦时；完成固定资产投资 7.15 亿元，同比增长 74.19%；实现连续安全生产1 440天；继续保持“全国文明单位”称号。

【人力资源管理】 2012 年，攀枝花电业局全员劳动生产率为 93 万元/人·年，比 2011 年增长 17.7%。加大优秀人才培养力度，畅通人才成长渠道，全年累计新增省公司级优秀管理人才 3 名、技术人才 5 名、技能人才 31 名。全局人才当量密度 0.94。

2012 年 4 月和 6 月，四川省电力公司对攀枝花电业局领导班子进行调整,4 月,西昌电业局党委书记华欣交流至攀枝花电业局担任党委书记、副局长,攀枝花电业局原党委书记、副局长杨文毅任期已满,担任攀枝花电业局正处级调研员。6 月,攀枝花电业局副局长李建文异地交流至西昌工作,攀枝花电业局东城供电局局长王培云提拔任攀枝花电业局副局长。

制订《四川省电力公司攀枝花电业局"十二五"期间结对帮扶得荣县、乡城县工作规划》,选派 9 名优秀人员长期支援四川省电力公司甘孜公司。2012 年进藏区 11 次,进藏区人员 94 人,建立规章制度 27 个,其中得荣公司 14 个、乡城公司 13 个,累计支援物资费用约 313 万元。

2012 年,攀枝花电业局编制完成人财物集约化调整工作方案,按时完成机构设置和人员调整工作。加大优秀人才培养力度,畅通人才成长渠道,全年累计新增省公司级优秀管理人才 3 名、技术人才 6 名、技能人才 17 名。全局人才当量密度 0.9780。

【"三集五大"体系建设】 2012 年,按照国家电网公司推进"人、财、物"集约化管理和"大规划、大建设、大运行、大检修、大营销"(简称"三集五大")体系建设重大战略部署,攀枝花电业局圆满完成"三集五大"体系建设。通过"三集五大"体系建设,全局职能部门由 14 个精简为 11 个,县级供电企业由 3 个精简为 2 个(撤销原东城供电局,成立市客户服务中心),设置业务支撑和实施机构 6 个。全局劳动用工效率提升 16.21%,科级建制机构由 30 个精减到 19 个,精减率为 37%;股级建制机构由 42 个精减到 10 个,精减率为 76%;班组由 68 个精减到 50 个,精减率为 26%,管理人员减少 62 人。全局共有 77 人合理安排到集体企业。

【电网建设与发展】 强化电网规划与城市规划的对接,结合地方经济发展滚动修编攀枝花电网"十二五"发展规划、35 千伏及以下电网和农网升级改造"十二五"规划。

攀枝花境内甘泉、橄榄两座 500 千伏变电站相继投运,正式形成攀枝花 500 千伏环网,打通与四川主网的 500 千伏第二通道,电网下负荷能力从 90 万千瓦提升至 350 万千瓦。

加快在建工程项目的实施,500 千伏甘泉配套输变电工程等一批电网项目按期建成,累计新(扩)建、增容改造变电站 6 座,投产变电容量 21.06 万千伏安。220 千伏一枝山输变电工程获国网公司优质工程称号。

220 千伏立柯、回龙沟和 110 千伏昔街、干塘、沙坝工程完成核准工作,枣子坪输变电新建工程完成核准上报。220 千伏立柯、110 千伏昔街输变电工程正在可研设计。

【安全生产】 牢固树立安全发展理念,全面推进"安全年"活动,加大作业现场安全稽查力度,全年开展安全巡查 242 次,查处各类违章和安全隐患 97 项,完成 108 个班组安全风险评估。完成 48 座变电站、46 条重要线路及所有配网线路的隐患排查治理。全年开展带电作业 452 次,增长 33%。

指导 164 家重要和高危用户开展用电安全检查,推进客户侧电气设备年检预试和谐波治理工作,客户安全隐患整治取得实效。

【经营管理】 积极应对严峻售电形势,开展"百日攻坚"活动,有效遏制电量下滑。强化需求侧管理,科学指导客户有序用电,实现电力电量平衡。自主研发物资非招标采购管理信息系统,推行物资计划月度审查和信息化建设。

创新开展星级班组创建,13 个班组被省公司命名为"五星班组"和"工人先锋号",班组建设同业对标居省公司系统第二位。全年形成职工技术创新成果 54 项,并有 9 项获国家专利。率先在全川实现带电水冲洗作业。

【科技与信息化工作】 全面加强科技与信息化建设,2012 年,攀枝花电业局获省电力公司科技进步奖 3 项,全年申报专利 46 项,其中发明专利 18 项、实用新型专利 28 项。省级及以上刊物发表论文 21 篇,1 篇核心刊物论文审核通过,参编省电力公司标准 25 个。

110(66)千伏和 220 千伏及以上电力主通道电力光缆化率 100%;220 千伏及以上线路保护装置通道光纤化率 66.06%,提高 7.04%。

推进变电站综合自动化改造,变电站综合自动化率达 100%。

【市场服务】 实施居民服务再提升工程,全面推广"你用电、我用心"大众传播品牌。不断丰富充值缴费渠道和手段,新增缴费网点 217 个,"十分钟步行缴费圈"初步形成。加快智能电表推广应用,累计装设智能电表 8 万余只,覆盖率达 42.6%。加强需求侧管理,全年报装22 000余户,新增容量 95.8 万千伏安。

推进配网状态检修、带电作业,有效减少停电范围和次数。建立扶贫帮乡长效机制,定点帮扶盐边县热水塘村,自觉履行社会责任。

发挥明察暗访机制作用,开展行风检查 4 次,投诉办结率、回访率、满意率均为 100%。企业未发生影响和损害企业形象的重大服务事件,实现供电服务"零事故"。

(鲁丽玲、贾 雷)

二滩水力发电厂

【概 况】 2012 年,二滩水力发电厂(以下简称二滩电厂)面对设备老化问题突显、人员构成进一步年轻化、社会用电需求降低、公司电力生产管理方式转变等形势,坚持以"规范化、精细化"管理思想为指导,按照"以创先争优和深入开展 NOSA(五星安全、健康、环保管理)体系建设为抓手,以提高员工素养和改善设备健康状况为重点，确保二滩水电站安全稳定运行”的工作思路，依托高素质员工队伍建设成果，圆满完成各项工作任务，实现长周期安全生产1 922天，较好地完成安全经济技术指标，达到决胜电力生产的目的。

NOSA体系建设取得丰硕成果，达到NOSCAR标准（NOSA体系最高衡量标准），成为国内首家NOSCAR水电厂。二滩电厂在NOSA建设中，秉承“遵从法规、风险预控、持续改进”理念，全员参与，通过管理体系完善、人员综合素养提升、设备设施整治等措施，进一步提高二滩电厂的安全管理水平。通过NOSCAR认证，标志着二滩电厂的安全、健康、环保文化已深入人心，“人、机、环境”达到和谐统一。

开展安全生产标准化达标评级工作，并达到一级标准。按照上级有关要求，二滩电厂于2012年初启动安全生产标准化建设工作，充分依托多年来形成的良好基础，以员工队伍建设为重点，将安全生产标准化建设与NOSA体系建设、安全和谐型班组建设等工作有机结合，统一部署，实现设备运行、设备维护、队伍建设等重点工作与达标建设工作的协同推进。通过该项工作，进一步规范精细的二滩电厂管理，有效保障电力安全生产。

【主要指标完成情况】 2012年，二滩电厂全面完成公司下达的年度安全指标。其中，电力生产一般及以上事故0次；发电设备强迫停运0.17次/台年。

在二滩水电站电力生产设备健康状况良好、水库来水比较均衡、设备可用系数较高的情况下，受电力市场需求疲软、电网检修维护等外部因素影响，全年发电量为137.03亿千瓦时；机组耗水率为2.36立方米/千瓦时；年末库水位维持在1 198.41米。

2012年，二滩电厂全面完成公司下达的各项技术指标。其中，水工建筑物完好率100%，机组等效可用系数95.22%，主设备完好率100%，自动开停机成功率100%。

（王灵芝）

华电四川发电有限公司攀枝花分公司

【概　况】 华电四川发电有限公司攀枝花分公司与攀枝花三维发电有限责任公司（以下简称“攀枝花公司”）职能管理部门施行“一套班子、两块牌子”的管理模式。截至2012年年底，攀枝花公司总装机容量270兆瓦，完成发电量14.07亿千瓦时，完成四川公司年度计划（16.50亿千瓦时）的85.26%；厂用电率完成9.55%，同比上升0.26%，比四川公司年度计划高0.35%；供电煤耗393.995克/千瓦时，较四川公司年度计划385克/千瓦时高8.995克/千瓦时，与2011年同期基本持平；全年平均入厂入炉热值差828千焦/千克，同比上升381千焦/千克；全年实现总产值49 563.00万元，累计亏损5 296.89万元，公司新老两厂均全面完成四川公司2012年底调整下达的各项指标任务；截至2012年12月31日，实现连续安全运行2 482天。

2012年6月6日，攀枝花公司营销计划发展部更名为营销计划部，新设置项目开发建设部。将原营销计划发展部项目开发职能划归项目开发建设部，项目开发建设部负责公司整体新项目（含正在和拟努力开发的风电、太阳能、水电及煤矿并购、存量土地开发等）的开发建设等相关工作。2012年，攀枝花公司下设17个部门2个办公室，分别为总经理工作部、人力资源部、财务资产部、营销计划部、项目开发建设部、生产技术部、安全监察部、政治工作部、纪检监察审计部、武装保卫部、物资供应部、燃料供应部、燃料管理部、运行部、燃化部、检修部、除灰部以及工会办公室、离退休办公室；有多种经营公司1家。攀枝花公司共有职工1 272人，较2011年减少61人，其中全民在岗职工807人（新进大学生4人），平均年龄42岁，大专及以上文化程度489人，占职工总人数的38.4%；管理和专业技术人员197人，占职工总人数的15.5%；全民内退（含协议离岗）职工465人；离退休人员1 494人。

2012年，攀枝花公司牢固树立价值思维理念，按照公司年初提出的“154111”工作思路（即“坚持管理创新，持续推进经营生产型企业创建”这一主线，着力“人员、设备、电煤、电量、发展”五要素的管控，实现“四提升、一争一降一增强”。强化人员培训，提升员工技能；狠抓设备治理，提升设备安全经济稳定运行水平；增发、抢发电量，优化电量结构，提升电价执行率；努力开拓市场，提升工程公司、多经企业对外经营绩效。认真研究国家、地方政府有关政策，全力争取优惠政策的落实。广开煤源，优化进煤结构，降低电煤成本。以投资回报可靠、风险可控为原则，科学分析决策，寻求新的发展项目，增强企业的发展能力），把握好“全力提效，安全稳定，推进发展”的总基调，齐心协力，积极应对电煤供应形势严峻、煤价高位运行、成本大幅攀升、融资非常艰难等复杂严峻的经营形势，特别是肖家湾“八二九”矿难事故以及11号机组叶片断裂致使大修工期延长等诸多不利因素影响，紧紧围绕“坚持管理创新，持续推进经营生产型企业创建”这一主线，以开展“管理诊断、整改提升”活动为契机、以“对标管理”和“星级火力发电企业创建”为抓手，全面实施精细化管理，攻坚克难，务实创新，扎实推进“双提升、创一流”工作。

2012年，攀枝花公司继续保持“中国华电集团公司二星级火力发电企业”“中国华电集团公司文明单位”“中国华电集团公司四川公司文明单位”“四川省文明单位”“四川省卫生单位”、四川公司“安全文明标准化管理达标企业”、四川省国资委先进基层党组织、四川公司先进党委、集团公司“四好”领导班子创建活动先进集体等荣誉称号。

【经营管理】 2012年,攀枝花公司扎实推进"双提升、创一流"工作。按照"154111"工作总体思路,紧紧围绕"扎实推进管理创新,全面实施精细化管理,持续推进经营生产型企业创建"这一主线,着力强化"人员、设备、电煤、电量、发展"五要素的管控,提升人员技能、设备性能、电价执行率、对外经营绩效,争政策、降成本、增强发展能力。3月,按照集团公司、四川公司"双提升、创一流"工作要求,成立公司"双提升、创一流"工作组织机构,制定《攀枝花公司创建一流能源企业实施细则》和公司2013年、2015年、2020年主要工作目标分解表、责任体系和考评办法。形成公司《开展"管理效益提升年"活动、全面实施精细化管理的实施意见》和11个方面的精细化管理实施方案。8月,根据四川公司的工作要求,精心组织实施"管理诊断"和"管理再诊断"工作,将"安全生产、经营管理、项目发展、风险防控、队伍建设、党的建设和企业文化建设"等6大类21个问题作为公司下一步整改工作的重点和突破口,列入公司《"管理诊断,整改提升"活动整改措施计划》,落实整改执行责任人和督查部门,并定期检查通报"双提升、创一流"各项工作的落实整改情况。

认真开展星级发电企业创建工作,促进各项工作上台阶。以"目标管理、过程控制、动态评价"为工作原则,年初,制订并发布《2012年创建星级发电企业实施方案》,明确2012年创建工作的总体要求、创建目标以及各阶段工作安排。力求细化指标,责任到位。认真落实日、周、月各项经营指标的对标分析和信息公开制度,不断加强对标改进,确保创建工作取得实效。

积极争发、抢发电量,优化电量结构,努力提高电价执行率。密切跟踪攀枝花电网500千伏环网及配套设施建设进度,深入研究500千伏环网及配套设施建成投运以及地区用电需求变化对发电形势的影响,及时调整对策、策略,掌握主动。强化运行管理,认真落实《主要技术经济指标精细化管理实施方案》,深入贯彻"小指标保大指标"的精细化管理理念,以对标管理和耗差分析为手段,根据机组运行方式和带负荷情况,及时调整锅炉的燃烧工况和辅机的运行方式,不断优化运行经济指标,尽量多发高峰电,提高电价执行率。加大对设备巡视和维护力度,加强检修、消缺、维护管理。实行维护消缺人员24小时值班制度,随时掌握设备运行工况,科学安排不同缺陷处理的时段,对影响机组负荷的缺陷尽量安排在夜间或节假日等低负荷时段处理,力争机组运行的最大效益。

【技术管理】 2012年,攀枝花公司加强设备检修和运行维护管理,确保设备安全稳定运行。严格落实设备运行、检修双主人制度,进一步修订完善设备消缺闭环管理制度。狠抓11号机组大修质量、安全目标管理,确保完成大修目标任务。充分发挥生产技术管理的质量保障体系作用,严格执行W、H点验收程序为主、传统的三级验收管理制度为辅的检修质量监管模式,严格实行全员、全过程、全方位的监督机制。实现大修期间设备零损坏、人员零伤害、安全零事故、人员无违章,机组一次启动成功的目标。

大力开展技术攻关,消除设备重大隐患,提高机组经济运行能力。制订公司《2012年度技术改造(攻关)项目计划》,根据资金和项目安排情况,通过大小修,先后完成11号锅炉原煤仓、疏松装置及给煤机进口插板门改造、入厂煤汽车机械采样装置改造、燃料监控系统升级改造、11号锅炉高压流化风机B换型改造、HB执行器换型改造、环保在线监测数据(DAS)处理系统改造、烟气分析仪吹扫回路改造、仪用气系统改造、11号机组轴加风机加装分组挡板、两台机组凝结水泵A变频改造、两台机组关口计量表计改造、通信光端设备改造等。完成华电四川公司下达的12项技改项目,公司补充增加项目22项,共34项,技改完成率100%。有力强化技术管理对安全生产的保障、支撑作用。截至12月底,两台机组累计总耗差分别为4.59克/千瓦时和4.29克/千瓦时,同比下降1.67克/千瓦时和1.81克/千瓦时,提高了机组经济运行能力。

【安全管理】 2012年,攀枝花公司坚持"安全第一、预防为主、综合治理"的方针,以安全生产精细化管理、设备整治、专项检查整改为重点,着力夯实安全生产基础。强化制度建设,确保措施到位、责任到位、执行到位。9月,攀枝花公司被四川省安委办授予"省级安全文化建设示范企业"称号。严格安全生产绩效考核和奖励,确保安全管理工作制度化、精细化、常态化。按照四川公司《无违章企业管理办法》,始终把反违章工作放在安全管理的重要位置,坚持违章必究,违章必罚。建立各级部门违章档案,对违章行为严格按照"教育、曝光、处罚、整改"四个步骤考核处理,根据"四不放过"原则查找原因、分清责任、提出并落实防范措施。全年发生各类违章累计扣分63人(次),联责扣减198人(次)违章积分,全年累计考核金额24 548.82元;全年累计奖励各类及时发现、消除缺陷及装置性违章等项目共47项(次),奖励金额17 340元。违章人数比2011年下降40人(次)。经公司讨论评定15个车间达到无违章车间。加强检修现场安全管理,加强大修期间反违章工作力度。安排专人对大修现场出现的违章行为进行取证、曝光、考核,组织违章人员进行学习教育,在公司OA系统公示曝光。

【燃料管理】 2012年,攀枝花公司狠抓燃料组进和掺配掺烧管理,努力降本增效。坚持按照"保量、控价、提质"的工作要求,加大电煤组进和掺配掺烧管理,全力降本增效。努力开拓煤源。科学制订煤炭采购方案,尽量采购本地电煤。大力拓展周边地区进煤渠道。截至12月底,实现库存煤量22.11万吨,全面完成四川公司下达的15.5万吨丰存枯用目标,确保了枯水期抢发电量的用煤,同时获得政府对电煤丰存枯用价格的政策补贴153万元。多措并举,有效控制了公司标煤单价。强化掺配掺烧实现结构性控价,力争发电边际贡献最大化。立足综合全面平衡，提升掺配掺烧绩效。全年入炉煤掺配合格率达94.6%，较2011年度提高6个百分点，有效促进经济效益最大化。强化采、制、化全过程管控，着力提升入厂煤验收精细化、标准化、规范化管理，定期开展煤样抽检和比对工作，不断提高煤质各项指标分析的准确性。全年实现检斤率和检质率两个100%。培育供煤大户，建立长期合作关系。公司以良好的服务全力留住老供煤企业，与供煤大企业建立战略协作关系。

【依法执企】 2012年，攀枝花公司加强经营风险防控，确保持续经营。进一步深入全面预算管理，高度重视现金流量的预算管理。按照"保必须、保重点"的原则，量力而行，提前做好资金流的衔接工作，努力提高资金使用效率，确保信用安全，努力控制经营风险和负债规模，降低资产负债率。强化融资管理，合理安排融资计划，确保公司生产经营资金需求。2012年公司完成续借续贷短期贷款1.6亿元，信用证融资8 300万元，银行汇票融资2 613万元(其中累计用汇票支付煤款1 917万元)。在四川公司的协调下，新增浦发银行3 000万元贷款。以落实党风廉政建设责任制为基础，稳步推进惩防体系建设和廉洁文化建设。建立健全教育警示与制度制约，监督保障与惩防并重的反腐倡廉体系。认真执行总法律顾问制度，加强法律风险防范。积极促进"六五"普法与法制工作有效融合，全面推动《法制工作第三个三年目标实施方案》各项目标任务的落实。10月，开展年度"法律体检"活动，基本实现重大决策、规章制度、合同的法律审核率100%。

【项目拓展】 2012年，攀枝花公司着力优化资产结构，稳步推进项目发展。根据攀枝花地区的资源优势，积极争取四川公司、地方政府支持，稳妥推进米易风电项目，积极关注光伏资源开发。5月下旬，在风能资源和开发条件较好的米易县普威镇、得石镇拟选场址建成4座70米测风塔，进入测风阶段。9月，购买重庆杭键公司马鹿寨一年半的测风数据，进一步推进风资源评估工作步伐。同时，公司主动跟踪太阳能开发利用的有关政策，积极与市、县(区)相关部门联系，在米易县马鹿寨测风设备上加装测光设备，收集太阳能资源基础数据。工程公司在确保完成公司机组维护、消缺、技改、大小修任务的同时，积极拓展外部市场。形成了季节性水电检修、火电临修、零配件加工的市场环境。

(甘昌文)

化工工业

【概　况】 2012年，全市规模以上化工企业42户，主要产品有钛白粉、脱硝催化剂载体二氧化钛、黄磷、硫酸、烧碱、炭黑、油漆、磷酸、盐酸、炸药、磁粉、润滑油、石油压裂支撑剂、液化气等。已形成黄磷13万吨、磷酸10万吨、烧碱15万吨、炭黑4万吨、油漆2万吨、钛白粉45.8万吨的生产能力。

2012年纳入行业统计的42户企业，完成工业总产值154.3亿元，同比增长56.58%；完成工业增加值51.23亿元，同比增长56.37%；实现售收入106.24亿元，同比增长15.52%。主要产品产量：钛白粉231 597吨，黄磷78 323吨，硫酸598 349吨，炭黑28 987吨，油漆7 495吨。销售收入上亿元企业25户，较2011年增加1户；其中，5亿元以上10户，较2011年增加2户；1亿～5亿元15户。

(王　振)

【钢城集团5万吨离子膜生产线实现首次满负荷连续生产】 2012年2月，钢城集团欣宇化工公司A、B、C三组离子膜电解槽同时开始运转，5万吨离子膜生产线首次实现满负荷连续生产。钢城集团5万吨离子膜生产线自2007年投产以来，钒钛产业园区钛产业企业处在建设期或开工不足的状况，致使液氯销售不畅，生产线一直不能满负荷运行。钢城集团始终以生产线长周期稳定运行为工作核心，加大盐酸销量，以增加盐酸产量来消耗氯气，确保生产线稳定运行。同时，重点关注园区用氯单位建设和生产情况，了解液氯需求，为用户单位提供液氯服务等，根据市场需求及时调整生产方案。2011年12月，提前完成第三组电解槽的设备安装调整，做好A、B、C三组电解槽同时开工运行的各项准备工作。2012年2月，公司及时把握住恒为海绵钛生产的先机，5万吨离子膜生产线实现投产以来首次满负荷生产。

(莫基秀)

【攀枝花市海峰鑫化工有限公司】 位于攀枝花钒钛产业园区，占地10万余平方米，属于民营股份制企业，注册资金2 000万元，在册员工586人。公司主营产品为6万吨/年硫酸法金红石型钛白粉(配套设施20万吨/年硫黄制酸装置)。现有金红石型钛白粉产品的牌号主要有R616、R618、R625、R516、STR558等多个产品，主要下游客户为涂料、塑料、高光乳胶漆、油墨、造纸等领域。公司2012年工业总产值21 219.7万元。

6万吨/年硫酸法金红石型钛白粉生产线项目的开发，是在原攀枝花蜀峰化工有限公司20万吨/年硫黄制酸装置的基础上发展起来的。其中，硫黄制酸装置于2010年8月工程竣工开始试生产；钛白粉生产装置于2012年3月建成，同年6月份投产，到2012年12月共生产金红石型钛白粉8 203吨，金红石型钛白粉粗品679吨，完全具备和达到正常生产条件。该生产线实现了设备大型化、单体设备产能全国第一，使产品质量稳定性更好。

公司计划“十二五”规划期间形成以金红石钛白粉为主营产品，并对钛白粉生产废弃物综合回收利用，生产硫酸、石灰、铁红、铁黑等相关产品，“十二五”规划期间预计可实现年销售收入30亿元。

【四川德胜集团攀枝花煤化工有限公司】 位于攀枝花市西区格里坪镇经堂村，隶属德胜集团，性质为有限责任公司。公司成立于2003年7月，注册资金3 000万元，占地30余公顷，员工900余人。公司以炼焦为主导产业，努力开拓循环经济产业链。现已成为攀枝花市重点循环经济企业之一、攀枝花市西区重点龙头企业。公司的生产规模为年产冶金焦60万吨、氧化球团100万吨、粗苯8 000吨、硫酸铵7 000吨、焦油2.5万吨、年发电4 000万千瓦时。预计2013年销售收入实现25亿元，利税2亿元。

公司坚持一手抓发展和效益，一手抓环保治理，先后进行了粗苯硫铵技改工程、煤气余热发电技改工程、氧化球团技改工程建设，有效利用了炼焦产生的剩余煤气，为公司创造了经济效益，实现了“煤—电—冶”产业链形成，最大限度地减少对环境的污染，真正实现了资源综合利用。

公司是国内首批、西南首家通过能源管理体系认证的煤化工企业。攀枝花市首批通过清洁生产审核的企业。是全市民营企业率先成立党委、团委的企业。公司还获得全国职工教育培训示范点、四川省模范劳动关系和谐企业、四川省质量管理先进企业等荣誉称号。

2012年公司总资产14.9亿元，固定资产原值5.4亿元，净值3.2亿元，公司负债13.8亿元。

2012年公司共生产焦炭50.76万吨、球团65.1万吨、发电4 050万千瓦时，生产粗苯5 134吨、焦油2.42万吨。实现销售收入17.6亿元、利润9 887万元，上缴税收3 598万元。

（王 振）

地方工业

【概 况】 2012年，攀枝花地方工业继续保持了快速增长的良好势头。据市统计局统计，规模以上地方工业344户，完成工业增加值348.28亿元，同比增长9.5%，占全市工业增加值的75.7%，较2011年增加3.6个百分点。完成工业总产值922.46亿元，占全市工业总产值的72.38%，较2011年增加2.8个百分点。实现主营业务收入908.39亿元，同比增长6.7%，占全市规模以上工业企业主营业务收入的68.9%，较2011年增长8.51个百分点。规模以上地方工业企业主营业务收入上亿元的企业164家，其中，100亿元以上1家；20亿元~50亿元5家，较2011年增加2家；10亿元~20亿元3家，较2011年减少2家；5亿元~10亿元23家，1亿元~5亿元132家。

【冶金行业】 2012年，在世界经济复苏乏力、国内需求回落、货币政策收紧、钢材降价的情况下，攀枝花市地方冶金企业克服不利因素影响，继续保持较好的发展态势。据行业统计，纳入行业统计的地方重点冶金生产企业86户，完成工业总产值337.37亿元，同比增长28.35%；完成工业增加值120.76亿元，同比增长30.24%；实现销售收入264.58亿元，同比增长3.4%；实现利润17.35亿元，同比增长15.87%。

【轻工行业】 2012年，受国际国内经济不景气的影响，轻工行业发展面临巨大的困难，总体呈下降趋势。全市列入行业统计的轻工企业有10家，完成工业总产值9.97亿元，同比减少12.82%；完成工业增加值3.14亿元，同比减少15.81%；实现销售收入11.08亿元，同比减少0.48%。

【机械制造业】 2012年，全市机械行业增长速度放缓。据行业统计，纳入行业统计的41家重点企业完成工业增加值36.64亿元，同比增长16.82%；完成工业总产值112.71亿元，同比增长14.58%；占全市工业的8.9%，较2011年增加0.42个百分点。实现销售收入96亿元，同比减少4.77%。2012年，纳入行业统计的41家重点企业，销售收入上亿元的达到25家，较2011年增加2家，其中10亿元以上1家，5亿元~10亿元5家，1亿元~5亿元19家。

2012年，在市委、市政府的高度重视和支持下，机械行业重大产业化项目进展顺利。东林汽车制动系统加工制造项目一期投资3 000万元,建设平衡增力制动器生产线,达到年产35万套、应急(中央)制动器5万套产能,一期项目已竣工投产。旭鼎10万吨/年动力机械发动机钒钛铸件项目、朵实10万吨/年铸件项目进展顺利,预计2013年一季度竣工投产。富邦1 000万件载货汽车钒钛制动毂项目完成年度投资计划,完成年度投资10亿元,开工累计投资13.5亿元,制氧车间完工,综合料场完成90%,烧结系统完成75%,球团车间完成60%,铸造车间完成75%,预计一期500万件制动毂项目2013年一季度竣工投产。

(王　振)

主要工业企业

【攀枝花钢城集团有限公司】 2012年,攀枝花钢城集团有限公司(以下简称钢城集团)下设14家分公司、19家全资子公司和9家控股子公司;机关设职能部室16个。年末在岗员工15 783人;拥有各类生产设备6 251台(套)(含61条生产线);总资产148.45亿元,固定资产原值26.53亿元、净值16.14亿元,流动资产120.63亿元。

2012年,钢城集团面对国内外经济下行、钢铁行业全行业效益下滑、攀钢资源涨价和产品、服务量价齐跌等带来的严重冲击,以提高运行质量和效益为核心,以控亏、减亏为重点,精心组织生产,大力开拓市场空间,推进重大项目建设,确保生产经营平稳运行。

生产经营基本稳定。坚持"200亿元"目标不动摇,加强生产组织,大力扩展市场,严格资金管控,不断优化生产组织,放缓部分产品生产节奏,降低产品库存,加强运输组织,促进产供销平衡衔接。以产业链效益最大化为原则指导生产,引导各工序间企业向全产业链成本最低、效益最大的方向发展。加大资源组织、协调力度,全年共组织资源43.32万吨,确保生产所需;强化产供销平衡衔接,停止生产没有边际效益的产品,实现产业链间各单位有效衔接和成本降低;坚持现金为王,多渠道、多方式融资,确保生产经营和重大项目建设的资金需求;从严从紧控制资金支出和存货占用,加大欠款回收力度,提高资金运作效率;从采购、生产、销售等环节,严格控制成本费用,全年节约采购金额1 674万元,目标成本比预算下降4 438万元。

采取措施,加大市场开拓力度。以保产保供为首要目标,深化与攀钢战略合作伙伴关系,在保持原有产品和服务的基础上,争取新的增量,并根据攀钢的生产需要和工艺变化,适时开发新产品以扩大市场份额,大力扩展西昌钢钒、攀长钢、新钢业的市场份额,有14家单位进入西昌钢钒。全年在攀钢市场实现收入52.2亿元。灵活应对市场变化,积极开拓攀钢以外市场。贸易、物流产业增长势头强劲,扩大矿石、钢材、水泥、煤炭等产品的贸易业务,全年贸易、物流实现收入59.21亿元,同比增长18%。大力培育川威市场,12家单位的18个产品16项劳务进入川威市场,部分产品实现独家供应,全年在川威市场实现收入1.11亿元。紧盯重点工程和重点市场不放松,螺纹钢、商砼、海绵钛等重点产品在巩固老市场的同时,开拓中铁十二局、桐子林水电站、乌东德水电站和昆明地铁、成渝钛等新市场,氧化球团产品在攀钢需求下降的情况下,建立了稳定的外销渠道。

重大项目建设稳步推进。5月,电工钢项涂料生产线建成投产;9月21日,列入省重大投资项目和市重点项目的普达阳光国际康养度假区项目正式启动;10月16日,列入2012年全市10大工业项目的渣钢渣铁钒钛资源综合利用项目破土动工,并试行"小甲方"负责制稳步推进项目建设。心灵家园、阳城龙庭、金域阳光、钢城经贸大厦、龙潭经济技术研发中心大楼等房地产项目按计划推进。冶金渣场、冶金材料、倒班宿舍和钢渣在线处理等西昌钢钒配套建设项目主体工程建成投入使用。

科技进步取得新成就。全年获专利授权80项,风化矿改性的发明专利实现产业化;"多级镁电解槽产业化技术及装备应用研究""不锈钢复合板反应器在海绵钛生产中的应用研究"分获市科技进步一、二等奖;成功研发大规格螺纹钢、高强度抗震钢筋、光圆钢筋等新产品;高钛型高炉渣制取钛硅合金工艺及工程化技术研究取得新进展;海绵钛工艺持续优化,产品合格率、优等品率分别提高10.8%、20.3%;通过技术攻关,球团、瑞钢等主要生产单位节能降耗明显,瑞钢公司在没有技改投入的情况下,钢坯年产量增长20.33%,成本降低7.95%。

加大改革创新力度,全面试行"小甲方"负责制,稳步推进产业结构调整,创新管理模式。为推动瑞海公司、瑞城公司加快发展,对两家区域公司充分授权、强化管理,在将管理重心下移,提高两家公司决策效率的同时,强调对重大事项和关键环节的管控,以防范和控制风险。为形成专业化管理优势和规模优势,钢城集团将米易白马球团公司交由球团厂托管;为发挥公司冶金辅料产业专业化、规模化优势,促进瑞海冶金材料分公司的发展,将瑞海冶金材料分公司交由冶金辅料分公司托管。在渣钢渣铁钒钛资源综合利用项目暨瑞钢公司整体搬迁工程建设中，全面试行“小甲方”负责制，钢城集团在确定建设方案、装备等级和核定投资总额后，全权由瑞钢公司对工程建设的投资、工期、质量、安全和员工岗位培训5大目标进行控制和负责，促进项目建设的规范、高效。

加强人才队伍建设。出台《技术领军人才和高技能拔尖人才评聘管理办法》《技术领军人才和高技能拔尖人才后备人员培养实施办法》《青年管理骨干挂职培训实施办法》《机关中层管理岗位助理人员管理办法》，评出并正式聘任首届技术领军人才和高技能拔尖人才；启动青年骨干赴攀钢挂职培训，8月，首批15名青年骨干走上攀钢主体厂矿生产管理岗位进行为期4个月的实战演练和体验培训；对经营管理人员、中层管理人员和一般管理人员实行末位淘汰制；建立新进入大学生导师制度；深入推进劳动、人事、分配制度改革，使工资收入向技术含量高、劳动强度大、工作任务饱和、劳动效率高的人员倾斜，使分配制度更趋于科学、合理。

开展企业基础管理“示范单位”活动。冶金辅料分公司、环业公司为首批企业基础管理试点单位。以创建四川省企业基础管理“示范单位”为契机，夯实各项基础工作，构筑具有企业特色的管理模式，保证企业持续发展，向资源节约型、科技创新型企业迈进。在创建基础管理“示范单位”进程中，以提升车间、班组管理水平为重点，着力从管理制度、标准化工作、计量工作、定额管理、信息工作、员工培训、班组建设、现场管理、民主管理9个方面加强建设及评价，推动“示范单位”实现标准化工作的统一管理，最终建立健全能有效支撑经营管理的制度体系。

为确保对外投资利益，建立外派董事、监事制度。成立外派董事、监事办公室，制定并发布外派董事、监事管理办法及工作制度，完成外派董事、监事调整、任职培训，考试合格的45人与集团公司签署“承诺书”。外派董事代表钢城集团参与所任职公司的管理与决策，及时、全面、准确掌握和分析所任职公司的经营状况。外派监事代表钢城集团监督所任职公司合法经营，对所任职公司的经营管理进行全面、有效的监管、检查和评价，调查和审视公司的业务状况，检查公司的财务情况。

2012年，钢城集团实现经营总收入174.53亿元、工业总产值98.39亿元、工业增加值31.22亿元，分别比2011年增长1.31%、下降9.87%、下降7.08%；公司在岗员工人均年收入40 391元，比2011年增加1 828元，增长4.7%。2012年，钢城集团再次入围“中国制造业企业500强”，位列第274位，比2011年上升11位；再次入围“中国民营企业500强”，位列第152位，比2011年下降10位；再次入围“四川100强企业”，位列第21位，与2011年持平。同时被评为“'2012四川服务企业100强”，位列第4位；位列“'2012攀枝花企业50强”第2位，'2012攀枝花制造业50强第2位、'2012攀枝花纳税企业50强第1位。2012年钢城集团获“全省创先争优先进基层党组织”。钢城集团计控电器公司、铁路设备修造公司等单位的车间获“全国质量信得过班组”，钢城集团汉风物流公司获“四川省物流业四川服务名牌”、“国家级AAAA物流企业”，球团厂检修大班获“全国工人先锋号”，起重运输机械厂生产的“攀起”牌起重机获“第十届四川名牌产品”等荣誉。钢城集团公司总经理吴强获“2011~2012年度全国优秀企业家”，并在四川省工商联第十次会员代表大会上当选为省工商联副主席、执行委员；钢城集团公司党委书记王继光、米易白马球团公司经理熊辉、冶金辅料分公司经理青光红、雅圣服饰公司经理王海峰获“四川省优秀企业家”；环业冶金渣开发有限公司党员赵永福获“全省创先争优优秀共产党员”。

（莫基秀）

【四川安宁铁钛股份有限公司】 四川安宁铁钛股份有限公司属国家级高新技术企业，是国土资源部、财政部共同认定的四川省唯一的国家级“矿产资源综合利用示范基地”承建企业。

公司始建于1994年，有员工1 100余人，其中各类专业技术人员300余人。公司已具备年产300万吨钒钛磁铁矿、150万吨铁精矿、40万吨钛精矿产能。连续多年入围“攀枝花市企业50强”及“攀枝花市民营企业销售收入与纳税额双10强”，并且获得“攀枝花市A级信用纳税人”“攀枝花市环境保护先进单位”“四川省成长型中小企业”“四川省小巨人企业”“四川省五一劳动奖状”“四川省最佳诚信企业”等荣誉。

公司持续投入资金进行钒钛磁铁矿循环经济的创新研发，在攀枝花的民营矿山企业中率先完成了从资源初加工向钒钛资源深加工的转化，并形成了多项具有自主知识产权的核心采选技术。已基本完成省重点技改项目300万吨扩至600万吨潘家田铁矿采选项目、抓紧推进4万吨扩至10万吨高档金红石型钛白粉项目、130万吨护炉钒钛球团项目、100万吨/年耐磨钒钛铸造新材料项目的建设。“十二五”规划期间，公司将实现产值150亿元，利税22.50亿元，解决就业20 000余人，带动园区300亿元的集群产业发展，成为社会经济效益高、清洁环保可持续发展的钒钛资源综合利用的大型集团企业。

公司高度重视技术研发，建有省级企业技术中心，与多家科研院校建立有联合试验室，正建设钒钛磁铁矿综合利用工程技术研究中心。紧紧围绕攀枝花钒钛磁铁矿的高效综合开发利用开展相应科研工作，在采、选、尾矿回收、废水循环利用、节能减排等方面申报多项国家专利，其中5项已获得国家发明专利授权，相关自主创新研发科技成果、专利技术已实现产业化、规模化的应用。公司将立足于“四川省攀枝花钒钛磁铁矿资源综合利用示范基地”，依托公司产学研结合的技术创新体系，加强技术研发，使公司从矿山采选向钒钛铸造、机械精加工、成套设备生产过渡,形成“技术创新纵向延伸、循环经济横向联系”的立体发展模式,进一步提高资源的可持续利用,促进社会经济的可持续发展。

2012 年,公司生产经营正常稳定,共生产铁精矿 98 万吨、钛精矿 26 万吨,实现销售收入111 219万元、利税32 207万元。公司投资建设的潘家田铁矿 600 万吨技改扩能项目按计划顺利进行,部分工序已完工开始单机调试;130 万吨扩炉钒钛球团项目手续已齐备,开始场平工作;与攀钢机制公司合作的钒钛耐磨铸锻造生产线异地搬迁改造项目正办理相关前置手续。

【攀枝花立宇矿业有限公司】 成立于 2004 年,是以钒钛磁铁矿开发利用为主,锰矿、煤矿、铜矿开发利用并重,以立宇矿业为主体的企业集团。

公司在攀枝花企业联合会、攀枝花企业家协会组织的 2010 年攀枝花企业 50 强综合排名评选活动中名列第 17 位。2011 年初公司被攀枝花市人民政府授予“攀枝花市民营企业 2010 年度‘营业收入十强’”称号。在 2011 攀枝花企业 50 强综合排名和攀枝花企业年纳税 50 强排名中分获 13 位和 11 位。

2005 年 7 月,公司投资组建、成立了企业自己的研发中心——攀枝花市瑞龙冶化材料开发有限公司,中心有教授 2 人、博士 2 人、硕士 4 人、学士及其他技术员 10 人。专门针对攀枝花钒钛磁铁矿综合利用提出相应的目标和任务。技术中心在主营业务产业链延伸和新业务产品开发和延伸上做了大量工作,实现了公司产业从选矿—冶金—金属材料的扩展。特别是围绕钒钛磁铁矿综合利用的研究、开发取得了显著成就。公司已申请专利 14 项,发明专利 10 项,实用新型专利 4 项,已授权 9 项。

公司会理县小黑箐轻质铁矿:采矿权定界矿区面积 1.02 平方千米(延伸勘探面积 4.86 平方千米),年采剥能力超过2 000万吨,其中原矿 800 万吨,资源储量可供连续稳定开采 30 年以上,能够为公司铁、钛精矿保产、稳产提供坚实的资源保障。

选矿厂:立宇公司选矿厂、黑石宝公司选钛厂总装机容量超过35 000千瓦的规模。设计产能铁精矿 180 万吨 ~ 200 万吨、钛精矿 30 万吨 ~ 40 万吨。

2012 年公司生产原矿7 000万吨,钒钛铁精矿 146 万吨,钛精矿 18 万吨。实现销售收入 8.79 亿元、利润 2.15 亿元、上缴税金 1.1 亿元。

【四川省富邦钒钛制动毂有限公司】 是一家股份合作制的民营企业,为 AA + 信用等级企业,主要生产销售钒钛载重汽车制动毂系列产品。公司注册资本 2.8 亿元,职工 720 人。公司生产的钒钛制动毂达到国内领先水平,拥有 200 万件/年钒钛制动毂的产能。

富邦公司于 2007 年投资近 500 万元,与重庆大学合作,开始共同研制开发“钒钛制动毂”产品。2008 年成功地完成了“钒钛制动毂”的研发技术,同年,经国家机动车质量监督检测中心(重庆)检测,“钒钛制动毂”各项技术指标均达到国家质量标准,其机械抗拉性能和耐磨性提高了 20% 到 30%。

2008 年,攀枝花市科技局授予四川省富邦钒钛制动毂有限公司“高新技术企业”荣誉称号。2009 年,四川省富邦钒钛制动毂有限公司荣获攀枝花市人民政府颁发“攀枝花市促进高新技术产业发展奖”。公司的钒钛制动毂产品被四川省科学技术厅鉴定为“生产工艺属国内首创,生产技术属国内领先”,被授予“四川省高新技术创新产品”荣誉证书。

到 2012 年底,富邦钒钛1 000万件钒钛制动鼓改扩建项目一期项目建设情况:600 立方米的 2 座高炉炼铁系统已完成总工程量的 85%,180 平方米烧结系统已完成总工程量的 75%,综合料场已完成总工程量的 90%,铸造系统已完成总工程量的 75%,一期项目的相关辅助配套设施已基本完成,原定在二期项目建设的 2 × 10 平方米竖炉球团系统已提前建设,完成了总工程量的 70%。一期项目投入资金达 14 亿元。2012 年公司生产钒钛制动毂 102 万件,实现销售收入 9 889万元。

公司所有项目将于 2015 年建成投产,将形成1 000万件的钒钛制动毂生产能力,年销售收入可达到 100 亿元,实现利税 16 亿元。成为全国最大的载货汽车钒钛制动毂企业,实现钒钛制动毂产业化、规模化生产,使攀枝花市钒钛资源向机械制造业、汽车制造业渗透,建成攀枝花市钒钛制动毂产业化生产基地和形成钒钛制造业产业链。

【攀枝花盘江煤焦化有限公司】 由贵州盘江投资控股(集团)有限公司和攀钢集团攀枝花钢钒有限公司于 2012 年 2 月 28 日共同出资成立。公司租赁攀钢集团攀枝花钢钒有限公司煤化工厂业务资产(包括机器设备、厂房及占用土地等),从事生产、销售煤化工产品及副产品(涉及危险品的按许可范围及期限从事经营)、煤焦化技术开发、技术咨询(涉及许可的项目除外)等经营业务。公司产品畅销国内 20 多个省、市、自治区,产品销量在西南地区占主导地位,在华南地区占有重要地位。

公司坚持安全生产、稳焦保供方针,积极克服煤资源紧张、到煤品种结构不合理、质量波动大等不利因素,通过严格管理、对标挖潜、成本倒逼等超常规措施,全面推进降本增效工作,顺利实现各项目标。2012 年 3 ~ 12 月,共生产焦炭 271.78 万吨,实现销售收入 61.72 亿。

(王 振)

农 业

种植业

【粮食生产】 2012年,全市狠抓粮食生产和高产创建工作,加大种子市场监管,积极调解种子纠纷,确保种子经营市场健康平稳运行;及时收集、上报农情信息,监测农情动态。圆满完成全年粮食生产目标任务。

全市小春粮食作物种植面积13 186.8公顷,比2011年增加300.2公顷,增加1.2%。其中,小麦6 595.3公顷、豌豆3 802.9公顷、胡豆881.2公顷、马铃薯493.2公顷、大麦228.9公顷和其他粮食作物1 214.6公顷。小春粮食作物单产受干旱影响,平均为3 345千克/公顷,比2011年降低135千克,减少3.75%;小春粮食作物总产量为4.4万吨,比上年减少了0.12万吨,减少2.6%。

大春粮食播种面积29 914.9公顷,比2011年增加193.4公顷,增长0.7%;粮食产量19.19万吨,比2011年增加0.29万吨,增长1.5%.2012年粮食生产受干旱影响较大,水稻栽插时间推迟,栽插面积13 139.9公顷,比2011年减少1 001公顷。玉米播种面积11 905.9公顷,比2011年增加1 087.2公顷,增长10.7%。马铃薯1 520.8公顷,红苕1 320.7公顷,以大豆为主的豆类1 067公顷。

2012年大春生产虽然受干旱的影响栽插时间推迟,但因大力推广旱育秧技术,秧苗质量好、适栽期长,晚栽影响不大,通过水改旱、间套作、加强晚秋作物生产、强化科技提高单产等措施,粮食总产量没有减产。

落实高产创建工作,实施软盘育秧技术,市农牧局组织科技人员在春耕农忙季节,深入田间地头落实2012年水稻高产试验示范工作,水稻、玉米高产创建示范片面积各2 000公顷,核心示范面积400公顷。高产创建示范片水稻平均单产提高15%以上,核心示范面积水稻平均公顷产1.2万千克。玉米高产创建示范片平均单产提高10%以上;核心示范面积玉米平均每公顷产达到9 750千克。

2012年8月下旬,农牧局农技站对盐边县玉米高产创建工作进行验收。盐边县国胜乡玉米高产创建活动选用的品种为"华农玉28号",经过现场测产,玉米行数平均18.8行,每个玉米平均粒数39.7粒,随机采收的10个玉米重5.5千克、干重2.8千克,亩株数3 500株(每公顷52 500株),最终测得每公顷产14 404.5千克。盐边县益民乡选用的"叁北89"玉米品种,行数平均16.4行,每个玉米平均粒数49.4粒,随机采收的10个玉米重4.9千克、干重3.7千克,亩株数3 268株(每公顷49 020株),最终测得每公顷产12 696千克。通过高产创建工作,玉米增产效果显著。

认真开展抗旱工作,按照市农牧局的安排,农技站认真组织抗旱工作,深入基层调查全市旱情,掌握全市粮食受旱情况。开展抗旱技术培训15次,培训农民1 500人次,发放技术资料3 000份。指导农民调整种植结构,扩大旱作粮食种植面积,玉米种植面积比2011年增加1 087.2公顷,增长10.7%。

认真开展良种的推广,改善粮食作物品质,提高单产。2011年全市主推水稻品种主要有D优527、金优527、川香优6号、新香527、宜香725、宜香2308、宜香2292、宜香优707、宜香优3003等品种。

全年粮食作物播种面积43 068.8公顷,比2011年增加493.36公顷,产量23.6万吨,比去年增加0.17万吨。圆满完成省农业厅下达的粮食生产任务。

【水果生产】 2012年,全市水果种植面积25 934.63公顷,比2011年增长6%;水果类产量18.34万吨,比2011年增长5.7%。其中,芒果由于未受低温影响,开花坐果总体情况良好,虽然部分地区芒果受干旱影响有所减产,但因芒果投产面积增加,总体上全年芒果产量较上年增加,全年芒果产量6.5万吨,比2011年增加1.6万吨。芒果价格比2011年略有下降,平均价格5元/千克,产值3.25亿元,比2011年增加1.75亿元。盐边县、米易县、仁和区农民种植芒果积极性高,2012年芒果种植面积增加1 333.4公顷,全市芒果总面积14 667.40公顷。枇杷受年初干旱和低温影响较小,全年枇杷产量达8 000多吨,比2011年增加近500吨。2012年枇杷平均价格与2011年持平略低。樱桃产量较2011年略有减少,但价格成倍增加。石榴、柑橘、梨、桃等水果生产情况良好,产量均比2011年略有增加。

大力开展热作标准化示范园建设,根据省农业厅"现代农业产业基地标准化建设年"相关要求,攀枝花市大力推进标准化生产,加强田间管理和生产档案建设。2012年向农业部申报7个创建标准园，分别是东区咖啡标准化生产示范园、盐边县枇杷标准化生产示范园、米易县丙谷镇芭蕉箐早春枇杷标准化生产示范园、盐边县莲雾标准化生产示范园、东区莲雾标准化生产示范园、西区家福芒果标准化生产示范园、西区格里坪大箐沟小流域芒果标准化生产示范园。11月23～25日，农业部组织中国热带农业科学院、省热作中心专家到攀枝花市开展热作标准化生产示范园认定，考察了攀枝花市米易县丙谷镇枇杷标准化示范园、东区阿署达莲雾标准化生产示范园、东区枣子坪咖啡标准化生产示范园、西区格里坪大箐沟小流域芒果标准化生产示范园4个示范园，听取了示范园负责人情况汇报，查阅了相关资料，按照《热作标准化生产示范园管理办法》对示范园进行审核，4个标准园通过专家组审核。

2012年，开展芒果标准化生产示范面积57.4公顷，辐射带动面积6 666.67公顷以上，年产值3亿元以上；开展枇杷标准化生产示范面积121.3公顷，辐射带动面积2 000.1公顷，年产值5 000万元以上；开展莲雾标准化生产示范面积7.3公顷，辐射带动276.7公顷，年产值1 000万元以上；开展咖啡标准化生产示范200公顷，辐射带动7个咖啡种植合作社发展。标准化生产示范园以点带面，示范带动，有力地推进了标准化进程，标准化生产技术得到广泛应用，农民技术得到明显提高，经济效益得到明显提升。

积极申报经济作物发展项目，市农牧局向省农业厅申报2013年热带作物农技推广体系建设财政专项经费、“盐边县鸿鹄公司芒果技术集成与示范”项目、“攀枝花热作（芒果）产业信息监测”项目、“仁和区普达合作社晚熟芒果技术集成与示范”项目、“仁和区总发乡芒果新品种新技术推广”项目、“米易县芒果标准化生产技术集成与示范”项目、“西区格里坪镇芒果技术集成与示范”项目、“仁和区大龙潭乡芒果技术集成与示范”7个项目申请资金180万元；2011年攀枝花市德益果品开发有限公司申报的“攀枝花市仁和区大龙潭乡芒果技术集成与示范”2012年获得了15万元经费；按照《2012年种子工程储备项目可行性研究报告申报指导意见》的要求，申报“攀枝花市热带特色水果良种繁育基地建设可行性研究报告”上报农业部；协助申报农业综合开发2013年农业部专项储备项目“四川省攀枝花市优质小粒咖啡良种繁育与生产示范基地建设”5个项目；向市科技局申报了2013年的“芒果品种区域化示范应用研究”“鲜食玉米新品种引进及示范推广”“果桑新品种的引进、示范和推广”“铁皮石斛新品种引进试验示范”4个科技项目；加强农产品地理标志申报及标志管理使用工作，年初专门召开农产品地理标志申报及标志管理使用工作会，对已经获得国家农产品地理标志保护证书的“攀枝花芒果”“攀枝花枇杷”和“红格脐橙”的管理、使用等工作进行专门培训，征订21万枚攀枝花芒果、枇杷农产品地理标志可追溯防伪加贴性产品和包装标志，并与12个单位签订“攀枝花芒果”“攀枝花枇杷”农产品地理标志使用协议书。同时，还指导申报“盐边桑葚”“盐边西瓜”“中坝草莓”农产品地理标志。

认真开展攀枝花市与中国热带农业科学院开展科技交流和合作，接待热科院专家来攀枝花开展科技合作4次，接洽该院第五批派驻攀枝花市挂职县（区）长；积极协助筹办中国热带作物学会“干热河谷地区草畜生产利用技术培训班”。

【蔬菜生产】 2012年，全市蔬菜种植面积12 533.9公顷，产量60.6万吨，产值11.7亿元，分别比2011年增长3.98%、4.13%、42.9%。其中，早春蔬菜播种面积8 038.4公顷，产量为37.3万吨，分别比2011年增长4.21%、3.69%，产值10.3亿元（按均价2.8元/千克），产值比2011年增加3.1亿元，增长43.5%，蔬菜外销量32万吨，蔬菜产业实现农民人均增收600元。其中设施蔬菜面积3 866.9公顷，平均亩产值1.5万元（每公顷225 000元），最高亩产值5万元。通过对攀西、丙谷等几个大的农产品交易市场蔬菜销售情况调查，外销蔬菜总量增加，销售平均单价3元/千克，比2011年同期价格上涨25%，全市平均单价约2.8元/千克，实现早春蔬菜产销两旺。2011年重点开展盐边县北部蔬菜基地建设、米易县北部设施蔬菜基地建设和技术推广工作，在早春（设施）蔬菜生产过程中，市农牧局派技术人员深入田间直接对农户进行设施蔬菜栽培管理技术指导和培训，在稳定蔬菜种植面积的基础上，开展设施蔬菜基地建设，着力推广新品种、新技术，发展高效设施栽培，设施蔬菜发展势头良好，实现90%以上保护性栽培，产量和产值得到大幅提高。

积极申报蔬菜发展项目，帮助米易县兴坪果蔬种植专业合作社向省厅申报50万元的米易县扶持“菜篮子”产品设施蔬菜生产项目和实施方案；向农业部申报2013年50万元的农业农村资源检测统计经费项目“设施蔬菜物联网信息化应用示范”。

【蚕桑生产】 2012年，蚕桑生产稳定增收，2012年全市发蚕种75 850盒，比2011年增加1 800盒；生产蚕茧3 300吨，比2011增长0.6%；单产39.8千克/盒；全年平均蚕茧均价37.3元/千克，比2011年增加3.6元/千克，增长10.7%，其中2011年晚秋季平均蚕茧均价41.3元/千克，比2011年同期增加11.4元/千克；全年蚕农蚕茧收入11 249万元，比2011年增加1 380万元。

充分发挥光热资源优势，积极调整蚕桑产品结构，大力发展桑果产业，盐边县等县（区）果叶兼用桑园1 200.1公顷，其中投产200公顷。2012年共产鲜桑葚3 400吨，其中鲜桑葚销售2 200吨、干桑葚130吨。鲜桑葚收购最高价12元/千克，收购均价6元/千克，干桑葚收购价在1.8万元/吨～2.2万元/吨。2012年农民售桑果收入达到2 000万元，桑果产业已经成为攀枝花市蚕桑产业发展新亮点，农民增收新渠道。2012年蚕桑行业综合产值2亿元，比2011年增加

3 300万元。蚕桑生产已覆盖全市36个乡，265个村的29 900户养蚕户，养蚕户年户平养蚕收入6 688元，养蚕人平收入1 715元。

指导建设万亩现代蚕桑产业基地，重点发展盐边县万亩蚕桑产业带，大力推广优质高效蚕桑品种、推进桑果资源开发利用，开展产、加、销等各环节的技术集成配套示范，重点培植一批“户有5亩桑、养蚕20张、收入5万元”的适度规模蚕桑专业户。

加强蚕业行业管理，做好《蚕种供应资格证》重新申请办理、蚕桑职业技术人员上岗资格培训，加强蚕种行政执法力度。协调落实春夏蚕种供应计划，保证蚕农用种需要，协调落实蚕茧收购资金，市农牧局积极会同市物价局、市商务局、市工商局搞好蚕茧收购价格审定，加强与攀枝花市周边蚕茧收购市场管理和协调，全年没有出现蚕茧收购“打白条”的现象。

【植物检疫】 2012年，全市共有柑橘溃疡病、柑橘黄龙病、红火蚁等3种植物检疫性有害生物发生危害，发生13.3公顷，防治306.78公顷，造成经济损失75万元。

开展植物检疫市场执法检查，3～4月份组织人员开展柑橘种苗的专项执法检查。8～9月份，市农牧局植检站组织各县（区）开展种子、苗木市场植物检疫执法联合检查，重点查验经营企业、经营门市等是否建立台帐、经营纪录、有无植物检疫证书、种子标签上的检疫证明编号等。同时，对种苗生产经营户开展产地检疫检查。

认真开展病虫害监测、防控，在全市范围内设置稻水象甲监测点10个，4～8月份实行定期监测、半月上报制，全年共监测上报10期；开展饵剂毒杀红火蚁1次，防治面积达6 667平方米，该虫得到有效控制，全年均未在农作物上发生为害的情况；市农牧局在盐边县设置柑橘溃疡病、黄龙病监测点，按照省农业厅要求开展规范监测和调查工作。在仁和区芒果园、盐边县柑橘园设立了柑橘小实蝇监测点10个，全年开展12次虫情监测，为适时防治提供科学依据。

开展植物检疫宣传，在全市开展植物检疫宣传周活动，培训100余人次，印发技术资料2 000余份。

【病虫害防治】 2012年，全市农作物病虫总体呈中等发生，全年病虫累计发生53 056公顷次，防治面积102 378.1公顷，挽回粮食、水果损失22 632吨。其中，水稻病虫中等偏轻发生，虫害重于病害，水稻病虫发生10 180.5公顷，均得到防治，挽回损失2 190.3吨；小麦病虫中等发生，发生3 333.5公顷次，全部进行防治，挽回损失680.4吨；玉米病虫中偏轻发生，发生874 044公顷次，防治12 107.27公顷次；蔬菜病虫中等发生，发生1 388 069公顷次，通过防治挽回损失11 036.2吨；果树病虫中等发生，发生9 033.9公顷次，防治14 734.1公顷次，挽回损失1 719.90吨。其他作物发生7 887.1公顷次，防治14 180.7公顷次，挽回损失1 485.75吨。

积极组织专业化统防统治，全年实施农作物病虫害专业化统防统治面积14 600.7公顷，超额完成目标任务600公顷，比2011年增加8.7%；其中，水果9 067.1公顷，蔬菜3 866.9公顷，粮食1 666.8公顷。全年实施农作物病虫害绿色防控示范面积8 733.8公顷，增长23.7%；其中水稻666.7公顷，茶叶66.7公顷，芒果5 466.9公顷，柑橘100公顷，蔬菜2 433.5公顷。

积极申报项目，市农牧局2012年完成《攀枝花市农作物病虫害预警与区域站建设项目》《芒果病虫害绿色防控技术推广项目》编制和报送工作；指导、协助盐边县农牧局完成《植保田间观测场及应急药械库建设》《农业重大有害生物（芒果畸形病）防治》项目的编制及报送。全年争取项目资金162万元，其中水稻病虫害防治补助资金50万元，植保田间观测场及应急药械库建设资金90万元（盐边县），农业重大有害生物（芒果畸形病）防治15万元（盐边县），检疫性有害生物防治资金7万元（盐边县）。

2012年，全市农作物病虫害实际损失率为3.8%，完成省农业厅下达的4%以下目标任务。

【农药市场监管】 2012年，全市各级农药执法部门共开展农药市场执法31次，出动执法人员368人次，检查农药门市1 518户次，检查农药产品3 620品次。在全市农药监管中未发现违法销售高毒、高残留农药行为。查出标签违规农药品种15个，涉及6家农药经营门市，责令整改6家。

开展农药法律法规培训3期，培训农药经营者500余人次，发放农药政策法规宣传资料3 000余份；培训农民6 300余人，发放农药施用技术资料1.9万份。

认真调解农药纠纷，全年共发生农药销售纠纷15起，农牧局部门调解纠纷15起，为农民挽回损失1.73万元。

开展农药市场抽样检查，根据四川省农业厅的要求，攀枝花市于10月份对全市农药市场上销售的农药进行抽样送检，共抽检样品10个，送到四川省农药检定所进行检测。

【无公害农产品监测】 2012年，市农牧局认真开展农产品质量安全监测，完成市级农产品质量安全监测任务19批次，样品640个，检测参数16 060个，撰写分析报告6份；完成省农业厅安排农产品质量安全监测任务11批次，样品808个，检测参数23 708个，撰写结果分析报告14份；完成省畜牧食品局安排畜产品兽药残留监测任务4批次，样品196个，检测参数688个；完成“无公害农产品”认证产品检测任务5批次，样品9个，检测参数116个，出具检验报告9份；完成社会委托检测业务8批次，样品81个，检测参数315个，出具检验报告12份；完成市场蔬菜、水果、猪肉、鸡肉、鸡蛋5类产品质量安全监测19批次，样品640个，检测参数16 060个，撰写分析报告6份。

攀西无公害农产品监测中心实验室顺利通过“双认证”复查换证，2012年7月，攀西无公害农产品监测中心第二次省级计量认证和机构考核时间到期，将进行第三次复审，市农牧局积极加强质量管理体系建设，提前做好内部审核和管理评审。邀请农业部食品质量监督检验测试中心（湛江）技术负责人、专家杨春亮到监测中心进行现场培训，详细解读《实验室资质认定评审准则》。7月，由省技术监督局和省农业厅安排专家对监测中心进行复审认证现场评审，8月顺利取得“资质认定计量认证证书”和“农产品质量安全检测机构考核合格证书”，评审确定攀西无公害农产品监测中心具有5类产品（农产品和产地环境）173项314个参数的检测能力，比2009年第二次评审的检测能力增加了100个参数。

养殖业

【畜牧生产】 2012年，市农牧局积极推进畜牧科技年活动，做好畜牧科技支撑，在米易联系15户农户，开展科技入户，助农增收示范户。认真开展畜牧生产技术培训，全年开展种草养畜实用技术、果园养鸡技术、畜产品加工技术等培训5次，培训人员400人次。

做好种草养畜工作，通过开展技术培训、技术支持和提供牧草种子，促进全市种草养畜工作进一步发展，全年全市新增人工种草面积23.3公顷。

积极参加“挂、包、帮”工作，市农牧局畜牧站先后5次到仁和区中坝乡学房村开展种草养畜技术指导，集中开展种草养羊技术培训两期，培训人员50人次，完成《学房村种草养畜帮扶实施方案》，免费送去9只种羊，其中公羊3只，母羊6只，并针对学房村对牧草种子的需求，及时为该村送去牧草种子150千克。

开展良种繁育体系建设，畜牧生产良种面出现大幅提升，全市猪三元杂交比例68%，肉牛、肉羊良种及杂交改良面分别为15.5%、53.5%，禽兔良种面92%，比2011年增长2%。

加强种畜禽生产经营管理，2012年4月21～30日，市农牧局对全市已发“种畜禽生产经营许可证”的16家种畜禽场（其中，种猪场9家、种牛场1家、种鸡场2家、种羊场3家、种兔场1家）进行专项检查，未发现有违法广告宣传和销售假劣种畜禽违法行为，种畜禽场生产经营管理总体比较规范，种畜禽的系谱、档案、配种方案等资料达到要求。针对个别种畜禽场存在配种记录不完善的情况，市农牧局及时下达整改意见通知书，进行限期整改。

推进畜禽良种体系建设，增强供种能力，全市2012年有祖代种猪场2个，配套系种猪场6个，分别有能繁母猪353头、1 369头；种肉牛场1个，能繁母牛200头；种山羊场3个，能繁母羊640只；种兔场1个，能繁母兔200只；种鸡场2个，能繁母禽50 000只；全市建猪人工授精站点11个，牛人工配种站点5个。通过建立种畜禽场和人工授精站点，全市良种畜禽供给不足矛盾得到有效缓解。2012年，省畜牧食品局、省财政厅分配给攀枝花市肉牛冷冻精液2.8万支，其中米易县1.4万支、盐边县1万支、仁和区0.4万支，市农牧局监督县（区）进行适时实施配种。

积极开展野生牧草种质资源收集，按照省草原工作总站的要求，市农牧局畜牧站继续开展野生牧草资源收集，全年收集野生牧草种质资源2个。

2012年，全市生猪出栏67.91万头，增长3%；牛出栏4.04万头，增长1.8%；羊出栏37.91万只，增长1.2%；家禽出栏610.64万只，增长3.9%。全市肉类总产量7.18万吨，增长2.9%，其中，猪肉产量4.91万吨，增长3.1%，牛肉产量0.51万吨，增长1.7%，羊肉产量0.75万吨，增长1.1%，禽肉产量0.97万吨，增长3.8%。禽蛋产量1.46万吨，增长6.6%。

【动物防疫】 2012年，市农牧局成立动物卫生风险评估委员会，根据动物及动物产品不同风险状况，确定动物卫生监管重点和监管频率，实施风险管理。指导养殖生产者遵循良好健康养殖和兽医卫生规范，有效降低动物疫病和动物产品安全风险。

积极推进动物检疫申报制，各县（区）根据当地饲养情况，合理设置报检点，并统一向社会公布动物检疫范围和检疫对象。2012年，全市44个乡镇全部以乡镇为单位设置动物检疫申报点，产地检疫申报受理率100%；屠宰检疫申报率90%以上。

加强动物规模养殖场动物卫生监督管理，市农牧局对养殖场库存兽药、自配饲料、用料用药记录和休药期记录进行检查，杜绝添加使用“盐酸克伦特罗”“莱克多巴胺”等违禁物品，对养殖场进行了拉网式“瘦肉精”监测，全年共监测盐酸克伦特罗3 727份，莱克多巴胺3 317份，沙丁胺醇2 795份，全部为阴性。

严格病死畜禽无害化处理的监管，要求规模养殖场建立健全病死动物生物安全处理制度，要求规模养殖场对病死畜禽生物安全处理进行报告，并派员监督其进行生物安全处理，确保病死畜禽生物安全处理率要达到100%。

全面落实村级防疫员补助经费，2012年下达给攀枝花市的中央基层动物防疫工作补助经费为46万元，市财政局配套下达村级动物防疫员补助经费109.19万元，县（区）配套170.09万元，市、县两级共配套村级动物防疫员补助经费279.28万元。

【畜产品检疫】 2012年，市农牧局争取国家及省上的疫苗资金453万元，主要用于重大动物疫病防控疫苗的采购，市、县（区）动物防疫工作经费349.28万元，其中，市级176万元，主要用于全市重大动物疫病防控工作经费和业务运作费、疫苗经费、实验室正常运转及动物疫病监测经费及强制免疫反应死亡补助。县（区）173.28万元，主要用于防疫用消毒药、注射器、注射针头、酒精、防护手套等防疫必需物资的采购，确保全年动物防疫工作顺利开展。

进一步规范动物产地检疫工作，各县区严格按照《动物检疫管理办法》及农业部新制定下发的《生猪产地检疫规程》等四个配套规程规范开展动物产地检疫，全市动物产地检疫以乡为单位开展面100%，动物产地检疫率100%，实施产地检疫猪321 491头，牛、羊106 504头（只），禽2 175 412羽。

强化屠宰检疫及监管，动物入场前严格查证动物检疫证明、二维码耳标，证物是否相符，临床检查是否健康，同时对“瘦肉精”进行抽检。对不符合要求的生猪贩运行为，及时进行依法查处。屠宰检疫工作达到屠宰检疫率、动物产品持证率、病害动物及其产品无害化处理率、回收动物标识率、屠宰检疫证明和记录填写规范率、证章标志规范率“六个100%”。

加强市场检疫监管，各县区对进入集贸市场、超市交易的畜禽、畜禽产品要按规定进行复查，采取切实有效的责任措施，杜绝漏检、逃费等行为发生，确保上市畜产品消费安全。

做好春季和秋季动物防疫监督检查，在春秋季防期间，市农牧局对各县区进行督察，全面掌握全市春秋防工作进展，促进春秋防工作各项措施落实到位。分别于4月和11月对各县（区）春、秋季防疫工作进行随机抽样监督检查，全市共抽查18个乡镇，36个村，36个社，540户，采集猪、牛、羊、禽血清样品1 791份进行抗体监测。

积极争取疫苗配套资金落实，防疫物资得到保障，全市共组织到位492.961 5万元重大动物疫病疫苗，分别为猪瘟苗156万头份，高致病性猪蓝耳病灭活苗202万毫升、弱毒苗17万毫升，猪口蹄疫228万毫升，牛、羊口蹄疫130万毫升，高致病性禽流感H5N1疫苗365万毫升、H5－H9疫苗289万毫升，高致病性禽流感－鸡新城疫二联苗145万羽份。

认真开展动物疫病防疫，全市春、秋防猪瘟免疫103.7万头（次）；口蹄疫（猪、牛、羊）免疫216.3万头（只/次）；猪蓝耳病免疫103.7万头（次）；禽流感免疫746.8万羽；鸡新城疫免疫621.2万羽，免疫密度达到100%。监测结果口蹄疫、禽流感、鸡新城疫、猪瘟、猪蓝耳5个重大动物疫病免疫抗体合格率整体均达到70%以上。同时，春、秋防疫期间，全市共消毒圈舍等100公顷。

开展重大疫病及人畜共患病的监测和流行病学调查，7月对全市三区两县所送的90份犬唾液样品检测，全部为阴性；对米易、盐边县送检的355份样品，进行血吸虫监测，全部为阴性；布病抽检牛、羊血清样品30份，检测全部为阴性。在仁和农贸市场、东区西海岸市场设立定点监测点，进行活禽高致病性禽流感监测，1～10月共抽取450份样品，经检测，禽流感病毒全部为阴性。

加强人畜共患病和常规动物疫病防控工作，重点开展狂犬病、炭疽、血吸虫病、猪副伤寒、丹毒、巴氏杆菌病、气肿疽、羊传染性胸膜肺炎等人畜共患病及常规动物疫病防控。市农牧局组织购买9.93万元的疫苗免费下发县（区），分别为狂犬疫苗4.1万头份、兔巴二联苗0.16万头份、猪细小病毒0.504万毫升、猪伪狂犬0.3万毫升、仔猪副伤寒3.1万头份、猪三联4.08万头份、牛出败3.0万毫升、羊传染性胸膜肺炎0.54万头份、气肿疽11.0万毫升、羊三联0.28万毫升、新城疫Ⅵ系811.0万羽、山羊痘68.45万头份等疫苗。由于基础免疫到位，全市血吸虫病防治继续保持传播阻断标准，家畜布病和结核病及狂犬病得到有效控制，继续保持猪Ⅱ型链球菌病无疫发生，仔猪腹泻疫病得到有效控制。

农业产业化

【“龙头”企业建设】 2012年，市农牧局不断完善带动农户的利益联系机制，建设标准化生产基地，大力发展农产品精深加工，培育壮大“龙头”企业，提高农业组织化程度，促进农民增收。市农牧局按时对2011～2012年度授牌的63家市级农业产业化“龙头”企业开展运行监测，对各企业当年经营情况、品牌建设情况、采取的产业化经营模式、与农户的利益联结方式、带动基地和农户的情况、带动发展现代农业和农户增收的情况、取得的社会、经济效益以及企业在发展壮大的过程中所面临的困难和问题方面进行重点监测，并会同县（区）产业办对部分企业进行走访，锐华农业公司等60家企业监测合格。引导“龙头”企业不断完善健全各项管理制度，提高经营管理水平。完善机制，引导农业产业化“龙头”企业与农户之间建立稳定、风险共担、利益共享的多元化利益联结机制，提高农业的市场化水平和农民的组织化程度，增强带动农户致富能力。积极开展调研活动，指导和帮助“龙头”企业解决在运行过程中遇到的困难和问题，促进其发展壮大。2012年组织进行产业化调研，会同农工委开展“一村一品”调查统计分析，形成调查报告2篇。

2012年，全市有63家农业产业化“龙头”企业，其中省级11家，总资产26.34亿元，年销售收入30.5亿元，年净利润2.2亿元，从业人员11 195人。“龙头企业”不断推进农业结构调整，促进农业产业发展，带动农民增收，促进农业农村经济持续发展。

【农民专业合作组织】 2012年，市农牧局加强农民专业合作社发展指导、扶持和服务，提高农民组织化程度。全市农民专业合作社560个，比2011年增加176个。农民专业合作社按产业划分：种植业292个，养殖业226个，林业28个，服务业6个，其他8个。

认真贯彻落实《四川省〈农民专业合作社法〉实施办法》，各县（区）以贯彻“实施办法”为契机，依法理顺指导体制，健全工作机制，加大扶持力度。利用“阳光工程”培训、专题培训、农广校学历教育等多种形式，大力培训合作社业务辅导员和合作社管理人员，建立农民专业合作社人才支撑体系。开展示范社建设,全年择优推荐省级示范农民专业合作社4个,省级示范专业合作经济组织5个,确定市级示范专合组织10个。指导合作社建立健全以成员大会为主的组织机构和以章程为主的内部管理制度,完善组织机构,落实民主管理,加强对农民专业合作社的财务管理和盈余分配工作的指导与监督,不断完善盈余分配制度,大胆探索创新合作社与成员、农业企业的利益联结机制,进一步规范合作社的组织和行为,真正办成"民办、民有、民管、民受益"的互助性经济组织。

鼓励农民专业合作社流转农村土地承包经营权,实行适度规模经营,转变农业增长方式。盐边县茂盛果蔬专业合作社租赁盐边县国胜乡小坪村土地40公顷,采用节水滴灌技术,规模种植设施蔬菜,平均亩产值达到2万元,出租土地农民不仅获得每亩1 400元(每公顷21 000元)的租金收入,还可以获取每天60元左右的务工收入。

积极组织项目申报,争取资金扶持。全市专业合作社获得省级财政专项扶持资金300万元,"菜篮子"专项扶持资金50万元。直接组织申报省级项目3个,获得扶持资金150万。

推进农民专业合作社标准化建设,建立农民专业合作社名录库。建立以县(区)农经站人员和乡镇农经员为主的专业合作社辅导员队伍,开展全市专业合作社全面摸底调查,掌握全市合作社发展运行情况,确定重点扶持名单和优先申报项目名单。

农业服务

【农民负担监管】 2012年,市农牧局严格执行农业部和省委、省政府有关减负工作各项政策,落实"一把手"亲自抓、负总责,分管领导具体抓的工作制度,层层落实责任。市、县两级农民负担监管部门加大监督检查力度,确保攀枝花市全年没有发生因农民负担引发的恶性事件和群体性事件。全年没有人员因为涉及农民负担的违纪违规行为受到法纪追究。

组织开展2011年度农民负担监管检查并总结上报;起草《调整农民负担监管领导小组成员的通知》报市政府;起草《2012年落实纠风任务工作方案》,并征求各有关部门意见后报市纠风办;审核协调印制发放《农民权益义务监督卡》15万份;指导督促盐边县解决永兴镇农村合作基金会遗留问题,维护稳定,2012年,全市没有发生因农民负担问题引发的信访案件。会同市财政局对各县(区)"一事一议"工作进行考核评比,完成2012年度农民负担监管检查并总结上报。

加强农村集体"三资"(资金、资产和资源)管理,推进农村基层民主政治建设。全市44个乡(镇)353个村全部推行"村账乡管"体制,建立健全财务管理机制,强化会计监管,规范农村集体资产和资金的管理,促进民主管理和集体经济发展。2012年,全市农村集体资源总面积181 231.8公顷。实施财务公开的村349个,建立民主理财小组的村344个,民主理财小组一般由3~5名成员组成,成员由村民委员会或村民代表会议选举产生,村两委成员及其直系亲属不得担任村(居)民民主理财小组成员。做好农村财务公开和集体资产管理,规范农村财务公开的形式和内容,监督农村集体经济组织按季度公开农村财务情况,公开率达90%以上,规范公开率达75%以上。

【落实惠农政策】 2012年,攀枝花市强化监督检查,确保强农惠农政策落实。开展强农惠农资金专项清理检查,攀枝花市按照省财政厅、省监察厅、省纠风办、省审计厅的要求和统一部署,紧密结合自身实际,扎实有效开展好强农惠农资金专项清理检查的自查自纠工作。专项清查摸清各级财政"三农"投入规模,促进强农惠农政策的落实,提高强农惠农资金科学化、精细化管理水平。

市农牧局协同财政局、人保财险公司做好农业政策性保险,开展农业保险品种、保险金额、保险费率、保险责任、风险管理、保费分担结构以及承担规模控制。11月中旬,对全市各县(区)政策性农业保险进行检查验收,因上半年旱情影响,水稻栽插困难,仁和区、西区水稻保险未完成年初计划,玉米保险超额完成,油菜保险计划全面完成。2012年,农业保险机构引入竞争机制,中华联合财产保险股份公司加入政策性农业保险,让农户选择保险机构的自由度增大。同时,全市积极开展保险网络建设工作,在盐边县渔门镇、永兴镇、惠民乡、共和乡和桐子林镇,米易县白马镇、垭口镇、丙谷镇和撒莲镇,西区格里坪镇建立农业保险服务机构。

根据《省财政厅关于安排2012年农作物良种补贴资金的通知》《省财政厅关于拨付2011年油菜良种补贴资金的通知》和《关于印发2012年农作物良种补贴项目实施方案的通知》等文件要求,市农牧局认真开展良种补贴统计工作,检查督促良种补贴落实情况。2012年,全市兑现粮食直接补贴资金254万元、农资综合直接补贴资金2 632万元、良种补贴资金620万元。政策性农业保险保险费总收入11 712 736.46元,其中,农户缴费2 527 462.62元,县(区)财政配套保险费1 440 345.52元,市财政配套保险费964 867.41元,省财政拨付保险费1 989 651.07元,中央财政拨付保险费4 790 409.84元。全年政策性农业保险理赔金额10 577 100元。

【农广校招生与培训】 2012年,市农广校努力做好年内农业中等职业教育招生宣传动员、组织工作,落实四川省农广校实施"十万中专生培训计划"和《2012年全省农广校农民科技教育培训目标任务》,以项目促农业职业教育,结合农牧业生产实际需要,进行中专学历培训,全年在全市招生55人,超额完成省农广校下达农业中等职业教育招生50人的任务。专业分别为现代农艺技术专业、畜牧专业和计算机管理专业。

积极开展农民实用知识培训,2012 年 7 月 25 ~ 27 日在金叶度假村对农村经纪人进行培训,参训人员 89 人,发出证书 83 本。11 月,组织盐边县的农民创业培训,培训班 30 名学员来自 3 个不同乡镇,第一阶段为理论学习,为期 7 天,内容以农民创业基础知识、设施果树栽培技术(芒果、大枣等)以及早春蔬菜栽培、大棚建设、病虫害防治和农产品质量安全为主,第二阶段为实际操作阶段,为期 10 天,让学员掌握果树在不同时期的施肥、嫁接、修剪、病虫害防治,以及一些养殖技术。大力开展田间学校农村实用技术培训,攀枝花市农广校围绕农村实用技术培训 30 万人目标任务,在各乡镇大力举办田间学校培训班,全市共举办田间学校培训 17 个班,共2 500余人,全部采用田间式的教学方式,以动、植物的生长周期为一个培训期,深入到田间地头,进行手把手式的辅导,专业涉及攀枝花市农业各大特色产业,如紫薯培训班、芒果培训班、早春蔬菜培训班、草莓培训班、樱桃培训班等。

拓宽办学思路联办本专科班,继续与西昌学院、四川农业大学联办本科、专科班,动员 100 余名农民参加 2012 年的全国成人高考,30 人被录取。

做好在校学员的教学辅导管理工作,市农广校现有 2010级、2011 级、2012 级农业中等职业在校学生 349 人,按照省的教学计划聘请资深的专兼职教师按时进行辅导,在整个教学活动中注重理论联系实际,提高学员的实际操作能力和运用能力。

做好校内的日常事务管理和毕业学员的各项资料上报工作,农广校 2012 年中专毕业生 145 人,全面完成了学员的毕业资料上报和毕业工作,毕业生率达 100%。

2012 年攀枝花市农广校被省农广校评为先进集体。

【种子管理】 2012 年,全市种子管理部门加强种子执法检查,春耕生产以来,市县(区)农牧部门共出动执法人员1 300人次,检查市场 296 场次,查处案件 6 件。检查种子、农药、肥料、等生产经营企业 510 家,对“两杂”种子进行 100% 的质量检查。查处假冒伪劣种子 12.1 千克。通过开展农资打假,净化种子经营市场,切实维护农民利益,确保全市农业生产顺利进行。

开展种子质量监督检验工作,市县农牧局种子站抽检杂交水稻种子和杂交玉米种子 420 批次,品种检验覆盖率达 100%,检验蔬菜品种种子 160 批次,检验率 42%。检验出玉米不合格品种 3 个、水稻品种 4 个。按规定,检验结束后,市农牧局种子站及时将检验数据通知经营户,同时通知分管县(区)的种子执法部门,依法对不合格的种子进行处理。

加强种子法宣传,全年培训种子经营户 4 次,培训人员 450 人次。结合种子市场检查和“科技下乡”活动向种子经营户和农民群众宣传种子法 160 余次。主要培训和宣传与种子相关的法律法规和规章。

【农田基本建设】 2012 年,攀枝花市全力实施高标准农田建设工作,夯实现代农业发展基础。仁和区争取到 2012 年省高标准农田建设专项资金 100 万元。通过各县(区)努力,全市共完成高标准农田建设1 533.41公顷,完成计划任务的 115%。全年新建农田排灌渠 400 条,总长度 10.46 万米;建蓄水池 400 口,新增容量 3.56 万立方米;修筑田土埂 3 300条,总长度 17.7 万米;土地加工整理1 360.07公顷次,其中,增厚土层 286.68 公顷,改良质地1 073.39公顷;种植绿肥1 166.73公顷;秸秆还田1 866.76公顷;移动土石方 148 万立方米。

2012 年实际完成农田基本建设投资3 000万元,其中,中央投资1 000万元,省级投资 865 万元,市级以下财政投入 572 万元,群众和其他投资 563 万元,农民投工投劳 58 万个。

加强农业综合开发,完成国家及地方立项土地治理项目 9 个、产业化经营项目 4 个,投资4 639.5万元。改造中低产田土面积1 326.73公顷,改良土壤 913.38 公顷,营造防护林 4 公顷,新建梯田田埂 18.18 千米,新建提灌站 9 座,完成防渗沟渠整治 54.79 千米,整治山坪塘 6 座,扩容水库 1 座,新建蓄水池 26 口,新建机耕道 9 条、长度 9.42 千米,农业服务体系仪器设备 13 套,推广节水示范、无公害病虫害防治、覆膜栽培、配方施肥等技术面积2 300.12公顷,科技培训 7 500人次。

全面实施测土配方施肥,推广测土配方施肥技术、培肥地力、施用配方肥共20 001公顷,测土配方施肥技术覆盖行政村 220 个;免费为 11.7 万农户提供测土配方施肥技术服务,测土配方施肥示范区亩均节本增效 35 元以上。2012 年国家投入测土配方施肥补贴项目资金 101 万元,通过农业综合开发等项目配套资金 50 万元。

认真进行田间试验和配方研制,做好示范片建设,2012 年全市各项试验任务共 40 个,主要为肥料效应田间试验和对比试验,大田作物试验已基本完成,建立小麦、水稻、玉米和本地特色经济作物蔬菜、瓜果、茶叶、烤烟等配方 9 个;全市 2012 年共计进行 104 个、面积3 333.50公顷的示范方建设,2 个乡 30 个行政村的整建制推进。

推进农业资源环境保护,按照省农业厅统一部署,2012 年攀枝花市启动土壤重金属污染普查工作和农业面源污染调查工作,该项工作 2012 年先行在米易县开展,完成样点布设,开展采样工作。

【抗灾救灾】 2012 年,攀枝花市主要农业灾害为干旱,全市 2011 年 10 月以来,攀枝花市遭遇大气环流异常的极端天气,降水异常偏少。2011 年东区、仁和、米易、盐边年降水量分别为 538 毫米、469 毫米、823 毫米和 569 毫米,较历史同期分别偏少 35%、41%、21% 和 39%,部分地区仅在 350 毫米左右,创下了自 1967 年以来的最低值。从 2011 年 10 月至 2012 年 3 月,连续 150 余天无有效降雨,2012 年 2 月底全市水利工程蓄水量为7 196万立方米,仅为常年蓄水量的

50%，较上年同期14 837万立方米减少了7 641万立方米。旱灾造成全市9.61万人、5.76万头牲畜出现不同程度的饮水困难，12 613.96公顷作物受旱，主要受旱作物为小麦、果树、豌豆、胡豆。

全市共投入抗旱资金6 300余万元（其中省级以上2 880万元，市级697万元，其他资金2 723万元）。新建和维护提灌站91处，打井、集中供水工程113处，应急水池和水窖1 787处，整治山坪塘4座，沟渠整治59千米、清淤109千米，架设人饮管道188千米，投入提水设备136台（套）。抗旱用电135万千瓦时、用油15吨。至年底，全市已解决7.15万人、2.5万头牲畜饮水问题，全市旱区生活用水基本得到保证，确保旱区人心稳定、社会稳定。剩余人畜饮水问题正在通过打井、抽水等设施建设和引水、调水、送水等措施加以解决。

旱灾发生后，市农牧局认真做好抗旱救灾工作，制定应对措施和抗灾技术方案，重点就大春作物田间管理、高产创建、“菜稻轮作”、地膜覆盖和病虫害防控技术制定抗灾技术指导方案，动员群众开展抗旱保苗。

组织各种农机具投入抗旱，确保灌溉、中耕、机械化植保等作业措施及时落实到位。干旱严重地区加快落实购机补贴政策，鼓励农民多购置水泵、喷灌机等抗旱机具，最大限度满足抗旱需要。

强化指导，科学抗旱，做好灾情调度工作，建立健全信息预警和灾情报告制度，落实专人值班和领导带班制，实行旱情日报制度，密切关注天气变化和旱情发展变化以及各地抗旱工作进展情况。

【农机发展与管理】 2012年，全市农机结构不断优化，农机化水平稳步提高，农机动力达到63万千瓦，完成机耕面积36 733.33公顷，机械化育插秧面积52公顷，机收面积3 193.33公顷，机电提灌面积10 200公顷，农作物综合机械化水平达到36.9%。

农机购置补贴工作顺利完成，按照省农业厅制订的《四川省2012年农机购置补贴实施方案》指导县（区）各认真实施2012年农机购机补贴项目，加强农机购置补贴实施各环节监督检查，与各项目县区签订《农机购置补贴实施工作责任书》，明确责任，强化管理。加强农机购置补贴产品售后服务人员资格培训认证工作，督促销售企业提高售后服务水平。全年完成购机补贴资金897.23万元，完成省农业厅下达资金的99.69%，补贴各类农机具6 583台套，直接受益农户6 231户。

推进农村机电提灌设施建设，围绕农业抗旱，做好农村机电提灌项目申报、方案编制及建设管理，加强项目验收和检查，2012年，全市完成农村机电提灌建设总投资1 939.66万元，其中，2012年省农业厅专项抗旱资金250万元。全市新增和修复提灌设施716台、6 976.5千瓦，其中，新建固定提灌站61座、1 071.5千瓦（太阳能提灌站2座、72千瓦），新增移动提水设备398台、1 310千瓦，修复提灌设备248台、4 510千瓦，年提水3 699万立方米。

农机科技推广工作有序开展，结合农机购机补贴工作，推广各类农机具6 408台，其中，水稻机械化育秧设备一套，小型联合收割机23台。小型抗旱机组736台。2012年新增小型联合收割机23台，其中，享受补贴购买16台，农民没有补贴的购买7台。

为提高售后服务能力，切实克服全市农机维修人员不足的困难，市农牧局2012年2月7～10日开展补贴机具经销商（点）售后维修人员资格培训认证工作，全市补贴机具经销商（点）75名售后维修人员参加培训，经市农牧局统一组织的理论考试和维修技能考核、微耕机操作技术测试，其中73人合格，2人不合格。办理农机职业技能鉴定证73本。

加强农机安全管理，坚持“安全第一、预防为主、综合治理”的方针，构建农机安全生产长效机制，农机事故得到有效预防和控制，全年未发生农机死亡事故。全年检验拖拉机2 616台；拖拉机新机入户171台，拖拉机过户168台；拖拉机新办驾驶证162人，换证287人。开展农机安全生产宣传教育，坚持在拖拉机车厢喷印“严禁载人”字样，教育引导群众和农村中小学学生自觉不搭乘拖拉机，全市累计开展有线电视农机安全宣传28次，多媒体宣传42次，手机短信宣传2 832次，发放安全知识手册4 853份。开展事故隐患排查治理和“百日督察”专项行动，严防重特大农机事故的发生。

（青致刚）

水　务

【概　况】 2012年，全市有市水务局、东区农业水务局、西区水务局、仁和区水务局、米易县水务局、盐边县水务局6个水务行政管理单位。全市水务系统年末有职工353人，其中硕士研究生6人，与上年持平；本科学历147人，较上年增加8人；具有大学学历141人，较上年增加15人；中专39人，与上年持平；高中及以下17人。职称方面，高级职称7人，较上年减少2人；中级职称40人，较上年增加1人；初级职称73人，较上年增加7人。2012年，全市水务系统组织和参加培训353人次，主要包括参公单位省主管部门业务培训、公务员更新知识培训、专业技术人员专门培训，人均培训19学时，人均投入培训经费772元。2012年，市水务局完成局内12名科级干部轮岗交流，启动并完成5名科级干部公开选拔工作和提拔任用工作。重新选拔推荐17名专家，组成攀枝花市水利、水电、水产系列中级技术职称评审委员会。2012年3月5日，攀枝花市供排水管理职能正式从市城管局移交至市水务局，市供排水所为市水务局下属全额拨款事业单位，承担市级供排水具体事务性工作，攀枝花市编委核定该单位事业编制25名，党政领导职数3名。2012年11月1～4日，举行全市水务系统第十一届职工运动会，运动会设篮球、羽毛球、拔河、田径等16个比赛项目。全市各县（区）水务局、各中型水利工程管理单位、市水务局直属事业单位、市水务集团有限公司等13个单位、300余名运动员参加比赛。

2012年，全市水务系统本着“向上争、社会引和群众投”的原则，投入各项水务建设资金7.2亿元，较上年增加0.9亿元，创历年最高。其中争取省级以上各类资金3.34亿元，市级资金投入0.24亿元，县(区)政府配套0.54亿元，社会资金投入3.08亿元。全市2012年实现新增和恢复蓄引提水能力1 400万立方米，新增和改善灌面3 533公顷，新增节水灌溉面积1 533公顷，解决农村人饮5.37万人，完成31座病险水库除险加固任务，治理水土流失面积114.46平方千米，完成地方发电量5.1亿千瓦时，水产品产量达到30 410吨，产值3.6亿元。

2012年，总投资2.83亿元的大竹河水库，经过三年建设，工程枢纽工程建设完工，开始试蓄水。马鞍山水库6月份召开建设动员会，省级建设资金到位2 000万元。梅子箐水库9月份召开建设动员会，省级建设资金到位1 000万元。观音岩引水工程可行性研究报告获四川省水利厅批复，红线1.6千米范围内取水工程基础砼浇筑完成。总投资3 000万元(省级以上资金2 350万元)的山洪灾害防治县级非工程措施项目建设完成。完成金沙江攀枝花市主城区段客运中心至两江交汇处之间的三线水位(警戒水位线、保证水位线、河道管理范围线)划定标注工作。开工建设中小河流水文监测系统一期项目。按期推进仁和区把关河和米易县普威河、小河3条中小河流综合治理项目。开展盐边县星秀坪水库、仁和区跃进水库渠系配套和米易县麻晃引水三个烟区水源工程前期工作。2012年，全市农田水利基本建设和农建综合管理获得四川省政府“李冰杯”三等奖表彰，农村人饮安全工作获得四川省政府先进集体表彰，市水务局党支部被授予市委“创先争优”先进基层党组织，抗旱、农建、安全、综治、维稳、政务信息等工作获得市委、市政府先进集体表彰。

【抗 旱】 2011年底至2012年6月底，持续干旱高温致使攀枝花市18.12万人、15.79万头牲畜出现饮水困难，7 320公顷农作物受灾。2012年2月10日，市政府防汛抗旱指挥部召开旱情会商会，会上分析降雨、蓄水和旱情分布情况，研判2012年雨情、墒情和旱情发展趋势，制定抗旱措施。根据旱情形势和《攀枝花市防汛抗旱应急预案》规定，会议启动Ⅱ级抗旱应急响应，全面组织开展各项抗旱工作。3月初，攀枝花市委、市政府印发通知，要求全市各级各部门务必高度重视，奋战100天，确保人畜饮水安全，确保灾区人心稳定、社会稳定，确保农村增收目标实现。

在全市抗旱工作中，供水保障方面，坚持“先急后缓，先生活后生产”以及确保人饮、照顾困难群体和弱势群体的原则，采取引水、打井、提水、送水等工程措施，实施抗旱应急水源工程建设。农业生产方面，实施“以旱治旱”策略，及时调整种植结构，做到“小春损失大春补、粮食作物损失经作补、种植损失畜牧补、农业损失务工补”，确保农民减产不减收。生活救助方面，本着确保生活稳定原则，以春荒救助、捐款救助、财政扶持等主要方式，确保重灾区群众粮食和生活用水安全。特别是对残疾人、妇女儿童、留守学生、农村“五保”户和无劳动能力等弱势人群饮水困难，建立一对一的党员或团员、村干部帮扶机制。

2012年，全市投入抗旱资金9 917万元，其中省级以上资金2 849万元，地方投入4 753万元，社会投入1 119万元。投入抗旱用电1 254万千瓦时、投入抗旱用油564吨。新打机井508口、新建和维护提灌站158座、新建集中应急供水工程156处、应急水池和水窖2 311口、整治山坪塘51座、整治沟渠446.19千米、渠道清淤1 038千米、安装输水管道375千米，群众自发打井1 051口。

【防 汛】 2012年全市大的降雨过程较多，雨量情况较好，灾情较少，防汛形势较平稳。攀枝花市境内区域性暴雨少，但局部暴雨突出。2012年全市有26次局部暴雨、2次区域性暴雨(6月24日米易、盐边、烔草岗，7月13日米易、盐边、烔草岗、仁和)、1次单点暴雨(7月17日盐边县)。降水空间分布不均匀，1~9月全市降水量正常至偏少。1~9月底四个大气监测站降雨总量分别为烔草岗671.9毫米、仁和566.9毫米、米易766.1毫米、盐边804.3毫米，与常年同期比较除盐边县城正常略偏少外，其余各地偏少1~2成。

攀枝花市金沙江中段7月中旬洪水起涨至27日6时涨水6.3米，攀枝花站达到998.01米的最高水位，流量7 800立方米/秒，为1965年建站以来第15位，距攀枝花市警戒水位999米差约1米。金沙江下段由于受雅砻江涨水影响于7月22日达到最高，三堆子站7月22日实测最高洪水位988.78米，最大流量15 300立方米/秒，为建站以来第21位。此次洪水截至7月31日，全面平稳退水。雅砻江入汛以来基本处于高水位，其中7月17日3时，水位997.65米，流量9 730立方米/秒，距警戒水位差0.35米。安宁河入汛以来水位持续较高水位，7月5日8时发生入汛以来第一次超警戒洪峰，洪峰流量2 820立方米/秒，超警戒流量680立方米/秒。7月16日17时发生入汛以来第二次超警戒洪峰，洪峰流量2 560立方米/秒，超警戒流量420立方米/秒。

据统计，2012年汛期盐边、米易2个县14个乡镇受灾，受灾人口0.39万人，紧急转移700人，倒房70间；农作物受灾697公顷，成灾227公顷，绝收27公顷，停产企业2家，公路中断10条次，堤防损毁4处、2千米，直接经济损失6 681万元。

2012年，全市范围内汛期无人员伤亡。桐子林电站建设引发的雅砻江灾情发生后，市委副书记、市长张剡带领相关部门和专家及时赶赴现场进行指挥抗洪救灾，妥善安排部署善后工作。2012年全市投入抢险500余人次，出动抢险车辆3 000余台次，砂石料3万余立方米，总物资消耗折算资金1 500余万元，确保汛期安全。

【农田水利基本建设】 2012年，攀枝花市完成农田水利建设资金25 954万元，其中争取中央水利专项资金11 860万元，省级水利专项资金5 000万元，市级资金投入234万元（支农资金中安排），县区财政投入5 000万元，社会资金投入3 860万元。全年实现新增和恢复蓄引提水能力1 400万立方米，新增和改善灌面3 533公顷，新增节水灌溉面积1 533公顷。抓好中央财政小型农田水利重点县建设，抓住国家建设节水型社会机遇，指导县（区）积极编报材料，经过竞争立项及评审，继米易县后，攀枝花市盐边县、仁和区2012年又争取到国家高效节水试点项目，全省仅有三个高效节水灌溉项目均落户攀枝花市，国家三年内将投入3.6亿财政资金，开展高效节水设施建设。抓好山丘区“五小水利”工程项目建设，继盐边县2011年实施“五小水利”项目后，2012年仁和区、米易县又争取到中央财政小型农田水利设施建设补助专项资金2 000万元，是截至2012年年底攀枝花市得到的中央补助额最大的单个“五小水利”项目，截至2012年年底，项目实物工程量接近完成90%。

【水资源管理】 围绕落实国务院“实行最严格的水资源管理制度”要求，攀枝花市严格水资源管理，深入推进水资源节约、保护和管理工作。严格项目水资源论证、取水工程验收和取水许可证核发。完成项目水资源论证审查5个、批复5个、取水工程验收1个、核发取水许可新证1个、换证9个、完善取水计量设施安装4个。完成攀枝花市水资源公报编制和攀枝花用水总量控制指标修订工作。推进水资源费依法依规足额征收工作，2012年征收水资源费1 500万元。启动米易石峡水电开发有限公司拖欠水资源费立案调查工作。推进省级水资源费项目实施，注重督导，确保项目、资金、人员安全。加强水资源保护。修改上报攀枝花江河湖泊水功能区划；配合西昌水文局编制完成攀枝花全国重要江河湖泊水功能区纳污能力核定和分阶段限制排污总量控制方案编制工作；完成攀枝花市57座饮用备用水源水库水质检测工作；完成金沙江上游金安桥水电站发电和龙开口电站蓄水对攀枝花市沿江取用水影响的协调任务，保障攀枝花市城区取用水安全。

【供排水建设与管理】 城市供排水规划工作。编制上报2011年～2020年攀枝花市城镇供水设施改造与建设项目规划表、“十二五”城镇污水设施改造与建设项目规划表，编制完成《攀枝花市主城区“十二五”供水专项规划》和《攀枝花市城区“十二五”排水专项规划》，首次启动《攀枝花市城镇供水专项规划（2012～2030）》和《攀枝花市城镇排水专项规划（2012～2030）》编制工作。

农村饮水安全工程建设。2012年，共争取4 512万元农村饮水安全工程投资（其中中央补助资金3 610万元、地方配套资金902万元），计划解决仁和区、西区、盐边县8.441万名农村居民和0.6011万名农村学校师生饮水不安全问题。截至当年底，累计完成工程投资2 600多万元，共解决5.37万人农村居民饮水不安全问题。

城市供排水基础设施建设。争取中央、省级资金投入，加大市、县（区）财政资金自筹力度，夯实供排水基础设施。实施花城新区供水工程项目建设，工程于2012年6月29日开工建设，工程设计估算总投资13 971.75万元，2012年底已完成投资5 598.81万元。积极争取中央补助资金3 832万元，将米易县33.9千米、盐边县15千米污水管网建设，纳入攀枝花市“十二五”城镇污水处理设施配套管网专项资金建设范畴。争取到中央排水项目资金4 000万元（其中已到位2 000万元），实施城区排水设施建设项目，改造和完善全市主城区排水管网系统。投资2 635万元，实施东区、西区和仁和区污水处理厂配套管网工程建设，新建或改造污水管网34.2千米，增收污水2.2万吨/日，受益群众16.64万人。投入300余万元，实施仁和区五十一阳光家园片区污水管网建设，改善阳光家园片区人居环境。积极协调，完成全市184只消火栓维护改造工作，更换全市存在安全隐患的排水管线检查井轻型井盖42套、重型井盖53套。

城市排水设施日常维护。2012年，对全市主城区130余千米主排水（雨、污）管道（沟），2665座雨、污检查井，1632个雨水口（平面式雨水口302个，侧立式雨水口1 330个），98条过街涵洞进行日常维护工作。全年共清理雨、污检查井2 660口次，清理边沟8 050米，疏通管道3 666米，清理雨水口1 566口次，维护检查井95口（井筒维修、井圈井盖更换），清运淤积物及建渣约2 000立方米，保障了城市排水设施正常运行和防洪安全。

供排水行政管理。规范供排水工程项目建设程序，按照基本建设程序对农村饮水安全工程、供水工程、排水工程实施监督管理，认真履行规划、可研、勘察、设计、施工、竣工验收监督管理职能职责。全力推行排水许可制度，健全排水许可程序，规范排水户行为。严格执行四川省六厅委印发的《四川省城镇供水排水运营单位运行监管办法》，强化供排水特许经营资质管理，强化供排水运营单位监管，规范运营管理。

【水土保持】 2012年，攀枝花市继续深入开展新《中华人民共和国水土保持法》及《四川省〈中华人民共和国水土保持法〉实施办法》宣传工作。加强水土保持规划编制和项目储备工作，完成5个县（区）水土保持规划修编工作，并通过专家技术审查，完成包括小流域综合治理、水源地水土保持、坡耕地水土流失综合治理等9个治理项目储备工作。加强水土流失综合治理工作，全年完成水土流失综合治理面积114.46平方千米，加强财政资金投入水土流失综合治理，完成了西区苦荞箐和仁和区席草湾两条小流域水土流失治理项目。加强水土保持监督，全年对22个开发建设项目进行水土保持监督检查，对44个开发建设项目水土保持方案进行审查，征收水土保持设施补偿费353.86万元。组织开展煤矿水土保持专项检查，2012年对全市29个6万吨及以下小煤矿，69个6万吨以上小煤矿进行水土保持专项监督检查，促进煤炭行业安全生产。加强水土保持监测工作，全市一期公益性水土保持监测报告完成，全年对30余个开发建设项目开展水土保持监测工作，印发水土保持监测简报4期。强化水土保持监测能力建设，市水土保持监测分站于2012年12月底取得水利部水土保持甲级监测资质，是四川省2012年唯一一家取得水土保持监测甲级资质单位。加强水土流失治理和水土保持科研，经过3年试验、观测和研究，“攀枝花市干热河谷地区坡耕地水土流失成因、防治措施及示范研究”课题完成并成稿。

【水利工程质量监督】 2012年，对大竹河水库工程、大竹河水库渠系配套工程、仁和区团结水库工程、占田水库工程、米易县晃桥水库中型节水配套续建工程、米易县典所河堤、米易县丙谷镇小河防洪治理工程、米易县普威镇普威河防洪治理工程等8个水利工程开展质量监督工作，对大竹河水库一期项目工程和高堰沟水库复(扩)建工程进行了竣工验收。在质量监督工作中，加大对工程的巡查密度，对工程中出现的问题，坚持一查到底并要求工程参建各方进行整改，对质量监督的每一个工程每一个环节均建立监督台账。全年出具质量监督意见45份，质量检测和抽检报告150余份，有效控制水利工程质量，全市的水利工程建设没有发生任何质量事故。人员的学习培训方面，市水利工程质量监督站工作人员均取得水利工程质量检测员资格。组织全市质量监督人员到省水利厅学习并通过考试，全市总共有10多人取得质量监督资格证。制度建设方面，为促进攀枝花市水利工程质量监督工作的制度化和规范化，2012年制定出台了《攀枝花市水利工程质量监督管理办法》(征求意见稿)，正在征求市级有关部门意见。

【水产业】 截至2012年底，全市水产品总量达到30 410吨，产值3.6亿元，分别较上年增长6.1%和6.8%，全市农民人均渔业收入696元，农民人均增收40元以上。推进水产健康养殖。抓好农业部在攀枝花市确定的水产健康养殖示范场拿虎湾渔场建设，大力推进水产健康养殖和生态养殖，通过试点示范和培训，引导养殖生产者使用优质配合饲料，科学用药，改善水质环境，强化免疫，减少养殖自身污染，生产高质量水产品。继续推进水库施肥养鱼整治工作，结合2012年攀枝花市水环境治理目标任务，对全市33座饮用水水源水库、24座备用水源水库进行肥水养鱼清理和整顿，实现水生态环境保护要求。积极开展水质改良技术和微孔曝气增氧技术应用与推广，改善水质，减少疾病，提高水产品产量和质量。推进渔业产业带和重点工程建设。继续加快以米易县跨越渔业有限公司为重点的优质早苗良种基地建设，同时建设完成了农业部开发种繁育和优势特色种养殖示范项目《攀枝花市米易县黄颡鱼苗种繁育基地建设项目》并通过验收。加快推进以盐边县西北部地区、米易县麻陇、观音乡冷水资源为重点的渔业资源开发利用，米易县三文鱼养殖基地、盐边县箐河流水养鱼场项目基本建成投产，盐边县箐河、国胜河及米易县麻陇河、楠木河等河段仿生态裂腹鱼养殖也进入推广阶段。改善二滩库区渔业基础设施建设，库区沿湖路改造基本结束，交通便利进出方便，盐边渔门渔码头、米易县白坡镇、得石镇、简易渔码头初步建成，推进了渔需物资转运，为库区发展旅游、观光、生态渔业创造了良好条件。加强水产品质量安全监管和水生动物防疫工作。贯彻落实《中华人民共和国食品安全法》《中华人民共和国农产品质量安全法》，有针对性开展水产品安全宣传教育和培训工作，增强从业者食品安全意识和遵纪守法意识，培训水产龙头企业、专合社、养殖大户、监管人员超过80余人次，签订质量安全承诺书40余份。开展水产品质量安全专项整治工作。做好市场准入制前期准备工作，包括建立具体实施方案及相关制度建立。强化养殖投入品监管工作，重点对苗种生产和饲料、渔药监管，同时指导苗种场、养殖场建立健全生产记录、鱼饲料、渔药使用记录、销售记录，建立苗种场、养殖场登记备案制度，从源头上把好质量安全关。加强水产质检队伍建设，2012年为各县(区)分别配备一套水产品快速检测仪并组织人员操作培训。做好水生动物疫情监测和预警预报，加强水产苗种产地检疫和出镜检疫，按期测报疫情情况，从源头上预防控制水产养殖疫病。实施水产品质量安全随机抽样检查，抽样点包括生产基地、水产品批发市场、农贸市场、超市等，样品包括全市30多个水产养殖品种，120个水产品样，检测指标包括孔雀石绿、硝基呋喃、氯霉素等360项，合格率100%。加强渔政管理工作。

【渔政管理】 2012年，攀枝花切实加大渔业执法力度，加强制度管理和执法管理，积极实施渔业捕捞许可制度。同时依照《中华人民共和国野生动物保护法》和《水生野生动物保护条例》等法律法规，加强水生野生动物保护管理等工作。组织县(区)渔政部门进行2次联合检查、5次不定期检查，参加检查执法人员100余人次。在检查工作中认真推行“教育为主，教育与惩处相结合”、“打击一个，保护一片”的原则，扎实开展禁渔工作，基本实现“江中无渔船、水中无网具、市场无江鱼”的春禁管理目标。据统计，2012年共计没收并销毁违法网具(含拖网、抬网、小网目尺寸网具)176张，收缴电捕鱼器19台(套)，查处违规捕捞6起，没收并放生野生鱼3千克，有力打击了无证捕捞和“毒、电、炸”鱼等违法渔业行为，有效保护了攀枝花市渔业资源和渔业生产者的合法权益。加强渔业资源保护。根据《中华人民共和国渔业法》《四川省〈中华人民共和国渔业法〉实施办法》规定和《中国水生生物资源养护行动纲要》要求，结合攀枝花市天然水域渔业现状实际，全年放流各类苗种177.1万尾，价值15万元。加强渔船安全监管。严格按照国务院《中华人民共和国渔业船舶检验条例》规定，对全市现有204艘渔船按期开展了检验，指导县(区)渔政管理部门对新办260艘渔船按按要求进行了等级、检验。落实有船乡镇与船主签订安全责任书，给船主发放安全告知书，发放救生衣等安全用品，做到救生衣配备到人，保障渔民生产安全。开展渔业资源监测。根据农业部长江渔业委员会要求，结合攀枝花市金沙江水域渔业资源实际情况，对攀枝花市金沙江段进行渔业资源状况监测，2012 年开展监测 108 船次，收集资料 165 份，收集标本 65 个，有效掌握了 2012 年金沙江渔业资源状况，为渔业资源保护提供了有力依据。

【水利普查】 2010 年 1 月，国务院印发《关于开展第一次全国水利普查的通知》（国发〔2010〕4 号），部署从 2010 年开始，历时 3 年时间开展第一次全国水利普查工作，是新中国成立 60 年以来在全国范围内开展的首次水利普查，是一次国情国力调查。按照国务院和省普查办要求，攀枝花市在 2010 年 6 月开始启动水利普查工作，经过两年工作，扎实细致地开展普查机构组建、实施方案编制、经费测算及上报、宣传、人员培训等前期工作，完成基础台账建设、清查登记、空间数据外业采集、内业标绘，普查数据采集录入、数据处理、汇总审核、数据平衡分析总结和上报等工作，至年底，正在进行国家级审核和普查成果验收阶段。

第一次全国水利普查分为前期准备、清查登记、填表上报和成果发布 4 个阶段，包含河湖基本情况、水利工程、经济社会用水、河湖开发治理、水土保持、行业能力、灌区和地下水取水井 8 个方面内容，普查按行政区划分 5 县区，共有 16 个街道办事处、44 个乡镇、130 个社区居委会、352 个村民委员会，普查面积7 440.398平方千米，分 60 个普查区进行普查工作。全市各级普查机构人员 68 人，各级财政都落实普查经费 337 万元，培训普查人员3 564人次。全市水利普查完成清查名录共21 184个，普查名录总数5 882个，录入数据项92 978项，完成各个专项空间数据标绘1 074项，完成全口径数据分析报告和各种普查数据审核上报工作。

【全省三个国家高效节水灌溉试点项目全部落户攀枝花市】 近年来，攀枝花市水果、蔬菜等特色农业产业发展迅速，但是水资源分布不均衡，对农业增效和农民增收造成影响，攀枝花市积极争取国家高效节水灌溉试点项目。继 2011 年米易县获得中央财政小型水利重点县高效节水灌溉试点项目后，经积极竞争和争取，2012 年 9 月，仁和区和盐边县再次获得试点项目名额，全省仅有的 3 个中央财政小型水利重点县高效节水灌溉试点项目全部落户攀枝花市。高效节水灌溉试点项目分 3 年实施，累计投资将达到 15 亿元。其中，争取到中央、省专项投资 2.7 亿元，涉及 3 个县（区）24 个乡（镇）86 个村。项目完成后，将提高攀枝花市农业农村水资源利用水平，缓解农业供用水特别是旱季旱区供用水矛盾，届时全市将新增高效节水灌溉面积12 534公顷，项目区灌溉用水利用系数将达到 0.8 以上。

（景志飞）

农业综合开发

【概　况】 攀枝花市农业综合开发领导小组办公室（以下简称农发办）是攀枝花市农业综合开发项目的管理机构。农发办分设 2 级，共 6 个部门，其中市级 1 个、县（区）级 5 个。截至 2012 年年末，各级管理人员共计 17 人（市级 3 人，县、区级 14 人）。

2012 年，全市总计投入农业综合开发项目建设资金7 230.14万元。其中，争取中央资金2 704万元、省级资金1 344.6万元，市级安排资金 754 万元，县（区）安排资金 224.2 万元，企业和群众自筹1 530.04万元，其他资金 673.3 万元。

【土地治理】 2012 年攀枝花市农业综合开发在米易县新山乡、盐边县永兴镇、仁和区布德镇开展了土地治理中低产田改造项目，改造中低产田1 220公顷、新建排灌站 1 座、新建和加固小型蓄排水工程 52 座、新建机耕路 13.07 千米、衬砌渠道 75.49 千米、埋设管道 7.64 千米、新建梯田埂 22.97 千米、技术培训6 000人次，购置植保机械 10 台（套）。

2012 年攀枝花市农业综合开发在仁和区大河流域的大田镇、啊喇乡、总发乡开展了土地治理小流域治理项目，新建提灌站 2 座、新建和加固小型蓄排水工程 36 座、衬砌渠道 13.32 千米、埋设管道 5.5 千米、改良土壤 333.3 公顷、技术培训2 000人次。

通过中低产田改造项目和小流域治理项目的实施，解决了长期以来制约当地农业发展的瓶颈，促进了当地农业增效、农民增收、农村发展，实现了新增灌溉面积 380 公顷、改善灌溉面积1 040公顷，年节约用水量 411.75 万立方米、新增粮食 133 万千克、蔬菜 431.5 万千克，项目区农民增收总额达到1 249万元。

【产业化经营】 2012 年，攀枝花市共获得上级产业化项目 7 个，其中，贷款贴息项目 2 个，财政补助项目 3 个，部门项目 1 个，省级新农村示范项目 1 个。项目投资2 856.54万元，其中财政资金1 169万元，自筹资金1 034.24万元，其他资金 653.3 万元。

贷款贴息项目：攀枝花市米易县 6 万吨生态饲料厂新建固定资产贷款贴息项目和四川平大生物制品有限责任公司何首乌茶产业化固定资产贷款贴息项目；

财政补助项目：攀枝花市米易县 33 公顷核桃基地改扩建项目、攀枝花市仁和区1 000吨蔬菜贮藏保鲜扩建项目、攀枝花市仁和区 133 公顷优质晚熟芒果基地改扩建项目。

部门项目：米易县良优势特色种养示范项目。

省级新农村示范项目：盐边县益民乡3 000吨果蔬气调库新建项目。

通过实施产业化经营项目扶持了当地龙头企业、合作组织，促进优势农产品的生产销售，通过推广“龙头企业 + 合作组织 + 农户”组织形式，提高企业市场开拓能力，加快农业结构调整速度，推动农村经济发展，带动农民致富增收。

（杨　东　雷　林）

交　　　通

公　路

【概　况】 2012年,攀枝花市交通重点工程建设稳步推进。丽攀路攀枝花段工程完成征地拆迁和建设投资13.0073亿元,自开工以来累计完成投资36.027亿元。加快了攀宜(宾)沿江高速公路、攀大(理)高速公路、攀枝花至盐源高速公路和过境高速公路等项目的前期工作。2012年,国省干线公路改扩建“三年攻坚”活动实现开门红。累计完成投资1.94亿元,超额完成了投资和形象进度目标任务。其他重点交通项目(如沿江快速通道西区段、新密地大桥及攀枝花综合客运中心)进展顺利。2012年农村公路完成投资2.89亿元,建成通乡油路(水泥路)50.7千米,通村公路234.1千米,分别为省、市目标任务的169%和156%。2012年,全市共争取交通运输项目资金2.92亿元(不含盐边县)。

全市公路通车里程4 437.66千米、水运通航里程368.4千米,其中,国道58.48千米,省道391.32千米,农村公路(县乡道和村道)3 956.75千米,专用道32.1千米。全市公路主骨架由两纵一横组成。2条南北纵向干道为省道214线、省道216线,1条东西横向干道为省道310线。省道214线由德昌甸沙关到米易,经市区至云南永仁县。省道216线由凉山州盐源县经格萨拉、渔门至西区河石坝。省道310线由凉山会理县经红格、东区、西区至云南华坪县。市内高速公路总长144千米,丽攀高速公路攀枝花段正加快推进。水运里程386千米,主要在二滩库区。

全市有出租车1 477辆,公交车559辆,运营线路32条,年客运量约1.21亿人次。营运性客运车2 469辆,营运性载货车22 255辆。

【交通基础设施建设】 2012年,攀枝花市交通重点工程建设稳步推进。截至年底,丽攀路攀枝花段工程完成征地拆迁和建设投资13.0073亿元,自开工以来累计完成投资36.027亿元。年内进一步加大项目的征地拆迁和施工保障协调工作的力度,确保了施工外部环境保持良好态势。加快攀宜(宾)沿江高速公路、攀大(理)高速公路、攀枝花至盐源高速公路和过境高速公路等项目的前期工作。

2012年全面开展“国省干线公路改扩建三年攻坚”活动。截至年底,累计完成投资23 185万元。省道214线总发—平地段改建、省道310线倮果大桥—渡口大桥段路面改造、省道214线丙谷—银江镇段路面改造、荷花池大桥维修加固、国道108线拉鲊—川滇界段扩建、省道310线格里坪—504电厂路面改造等在建项目进展顺利。省道310线504电厂—福田段路面改造、纳拉河桥维修加固、省道310线客运中心—新庄大桥升级改造、省道310线红格—雅江桥段路面改造、灰老沟桥和巴关河大桥维修加固等工程项目前期工作按计划扎实推进。

重点交通项目进展顺利,沿江快速通道西区段工程开工以来累计完成投资7 014万元。Ⅰ标段目前完成投资3 971万元,路基工程,桥梁工程完成98%。Ⅱ标段目前完成投资2 118万元。完成路基挖方17万立方米,挡墙2.3万方立方米。新密地大桥工程2012年完成投资1 314万元,开工以来累计完成投资7 972万元。金沙江上游半幅桥于2012年国庆前建成通车,6月19日金沙江下游幅桥实现拱圈合龙。攀枝花综合客运中心项目已完成攀枝花综合客运中心公司的组建和工商注册;向发改委申请项目立项;已配合市国土储备中心基本完成环形立交初步方案。农村公路已完成投资26 750万元,已建成通乡油路(水泥路)48.4千米,通村公路206.8千米,分别为省、市目标任务的161%和138%。

【“急难险重”项目建设】 2012年,市委、市政府下达给市交通运输局的“急难险重”任务共30项,其中由该局主办的有4项,分别是丽攀路建设、宜宾至攀枝花至大理高速公路前期工作、国省干线整治和攀枝花综合客运中心项目。其中,因丽攀高速公路攀枝花段在建设过程中受工程变更、安全质量控制等客观因素影响,导致部分标段建设工期延后,已无法按川高公司内控的目标要求完成年底实现C3至C13标段全线贯通的目标任务。2013年2月底前实现主城区段贯通,2013年年底实现丽攀路攀枝花段全线通车目标。

【交通民生项目建设】 2012年,市委、市政府下达给市交通运输局的“民生工程”任务共5项,分别是新增(更新)公交车辆15辆,新建公交港湾式车站3个;平稳推进全年市区67辆出租汽车报废更新工作;建成农村公路180千米,其中,通乡油路(水泥路)30千米、通村公路150千米;实施公路安全保障工程50千米;国省干线公路路面性能使用指数达到80。此五项工作均已经超额完成。

【筹融资工作】 2012年，市交通运输局千方百计向上争取项目资金，争取资金2.92亿元(不含盐边县)。其中，国省干线改造项目6个，通村公路项目26个，新农村示范片公路项目5个，路网改造项目13个，其他项目7个，争取项目资金同比大幅度增加。为发挥市政府分配给市交通运输局的2.5亿元企业债券的作用，市交通运输局新注册成立国有独资公司——攀枝花市道攀交通建设工程有限公司。通过积极努力，确保了交通投资和还本付息资金链不断裂，基本保证了各项交通工程建设顺利进行。

【公交客运】 2012年，全市道路运输完成客运量0.59亿人次、全年货物运量达到1.14亿吨；水路运输完成客运量31万人次、货运量16万吨，城市公交客运完成客运量1.44亿人次。城市公共交通稳步发展，完成城市公交规划的编制及专家评审工作，2012年新开通公交线路2条，新增公交车40台，公交车满意率达到96.96%。出租汽车行业健康发展，圆满完成市区67辆出租汽车报废更新的任务。班线客运、城乡客运发展迅速，新许可2家县际包车客运企业，新增包车16辆；新开通市际客运线路6条，新增客车16辆，成攀高客成为精品旅游班车；新开通农村客运线路2条，新增农村客车11辆，更新米易农村客运车155辆，全市乡镇、村通客车率分别达到91%、64%。

【公路管养】 2012年，市交通运输局以"农村公路养护管理年"、"普通公路桥梁养护管理年"活动为契机，全面加强公路桥梁养护管理，积极推进落实全天候养护责任制。针对倮果大桥、马家田桥突然出现的病害，及时启动应急预案，果断采取有效措施，确保了公路桥梁安全和畅通。全面启动源头治超工作，为保障公路桥梁完好、安全和畅通，按照应急预案，市交通运输局先后在倮果大桥桥北、马家田桥、巴关河大桥设立路政执法监督检查点，严厉打击非法超限运输行为，并在全市固定公路超限检测站率先施行《公路超限检测站考核评议制度》，进一步规范了超限运输治理工作。

【病危桥整治】 2012年，市交通运输局在全市范围内开展了桥梁安全隐患大排查，结合排查情况拟定整治方案。针对倮果桥金沙江大桥出现的病害，第一时间采取果断、有效的措施，防止了更大灾害的发生，受到省交通运输厅以及市委、市政府的肯定。委托桥梁吊杆的生产厂家，对整个吊杆系统进行全面的检测，抢险单位的人员、设备到位后将对全桥实行兜吊。马家田桥抢险工程桥面铺装浇筑完毕，实现预定通车目标。荷花池大桥的维修加固工作加快推进。攀枝花市其余几座桥梁：纳拉河大桥、灰老沟大桥以及巴关河大桥正根据桥梁现状及观音岩水电站大件运输要求进一步完善施工图设计文件。

【行政执法】 2012年，市交通运输局严格落实行政执法责任制，全面清理行政权力，明确行政权力主体职责，使得行政权力职责和运行体系更为公开透明。以行政处罚和行政许可案件评查为抓手，不断规范交通运输行政执法，加强执法案件不规范行为整改力度，落实重大行政处罚案件集体讨论及行政处罚自由裁量制度。以行政执法人员换证考试为契机，深入开展业务知识培训，促进执法人员学习和掌握行政执法知识。与公安部门联合，严厉打击非法客运，严肃查处违章经营行为，切实维护了全市正常的客运秩序。加强政务中心审批窗口建设，优化项目审批流程，做到"一站式办结、一次性服务"，2012年案件同意率达到99.95%，群众评议率达到99.1%，满意度达到100%。

【公路行业管理】 2012年，市交通运输局紧紧围绕"普通公路桥梁养护管理年"活动，在公路桥梁养护管理方面主要开展了以下工作：加强桥梁检查，加大桥梁安全隐患排查力度；建立完善桥梁管养制度，加强督促和落实；加大危病桥整治力度；加强超重车辆过桥的管理；积极探索新工艺新技术在桥梁管理中的应用。制定预案，落实责任，做好公路防汛和突发事件处置工作。制订《攀枝花市2012年公路防洪抢险预案》，建立公路雨季防洪抢险制度包括抢修工作制度、值班制度、信息报送、抢险物资机械及人员保障制度等。并举行应急演练，以检验各项预案和人员物资准备情况。加强汛前检查，对管养公路和重点路桥建设项目地质灾害情况进行拉网式排查。落实雨季期间24小时值班制度和信息报送制度，加强雨季的巡查和重点路段的防控。加强灾害处置。为有效保护国省干线公路桥梁及隧道的安全，投资13万元对渡金线阿基鲁桥、弄清线北部站立交及凉风坳隧道按规范设置限高龙门架。投资300余万元对凉风坳隧道消防系统进行更新和维护。鉴于目前荷花池大桥维修加固断道施工和纳拉河桥限高的影响，计划2013年春节后动工。迅速行动，全力以赴，进行倮果大桥抢险工作。加强公路桥梁数据库管理和公路信息网站信息报送工作。全力做好国省干线城乡环境整治和花城景观打造工作。规范管理，文明服务，树立收费路窗口形象。抓好精神文明建设和职工教育培训工作。

【收费路管理】 2012年共征收路桥车辆通行费7 741.5万元，其中年费6 688.8万元，次费及过站制费1 052.7万元。超出年度目标2 000多万元，圆满完成全年通行费征收目标。

2012年，市公路管理处对管理的收费项目进行了全面排查和落实，经查：全市无经营性公路收费项目，也无"将政府还贷公路违规转让或划转成经营性公路"问题；现有收费公路规模、收费期限、收费标准、收费站点设置和收费行为符合相关政策规定。

严格执行国家收费减免政策，2012年仁和、米易、红格、格里坪四个地方收费站，共减免绿色通道车辆6万余辆次，减免通行费77万元。2012年国庆期间，免收外籍小型客车通行车辆共计19 137辆次，免收小型客车通行费共计19.1万元。

【路政管理】 2012年，攀枝花市路政支队严格执行治超执法“五个不准”“十条禁令”等规定，加强超限站日常工作的管理，完善各类台账和记录，坚持支队及大队领导定期不定期带队明察暗访。加强联合执勤制度，与交警大队、派出所联合开展路面执法15次，采取固定检测与流动检测相结合的方式，保证路面执法监管力度不降低。在全市固定公路超限检测站率先施行《公路超限检测站考核评议制度》。启动倮果大桥、马家田桥及巴关河大桥等路段执法监督点。路政执法监督点运行期间，共检查载重货车5 700余台（次）；劝返1 490台（次）；现场整改遮盖篷布280余台次。主动积极为过往车辆提供力所能及的服务。2012年，共投入执法人员2.5633万人（次），检查载货车辆78.788万台（次），其中超限30%以上车辆5 034台（次），责令卸货5 031台次，卸载货物1.164万吨，超限率下降到0.64%。直接挽回公路损失3 475.4万元，实施行政处罚355次，罚款172.64万元。办理行政许可1 273件。

加大路面巡查力度，加强安全隐患排查。2012年，共投入资金94万余元，应急管理能力和安全保畅工作进一步强化；投入56.4万余元，及时修复损坏的路产设施和标志63处；投入37.6万余元，设置S214线、S310线公路标牌、波形护栏等安保设施。开展公路“三乱”明察暗访13次，继续保持了全市公路基本无“三乱”成果。2012年，全队未因行业安全监管不到位而引发责任事故。

路容路貌整治工作严格按照巡查制度，勤上路、勤检查；落实各路政大队管辖路段责任制；完善查处分离的内部监督制约机制；同公路沿线乡镇、公路养护部门等建立协查机制。较大幅度地提高了路产损坏案件的发现率、查处率。继续整治公路沿线环境的“脏、乱、差”现象，专项治理车辆抛洒污染公路，共纠正未加盖篷布车辆1 780台（次），批评教育违规车辆1 340台（次），责令当事人清扫路面1 520平方米，查处车辆抛洒污染公路案件636起。加强路政许可案件事前审核和事后监督工作。全年平均上路巡查率为84.8%；查处公路损毁和公路占用案件106件，案件发现率为96.4%，查处率为98.1%，结案率为99.2%，路政巡查力度和质量明显提高。

【运政管理】 2012年，攀枝花市运输安全形势持续稳定，完成客运企业2011年安全生产动态考核，排查非法使用甲醇燃料装置行为，责令2台出租汽车和4台农村客车恢复原状。全年无源头安全责任事故发生。依法行政工作深入开展。开展行政执法规范活动。建立完善行政执法制度，制定出台重大行政决策程序规定等7项制度。规范整理行政执法案卷。运输市场秩序保持良好。打造客运精品服务。制订2012年旅客运输发展规划，全年新开市、县际线路10条，投入客车29辆。推进行业诚信体系建设，评选出AAA级危货企业8家、客运企业6家、驾校2所、维修企业5家、出租汽车公司11家。建成三级工作平台24个，安装GPS（全球定位系统）车辆669台。开展道路运输市场专项整治，采取明察与暗访结合，分别查处出租汽车、货车、客车违章经营行为99起、143起、16起。加强春运、国庆等重大假日的运输组织和安全监管，全年完成客运量5 898万人、客运周转量135 267万人千米、货运量11 449万吨、货物周转量568 533万吨千米，同比增长7.95%、25.87%、7.62%、14.78%。源头治超稳步实施。督促指导各县（区）相继出台源头治超方案。作为治超试点的东区高梁坪工业园区与全部33家货源企业签订《源头治超承诺书》，统一制作治超宣传标志牌，对货运量占园区90%的2家货源企业实施了出园货车称重登记。将节能减排工作完成情况纳入目标考核内容，2012年共核查车辆1 802辆，其中，达标车型表的车辆1 786辆，不合格车辆16辆。维修市场健康有序发展。新增许可6家一类维修企业，其中宝马、奥迪4S店的建成。扎实开展机动车维修市场专项整治。出租汽车行业管理加强。完成2009～2012年最后67辆出租汽车的报废更新工作。开展出租汽车不文明行为整治，规范出租汽车用工合同和燃油补贴协议，及时兑付2011、2012年燃油补贴1.23亿元，妥善处置公司管理费上调引发的不稳定事件，维护行业稳定。驾驶培训质量有效提升。11所驾校全年招收学员21 964人，3 925人次参加客货运输驾驶员及危货运输从业资格培训考试，同比分别增长8.2%、5.2%。改扩建教练场地，在米易新增1所分校，盐边新县城和盐边渔门镇按二级驾校标准筹建驾校工作有序推进。

【海事监管】 2012年，全市航务海事部门累计安全检查船舶8 000余艘次，查处安全隐患29起，整改完成29起，查处违法行为33件，处罚款26 000余元。对未按规定穿戴救生衣行为的8名船员进行了强制安全学习。

全面完成2012年春运、春节、国庆黄金周等假日旅客运输工作。加大培育水运市场，引导运力结构调整。充分争取利用交通部和省厅二滩库区水淹区码头专项资金，坚持数量型向规模型、质量型、效益型的转变，加快乡镇小码头建设步伐。2012年共完成小码头建设任务3个，完成总投资30余万元。坚持“应收尽收、应征不漏”的规费征收原则，继续加大征收力度，2012年完成规费征收17万元。完成农村客运燃油补贴资金的分配方案、资料收集及审核工作和发放工作。为88艘船舶发放补贴资金490.66万元，促进了水路客运的良性发展。开展金沙江水运资源再调查工作。为顺利推进金沙江中心区段客运码头建设，8月2日，代表市交通运输局牵头邀请东区政府、市住建局等相关成员单位负责人对金沙江中心区段客运码头布局进行现场选址，确定了金沙江中心区段客运码头按一主三辅4个码头规划建设，初步选定码头位置。

【国省道干线改造】 2012年，攀枝花市全面启动攀枝花境内国道108线、省道214线、省道310线改造工作。此次改扩建国省道干线公路203.8千米、桥梁635千米。本次实施的国省干线公路改扩建项目共8个，分别是：S214线丙谷—银江镇段路面改造工程、S310线倮果—渡口大桥段（倮渡北线)路面改造工程、S214 线总发—平地段扩建工程、S310 线格里坪—504 电厂段扩建工程、S310 线 504 电厂—福田段(格福路)路面改造工程、G108 线拉鲊—川滇界段扩建工程、S310 线客运中心—新庄大桥段路面改造工程、S310 线红格—雅江桥段路面改造工程。此外,还包括病危桥改造项目,纳拉河桥、灰老沟桥、巴关河大桥和荷花池大桥均在改造范围内。

【攀枝花至成都高速客运试运行】 市运业公司于 4 月 29 日至 5 月 4 日启动攀枝花—成都高速客运的试运行。试运行期间,每天有 1 班雅安线路及 3 班成都线路的高速客运车辆由攀枝花首发,途经西攀、雅西、成雅高速公路,行程 640 余千米;预计到成都的时间在 8 ~ 10 小时之间;终点站为成都五块石客运中心。

【出租车报废更新】 攀枝花市 2012 年更新出租汽车 67 辆,至此市区出租汽车1 417台已全部更新完毕,目标完成率为 100%。更新车型为一汽大众捷达和上海大众畅达两种车型。

(胡晓莉)

铁 路

【概 况】 2012 年,攀枝花境内铁路由西昌车务段管辖的车站共有 17 个:弯丘、青杠、沙坝、米易、丙谷、垭口、枣子林、桐子林、牛坪子、三堆子、攀枝花、倮果、密地、渡口、弄弄坪、巴关河、格里坪站。其中客运办理站 2 个:米易、攀枝花(桐子林车站已改为乘降所,不办理客运业务),货运办理站 12 个:弯丘、青杠、米易、垭口、桐子林、攀枝花、倮果、密地、渡口、弄弄坪、巴关河、格里坪(增加青杠站),区编站 2 个:攀枝花、密地。主要承担着攀枝花市的客货运输任务及大量军、专、特运任务,经济吸引区辐射凉山州、云南省广通、丽江、巧家等市县地区。

【境内运输经营】 2012 年攀枝花境内发送旅客 198.52 万人次,其中直通旅客 36.82 万人次,管内旅客 161.7 万人次,到达旅客 186.35 万人次。货物发送量28 181 957吨,货物到达量14 186 947吨。

(李小莉)

航 空

【滑坡治理工程】 2012 年攀枝花机场一直处于 12#滑坡治理工程的紧张施工中。尽管施工现场出现了安全形势严峻、施工环境恶劣、劳资关系紧张、施工材料不足等诸多困难。但攀枝花机场滑坡治理工程建设指挥部与各施工、监理、设计单位一起共同努力,科学组织,密切配合,以保质量、抢工期、保安全为目标,全力推进滑坡治理各项工作。

经过一年多的治理施工,12#滑坡治理工程总体位移情况趋于稳定,累计完成投资15 826.47万元,其中,由重庆巨能建设集团公司承建的 A 标段于 2012 年 5 月 20 日浇筑完成全部 55 根抗滑桩,砼浇筑量16 462立方米,土石方开挖16 295立方米;托梁 234 米;制作挡土板 377 块,沟盖板 258 块;挖土 14.9 万立方米;回填片石2 690立方米,黏沙石 970 立方米,填土25 842立方米,土工布3 275平方米,土工格栅22 594平方米;挡土板 193 块,波纹管 154 米。

由四川机械化工程公司承建的 B 标段于 2012 年 5 月 10 日浇筑完成全部 34 根抗滑桩,砼浇筑量9 672立方米,土石方开挖9 321立方米;修筑 12#滑坡后缘截水沟,全长 920 米;12#滑坡后缘跑道道面裂缝注浆工作全部完工;锚索 204 根全部完成灌浆,张拉 198 根,封锚 188 根。

由重庆中环建设公司承建的 C 标段排水平峒全部完工,排水平峒开挖、砼衬砌、砼底板浇筑1 598.75 米,检查井 26 座,渗水孔 171 个。

【安 全】 攀枝花机场始终坚持"安全第一、预防为主、综合治理、持续改进"的方针,秉持"安全无小事""安全生产责任重于泰山"的宗旨,即使在停航期间,对安全工作仍然警钟长鸣、常抓不懈。

2012 年攀枝花机场的安全重点是 12#滑坡施工现场的安全监管工作。指挥部抽调专人成立安全管理组,对 12#滑坡综合安全工作进行全面监管。采取签订施工安全责任书、定期和不定期巡查、专人负责制和定期安全考核等措施,加强对施工现场的安全管理;针对施工现场秩序、设备和操作的规范化管理、施工现场的用电用火安全、施工人员的安全教育等方面进行全面系统的检查,排除安全隐患,确保施工安全。

为保障 12#滑坡治理的有效成果,攀枝花机场特别强调切实抓好防洪度汛工作。由于雨季对 12#滑坡治理的重要影响,防洪度汛工作成为滑坡治理的关键。按照"以防为主、防度结合、安全第一"的工作思路,机场在雨季前即对全场所有排水沟进行彻底清淤处理,修复加固病、险及损毁的排水沟,确保雨水外排的畅通。同时,委托专业监测单位对 12#滑坡和 9#滑坡进行重点监测,定期分析报告,保证随时掌握滑坡的变化情况。

【基 建】 在 12#滑坡治理的同时,攀枝花机场积极向上级主管部门汇报,抓紧落实 9#滑坡治理的各项工作。2012 年底,9#滑坡完成可行性报告和初步设计工作,各项准备工作提前开展,为机场的正常安全奠定了基础。

同时,利用停航时间,攀枝花机场抓紧时机加强设施、设备的维护和检修。机场积极组织开展全场范围内的设施设备维护、检修工作,对供水、供电、气象、导航、安检、车辆等各类运行保障设备进行保养、维修,确保复航时的正常、顺利使用。

(罗 莉)

信 息 产 业

邮 政

【概 况】 2012年，攀枝花市邮政局有在岗职工634人，其中大专以上学历281人。下设综合办公室、人力资源部、计划财务部、市场经营部、监督检查与安全保障部、工会6个机关职能部室，东区邮政局、西区邮政局、仁和区邮政局、密地工业园区邮政局、米易县邮政局、盐边县邮政局6个区县局以及函件广告局、报刊发行局、报刊零售公司、集邮公司、电子商务局、代理业务局、分销业务局、机要通信局、投递局、邮区中心局、信息技术局11个专业公司(局)。共有邮政支局所52个，邮政报刊零售亭52个，邮政信报箱格口10 222个；全市邮政投递路线单程总长度1 715千米，城乡投递线路150余条，生产车辆109辆，投递点4 065个，乡村通邮率100%。

2012年，攀枝花市邮政局实现业务收入8 205万元，完成省邮政公司计划的104.88%，排全省第2位，同比增幅12.11%，排全省第19位。其中，邮务类业务累计实现收入3 376.17万元，完成省邮政公司计划的102.37%，排全省第17位，同比增幅18.25%，排全省第17位；代理金融类业务累计实现收入4 023.25万元，完成省邮政公司计划的104.88%，排全省第1位，同比增幅5.61%，排全省第20位；代理速递物流类业务累计完成省邮政公司全口径收入615万元，完成省邮政公司计划的85.99%，排全省第16位，折算后收入266.31万元，完成省邮政公司进度115%，同比增幅19%。

2012年全局合同用工人均收入6.67万元，比上年增长8.10%；劳务用工人均收入4.53万元，比上年增长26.18%。2012年10月1日起提高一线员工岗位工资、部分津贴补贴，合同工月人均增长400元，劳务工月人均增加452元；逐步缩小不同用工之间差距，劳务工住房公积金人均提高80元。市县(区)局分别成立职工兴趣活动小组，定期开展业余文体活动，丰富职工精神文化生活，寓教于乐，凝心聚力，促进了企业和谐发展。

【机构改革】 2012年4月，市邮政局以专业化经营为指引，根据省邮政公司下达的机构编制数量，在原有6个专业公司的基础上新增了报刊零售公司与分销业务局，进一步建立健全了专业机构；坚持量才施用、人尽其才的用人导向，在全局范围内开展了管理员以上岗位的公开竞聘工作，新提拔四级正职领导干部3人、四级副职领导干部6人，新晋升管理人员8人；加强了领导人员之间交流力度，进一步优化各级领导班子结构，增强班子整体能力和合力；开展了专业公司业务岗位和客户经理岗位公开竞聘工作，放宽了劳务工竞聘资格，全市共收到竞聘报名表35份，竞聘成功29人，其中劳务工3人。

通过机构改革，市邮政局进一步优化人力资源管理。坚持增人增效的原则，着力于内部优化，内部挖掘，在新增押运钞线路、两个代理金融转型网点和专业公司10多个增员的需求下，仅增员3人；聘请高校名师对全局干部职工进行素养提升培训，帮助员工调整心态，释放压力；重视新生骨干队伍及后备干部的选拔培养，引进高校毕业生8名，并将有管理经验的机关年轻干部和在县局挂职锻炼的大学生纳入骨干人才队伍管理。

【转型升级】 2012年，全局实现有效收入同比增长7.71%，占收入比重的73%。成本费用结构控制良好，其中通信业务成本同比增长10.29%，而管理费用增幅仅8.9%，低于收入增幅3.25个百分点。收入利润率提高6.51%、成本费用利润率增长4.11%，百元业务收入总成本费用下降2.94元、百元业务收入管理费用降低0.52元。全员劳动生产率达13万元，同比增长10.64%。业务结构逐步优化。各专业中优质子业务得到长足发展，函件业务中的数据库商函、账单、报刊业务中的校园报刊、集邮业务中的个性化开发、电子商务中的火车票业务、储蓄业务中的中间业务、分销业务中的农佳汇等子业务和子项目为各专业优质高效发展提供了动力。

【创先争优】 2012年，市邮政局深入开展“为民服务创先争优”活动，极大提升了邮政规范化服务水平。全局各服务网点以“三亮三比三评”，(即“亮标准、亮身份、亮承诺”，“比技能、比作风、比业绩”，“群众评议、党员互评、领导点评”)作为“为民服务创先争优”活动的主要载体，充分发挥基层党组织的战斗堡垒作用和党员的先锋模范作用，带动全市邮政广大员工争创群众满意"窗口"、争当优秀服务标兵。通过活动开展，全局窗口网点在规范窗口服务、提升服务水平、强化基础管理、加强网点建设、改善服务形象等方面重点推进，取得明显成效。

在"三比"阶段，市邮政局开展了邮政营业、邮政储汇、邮政投递3个工种的技能大比武，由各基层单位选送参赛人员进行业务理论考试与技能操作比赛。其中，参加邮政营业工种比武13人，占营业人员总数的18%；参加邮政储汇工种比武18人，占储蓄人员总数的20%；参加邮政投递工种比武16人，占投递人员总数的16%，是该局近年来组织规模最大、比武项目最多、参赛选手最多、涉及人员最广、比武单项最全面的一次大规模比武活动。通过技能大比武，在全局掀起了一股爱学习、求上进、不服输的活动热潮和势头，极大地调动了全局职工拼搏奋进、创先争优的积极性。

【为民服务】 2012年，攀枝花市邮政局以中共十八大邮品首发、第32届"佳邮评选"、世界邮政日等活动为契机，进一步宣传现代邮政多元化服务项目和功能，社会形象进一步提升；强化邮政综合服务平台建设，邮政综合营业厅、报刊亭、便民服务站、村邮站等集普遍服务、商业服务、便民服务为一体的邮政网点遍布城乡，成为市民不可或缺的基础服务设施；进一步加大邮政服务"三农"力度，设立助农取款点12个，有效解决了当地农户取款难的问题；开展"送科技下乡"活动，邮政优质农资受到当地政府和果农好评；认真落实好市委"挂包帮"工作任务，投入近3万元对盐边县益民乡水坪村村部大楼进行整修，并配备了21套会议室座椅；持续开展邮政服务进小区活动，利用周末、节假日深入各个小区、社区，发售惠民图书、提供用邮咨询等活动受到民众好评。

2012年全局合同用工人均收入6.67万元，比上年增长8.10%；劳务用工人均收入4.53万元，比上年增长26.18%。2012年10月1日起提高一线员工岗位工资、部分津贴补贴，合同工月人均增长400元，劳务工月人均增加452元；逐步缩小不同用工之间差距，劳务工住房公积金人均提高80元。市县(区)局分别成立职工兴趣活动小组，定期开展业余文体活动，丰富职工精神文化生活，寓教于乐，凝心聚力，促进了企业和谐发展。

(寇建梅)

中国电信攀枝花分公司

【概 况】 2012年，中国电信攀枝花分公司(以下简称市电信公司)紧密围绕市委、市政府的中心工作，坚持科学发展观不动摇，持续深入践行"情系客户、情系员工，加快转变发展方式"，坚持以创新和服务双领先为主线加快转变，牢记企业责任，促进攀枝花市"两化"互动发展，助力攀枝花市实施"三个加快发展"、推进"三个走在全省前列"，实现"四个翻番"宏伟目标，为打造"幸福攀枝花"发挥力量作出应有的贡献。

截至2012年年底，中国电信攀枝花分公司已拥有170G传输出口容量、30余万户语音容量、80G出口带宽的数据互联网、容量60万户的移动通信网络。全市建成500余个天翼3G基站，3G网络的人口覆盖率达到99%；城市光纤到户12万户，覆盖率超过60%；互联网出口带宽80个G，占攀枝花总出口带宽的80%。各项经营指标持续稳步提升，纳税金额千万元以上，被攀枝花市东区政府授予企业"纳税十强"称号。

【智慧城市建设】 自2011年6月攀枝花市市政府与中国电信四川公司正式签署《智慧攀枝花建设暨"十二五"信息化战略合作框架协议》后，2012年2月，市政府正式成立以刘建明副市长为组长的智慧城市总体规划编制领导小组，3月，攀枝花市在全省率先开展智慧城市总体规划编制工作，标志着"智慧城市"建设正式启动。按照市政府的安排，电信公司积极行动，全面承接，组成专家团队开展《攀枝花市智慧城市总体规划》编制。历时2个月，走访60余个市级部门、5个区县及花城新区、20余家企业和6个产业园区；并广泛向社会各界征集智慧城市建设相关意见和建议，形成全市智慧城市调研报告初稿及《攀枝花市智慧城市总体规划》初稿；为全面推进攀枝花市"十二五"规划提出的社会全面信息化进程，11月，顺利通过《攀枝花市智慧城市总体规划》评审。

电信公司积极推进智慧城市建设，为全市各单位提供信息化应用，包括车辆定位、天翼对讲、翼机通、翼支付、全球眼、烟草E通、客运E通、村医E通等。其中，智慧城市子项目"爱城市"手机公众门户应用平台上线试运行，中国电信集团在全国确定四川省等六个省份试点，全省仅有成都市和攀枝花市试点。该平台正式投运后，市民可以通过手机接入网站，随时随地关注本地热点新闻、查询资讯、享受网上办事等便捷服务。

建成质监局大楼搬迁、公安局原址大楼综合布线，水务局山洪非工程措施联网，军分区视频会议系统，对城市安防和信息化发展起到积极作用。

积极响应市政府号召，全面参与"新型农村合作医疗"、公交翼机通、教育信息化项目建设，为快速、高效响应群众最关心的劳动保障、医疗卫生等问题提供了多渠道的信息化平台。加快智慧小区建设，在金海世纪城建设数字化家庭样板工程，签订智慧小区项目50余个。

打造四川商情网、智慧园区，系统提升园区企业的信息化应用能力，推动园区企业生产经营管理实现科学化、网络化、智能化。

贯彻执行"宽带信息百镇千村工程"精神，村镇信息化建设取得快速发展。2012年年初顺利开通盐边县共和村的光纤网络,彻底解决了最后一个最偏远乡村多年来打电话难、上网难的困难。通过农村信息化的有力打造,年初米易县丙谷镇获得四川省经信委颁发的标杆信息镇称号,盐边县渔门镇四村获得标杆信息村称号。米易县高隆村成为全市第一个光纤进户村,有16户村民用上了光纤网络,村委办公室实现高速光纤网上办公。

编制花城新区通信网络核心枢纽楼建设方案,该楼定位为川滇地区信息处理中心、川滇地区通信灾备中心、攀枝花市第二业务汇接出口安全节点,占地1.33公顷,预计总投资为5.9亿元,建成后可满足花城新区高带宽、高质量的信息化需求,提供高质量的通信服务,实现35万人口的有线、无线网络的全面覆盖。

【服务质量】 2012年,市电信公司对外通过创先争优情系客户,对内借助六部委纠风工作加强内部监督,优化内部业务流程,全面提升客户满意度;对内建立专业服务管控团队,加强市县协作,强化执行、监控能力,客户服务质量的不断提升和突破。

提升客户接触点服务能力。市电信公司客户接触点员工人数占比提升2个百分点,对13种员工激励模型实施上线,进一步调优员工激励政策。开展二级营业员、市场前端C/D级人才、装移维技术支撑、渠道客户经理的选聘,提升客户接触点人员能力和素质,全力打造群众满意窗口。炳草岗中心营业厅被评为全市为民服务窗口示范单位,分公司7个班组被评为"天翼飞扬"满意服务竞赛活动中服务能力提升优秀团队,38人被评选为专业服务之星。

提升全渠道销售服务能力。市电信公司开展厅店"变脸、变身、变基因",对营业厅统一规范装修和改造,规模打造3G时尚厅店15个,新建改造厅店61个,增配便民自助、演示体验、排队叫号等设备设施。强化终端售后建设,月均维修周期缩短至1.06天,自修率达到94%,客户终端维修满意度提升至88%,同比提升35%。

提升透明服务放心消费能力。坚持"用户至上,用心服务"的服务理念,贯彻透明服务政策。通过服务人员"语善""言善""容善"行动改善客户愉悦感知。规范增值业务管理,降低因信息不对称引发的增值业务投诉。按日关注热点难点,按月提炼问题短板,成立联合攻坚虚拟团队,强化问题处理跟进、典型案例分析共享,不断提升整体服务能力。

【网络支撑】 2012年,市电信公司以服务和创新双领先为主线加快转变,紧紧围绕重点业务,提升集约化支撑能力,确保快速高效做好网络支撑。

2012年,攀枝花军分区网络出现故障,市电信公司技术人员快速解决,及时高效,得到军分区领导的高度赞扬,并赠送市电信公司一面锦旗;攀枝花质量技术监督局机房搬迁,市电信公司全程支撑,精湛的技术和优质的服务得到用户好评,该局写感谢信向电信公司表示感谢。

中共十八大召开前,市电信公司对通信设施进行巡检,巡检机房45个,及时发现并处理安全隐患,确保十八大会议期间无重大通信故障发生,网络安全稳定运行。同时,参加攀枝花市东区政府在米易白马及市区开展的应急通信演练,在演练过程中表现优异,圆满完成现场布置的任务,展现电信公司能打硬仗、善打硬仗的精神风貌。

【队伍建设】 2012年,市电信公司深化"情系客户、情系员工,加快转变发展方式"的治企理念,不断适应新形势、新环境和新业务的变化,更加关注人的因素、更加体现以人为本、更加关心员工的全面发展,不断优化调整人员结构、创新激励机制、打造专业人才梯队,搭建员工实现自我价值的舞台,为企业发展提供坚实保障。

加强中层干部队伍建设,努力打造追求卓越、勇创一流的中层管理人员队伍。坚持以业绩为导向,遵循客观公正的原则,对中层干部的年度绩效工作进行真实评价和结果运用。加强对中层及中层后备干部的持续培养,逐步提升中层管理人员综合能力素质,外聘专业培训师从"管理学""打造卓越执行力""高效沟通技巧"和"创新管理"等方面进行培训,帮助解开困惑找到解决问题思路。优化完善后备干部公开竞聘流程,坚持"德才兼备,群众公认,择优选聘"的原则,形成"能者上、庸者下"的干部用人机制,成功组织13次公开竞聘工作,选聘出23名员工作为中层各级后备干部,为部门和企业的共同发展不断注入新的活力。进一步加强员工能力提升工作,加快面向企业转型需要和员工发展需求的人员队伍能力转型。年初制订全年员工内训计划,并逐一实施完成。制定网上大学管理、新进及转岗员工导师管理及2012年内训师管理办法,并严格执行。完成员工岗位技能认证351人,完成162名的特种作业人员的培训及办证工作。

【创先争优】 2012年,市电信公司把"为民服务创先争优"活动作为弘扬企业文化、提升企业形象的重要契机,作为推动企业科学发展、加快规模效益发展的有效载体,精心组织,有力保障,确保活动的有效开展。

组织党员服务活动。以党员服务日活动为抓手,组织广大党员积极投身基层一线,深入开展"天翼飞扬"党员服务客户活动,13支基层党组织190余名党员、团员青年进机关、企业、社区、农村,走访客户400余家3 000余户、电话访问客户4 000余户,开展服务活动3 000余人次,解决热点难点问题600余件次,征集客户意见建议120条,受到人民群众的欢迎和好评。

2012年,公司"创先争优为民服务"活动获中国电信集团和攀枝花市表彰,荣获"先进单位"称号。

【安全管理】 2012年,市电信公司聚焦企业工作重点,坚持

"安全第一、预防为主、综合治理"的方针,结合安全生产实际,开展安全生产工作,使安全工作始终贯穿于公司的生产经营全过程之中,各项安全工作均取得了较好的成绩,并成为攀枝花市公安局向其他单位重点推广安防经验的榜样。

完善安全生产体系、落实安全生产责任,明确公司级安全生产管理机构,形成安全工作逐级落实的安全生产格局,逐级签订《2012 年安全生产责任书》《2012 年员工安全生产承诺书》等,进一步将安全责任落实到每位员工。加强日常安全监督检查、排除事故隐患。全年共组织大小安全检查 10 余次,涉及 300 余个重要通信点,针对检查发现的问题召开讨论会,将问题落实到部门和责任人。特别是 2012 年百安活动期间,检查涉及大小重点通信站点 200 多个,对发现的问题逐级落实到人,敦促整改。

为有效推进 2012 年打击盗窃破坏通信线路(设施)违法犯罪专项斗争,进一步加强通信设施保护工作,减少盗窃破坏通信线路设施案件的发生。2012 年与 2011 年同期相比,发案数下降 19.66%、损失下降 31.11%。首先,对外借力,依靠地方综治委、公安机关力量,建立全市护线联动机制,形成"政府领导、部门负责、警企共建、群防群治"的良性工作机制。从源头治理,由市"三电"办牵头,以保障中共十八大通信安全为契机,组成专项组对辖区废旧金属收购点进行突击检查。其次,以"5·17"世界电信和信息安全日"三电"设施安全保护集中宣传活动为契机,与长传局共同组织举办攀枝花市军、警、民联合护线宣传活动。深入全市近百个乡村和多个单位,把保护通信线路(设施)的重要性宣传到了千家万户,做到入脑入心。加强日常防范和管理(铜缆拆除监管纳入日常监管),加大对铜缆退出及翻新工作的监督管控力度,进一步加快公司铜缆退出步伐,盘活闲置资产,改善铜缆资产结构,规避管控风险,确保了国有资产颗粒归仓。规避管控风险,加大管控力度,强化对外包队伍监管。强化人防力量,充分发挥群防群治护线员为主,强化夜间巡逻守护,全面开展电信通信线路(设施)保护工作。再次,创新护线模式,通过统一管理,条块结合,立体交叉,整体联动的综合治理,构筑通信设施人防、物防、技防、联防"四维一体"的防范体系,确保通信网络安全运行,为企业全业务经营发展提供支撑保障。在对故意恃病(艾滋病、麻风病、肺结核)盗窃累犯的处理上,以往偷了抓,抓了放,导致嫌疑人员有恃无恐,执法部门深感为难。2012 年,市公安局高度重视该问题,主管局长亲自与市公安局法制处、看守所多次反复沟通,对故意恃病盗窃通信线路设施的累犯依法进行羁押,进行法律制裁。

(吴 艳)

中国移动通信集团四川有限公司攀枝花分公司

【概 况】 中国移动通信集团四川有限公司攀枝花分公司(以下简称攀枝花移动分公司)是攀枝花地区最大的移动通信主导运营商,主要经营移动话音、数据、IP 电话和多媒体业务,具有计算机互联网国际联网经营权。攀枝花移动分公司设有综合部、企业发展部、市场经营部、数据部、政企客户部、网络维护部、人力资源部、财务部、纪检监察室、工会、党群工作部,在攀枝花市三区两县分别设有东区分公司、江北分公司、西区分公司、仁和分公司、米易分公司、盐边分公司。攀枝花移动分公司共有员工 498 人,平均年龄 30 岁,大专以上文化程度人数占总人数的 95%。

2012 年,攀枝花分公司求真务实谋发展,勇担责任树形象,转变发展方式创效益,网络覆盖不断完善。攀枝花分公司在谋求自身发展的同时,不忘承担社会责任,全力推进城市经济和信息化建设,积极投身社会公益、慈善事业,在 2012 年的发展进步中取得了经济效益和社会效益双丰收的良好成绩,全年缴纳地方税2 194万元,有效推进了攀枝花市经济的发展。

【网络运营】 至 2012 年年底,全市 G 网基站数由 2007 年年初 353 个增长到1 000余个,载频数增加到 1 万余个;光缆增长到9 000余皮长千米。CMNET(中国移动互联网)城域网设备由 5 台设备增长到 20 余台,城域网总出口带宽达到 100G,节点覆盖由东区增加到三区两县,同时攀枝花移动公司着力为客户提供多种信息化服务,建成 WLANAP(无线局域网接入点)达2 000余个,政企客户接入点达1 000余个,建成光纤小区 200 余个。

攀枝花移动分公司全力以赴推进 TD 网络建设,分公司 TD 五期工程已于 2012 年底顺利完工,TD 六期工程顺利启动。随着 TD 网络的不断优化,陆续为全市人民提供了丰富多彩的 3G 服务,履行着公司对全市人民"移动改变生活"的承诺。

【通信网络、信息安全保障】 为迎接中共十八大召开,攀枝花移动分公司提前 4 个月启动中共十八大各项保障工作。公司党委建立了十八大期间 24 小时行政值班制度,党委主要负责人作为整体保障工作的第一责任人,抓好各项保障工作的部署实施和推进落实。分公司各部门积极参与,分工明确,确保了十八大通信保障工作组织有序。

在网络保障方面,通过多次全面排查,消除网络安全隐患;通过完善应急通信保障机制,熟悉应急流程和应急处置的各个环节,确保应急方案可有效快速实施,能及时处置重大突发情况;通过强化网络值班管理,确保工作负责人保持 7×24 小时通信畅通,密切监视网络运行状况,及时处理网络故障和投诉,保障分公司网络正常运行。

在信息安全保障方面,攀枝花移动积极开展垃圾短、彩信整治,互联网和手机媒体传播淫秽色情及低俗信息等专项行动,从严规范管理各类端口群发行为;认真核实各行业短信签名管理规范,清理行业端口,坚决杜绝通过各类端口或点对点号码向漫游客户群发营销信息的行为，确保网络信息安全。

【应急通信保障】 2012 年 8 月 29 日攀枝花市西区肖家湾发生矿难，攀枝花移动分公司高度重视，第一时间启动抢险应急预案，赶赴灾区进行救援通信保障。共调集 20 多名通信保障人员、11 辆应急保障车辆，携带油机、设备扩容板件等应急物资赶赴现场，对覆盖事故区域的多个基站载频进行紧急扩容，并协调凉山州分公司支援一辆应急通信车参与通信保障。现场共设置应急服务站 3 个，提供免费报平安电话 2 部、约 800 人(次)使用，提供应急充电服务1 800人(次)，提供免停机服务 15 人(次)、办理异地代缴费服务费 25 人(次)，赠送移动充电宝 30 个，提供万能充电器 80 个。攀枝花移动畅通的移动网络，有力保障了各单位抢险工作的顺利开展。

2012 年汛期，攀枝花市范围内出现大面积停电 25 次，涉及基站停电累计1 629次。攀枝花移动第一时间启动汛期应急预案，出动通信保障抢险人员 844 人(次)，抢险车辆 610 余台(次)，使用应急油机发电 568 台(次)，保障了基站的正常运行，履行了对全市人民"打造放心网络、保障通信畅通"的郑重承诺。

【业务发展】 业务发展是攀枝花分公司履行社会责任，促进地方经济发展的重要前提。中国移动自成立以来，努力推进业务品牌建设，形成了以全球通、动感地带、神州行为代表的三大品牌体系。攀枝花分公司在三大业务品牌基础上，围绕攀枝花本地市场客户需求，致力于本地化业务的研发与运营，2012 年推出神州行本地套餐、神州行自选套餐等新资费产品，对满足客户需求、推动行业发展起到了积极作用。

【服务"五创联动"】 公司围绕全市"五创联动"工作，提出"为民服务创先争优"的满意服务理念，打造特色服务文化，创新服务举措；通过开展"总经理服务日"活动，聘请各行业移动客户代表作为客户"服务质量监督员"，主动接纳社会的监督；通过与市公安局联合开展"打击防范电信诈骗犯罪系列活动"，降低电信诈骗成功率，保障人民财产安全，客户综合满意度不断提升。

【服务全市信息化建设】 自 2011 年，四川省人民政府与中国移动通信集团签署共建四川省"无线城市群"战略合作协议以来，攀枝花移动分公司将"无线城市"建设定位为"移动改变生活"的实现平台，并提出面向政府、面向企业、面向个人，提升政府服务信息化水平，提高企业客户工作效率，提升个人客户生活便利的服务方向。

攀枝花移动分公司承建的攀枝花市"12345"市民服务热线，于 2012 年 6 月 1 日顺利开通，该热线已成为市委、市政府体察民意、掌握民情的重要渠道，直接连接群众、为民排忧解难的窗口。

2012 年，攀枝花移动分公司与钒钛产业园区创新合作模式，采用 BOO(建设—拥有—经营)模式由攀枝花移动分公司投资近千万元，建设了"攀枝花钒钛产业园区监测、监控、应急指挥信息化平台"，为钒钛园区提供了基于安全生产、环保监测、日常办公的一揽子信息化解决方案。通过此平台的有效运行，可以实现安全生产工作的"关口前移"，有效防止重、特大事故发生。

年内，攀枝花移动分公司承建了全市中小企业公共信息化平台，对"攀枝花市工业(中小企业)物联展示系统、网络安全系统"等方面进行了升级，通过对此系统的升级改造，有效提升了攀枝花工业(中小企业)信息化系统的安全性，拓展了中小企业信息平台功能，提高平台接入及访问能力，提升了全市中小企业信息化水平及办公效率。

2012 年，攀枝花移动分公司聚焦"政府关注的、民生需要的"的工作思路，积极搜集多方信息需求，分别与国家电网等单位推出了电力代收费、社保信息查询及关注三农问题的"新农通"等一系列民生业务。为人民群众提供了用电缴费、医保卡费用信息查询、涉农信息获取等一系列民生便利。

【管理水平提升】 2012 年，攀枝花移动分公司成立企业管理提升领导组，分专业小组进行 15 个专业方向的管理提升工作，企业管理水平有较大提升；以项目为抓手，着力培养创新研发能力，共计组织开展创新项目 3 项；采取多种形式鼓励员工基于工作实际踊跃提新点子、好想法，共计提交提案数达到了1 000余条；班组一级组织均成立 QC 小组，小组数量达到 55 个，注册课题 56 个，攀枝花移动分公司获得 2012 年四川省质量管理小组活动优秀企业荣誉称号。

(肖　军)

中国联合网络通信有限公司攀枝花市分公司

【概　况】 中国联合网络通信有限公司攀枝花市分公司隶属中国联通四川分公司(以下简称攀枝花联通)，组建于 1999 年。主要业务有：固定通信业务、移动通信业务，国内、数据通信业务、网络接入业务和各类电信增值业务，与通信信息业务相关的系统集成业务等，为广大用户提供全方位、高品质的宽带通信和信息服务。至 2012 年年底，攀枝花联通在册员工 140 人，平均年龄为 35 岁，大专以上学历占员工总数的 80%，党团员人数占 45%，内设 11 个后台支撑部门，下设城区、米易、盐边、瓜子坪、仁和、西区 6 个分公司。

2012 年，攀枝花联通深入贯彻落实科学发展观，坚持以用户为中心，不断加强技术、业务、服务和管理创新，全力构建领先的信息通信基础设施，持续提升服务质量，不断增强营销服务能力，在网络建设、运行维护等方面推进专业化管理和一体化运营，移动通信网络实现了升级换代和容量翻番，宽带网络光纤化比例不断提升。在加强自身发展的同时，不忘关爱社会，积极做好扶贫帮扶工作，在“为民服务创先争优”活动中，发挥信息技术优势，加快推广方便客户使用的电子自助服务和加快推出惠及民生的信息服务的“两大便民举措”，拓宽为民服务的渠道，努力践行“让客户满意消费，让信息服务民生”的主题。积极参与社会公益事业，传播信息文明，树立了良好的企业形象。

【网络运营】 2012 年，攀枝花联通结合“光网四川”“智慧城市”等项目的实施，不断致力于信息化网络建设，明确提出了《2012 年 W 网络工程发展规划》。2012 年网络建设投资6 806.39万元，全年移动网开通运行 198 个 3G 基站、19 个室内分布系统、25 个 2G 基站，替换 2G 基站设备 244 套，3G 网络全部升级到 HSPA +（高速移动互联网），继续保持了 3G 网络速率领先优势。同时，启动“光网世界 · 沃宽天下”宽带提速工作，加快宽带网络普及提速，2012 年固网宽带接入端口同比增长 25%，累计端口数超过 7 万个，FTTH（光纤到户）接入能力达到 1 万户以上，通信网络规模日趋成熟完善。

【客户服务】 2012 年，攀枝花联通深入开展“为民服务创先争优”活动，干部职工立足本职，积极投入到为民服务中，以改善客户感知为着力点，围绕“让客户满意消费，让信息服务民生”的主题，完善宽带业务服务“三限时”和移动业务服务“两改善”措施，加快推广方便客户使用的电子自助服务和加快推出惠及民生的信息服务“两大便民举措”，积极开展窗口单位文明服务、优质服务、创新服务，构建大服务体系，实现服务质量的持续优化。通过加强服务窗口建设，将全市所有营业厅、社会代理渠道重新装修升级，打造全新的“WO”品牌形象，将自有营业厅原柜台式业务办理模式的区域布局，优化为业务办理、终端销售、自助服务、体验营销四个功能区，实行开放式业务办理和服务，业务导向更加直观便捷。推进互联网自助化服务模式，在每个营业厅至少配置 1 台电子自助服务终端，提供缴费充值、购买充值卡、业务办理、业务查询、发票打印、3G 号码预约、业务介绍等功能，免除了客户在营业厅排队等候的烦恼，提高了服务的便捷性。深化落实宽带限时服务，在宽带服务方面，着力提升宽带装维服务能力，对前台受理工单做到“限时装机、限时移机、限时修障”的“三限时”公开服务承诺，实施 48 小时装移机，24 小时修障服务承诺，宽带服务承诺达标率达到 90% 以上，进一步提高了客户满意度。

【业务发展】 2012 年，攀枝花联通积极发挥产业链优势，强化流量经营，坚持“3G 领先与一体化创新”战略，充分发挥终端、渠道与应用的拉动作用，聚焦 3G 网速快、覆盖广、终端多、应用丰富的优势特点，通过千场路演体验活动，持续推进 3G 体验式营销，实现了对终端产业链的引领和终端合约用户的规模增长；通过优化合约计划，推出 2G/3G 融合产品，强化用户保有，建立 3G 用户全生命周期管理体系，对存量用户开展网龄升级计划，实现了 3G 业务的快速增长；2012 年 12 月 14 日 iphone5 上市，助推 3G 业务规模发展。

2012 年，攀枝花联通深入开展宽带普及提速工程，优化固网营销体系，改善客户感知，强化维系保有，提升服务能力，促进固网宽带业务快速发展；充分发挥光纤宽带和移动业务的融合营销优势，引导用户向高价值产品迁移，固网收入结构进一步改善。

提供丰富的行业应用产品。随着攀枝花联通高速宽带网、3G 精品网络的建设，以及 3G 高速网络的行业应用不断丰富，攀枝花联通行业应用信息化产品优势不断凸显，2012 年，攀枝花联通在综合治安监控、视频会议、移动办公、数字城管、平安校园、移动警务、汽车定位、远程保险勘查、企业一卡通等行业应用方面推陈出新，丰富的行业应用产品为行业客户提供了贴身、高效的信息化服务，集团客户服务能力不断增强。

【通信保障】 圆满完成重大事件的通信保障工作。为保障攀枝花市人代会、政协会（以下简称“两会”）、中共十八大的通信安全，攀枝花联通公司上下高度重视，按照专业分工、牵头负责原则，制定保障方案、实施网络优化改造和安全防护工作、组织开展运维大检查，建立健全双周报制度、例会制度、协调沟通制度、督办制度，全力以赴做好通信保障工作。在此期间共派出通信保障人员 300 人次、通信保障车辆 120 辆次，确保“两会”、中共十八大等应急通信任务的顺利完成。

全力做好抢险救灾通信保障工作。在 2012 年 8 月 29 日的肖家湾煤矿瓦斯爆炸事故通信保障工作中，攀枝花联通各部门把灾情当做命令，迅速启动应急预案，第一时间调用应急通信车 1 辆、其他各类车辆 5 辆，无线、传输、动力专业紧急准备各种备品备件 100 余件到达救援指挥现场，听从市指挥部调度，全力配合政府和武警官兵的救援工作，确保指挥部现场联通无线覆盖良好；同时，迅速安排专人 24 小时值班调度，12 名员工 3 人一组轮流值班，密切监控肖家湾片区基站话务量情况，确保网络运行正常，为救援工作顺利及时调度提供有力网络保障。

【职工培训】 立足实际，深入开展教育培训工作，2012 年，攀枝花联通共举办管理、业务与技术等各类培训 372 期，培训人数达5 928人次，人均培训时长达到 50 小时，同比上年增长 2 小时。组织各项职业资格认证及特殊工作操作认证 8 批次，认证人数达 184 人次。员工职业技能和综合素质进一步提升。

【企业文化】 深入推进企业“职工之家”建设。2012年攀枝花联通投入80余万元资金，对办公环境进行了绿化、亮化、美化，改善了办公环境；开设职工食堂，为干部职工中午就餐创造条件，改善职工工作餐质量，确保干部职工吃得安全、吃得放心；投入39万元，开通职工通勤车，着力解决职工上班行车难的交通问题；完善员工帮扶救助长效机制，看望和慰问困难及生病员工，2012年发放慰问金39 528元；充分发挥工会职能作用，成立羽毛球、篮球、钓鱼、摄影等工会兴趣小组，积极组织开展各项技能竞赛活动等，扎实推进精神文明建设，员工士气和工作激情空前高涨，凝聚力、向心力明显提高，企业活力显著提升。

（文 玉）

电子政务

【电子政务基础设施建设】 2012年6月1日，攀枝花市“12345”市民热线电话一期建设完工并正式开通运行。2012年8月，全市投资264.2万元，完成市电子政务外网二期建设。该项目的建成，大大提升全市电子政务外网网络的扩展性，增强网络接入能力，为下一步电子政务外网覆盖到村（社区）奠定基础，为全市基础设施资源整合和信息资源共建共享提供有力的技术保障。

【电子政务应用】 2012年，攀枝花市电子政务办公室做好全市电子公文网上交换传输保障工作，全年收发电子公文共218.12万份，日均收发电子公文5 976份。现场处理公文网上交换故障190多次，电话解答1 400多次，有效保障了全市687个党政机关办公运转。

2012年，市电子政务办公室继续完善市电子政务大厅和三维电子政务大厅，不断增强服务能力，提升办事服务水平。2012年1月24日，《四川日报》在头版对攀枝花市开通全国首家地市级政府三维电子政务大厅进行报道。市三维电子政务大厅荣获“全国政务服务类电子政务优秀案例”奖和“2012年政府网站网上办事类精品栏目奖”。2012年，市行政审批电子监察系统共受理行政审批305.94万件，办结305.98万件，平均每个工作日办结1.21万件。

【市电子政务内网门户网站】 2012年，攀枝花市电子政务办公室按照《2012年四川省电子政务内网工作要点》要求，继续优化、完善市电子政务内网门户网站，梳理、整合栏目，提升为领导提供决策支撑服务能力和全市党政机关内部办公服务能力。网站全年访问量达237.96万人次，日均访问量为6 518人次，比2011年增加10.3%。

【市人民政府门户网站】 2012年，攀枝花市政府门户网站继续坚持以人为本的理念，加大信息公开力度、提升在线办事服务能力、增强互动交流功能。现网站栏目总数11 536个，栏目信息内容总量已达23万多条。网站年访问量达3 690万人次，日均访问量为10.11万人次，同比2011年增加12.5%。网站首次进入全国15强，列全国300个地级市政府网站第14位，继续保持全省第3名，网站建设工作成就连续6年写入市政府工作报告。

【政务信息公开】 2012年，攀枝花市政务公开工作紧紧围绕市委、市政府中心工作和群众关心、社会关注的重点领域及热点问题，及时、准确地公开政务信息。重点公开财政预算决算、“三公”经费和行政经费、保障性住房、食品安全等8大领域信息。截至到2012年12月31日，累计公开政务信息192 455条。

2012年，继续深入推进行政权力公开，共公开行政权力、行政处罚、行政征收等9类1 377项行政权力。进一步增强政府工作透明度，保障人民群众的知情权、参与权、监督权。

2012年，攀枝花市向省电子政务内网门户网站报送信息4 179条，采用1 471条，比2011年增加194.8%；向省政府网站报送信息3 321条，采用1 130条。同时围绕市委、市政府中心工作，完成2012年攀枝花市“两会”、2012年民生工程、同在一片蓝天下慈善关爱捐资助困活动等10个专题网站建设。

【电子政务管理】 2012年，攀枝花市电子政务办公室积极履行管理职责，对市公安智能安全系统、市公交智能安全系统等电子政务项目提出建设审核意见。2012年9月27日，攀枝花市首次对41个政府网站进行网站绩效评估，其中市级部门网站36个，县（区）政府门户网站5个。2012年9月22日，在“2012中国城市信息化推进大会暨第三届中国城市信息化50强发布会”上，攀枝花市再次荣获“中国城市信息化50强”称号。

【信息网络安全】 2012年8月至12月，攀枝花市对40个政府网站进行安全监测，并对网站安全监测情况进行通报。2012年，市电子政务办公室严格落实《信息安全管理制度》《信息发布审核登记制度》等信息安全规章制度，从网站安全管理、信息发布管理、信息报送人员管理、网站内容管理等规范信息安全工作。严格执行上网信息“谁上网、谁审查、谁负责”的原则。继续加强网上巡网制度，强化对上网信息内容的监管，严把信息上载审核、发布关。认真落实7×24小时值班制度，严格执行出入机房登记制度，确保上网信息始终处于可查、可管、可控状态。全年没有发生信息网络安全责任事故。

（余自彬）

邮政打造特色水果出攀渠道　　（攀枝花市邮政局 提供）

口 岸

攀枝花海关

【概 况】 中华人民共和国攀枝花海关(以下简称“攀枝花海关”)为隶属于成都海关的正处级海关。1996年11月经国务院批准成立,其监管区域包括攀枝花市、凉山彝族自治州,面积6.74万平方千米,两地共有各类进出口口岸、临时监管点7个,是成都海关关区隶属海关机构中最远的“内陆边关”。主要任务是依照《中华人民共和国海关法》和其他有关法律法规,对进出境的运输工具、货物、物品实施监管,征收关税和其他税费,查缉走私,编制海关统计和办理其他海关业务。

2012年,攀枝花海关按照海关总署“四好”(把好国门、做好服务、防好风险、带好队伍)总体要求,牢牢把握“稳、新、实”工作指导思想,以建设内陆“一流海关”为根本目标,自觉把海关工作置于攀枝花“三个加快战略目标”大局中去思考,立足于早、着眼于快,致力于好,求真务实、真抓实干,努力实现“思路有创新、工作有新局面、形象有新提升”既定工作目标,求真务实,真抓实干,开拓创新,锐意进取,高质量完成了全年各项工作任务。全年实现税收入库5 025.25万元,监管进出口货运量25.54万吨;进出口货物总值5 906万美元。

【海关监管】 2012年,攀枝花海关以“属地申报、口岸验收”便捷通关模式为抓手,实现更多跨关区的“一次申报,一次查验,一次放行”,提高企业通关、转关效率,积极推进贸易便利化。深入调研、广泛宣传,积极拓展、培植税源,严格管理、依法执法,以业务工作精准化、业务单证精细化为着力点,主动作为,强化业务基础建设工作,积极改善企业通关环境,努力提高通关效率,确保了税收工作的顺利有序推进。认真履行便利通关服务承诺,积极推动攀枝花特色优势产品参与国际化竞争。坚持实行“5+2”工作制、“24小时预约”通关制度,加快通关速度,降低通关成本,进一步提升攀枝花市企业在国际市场上的竞争能力。全年监管进出口货运量25.54万吨;进出口货物总值5 906万美元;征收税款5 025.25万元人民币。

【税收征管】 2012年,攀枝花海关严格按照成都海关建设内陆“一流海关”要求,进一步落实业务管理“严、精、细”指导思想,围绕严格管理,严格执法,以业务工作精准化、业务单证精细化为着力点,定期召开税收工作分析会,强调税收工作的前推后移,及时了解分析税收形势任务,积极采取相应对策寻找影响关区税收增长的主要原因;做好税收月报的反馈,抓好税收征管的“质”和“量”,坚持大小齐抓,量质并举,规范申报,夯实基础,巩固税基,拓展税源,强化税收监控,全面了解税源动向,保证税收持续、稳步大幅增长。2012年,税收入库共5 906万元。

【服务地方经济】 2012年,攀枝花海关加强与地方党政部门的联系沟通,积极促进地方外向型经济发展。坚持“主动、高效、提前、阳光”服务工作理念,定期向市委、市政府领导和分管部门汇报工作,及时宣讲海关总署和成都海关出台的促进外贸稳定增长十六条措施、“六条建议”和支持四川建设中西部地区外贸强省的十八条细化措施,加强与地方政府的深度融合。立足企业,实现服务工作重心下移。攀枝花海关采用“稽查结合调研、核查结合调研、验厂结合调研”等工作方式,主动深入攀钢集团攀枝花钢钒有限公司、四川攀钢梅塞尔气体产品有限公司等重点企业、科研单位及辖区内有进出口实绩企业开展走访调研、现场办公,熟悉了解企业对外贸易情况、详细掌握企业异地报关数据,宣传海关法律法规知识、推广企业类别升级的优势,引导企业使用属地申报的通关模式。成立了由业务骨干组成的专家小组,对辖区内拟建及在建重点项目、重点企业及时跟进,实行专人负责、上门服务,提供海关政策法规宣传、减免税咨询等“一对一”个性化服务,助推地方企业和地方外贸经济的腾飞。

做好政策服务,为地方经济发展建言献策。一方面通过报送海关信息、工作简报,适时分析攀枝花市进出口贸易现状、问题,为市政府和相关部门提供相关决策支持和措施。另一方面积极为攀枝花市打造“四川南向开放门户”战略目标参好谋、建好言、献好策。主动围绕攀枝花市提出的打造“四川南向开放门户”和“桥头堡”战略,成立专门课题研究组,着力加大对攀西地区口岸建设、物流基地、进出口物资物流建设开展调研论证工作,先后向市委、市政府报送了《关于打造四川南向开放门户的几点意见建议》《关于赴云南保山市、德宏州考察学习的启发和建议》《贴近地方经济创新工作思路谋求共同发展——进一步发挥攀枝花海关在攀枝花市钒钛产业基地建设中的作用》《关于推进攀枝花市外向型经济发展的五点意见》等专题调研报告，受到市委、市政府领导的高度重视。

重点做好钒钛产业园区服务工作，支持攀枝花中国钒钛之都建设。专门成立了由关领导、业务骨干组成的专家小组，对重点钒钛生产企业实行专人负责、上门服务、限时答复等"一对一"个性化服务，及时为其提供海关政策指导，解决后顾之忧；对园区内货物实行优先申报、优先查验，货到后即到、即验、即放，进一步提高通关效率，保证企业及时交付货；定期上门服务，宣传海关政策法规，在政策允许范围内为企业量身定制便捷通关措施；对有特殊查验要求的进出口货物攀枝花海关将派员上门查验，实行"门到门"的服务；帮助企业正确归类，确保企业充分享受出口退税优惠政策，推进企业在战略转型的路上迈出更大更坚实的步子；在常规统计的基础上，实行专人负责制，细化钒钛产品出口的数据对比分析，并定期向地方党政部门提供分析报告。

（刘代英）

出入境检验检疫

【概　况】 2012 年，攀枝花出入境检验检疫局（简称攀枝花检验检疫局）在四川出入境检验检疫局（简称四川检验检疫局）的正确领导和攀枝花市委、市政府的指导下，认真贯彻落实国家质检总局"抓质量、保安全、促发展、强质检"的工作方针，根据四川检验检疫局"一四五"工作部署，结合攀西开放型经济发展的特点和实际，制定了"一四四"工作措施，切实履行"把关服务"职能，广泛宣贯《质量发展纲要》，扎实开展质量安全风险排查整治行动和道德领域突出问题专项治理行动（以下简称："两个专项行动"），持续推进质量体系和绩效管理，不断加强党风廉政建设和行风建设，努力营造对外开放的良好软环境，各项工作得到全面推进，取得实效。

2012 年，共检验进出口产品1 873批，同比增加 8. 14%，货值43 023万美元，同比增加 27. 38%。检出不合格商品 3 批，为企业挽回损失 12 万美元。减免农产品检验检疫费 12 万元人民币。免验出口钢轨 31 批，货值16 049万美元，免收检验费约 160 万元人民币。第四季度执行免收检验检疫行政事业性收费规定，免收检验费费 53 万元人民币。

【出口产品检验检疫监管】 2012 年，攀枝花检验检疫局检验出口商品1 697批、比上年增加 15. 52%，货值39 338万美元、比上年增加 28. 48%。检验鉴定出境货物运输包装 132 批，与上年持平。

出口商品分类情况如下：

出口植物产品 9 批，同比增加 13%，货值 25 万美元，同比减少 4%。出口食品 167 批，同比增加 15%，货值2 157万美元，同比增加 8%。2012 年，出口企业均为凉山州企业，主要出口品种为调味料、浓缩果汁、冷冻菌三类，占总出口量的 90% 左右；调味料主要出口到东南亚，浓缩果汁、冷冻菌主要出口到欧美国家和地区。

出口矿产品 2 批，同比减少 83%，货值 32 万美元，同比减少 97%。出口到越南。

出口化工产品1 166批，同比增加 25%；货值11 166万美元，同比增加 28%。品种有钛白粉、五氧化二钒、黄磷，其中五氧化二钒、黄磷等为 2012 年新列为法检目录出口商品，主要出口日本、美国、韩国、巴西、越南等国家。出口化工产品批次、货值均有大幅度增加。与上年相比钛白粉出口进一步增长，达到历史出口最好水平，攀枝花东方钛业有限公司、攀枝花市钛海科技有限责任公司排名同类产品出口前两位，继续引领本地区钛白粉出口量增长。

出口金属及其制品 353 批，同比减少 5%；货值25 958万美元，同比增加 38%。品种为钢轨、钒铁，主要出口印尼、泰国、美国、日本、澳大利亚等国家。

2012 年，攀枝花检验检疫局贯彻落实《危险化学品安全管理条例》（国务院令第 591 号）和国家质检总局《对进出口危险化学品及其包装实施检验监管有关问题的通知》（质检检函〔2012〕16 号）要求，按《国家质检总局 2012 年检验检疫商品调整目录》，对黄磷、五氧化二钒、稀土等出口危险化学品及其包装实施检验监管。

2012 年，对出口工业品生产企业全面推行分类管理，制订了出口工业品分类管理后续监管计划，推行"1 + 1 + x"分类监管模式，对企业开展产品风险、管理风险分析，认真进行各种风险处置，按相关规定对出口企业进行日常监管。对攀钢集团钢轨实施出口免验。

2012 年，出口煤炭生产企业攀枝花煤业（集团）有限公司通过了年度考核，符合出口煤炭生产企业 A 类条件。

2012 年，攀枝花钢城集团恒升实业有限公司通过出口危险货物包装容器质量许可证复查换证考核。

【进口产品检验检疫监管】 2012 年，检验进口商品 44 批、比上年减少 68. 79%，货值 3 686 万美元、比上年增加 16. 75%。

进口商品分类情况如下：

进口植物产品 6 批，货值 51 万美元，去年无同类产品进口。

进口食品 3 批，同比增加 50%；货值 14 万美元，同比增加 180%。

进口金属及制品 2 批，与去年同比持平；货值 26 万美元，同比减少 26%。品种为韩国钢丝绳。

进口机电产品 33 批，同比增加 14%；货值3 594万美元，同比增加132%。其中,检出不合格产品3批、索赔12万美元。进口设备总体质量状况较好,进口设备中主要是攀钢西昌公司建设用大型设备,其次为医院进口的医疗设备。

【外来有害生物监测和农(兽)药残留、疫情监控】 按照四川检验检疫局《关于做好2012年四川外来有害生物监测工作的通知》要求,在攀枝花市财政的大力支持下,圆满完成2012年39个监测点的实蝇监测工作。对辖区实蝇和其他外来有害生物调查工作进行周密部署,制订攀枝花检验检疫局2012年实蝇及外来杂草监测调查工作计划,对监测点进行了重新调整,监测布点侧重于出口水果种植基地、果蔬交易市场等,同时针对监测小组人员和诱剂种类的变化,对监测小组人员进行培训,严格按照《检疫性实蝇监测技术指南》和《外来杂草监测技术指南》的要求,按照四川检验检疫局《2012年四川地区实蝇监测点分配计划》,做好2012年的监测调查工作。尚未发现地中海、加勒比海有害实蝇。攀枝花检验检疫局持续开展实蝇监测工作12年,为促进攀西优势农产品扩大出口,帮助企业应对国外检疫技术壁垒奠定了坚实基础。

与中储粮西昌直属库联系,深入储备粮库开展后续监管,督促储备粮库要以防止转基因物种扩散繁殖和外来有害生物扩散传播为重点,强化风险分析,在玉米运输、接卸、入库、仓储及包装铺垫物和下脚料处理等关键环节加强防控工作,定期开展储备粮库库区、周边及运输沿线的杂草调查和粮食逸生情况调查。并按相关要求对2家拟加工进口玉米的企业进行现场审核,并向川局植检处推荐。

【产地证签证】 2012年,共签发原产地证书353份,签证金额3 593万美元,其中一般原产地证书69份,签证金额893万美元;其他各类优惠原产地证书284份,签证金额2 700万美元,其中,中国—巴基斯坦自由贸易区原产地证书59份,中国—智利自由贸易区原产地证书6份,中国—东盟自由贸易区原产地证书73份,亚太贸易协定原产地证书21份,普惠制原产地证明书112份,中国秘鲁自由贸易区原产地证书1份,海峡两岸经济合作框架协议证书12份。按平均减免关税5%的幅度计算,各类优惠原产地证书为辖区内的企业获得了878万人民币的关税优惠。

【出口食品企业备案及监管】 2012年,按照《四川局2012年度出口食品备案注册企业监督管理计划的通知》要求,制订了《攀枝花检验检疫局2012年度出口食品备案注册企业监督管理计划》。结合出口检验检疫工作,采用日常监管和定期监管的方式,对企业安全卫生质量体系的运行情况和日常加工卫生状况实施监督管理。指导企业按照《出口食品生产企业备案管理规定》及相关安全卫生要求,建立科学的管理制度和产品加工卫生控制程序,督促企业对硬件的改进和改造,加强对内部员工的培训和诚信体系建设。

2012年,攀西地区5家出口食品生产企业通过检验检疫备案的换证复查考核。

2012年,出口食品生产企业四川环太实业有限责任公司申请备案注册,成为四川省首家获得出口资质的苦荞茶制品生产企业。

2012年,西昌华帮科隆洋葱种植基地通过备案审核。

【服务地方经济】 2012年,攀枝花检验检疫局采取有效措施,加强与县(区)政府合作,与22个县(区)政府建立沟通协作机制。积极献策服务宏观决策。2012年,向市政府及相关部门报送调研报告2份、重点进出口产品质量分析报告10份。

出台了《支持攀枝花市外贸加快发展八项措施》,送政策、送服务,实施"一厂一策",受到企业欢迎。确定了攀钢集团等8家重点企业,开展"一对一"帮扶。推进分类管理,实施电子监管,简化检验检疫工作环节,实施便利措施。严格执行检验检疫行政事业性收费减免政策。为企业免费培训。抓产业承接,服务园区经济。加强窗口建设,加强与口岸检验检疫机构协调,加强与海关协作,努力为外贸企业营造"环节少、速度快、服务优、监管有效"的通关环境。2012年,攀枝花钛白粉出口同比增长9%,重轨出口同比增长141%,成为攀枝花市外贸出口的最大亮点。

【两个专项行动】 2012年,攀枝花检验检疫局开展质量安全风险排查整治行动和道德领域突出问题专项治理行动。在质量安全风险排查行动中,重点对农产品、食品、危险品生产及包装出口企业质量安全状况进行认真排查。组织对添加剂、危险品及包装、检验监管抽采样、进出口"潜规则"、证书管理、财务管理、档案保密和消防安全等共8个方面的风险进行了排查,对发现的问题和隐患进行了整改。为确保中共十八大安全,攀枝花检验检疫局开展了以防火、防盗、防泄密和防范交通事故为重点的安全大检查,加强对办公网络、计算机机房、档案室、机要室、财务室、配电房、办公楼电梯等重点区域、重点部位巡查。在道德领域突出问题专项教育治理行动中,攀枝花检验检疫局对思想作风、党风廉政、干部选拔、财务管理、政风行风和内部管理等6方面进行了教育治理,共梳理49项职权,排查潜在风险和问题7个,制定防控措施32条。

【实验室建设】 2012年7月,国家质检总局批准建设攀枝花国家钒钛检测重点实验室。

2012年,建立了攀枝花国家钒钛检测重点实验室实验室质量管理体系,完成了实验室内审、管审工作。实验室管理人员通过内审及审核资质培训,取得资质。参加了国家认监委委托中实国金能力验证中心组织的能力验证活动中,2大类产品6个指标23组数据通过国际比对检测,全部合格。

(谢林儒 王春香 徐 洁)

炳草岗全貌　　　　（寇华春　摄）

开发区建设

四川攀枝花钒钛产业园区

【概　况】 四川攀枝花钒钛产业园区依托攀枝花丰富的钒钛磁铁矿资源于2001年成立，是国家发改委命名的全国唯一钒钛特色园区，主要发展钒钛、化工、钒钛钢铁机械制造产业。位于攀枝花市东面，距市区24千米。工业区规划控制面积73.89平方千米，由团山、马店河、立柯、安宁、金河、迤资六个组团组成，城区规划控制面积11.9平方千米，由青龙山和金江两个组团组成，生态保护区规划控制面积41.23平方千米。经过12年开发建设，园区特色产业快速发展，经济总量不断壮大，创新能力不断增强，技术水平不断提高，外向度不断提升，社会事业不断发展，“两化互动”初见成效，已经成为国家外贸转型升级专业型示范基地、四川省重点省级工业园区、四川省循环经济试点园区、四川省知识产权试点园区、四川省生产性服务业示范基地，四川省新型工业化产业示范基地，已经成为攀枝花打造“中国钒钛之都”、打造国家钒钛新材料高新技术产业化基地、打造攀枝花钢铁（钒钛）国家新型工业化产业示范基地最重要的载体。园区管委会下设党工委办公室（人事办公室）、管委会办公室、建设交通局、招商服务局（统计局）、国土局（农村工作局）、财政局、社会事务局等7个内设机构，行政编制23人。管委会下设1个事业单位——园区投资服务中心，事业编制9人。

2012年，园区完成工业总产值160.55亿元，同比增长26.7%；完成工业增加值54.73亿元，同比增长35%；完成固定资产投资50亿元；完成招商引资到位资金60亿元，同比增长17.6%；进出口总额7 231万美元。实现地方财政一般预算收入1.56亿元，同比增长11.43%；规模以上工业增加值综合能耗下降7%；污染物总量SO_2、COD、NH_3-N和NOx（氮氧化物）均控制在市政府下达的指标以内；城镇居民人均可支配收入增加2 230元，达到24 000元，农民人均纯收入达9 700元，比上年增加1 362元。至年底，园区全面完成了市委、市政府下达的主要经济目标任务。

【钒产业】 截至2012年12月，园区已入驻的涉钒企业有3家，到2015年，园区将形成五氧化二钒7 400吨，钒铁1.2万吨产能。重点企业及项目有四川卓越4 400吨五氧化二钒、4 000吨钒铁；仁通钒业2 000吨钒铁等。

【钛产业】 截至2012年12月，园区已入驻工业项目163个，其中涉钛项目占总数的60%；实现就业11 462人，其中大专以上学历占15%。已形成富钛料52.5万吨、钛白粉31万吨、海绵钛2.75万吨、钛材2 000吨的生产能力，是国内最大的钛原料供应基地、钛白粉生产基地。目前富钛料、海绵钛、钛白粉产能均居全国第一。园区已形成了钛矿—钛精矿—钛白粉、钛矿—钛精矿—富钛料—钛白粉、钛矿—钛精矿—富钛料—四氯化钛—海绵钛—钛材—钛铸锻件三条完整钛产业链和几条钛产业废弃物硫酸亚铁、废酸、氯化镁综合利用产业链。到2015年，将形成500亿元以上产能，其中富钛料150万吨，钛白粉74万吨，钛白粉深加工产品（改性钛白、色母粒等）30万吨，四氯化钛18万吨，海绵钛6万吨，钛制品3万吨；建成中国规模最大、产业链最长、产品种类最多、全流程钛工业基地。

（余　斌）

攀枝花市花城新区

【概　况】 2011年10月，市委作出《关于成立中国共产党攀枝花市花城新区工作委员会的决定》（攀委发〔2011〕76号）；2011年11月，市委、市政府作出《关于组建攀枝花市花城新区开发建设管理委员会的决定》（攀委发〔2011〕93号）。2011年11月21日，市委、市政府举行为中共攀枝花市花城新区工作委员会和攀枝花市花城新区开发建设管理委员会举行授牌仪式。

为确保花城新区(以下简称新区)机构正常运转,职能有效发挥,各项工作高效推进,市委决定,新区管委会内设机构在相关方案正式批准前暂按分局设置,人员及编制挂靠市级相关部门,但工作独立运行。2011 年 12 月,中共攀枝花市委机构编制委员会分别发文批准设立攀枝花市发展和改革委员会花城新区分局(环境保护分局)、攀枝花市住房和城乡建设局花城新区分局、攀枝花市土地储备中心花城新区分中心等 9 个机构,并明确了各机构职能、编制。内设办公室(党工委办公室)、监察审计室、发改环保分局、财政分局、国土分局、住建分局、投促分局、政策法规室等 8 个内设机构,行政编制 10 名;成立攀枝花市土地储备中心花城新区分中心一个下属事业单位,核定全额拨款事业编制 18 名。

2011 年 12 月,经工商部门注册登记,成立攀枝花市花城投资有限责任公司。该公司为市政府授权市财政局作为出资人设立的国有独资公司,注册资本金5 000万元,主要从事新区开发建设投资、融资、建设、经营与管理。内设综合管理部、投融资部、工程建设部、合同预算部、财务管理部、企业管理部等 6 个职能部门,至年底有职工 26 名。

【新区规划】 新区规划编制工作自 2011 年 3 月正式启动以来,按照"规划策划、概念性总体规划、城市设计、控制性详细规划"四个阶段工作要求,采取"依序开展、提前介入、交叉进行、环环相扣、滚动完成"的方式,先后完成新区概念性总体规划方案征集及整合,新区规划策划、新区定位及大型功能性设施需求、新区开发建设模式及土地开发经济 3 项专题研究,新区城市设计及控制性详细规划编制和专家评审等工作。2012 年 4 月,市政府 2012 年第 4 次常务会议和市委九届十次常委会议分别审议并通过花城新区城市设计及控制性详细规划。市政府以攀府函〔2012〕135 号文正式批准《攀枝花市花城新区城市设计及控制性详细规划》,将作为城市规划管理的依据,控制建设用地性质、使用强度和空间环境,并指导修建性详细规划的编制。

规划总体形成"三轴四廊五片多中心"的空间结构,四条生态廊划分五个组团,攀枝花一道(攀枝花大道)、二道(花城大道)、三道(阳光大道)作为新区的发展轴,联动各个组团发展,统筹布局城市中心。花城新区位于攀枝花市江南片区,北起金沙江,南至总发,西起攀枝花大道与旧城相接,东至内环路与机场路。包括流沙坡、炳三炳四、渡仁、沙沟、总发 5 大片区,属地为东区和仁和区。规划面积 59.2 平方千米,建设面积 33 平方千米,新增人口承载力 35 万人,经济辐射半径 300 千米。

【建设项目】 2012 年花城新区启动 10 个项目共 13 个子项目,即:农民安置房项目、干坝塘至鱼塘高速路出口连接线道路、三线建设博物馆、三甲综合医院、森林花景建设项目、新区基础设施项目、金融电子电信商务项目、鱼塘高速路出口至钒钛产业园区道路、商务办公项目、高端城市综合体等。

6 月 29 日,攀枝花市花城新区山地森林公园、缅气入攀 LNG 加注站、新区供水、老黑地安置房等 5 个项目集中开工。开工仪式在仁和区四十九千米老黑地隆重举行。副省长刘捷下达开工令并为项目奠基。市委书记刘成鸣出席开工仪式并讲话。12 月底,干坝塘至鱼塘高速路出口连接线道路干坝塘大桥段、鱼塘高速出口至钒钛产业园区道路、干坝塘 68 公顷土地整理、炳四区安置房四个项目开工。项目开工标志着花城新区建设进入了实质推进阶段。

【项目保障】 为落实 2012 年第一批城市建设用地征转申报工作,新区于 2012 年 9 月 7 日取得该 2012 年第一批次林地审核同意书,完成林地报批手续。

2012 年,新区为市财政争取省新区项目建设补助资金9 900万元。筹措落实资金 4 亿元。已拨付老黑地宗地征地拆迁安置资金2 346.54万元,拨付征地拆迁费用9 000万元。拨付林地征用植被恢复费 141 万元。

【招商引资】 2012 年,花城新区多措并举强力推进招商引资工作,建立招商引资项目库,完成"商务办公区""沙沟阳光康养""区干坝塘至鱼塘高速路出口连接线道路""金融电子电信商务""高端城市综合体"等项目包装工作。重点进行"金融电子电信商务""高端城市综合体"项目的招商工作。高端城市综合体建设项目顺利推进,于 12 月 28 日与四川中房鸿都汇友置业有限公司签订《攀枝花市花城新区"花城国际"城市商业综合体项目投资协议》。

(曹洪英)

林业·环保

林　业

【概　况】 2012年,攀枝花市有林业行政管理机构7个,包括市林业局、市森林公安局和县(区)林业局(农林畜牧局)5个,林业企事业单位9个,包括普威林业局、盐边林业局、市国营林场总场、四川攀枝花苏铁国家级自然保护区管理局、市森林病虫防治检疫站、市林业调查规划设计院、市林业执法稽查队、市林业科技推广站、市天保示范苗圃。

全市共有林业用地554 526公顷,占总面积74.5%,森林覆盖率58.97%。林业用地中,有林地393 876公顷、疏林地3 259公顷、灌木林地86 405公顷、未成林造林地7 654公顷、苗圃31公顷、无林地63 301公顷(其中宜林荒山37 329公顷)。森林活立木总蓄积量3 278万立方米,其中用材林1 172万立方米、防护林2 062万立方米、特种用途林20万立方米、薪炭林14万立方米、经济林、疏林、散生林、四旁树10万立方米。

全市有野生动物464种(不含昆虫纲),其中国家一级重点保护动物6种、国家二级重点保护动物40余种。全市共有植物(包括引进)2 300余种,其中木本植物约1 500余种、草本植物700余种、藤本植物70余种。

2012年稳步实施天然林资源保护二期工程,初步完成森林资源二类调查,管护森林面积323 467公顷。完成营造林20 867公顷,继续巩固历年退耕还林成果18 333公顷,及时足额兑现检查验收合格的补助资金。

全面推进国家森林城市创建工作。市委、市政府召开攀枝花市"五创联动"动员大会,安排部署国家森林城市、国家文明城市、国家园林城市和国家环保模范城市、中国阳光康养旅游城市创建工作。编制完成《攀枝花市创建国家森林城市建设总体规划》及创建国家森林城市实施方案并通过评审,组建创森指挥部及办公室等创建机构。稳步推进花城景观建设、环城景观建设、山地森林保育、森林廊道建设、矿山迹地恢复、生产产业建设、生态文化建设七大创森工程。启动花城新区、炳三区两个山地森林公园建设,开展沿江景观打造阿米什段示范景观建设,实施太阳能发电蓄能抽水,解决造林用水难题。将沿江视野区景观建设2 452.7公顷绿化区分解到82个单位,责任单位一包3年,包成活保成效,全年义务植树227.59万株。开展金沙江大道东段(阿基鲁桥至倮果桥)绿化景观打造设计、施工,栽植大规格乔木1 650株、地被植物2万余平方米。指导县(区)开展森林城市创建工作。东区配合市创森办实施沿江景观打造,完成龙岗水库绿化8公顷。仁和区开工建设大河景观工程,实施岩神山火烧迹地恢复。西区进一步扩大西佛寺石漠化治理规模,开展摩挲河、大宝鼎矿山迹地植被恢复。米易县建成城北公园,开展安宁河河岸绿化试点。盐边县完成红格癞山景观林建设。

进一步加强林地、松脂等森林资源管理,实施年度森林采伐限额执行情况监察,全市各项指标均未超限额。依法审核审批林地征占用114宗,面积579公顷。全年共发生森林火灾117次,其中一般森林火灾97次,较大森林火灾20次,受害森林面积149.49公顷,森林火灾损失率0.38‰,未发生重大、特别重大森林火灾,无扑火人员重伤死亡。全年林业有害生物发生面积测报准确率为99.68%,无公害防治率达100%,种苗产地检疫率为100%,林业有害生物成灾率为0.01‰。全市各级森林公安机关共发现、受理各类破坏森林和野生动植物案件670起,依法打击处理违法犯罪人员680人,累计为国家、集体和个人挽回经济损失235.6万元。

开展四川攀枝花苏铁国家级自然保护区总规修编和生态旅游规划的修改工作,并通过国家评审。实施全市湿地资源调查、古树名木调查,大力开展保护野生动物专项执法行动。积极开展野生动物救助,成功救助野生动物19次,救助动物36只(条)。

大力推进以核桃、咖啡为代表的干果产业,以块菌为代表的野生菌产业发展,深入实施林业科技助农增收活动。成立攀枝花市块菌产业发展协会,成功举办第二届中国攀枝花国际块菌节。全市林业产业基地面积累计达92 234公顷,林业总产值达208 100万元,全市农民人均从林业获得收入1 227元。

在《攀枝花日报》、市广播电台、市电视台开展森林城市创建、天保工程、退耕还林工程、湿地保护、野生动植物保护等系列宣传。继续加大国营林场和森工企业改革力度,实施国有林区棚户区改造、国营林场危旧房改造1 001户,不断改善林业职工生活条件。全年完成科研项目8个。邀请攀枝花市政府顾问中国工程院院士、北京林业大学原校长尹伟伦,台湾大学教授胡弘道、新西兰皇家植物和食品研究所教授王云、中国科学院昆明植物研究所教授刘培贵等就“生态文明与可持续发展”、块菌人工培育等作专题报告和指导。

2012年2月,市林业局获四川省人民政府建设长江上游生态屏障先进集体表彰,市林业局局长杨礼文、盐边县林业局副局长朱万辉、仁和区林业局副局长戴世能、西区农林畜牧局局长谭序刚、东区林业局职工谢贤荣、普威林业局职工吴飞华获四川省人民政府建设长江上游生态屏障先进个人表彰。5月,攀枝花森林公安女民警付华被公安部评为“全国优秀人民警察”。12月,四川攀枝花苏铁国家级自然保护区科研项目《四川攀枝花苏铁国家级自然保护区植物区系地理及攀枝花苏铁保育研究项目》获2012年度攀枝花市科学技术进步奖三等奖表彰。

【天然林资源保护工程】 2012年,全市各级林业部门按照“严管林、慎用钱、质为先”的方针,认真贯彻执行天保工程管理的各项政策规定和有关制度,强化森林资源管护,天然林资源保护二期工程稳步实施。各工程实施单位安排巡山护林员900余人,常年管护森林323 467公顷,其中国有林233 600公顷,集体公益林89 867公顷。补充完善天保工程二期实施方案,全面落实天保二期实施方案的重点公益林管护任务,兑现各级森林生态效益补偿基金。开展全市森工职工“五险”参保,参保率达100%。8个天保工程实施单位天保一期工程档案通过验收,验收结果均为合格。

【退耕还林工程】 2012年,攀枝花市严格执行《退耕还林条例》和退耕还林各项政策,抓好工程质量县级自查、补植补播、问题整改、退耕还林政策兑现,及时足额兑现检查验收合格的补助资金。继续巩固历年退耕地还林成果18 333公顷。开展2012年退耕地还林县级自查,省级抽查和国家级阶段验收核查工作。国家阶段验收总面积661.6公顷,全部通过验收。开展2011年新增巩固退耕还林后续产业发展项目,其中盐边县项目资金300万元,种植核桃560公顷,米易县项目资金300万元,实施林下生态养鸡48万只。实施2012年巩固退耕还林成果后续产业项目107.5万元,营造特色经果林、短周期工业原料林81.7公顷,新(改、扩)建禽、畜圈舍3 338平方米。开展米易县新增巩固退耕还林后续产业发展项目300万元申报,建设产业基地建设865.9公顷。工程带动发展起来的茶叶、花椒、枇杷、芒果等产业持续为农民增收发挥重要作用,做到“退得下,稳得住,不反弹,能致富”。

【森林城市创建】 2012年,中共攀枝花市委书记刘成鸣、市长张剡等领导高度重视生态建设和创建国家森林城市(以下简称创森)工作,多次专题调研、督导生态建设和创森工作。3月,四川省林业厅厅长王平到攀检查指导林业、创森工作,充分肯定攀枝花市生态建设、创森等工作取得的成绩。4月,市委、市政府召开攀枝花市“五创联动”动员大会,安排部署国家森林城市、国家文明城市、国家园林城市和国家环保模范城市、中国阳光康养旅游城市创建工作。5月,编制并通过《攀枝花市创建国家森林城市建设总体规划》及“创建国家森林城市实施方案”,组建创建国家森林城市指挥部及办公室等创森机构,明确创森办职能职责和创森指挥部成员单位。稳步推进花城景观建设、环城景观建设、山地森林保育、森林廊道建设、矿山迹地恢复、生产产业建设、生态文化建设七大创森工程。开展道路绿化规划、桐子林库区旅游景点规划、河流森林廊道专项规划编制。编制完成全市矿山迹地恢复治理专项规划、城区环城景观林工程专项规划,实施机场路景观林建设绿化200 000余平方米,栽植苗木6.2万株。启动花城新区干坝塘、炳三区山地森林公园建设。投入资金800余万元,修建4米宽简易道路4 500米,完成干坝塘山地森林公园花景打造植物栽植335 333平方米。在炳三区山地森林公园栽种蓝花楹2 500株,修建施工便道1 200米。开展沿江景观打造阿米什段示范景观建设,实施太阳能发电蓄能抽水,安装太阳能电池板307.152平方米,抽水能力15立方米/小时,种植坑客土4 504立方米,栽植树木44 980株。以义务植树的形式,将沿江视野区景观建设2 452.7公顷绿化区分解到82个单位,责任单位一包三年,包成活保成效,全市完成义务植树227.59万株。开展金沙江大道阿基鲁桥至倮果桥段绿化景观打造设计、施工，完成地形整理10万余平方米，回填土8万余立方米，栽植大规格乔木1 650株，栽植地被植物2万余平方米。指导县(区)开展森林城市创建工作。东区完成龙岗水库8公顷、炳草岗大桥南12公顷绿化。西区进一步扩大西佛寺石漠化治理规模，开展摩挲河、大宝鼎矿山迹地植被恢复，绿化面积31 066平方米。仁和区开工建设大河景观工程，补植补造岩神山火烧迹地35.9公顷。米易县建成城北公园，实施视野区200公顷生态景观林打药除草工作，开展安宁河河岸绿化试点。盐边县完成红格癞山造林绿化项目，移植桐子林水电站淹没区绿化树木632株。

【森林资源管理】 2012年，完成森林资源二类调查内业整理、数据库建立工作，7个森林资源二类调查总体单位成果资料通过省级验收(质量等级5个评为优级，2个评为良级)，全市初步完成森林资源二类调查。开展林地保护利用规划文本编制和落界工作，各县(区)规划成果通过国家和省审定、批复。加强林地管理，开展林地占用征收清理、检查工作。强化采伐监管，分解下达采伐限额，实施年度森林采伐限额执行情况监察，全市各项指标均未超限额。认真执行松脂采集有关规定，对全市国有林采脂进行规范，加大对松脂采集不规范情况的查处力度。加大木材检查站规范化建设力度，全市木材检查站无"三乱"现象。严格执行林权流转和林权抵押贷款有关政策规定，进一步规范林权流转和抵押贷款行为。推进森林保险工作，将县(区)、攀枝花苏铁国家级自然保护区管理局、普威林业局等7个森林经营单位纳入政策性保险范围，投保森林面积达158 667公顷。依法审批林地征占用项目114宗，面积579公顷，收取森林植被恢复费2 170万元。林地审批依法、及时、有序，违法使用林地行为大幅下降，为国家、省、市重点工程建设作出积极贡献。

【林业行政执法】 2012年，攀枝花市各级森林公安机关和林业行政执法部门始终坚持打防结合的方针，始终保持对涉林违法犯罪的高压态势，以"利剑行动""森林火案查处与侦破"等专项行动为重点，严厉打击涉林违法犯罪行为。全市进一步加强基层基础建设，完成了全市6个派出所的新建和改扩建任务，建成全市森林公安民警专业训练培训基地，购置电脑、照相机等办公办案设备60余件(台)。4月25日，全省森林公安基层基础暨派出所建设工作会议在米易县召开。会议取得圆满成功，受到高度赞扬。全年共受理各类涉林案件670起，其中刑事案件82起，破获56起，破案率68.3%；行政案件588起，破获588起，破案率100%；收缴木材724.75立方米，收缴野生动物1 795只(头)，罚款193.77万元，累计为国家、集体和个人挽回经济损失235.6万元。

【野生动植物保护及自然保护区建设】 2012年，完成《四川攀枝花苏铁国家级自然保护区总规》修编和《生态旅游规划》的修改，通过国家评审。完成四川攀枝花苏铁国家级自然保护区51个固定样地的监测。顺利完成古树名木调查工作，确认古树名木388棵，落实管护制度和措施。开展全市79个湿地斑块的调查。大力开展保护野生动物专项执法活动，全市共检查餐馆饭店、农贸市场、野生动物驯养繁殖单位等226家，依法扣押、没收包括野生动物及其产品430只(条)，没收猎捕工具6套。积极开展野生动物救助，成功救助野生动物19次，救助动物36只(条)。

【森林病虫防治检疫】 2012年，攀枝花市各级森林病虫害防治部门认真贯彻"预防为主、科学治理、依法监管、强化责任"的工作方针，不断加强监测预警，强化测报体系建设，建立松材线虫病初检试验室，切实抓好野生动物疫源疫病监测，全面完成"绿盾2012"检疫执法专项行动，严防松材线虫病入侵，有效地遏制外来有害生物的入侵和危险性有害生物的传播蔓延。全年林业有害生物无公害防治率达100%、测报准确率99.68%、林业有害生物成灾率0.01‰，种苗产地检疫率100%。

【森林防火】 2012年，全市各级森林防火部门克服3年连旱、持续高温、森林火险红色预警等困难，认真落实以各级人民政府行政首长负责制为核心的各项责任制，实施完成攀枝花市重点火险区综合治理二期工程项目建设，加强防扑火队伍建设，大力实施计划烧铲除工作，严格火源管理，加大森林防火宣传力度，开展森林火险专项整治行动，在高森林火险期，发布禁火令，严禁一切野外用火，及时、安全、高效处置发生的各类森林火灾。全年开展计划烧除56 693公顷，烧铲防火隔离带440千米，组建森林消防专业队21支352人，半专业消防队42支630人。全年全市共发生森林火灾117次，其中一般森林火灾97次，较大森林火灾20次，火场总面积131.139公顷，受害森林面积14.949公顷，森林火灾损失率为0.38‰，未发生重大、特别重大森林火灾，扑火过程中无人员重伤、死亡。

【林业产业】 2012年，全市进一步加强对林业产业发展的引导。9月，在米易县召开全市核桃产业发展现场会，会议要求加快良种繁育基地和标准化种植示范基地建设，切实加强技术指导和管理服务。到2012年底，全市核桃种植面积累计达20 281公顷。全年全市核桃产业产值达29 560万元。确定2012年科技助农增收项目40个，投入资金210万，对杨梅、咖啡、野猪养殖等项目进行扶持。加强对咖啡产业的引导扶持。全市咖啡种植企业达5家，种植面积近1 333公顷。实施夏块菌人工培育及栽培示范、块菌菌根苗人工培育及栽培推广示范项目，人工培育夏块菌菌根苗6 000余株。12月，成立攀枝花市块菌产业发展协会，成功举办第二届中国(攀枝花)国际块菌(松露)节。加大对全市23家林业专合组织的扶持力度。继续扶持"川滇林产品交易市场"。川滇林产品交易市场共有木材经营加工户50家，实现木材销售6万立方米，综合产值达6 000余万元。组织涉林企业参加十三届西博会林业展览。

2012年全市林业产业基地面积累计达92 234公顷。林下种养殖业、竹木加工、非木材林产品加工、生态旅游、野生动物驯养繁殖业等正逐步发展壮大，有各类涉林企业、个体工商户400余家；社会资金投向林业逐步增加，林业经济的辐射和带动效应开始显现。全市2012年林业产业总产值达208 100万元，农民人均从林业获得收入1 227元。

【林业宣传】 2012年，在《攀枝花日报》、市广播电台、市电视台等多家新闻媒体开展森林城市创建、天保工程、退耕还林工程、野生动植物保护、森林防火等为主题的系列宣传。结合全市防火形势，印制宣传单、宣传挂历、宣传围裙、宣传标牌、宣传扑克、宣传背心等宣传品15余万份，书写、刷新、安装各类森林防火标语、标牌9 000余条(块)，发放宣传品12万余份。通过新闻媒体采取拜年、播放公益广告、森林防火题花等方式宣传森林防火500余条次。结合"6·29"义务植树日活动，邀请中央电视台等各级媒体宣传全市义务植树、森林城市创建、林业生态建设等工作。

【林业改革与发展】 2012年，继续推进国有林区棚户区改造、国有林场危旧房改造1 001户，协调落实配套资金，确保及时开工。工程建设中，加强质量监管，确保工程质量优良、职工群众满意。到年底，旧房改造维修工程项目竣工109户，安置点工程完工80户，安置点主体工程完工363户，新建工程基础施工449户。

市国营林场总场加强第三产业发展，全年实现多种经营收入2 827.5万元，其中：红砖生产实现收入2 394.6万元、园林绿化工程和花卉苗木生产实现收入280万元、场地租赁收入90万元、紫胶生产实现收入16.25万元、水果种植收入46.65万元，实现利润183万元，职工人均年收入同比2011年增加2 726.28元。普威林业局在认真抓好生态建设和保护的基础上，深入推进块菌酒加工、林下生态鸡等项目，全年实现产值125万元。

【林业科技】 2012年，完成科研项目8个。其中，国家级项目3个，省级项目2个，市级项目3个。1月，邀请攀枝花市政府顾问中国工程院院士、北京林业大学原校长尹伟伦到攀作"生态文明与可持续发展"专题报告。6月，邀请台湾大学胡弘道教授到攀指导块菌人工培育、建立攀枝花块菌园工作。10月，邀请中国林科院林业所研究员裴东，副研究员常君、张俊佩，教授汤华钊就核桃产业发展、桃良种选育技术等到攀作《从粗放经营向生态经济型栽培迈进的中国核桃产业》《长山核桃良种选育及扩繁技术》《核桃优良品种与无性系繁殖技术示范与推广》的学术报告。12月，邀请国际块菌培育专家台湾大学胡弘道教授、新西兰皇家植物和食品研究所王云教授和中国科学院昆明植物研究所刘培贵教授到攀作《贵阳块菌园建立回顾》《块菌研究和栽培的一些问题》《中国块菌多样性及其保护与持续利用》的学术报告。12月，四川攀枝花苏铁国家级自然保护区科研项目《四川攀枝花苏铁国家级自然保护区植物区系地理及攀枝花苏铁保育研究项目》获2012年度攀枝花市科学技术进步奖三等奖表彰。

(樊 建)

环境保护

【创建环保模范城市】 2012年3月，中共攀枝花市委九届三次全体(扩大)会议作出创建全国文明城市、国家环保模范城市、国家森林城市、国家园林城市、中国阳光康养旅游城市(简称"五创联动")的决定，拉开了创建国家环境保护模范城市序幕。为加强对创国模工作的组织领导，攀枝花市成立了创建国家环境保护模范城市指挥部及其办公室，指挥部办公室设在市环保局，下设督查工作组和技术工作组等工作机构。市“创模办”根据环境保护部新调整后的“十二五”创模标准要求和指标体系，结合市级部门的工作职责，对“创模”的指标和“创模”的工作任务进行分解落实，市政府分管领导与各县、区政府、有关部门和企业签订了“创模”工作目标责任状。建立创模联席会议机制，定期听取“创模”工作进展情况，研究解决“创模”工作中实际问题；建立“创模”督查机制，由市领导担任“创模”督查和技术组组长，督查督办全市“创模”工作。确定清华大学环境工程学院编制的《攀枝花市创建国家环保模范城市规划》为指导攀枝花市创建国家环保模范城市的纲领性文件。

市环保局与市直机关工委、总工会、团市委等群团共同组织策划召开创国模工作座谈会及攀枝花市环保世纪行广场采访宣传活动、攀枝花市“五创联动”十进广场宣传活动、“六五”世界环境日、“4·22”地球日、生物多样性日等重大环保活动的宣传。开展环境友好型社区、学校创建试点，全年共上报申报环境友好型社区 11 个、申报市级环境友好型学校 16 所。开展环保法律法规和国模知识教育培训纳入推进创国模的重要抓手之一。

为使相关部门掌握“创模”程序，理解“创模”指标体系和考核办法，创建环境保护模范城市办公室特聘请省环保局领导和专家就“创模”有关知识和问题进行了讲解，解决了“创模”启动阶段的一系列实际问题。编印了《攀枝花市创建国家环保模范城市工作手册》《创建国家环保模范城市考核指标细则》《攀枝花市创建国家环保模范城市专项规划（一）》等创模资料，使创国模工作有章可循。充分发挥国家、省、市新闻媒体的主渠道作用，深入报道全市环保工作取得的进展和成效，市级以上新闻媒体采访、报道攀枝花市环保工作 46 次，刊发平面新闻稿 89 条、刊播新闻稿 36 条，在《中国环境报》上刊载了《金沙江畔的美好家园梦—西部资源城市攀枝花时创建国家环保模范城市启幕》专版文章，描绘了攀枝花国模创建蓝图，反响良好。

全面启动《攀枝花市西区区域污染综合整治三年攻坚项目》《攀枝花市东区倮果—五道河片区区域污染综合整治三年攻坚项目》《攀枝花钒钛产业园区区域污染综合整治三年年攻坚项目》和《金沙江攀枝花市城区段环境综合整治三年攻坚实施方案》等四大创模攻坚工程。指挥部已公告 3 大攻坚项目共 111 项攻坚任务，其中 2012 年应完成的 67 项任务已完成 42 项，25 项稳步推进。同时，印发《攀枝花市 2012 年关闭、取缔、淘汰企业（项目或工艺）名单》《攀枝花市扬尘污染治理企业名单》。

【环境质量】 地表水质量。2012 年度攀枝花市地表水监测工作根据省环保厅有关要求，实施按月监测，一共监测了 28 项指标；监测断面为龙洞、倮果、二滩、雅砻江、金江等 5 个断面。2012 年地表水监测结果按照《地表水环境质量评价办法（试行）》评价（水温、总氮、粪大肠菌群不参与评价）：5 个断面参与评价的监测项目全部达到国家《地表水环境质量标准》（GB3838—2002）中Ⅲ类及以上水域水质标准，其中石油类、挥发酚、汞、铅、铜、硒、砷、镉、六价铬、氰化物、阴离子表面活性剂等项指标全年在所有断面均未检出。

饮用水水源地水质。2012 年度按要求对金沙江上徐家渡、水文站、金江水厂三个饮用水断面实施水源地水质月度监测，监测项目主要包括地表水环境质量标准（GB3838—2002）中表 1、表 2 全部，表 3 前 35 项及透明度、叶绿素 a，共计 65 个项目。各指标监测结果按《地表水环境质量标准》（GB3838－2002）Ⅲ类水域水质标准评价：除粪大肠菌群在所有断面超标外，其余指标均达到国家标准，本年度 35 项有机项均未检出。

粪大肠菌群超标主要原因是受沿岸生活污水和面源污染影响，加上攀枝花气温高，细菌容易滋生。粪大肠菌群经自来水厂消毒处理后可达供水标准。

环境空气质量。2012 年，攀枝花市中心城区环境空气质量对二氧化硫、二氧化氮、可吸入颗粒物开展自动监测，总监测天数为 366 天，空气质量达到Ⅰ级天数 7 天，达到Ⅱ级天数 336 天，Ⅲ级天数 23 天，全市均值空气质量优良率达 93.7%。首要污染物为可吸入颗粒物（PM10）。二氧化硫（SO_2）年均浓度为 0.086mg/Nm^3、二氧化氮（NO_2）年均浓度为 0.040mg/Nm^3、可吸入颗粒物（PM10）年均浓度为 0.091mg/Nm^3。与去年相比，全市均值二氧化硫浓度上升，二氧化氮浓度持平，可吸入颗粒物浓度下降，优良天数比去年多 10 天，优良率增加 2.5 个百分点。

降水。2012 年除 1、2、3、11、12 月无降水外，其余月份均有降水，监测结果显示：2012 年三个测点均出现酸性降水，全市年降水 pH 均值为 4.38，较 2011 年（4.52）下降 0.14；酸雨 pH 均值为 4.28，较 2011 年（4.38）下降 0.1；全年酸雨频率为 64.3%，较 2011 年（68.5%）下降了个百分点 4.2，全年降水电导率平均值为 3.53s/m。

降尘。全市降尘量 2012 年均值为 14.1 吨/平方千米·月，与 2011 年（14.4 吨/平方千米·月）相比，下降了 2.1%。

声环境质量。城市区域环境噪声 2012 年攀枝花市城市区域环境噪声均值为51.8dB(A),达到城市环境综合整治定量考核中城市区域环境噪声 <60 分贝的规定,与2011年(51.6分贝)相比,增加了0.2dB(A)。全市道路交通干线噪声平均等效声级值68.2分贝,未超过国家推荐的交通噪声控制值(70分贝),比2011年(67.8分贝)上升了0.4分贝。全市道路干线中超过70分贝的干线长度为24.5千米,较2011增加了10.5千米。道路交通干线噪声全市道路交通干线噪声平均等效声级值68.2分贝,未超过国家推荐的交通噪声控制值(70分贝),比2011年(67.8分贝)上升了0.4分贝。全市道路干线中超过70分贝的干线长度为24.5千米,较2011增加了10.5千米

【建设项目环境管理】 2012年,全市审查通过四川攀枝花钒钛产业园区并园规划环境影响评价、攀枝花市城市发展总体规划(2007~2025年)环境影响评价。强力推进四川省米易白马工业园区规划(修编)环境影响评价和花城新区的规划环评工作。以服务全市经济发展为前提,以环境规划和产业政策为指引,积极推进建设项目环保管理和行政审批窗口服务工作,贯彻落实国家《中华人民共和国环境影响评价法》《建设项目环境保护管理条例》等建设项目管理法规,坚持"预防为主"和先评价后建设的原则加强建设项目管理,坚持"勤政、廉洁、务实、高效"的工作作风规范行政审批窗口的服务工作。

2012年,窗口共受理261件申请,其中行政审批事项107件,服务咨询事项154件,办结率为100%,群众满意度100%。承诺提速37.93%,实际提速79.38%,进驻项目平均办结时间为5.98天,合计节约6 380天。国家、省、市、县(区)四级环保部门共审批我市建设项目共560个,总投资260.36亿元,环保投资11.55亿元,环保投资占总投资的4.5%,环境影响评价制度执行率100%。其中,国家环保部审批建设项目2个,省环保厅审批建设项目12个,市级审批建设项目138个,县(区)环保部门审批建设项目408个。市级检查并同意试生产项目38个,完成环保竣工验收项目22个,"三同时"制度(建设项目中防治污染的措施,必须与主体工程同时设计、同时施工、同时投产使用)执行率100%。

积极推进重大工业产业化项目的服务和管理,全市确定的46个重大工业产业化项目中,环评文件已通过审批的项目有24个,正在报请审批的项目有4个,正在送审的项目有3个,正在编制环评文件的项目有5个,正开展可行性研究等前期工作的项目有7个,暂缓实施的项目有3个。

花城新区启动的13个项目中,环评文件已通过审批的项目有5个,已通过技术评估正按程序报批的项目有1个,正在编制环评文件的项目有2个,正在进行前期筹备工作的项目有5个。

【主要污染物总量减排】 2012年,攀枝花市总量减排工作在全面完成"十二五"总量减排目标任务的基础上,结合2011年环境统计数据,立足攀枝花市经济、社会和环保现状,科学研判未来发展趋势,进一步严格执行污染物排放标准和总量控制制度,强化结构减排、细化工程减排、实化管理减排"三大"措施,健全完善总量减排统计、监测和考核"三大"体系,全力推进总量减排工作有序开展。2012年全市共上报总量减排项目52个,其中气减排项目30个(全口径钢铁球团项目16个,全口径电厂项目4个,全口径水泥项目2个,结构减排项目8个);废水减排项目22个(全口径污水处理厂10个,全口径造纸项目1个,工程减排项目1个,农业源减排项目10个)。列入省政府和市政府目标责任书2012年应建成投运的5个重点减排项目全部完成。

【生态环境建设】 2012年,攀枝花市环保局为进一步健全生态市建设管理、考核激励、资金保障等机制,进一步规范全市生态细胞建设申报程序和申报资料格式,明确各地方政府部门目标任务及责任,攀枝花市结合本市实际,制定并印发《攀枝花生态市建设2012年度工作方案》,并对2012年度攀枝花市生态市建设情况进行了通报。

加大对县(区)创建生态县(区)的指导和扶持力度,强力推进全市生态县(区)创建的进程。盐边县、仁和区编制完成生态县区攻坚方案,目前盐边县已完成省级生态县技术评估工作,仁和区按计划积极推进。完成攀枝花市东区银江镇创建省级和国家级生态乡镇规划,待专家评审。2012年,全市共投入200万元支持个6个生态乡镇、20个生态村(含4个重点村)、1个生态小区的创建。

【农村环保工作】 2012年完成了攀枝花市"十二五"中央农村环境综合整治项目的上报及入库工作,全市3区2县共上报123个(多数以村为单位上报)项目(项目覆盖34个乡镇、130个村庄,受益人口265 501人)。经省厅专家评审14个项目被列入中央项目库,共覆盖14个乡镇、54个村庄,受益人口达103 199人,入库率近50%。编制完成2012年度农村环境保护工作方案、分解落实了生态细胞建设任务。全市完成生态乡镇建设7个、生态村270个、生态家园47个,

均已通过我市验收并上报省厅。2012年攀枝花市加大农村环保整治力度，共安排市级农村连片整治资金700万元，其中西区和米易各200万元，仁和300万元。

【污染防治工作】 2012年，环保工作按照市创建国家环保模范城市指挥部的统一部署，大力推进区域污染综合防治。积极指导、推动西区启动区域污染综合整治三年攻坚工作，制定实施《攀枝花市东区倮果—五道河片区环境污染综合整治工作实施方案》《金沙江攀枝花城区段沿江环境综合整治实施方案》，促进污染治理从点源污染治理向区域污染综合治理转变，推进项目集中布置、污染集中防控，不断优化工业布局、拓展发展空间，推进发展方式加快转变。为扎实推进攀枝花市大气环境综合整治工作，市环保局牵头编制完成《攀枝花工业扬尘污染综合整治工作实施方案》，并启动攀枝花市大宗物料运输方式转变工作，旨在切实降低线、面源扬尘污染。省政府、市政府共下达执行限期治理项目9个，其中省级4个项目已全部完成，5个市级项目进展顺利。33家强制性清洁生产审核项目中，已完成清洁生产审核报告24家，其中12家已通过省厅专家评审。为逐步建立和完善环境风险评估制度，从源头预知、预警、控制工业企业环境风险，市环保局牵头编制完成《关于开展环境风险评估试点工作的实施意见》，首批选取5家试点企业，成功启动环境风险评估试点工作。

【环保执法】 2012年，攀枝花市积极开展整治违法排污企业保障群众健康的环保专项行动，强化推进重点案件后督查、涉重金属污染排查与整治、环境空气质量保障、钢铁行业再次核查、饮用水源安全保障、环境安全隐患排查与整治、建设项目环境执法监管、总量减排项目监管、在线监测设施运行情况监管等重点工作。重点加大对攀枝花市的涉氯、涉酸、涉重等重点行业，工业园区（集中区）、攀钢弄弄坪、西区等重点片区，饮用水、核与辐射、尾矿库等重点领域的企业污染源开展排查和整治工作。全年共出动环境监察执法人员6 500余人次，检查企业4 200余家次，依法征收排污费6 100余万元，全市立案查处环境违法案件41起，共处罚金211.75万元，对存在环保问题的企业下达25份《限期整改决定书》，对县（区）政府和县（区）环保局下达《监察意见的函》和《监察意见》共4份，全年纳入重点案件后督察的企业10家，相关环境问题全面整治到位。依法检查建设项目300个，发现涉及未批先建、“三同时”执行不到位、管理不到位等问题50个，提出整改要求100多条，责令停止试生产2家；积极妥善处置环境突发事件5起，没有因突发环境事件处置不当或环境信访事件引发群体性事件。

2012年10月1日攀枝花市人民政府发布了《关于对全市机动车实施环保标志分类管理的通告》，2012年攀枝花市共上门抽检有车大户机动车1 769辆，下达限期整改通知191份，全年核发机动车环保检验合格标志36 026份（其中2012年新车2 630份、电子补发2011年33 396份）。

【核与辐射管理】 2012年，攀枝花市环保局按照《四川省“十二五”生态建设和环境保护规划》及《攀枝花市环境保护“十二五”规划》加强核与辐射环境安全监管要求，全面落实责任、加强监管、稳步推进，确保全市核与辐射环境安全。同时，按照四川省环境保护厅统一部署交办的监管任务要求，较好地完成国家核技术利用辐射安全管理系统的推广使用任务，全面、全新地进一步摸清了全市放射源、射线装置、非密封放射场所、废旧金属回收熔炼企业的基本情况，目前全市登记在册的核技术利用单位共有103家，其中许可证发放单位75家，市级许可证发放单位49家，其余皆已纳入管理。涉源单位32家，使用射线装置单位78家，非密封性放射性物质使用单位5家，废旧金属回收熔炼企业19家。

【环保宣传教育】 2012年，攀枝花市环保局宣教工作以创模宣传教育和生态环保理念为主要内容，深入开展环境保护宣传活动，广泛营造创建国家环境保护模范城市宣传氛围。贯彻落实《全国环境宣传教育行动纲要（2011～2015年）》的总体安排，及时组织开展了环境友好型社区、学校创建试点，全年全市共上报申报环境友好型社区11个、申报市级环境友好型学校16所，等待最后验收。在充分利用国家、省、市新闻媒体的主渠道作用下，市环保局深入报道了2012年工作取得的进展和成效。组织诸多环保重要会议、活动的新闻报道，加强了与媒体和公众的互动，努力提高新闻宣传的针对性和实效性。2012年市级以上新闻媒体采访、报道攀枝花市环保工作46次，刊发平面新闻稿89条、刊播新闻稿36条，其中《中国环境报》10月26日刊登了由市环保局自行撰写的大型报道攀枝花市国模创建工作《金沙江畔的美好家园梦》文章。

市环保局与市人大城环资委、市委宣传部组织开展以“开展五创联动、改善城乡环境”为主题的“攀枝花市2012年环保世纪行”新闻采访活动。并策划、组织、参加了攀枝花市环保世纪行广场采访宣传活动（9月15日）、攀枝花市“五创联动”十进广场宣传活动、“六五”世界环境日、“4·

22”地球日、生物多样性日等重大环保活动的宣传。12 月 8 日,市环保局与攀枝花市东区教育局第一学区联盟一道,开展了以“共创国家环保模范城市共享蓝天碧水美丽家园”主题宣传活动,效果明显。

【环境法制】 为进一步提高行政执法水平,规范环境保护行政执法和行政处罚行为,市环境保护局相继出台《攀枝花市环境保护行政处罚程序规定》《关于印发〈攀枝花市环保局 2012 年依法行政工作计划〉的通知》《攀枝花市环保矛盾纠纷行政调解工作制度》《攀枝花市环保矛盾纠纷行政调解工作流程图》《攀枝花市环境保护局政务服务“两集中两到位”进驻实施方案》《攀枝花市环境保护局行政审批处岗位职责》《攀枝花市环境保护局行政审批过错责任追究办法》《攀枝花市环境保护局处理行政许可申诉检举暂行规定》《攀枝花市环境保护局网站管理暂行规定》《攀枝花市环境保护局网站主要内容更新规定》《攀枝花市环境保护重大决策听证规定》《攀枝花市环境政务信息管理办法》《攀枝花市环境政务信息和新闻宣传奖励办法》《攀枝花市环境保护局科级以上领导干部任职前法律知识培训学习考试制度》等规章制度。

根据 2012 年 1 月 1 日起开始实施的《行政强制法》,专题开展了行政强制法培训学习活动。完善规范性文件项目论证制度,提高列入规范性文件制订计划项目的成熟度。严格落实规范性文件统一登记、统一编号、统一发布的“三统一”制度;严格落实规范性文件有效期制度;严格执行规范性文件备案的规定,加强备案审查工作,做到有件必备、有错必纠,切实维护法制统一和政令畅通。2012 年,由市环保局直接立案查处各类环境违法的案件共 18 起,16 起违法案件已经结案,结案率 88.88%。

2012 年 4 月、8 月分别邀请省环保厅法学专家讲授了《行政强制法深度解读》《创建国家环保模范城市环保法规政策指南》等。组织了 112 名行政执法人员参加市政府法制办公室组织的各类行政执法培训学习。根据 2012 年 1 月 1 日起开始实施的《行政强制法》,专题开展了行政强制法培训学习活动。全年共开展了全市环保系统执法人员执法资格和依法行政岗位培训班 4 期,每期 80 人,并进行行政执法资格考试。此外,举办了 3 期企业法人和环境管理人员培训班共 310 人参加培训。

【环境监测】 2012 年,攀枝花市环境监测站对环境空气、降雨、地表水、饮用水水源、噪声环境、环境辐射等环境质量和水、气、声、渣污染源排放进行了监测,同时加强专项调查监测和社会服务监测。全年共出具监测报告1 578份,现场监测出动人次3 000多人次,完成建设项目竣工验收报告 74 份,编报传输各种监测数据 2.2 万个;对全市 79 家纳入国、省、市重点污染源名单的工业污染源和 8 家沿江沿河排放有毒有害物质的工业污染源开展了定期监督性监测,对纳入总量减排核查核算的 34 个项目开展了减排监测,对 34 台套污染源在线监测设备进行了定期比对监测。2012 年 5 月,四川省环境监测中心站授予攀枝花市环境监测站“全国土壤污染状况调查(四川省)工作先进集体”。

【环保信访】 按照中央、省、市关于加强和改进信访工作,健全群众利益诉求表达机制的总体部署和要求,2012 年市环保局不断加强完善和规范信访处理制度、程序,全年攀枝花市环保系统共受理群众来信、来访、来电和网上投诉总计2 095件,其中来信 253 件,来访 48 件 102 人次,电话投诉1 780件(含“12345”市民服务热线 78 件),网上投诉 14 件。全部信访投诉件中,环境污染和生态破坏类1 987件(水污染 87 件,大气污染 806 件,固废污染 22 件,噪声污染1 152件,电磁辐射 3 件,其他 3 件),建设项目类 7 件,咨询类 1 件。

其中,市级 255 件,较 2011 年增加 113 件、上升 79.6%。其中电话投诉 169 件(含“12345”市民服务热线转来投诉 78 件)、处理 169 件;群众来信 66 件,处理完毕 66 件;群众来访 20 件,处理 20 件。在群众来信中,四川省环境保护厅以上部门转来 17 件,全部及时进行调查处理。办理人大代表、政协委员相关批示件 4 件,领导接访 1 件,市委群工局、市城乡综合治理办转办件 4 件,市长信箱转办件 29 件。

【排污费征收】 2012 年,攀枝花市排污费征收工作严格贯彻执行环保法律法规和国家《排污费征收使用管理条例》,对钢铁冶炼、焦化、电冶化工、建材、火电等重点排污企业的排污费征收加大了力度,及时足额征缴了排污费。并在全面排查、不断拓展排污费的征收面的同时,加强对县(区)排污费的稽查工作,确保排污费征收工作的顺利进行。全年(2012)全市(含盐边)共征收排污费65 479 625.32元,其中市级征收37 352 108.26元,各县(区)征收2 812 517.06元。

(李　琳)

城乡规划建设·城市管理

住房和城乡规划建设

【管理机构】 攀枝花市住房和城乡规划建设局是依法对攀枝花市范围内住房和城乡规划建设实施管理的政府职能部门。主要履行对住房保障、城乡规划、城市建设、工程建设、村镇建设、建筑业、建材业、房地产业、勘察设计业、测绘业的管理、监督、服务和行业指导等工作职责。局机关设有办公室、财务审计处、政策法规处、行政审批处、规划编制管理处、测绘管理处、规划项目管理处(挂市房屋建筑工程抗震办公室)、城乡建设处、建筑行业管理处、质量安全管理处、房地产市场监管处、科技信息处、人事处、离退休人员管理处14个内设机构,市规划委员会办公室、市住房保障工作办公室2个常设机构,东区规划分局、西区规划分局、仁和区规划分局、钒钛产业园区规划分局、花城新区住房和城乡规划建设分局5个派出机构;另设有机关党委、监察室、市建筑建材工会。全机关核定行政编制57名,工勤编制9名,现实有行政编制人员57名,工勤编制人员10名;核定领导职数8名,实有6名,局长1名,党组成员、副局长3名(其中1名兼任总规划师)、纪检组长1名、总工程师1人;党组成员、市城投公司董事长兼总经理1名,住房保障办副主任和市规委办副主任各1名(按副县级领导干部管理),科级领导27名。局直属单位现有市房地产管理局、市建设工程质量安全监督站、市建设工程造价管理站、市散装水泥办公室、市城乡规划编制研究中心、市规划建设监察支队、市城市基本建设档案馆、市城市建设资金管理办公室、市城市地理信息中心、市城市工程项目管理办公室、市建设工程勘察设计审查中心等11个直属事业单位,市城市投资经营有限公司1个直属企业。直属事业单位中参公事业单位4个,全额拨款事业单位4个,自收自支事业单位3个;副县级事业单位5个,科级事业单位6个。事业单位总编制287名,实有277名,其中参公事业编制122名,实有111名。

【城乡规划】 强化规划编制。2012年完成攀枝花市金沙江中心区段沿江景观规划、花城新区控制性详细规划和城市设计、《攀枝花市城市总体规划(2011~2030)》修编和工业布局总体规划修编,已完成批前公示,按程序报省政府审批;积极推进西区发展战略规划、清香坪至大水井片区控规、高梁坪工业园区控规、五十四至仁和片区结合新区规划、普达片区控规等片区控制性详细规划修编,完成丽攀高速公路瓜子坪和高梁坪出入口规划初步方案;各县(区)新村建设总体规划已批准实施,指导三区两县开展270个行政村规划编制工作,并完成16个重点旅游村新村(聚居点)技术指导;有序推进对口支援色达县工作,完成2012年度22个牧民定居点的规划设计,全面完成省委省政府下达的对口支援色达县牧民定居点的规划设计工作。

开展规划专题研究。完成金沙江沿江景观规划前期研究、攀枝花市轨道交通建设研究、鱼塘连接线专题研究、武警攀枝花市森林支队建设项目专题研究;开展人大转盘——良友路段交通拥堵治理方案、绿心规划、城乡统筹规划专题研究。

依法实施规划管理。充分发挥规划引导、技术支撑作用,积极推进富邦1000万件汽车刹车制动毂、钢城集团渣铁渣钢钒钛资源综合利用、攀枝花银泰城等重点项目建设,全年办理《建设工程项目规划选址意见书》62件,“建设用地规划许可证”97件,“建设工程规划许可证”73件,规划拟选址文件40件,设计方案批复99件,验线审查53件,规划条件核实63件,临时工程许可4件,采用建设项目现场公示、固定公示栏公示、网上公示等方式,对100余个项目方案总平面图进行公示;在乡村规划管理机构和人员未落实的情况下,积极开展乡村公益事业项目的规划管理,为太平、福田、平地、大田等乡镇办理了项目选址、方案批复;配合国土部门开展土地资产运营前期工作,出具土地规划技术经济指标54份,为土地资产市场化顺利推进提供了保障。

【基础设施建设】 2012年,全市完成城市基础设施建设投资2.6亿元。建成炳仁路四十九立交桥至渡仁西线路段工程、市二中地下人行通道、市八中地下人行通道和苏铁中路西区三站转盘人行天桥等3处行人过街设施,世行贷款沿江景观整治工程,“江涛欲静”、“两江帆影”等景点;积极推进密地桥南至龙箐大桥主干路建设,完成总工程量的80%;开工建设马坎污水处理厂及截污干管工程、金江污水处理厂及截污干管工程;切实履行沿江景观打造领导小组办公室职责,拟定《攀枝花市金沙江中心区段沿江景观规划建设工作实施方案》,明确了项目基本定位、总体思路和总体要求,并按照2015年3月前完工的时间节点倒排工期,合理安排开发建设时序,积极配合花城新区管委会,全力推进老黑地安置房、三线建设博物馆、综合医院等10大项目建设。

【住房保障】 2012年,全市全力推进保障性住房建设,全面完成省政府下达的目标任务。2012年,落实建设用地278亩,开工建设保障性住房2 976套、棚户区改造1 651套,分别为目标任务的102%、126%;竣工4 944套,为目标任务的170%;完成农村危房改造2 187户;实施廉租住房租赁补贴4 000户。

积极争取上级补助资金,争取到中央、省级补助资金1.4亿元、公积金贷款2.54亿元,资金已全部划拨到各县(区),并根据建设进度拨付到项目,极大缓解市区两级资金压力。

不断提高建设和管理水平,进一步在制度建设、健全机制、扩大保障覆盖面等方面下功夫,起草或修订《人民政府关于进一步加快推进保障性安居工程建设的实施意见》等4个规范性文件并报经市政府审定后出台实施,开展保障性住房基础数据摸底调查工作,为攀枝花市合理制订2013~2015年度保障性住房建设年度计划、建设标准、保障性住房类型构成等提供科学依据;进一步扩大保障范围,由本地城镇居民逐步扩大到外地来攀打工、投资兴业者和本市农村进城务工人员,在符合政策的前提下,适度提高保障标准,对户型、配套、绿化、容积率进行适度优化升级。

做好房改工作,审核企业存量房分配135件,审批房改房上市申请1 083件,补交房款604.9万元,审批公有住房退房29户。

【房地产业】 2012年,攀枝花市在深入贯彻落实国家一系列宏观调控政策的前提下,全市房地产开发保持了平稳健康发展,住房供给结构基本合理,房地产市场价格基本稳定。全年完成房地产开发投资46.4亿元,完成目标任务的185.6%;商品住宅销售均价3 994元/平方米,同比增长6%。在市场监管上,加强房地产资质管理,完成39家房地产开发企业资质审核工作;加强商品房预售许可管理,办理商品房预售许可证25件,预售住宅7 473套、面积64.64公顷;积极探索研究房地产经纪机构管理方式,规范房地产经纪经营行为;进一步完善房地产相关制度建设,起草《攀枝花市预售商品房管理办法》《攀枝花市商品房预售资金监管办法》等规范性文件。

【建筑业管理】 2012年全,市预计完成建筑业产值130亿元,同比增长18.42%,劳务输出0.17万人、劳务收入0.2亿元。为进一步规范建筑市场秩序:严格实行建筑市场准入和清出制度,强化行业企业资质管理,办理89家企业资质新办、升级、增项和变更申报工作,对61家市外企业进行入攀登记,注销11家安全生产许可证过期的施工企业资质;开展建筑施工企业动态核查、担保机构专项检查、挂靠借用资质投标违规出借资质问题专项检查,对存在问题的28家企业进行不良行为记录,并要求限期整改;加强对政府投资工程建设项目招标投标活动的监督管理,联合相关部门下发和执行《关于开展政府投资工程建设项目招标投标后督查工作的实施意见》,对建设工程合同实施网上备案;深入开展城乡环境综合治理建筑工地整治,集中力量治理建筑施工现场“脏、乱、差”现象,顺利通过“国卫”复检,城乡环境综合治理成果进一步巩固;加强对房屋建筑和市政基础设施工程施工现场的管理,强化措施,确保在重要事件和时段广播、电视、通信线路畅通、设施完好;加大清欠力度,制定和执行《攀枝花市房屋建筑和市政基础设施建设工程担保实施意见》,清理拖欠工程款及农民工工资1.9亿元;积极开展创建文明城市建筑工地文明指数测评工作;组织4 000余人进行建设岗位培训和继续教育。

【测绘业管理】 2012年,攀枝花市完成花城新区、斑鸠湾、高粱坪、阿署达等项目基础测绘45.75平方千米,修测地形图31.2平方千米,组织实施丽攀高速公路和高粱坪下线口、滨江大道、花城新区干坝塘片区山地森林公园、阿署达村1:500数字化地形图测绘;完成瓜子坪、钒钛园区、清香坪、大水井等片区的控规建库及入库工作;完成世行贷款四川省攀枝花和宜宾机构发展和能力建设技术支援咨询服务项目子项目数据整合,并通过验收;完成测绘成果汇交52项、测绘项目登记备案164项、测绘资质年度注册和人员资格审核工作。

【勘察设计业管理】 2012年,攀枝花市住房和城乡规划建设局对政府投资项目实行初步设计审查,严把质量关和投资控制,完成初步设计审查23项;完成建设工程勘察设计招标文件审查、施工图审查167项,并在审查过程中对勘察设计企业、审图机构进行动态监管;开展勘察设计质量专项检查,对保障性安居工程、校安工程进行重点检查,未发现重大安全隐患,违反工程建设标准强制性条文的情况较往年大幅减少,勘察设计及施工图审查质量明显好转;推荐大河中学科技图书馆等12个项目参加四川省工程勘察设计“四优”评选,提升攀枝花建筑设计创新水平。

【建筑节能管理】 2012年,攀枝花市严格节能设计备案和现场检查验收,完成105个项目节能设计备案,备案率和节能标准执行率100%,加快推进攀枝花市公共建筑节能工作,确定市疾控中心、市财政局办公楼为节能改造试点项目;加大建筑太阳能推广应用力度,逐步将建筑太阳能利用纳入土地拍卖条件。成功申报“钢城集团汉风物流有限公司屋顶太阳能并网发电系统工程”为国家2012年太阳能光电建筑应用示范项目，米易县被列为全国可再生能源建筑应用示范县，国家补贴资金1 000万元；加强对备案新型墙材和保温隔热材料的管理，城区新建工程新型墙材使用率为80%；启动预拌砂浆工作，制定管理规范性文件；修订《攀枝花市散装水泥发展“十二五”规划》，全年推广使用散装水泥94.7万吨、商品混凝土147.05公顷，分别为目标任务的131.5%、245%，散装率达58.44%。

【质量安全监管】 2012年，攀枝花市全面落实安全生产责任制，加强对建筑施工现场安全生产规范化管理，对危险性较大的分部分项工程专项施工方案进行严格审核，减少一般安全事故，杜绝较大以上安全事故；采取日常监督与专项检查相结合，开展校安工程质量安全检查、保障性住房质量安全检查、建筑安全生产领域“打非治违”、全市建筑施工安全生产“拉网式”大检查等8次专项检查，重点查处了违反基本建设程序、强制性标准、擅自修改设计、施工安全违规违章等不良行为，下发限期整改通知书325份，停工通知书116份；创新监督方式，推行建筑工程施工现场图片（像）报告制度、“双交底”制度，强化建设工程施工质量的过程监管，全年共监督在建工程635个，建筑面积394公顷，竣工验收工程202个，建筑面积117公顷，工程竣工验收合格率100%。

【依法行政】 2012年，全市住房和城乡规划建设管理系统在法制建设上，既注重普法，更注重执法。报经市政府出台《攀枝花市人民政府关于加强全市物业管理工作的意见》等16项配套制度，用以规范和指导行业管理工作；开展清理规范行政权力工作，局系统共清理行政权力448项，报市法制办审核公开；认真部署“六五”普法工作，深入社区、施工现场开展《测绘法》《建筑法》等法制宣传活动；加大城市规划建设执法力度，依法拆除违章建筑3 500平方米，检查工程项目460余次，纠正违规行为780起，行政处罚48起，行政罚款207万元；贯彻落实依法行政法责任制，建立行政处罚自由裁量权考评制度和集体讨论制度，加强对行政执法监督，全年办理的案件中未发生行政诉讼和行政复议案件。

【行政审批】 2012年，攀枝花市住房和城乡规划建设局行政审批在“两集中、两到位”的基础上，机制更加完善，效能不断提高。开通“绿色通道”，为28个重大项目、44个校安工程提前介入质量安全监督，确保建设工程质量安全和快速推进；加强窗口与业务处室的工作对接，特别是针对取消“市外企业入攀备案”后的监督管理，采取“批管联动”措施实现了行政审批和行业监管“两不误、两促进”；有序推进电子政务大厅建设工作，完善电子政务数据信息；建立前后台联动、重大事项集体研究决策、信息反馈、特色服务等工作机制，通过完善管理制度、加强廉政风险防范等举措，行政审批效能和服务水平不断提高，连续两届获得“四川省政务服务示范窗口”荣誉称号。窗口共办结行政审批服务事项15万余件，其中行政审批管理事项5 550件，房屋权属登记2.77万件，房产档案11.68万件，“一站式”收费2.5亿元。

（郭　荣　梁明俊）

城市管理

【概　况】 攀枝花市城市管理局（以下简称市城管局）内设办公室、政策法规处、计划财务处、市政设施管理处、公用事业管理处（安全处）、城市绿化管理处、城市容貌管理处、劳动人事处以及行政审批处等9个职能处室，有市市政工程管理处、市园林绿化处、市城建管理监察支队、市煤气总公司等4个下属单位。2012年，市城管局在市委、市政府的正确领导下，在市人大、市政协的监督指导下，深入贯彻落实科学发展观，紧紧围绕打造“中国钒钛之都、中国阳光花城、四川南向开放门户”战略定位和“三个走在全省前列”战略目标，打好“六大硬仗”，实现“四个翻番”工作目标，以人民群众满意为标准，以城乡环境综合治理和“五创联动”工作为抓手，抢抓机遇、攻坚克难，全面推进城市管理各项工作，全面提升城市品质，全力推进幸福攀枝花建设。通过努力，圆满完成了2012年年度目标任务。

【城乡环境综合治理】 2012年，市城管局在巩固已有治理成效的基础上，继续以城乡环境综合治理为抓手，强化设施建设，狠抓常态治理，着力风貌塑造，深入推进花城打造，促进城乡环境更加清洁优美、秩序井然，城乡居民素质不断提升。根据《四川省城乡环境综合治理总体规划》的要求，结合实际，完成《攀枝花市城乡环境综合治理总体规划》（初稿）编制，进一步明确了治理工作的总体原则、目标定位和工作方向，切实增强治理工作的针对性和实效性。治理机动车、非机动车违章行为21.7万台（次）；清理城乡生活垃圾5.95万吨，清除“牛皮癣”12.12万处；清理、规范流动商贩及占道经营行为7.9万处；摆放时令鲜花45万余盆；争取省级基础设施、风貌塑造等13个项目351万元，落实市级23个以奖代补项目1 545万元，有效解决城乡环境治污硬件差的问题，进一步提升环境承载能力。完善提升特色街道

10条，清理美化建筑立面3.9公顷；完成城区17个户外广告点位设置初步方案；改造特色农房2 100余户；完成高速公路、省道、重要旅游通道沿线农房立面整治2 357户、厂区2个。开展各类七进主题宣传活动440余次，媒体开辟专栏34个，播放宣传片、公益广告103篇，发放各类宣传单3.4万余份，开展志愿者服务活动1 463次、文明劝导行动2 507次。按照“一个达标、三个率先、四个到位”的要求，采取以城市为中心辐射县（区）的模式，在巩固已有创建成果的基础上，成功创建3个示范乡镇和40个示范村庄。2012年全市所有县区、75%以上的乡镇、65%以上的村庄基本上达到“清洁化、秩序化、优美化、制度化”标准要求。

【市容环卫】 2012年，市城管局积极推进清扫保洁市场化运作，全面落实清扫保洁责任制。完善环卫基础设施，提高环卫科技水平，督促垃圾处理场、环卫专用车辆等环卫基础设施的更新完善。建立乡镇垃圾清运和环卫保洁机制，规范市容管理，严格审核户外广告和商家促销活动，加强公共空间管理，搞好城市管理检查考核，确保市容市貌规范有序，环境卫生整洁干净。完善提升特色街道10条，清理美化建筑立面3.9公顷；开展各类七进主题宣传活动440余次，媒体开辟专栏34个，播放宣传片、公益广告103篇，发放各类宣传单3.4万余份，开展志愿者服务活动1 463次、文明劝导行动2 507次；治理机动车、非机动车违章行为21.7万台次，清理城乡生活垃圾5.95万吨，清除“牛皮癣”12.12万处，清理、规范流动商贩及占道经营行为7.9万处。

【市政设施】 2012年，市城管局搞好城市道路及路灯等附属设施管护，加强城市防洪工作，确保“路平、灯亮、排水畅”，促进市政设施更加完善、安全、便民。编制主城区道路隔离栏3年安装方案；修复人行道8 057平方米、护栏600米；修复、改造道路1.87公顷，调整路缘石2 129米，新增路灯341盏，清洗道路隔离栏19.87万米；清洗天桥、城市雕塑及地下通道136座次，清洗路灯杆7 428基，清洗路灯5.4万盏；检修路灯3 091盏，恢复用电线路7 152米，处理路灯故障160次。2012年，市政设施完好率达95%以上，路灯装置率、亮灯率和路灯设施完好率均达98%以上。

【城市绿化】 2012年，市城管局按照“以城为主、兼顾农村、以点带面、整体推进”的原则，以国家园林城市创建为契机，以景观建设和花园式单位创建为抓手，强力推进花城景观打造工作，“阳光花城”形象初露端倪。突出重要节点的花城景观打造和视野区环境生态景观林建设，建设花路、花街、花墙、花廊，对示范点及城市主干道沿线开展立面治理，重点打造绿化景观，增加乡土开花乔木和灌木，增强街道的道路景观效果。实施滨江大道靠山侧绿化、金沙江大道入口处绿地建设和密地桥南、临江路立交桥左侧等11处挡墙绿化工程，加快推进金沙江大道东段、省道310线（倮果桥至渡口桥）路灯改造（安装）工程和炳草岗大桥、倮果桥及大梯道周边建筑亮化工程。完成《攀枝花市花城景观打造5年规划（2012～2017）》编制，先后启动金沙江大道中段景观打造、炳草岗大桥桥南绿化、苏铁广场绿化升级改造、仁和滨河路二期景观建设、红格镇主街改造和米易县南北干道花城打造等21个花城景观打造项目。

【供水供气】 2012年，市城管局以“保安全、强服务、抓保障”为重点，以建立“制度、设施、人员、技术”四位一体的燃气保障体系为核心，加强燃气行业监管，强化安全生产和优质服务，积极推进城市燃气基础设施建设，确保城镇燃气安全、平稳供应。督促相关单位开展煤气过江吊桥维修工程，抓紧推进新建煤气储配站建设前期工作，全力配合相关部门做好中缅管道攀枝花天然气利用项目建设。认真开展燃气行业调查研究，划定燃气企业供气区域，提出中长期燃气供气思路。开展了两年一次煤气设施设备安全大检查，入户检查2.12万户；新增燃气企业2家，在建1家；新增煤气用户7 248户，完成煤气销售量3 911万立方米；煤气故障维修及时率达97%，事故抢险一次处结率达100%，用户满意率达95%以上。

【城管执法】 2012年，市城管局按照属地管理、重心下移原则，进一步完善市级执法片区责任制，建立市区两级联合执法机制，强化城市管理监察执法，执法实效性不断增强。依法查处一般程序案件12起，罚款6万余元；拆除非法户外店招、广告670块，纠正违章摆卖的摊点1.23万起，取缔夜间烧烤150余起，查处车辆沿途抛洒11起；清理乱堆乱放、乱牵乱挂330起，清理门面橱窗乱张贴867处，暂扣违规设置的户外灯箱12个，收缴各类违章小广告2 000余张，文明劝导乱吐乱弃、横穿马路等不文明行为近300起。

【制度建设】 2012年，市城管局继续按照“两集中、两到位”的要求，加大政务公开力度，推进政务服务窗口建设，有效提高办事效率和服务水平。开展城管系统行政权力清理工作，共清理行政权力101项。根据机构职责调整及法律、法规的修订，清理行政许可事项，清理后保留的行政审批事项由18项调整取消为12项。同时，对保留的行政审批事项的法律依据、申报条件等“七公开”内容进行适时调整，并及时更新相关内容的信息公示。2012年，受理各项行政审批事项100件，办结100件，收取异地绿化建设费等总计1 134余万元，接受咨询、安排现场查看345余次，办理办结率为100%，群众满意率为100%。

【数字化城管系统】 2012年，攀枝花市被列为四川省数字化试点城市，数字化城管系统前端硬件设施配备基本到位，基本实现市容市貌实时监控，积极畅通市民参与城市管理渠道，大力推进“12319”城管服务热线投诉受理及联动处置。全年共受理市民咨询、投诉1 819余件，办结1 819余件，办结率100%，市民满意率达100%。

（姜雪娇）

商 贸

商贸流通

【对外贸易】 2012年，外贸进出口总额保持领先水平，全市实现外贸进出口总额2.63亿美元，其中出口总额2.2亿美元，出口同比增长25.4%。

全市现有外贸备案企业15家，2012年有进出口实绩企业4户，出口企业4户。

以攀钢国贸、攀钢钛业、东方钛业、四川长矾、白云铸造等重点企业以及钢轨、钛白粉、金属硅、钛渣、钒钛铸件等重点产品为抓手，实现出口稳步增长；培育了新的外贸企业和外贸增长点，首先，积极引导已办理对外贸易备案登记但尚未实现进出口的企业开展进出口业务，全年新增外贸备案登记企业13家、外贸进出口实绩企业3家；其次，积极争取恒源石化、钛都化工等一批间接出口企业开展自营出口业务；组织了重点企业参加外贸洽谈会、博览会，引导、支持企业开拓印度、巴西、俄罗斯、南非和中亚等新兴市场。

【利用外资】 2012年，全市新批外商投资企业5户，实际利用外资到位资金10 381万美元。

加大外资项目促进力度。引进了总投资1 500万美元的新钛商贸、总投资2 381万美元的华润燃气、总投资1 206万美元的开元气体等3个外资项目，华润燃气项目的引进，填补了攀枝花生产性服务业利用外资的空白。

加大外资企业增资扩股工作力度，推进恒鼎实业、金江钛业、四川长矾、新中钛等企业办理了增资2.054亿美元。

强化对县（区）利用外资工作的指导，米易县年内引进的香港兆恒水电项目，结束了该县没有外资企业的历史，全市各县（区）利用外资首次实现全覆盖，全市利用外资工作得到全面均衡发展。

国家级经济开发区创建工作取得阶段性成效。由市商务和粮食局牵头的攀枝花钒钛产业园区创建国家级经开区工作已正式启动，并成立了以市长张剡为组长，市委副书记、市委常委、分管副市长为副组长，钒钛产业园区管委会及商务、发改、财政、统计等市级相关部门主要负责人为成员的创建领导小组，制定了创建工作方案，明确了部门工作职责；市政府向省政府正式报送了创建请示；取得了省级部门的相关证明材料，提前完成申报材料的汇总初编工作；正式创建工作取得了阶段性成效。

【外经合作】 2012年，攀枝花市全年实现对外工程承包和劳务合作营业额1 206万美元。

加快推进“走出去”战略步伐，加强与东盟理事会的工作联系，拓宽外经合作渠道；成功创建攀西首家外派劳务培训中心，成立了攀枝花市外派劳务服务中心；推进“三外”互动发展成效明显，外经合作带动外贸出口1 576万美元。

【社会消费品零售】 2012年，全市实现社会消费品零售总额192.1亿元，同比增长16%，增幅与全省平均水平持平，超过全国增速1.7个百分点。

清理和培育限额以上商贸企业，全年清理申报限额以上企业95家，限上企业将达到300家；促进节会消费，举办汽车、家电通讯等展会和“迎春购物月”、啤酒节、烹饪大赛等节庆活动，搭建区域性消费平台，吸引周边消费，增大消费总量；积极推进金海开元名都、辣王阁、银杏等一批规模较大、档次较高的大型餐饮、住宿企业如期开业，拉动餐饮、住宿消费增长；强化与省级商务、统计部门的衔接，建立与本级统计部门的联动机制，强化限上统计人员培训，做到消费数据应统尽统。

【统筹服务业发展】 2012年，攀枝花市第三产业增加值累计完成152.86亿元，同比增长10.5%，排全省第17位，高于2011年同期水平；第三方物流企业营业额同比增长35.17%。

服务业、现代物流业“十二五”发展规划编制工作全面完成。加快释放服务业存量产能，推进经营性传统服务业发展，挖掘城乡居民存款余额较高的潜力，促进金融业快速增长；突出重点行业，重点推进密地现代物流、攀青物流、格里坪鑫铁物流等项目建设，继续做好项目储备，及时充实项目储备库；现代物流企业培育成效明显，目前全市共有六家企业被评为国家A级物流企业，将优先享受国家、省级资金补助政策；推进服务业新增产能达产，同乐世界、金海开元名都、三森美居等一批重大服务业项目顺利竣工并运营，提升了服务业基础。

密地商贸物流园区项目建设总投资6亿元，被市委、市政府列为全市2012年"急难险重"工作之一。项目建设土地使用手续已办理完成，规划方案全面启动，可研报告已完成，将于2012年11月底正式开工建设，截至12月底，项目累计完成前期投资1.46亿元，完成目标任务8 000万元的182.5%。

【惠民工程】 民生工作深入实施。推行蔬菜"直销抑价"便民措施，2012年在大渡口、马兰山、攀北、四合院等6个社区进行蔬菜直销试点，试行期间同品种菜价比市场价格低20%左右，得到了广大市民的充分认可和市委、市政府领导的高度评价，受到了新闻媒体的广泛关注，相关信息被国家商务部、省商务厅、本市党政网、公众信息网采纳发布，《四川日报》、新华网、新浪财经、攀枝花电视台、《攀枝花晚报》等多家媒体对蔬菜直销作了报道，社会反响极好。二是继续实施"摩托车下乡"，2012年摩托车下乡销售8 515辆，销售金额4 610.74万元，补贴金额544.58万元，完成目标任务的115%。继续推广农村科技储粮技术，计划建成农村科技储粮小粮仓3 500个，实际建成4 748个。

【市场体系建设】 2012年，攀枝花市城市商业网点规划修编工作加速推进，至年底已完成《攀枝花市城市商业网点规划》(2011～2020)修编基础工作。

市场体系建设成效明显提升。2012年完成了小沙坝汽车4S店搬迁前期调研工作，形成了《关于金沙江沿江景观区域商贸服务业结构调整的专题调研报告》，得到了市委、市政府主要领导的肯定；米易县绿生农业开发有限公司攀西农产品批发市场——攀西农产品物流中心项目(二期)已完成主体工程；锐华农业开发有限公司冷链项目完成投资420.63万元，完成工程进度100%，并于2012年4月通过市级验收；米易县城北农贸市场搬迁已完成新址规划和征地工作，市场占地14 405.4平方米，市场建筑面积19 000平方米，配套11 000平方米车位和2 500平方米冷链基地，2012年12月项目按标准化要求开工建设；仁和旧机动车交易市场征地3.07公顷，投入2 500万元，土石方建设投入500万，2012年完成主体建筑物建设的60%；粮食中转仓建设已经完成，粮食铁路专用线已经开通。

【市场流通监管】 2012年，攀枝花市商务和粮食局狠抓对生猪屠宰行业的管理，完成全市26家生猪定点屠宰场(点)资格审核清理；组织8次打击私屠滥宰专项行动，共取缔销售私屠滥宰肉品摊贩46家，捣毁私屠滥宰窝点3个，缴获犯罪车辆3台，查获滥宰肉品2 210千克，公安机关逮捕犯罪嫌疑人16名。

以"放心酒示范店"建设和打击销售假冒伪劣酒为抓手，规范酒类行业流通秩序；加强药品流通行业管理，全面掌握全市药品流通企业基本情况，积极引进和培育大型药品流通企业。

指导牛羊定点屠宰加工项目建设，2012年6月18日已建成并投入试运行。

抓好市场监管公共服务体系建设试点工作，建成"12312"商务举报投诉服务中心，项目即将进行验收。

整顿和规范商贸流通市场经济秩序，积极开展商贸和粮食流通领域执法检查。

2012年，全局共开展各类执法检查及专项整治行动40余次，查处案件8件，其中，没收假冒伪劣酒154瓶，处罚金5万余元。

【商贸服务活动】 2012年全市餐饮业实现营业额245 637.1万元，同比增长20.1%；全市住宿业实现营业额9 785万元，同比增长43.7%；全市连锁率达到16.05%；商贸流通企业电子商务普及应用率达到26%以上。餐饮、住宿、美容美发行业达标创优活动影响力得到提升。支持有规模、有特色、有信誉的企业达标创优，今年已新评选出了"十大餐饮名店""十大特色餐饮店""十佳商务宾馆(旅店)""十佳美容美发店"各2个。三大民生性行业的达标创优活动受到了商贸服务企业和广大消费者的高度关注，影响力明显提升。商贸会展活动、项目引进质量得到提升。今年，先后组织近100家企业参加了广交会、昆交会、川滇黔十市(州)合作与发展峰会、厦洽会、北京商品大集、服务业发展论坛、东盟博览会、欧洽会、采购商大会、西博会、食品博览会、物流博览会等大型展会活动，筛选企业、精选产品、突出项目、强化对接，搭建商贸平台，助推项目引进质量得到明显提升，银杏、味千拉面、屈臣氏、如家快捷、重庆百货、南京雨润、百盛百货等一批餐饮、百货名店及知名企业、世界500强企业先后入驻或已签约进入攀枝花市。同时，攀枝花市自行举办的"迎春购物月"、啤酒节、家电通讯、汽车展销等活动的规模和影响力不断扩大，对周边和全市消费者的吸引力不断增强。

【应急保供】 应急保供能力得到强化。2012年不断完善应急保供预案，建立、充实了猪肉、粮油等生活必需品的应急储备；健全应急保供网络，在市区主要农贸市场设立了43个猪肉供应保供摊位，重新确定了粮食应急加工及供应网点；进一步巩固与粮食主产区的产销协作关系。

【城乡商贸环境综合治理】 2012年，市商务和粮食局积极推进牛羊定点屠宰相关工作，建立牛羊定点屠宰加工项目；加强生猪屠宰场(厂)整治，提高屠宰场及周边环境卫生质量；加强再生资源回收网点建设，规范再生资源管理；督促、引导大型超市(卖场)做好门前"三包"(包绿化、包秩序、包卫生)工作，整治脏乱差；牵头对7个旅游休闲示范点继续进行升级打造；加强对粮食加工行业的引导监管，整治废弃包装物(编织袋等)、加工副产物(谷糠等)乱堆乱丢,城乡环境综合整治成效明显。

【项目争取】 2012年,国家商务部、国家粮食局、省商务厅、省粮食局、省物流办等上级部门领导先后多次到攀枝花市调研指导工作,并在政策、资金上给予了实质性支持。同时,按照"储备一批、包装一批、申报一批、建设一批"的工作思路,梳理了一批市场前景好、产生效益快、带动能力强、符合省级资金重点支持方向的项目,2012年向上申报项目68个,实际争取到项目资金5 595万元;备受市委、市政府领导关注的国家级经开区创建工作得到了省商务厅、国家商务部的大力支持,相关领导多次专程到攀调研、指导;四川省粮油产品质量监督检验站攀枝花分站于2012年10月17日正式挂牌成立,并将得到国家、省级资金支持。

粮食流通

【市场供应】 2012年粮食安全保障得到强化。一是抓好粮油购销,加强与粮食主产区的协作,稳定市外粮食调入;夯实粮食储备基础,充实地方粮油储备,掌握调控粮源,保障了市场粮油需求和政策性粮油的有效供应;二是完善市场预测预警和应急机制,及时掌握市场粮油价格和供求变化情况;三是强化仓储设施建设,密地现代粮食物流园区铁路专用线开通使用,区域性粮食中转能力明显提升,米易新建9 000吨粮食仓库进入全面建设阶段,市、县(区)仓储设施维修改造、功能提升等有效推进。2012年重点围绕夯实调控粮源、强化粮情分析预测、加强市场监管,确保全市粮油供需总量的基本平衡,粮食流通秩序良好,运行平稳。

【粮油购销】 2012年,市商务和粮食局全面完成省粮食局、市政府下达的粮油购销目标任务,收购粮食4.9万吨,销售粮食13.2万吨,市外调入粮食9.5万吨,有效确保了种粮农民的售粮需求,市场需求及军粮等政策性粮食供应得到有效保障。

【储备粮管理】 2012年,市商务和粮食局强化仓储规范化建设的基础工作,进一步统一、完善标示标牌、账卡簿和管理制度,细化粮食仓储管理工作考核办法,粮情检查逐步规范,仓储规范化管理基础工作得到全面提升;进一步加强储备粮油实物管理和质量监管。

地方储备粮总量逐步增加,粮食安全形势稳定。新建地方储备粮得到有效落实,为市场需求提供数量充足、品种丰富的粮源,保障了全市粮食的供需平衡;加强与省内外粮食主产区衔接,市外粮食入攀渠道畅通;严格执行粮食收购行政审批准入制,依法履行粮食流通监管职责,市场流通秩序井然,粮食安全形势稳定。

【粮食行政执法】 推进粮食行政执法,履行市场监管职责,重点在健全制度、严格审批、依法行政、强化监管等环节加大工作力度;按照行政审批"两集中、两到位"(推进一个行政机关的审批事项向一个处室集中、行政审批处室向行政审批服务中心集中,保障进驻行政审批服务中心的审批事项到位、审批权限到位)的要求,规范"粮食收购许可证"的审核、发放;及时开展粮食流通监督检查和收购活动专项执法,查处违规行为,按有关制度及时进行处理,维护粮食流通正常秩序,市场监管成效明显。市粮食局行政执法处负责全市粮食行政执法,认真落实《粮食流通管理条例》实施办法的贯彻意见,制定行政执法考核评议办法和行政复议规程,本着"工作不缺位、检查不越位、处罚不错位"的原则,积极主动地开展大、小春收购与行政执法专项检查。利用"世界粮食日"和"一二·四"全国法制宣传日全面宣传粮食工作、粮食执法、粮食有关法规和政策。

【粮食市场预警和应急机制】 2012年,攀枝花市建立市场粮油价格监测点7个,采取专人收集、定期报告、定期综合分析全市粮食流通趋势等办法,有效开展市场供求分析和价格走势预测,掌握社会粮食供需状况。全年,全市粮食市场价格有所波动,但仍在调控范围之内,总体供求较为平稳,粮食安全形势较为稳定,宏观调控作用显现。

供销合作商业

【概　况】 攀枝花市供销社系统在职职工279人(其中市级机构132人)较2011年减少5人,社有企业228人(其中市级企业163人,同比增加51人,县(区)基层社65人,同比减少59人),市县(区)联社机关在职职工51人,其中市联社18人,较上年减少1人,离退休人员75人,同比增加1人。2012年全系统总资产19 007万元,其中市级10 202万元、县(区)8 805万元。总负债18 572万元,其中市级10 973万元,县(区)7 599万元。所有者权益435万元,其中市级所有者权益－771万元、县(区)1 206万元;全年亏损单位5个,同比减少4个,亏损9万元,系统汇总利润145万元,同比增长63%,其中市级56万元、县(区)89万元。全年实现服务额36 355万元,商品销售20 899万元,同比增长18.45%。社会主义新农村现代流通网络建设大力推进,农村烟花爆竹、农资连锁网点数量发展到489个;庄稼医院平台已初步搭建;市、县(区)级供销社领办的农民专业合作组织新增4个,实施"千社千品"富农工程;传统的再生资源回收利用业务项目发展快,市社制订了全市农村可利用垃圾回收处理的五年计划;全系统农资供应实物量53 000吨,完成市政府目标任务的115.78%,完成了政府的化肥储备任务6 000吨。2012年财务报表两县一区实现了联网报送。落实了《关于复核供销社地方财政政策性和经营性财务挂账及财务处理问题的通知》(川供财联〔2007〕11 号),在市财政的支持下,落实到位财政贴息 7.67 万元。

【农资经营】 2012 年市供销社农资经营单位发挥供销社农资供应主渠道作用,确保了全市农业生产的需要,市社农资部门早计划、早安排,积极筹措资金,落实购销合同,搞好化肥的淡季储备,提高农资连锁配送率,充分发挥村级综合服务站、农资店销售网络优势,使农民足不出村就能买到由县公司统一配送的化肥;严格化肥进货渠道,各县(区)公司的化肥均向全国知名厂家或获得免检产品称号的厂家购进,从源头上严把质量关。采取谁验收谁负责的入库制度,并建立进销台账和信誉卡制度,规范经营行为,从而杜绝假冒伪劣化肥进入供销社农资流通网络。继续抓好"两放心、三到户"活动,实行农资售假先行赔偿制度,承诺凡在供销社网点购买到有问题的农资商品,消费者要求赔偿的,由该商品销售点先行赔付,然后再追究相关人员或供货商的责任,并向社会公开举报电话。配合职能部门开展"农资打假专项整治行动",认真开展农资市场整顿,确保农民买上放心农资。抓好市、县两级化肥储备制度的落实。积极实施淡储旺供有效保障供给和平抑物价,确保了农业、农民生产。根据《攀枝花化肥储备管理办法》成立攀枝花市化肥储备管理领导小组,2012 年储备尿素3 000吨,碳铵3 000吨,争取农发行贷款支持,贷款利息由市财政贴息到供销社农资企业,2012 年争取市财政贴息 25 万元,化肥储备费 3 万元。2012 年,全市供销社组织供应各种化肥50 123吨、农药 178 吨、农膜 304 吨,供应农业生产资料10 556万元,均超上年同期。

【新农民合作经济组织】 2012 年新增专业合作社 3 个,仁和区联社领办的以养猪、羊、种植水果为主的祖玛种养殖专业合作社;以养羊、种植芒果为主的玉霜种养殖专业合作社;以养鸡为主的昌华养殖专业合作社;以养羊、种植芒果为主的格地橙伟种养殖专业合作社。在工商部门登记的 4 个,新建社区综合服务社 8 个,入社成员数量达4 743个,农民成员4 732个,单位成员 11 个,带动农户数量3 160户,成员出资总额6 453.95万元,种植类专业合作社 27 个,养殖专业合作社 19 个,专业合作社商品销售总额达6 100万元,其中农副产品销售额达6 100万元,专业合作社利润 370 万元,专业合作社向社员返利 200 万元,专业合作社帮助农民增收每户3 100元,产品注册商标 2 个,其中盐边县社领办的茂盛果蔬专业合作社"大笮村"获国家农产品注册商标。产品通过国家相关认证,专业合作社的产品进入了市里、县里华联、正好等多个超市。

【新网工程】 2012 年"新网工程"建设得到大力推进。创新发展供销社经营流通连锁网络。各级供销社运用连锁、配送等现代流通经营方式,重点巩固 3 家农资连锁经营企业,2 家烟花爆竹连锁经营企业和 4 个连锁配送中心,使连锁网店数量发展到 489 个,分布全市乡村;积极引入新型流通模式,采取加盟系统外医药连锁经营的方式,促进了供销社现代流通网络建设进一步完善。推进连锁配送中心建设。按照标准化管理、规范化服务的要求,通过加大投入、招商引资、内引外联的方式,积极扩建一批区域配送中心,增强了连锁经营的区域配送和辐射能力。继续做好统一标识的使用和推广工作,2012 年乡镇一级推广增长 10% 以上,村社一级发展增长 5% 左右,截至年底,覆盖面已达 90% 以上的乡镇和 70% 以上的行政村,全面提升了供销社的为农服务整体形象。规划供销社参与推进新农村建设示范片建设工作。根据市委市政府规划布局,结合我社实际,制定了以实施"新网工程"为主要内容,大力推进现代流通服务网络向示范片延伸,以农村综合社区服务社(三农服务中心)、庄稼医院为服务平台,基本实现村村建放心店,农业生产资料、农产品、生活消费品和再生资源等流通网络基本形成。

【农超对接】 2012 年 1 月 6 日,全省供销社农产品产销对接会议后,根据省社要求,市联社及时制定了《攀枝花市供销合作社农产品流通体系建设工作实施方案》。2012 年市联社农产品流通体系建设工作按照"抓好试点、全面探索"的工作思路推进,确定了以米易县为重点推进试点工作,培育龙头企业,增强经营实力,以米易撒莲四季豆专业合作社、米易县绿怡种养殖专业合作社等为龙头,搞好规模发展及技改项目建设,积极推动系统内外农产品加工及流通企业的联合合作。规范发展农民专业合作社,夯实产销对接基础,今年重点组织引导农产品专业合作社与连锁超市、社区直销店、农产品交易市场签订农产品供货协议,推进农产品直销经营。仁和农友专业合作社积极与攀枝花东城超市、北京华联超市等大型超市签订了鲜活农产品对接业务。上半年全市供销社专业合作社农产品产销对接业务推销生态鸡6 000只,商品兔12 000只,樱桃 220 吨,芒果 120 吨,桃子 120 吨,杨梅 50 吨,总销售额 262 万元。加强了农产品流通基础设施建设,提升产销对接效率加快物流设施建设。年内重点改建完善了撒莲摩掌村冷储冷藏库。

【项目申请】 结合供销系统实际,认真学习总社以及省社农业项目申报指南,确定项目申报重点,在市供销社系统按照总社和省社要求建立、完善和充实了"新网工程""农业综合开发""农村社会化服务体系建设"等专项资金申报项目储备,项目申报质量有了新提高。积极协调有关部门,争取资金及政策支持,推进"新网工程""庄稼医院"等项目建设,重点对米易县新兴农资公司建立米易农资配送中心、盐边县鑫茂农资边远民区直营店示范项目、仁和农友专业合作社优质核桃示范基地等项目进行项目包装、申报省社项目库。

【项目资金的督查】 2012 年市社对 2010 年以来向中央、省级财政争取的资金管理使用情况进行了自查，重点是资金的到位和使用情况，争取中央项目资金50万元，检查配送中心和直管店建设，对建设面积、房屋造价、水泥地坪、辅助工程、青苗赔偿支出逐一落实，争取省级财政农村社会化服务体系建设项目资金61万元，检查庄稼医院项目改造情况和资金支付情况，10月市纪委到市社检查项目资金使用情况，没有违纪、违规情况，得到肯定。

【扶贫帮困】 2012年市供销社与盐边县新九乡政府签订“城乡党组互助工程”协议，与新九乡炉库村20户农户签订了计划生育“三结合”帮扶协议，对帮扶工作做了详细安排，共送慰问金3 000元，按照市委、市政府“百千万、千群心连心”活动，市社四位领导分别与3位困难群众结成对子，并上门进行慰问，为每户困难群众送去慰问金200元，1袋大米，1桶油，了解他们的生活状况，留下电话，长期帮扶。春节期间市社领导慰问特困职工、生活困难党员、离退休老职工，看望生病住院职工，慰问去世职工家属，共送慰问金9 300元。

（叶宗翠）

石油营销

【概　况】 中国石油四川攀枝花销售分公司（以下简称公司）是中国石油天然气股份有限公司在攀枝花全资分公司。截至2012年末，公司在职员工734人，公司下设9个管理部门、2个直属管理机构、7个销售片区和金江油库。2012年，公司完成了领导班子调整，公司原总经理张成斌调任中国石油四川销售公司加油站管理处处长，公司原党委书记、纪委书记、工会主席王梅接任公司总经理，中国石油四川眉山销售分公司党委副书记李洪调任中国石油四川攀枝花销售分公司党委书记、纪委书记、工会主席。2012年9～11月，公司全面完成中层干部轮岗竞聘上岗。

2012年，攀枝花市成品油消费总量达54万吨，比2011年增加6万吨。攀枝花市工农业生产和生活所有消费成品油八成以上来自新疆、兰州、乌鲁木齐、茂名等大型炼油企业。2012年，中国石油攀枝花公司加大资源外采力度，全年累计外采资源2.5万吨。由于国际宏观经济形势、国家宏观政策的影响，加上国家对成品油实行最高限价政策，成品油市场进入市场份额争夺“白热化”、销售形势“复杂化”、替代能源发展“产业化”时期，众多非标油、地炼油通过各种非法渠道以低于市场价600元/吨～900元/吨的价格冲击攀枝花市场，严重扰乱攀枝花市成品油经营秩序。面对上半年促销上量和四季度限量保供急剧变化的市场环境，公司坚持以市场为导向，以客户为中心，落实全员攻坚目标责任，完善大客户经理机制，逐月兑现考核业绩；采取精细化、差异化营销策略，深度开发云南、“两会”市场；发挥小额配送物流优势，极力拓展县域市场和工程建设用油市场，市场掌控能力明显提升，经营业绩显著增长。截至2012年末，公司营运加油站59座，担负着攀枝花市三区两县和凉山州会理、会东县，云南丽江、永胜、华坪、元谋等部分市场的成品油供应任务。全年销售汽柴油33.48万吨，零售汽柴油27.52万吨；实现销售收入26.7亿元，上缴税收4 508万元。

按照“油非并重、油非互动、一体发展”的工作方针，公司以加快非油网点建设和信息化建设为契机，延伸服务范围，打造特色非油，非油业务实现快速发展。2011年实现非油业务销售收入3 514万元。截至12月底，公司加油站非油业务覆盖率为95%；拥有便利店48座，3 000吨级加油站非油业务覆盖率100%，便利店信息系统建设全面完成。米易、攀枝花服务区顺利开展餐饮、特色水果销售等特色非油服务。加快洗车业发展，东风站“咔咔”洗车美容项目顺利开业。

突出项目抓发展，公司强化战略规划，积极参与市政府“十二五”成品油分销体系编制，紧盯政府投资动态，掌握项目建设主动权。加强政府工作对接，全面签订县（区）战略合作协议，利用资源换取发展空间。2012年获取项目资金3 212万元，完成3 170万元，完成率98.69%，公司资产规模不断扩大。2012年新开发加油站1座，完成建设项目10座，投运8座。攀枝花服务区A、B站顺利投运。格里坪、银江及炳草岗等5座改扩建站顺利投运，龙蟒矿区、迤资园区2座撬装式加油站投入使用。银江、攀枝花服务区A、B站等3个光伏发电项目全面投入使用。攀昆输油、输气“两条管道”项目稳步推进。

【油价调整】 2012年按照国家发改委通知，对市内成品油价格进行了7次调整。2012年3月20日，90号汽油批发价每吨上调600元，零售价每吨上调600元；93号汽油批发价每吨上调636元，零售价每吨上调636元；97号汽油批发价每吨上调672元，零售价每吨上调672元；0号柴油批发价每吨上调600元，零售价每吨上调600元。2012年5月10日，90号汽油批发价每吨下调330元，零售价每吨下调330元；93号汽油批发价每吨下调260元，零售价每吨下调260元；97号汽油批发价每吨下调370元，零售价每吨上调370元；0号柴油批发价每吨下调310元，零售价每吨下调310元。2012年6月9日，90号汽油批发价每吨下调530元，零售价每吨下调530元；93号汽油批发价每吨下调562元，零售价每吨下调562元；97号汽油批发价每吨下调594元，零售价每吨下调594元；0号柴油批发价每吨下调510元，零售价每吨下调510元。2012年7月11日，90号汽油批发价每吨下调420元，零售价每吨下调420元；93号汽油批发价每吨下调445元，零售价每吨下调445元；97号汽油批发价每吨下调470元，零售价每吨下调470元；0号柴油批发价每吨下调400元，零售价每吨下调400元。2012年8月12日，90号汽油批发价每吨上调390元，零售价每吨上调420

元;93 号汽油批发价每吨上调 413 元,零售价每吨上调 413 元;97 号汽油批发价每吨上调 437 元,零售价每吨下调 437 元;0 号柴油批发价每吨上调 370 元,零售价每吨上调 370 元。2012 年 9 月 11 日,90 号汽油批发价每吨上调 550 元,零售价每吨上调 550 元;93 号汽油批发价每吨上调 583 元,零售价每吨上调 583 元;97 号汽油批发价每吨上调 616 元,零售价每吨下调 616 元;0 号柴油批发价每吨上调 540 元,零售价每吨上调 540 元。2012 年 11 月 16 日,90 号汽油批发价每吨下调 310 元,零售价每吨下调 550 元;93 号汽油批发价每吨下调 299 元,零售价每吨上调 299 元;97 号汽油批发价每吨下调 347 元,零售价每吨下调 347 元;0 号柴油批发价每吨下调 300 元,零售价每吨下调 300 元。

2012 年攀枝花市成品油价格情况

表 17　　单位:元/吨

型号 时间	90 号汽油	93 号汽油	97 号汽油	0 号柴油
2012 年 3 月 20 日	9 705	10 278	10 852	8 870
	10 305	10 914	11 524	9 470
2012 年 5 月 10 日	10 305	10 914	11 524	9 470
	9 975	10 565	11 154	9 160
2012 年 6 月 9 日	9 975	10 565	11 154	9 160
	9 445	10 003	10 560	8 650
2012 年 7 月 11 日	9 445	10 003	10 560	8 650
	9 025	9 558	10 090	8 250
2012 年 8 月 12 日	9 025	9 558	10 090	8 250
	9 415	9 971	10 527	8 620
2012 年 6 月 9 日	9 415	9 971	10 527	8 620
	9 965	10 554	11 143	9 160
2012 年 11 月 16 日	9 965	10 554	11 143	9 160
	9 655	10 225	10 796	8 860

【综合管理】 2012 年中石油攀枝花销售分公司始终把安全环保工作放在各项工作的首位,坚持以保安全、保稳定工作大局,以防生产安全责任事故、防重大影响恶性事件、防次生灾害事故、防特殊时期不安全行为、防施工安全责任事故、防非生产区域和交通责任伤亡事故等“六防”为重点目标。认真开展“服务、质量、作风”主题活动、“反服务违章”活动,加大“三违”(违章指挥、违章操作、违反劳动纪律)和隐患查究力度。2012 年累计检查库站 456 座次,查处问题 1 985项次,整改1 972项次,整改率达 99%,投入整改资金 1 245万元。强化油品监管,严把收、发、储、运关键环节,出入库油品合格率 100%。加油站地罐交接有序推进,63 个油罐实现单轨运行,地罐交接工作处于全省领先水平。开展库站各级各类演练295 项次,应急处置能力有效提升。公司连续 8 年实现“四个为零”的管控目标,公司首次荣获省公司质量计量安全管理先进单位。认真开展“百日安全生产活动”和“安全生产月”活动,加大中共十八大、省公司 60 周年庆典等特殊时期的安保工作力度,共张挂横幅 30 幅,张贴标语 78 篇,举办各类安全宣传 30 期,举办各种安全知识培训 198 余次,深入开展“安全环保先进班组及先进加油站”创建评选活动,认真推行企业安全文化建设,公司所属炳草岗、南山、河石坝加油站及金江油库等 4 个基层单位获市级安全文化示范企业称号。金江油库、凤凰站等 5 个网点监控成功链入国家安监事故应急指挥平台,安全监管信息化水平显著提升。积极开展员工安全操作技能岗位练兵活动,组织开展安全消防应急预案演练。全面清理员工安全生产合同、施工安全生产合同、承包服务安全生产合同。积极推行施工建设项目管理“两表一卡”制度,全力推行“工程质量回访”制,有力防止施工安全事故的发生。

(李泽民　缪　君)

烟草营销

【概　况】 2012 年,攀枝花市烟草专卖局(公司)负责主管攀枝花市辖区内的烟草专卖,担负在许可证规定的经营范围和地域内,对全市烟草行业实行产、供、销、人、财、物集中统一管理的职责。局(公司)内设 1 个办事处(驻成都)、11 个科室、5 个中心,下辖米易县、盐边县、仁和区烟草专卖局(营销部)和东区、西区烟草专卖局和直属营销部,全市行业从业人员 717 人。2012 年,全市收购烤烟20 342吨,同比增长 15.60%。销售卷烟 4.56 万箱,实现税利 4.9 亿元,同比增加 32.40%。产业发展取得新进步,卷烟营销和烟叶生产再上新水平。

【烟叶生产】 2012 年,攀枝花市烟叶生产践行现代烟草农业模式,注重基地化、特色化、现代化统筹协调推进。努力克服干旱、冰雹带来的不利影响,圆满完成生产收购任务,烟叶质量特色得到工业企业充分肯定。通过加强政策宣传和党政、工商沟通协作,全市共签订种植收购合同 1.11 万份,种植烤烟 1 万公顷,收购烟叶20 342吨,生产规模稳中有升,保持全省第二;中上等烟比例达 93.80%,下等烟占 6.20%,收购和工商交接合格率达到和超过全省平均水平,生产整体水平不断提高;烟农收入再创新高,达到 4.17 亿元,同比上升 40.40%。烤烟产业收入为全市农业从业人口人均增收 250 元,增收贡献率达 31.00%,产业基础更加夯实。

【烟草技术推广应用】 2012 年,市烟草专卖局(公司)共组织开展烤烟培训800多人次，技术环节扶持25项，标准化生产进一步落实，在严重干旱的情况下仍保持了攀枝花的烟叶独特风格。全年投入资金2 487万元，共开展国家烟草专卖局、省烟草专卖局（公司）和市烟草行业自行研发的烟叶生产技术研究与应用项目25项。其中，“攀枝花市清甜型优质高效节能生产技术研究”项目获2012年四川省政府科技进步三等奖，“烤烟3S精准化施肥研究与应用”项目获攀枝花市政府2012年科技进步奖一等奖，是本年度全市农业系统唯一一等奖。

【现代烟草农业建设】 2012年，全市新建2个现代烟草农业基地单元，其中米易丙谷为国家局基地单元。共投入烟叶生产基础设施建设资金4 160.3万元，建成烟基项目3 192件，米易麻晃引水工程和仁和跃进水库引水工程顺利通过国家局专家评审。共成立689个分散型种植合作社，10个综合性服务合作社。全面开展烟叶收购和调拨两个环节一体化整合工作，米易全县开展烟叶收购“一卡通”信息系统试点工作取得实效。

【卷烟营销】 2012年，攀枝花市烟草专卖局（公司）积极创新突破，克服了宏观经济下行、人口外流、暗流烟冲击、品牌置换等不利因素，营销网建工作保持平稳健康发展。全市实现卷烟总销4.56万箱，超计划进度0.6%；品牌培育取得成效。销售“娇子”6 027箱；一类“娇子”实现提质发展。销售一类“娇子”661箱，同比增长6.76%。全年实现销售金额11.52亿元，同比提高8.54%；实现毛利3.03亿元，同比增长4.04%；单箱销售金额达到25 240元，同比增长2 273元，超全省平均水平1 107元。现代营销体系建设深入推进。强化多层面沟通，搭建“政府—烟草”互动平台机制，组织多次与工商管理部门的协同调研，召开数十场零售户沟通会，提振销售信心。深入推进网上订货，全市网上订货率达93.88%，超全省平均水平5.58个百分点。全面创新终端服务手段，开展零售自律、价格同盟等服务工作。组建营销内训师队伍，加强职业技能鉴定，全市营销人员持证上岗率达到92%，国家职业三级以上达到50%。积极开展现代卷烟物流中心示范单位创建活动，推行定额管理，基础管理水平整体提升。全年送货成功率99.99%，货款回笼率100%，物流整体运行安全、平稳。

【专卖管理】 截至2012年底，全市共有零售户4 309户，其中按照城市建设规划新开发或改造的区域零售户28户，餐饮娱乐零售户179户，特殊行业零售户78户，其他4 024户。零售户户数未超过年初4 097户（不含新区、餐饮娱乐、特殊行业）的合理化布局规划。

2012年，市烟草专卖局协同公安、工商等部门，重点开展“高价烟”整治、“两节期间”、“天府迅雷”及“花城利剑”等专项整治行动。全市系统共查获各类违法案件760起，同比增长42.32%；查处涉烟总案值472.25万元（其中，非法卷烟案值466.68万元，非法烟叶案值5.57万元），同比增长14.39%。刑拘13人，批捕7人，判刑5人；案件查处率100%，无行政诉讼和行政复议；全市卷烟市场净化率99.55%。年内再次获得四川省烟草专卖局“打击制售假烟网络特等奖”，并受到国家烟草专卖局“打假重大案件”通报表彰。

【重大案件】 “九一”非法经营卷烟网络案该案共查获各类涉案卷烟106.58万支，涉案金额116.12万元，刑事拘留3人、逮捕1人、直诉2人，判刑3人，查获涉案车辆2台。本网络案件已于6月12日经四川省烟草专卖局审核认定为“一类网络案件”。

“二二二”攀乐跨区非法经营卷烟网络案该案件系攀枝花与乐山两市局二度联合办案，此案涉案卷烟共744.89万支，涉案金额316.26万元，判刑2人，批捕4人，立案取保候审1人，行政处罚2人，查扣涉案车辆2台。本网络案件已于6月12日经四川省烟草专卖局审核认定为“一类网络案件”。

“五一四”攀凉雅跨区非法经营卷烟网络案该案由攀枝花、凉山州、雅安市局联合办案，此案现场查获各类涉案卷烟57.42万支，总涉案金额高达827万余元，刑事拘留3人，逮捕1人，直诉2人，网上追逃1人。本网络案件已于11月22日经四川省烟草专卖局审核认定为“一类网络案件”。

【企业管理】 2012年，攀枝花市烟草专卖局（公司）着眼精细高效，加快要素整合，优化资源配置，企业管理在创新突破中固本强基。高水准开展“QC”小组活动，攀枝花市烟草专卖局（公司）“金木棉”QC小组在北京荣获由中国质量协会、全国总工会、全国妇联、中国科协联合授予的中国烟草商业系统首个全国优秀质量管理小组称号，科研成果“提高烤烟壮苗率”获得四川省烟草专卖局局（公司）QC小组活动成果特等奖、国家烟草专卖局二等奖。深入推进对标“GB/T19001:2008质量、GB/T24001－2004环境和GB/T28001－2011职业健康安全（QES）管理体系”的建立和实施，不断提升经济运行发展质量，为企业决策提供依据。构建和完善涵盖市县两个层面的目标考核和绩效管理体系，考核的公平性、实效性和激励性进一步提升。

2012年，攀枝花市烟草专卖局（公司）探索建立并实施烟叶物流供应链管理信息系统项目平台，初步实现了烟叶物流供应链的可视化管理、流程化作业、规范化运行和智能化运作。加强“新商盟”网上订货系统推广力度，重点推进新物流园区信息化建设，数字化档案系统于7月正式上线。

法治建设取得实效。发放各类法制宣传资料9000余份，普法1 600余人次，审核各类案件688件，审核合同433

份，涉及金额6.96亿元。全市烟草系统共处理劳动争议纠纷2起；协助专卖执法刑拘10人，批捕6人，判实刑5人；全市无行政复议和行政诉讼案件。攀枝花烟草法治工作得到省、市主管部门和相关单位的肯定。

【队伍及思想政治建设】 2012年，全市烟草营销行业重视思想政治工作，重视理论武装，市烟草专卖局（公司）狠抓中心组学习和支部学习，领导班子思想政治建设扎实推进；企业文化建设深入推进，继续宣贯企业文化理念，全面推广行业行为规范，充分发挥党中共党组织、工会、共青团桥梁纽带作用，加大文化阵地建设，开展各类文化活动，职工队伍建设扎实推进，“和谐烟草”构建活动有声有色。持续开展创先争优活动，在抗旱救灾、岗位实践中突出中共党员的示范作用。开展娇子“阳光100”“七匹狼·纯雅”重点品牌实战营销，组织全市系统青年参与抗旱救灾志愿者行动，青年工作彰显活力。面对百年不遇的严重旱情，市局（公司）落实790万抗旱资金，积极支援抗旱救灾，体现了回报社会的行业责任。落实47万元用于“挂、包、帮”对口帮扶、200万元用于新农村建设，为促进攀枝花边远农村持续、协调、和谐发展做出了积极贡献。

盐业营销

【概　况】 2012年，四川省盐业总公司攀枝花分公司（攀枝花市盐政市场稽查处）严格按照四川省盐业总公司“发展增势改革求进效益创新保供有力”的工作要求和“以盐为主多种经营多元投资”的战略思路，认真贯彻落实工作部署，积极探索转变经营模式，深入分析公司经营现状，大胆改革创新，主动积极参与市场竞争，统一思想认识，狠抓内部管理，在公司党政班子带领下，全体员工同心同德，扎实工作，克服困难，紧紧围绕“扭亏止滑提速增效”的中心工作，通过辛勤劳动和不懈努力，全年，攀枝花盐业分公司商品盐调入16 273吨，商品盐销售19 232吨，销售总收入3 450万元，实现了年度工作目标。继续保持了市级“文明单位”“社会治安综合治理”先进集体、“计划生育”先进单位、“职业道德建设”先进单位、卫生达标单位、园林式机关等称号，全年无重大安全事故和责任性食盐批发脱销事件发生，各项工作任务均圆满完成，取得了显著成绩。

至2012年年末，四川省盐业总公司攀枝花分公司（攀枝花市盐政市场稽查处）设4科1室1部，下辖渡口、米易、盐边、渔门4个支公司（稽查所）。

【食盐供应】 2012年，攀枝花盐业分公司严格执行计划，认真落实四川省盐务管理局食盐计划要求，按计划和规定渠道购销食盐，贯彻食盐价格政策，加强行业自律，维护食盐专营。结合攀枝花市实际，为满足市民不同层次需求，推广上市了320克铝膜小包装碘盐和350克“绿标”小包装碘盐，全年共销售食盐6 166吨，市场反映良好。

积极配合国家盐产品质量监督检验中心、国家井矿盐质量监督检验中心对食盐质量进行抽查，所抽查食盐合格率均为100%。

【食盐销售网络建设】 2012年，攀枝花盐业分公司进一步推进销售网络建设，努力增强配送能力，加大宣传力度，提高“川盐”品牌影响力，积极发展多种经营。根据公司实际，在保证资金安全的前提下，积极稳妥寻找新的项目、增加销售品种、丰富商品结构，拓展“非盐”销售。2012年，公司“非盐”产品销售收入699.3万元，购置固定资产720万元。

【盐业市场监管】 2012年，按四川省盐务管理局要求，攀枝花市盐政市场稽查处继续落实驻厂监控，安排盐政驻厂人员共12人次。继续加强盐政市场日常监管，进一步完善举报网络。重点对省际、市际接壤点市场进行全方位检查。主动与公安经侦部门联系，加强与工商、卫生、交通等有关部门的合作，对城区及乡镇的食品加工、餐饮行业、学校及单位食堂、超市、个体户、农贸集市、城郊结合部零售点等进行了分步骤分批次的宣传检查，并完善举报网络。全年，在攀枝花市辖区内集中进行了5次拉网式检查行动，52次专项检查活动，受理盐业违法案件2件，查处各类涉案盐产品0.263吨。达到了维护和稳定食盐市场秩序的目的。

2012年10月，四川省经信委、药监局、盐务局在全省范围内安排开展“食盐安全百日执法行动”。攀枝花市经信委、公安局、药监局、盐政市场稽查处四部门联合下发《攀枝花市食盐安全百日执法行动实施方案》（攀经信行管〔2012〕260号），开展了声势浩大的食盐安全百日执法行动。严厉打击私盐贩卖活动，杜绝私盐的流通，进一步规范了辖区盐政市场和管理，形成了联合执法长效机制。

【碘缺乏病防治】 2012年，在已实现基本消除碘缺乏病阶段性目标的基础上，协助卫生疾控部门进行国家“三率”复查；2012年全市碘盐覆盖率达99.93%，碘盐合格率98.93%、合格碘盐食用率达98.87%。

5月15日，第十九届“防治碘缺乏病日”宣传活动期间，围绕“科学补碘、建康一生”宣传主题，免费向群众发放宣传单、健康知识问卷等。通过形式多样的盐业法规知识宣传，人民群众防治碘缺乏病知识不断增强，食用合格碘盐的意识不断提高。

（杨世堂）

金　　融

银　　行

【概　况】 2012 年,攀枝花银行业金融机构平稳运行,在复杂严峻的经济形势下,各机构继续贯彻执行稳健的货币政策,着力优化信贷结构,维护金融稳定,提升金融服务水平,促进全市经济金融的协调发展。

2012 年末,攀枝花市共有银行机构 226 个(含分支机构及营业网点),其中人民银行分支机构 2 个、银行业监管机构 1 个、银行业金融机构 223 个。年末,全市银行机构从业人员为3 018人。

2012 年,全市金融机构本外币各项存款余额 766.76 亿元,比年初增加 105.33 亿元,增长 15.93%。同比多增 4.86 亿元,增速降低 2 个百分点。其中,人民币存款余额 765.69 亿元,比年初增加 105.16 亿元,增长 15.92%;外币存款余额1 705万美元,比年初增加 281 万美元,增长 19.71%。本外币各项贷款余额 533.92 亿元,比年初增加 87.65 亿元,增长 19.64%,同比多增 25.33 亿元,增速加快 3.49 个百分点。其中,人民币贷款余额 532.19 亿元,比年初增加 87.93 亿元,增长 19.79%;外币贷款余额2 753万美元,比年初减少 437 万美元,降低 13.7%。全市跨境收支67 893万美元,同比增长 115.03%。其中涉外收入25 431万美元,同比增长 9.72%;涉外支出42 462万美元,同比增长 3.3 倍。出口收汇21 525万美元,同比增长 14.45%。跨境人民币结算快速发展,出口跨境人民币收入 3.54 亿元,同比增长近 15 倍,占全市外贸出口收汇的 26%。对外服务贸易发展较快,对外承包工程收入 343 万美元,同比增长 30 倍。境外直接投资迅速增长,达 3.5 亿美元。全市银行业金融机构实现利润 20.5 亿元,同比增长 31.74%。2012 年,全市工业企业生产相对低迷,经营风险增大,还款能力下降,导致银行不良贷款有所上升。年末,全市银行机构不良贷款余额为 4.92 亿元,较 2011 年增加 2.6 亿元,不良贷款率为 0.86%,较 2011 年上升 0.37 个百分点。

2012 年攀枝花市存款余额及环比增速

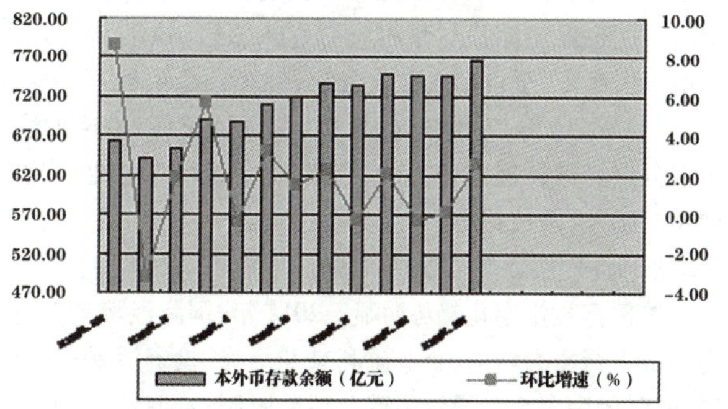

2012 年,全市存款增长节奏较为平稳,从月环比增速看,除 1 月受 2011 年底存款大幅增长波动影响,出现 3.17% 较大幅度下降外,全年存款基本保持匀速增长。以 12 月为例,2012 年 12 月存款比 11 月增加 19.19 亿元,环比增长 2.57%,当月新增存款占全年新增存款的 18.22%。而 2011 年 12 月,存款余额比 11 月增加 52.62 亿元,环比增长 8.63%,当月新增存款占全年新增存款的 52.28%。存款的稳定性增强,反映出银行机构在日常经营中,更注重资金来源的稳健性,资金管理工作常态化,逐步弱化存款"冲时点"的考核方式,社会资金整体流动更为平稳。

2011、2012 年攀枝花市存款月环比增速

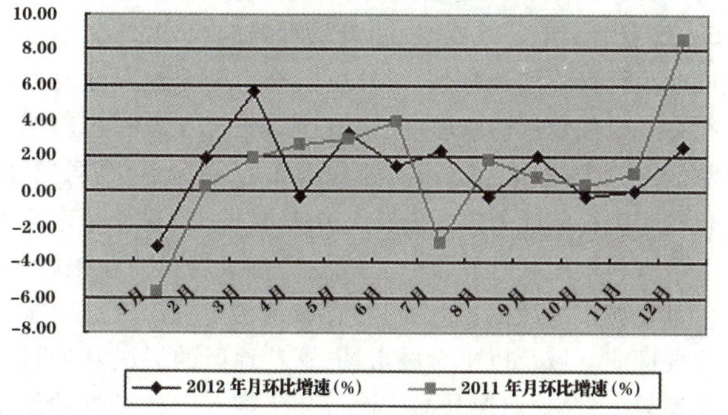

从存款来源结构看，单位存款同比少增，个人存款大幅增长。2012 年，全市工业经济受国内外复杂因素的影响，整体效益大幅下滑，加之"八二九"重大矿难事故对全市煤炭行业及其上下游相关产业造成重大冲击，采掘及制造业企业资金普遍较为紧张，导致单位存款增长乏力。年末，全市单位存款余额 387.72 亿元，比年初增加 45.2 亿元，增长 15.93%，同比少增 26.8 亿元，增速降低 13.34 个百分点。全年新增额仅为 2011 年的 62.77%。与之相反，个人存款增长稳定。由于股市疲软、投资渠道受限等因素影响，大部分居民仍然选择储蓄存款。居民收入的增加使银行存款有稳定的增长源。2012 年，全市城镇居民人均可支配收入 22 500元，增长 14%。农村居民人均纯收入8 700元，增长 14%。6 月，人民银行下调存贷款基准利率，并首次扩大存款利率的浮动区间，金融机构对各期限结构的存款普遍进行不同程度的上浮，其中攀枝花市两家地方法人机构对所有期限结构的存款利率均按基准利率的 1.1 倍执行。存款上浮刺激部分储户的存款热情。同时，对利率将会再次下调的预期也促使储户尽早将资金存入银行，拉动储蓄存款的增长。年末，全市个人存款余额 368.66 亿元，比年初增加 55.95 亿元，增长 17.89%，同比多增 25.24 亿元，增速加快 7 个百分点。银行理财产品的热销，拉动个人结构性存款的增长。年末，攀枝花市个人结构性存款余额 8.99 亿元，比年初增加 6.73 亿元，增长 297.54%。

单位存款定期化趋势明显。2012 年，国际经济动荡，国内经济下行压力增大，企业盈利预期下降，投资活跃程度降低，同时闲余资金受投资渠道及风险限制，普遍选择利率相对较高的定期存款。年末，全市单位活期存款余额 210.52 亿元，比年初仅增长 6.39%，增速同比下降 23.55 个百分点。其中 1～11 月单位活期存款呈现负增长，比年初减少 4.34 亿元，下降 2.19%。12 月，在各金融机构加大存款组织力度的推动下，单位存款当月新增 16.99 亿元，扭转前 11 个月负增长的局面，但其增速仍为各项存款增速之末。年末，单位定期存款余额 67.89 亿元，比年初增长 34.99%，增速同比加快 23.34 个百分点。

分机构看，全国性商业银行存款稳步增长，地方性商业银行增势迅猛。2012 年，全国性商业银行在攀枝花市的分支机构除交通银行存款余额较年初下降 2.28% 外，其余机构均有较快增长。全国性商业银行存款余额较年初增加 58.32 亿元，增长 15.63%，占新增存款的 55.45%。地方性商业银行存款增速加快。2012 年，全市两家地方性商业银行存款余额较年初增加 46.84 亿元，增长 16.3%，占新增存款的 44.55%，占比较 2011 年提高 2.77 百分点。农村金融机构组织存款能力极大提高。2011 年 11 月，攀枝花市三家县级农村信用联社新设合并成立为市级农村商业银行，完善其在城市区域的网点布局，存款来源更加广泛。由于其主要面向县域及以下金融市场，这些地区的居民其他投资渠道较少，存款意愿较高。而近年来随着农村经济的加快发展，农民不断增收，也为农村地区存款增长带来强劲动力。另外，农村金融机构是人民银行开展"迅通工程"的主要承办机构，随着"迅通工程"的不断推进和金融服务空白乡镇的消除，其存款来源范围进一步扩大。2012 年，攀枝花市农村商业银行存款余额 198.38 亿元，比年初增长 32.5%，增速居全市金融机构之首。

财政性存款大幅增加。随着全市财政收入的增长，财政性存款大幅增加。年末，全市财政性存款余额 7.3 亿元，比年初增加 3.15 亿元，增长 76.13%。

2012 年，攀枝花市金融机构继续执行稳健的货币政策，加强金融对实体经济的支持，信贷投放合理、稳定增长。

2012 年攀枝花市贷款余额及环比增速

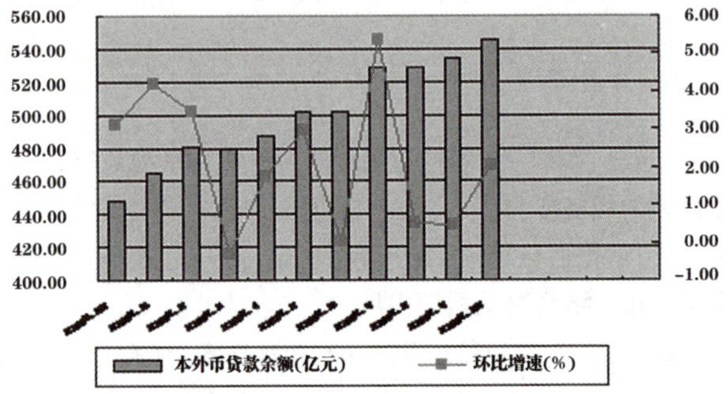

新增贷款短期化趋势明显。自 2011 年以来，全市金融机构积极调整信贷结构，为加速资金流转，加大短期贷款投放力度，新增贷款短期化趋势明显。2012 年，全市各金融机构继续加大信贷结构调整力度，优化资金管理，新增贷款中短期贷款占比扩大。年末，全市短期贷款余额 243.84 亿元，比年初增加 56.8 亿元，增长 30.36%，同比多增 18.57 亿元，新增贷款中短期贷款占比为 64.8%，占比较 2011 年上升 4.36 个百分点。由于地方大企业中长期银团贷款的拉动，全市中长期贷款增幅也实现同比多增。年末中长期贷款余额 266.48 亿元，比年初增加 29.1 亿元，增长 23.26%，同比多增 1.22 亿元。

票据融资继续保持较快增长。随着企业资金的紧张，票据业务快速发展，社会流通票据增多，持有票据的企业贴现需求增大，同时由于收益高、风险小、流动快等原因，银行的贴现业务快速增长。年末，全市金融机构贴现余额 23.6 亿元，比年初增加 1.75 亿元，增长 8.03%。

金融支持"三农"和中小企业力度不断增大。2012 年，全辖金融机构加强对农业科技、农业产业化龙头企业等现代农业生产方式的金融支持，扎实做好金融服务，推进农村金融产品和服务方式的创新，大力发展林权抵押贷款和其他涉林信贷产品，扩大农村贷款抵押担保物范围，推动信贷资源在农村地区的有效配置，涉农贷款快速增长。2012 年末，全市涉农贷款余额 133.07 亿元，较年初增加 23.54 亿元，增长 21.49%，增速高于全市各项贷款增速。2012 年，全市各金融机构从拓展融资渠道、信息渠道建设等方面改善中小企业金融服务，帮助有产品、有市场、有前景的中小企业实现快速发展，进一步改进和完善中小微企业金融服务。年末，全市中小微企业贷款余额225.14亿元，比年初增加48.02亿元，增长27.13%。

中国人民银行攀枝花市中心支行

【概　况】 2012年年末，中国人民银行攀枝花市中心支行（以下简称中心支行）内设处室16个，辖县支行1个，职工156人，其中中心支行机关139人（在职106人、离休1人、退休32人）、县支行22人（在职16人、退休6人）。85人取得各类专业技术资格，其中中级43人、初级42人。博士生1人，硕士研究生2人，大专以上109人（本科95人）。

2012年，人民银行攀枝花市中心支行认真学习中共十八大及中央经济工作会议、全国金融工作会议和上级行工作会议精神，把握稳中求进的工作总基调，围绕目标任务，结合攀枝花实际，贯彻落实稳健的货币政策，构建宏观审慎管理框架，引导信贷合理投放，维护辖内金融稳定，加强和改进外汇管理，强化对外履职，提高班子队伍建设水平和管理水平，促进全市经济金融平稳较快发展。

2012年，中心支行获攀枝花市工业经济工作先进单位。中心支行国库处获成都分行国库会计数据集中系统（TCBS）推广上线先进集体二等奖。中心支行罗结撰写的《利用住房公积金支持保障房建设试点存在的困难及对策》和李睿、谢娟、胡冰撰写的《西部城市商业银行发展战略思考——以攀枝花市商业银行为例》获四川省金融学会第十五次金融科研优秀成果三等奖。马兰获2010～2012年度成都分行“巾帼建功标兵”，谢娟获“中国人民银行成都分行征信工作先进个人”荣誉称号，左瑞新获成都分行发行库“优秀管库员”荣誉称号。

【贯彻执行稳健货币政策】 为贯彻执行稳健的货币政策，2012年，中心支行通过多种渠道与方式加强稳健货币政策的宣传与引导。由中心支行党委书记、行长专题向攀枝花市委、市政府汇报，争取地方党政的支持和理解，增强货币政策的影响力与执行力；中心支行牵头，按季召开金融联席会议，全市各主要经济综合部门、银行机构负责人参会，分析经济金融形势，引导金融机构有针对性做好信贷支持工作。创办《攀枝花金融工作动态》，按月收集人民银行政策调整、工作动态、形势分析、可借鉴的做法及经验等，报送攀枝花市委、市政府主要领导及相关部门，为领导决策提供服务。制定辖内信贷政策指引，印发至全市金融机构，引导金融机构把握好信贷投放的节奏和投向，确保信贷平稳适度增长。

【强化信贷政策与产业政策协调配合】 为推动地方经济良性发展，攀枝花中心支行加强信贷政策与产业政策的协调配合，有效促进产业结构升级。配合市发改委等相关部门梳理2012年攀枝花市75个重点项目并编印成册，向各金融机构进行推介，促进银企对接，项目总投资达400.66亿元，在成都市成功举办重大融资项目推进会议。通过建立健全沟通协调机制，与市环保局建立季度定期例会制度，市环保局以函形式向人民银行通报环境违法案件企业主体名单，金融机构根据通报情况，严格涉案企业的贷款审批、发放和监督管理，督促金融机构更好地把握信贷投向和加强风险监测及风险识别。从严限制对高耗能、高污染行业的企业和项目的融资支持，对于环评不过关的企业和项目严禁发放贷款。2012年，共通报全市13家环境违法涉案企业。通过与市环保局的沟通协调，及时获取2012年度节能减排技术改造企业、循环经济重点推动企业共18户企业名单，鼓励金融机构通过增加授信、票据贴现、保函、信用证等各种形式加大对该类企业的金融服务。与市科技局沟通协调，结合外地先进经验，出台《攀枝花市专利权质押贷款管理办法》，拓宽高科技行业融资渠道，支持地方经济转型。按照攀枝花市委、市政府打造“阳光花城”的总体部署，加大对旅游业的金融支持，开展多种方式的业务合作，探索开发适合旅游消费需要的金融产品。

【存款准备金管理】 为切实加强辖内金融机构的存款准备金管理，中心支行做好地方法人金融机构保证金存款纳入存款准备金缴存范围的监测工作，要求金融机构提前做好流动性测算，稳步实施分阶段缴存工作。2012年2月15日起，地方法人金融机构100%的保证金存款计入一般存款计缴存款准备金，全年各机构都按规定足额缴存，无漏缴、欠缴的情况。认真贯彻执行人民银行总行关于农业银行“三农金融事业部”改革考核相关规定，对考核达标的农业银行米易县支行和盐边县支行继续执行比农业银行低2个百分点的优惠存款准备金率。

【创新利率管理】 2012年，中心支行按照利率报备工作要求，规范金融机构利率报备，建立电子台账，及时汇总辖内金融机构利率执行情况，并上报人行成都分行。对辖内地方法人金融机构利率定价执行情况进行评估，引导辖内金融机构健全科学定价制度，改进定价技术，提高定价能力，完善以货币市场基准利率（Shibor）为基础的内部定价和市场化产品定价机制建设，理性确定产品价格并增强定价的透明度。拓展利率报备使用渠道，将利率执行情况纳入《攀枝花金融工作动态》，报送攀枝花市委、市政府主要领导。将金融机构利率执行情况纳入综合评价管理的范畴，鼓励金融机构执行优惠利率，特别要建立健全小微企业贷款定价机制，合理确定对小微企业的利率定价，改善对中小企业金融服务。2012年6月8日，人民银行下调人民币存贷款基准利率0.25个百分点，首次扩大存款利率上浮区间，迈开了利率市场化改革的实质性一步。中心支行及时监测各金融机构的利率执行情况并向上级行反映该政策对地方法人机构的影响，完成《存贷款利率调整后关于利率市场化的快速调研》、《存款利率浮动区间扩大对中小金融机构的影响》等调研报告。

【直接债务融资】 为有效缓解中小企业“融资难”问题、拓宽融资渠道，中心支行努力推动银行间市场直接债务融资的发展，就此工作向攀枝花市政府作专题汇报，获得市政府的有力支持。经过前期努力，2012年，攀枝花市区域集优直接债务融资工作取得进展：市政府、中心支行、中债信用增进公司三方签署《区域集优直接债务融资合作框架协议》，并与攀枝花市商业银行签署《中小企业直接债务融资发展基金监管协议》；拟定《区域集优直接债务融资工作方案实施细则》，并报市政府审签；联合市经信委、经办银行等部门开展辖内有融资需求企业的调查问卷，初步形成攀枝花市直接债务融资重点后备企业库，并定期更新；中心支行联合经信委部门对辖内中小企业开展直接债务融资业务培训；按照成都分行相关规定积极开展商业银行在银行间市场直接债务融资工具承销业务的监测评价。

【突发金融风险事件防范】 2012年，攀枝花市出现以“八二九”肖家湾矿难和“万腾耐火逃废银行债务”为代表的系列突发风险事件，地区金融稳定形势较为严峻。事件发生后，中心支行第一时间向分行及攀枝花市政府相关部门通报情况并组织辖内各商业银行对自身所涉及的相关行业贷款进行细致排查，确保类似风险提前预警、提前发现和提前处理。督促商业银行加大贷后检查力度，对关联企业的贷后检查落实到位，防止企业抽逃资金。加强实地监管力度，对企业进行定期或不定期现场检查，及时了解企业的风险产生状况，做好信贷资金风险防范工作。

【重大事项报告管理】 2012年，为及时掌握与协调处置攀枝花银行业机构重大事项，加强金融监督管理，维护地方金融稳定，中心支行要求各机构将重大事项报告作为日常基础工作，增强重大事项报送的及时性和规范性。将重大事项报告制度推广至辖内所有银行、证券和保险业机构，要求各金融机构发生挤兑、集体上访、客户集体投诉等群体性事件、重大金融案件、重大诉讼案件、机构名称或地址变更、高级管理人员变更等重大事项时要及时、真实、准确、全面向人民银行攀枝花市中心支行报告，并将此项工作作为预防重大风险事件、促进自身稳健经营的良性机制。2012年，共收到并处理银行业机构报告重大事项44件，其中突发事件和案件7件、经营发展动向4件、高级管理人员及机构信息变更33件。

【新设银行业机构开业管理】 为维护攀枝花区域金融稳定，促进地方经济发展，2012年中心支行推动金融综合管理工作标准化和信息化建设，完善新设银行业机构开业管理办理流程，全年共受理开业申请5件，分别是邮储银行盐边支行、米易同和路支行、攀枝花五十一支行和工商银行米易城北支行及攀枝花市商业银行盐边支行。

【金融消费者权益保护】 2012年6月29日，中心支行组织召开由攀枝花市银行、证券、期货、保险机构参加的金融消费者权益保护工作启动会。全面启动攀枝花市金融消费者权益保护工作；组织开展金融消费者权益保护工作专项检查，在中心支行设置金融消费者权益保护热线电话。全年，中心支行共接到咨询1件，投诉4件，都及时有效进行处理，满意率达100%。

【外汇管理改革】 为推动货物贸易外汇管理制度改革全面实施，中心支行多渠道开展新政宣传，扩大改革影响力。完成改革前期准备工作，确保新旧业务顺利过渡。做好货物贸易外汇监测系统档案数据完善工作，对新系统内档案要素不完整，未及时变更档案信息登记的，进行补充和完善，对辖内发现的错误货物贸易报关单数据，及时联系企业，核实真实性后，完成货物贸易外汇监测系统中5家企业2 890.86万美元错误货物报关单电子数据补录工作。完成辖内企业《货物贸易外汇收支业务办理确认书》（以下简称《确认书》）签署工作。签署《确认书》企业达80家，占辖内已登记备案进出口企业总数的88%。其中进口付汇名录企业签署率达100%，近两年有进出口实绩企业签署率达100%。

【国际收支网上申报试点】 为做好国际收支网上申报试点工作，中心支行加强国际收支网上申报推广工作，要求辖内新办理国际收支申报业务的企业一律采用网上申报方式办理涉外收入申报，做好宣传推介、申报辅导、答疑解难，努力扩大全辖网上申报业务覆盖面。辖内有16家机构开通国际收支网上申报。中心支行加强后续督导，督促银行做好催报工作，加大对逾期未申报的核查，及时处理银行和企业反馈的问题。辖内企业共通过网上申报415笔，金额4 599.2万美元，分别占全市对公涉外收入的43.82%和18.95%。

【跨境流动资金监管】 为防范跨境资金双向流动风险，中心支行加强银行上报数据核查，确保外汇业务数据及时准确完整。利用基层局外汇业务岗位相互交叉的优势，做好国际收支数据非现场核查，对142笔国际收支申报可疑及错误数据与银行进行核查，达申报总笔数的3.89%；对其中交易编码选择不正确，收款人名称错误等97笔错误或不规范申报，督促银行及时进行修改，占申报总笔数的3%。认真开展个人结售汇非现场监测，规范银行个人结售汇管理。通过使用《个人结售汇系统数据更正通知单》（以下简称《通知单》），规范银行对个人结售汇系统数据的修改、撤销、冲正操作，减少银行录入数据的随意性，提高数据准确性。通过非现场监测发现银行购汇种类选择错误、姓名录入错误等不同类型数据错误4笔，1笔违规办理提钞业务，向银行下发数据更正通知书9份，编发《个人结售汇业务非现场核查情况通报》3期。

【跨境人民币结算试点】 为推动跨境人民币结算试点工作，2012年，中心支行加强政策宣传力度，完善工作机制，梳理跨境人民币业务相关政策，印发各银行金融机构和进出口企业；加强业务培训和系统建设，搭建好开办跨境贸易人民币结算业务平台；引导金融机构做好服务和督导力度，落实工作职责，根据业务的不同阶段制定发展目标、明确工作思路、创新产品，积极研究解决业务推广中的具体问题；利用RCPMIS（跨境人民币业务管理信息系统）做好跨境人民币业务监测分析，加强与市商务局、攀枝花海关、市税务局、市外汇局等相关部门的沟通和协调，形成监管合力，确保业务规范有序开展。至2012年年底，业务结算金额达到5.93亿元。其中，出口业务19笔，结算额3.54亿元；进口业务1笔，结算额0.03亿元；资本项下业务8笔，结算额2.32亿元；其他经常项下业务4笔，结算额0.04亿元。

【综合行政执法检查】 2012年，中心支行对建设银行攀枝花分行开展综合执法检查，通过与相关人员会谈、调阅查看有关的交易审批、成交单、报表及计算机业务操作系统等方式现场检查该行金融统计、支付结算、反洗钱、人民币管理、国库管理、征信管理6个方面的工作，并就检查中发现的金融统计不规范等问题约见该行领导及相关负责人谈话，要求其限期整改。2012年，中心支行对全辖9家金融机构累计开展现场执法检查17次。

【农村支付环境建设】 为改善农村支付环境，提高农村金融服务质量，2012年中心支行制发《攀枝花市银行卡助农取款服务宣传方案》，组织辖内各银行机构开展银行卡助农取款服务宣传，增强各银行机构对农村的金融服务意识，培养农民群众用卡习惯，推广非现金支付工具，改善农村支付环境。下发《关于进一步加强银行卡助农取款服务工作的通知》，将助农取款业务发展任务分解到县、乡、村，细化到行，责任明确，跟踪考核。积极开展银行卡刷卡无障碍示范区创建活动，在调查摸底的基础上，确定盐边县东城街南段为2012年市级银行卡刷卡无障碍示范区。

【反洗钱监管】 为完善风险为本的反洗钱方法，围绕年度反洗钱工作目标和任务，2012年中心支行制定《攀枝花市金融机构反洗钱信息报告管理办法（试行）》和《攀枝花金融创新产品报备工作指引征求意见稿》，对反洗钱信息和金融创新产品报送程序进行规范，为提升非现场监管效力和水平提供制度保障。认真收集金融机构非现场监管资料，全市28家金融机构纳入非现场监管体系，其中银行业金融机构9家、证券业金融机构3家、保险业金融机构16家。加强反洗钱现场监管，按照《中国人民银行成都分行四川片区2012年反洗钱现场检查实施方案》要求，认真组织开展现场执法检查工作，于2012年7月30日至9月6日对中国太平洋财产保险股份有限公司攀枝花中心支公司和中华联合财产保险股份有限公司攀枝花中心支公司反洗钱工作开展情况进行现场检查。

【国库现代化建设】 为加强国库会计核算基础工作，提高核算水平和国库信息化建设，2012年，中心支行结合攀枝花横向联网推广实际，根据攀枝花电子缴税业务发展情况，将税务部门代征的工会经费纳入直缴入库范围，于7月1日在全市全面推行工会经费横向联网直缴业务，扩大横向联网系统的覆盖范围。至2012年年底，通过横向联网系统缴纳工会经费的企业达3 626户，共缴纳4 922笔，金额2 335万元。完成国库会计数据集中系统（TCBS）上线工作。

【提高金融统计数据质量】 为提高金融统计数据质量，发挥统计信息服务职能，2012年，中心支行认真学习2012年金融统计制度，并及时转发至辖内金融机构，督促各机构按要求开展金融统计工作，重点加强对2012年新建的保障性安居工程贷款、农信社专项统计、县域经济金融发展情况及修订的大中小微企业贷款、银行承兑汇票等专项统计制度的执行力度。建立信息共享平台，定期编制金融统计快报，为相关部门决策提供必要的基础数据支持。增加相关统计指标，为中小企业信贷政策导向评估、涉农贷款信贷政策导向评估等提供基础数据，充分发挥金融统计对货币政策执行的信息支持作用，确保各项货币信贷政策的贯彻落实。

【完善各项制度性调查】 为夯实经济调查工作基础，2012年，中心支行做好工业景气调查工作，提高样本的代表性，新增2户中小企业为景气调查企业。对攀煤集团资产重组进行深入调查，并积极与分行沟通，确定其重组后的报数方式。梳理商品价格监测的规格品，补充完善各类规格品详细信息，提高商品物价监测的准确性，加强对物价变动的因素分析。认真开展民间融资专项监测，及时反映民间融资的风险状况和存在的问题。通过实地走访、召开农户座谈会等方式进行调查，完成关于攀枝花市农村土地流转情况、夏粮生产及价格情况、农民工外出务工及返乡情况的专题调查。

【加强调研与信息反馈】 2012年，中心支行围绕地方特色和经济金融热点、难点问题，加强调查研究。针对2012年国内经济下行压力增大、工业生产下滑的情况，利用调查渠道优势，通过走访企业、发放调查问卷、收集企业财务报表、分析相关数据等方式对工业企业生产经营状况进行监测，及时反映经济实体的生产经营变化情况，把握微观经济主体运行的主要态势，完成《当前企业资金状况快速调查的调查报告》《工业企业生产回落、经济效益大幅下滑》等调研。其中《工业企业生产回落，经济效益大幅下滑》受到攀枝花市政府高度重视，被《攀政快讯特刊》采用，攀枝花市委书记刘成鸣亲自批示“要关注工业经济面临的困难”，为地方党政出台有效措施帮助企业共渡难关提供重要的参考信息。推动攀枝花市政府出台《关于稳定工业经济增长若干措施的通知》。关注金融支持实体经济相关政策的影响和效应，分析中小微企业生存及融资状况。对攀枝花市小微企业发展现状、小微企业创业环境、服务型中小企业融资现状、中小企业联保贷款开展情况等进行调查，完成《攀枝花市小微企业发展现状及建议》《开展小企业联保贷款存在的问题及建议》《对资本管理新法破解小微企业融资难的思考》等调研。关注利率市场化对中小金融机构的影响，完成调研《利率市场化视角下中小银行理财业务发展的思考》《存款利率浮动区间扩大对中小金融机构的影响》《关于利率市场化对商业银行影响的调查报告》等。关注辖内突发性事件对经济金融的影响，并及时上报相关信息。在攀枝花“八二九”矿难发生后，持续关注矿难事故对银行资产质量、煤炭价格走势、地方财政收入、存贷款变化情况的影响，提高分析敏感度和及时性。及时反馈重点信息，提高调研和信息工作的针对性与实效性。全年，累计向上级行和攀枝花市委、市政府报送政务信息230条，其中，被中办、国办采用1条，总行采用2条，省委省政府采用2条，分行采用15条，分行门户网站采用23条，市委、市政府采用27条，为上级科学决策提供有力参考。

【钒钛产业特色监测】 钒钛产业作为战略性新兴产业是攀枝花市最具影响力、发展前景和政策支撑的支柱产业。2012年，中心支行完善钒钛产业特色监测，加强与具有代表性的钒钛企业联系，按月采集相关财务指标和主要产品价格，关注主要钒钛产品的市场行情及价格走势。在日常监测的基础上，对整个钒钛产业发展进行深入思考，分析产业发展面临的困难和问题，提出相关政策建议，完成调研《后金融危机时代攀枝花市钒钛产业发展现状及建议》。

【机构信用代码推广运用】 机构信用代码是从信用角度编制的用于识别机构身份的代码标识，是各类机构的“经济身份证”。机构信用代码的建立和运用，利于健全和完善身份识别机制、推动落实金融账户实名制、提高金融服务水平，促进信用信息共享和推动社会信用体系建设。2012年，四川省正式开展机构信用代码推广运用工作，中心支行周密部署、统筹安排，实现机构信用代码工作的顺利推进。截止10月末，完成对全市所有存量机构的发码工作。在此基础上，加大对机构信用代码的应用创新，要求金融机构在多领域运用机构信用代码。至年底在贷款卡办理、信用报告查询、反洗钱、风险提示等方面已成功运用机构代码。尤其在“八二九”攀枝花市重大矿难发生后，攀枝花中心支行探索运用机构信用代码收集金融机构对事故企业及其关联企业的授信情况、对金融机构发出风险提示取得较好的效果。

【社会信用体系建设】 为全面推进社会信用体系建设，2012年，中心支行以诚信中小企业培植为载体，大力推进中小企业信用体系建设。与市经信委、钒钛产业园区、市农牧局等部门合作，多途径、多渠道采集中小企业信息，确立诚信中小企业培植对象，采集农业产业化龙头企业的信息，提高企业融资能力。全年，有71户参加培植活动的中小企业获得银行授信15.65亿元。以米易县白马镇和湾丘乡为重点，全面推开农村信用体系试验区建设。推动米易县政府成立米易县农村信用体系建设试点工作领导小组，印发《米易县农村信用体系及建设试点工作实施方案》《米易县信用农户、信用村、信用乡镇评定办法》等文件。依托《四川省农村信用体系辅助管理系统》，组织涉农金融机构对两个乡镇18个村近万户农户开展信用信息采集。至12月末，共采集8 332户农户的相关信息。此外，还加强与林业、农业等部门的沟通联系，采集试点乡镇农户林权信息、试点县的农业产业化龙头企业、农村专业合作社等相关信息。积极引导金融机构对信用户（村、镇）等制定优惠信贷政策，努力营造“守信激励、失信惩戒”的信用环境，提升农村地区信用意识。

【征信宣传】 为加强征信知识宣传，中心支行组织全市金融机构开展以“加强金融诚信建设保护金融消费者权益”为主题的广场征信宣传活动、征信知识进社区、进校园的宣传活动。以“6月14日信用记录关爱日”宣传为重点，组织全市各金融机构开展网点宣传，并通过短信服务平台进行常规宣传。与攀枝花电子政务办公室联合，在攀枝花市门户网站举办征信知识有奖竞答活动，竞答活动专栏的点击量超过6万次。在高校开展“千传百讲”征信宣传，通过举办讲座、演讲赛、校园广播、征文比赛、传唱征信之歌等形式送征信知识进校园，与高校建立征信宣传长效机制。全年，共发放宣传折页34 500份，张贴宣传海报500张，悬挂宣传横幅220条，发送宣传短信15 900条，接受咨询1 037人次。

【信用评级管理】 为加强对评级市场及评级机构的管理，2012年，成都分行制定《关于加强四川省银行间债券市场信用评级管理的通知》，根据文件要求，中心支行先后参与中诚信对攀钢钒钛、大公国际对攀枝花国投公司的现场访谈作业，对其现场访谈作业进行监督核查和评价，协助总分行加强评级市场管理，促进信用评级市场的规范健康发展。

【金融 IC 卡】 2012 年,中心支行积极推进加载金融功能的社保 IC 卡发行工作。年初,积极协调推动成立“攀枝花市社保卡加载金融功能协调领导小组”,明确相关单位的工作目标与职责,形成有效的工作协调推进机制。加强对商业银行的发卡审核工作,辅导商业银行不断完善发卡审核申报材料,农行攀枝花分行、邮储银行攀枝花分行、市农商行在全省率先取得发行加载金融功能社保卡资格。9 月,全省首批4 000余张芯片中加载金融功能的社保 IC 卡在攀枝花市成功发行。积极参与攀枝花市民卡前期筹备工作,精心组织金融 IC 卡宣传工作,制定并印发攀枝花市金融 IC 卡宣传方案,指导辖内商业银行开展金融 IC 卡宣传工作,为金融 IC 卡的全面推广营造良好的舆论氛围。

【做好货币发行与管理】 为加强人民币流通管理,2012 年,中心支行认真做好货币发行,确保辖内现金供应。按照《关于转发〈中国人民银行货币金银局关于 2012 年加强人民币收付业务监管工作的通知〉的通知》要求,依法对辖内 30 个支行级商业银行的人民币收付业务情况逐一进行检查,被查的支行级营业机构缴存人民银行的钱捆质量情况较好,残损券按规定逐级解缴到人民银行。为增强人民群众的反假防假能力和意识,开展人民币反假防假宣传工作,全年共开展反假宣传活动 4 次,参加人员 50 余人次,散发反假宣传资料 4 万余份,宣传挂历8 000份;组织 6 家金融机构开展人民币反假知识培训共 7 次,培训人员 420 人次。积极配合公安机关加大打击假币犯罪力度,全市共收缴假人民币476 125元。

【内控管理】 2012 年,中心支行始终把内控管理工作作为重中之重,明确目标,落实责任。综合运用内审、纪监、事后监督等各种监督资源,加强对本级业务运行和内控管理的监督检查,促进监督成果转化。积极推动内审工作转型,以审计成果推动被审计对象强化管理,有效防范风险。全年,共组织完成 11 个审计项目,提出审计建议及意见 131 条。认真履行事后监督职责,加强会计集中核算、国库会计核算和货币发行会计核算业务的日常监督工作;制订和完善《会计核算监督办法》《监督中心岗位责任制》《会计资料传递交接管理办法》等 8 项内部管理制度,全年监督会计集中核算业务7 748笔,国库会计核算业务141 015笔,货币发行会计业务3 526笔;共发出事后监督通知书 3 份,提出整改建议 5 条。为完善会计财务内控与管理制度,强化财务费用管理,合理安排、量入为出、保障重点,确保财务管理的前瞻性、统筹性和科学性。提高公文拟稿、审核、会签、签发、印发等流转环节的效率和质量,全年累计发文 658 份;严格档案管理,档案管理工作继续保持省一级标准;加强保密管理,认真落实保密安全管理制度,继续保持多年无失、泄密事件发生;认真做好群众来信来访工作,共接待信访案件 7 件,接待信访人员 7 人,办结率 100%,无投诉、重访及群访案件。

【职工队伍建设】 2012 年,中心支行不断提高干部职工的政治素质和业务素质,有计划、有步骤地推进干部上下交流、横向交流与轮岗锻炼,增强干部交流的目的性和针对性。加大对中层干部聘期届满的考核力度,对 26 名聘期届满的中层干部按要求严格考核续聘;中心支行机关干部全年轮岗交流 15 人次,轮岗率达 15%,其中选派上下交流 2 人。加强后备干部队伍建设,坚持后备干部重在培养的方针,通过民主推荐和竞争上岗等方式提任 4 名中层干部,晋升科级非领导职务 4 名。加强职工教育与培训,组织协调中心支行各业务部门开展企业贷款卡制度培训、金融 IC 卡讲座、中央银行会计标准与财务实力培训、2012 年会计业务远程培训、2012 年国际金融前沿专题远程培训等 29 项专项培训,极大提升职工的对外履职能力。发挥专业技术职务的正向激励作用,新聘任初级专业技术职务 5 人,中级专业技术职务 1 人。

【党风廉政建设】 2012 年,中心支行认真贯彻落实十七届中央纪委第七次全会、国务院第五次廉政工作会议和总分行纪检监察工作会议精神,严格执行党的政治纪律和组织人事工作纪律;全面落实《廉政准则》,促进领导干部廉洁自律;加强领导干部反腐倡廉教育,将反腐倡廉教育作为党委中心组学习的一项重要内容,坚持把央行廉政文化纳入党的宣传思想工作和文化建设。加强对全体干部职工的正面教育和警示教育,结合实际,加强岗位廉政教育,引导干部职工树立良好的职业道德,培育良好的职业道德风尚和爱岗敬业精神。组织观看《忠诚与背叛》《欲盖弥彰》等革命教育片和反腐倡廉警示教育片 6 场次,观看干部职业道德建设系列讲座 7 场次。领导干部撰写廉政心得文章,上报分行 2 篇,被分行采用 2 篇;组织廉政党课讲授,“一把手”讲廉政党课 1 次,纪委书记作反腐倡廉主题教育讲座 1 次;组织行级领导参加总行 2012 年领导干部廉政知识网络测试,应参试 5 人全部一次性达到合格成绩。认真开展“制度执行力建设年”活动,切实提升执行力,针对制度落实中存在的问题,认真分析原因,制定整改措施,落实整改责任,开展制度执行情况检查 451 次,梳理完善制度 241 条,检查发现问题 156 个,提出整改措施 171 条。

(尹歆桐)

攀枝花银监分局

【概 况】 2012 年,攀枝花银监分局(以下简称分局)内设 8 个处室,职工 42 人(在职 36 人、退休 6 人)。在职职工中研究生学历 4 人,大专以上学历 35 人(本科学历 27 人),其中具有专业技术职务 23 人。

2012 年,分局切实推进重点风险管控和监管能力建设,努力改善金融服务,全力维护金融稳定,辖内银行业机构发展质量、整体实力和社会形象显著提升。截至年底，辖内银行业机构（含攀枝花市商业银行成都分行，以下同）各项存款余额 897.83 亿元，比年初增加 129.07 亿元，增幅 16.79%，存款余额居全省第 12 位，增量居全省第 15 位，增速居全省第 16 位；各项贷款余额 574.49 亿元，比年初增加 98.31 亿元，增幅 20.64%，贷款余额居全省第 8 位，增量居全省第 8 位，增幅居全省第 11 位；不良贷款余额 4.92 亿元，不良贷款率 0.86%，不良贷款余额及不良贷款率居全省第二低；实现净利润 18.46 亿元，同比增长 33.44%。

2012 年，分局获四川银监局系统 2011 年度统计调研工作考核评比一等奖、2011 年度四川银监局系统小企业金融服务先进单位、2011 年度四川银监局系统公众教育服务月活动先进单位、提升银行业数据质量突出贡献集体、2012 年度四川银监局系统公众教育服务月活动最佳组织单位及 2012 年攀枝花年鉴编撰先进单位等荣誉称号；王媛（女）被评为四川银监局系统建功立业劳动竞赛“岗位能手”，罗流被评为四川银监局“提升银行业数据质量突出个人”，吴边、翁玲（女）、奉咏梅（女）被评为四川银监局系统百名优秀监管人员，冉顶宪被评为攀枝花市 2011 年度安全生产“先进个人”，廖泽俊被评为攀枝花市拥军优属“先进个人”。

【市场准入】 2012 年，分局继续抓好市场准入工作。落实高管任职资格“三考三承诺”（考试、考察、考核；承诺没有未清偿的个人大额债务，承诺诚信守规、履职尽责，承诺遵守监管规定并定期报告履职情况）制度。组织 130 名拟任高管参加银行业机构高管人员任职资格考试，探索高管履职持续动态监管的新路子，提升市场准入质效；制定下发《关于防止银行从业人员带病流动的通知》，有效防范从业人员“无序”和“带病”流动。全年，分局共完成行政许可事项 66 项，其中，机构新设 1 项，迁址、更名 6 项，迁址筹建 6 项，开业 6 项，升格 8 项，邮储银行二类支行（银邮共管，即邮储银行负责业务指导、邮政企业负责具体业务经营并拥有人财物控制权的支行）变更为代理营业所 2 项，自助银行 1 项，高管 36 项，办理过程中，未出现超时限、超权限和违反相关程序和纪律要求的情况。

【现场检查】 2012 年，分局建立健全现场检查项目责任制、主查人遴选制、专家会审制、检查周报制、资金协查制、巡查督导制等机制，抓好查前调查、查中讨论、查后审查和整改评估。全年共开展现场检查 17 项，累计投入工作日 873 个、发现问题 63 个，发出检查意见书 20 份，提出整改意见 66 条，整改率 90%。

【法人机构监管】 2012 年，分局推动法人银行业机构改革发展继续深化，攀枝花农村商业银行 62 家分支机构获批准开业，农村中小金融机构改革实现历史性突破。推动攀枝花农村商业银行增设 3 个部门，形成八大业务条线、三道风险防线，攀枝花农村商业银行流程银行建设通过四川省联社流程银行建设项目专家组诊断。攀枝花市商业银行跨区域发展取得实质进展，成都分行、高新支行、锦江支行、城北支行、武侯支行顺利开业，凉山分行获批筹建；通过召开审慎监管会谈、列席董事会、监事会等方式，督促攀枝花市商业银行建立健全激励约束机制，指导攀枝花农村商业银行继续完善治理架构和议事规则，切实提高法人机构公司治理有效性，督促攀枝花市商业银行设立独立业务发展部，重点管理理财产品等创新型业务。

【清理规范融资平台】 2012 年，分局充分运用专题汇报、联席会议、调查走访、现场检查、动态监测等监管手段，主动加强与当地政府、债权银行、平台公司等全方位沟通，在全省率先推动市政府建立政府性贷款还贷准备金制度，攀枝花市财政局对自身还贷能力不足的融资平台拨付还本付息金额 2.5 亿元，政府性还贷准备金余额 1.6 亿元；以合同补正、追加抵质押物为重点，大力促进平台贷款整改保全和风险缓释，督促指导银行做实融资平台贷款信贷分类，强化法人责任制定分期还款计划，实施监督检查促进风险管控等，取得阶段性成效。截至年底，辖内银行业机构对当地政府融资平台贷款余额 17.04 亿元，较年初减少 11.14 亿元，下降 39.53%。其中，地方法人机构平台贷款余额 3.82 亿元，较年初减少 12.14 亿元，下降 76.07%。

【房地产贷款风险防控】 2012 年，分局督促辖内银行业机构加大对保障性安居工程建设的信贷支持力度，辖内银行业机构配合公积金中心完成利用住房公积金贷款 9.66 亿元，支持 17 个保障性住房建设试点项目；督促辖内银行业机构立足产业链条开展压力测试，跟踪监测相关行业间的风险传导，做出防控化解风险的整体规划安排；对商业银行与市房管局签订协议进行风险提示，督促辖内银行业机构认真落实房地产信托计划事前报备制度，及时完善《房贷纠纷群体性上访事件应急预案》，有效防控群体性事件和相关重大负面舆情的发生。截至年底，辖内银行业房地产贷款余额 27.08 亿元，占全市贷款余额的 4.71%；不良贷款余额 0.07 亿元，不良率 0.26%，占全市不良贷款的 1.42%，房地产贷款及不良贷款余额、占比均控制在较低水平。

【案件防范】 2012 年，分局落实银监会“四个到位”（制度执行到位、监督检查到位、问题整改到位、责任追究到位）和四川银监局“银行业从业人员五十个严禁”“客户经理十个严禁”“内控与案防制度执行年”活动为重点，持续保持案防高压态势，层层签订案防责任书，形成“一把手”抓案防、分管领导管案防、各级管理人员督案防、全体员工参与案防的良好局面；分局主要负责人和分管负责人深入机构调研督导，督促机构加强对员工违规参与民间集资和担保及经商办企业、涉赌等行为的排查力度，特别是针对近期连续出现破坏 ATM 案件，督促机构加大对自助设备的物理保护；将案防工作开展情况纳入高管动态履职考核，实行“一票否决”和“上追两级”制度，对整改不力、屡查屡犯的辖内银行业机构和违规违纪人员坚决逗硬、从严惩处，不断增强制度刚性约束。2012 年参加辖内银行业机构案防会 11 次，派出案防督导工作组 248 次，发现隐患和问题 88 个，提出整改意见 96 条，辖内银行业机构共投入2 752万元用于网点技防、物防设施建设，改造营业网点（自助网点）191 个。全年，辖内银行业机构共处理相关责任人1 867人次，罚款 99.8 万元，其中，高管人员 134 人次，罚款 16.4 万元。辖内银行业机构连续 7 年实现零案件和零重大责任事故目标。

【处置非法集资宣传教育】 2012 年，分局依托各类新闻媒体，坚持正面引导为主，以在市政府门户网站、攀枝花市商业银行官方网站等网络平台和地方主流报纸上开辟处非专题宣传栏、LED 屏滚动提示等方式，加强媒体引导，向公众揭露非法集资活动手法，宣传非法集资活动危害性，增强群众防范意识和能力。7～12 月，组织全市银行业机构开展为期半年的处非宣教活动，在全市银行业机构网点、城市街道社区和广大农村通过现场咨询、摆放展板、张贴宣传画、发放宣传资料等形式对非法集资风险和防范进行集中宣传，有效形成打击非法集资的强大舆论攻势和氛围。全年，辖内未发生因非法集资案件引起的群体性事件。

【小微企业融资】 2012 年，分局积极探索小企业信贷差异化监管手段和措施，加强对银行小微企业金融服务的监管引领；举办“送政策进企业”“银企对接会”“小微企业客户经理技能竞赛”等，增强小微企业金融服务合力；促成支持小微企业、服务非公有制经济发展有突出成效的市邮储银行等 4 家银行获得 20 万元政策奖励，优化银行服务小微企业外部环境。小微企业融资大幅增加，截至年底，攀枝花银行业机构小微企业贷款6 040户，较年初增加1 948户；贷款余额 167.59 亿元，较年初增加 44.17 亿元；小微企业贷款增速 35.79%，高于各项贷款平均增速 15.15 个百分点。

【三农金融服务】 2012 年，分局协助市委、市政府研究和陆续出台涉农贷款呆坏账核销、金融服务薄弱乡镇费用补贴、新型农村金融机构费用补贴、涉农贷款增量资金奖励等政策，初步搭建普惠化的农村金融扶持政策制度框架；推动农业发展银行向现代农业政策性银行转型步伐加快，邮政储蓄银行一类支行实现县域全覆盖，国有商业银行、攀枝花市商业银行继续在县域设立分支机构，初步构建多层次、广覆盖的农村金融服务体系。截至年底，全市涉农贷款余额 135.77 亿元，占各项贷款总额的 23.63%，较年初增加 25.46 亿元，增长 23.08%。

【民生保障】 2012 年，分局引导各机构对水利、保障性安居工程、青年创业等民生问题给予高度关注，不断创新金融产品和服务方式，对民生薄弱环节的信贷支持力度有效提升。截至年底，辖内银行业机构水利贷款 7.56 亿元，助学贷款 997 万元，青年创业贷款 668 万元，全年累计发放妇女财政贴息小额贷款5 456户、3.69 亿元，帮扶带动16 300余名妇女创业就业，完成省上下达年度目标任务的 923%；做好人大、政协提案反映的金融服务问题，引导邮储银行攀枝花分行在西区动力站、盐边县新设支行各 1 家；攀枝花市商业银行在盐边县新设支行 1 家；农业银行攀枝花分行在攀钢离退休职工居住密集的生活区新设自助银行 2 家。

【保护金融消费者权益】 集中开展以“规范贷款行为、科学合理收费”为主题的不规范经营问题专项治理活动，通过暗访和现场检查等形式，督促银行业机构严格执行“七不准”（不准以贷转存、不准存贷挂钩、不准以贷收费、不准浮利分费、不准借贷搭售、不准一浮到顶、不准转嫁成本）、“四公开”（收费项目公开、服务质价公开、优惠政策公开、效用功能公开）要求和 34 项免费服务规定，共清退收费金额 212 万元，切实降低融资成本。建立辖内银行业信访工作联系和信访办理制度，督促银行业机构形成分管行领导、处置部门、信访管理员分级负责的信访架构，妥善解决电视台、报纸等媒体报道的服务诉求 3 件，接待上级转办、市政府“12345”市民热线、市民来信、来电、来访等各类信访 21 件，办结率 100%。持续深入开展银行业公众教育服务活动，辖内 9 家银行业机构、223 个网点、超过1 600名银行员工参与宣教活动，发放宣传资料97 535份。辖内宣传受众人数达 45 万人，占全市总人口的近 40%，攀枝花新闻综合频道、《攀枝花日报》《攀枝花晚报》、四川省广播电台、攀枝花广播电台等地方主流媒体对宣教活动给予正面宣传。

（唐 云）

中国工商银行攀枝花分行

【概 况】 2012 年，中国工商银行股份有限公司攀枝花分行（以下简称市分行）内设机构增加网点经营管理中心，增加米易县城北支行对外营业网点。截至年末，全行从业人员 478 人，较 2011 年增加 26 人，固定资产原值11 002万元，较 2011 年增加 414 万元；固定资产净值6 832万元，较 2011 年减少 398 万元。

2012 年，市分行严格贯彻执行国家的各项经济金融方针政策，以地方经济繁荣发展为依托，推进市场营销，强化内控案防，加快创新发展，扎实抓好金融服务。截至 2012 年年末，全行各项存款1 037 169万元，较 2011 年增加196 272万元，增长 23.34%；各项贷款926 566万元，较 2011 年增加189 091万元，增长 25.64%；实现中间业务收入10 249万元，较 2011 年增加1 619万元，增长 18.76%；实现经营利润

29 361万元，较2011年增加9 191万元，增长45.56%；上缴营业税及附加3 972万元，较2011年增加1 432万元，增56.40%；全年累计办理票据贴现595 823万元，较2011年增加202 223万元；累计签发银行承兑汇票849 587万元，较2011年增加202 487万元；不良贷款27 323万元，较2011年增加27 134万元，不良贷款率2.82%。

【存款业务】 2012年，市分行坚持把存款业务作为全行生存与发展的基础，贯彻落实省分行存款工作会议精神，坚持把存款营销作为全行各项工作的重中之重，提升存款营销考核权重，鼓励全员争存揽储。紧密结合区域经济发展形势，针对市场需求，适时调整营销策略，建立健全储蓄存款、对公存款以及各类理财产品专项营销工作小组，制定各项业务考核管理办法，构建以法人客户营销中心、个人客户营销中心、结算与电子银行部为营销牵头部门，以网点经营管理中心、资金财务部、信息科技部、综合管理部、人力资源部、运行管理部为后台配合保障，以各支行、分理处为前台业务营销主战场的业务营销组织架构，形成全行上下联动、配合有力、反应及时、行动迅速的市场营销工作机制。为促进全行存款业务发展，在充分发挥全行的整体营销功能的同时，注重发挥客户经理在市场营销中主力军作用，通过强化管理和考核调动客户经理的工作积极性和参与市场营销的主动性。全面加大业务营销宣传力度，宣传业务优势、产品优势、网络优势与服务优势，促进全行各项存款稳步增长。2012年，市分行所辖23个支行、分理处平均存款达45 094万元，较2011年增加6 872万元，全行各项存款总额达1 037 169万元，较2011年增加196 272万元。

【贷款业务】 2012年，市分行严格执行国家货币政策和行业信贷政策，面对宏观经济形势变化，以服务于区域经济发展为主线，加大信贷投放力度。结合区域经济发展实际，按照"早安排、早布置、早投放、早见效"的原则，精心制定营销服务方案，持续做好区域内重大项目、重点工程、优质客户信贷支持工作。通过综合运用各类信用工具，拓宽企业融资渠道，开办票据融资、理财融资等表外融资等业务。为有效缓解资金供需矛盾紧张的严峻形势，赢得市场营销的主动，确保贷款顺利投放，结合业务发展需要，建立营销专班、完善工作机制、落实奖惩，对重大优质项目和重点客户开展多层次的走访营销和多形式的联谊活动，深化合作，建立互信。响应国家号召，全力支持实体经济发展，扎实做好区域内中小企业信贷资金支持工作。成立中小企业金融服务中心，设置中小企业金融服务专业支行，加大对区域内发展潜力大、产品有市场、有前景的符合国家产业政策和本行信贷政策的中小企业扶持力度，全年累计投放信贷资金875 704万元，较2011年增加101 218万元；其中累计投放中小企业信贷资金282 721万元，较2011年增加55 693万元；与区域内230家中小企业开展业务合作，与81家中小企业新建信贷关系，新增小企业贷款56 436万元，较2011年增加4 611万元。为满足广大居民的消费需求，在分析攀枝花消费市场和居民消费需求的基础上，大力发展个人综合消费贷款、个人经营性贷款业务，全年新增个人贷款16 536万元，较2011年增加6 279万元。加快信贷结构调整步伐，按照市场准入标准优化信贷客户结构，强化非信贷资产经营管理，发展票据融资等表外业务，优化信贷结构，促进信贷资源合理配置。

【中间业务】 按照上级行的工作部署并结合市分行实际，持续深化中间业务增收工程，实施收入结构调整，通过扩大客户群体、加快多元化经营拓宽服务领域、大力开展业务创新等有效手段，使全行中间业务持续保持强劲增长良好态势。结合自身实际，调整中间业务管理委员会，制定中间业务年度发展规划，完善中间业务考核办法。为调动全行员工拓展中间业务的积极性，拓宽中间业务增收渠道，发挥工商银行的产品优势、结算优势、网络优势，开办各项代理业务、国际业务、银行卡业务。2012年，中间业务收入对效益的贡献度大幅提升，全年实现中间业务收入10 249万元，较2011年增加1 619万元。

【改革创新】 2012年，市分行坚持把加快创新发展作为适应当前经济金融发展形势、满足客户多元化金融需求的重要手段，按照省分行工作部署和要求，坚持以服务支持地方社会经济为己任，开展金融业务创新、服务创新，探索适应区域经济发展的经营管理模式。为满足市场金融服务需求，市分行加快业务创新发展，针对信贷规模控制趋紧、资金供需矛盾突出的形势，通过综合运用信用工具，拓宽融资渠道。率先开办特定客户理财委托贷款业务等新兴业务。全年累计办理表外融资业务总量1 445 890万元，有效缓解资金供求紧张的矛盾。2012年，市分行推出"银医一卡通"合作项目，是全省首家利用总行银医合作平台，集挂号、诊疗、结算、健康档案管理于一体的银医合作项目。为强化绩效考核对业务发展的引导作用，市分行按照业绩考核导向原则，建立非管理类员工职业晋升工作机制，健全工资等级调整机制，完善以"业务导向、市场导向"的绩效考核办法体系。按照精细化管理要求，从提高全行办公效率、增强执行力的现实需要出发，对全行业务流程、办公流程进行梳理，优化业务处理手续，提高工作效率。

【金融服务】 2012年，坚持以客户为中心的服务理念，全面加强服务管理，整章建制，加快标准化、规范化服务建设。修订《中国工商银行攀枝花分行服务违章处理实施办法》，结合自身实际制定《中国工商银行攀枝花分行服务工作检查考核办法》《中国工商银行攀枝花分行大堂服务人员服务工作考核办法》《攀枝花分行服务突发事件应急预案》《攀枝花分行残障人士服务应急处理预案》。建立"神秘人"暗访制度、"晨会直通车"制度,加强对全行服务工作的监督管理。开展岗位技术练兵、业务知识培训以及服务知识、服务礼仪培训,教育引导员工牢固树立"以客户为中心"的服务理念,把提升服务质量的要求落实到日常工作的每个层面。加快服务渠道创新建设步伐,为客户提供环境优美、设施一流、功能强大的金融服务环境。全年市分行新建、扩建、原址装修改造各类网点18个,新投入ATM等自助设备60余台,服务渠道有效拓宽,服务功能明显提升,初步形成"立体交叉、覆盖全域、功能齐全、方便快捷"的强大服务网络。

【队伍建设】 2012年,市分行继续推进"人才兴行"发展战略,着力建设具有良好综合素质的各类人才队伍。扎实开展形势任务教育和各类业务知识、业务技能培训,继续推行岗位资格认证,推进全员培训工作;建立健全人尽其才的选人用人机制和面向市场的人才补充机制,不断深化人力资源综合开发利用,结合全员竞聘,完善空岗及末位再竞聘的各项制度、办法和措施,建立"纵向可进退、横向可交流"管理体系和公平竞争的人才流动平台;加强客户经理管理,以提升主要产品在中高端客户中的渗透率为主要内容,强化对客户经理考核,明确客户经理工作职责,落实营销任务,通过考核督促客户经理履行市场营销职责,提升客户经理的实战能力和市场冲击力;抓好企业文化建设,坚持把"为了人、依靠人、尊重人、理解人、关心人"贯穿于企业文化建设全过程,充分发挥工会、共青团、女工委等组织的作用,积极开展丰富多彩、积极向上的文娱活动,构建"快乐工作,幸福生活"的良好发展氛围;深入开展民主管理,完善职代会和行务公开制度,维护员工根本利益。

【内控管理】 2012年,市分行在经营管理工作中,坚持内控优先原则,深化各项风险防范工作,切实防范风险。按照内控综合评价"保二增分"的目标,加快和完善内控管理体系建设,制定《攀枝花分行2012年内控建设工作规划》《攀枝花分行内控建设实施细则》等系列制度办法。开展内控建设综合评价工作,强化内控制度约束力,有效推动全行内控案防管理水平提升。全面实施"一岗双责"管理模式,推广违规积分管理办法,推进《业务操作指南》的推广应用,不断强化常规审计与合规性检查,按照《攀枝花分行内审外查责任追究暂行规定》《攀枝花分行内控管理"一票否决"实施办法》,加大对违规违制责任人的问责力度,全年实现案件事故"0"目标。

(李 广)

中国农业银行攀枝花分行

【概 况】 2012年,中国农业银行攀枝花分行(以下简称攀枝花分行)全辖27个营业网点,其中攀枝花分行营业部1个、一级支行营业部4个、二级支行4个、分理处18个,市分行内设部(室)15个,在职职工515人,其中本科220人、大专230人、中专27人、高中24人、初中及以下14人,具有高级职称资格2人、中级职称资格110人、初级职称资格220人、平均年龄41.3岁。固定资产原值18 240万元,比2011年增加1 424万元,净值11 897万元,比2011年减少241万元,资产总额1 029 231万元,比2011年增加108 312万元。

2012年,各项存款余额98.87亿元,较年初增加9.9亿元,计划完成率99%,增幅11.13%,略高于全省平均增幅;各项贷款余额58.05亿元,较年初增加5.05亿元,同比增加47 956万元;全行不良贷款余额合计31万元,较年初增加15万元,低于省分行下达年末控制指标400万元,到期贷款收回率99.99%;全行实现拨备前利润25 299万元,完成年度计划的115%,拨备后利润23 599万元,同比增加42%,完成年度计划131%,全省农行系统内排名第三;中间业务收入7 293万元,同比增加33%,完成年度计划110%,系统内排名第一;经济增加值8 255万元,同比增加69%,完成年度计划183%;人均经济增加值16万元,较同期增加68%。委托资产现金清收2 140万元,年度计划完成率178%。全年综合绩效预考核为第8名,较年初系统内排名提升8名。其中:攀枝花分行领导班子获全省农行2012年上半年二级分行领导班子业绩考核第一名、三季度考核第三名。全年没有发生重大经济、刑事案件或责任事故。2012年,内控评价继续保持全省一类行,获攀枝花市人民银行综合评价A级行荣誉,获攀枝花市政府授予2011年金融工作先进单位称号。

【银政战略合作】 围绕攀枝花打造"中国钒钛之都、中国阳光花城、四川南向开放门户"的战略定位,为适应当地经济社会发展的需要,适应农业银行服务"三农"新突破和全行经营战略转型的需要,攀枝花分行党委审时度势,充分认识到支持地方经济建设的重要性,在深度解读攀枝花市情的基础上,做实银政战略合作协议的各项工作,全力支持地方经济建设发展。通过多次与地方政府和省分行衔接沟通,于2012年6月促成四川省分行与攀枝花市政府签订银政战略合作协议。根据协议约定,"十二五"期间四川省分行将为攀枝花市提供总额不低于300亿元的意向性信用额度支持。根据攀枝花市政府及各县(区)政府推荐的重点项目和企业清单,编制推进攀枝花市"十二五"规划暨支持"国家现代农业示范区"建设重点项目库,收录项目334个、投资金额1 999亿元。把思路变成目录,把目录变成项目,把项目变成方案,把方案转化成具体的"施工图",积极支持当地特色经济发展,对攀枝花特色农业和16个旅游新村进行详细调研,建立20 532户农户基本情况信息档案、85户农业企业和专合社档案,提供信贷支持1.8亿元;加大小城镇建设和省级新农村示范片建设的支持力度,利用"三农"政策优势和产品优势,重点支持红格旅游风情小镇打造和国胜乡特色农业发展,体现出公众持股大型上市银行的职业责任。攀枝花分行积极贯彻落实银政合作协议的行为得到各级政府的认可和支持，攀枝花市政协主席团到分行调研指导，帮助分行发展，多个市级经济主管部门对分行发展献计献策，实现银政合作共赢的良好局面。

【产品运用与创新】 2012年，攀枝花分行进一步夯实客户基础，发掘优良客户，注重公私联动营销，扎实推进新产品、新业务推广应用工作。依托对核心客户供应链的梳理，精选出优质项目，编制龙蟒、昆钢、宏达、德胜、钢城、圣达等七大核心客户金融服务方案，通过组建新产品新业务营销团队，开展核心客户营销工作，大力推广新产品、新业务的应用力度。2012年，分行实现新兴中间业务收入3 510万元，同比增幅为136%，占分行中间业务总收入的48%。国内保理、国内信用证、信用卡分期等新兴业务实现重大突破，成功办理四川省农行首笔国内保理业务，办理国内信用证12.2亿元。在全年绩效考核中分行新兴中间业务排名四川省农行第一，中间业务系统内增幅排名第一。

【存款业务】 2012年，攀枝花分行认真贯彻落实省分行零售业务发展战略，高度重视储蓄存款在业务经营中的核心地位，做好储源挖掘和个人优质客户的拓展维护，储蓄存款保持快速增长的强劲势头，实现新的跨越。紧紧把握"金钥匙·春天行动"零售业务综合营销活动契机，早规划、早行动，制定"春天行动"营销方案和考评办法，匹配专项费用80万元，用于"春天行动"期间挂钩指标奖励，抢占储蓄存款增量至高点，推动零售业务再上新台阶。为激发全员活力，促进储蓄存款快速增长，采取多种激励措施调动全行员工抓储蓄存款的积极性，根据《中国农业银行攀枝花分行城区支行及三农支行综合绩效考核实施细则》将任务层层分解，实行绩效挂钩机制，按季考核兑现，奖优罚劣，以此激励先进、鞭策后进，促进储蓄存款组织工作顺利开展；精选重点理财产品，加强理财产品营销，突出产品优势，采取各种方式和利用各种渠道对农行的理财产品进行宣传，提高农行产品的知名度和对客户的吸引力，全年实现理财产品销售收入23亿元，理财业务收入117万元，让客户既感受到农行的贴心增值服务，又为攀枝花分行零售业务发展添砖加瓦；牢固树立"存款立行，存款兴行"的指导思想，行领导带领相关部门多次下基层、访实情，帮助基层出谋划策，鼓舞一线员工发扬敢于拼搏的精神，确保储蓄存款在激烈的竞争中站稳脚跟。截至12月末，分行储蓄存款余额64.44亿元，较年初增加8.06亿元，同比增加2.23亿元。

【信贷业务】 2012年，攀枝花分行紧紧围绕攀枝花市"十二五"期间良好发展机遇，抢抓攀枝花工业转型、水资源和特色农业开发、打造国家级钒钛之都等重大机遇。重点支持水能、钒钛特色优势产业；重点支持新型工业化、新型城镇化和国家级农业示范基地建设；重点支持科技型、成长型小企业和低风险个人信贷业务；在贷款总量稳步增长的同时，加大县域中小企业和个人信贷投放力度，信贷结构更为优化。新增中小企业贷款49 420万元，新增个人贷款15 155万元，中小企业和个人（含农户）贷款占比31.92%，比年初提高9.14个百分点。年末，米易、盐边两县域支行贷款余额305 875万元，较年初增长42 776万元，增长16.26%，两县域支行贷款占全行贷款总余额的52.69%，客户结构单一、基础薄弱，贷款集中度高、客户结构单一的局面得以初步改观。2012年年末，攀枝花分行AA级（含）以上及免评级客户贷款余额41.8亿元，占全行贷款总额的72.1%，占比较年初上升11.84个百分点，完成计划的113.56%。全年累计发放贷款（不含贴现）51.7亿元，年末，各项贷款余额58.06亿元（含贴现），较年初增加5.05亿元，增长9.53%，信贷总额实现较快增长。全年分行无新增法人贷款形成不良，无垫款发生，存量不良贷款清收成效明显，不良贷款继续实现"双降"，潜在风险客户退出工作超额完成，关注类贷款余额控制在计划内。年末，按五级分类，正常类贷款571 892万元，关注类贷款8 627万元，正常贷款占贷款总额的98.5%；次级类贷款9万元，可疑类贷款8万元，损失类贷款14万元，不良贷款合计31万元，占比为0.05%。到期贷款收回率达到99.99%；累计发放农户贷款8 085万元，年末余额6 708万元，不良贷款6万元，不良率为0.1%。全行潜在风险客户贷款退出400万元，完成省分行计划的400%；关注类贷款提升压降额2 318万元，完成任务的85.85%；不良贷款现金收回额2 141万元，完成任务的178.4%。清收自营不良贷款余额986万元，完成年度计划的986%。

【中间业务】 2012年，攀枝花分行实现新兴中间业务收入3 510万元，同比增幅136%，占中间业务总收入的48%。国内保理、国内信用证、信用卡分期等新兴业务实现重大突破，成功办理全省农行首笔国内保理业务，办理国内信用证12.2亿元。在上半年绩效考核中分行新兴中间业务排名全省第一。围绕攀钢集团等七大企业产业链上的中小企业，找准产品营销和金融服务创新切入点，办理保理业务1.2亿元，为全省首家办理该项业务的分行。办理国内信用证项下买方代付业务12.2亿元，全省排名第一。加快银行卡消费促销和收单业务市场拓展，提高信用卡激活使用率，促进卡产品和电子银行产品的快速发展。攀枝花分行新增个人电子银行注册客户83 736户，企业电子银行923户，销售本外币理财产品23亿元，代理销售基金25 000万元，实现基金业务收入34.96万元，计划完成率首次进入全省前三名行列。实现理财业务收入103.63万元，完成四川省分行下达计划的134.58%。

【服务"三农"与县域经济】 2012年，攀枝花分行全面落实省分行农村产业金融业务"千百工程"计划，扎实开展"四进两户"活动，活动期间共营销法人优质客户44户，完成目标任务的293.33%，在全省单项指标排名第1位；法人有效账户营销实现强劲增长，共营销法人有效账户147户，完成目标计划的490%，在全省单项指标排名第6位；营销基本账户132户，完成目标计划的942.86%，在全省单项指标排名第6位，活动综合排名取得全省第5的优异成绩。继续以惠农卡、助农取款、助农存款“三位一体”的模式加强农村渠道建设，变零星推进为项目推进和整村推进，截至12月末，全市共发放惠农卡45 797张，较年初增加4 827张。发放助农取款点294个，除47个行政村由于网络原因未实现覆盖，其他行政村均实现覆盖，有效提升农业银行服务“三农”的能力和形象。攀枝花分行抓住四川省分行与攀枝花市政府签订《推进攀枝花市“十二五”规划暨支持“国家现代农业示范区”建设全面战略协议》的契机，及时组织县域行围绕国家现代农业示范区的特色农业、旅游新村建设、农业水利基本建设等进行充分调研。至年底，已建立13 379户农户基本信息档案、85户农业企业和专合社档案、4户农业水利项目资料，为做实“三农”服务工作奠定基础。同时，加大对符合条件的“三农”企业和农户信贷支持力度，全年，农户贷款余额6 708万元，对全市13户省级农业产业化龙头企业中的9户提供金融服务，信贷支持16 500万元；对10户市、县级农业产业化龙头企业提供金融服务，信贷支持5 450万元。

【委托资产管理】 2012年，攀枝花分行紧紧围绕“夯实管理基础，突出价值创造，提升可持续发展能力”的总体要求，以省分行下达的委托资产清收任务1 200万元、委托资产处置手续费收入170万元为目标，进一步完善政策措施，强化价值管理，创新方式方法，深挖处置潜力，提高管理水平，有效防控风险，充分发挥特殊资产经营部清收主力军作用，克服委托资产清收资源枯竭、清收难度加大等诸多困难。

2012年，分行共实现委托资产现金清收2 140.82万元，其中清收委托不良贷款本金1 888.28万元、表外利息252.54万元，完成四川省分行下达全年清收计划1 200万元的178.40%，完成攀枝花分行工作目标任务1 500万元的142.72%，完成攀枝花分行奋斗目标任务2 000万元的107.04%；四川省分行今年未对攀枝花分行下达自营不良清收任务，但攀枝花分行仍然对形成不良的客户进行有效清收，实现自营不良贷款清收986.84万元，其中清收自营不良贷款本金43.5万元、利息943.34万元；全行实现委托资产处置手续费收入726.65万元，完成计划目标170万元的427.44%。

【网点转型】 2012年，攀枝花分行积极探索符合分行实际的网点转型新路子，按照“简单业务自助化、复杂业务低柜化、后台业务集中化、高端服务个性化”要求，以“赢在大堂”为目标，分别从加快运营体系改革，加大渠道建设力度，加强大堂人员配置，建立季度分析制度等多维度强力推进网点转型。为创新履职督导，深化网点负责人履职监督，推进网点转型，出台《营业所、分理处主任履职督导实施意见》，按季考核、督导；大力推进后台中心建设，4月，督导系统上收全行监管工作，攀枝花分行是系统内全省除试点行外，首家实现“三大中心”（作业中心、授权中心、监控中心）全覆盖的二级分行。在继“三大中心”（作业中心、授权中心、监控中心）上线后，又投入330万元，加强现金中心库房和集聚建设，全市90%网点押运业务全部上收现金中心，共节省守库和管库人员20人，实现对城区29台离行式ATM进行集中加钞，全市现金清分集中率达100%。运营管理工作考核由2011年全省农行二级分行第20位上升到2012年的第8位；配套加快现金物流配送中心建设，及时将全行离行式自助机具上收到攀枝花分行现金中心进行全流程管理，在行式自助机具以支行为单位实行集中管理，攀枝花分行现金中心按需提供配钞服务；组织运营、个金、现金中心部门人员，深入营业网点进行坐班调研，从晨会到接送钞箱，针对“三大集中”（集中作业、集中监管、集中授权）对网点业务流程带来的新变化以及相关规章制度，进行认真分析及风险评估，拟定《攀枝花营业部柜员按劳动组合调整方案》，最大限度地释放人力资源，基本保障了网点大堂经理、客户经理和低柜人员的配置；坚持和规范每周一期的产品直通车培训，强化对柜员理念和产品知识的灌输；以机构落地与服务外包为契机，强化网点营销人员配置工作，配备大堂经理25人，配备大堂引导40人，组织客户经理、大堂经理、网点负责人及大堂引导员岗前培训和私人银行业务等各类培训共7期，参训人员达到200余人（次）；精品网点实现以网点主任、客户经理、大堂经理、理财经理构成营销团队，基础网点形成以网点主任、大堂经理构成的营销团队，“赢在大堂”策略得以落地，攀枝花农行零售业务转型得以全面推开，农行的社会形象和同业竞争力显著提升。

【内部基础管理】 2012年，攀枝花分行党委持续导入推进现代商业银行建设核心理念，加快向现代商业银行转变步伐，作为当前和今后一段时间员工培训的重要内容，旨在从根本上彻底解决“大锅饭”、平均主义、小富即安等思想问题。通过现代商业银行核心理念的持续导入和根植固化，打破全行党员干部思想枷锁，突破精神桎梏，校正思想观念，扭转长期以来墨守成规传统思维约束，打破平均主义陈旧模式的羁绊，促使干部员工思想、观念、精神等“内因”从量变到质变，实现思想解放、观念更新，为适应经营战略转型打下坚实思想基础。

2012年，攀枝花分行在夯实内部管理基础上先后开展“基础管理提升年、党员干部作风建设、廉政文化建设、合规文化建设、员工精细化管理”等主题教育实践活动。对2011年业务经营指标真实性进行审计，对县支行行长、攀枝花分行派驻各县支行独立审批人进行责任审计。规范授权管理工作，不断加大反洗钱宣传及培训力度，开展内控合规信息管理系统（ICCS）培训，组织开展内部控制综合评价，实现分行内控评价一类行奋斗目标。

攀枝花分行紧紧围绕"加强廉政文化建设,推进廉政风险防控"为主题的教育实践活动,各级行党委层层签订《党风廉政建设、案件防范、安全保卫及合规经营操作责任书》510份,建立领导干部廉政档案95个,个人重大事项报告15人(次),发出廉政提示函17份,纪委电话查岗163人(次),党委书记廉政谈话24人(次)。各级行严格追究违规责任,共处理、处罚相关责任人45人(次),其中纪律处分1人、通报批评5人(次)、经济处罚39人(次),合计1.5万元。行内不正之风得到有效制止,全辖无吃、拿、卡、要、借、报等现象发生,辖内无经济案件、刑事案件、重大违规事件发生,实现零案件的目标任务。

【人力资源改革】 2012年,攀枝花分行紧紧围绕"夯实人力资源管理基础,服务业务经营发展"这条主线,转变观念,优化工资资源配置,促进业务经营转型。薪酬改革坚持"以岗定薪、以能定资、以绩定奖、岗变薪变"的基本原则,与组织绩效、部门绩效和员工个人绩效紧密挂钩,积极引导广大员工不断提升自身综合能力,尽职工作,逐步在全行牢固树立起"增资靠效益、收入凭贡献"的分配理念,确保薪酬改革的平稳推进和顺利落地。

按照"公开、公正、公平"的原则,对干部选拔流程进行规范,委托专业考试公司出笔试题并阅卷,面试采取引入第三方专家团队与本行行领导、机关部门负责人、支行领导、员工代表共同组成评委,设置不同权重分值,弱化人为因素影响,实现干部选拔透明化。年初,组织对缺岗职位进行公开竞聘,20名干部入围考察,为调整充实后备干部人才库打下基础。通过提拔、交流、到龄即退等方式,共对44名科级干部进行调整,其中提拔14人(含副职提正或主持工作5人、提拔助理9人)、同职级轮岗交流23人、到龄退职7人。

为充分发挥县(区)支行领导班子的核心作用,攀枝花分行修订完善《攀枝花分行县(区)支行领导班子领导干部年度考核实施细则》,对支行班子重点突出业绩评价、满意度评价和廉政评价;对班子成员重点突出分管工作任务完成考核、履职规范评价和廉政评价,加强和完善年度考核管理工作;严格执行干部管理报告、报批、报备制度,出台《攀枝花分行关于实施干部晋升个人申报制规定》,对全市农行科级主持工作副职和科级助理晋升职务,采取个人申报制的方式由组织择优考察聘任;采取定量考核与定性测评相结合,现场测评、现场述职的方式,组织开展4个支行班子及成员、分行机关部室主要负责人、分行领导年度述职考核、民意调查、攀枝花分行一报告两评议、离任党委书记评议等四项网上测评工作。

健全完善以时代光华、网络学院和直通车为平台的学习机制。2012年组织全行员工参加时代光华在线学习率为100%;开展以新员工、中年员工、中层管理干部为对象,以"职业角色转换""综合素养提升""管理技能强化"为主题的"2012年e学e训"在线学习活动,参加学习人数164人;共组织直通车培训43期,重点突出新产品知识、新业务技能、新系统操作和规章制度的培训学习,参训员工达到9 073人(次),组织产品考试1次,参考员工288人,考试合格率100%。组织新业务适应类、岗位技能提升类、中年员工类等培训27期,参训员工达2 004人次,全行人均培训3.97次;组织产品经理岗位资格考试,合格32人、信贷业务岗位资格考试80人、银行卡业务岗位资格考试28人;考取中国注册金融分析师(一级)3人、金融理财师(AFP)6人;对助师资格确认12人,中级确认4人。

(杨丽梅)

中国银行攀枝花分行

【概　况】 2012年,中国银行股份有限公司攀枝花分行(以下简称分行)内设7个部门(原信息科技部并入综合管理部),16个营业机构,其中1个营业部、15个经营性支行,在岗员工260人,较2011年增加17人,员工平均年龄32.5岁,大专以上学历253人,占员工总数的97.30%。分行资产总额72.68亿元,较2011年增加14.81亿元,增长25.59%;负债总额70.40亿元,较2011年增加14.74亿元,增长26.48%,固定资产原值5 736万元,较2011年增加304万元,增长5.60%,累计折旧2 503万元,较2011年增加387万元,增长18.29%,固定资产净值3 232万元,较2011年减少84万元,下降2.53%,无形资产71万元,较2011年减少6万元,下降7.79%。

2012年,分行继续贯彻落实总行"调结构、扩规模、防风险、上水平"十二字方针和省分行2012年工作会议精神,抓住新一轮西部大开发等重大机遇,认清形势,以"加快发展"为工作基调,着力抓客户基础和管理基础,抓内部控制和风险防范,积极调整业务结构,推进产品创新,加强渠道建设、队伍建设、企业文化建设、党风廉政建设。全年,分行资产业务迅猛发展,负债业务稳步增长,中间业务高位求进,客户基础明显改善,内控水平不断提升,渠道建设按计划推进,管理水平提高,各项工作取得长足进步。

2012年,全行实现考核利润15 665万元,较2011年增加2 998万元,增长23.67%;实现EVA(经济价值增加值)4 533万元,同比增加1 175万元,增长101.68%;实现RAROC(风险调整资本回报率)17.29%,同比增长2.48%。

截至12月31日,分行人民币各项存款余额360 571万元,比年初减少1 551万元,下降0.43%。其中,公司存款125 893万元,比年初减少28 292万元,下降23.41%,储蓄存款240 402万元,比年初增加26 741万元,增长12.52%。各项外币存款809万美元,较年初减少169万美元,下降17.23%,其中,公司存款53万美元,比年初减少239万美元,下降81.69%,储蓄存款737万美元,比年初增长78万美元，增长11.85%。

人民币贷款余额为738 487万元，较年初增加152 059万元，增长26.26%。其中，人民币公司贷款余额为601 362万元，比年初增加79 450万元，增长15.26%，零售贷款余额23 108万元，比年初增加2 376万元，增长11.46%。外币贷款余额2 119万美元，较年初减少426万美元，下降16.73%。信贷不良资产余额为4 288万，其中公司不良贷款4 263万元（已拍卖）、零售不良贷款25万元，全行贷款不良率为0.58%。

全行B(含)类以上62户，占总评级客户96.88%。全行授信资产五级分类为：正常类贷款占比为96.43%，关注类贷款占比为2.99%，次级类贷款0万元，可疑类贷款占比为0.58%。2012年，分行继续保持攀枝花市政府、市精神文明建设委员会授予的“市级文明单位”称号。

【负债业务】 2012年，为加快个人负债业务的快速发展，分行精心策划、统筹安排，实施个人负债业务批发策略，构建“四位一体”的营销体系（实行领导联系网点制度，构建联系行领导、机构负责人、理财经理、柜员分层立体营销体系）。坚持公司、个金联动，以公司业务带动个人业务，强化营销职能。在全行范围内开展“爱行揽储”等活动，加强对营业网点的管理、指导及形象提升，分行投入10万元为每个网点配置报夹、咖啡机、制作规范填单台及产品宣传栏；投入17万元购置印有“中国银行LOGO”字样的购物袋、钱袋及卡套；投入10万元通过车身广告等方式积极宣传“四大品牌”；投入5万元通过媒体、刊物、报纸夹带等方式宣传“买黄金到中行”的品牌理念；做大做强公积金贷款业务，截至12月末，代理发放公积金贷款48 333万元。加强渠道建设，提高网点的硬件设施条件，全年分行完成2台自助设备投放，大中型网点新增1个（临江路支行），实现机场路支行营业用房购置，营业部建成“出国金融服务点”。

为推进公司负债业务迅速发展，分行注重对重点业务进行营销，积极拓展基础客户，发挥全行整体营销功能，充分调动客户经理工作积极性和参与市场营销主动性，行政事业客户取得历史性突破，截至12月末，分行新增行政事业单位账户17户，存款余额达60 491万元，较年初增长29 348万元，增幅为94.2%。

【资产业务】 2012年，分行按照总行、省分行年初工作会议精神，继续保证攀枝花市重点建设项目需求，在巩固存量的基础上，继续保持对重点客户适度信贷支持，围绕大型企业上下游客户群体、进出口企业群体，积极推介信用保险项下融资、应收应付账款融资、国际国内信用证项下融资等供应链融资新产品或产品组合，拓宽企业融资渠道，抓住省分行建设“中小企业融资主办行”品牌契机，发挥中小企业“中银信贷工厂”授信新模式优势，根据攀枝花市产业规划，结合省分行授信政策指引，把钒钛、矿业等行业中小企业客户作为客户结构调整战略重点，争取的贷款规模优先保障中小企业贷款需求。截至2012年年末，分行中小企业授信客户17户，较年初新增10户，发放中小企业贷款16 590万元。

零售类贷款方面，分行继续坚持以房贷业务为主，加快非房贷业务发展，不断提高非房贷业务占比，做好存量和新增楼盘个人贷款投放工作，大力发展消贷业务。截至2012年年末，零售贷款余额为23 108万元，较年初增加2 376万元，增长11.46%，公积金贷款余额为67 021万元。

【中间业务】 2012年，分行以贸易融资、跨境人民币结算融资产品为依托，以拓展国际结算业务新增长点为补充，大力拓展重点客户上下游客户和新的进出口企业客户，积极推广新产品，促进国际结算中间业务收入快速增长，用好用活票据贴现规模资源，合理报价，抓住贷款规模管控契机，提高对新模式下中小企业贷款客户议价水平。继续稳固个人结售汇和国际汇款等传统优势业务，发挥网点理财经理作用，积极推进三方存管、代销基金、代理保险销售等业务，重视个人网银、手机银行、电话银行业务拓展，提高电子业务中间业务收入贡献度，引导客户在网上银行办理购买理财产品、基金、汇款等业务，举办贵金属巡展，销售贵金属，采取生日慰问、节假日短信问候、答谢会等形式维系VIP客户，深挖VIP客户资源，提高中高端客户资源占比。2012年，分行个人基础客户数量得到较大提升，第三方存管客户较年初增长301户，代理保险2 277万元，代销基金9 223万元。

2012年，分行实现中间业务净收入5 243万元，同比增加1 155万元，增长28.25%。

【产品创新】 2012年，分行制定产品创新与推广奖励办法，成立产品创新与推广工作领导小组，指定部门负责全行创新管理工作，组织全行员工积极参加“新征程心体验金点子在行动”四川省分行创新项目推广大赛，获得省分行表彰。

全年，分行共推广创新产品8个，自主创新1个。成功办理总行主推的新产品销易达1亿元，易付达1亿元，商易达4.5亿元，LC项下跨境人民币转收汇1 626万美元，融易达4.61亿元，“汇市争锋”理财新产品1 000万元，T+1超短期远期结汇250万美元，国内商业发票贴现3.24亿元，成功营销四川省最大单T+1项下远期售汇业务2.4亿澳大利亚元等。

【内控管理】 为加强内控制度建设，分行开展“平安中行”的合规文化教育活动，建立、健全内控管理体系和机制。加强对员工的教育，筑牢思想道德防线。分批组织员工参观市看守所，观看《贪欲使他走向了深渊》《拐了弯的人生》等10余部警示教育片，对在岗员工开展覆盖面达100%的两次员工行为排查，掌握员工八小时内外思想及行为动态，加强对员工的日常监督管理。开展对理财经理、消费信贷客户经理的专项排查。开展对员工“八个不准”的专项排查，与员工签订《中国银行四川省分行员工自觉遵守“八个不准”不参与民间借贷、违规担保、非法集资活动承诺书》。不定期抽查《双十严禁》《四川银监局五十个严禁》《从业人员职业操守指引》等规定内容。实行案防和内控工作常态性管理，定期召开案防工作和内控工作专题会议。加强岗位轮换、强制休假、代职管理和业务经理派驻制度。全年完成轮岗26人，完成率100%，完成强制休假44人，完成率100%，代职7人，完成率100%。

分行在2012年内审和外审工作中，整体情况良好，特别是常规稽核检查发现问题较往年减少，多次被攀枝花市银监分局、四川省分行表扬，实现全年无案件发生。

【人力资源管理】 2012年，分行不断充实员工队伍，招收优秀应届大学毕业生32名，大堂经理7名，全行在岗员工从年初243人增加到260人，分行大学本科学历比率为57%，40名派遣制员工参加总行择优选聘考试，13人获总行转正批准，转正率达32.5%，加强业务经理队伍建设，现具有业务经理任职资格人员达38人，职数比2.34∶1，采取离岗集中培训的方式对管理人员、客户经理进行系统培训，在人员紧张的情况下成立由15名综合营销人员组成的营销中心。

截至12月末，分行共进行237次培训，人均参加培训76小时，培训4 126人(次)，上派省分行、城区支行学习20人(次)，下派部门人员4人(次)到网点学习，组织5次公开课培训，培训达221人(次)，对近年来新入行的31名员工进行为期5天的军训。

【员工素质与服务】 分行把“追求卓越”和“诚信、绩效、责任、创新、和谐”作为企业文化建设的核心工作，打造友爱、融洽、和谐的人文环境，持续加强对员工服务礼仪、服务技巧的培训力度，坚持每月对全行文明优质服务工作进行检查、通报，提高业务技能，落实业务技能测评工作。分行下发《2012年业务技能测评工作方案》，明确业务技能工作总体目标和奖惩办法，加强组织领导，明确业务技能练兵计划，2012年技能测评中，分行35岁(含)以下员工参测率99%，合格率、能手率均达到100%，开展多样文体活动，成功举办第一届职工运动会，参加省分行第二届职工运动会，获“最佳组织奖”。

(胡长生)

中国建设银行股份有限公司攀枝花分行

【概　况】 2012年，中国建设银行股份有限公司攀枝花分行(以下简称建行攀枝花分行)有机构总数25个，其中建行攀枝花分行1个、营业部1个、县支行1个、县级支行8个、分理处1个、储蓄所13个，职工总数428人，平均年龄40.5岁。全行固定资产原值14 107.67万元，较2011年末增加1 660.61万元；固定资产净值7 462.77万元，较2011年增加1 433.51万元。

全年，建行攀枝花分行以市场为导向、以客户为中心，按照上级行工作部署，因地制宜采取措施，着力拓展市场份额，促进各项业务平稳、较快增长，截至年底，一般性存款余额98.21亿元，新增13.28亿元，增长15.64%，计划完成率117.52%。其中，对公存款32.85亿元，新增5.98亿元，增长22.26%，计划完成率108.78%；储蓄存款65.35亿元，新增7.29亿元，增长12.56%，计划完成率125.69%。各项贷款余额65.13亿元，新增7.95亿元，增长13.90%。其中，公司类贷款59.84亿元，新增7.31亿元，增长13.91%；个人贷款5.30亿元，新增0.64亿元，增长13.80%。实现中间业务净收入1.20亿元，同比增加0.54亿元，增长80.96%，计划完成率106.15%。其中，个人类中间业务净收入0.43亿元，计划完成率104.48%；公司类中间业务净收入0.77亿元，计划完成率100.77%。实现利润2.52亿元，同比增加1.08亿元，增长75.38%。全年无案件、无不良贷款、无重大违规违纪事件和重大责任事故。

【资产业务】 由于预期2012年信贷规模的紧张状况年内难以有效缓解，为抢占先机、备足项目，力争早投放、早见效，建行攀枝花分行早在2011年四季度就对2012年的信贷项目进行充分准备，在开年后陆续进行大规模投放，2012年一季度投放总量超过10亿元，为全年信贷工作打下良好基础。

为贯彻落实建行总行“三大一高”(大行业、大系统、大城市，高端客户)经营战略，建行攀枝花分行结合攀枝花市实际，将原材料生产企业的攀钢集团和基础设施建设的丽攀高速等作为贷款投放重点，同时关注高收益优质客户、战略性客户和资产质量较好、综合收益较高的中型客户贷款需求，作好上述客户贷款项目调查、评估、报批、投放等工作，在信贷规模偏紧的形势下，重点投放攀钢集团矿业公司贷款9亿元、西昌钢钒有限公司银团贷款10亿元、攀枝花钢城集团有限公司贷款5.5亿元、四川高速公路建设开发总公司丽攀(丽江到攀枝花)高速公路建设项目贷款2.48亿元，为企业生产、建设和经营活动提供资金支持。为顺应国家信贷政策向小微企业倾斜的投放导向，帮助小微企业化解融资难题，实现银企共赢，2012年，建行攀枝花分行继续把拓展中小企业贷款作为信贷工作的一项重要内容，在对攀枝花市核心产业链及上下游企业进行梳理的基础上，结合攀枝花资源优势和产业链发展情况，加强市场调研与行业分析，适时跟踪企业发展变化，组织开展“送金融知识进中小企业”营销宣传活动，筛选优势、特色、重点行业中优质企业给予优先支持，为客户量身定做金融方案，同时对小企业业务进行规范化管理，建立审批权限内小企业贷款准入制度，召开审批会23次，准入小企业客户67户，准入金额9.74亿元，发放中小企业贷款90笔，投放15亿元，中小企业非贴现贷款年末余额18.52亿元，较年初新增3.95亿元，增速27.11%，非贴现贷款小企业客户69户，较年初新增8户，增长13%。

为适应信贷规模偏紧，无法满足企业融资需求的新形势，建行攀枝花分行从市场需要出发，通过拓展国内信用证、银行承兑汇票等表外业务，开辟新的融资渠道，解决客户融资难题，为攀钢钒钛股份有限公司定向发行10亿元保本型、融资性理财产品，全年共办理国内保险理赔92笔，金额11.35亿元、国内信用证14笔，金额2.78亿元、办理保函33笔，金额3.70亿元、办理银行承兑汇票60笔，金额33.42亿元，有效缓解客户融资需求。

为支持保障性购房需求，建行攀枝花分行加强个贷项目储备，做好存量和新增楼盘个人贷款投放工作。在"曼哈顿国际社区""红山国际""峻岭天下""蓝湖国际"等存量楼盘项目贷款投放工作的同时，密切关注当地房地产市场动向，及时捕捉新建项目信息，把销售良好、储备充足、信誉优良的开发商及其开发项目作为营销重点开展营销工作，"西贵金沙""金海·世纪城"等15个楼盘项目获建行四川省分行准入并陆续投放。2012年，建行攀枝花分行共发放个人贷款523笔，金额13 092万元，其中存量楼盘贷款5 500万元，新楼盘贷款5 845万元，二手房贷款1 267万元。经省分行批准，2012年5月，建行攀枝花分行成功开办个人助业贷款业务并于年内发放个人助业贷款480万元。

为增加非重点行业和企业贷款占建行攀枝花分行贷款总量的比重，调整和优化贷款结构，建行攀枝花分行以国家信贷政策向中小企业倾斜为契机，通过着力发展中小企业贷款、个人消费贷款等措施，对贷款结构进行主动性调整，贷款结构趋向合理。截至12月31日，全行共新增中小企业非贴贷款5.37亿元、涉农贷款4.52亿，中小型企业贷款占总贷款的比例由2011年的27%上升到30%。

【负债业务】 2012年，建行攀枝花分行通过宣传教育，提升全行员工对增存工作重要性、紧迫性的再认识，打消员工畏难情绪，鼓励员工勇于开拓、善于竞争，为打好"增存"工作攻坚战奠定思想基础；在省分行下达的增存任务的基础上，自加压力，加码分配、落实增存指标，要求各条线、团队和网点动员全体员工全力以赴、千方百计完成任务；开展以吸收个人存款为重点的"锦龙舞春章，建行送吉祥"旺季营销活动，加大营销力度，抢占市场份额。2012年2月2日～8日，各储蓄网点奋战"黄金周"，7天增存3 800万元，至3月末，全行共新增个人存款2.90亿元。大力拓展结算账户，夯实客户基础，全年共新开账户800多个，新增账户500余户，新账户存款9亿余元，其中新增存款5 000万元以上的6户，新增存款1.5亿元以上的3户；抓住攀枝花市新一轮招商引资及重大项目建设机遇，重点关注、跟踪和营销重要客户及其上下游关联企业，成功营销一批重点企业、2户攀枝花市前50强纳税客户和近50户工业园区企业；以攀枝花市政府打造"中国钒钛之都"为契机，结合小微企业信贷营销，深入各园区企业开展工作，加强小企业信贷客户及其关联账户营销，深入挖掘上下游关联客户存款潜力，拓展小企业条线管理客户存款，增加资金沉淀；强化财务资源配置，对增存工作匹配一定的营销费用，开展元旦、春节、"五一"、国庆等重大节日客户答谢、联谊等活动，促进存款稳定增长；抓网点调整，增强储蓄网点的增存能力，年内搬迁和装修储蓄网点3个，搬迁后的阳光骊景储蓄所、鑫源储蓄所全年新增均在5 000万元以上，远高于全行网均新增存款3 038万元的平均水平。

【中间业务】 建行攀枝花分行领导班子在对建行攀枝花分行2012年可能面临的内外经营形势进行深入研讨的基础上，确立"多管齐下"推动中间业务发展的经营策略。"多管齐下"即从政策、机制、措施、奖惩等多方面入手，充分调动全行员工的积极性，推动中间业务持续、快速、超常增长。将中间业务计划纳入部门、网点负责人年度考核，将中层干部的工作压力转化为工作动力；加大财务资源向中间业务的配置力度，用经济手段刺激中间业务发展；明确主攻方向，引导员工加大对重点业务和产品营销力度；动员非经营部门参与营销，构建全员参与的营销氛围；定期召开中间业务推进工作领导小组会，研究措施、布置任务，检查、指导面上工作；定期召开中间业务例会，通报工作进度，解决工作中遇到的困难和问题，落实各项工作措施；发挥重点产品牵头人作用，有序推进重点产品营销工作；举办新春客户答谢会、电影专场等活动，提升个人中高端客户服务水平；为高端客户提供专享服务，提升客户满意度；创新代销保险销售模式，举办9场保险产品说明会、9期送金融知识进社区宣传、实物黄金现场展销、实盘交易大赛等活动，扩大社会公众对建行产品的知悉度，促进产品销售；与车商合作开展车展、团购活动，与商户合作开展"刷卡有礼"活动，营销信用卡分期业务，拓展大型商户收单市场，促进刷卡消费；组建对公结算产品专业营销团队，利用结算产品推介会等渠道和方式，促进电子回单柜、结算卡、电子对账等重点对公产品的营销；以上级行电子银行业务优惠政策为契机，加强业务宣传，促进电子银行业务发展；定期召开对公中间业务及重点产品推进会，助推融资性对公理财产品销售，满足客户融资需求，促进对公中间业务发展。2012年，建行攀枝花分行中间业务净收入由2011年的0.66亿元上升到1.2亿元，同比增长80.96%。

【电子银行业务】 2012年，建行攀枝花分行把电子银行业务作为一项战略性业务常抓不懈，通过按日达标管理、短信提醒、电话督导等工作措施，促进电子银行快速发展。为提升电子银行新开户同步签约率，以新开户同步签约电子银行为切入点，强化对新开户环节的同步营销。为增强电子银行业务对客户的吸引力，以上级行推出“签约三项电子产品（即网上银行、手机银行、短信银行）免费赠送 U 盾”和签约手机银行免收服务费等优惠政策为契机，组织员工特别是大堂经理加强营销宣传，促进电子银行业务发展。截至 12 月 31 日，全行共新增电子银行个人客户86 148户，其中个人网上银行32 786户、手机银行31 134户、短信银行22 228户，单位电子银行综合客户新增达 200 户以上。

【信用卡业务】 2012 年，建行攀枝花分行继续在全行实施全员营销奖惩办法，既向各业务条线、经营网点下达年度任务外，又向业务支持部门、后勤保障部门下达营销任务，并将任务与年度考核、绩效分配挂钩，实行专项奖惩，营造全员营销氛围，调动部门、网点及其员工的积极性，同时加大对汽车卡、信用卡购车分期付款等相关业务的媒体宣传力度，加强与车商、特约商户、免费洗车点、中石油攀枝花分公司的合作，与商户合作推出“刷卡有礼”促销活动和与车商合作推出的“车展”促销活动，延续以前年度推出的汽车卡用户免费洗车、道路救援、加油优惠、积分换油、购买保险等优惠措施，推动信用卡发卡及刷卡消费、分期业务的发展。截至 2012 年 12 月 31 日，信用卡累计发卡59 810张，信用卡客户净新增15 442户，其中高收益卡新增2 993张，实现信用卡收入2 070万元，其中发卡收入 815 万元、收单收入 158 万元、分期收入 441 万元；信用卡收入占个人金融业务收入的比重达 36%，高于全省建行系统平均水平 6 个百分点，居全省建行系统市、州分行第 6 位。全年共办理信用卡分期交易7 115万元（其中汽车专项分期交易6 565万元、商户分期交易 550 万元），较 2011 年增加3 845万元，全年实现收益 220 万元，递延收益 260 万元，总收益 480 万元。

【内控管理】 2012 年 3 月，建行攀枝花分行组织召开所长以上领导干部纪检监察、安全保卫工作会，对全年工作进行全面部署。组织全行领导人员签订《反腐倡廉责任书》《廉洁合规从业承诺书》《案件防控工作责任状》，分解落实《案件防控要点 100 条》，约束员工从业行为。组织全行员工学习贯彻《中国建设银行工作人员违规失职行为处理办法》和上级行及监管部门下发的禁止性规定，组织开展领导人员廉洁从业教育活动，强化员工的动态管理，按季组织全行员工进行岗位操作风险自查、报告、处置工作，整改风险隐患。认真落实要害人员轮岗、强制休假、轮换、交流制度，按月召开案防工作例会，及时发现和处置存在的问题。为加强风险管理和合规建设，结合建行攀枝花分行实际，研究制定、修订多项内部风险管理办法和实施细则。加大合规理念和操作风险管理业务知识的培训力度，举办风险管理、合规操作知识竞赛。增加重大节日节前检查和日常监督检查密度，加强对风险隐患、违规操作等行为的积分处罚力度，按月召开风险管理例会，及时处置各类风险隐患。完善防火、防盗窃、防抢劫、防诈骗和重大自然灾害等突发紧急事件应急预案，加强应急演练，增强员工应急处置能力。强化积分管理，严肃查处和通报违规失职行为。加强风险预警和员工行为排查，针对攀枝花部分民营企业主“跑路”事件和肖家湾煤矿“八二九”矿难事件对建行攀枝花分行可能带来的信贷风险，及时组织信贷和风险管理人员对其关联企业和相关行业的信贷项目进行梳理和排查，规避信贷风险。全行实现无案件、无重大责任事故、无重大违规违纪行为“三无”目标，资产质量优良，不良贷款保持为零。

（邹瑜琦）

交通银行攀枝花分行

【概　况】 2012 年，交通银行股份有限公司攀枝花分行（以下简称分行）内设 6 个部（室），下辖 9 个营业网点（8 个支行、1 个营业部），现有从业人员 151 人。固定资产原值5 680万元，固定资产净值2 406万元，全年资产总额384 400万元。

2012 年，分行在宏观经济增速趋势放缓、利率市场化改革加速、直接融资渐成气候、金融脱媒加速演变等严峻形势下，以“稳发展、促转型、控风险、抓改革、增效益”为主线，以“弘扬交行精神，全面提升核心竞争力”为载体，加快转型，调整结构，夯实发展基础，提升资产质量，加强内部控制，各项业务经营管理持续、健康、协调发展。截至 12 月末，本外币资产总额384 400万元；人民币存款余额353 716万元，其中对公存款余额213 589万元、储蓄存款余额140 127万元；外币存款余额 68 万美元；人民币贷款余额249 727万元，比年初增加27 707万元，增长 12.48%，其中人民币对公实质性贷款余额169 993万元、个人贷款余额22 494万元、小企业信贷余额52 480万元、票据贴现余额4 760万元；不良贷款余额 729.49 万元，比年初减少 140.16 万元，占比 0.29%，下降 0.1 个百分点。实现账面利润10 935万元，比年初增加1 785万元。分行营业部获“2012 年度中国银行业千佳文明规范服务示范单位”称号、“交通银行 2012 年优秀服务网点”称号；分行获交通银行四川省分行 2012 年度“内控先进行一等奖”、交通银行四川省分行“分行级营运工作示范行”称号、交通银行四川省分行 2012 年度“信息工作先进单位”称号，被攀枝花市公安局授予“安全保卫先进集体”。

【资产业务】 2012 年，分行根据总行信贷政策导向，结合攀枝花区域经济特点与分行实际情况，优化信贷资产在行业、客户、产品中的配置，坚持把实体经济作为信贷资金投放的重点，积极介入资源开采、装备制造和民生相关领域重点项目，拓展钒钛、钢铁、能源、化工四大支柱产业上下游优质客户，巩固扩大与攀枝花钢铁集团公司、攀枝花煤业（集团）有限责任公司、攀枝花钢城集团有限公司三大企业合作力度。截至 12 月末，对公实质性贷款余额169 993万元。加大小企业信贷业务发展力度，出台《攀枝花分行2012年小企业客户经理考核办法》（试行），从客户结构、行业结构、期限结构、产品创新及综合回报等方面入手，以“低资本消耗，低成本竞争，高效益回报”为出发点，强化客户分层，加强分层精细化管理，推广运用“蕴通供应链”的集群化营销模式，实现抓大带小、以小促大的链条式营销，打造针对客户分层结构创新差异化的产品，完善业务品种，为客户提供更优质金融服务。截至12月末，小企业实质性贷款客户45户，小企业实质性信贷余额52 480万元，比年初增加14 010万元，增长36.42%。成为全省交行系统第一家小企业贷款余额突破5亿元的经营单位，获得中央及省级财政奖补资金。继续坚持以房贷为主、个人经营性贷款等其他消费为辅的产品策略，针对实力较强、市场占比较大的个体商户推出个人短期经营性贷款、个人中长期经营性贷款、个人商业用房贷款、个人经营性物业抵押贷款、个人小型设备贷款、个人循环贷款、沃德经营贷、e商贷等业务，推动业务“存、贷并举”“质、效同升”的全面发展。截至12月末，个人贷款余额22 494万元，比年初减少1 290万元，下降5.42%。积极创新融资渠道，解决企业融资难题。通过交通银行总行交银租赁公司为攀煤华荣发放融资租赁贷款7亿元；积极协调华润信托公司，成功为攀煤华荣发放2亿元单一资金信托贷款（占交行授信贷款额度）；累计为攀枝花钢城集团有限公司及其下属贸易公司签发国内信用证2亿元，缓解企业贸易环节的资金压力。2012年，分行共签发银行承兑汇票16.14亿元，其中攀枝花钢城集团有限公司2.04亿元、攀枝花钢城集团贸易有限公司2.31亿元、攀枝花市商业银行股份有限公司9.98亿元、中小企业1.81亿元，最大限度地满足攀枝花市大中小企业融资需求，解决企业资金紧张问题，加快企业规模化、产业化建设步伐，为攀枝花市经济发展作出较大贡献。

2012年，根据国家信贷政策和上级行授信业务指导意见，分行坚持总量调控和结构优化并重，合理把握信贷增量与投放重点，从客户结构、行业结构、品种结构、期限结构等方面多管齐下，优化信贷结构，优化对公授信客户的结构，提高服务实体经济的质量与水平。为提高贷款分类和拨备计提的准确性，分行按照《信贷资产风险分类办法》，严格执行贷款五级分类标准，加强贷款全流程管理，强化支付控制，提升各环节信贷管理水平，组织开展对客户经理贷后管理尽职情况检查与评价，强化风险经理监控职责，实现全行对公信贷业务的全面监控，加强贷后履职检查，持续做好动态风险排查，把控授信客户风险，推进不良贷款清收工作，落实问题类授信客户行动计划的制定、变更和实施工作，推进不良贷款清收处置。截至12月末，全行不良贷款余额729.49万元，比年初减少140.16万元，占比0.29%，下降0.1个百分点。

【负债业务】 2012年，分行认真贯彻落实交通银行总行、省分行“一把手抓存款、全方位抓存款、全员抓存款”的工作要求，出台贯彻落实措施和竞赛方案，开展存款竞赛活动，推进负债业务发展。

公司负债业务针对人民银行存款科目调整（按人民银行要求，自2012年7月1日起，商业银行同业保证金存款不再计入一般存款科目）、外部流动性收紧、内部客户基础薄弱等困难，分行以“对公日均存款”“后五日日均存款”及“时点对公存款”三大关键指标为重点，以资产带负债和公私联动为两翼，以竞赛活动为载体，制定《攀枝花分行一季度“金龙展志·开门红”旺季营销竞赛活动》《攀枝花分行2012年对公存款业务“金龙展志·倍增先锋”争霸赛活动方案》《攀枝花分行2012年对公有效户、中高端客户营销竞赛活动》《攀枝花分行关于2012年城市成功路线图营销竞赛活动的通知》《关于全面推进2012年对公存款工作的通知》等系列政策措施。按旬召开对公存款后进督导会，以激励措施为杠杆，按照“谁营销、谁受益”的原则进行奖励分配。密切银政关系，及时掌握重大项目动态，从系统上、源头上倾斜资源，强力营销行政事业单位、社会团体的机构性存款。分行再次成为攀枝花市国有资产投资经营有限责任公司10亿元企业债券发行资金的监管银行，与攀枝花市中心医院签订“银卫安康”合作协议，稳定其在分行的存量存款。结合攀枝花区域经济特点，拓展新型存款，将贸易融资、银银合作、证券、期货、保险、债券、信托、资金管理池、融资租赁等作为新型存款的增长点来抓，促使客户资金留存。为攀枝花市商业银行托管9亿元非证券类理财产品托管业务。截至12月末，对公存款余额213 589万元，比年初减少30 114万元，下降12.36%。剔除同业保证金科目调整因素，一般性存款较年初增加70 000万元。

在个人负债业务方面，针对通胀压力下储蓄存款转成理财产品和利率市场化改革加速的特点，分行将任务指标及时分解细化，落实全方位抓存款、全员抓存款，出台《储蓄营销活动方案》《客户经理考核办法》《营业机构负责人履职津贴挂钩考核办法》，加大激励考核力度，组织开展四个季度的个人金融业务劳动竞赛、融资融券业务竞赛等活动，围绕拓展储蓄存款源头客户，组织开展代发工资业务和财富管理进企业社区活动。分行在深入网点进行检查指导的基础上，每天通报个人金融业务业绩、每周召开后进客户经理督进会、每月召开个人金融业务分析例会、每季度召开个人金融业务任务目标推进会，对个人金融业务重点工作进行全面部署和督导，加强重点工作的通报与考核力度，完善考核体系，强化激励约束机制，深入优化客户结构，加快“家易通”普通商户业务推广，促进新增存款，夯实发展基础，推进个人金融业务稳步快速发展。截至12月末，储蓄存款余额140 127万元，比年初增加21 823万元，增长18.45%。

【中间业务】 2012年，分行为加快创新转型步伐，以市场为导向，以客户为中心，针对不同目标客户推出特色品牌产品，突出“交通银行，您的财富管理银行”形象，以品牌推广带动中间业务发展，开展个人、家庭、公司“三位一体”的深化服务，围绕基本结算户、代发工资、第三方存管、住房按揭、信用卡、理财业务等重点产品加强交叉销售，形成公私互促、以客带客的拓展模式。通过资源共享、业务联动和交叉销售等手段，完善银行业务与非银行业务的一体化营销，为客户度身定制个性化、全方位、针对性的金融服务方案。在个人金融业务方面，采用代收代付结合个人理财套餐模式，以代发工资业务为基础，发展借记卡或信用卡用户，开展代理保险、代理基金、代理贵金属、代理理财等多项中间业务。在公司业务方面，以信贷支撑非信贷、表内带动表外、资金带动服务，针对客户的专业化、差异化要求，强化蕴通账户、产业供应链、银卫安康、缴税通、资产管理池、贸易融资、信托业务、租赁业务等重点产品品牌的推广。跟进资本市场和居民消费变化，开拓与各类资产管理机构的合作通道，丰富产品的投资品种、渠道和运作方式，规范公司和个人的财务顾问业务，提升顾问水平和质量，增强交叉销售和财富管理能力，强化中间业务考核力度，通过考核引导业务发展，加大中间业务费用配置和专项奖励，突出对重点产品和创新产品的专项奖励。完善体系，持续提高中间业务管理能力。2012 年实现中间业务收入1 678万元，比年初增加 645 万元，其中公司条线实现中间业务收入 882 万元、个金条线实现中间业务收入 796 万元。

【内控管理】 2012 年，分行以内控管理基础为着力点，以依法合规经营为落脚点，修订并完善综合柜员考核办法、会计主管（副主管）考核办法、会计风险评级及违规操作处罚管理办法、操作风险管理综合考核办法、法律合规综合考评办法、案件防控考评办法（试行）等规章制度和管理办法，从制度上筑牢风险防控大堤。为风险防控奠定坚实基础，分行与各部门支行、各部门支行与员工层层签订《案件风险防范责任书》《安全保卫（综合治理）责任书》《消防安全责任书》，组织举办会计人员、大堂经理、客户经理业务培训 20 余次，举办业务技能比赛 3 次，组织各类视频培训 50 余次，提升员工业务技能，强化全员风险意识、落实案防责任。组织开展现金业务自查、柜面业务案件风险排查、员工失范行为自查、会计业务常规检查 40 余次，按照上级行和银监分局要求，圆满完成不规范经营行为专项治理活动，按照四川银监局统一安排，配合凉山银监分局完成案防现场检查，针对检查发现的问题进行全面整改。按季召开会计工作例会、安全保卫工作例会、反洗钱工作例会，通过定期分析和讲评，提高广大员工风险识别、判断与防范能力。投入 45 万元对远程监控报警系统进行扩容改造，改造后监控资料保存时间由原来的 30 天提高到 90 天以上；投入 7 万余元完成监控分中心建设，实施监控分中心值班外包；投入 3 万余元对全行自助设备线路进行刚性防护改造，改造后全行自助设备实现线路、接头、设备无裸露，全部按照“五十个严禁”要求实施刚性防护。设立 10 万元专项基金，按季度表彰、奖励在内控、案防、反洗钱、提升服务方面涌现出来的先进集体和先进个人，在全行形成正确的舆论导向和价值导向。会计内控全省交行系统排名第一，分行获交通银行四川省分行 2012 年度“内控先进行一等奖”、交通银行四川省分行“分行级营运工作示范行”称号，被攀枝花市公安局授予“安全保卫先进集体”。

【规范化服务】 2012 年，围绕“构建和谐金融环境、塑造和谐交行形象”，以“一个交行，一个客户”为服务理念，分行与各营业机构第一责任人签订规范化服务责任书，把改进服务环境，强化将提升柜面文明、规范服务标准、整治不规范经营等专项治理成果与保护金融消费者权益相结合，对柜面服务进行集中性、规范性的强化培训，使优质服务成为员工的行为习惯，践行行业服务标准，提高员工综合素质和规范服务水平，提高服务效率，将合规销售、风险提示放在服务管理的重要位置，完善金融消费者投诉管理体制机制，维护消费者正当权益，严格执行服务收费要求，提高透明度，尊重客户的选择权和知情权，在合规经营前提下提供优质服务，在为客户提供实质性增值服务的过程中实现自身价值。分行设立提升服务先进、明星、优质服务保安等规范化服务专项基金，通过远程监控、现场检查、神秘人造访、客户满意度调查等多种方式对网点服务状况进行监督和检查，按月召开工单分析会，按月下发提升工作情况通报，按季开展服务提升工作评比，按季考核评比奖励表彰在规范化服务中涌现出来的先进集体和优质服务明星，在分行内网宣传教育平台开设“服务、产能提升”专栏，宣传服务工作中的典型人物、先进事迹，并根据检查结果进行有针对性的督导，帮助营业机构网点改进不足之处。通过不断完善和提升营业机构硬件设施建设，推进后台业务集中，减轻前台业务压力和缩减客户等待时间，优化服务流程，简化操作环节，构建多元化的服务渠道和安全便捷的服务系统，提高客户服务效率，提升客户满意度。通过推荐分行营业部参加创建中国银行业 2012 年度文明规范服务千佳示范单位活动，以此促进分行各营业机构网点不断提升优质、文明服务和差别服务工作。规范化服务全省交行系统排名第五，分行营业部获“2012 年度中国银行业千佳文明规范服务示范单位”称号、“交通银行 2012 年优秀服务网点”称号。

【营运模式】 2012 年，分行按照总行“人工网点 + 电子银行 + 客户经理”三位一体的管理模式，结合攀枝花市区域经济特点，加强离行式自助点和自助银行的布局调整，探索离行式自助银行增强销售功能的途径和模式，扩展网上银行功能，提高电子渠道的稳定性，逐步形成多渠道、立体式的销售服务体系。完成机构搬迁 1 个（将江南路支行搬迁至原交警二大队办公场所），新设离行式自助银行 1 个（仁和阳光家园），新设离行式单机点 5 个（金瓯生活广场、仁和玉泉广场、博美家具城、攀煤花山矿、炳三区学府酒店)。全行除大河支行外,其余网点全部按照总行新型网点装饰装修标识完成首轮装修,网点布局在全市三区核心商圈,形成以9个物理网点为支撑,以2个离行式自助银行、8个离行式单机点、8个在行式自助服务区、1个在行式单机点为补充的网络体系。在经营模式上,坚持以客户为中心,对公业务实行分行集中营销,加强分行对全行业务的组织推动,强化不同板块之间、分支行之间的联动机制,运行协调更加顺畅;做强支行,按照业务发展规模和对分行的贡献度,加大费用配置力度,为支行自主营销提供费用支持。

(刘昆山)

中国农业发展银行攀枝花市分行

【概　况】 中国农业发展银行攀枝花市分行(以下简称市分行)是攀枝花市唯一的农业政策性银行,辖内无分支机构。2012年,全行共有职工41人,其中在职职工32人、退休职工9人。在职职工均为大专以上学历;有中级以上职称的13人,占40.6%;职工平均年龄37岁。固定资产原值796万元、净值480万元,分别较2011年下降36.79%和49.1%;资产总额200 253万元,较2011年增长27%。

2012年,按照省分行年初、年中行长会议精神,市分行始终坚持做好信贷支农,突出强化基础管理,努力防控经营风险,总结和反思经验教训,变压力为动力,继续推进改革创新。截至2012年年末,全行累计发放各项贷款71 689万元,各项贷款余额达199 572万元,比年初增加43 132万元,增长27.57%,各项存款余额22 895万元,比年初增加4 911万元,增长27.31%,不良贷款余额420万元,占比0.21%;实现账面盈利5 507万元,同比增加1 528万元,增长38.4%;全年未发生任何经济案件和责任事故,被攀枝花市人民政府评为"2012年度全市金融工作先进单位",继续保持中国农业发展银行四川省分行授予的"省分行级青年文明号"和"省分行级优质服务示范窗口"称号、四川省精神文明建设委员会授予的"省级文明单位"和"市州级文明行业活动示范系统(单位)"称号、攀枝花市精神文明建设委员会授予的"市级文明行业"和"市级卫生红旗单位"称号,被授予总行级"女职工文明示范岗"。

【信贷业务】 2012年,市分行坚持以服务"三农"(农业、农村、农民)为己任,以风险防控为重点,以规范管理为保障,在做好传统粮油收购资金供应与管理的同时,围绕市委、市政府统筹城乡发展战略,大力发展信贷支农,信贷业务持续稳步发展。截至年末,共有贷款企业42户,各项贷款余额达199 572万元,比年初增加43 132万元,增长27.57%。其中政策性贷款余额173 862万元,商业性贷款余额25 710万元,分别比2011年末增长31.2%和7.48%。全年累计发放贷款71 689万元,累计收回贷款28 557万元。贷款增长量较多的是政策性贷款,较年初增加41 342万元,其主要增长点为农村土地整治、农民集中住房建设项目等。

为履行好农业政策性银行基本职能,市分行坚持以执行政策为前提,抓好粮油收储资金供应和管理,确保支持收购不出问题。做好政策性粮油收储信贷工作,支持储备企业9户,发放储备贷款1 199万元,储备贷款余额12 334万元,支持储备企业发挥宏观调控作用;做好政策指导性收购贷款供应和管理,促进市场性粮油收购,支持龙头加工企业和购销贸易企业3户,发放粮食流转贷款8笔、金额2 790万元。

为推动农业农村基础设施建设和产业化龙头企业、农村流通体系、专项肉储备、农业综合开发和农业科技存量项目发展,市分行结合实际,找准支农切入点,审慎拓展业务。发放新农村建设贷款55 000万元,继续支持农村小水电项目4个;支持具有原料优势、规模优势、技术优势、市场优势和品牌优势产业化龙头企业8户,贷款余额14 120万元,成功营销省级农业产业化龙头企业攀枝花锐华农业开发有限责任公司,向该客户发放贷款3 000万元;稳妥发展农村流通体系建设信贷业务,支持农村流通体系企业3户,贷款余额11 200万元;稳健支持专项肉储备,促进市场稳定,重点做好县级商业性专项肉储备企业攀枝花市野猪林肉联食品有限公司3 000万元存量贷款续贷管理;继续抓好对农业综合开发和农业科技存量贷款管理,加强对现有贷款企业的维护和到期贷款的催收。

【存款业务】 为促进企事业单位存款稳步发展,市分行发挥信贷业务吸存、引存功能,稳定和发展信贷客户的存款资源,如要求客户的交易对手或下游企业在市分行开户并存款,保证存款资源在市分行"体内"循环;做好客户企业货款回笼归行管理,加大对企业销售货款归行的考核力度,根据贷款占客户融资总额的比例,合理确定客户货款回笼归行比例,把货款归行和续贷、新增贷款挂钩,确保信贷资金安全运行;加强与客户的沟通联系,清理企业账户,控制提现额度。截至年末各项存款余额22 895万元,比年初增加4 911万元,增长27.31%;日均存款余额27 911万元,较2012年同期增加4 245万元,增长17.94%,居全省第七位。

【中间业务】 2012年,市分行积极推进代理保险、人民币结算手续费、客户信用等级评级费用收取等中间业务,实现中间业务收入59.03万元。全年代理保险29份,手续费收入5.41万元(其中以营销"农发安心"为重点的寿险20份,手续费收入2.15万元;由市分行信贷资产、贷款客户机动车为主的财产综合险9份,手续费收入3.26万元);实现人民币结算手续费收入3.14万元;按要求收取客户信用等级评级费用,全年共评级贷款客户25户,收取评级费用43.8万元;

继续推广应用网银业务，提高结算效率，保障资金安全，截至年末贷款客户已开立网银11户；全年专项协作服务收入、其他中间业务收入分别为6.09万元和0.59万元。

【信贷管理】 为加强信贷管理，市分行以落实制度办法和管理措施为重点，抓好信贷制度政策的学习、贯彻和落实，组织职工进行集中学习、部门辅导和个人自学，增强政策执行力。推进评级授信和贷款审查工作，对40户客户进行评级和授信，授信总额256 747万元，审议贷款事项10次共14笔、金额12 590万元。做好CM2006信贷管理系统升级后的培训工作，保证CM2006信贷管理系统升级（二期）版本顺利上线运行。向省分行推荐并通过审核入选6个咨询业务中介机构，按照信贷档案管理要求整理装订2009～2012年度的信贷档案资料。做好信贷计划编报及计划的落实执行、信贷资金管理、财政补贴资金监管和现金利率管理等工作。按照有关规定和要求按时完成信贷管理条线对市银监局、农业发展银行四川省分行手工报表、统计集中系统、科融系统、综合报表平台的统计汇总上报以及信贷专题调研、信贷综合管理工作。

【财会基础管理】 为加强和完善财会管理，市分行重点加强收息管理、费用管理和财产管理，夯实财会基础，做好财务预测和分析，提高财务资源的利用效率，各项指标都控制在上级行下达的计划内。加强财务管理，逐步提高财务经营利润。落实财务审查制度，召开财审会12次，审议金额近90万元，确保财务开支合规合法。加强财会人员制度学习和财会业务系统运维，完善制度建设，抓好制度落实，夯实基础，整体提高财会业务管理水平。加强风险管理，以人员、重点部位、重点环节的业务风险控制为中心，狠抓账户、内部控制、支付结算、现金出纳和财务开支、资产管理、支付密码器推广等工作，加大检查辅导力度。加强反洗钱监测管理，完成反洗钱自律评估，组织开展反洗钱知识培训和学习测试，履行好反洗钱法定义务。严格执行银企对账相关规章制度，全年共发出对账单1 146份，对账率100%，收回1 132份，对账单收回率98.77%。

【内控监督】 加强信贷前后台、财务管理、纪检监察等各专业部门、条线间的监督制约，加强内部控制，形成严密有效的内控体系。召开内控委员会会议6次，开展反洗钱工作审计，配合完成总行审计组对市分行的中长期贷款审计、省分行审计组案件防控审计、不良贷款审计以及银监局贷款新规执行情况检查和案件防控督导。加强对内外部审计检查问题的整改监督，促进整改落实。加强制度建设，制定《客户部内部管理暂行办法》《贷款审查委员会个人委员管理办法》《员工行为排查办法》《客户投诉处理实施细则》等6个方面的制度办法，建立健全各项规章制度、运作机制与业务流程。加强对制度落实情况的监督检查，对信贷管理问题、操作不严谨规范和不良贷款责任人处罚11人次、罚款金额4 800元，提高制度执行力和职工制度意识，确保每笔业务、每个环节和每个岗位都处于监督约束之下。

【风险防控】 2012年，市分行深化对新增不良贷款的认识，为加强信贷风险防控，先后多次向攀枝花市政府和仁和区政府汇报沟通，与企业商谈筹谋，并从主观方面、从自身管理方面查找形成不良贷款的原因，配合省分行审计组对4家相关企业贷款的审计和不良贷款的责任认定，组织有关部门人员进行深入剖析，深刻汲取教训，借此推进政策制度的学习领会和业务操作的严格规范。在业务风险防控方面，坚持对优质行业、优质客户进行择优扶持的“双优”战略，强化信贷基础管理，落实贷前、贷中、贷后的贷款“三查”制度，加强客户和贷款监测，实施信贷管理预警预报制度，按季开展风险排查，努力提高信贷资产质量。开展滚动式存款风险排查、财会辅导检查、反洗钱排查等。严格落实好《四川银行业从业人员五十个严禁（修订）》，加强学习教育和贯彻执行。为加强案件风险与廉政风险防控，运用职工大会、学习培训、板报宣传栏等开展职工案防制度教育14次（不含总、分行视频培训教育），制作廉政、警示板报3期，并做到逢会必讲合规问题和案防工作。层层签订《党风廉政建设、案件防控、安全保卫及“四无”（无经济案件、无刑事案件、无重大责任事故、无严重违规违纪问题）创建目标管理责任书》并落实保证金制度。签订廉洁从业承诺书并及时向企业客户予以公开，开展各类检查10余次，按季召开案防分析例会。抓好银企廉政共建，与所有开户贷款企业签订《银企廉政共建协议书》；召开银企座谈会1次，重新聘请行风监督员10人；将廉政风险防控纳入工作重点，建立健全责任明确、监督有效、处置有力、动态管理的廉政风险防控机制；开展行为排查1次、交流轮换重要敏感岗位人员3人、员工强制休假17人次，开展消防应急知识讲座暨演练1次；加强对监控、110报警、消防、电路等的运行维护，投入费用近7 000元对业务库硬件设施进行全面改造，调整营业室、车库监控摄像头4个，更换添置灭火器36具；做好计算机房改造过程中的技防设备拆除、移机、保管等。

攀枝花市商业银行

【概　况】 2012年，攀枝花市商业银行（以下简称市商行）机关有12个部门，下辖1家异地分行、1个营业部、19家支行和2家自助银行，从业人员682人（含成都分行客户经理），其中博士1人、硕士研究生48人、大学本科生331人，大学本科及以上学历人数占全行员工总数的55.72%。资产总额611.83亿元，较年初增加168.02亿元，增长37.86%；各项存款余额364.43亿元，较年初增加50.84亿元，增长16.21%；各项贷款（含贴现）余额177.04亿元，较年初增加31.24亿元，增长21.43%，市场占比30.43%，其中贴现余额16.71亿元，较年初增加1.85亿元，增长12.41%，市场占比70.78%；签发承兑汇票余额198.06亿元，较年初增加25.06亿元，增长14.49%，市场占比70.95%；不良贷款余额1 608万元，不良贷款占比0.09%，超额备付率15.06%，流动性比率60.71%，存贷款比率205.83%。

2012年，市商行监管评级从"二级C"晋升为"二级B"。在中国《银行家》杂志社发布的全国城市商业银行综合竞争力排名中，市商行在全国城市商业银行（资产规模30亿~500亿）中排第1位，在西部同级别城市商业银行中居第一位。在由《金融时报》主办的2011中国金融机构金牌榜评选活动中，市商行被评为"年度最佳风控中小银行"。在由新浪网主办的2011金麒麟四川论坛暨首届全国川商最信赖金融机构推选颁奖典礼上，市商行获得"川商最信赖中小企业信贷银行"荣誉。

【跨区域发展】 截至2012年12月，成都分行资产总额182.37亿元，各项贷款余额（含贴现）38.68亿元。网点建设方面，至2012年末，成都分行营业部、高新支行、锦江支行、城北支行4个网点开始对外营业，武侯支行各项筹建工作进展顺利，滨江支行于12月18日获得筹建批文。

为打造一家"立足攀枝花，辐射西部，放眼全国"的区域性股份制商业银行，根据董事会战略发展委员会年初修订的《攀枝花市商业银行发展战略规划纲要（2012~2015）》，凉山州分行已于2012年获得银监局筹建批复，各项筹建工作进展顺利。

为加强对都江堰金都村镇银行的业务指导和有效监管，市商行行领导多次到都江堰进行调研，加强与都江堰政府和监管部门的沟通，在理顺管理体制和加强对都江堰金都村镇银行的监管上达成诸多共识，有力推动都江堰金都村镇银行发展。截至2012年年末，都江堰金都村镇银行资产总额18.92亿元，各项存款余额17.27亿元，各项贷款余额（含贴现）8.81亿元。

【存款业务】 针对2012年复杂的经济金融环境和严峻的存款增长形势，市商行大力推动基本客户群战略，全面深化支持县（区）域经济发展战略，强化业务创新，加大吸存揽储力度，深度挖掘客户资源，采取多种措施调动全行员工组织存款的积极性，取得明显成效。截至年底，全行各项存款余额364.40亿元，较年初增长16.20%，年末占全市存款市场份额40.64%。存款的快速增长，有效增强市商行扩张授信规模的能力，为全行调整、优化结构，全面开展各项业务，支持地方经济发展创造有利条件。

【支持地方经济】 市商行紧紧围绕攀枝花市九次党代会和九届人代会提出的总体发展目标和工作基调，抓住建设国家级钒钛资源创新开发试验区、新型工业化产业示范基地、国家深入实施西部大开发战略以及沿江景观打造、"五创联动"等系列重大机遇，重点支持市内钒钛、能源、化工和旅游服务等支柱产业、县（区）域经济、"三农"和地方中小企业做大做强，制订《2012年度授信工作指导意见》，明确全行授信支持的重点行业、领域和授信原则及条件，规范授信审批流程，找准支持地方经济发展和贯彻监管要求的结合点，达到既不折不扣地贯彻监管要求，又有效支持地方经济平稳较快发展的目的。

2012年，市商行利用自身在同业机构中的良好形象和信誉，发挥票据和同业业务优势，综合运用承兑、贴现和同业理财投资等多种金融工具大力筹措资金支持地方经济加快发展；加强与国家开发银行四川省分行的合作，推荐市内优质企业和重点项目，争取国家开发银行对攀枝花市的信贷投放，前期已经投放4 600万元；不断深化银政、银企战略合作，从2012年二季度开始，市商行启动与三区两县和钒钛产业园区的银政座谈交流活动，截至年底，与钒钛产业园区、盐边县、西区、东区、仁和区政府开展对接交流，取得较好效果。同时，分片区、分行业邀请辖内企业开展银企专场对接活动，在2012年10月政府组织的银企对接会上，市商行与攀枝花立宇矿业有限公司签订《银企战略合作协议》。截至2012年年末，市商行通过贷款、票据和银证合作等其他方式的业务创新累计为地方经济发展筹集资金超过900亿元。

【服务小微企业】 2012年，市商行继续加强对小微企业服务工作和支持力度。截至2012年年末，小微企业授信总额为2 004 738万元，较年初增加394 032万元，增幅24.46%，增速高于全部贷款增速12.3个百分点。

全年，市商行拓宽小微企业融资和担保渠道，推广应用新型担保方式，对全市多家资金实力较强、经营管理比较规范的融资性担保公司实行授信准入，为小微企业融资提供保证担保。创新信贷产品和融资服务模式，在巩固传统金融业务的同时，继续推进"票据通""微贷通""富民通"和"创业通"等业务品种，形成一套独到的业务流程和管理模式；建设专业小微企业金融服务团队，加强员工培训，提高员工业务素质，夯实业务基础，保证小微企业金融服务品质。

【风险和案件防范】 2012年，市商行将防风险、防案件作为全行"一号工程"来抓，建立指挥有力、反应迅速、处置果断的防控体系，完善应急指挥系统，规范内部监督问责制度，明确职责分工，加大违规问责处罚力度并严格落实责任。市商行按照年初确定的内部审计计划，对全行相关业务进行全面稽核，对辖内分支机构开展系列规范服务收费的督查整改工作，统一规范并公开收费项目，畅通客户投诉渠道，认真整改不规范收费行为，取得良好效果；强化信贷风险管理，切实加强"十项"机制建设，强化"防范操作风险十三条”,狠抓“五十个严禁”“客户经理十个严禁”的落实;在全行范围内深入开展各项专项检查和案件风险排查工作,7月安排大规模的授信风险排查,在肖家湾煤矿“八二九”事故后,9月及时启动涉煤授信企业专项风险排查。针对排查中出现的风险源点进行分析、排查,完善事前防范和过程控制措施,有效防范案件的发生。全年,全行未发生任何风险和经济案件。

【新产品研发】 2012年,市商行大力推动包括代销基金业务、融资租赁、代理贵金属交易、市商银、银证信合作、小微企业贷款、金融IC卡、发行小微企业金融债等业务品种在内的创新业务。市商行“金色攀枝花”系列理财产品占据攀枝花市内近三分之一的市场份额。针对成都市场特别推出“金色攀枝花”系列“锦上添花”非保本浮动收益型理财产品,全年共发行1期,募集资金3 000万。

【人才引进和培养】 2012年,为加强人才储备培养工作,市商行攀枝花本部引进高校毕业生共22人,其中包括10名硕士研究生。同时,市商行大力推进学习型银行建设,双周五组织机关员工集中学习,提升机关员工业务理论水平。按计划聘请北京立金银行培训公司为全行员工进行业务技能培训,有效提升全行员工的综合业务知识和技能水平。市商行采取集体报名、统一订购考试资料的方式,组织总行机关和各分支机构的员工参加银行证券从业资格考试。全年340人参加考试,通过科目507科次,通过率超过44%。

【社会责任】 2012年,市商行积极开展扶贫帮困工作。全年捐助3 000元办公经费、捐助2 000元党员活动经费,为改善对口帮扶鳡鱼乡新建村“两委”的办公条件,党组织开展党员活动提供资金保障。为解决村民看不起病的实际困难,市商行在连续两年为村民缴纳农村新型合作医疗互助金的基础上,还为新建村村民(共计405人)送去农村新型合作医疗互助金20 250元现金(每人50元),比2011年增加650元。

为有效改善边远民族乡镇贫困问题,实现脱贫致富奔小康的社会整体发展目标,市商行多次实地考察盐边县红宝苗族彝族乡,并与县、乡领导座谈,了解到制约红宝乡经济发展的关键“瓶颈”是不通路的问题。因此,把三谜路(红宝段)道路硬化建设作为对口援助红宝乡的第一个项目,预计所需援助资金1 000万元,建设周期3年,力争2年完成。2012年年底先期到位资金300万元,首先打通红宝乡对外交通通道,为下一步带动红宝乡经济发展和方便群众出行打下基础,为实施后续对口援边项目创造条件。

【总行迁址】 2012年,总行新办公楼装修完毕并通过验收,于2012年12月29日实现全部搬迁结束租房办公状况。新办公楼位于攀枝花市东区机场路88号,建筑面积11 755平方米,是一座集商务、行政办公为一体的智能化高档办公楼。建筑为框架结构,地下1层,地上11层,建筑总高度43.80米。建筑地基处理采用钢筋混凝土钻孔灌注桩,结构筏板承台基础,外立面装饰主要由外墙砖和干挂石材组成,建筑抗震设防烈度为8度,抗震等级为1级,人防等级为6级。楼内除营业厅、办公室、会议室、多功能报告厅外,还设有职工餐厅、车库、机房及其他附属用房。

【建设新一代核心业务系统】 始建于2003年的综合业务系统沿袭传统的层级制管理模式,各项业务流程环节风险管理及内部控制能力薄弱,客户管理、精准营销、创收及产品创新能力不足,服务渠道不完善,经营管理粗放,缺乏有效的绩效评价体系和激励机制。面对激烈的市场竞争形势和跨区域发展的新要求,市商行党组年初决定全力建设新一代核心业务系统,以强化科技手段为支撑,全面改进优化业务流程。截至年末新系统已进入测试阶段,预计2013年5月上线。

(李靓婧)

攀枝花农村商业银行

【概　况】 2012年,攀枝花农村商业银行股份有限公司内设12个职能部门,下辖总行营业部、5家县级支行、57个分理处,共63个营业网点。共有员工746人,其中在岗员工551人,平均年龄35.8岁,大专及以上学历496人,中共党员271人。

2012年,攀枝花农村商业银行全行上下凝心聚力,借助“惠农兴村”“扶微助小”两大工程,凸显“品牌”效应、“规模”效应和“集约”效应,成功晋级“百亿银行”,完成各项经营指标,获四川省农村信用社141家法人机构“人均创利十强”“利润增长十强”两项殊荣,并继续保持“零案件、零重大责任事故”的良好态势。

截至12月末,全行各项存款余额1 083 817万元,较年初增加265 867万元,增幅32.50%;各项贷款余额544 749万元,较年初增加102 424万元,增幅23.15%;拨备前利润31 091万元,同比增加10 981万元,增幅54.60%;成本收入比39.59%,同比降低3.28个百分点,降幅7.66%;不良贷款余额10 630万元,较年初下降493万元,降幅4.43%;不良资产占比1.95%,较年初下降0.56%,降幅22.31%;资本充足率15.30%,较年初增长0.17%,增幅1.12%;拨备覆盖率255.38%,同比增长64.42%,增幅33.73%。

【“百亿银行”战略目标】 为确保“百亿银行”战略目标的顺利实现,攀枝花农村商业银行早动员、早部署,从强化全员营销、加强与客户沟通交流、增强网点辐射、提高办贷效率、拓展城区市场等八个方面挖潜增储,实现“压力”与“动力”的双向传递,有效调动全行干部员工营销的积极性、主动性;狠抓银企联谊会、中小微企业金融知识宣传月活动、银政企座谈会、周年庆活动等契机,有效扩大企业知名度和影响力,丰富客户资源,为持续快速发展打下良好基础。

7月23日,全行存款成功突破100亿元,余额达到101.93亿元,提前实现“百亿银行”战略目标任务,存款市场排名从第五位跃升至第二位,成为攀枝花市9家银行业金融机构中第二家存款突破百亿元的银行。截至2012年年末,全行存款余额达到108.38亿元,存款净增26.59亿元,增幅为32.5%,市场份额占比为14.29%,增量和增幅在全市同行业中均居首位。

【信贷业务】 2012年,攀枝花农村商业银行用好用足信贷规模,全年贷款净增10.24亿元;各项贷款余额54.47亿元,较年初增长23.16%,高于市同业3.76个百分点;市场份额占比10.24%,较年初上升0.32个百分点,在攀枝花市9家银行业机构中,市场份额保持在第6位。

继续加大对实体经济支持力度,涉农贷款余额达到35.22亿元,占贷款余额总量的64.66%,同比增加4 297万元,高于各项贷款平均增速0.46个百分点;小微企业贷款余额46.41亿元,占贷款余额总量的87.64%,同比增加8.34亿元,高于各项贷款平均增速11.6个百分点。

妇女财政贴息小额贷款发放成绩突出,各分理处简化办贷流程、创新担保方式,发扬“5+2”“白加黑”的精神,全年累计发放5 531笔、金额33 038.98万元,完成省、市民生工程目标任务2 000万的16.5倍,发放笔数和金额分别占全市银行同业的95.53%、82.77%,受到攀枝花市政府妇女儿童工作委员会办公室、攀枝花市妇女联合会的表彰、感谢。

【业务拓展】 2012年,攀枝花农村商业银行统筹营运资金,全年实现资金营运收入14 060万元,同比增加6 727万元,增幅47.84%。

金融服务民生工程 致力于丰富金融产品,2012年9月4日,启动实施“惠农兴村”和“扶微助小”两大金融服务民生工程,倾力打造农户“致富之路”和中小(微)企业“成长之路”融资品牌。针对留守农户和进城农户客户群体,主推“惠农贷”“富农贷”和“幸福贷”三大系列53款贷款产品;针对中小型企业、微型企业、个人经营者三类客户群体,丰富完善“助小贷”“扶微贷”“富商贷”三大系列共84款融资产品。

展金融业务 2011年12月30日,开办代理社保基金业务。2012年3月31日,开办代理新农保业务;4月1日,推出动产质押第三方监管贷款业务;6月11日,开办妇女财政贴息小额贷款业务;6月28日,开办银行承兑汇票业务;8月3日,申请加入全国银行间资金拆借市场;9月11日,获金融社保卡发行资格;9月27日,申请资料获人民银行成都分行批准,具备同业拆借市场和债券市场资格,在中央国债登记结算有限责任公司成功开立债券托管账户。

渠道建设 2012年7月,在炳草岗大街新设新华街分理处,将服务触角延伸至城市中心地带;11月,在地龙箐和金海世纪城等人气旺盛、商业繁华地段购入两个门面,拟新设营业网点。启动全辖首批16个营业网点的装修工作。全年拓展超市、酒家等特约商户96户,安装POS机具120台;设置助民取款服务点415个,布放电话支付终端698台;开通短信个人客户7 269户,短信企业客户315户;开通网银个人客户1 544户,网银企业客户220户。

【内控管理】 2012年,攀枝花农村商业银行根据监管部门最新法规要求,及时对原有内控架构及制度进行梳理完善,建立健全各项管理制度和业务操作规程。根据实际情况,适时修订《章程》;制定或完善薪酬考核、业务操作、财务会计及运营、风险合规管理等重要管理制度45项,为全行持续快速发展和合规经营提供制度保障。注重机构完善,优化工作流程。依据流程银行“前中后台分离、条线管理、集中运营”的原则,在原有的9个职能部门的基础上增设小微金融部、授信评审部、运营管理部3个部门,初步搭建起前中后台相互分离、三道防线、八个条线相互制衡的业务流程和风险控制架构。

信息科技方面,加强多网统一承载平台建设,提高网络运行速度,并按时完成贷款管理、评级授信系统的培训上线工作。稽核监察方面,扎实开展常规稽核,完成所有营业机构常规稽核项目,稽核覆盖率达100%,全年检查共发现违规问题135个,处理违规责任人65人(次),经济处罚131 700元。认真开展任期经济责任审计和离任审计,完成5家支行高管和分理处负责人等29个任期经济责任审计和离任审计项目。安全保卫方面,逐级签订安全责任书,全年进行常规安全检查765人(次),重点检查201人(次),共投入工作日612个,发现隐患问题46个,及时进行限期整改;做实安保设施建设,对16个营业网点进行标准化装修,为60个网点配备大堂保安,对全辖ATM线路加装钢性保护,并正式投入运营远程监控中心。

【惠农兴村】 “改革不改支农方向”,2012年,攀枝花农村商业银行始终坚持把服务“三农”作为立行之本,充分发挥网点全覆盖优势,富民惠农、襄农共长。以占全市14%的资金来源,发放全市80%的农业贷款,98%的农户小额信用贷款,承接全市13万农户23项财政性补贴资金的代付业务。截至2012年12月末,全行涉农贷款余额35.22亿元,占贷款总额的64.66%。

在服务对象方面,对接传统农户,向农户公开贷款流程、贷款产品、联系电话等,发放小额信用贷款证(卡)9.3万张,发证(卡)面达80%;建立小额信用贷款经济档案11.6万户,建档面达90%。对接农村专业合作组织,落实专人,对农村专业合作组织逐户上门调查,商谈合作事宜,建立合作关系，开展合作业务。对接涉农龙头企业，对省级、市县级涉农龙头企业实行一对一的跟进，支持壮大行远牧业、德益果品、丰果农业等14家省、市级农业产业化龙头企业，支持建成盐边国胜茶叶、大田石榴等4个农业产业化基地。对接行政村，充分利用点多面广、扎根农村的优势，持续扩大基础金融服务覆盖面，让农户足不出村享受优质金融服务，累计设置助民取款服务点415个，布放EPOS机698台，基本覆盖攀枝花44个乡镇、328个行政村。

农村信贷支持平台初步构建，小额农户贷款管理系统在全市全面上线并启动二期开发，服务范围覆盖全市所有行政村，贷款农户23 022户，余额6.35亿元，占全市同业的98%和88%。农村代理业务平台作用有效发挥，承接全市13万农户23项财政性补贴资金的代付业务；成功取得代理新农保业务，全市13万农户通过营业网点、自助终端等渠道即可办理转账、社保卡缴费、领取养老金等金融业务，惠及面100%。“惠农兴村”工程持续进行，按照“畅通结算、信贷便利、农户理财”三步走的战略，适时启动“惠农兴村”二期工程，盯住留守农户和进城镇农户两大市场，打造“致富之路”农贷品牌，推出“惠农贷”“富农贷”和“幸福贷”三大系列共53款贷款产品，360度满足全域农户需求。

倾力打造一支热爱支农工作，能够吃苦耐劳的、稳定的信贷队伍。将优秀人力资源向基层倾斜，通过“选拔一批、招进一批、培训一批”的方式，全年通过公开考试，共选拔180名大学生，经系统培训后，全部充实到基层，不仅使基层员工队伍达到年龄结构的生态平衡，更使得基层员工队伍文化素质整体水平逐步提高，学历结构呈现良性、适时、趋高等发展特点。

【扶微助小】 攀枝花农村商业银行致力于打造中小企业的伙伴银行。截至2012年12月末，为1.23万家中小(微)企业授信，占全市中小(微)企业总数的28.74%；向中小(微)企业累计发放贷款46.41亿元，占贷款余额总量的87.64%。

为培养牢固的伙伴关系，农商行制定中小(微)企业营销工作目标，定期对辖内中小(微)企业进行“拉网式”调查，有计划地走访，将诚实守信、产品竞争力较强的中小(微)企业作为营销重点，提高营销工作效率。充分利用银企对接会等平台，宣传推介对中小(微)企业的信贷政策、信贷产品、信贷条件、服务措施等，做到“支持一批、储备一批、吸引一批”，逐步建立健全辖内中小(微)企业经济档案，构建中小(微)企业项目库。

为构建有力的机制支撑，农商行以打造流程银行为契机，重设组织架构，实施前、中、后台分离，流程作业，提高效率，设立中小微企业专营机构——小微金融部，对中小(微)企业实行一站式管理。配备专职客户经理，对中小(微)企业提供融资、结算等一揽子专业金融服务，建立客户经理联系中小(微)企业“一对一”的营销服务机制，加强客户经理与辖内中小(微)企业信贷增长率的激励考核，增强客户经理服务的主动性和积极性。针对中小(微)企业发展更新频率较快，经营的真实质量和效益数据信息存在滞后性的特点，该行新建小(微)企业动态监控机制，及时了解企业的真实情况，确保授信决策的质量和信贷资金的安全。此外，该行还制定评级授信、审查审批、贷后管理等10余个制度办法，从制度上规范中小(微)企业信贷服务流程，有效规避风险。

为提供贴心的金融服务，农商行根据中小(微)企业融资需求“短、频、快”的特点，为中小(微)企业量身定做信用贷款、联保贷款、整贷零还贷款、积分贷款、循环贷款等“跨越通”系列信贷产品；开发无需抵押的信贷产品，积极破解因缺乏抵押而形成的中小(微)企业贷款难这一难题，打造中小(微)企业“成长之路”贷款融资品牌，推出“助小贷”“扶微贷”“富商贷”三大系列共80余款融资产品。此外，该行还优化信贷审批流程，扩大审批权限，缩短决策链条，实行限时办结制、首问责任制，推行“一站式”办公，开辟服务中小(微)企业的“绿色通道”。

【社会履职】 2012年，攀枝花农村商业银行积极履行社会责任，持续提升公司社会形象，努力实现公司价值最大化。积极支持地方基础设施和民生工程建设，累计投放信贷资金12.62亿元，支持市中心医院和中西医结合医院扩建改造、大竹河水库工程建设、滨江路改造、仁和区大河中学校舍新建等。借助市委、市政府“圆梦行动”平台，设立“攀枝花农村商业银行助学基金”，基金额为每年50万元，9月3日在市总工会举行首发仪式。按照市委、市政府“百千万·干群心连心活动”要求，深入对口帮扶的温泉彝族乡定期看望、慰问对口帮扶的17名群众。响应攀枝花市慈善协会“在同一片蓝天下”的号召，动员全辖员工筹集善款112.13万元。支持新村建设，为仁和区总发乡立新村、米易县草场乡顶针村共捐款11万元。按照市委、市政府支援边远民族地区经济社会发展要求，承担对口支援米易县白坡彝族乡重任，将以每年不低于300万元的资金，支持该乡经济社会事业发展。

【队伍建设】 2012年，攀枝花农村商业银行通过系列措施，逐步实现人才队伍年轻化，知识结构有效改善，专业化水平稳步提升。秉承“公平合理，贡献取酬”的原则，制定出台《攀枝花农村商业银行股份有限公司薪酬管理办法》，建立薪酬分配与经营目标任务挂钩考核，员工收入与员工业绩相结合的激励约束机制。创新内部人才选用机制，通过公开推选、民主测评方式确定总行中层干部、支行班子成员，推选9名优秀员工进入后备人才库；对分理处主任实行轮岗交流，共调整、轮岗25人，涉及面达47%。加强外部人才引进，从监管部门、其他商业银行引进管理型青年人才7名，通过社会公招、校园招聘引进大学生33名。实施“大培训”战略，举办柜面规范化服务培训8期，455人参加培训，参训率达到85%；举办主办会计入围考试2次，106人入选主办会计资格库；开展票据业务、零售业务、财务会计、理财等培训5期，260人参加。

（张　琬）

中国邮政储蓄银行攀枝花分行

【概　况】 中国邮政储蓄银行攀枝花分行（以下简称市分行）内设13个职能部门（年内新增2个部门），有执证机构40个，较2012年初增加3个，其中二级分行1个、营业网点39个（一类网点16个、二类网点14个、代理网点10个）；在岗员工252名，其中硕士2名、本科97名、专科122名、专科以下31名，平均年龄32岁。资产总额61.10亿元，较2011年末增加13.05亿元，同比增长27.15%，固定资产原值为3 207万元，同比增长18.52%，固定资产净值1 994万元，同比增长2.06%。

2012年，按照市分行党委年初工作部署，坚持“进中求稳，和谐共进”的工作总基调，按照“增效益、强管理、促转型、创品牌、构和谐”的工作要求，成功应对复杂而多变的宏微观经济形势，经受住市场变化、同业竞争、资源受限的严峻考验。全年实现自营业务收入1.21亿元，同比增加2 879万元，增长31.14%，增幅列全省市、州分行第7位，完成市分行预算1.2亿元的101.13%，超进度1.03个百分点；完成省分行确保目标1.15亿元的105.42%，超进度5.42个百分点，完成预算列全省市、州分行第7位；全行成本收入比为49.84%，低于全省平均水平16.92个百分点，在全省22个市、州分行中排名第2位；实现利润累计6 696万元，全省排名第4位，收入利润率排名全省第一。在省分行2012年度绩效考核综合评分中，市分行取得由C类升级为B类的优异成绩。同时，还获四川省分行颁发的“经营效益奖”，实现进位发展目标。

【存款业务】 2012年，坚持普惠城乡的金融服务理念，不断增强个人业务综合实力。注重客户分等分级维护，狠抓“私人银行”客户培养，吸引高净值客户，提高活期占比；加强各业务间资源整合，完善产品体系、优化客户结构。以示范网点建设和规范化服务为切入点，从规范化服务培训、现场指导、统一服务标准、规范档案管理等几方面着手，通过不断优化服务水平和提高银行形象来吸引客户，推动个人储蓄业务稳步前进。2012年，全市邮政金融个人储蓄存款余额为39.97亿元（包括市邮政局及邮储银行攀枝花分行），增长5.39亿元。其中市分行个人储蓄存款余额18.33亿元，全年新增存款3.1亿元，占新增存款的57.5%。完成全年存款余额计划的100%，日均余额增长1.8亿，完成全年计划的101%，活期比重占42.1%，同比提高1.18个百分点。

市分行始终按照“抓住机遇、创新营销、做大规模、树立品牌”的公司业务发展思路，把“项目营销”和“队伍建设”作为重点来抓，现有省级资金归集项目9个，市级重点项目6个，通过多方争取确保“三区”的县（区）社保收入，完成2012年度灵活就业人员的医保代收，项目营销拓宽市分行与财政、烟草、电力、社保合作面。同时加强内部管理，对内部管理岗、产品经理岗、客户经理岗以及项目经理岗进行区分，明确各岗位的任务与职责，使业务操作流程不断规范化，管理更加流程化，营销模式不断完善，业务管理水平稳步提高。年末，市分行公司存款余额为16.05亿元，较2011年同期增加3.27亿元，增幅25.6%，完成计划任务的100.31%，日均余额14.55亿元，完成计划任务的103.93%，全省排名第8位。

【信贷业务】 2012年，市分行不断拓展小额信贷领域，在立足现有客户的基础上，大力开展妇女财政贴息贷款，全年发放妇女财政贴息小额贷款4 273万元，完成任务的285%，全市排名第二位。积极开展水果业、养殖业市场调研，完成开办烟农贷款业务的申请工作，不断拓展业务发展领域，为壮大小贷业务规模打下基础。同时，深挖优质客户，通过一级支行联动、走访工业园区以及电话、上门介绍等多种方式积极营销业务。先后走访攀枝花钒钛产业园区、米易工业园区、盐边县安宁工业园区和南山工业园区，与园区11户客户建立信贷关系。不断加强对个人综合消费贷款、经营性车辆贷款、亚热带水果贷款、一手房贷款项目的开发，丰富贷款品种。全年累计投放信贷5.32亿元，贷款余额6.23亿元。其中发放个人贷款3.52亿元，个人信贷余额4.51亿元，发放小企业贷款1.8亿元，余额1.72亿元。

【农村金融服务】 2012年，市分行按照全省农村支付结算“迅通工程”及银行卡助农取款服务推进工作要求，积极参与农村金融服务工作实施，全年共发行“绿卡通福农卡”33 462张，通过安装60台助农取款POS和83台固话支付终端，增建麻陇支行、红宝支行2个空白金融网点以及购置2辆流动金融服务车上门服务等手段，提升农村金融服务能力，增强农村支付服务水平，逐步实现城乡支付服务协调发展。2012年，市分行在米易县开展“新农保”业务，通过“一站式服务”的银保合作新模式，将所办业务服务集中在支行的一个窗口或流动金融服务车上为农民提供“一站式”综合服务，农民只要“跑一趟路、对一个窗口、填一张表”，就能轻松地办理“新农保”参保手续。

【中间业务】 2012年，市分行持续做好理财、保险、基金、托管、贵金属等业务，组织开展有针对性的营销活动，形成“比、学、赶、帮、超”的竞争氛围。全年累计代理保费3 798万元，期缴占比一直保持在13%～15%；累计销售期交产品500万元，计划完成率全省排名第一位。销售基金767.27

万元,理财业务的良性发展得到省分行充分认同和肯定。全年绿卡通发卡22 458张,完成省行年计划的118.2%。在信用卡营销过程中,通过与大型企事业单位开展金融知识讲座的形式,扩大产品认知度,全行信用卡累计发卡2 226张。同时,积极推进金融社保IC卡发卡工作,全年发放金融社保IC卡3 127张,年末成功发行全省首张加载金融功能的社保IC卡。逐步发挥电子银行业务深化服务内涵、替代柜面服务、优化客户结构的强大功能。全年新增个人网银注册客户15 749户,完成计划任务的102.53%,新增交易笔数75.05万笔,交易金额3.23亿元;新增个人电话银行注册客户9 268户,完成计划任务的96.54%,新增交易笔数56 019笔,交易金额13.07万元;新增手机银行注册客户9 384户,完成全年计划162.92%,新增交易笔数15.75万笔,交易金额4.86亿元,完成全年计划424.16%。

【资金业务】 2012年,市分行大力发展票据直贴业务,以大型国企和民营企业为重点营销对象,挖掘客户融资需求,制定"一对一"的无缝隙个性化服务策略,打造"优质、快速、灵活"的票据直贴服务品牌,并在全省范围内率先办理电子汇票贴现业务,全年累计贴现40.25亿元,实现票据清分收入2 447.81万元,完成收入目标的209.39%,在全省排名第一。

【队伍建设】 2012年,市分行严格执行员工"准入、退出"机制的基础上,自主招聘劳务工14人。省分行新分应届大学生5人,村官5人,引进人才1人。截至2012年年底,市分行共有员工252人,合同工A类71人,B类78人,合计149人,劳务派遣制员工103人。积极组织员工在职学习、外派学习、参加一些讲座及相关内训课程。全年,共计开展260次培训,以现场面授和电视电话会议形式开展,受训超过3 364人次。

【网点建设】 2012年,为实现分行发展战略、吸引优质客户、促进分行向现代商业银行转型,推动可持续发展,市分行强化机构改造力度,以协同发展为基础、优化结构为重点、抢抓进度为突破,完成对3个二类支行改革筹建工作,对1个一类支行进行迁址改造,1个一类支行进行原址改造,改造后点均面积182.3平方米。同时,不断提高科技支撑能力,加大自助设备布放力度,积极推进网点设备更新,完成绝大部分网点终端更换工作。做好业务支撑,对前台医保缴费系统进行设计,科技对业务发展的支撑作用显著增强。

【内控管理】 2012年,市分行为杜绝潜在风险隐患,促进邮政金融业务的稳健发展,审计工作有序推进,继续保持零案件的好势头。4月,接受省分行内控评价组为期11天的现场评价。5月,配合四川银监局案防督查组——凉山银监分局,开展内控检查和案防督导工作,为市分行加强内控管理,提升管理质量提供重要参考依据。全年,分行廉政目标继续保持无违规违纪案件,无重大信访案件。同时,市分行制定党风廉政建设、案件防控和预防重大责任事故保证金管理办法,定期开展常规审计和专项审计,累计对39个网点进行4轮次常规审计,对8名高管人员进行任期经济责任审计,对中心金库和各县(区)局金库进行7次突击检查,对119名相关责任人给予共5.28万元经济处罚,对违反基本规章制度的78名员工给予共182分处罚,有效杜绝潜在风险隐患。开展整治不规范经营专项检查、中间业务专项审计和不良贷款责任认定工作,有效规范业务操作流程,促使从业人员树立履职尽责意识。

【风险管理】 2012年,为做好合规管理工作,市分行继续加强风险管理委员会运行机制建设,强化风险基础管理、信用风险、操作风险信息上传下达,开展机构信用评价和资产分类工作。完成反洗钱自律评估,开展反洗钱集中宣传并配合人民银行反洗钱非现场监管走访工作,完成反洗钱系统上线工作。不断提升法律事务工作水平,加强对合同规范性审查和合规性审查,定期发出法律事务风险提示。通过开展法律知识讲座,非法集资宣传教育和票据贴现业务开办合规审查工作,提升全行合规风险管理水平。在资产保全工作方面,认真开展贷款摸底调查、呆账摸底梳理两项专项调查工作,不良贷款移交和清收工作逐步常态化、规范化。全年,市分行共完成不良贷款移交48笔,移交金额150.32万元。不良贷款移交率60.25%,排名全省第5名;累计清收已移交不良贷款118.06万元,排名全省第9名。

【安防建设】 为创造全行安全运营的良好环境,实现全行网点安防达标。2012年,市分行于2月成立安全保卫部,细化岗位工作职责,制订并下发《2012年安全保卫工作计划》,确保安全保卫工作有人抓、有人管。不断加大安全保卫工作教育力度,全年开展各类警示教育和应急演练10次。增加安防设备投入力度,完善安保设施。全年累计投入资金341万元对各支行消防设施、联网报警设施和监控设施进行完善和改造,辖内12个网点全部取得《安全防范设施合格证》。强化检查力度,认真履职,上下联动,通过常规检查、专项检查、突击检查相结合的方式,强化全行安全防范工作。

【社会责任】 市分行积极承担社保资金发放工作,率先参与全市养老金社会化发放工作,是攀枝花市首批参与养老金社会化发放的金融单位。同时,积极参与政府的"金保工程",承诺在全市范围内以"储蓄、汇款、上门服务"三种方式,依托遍布城乡的网络优势,为广大市民提供"五险一金"(养老保险、医疗保险、失业保险、工伤保险、生育保险及住房公积金)的代发服务,真正做到"让政府放心、让企业安心、让百姓顺心"。市分行坚守13年为广大市民提供养老金和“五险一金”的代发工作，有力地支撑金融普遍服务工作，年底已发放社保卡共21万张，惠及市内外广大群众。

【优质服务】 2012年，市分行依托规范化服务专项检查，狠抓规范化服务质量，以“为民服务创先争优”“强服务、降投诉”活动和“我是大堂经理”体验活动为契机，通过开展规范化服务培训和现场演练，对新老员工现场规范化服务培训，使每位员工都建立起服务至微的理念。制定细化服务质量提升工作方案，加大服务检查和前台规范服务培训力度，使投诉率一直维持在较低水平，服务水平不断提高。

（李 剑）

证 券

华西证券攀枝花营业部

【概 况】 2012年，华西证券攀枝花营业部（以下简称“营业部”）有营业场所面积4 000余平方米，拥有注册投资顾问、会计师、经济师、助理工程师、律师等专业人士共68人。营业部始终坚持贯彻落实证券行业监管部门和市委、市政府的决策部署，紧紧围绕攀枝花经济社会发展大局，立足证券行业，探索金融创新，不断致力于为个人投资者的财富管理和资产增值提供多元化的投资产品、工具和系统解决方案，为本地区企业解决资产管理和投融资等问题，从而积极助推本地区资本市场的发展，服务攀枝花市经济建设。

2012年，营业部拥有客户近12万人，全年实现交易量215.61亿元，较2011年下降35.72%；上缴税金632.90万元，较2011年下降31.98%。

【管 控】 2012年，营业部累计新增、修订《营业部突发事件应急预案》《反洗钱内控制度》等制度、办法、细则14项，完善营业部制度体系，为营业部的运营工作提供制度保障。

营业部积极倡导合规文化建设，努力营造合规发展的发展观和人文环境，高度重视风险教育和职业道德教育，确保营业部经营行为与监管及公司要求保持一致。营业部设立专职合规负责人岗位，建立“以营业部负责人、各层级管理人员和每位员工是营业部合规风险管理的主体，分别在各自的岗位上履行合规管理职责；营业部合规负责人协助营业部负责人管理合规风险，并对各层级管理人员和每位工作人员提供合规专业指导，开展监督检查”的合规体系。2012年，营业部累计组织员工开展各类合规培训、教育共29次，合规检查7次，在运行管理、客户服务、市场营销、反洗钱等所有方面工作中，均实现零违规和零投诉。同时，人民银行四川省成都分行营业部被评为四川省反洗钱工作A类单位。

【个人客户服务】 2012年，营业部立足客户多元化的投资、理财需求，依托公司强大的产品研发平台，在为投资者提供股票、基金、债券等传统投资产品外，还推出基金定投等家庭理财类产品、融资融券等信用交易类业务、亿阳信托等信托类产品，以及年化收益在3%～7%之间的收益稳定的低风险理财产品，丰富个人投资者的投资渠道，为居民收入多元化提供系列解决方案，帮助个人投资者实现财富管理。同时，营业部还推出财富赢系列、英雄汇系列等投资工具，为居民的投资理财提供更加全面、系统的投资帮助。

营业部主要通过“一对一”的投资顾问服务、电话服务、专人专柜产品介绍、股民学校、季度报告会、片区投资报告会、股市沙龙、短信服务等，向客户解答投资疑问、了解客户诉求、揭示市场风险、传递投资帮助和客情服务。同时，营业部还与攀枝花电视台、攀枝花人民广播电台、《攀钢日报》等攀枝花主流媒体，以及攀枝花讲坛建立良好的合作关系，通过媒体等渠道向攀枝花地区投资者传递营业部的服务。2012年，营业部累计举办大型策略报告会8场、场片区报告会11场、股民学校44期、专题产品讲座38场、电话服务客户19 500人次，短信服务客户5 753 406人次，客户服务覆盖率超过90%，全年累计在投资者教育和客户服务工作方面投入47.92万元。

【机构客户服务】 2012年为助推本地区资本市场发展，积极发挥营业部在攀枝花市资本市场专业顾问的作用，为本地区企业提供资本中介服务，解决资产管理和融资等问题，营业部在为机构投资者提供上市保荐、中小企业债和私募债发行等服务外，还先后推出约定式购回等融资业务、国债逆回购和货币型基金等现金管理类业务，并且依托公司资产管理部和投资银行等专业部门，为本地区企业量身打造适宜的投融资产品，极大地扩宽了本地区企业的投融资渠道。同时，在金融办和市经信委的共同推动下，2012年11月27日营业部承办2012年度攀枝花市中小企业融资培训会，各县（区）、钒钛产业园区金融主管部门、经信局等相关部门负责人，以及全市77家企业负责人及财务总监参加该次培训，市委副书记赵辉、市政府办副主任兼金融办主任刘贞康、市经信委副主任胡开斌出席本次会议。培训会重点针对新三板业务、债务融资、企业流动资金管理、资产证券化等内容与参会企业进行交流，为本地区企业在证券行业创新的大背景下，如何更好地利用资本市场将企业做大做强提供新思路。

【安全工作】 2012年，营业部坚持日常及节假日值班制度，采用“员工＋保安”的双人值班制，在中午休市期间和节假日期间对营业部现场安全情况进行巡查。全年累计安排员工及保安节假日值班162人次。在中共十八大维稳期间，重点加强现场安全管理，并与当地派出所及保安公司保持联系，共同确保营业部运营安全。营业部坚持开展应急演练工作，全年累计开展应急演练11次，急演练项目包括消防、防震、防内涝、电力故障等内容。全年，营业部未发生一起重大安全事故及群体事件。

（赵　鑫）

保　　险

中国人民财产保险攀枝花市分公司

【概　况】 2012年，中国人民财产保险股份有限公司攀枝花市分公司（以下简称分公司）下有9个支公司，6家营销服务部，劳动合同员工74人，劳务派遣员工173人，保险代理人807人。固定资产原值为2 620.52万元，净值1 221.58万元。主要开办有机动车辆险、意外险、工程险、企业财产险、货物运输险、责任险、种（养）殖险等23类险种。

2012年，分公司保费收入38 026万元，完成年计划40 208万元的94.57%，占攀枝花财产保险市场份额59.02%。全年直接赔款17 752万元，简单赔付率为46.69%，同比增长10.55个百分点，综合成本率88.73%；实现利润总额4 049万元，同比下降11.65%，未决赔款准备金净额余额14 034万元，较2011年同期12 916万元增长8.66%。

【业务发展】 2012年，分公司成立重要客户部，专门负责对核心业务和重要业务管理和维护，通过上下不懈努力，基本稳住攀枝花钢铁集团公司、攀枝花煤业（集团）公司、铁路货物运输保险、市、县（区）财政统保车辆等核心业务。

为加大车商业务管控，实行专管专营。3月，分公司成立车商部，配备工作人员，加大与全市各大4S店的联系与沟通，把全市35家4S店纳入统一管理，共派驻店员31名，制订车商部及驻店员考核管理办法。车商部成立后，1～12月实现保费收入3 559万元。同比净增636万元，增幅21.76%，完成省公司车商部下达计划3 390万的105%。

为大力发展电（网）销业务，分公司成立电子商务部，支公司设置电销科，配备工作人员；加大宣传投入力度，先后通过报纸、广播、公交车身广告、电梯广告、DM单进行宣传；在农村网点店面周围设立大幅户外广告；在本地门户网站首页、58同城网开展宣传；在保险进社区、进单位过程中，分公司加大对社区户外广告、灯箱广告及车管所宣传栏广告的投入。同时分公司客户服务部和车商业务部与4S店联合推出“车电联呼”“夏季送清凉”服务，在车管所代年审公司内建立“人保专用绿色通道”，推出“免费代年审”服务。全年分公司实现电销保费收入3 796万元，同比增长300%，完成省公司计划3 500万元的108%，市场占有率54.80%。

2012年，分公司把农网建设作为1号工程，纳入重要议事日程，加大投入力度，在全市建成村级农村保险服务点10个、乡级农村服务站11个，升级现有营销服务6个，完成省公司下达的农网建设任务。全年分公司实现农险保费收入1 523.94万元，完成年计划1 000万元的152.39%，同比增长60.66%。

【销售体制改革】 2012年，分公司根据总公司新时期发展战备，为搞好销售队伍人力资源改革，完善销售人力资源管理体系，理顺销售队伍管理机制，提升公司销售能力。分公司成立销售队伍人力资源改革领导小组，责成人力资源部和客户服务部负责牵头抓好落实，同时组织各支公司、机关各部门相关人员学习总公司关于印发《中国人民财产保险股份有限公司销售队伍人力资源改革实施方案》的通知，并严格按照《实施方案》和指引扎实推进，切实搞好渠道清分、组织机构、人员调配、人员定级、业绩考核、薪酬管理等工作。

销售队伍人力资源改革的推行，体现效益优先的原则，实现用工成本与业务规模和经营效益紧密关联，提升业务质量、优化业务结构，减少配置环节，提高销售资源配置效能，同时建立销售人员岗位价值体系，清晰界定团队经理和客户经理的角色定位，突出销售人员的岗位价值，区分岗位设置薪酬结构。坚持回归本源，疏堵结合，在真实列支人工成本的情况下，相应减少其他费用支出，确保销售队伍人工成本明晰，总体成本可近，经营成本不增加。严格执行公司薪酬管理规定，统一薪酬结构，规范薪酬列支，增强薪酬资源保障力度，确保薪酬来源合法化和列支规范化，从而打造一支数量充足、结构合理、素质优良、技能卓越的销售队伍。

【内部管控】 分公司严格执行总公司报批报备的保险条款和费率标准，严格执行四川保监局下发的《关于进一步加大力度规范财产保险市场秩序有关问题的通知》和省行业协会下发的《关于维护保险消费者合法权益、自我报备自律措施的通知》规定。加大对承保环节反洗钱、单证管理和业务资料收集检查力度，从源头上防范和化解经营风险。

为提高员工"两个"素质，分公司先后组织新人上岗、礼仪知识、反洗钱、单证管理、第三代业务系统上线、佣金系统上线、非车险保险产品、农险知识、党的理论等一系列培训教育，受训人员达600余人(次)。

分公司财务中心加大对费用的预算和管控，把有限的资金直接用于核心业务、电销业务和增值服务上，增强公司核心竞争力，促进分公司各项工作顺利开展。

业务管理部认真搞好业务分析，每月召开1次业务经营形势分析会，及时通报各支公司和机关各经营部门业务完成情况，通报主要竞争对手业务完成情况和动态，找出在业务发展上的薄弱环节和差距，提出具有针对性的解决方案，加大业绩考核力度，督导各经营单位和部门真抓实干，发动员工奋力争先。

【客户服务】 2012年，按照总、省公司的要求，理赔中心紧紧围绕理赔周期、结案率和服务质量来抓好理赔难和售后服务工作。客户节期间，分公司推出10项服务承诺活动。通过理赔中心全体员工共同努力。截至年底，分公司赔付支出1.77亿元，全险种综合赔付率为55.25%，同比上升2.34%。其中车险赔付支出1.36亿元，同比增加33.12%，车险涉及人伤案均赔款18 567元，车险不涉及人伤案均赔款2 486元，同比增加16.93%，车险万元以下理赔周期11.9天，同比提速61%。非车险万元以下理赔周期23.1天，同比提速58.3%，车险万元以下1小时通知赔付达成率100%。案件处理率102.75%，同比下降1.40%。

大渡口支公司依托人保财险网络化服务体系，创建服务专属网站"人保之友"客户俱乐部。只要成为俱乐部会员，即可享受小擦剐补漆卡、高档名片、奥森健身会所1日体验、消费折扣和洗车折扣等优惠。从运行情况来看，深受广大私家车主好评。至年底，俱乐部发展会员达1 000余人。

【重大赔案】 2012年1月30日，分公司承保的川D82062号颐达牌DFL7160AB小型轿车，由龚某某驾驶至荥县旭阳镇往度佳镇方向，在305省道139千米+100米急弯路段处，车辆在紧急制动时失控，向前侧滑掉头过程中，该车左后侧尾部将前方公路右侧边缘行走的行人尤某某、陈某某撞伤，造成尤某某抢救无效死亡，陈某某受伤，车辆受损的交通事故。经现场查勘认定，属保险责任。2012年6月，分公司支付赔款42.2万元。

2012年5月21日，分公司承保的攀钢集团有限公司下属钛业公司冶炼厂发生火灾，造成混料皮带、称量皮带、电机、减速机、传感器、旋转编码器、电缆等设备损失。95518服务专线接到报案后，派遣查勘员李佳、徐瑞希、黄继以及宝鼎科技协会高级机电技师杨景全进行现场查勘认定，确认属财产一切险保险责任。2012年10月，分公司支付赔款47.48万元。

2012年7月28日，分公司承保的川D20842号红岩CQ3254TMG384自卸车，由驾驶员陈某某行驶至攀枝花市米易县湾丘镇峻峰公司料厂倒车时，因驾驶员操作不当，将第三者姚某某撞死的交通事故。经现场查勘认定，属保险责任，分公司支付赔款41.4万元。

2012年8月29日18时左右，分公司承保的西区正金工贸有限责任公司肖家湾煤矿发生瓦斯爆炸安全生产事故。19时，分公司接到相关信息，分管理赔的领导带领查勘人员，在第一时间迅速赶到事故现场，了解人员和财产损失情况，同时向人保财险四川省分公司进行报告，迅速启动突发事件应急预案，成立事故现场指挥领导小组。30日，分公司领导班子成员带领查勘人员，再次深入肖家湾煤矿查看损失情况，给现场指挥事故救援的市长和副市长作汇报，并派出7名医疗工作人员，对送往各大医院救治的伤者进行医疗跟踪和服务。8月30日上午，四川省保监局和人保财险四川省分公司接到报告后，迅速赶往攀枝花市指导工作。分公司按照省长蒋巨峰的指示，坚持"重合同、守信用"，做到应赔、尽赔、快赔；做到帮忙不添乱，切实为政府排忧解难。肖家湾煤矿属正金工贸公司下属企业。2012年4月7日，在分公司为500名聘用员工投保主险《煤矿企业安全生产责任保险》保额为20万/人，《附加医疗费用责任险》保额为2万元/人。经调查核实下井人数为154人，死亡48人，送往医院救治54人，其中重伤17人。9月3日、9月7日，分公司共预付赔款800万元。至年底，该事故赔案仍在处理之中。

(陈宏 李艳)

中国人寿保险攀枝花市分公司

【概 况】 2012年，中国人寿保险股份有限公司攀枝花市分公司(以下简称分公司)下有8个支公司(仁和区支公司、河门口支公司、陶家渡支公司、瓜子坪支公司、炳草岗支公司、大渡口支公司、盐边县支公司、米易县支公司)和一个个险专业化公司(营销本部)。全年分公司有在职员工139人、离退休职工13人。在职员工中本科及以上学历54人、大专学历65人、中专及高中以上学历20人。分公司个险渠道共有营销员721人,团险渠道共有销售人员18人,银保渠道共有签约客户经理44人,理财经理10人。全年分公司新开办的险种及其附加险59个。

2012年,按照省公司"适度增长,优化结构,突出效益,城乡兼顾,巩固农村,经营客户,防范风险"的方针,坚持"狠抓发展扩市场,狠抓管理增效益,狠抓服务夺客户,狠抓增员建团队"基本原则,努力实现一个转变(以标保为重点)、二个同步(规模和效益同步)、三个重点(以调整结构、优化结构为重点,以壮大队伍规模、创造新业绩为重点,以推进专业化经营、各支公司特色经营为重点)、四个支撑(政策支撑、企划支撑、费用支撑、工资支撑)、五个突破(在营销自主经营上取得突破,在小额保险、小额信贷业务上取得突破,银保期交转型上取得突破,在银保理财队伍建设上取得突破,在团险专业化队伍建设上取得突破)。全年,共实现总保费收入50 670万元(含集团),其中,股份公司总保费收入48 570万元,同比增长4.74%,分公司全部业务占全市保险市场份额的50.19%,保持攀枝花市寿险市场的主导地位。分公司总资产202 938万元,较2011年增长16.6%;固定资产原值3 632万元,较2011年增长1.9%;净值2 217万元,较2011年减少2.6%。代管国寿投资有限公司留存投资性房地产原值581万元,净值128万元。全年分公司各类给付件数共56 684件,给付保险金额共8 658万元;结案7 406件(含集团),未决案件63件,结案率99.16%。

2012年,分公司荣获四川省国寿系统"银保长期险首年期交保费预算完成率第一名"和"银保长期险首年标准保费预算完成率第二名"。

【业务发展】 2012年,分公司个、团、银三大渠道的业务发展态势平稳。

个险渠道　全年面对市场大环境的影响和市场竞争的加剧,不仅站稳脚跟,还保持市场能动性,实现总保费2.54亿元。分公司以企划为抓手,以业务拓展为重点,通过运作各个时期的企划方案,利用福禄鑫尊、新康宁、福禄双喜至尊版三款新产品上市的契机,引导营销员向折标率高、费用率高,佣金率高、市场需求大的产品上转变,以此提高创费创薪能力。并通过制定各类企划方案,引领基层公司开展个险工作。分公司以内涵价值为导向,优化业务结构,转变业务增长格局,使3~5年期交向5~9年期及10年期以上转变。全年个险渠道共实现首年新单保费6 921.55万元,其中首年期交保费3 909万元,占新单保费的56%,且首年期交基本上都是5年以上期产品。

团险渠道　全年坚持"队伍建设是关键,拓宽市场是核心,持续发展是根本"的指导思想,以矿山保险、补充医疗保险、企业年金为重点,以小额保险、计生保险、妇联保险作为新的业务增长点大力发展,全年实现短期险保费(含一年期定期寿险)2 505万元,提前半年完成省公司下达的短险和意外险保费全年预算目标,成为全省系统首家提前完成双项指标的公司。

银保渠道　全年业务发展压力大,困难多。分公司加强渠道、网点的维护沟通,提升服务质量,提高网点出单率和网均产能。坚持"以服务促发展"的理念,除做好客户、网点的后续服务工作以外,公司各级对客户的纠纷都能及时处理,化解危机,得到网点和渠道的广泛认同。在各阶段推出的方案中,"龙腾虎跃"打造精品网点推动方案运作效果明显,全市有4个网点期交突破百万。分公司加快销售转型,既兼顾保费规模又注重业务结构,坚持抓好网点沙龙、黄金搭档等销售模式,大力拓展高折标系数险种,提升银保的内涵价值。全年分公司实现总保费2.06亿元,其中首年期交保费2 914万元,提前260天完成省公司下达的全年期交预算目标,完成进度排全省第一。

【客户服务】 分公司严格理赔管理,确保理赔时效。为抓好柜面服务,分公司完成保全统一受理平台上线工作,简化柜员操作流程,优化客户服务质量,方便客户。为提高工作人员业务技能,提升服务水平,分公司开展业务技能大练兵活动,利用周末举办一系列的培训。从岗位职责到运营流程,从柜面技能到个人修为,从业务操作到礼仪规范进行培训。培训结束以后还组织业务技能比武考试检验培训成果。全年,分公司共晋升VIP客户452人,其中贵宾卡359人、金卡23人、银卡65人、钻石卡5人。5月,省公司组织新增保单积分达到15万分及以上的客户参加"牵手国寿风情澜洲"的活动,分公司有1位客户参加。分公司还对金卡和钻石卡客户提供多种附加增值服务。6~7月,分公司组织钻石卡客户到成都华西医院免费体检,报名参加体检的客户共25人。11月,分公司组织金卡客户在攀枝花市中西医结合医院免费体检,报名参加体检的客户共37人。

【教育培训】 分公司建立健全业务员教育培训体系,包括新人甄选、创说会、代资考培训、职前教育、新人扬帆训练营、业务员晋级培训和主管晋级培训。全面完成国寿E学教学任务、公司制式培训和非制式培训计划,完成率达100%。分公司教培部与个险部通力合作,从2012年8月起,在全市开展每期3个月,共6期新人扬帆训练营培训,新人培训全覆盖,新人三晋率达到85%。

【内控合规建设】 2012年,按照《党风廉政建设责任制》的要求,分公司"一把手"与各基层公司"一把手"签订《党风廉政建设责任书》,明确"一级管一级"、下级对上级全权负责的工作模式，实行日常与年末相结合的考核模式。全年，分公司全市系统党员领导干部均能执行《中国共产党党员领导干部廉洁从政若干准则》，未发现违反《廉政准则》相关规定的情况和领导干部滥用职权、职务谋取私利现象。

积极开展效能监察，确保各项制度的落实。年初分公司及时制定下发2012年效能监察工作方案，主要以单证、印章管理、柜面管理权限和案件防范等为工作重点。3月，配合成都区域审计中心完成对4家支公司及分公司经济责任审计工作，并结合审计工作进行现场检查和效能监察，监察面达100%。

专项开展清理“小金库”工作，防范经营风险。根据保监会《关于印发〈国有及国有控股保险机构“小金库”专项治理试点工作方案〉的通知》及总公司《关于印发〈中国人寿股份有限公司2012年开展“小金库”专项治理工作方案〉的通知》，分公司于4月牵头对全市系统进行2012年“小金库”专项清、治理工作并与各支公司“一把手”签订杜绝小金库承诺书。

严格执行销售督察工作，按上级要求每月对新单回访问题件进行核查，上报营销员违规行为报表，开展信用评估工作和综合治理销售误导工作，与个、团、银三个销售渠道共786名营销员签订《杜绝销售误导承诺书》。全年开展关键岗位检查，KPIMS系统风险指标数据共394条，在经过认真分析和核查后，对389条数据进行办结。现场检查18人，检查问题涉及人数6人，问题发现数量6件，涉及金额18 966元，造成损失金额879元，挽回损失金额114.88元；关键岗位专项检查3次，出具6份工作底稿（4份为客户部和西区支公司保全类问题，2份为客户部和米易县支公司收付费类问题），5份检查意见书（针对问题出具），2份问题移交函（针对有损失金额出具），查出的问题已全部进行整改。

2012年3月13日，分公司反洗钱工作人员参加由中国人民银行攀枝花市中心支行牵头，全市各银行业、证券期货业、保险业等金融机构参与的在市中心广场开展大型反洗钱知识宣传活动。8月8～10日接受省公司内控合规部对分公司反洗钱工作的检查，检查出现的问题在9月20日前按要求整改完毕。

【队伍建设】 2012年，分公司在加强干部队伍建设的同时，还加强销售队伍的建设。

干部队伍建设 为实现“人才兴企”战略，2012年初，遵循上级公司“优秀人才要向基层流动，上下级公司员工要实行交流”的要求，在保证业务发展、队伍稳定的基础上，分公司总经理室根据实际情况对县支公司班子进行充实和调整，全市系统纵向交流（县支公司和市分公司各部门的交流）干部4名，横向交流（各县支公司之间的交流）干部6名，研究确定3名储备经理，对他们实行动态管理和有意识地培养锻炼。为引进优秀人才、培养后备力量，全年分公司向市委组织部积极汇报，取得联系，在市委组织部的大力支持下，在“优中选优”的原则下，经过初选、笔试、面试、体检程序，招聘4名大学生村官，充实到县区支公司。4名大学生村官平均年龄26岁，全日制本科1人，全日制大专3人，均为中共党员或预备党员。

销售队伍建设 个险渠道2012年以《2010年版中国人寿个险基本法》为基础，大力发展营销团队。共组织召开创业说明会11场共190人参会，新人培训班8期共210人参训，代理人资格考试19场共461人参考，231人通过，合格率50%。全年共新增持证人力297人，月均增员率4%。银保渠道2012年为提高银保队伍的发展，市（县）银保部积极吸纳优秀银保销售人员，挑选有协调能力、精通业务、有责任心的营销员担任团队主管。年初分公司制定理财经理增员方案，积极筹建理财经理队伍，在省公司《“强基固本建队伍，提升价值冲自营”——2012银保自营业务企划推动方案》中，27人获得“增员成功奖”，2人获得“淘宝有礼奖”。全年新增客户经理25人，理财经理22人。

【重大赔案】 2011年12月9日，被保险人刘某驾驶小型轿车由攀枝花仁和区方向行驶至京昆高速公路2496千米+400米处与一重型货车相撞，造成刘某当场死亡。刘某生前在分公司投保国寿综合意外伤害保险，经调查属保险责任，按相关保险条款规定，分公司于2012年4月11日给付保险金48万元。

2012年1月6日，被保险人张某因酒精性心肌病和急性肺水肿在攀枝花市中西医结合医院抢救无效死亡。张某生前在分公司投保国寿祥和定期寿险，经调查属保险责任，按相关保险条款规定，分公司于2011年2月6日支付保险金27万元。

2012年1月10日，被保险人魏某工作时因被顶板砸压致死。魏某生前在分公司投保国寿安全建筑工程团体意外伤害保险，经调查属保险责任，按相关保险条款规定，分公司于2012年7月13日给付保险金60万元。

2012年1月11日，被保险人陶某在通过一处通往浮选机的梯道时被倒塌的围墙砸伤造成创伤失血性休克，经攀枝花市第二人民医院抢救无效死亡。陶某生前在分公司投保国寿综合意外伤害保险，经调查属保险责任，按相关保险条款规定，分公司于2012年4月16日给付保险金60万元。

2012年4月19日，被保险人宋某因工作时操作失误导致蓄电池机车侧翻压住头和颈部受伤，经攀枝花市中心医院抢救无效死亡。宋某生前在分公司投保国寿绿洲团体意外伤害保险（B型），经调查属保险责任，按相关保险条款规定，分公司于2012年7月27日给付保险金50万元。

2012年6月24日，被保险人余某因脑溢血在攀枝花市中心医院死亡。余某生前在分公司投保国寿康宁终身险、国寿千禧理财两全保险（分红型）、鸿寿养老金保险（97版）、国寿美满人生年金保险（分红型）、国寿鸿盈两全保险（分红型），经调查属保险责任，按相关保险条款规定，分公司于2012年8月14日给付保险金合计449 762元。

2012年8月17日，炭坪子煤矿发生顶板事故将被保险人任碧清掩埋，经抢救无效死亡。任某生前在分公司投保国寿绿洲团体意外伤害保险（B型），经调查属保险责任，按相关保险条款规定，分公司于2012年11月7日给付保险金合计40万元。

2012年8月28日，被保险人刘某在盐边县红格镇红格村李家沟山沟内意外高坠致复合型损伤死亡。刘某生前在分公司投保国寿综合意外伤害保险，经调查属保险责任，按相关保险条款规定，分公司于2012年10月11日给付保险金合计40万元。

（马艺瑕）

中国平安寿险攀枝花中心支公司

【概　况】 中国平安人寿保险股份有限公司攀枝花中心支公司（以下简称支公司）下设营销管理室、区拓管理室、营销培训室、银保业务部4大销售渠道，人事行政室、财务室、后援运营室、数科作业部、总经理室5个职能部门及西区支公司、米易支公司、盐边支公司3个下属四级机构。2012年支公司共有内勤员工53人，保险代理人865人。支公司主要经营人寿保险、健康保险、意外伤害保险、代理国内外保险机构检验、理赔及其委托等；兼业代理企业财产保险、家庭财产保险、建筑工程保险、安装工作保险、货物运输保险、机动车辆保险、船舶保险、责任保险、信用保险、保证保险、短期人身险、意外伤害保险、旅客平安险、团体人身保险、团体人身意外伤害保险、建筑工程施工人员人身意外伤害保险等100多个险种业务。

2012年，支公司个人寿险完成规模保费3 988万元，较2011年下降40.17%，银行保险完成规模保费6 250万元，较2011年下降37.61%，续期保费实收总额为23 220万元，较2011年增长22.22%，个销产完成保费2 241万元，较2011年增长13.09%，个销完成520万元，较2011年下降6.15%；2012年保险代理人865人，较2011年下降6.35%；13月保费继续率93%，25月保费继续率96.1%，理赔件数3 010件，赔付金额1 257.05万元，豁免保费金额56.93万元，生存金给付5 738件，给付金额2 109.80万元。2012年度支公司被攀枝花市政府评为金融行业先进工作单位。

【反洗钱工作】 2012年支公司开展的反洗钱组织建设、反洗钱内控制度建设、反洗钱自律评估、客户风险等级划分、反洗钱宣传与培训、可疑交易甄别、反洗钱自查、反洗钱审计、迎接人民银行现场走访等工作。2月，支公司下发《关于进一步明确个险新契约客户身份识别问题的补充通知》，5月，下发《关于规范反洗钱信息交流和反馈机制的通知》，8月，下发《关于再次明确个险新契约客户身份识别问题的通知》，完善反洗钱内控制度。支公司采取多种形式，围绕"警惕网络洗钱陷阱，增强反洗钱意识"的宣传主题，在各营业网点全面开展"反洗钱宣传月"活动。6月，举办"合规宣传月"活动，向支公司员工积极宣传合规知识，强化员工合规意识。11月，支公司举行"2012年反洗钱宣传月"活动，活动形式有向社会公众发放宣传品、营业网点宣传、对网络交易用户开展风险提示、通过报纸、互联网等媒体对社会公众开展网络洗钱风险提示、开展反洗钱知识培训、组织反洗钱网络考试等方式，营造良好宣传氛围。以《客户服务》报为媒介持续开展反洗钱宣传工作，每月一期，扩大反洗钱宣传受众面，成为支公司长期宣传反洗钱工作的一种方式。根据人民银行非现场监管要求支公司全年认真履责，持续开展可疑交易甄别项目，开展反洗钱自查工作4次，每季度按时向人民银行报送反洗钱非现场监管资料。

9月，人民银行攀枝花中心支行对支公司进行现场走访及指导工作。检查组通过查阅公司内控制度文件，调取业务清单数据，翻阅实物档案资料，经办人员访谈等方式，对支公司洗钱工作情况进行全面检查。

平安集团稽核监察部四川稽核地区于2012年10月29日至11月21日派出稽核小组，对支公司进行反洗钱专项稽核。现场稽核人员按照内部审计准则的规定，通过查阅相关业务资料、员工访谈、IT稽核数据分析等方式，对机构2011年10月1日至2012年9月30日（个别事项进行必要的追溯和延伸）的反洗钱方面情况进行全面的稽核检查。

【客户服务】 2012年，支公司努力以良好的服务塑造品牌，积极为客户提供保单契约以外的各种附加价值服务。继续推出海内外急难援助服务，申请全球急难援助服务的平安客户在世界大部分地区遭遇困境，只要拨打"95511"，便可享受公司专业、便捷的服务；开展推广P－STAR五星服务文化，通过简单、及时、方便、可靠的服务为客户提供优质服务；向客户推广保全多渠道服务，提升E服务保全项目，构建具有统一品牌管理系统和服务界面的平安3A服务体系，使客户无论何时（Anytime）、无论何地（Anywhere）、无论以何种方式（Anyway），都可以享受到公司的满意服务。2012年开展第十七届客户服务节，活动主题为"平安有约·健康同行"，系列品牌活动有开幕式、少儿系列比赛、专家巡讲、社区活动以及闭幕式暨"平安夏令营"五大制式主题。此外，客服节还面向二元市场量身推出"平安知心家庭文化"活动，关注儿童健康成长、亲子和睦。活动中约有1万名客户参加此次客户服务节。既让客户享受到公司的超值服务，也让更多的人了解保险。

【重大赔案】 饶某某，2009年在支公司投保《金玉满堂》保险金额10万。2012年4月19日上午，饶先生步行去上班时，于倮果加油站附近被一行驶的面包车撞倒，伤后立即送密地医院抢救无效死亡。支公司仅用4个工作日就完成全部的核实理算工作，经审核确认属于保险责任。按合同约定给付身故保险金合计22.3万元整。

周某某，2009年在支公司投保《智盈人生》保险金额15万，《无忧意外》保险金额6万。2012年5月26日，周先生在从西昌市回攀枝花市的高速路上，因驾驶员操作不当，造成重大翻车事故，导致周先生当场死亡，周先生为乘客身份。经审核确认属于保险责任。支公司按合同约定给付身故保险金21万元整。

陈女士，2011年在支公司投保《智盈重疾》保险金额20万。2012年4月20日陈女士被确诊为左侧乳腺浸润导管癌。2012年7月，陈女士向公司提交理赔申请，经审核，符合条款约定的重大疾病给付条件，支公司按合同约定给付重大疾病及医疗保险金20万元整。

（龙　英）

中国平安财险攀枝花中心支公司

【概　况】 中国平安财产保险股份有限公司攀枝花中心支公司（以下简称支公司）下设团体业务部、车行业务部、综拓业务部、新渠道业务部、代理业务部、银保业务分部6大销售渠道，业管部、综合管理部、数科作业部、总经理室4个职能部门及西区支公司、米易支公司、仁和营销服务部、盐边营销服务部4个下属四级机构。2012年，支公司共有员工106人，其中本科及以上学历47人，大专学历54人，高专及中专学历5人。支公司经营范围涵盖责任险、个人财产险、企业财产险、货运险、工程险等10类200多个险种业务。

2012年，支公司全年车险接报案13 877件，较2011年同期增长19.29%；报案注销2 252件，较2011年同期增长6.68%；结案11 825件，较2011年同期增长19.55%；结案金额4 318.44万元，较2011年同期增长34.25%。处理赔款案件11 620件，较2011年同期增加3.06%；赔款支出4 378.44万元，较2011年同期增长7.62%；赔付率48.36%，较2011年同期增长8.06%；综合成本控制在95.6%以内，较2011年同期增加3.6%；个车优质目标续保率73%，较2011年同期下降2%；车险保单成本率91.6%，较2011年同期增加8.5%；全年实现利润1 479.726万元，较2010年同期增长3.76%。

2012年4月，支公司被攀枝花市人民政府评为2011年金融工作先进单位；2012年支公司在四川分公司查勘定损工作质量得分中排名全省第一。

【内控合规建设】 为促进内控合规建设，支公司在全年持续推进机构反洗钱工作。通过定期及不定期反洗钱宣传培训，在全员形成自觉学习的良好态势。2012年3月13日，在全国“消费者权益日”前夕，支公司在市保险行业协会组织下在市中心广场进行以保险业为团体的全市金融机构反洗钱宣传活动。为加大反洗钱宣传力度，支公司在柜面及客服大厅对反洗钱相关宣传资料、手册及彩页等进行发放，在职场公共区域专门设置反洗钱宣传栏，定期对反洗钱知识进行更新宣传。11月，按人民银行及分公司反洗钱宣传月活动要求，支公司及所有四级机构悬挂反洗钱宣传月活动口号，在LED显示屏上滚动播放宣传月活动主题，并对反洗钱最新资料进行发放。支公司按照反洗钱的重点和需求，开展不同形式的培训工作，以视频培训会议和面授培训的形式，培养员工反洗钱基本意识，使支公司反洗钱相关人员具备必需的工作技能。

2012年，支公司通过合规制度的制定、制度检视、制度文件管理、执行检查，形成完整合规的制度体系及管理流程。同时积极配合监管部门需求向监管机关、主管部门按时、优质进行工作汇报。在全省开展的“行业典范，合规100”合规专项活动中，支公司活动开展情况获得分公司的高度肯定。其中西区支公司被授予“合规之星”的称号。为推动合规文化建设，机构持续合规宣传培训，支公司借助分公司行政工作会议、新人培训班等形式对员工进行合规知识宣导，开展防范职务犯罪、治理商业贿赂、廉政教育专项活动等多项合规专项培训宣导。支公司全年与外部监管机构及内部稽核部门保持良好沟通，定期汇报交流，配合开展工作。

【客户服务】 支公司借助业内领先的IT平台，率先在市内实现车险全国通赔服务、车险赔案E化处理、IPAD查勘定损等创新举措，努力以完善的管理机制和良好的服务水平为客户提供各种附加价值服务。支公司推出7×24小时查勘理赔服务、事故处理及人伤救治咨询服务、电话回访、一站式服务等服务措施。2012年，“快、易、免”服务再次升级，在业内首次改变传统理赔流程，推行“先赔付，再修车”。此外，也首次进行“从报案到赔款的全流程时间”承诺，首次推出人伤案件“省心调解”服务和人伤案件“贴心在线”服务。在此基础上，支公司再度扩大升级“足不出户，赔款到家”的上门代收索赔资料服务范围，继续为平安车险客户提供免费“7×24小时百千米道路救援”服务。在总结快易免服务成功经验的基础上，还创新推出易免服务方程式，旨在为客户提供“一站式”便捷服务。支公司陆续推出现场查勘送水、送暖手袋、市区一袋式上门收单、先支付后修车简单快赔、超级网银实时到账，只需20秒客户即可以领到赔款，人伤案件陪同调解、VIP客户代年检及绿色通道等服务。

【重大赔案】 2012年11月14日20时，支公司承保的川D－T0541在东区炳草岗行驶途中，与一行人发生碰撞，导致行人受伤，事故发生后伤者由120急救车送入攀枝花市中西医结合医院检查治疗，最终因抢救无效死亡。因死者系凉山州冕宁县少数民族，事发后死者家属及亲友情绪激动，多次上访交警队和出事车辆所在的攀枝花市方舟出租汽车有限责任公司，要求赔付150万，公司人员积极介入陪同调解处理，最终达成461 103.11元的赔付协议，在3个工作日内完成赔款支付。

2012年10月14日，支公司承保车川D－F5772在攀枝花市东区长寿路行驶路上，与三者摩托车发生碰撞，致使摩托车上一人受伤，伤者送往攀枝花市攀钢总院门诊就诊，但因抢救无效死亡。死者系凉山州会东县人，事发后死者家属要求赔偿50万。了解到此情况，支公司第一时间赶往客户家中，与客户一起和死者家属协调，最终达成203 836.78元的赔偿协议，于两个工作日完成赔款支付。

2012年5月12日，支公司承保车辆川D－C5100行驶在攀枝花市仁和区金江镇的路上，与三者摩托车发生碰撞，致使摩托车上两人受伤，送往攀枝花市中西医结合医院门诊就诊，腹腔脏器大量出血导致失血性休克，后因心力衰竭、多器官衰竭，宣布临床死亡，医疗费花费3万多。死者系米易县麻陇乡少数民族，事发后死者家属要求赔偿60万，经支公司多方协调，最终达成210 286.2元的赔偿协议。

2012年9月9日，支公司承保车辆行驶在攀枝花市东区倮果的路上发生单方事故，车辆翻车，致使司机受伤，伤者送往攀枝花市中西医结合医院门诊就诊，诊断为左肱骨骨折，须实施肱骨骨折内固定术。支公司经过对事故现场的查勘和伤者病情鉴定，最后赔付98 691.8元。

（向　玲）

中国太平洋财险攀枝花中心支公司

【概　况】 2012年，中国太平洋财产保险股份有限公司攀枝花中心支公司（以下简称中心支公司）内部设有综合管理部、计划财务部、销售管理部、客户服务部、渠道管理部、项目管理部、银保部、业务拓展8部，下设东区支公司、盐边支公司、仁和支公司、米易营销服务部、西区营销服务部5个县级机构，劳动合同员工66人，较2012年增加9人，全部具有大专以上学历，平均年龄31岁。中心支公司已开办企业财产险类、机动车车辆保险类、运输工具险类、货物运输险类、工程险类、责任险类、信用保证险类、综合险类、人身意外险类等10类100多个险种的保险业务，较2011年增加2个险种，即全能卫士和金农保。固定资产原值185万元，较2011年固定资产原值减少3%。

2012年，中心支公司在总、分公司推动和实现可持续价值增长发展理念的指引下，专注保险主业，聚焦创新转型，业务平稳健康发展，集约化管理水平不断提升，坚持以客户需求为导向，以提升销售能力、加快业务发展为主线，开展业务竞赛，变中求进、奋发有为。全年实现保费收入7 159.08万元，比2011年增长16.62%；综合成本率90.69%，比2011年增加17.41%，应收保费率为0，实现利润571.82万元，为2011年的43.57%；利润率7.99%，较2011年下降13.39%；上缴税金526.19万元，较2011年降低20.11%；赔款总支出3 029.5万元，较2011年减少8.51%；简单赔付率42.32%，较2011年下降11.62%；综合赔付率54.86%，较2011年上升17.53%；2012年车险结案率91.30%，较2011年车险结案率90.55%上升降0.75%。在公司领导的带领下，以“走基层、访客户、优服务、促转型”为主线，公司上下凝聚共识，创新实践，坚定不移地推动转型发展，在“关注客户需求、改善客户界面、提升客户体验”上取得新进展，实现新突破，为提升公司持续价值创造能力奠定重要基础。

中心支公司继续保持“市级文明单位”称号和“市金融先进单位”称号；中心支公司2012年被中国太平洋财产保险股份有限公司四川分公司授予“经营管理先进单位”称号。

【重大赔案】 2012年4月7日，中心支公司承保的川D99588号车在红格路段行驶过程中，由于超车操作不当，造成川D99588与川DC9095、川DF663三车追尾。川D99588前部受损，川DC9095前后受损，川DF6637后部受损。经中心支公司现场查勘，事故属实，中心支公司按相关保险条款规定，于12月3日支付赔款37 700元。

2012年8月25日，中心支公司承保的川DY4888号车在攀枝花大道东段行驶过程中，由于操作不当，行驶时碰撞护栏，标的车前后左右多处受损。经中心支公司现场查勘，事故属实，中心支公司按相关保险条款规定，于12月6日支付赔款86 400元。

2008年1月7日，公司承保的二滩水电开发有限责任公司建工一切险，于2012年8月31日因下暴雨后出险，造成48千米＋722米～800米段公路涵洞两侧路基出现明显滑动裂缝，公路路面、路肩挡土墙、路堑挡土墙发现裂缝，腊窝乡乡村路路基出现明显滑动裂缝；2009年3月26日，锦屏电站一级右岸倒悬体发生大塌方，塌方量为20万立方米左右，塌方造成部分施工设备、相邻洞室不同程度受损。经现场查勘，认定属保险责任，中心支公司按相关保险条款规定，于2012年2月8日支付赔款934 200元。

2011年3月11日，公司承保的攀枝花市华阳煤业有限责任公司雇主责任险于7月4日挖煤工人冯联均在井下作业时被掉下的石头砸伤左手骨折住院。经中心支公司现场查勘，认定属保险责任，中心支公司按相关保险条款规定，于2012年1月15日支付赔款37 484.22元。

2011年7月1日，公司承保的四川华电珙县发电有限公司机器损坏险于2012年5月和10月出现输煤系统12B在运行过程中皮带损坏和1炉A引风机动静叶片发生火花，解体检查后发现动叶、静叶、轴承座支撑板、B侧冷却风进风箱等部件受损。经中心支公司现场查勘，认定属保险责任，中心支公司按相关保险条款规定，于2012年8月支付赔款251 000元。

2010年3月12日,公司承保的攀枝花中禾矿业有限公司公众责任险于2011年2月27日下暴雨,导致山体滑坡,造成4户农家被埋。经中心支公司现场查勘,认定属保险责任,中心支公司按相关保险条款规定,于2012年1月26日支付赔款500 000元。

2011年5月2日,公司承保的攀枝花公交客运总公司承运人责任险于2011年12月30日姜XX在公交车上意外摔倒受伤,导致左腿骨折。经中心支公司现场查勘,认定属保险责任,中心支公司按相关保险条款规定,于2012年6月26日支付赔款42 000元。

(尤奇伟)

中国太平洋寿险攀枝花中心支公司

【概 况】 2012年,中国太平洋人寿保险股份有限公司攀枝花中心支公司(以下简称中心支公司)设有行政人事部、计划财务部、个人业务部、团体业务部、银行保险部、保费部、营运部等7个部门,下设5个四级机构(攀枝花东区、盐边、米易3个支公司,西区、仁和2个营销服务部)。2012年8月1日,按照上级公司安排,中心支公司原党委书记、总经理戴鸿飞调回中国太平洋人寿保险股份有限公司四川分公司,调中国太平洋人寿保险股份有限公司遂宁中心支公司党委书记、总经理于革到中心支公司任总经理兼党委书记。10月11日,为优化机构、提升发展效能,上级公司对中心支公司的银行保险业务、团体保险业务进行优化,将银行保险部与团体业务部合并为银团业务部。中心支公司秉承"做一家负责任保险公司"的使命,坚持"诚信天下,稳健一生,追求卓越"的企业核心价值观,努力将企业社会责任融入战略与业务运营。12月,中心支公司班子分别前往盐边县温泉乡和爱彝族乡团结村走访慰问。

2012年,在"以客户需求为导向"的战略转型指导下,太平洋寿险攀枝花中心支公司推动实施销售转型、服务转型,业务内涵价值稳步提升。全年完成保费收入6 609万元,较2011年下降11.93%;全年接到理赔案件1 922件;实际赔付1 922件,结案率100%,实际赔付件数较2011年减少11.13%;全年理赔、给付金额4 385.82万元;简单赔付率为66.36%,较2011年增长18.36%。

【制度建设】 中心支公司把统一发展思路,增强发展意愿,培养干部员工的适应力,树立干部员工的自信心、责任感,激发干部员工的工作激情作为重点工作抓,把"健康、幸福"作为中心支公司的愿景文化,在坚持"一手抓业务,一手抓管理,两手抓,两手都要硬"的原则,结合实际情况,提升管理的专业化、集约化、规范化水平,全面加强和改善各项内部管理工作,继续执行《中国太平洋人寿保险股份有限公司攀枝花中心支公司基础管理制度》《中国太平洋人寿保险股份有限公司攀枝花中心支公司争先创优管理办法》《中国太平洋人寿保险股份有限公司攀枝花中心支公司会议制度》等多项制度,坚持向管理要效益,通过管理促发展。在财务管控方面,为做到节约费用,中心支公司一方面抓业务发展,一方面抓费用管控,严格执行《中国太平洋人寿保险股份有限公司攀枝花中心支公司日常费用管理办法》、《中国太平洋人寿保险股份有限公司攀枝花中心支公司预算管理办法》等制度,使财务费用得到合理管控,实现财务费用收支平衡。通过系列措施,促进团队的稳定和管理工作的加强,内控机制得到强化,风险得到有效控制,全年没有发生一起安全生产事故。

【客户服务】 2012年,为贯彻中国太平洋人寿保险股份有限公司倡导的"提高客户体验度"的服务理念,全面提升公司服务形象更好地为客户服务,拉近与客户之间的距离,树立良好的服务形象,中心支公司开展"三一五"诚信服务宣传、"保全GPS优化上线"、"金卡客户免费体检"等活动。活动期间,全体干部员工始终贯彻以"客户感受良好"为标准的服务理念,让客户免费参加音乐会、高端客户答谢会等活动。中心支公司辖内5个四级机构的营运服务实现包括个人保险业务承保、保全、理赔受理、单证管理、营销员管理等5项服务功能覆盖,使支公司、营销服务部的服务能力和服务时效得到提高,使"服务向下延伸"的管理举措得到落实。

2012年,为改善用户体验,提高作业效率,实施以客户需求为导向的战略转型,中国太平洋人寿保险股份有限公司全面推广"神行太保"(指支持营销员通过使用平板电脑和3G网络在线完成投保、POS机刷卡及其他缴费方式缴付首期保费实时生效,完成新契约作业流程系统)项目。"神行太保"的使用使销售行为得以规范,避免销售误导,提高业务员专业形象,改变传统慢、烦、累的承保模式,以快、简、省的新型承保模式优化客户感受,改善客户投保体验。

2012年8月,为提高客户体验度,解决客户保单多、办理业务时间长的问题,中国太平洋人寿保险股份有限公司开通保全一键处理所有保单的优化服务项目,平均缩短客户等待时间3分钟,得到客户一致好评。随着理赔及投保透明度项目的推进,公司向客户和销售人员发送短信,便于随时跟踪案件处理情况及保单生效情况,对自身权益的维护及公司服务水平都有更深层次体验。

【产品开发】 2012年,中心支公司在实行业务集中管理的基础上,以新型分红险产品为重点,不断推出新产品。针对不同服务对象,个人业务推出《金佑人生终身寿险(分红型)》及《附加金佑人生提前给付重大疾病保险》《鸿发年年全能定投年金保险(分红型)》及《附加财富管家年金保险(万能型)》等保险产品;团体业务推出《吉祥人生优选定期寿险》《吉祥安康重大疾病保险》《老年人团体意外伤害保险A款》及《老年人团体意外伤害保险B款》等保险产品。继续推广团体人身意外伤害保险、安贷宝意外伤害保险B款等险种;银邮业务推出《鸿享年年年金保险(分红型)》《鸿庆人生两全保险(分红型)》等保险产品。

【重大赔案】 2008年8月8日,被保险人刘某购买中心支公司《红利发两全保险》,2011年11月28日因病在医院治疗无效身故。在接到受益人提交的理赔申请资料后,按相关保险条款,中心支公司于2012年1月15日支付赔款129 355元。

被保险人林某,2007年10月1日购买中心支公司《附加金泰人生重大疾病》保险,2012年1月4日不幸身患甲状腺乳头状癌,2月28日出院,在接到受益人提交的理赔申请资料后,按相关保险条款,中心支公司于2012年2月28日支付赔款82 720元。

被保险人朱某,2008年5月8日购买中心支公司《红利发两全保险》,2012年1月2日因病在医院抢救无效身故。在接到客户提交的理赔申请资料后,按相关保险条款,中心支公司于2012年4月7日支付赔款60 000元。

被保险人迟某,1998年3月8日购买中心支公司《步步高97》,2012年6月8日,因疾病在医院治疗无效身故。在接到受益人提交的理赔申请资料后,按相关保险条款,中心支公司于2012年6月24日支付赔款66 000元。

被保险人袁某某,2008年2月7日购买中心支公司《红利发两全保险》,2012年3月6日,袁某某因疾病在医院治疗无效身故。在接到受益人提交的理赔申请资料后,按相关保险条款,中心支公司于2012年7月30日支付赔款212 400元。被保险人林某某,2002年7月18日购买中心支公司《长泰安康B》,2012年10月22日,在单位上班时发生生产事故导致意外身故。在接到受益人提交的理赔申请资料后,按相关保险条款,中心支公司于2012年11月2日支付赔款60 000元。

(谭晓雯)

中华联合财险攀枝花中心支公司

【概　况】 2012年,中华联合财产保险股份有限公司攀枝花中心支公司(以下简称中支公司)内设综合管理部、财务会计部、业务管理部、客户服务部4个职能管理部门,下辖1个营销服务部、2个支公司及1个直属业务部门。中支公司共有员工42人,较2011年增加1人,营销人员29人,较2011年增加4人。固定资产原值为117.3万元,较2011年减少0.8万元,净值为37.7万元,较2011年增加9万元。主要有机动车辆保险、企业财产损失保险、家庭财产损失保险、建筑工程保险、货物运输保险、能源保险、一般责任保险、飞机保险、航天保险、核电站保险、短期健康保险和意外保险等154个险种,较2011年增加1个。

2012年,中支公司保费收入3 257万元,较2011年同期增加290万元;赔款总支出1 709万元,较2011年同期增加447万元;简单赔付率为43%,较2011年同期下降5%,综合赔付率为45%,较2011年同期减少3%;全年盈利556万元,较2011年同期增加60万元;全年缴纳各种税金166万元,较2011年同期增加12万元。

【重大赔案】 2012年11月8日,中支公司承保由鲁某驾驶的川D32886自卸货车,在攀枝花市米易县白马矿山举升货箱行驶时擦挂高压线导致驾驶员触电死亡,经中支公司现场查勘,认定为保险责任,按照相关保险条款规定,于2012年12月17日支付赔款共计10万元。

2012年5月26日,中支公司承保的由周某驾驶的川DS7678思威车,在四川省凉山彝族自治州西昌市黄水因操作不当发生侧翻,致车辆受损及1个乘客死亡、驾驶员及另一乘客受伤。经中支公司现场查勘,认定为保险责任,按照相关保险条款规定,于2012年8月13日支付赔款共计291 109.78元。

2012年7月12日,中支公司承保的盐边县鼎盛矿业有限责任公司财产综合险,于2012年7月12日因暴雨将铁矿原矿石冲刷,导致被保险人财产损失,经中支公司现场查勘,认定为保险责任,按照相关保险条款规定,于2012年10月20日支付赔款共计280万元。

(皮宗兴)

天安财险攀枝花中心支公司

【概　况】 2012年,天安保险股份有限公司攀枝花中心支公司(以下简称中心支公司),内设行政人事部、计划财务部、业务管理部、客户服务部4个职能管理部门。中心支公司开办机动车保险、企事业财产损失保险、家庭财产损失保险、工程保险、信用保证保险、进出口货物运输保险、短期人身意外伤害保险、人身健康保险、责任保险等主险近3类200种。全年固定资产42万元,较2011年增加0.97万元;

固定资产净值4.8万元，较2011年相比，减少2.75万元。

中心支公司围绕"以客户为中心，以奋斗者为本"的核心价值观，坚持"人才先行、结构调整、强化管控、突出效益"的十六字经营方针，实施做强战略，以价值链理论为方法，充分落实销售体制改革，坚持以效益为中心，推进改革创新，全面提升中心支公司核心竞争能力，增强市场竞争优势。优化产业结构，提高特色服务水平，加快发展，中心支公司实现规模、品牌、效益有机统一、协调发展。全年实现保费收入1 055.19万元，比2011年同期减少154.39万元；赔款总支出709.82万元，比2011年同期减少213.21万元，简单赔付率为67.27%，比2011年同期减少7.73%；综合赔付率为76.71%，比2011年同期上升28.71%。全年，缴纳营业税及附加、个人所得税、印花税金共16.84万元，比2011年同期减少3.31万元；全年盈利85.21万元，比2011年同期减少34.79万元。

【重大赔案】 2012年8月16日，三者车驾驶员陈才学驾驶的云CBP333两轮摩托车搭乘其妻子王华会（背女儿陈友芬）从云南省巧家县往攀枝花市方向行驶，行至S310线宁华路183千米+715米弯道超越同方向王林驾驶的川D25068重型大货车时，与相对方向王美银驾驶的川W24167中型货车相碰，陈才学、王华会摔倒后被中心支公司承保车辆川D25068重型大货车碾压，造成陈才学、王华会当场死亡、陈友芬受伤的重大交通事故。经中心支公司定损人员现场查勘，查阅相关保险资料，根据相关保险条款，确认在中心支公司承保车辆川D25068无交强险的特殊情况下，公司赔付保险金13万元。

2012年10月31日16时30分许，中心支公司承保的川D29862重型大货车由仁和镇往前进镇方向行驶，当车行驶至省道51－214线119千米+850米路段，碰撞停靠路边的苏继文驾驶的川D28392重型货车后，碰挂人行道上行人李顺五、倪升豪，造成川D29862车受损，李顺五、倪升豪受伤的交通事故。经攀枝花中心医院抢救无效，李顺五于2012年11月3日死亡。经中心支公司定损人员现场查勘，确认属保险责任，中心支公司赔付保险金29.5万元。

（安 娜）

阳光财险攀枝花中心支公司

【概 况】 2012年，阳光财产保险股份有限公司攀枝花中心支公司（以下简称中心支公司）内设4个职能部门（总经理室、综合管理部、销售管理部和客户服务中心），有员工28人，其中非销售类员工12人、销售类员工16人，较2011年减少3人，固定资产原值59万元，较2011年减少7万元，净值19.14万元，较2011年减少12.03万元，资产总值25.05万元，较2011年减少45.65万元。主要经营企业财产保险、机动车保险、家庭财产保险、工程保险、货物运输保险、责任保险、意外险和健康险等10类100多个险种的保险业务。

中心支公司的战略思想是围绕公司愿景的实现，以创造价值为追求，以人文和科技为两大驱动力，坚持以客户为中心、以服务更多客户和客户满意为一切工作的指南，提升公司的经营品质、市场能力、盈利能力、风险管控能力、可持续发展能力。坚持"让我们的服务成为客户选择阳光的理由"服务格言领导及"亲切关爱、高效便捷、价值分类、诚信品质"的客户服务理念，通过运营集中、服务前置，提供统一、规范的全程服务，获得客户信赖与忠诚。截至年底，全年完成保费收入1 162.36万元，较2012年增长3.9%；上缴税金64.95万元，较2011年增长4.2%。2011年共处理赔款案件1 757件，较2011年同期增长15.29%；赔款总支出515.82万元，较2011年下降11.17%。经营成本率控制在95.44%，较2011年同期增长8.16%；实现利润99.09万元，较2011年同期下降42.06%，综合赔付率52.41%，较2011年增长9.28%。

【财务管理】 为实现中心支公司战略目标，牢固树立科学调配资源的思想，坚持"资源支持，管理控制"的财务文化，强化全局意识和服务意识，做到规矩、规律、规范，中心支公司成为总公司财务共享中心成立后第二批上线的机构。财务共享实现收付费系统、费控系统和资金系统的无缝连接，以全封闭形式提升自动化效能；资金收入、支出处理全封闭，消除"人工参与"的风险，收支账务处理及对账全自动，消除对账风险，采用电子影像审批，减少纸质单证流转，加快处理时效。随着中心支公司业务发展，针对不同客户群提供服务，全面提升客户服务感受。

【客户服务】 2012年，中心支公司以持续"提升服务品质、改善客户体验"为主线，以着力转变和解决制约客户服务队伍建设、服务标准、服务体系的问题为切入点，以健全客户服务管理模式、评价模式和发展模式为目标，紧扣提升车险理赔效率、改善车险理赔品质、规范服务标准等环节，狠抓客户服务条线培训，培训内容从阳光文化到业务知识、规章制度、服务规范。在品质教育上，中心支公司对新录用的年轻理赔人员，通过扎实的思想品德教育，不断提高其道德素质和自律意识，将理赔新人培训打造成德才兼备的"最诚实可靠的人"。在制度管理上，公司实行政策激励和理赔监察并举的策略，通过制定激励考核制度，表彰优秀员工，树立榜样；通过创立理赔监察体系，对理赔人员进行监督管理，加强警示作用,督促新人自觉自律。在政策激励方面,中心支公司制定实施了案均激励考核办法、车险案均赔款制度、理赔全系列岗位考核等落实对理赔人员的各项奖励,从制度上鼓励并保障理赔人员廉洁自律的自觉性,通过“飞行检查”(即不定时间、不定地点、不定方式的内部检查)不间断地检查公司客服决策落实情况。2012 年,中心支公司共处理各类理赔案件1 757件,较 2011 年增长 15.29%,综合赔付率 52.41%,较 2011 年增长 9.28%,累计支出赔款 515.82 万元,较 2011 年下降 11.17%。

【重大赔案】 2012 年 6 月 6 日,中心支公司承保的四川省攀西建设工程有限公司投保的建筑工程团体意外伤害保险,其员工阮某在攀枝花市钒钛产业园区施工现场桩基孔处意外摔伤,经抢救无效死亡。据调查,事故情况属实,认定属保险责任,按相关保险条款规定,中心支公司 2012 年 11 月支付赔款 20 万元。

(赖庆秀)

华安财险攀枝花中心支公司

【概　况】 2012 年,华安财产保险股份有限公司攀枝花中心支公司(以下简称中心支公司)内设人事行政部、计划财务部、业务部,共有正式员工 6 人,劳务派遣 2 人,98% 取得“保险代理从业人员资格证书”,平均年龄 39 岁。主要有企业财产险类,运输工具险类,货物运输险类、建筑工程险类、责任险类、信用保证险类、综合险类、人身意外险及医疗险类等 18 类 100 多个险种的保险业务。

中心支公司坚持“利润生存、服务至上、规范经营、创新发展”的经营指导思想,坚持“责任、专业、奋进”的企业理念,紧扣市场脉搏,狠抓业务发展,努力克服市场竞争加剧,不断创新。2012 年,中心支公司固定资产原值 39.23 万元,较 2011 年同期增长 2.3%;2012 年实现保费收入 178.85 万元,较 2011 年同期增长 12.85%;2012 年上缴营业税金 7.755 万元,较 2011 年同期下降 20%。满期赔付率为 42%,较 2011 年增长 5%。赔款总支出 120.29 万元,较 2011 年同期增长 67.88%。

【合规经营】 2012 年,中心支公司明确各岗位合规管理与内控要求,全年多次进行合规知识、保险从业人员行为准则、保险法培训及考试,合格率达 100%。

为强化合规管理,中心支公司按照 2011 年的“财务控制、预算控制、财务处理系统,单证管理、发票管理、业务权限”增加承保及赔款 2 个重要环节岗位的合规要求,在承保划卡时保费上万元的划卡人与投保人不一致和赔款上万金额未转投被保险人的,要求客户进行反洗钱数据登记及填写可疑交易报告,定期接受人民银行的检查指导。全年未发生单证遗失现象。业务承保严格按照保监委批准的费率及优惠系数,保费收入实行见费出单,从源头控制应收保费;在理赔管理中,赔付款均打入被保险人账户上,做到无现金领取及代领的现象。全年中心支公司无违规案例发生。

【客户服务】 2012 年,中心支公司对客服人员开展多种形式的培训,针对理赔岗位技能要求,组织核赔、复勘系列专项培训,开展客服岗位培训《车险查勘定损管理实务培训》《人身险理赔调查实务》等 20 余项面授和视频培训,有效提升工作技能。

年初,中心支公司响应中国保监会的监管要求及相应的管理制度,于 2012 年 12 月启动车险代位求偿。2 月,中心支公司按照省保监会和市保监局下发的监管文件精神,重点清理 2011 年 12 月 31 日前报案的历史积压未决案件,至年底,未决案件下降幅度较为明显。

为提高服务质量,深入推动客服形象规范建设,全面推动查勘项目,简化支付流程,提高支付时效,做到让客户满意,全年共处理各类赔款案件 240 件,结案率为 100%,累计支出赔款 120.29 万元。

【重大赔案】 中心支公司承保的桑塔纳 SVW7180AD 轿车,车牌号为川 D10998(以下简称标的车),2012 年 04 月 25 日,车牌号为川 0400224 的“时风”拖拉机(以下简称三者车),从同德驶往河石坝方向,行至 216 省道 697 千米 +850 米路段,对路面情况观察不力,操作不当,与同方向前方的川 D10998 标的车相撞,至标的车后部受损,三者车头部受损,车上两人均受伤的交通事故。经查勘人员调查,交警协调,中心支公司标的车川 D10998 负次要责任,三者车川 0400224 负主要责任。中心支公司于 2012 年 11 月 02 日支付赔款,本案共赔付54616元,由被保险人转账领取赔款。

中心支公司承保的爱腾 ACTYONA230AD 越野车,车牌号为川 D76335,于 2011 年 06 月 01 日 11 时 40 分许,川 DM1598 号(以下简称三者车)羚羊轿车沿机场路学园路隧道从隧道东侧行驶到隧道西侧出口处掉头时,遇同方向左后方驶来的川 D76335(以下简称标的车)号越野客车,两车相撞,造成三者车车上人员和驾驶员受伤及两车受损的交通事故。经中心支公司现场查勘及交警现场认定,中心支公司标的车川 D76335 负次要责任,三者车川 DM1958 负主要责任,并按照相关保险条款规定,中心支公司于 2012 年 2 月 3 日支付赔款150 704.35元。

(曾　平)

财政·税务

财　政

【概　况】 2012年,攀枝花市财政系统有干部职工519人,其中市财政局有干部职工124人、5个县(区)有干部职工260人、51个乡镇财政所有干部职工135人。

全年全市地方财政收入实际完成828 955万元,占调整预算的100.62%,同口径增长17.9%。全市地方财政支出实际执行1 356 623万元,占调整预算的98.09%,同口径增长9.4%。

全年市财政系统共撰写科研论文及调查报告102篇,在全市政务调研评比中,1个财政科研课题获市政务调研一等奖,2个财政科研课题获市政务调研三等奖。办理人大代表建议和政协委员提案共33件,公开财政信息1 700余条,年鉴编写、计划生育、政务信息、安全生产等各项工作在省、市各级评比中多次获得先进单位、优秀集体称号,全年共获得省、市级各类奖励42项。

【全市财政预算执行情况】 2012年,全市全口径财政收入实现1 438 145万元,其中按照现行财政体制规定属于中央、省级收入608 765万元。

全市地方财政收入实际完成829 380万元,占调整预算的100.8%,同口径增长17.9%。其中一般预算收入完成572 003万元,占预算的101.2%,同口径增长15.6%。按财政部规定口径计算,全市财政经常性收入增长13.5%。

全年全市地方财政支出实际执行1 372 121万元,占预算的98.5%,同口径增长18.1%。其中一般预算支出1 086 497万元,占调整预算的98.9%,同口径增长17.7%。

2012年,全市财政收支试算平衡为地方公共财政收入571 980万元,加上级补助498 094万元、债券转贷资金29 300万元、2011年结余收入10 534万元和调入收入14 037万元,收入总计1 123 945万元。收入总计减去2012年公共财政支出1 081 729万元、上解上级支出6 003万元、援助其他地区2 474万元、还本支出15 000万元,年终滚存结余18 739万元,实现收支滚动平衡的目标。

【市级财政预算执行情况】 2012年,市本级地方财政收入实际完成392 707万元,占调整预算的100.4%,同口径增长13.4%。其中一般预算收入完成251 160万元,占调整预算的100.6%,同口径增长11.3%。按财政部规定口径计算,市本级财政经常性收入增长10.1%。

全年市本级地方财政支出实际执行602 460万元,占调整预算的98.2%,同口径增长19.2%。其中一般预算支出461 663万元,占调整预算的98.5%,同口径增长22.6%。

全年市本级财政支出中,人员支出187 983万元,占37.62%;日常公用支出103 971万元,占20.81%;项目支出207 715万元,占41.57%。

全年市本级财政收支试算平衡为地方财政收入392 707万元,加上级补助、下级上解和2011年结余收入568 074万元,收入总计960 781万元。收入总计减去2012年财政支出602 460万元、补助下级和上解上级支出347 470万元,年终滚存结余10 851万元,实现收支滚动平衡目标。

【资金筹集】 2012年按市委、市政府要求,研究中央、省级财政政策,做好项目前期工作,争取上级支持,全年共获得上级转移支付补助550 059万元,较同期增长18.8%。通过企业债发行以及财政支出结构的调整等多种途径,共筹集资金50多亿元,推动丽攀高速公路攀枝花段、国省干道改扩建、机场滑坡治理、沿江景观打造、花城新区、旅游新村、“五创联动”等重大项目的实施。

【农林水事务投入】 全年共安排农林水事务支出106 675万元,同口径增长21.5%,高于财政经常性收入8个百分点。用于支持水利、高标准农田、农村道路、生态环境等基础设施建设,推进农业产业化经营、现代农业发展和新农村建设,推动抗灾救灾、连片扶贫开发和民族地区经济发展。

【工业经济投入】 2012年为大力发展工业经济,通过整合各类工业发展资金、兑现企业优惠政策等措施,集中资金11.9亿元,支持企业自主创新、技术改造,促进钒钛、机械制造、新能源等新兴产业的发展,做大做强园区经济;为缓解中小企业融资困难,加大对中小企业支撑平台的投入,帮助金鼎担保公司将注册资本金提高到4.6亿元,将金惠农业担保公司的注册资本金提高到1亿元。

【现代服务业投入】 2012年按照市委、市政府发展现代服务业的安排部署,多渠道筹集资金,着力推动红格温泉旅游度假区、米易南部新城休闲度假核心区、阿署达花舞人间景区、普达阳光国际康养度假区等景区建设,支持"欢乐阳光节"等旅游节庆活动的开展。同时,积极支持密地现代商贸物流园区、西南国际物流信息平台等设施设备建设,提升全市现代服务业的发展水平。

【民生工程投入】 建立健全"政府主导、社会投入、共同负担、相互协调"的民生工程资金保障机制,全市共投入"十大民生工程"资金32.5亿元,比2011年增加5.6亿元,同比增长20.8%。主要投向群众关注的就业促进、扶贫解困、百姓安居等十个方面,确保民生支出的需要。

【社会保障投入】 2012年全市社会保障和就业支出完成10.63亿元,重点做好自然灾害生活救助工作,规范救灾资金使用管理;做好城乡低保资金管理工作,引入因素分配法,提高预算资金分配的科学性;推进社会福利体系建设,做好重点优抚对象等人员的抚恤和生活补助标准调标工作。继续深化医疗卫生体制改革,全年下达新农合资金7 022万元、居民医保5 988万元;确保村医补助落实到位,按每个村卫生室每年财政平均补助7 500元予以落实;积极落实各项医疗卫生政策,支持"创卫"复审等各项工作开展。积极开展住房公积金支持保障性住房建设工作。全年,市级住房公积金贷款支持保障性住房建设共放贷2.54亿元,支持保障性住房建设2 150套,有效缓解保障性住房建设资金压力。

【教育事业投入】 2012年,全市教育支出完成23.62亿元,增长30.6%,高于财政经常性收入增幅17.1个百分点。重点支持中小学"校安工程"建设,开展高等院校债务化解工作,落实中职学校免学费和国家助学金政策,实施藏区"9+3"免费职业教育,促进全市教育均衡发展。

【科技事业投入】 2012年,全市科技支出完成1.36亿元,增长25.4%,高于财政经常性收入增幅11.9个百分点。重点支持资源综合利用、钒钛新技术和新产品开发及科技人才培养。

【城乡环境综合治理投入】 为推进城乡交通、环卫设施、绿化亮化等重点建设,支持"五个一"工程(每个乡镇建设一支保洁队伍、配备一辆以上生活垃圾清运专用车辆、建设一处生活垃圾处理设施、修建一座以上公厕和每个村民集中区至少修建一座垃圾收集房),整治城乡集贸市场,实施城乡风貌打造等,全市各级财政投入资金2.46亿元。

【文体广电事业投入】 2012年共整合各项文化广电专项资金4 738万元,推动公益性文化建设项目继续实施。同时,还积极支持计划生育、社会治安、档案、社会科学等其他事业的发展。

【预算管理改革】 完善市级财政预算管理,健全预算管理机制,对部门预算编制程序、编制方法、财政保障标准、预算审查方式进行调整。积极开展财政支出绩效评价,全年共实施财政支出绩效评价项目28项,涉及资金2.8亿元。按月采集地方财政预算变动信息,制定统计报表制度,推动财政管理信息化建设,做好财政"大平台"系统指标管理模块的正常运行工作。在深入县(区)调研、借鉴省内其他市(州)经验的基础上,草拟《关于加强乡镇财政队伍建设的意见》,对乡镇财政所机构设置、人员编制、财政管理体制等提出具体要求。

【国库管理改革】 积极推动国库集中收付制度改革,攀枝花市实施集中支付改革预算单位849户,实现改革的全覆盖。深入实施公务卡改革,全市实施公务卡改革单位797户,共办理公务卡8 819张,改革覆盖面达到100%;刷卡结算支出1 719万元,同比增长98.96%。基本建立覆盖市、县区两级财政的动态监控体系,逐步扩大动态监控范围,重点加强对公务卡支出、政府采购支出、归垫资金和大额现金等资金动态监控。推进财税库银税收收入电子缴库横向联网工作,全市各级金库及所有在攀枝花市的商业性银行已全部开通横向联网电子缴税业务。全面清理整顿财政专户,全市共撤并财政专户62个、保留财政专户95个,财政专户数量较清理前减少40%。

【农村综合改革】 为改善农村生产生活条件，推行"一事一议"（是指通过农民民主议事、农民自愿筹资筹劳、财政适当补助以完成村级公益事业建设的项目推动形式）财政奖补试点工作，2012年，各级财政安排"一事一议"财政奖补资金5 690万元，较2011年增长62.6%，共实施奖补项目234个，受益村民近20万人。同时，全面清理化解农村义务教育其他债务和乡村垫缴税费债务。

【财政监督】 组织开展全市财政扶贫资金专项检查工作，累计检查资金4 687万元，占全年全市资金总量的81.4%；组织开展化解农村义务教育其他债务和乡村交税费债务等财政专项资金监督检查，累计检查专项资金3 919万元，检查面达100%；组织开展全市公安系统非税收入专项检查，累计检查资金总量4 859万元，占全市公安系统非税收入总量的97.2%；加大会计信息质量检查力度，全市财政部门共抽调54名工作人员，对全市30户企事业单位开展监督检查，处理违规违纪资金1 395万元。继续将全年预算安排的涉及城乡居民最低生活保障、义务教育、城乡基础建设等104项关系民生的财政专项资金通过信函、网络等形式进行公示，公示总额达31.45亿元，较2011年增长107.4%。同时，首次在外部网站上公布攀枝花市"三公"经费数据。

【投资评审】 2012年市财政全年共评审项目256个，涉及城市建设、交通运输、农林水利等多个行业，内容涵盖土建、安装、水利电力等不同领域，评审职能从对灾后重建、拉动内需等大型建设项目的重点评审向日常基建、维修等基本评审转变。全年市财政投资评审中心审查资金237 091万元，审定金额210 225万元，净审减资金达26 866万元，净审减率为11.33%，有效节省财政资金。

【农业综合开发】 2012年，全市投入农业综合开发总投资5 596.84万元，其中财政资金共投入4 109.5万元〔包括争取中央财政资金2 277万元、争取省级财政资金712.7万元、市级财政安排940万元、县（区）财政配套179.8万元〕。

（张浩东）

税　务

国家税务

【概　况】 2012年，攀枝花市国家税务局（以下简称市国税局）辖东区、西区、仁和区、钒钛产业园区、米易县、盐边县6个县（区）国家税务局，4个直属单位（市局稽查局、市局直属税务分局、市局第一稽查局、市局车辆购置税征收管理分局），市局机关内设15个处室、3个事业单位。年内，市国税局领导班子进行调整，陈力功任党组书记、局长，邓浪任纪检组长，徐自远任总经济师。领导班子调整后，市国税局领导班子构成为局长1人，副局长4人，纪检组长1人，总经济师1人。6月29日，市国税局税收征管大楼启用并投入运行，市国税局机关、市国税局稽查局、直属税务分局，东区国家税务局、钒钛产业园区税务局等5个单位搬迁至新大楼办公。截至2012年年底，市国税局在职职工565人，大专以上学历547人，占在职职工总人数的96.8%，其中本科学历424人、研究生38人，分别占在职职工总人数的75%和6.7%。具有经济师职称3人，注册税务师职称27人，注册会计师职称27人。

2012年，面对全市经济税源增长趋缓，大宗商品价格下滑、重点企业发展后劲不足，"八二九"肖家湾矿难等不利因素影响，全市国税系统坚定信心，迎难而上，完成全年收入任务。全市国税系统共组织税收收入542 100万元，同比增长5.2%，增收26 717万元。组织计划口径税收收入（不含海关代征税收）538 478万元，同比增长6.4%，增收32 284万元。组织省级地方公共财政预算收入143 109万元，同比增长9.2%，增收12 023万元，完成省局下达收入目标的104.5%。组织市本级税收收入49 600万元，同比增长6%，增收2 747万元，完成政府下达任务目标的100%。办理出口退税6 774万元，同比增长122%，增加3 723万元。认真落实税收优惠政策，全年共减免各项税收收入22 500万元，占全市税收收入的4.2%。全市查补税款3 028万元，清缴以前年度欠税145万元，企业所得税汇算清缴17 044万元，跨年缓缴及延期申报税款入库15 874万元，合计36 091万元，占全市税收收入的6.7%。

2012年，市国税局获得各级奖励及荣誉称号7个。被省国税局、省总工会、共青团四川省委、省妇联联合评为"四川省国税系统‘赛比争’活动先进集体”；被四川省妇女“巾帼建功”领导小组评为四川省“巾帼文明岗”；被四川省地方志编纂委员会授予“四川省地方志（专业志）二等奖”；被中共攀枝花市委、市政府授予“2007年以来落实党风廉政建设责任制工作先进单位”称号；被中共攀枝花市委评为“全市创先争优活动先进基层党组织”和“2006年～2010年全市法制宣传教育先进单位”；被中共攀枝花市委办公室、市政府办公室授予编纂出版《攀枝花年鉴（2011）》先进单位称号。

【税收收入】 2012年，全市国税系统共组织税收收入542 100万元，同比增长5.2%，增收26 717万元。其中，完成增值税418 113万元，同比增长1.1%，增收4 373万元；完成消费税5 945万元，同比增长2.7%，增收159万元；完成企业所得税96 382万元，同比增长39.8%，增收27 457万元；完成个人利息所得税78万元，同比下降62.3%，减收129万元；完成车辆购置税17 960万元，同比增长2.4%，增收424万元；完成海关代征增值税3 622万元，同比下降60.6%，减收5 567万元。办理出口退税6 774万元，同比增长122%，增加3 723万元。

2012年，税收收入实现平稳增长，收入规模再创历史新高，全市税收收入、市本级预算收入同比分别增长5.2%、6%，全年税收收入总规模达到54.2亿元，为历史最高。税收收入随全市经济同步增长，1～8月，受全市经济恢复性增长带动，全市税收各月均实现增长，但从9月起，由于发生“八二九”肖家湾矿难事故，全市私营煤矿全部停产，导致全市税收收入连续4个月出现负增长。重点税源税收收入明显下降，全市黑色金属冶炼和压延加工业入库税收收入52 999万元，同比下降35.6%，减收29 279万元，其中攀钢集团公司入库增值税66 833万元，下降24.5%，减收21 726万元；电力行业入库税收收入56 454万元，同比下降4.1%，减收2 437万元，其中二滩水电开发公司入库增值税32 157万元，下降8.8%，减收3 118万元。全市增值税占比为77.3%，同比下降3个百分点，市本级收入贡献为71.8%，同比下降9个百分点；企业所得税占比为17.8%，同比上升4.4个百分点，市本级收入贡献为28.2%，同比上升9个百分点。县（区）收入增长不平衡。受区域经济结构和增长不平衡等因素影响，2012年米易县国税局、东区国税局、仁和区国税局税收收入分别增长34.8%、23.9%、20.8%，盐边县国税局仅增长2.6%，西区国税局和直属分局分别下降7.9%、13.5%。产业税收进一步调整，第一、二、三产业税收分别实现532万元、383 238万元和158 330万元，增长94.9%、3.3%和9.9%，增幅分别上升57个百分点、回落4.1个百分点和20.9个百分点，第一产业税收大幅度增长，第二、三产业税收增幅下降。

2012年，市国税局加大稽查力度，加强欠税、缓缴、延期申报和企业所得税管理，确保税收收入持续稳定增长。全市查补税款3 028万元，清缴以前年度欠税145万元，企业所得税汇算清缴17 044万元，跨年缓缴及延期申报税款入库15 874万元，合计36 091万元，占全年税收收入的6.7%。积极预防企业利用关联交易实施避税，通过对铁矿石关联交易情况进行调查和调整，调增相关企业增值税1 745万元，增加利润10 267万元。开展打击增值税专用发票违法犯罪专项行动，共发现认证抵扣的涉嫌“克隆”专票2 051张，抵扣税额5 503万元，涉及抵扣企业53户，入库查补税款1 279万元。加强重点企业绩效评估，共查补税款1 302万元，加收滞纳金206万元，调减亏损额30 707万元；纳税人自查入库税款1 217万元，入库滞纳金63万元，调减亏损额3 621万元。税收风险管理工作成效显著，全年应对风险任务2 329户，其中纳税异常户占37%，查补税款5 458万元，加收滞纳金256万元，罚款6.4万元。严格兑现各项税收优惠政策，共减免各项税收收入22 542万元。其中，为全市2 619户小型微型企业免收发票工本费26万元；全市16 419户不达起征点纳税人免收增值税3 481万元；残疾人就业减免增值税1 235万元；因贯彻落实西部大开发、鼓励高新技术、促进中小企业发展等其他税收优惠政策而减免各项税收17 800万元。

增值税全年入库418 113万元，同比增长1.1%，增收4 373万元，其增幅低于全市税收平均增幅4.1个百分点，增幅同比回落4.9个百分点。有3个品目增幅较大。化工产品，入库20 413万元，同比增长46.3%，增收6 459万元。全市最大的化工企业攀钢集团钛业有限公司，钛精矿销量同比增加3.1万吨，价格同比增加390元/吨，销售收入同比增加2.18亿元，同比增长31%，该企业全年入库税款5 965万元，而2011年同期为零，直接导致化工产品税收收入的增加。矿产品，入库增值税136 377万元，同比增长25.4%，增收27 628万元。2012年，全市铁矿石产量为5 729万吨，同比增长23.6%，产量的增加带动税收收入增长，仅米易县国税局因企业扩容增产，入库铁矿石增值税40 220万元，同比增长59.9%，增收15 074万元。商业，入库增值税76 772万元，同比增长9%，增收6 122万元。其中，入库批发业增值税60 347万元，同比增长9.3%，增收5 113万元；零售业增值税16 421万元，同比增长6.5%，增收1 005万元。有3个品目大幅减收。钢材，入库钢材增值税44 364万元，同比下降38.5%，减收27 731万元。2012年，钢材需求态势疲软，市场价格震荡下行，钢材企业亏损加剧，整体钢材市场呈现弱势运行格局，产量、销量及销价持续下降。从攀钢集团钢材销量和价格上来看，其主要深加工产品轨梁材、热轧、冷轧、精钒渣均同比下降，特别是热轧产品，同比下降达11.6%，所有产品销量的减少导致增值税减少11 199万元；价格方面，各钢铁产品均价同比均呈下跌态势，其中主要产品热轧产品下降14.2%、冷轧产品下降15.3%、轨梁材下降3.3%，产品价格下跌影响销项税金同比下降39 485万元。电力，入库55 759万元，同比减少4.2%，减收2 436万元。二滩水电开发有限责任公司因雅砻江上游新建水电站，截流部分水力资源，同时受天旱等气候影响，全年入库增值税32 157万元，同比下降8.8%，减收3 118万元；"八二九"矿难后，除攀煤(集团)的所有煤炭生产企业全面停产，影响对电力的消耗。煤炭，入库64 051万元，同比下降7.1%，减收4 905万元。"八二九"矿难事故导致全市103户煤矿自9月后全面停产整顿，全市税收减少22 160万元，其中增值税19 160万元，企业所得税3 000万元。

消费税全年入库5 945万元，同比增长2.7%，增收159万元。增长主要来自于卷烟，攀枝花市烟草专卖局入库卷烟消费税4 871万元，同比增长8.9%，增收399万元。啤酒消费税入库845万元，同比下降24%，减收267万元。

企业所得税全年入库96 382万元，同比增长39.8%，增收27 457万元。金融保险业企业所得税入库27 042万元，同比增长23.7%，增收5 179万元，其中攀枝花市商业银行股份有限公司入库企业所得税19 468万元，同比增长14.6%，增收2 487万元；攀枝花农村商业银行股份有限公司入库7 089万元，同比增长61.2%，增收2 691万元。煤炭业入库企业所得税6 078万元，同比增长53.3%，增收2 114万元。其中攀枝花沿江实业有限责任公司和攀枝花市天道勤工贸有限公司2企业共入库煤炭企业所得税3 640万元，同比增长37.7%，增加996万元；仁和区国税局管辖区的煤炭企业入库企业所得税5 319万元，同比增长96.1%，增收2 606万元。建材业入库企业所得税4 065万元，同比增长401.9%，增收3 255万元，受攀枝花市攀西石墨股份有限公司股权转让预缴企业所得税2 807万元影响，该行业入库企业所得税同比大幅增加。其他业入库企业所得税25 753万元，同比增长126.4%，增收14 377万元，全市铁矿石产量同比增长23.6%，带动所得税大幅增长，全年入库黑色金属矿采选业企业所得税16 182万元，同比增长240.5%，增收11 429万元；攀枝花盘江煤焦化有限公司入库企业所得税3 808万元，而2011年同期为零。商业入库企业所得税17 305万元，同比增长26.1%，增收3 586万元，受物价上涨、商业经济增长影响，商业企业所得税增收较大。

车辆购置税全年入库17 960万元，同比增长2.4%，增收424万元。受经济下滑影响，自卸汽车销量明显下降，导致车辆购置税增速放缓。

【税收征管】 2012年，市国税局深入推进征管服务创新转型改革，扎实开展"五个集中"(大税源大企业管理服务向市局集中，稽查市局集中，管理服务人力资源配置使用向征管服务重点事项集中，涉税审批事项向办税服务厅和电子网络集中，市局机构职能优化向一级实体征管服务集中)试点工作。

推进大企业、重点税源管理服务向市局集中，做强大企业和重点税源管理。以规模分类为基础，把年纳税额500万元以上的企业作为市局集中管理的重点税源，全市500万元以上企业137户，占全市企业登记户数的2.15%，入库税款近40亿元，占全市入库税款的82.82%；以投资为纽带，以市局直属税务分局为主体，强化攀钢关联企业管理，全市攀钢关联企业37户，占全市企业登记户数的0.58%，入库税款14.51亿元，占全市入库税款的30.06%；从税源结构特点出发，强化"三大产业链"(钢铁、煤炭、钒钛)税源联动集中管理，全市涉及"三大产业链"企业户数共1 183户，占全市企业登记户数的18.55%，入库税款29亿元，占全市入库税款的60.83%。

推进涉税审批事项向办税服务厅和电子网络集中，做优纳税服务，实现全市全职能全时段通办。对东区、钒钛园区和直属税务分局办税服务厅进行整合，建设成立中心城区办税服务厅；认真组织实施全职能办税服务厅建设，制定《攀枝花市国家税务局全职能办税服务厅建设实施方案》，实现涉税审批事项向办税服务厅集中；推进涉税事项由手工办理向电子网络审批转变，建设网上办税服务厅，实现涉税事项全天候受理、网络审批、网上回复等；制定《攀枝花市国家税务局推行涉税业务"全市通办"实施方案》，在全市国税系统推行"全市通办"服务模式，共设置7个"全市通办"岗位，集成申报征收、报税认证、税务登记、发票领购、税务咨询等5大类18项涉税业务，形成"管理分区域、服务不分区"的纳税服务新格局。

推进一级稽查，实行全市集中集约稽查。将市局第一稽查局整合到市局稽查局，以市局稽查局为统一的执法主体，将市本级案源来源外分至市局风险管理办公室，审理环节外分至市局法规部门，实行"两上两下"审理工作制度。市局稽查局统一管理稽查计划、检查、执行、归档等业务，实行市局集中的一级集约稽查模式。

推进管理重点与优势资源匹配，做精重点征管服务事项。优化市、县部门职能职责，突出市、县两级和内设机构的职能重心，构建市、县两级扁平化运行机制；按照优势资源与管理重点匹配的原则，统筹全市业务骨干、专业人才的配备使用，把人才配置到重点行业、重点税源，关键事项、关键节点、特殊企业、特殊业务等岗位，改变人力资源布局不合理的状况，提高县(区)局承担税源、税基管理人员所占的比重，提升专业管事的精细化程度和管理深度；结合市、县

（区）局实际，组建紧密型、松散型或虚拟化的专业化管理团队，建立竞岗选岗机制和考核激励机制，在市局建立风险管理办公室。

为搞好风险管理试点单位工作，市国税局从组织体系、分析模型、组织实施、风险应对等方面入手做好各项工作。积极构建风险管理组织体系，明确岗位职责。在市局构建税收风险管理决策层、咨询层、操作层三个层面的组织架构，在风险管理各环节设置9类岗位，制定《攀枝花市国家税务局税收风险管理岗位操作规程》和《县（区）国家税务局风险管理业务操作规程》，形成与之配套的相关工作表单17个；积极开展风险分析模型建设。开展金属及金属矿批发、炼铁、铁矿采选等5个重点税源行业，涉及12个行业细分的风险分析模型建设；组织实施风险管理工作，建立市、县（区）两级税务机关以风险管理为导向的运行机制，形成《风险管理实施办法》等14个制度，组建模型创建、制度建设、技术研究3个项目组，带动全市风险管理工作全面开展；组织实施风险应对工作，全年共接受四川省国税局下发增值税低税负及企业所得税低贡献率风险企业核查、股权交易风险核查等5项专项核查任务，累计接受风险任务8 215户，全市挂载风险应对核查表共5 706条，纳税异常户数占已应对户数的49%，累计查补税款5 171.46万元，加收滞纳金224.84万元，处罚罚款5.19万元，移送稽查查处8户。

建立市国、地税信息交换制度，通过规范化固定格式的表格与市地税局建立登记类、申报征收类、发票类等5个大类的信息互换共享机制。利用市地税局提供的营业税数据与市国税局增值税数据之和与国税管辖范围的企业所得税申报数据进行比对，对其差额大于15%以上的31户风险企业发起任务进行核查，查补税款5.6万元，加收滞纳金936.76元。

启动和推行定额有奖发票，2012年3月，在全市范围启用定额有奖发票，共有2 468户实行定期定额的个体工商户领购定额有奖发票，对不达起征点纳税人不再配售定额有奖发票以外的其他发票。8月，在全市开展不达起征点纳税人普通发票情况清理，缴销375户不达起征点纳税人留存的10 174份通用手工和机打普通发票，有效防范普通发票虚开和流失的风险。加强超级市场零售行业管理，推行机打普通发票在线开票系统。

落实小型微型企业免收发票工本费政策。做好小型微型企业享受收费优惠政策备案管理及宣传和服务工作，开展全市免收发票工本费执行情况监控。全年，共有2 410户小型微型企业实际享受免收发票工本费优惠政策，免收工本费共19.4万元。

为确保提高增值税起征点优惠政策落到实处，市国税局采取制定应急预案、加强政策宣传、研究普通发票使用等相关业务配套措施，确保政策顺利实施。全市有16 776户不达起征点纳税人，占个体工商户总户数的88%，全年免收增值税3 468.4万元。

规范和完善委托代征审批程序，全市20户委托代征单位均按规定与各县（区）主管税务机关签订委托代征协议，领取委托代征证书，确保委托代征资料齐全，综合征管系统中的委托代征信息完整、与纸质资料一致。协助省财政专员开展全市委托代征税款情况的清理和检查。

加强延期申报管理，细化和补充延期申报的申请、受理、审核、资料报送等管理流程，严格办理延期缴纳税款。全年审核上报延期缴纳税款4笔，延期缴纳税款金额158.92万元，全部按期入库。

【税政管理】 2012年，市国税局在开展规范填开增值税专用发票检查工作中，发现4户企业取得来自云南省昆明市的127份专用发票，用增值税专用发票检验器检验时提示异常，涉及金额1 596万元，税额271万元。市国税局及时开展针对煤炭采选业、金属矿采选业的打击“克隆票”专项行动，累计核查检验增值税专用票230 071份，涉及963户纳税人，共发现认证抵扣的涉嫌“克隆”专票2 051张，抵扣税额5 503万元，涉及攀枝花市抵扣企业53户，外地开票方企业43户，共组织入库税款1 279万元。对全市金属批发、水泥生产企业销售发票抵扣情况累计检验发票6 659份，涉及抵扣企业527户，未发现上述企业开具的专用发票有被克隆抵扣的情况。通过专项打击行动，提高税务机关对利用“克隆”票骗抵税款原理以及方法、手段的认识，发现、鉴别“克隆”票的能力得到极大的提高。为加强大型水电站涉税事项管理，围绕水电站建设砂石税收征管问题以及水电站增值税征管问题开展调研。在对观音岩水电站建设中砂石征税问题的调研中，深入企业掌握第一手资料、情况，分析研究企业经营实质，依法准确确定纳税对象、征税主体等税收要素，制定出针对性的税收管理措施，解决国、地税两单位之间，以及西区、仁和区两地国税机关之间的税款归属问题。从2012年9月份起，观音岩水电站建设方水电九局按照要求在仁和区国税局申报缴纳砂石增值税。为堵漏促收，强化风险管理，组织开展增值税低税负商业企业核查、增值税专用发票存根联滞留票核查以及农产品收购发票开具情况核查工作。对低税负商业企业核查中，共核查8个批发明细行业91户纳税人，发现存在问题的纳税人46户，查补入库增值税103.17万元，抵减留抵税额1.06万元，有7个明细行业核查后税负上升5%以上，此项工作被四川省国税局通报表扬；在增值税专用发票存根联滞留票专项核查中，对2010年至2012年5月共3 194份发票进行核查，查补发票184份次，共查补入库增值税及滞纳金138万元；对全市范围内农产品收购发票使用规模较大以及农产品销售发票开具量较大的54户企业开展专项核查，发现1户企业的24份农产品收购业发票开具不符合规范，查补增值税7万元。为方便车购税纳税人就地办理缴税手续，实施车购税县（区）局属地征管新模式。根据车购税征管工作的具体要求以及各县（区）的实际情况，积极做好职能职责调整、征管软件测试、岗位人员培训、硬件设备配置等各项工作，顺利实现从2012年11月1日起车购税县（区）局属地征收。

为保持所得税税收收入持续稳定增长，市国税局加大重点税源监控力度，从数据管税、动态监控、分析预警、优化服务等方面入手，挖掘重点税源企业对所得税收入的贡献潜力。强化年纳所得税200万元以上重点税源企业的收入预测、分析，全年，重点税源企业入库所得税73 299万元，同比增收13 590万元，占所得税收入的86.69%；加强年度所得税汇算清缴管理，制定所得税汇算清缴方案，对汇算清缴的范围、工作要求、具体问题的处理提出具体处理意见；召开全市国税系统所得税工作会和贯彻落实西部大开发企业所得税优惠政策会，明确全系统所得税汇算清缴以及西部大开发企业所得税优惠政策执行口径；在汇算申报过程中，加强汇算申报质量、进度过程控制，按月发布未申报企业名单，做好未申报企业催报催缴的提醒，督促企业如期申报；对年纳所得税在100万元以上企业、微利和微亏企业以及享受所得税税收优惠的企业进行抽查，促进汇算质量提高；开展节能节水、安全生产、环境保护等“三项专用设备”投资抵免所得税征管问题专题分析。通过汇算清缴，全市3 564户企业进行年度申报，汇算面达96.87%，盈利企业2 662户，盈利面为74.69%；年度所得税预缴率为86.66%。加强所得税税源基础控管，开展电力行业纳税评估和资产损失税前扣除核查，对全市87户从事电力生产和供应的纳税人相关涉税数据进行核实维护和信息采集。全年，共完成81户电力企业和27户自选企业的重点评估，查补增值税249万元，企业所得税96.3万元，调增应纳税所得额4 029万元。为全面清查全市汇总纳税企业，在全市开展汇总纳税企业管户清理工作，对辖内总、分支机构管户进行清理核实，共清理总机构172户、分机构415户。抓好所得税后续管理，开展全市2008年以来所得税优惠政策执行情况检查，特别是研发费用加计扣除、企业取得的专项用途财政性资金、企业购置用于环境保护、节能节水、安全生产专用设备的投资额抵免等所得税优惠备案事项和税前扣除事项检查，取消2户企业享受所得税优惠政策资格，补交企业所得税160万元。加大所得税优惠政策执行的调研和政策执行监控跟踪力度，有效降低企业所得税的涉税风险。

为做好征管服务质量综合绩效评估工作，及时组织被列入2012年绩效评估的57户企业和各主管税务机关参加视频培训会议，印发《攀枝花市国家税务局关于印发〈攀枝花市国家税务局2012年重点企业征管服务质量综合绩效评估工作实施方案〉的通知》，落实各阶段工作任务；成立57个自评自查工作辅导小组，逐户对被评企业开展辅导，主动向企业提供税收政策宣传、辅导、咨询等服务。采取分类分级评估方式开展实地评估，其中省国税局评估组评估8户，市国税局评估组评估49户。57户重点企业共评估补税1 301万元，其中应补增值税966万元，应补企业所得税332万元，调减亏损额3 070万元，应补车辆购置税3万元，加收滞纳金206万元。在税务干部和企业人员中开展“我来说评估”“我经历的绩效评估”“纳税人谈绩效评估”征文活动，评选出一等奖1篇、二等奖2篇、三等奖3篇、优秀奖8篇。为做好大企业服务与管理，扎实推进征纳双向承诺，与50户大企业签订优化服务与纳税遵从双向承诺协议；优化办税流程，开辟大企业“绿色服务通道”和“税收政策直通车”；制定《攀枝花市国家税务局大企业税收专业化管理试点工作实施方案》，确定攀枝花煤业（集团）有限责任公司为大企业税收专业化管理试点企业。加强国际税收管理，认真组织非居民所得税入库，累计完成非居民企业所得税收入136万元；规范对外支付税务证明出具管理，全年共出具售付汇税务证明6份（其中征税4份、不予征税2份），支付金额243万元，扣缴税款9万元；开展外商投资企业联合年检工作，共年检20户企业，其中，中外合资企业6户、外商独资企业14户，参检率和审核通过率均为100%。完成非居民股权转让核查工作。

为加强进出口税收管理，及时审核办理退（免）税，全年，受理5户企业申报办理退（免）税，累计审核办理出口货物退（免）税6 774万元，同比增长122.03%，其中办理退税6 741万元，同比增长143.71%，办理调库33万元，同比减少88.42%。为减少出口退税日常监管的工作量，提高日常管理的精准度，正式运行出口退税监控分析系统，全面开展疑点和风险数据分析工作，有效地防范退税风险。开展视同内销数据清理核查工作，全年共核查出口企业17户，核实视同内销征税数据1 358条，出口额24 883万美元，计提销项税额24 915万元，促进出口企业及时申报纳税；规范外贸企业进项税额处理，对外贸企业增值税专用发票疑似一票两用情况进行清理，共对2户企业的251份专用发票抵扣情况进行核查，发现1户企业没转差额，补缴税款9 614元；督促未认定出口企业及时认定，全年新认定出口企业11户，认定率达100%。严格执行函调制度，避免退税风险，全年接到核实函27份，全部调查回复；对企业购进异地货物出口申报的退税进行发函调查，全年共发函39份，在收到回函并确认无问题后才办理退税。

【依法治税】 2012 年，市国税局积极发挥“以查促管”职能作用，以税收专项检查、税收专项整治和查处各类重大涉税案件为重点，不断整顿和规范税收秩序。全年，共检查纳税人 50 户，查补入库2 699万元。

为搞好税收专项检查工作，市国税局稽查局组织开展成品油增值税专用发票企业、房地产业、建筑安装业、燃气生产和供应企业、自来水生产和供应等行业的专项检查，共查补税款1 261万元，加收滞纳金 9 万元，企业自查补税 90 万元。在税收专项检查工作中，与公安、地税、工商等部门建立起联动协作办案机制，定期交换涉税信息，提高检查质量和效率。为做好区域税收专项整治工作，确定辖区内农副产品收购企业作为区域税收专项整治重点。针对该行业的生产环节、生产工艺、生产流程等特点，结合企业各类数据信息，认真开展专项整治工作。全年共查补收入 18 万元，调增应纳税所得额 25 万元。积极开展发票专项整治，重点检查房地产与建筑安装行业、开具农副产品收购业专用发票的重点企业和水、电、气、加油站等特殊（垄断）行业的发票使用情况，对被查企业金额在 5 万元以上的普通发票和增值税专用发票实行拉网式稽查。发现 56 户企业不同程度存在取得克隆发票、虚开和接受虚开等问题，涉及发票份数2 077份，涉及金额5 503万元，有效打击不法分子利用发票违法犯罪行为。

为做好大、要案查处工作，对低税负异常企业开展纳税检查，发现攀森公司存在虚开发票嫌疑的重大案件。经与市公安局经侦支队联合办案，发现攀森公司虚开增值税专用发票 414 份，涉及金额3 600万元，税额 623 万元；取得虚开增值税专用发票 304 份，涉及金额3 360万元，涉及税额 570 万元。于 2012 年 11 月 29 日被东区人民检察院指控为虚开增值税专用发票罪，由东区人民法院判处有期徒刑 13 年，并处罚金人民币 50 万。

认真抓好涉税举报案件检查工作，全年，受理举报 24 户，查补税款 188 万元，做到及时转办和查处。充分发挥金税协查系统的作用，做好日常协查工作。全年，累计发出委托协查函 76 户，涉及增值税专用发票1 099份，涉及税额2 099万元；收到回复 735 份，正常发票 394 份，有问题发票 263 份；受托协查函 96 户，涉及增值税专用发票1 100份，涉及税额1 800万元，均按时回复，按期回复率为 100%。

为提高稽查工作质量，推行稽查精细化管理，制定《案卷标准化管理办法》，规范稽查工作。深化“两权”监督，对外推行《稽查人员廉政情况评议卡》制度，自觉接受广大纳税人和社会各界的监督，对内严格落实“稽查工作规程”制度。在稽查局内部通过层层签订《廉政建设目标责任书》、查中跟踪监督、查后执法检查，强化执法纪律约束。开展纳税服务质效回访，通过座谈及发放廉政评议卡等形式，提高依法治税工作的透明度。

为稳步推进全市国税系统依法行政工作，认真贯彻《四川省国家税务局关于创建依法行政示范建设单位的指导意见》，落实《四川省国家税务局依法行政示范建设单位评价标准》，加强全市国税系统依法行政工作，确定米易县国税局为全市国税系统创建依法行政示范单位，扎实开展示范单位创建。加强“税收执法管理信息系统”运行工作，全年，税收执法管理信息系统申辩调整后的执法正确率为 99.96%，执法过错数为 73 条，累计扣分 274 分，共有 49 人次受到1 370元的经济惩戒。

认真开展行政审批事项清理工作，根据省国税局《关于进一步开展行政审批事项清理工作的通知》，对实施的税务行政审批项目逐项进行清理。经清理，全局有税务行政审批项目 26 项，其中 7 项依据《中华人民共和国税收征收管理法》及《中华人民共和国增值税暂行条例》设立，19 项依据国务院决定、行政法规等设立，所有审批项目程序规范，未发现有实施的税务行政审批项目存在法律法规依据不足的问题，未发现对已取消的税务行政审批项目又通过事前备案或指定咨询机构实行变相审批的问题。

为加强重大税务案件审理工作，认真贯彻执行重大税务案件审理工作规程、制度和规定；加强对基层审理工作指导，提高重大案件审理工作的质量和效率；落实税务行政处罚相关制度和《四川省国税系统税务行政处罚自由裁量权实施办法》。全年，共审理 8 户重大税务案件。

【纳税服务】 2012 年，市国税局以纳税人合理需求为导向，以信息化建设为依托，本着减轻纳税办税负担、提高办税效率的原则，不断创新服务手段，规范服务行为，纳税服务水平进一步提升。

为提高办事效率，节约办税成本，2 月 1 日起在全市范围内推行国、地税联合办理税务登记。制定《联合办证工作实施方案》，明确所涉及的工作范围、资料传递、纳税人识别号和税务登记专用章的统一等问题，做到工作统筹推进，督查落实到位；建立国、地税联合办证工作协调机制，逐步实现国、地税信息互通、数据共享；加强与政府政务服务中心的联系沟通，得到硬件更新、调整窗口等方面的大力支持；利用门户网站和地方新闻媒体加强宣传，让纳税人和社会各界知晓联合办证的有关规定，并在大厅安排人员现场辅导纳税人办理税务登记。全年，累计联合新办税务登记证5 139户，变更税务登记7 275户。

为更好地服务纳税人，方便其办理涉税事项，在全市国税系统推行“全市通办”服务模式，形成“管理分区域、服务不分区”的纳税服务新格局。制定《攀枝花市国家税务局推行涉税业务“全市通办”实施方案》，为涉税业务“全市通办”工作的顺利开展奠定基础;制作《全市通办宣传指南》,通过门户网站发布、税企QQ群、办税服务厅电子显示屏滚动播放、税收管理员上门服务等形式将“全市通办”推行的背景、原因、时间及事项传达到每一户纳税人。12月1日起,申报征收、报税认证、税务登记、发票领购、税务咨询等5大类18项涉税业务“全市通办”在全市国税系统全面推行。

为建设税企和谐文化示范单位,以“展行业风采、树窗口形象”为主题,“围绕中心、服务群众、提高素质、改进作风”为目标,成立“学习雷锋志愿服务队”和“党员青年突击队”,通过不断拓宽服务渠道、优化服务流程,提高服务效率。确定米易县国税局、钒钛产业园区国税局为2012年税企和谐文化建设试点单位,制定《税企和谐文化建设实施方案》,分阶段、分层次逐步推进税企和谐文化建设。在活动形式上,丰富门户网站、“12366”热线、QQ群、博客和税企信息交流平台建设,向企业宣传税法,提供涉税咨询,满足其多层次的信息需求;税企双方党支部结对,开展党团共建活动,通过党组织的交流共建提升税企之间的凝聚力,密切税企关系;通过互相派员学习培训、换岗体验、座谈讨论等活动,加深企业与税务主管部门的良性互动,促进税企互信;与企业共同组织开展征文演讲、文艺汇演、歌咏比赛等活动,丰富税企和谐文化建设内涵,促进税企和谐。

为把握纳税人需求,采取通过纳税服务QQ群向纳税人发放视频培训需求调查问卷的形式面向辖区纳税人开展视频培训需求调查。调查共发放调查问卷1 231份,收回1 042份,整理上报纳税人视频培训课程建议7条。全年,组织相关人员参加3期培训。“企业所得税资产损失税前扣除相关政策讲解”视频培训159人,其中纳税人114人、税务人员45人;“出口退税政策管理简介”视频培训107人,其中纳税人24人、税务人员83人;“国际税收风险管理”视频讲座培训41人,其中纳税人20人、税务干部职工21人。

为加强税企沟通,保护纳税人权益,按照“来电必接、有问必答、件件有落实、事事有回音”的纳税服务承诺,对纳税咨询服务实行首问责任制,坐席人员对无法当场解答的咨询问题即时转交相关业务处室处理,并在规定时限内回复纳税人。全年,共受理涉税咨询问题984件(次),其中“12366”纳税服务热线接听来电921件(次)、总局咨询系统受理咨询31件(次)、市局门户网站受理咨询10件(次)、接待来人咨询10件(次)、接听来电咨询12件(次),回复率达100%。受理纳税服务投诉2件(次),已全部办理完结,并对2名投诉人进行回访。

为引导纳税人自助办税,减轻办税服务厅工作压力,在东区国税局、仁和区国税局办税服务厅安装自助办税终端机。自助办税终端机可以全天候办理纳税申报、IC卡报税、防伪税控发票验旧、防伪税控发票发售、涉税事项查询、税收政策查询等6项涉税业务,降低办税成本,方便纳税人办理涉税事宜。10月1日,组织两个办税厅工作人员及纳税人开展自助办税终端机操作培训。

为强化注税行业监管,按照《四川省国税局、地税局关于依法支持注册税务师行业健康发展的意见》要求,市国税局、市地税局认真落实国家有关注册税务师管理的法律、法规和政策,认真开展年检工作,在办税服务厅公告年检合格的税务师事务所名单。2月14日,市国税局、市地税局联合召开“攀枝花市税务系统税务师事务所工作座谈会”,提出监管工作要求,交流工作经验。8月,印发《攀枝花市国家税务局关于进一步加强税务代理监管工作的通知》,对全市国税系统加强监管和依法支持税务代理工作提出更加明确具体的工作要求。开展“国税机关及其工作人员违规参与涉税中介活动谋取不正当利益问题”的专项治理工作,未发现税务机关在职工作人员有违规兼职,从事中介活动的情况。10月上旬,对全市范围内3户税务师事务所贯彻落实注册税务师行业管理制度情况进行检查,检查面为100%。对于检查中发现的问题,督促事务所加强管理,完善制度措施,严格执行各项制度规定,依法开展税务中介业务。

【队伍建设】 2012年,市国税局通过“两推一述”方式公开选任米易县国税局局长,选派18名干部到省、市国税局机关和基层及党政机关、国有大中型企业工作锻炼。全面完成省国税局全员更新知识培训行动计划,3年轮训干部544人,占全市国税干部职工的96.28%。在省国税局组织的“赛比争”活动中,6人获得“四川省国税系统岗位能手”称号,7人获得“赛比争活动优胜者”称号。在全省国税系统第五届百名标兵评选活动中,6人被省国税局评为各类标兵。市国税局组织纳税评估和查账软件培训,全市314名相关干部参加培训和考试。积极开展“为民服务创先争优”活动,完成“挂帮包”对口帮扶工作,挤出13万元资助木里县国税局、盐边县大洼村和新隆村等。市国税局举办《税收违法违纪行为处分规定》知识竞赛,增强干部职工依法行政和廉洁从税的意识;西区国税局廉政文化示范单位建设不断推进。全市三区两县有4个单位在地方党风廉政建设、软环境评比中被评为先进或优秀单位。积极开展“创先争优”活动,在全市庆“七一”表彰活动中,市国税局机关党委获“市直机关先进基层党组织”称号,有2人分别获“全市优秀党务工作者”、“优秀共产党员”称号。市国税局妇委会积极带领女职工开展“巾帼建功”活动,对市国税局机关和直属单位的27名女职工和2个妇委会进行表彰。加强离退休干部管理,组织召开2012年川西片区离退休干部调研工作会,《浅析加强离退休人员思想政治建设的途径》获总局2011年度国家税务局系统离退休干部工作部门调研成果一等奖。

【政务管理】 2012 年，市国税局加强政务管理工作，根据总局、省局"十二五"工作规划，制定印发《攀枝花国税局"十二五"税收工作发展规划》。为领导和机关提供资讯支持，做好市国税局领导信息服务工作，提高全市工作的计划性、针对性和时效性，督促全局年度重点工作及阶段性重点工作落实，全年共编印《攀枝花国税要情》9 期、《攀枝花国税工作要点》12 期、《国税调研情况通报》5 期、《政务通报》7 期、《国税专报》3 期、《攀枝花国税要情通报》1 期、《攀枝花国税简报》3 期。加强信息宣传调研工作，全年在全局行业网编发信息 586 篇，向市委、市政府编发信息 160 篇，向市政府党政网编发信息 230 篇，向市政府门户网站编发信息 78 篇；在省国税局行业网编发信息 64 篇，被省国税局《工作动态》采用 60 篇；在省(局)级以上新闻媒体共发表宣传稿件 87 篇，市级新闻媒体发表宣传稿件 140 篇，向省国税局门户网站编发各类信息 892 篇。全年共组织撰写市、县(区)两级调研文章 51 篇，编发《攀枝花国税调研》24 期，其中被国家税务总局《税收经济研究》采用 1 篇、省委政策研究室《调查与决策》采用 1 篇、省国税局《政务调研》采用 1 篇、《四川税务研究》采用 5 篇、《四川国税》采用 1 篇。有 1 篇调研文章被国家税务总局评为"2011 年度国家税务局系统离退休干部工作调研成果一等奖"，有 1 篇调研文章被评为 2011 年度全省国税系统"好调研"，有 4 篇调研文章分别被评为全省国税系统 2010 ~ 2011 年税收科研成果二等奖和三等奖。在第 21 个全国税收宣传月活动中，围绕"税收 · 发展 · 民生"的宣传主题，以"美好天府 · 和谐税收"为主题内容，组织开展市国税局领导作客"效能热线"宣传税收政策、发票主题宣传活动、走进学校宣传税收理念、先进典型人物事迹宣传活动、"纳税服务志愿者"活动、"税企和谐文化"共建宣传活动等系列主题鲜明、内容丰富、形式多样的税收宣传活动，被省国税局授予 2012 年税收宣传月优秀组织单位。加强政务公开及网站维护工作，全年 6 大网站系统(行业网、ODPS、行管系统、省局门户网站、市党政网、攀枝花公众信息网)运转良好，没有出现重大网络舆情事件或重大网络运行维护事故，在全市 36 个政府部门政府网站绩效评估工作评比中获市级部门第一名。机要保密文件收发平稳运行，制定下发《2012 年全市国税系统保密工作要点》，保密工作达省一标。完成《中共攀枝花执政实录》(第 5 卷)、《攀枝花年鉴》(2011 年)、《攀枝花政区大典》(2011 年)国税部分的撰写工作。

为促进财务管理科学化、规范化、提高资金使用效率，确保财务工作有序进行，制定《攀枝花市国家税务局机关经费管理办法》，修订《攀枝花市国家税务局机关差旅费管理办法》《攀枝花市国家税务局政府采购工作规程》《攀枝花市国家税务局系统固定资产管理办法》《攀枝花市国家税务局机关固定资产管理办法》，落实国税总局、省国税局关于财务公开的各项制度，初步形成一套科学合理的制度体系。强化固定资产管理工作，成立市国税局资产清理小组，对全系统固定资产进行全面彻底清理，确保资产账实、账卡、账账相符，为管好、用好国有资产，细化公用经费预算支出管理打下坚实的基础。在全市国税系统全面推进公务卡改革工作，严格执行公务卡强制结算目录，切实规范支出行为，拟定《攀枝花市国税系统公务卡强制目录暂行规定》，确保公务卡支持系统正常运转。认真完成 2012 年内部财务审计工作和领导干部任期审计工作，规范下属单位的财务收支、固定资产管理、政府采购的执行和预算编制的执行等工作。

(唐　斌)

地方税务

【概　况】 2012 年，攀枝花市地方税务局辖东区、西区、仁和区、米易县和盐边县 5 个县(区)地方税务局和 3 个直属单位(市局第一直属分局、市局第二直属分局、市局稽查局)。市局机关内设 11 个处(室)和 1 个事业单位。全系统在职职工 591 人，大专以上学历职工 567 人，占在职职工人数的 95.94%。

2012 年，全年全市地税总收入继 2011 年登上 40 亿元台阶后再现历史性突破，达到 51.34 亿元，是地税成立之初 1994 年的 14 倍，其中税收收入突破 40 亿元，达到 44.13 亿元，是地税成立之初 1994 年的 12 倍。市局被攀枝花市委、市政府表彰为全市法制宣传教育先进集体、攀枝花市"两基"迎国检工作先进单位、攀枝花市先进基层党组织和党委(党组)中心组理论学习组织工作先进单位，获全省地税系统税收核算工作综合考评、财产行为税工作、基金征管工作等优秀单位。

【组织收入】 2012 年，全市地税系统共组织各项收入 513 434万元，同比增长 14.51%，增收65 062万元。其中，地方税收收入入库441 297 万元，同比增长 14.03%，增收 54 303万元；省级税收入库78 549万元，同比增长 17.38%，增收11 628 万元；市级税收入库105 117 万元，同比增长 3.42%，增收3 473万元；基金附加收入72 137万元，同比增长 17.53%，增收10 759万元。其收入特点为：各级次税收收入全面增长，县区级税收增幅高。2012 年中央、省、市、县(区)各级次税收收入同比分别增长 6.01%、17.38%、3.42% 和 22.79%。从增量贡献来看，2012 年县(区)级税收增量贡献率高达 65.21%，较 2011 年提升 17.46 个百分点；省级税收增量贡献率为 21.41%，较 2011 年增加 6.8%；中央级和市级税收增量贡献率分别为 6.98% 和 6.4%。从总量占比来看，省级税收占比稳定，与 2011 年基本持平，县(区)级税收份额上升 3.09 个百分点，中央级和市级税收占比分别下降 1.15 和 2.45 个百分点。产业税收结构进一步优化，三产比重持续提升。2012 年三次产业税收占比为 2.33 : 55.19 : 42.48，其中第三产业税收占比较 2011 年上升 1.6 个百分点，连续两年实现比重提升，增量贡献率达到 53.86%。采矿业税收规模保持第一，金融业增幅跃居首位。2012 年采矿业税收规模在 2011 年首超制造业名列第一后，依然保持强劲增长势头，同比增长 30.92%，总量达到110 793万元，成为攀枝花市地税首个突破 10 亿元的行业，对税收总增量的贡献率从 2011 年的 17.9% 上升至 48.19%；制造业税收收入同比减少 22.71%，其所占比重继续缩小，从 2011 年的 19.74% 减少至 13.38%，规模排名落至房地产业之后。2012 年全市金融业税收贡献突出，同比增幅高达 40.49%，占比较 2011 年上升 1.8 个百分点，增量贡献率较 2011 年上升 11.24 个百分点。建筑和房地产业合计入库税收118 212万元，占税收总量的 26.79%，增幅 39.47%，较 2011 年上升 16.56 个百分点。营业税保持主体地位，耕占税增势强劲。2012 年全市地税部门征收的 13 个税种中个人所得税和契税同比分别减收 8.47% 和 16.27%，其他 11 个税种不同程度增收：营业税入库127 696万元，增收16 530万元，总量和总增量均排各税种之首，其在税收总量中的比重稳定，第五年保持在 29%；耕地占用税同比实现 130% 的大幅增长，入库23 047万元，增收13 027万元，增幅和增量在各税种中分别列居一、二位；企业所得税稳定增长，入库61 917万元，增收10 892万元，增幅 21.35%；资源税入库45 267万元，同比增收额破亿元，增幅 29.03%。

【依法行政】 2012 年，市地税局始终恪守“法治原则”，坚持依法行政这一税收工作的生命线，认真贯彻落实行政执法责任制。召开全系统依法行政工作会议，总结 10 年来依法行政工作经验，分析当前面临的形势，积极部署当前和今后一个时期全系统依法行政工作任务。继续推进税收法制建设，不断完善税务行政执法制度；规范和整合税收执法岗位职责和工作规程，层层签订税务行政执法责任书落实执法责任；积极开展依法行政示范单位创建活动，规范审批行为，完善重大案件集体审理，认真组织开展执法案卷评查和执法督察，强化执法监督。加强规范性文件管理，提高规范性文件制作质量。认真落实“六五”普法规划，加强税收法制宣传教育。深入学习贯彻《中华人民共和国行政强制法》和《税务行政复议规则》，充分发挥行政复议化解税收争议的主渠道作用。开展行政权力事项清理，制作全局行政权力目录和行政权力流程图，并在网上进行公开。改革行政审批制度，健全落实后续监管、问责制度，严格审批行为，优化审批流程，提高审批效率。完善税务行政执法程序，规范行政执法文书，细化执法标准，规范行政执法自由裁量权。严格遵守行政执法公开、告知、听证、说明理由、回避等规定，依法保障行政相对人的合法权益。集中力量，突出重点，抓好大案、要案的查处工作，加大涉税举报案件查处力度，形成打击、震慑、堵漏、查补四位一体的整体效应，促进税收秩序更加规范。认真落实税收优惠政策，及时做好 2011 年上报减免税申请的审核，完成 12 户困难减免企业的审核并上报省局批准。切实落实下岗职工再就业、营业税不达起征点等优惠政策，服务保障民生，增强企业发展后劲，促进创业和再就业，全年共为 665 户纳税人减免各项税收11 763万元。以查处税收违法案件和专项检查为重点，科学组织税收检查，开展区域税收专项整治，强化税务稽查工作。全年，全系统稽查部门共查补入库各项收入13 085万元，其中通过辅导企业自查和开展专项检查组织入库税收12 358万元，加收滞纳金 331 万元，罚款 396 万元。查补入库收入比 2011 年同期增加3 315万元，增长 34%。

【税收征管】 2012 年，市地税局强化税源管理，细化税种管理，认真开展税源普查，做好税收资料调查工作，管精重点税源，管好中小税源，管住“一次性”、零星税源。严格按照省地税局布置的重点税源监控管理范围，做好重点税源监控管理，按月上报重点企业税源监控报表，全面掌握重点税源企业的生产经营、税款入库、资金流动等情况，及时分析重点税源监控企业的收入情况。加强重点行业税收征管，继续加强采矿业税收征管，大力规范房地产企业纳税行为，不断完善房地产税收一体化管理，推动税收增长。认真落实大企业税收管理要求，按照总局要求做好对中石化等大企业的税收自查督导、分析评估以及税收信息报送等工作，增强对大企业税收的把握能力。按照分级分类原则，细化营业税、资源税、企业所得税、个人所得税等主体税种和重点项目（观音岩水电站、桐子林水电站、丽攀高速路等）的税收征管，加强耕地占用税、土地增值税、土地使用税等小税种管理、发挥好“以小补大”作用。完成1 931户企业 2011 年度企业所得税汇算，通过汇算清缴入库企业所得税9 697万元，同比增长 46.75%，增收3 089万元；加强对高收入者个人所得税征管，推进年所得 12 万元以上个人所得税纳税自行申报；继续推进全员全额代扣代缴工作，全市的申报率达 95%。全面开展“财产四税”专项检查工作，完成对车船税、房产税、土地使用税、土地增值税的专项检查工作。严格落实房地产开发项目土地增值税清算管理政策，加强清算工作，加大催缴力度，确保税款及时足额入库。加强与财政、国土、林业、房管、烟草、移民局等部门以及与县级政府、乡镇村社联系，采取行之有效的工作方法，完善契税、耕地占用税和烟叶税信息交换机制、工作联系机制，取得对税收征管难点和关键环节的大力支持，有力促进税收征管。全年耕地占用税入库23 047万元，同比增长 130.01%，增收13 027元；烟叶税入库9 234万元，同比增长 73.02%，增收3 897万元。加强国际税收管理，提高税收协定执行水平，提升国际税收管理工作水平。推进反避税工作，做好非居民税收管理工作，继续推行非居民企业税收征管流程，加强外籍个人到攀枝花市的涉税收入及外籍个人税收档案管理工作。加强发票管理，积极推进发票换版工作。全面推行新版发票，全市机打发票推行户数达到974户，占发票使用户数的30%。全年自开发票户开具发票金额达到24亿元，开出发票16.4万份，有效减少手工发票、定额发票的使用，发票改革工作得到全面落实。开通攀枝花市有奖发票因特网查询系统，通过相关部门采取措施促进报账环节发票真实性验证。加强对代开货物运输发票的审核力度，做好货物运输业自开票纳税人的认定与年审工作，严格核实货运自开票纳税人资质；依托信息系统，建立预警机制，加强对日常发票开具的监控。加快信息化建设步伐，加强业务与技术的融合、做好第三方信息采集，强化综合征管软件运用。以信息平台为依托，加强信息共享，不断健全税源监控、税收分析、纳税评估、税务稽查互动机制。全市存量房估价信息系统成功投入运行，运行状态良好，评税结果被普遍认同，税收征管明显加强，堵漏增收效果显著，共受理、评估存量房交易5 905套，征收入库税款4 209万元，增加税收578万元。持续推进多元化申报缴税，继续加大税库银横向联网tips扣缴税款，全系统签订协议户数达到17 220户，扣缴税款达到27.53亿元。认真开展税源与征管状况分析，加强征管质量监控，促进征管质量和水平不断提升。完善纳税评估工作规程，按照省地税局下达的评估目标开展分行业、分税种纳税评估工作，发挥“以评促管”作用，积极开展纳税评估优秀案例评选，促进评估水平不断提高。加强一户式税户档案管理。认真开展税务登记清理工作，强化征管系统软件基础信息完善，补录基础信息2万余条，清理漏管户2 119户，纳入台账管理户数8 984户。积极推进电子定税，做好个体工商户定额调整。完善《税收管理员制度》，完善岗位职责，处理好管事与管户关系。实施国地税信息交换工作，定期交换税务登记、发票开具、税收处罚、税收定额等信息，利用交换信息开展比对、分析，查找征管工作中存在的漏洞，夯实信息管税的基础，促进征管质量。

【纳税服务】 加强对纳税服务工作的组织领导，成立市、县（区）局纳税服务工作领导小组，完善纳税服务机构，健全纳税服务工作机制。依托门户网站平台和纳税人诉求渠道，及时做好纳税人咨询热点问题的收集、整理、汇总分析，坚持以纳税人需求为导向改进服务。设立纳税服务投诉电话，公开接受社会各界监督，促进纳税服务水平不断提升。认真做好纳税服务明星评选，健全纳税服务激励机制。加强办税服务厅标准化建设，统一办税服务厅标识，规范窗口设置，完善功能分区，营造良好的服务环境。围绕纳税人需求加强门户网站建设，不断完善门户网站功能，新增发票查询、纳税服务投诉等功能，继续办好办税公开、纳税咨询、信息服务等栏目，提升涉税信息服务能力，点击率不断飙升，累计点击率达794 579次。加强“12366”纳税服务热线建设，实现咨询、举报、查询，上班有接听，下班有录音，满足广大纳税人和各类人群的需求。积极落实为民服务举措，加强业务流程再造，提高工作效率，坚持围绕纳税人需求来改进服务方式。2012年2月1日起在全市范围内开展国、地税联合办理税务登记工作，联合办证7 912户；积极推行网络申报、多种缴款方式、“发票免填单”、“8小时外上门送发票”等服务方式和手段，努力提升满意度。继续做好税收宣传，推进纳税人学校建设。做好缓缴税款的受理及报批工作，为10户纳税人办理缓缴税款8 160万元；认真落实小微企业免收发票工本费优惠政策，全年免收小微企业发票工本费36万元。

【党风廉政建设】 2012年，市地税局坚决落实党风廉政建设责任制，全面贯彻《建立健全惩治和预防腐败体系2008～2012年工作规划》，落实分解党风廉政建设和反腐败工作任务。坚持落实每月“廉政学习日”活动、廉政谈话等制度，以学习贯彻《税收违法违纪行为处分规定》为中心内容抓好廉政教育，积极运用信息技术搭建廉政风险防范管理平台，强化内控机制建设，不断完善廉政防控体系。认真组织开展“利用中介机构涉税业务谋取不正当利益”专项治理工作。成立市、县（区）局专项治理工作领导小组，按照专项治理工作方案，在全系统开展自查自纠。从检查情况看，未发现有中介机构联合企业偷税、税务机关和税务人员违法违规等情况。加强减免税、物资采购等重大事项的监督，组织开展税收会计制度和税收票证专项检查、执法督察，对28个项目开展执法监察，提出整改建议21条、协助建章立制2项，提高对税收执法权的监督。强化内部审计监督，认真组织开展领导干部任中经济责任审计、离任审计和对县（区）局的财政财务收支审计。

【队伍建设】 2012年，市地税局坚持中心组理论学习制度，认真开好领导干部民主生活会，不断提高班子成员理论水平和解决实际问题的能力。落实民主集中制，不断规范决策程序，提高科学决策水平。切实做好领导干部个人有关事项报告工作。加强干部职工教育培训，分批分层开展副科级以上领导干部和业务骨干培训，参训人达131人次。扎实开展“思想大解放，作风大转变，工作大落实”主题教育活动，按既定方案有序推进阶段性工作。继续深化创先争优，推进基层组织建设年活动，完成对机关党委和党支部的分类定级工作。积极做好树立典型、表彰先进活动，开展评选“我身边的好税官”活动，命名一批“党员示范窗口”和“示范岗”。积极开展“公民道德宣传教育月”实践活动，引导职工参加健康向上的文化活动，培养高尚情操。

（何明岚）

科 学

自然科学

科技工作

【概 况】 2012年,全市科学技术和知识产权工作按照"整合科技资源、提升创新能力、加速成果转化"的取向,坚持"构建大科技,推动大发展"的定位,强化"突出五抓、实现五新"(以加快实施科技成果转化工程为抓手,实现钒钛及相关产业发展的新突破;以统筹城乡发展科技行动为抓手,实现优势特色农业现代化的新突破;以推进科技服务民生行动为抓手,实现社会发展科技工作的新突破;以创建国家知识产权示范城市为抓手,实现全市知识产权工作的新突破;以创新科技工作体制机制为抓手,实现科技大发展的新突破)内容,推动科技和知识产权工作大发展,在钒钛及相关产业发展方面取得新突破,在统筹城乡和社会民生上取得新成效,着力构建与打造中国钒钛之都和特色经济强市相匹配的科技创新体系,为建设幸福攀枝花提供强有力的科技支撑。

全市7所国有独立科研院所共有职工1 016人,从事科研工作的科技人员有792人,占职工总数的77.95%;有专业技术职称的科技人员642人,其中高级职称208人、中级职称269人、初级职称165人。攀枝花钢铁研究院从事科技工作的人员占64%,市属科研院所占36%。

全年安排市级科技计划项目137项。其中,重点科技项目(10万元以上)77项,经费1 721万元;一般科技项目60项(含软科学11项),经费479万元。投入应用技术研究与开发经费2 200万元,比2011年增加经费200万元。

全年全市安排科研与技术开发项目1 593项,其中新上937项。投入资金158 416.2万元,完成科技项目786项,新增经济效益245 412.36万元。其中省属以上国有大中型企业安排科研与技术开发项目840项,投入资金130 794.56万元,完成科技项目494项,新增科技效益86 641万元。

【科技成果转化行动】 2012年,推动市政府出台《攀枝花市重大科技成果转化工程实施方案(2011~2015年)》,建立市重大科技成果转化工程联席会议制度,设立重大科技成果转化专项资金,明确全市科技成果转化工作目标,并对工作任务进行分解,落实牵头部门和责任,为完成任务提供保障。组建四川省技术转移(攀枝花)中心、四川省高新技术产业金融服务中心攀枝花分中心,国家钒钛制品质量监督检验中心、攀钢"钒钛资源综合利用国家重点实验室"顺利通过验收,攀枝花市被列为全省首批创建国家技术创新工程示范市。成功举办2012攀枝花产学研合作信息发布暨项目对接会,发布技术成果120余项,发布技术需求43项,有8所高校、研究所与9家企业签订10项科技合作协议,合同涉及金额25 060万元。

组织实施省、市级重大科技成果转化项目11项,产值达56亿元。组织申报四川省钒钛科技专项及科技成果转化专项、战略性新兴产品项目等40余项,获得支持9项。全市新增4家国家高新技术企业,5家省级创新型企业。组织召开全市科学技术奖励大会暨科技工作会,共有67个项目获得奖励。27项优秀科技成果获2011年度四川省科学技术进步奖,获奖等级和数量再创新高,继续位居全省前列。完成2012年度攀枝花市科学技术进步奖申报及评审工作。开展2011年度四川省创新型企业技术开发费加计扣除认定工作,共认定13家企业2亿元,积极为企业争取税收优惠政策。启动钒钛奖和高新奖两项奖励的申报评审工作,完成申报通知发布、项目征集及初步形式审查。3家高新技术企业、4个重点实验室和9个工程技术研究中心通过复审,新批复组建2个市级工程技术研究中心。技术合同认定登记130份,合同金额达8 098.91万元。

【产业化推进行动】 2012年，以新工艺、新产品开发为重点，立项支持一批钒钛产业化创新项目。攀钢开展的“氧化钒清洁高效生产关键技术及装备”项目，整体技术水平处于国际领先水平，已在攀钢成都和西昌分公司分别建成500吨/年示范线和18 000吨/年新钒厂。新中钛科技有限公司开展的“钛铁矿盐酸法制取人造金红石及新型酸溶性富钛料”项目进展顺利，其技术成果国际领先，产业化放大后将解决本地钛精矿不能生产人造金红石的技术难题，拓宽了中国氯化法钛白生产原料来源及硫酸法新型原料供给。金江钛业有限公司开展的“30兆伏安矩形密闭电炉连续冶炼酸溶性钛渣工艺研究”项目，试验生产线建成，已点火出铁，成功后将在国内首次实现大型矩形密闭电炉连续冶炼钛渣；钛海科技公司开展的“塑料专用金红石型钛白粉开发研究”，采用独特的无机和有机包膜技术，开发塑料专用高档金红石型钛白粉，产品附加值高，市场前景看好。攀枝花云钛实业有限公司钛锭生产线热负荷试车成功，生产出国内最长、最宽、最重的钛扁锭。四川省有色科技集团的金砂选矿药剂项目将钛回收率提高3%～5%，该项目已开工建设，规划年产1万吨，将服务攀西地区钒钛磁铁矿选矿企业，达产后预计攀枝花钒钛产业新增工业产值100亿元。

重点立项支持一批钒钛特色机械新产品研发。东林公司“汽车平衡增力制动器产业化技术研究”和“汽车浮动蹄轴式平衡增力制动器”项目已获得1项发明专利、2项实用新型专利，其产品通过国家相关机构检测，性能优于国家标准，建成3万套/年平衡增力制动器的生产线。长森工贸“钒钛微合金钢磁选机优化及产业化生产技术开发”项目完成磁选机的磁路优化设计，生产的磁选机在选矿收率、使用寿命等性能指标上均明显优于市场同类产品，正在准备进行大规模扩能。攀钢工程公司“大节距履带板研究开发”，已完成生产线建设，正在开展试生产，产品主要出口美国、意大利、东南亚等国家。白云公司“低合金高强度耐磨汽车锤头”，已建成一期3万件/年生产线，同时还正在进行梯度系列锤头产品开发和汽车破碎机整机研制。

富邦公司“钒钛球墨铸铁材质开发及其在汽车轮毂生产上的应用研究”和“1000万件重型汽车钒钛制动毂产业化开发”项目的实施，使其产品质量不断提高，规模不断壮大，其主营产品收入已突破3亿元大关，该公司生产的“重型汽车钒钛制动毂”被列入《四川省战略性新兴产品“十二五”培育发展规划》目录，扩能后年底将达到500万件/年重型汽车钒钛制动毂生产能力。积极推进金勇工贸公司与中国工程物理研究院开展太阳能钒电池光伏发电科技示范，该公司与中物能源公司共同投资2000万建立1000吨钒电池电解液和2兆瓦钒电池堆示范线，预计实现产值1.5亿元。考察凉山州生物产业发展状况，针对攀枝花市实际，提出攀枝花市生物产业发展思路。开展煤矸石资源调查，理清煤矸石综合利用途径，委托上海大学纳米工程技术研究中心开展低热值煤矸石高值高效综合利用技术研究，初步提出攀枝花市低热值煤矸石合成莫来石、堇青石的工艺路线。支持攀枝花学院开展钒钛黑瓷板光热发电试验和钒钛黑瓷板废酸浓缩技术研究。组织相关企业开展钛白废酸和黄磷弃渣综合利用研究。

开展何首乌品种选育、GAP种植示范研究和何首乌深加工技术研究。推进捷茂中药材公司大和当归、山岛柴胡种植技术研究和推广，种植大和当归733.33公顷、山岛柴胡100公顷。推进益寿堂“公司＋农户”中药材种植示范基地建设，立项开展“攀枝花地产药材重楼种源基地及生产示范基地建设”研究，建设0.67公顷重楼科技示范基地。推进林下块菌种植技术研究和示范基地建设，获得省科技厅80万元项目支持。推进林下蔬菜种植技术和种植规范研究，立项支持农林科学院“海州常山、香椿、魔芋繁育及高产栽培技术研究”。实地考察乐山师范学院爬沙虫应用技术研究情况，推进爬沙虫人工繁育技术研究。墨西哥11号等优质小粒种咖啡引种示范项目取得成功并得到较好推广运用。攀枝花市干热河谷特色生物资源工程技术中心建设取得初步成效，顺利通过验收。

【统筹城乡发展科技行动】 2012年，攀枝花市委出台《关于全面加强农业科技创新推广确保农业农村经济持续健康发展的意见》，全面加强农业科技创新推广，确保农业农村经济持续健康发展。在此基础上，立项支持“南亚热带特色水果引选与繁育园建设”“蔬菜速冻加工生产技术研究与示范”等23项技术攻关，着力支撑产业发展。同时，加强科技对农业发展的引领和推动作用，强化以技术链支撑延伸产业链，组织编报“攀西芒果产业链关键技术研究与集成示范”省级产业链项目；创建和完善农业科技创新和服务平台建设，以市科技基础条件平台管理中心为平台，创建省级“攀西片区农业科技成果转化区域服务平台”，筹备建立芒果产业技术创新战略联盟。增强服务企业意识，提升企业科技创新能力，组织市锐华农业开发有限责任公司等企业申报的“芒果优良品种繁育与栽培关键技术示范推广”和“优质风味猪肉植物添加剂”等一批农业项目获得省科技厅农业科技成果转化资金、成果转化平台建设、科技支撑计划、科技型中小企业创业投资补助资金305万元支持。通过远程视频诊断系统试点、农业龙头企业信息服务站试点等工作，不断扩展农业科技服务平台服务功能，农技“110”等农业科技信息服务平台在推广农村科技、提供农产品供求信息方面发挥了积极作用。

4个省级园区突出核心区、示范区建设，强化“四新”（新品种、新技术、新模式、新机制）技术的推广应用，园区企业在特色产业中的示范、辐射、带动和展示作用取得明显成效，至年底，芒果建成核心区2 000公顷，示范区3 333.33公顷，辐射带动10 000公顷；枇杷建成核心区666.67公顷，示范区1 666.67公顷，辐射带动2 666.67公顷；蔬菜建成核心区1 000公顷，示范区2 000公顷，辐射带动4 000公顷；建成一批特色产业标准化种植、养殖科技示范基地，推广一批新技术、转化一批新成果，全市农业科技创新和转化能力得到提升和增强。

【科技服务民生行动】 2012 年，围绕生态建设、卫生医疗、公共安全、抗旱救灾等社会发展重难点问题，大力开展社会事业科技发展项目研究。深化推进攀枝花公园、竹湖园水系设计及水质改造方案。筹建中国十九冶·攀枝花市山地灾害防治工程技术研究中心。召开全市卫生科技工作培训会，与卫生部门合作开展卫生科研工作调查，共同探讨提高卫生科研质量的措施和方法。积极协助市总工会牵头组织的职业病调查研究，支持市药品食品监督局建立中药标本库，支持攀枝花学院医学院建立临床医学技术中心。开展食品药品安全科普宣传民生工程，在 33 个街道（乡镇）开展集中宣传 56 次，发放书籍55 500册，宣传63 300人次。实施晚熟芒果、早春枇杷等示范项目，开展二滩水淹区连片扶贫开发工作。与西区格里坪镇庄上村开展“结对共建新村”活动。通过编制发放抗旱技术手册、开展抗旱培训、农技“110”在线咨询、深入一线示范指导、实施“浅井取水抗旱科技示范”项目等科技抗旱措施，确保农业生产。

【创新科技工作体制机制建设】 2012 年，举办“攀枝花钒钛资源综合利用院士行暨攀枝花钒钛论坛”，推动建立国家、省、市三级联动的钒钛资源综合利用工作指导委员会和专家顾问委员会，积极争取将资源综合利用上升到更高层次进行。联合中国工程院启动《攀枝花钒钛资源综合利用顶层设计》，做好资源发展战略研究。开展重大科技攻关咨询，做好高层次人才引进和培养。

积极筹建四川钒钛产业技术研究院，《四川钒钛产业技术研究院（筹）建设可行性报告》通过省科技厅的审定，并得到批复同意组建。研究院由政府主导，相关企业、科研院所、高等院校等组成，研究院聚集了国内相关领域的高校、科研院所及企业的人才、学科优势，积极跟踪研究前沿技术，瞄准产业发展最新趋势，组织重大关键技术联合攻关，为攀枝花市钒钛资源综合利用搭建了一个高水平的交流合作平台。

强力推动攀枝花钒钛产业园区升级省级高新技术产业园区，成立工作领导小组，出台《攀枝花钒钛产业园区关于培育国家高新技术企业的实施意见》，建立四川省生产力促进中心攀枝花钒钛中心，通过省级相关部门组织的实地考察及省厅专家组评审，创建工作进展顺利，为下一步启动创建国家级高新技术产业开发区打下了坚实基础。

攀枝花钛及钛合金研究所筹建工作取得阶段性成效，促成中国钢研科技集团、攀枝花学院、攀枝花钒钛研究院三方签订合作共建框架协议，聚集钛及钛合金研发及成果转化所需的高端人才，搭建信息沟通与技术交流和技术转移平台，为攀枝花市完善壮大钛产业提供技术支撑。

创新服务企业，编制发布《攀枝花市技术创新服务指南》《攀枝花市 2012 年专利战略实施方案》《专利资助奖励政策汇编》，收集国家、省、市出台的促进创新相关政策，得到全市企业的好评。

增强科技人才队伍培养力度，实施攀枝花市顶尖和优秀人才、院士后备人才、技术创新团队培养计划。其中院士后备人才培养工作取得阶段性成效，全市从事科技研发工作的人员超过3 000人，其中国家级专家 57 人、省级专家 54 人、市级专家 95 人。

【国家知识产权示范城市工作】 2012 年，国家知识产权示范城市培育工作稳步推进，制定攀枝花市开展国家知识产权示范城市培育工作方案并落实 2012 年目标任务。组织 7 家企事业单位开展市级知识产权试点示范工作，指导攀枝花钢城集团公司开展国家知识试点企业工作；开展攀枝花市特色机械加工制造业知识产权发展战略研究和冶建企业知识产权战略研究。在全省率先出台《关于在科技管理工作中加强专利申请的措施》。10 家企业获得 100 万省专利实施与促进专项资金项目支持。4 家企业获市企业发明及其他类型专利各 50 万元奖励。7 家单位和 33 名个人获 8.41 万元市专利奖励工作奖励。9 家单位、25 名个人申报的 224 件授权专利获 29.42 万元专利资助资金支持。开展专利预警研究。成立攀枝花市知识产权服务中心，建立专利服务平台，全年提供专利政策法规信息 86 条，提供专利检索服务 20 多次，提供专利转化项目 230 余项。开展专利质押融资试点工作，出台《攀枝花市专利权质押贷款管理办法（试行）》，组织 1 项专利质押融资试点，混合融资 900 万元。攀钢集团公司的“钢轨热处理方法及钢轨热处理机组”专利项目获得第十四届中国专利优秀奖。

举办 18 期专利知识培训班，培训总人数达到5 000人。开展“百家专利企业培育”工作，到 123 家企业进行指导和对接。开展“第二届校园专利竞赛活动”、第六届中国专利周攀枝花市活动。加强知识产权执法力度，开展攀枝花市知识产权执法维权“护航”行动，组织联合执法检查 51 次，出动执法人员 146 人次，立案查处假冒专利 23 件；成功调解 1 件专利侵权纠纷案件，实现专利侵权纠纷调解案件零突破。开展“四二六”知识产权宣传周，集中销毁侵权盗版及非法出版物大型活动等系列活动，进一步提高公民创新创造和知识产权保护意识。召开知识产权执法保护交流座谈会，有力推动知识产权执法保护的协作配合、协同作战及联合执法、双打行动。

全年全市专利年申请量稳步增长。全市专利申请量 1 308件，同比增长 7.74%，申请量全省排名第 5 位，其中申请发明专利408件。全市专利授权达835件，共实施专利项目数1 508件，同比增长43.89%。专利实施项目新增460件，专利转化率达到71.57%，均超额完成省、市下达的目标任务。全年新增效益34.48亿元，同比增加13.98%。其中专利实施转化产值27.16亿元，增幅达15.26%，高于全市GDP增幅。

【决策咨询与战略研究】 2012年，筹备并召开市委市政府决策咨询委员会成立大会，制定完善决策咨询委员会章程、工作规则等制度。开展《攀枝花市钛白产业发展现状及对策研究》《提高攀枝花市民幸福指数研究》《攀枝花公园水系设计和竹湖园公园水质净化》等课题研究，并取得初步成果。组织专家就《政府工作报告》《攀枝花钛及钛合金研究所组建方案》等重大报告、重大项目开展调研和咨询论证14次，提交《决策咨询建议》13篇。积极协调省委省政府决策咨询委员会开展攀枝花市重大发展问题研究，省决咨委专家针对攀枝花市工业优势提出《建设特色工业强市，打造钒钛产业之都》的对策建议，争取到《四川高新技术产业园区创新服务体系建设与研究》重大课题研究，获项目经费100万元。开展《攀枝花市钛白粉产业技术路线图》《攀枝花市特色机械制造业产业技术路线图》《攀枝花市芒果产业技术路线图》等重点产业技术路线图的前瞻性研究，完成《攀枝花钒钛磁铁矿资源清洁高效利用创新平台及技术开发》、《攀枝花钛白粉产业知识产权战略研究》等课题研究工作，为确定攀枝花市重点产业的科技发展方向和目标提供指导和支持。

（胡　荣）

科学技术协会

【《科学素质纲要》工作】 2012年，攀枝花市科学技术协会在总结“十一五”《科学素质纲要》实施工作基础上，编印完成《攀枝花市科学素质纲要“十一五”实施工作资料汇编》，为推动“十二五”实施工作开展作铺垫。5月，市政府办公室制定下发《攀枝花市全民科学素质行动计划纲要实施方案(2011~2015年)》，全面部署“十二五”全市全民科学素质工作，明确开展未成年人科学素质行动、农民科学素质行动、城镇劳动者科学素质行动、领导干部和公务员科学素质行动、社区居民科学素质行动、科学教育与培训基础工程、科普资源开发与共建共享工程、大众传媒科技传播能力建设工程、科普基础设施工程、科普人才建设工程等十一项重点工作。为推进《纲要》工作深入有效持续开展，市《纲要》办和市政府目标督查办组织开展2011年度《纲要》全市工作专项督查，通过听取各县(区)政府专题汇报、翻阅有关台帐、查看科普工作示范点，重点对县(区)《纲要》实施组织领导、任务分解、机制建设、保障措施等方面进行检查督导，要求各县(区)高度重视“十二五”《纲要》工作实施方案的编制、加大典型宣传力度、着力推进重点工作、切实增加经费投入，确保《纲要》“十二五”实施工作取得更大成绩。检查督导后，市《纲要》办和市政府目标督查办在全市通报各县(区)政府2011年度《纲要》工作考核等次，其中东区政府、仁和区政府、米易县政府为一等，西区政府、盐边县政府为二等。根据考核结果，市《纲要》办对各县(区)《纲要》办给予相应工作经费补助。

市、县(区)政府及有关部门，根据年度目标任务，针对《纲要》确定的五大重点人群，结合实际，突出特色，注重实效，积极深入推进重点人群科学素质行动。深入开展农村劳动力素质培训工程、科技下乡送服务活动、科普惠农兴村行动，农民科学素质行动成效明显，对特色农业快速发展予以有力推进；围绕素质教育，市教育局、市科协、团市委等部门统筹安排、精心组织，积极开展青少年科技教育工作，青少年科技创新实践活动机制日趋完善，科技展教阵地作用日益彰显，青少年科技创新及教育培训纵深推进；坚持高技能人才培养与奖励并举，特殊工种培训与就业并举，持续开展“企业职工技能提升”活动，城镇劳动人口科学素质行动成效显著；按照《攀枝花市2009~2012年大规模培训干部工作实施意见》的安排部署，把提升科学素质落实到干部教育培训的各个环节，在各类领导干部和公务员培训班次中，把科学素质教学列入培训内容，促进学习型机关建设，加快公共管理专业人才培养，领导干部和公务员的科学素质行动进一步强化；全市上下紧紧围绕提升社区居民科学素质的工作目标，在探索实践“科教进社区”、“科普进楼院”等活动中，组织开展贴近群众生产生活的“社区科普宣传”“广场影视科普”“社区科普文化节”“社区科普论坛”“社区科普大讲堂”等群众喜闻乐见的科普品牌活动，社区科普组织、科普队伍发展壮大，合力推进社区科普工作新格局，实施“社区科普益民计划”初见成效。

为学习借鉴外地工作经验，市《纲要》办组织县(区)《纲要》办负责人参加在海口举办的全国部分中心城市科协全民科学素质工作研讨会，并考察学习部分城市《纲要》实施工作及科普工作。市科协党组书记、副主席、市《纲要》工作领导小组副组长林智深所作的《强化工作机制，推动全民科学素质工作深入开展》的大会发言，受到与会代表的充分肯定和广泛赞扬。

【科普惠农兴村计划】 2012年，市科协根据中国科协、财政部和四川省科协、省财政厅《关于组织实施2012年“基层科普行动计划”申报推荐工作的通知》要求，市科协、市财政局筛选推荐仁和区草莓协会、米易县优质葡萄专业技术协会、东区银江安国枣农业技术协会、盐边县和爱乡蔬菜协会、西区格里坪镇苦荞椪柑协会、米易县海塔果树协会6个农村专业技术协会，米易县药材种植科普示范基地、仁和区标准化养殖科普示范基地、盐边县团结优质枇杷种植科普示范基地3个示范基地和盐边县惠民瓜果协会田景太、仁和区石榴协会王连会、米易县草场乡枇杷协会周云华、西区格里坪镇竹林坡村王春风4名农村科普带头人为“科普惠农兴村计划”项目申报对象。其中，仁和区草莓协会、米易县优质葡萄专业技术协会、盐边县和爱乡蔬菜协会、仁和区标准化养殖科普示范基地、盐边县团结优质枇杷种植科普示范基地和盐边县惠民瓜果协会田景太分别被中国科协、财政部评为“科普惠农兴村计划”先进单位和农村科普带头人，共获国家奖补资金105万元；米易县海塔果树协会、米易县药材种植科普示范基地、东区银江安国枣农业技术协会及米易县草场乡枇杷协会周云华、西区格里坪镇竹林坡村王春风分别被省科协、省财政厅评为“科普惠农兴村计划”先进单位和农村科普带头人，共获省级奖补资金34万元。

【科普示范社区创建】 2012年，为树立社区科普典型，推动社区科普工作全面开展，各级科协认真贯彻省科协、省文明办《关于实施“社区科普益民行动”的意见》精神，积极开展科普示范社区创建活动。按照《四川省科普示范社区创建标准》等创建条件和要求，组织开展城市社区科普工作现状调查，东区炳草岗街道民建社区、东区枣子坪街道团结社区、西区玉泉街道巴关河社区、仁和区大河中路街道阳光社区被省科协、省文明办命名为“第一批四川省科普示范社区”。东区枣子坪街道团结社区、西区玉泉街道巴关河社区，通过国家级“社区科普益民计划”项目评审，共获奖补资金40万元。围绕提高社区居民科学文化素质、促进和谐社区建设，相关部门和各县（区）、街道、社区密切配合，采取“大联合、大协作”的工作方式，广泛开展“科教进社区”等群众性、社会性、经常性科普活动，大力推进科普示范社区建设，全面提升居民科学文化素质水平。

【农村专业技术协会】 2012年，市科协按照抓示范、树典型、重服务、促发展的工作思路，始终把农技协工作作为农村科普工作的主要平台和重要内容常抓不懈。根据全国“科普惠农兴村”计划先进农技协的评选条件和标准，重点扶持和培育10个典型农技协，指导和支持这些协会围绕帮助农民致富增收提供产前、产中、产后系列服务，开展新品种新技术引进、科普示范、技术培训和项目推广等工作，规范协会组织建设、制度建设、机制建设，充分发挥示范带动作用，推动全市农技协工作稳步健康发展。市科协为获2011年度全国“科普惠农兴村计划”先进农技协的米易县芒果专业技术协会、盐边县益民水果协会、仁和区板栗协会和先进个人仁和区总发乡立新村倪国明颁授奖牌，勉励获奖的先进单位和个人在提高协会、基地的科技含量，延长科普服务链上下功夫，带动更多农户依靠科技致富奔小康，为社会主义新农村建设和地方经济发展再立新功。2012年，攀枝花市发生60年不遇的严重旱灾，市科协领导高度重视，先后深入旱情最为严重的乡镇，进入部分农技协种植基地实地调研，积极提供技术指导，帮助解决实际困难。向仁和区前进镇芒果协会、仁和区平地镇果业协会、仁和区板栗协会、仁和区绿圃种养殖协会、西区格里坪镇苦荞椪柑协会发放1.5万元抗旱救灾补助资金，支持推广抗旱节水技术，引导农户及时调整种养殖结构和产业结构。

【群众性科普活动】 2012年，市科协共举办各类科普宣传133次，宣传活动到达28个乡（镇）、75个社区，发放科普宣传资料21.3万份，展出主题科普展板400余块，受益群众20.5万人次；开展现代特色农业技术培训236次，培训4.5万人次。开放科技馆科教展厅24次，3 000多名青少年和中小学生前往参观演示。开展移动科技馆进校园13次，2.1万名师生受教益。拨出5 000元帮扶资金，扶持“挂包帮”联系点米易县麻陇乡红岩村强化技术培训、扩大产业规模、突出品种改良、规范栽培管理，深化核桃产业发展。拨出6 000元帮扶资金，支持计划生育“三结合”（生产、生活、生育三者结合）帮扶点盐边县渔门镇岩朗村开展科技培训和实用技术推广。东区科协以推进重点人群科学素质工程为核心，以提升社区科学文化生活品质为目标，以举办全民科学素质家庭知识大奖赛为抓手，切实加强科普基础设施建设，不断丰富社区居民自身科学文化知识。市反邪教协会加强反邪教斗争宣传，努力营造全民反邪拒邪的社会氛围，先后在中国反邪教网、中国反邪教通讯、凯风网、四川科协网等公众媒体发表稿件8篇，组织撰写的《从文化角度构建防范邪教社会体系有关问题浅析》《新形势下做好反邪教协会工作的几点思考》2篇理论文章，被《中国反邪教通讯》全文刊载。

【青少年科技教育】 2012年，市科协组织开展以“体验·创新·成长”为主题的攀枝花市第二十七届青少年科技创新大赛，全市50所学校的3万名师生参与此次竞赛活动。经校、县（区）初评后报送市组委会的科技创新成果项目73项、科技实践活动项目25项、科学幻想绘画174幅、科技辅导员作品5项、科学DV作品7项。2月28日，市科协、市关工委、市教育局、市科知局、市环保局、市体育局、团市委、市妇联8家单位联合举办攀枝花市第二十七届青少年科技创新大赛作品展评会，评出科技创新项目一等奖18项、二等奖22项、三等奖26项，优秀科技活动一等奖6项、二等奖8项、三等奖8项，少儿科学幻想绘画一等奖20幅、二等奖40幅、三等奖60幅。从中择优推荐20个项目和20幅科学幻想绘画报四川省竞赛组委会参加省级竞赛。4月13日～16日，四川省青少年科技创新大赛在成都市举办，攀枝花市参赛项目获科技创新成果一等奖1项、二等奖6项、三等奖8

项，获优秀科技实践活动三等奖2项，获少儿科学幻想绘画一等奖3幅、二等奖5幅、三等奖6幅。市科协、市教育局、米易县科协、东区教育局等6个单位获优秀组织奖。市第二小学的少儿科学幻想绘画《中国国际空间站》《植物转化机》被选送参加在银川市举办的第二十七届全国青少年科技创新大赛并获一等奖。

举办攀枝花市第六届青少年电脑机器人创新实践活动，来自东区、西区、仁和区、米易县及部分校外活动机构的14所学校236名选手参加竞赛。5月，市第三中学、市第二十五中小学、金江中小学、仁和民族中学、大河中学组成9支代表队，参加第十届四川省青少年机器人创新实践活动，3支代表队获一等奖、4支代表队获二等奖、2支代表队获三等奖。市第二十五中小学、仁和民族中学、金江中小学3支代表队入选四川省队，代表全省青少年参加7月在天津市举办的第十二届中国青少年机器人竞赛，2支代表队获一等奖、1支代表队获三等奖。

开展第四届攀枝花市青少年科技创新市长奖评审，并于4月23日在攀枝花会展中心成功承办颁奖大会。市第二十五中小学熊珂、刘晋源、王欣然，市第一小学丁航、张秭涵，市第四小学谈治宏，大河中学杜龙仙、张治浩，仁和民族中学崔俊、陈明涛10名同学，市第二十五中小学杨年银、市第一小学肖炯、市第四小学宋丽莉、市第二十五小学李春燕、大河中学杨佳友、仁和民族初级中学李徽6名科技辅导教师，市第二十五中小学、市第二十五小学、仁和民族初级中学3所学校获青少年科技创新市长奖。市委副书记、市长张剡亲自为获奖学生、教师、学校颁奖并发表讲话。

9月13日～14日，由台湾大学、台湾科技大学、阳明大学、成功大学等8所台湾高校18名在读博士生组成的中国科协第三届海峡两岸青年学子科技交流团一行22人，在攀枝花市进行为期两天的参观访问。交流团先后参观金色攀枝花展览馆、苏铁园、攀钢生产现场、攀钢展览馆、兰尖铁矿和阿署达新农村建设示范点，并与参观点的工人、农民和科技工作者进行现场交流。

【学术交流活动】 2012年，市科协组织学术交流1 002次，交流论文3 893篇，参加人员18 115人次；举办学术报告会61次，5 090人次听取报告。市金属学会举办的“钒产业先进技术研讨与交流会”等五个专题技术交流会、市医学会举办的“精神病学相关睡眠障碍的基础和临床试验学术交流”、攀钢集团矿业公司科协举办的“第十八届川鲁冀粤辽七省矿业学术交流会”、市反邪教协会开展的“教育转化攻坚和巩固整体仗工作理论研究”，为提高全市学科水平做出贡献。市老科协的“金沙江干热河谷荒山治理开发创新研究与示范实践”取得突破性进展，受到国家、省、市相关部门的关注和支持。市工业机械无损检测协会开展的“超声波管道检测技术推广”，对攀枝花市管道检测、维修水平有极大提高。攀钢集团炼铁厂科协围绕企业生产中的质量改进、品种开发、生产建设等问题，广泛开展技术研讨、论证、攻关，使生铁综合成本降至全国最低水平。攀钢矿业公司科协开展“白马选铁尾矿强磁＋重选钛铁矿回收试验研究”，积极为企业寻求资源高效利用、循环利用、综合利用，把资源优势转化为经济优势的有效途径。市职业安全健康协会协助安监部门严把安全生产准入关，完成项目评审109项，大力促进企业安全生产管理科学化进程。市统计学会加大统计资料开发利用力度，编辑出版《攀枝花统计专报》《经济运行分析》等资料，为全市经济社会发展建言献策。市金属学会、市建筑学会、市统计学会、市煤炭学会编辑出版《钢铁钒钛》《攀枝花建筑》《攀枝花统计》《宝鼎科技》等科技期刊，积极为广大科技工作者构筑学术交流平台。市金属学会开展的“创新软件在金属钛制备新工艺中的应用”、市护理学会举办的“攀西地区手术室高峰论坛”、攀煤集团公司科协整理的“矿井采掘综合机械化资料汇编”等为各级学会、企事业科协不断提升学术交流的针对性和实效性，创新学会活动方式，丰富学术活动内涵，增强团体凝聚力和科技人员使命感做了有益探索。

组织开展市科协第八届优秀科技论文评选，对2006年1月1日至2010年12月31日期间，全市科技工作者在国际、国内、省内、市级以上学术刊物全文发表的论文或在各类学术会议上宣读交流的论文进行收集、整理，共征集农林、冶金、医疗卫生、建筑地质四大类科技论文411篇，评选出优秀科技论文379篇。编印出版《攀枝花市科协第八届优秀科技论文集》。

【院士专家服务中心和工作站】 2012年2月28日～29日，根据市委、市政府有关领导的指示，市科协党组书记、副主席林智深携市院士专家服务中心负责人一行利用参加四川省首批十家院士专家工作站授牌仪式机会，拜访和看望张懿、李洪钟、刘宝珺、张锡祥、涂铭旌等院士，并就攀枝花市拟建站的计划项目与院士专家进行交流。各院士专家对市科协及市院士专家服务中心协调有关单位，为进攀工作的院士团队提供良好生活条件和优质服务表示感谢，对合作项目进展表示满意。3月27日上午，市委书记刘成鸣、市委副书记赵辉、市委常委许健民在调研群团工作时，专门视察攀钢院士专家工作站，详细了解工作站与有关院士团队签约项目进展、合作攻关计划及亟待完善的配套政策等情况。在27日下午举行的全市群团工作座谈会上，市委书记刘成鸣对市科协开展的院士专家工作给予高度评价，认为充分发挥了“不为我所有，但为我所用”的引智功能，很有特色，令人印象深刻。

为帮助米易县四川华铁钒钛科技股份有限公司和四川平大生物制品有限责任公司两家拟建站企业找准需求，做实项目，市科协党组书记、副主席林智深多次率领市科协有关领导和市院士专家服务中心负责人前往两家企业实地调研，并同县委、县政府分管领导商定米易县建立院士专家工作站的实施意见。华铁钒钛公司以创建院士专家工作站为契机，先期投入180万元与清华大学、四川大学共同开展“燃煤电厂烟气脱硝治理国产化成套技术”和“云母珠光颜料技术中试”课题研究与试验。同清华大学共同承担的1项国家863科技攻关项目已取得国家发明专利3项。

攀钢院士专家工作站晋升为四川省首批十家院士专家工作站。该站与中科院过程所院士张懿、李洪钟及其工作团队签订的3个合作项目进展顺利、效果明显。“焦化废水强化处理集成技术研究”及“攀钢煤化工厂生化改造方案”已基本完成，小试试验效果良好，中试试验即将进行；“钒钛磁铁矿流化床还原新工艺研究”项目，已做好矿样制备、流化床改造等试验前期准备工作，近期将开展探索实验；“深还原钛渣综合利用”项目，已开展深还原钛渣碱溶试验，下一步重点解决深还原钛渣杂质较多和含量较大的问题。

【“金桥工程”和“讲、比”竞赛】 2012年，“金桥工程”共立项28项，完成19项，项目完成投资54 168.19万元，新增产值65 217万元，新增效益25 839.64万元，新增利税10 790.14万元，节约资金3 517万元。其中9项被列为四川省科协2012年度“金桥工程”登记项目。东区科协搭桥实施的“太阳能光伏发电跟踪系统产品开发”和西区科协搭桥实施的“JWL－S型静态散装乳化炸药基质生产工艺技术及设备”，被评为2012年度四川省科协“金桥工程”优秀项目。

全年全市共有企业科技人员9 600人次参加“讲、比”竞赛活动，开展“讲、比”活动企业立项982项，完成468项，推广新技术97项，获技术专利210项，科技攻关76项，自主创新15项，科技成果转化70项，提合理化建议23 459条，被采纳17 875条，实现经济效益40 340万元。攀钢集团公司科协被评为全国“讲、比”活动先进集体。

【市科协第七次代表大会】 7月31日，攀枝花市科学技术协会第七次代表大会在攀枝花会展中心召开，269名代表出席会议。省科协党组成员、副主席刘进，市委书记刘成鸣，市委副书记、市长张剡，市政协主席单荣，市委副书记赵辉，市委常委、市委组织部部长张祖芸，市委常委、市委宣传部部长沈钧，市委常委许健民，市委常委、市委政法委书记张伟，市人大常委会副主任张汝林出席开幕式。郑州市、宝鸡市、昆明市、大理白族自治州、楚雄彝族自治州、丽江市和成都市、德阳市、自贡市、绵阳市、南充市、雅安市、内江市、广元市、遂宁市、阿坝藏族自治州、甘孜藏族自治州等20余家省内外市州科协致电祝贺。保山市、宜宾市、泸州市、内江市、凉山彝族自治州等省内外市州科协的主要领导亲临大会指导。市总工会党组书记、常务副主席张开锋代表各人民团体，九三学社攀枝花市委副主委肖鹏举代表各民主党派、工商联，宜宾市科协党组书记、常务副主席陈如剑代表各兄弟市、州科协向大会致祝词。张剡代表市委、市政府，刘进代表省科协分别发表讲话。大会表彰2007～2012年全市科协工作先进集体30个、先进个人90名和市科协第八届优秀科技论文379篇。会议审议通过林智深代表市科协六届委员会所作的《凝心聚力、开拓创新，团结带领广大科技工作者为建设幸福攀枝花而努力奋斗》的工作报告。修改了《攀枝花市科学技术协会实施〈中国科学技术协会章程〉细则》。大会选举市科协七届委员会委员64名。同日召开的市科协七届一次全委会议选举主席1名、副主席3名、兼职副主席11名、秘书长1名、常务委员会委员40名，许健民当选为主席，林智深、许礼华、田常明当选为副主席，丁建高、孔炜、杨秀亮、杨军、唐历、李春华、陈勇、赵茂森、石维富、张存岭、邓冰蓉当选为兼职主席，潘学才当选为秘书长。

（潘学才）

防震减灾

【概　况】 2012年，攀枝花市防震减灾局内设办公室、震害防御处、科技监测预报处、地震应急救援处，下设攀枝花市数字遥测地震台网中心、马兰山地震台、乌龟井地震台、地龙井地震台4个直属事业单位，在职职工29人（其中机关12人、下属事业单位17人）。全年，攀枝花市防震减灾局紧紧围绕市委、市政府确定的目标任务，坚持防震减灾服务于经济建设，积极主动应对各种困难和挑战，纵深推进防震减灾综合能力建设，认真抓地震监测预报、地震灾害预防、地震应急救援等工作，各项工作取得明显成效，完成既定目标和任务。获2012年全省市（州）防震减灾综合评比三等获、政务工作评比一等奖；完成《攀枝花市2013年度地震趋势研究报告》；攀枝花市台网运行获全省评比第一名；乌龟井地震台水氡观测获全国监测质量评比第三名；继续保持省级卫生单位和市级精神文明标兵单位；档案、计划生育、安全、信访、廉政建设、党建、保密、年鉴和执政实录编纂等达标获奖。

【地震监测预报】 2012年，攀枝花市防震减灾局继续加强台站管理，以确保观测质量稳中有升。投资58万元对马兰山地震台（国家防震减灾科普教育基地）进行改造，8月竣工。全年对各地震监测台进行全面排查，对仪器、设备进行检查检修，对观测环境进行整治；对相关观测技术人员进行专业培训，对观测数据进行认真分析研究，及时、准确上报四川省地震局。切实抓好各阶段监测预报工作，坚持召开周、月、季度、半年度震情会商会，及时向攀枝花市政府、四川省地震局上报预测意见，全年共编发《震情分析》12期，编制完成《2013年年度地震趋势研究报告》。强化短临跟踪，重视群测群防工作。继续重视和加强震情联防工作，与攀枝花市周边地震监测机构建立协作关系，及时交换资料和研究成果，携手合作，联手监视攀枝花市和周边地区的地震动态，提高短临跟踪能力。及时跟踪核实异常，快速处理有感地震，至年底，攀枝花市台网监测到的市境内 3 级以上地震 19 次。

【地震安全性评价监督管理】 2012 年，攀枝花市防震减灾局完成对攀枝花公园索道、仁和区党政办公大楼等工程建设项目工程场地地震安全性评价工作。结果为：以上工程场地在攀枝花地区Ⅶ度基本烈度的地震作用下，工程场地不存在地震诱发滑坡、崩塌、陷落、砂土液化及断层错动等地震地质灾害的条件。工程场地的工程地震条件简单，适宜建筑，工程场地的地震基本烈度为Ⅶ度。

【米易县城区震害防御数据收集】 根据国家地震社会服务工程地震重点监视防御区震害防御数据收集要求，至 2012 年 6 月，攀枝花市防震减灾局收集完成米易县城区工程钻孔资料、农房施工设计图集及相关资料汇编和电子文档，为米易县城区未来抗震设防工作提供重要依据，最大限度减轻未来地震造成的灾害损失。

【安装地震预警系统】 2012 年，攀枝花市防震减灾局与成都高新减灾研究所合作，在攀枝花市安装完成 38 台地震预警监测仪，开展对地震预警的研究。8 月，通信网络、软件系统、接收系统、烈度绘制系统等全部安装完成，年底已进入调试运行阶段。

【防震减灾常规宣传活动】 2012 年，攀枝花市防震减灾局利用“科技之春”科普宣传活动月、“五一二”汶川大地震 4 周年防灾减灾日、科技活动周等时段，广泛开展防震减灾科普宣传活动。通过设立宣传站、发放资料、广播《四川省防震减灾条例》、举办讲座、组织中小学生参观科普教育基地、与社区和学校联合开展应急演练等形式，开展防震减灾科普宣传教育。全年在攀枝花市防震减灾局的指导下，攀枝花市各单位、各部门共开展防震减灾宣传 15 场，发放各类宣传资料 7 万余册（份），展示展板 200 块次，举办讲座 22 课时，悬挂横幅 18 幅，50 余万人（次）直接或间接受到教育。

【召开防震减灾领导小组扩大会议】 2012 年 3 月 14 日，攀枝花市召开防震减灾领导小组扩大会议。来自市防震减灾工作领导小组成员单位、县（区）政府分管领导、防震减灾部门负责人等共 70 余人参加会议。会议贯彻落实国务院防震减灾领导小组联席会议和省防震减灾领导小组扩大会议精神。会议由市政府副秘书长刘华太主持，市防震减灾领导小组组长、市人民政府副市长柳康健出席会议作重要讲话。

【地震应急演练】 2012 年 1 月 13 日，攀枝花市防震减灾局组织各县（区）防震减灾局（办）、攀钢抗震办、攀煤地震办、基准台等单位领导及业务人员共 70 余人，在仁和区柠檬山庄开展地震应急综合演练。演练科目为地震应急工作人员学习野外帐篷的搭建，熟练掌握 GPS、对讲机、流动照明系统、流动电台等应急工具的使用，快速开展灾害调查、灾情初评估及上报。4 月 28 日，攀枝花市在米易县中禾矿业公司矿山排土场，举行由 40 支队伍、1 000多人参加的攀枝花防灾救灾综合实战演练。演练于早上 8 点 50 分开始，演练了由地震引发房屋倒塌、公共卫生、地震次生灾害、危化品泄露和道路、电力、通讯中断等突发事件的信息处置与指挥决策、应急监测与灾情预警、紧急避险与疏散转移、快速集结与人员搜救、医疗救护与受灾群众安置、危险化学品排险、抢通保通、处置报告等 16 个场景科目。演练中，攀枝花市防震减灾局作为监测预警组牵头单位，紧密联系市国土局、市安监局、市环保局、市水务局、市气象局等单位，对地震余震序列、空气、水质、风向等进行实时监测。共同完成震情速报、灾情判断、气象应急监测、地震次生灾害应急监测、应急预警、监测统计等科目的演练内容。

【攀枝花市减灾委员会成立】 2012 年 2 月，市政府下发《关于成立攀枝花市减灾委员会的通知》，市减灾委员会由各县（区）人民政府、市级各部门、各企事业单位、各人民团体、攀枝花军分区等 28 个成员单位组成，攀枝花市防震减灾局负责对地震灾害进行监测和预报，参与地震灾害现场救援，组织地震现场监视，对次生灾害进行预测，提供震情发展趋势分析会商情况，组织地震现场灾害调查、损失评估和科学考察等工作。

（王　斌）

气　象

【概　况】 2012 年，攀枝花市气象系统职工 141 人，其中在职职工 81 人、离（退）休职工 60 人。攀枝花市气象局下辖盐边县、米易县和仁和区气象局，属国家一般气象站，设办公室（人事教育科）、业务科技科（法规科）和计划财务科（监察审计室）3 个管理科室，设攀枝花市气象台、攀枝花市气象科技服务中心、攀枝花国家基本气象站和攀枝花市气象局后勤服务中心 4 个直属事业单位，管理攀枝花市人工影响天气办公室（含攀枝花市农业气象中心）和攀枝花市防雷中心 2 个地方气象事业单位。中共攀枝花市气象局机关支部委员会经由中共攀枝花市直属机关工作委员会组织部同意改建为中共攀枝花市气象局机关总支部委员会。

2012年，攀枝花市气象局完善各项规章制度，开展督促检查，加强观测设备运行状况监控，确保全市综合气象观测业务稳定运行。全市自动气象站、区域自动站、土壤湿度自动站和ASOM平台运行情况良好，气象信息宽带传输质量稳定，地面气象测报质量错情率为0.02‰，农气观测、日辐射观测、酸雨观测消灭错情。积极选拔参加全省地面测报业务综合竞赛，有1人获个人全能奖优秀奖，集体成绩在全省21个市州中排名第11。在2012年的地面气象测报劳动竞赛中，攀枝花市气象部门验收合格2人次达到地面测报连续250班无错情，11人次达到地面气象测报连续100班无错情。

2012年，攀枝花国家基本气象站迁建项目得到落实，中国气象局批复同意迁建。4月1日，完成全市地面测报业务调整工作。全市4个自动土壤水分观测站按规定进行整改和滚动对比观测，正式开始业务运行。完成全市山洪地质灾害防治气象保障工程2012年第一批项目32个自动雨量站和山洪灾害防治县级非工程措施8个六要素自动气象站建设任务。12月31日20时，经中国气象局批复同意，位于攀枝花公园内的攀枝花国家基本气象站新址投入业务运行。新址位于攀枝花市公园内，占地面积7 733.33平方米，四周环境良好，视野开阔，地形地貌特征、下垫面性质与攀枝花市区整体地形地貌特征和下垫面性质一致，能较好地代表攀枝花市区大范围的气候特征，采集的气象资料能较好地反映攀枝花市区各气象要素特点，具有较好的代表性，与旧站址距离近，有利于资料的连续使用。

2012年6月，攀枝花市气象局防灾减灾中心项目交付使用，攀枝花市气象局附属设施综合整治工程完工；米易县气象局被四川省气象局批准列为全市率先基本实现气象现代化建设试点单位。米易县气象局防灾减灾中心项目进入内外装饰装修工程建设。

2012年，在全市新建垭口镇、渔门镇、永兴镇、平地镇、格里坪镇5个乡镇气象信息服务示范站和大龙潭乡干坝子村、格里坪镇格里坪村2个村级气象信息服务示范村，并正式命名和挂牌。全市共建成11个乡镇、5个村级信息服务示范站。

2012年，攀枝花市气象局准确预报1～3月出现的3次寒潮天气过程，5月中下旬和6月上旬的高温天气，5月25日～26日转折性降雨天气过程和后期连续性降雨天气趋势，"六二四"、"七一三"区域性暴雨和"七一七"单点暴雨天气过程，暴雨重要天气预报质量本地64分，区域65.9分，创造了近年来最好成绩。森林火险等级预报准确，积极开展抗旱气象服务，及时发布寒潮、高温、干旱、暴雨等预警信号，取得良好的服务效果。本地714S雷达和新一代天气雷达资料投入业务运行。全年发布各类预警信号53期，为历年之最。其中，森林火险黄色1期，确认2期，森林火险橙色预警信号1期，确认11期，森林火险红色预警信号1期；寒潮蓝色预警信号2期，寒潮黄色预警信号1期；高温橙色预警信号4期，确认7期，高温红色预警信号1期；干旱橙色预警信号1期，确认14期，暴雨黄色预警信号6期，暴雨橙色预警信号1期。同时，撰写气象专题分析报告14期，气象信息快报4期，重要天气警报7期。全年发布雨情信息64期94 000余条，与攀枝花市国土资源局合作，共同发布地质灾害预警信息26期38 000余条。做好攀枝花市森林火险等级预报，开展节假日和中高考期间的专题气象保障服务工作。及时通过电视、电台、12121、气象网、农经网、手机短信等方式把气象预警信息传送到攀枝花市委、攀枝花市人民政府和县（区）政府、市级有关部门，加强预防，采取避让措施，确保人民群众生命财产安全。

2012年，攀枝花市气象局对气象影视节目制作系统升级换代。7月起，攀枝花市有线电视1套、2套电视天气预报节目主持人走到台前，亮相荧屏。8月起，攀枝花市气象局对各县（区）电视天气预报节目进行集中制作。

2012年，攀枝花市气象局积极组织开展人工影响天气工作，适时及时开展人工增雨和人工防雹作业。在四川省人工影响天气办公室的帮助与支持下，省、市、县（区）"人影"部门共开展地面人工增雨作业14次，实施飞机人工增雨3架次。全市共开展人工防雹作业788次，有效保护了作业保护区内的农经作物未受重大的冰雹灾害。攀枝花市气象局积极争取四川省政府千亿斤粮食气象保障工程项目，争取到全市6个人工影响天气标准化炮点建设项目，为开展全市炮点标准化建设奠定基础。

2012年，攀枝花市气象局加强气象情报资料收集整理、极端气候事件和气候异常的监测诊断分析，开展农业气候资源动态监测和农业病虫害监测预报工作，做好气象情报服务工作，做好攀枝花市主要粮食作物小麦和水稻、经济作物农业气象产量预报工作。发布《干旱监测报告》12期、《灾情直报》30次、《灾情月报表》12次、《灾情报告》42期、《雨情信息快报》7期、《雨情通报》31期、《农气旬月报》36期、《农用天气预报》6期、《抗旱应急气象服务专报》15期、《抗旱工作情况周报》15次，按时上报《当地主要农作物发育进程表》，撰写《干旱评估报告》《初夏高温干旱影响及转折性降水分析》《攀枝花1月～7月降水实况与蓄水需求分析》《主汛期降水影响及三秋农业生产对策建议》等农业气象专题报告，制作干旱影视专题片2期。加强农经网信息服务工作，组织上传农信网网站供求信息637条，丙谷市场价格信息7 000余条。

2012年，攀枝花市气象局被四川省人民政府办公厅评为全省人工影响天气工作先进集体；攀枝花市气象局被中共攀枝花市委办公室、市政府办公室评为编纂出版《攀枝花年鉴（2012）》先进单位；攀枝花市气象局被攀枝花市人民政府办公室评为政务服务示范窗口优秀市级部门、2010～2012年度抗旱先进集体；攀枝花市气象局被四川省气象局评为

2011年综合考评优秀单位、2011年度人工影响天气工作目标任务先进单位一等奖。攀枝花市气象局继续保持攀枝花市十佳文明行业、攀枝花市市级文明标兵单位、攀枝花市市级文明窗口行业称号，攀枝花国家基本气象站继续保持省级巾帼文明示范岗称号。攀枝花市气象局2人被四川省人民政府办公室评为全省人工影响天气工作先进个人，1人被攀枝花市人民政府评为民族团结进步模范个人，3人被攀枝花市政府办公室评为2010～2012年度抗旱工作先进个人；1人被攀枝花市人民政府办公室评为2011年度全市安全生产工作先进个人，1人被攀枝花市森林防火指挥部评为2012年全市森林防火工作先进个人，1人被中共攀枝花市直属机关工作委员会评为优秀共产党员，1人被中国气象局评为2011年全国质量优秀测报员，1人被四川省气象局评为2012年重大气象服务先进个人，2人被四川省气象局评为2011年度全省优秀值班预报员。

【气候综述】 2012年，攀枝花市气温显著偏高，降水量偏少，日照时数偏多，相对湿度明显偏小。雨季开始期各地跨度较大，米易县大部地区在5月25日至6月4日开始，其余地区在6月14日～22日期间开始，与常年同期比较：米易县大部、盐边县北部略偏早、其余大部地区正常至偏晚；雨季结束期略偏早，大部地区10月10日结束。

年内干雨季分明，1～5月降水极少，气温回升快，且持续偏高。1月气温低，部分地方出现霜冻天气，随着气温迅速回升，降水持续偏少，到4月23日，攀枝花市各地出现持续54天的春旱，对烤烟移栽造成影响。5月9日～11日和17日～24日大部地区出现38℃以上的高温酷热天气，5月21日炳草岗、仁和区、盐边县、米易县最高气温分别达到42.2℃、41.7℃、41.0℃、40.2℃，其中炳草岗、仁和区、盐边县均刷新最高气温历史极值，5月下旬中后期各地有不同程度的降水，但量级小。到6月中旬，米易县“冬春夏”三连旱173天降水30.1毫米；其余地方为“秋冬春夏”四连旱，炳草岗251天降水39.0毫米，盐边县251天降水57.1毫米，仁和区268天降水52.0毫米。雨季6～10月，气温平稳下降，日照变少，降水天气多，全年97%以上的降水都集中在这段时间，期间出现区域性暴雨2次，单点暴雨2次，部分地区遭遇暴雨、洪涝、大风、冰雹等自然灾害，对农作物等造成较大损失。11月、12月气温正常偏高，无降水，各地秋旱冬干都有不同程度发生和发展。

全年攀枝花市光温条件较好，降水偏少。春旱、夏旱、秋旱、冬干均有不同程度的发生，对农业生产的影响较大；暴雨、洪涝、冰雹灾害一般；雨季开始期大部分正常略偏早、结束期大部分地区略偏早。综合分析，本年农业气象条件属于略偏差年景。

【气　温】 2012年，攀枝花市平均气温20.4℃～22.1℃，较多年平均显著偏高0.9℃～1.4℃（仁和区偏高最明显为1.4℃）；年极端最高气温42.2℃（炳草岗5月21日），年极端最低气温1.4℃（米易县1月16日）。

气温时间分布：除3月、6月、9月、10月气温基本正常外，其它时段气温偏高，1月、2月、5月、11月气温偏高明显，5月各地显著偏高3.7℃～4.0℃；月平均气温最高出现在5月（27.8℃～29.6℃），月平均气温最低出现在12月（11.8℃～13.8℃）；年内旬平均气温变化幅度大，其中，9月中旬明显偏低，1月上旬、2月中旬、5月上中旬、10月下旬明显偏高，其余时间为正常偏高。

气温空间分布：南部高于北部（炳草岗与仁和区年平均气温高于米易县和盐边县），年平均气温炳草岗最高，为22.1℃。

【降　水】 2012年，攀枝花市总降水量为596.2毫米～842.5毫米，较常年偏少86.6毫米～289.2毫米，偏少幅度9%～26%；与2011年比较，米易县基本相当（少11.1毫米），其余地区偏多127.7毫米～273.1毫米。

年内各月降水分布极不均，总体为除7月略偏多外，其他月份正常偏少，绝大部分降水集中在6月～9月，1月、3月～5月仅有少量降水，2月、11月～12月无降水；年内干雨季分明，雨季6月～10月总降水589.4毫米～818.2毫米，占全年降水量的97%～99%，7月为一年降水最多月，降雨量呈现出由北向南逐渐减少的分布特征，仁和区中南部、盐边县红格片区降雨量最少。

【日照时数】 2012年，攀枝花市日照时数为2 616.5小时～2 869.3小时，较多年平均偏多121.3小时～244.2小时。

年内分布除6月、9月略偏少外，其他月份正常偏多，10月、11月偏多最为明显（偏多11.4%～43.1%），米易11月偏多幅度达43.1%。时间分布上雨季日照少，干季多，月日照时数4月最多（为271.3小时～301.1小时），平均每天日照时数达9.0小时～10.0小时；9月最少（94.2小时～152.6小时）。空间分布上南部地区多于北部。

【相对湿度】 2012年，攀枝花市平均相对湿度48%～57%，较多年平均明显偏小8%～14%。

年内分布为6月～7月基本正常，其他月份偏小；炳草岗、盐边县、仁和区7月，米易县5月、7月为最大月，相对湿度为69%～77%；炳草岗、仁和区、盐边县2月，米易县3月为最小月，相对湿度仅21%～34%。

【气象灾害】 2012年，攀枝花市气象灾害发生较多，干旱、大风、冰雹、暴雨、洪涝灾害都有发生，其中干旱带来的损失较大。

干 旱 截至5月25日，攀枝花市共有14 386.7公顷农作物受干旱影响，受灾8 933.3公顷，成灾7 320公顷；共有17.56万人、15.8万头牲畜出现不同程度的饮水困难。经济损失16 200万元。

大风冰雹 3月27日18时40分，米易县湾丘乡、白马镇、丙谷镇等6个乡(镇)遭受8~9级大风袭击，致使安宁河谷沿岸部分早熟蔬菜钢架大棚被风吹断，大棚薄膜被吹毁，樱桃、甘蔗、蔬菜等经济作物受灾。其中，农作物受灾237.06公顷，损坏房屋40间，人口受灾8 660人。造成直接经济损失2 612万元。

8月5日~8日，米易县麻陇、普威、白坡、草场4个乡(镇)接连遭受风雹灾害袭击，造成11个村497户2 276人受灾，农作物受灾面积315.7公顷，成灾304.1公顷，绝收60.2公顷，经济损失721.5万元。

8月13日18时20分，仁和区布德镇遭受冰雹袭击，持续时间达20分钟。造成4 357人受灾，农作物受灾395.8公顷，绝收28.4公顷；雷击损坏电视19台、接收机3台、冰箱1台、太阳能热水器27台。造成直接经济损失460.43万元。

8月13日20时，米易县丙谷、普威、新山、白坡、湾丘5个乡(镇)遭受风雹灾害袭击，造成18个村838户3 685人受灾，农作物受灾面积410.7公顷，成灾161.7公顷，绝收68.7公顷。造成直接经济损失537.9万元。

8月14日凌晨，盐边县温泉乡、格萨拉乡、永兴镇和和爱乡境内遭受暴风雹袭击，造成20个村4 509人受灾，农作物受灾面积244.66公顷，成灾160.7公顷，绝收83.96公顷。造成直接经济损失500.54万元。

暴雨洪涝 7月4日~6日，米易县攀莲镇、撒莲镇、湾丘乡等9个乡(镇)接连遭受强降水袭击，造成31个村2 908户10 495人受灾，成灾911户3 641人，转移安置81人，农作物受灾面积346.8公顷，成灾42.2公顷，绝收4.3公顷。直接经济损失1 300余万元。

7月5日10时，盐边县国胜乡田坝村境内因堆放在刚修建的红宝乡—择木龙公路旁的泥土遭受暴雨形成泥石流。使1 233人受灾，损坏房屋42间，倒塌2间，转移安置72人；农作物受灾13.66公顷，绝收5.66公顷。直接经济损失473.2万元。

9月1日，米易县撒莲、得石、湾丘3个乡(镇)遭受暴雨洪涝大风灾害袭击，造成7 630人受灾，农作物受灾391.9公顷，成灾181.3公顷，绝收2公顷，损坏沟渠8千米，冲毁机耕道3千米，损坏房屋5间。造成直接经济损失515万元。

【科技创新】 2012年，攀枝花市气象局完成温度预报系统建设(数值预报解释应用)，并进行业务试运行。攀枝花市气象科技服务中心组织开展公共气象服务平台建设，年度完成首页网页版面的设计，实现市区和各县(区)气象要素实况、未来七天天气预报、卫星云图资料更新和每日电视天气预报节目视频更新发布等。《CAWS600型自动气象站维护检测和故障处理》一文在《高原山地气象研究》增刊上发表，《攀枝花一次特重旱发生特点及成因分析》获市科协第八届优秀科技论文二等奖，《攀枝花气候条件对芒果生长的影响》获市科协第八届优秀科技论文鼓励奖。

(陶洪福 杜成勋)

农林科研

【概 况】 攀枝花市农林科学研究院(简称市农林院)是由市政府直管的社会公益型科研事业单位，内设8个二级机构和4个三级机构。2012年，市农林院有在职职工112人，离退休职工92人。在职职工中有专业技术人员64人，其中高级职称20人、中级职称28人。1人获“全国城乡妇女岗位建功”先进个人，1人获“攀枝花市创新人才奖”，有市突出贡献专家3人，有市学术和技术带头人4人，市学术和技术带头人后备人选5人，全国热带作物品种审定委员会专家1人。

市农林院2012年的工作主题是“抢抓机遇，锐意创新，为打造区域农林科技高地而奋力拼搏”。全年在研项目81项，其中新上项目23项，项目经费800余万元。21个项目通过结题验收，1个项目通过省级成果鉴定，3个项目通过市级成果鉴定。申报国家、省、市科技进步奖8项，获市科技进步二等奖1项，获省科技进步三等奖1项，获国家科技进步二等奖1项。国家发明专利1项、实用新型专利1项、软件著作权登记1项。科技人员发表论文26篇。累计派出科技人员143人次外出考察与学术交流，科技人员下乡开展项目试验与科技服务累计达2 253人次。获集体荣誉22项，个人荣誉136人次。培训农业从业人员8 465人次，发放科普资料11.6万册，新品种、新技术在市内外累计推广面积达2.23亿平方米，创社会经济效益2.29亿元。

存在的不足：主要在调动科技人员积极性和创造性上缺乏抓手，原因是中高级专业技术人员岗位严重不足，初级岗位又大量闲置，单位不能建立自身的激励机制；人才总量不足，结构性短板问题存在，中青年科技人员成长速度不够快，学科建设不平衡，部分学科缺乏领军人才；研发能力不够强，科技人员综合素质和科研规范性有待提高；重大项目策划和高层次重大科技成果培育不够。

【蔬菜研究】 2012年，市农林院园艺研究所开展部、省、市蔬菜科研项目8项，其中农业部1项、省科技厅2项、市科技项目5项。全年主要开展设施蔬菜新品种引种筛选及选育、设施蔬菜栽培技术示范、蔬菜节水等项目研究。

新品种引育 开展苦瓜种质材料的保存和选育工作，播种、收获资源材料120余份。对收集的57份菜豆种质资源进行观察和鉴定，在蔓生种中初步筛选出8份较优资源供育种和生产利用。收集鲜食玉米、豌豆、黄瓜、萝卜品种信息，引进新品种25个。筛选出番茄、辣椒、黄瓜新品种9个，辣椒新品种亩产量达4 000千克，番茄新品种亩产量达14 000千克，黄瓜新品种亩产量达12 432千克。

栽培技术研究　研究总结出大棚蔬菜主要品种水肥一体化栽培的肥水施用参数和灌水制度，研发出膜下滴灌方式的以肥水一体化为核心的设施蔬菜栽培技术。在米易县现代农业科技示范园区开展以高产创建为核心的技术示范，参与高产创建农户15户共1.6公顷，平均每亩单产达8 886千克，平均亩产值40 575元。参与核心示范农户48户共4.6公顷，平均亩产6 957千克，平均亩产值32 205元，通过召开"攀西早春蔬菜设施栽培技术现场会"和多种形式的技术培训与田间示范，加强新品种和新技术的推广应用，在安宁河流域的米易县、德昌县、西昌市等地推广大棚蔬菜肥水一体化栽培技术153公顷。

【特色水果研究】　2012年，市农林院园艺研究所开展研究项目16项，其中农业部科技专项2项、国家引智成果示范项目1项、省育种攻关项目1项、四川省攀西特色水果创新团队岗位3项、市重大科技项目8个、市级一般项目1项。

芒果研究　开展芒果新品种筛选及选育工作，调查、收集、保存芒果种质资源130份，每份资源保存2～3株，维护面积3公顷，保存芒果株数1 420株。开展人工杂交育种工作，试配杂交组合4个。在盐边县国胜乡和仁和区总发乡收集芒果变异株系2份，分别命名为"农林9号"和"攀育2号"，现放入高接鉴定圃作进一步观察鉴定。研究出每生产1 000千克芒果需从土壤中吸收的养分量，提出攀枝花市芒果主产区的配方施肥建议及7个不同土壤类型的施肥配方。研究总结出以遮阳网覆盖防冻、人工抹花避开低温防冻的技术措施，果实成熟期推迟15～20天，单株产量比对照增加5千克～10千克，能避开攀枝花市2～3月不利于芒果坐果的"倒春寒"现象。完善"攀西地区芒果病虫害名录"，探明攀西地区芒果生产中有病害50种、害虫32种，确定芒果畸形病和芒果猝死病是严重影响攀西芒果产业发展的危险性病害。"芒果种质资源收集保存、评价与创新利用"项目申报农业部"神农"奖，"特色热带作物种质资源收集评价与创新利用"项目获国家科学技术进步二等奖。

石榴研究　完善石榴品种资源圃，新收集资源5份，保存石榴品种资源20份。采用杂交育种方式，展开6个组合杂交育种试验，获得各杂交组合果实30个。完成杂交组合育苗，研究出石榴低温贮藏保鲜技术。通过品比试验，筛选出果实籽粒特软、口感好的突尼斯软籽和可溶性固形物高、籽粒色泽深、加工性能佳的以色列酸石榴品种2个。并在西昌市会理县、仁和区大田镇开展品种示范推广工作。

其他特色水果研究　主要开展莲雾、黄皮、杨桃、释迦、火龙果、梨、椪柑等水果的引种及栽培技术研究，形成2个火龙果品种的丰产栽培技术。建立椪柑繁育基地1 333平方米，推广椪柑生产技术8项。通过二半山区梨低产园改造及间作模式技术示范推广，使梨商品果率提高10%，收入提高10%。

【园林绿化研究】　2012年，"褐尾蕉在干热河谷地区的引种栽培研究"申报为市级科技项目，开启市农林院市内观赏植物引种研究先河，已引进13个品种共500余株。院立项目"亚热带室内观赏植物引种观察"先后引进60余个室内观叶花卉，成活40余个，初步筛选出金钱树、非洲茉莉、佛肚树、沙漠玫瑰和七彩铁5种。园林科技人员通过调研提出的"攀枝花市阳光花城打造周年开花木本植物配置备选名录表"里共提出120种不同时期开花的木本花卉。

【烟草研究】　2012年，市农林院作物烟草研究所全年承担项目14项，项目经费共559万元。主要围绕攀枝花市100万担国家级现代优质烟叶生产基地建设重点开展烤烟生产各个环节技术攻关。对碳氢有机质烘烤设备和烘烤技术及替代燃料进行深化研究，研制的"碳氢有机质燃料烘烤设备"获国家知识产权专利局的发明专利。建立新型的供热系统与现有密集烤房及温湿度控制系统相融合的烤烟烘烤系统，烘烤示范结果表明：新供热系统在标准烤房内可节约烘烤成本36%，而在传统烤房内只节约22%，烤烟种植户积极要求使用新烘烤系统。研究出升温快、稳温好、能达到烟叶烘烤需求、可替代煤的燃料棒。开展12个烤烟品种比较试验，初步筛选出适宜攀枝花市发展的品种3个。研究出中烟103新品种较好的施肥模式为氮6千克、磷9千克、钾36千克时，亩产量可达221千克，亩产值可达3 184元。初步研究出中烟103种植密度在每亩1 389株、留叶数为20片时，亩产量可达216千克、亩产值达3 922元。对不同药剂进行药效的对比试验，筛选出防治烟草普通病毒病和烟草黑胫病效果较好的药剂。在3个攀枝花市优质烟叶生产示范片，对133公顷的烟苗用病毒检测仪器进行苗期病毒检测，测出其中16公顷烟苗带毒，为烟农挽回直接经济损失96万元。在米易县草场乡建成133公顷的烤烟标准化生产技术集成示范区，主要开展烤烟移栽技术和大田管理技术指导与培训。"清甜香型烤烟优质高效节能生产技术研究与应用"项目获四川省科技进步三等奖。

【畜牧研究】　2012年，市农林院畜牧水产研究所承担在研项目14项，完成项目验收3项，"颈枷式羔羊专用补饲槽"设备获国家知识产权专利局的实用新型专利。全年市农林院草食家畜科研示范基地有存栏山羊336只，科研产品销售收入约13万元。"川农大农作物新品种引进筛选"项目开展的饲草玉米新品种引种筛选试验研究取得成功。筛选出的玉草1号新品种适宜在攀枝花干热河谷地区夏季播种，年刈割2次，亩产鲜草12 184千克，亩产干草3 051千克。研究出“玉草1号+一年生特高黑麦草”高产栽培轮作模式，年亩产鲜草23 028千克，亩产值达6 900元，年经济效益可达12 540元，有效缓解农区牛羊规模化养殖场优质青饲草资源严重缺乏的现状。“攀枝花地区山羊主要疾病发病规律及综合防治技术研究”项目，已探明攀枝花市山羊肺部疾病、腹泻病、疥螨病的主要病原为绵羊肺炎支原体，对三种病症分别进行药物治疗试验，共筛选出7种敏感药物及4种治疗方法。探明山羊脑包虫的生活史与发病规律，初步形成手术治疗和药物治疗技术方案。

【林业研究】 2012年，市农林院生态与生物研究所承担在研项目17项，其中验收项目4项、鉴定项目1项、新上项目2项。主要围绕“森林城市”建设和林业产业发展，开展植被恢复技术研究示范以及麻疯树、核桃、块菌和中草药等资源开发。

核桃研究 进行核桃嫁接幼苗抗冻试验，在核桃丰产栽培科研试验园进行补接，完成补接235株，平均成活率76.84%。研究形成核桃低效林改造技术，在米易县攀莲镇南厂村3.33公顷核桃低效林改造示范点表现较好，全年示范点核桃的总产量比初期增产80%。

块菌研究 对攀枝花野生块菌资源进行系统调查，充分了解攀枝花块菌资源量、分布海拔、生境类型、立地条件、块菌种类、块菌的共生宿主植物，为块菌菌根苗培育和大田栽培奠定坚实的基础。对印度块菌、国产白块菌和国产夏块菌进行培育，确定中国商业块菌生产的工艺流程，掌握培育高品质块菌菌根苗的技术，接种感染率95%。首次详细研究3种商业块菌菌根的外部形态特征，公布3种块菌鞘状细胞的显微特征图片及囊状体显微特征图片，建立块菌菌根苗的检测技术，为实现中国商业块菌人工栽培奠定坚实基础。对野生块菌进行保护性采集和人工促繁技术研究，得出野生块菌的保护性采集和人工促繁技术措施。研究出块菌大树接种技术，为实现块菌大树人工栽培奠定基础。研究出块菌冷库保鲜技术，得出块菌冷库保鲜的技术参数，延长块菌保鲜期，降低块菌保鲜的损耗，为规模化块菌保鲜提供技术支撑。首次开展块菌市场营销模式探索，提出减少块菌销售环节，提高块菌品质的收购模式和销售模式。营建4公顷的块菌种植试验园，进行管护技术研究。

中药材研究 对重楼、川续断进行良种繁育及种植技术研究，开展重楼种子育苗试验、叶面追肥试验和冬春季施肥试验。进行川续断野生居群表型调查，通过对攀枝花市盐边县、米易县和仁和区分布的7个野生川续断居群进行植株株高、地茎、叶片、果实、种子及根茎和根重等表性调查。推荐1～2个植株长势好、根茎粗大、无病虫害的野生居群为栽培种。进行何首乌优良品种筛选及选育技术研究，收集攀枝花市内何首乌优良种源7个，对不同种子资源从种子净度、千粒重、种子形态及外观、发芽试验等方面进行种子质量评判和育苗试验研究，将其种子质量划分为3个不同的级别，从测定的指标看出不同何首乌种源及其种子的质量差异较大，初步筛选出强胜、方山、柳溪和本地1号四个种源为1级优秀种源。对收集的何首乌种源进行不同生根剂、不同浓度、不同土壤基质（河沙、蛭石、珍珠岩）等扦插育苗试验研究，试验结果表明采用在百万分之五百的吲哚丁酸溶液中浸渍处理3～5小时，扦插于蛭石+壤土（各占50%）的苗床中成活效果较好。分别从广西壮族自治区、广东省、遂宁市、贵州省凯里县、贵州省都匀县、重庆市、广安市等地引进何首乌野生药材7个种源，与攀枝花市筛选出的优良种源进行栽培比较试验。

乡土绿化植物研究 主要进行攀枝花市乡土绿化植物驯化繁育技术研究，开展野外调查6次，对拟选植物野外调查登记结果进行整理和综合分析，从中复选出20种植物作为重点调查和驯化栽培对象，其中乔木6种、灌木8种、草藤本6种，拍摄图片600余张。建立毛红椿优树档案，完成种子千粒重测定，拟对毛红椿3个种源、14个家系开展常规育苗，对其苗期表现进行测定。开展部分植物的种子育苗常规试验，如毛红椿、金丝梅、木蝴蝶、清香木、木胡蓉、沙针、镜面草等植物的常规方法处理育苗，培育苗木10余种，共600余株。开展清香木不同基质种子育苗试验的苗期观测。进行野生金丝梅、西南杭子梢、木胡蓉、鳔冠花、假杜鹃、地涌金莲、滇樟、木蝴蝶、土连翘、瑞香、高压攀枝花迁地栽培物候观测试验。进行森林蔬菜研究，到盐边初探斑鸠菜和香椿的野生分布情况，初步选定栽培示范点和繁育地点。开展香椿育苗试验，收集斑鸠菜63份、香椿27份繁殖材料。进行全市矿山迹地植被情况调查，提出矿山迹地植被恢复方案。在攀枝花市西区摩梭河和大宝顶烂泥箐两个试验点营建2公顷生态林，共设置5种植被恢复模式。

【节水研究】 2012年，市农林院农机与节水技术研究所共开展7项科研项目，初步研究出早春大棚番茄、茄子、苦瓜和陆地甘蓝几种蔬菜作物全生育期的最佳灌水周期和灌水量。对低成本节水灌溉器材进行改进，全系统每亩第一年投入约800元，第二年投入约240元，促进节水灌溉技术在攀枝花市的推广应用，全年在全市示范推广此项技术333公顷。引进烟草中耕、起垄、培土机，并结合攀枝花市烤烟生产实际，对农机作业宽度进行改进。研究总结出芒果滴灌与微喷灌的适宜灌水制度，推广与示范面积154公顷，创造直接经济效益213.4万元。

【成果转化与示范】 2012年，新建成仁和区大龙潭乡新街村和盐边县国胜乡淘水村2个芒果标准化示范基地，建成优质晚熟芒果标准化生产科技示范基地5公顷，芒果平均单产提高12%，商品果率达95%。“攀枝花市芒果专家系统建立与应用研究”获软件著作权，该成果集成市内外芒果产业科技成果，建立“决策系统、芒果概述、新品种介绍、育苗技术、管理技术、科研成果、视频播放”7个子系统和“果园规划、果园建设”等9种典型应用决策模块，采用图像、语音、视频、知识库等多种方式结合，为芒果种植户提供决策服务。现已建立芒果农业专家系统用户群27个，应用示范户32户，营建核心示范片240公顷，推广应用面积达1 300公顷。在安宁河流域推广大棚蔬菜肥水一体化栽培技术1 799公顷。在米易县丙谷镇坪山村建立低产园改造示范基地2.67公顷，每亩效益从原来的800元提到5 000元。在仁和区混萨拉村和西区庄上村开展芒果科技长廊建设。市农林院三级机构金叶度假村响应攀枝花建设“中国阳光康养旅游城市”的号召，发挥攀枝花市冬春两季阳光温暖的气候优势，打造精品旅游度假区，2012年，被四川省农家乐旅游服务质量等级评定委员会评为“三星级乡村酒店”，被攀枝花市城乡环境综合治理指挥部评为“花园式度假村”，有来自新疆维吾尔自治区、陕西省及成都市等地共210余人在此度假。

【交流与合作】 2012年，市农林院作物烟草研究所先后派出12人（次），到山东省、陕西省、安徽省、云南省等地参加全国烟草品种、病虫害、烘烤等方面的考察培训。园艺研究所先后派出60人次，到福建省、广西壮族自治区、重庆市、甘肃省参加“第三届全国石榴生产与科研研讨会”“热带作物育种学术年会”“2012中国西部高山蔬菜研讨会”“全国蔬菜科研院所发展战略研讨会”，并在会上作专题发言。接待海南大学、广西壮族自治区芒果创新团队、广西壮族自治区田东县农业局等单位到攀枝花市进行芒果产业考察和技术交流。接待山东省枣庄市峄城区果树中心研究员候乐峰一行2人到攀枝花市进行石榴产业考察。

3月27日，四川省草原科学研究院院长白史且、科教处处长李达旭莅临市农林院考察、指导工作。7月26日～31日，市农林院园艺研究所所长彭善新带领四川攀西特色水果创新团队成员一行6人赴福建省考察学习，参观福建省农科院果树所的芒果、枇杷、龙眼、橄榄资源圃和育种圃、福建省宁德市高龙绿色农业公司晚熟龙眼基地、宁德市福安赛岐镇葡萄避雨栽培基地、云霄县蕉坑枇杷高效栽培示范片、东山县黑珍珠莲雾种植基地。8月3日～6日，市农林院园艺所副所长杨晓峰一行6人赴广西壮族自治区参加“2012白色田东芒果文化节”，出席以“优质，安全，可持续发展”为主题的此届芒果产业论坛，中国热科院副院长张以山、广西白色市政协副主席曹东方出席论坛开幕式，论坛报告由台湾地区及国内各芒果主产区的专家主讲。市农林院提交的“多肽在凯特芒果上的应用效果”等5篇论文收录入《芒果产业论坛论文集》。8月28日至9月5日，市农林院生物能源与生态所中药材项目组赴贵州省、广西壮族自治区等地的中药材公司进行为期9天的学习考察。带回4个地域的何首乌种源、铁皮石斛和山豆根组培苗。9月3日，广西芒果创新团队首席专家、教授欧世金带领团队成员一行21人莅临市农林院考察，双方就团队的运作及关键技术研究进行交流。9月5日～17日，市农林院院长、攀西特色水果创新团队首席专家张存岭一行5人赴四川省凉山州会理县参加中国·会理第二届国际石榴节及中国园艺学会石榴分会年会暨第三届全国石榴生产与科研研讨会，市农林院专家李贵利在会上作“小水果大产业——四川攀西石榴产业现状与对策”的报告。9月22日，海南大学党委书记、教授刘康德一行5人参观市农林院科研示范基地并就芒果产业发展进行交流。9月，生态与生物研究所和献锋一行3人到山东省泰安市进行核桃产业发展考察，撰写考察学习报告。11月5日～9日，市农林院副院长唐平带领数名林业科技人员赴四川省凉山州参加川滇六市（州）林业学术研讨会。11月28日，国家外国专家局组织“国家级引智成果示范基地带头人”赴以色列学习，市农林院专家李桂珍通过参与课堂讲座、实地参观考察、集中讨论交流、周末文化考察等19天的培训，了解以色列农业发展现状，学习现代农业技术及示范推广方面的成功经验。12月26日，攀枝花学院与市农林院在攀枝花学院举行合作签字仪式，市政府副市长李仁杰出席签字仪式并讲话，根据协议双方将联合开展园艺本科学历教育、农业类非学历教育、成人教育、干部短期培训、职业技能培训等，双方就联合申报项目、协同科技攻关和平台共建共享等方面进行广泛合作。会上攀枝花学院共聘请市农林院10名专家为攀枝花学院兼职教授、副教授、讲师。

【技术培训】 2012年，市农林院与攀枝花市民族宗教事务委员会联合，在仁和区福田镇开展民族地区科技成果转化示范基地建设试点，拟通过3～4年的新品种、新技术、新设备集成示范、指导与培训等工作，推动福田镇芒果产业的发展。市农林院先后派出科技人员57人（次）到福田镇举办培训班28期，培训学员2055人（次），发放实用技术资料3 850余册，选出20户芒果科技示范户有针对性地开展技术指导与示范工作。市农林院烟草作物研究所全年培训全市烟技员和烟农1 052人（次），发放《攀枝花市2012年“红大”品种栽培技术要点及补贴性肥料农药使用指南》8 000册。畜牧水产研究所的科技人员共下乡136天，出动科技人员218人（次），举办培训19次，受训人数826人（次），现场技术咨询指导、电话咨询1 572人（次）。发放各类技术手册1 555册，制作并张贴宣传牌63张。发放驱虫药343瓶、健胃药90袋、添加剂588.3千克、羔羊补饲架12个、粉碎机2台、草种125千克。农机与节水技术研究所的科技人员累计下乡164天468人（次），举办培训班3期，培训学员314人

（次）。园艺研究所在全市20余个乡镇开展蔬菜、果树新品种、新技术试验示范，先后派出100余人次到试验示范点片开展技术培训89期，培训农民2 664人（次），接待农民上门咨询120人（次），通过“农技110”和电话接受咨询105人（次）。

3月14日，市农林院在米易县水务局开展高效节水技术专题培训，对米易县2011年国家高效节水示范县项目建设区域内4个乡镇的分管领导、村社代表共43人开展微灌工程技术、大棚蔬菜膜下滴灌技术、滴灌工程的安装与维护等技术培训。3月21日，市农林院副院长唐平率蔬菜、经济林和节水方面的专家，到仁和区大龙潭乡干坝子村和平地镇波西村，对农户进行经济林木、蔬菜栽培的抗旱技术指导，发放抗旱技术手册200余份，针对当地烟地小水窖设施较为完备的情况，提出利用雨季进行屋顶收集雨水的方法应对干旱的建议。3月26日，市农林院院长张存岭率果树专家一行6人赴盐边县桐子林镇金河村开展芒果抗旱和花期管理技术培训，培训果农80余人，发放芒果抗旱技术手册和病虫害防治技术资料300余份。4月5日，市科学技术和知识产权局与市农林院联合在仁和区啊喇乡永富村开展鲜食玉米抗旱栽培技术培训，向60名农户传授科学选择抗旱品种、适时灌溉、科学施肥、强化病虫害防治以及配套使用节水设备等技术。5月5日，虎海波等科技人员到米易县草场乡对24位村民进行二半山区果树节水灌溉抗旱技术培训，发放抗旱资料45份，进行节水灌溉PE管道的安装与连接知识培训，到田间实地指导村民根据地形设置水源点、挖埋管道沟以及布置管道。6月19日，市农林院同四川省烟草公司攀枝花市公司在市农林院举办烤烟新特品种示范推广技术培训班，攀枝花市三区两县各大烟站的48名烟技员参加培训。10月11日，市农林院生物能源与生态研究所与仁和区农广校共同对仁和区布德镇猛粮坪村核桃种植户进行核桃栽培关键技术培训。10月31日至11月2日，市农林院科技人员分别在米易县的攀莲镇、新山傈僳族乡、丙谷镇举办高效节水灌溉技术培训会。乡镇相关负责人及项目实施区部分村民代表参加培训会，发放“高效节水灌溉技术培训资料”600册。11月19日，市农林院党委带领农林专家16人，携带种养殖业类实用技术资料5 000多份，书380余册，与米易县白马镇龙塘社区党支部共同举办“岗村联动、共建新村”活动培训班。

（刘家伶）

社会科学

社科联

【概　况】 攀枝花市社科联机关设办公室、学会学术部和规划评奖办（挂攀枝花市社会科学规划办公室和攀枝花市社会科学优秀成果评奖办公室牌子）3个职能处室，编制9人。2012年，职工总数为7人，其中在职在编职工6人、退休职工1人。至年底，市级社科类学会、协会、研究会共有36个。

全年，市社科联深入贯彻实施中央、省委和市委繁荣发展哲学社会科学的意见精神，全面做好社科课题规划研究、社科成果评奖、理论研讨、学术交流、社科普及、刊物编辑、学会管理、自身建设等工作，共开展理论研讨和学术交流活动4次，下达市级社科研究课题4项，申报成果获省政府三等奖1项，省社科优秀奖1项，被省社科联评为社科规划评奖先进单位。

【社科课题规划与研究】 2012年，市社科联紧紧围绕市委、市政府中心工作及全市经济社会发展中亟待解决的问题开展社科课题立项和研究工作，下达《攀枝花市区域性文化高地建设研究》《攀枝花市构建现代产业体系研究》《阳光花城旅游——火红欲燃攀枝花》和《抓住根本，围绕中心，着力推进精神文明建设工作》等4项社科研究课题，所有研究课题已于年内评审验收。

【社科成果评奖】 2012年，市社科联认真组织开展全市第十次社科优秀成果评奖工作，经学科组专家评审，共评出社科优秀成果70项。同时，市社科联按照省社科联的工作安排，组织开展四川省第十五次哲学社会科学优秀成果评奖攀枝花片区的成果申报和初评工作，按照省社科成果评奖办公室下达的初评名额，市社科联在参评成果中评选出6项成果参加四川省第十五次哲学社会科学优秀成果评奖的最终评选，其中1项成果获省政府三等奖、1项获省社科优秀奖。

【理论研讨与学术交流】 2012年，市社科联共组织开展4次理论研讨和学术交流活动。3月，与市委宣传部、市精神文明办联合开展“传承和弘扬雷锋精神”征文活动,活动共收到论文136篇,评出一等奖2篇、二等奖8篇、三等奖14篇、鼓励奖5篇。7月17日,组织召开“影响攀枝花经济社会发展思想根源研讨会”,会后市社科联以《社科重要成果专报》的形式将参会专家的观点进行汇编,呈送市委主要领导供决策参考。9月,组织开展“攀枝花城市形象塑造对策研究”征文活动,活动共收到论文58篇,评出一等奖2篇、二等奖5篇、三等奖10篇。12月9日,组织召开攀枝花市社科界学习贯彻中共十八大精神座谈会,12月15日《攀枝花日报》理论版以整版篇幅对座谈会上专家的发言进行摘登。

【社科普及与咨询服务】 2012年,市社科联认真学习宣传修订后的《四川省科学技术普及条例》,组织社科学会和社科工作者参加3月“科技之春”科普宣传月活动和5月“科技活动周”活动,不断创新载体和形式,大力宣传社会科学知识,努力提高市民的科学素质和人文素养。全年共制作各类科普展报展板200余块,上街布点34处,送科技下乡13次,发送社科类科普资料2万余份,举办社科知识讲座7次,1 000余人(次)参加讲座,累计受教育面达到5万余人(次)。

【学会工作】 2012年,市社科联认真履行业务主管部门职责,加强对所属社科学会的管理,督促所属社科学会规范运作,及时到社团登记管理机关办理年检和各项变更申报工作。引导社科学会围绕全市中心工作、结合行业特点开展科研和科普工作,社科学会的影响力进一步增强。至年底,所属市级社科类学会、协会、研究会共有36个,会员总数达4万余人。

【《攀枝花社会科学》编辑出版】 2012年,市社科联多方组织稿源,努力提高刊物质量,《攀枝花社会科学》(季刊)正常出版发行,共刊发理论文章39篇,图片12张,文字量约17万字。至年底,刊物共出刊87期,与全国各省市300多家社科联的刊物保持交换关系。

(谢仲华)

地方志·年鉴工作

【概　况】 2012年,攀枝花市地方志工作认真贯彻落实国家和四川省《地方志工作条例》,围绕市委、市政府加快建设和谐幸福攀枝花的宏伟蓝图,充分利用地方志资源,服务于科学发展和全市实施“三个加快建设”“三个走在全省前列”的发展战略,精心组织、合理布局,全面提高依法修志的工作水平和服务能力。

统筹规划,全力推动十二五修志工作。按照攀枝花市地方志“十二五”发展规划,围绕加快发展、改善民生、维护社会稳定的大局选题立篇。市地方志办通过认真谋划、精心组织,选择35个事关全局的重点领域、部门进行志书的编修工作,市政府与有编修任务的35个单位签订责任书。为切实推动全市十二五修志的开展,市志办下发《攀枝花市地方志编纂委员会关于“十二五”期间部门志、专业志编纂实施意见》,明确各阶段工作重点、目标任务和质量标准,为推动地方工作的可持续发展奠定基础。同时,市地方志办还在全市各县(区)加大对县(区)“十二五”地方志工作规划督促、指导力度,各县(区)政府均先后出台关于地方志工作“十二五”规划,全面启动全市地方志编修工作,仅米易县就启动《米易县财政志》《米易县第一小学校志》《米易县民族宗教志》《米易县农牧志》《米易县档案志》《米易县交通志》等6部志书编修工作。

优化环境,切实提高依法修志的工作保障力度。争取主动纳入市人大法制监督。通过积极主动向市人大及时汇报贯彻落实《地方志条例》工作情况,市人大常委会办公室明确将攀枝花市地方志办公室列入市级对口联系单位,对于贯彻《地方志工作条例》精神,推动全市地方志依法修志工作健康发展具有重要意义。在市法制局的大力支持下,攀枝花市地方志已通过《地方志工作条例》的执法资格认证培训并取得行政执法主体资格,对于提高地方志工作人员依法搜集资料、保证志书质量、严格审查验收制度以及依法督促指导能力,推动攀枝花市依法修志工作具有现实意义。2012年4月23日~28日,市地方志办与市法制办组成联合执法调研小组,深入各县(区)就县(区)各级政府贯彻执行落实“一纳入”、“五到位”工作情况,开展为期一周的执法调研。通过调研,对于推动各县(区)认真贯彻《条例》精神,落实职责和解决人、财、物等难题,扎实提高依法修志工作保障力度取得明显成效。

树立精品意识,志鉴编纂水平迈上新台阶。为了按时按质完成年鉴编修出版工作,市地方志办通过强化责任管理和目标管理,根据不同时期、不同阶段工作的性质和特点,制定目标措施,落实工作任务,确保年鉴编纂的质量。全市市、县(区)两级年鉴编纂均按“当年编纂、当年出版、公开发行”的要求顺利完成,《攀钢年鉴(2012)》《攀枝花统计年鉴(2012)》《钢城集团年鉴(2012)》均于当年出版发行。同时攀枝花市地方志办长期把全市各级年鉴志书编纂质量视作年鉴的生命力纳入重点管理范畴,强化编纂精品良志意识,即“坚持质量第一,树立精品意识,做到可信、可用、可读、可看”,并明确要求加强质量管理,建立内部质量负责制,确保编修质量,把精品意识贯穿到编纂工作的全过程和各个环节,严格把好质量关,努力做到思想性、科学性和资料性的统一。2012年8月,在中国出版工作者协会年鉴工作委员会主办的第六届全国年鉴编校质量评比活动中,《攀枝花年鉴(2011)》获全国年鉴编校质量评比二等奖,是全省参与评选市、州中唯一获得此最高奖项的综合年鉴。在四川省第十五次地方志优秀成果评比中,《攀枝花年鉴(2011)》获得市(州)综合年鉴一等奖;在2012年地方志年度工作中攀枝花市地方志办公室被四川省地方志编纂委员会授予"四川省地方志年鉴工作先进集体""和四川省地方志依法修志工作先进集体"荣誉称号。

寻找途径,拓宽领域,提高地方志谋发展服务能力。围绕幸福攀枝花建设,市地方志办积极通过各种途径记录攀枝花、宣传攀枝花,让外界了解攀枝花,为攀枝花的经济建设和社会事业发展添砖加瓦。为进一步发掘和整理地方特色文化资源,宣传推广攀枝花苴却石文化,提升阳光花城的影响力发挥积极作用。2012年底,市地方志办与市苴却砚协会共同启动了《中国苴却砚图志》的编纂工作,该志预计2014年公开出版发行。《攀枝花史志》杂志自1986年创刊以来,坚持紧紧围绕"传播地方特色文化,提升攀枝花名誉度"的办刊宗旨,立足省刊内资特点,强化宣传功能。2012年共收录文章60余篇,文字近18万字,彩图50余幅。2012年底,市地方志办正式启动信息化建设工作,拟建立市情资料数据库和网络交流应用平台,正按照市政府的要求与市财政、电子政务中心进行前期各项准备工作。

【攀枝花市第二轮修志工作总结表彰暨"十二五"修志工作会议召开】 2012年3月21日,攀枝花市第二轮修志工作总结表彰暨"十二五"修志工作会议在会展中心国际厅举行,各县(区)政府分管领导和地方志办公室主任,市级各单位分管或从事修志工作的130余人参加会议,会议由市政府副秘书长杨星坪主持,省地方志编纂委员会党组书记、副主任马小彬,副市长张敏出席会议并讲话。

会议总结攀枝花市第二轮修志工作完成情况,安排部署攀枝花市"十二五"地方志工作;表彰攀枝花市第二轮修志工作先进单位59个,并为全市第二轮修志工作先进单位颁发奖牌;市政府与承担"十二五"部门志、专业志编修任务的部分单位签订修志工作目标责任书。

【《中国苴却砚图志》编纂工作启动】 为进一步发掘和整理攀枝花市地方特色文化资源,宣传推广攀枝花苴却石文化,市政府决定开展《中国苴却砚图志》的编纂工作。2012年11月8日,市政府成立《中国苴却砚图志》编纂委员会,副市长张敏任编委会主任。11月22日,市地方志办召开《中国苴却砚图志》编修工作座谈会。组织全市苴却砚行业的领导、专家、企业负责人以及有关人员对《中国苴却砚图志》的编纂工作进行座谈。12月19日,《中国苴却砚图志》编纂委员会在市政府三楼二会议室召开委员会议。会议审议通过《中国苴却砚图志》编纂方案、《中国苴却砚图志》篇目,研究《中国苴却砚图志》总编室的组成和编修经费等有关事宜。《中国苴却砚图志》编纂工作进入资料收集阶段。

【《攀枝花年鉴(2012)》编纂出版】 2012年2月,市地方志办完成《攀枝花年鉴(2012)》组稿及初稿撰写工作;3月底各编辑人员经多次修改,完成各分管部类文稿的编辑工作,4月完成分纂;5月底副主编、主编审定后,各编辑按照审定意见再进行修改;6月由市编委会审查定稿后送照排;9月由中国方志出版社出版发行。

《攀枝花年鉴(2012)》是由市委领导、市人民政府主办、全市142个单位参与、市地方志办公室编纂出版的大型综合性资料工具书。该年鉴共设特载、大事记、概貌、党政群团、军事、政法、经济管理、工业、农业、交通、信息产业、口岸、开发区建设、林业·环保、城乡规划建设与城市管理、商贸、金融、财政·税务、科学、文化、教育、体育·卫生、社会、专文、附录等25个部类,全面反映攀枝花市2011年度政治、经济、文化和社会发展情况。全书100余万字,图文并茂,装帧精美,大16开硬封精装,国内外公开发行。

【县(区)年鉴编辑出版】 2012年,《西区年鉴(2012)》《米易年鉴(2012)》《盐边年鉴(2012)》于11月上旬公开出版发行,《东区年鉴(2012)》《仁和年鉴(2012)》11月中旬公开出版发行。

【企业、单位年鉴编辑出版】 2012年,攀枝花市地方志办公室继续指导企业年鉴编辑出版。全年出版《攀钢年鉴(2012)》《钢城企业总公司年鉴(2012)》2部企业年鉴和《攀枝花市统计年鉴(2012)》1部部门年鉴。

【《攀枝花史志》编发】 2012年,市地方志办共编发《攀枝花史志》3期,第一期为"打造中国阳光之都"造势,第二期为"打造中国钒钛之都"助威,第三期为"打造四川南向门户"发力。共收录文章60余篇,30余万字,彩图50余幅。向全国各省、地市州交换、赠送400余册,向全市各单位赠阅1500余册。

【攀枝花市地方志协会工作】 2012年3月13日,攀枝花市地方志协会理事会议暨全市地方志办主任工作会议在市地方志办会议室召开,协会理事会成员、各县(区)志办负责人、大企业志办负责人、市地方志办各科室负责人参加会议,会议由市志办主任、协会名誉会长李冠华主持。在协会理事会议上,协会秘书长郑龙跃通达2011年协会工作开展情况及2012年协会工作安排,大会对2011年度地方志协会优秀成果和先进会员进行了表彰。会议强调2012年各会员单位会员应加强业务学习,多交流,多出成果。

(王 锋)

党史研究

【概　况】 全市党史研究系统现有6个专设工作机构，其中市委党史研究室、米易县委党史研究室单独设立；东区区委党史研究室、西区区委党史研究室、仁和区委党史研究室均与县（区）地方志办公室合署办公，盐边县设史志办履行党史工作职能。至年底，全市有专职党史工作人员25人，其中，市委党史研究室8人、县（区）委党史研究室17人。各县（区）已实行参公管理，且建立对应的党史工作网络，县级各部门、各乡镇有一名党史工作分管领导和一名党史工作专兼职干部。

2012年，按照中共攀枝花市委办公室转发的《市委党史研究室2012～2016年党史工作规划》要求，继续贯彻落实《中共中央关于加强和改进新形势下党史工作的意见》和全国党史工作会议精神，根据攀枝花市党史工作实际，坚持服务大局、服务现时的原则，精心安排各项工作任务，在党史征集、专题研究、宣传教育等工作中争取突破，充分发挥党史资政育人作用，较好地完成2012年各项目标任务。市委党史研究室注重干部职工培训学习，选派部分干部职工参加中央党史研究室主办的“全国党史部门新任主任第二期培训班”、市委宣传部主办的“领导干部媒体素质提高培训班”、市委主办的“县级正职领导干部‘加强思想正职建设，坚定理想信念’”第二期培训、省委党校主办的“2012年第二期政务公开与行政审批制度改革专题培训班”，随市委组织部主办的青干班赴井冈山交流学习等。加强对县（区）的考核和业务指导，按照《关于2012年度县（区）党史工作目标考核的通知》要求，组织由室务会成员和县（区）委党史部门负责人组成联合考评组对县（区）委的党史工作进行调研和考核，并评选先进；到各县（区）调研党史工作，指导党史工作的开展；利用县（区）党史研究室主任工作会、经验交流会等，对如何围绕县（区）委的中心工作，立足本地区实际开展党史研究进行探讨；加强对各县（区）党史成果的审读，完成对《中国共产党四川省攀枝花市西区组织史资料（1994～2010）》《辉煌西区四十年》《中共东区历史大事记（1973～2011）》初稿等的审读。同时，将党史工作和“百千万·干群心连心”活动、关工委工作、“挂包帮”活动结合起来，利用节假日送去慰问品和帮扶资金，解决立柯村修建水井问题，与仁和区交通局协调，解决一个2万元～3万元的短期项目，市委党史研究室和立柯村、仁和区交通局、民宗局、市公积金管理中心已经达成修建3.5千米村道的意见，该村道已于2012年10月开始动工修建。

年内，完成2012年市级大事记、《中国共产党攀枝花执政实录》（第5卷）的征集、编纂、出版工作；完成由市委主办、市委党史研究室承办的市委机关刊物《攀枝花纪事》年内的出版任务；完成《裂谷燃情》出版；完成各县（区）执政实录出版；完成《中国共产党四川省攀枝花市西区组织史资料（1994～2010）》出版；开展争先创优、创建学习型机关、城乡环境综合治理等活动；完成题为“攀枝花市文化体制改革研究”的专题研究；完成傅锡寿、丁文华、马光荣等10多名曾经参加攀枝花开发建设的老干部、老领导的口述史资料收集；完成对《从神秘走向辉煌》《留在大裂谷的记忆》等9本书籍，共4788页5265千字的资料的页面扫描、字符识别等数字化转换工作；完成大型电视纪录片《中国傈僳族》（10集）、攀枝花市北京推介会电视专题片《中国阳光花城·钒钛之都——攀枝花》等10个电视专题片脚本撰写。

2012年，党史工作在资料征编、宣传、专题研究方面均取得新成绩，得到省委党史研究室表彰，被省委党史研究室评为2012年度“党史工作先进单位（一等奖）”；音像制品《共和国记忆——“三线”建设文化溯源》获全国党史成果二等奖；《中国共产党攀枝花执政实录》获四川省党史学科优秀成果二等奖；《攀枝花年鉴》（2012）“党史研究”部分被市委、市政府表彰为年鉴编纂优秀单位；《中共攀枝花执政实录》（第五卷）被市委、市政府表彰为先进单位。

【《中国共产党攀枝花执政实录》（第5卷）出版】 2012年12月，《中国共产党攀枝花执政实录》（以下简称《执政实录》）由中共党史出版社出版发行。《执政实录》（第5卷）多次征询市委常委、编委会成员和相关部门的意见，完善部分内容的编排，在篇目结构、编写质量、阅读品位上与时俱进，该书的可读性、针对性、实用性、编写质量都得到提高。

《执政实录（第5卷）》全书260万字，大16开。该卷采用归类综述的方法，分设政务活动、执政方略、执政实践、统一战线、群团建设、党管武装、地方纵横、特稿视窗、人事任免、大事记、中共攀枝花市组织史资料、附录等12个类目，收录的内容包括省委常委到攀枝花市活动情况、市委常委政务活动、市委的重要文件、会议及决策、各单位工作情况、组织史资料等各个方面，是对攀枝花市详尽、全面的工作实录，通过对客观史实进行翔实地记载，展示2011年攀枝花市各级党组织结合攀枝花市实际开拓进取所取得的成就，旨在通过不断探索和总结执政规律、社会主义建设规律、人类社会发展规律，实现用攀枝花改革开放的伟大成就激励人、用攀枝花精神教育人、用攀枝花开发建设的成功经验启迪人、用攀枝花开放建设的历史教训警示人的目的，充分体现党史“存真”“求实”“资政”“育人”和服务现实的作用。

【《攀枝花纪事》编辑出版】 完成由市委主办、市委党史研究室承办的市委机关《攀枝花纪事》2012年的出版任务。《攀枝花纪事》是市委党史研究室承办的市委机关刊物，是四川省级内刊，大16开本、双月刊。在办刊过程中，市委党史研究室坚持做到在继承中努力创新，无论在选题内容的取舍上，还是在表现手法的运用上，都开拓创新，锐意求索，以新的理念、新的视角、新的手段总结新的经验、宣传新的典型、提炼新的思路，深刻反映攀枝花市在新时代的新创造、新发展、新形象；努力做到立足服务市委中心工作，把握时代主旋律，注重综合性，增强可读性，把"办出特色，办出品味，办成高质量、高水平的期刊"作为追求目标。该刊全年出版6期，每期15万字，共约100万字，发放范围从党政机关到中小学校、街道社区，不仅增加人民群众对政府的了解，增强政府和人民群众的沟通，而且能够丰富人民群众的精神生活，取得较好的办刊效果，受到人民群众好评。

2012年，市委党史研究室在杂志定位、选题、组织文章、审阅稿件等方面紧紧围绕市委中心工作狠下功夫，主要对党的建设、学习中共十八大精神、市委九次党代会精神、市委提出的全市经济社会发展总体思路和奋斗目标、创建学习型机关、争先创优活动、"挂包帮"活动等进行图文并茂的宣传，特别是在封面彩页方面，每期都对不同的县（区）、单位的发展变化、所开展工作活动、先进经验等进行宣传，以便其他县（区）、单位学习借鉴。该刊常设栏目有前沿传真、裂谷奏鸣曲、特别报道、本刊特稿、人事任免、大事记等20多个栏目。

【编修《中国共产党攀枝花历史大事记》】 2012年，遵循"求实、完整、及时、简明"的基本原则，广泛收集资料加以核实取舍，较好地完成市委2012年大事记编修工作，并且保证在市委机关刊物《攀枝花纪事》杂志连载和在攀枝花党政网和公众信息网上连载，并在此基础上不断地补充完善，基本做到"大事不漏，要事不丢，新事不放，小事不录"。全年编写市委大事记12万字，内容涉及政治、经济（工业、农业、经贸）、军事、文化、教育、科技、卫生、体育、外交等各个领域，重点反映党委（党组）重大决策、执政能力建设及决策实施成效。

【《裂谷燃情》出版】 2012年10月，长篇小说《裂谷燃情》由中国文联出版社公开出版。20世纪60年代，以毛泽东为核心的党的第一代领导集体提出"三线建设"的战略构想，并把攀枝花确认为是国防三线建设最理想的钢铁工业基地，于是有了对攀枝花的开发建设。《裂谷燃情》一书以此为背景，在深入认识、了解、感悟攀枝花开发建设史的基础上，充分运用长篇小说这种艺术手段，讲述来自全国各地的建设者们汇聚到攀枝花，在开展大规模三线建设，发展钢铁事业的难忘岁月里的跌宕起伏的命运和感人的亲情、友情和爱情故事。

【各县（区）委执政实录相继出版】 《中国共产党攀枝花市东区执政实录》于2012年12月出版发行。全书系统记述东区各级党组织执政实践的年度综合性资政参考文献，设政务活动、执政方略、执政实践、统一战线、群团建设、党管武装、街道（镇）纵横、大事记、中国攀枝花市东区组织史资料、附录等篇、章、节。该书记述2011年中共东区区委的执政历程，旨在连续回顾和总结执政历程，为各级领导正确把握执政规律、实施科学决策，做到科学执政、民主执政、依法执政提供参考；为各界人士认识东区、了解东区提供窗口；为东区留下可供借鉴的宝贵历史财富。

《中国共产党攀枝花市西区执政实录》于2012年9月出版发行。该书为西区首部系统记述西区各级党组织执政实践的年度综合性资政参考文献。该书回顾和总结2011年西区各级党组织的执政历程，为各级领导把握执政规律，了解事物发展趋势，实现科学决策提供依据。全书七章、100万字，内容包括执政方略、执政实践和组织史资料等，由中共党史出版社出版发行。

《中国共产党攀枝花市仁和执政实录》于2012年12月出版发行。全书共110万字，分政务活动、执政方略、执政实践、统一战线、群团建设、党管武装、地方纵横、人事任免、大事记、组织史资料、附录11个篇目。该书采用归类综述的方法，系统记述仁和区各级党组织执政实践，旨在连续回顾和总结执政历程。

《中国共产党米易执政实录》（第二卷）于2012年12月出版发行。该书通过省、市、县常委政务活动，县委重要文件、会议和决策、各部门（单位）总结和组织史资料、历史大事记和图片等形式，如实记录2011年度中共米易县各级组织的执政情况。全书分为政务活动、执政方略、执政实践、统一战线、群团建设、党管武装、乡镇纵横、大事记、组织史、附录十一个部分，收录文稿160篇、图片260幅，共90万字。

《中国共产党盐边县执政实录》于2012年11月出版发行。该书由中共盐边县委主办，盐边县史志办公室承办，采用归类综述的方法，设政务活动、执政方略、执政实践、乡镇纪实、企业发展、干部任免、领导名录、大事记、附录9个类目，以2011年中共盐边县委执政内容为主线，各乡镇、县委各部委办、县级各部门、各人民团体、各企事业单位贯彻落实县委决策、部署为脉络，展现2011年盐边县建设、改革、发展的历程和创造的业绩。

【《中国共产党四川省攀枝花市西区组织史资料（1994～2010）》出版】 《中国共产党四川省攀枝花市西区组织史资料（1994～2010）》于2012年11月出版。该书是西区组织史研究的重要成果，是西区党建工作的重要文献资料，是区委党研室承担的地方党史重点课题，也是组织史（第一卷）的延伸。该书的出版对于保持组织史资料的完整性、统一性和连续性，总结和研究新时期党在组织建设、干部队伍建设方面的经验，加强党的建设，推进建设有中国特色社会主义事业的发展，具有重要意义。

【党史征编利用】 2012年，在征集重要党史资料、口述史等方面有新的实质性进展。全年把口述历史工作的开展作为征集工作一项重要而紧迫的任务来抓，先后采访傅锡寿、丁文华、马光荣等10多名曾经参加攀枝花开发建设的老干部、老领导，抢救一批丰富的、生动的、具体的第一手视频、录音等口述史资料；到凉山州、永仁县等多个临近地收集有关攀枝花市地下党在新中国成立前后的相关资料；在编纂《执政实录》、大事记、《攀枝花纪事》等书刊的同时，注意征集领导干部及社会人士个人留存的党史资料与整理重要的文书档案、音像资料等，作为今后编纂党史著作、进行专题研究的资料。全年，为更好地保护利用现存资料中珍贵的孤本党史书籍、资料，对这些孤本书籍、资料开展抢救性数字化转换工作。现已完成对《从神秘走向辉煌》《留在大裂谷的记忆》《建设攀枝花的人》（上、下）《攀枝花开发建设史》《攀枝花共产党史》等9本书籍，共4 788页5 265千字的资料的页面扫描、字符识别等数字化转换工作，这不仅为珍贵党史资料的查阅利用提供方便，而且为今后珍贵党史资料的档案数字化工作开好头。

【宣传教育】 2012年，以全国"党史文化论坛"征文活动为契机，向各县（区）委党史研究室和广大党史爱好者征文，从而增进各级干部群众对党史工作的了解；以《攀枝花纪事》杂志为平台，开办全国"党史文化论坛"征文专栏，刊登优秀论文，同时通过发放《中共攀枝花执政实录》《攀枝花纪事》到各单位、各县（区）、各社区宣传党史知识，不断推动党史工作进基层。

2012年，继续为攀枝花市电子政务内网门户网站提供攀枝花大事记、《攀枝花执政实录》等资料和书籍，利用互联网的优势，让丰富的攀枝花地方党史资源为社会所了解，扩大党史部门的影响；向省委党史研究室、市委分管领导报送党史工作简报，宣传本室党史工作；多次为中央、省、市新闻媒体介绍和提供攀枝花开发建设史资料；为中央党史研究室提供《攀枝花纪事》（2012）《中国共产党攀枝花执政实录（第5卷）》等攀枝花系列历史资料600万字。

全年，分别为市商检局、市社保局、团市委、党校中青班、乡镇干部等开展党史专题讲座5场；多次为中央、省、市新闻媒体介绍和提供攀枝花开发建设史资料；各县（区）委党史研究室为本县（区）编纂纪念性书刊和文史资料提供协助和资料，并参与编纂。

完成大型电视纪录片《中国傈僳族》（10集）、攀枝花市北京推介会电视专题片《中国阳光花城·钒钛之都——攀枝花》、攀枝花市国家级农业示范区启动仪式电视专题片《潮涌金峡谷》、攀枝花市慢性非传染性疾病防控专题片等电视片脚本撰写；完成攀枝花市盐边县新概念原创精品旅游晚会《诗意泸若》的策划设计；完成攀枝花市庆祝中国共产党十八大召开专题晚会《从神秘走向辉煌》的策划和主持词撰写；完成攀枝花市纪念"三八"国际劳动妇女节102周年"幸福攀枝花巾帼齐行动"主题活动文艺演出的策划和主持词撰写。

【资政工作】 2012年，为攀枝花市委、市政府"思想大解放、作风大整顿、工作大落实"主题教育活动撰写电视专题片《盛世危言》（甲版）《嬗变与超越》（乙版）（该片同时有两个版本，分别在不同范围内限制播放）的脚本；撰写攀枝花市为巩固国家卫生城市工作汇报电视专题片《攀上新枝花更红》的脚本；撰写攀枝花市帮扶特殊困难群体活动电视专题片《在同一片蓝天下》的脚本；撰写攀枝花市西区区情介绍片《铁树开花的地方》的脚本。

2012年8月1日~2日，参加"全省党史部门党史资政工作经验交流会"，并作为8个市、州之一在大会上作题为《主动作为提高资政水平，以史鉴今助推跨越发展》的交流发言，这篇发言稿和中共米易县委党史研究室的《紧贴和谐幸福米易做好党史资政工作》一同被收录在中共四川省委党史研究室编著的《全省党史部门党史资政工作经验交流会综合材料》中，这是对攀枝花市党史资政工作的充分肯定。为贯彻落实全国全省党史资政工作会议精神，8月16日，组织召开全市党史部门党史资政工作经验交流会。会议主要传达全国、全省党史资政工作会议精神，认真总结回顾、交流近年来党史资政的有效做法和成功经验，研究部署当前和今后一个时期的党史资政工作。根据全市党史资政工作实际情况，制定《2012~2016年党史资政规划》，为今后一个时期全市党史资政工作的开展指明方向。

【专题研究】 2012年，制定并下发《关于加强党史专题研究的通知》，对各县（区）委党史研究室专题研究的选题、考核等工作提出具体要求，加强对县（区）委党史研究室专题研究工作进行指导督促。根据全市实际情况，完成题为"攀枝花市文化体制改革研究"的专题研究。该课题主要探讨攀枝花市建市以来文化体制的改革历程，以及文化体制改革对文化产业及社会生活带来的影响、变化和启示。市委党史研究室副主任钟少曦还独立担纲完成攀枝花市与中国社会科学院当代中国研究所合作的，由国家社科基金扶持的科研课题《三线建设和西部大开发中的攀枝花》（15万字）的第一稿和第二稿撰写。中共米易县委完成《米易县湾丘彝族乡热水村新村建设成果与启示》和《党史文化与基层文化建设》专题调研文章，共12 200余字，并分别在《攀枝花纪事》2012年第5期及《攀枝花文化》2012年总第10期上刊登；中共东区委党史研究室参与东区《执政大典》《东区文史》编纂；仁和区党史研究室完成联系仁和实际的课题《仁和区践行科学发展观的经验与启示》。

同时，以承办市委机关刊物《攀枝花纪事》为平台，采取约稿或研讨等方式，与有关单位开展专题协作，进行大量专题研究，内容涉及经济和社会发展战略、重大活动经验教训总结、党的建设等方面，全年在杂志上发表专题性研究文章20篇。

（何岱俐）

文　　化

体制改革

【行政改革】 2012年，按照整合资源、优化结构、激发活力、提高效率的工作思路，攀枝花市文化体制机制改革工作加快推进步伐，取得实质性的进展，构建攀枝花文化行政管理的新格局，开创了文化事业、产业发展的新局面。全面完成市、县两级文化行政管理机构改革工作，按照《中共攀枝花市委攀枝花市人民政府关于组建攀枝花市文化广播影视新闻出版局的通知》，攀枝花市文化广播影视新闻出版局于7月18日挂牌成立，为市政府工作部门。整合原市文化和新闻出版局、原市广播电影电视局的行政管理职能。各县（区）也完成文化行政管理机构改革工作，市、县（区）文化综合执法队均完成文化、广电、新闻出版执法职责的划转工作。

【国有文艺院团改革】 2012年，按照《中共攀枝花市委机构编制委员会关于成立攀枝花市文化艺术中心的通知》和《攀枝花市艺术剧院体制改革方案》，国有艺术院团改革工作顺利推进，6月19日撤销攀枝花市艺术剧院，成立攀枝花市文化艺术中心和攀枝花市艺术剧院演艺公司，攀枝花市文化艺术中心由市文化广播影视新闻出版局主管，攀枝花市艺术剧院演艺公司由市国资委主管。

【两台合并】 2012年，按照《中共攀枝花市委机构编制委员会关于市电视台与市广播电台合并的通知》，经国家广电总局和市委、市政府批准，整合市级广播电视资源，将原市电台、市电视台合并成立攀枝花市广播电视台，为市文化广播影视新闻出版局所属副县级事业单位。

艺术创作

【音乐创作】 2012年，完成新创作歌曲有《中国之龙》《相约在攀枝花的春天》《春天的特快》《红红的祝福迎新年》《我是花瓣你是花》《我不哭，我不闹》《夕阳恋歌》《快乐无限》《歌城花海》《信仰》《攀枝花钒钛之歌》《唱响春天》《钢城绿色卫士》《牵着手回家》《阳光花城消防兵》《西部铁军好气派》《大爱无疆》《我们共产党人》，歌曲《永远的信念》《迟到》《大爱无疆》分别在《乐苑》《金色校园》上发表，《踏歌行》（杨斌个人创作专集）由中国戏剧出版社出版发行。

创新学演歌曲有《春夏秋冬又一年》《美丽的攀枝花》《我们的生活充满阳光》《阳光路上》《吉星高照》《父亲的草原母亲的河》《相约攀枝花》《魅力攀枝花》《远山的呼唤》《爱的奉献》《世界需要热心肠》《感激在心》《茉莉花》《饮酒歌》《彝族酒歌》《口碑》《旗帜颂》《中国美》《欢乐中国年》《我们的生活充满阳光》。学演执排器乐曲《飞翔》《奋进》《欢乐2012》《西班牙风情》《夜深沉》《新·火焰》《玛祖卡》《嬉游曲一乐章》《神话》《欢乐满人间》《香巴拉并不遥远》《夜来香》《茉莉花》《绒花》《梁祝》《盛世戏曲》《花儿为什么这样红》《天空之城》《红色经典》《井冈山上太阳红》《欢乐的春天》《越爱越美丽》《快乐2012》。

【舞蹈创作】 2012年，新创作舞蹈作品有《青春舞曲》《鼓舞声声贺新年》《姹紫嫣红总是春》《新生》《袖上春色》《一路前行》《春蛇》《春夏秋冬又一年》《中国之龙》《相约在攀枝花的春天》《春天的特快》《红红的祝福迎新年》《远山的呼唤》《父老乡亲》《最亲的人》《江山》《相亲相爱一家人》《阳光路上》《口碑》《旗帜颂》《相亲相爱》《中国美》《太阳在这里歌唱》《祝你圣诞快乐》《大地芬芳》《最炫民族风》。

学演执排、改编复排歌伴舞、舞蹈有《年年吉祥》《唱支歌儿迎春到》《欢聚一堂》《麻辣俏幺妹》《攀枝花》《万泉河水》《花落江南》《激流勇进》《军中玫瑰》《锣鼓声声》《钒钛光华》《红领巾》《佤山印象》《bemybaby》《快乐阿婆》《江南style》。

【戏剧创作】 新创戏曲作品有歌舞《中国龙》《颂“梅”》《龙腾花城》《咏梅》《中国你往高处走》《圆》，音乐快板《群英荟萃攀枝花》《我这十年》，话剧小品《又是一年春来到》《明年夏天去看海》《医者仁心》《太阳城阳光地》《鲜花盛开的城市》《帮忙》《一个重建家园的故事》，方言小品《建设新农村》《多子无福》《低保不是面面药》《老骗子和小骗子》《报应》《喜迎十八大》《一元钱》《城管难当》《有女胜儿男》，小型话剧《坚硬的翅膀》,四川评书小段《美丽的伤疤》,轻音乐歌舞剧《好久没到这方来》,大型神话舞剧《泸沽湖的传说》,金钱板《买药》,新编川剧折子戏(弹戏)《五郎皈依》,音诗画《永远的忠诚》,音乐情景剧《热情》。

复排话剧小品《语言问题》,学演执排川剧折戏《做文章》、《射雕》,学演执排京剧折戏《三岔口》《天女散花》。

【文学作品】 编辑出版发行《攀枝花文化双年选》、个人作品集《陈文老酒》、《攀枝花之父——常隆庆》、攀枝花首部个人戏剧作品集《氍毹集》,完成4期《攀枝花文化》的编撰工作。

艺术表演

【重大演出】 2011年12月28日,在攀宾餐饮中心完成2012年攀枝花市政协新年茶话会演出;2012年1月12日,在米易县白马镇完成2012年攀枝花市集中示范三下乡文艺演出;1月17日,在攀宾餐饮中心完成2012年攀枝花市慰问老干部茶话会文艺演出;1月18日,在会展中心完成2012年春节全市慰问大会文艺演出;1月18日,在金色大厅完成2012年攀枝花市春节团拜会文艺演出;4月25日、5月14日、5月15日、5月16日、5月17日,完成四川省文联、省教育厅主办的"戏剧进校园"活动攀枝花市展演5场;6月19日,在盐边县渔门镇完成攀枝花市"百千万·干群心连心"活动启动仪式演出;8月18日,赴贵州六盘水市完成第三届川滇黔十市州合作与发展峰会开幕式文艺演出;8月22日,在市中心广场完成市"五创联动"集中行动仪式演出;9月29日,在市中心广场完成中秋、国庆中心广场文艺晚会演出;11月8日,在湖光剧场完成"喜迎十八大"专题文艺演出;12月26日,在开元明珠大酒店完成2013年攀枝花市政协新年茶话会演出;12月28日,在盐边县渔门镇完成2013年攀枝花市集中示范三下乡文艺演出。

【获　奖】 2012年,组织参加中国戏剧文学学会举办的"第八届全国戏剧文化奖",李骊创作的《明年夏天去看海》获小型剧本银奖,于映时创作的《三十万元》获小型剧本铜奖,陈建文创作的《七彩阳光》获小型剧本铜奖。"格萨拉"组合参加文化部举办的"第十届西部民歌(花儿)歌会"比赛,获得大赛银奖。组织参加四川省文化厅举办的"四川省第七届戏剧小品作品比赛",获一、二、三等奖各1件。中老年合唱团获《首届中国四川群星奖合唱比赛》银奖。音乐作品《祝福您中国》、《花城》在"天府情深"——四川省"群星奖"音乐舞蹈大赛暨农民工文艺汇演的比赛中喜获三等奖和优秀奖。

美术·书法·摄影·展览

【美术作品】 2012年,新创作美术作品12件,其中国画5件《秋韵》《荷花》《紫藤》《梅花》《荷花》;装饰画《人物》;油画6件《平地风景》《肖像》《池塘》《夜煌》《霾》《女神》。

【书法作品】 2012年,攀枝花市文化系统创作的书法作品8件,其中《行书条幅》2件、《草书六条屏》2件、《隶书对联》2件、《草书对联》1件、《楷书10条屏》1件。

【摄影作品】 摄影作品7件:《幽幽林海花斗艳》《和谐共处自然宽》《一花一世界》《岁月如歌》《映日荷花别样红》《金沙飞虹》《傈寨春色》。

【展　览】 全年开展各种美术、书法(摄影)作品展7次,共有1 280余件参展,11 500余人观展。7次展览为:"2012年攀枝花市迎春美术、书法作品展","攀枝花市岩彩画展","攀枝花市文化馆2012年庆'六一'少儿美术、书法作品展",攀枝花市东区"第八届社区艺术节美术书法摄影展","丰收大地"喜迎中共十八大攀枝花市美术书法作品展,"庆祝中共十八大胜利召开老年书画展"。举办大地书香新农村家园工程图片展、第三届全民读书节图片展、中华孝道图片展、免费开放服务宣传展、走进2012图片展、迎中共十八大宣传图片展、全市农民书画展及全市残疾人习作展。全年组织全市美影书法爱好者参加全国、省、市举办的各种展览和大赛7次,获奖情况:《花言》获"四川省女职工摄影书画大赛"绘画类银奖;国画作品《南国情》获"全国第二届群文美术书法大赛"美术类优秀奖;组织6件作品参加"四川省女职工摄影书画大赛"获2金、1银、1铜的好成绩;组织7件作品参加四川省文化厅"首届四川文华美术奖作品展",其中4件作品进入复选。

群众文化

【迎庆中共十八大活动】 10月底至11月上旬,为迎接中共十八胜利召开,积极开展"高举旗帜跟党走"系列群文活动。组织"红歌献给党——广场大家唱群众文化活动"、"美术书法摄影展"、"广场大家唱、大家跳群众文化活动"系列展览和演出。11月29日,承办以宣传中共十八大精神为主题的"送文化下乡"系列群众文化活动。在阿署达村组织歌舞表演、锅庄篝火晚会、图片展、"拍摄幸福照"等活动,把中共十八大精神贯穿其中,以群众喜闻乐见的文艺形式开展宣传。完成春节期间送文化下乡和送春联活动,分别于1月10日、11日和14日参加送春联活动,到丙谷镇、迤沙拉及市中心广场为广大群众送春联共800余幅。4月29日在市中心广场成功举办"五一"广场群众文艺展演活动。6月30日晚，在市中心广场举办"庆祝建党91周年"少儿文艺演出。

【公共文化服务体系】 2012年，免费开放57个图书馆、文化馆、纪念馆和乡镇综合文化站。举办"攀枝花讲坛"60期。在市中心广场组织"大家跳"288场、"大家唱"273场。完成20户以上自然村广播电视"村村通"3 726个点直播星设备的安装调试。扩大市、县(区)级广播电视自办节目覆盖工程(地面数字电视工程)地方服务平台已建成，覆盖网络、直放站正加快建设，新发展用户20 000户，农村群众可以通过这套系统收看到包括市、县(区)自办节目在内的40套数字化电视节目。广播"村村响"工程完成6个乡镇及其所属村的建设工作，为巩固农村基层政权，满足群众需求发挥重要作用。城市应急广播工程已完成播控中心、管理平台及公园、广场、社区、紧急避难场所等人口聚集区30个终端建设并开通运行。放映4 224场农村公益电影、528场社区公益电影，启动学校公益电影放映工作。积极协调相关部门，采购302套便携式太阳能电视机免费赠送给未通电的边远山区农村群众，解决未通电边远山区农户看电视难问题，此项惠民之举《四川日报》给予专题报道。

启动省、市公共文化服务专项建设，积极争取省、市、县财政补助公共文化体系建设经费预算1 577万元，建成省级示范乡镇综合文化站7个，在各县(区)新建社区书屋30个，配套相关设施和设备，并加强农村和社区公共文化服务机构建设，配备文化专干，积极培养农村文艺人才，夯实基层文化服务基础。加强对农村和社区书屋的管理，开展优秀农家书屋和优秀农家书屋管理员表彰活动。木撒拉村等18个农家书屋被批准为"四川省第一批创建示范农家书屋"。改善硬件，新闻快速反应能力大大提高。在市政府的关心支持下，解决广电中心大楼建设贷款所欠的银行债务1 800万元。投资1 500万元，解决电视转播车购置和小演播厅装修及设施、设备配置。购进广播新闻直播车，结束大型直录播"摆地摊"的历史，丰富了直录播形式，大大提高了广播电视的应急反应能力和新闻快速反应能力。新建广播直播间顺利投入使用，广播播出中心到黑山已建成3路信号传输。全市有线广播电视网络数字化建设进展顺利，安装数字机顶盒10万余户，全市有线电视数字化率从年初的6%提升至70%。对有线电视中心播控机房和设备机房实施改扩建，新增4套标清、12套高清和1套3D数字电视节目。

【公共文化共享】 2012年，根据文化部、财政部制定《关于推进全国美术馆、公共图书馆、文化馆(站)免费开放工作的意见》精神，攀枝花市图书馆、攀枝花市文化馆、攀枝花市开发建设纪念馆、攀枝花市大田会议纪念馆、44个乡镇综合文化站均在规定时限内全部实现免费开放。全国文化信息资源共享工程攀枝花支中心依托电子阅览室每周对外开放不少于48小时，平均每天接待读者35人次。做好维护图书馆网络安全、更新网站信息、提供电子资源免费查询、盲人有声读物专用软件等服务工作。全年根据省中心的安排部署，共组织开展网络培训11次，举办少儿和老年电脑知识培训3次，多次下乡到县(区)基层站点调研，帮助工作人员解决技术上的困难；对各县(区)34个村、社区基层站点进行抽查检验指导工作，并及时将培训反馈表上传省中心。开展电脑小报设计比赛活动、知识竞赛、群众摄影艺术作品展征集等活动，开展送书、送科技、送讲坛下乡33次，使人们深切感受到文化共享工程给大家的生产生活带来的便利和好处。

【公共图书馆】 2012年，市图书馆认真做好读者接待工作，让读者在图书馆能顺心借书、静心读书。坚持每周开放60小时以上，全年各部门共接待读者254 881人次(其中有夜班接待读者，含《攀枝花讲坛》、网站、报刊宣传栏人数，不含馆外借书点读者人数)；新办借书证1 032个，图书流通借出57 615册次，流通还回57 283册次；全年共交新书5 053册，做新书通报12期。办理电话续借596次。修补破损图书3 000余册。接受读者赠书485册，及时打印收藏证书寄发读者，已发放的收藏证书45张。加强地方文献收集、审校和典藏工作，收集地方文献126种386册，地方期刊54种216册，地方报纸8种。为和爱乡、新华村等11个基层图书室开展业务辅导，指导图书分类、管理、著录等业务知识。为全市图书馆管理员、农家书屋管理员、各基层站点管理员和基层文化专干开展集中业务培训6次。全年共开展送书上门和送书下乡活动7次，分别为米易县丙谷镇留守儿童之家、仁和区金叶度假村、米易县白马镇、盐边县红格小学、渔门镇中心校、博为学校仁和分校、市特殊教育学校共送书刊1 810册、农信参考500份、报纸40份，为大地书香新农村家园工程十个示范基层图书室共赠送图书2 500册。

【文化馆事业】 2012年，市文化馆全年坚持开展免费开放项目7项以上，在市中心广场开展《大家唱》273场，参与演唱约6 524人次；《大家跳》288场，参与66 850人次。开展《周日写生活动》55次，参加人数630余人次。开展《摄影艺术沙龙》活动12场，参加人数400余人次。

馆合唱团、京剧戏迷俱乐部、乐队、中老年舞蹈队、市摄影协会、市公安局合唱团、中国银行攀枝花分行合唱团长期在馆内开展活动。馆合唱团人数近200人，排练达到170余次；业余文化队伍共参加演出40余场，演出人数400余人。面向各单位、民间组织和市民群众免费开放场馆和设备、设施300余次上，来馆活动群众上万人次。美术组组织专业干部下基层，共辅导162天，辅导瓜子坪、盐边等10余个单位，辅导学员8 752余人次。音舞组派出业务干部下基层辅导500余人次，辅导基层单位30余个，基层群众约10 000人次以上。

打造攀枝花市首批10个"示范性乡镇综合文化站"。

文　物

【概　况】 2012年,攀枝花开发建设纪念馆共接待参观者1万人次,其中未成年人2 000多人次,接待包括大渡口社区、攀钢轨梁厂、全国人大机关党委、攀枝花市四中、攀枝花市六小、攀煤水泥厂等全国各地的单位共387家。大田会议纪念馆自2011年重新换展以来,吸引了不少参观者,2012年共接待参观6 000余人次,其中未成年人1 000人次,接待包括云南红河烟草集团公司、攀枝花钢城集团化工分公司、中国美术馆、大田中学校、川煤电力、仁和区大河社区党支部、四川省文物局等全国各地的参观单位170多家,其中外来单位有50家。

【第三次全国文物普查】 第三次全国文物普查活动,经过三区两县广大文物普查工作者5年的艰苦努力,共完成文物普查点3 189处,经省"三普"专家组论证后确认1 568处。经国家文物局最后核定,攀枝花市共调查登录不可移动文物413处,其中新发现文物366处、复查文物47处,消失文物44处。全市调查登记不可移动文物中古遗址类35处、古墓葬类129处、古建筑类113处、石窟寺及石刻类4处、近现代重要史迹及代表性建筑115处、其他17处。与1986年"二普"时期的56处相比,增加7倍之多,实现历史性突破。在四川省第三次全国文物普查总结表彰大会上,攀枝花市"三普"工作受到省人力资源和社会保障厅、省文化厅、省文物管理局的联合表彰,盐边县文物管理所获"四川省第三次全国文物普查先进集体"称号,市文物管理所普查骨干王军、仁和区文物普查队廖徐娜被授予"四川省第三次全国文物普查先进个人"称号。

【四川攀枝花三线建设博物馆】 作为市重点基础设施建设项目和攀枝花市文化基础设施的标志性建筑,四川攀枝花三线建设博物馆的建设被列为攀枝花市"急难险重"工作任务。2012年,完成工程的项目立项、可研报告、地质勘查、外观形象设计、水土保持、环境影响评价、项目建设用地、选址等前期工作。项目代建、招标代理、勘察设计单位的招标和确定工作也已完成。文物征集和口述历史采集工作已展开。制定《攀枝花市三线建设博物馆文物征集资金管理办法》和《攀枝花市三线建设博物馆藏品征集工作管理办法》。博物馆拟建"攀钢馆""十九冶馆""攀煤馆""交通馆""林业馆""电力馆""钒钛馆"等12个示范馆,文物征集范围主要从1964~1980年三线建设时期生产、生活使用的各种设施、设备、工具、生活学习用品及图片、文稿、证书等。王春才捐赠包括江泽民、张爱萍关于三线建设题词及小说《欧阳海之歌》彭德怀批注本、《彭德怀在三线》创作手稿等6件(套)珍贵文物。市电业局无偿捐献电影放映机、功放机等设备以及电影放映许可证、放映工作日记等文献资料。对中共安徽省委原副书记、省长傅锡寿等三线建设亲历者进行口述历史采集。

印刷·出版·发行

【印　刷】 2012年,全市共有印刷复印企业(含打字复印店)256家,其中出版物印刷企业3家、内部资料性出版物印刷企业4家、包装装潢企业3家、其他印刷企业34家、打字复印店212家,从业人员1 404人。全年共实现销售收入23 516.94万元,比2011年增长6.46%,利润总额915.44万元,比2011年减少5.66%,其中2家印刷企业年销售产值达5 000万元以上。

【出　版】 2012年,全市共出版报纸5种(其中校报1种),总印数2 003.8万份,比2011年减少4.2%;总印张34 096千印张,比2011年减少4.9%,实现销售收入3 708万元,比2011年增长4.3%;利润总额441万元,其中广告收入1 865万元,比2011年减少21.97%。报社从业人员221人。

全市共出版期刊2种,总印数1.5万册,实现销售收入30.6万元,利润总额9.8万元,其中广告收入4万元,刊社从业人员10人。全市共有报刊型内部资料33家,省内报刊社驻攀记者站4家。

【发　行】 2012年,全市共有发行单位189家、个体零售店161家、邮政系统报刊亭43家、音像制品零售店45家、音像制品出租店38家、出版物连锁经营企业直营门市10个(新华文轩9个、昆明新知1个),从业人员371人。全市共有农家书屋352个。全年发行业共实现销售收入2 033.4万元,比2011年增长10.75%,利润总额384.05万元,比2011年增长9.14%。

文化市场

【概　况】 全市共有文化市场经营单位466家,其中文艺表演团体2家、娱乐场所经营单位280家、互联网上网服务营业场所164家、艺术品经营机构20家。

【版权保护】 加快推进党政机关软件正版化工作,通过财政拨款、单位公用经费、部门自有经费等多种渠道落实采购资金,采取公开招标、协议采购等多种方式进行正版软件采购,全部完成软件正版化工作任务。61个市级部门采购正版操作系统822套,正版办公软件1 413套,共20 386万元;5个县(区)共采购正版操作系统2 521套,办公软件2 992套,共445.95万元。

接受作品版权登记咨询12件。制定《作品登记申请指南》，为需要作品登记的作者提供便捷服务。全市在国家及省版权事务中心已做作品登记的共有43项。

【文化产业】 2012年，市政府制定《攀枝花市关于加快推进文化产业发展的意见》。全市文化市场经营从业人员2 580人，经营面积409 258平方米，资产总计52 609.7万元，经营收入20 555.9万元，利润总额7 539.7万元。市级广电媒体经营收入2 097万元，广电网络经营收入3 060万元，电影票房收入达1 450万元。

【文化市场行政执法】 2012年，市文化综合执法支队以迎接中共十八大和省第十次党代会召开为重点，以打击网吧非法接待未成年人、规范出版物市场和文化市场安全工作为目标，先后开展两会、两节期间文化市场专项整治、知识产权保护专项行动、创卫复审、创文明城市、校园周边文化市场专项整治、迎接中共十八大文化市场专项保障行动、“扫黄打非”专项检查、出版印刷业专项整治、歌舞娱乐场所专项整治、乡镇文化市场专项整治、文化市场安全生产专项整治等各类专项整治行动。全队共出动执法人员1 285人次，检查音像、电子软件、书报刊、网吧、娱乐场所、打复印等经营单位2 016家次，处罚违规经营单位90余家次（含警告、责令整改），立案处罚26起，当场处罚15起，停业整顿1家，取缔“黑网吧”、无证经营场所及摊点16个，共收缴各类非法出版物96 600余册（碟），非法电视棒37套，罚款10万余元。

【“扫黄打非”】 2012年，陆续开展“迎接中共十八大市县（区）联合执法检查”“查堵反制香港政治性有害出版物专项行动”“集中整治淫秽色情出版物及信息专项行动”“春节前联合执法行动”“‘四二六’知识产权保护联合执法检查”“打击制售假冒伪劣商品及侵犯知识产权专项行动”“印刷复制发行监管专项行动”“中小学教辅材料出版发行专项检查”“出版物市场专项整治行动”“校园及周边出版物发行秩序集中整治行动”“查处取缔无证经营复印打印专项工作”等行动。分别建立《印刷复制企业管理台账》《出版物物流仓储企业管理台账》《出版物集中销售场所管理台账》《游商摊点主要分布区域管理台账》《出版物市场检查管理台帐》《督办案件管理台账》《举报线索管理台账》等七项台账，并形成季报制度。集中销毁各种侵权盗版及非法出版物127 600余册（碟），赌博游戏机22台，赌博机电脑板145块。

广播影视

【新闻宣传】 广电媒体始终坚持正确舆论导向，以迎庆中共十八大召开为宣传核心，精心策划，主动出击，推出一批有思想、有深度、有张力、有影响的宣传报道，充分彰显市委、市政府富民强市的发展理念，全面反映各行各业科学发展、加快发展、又好又快发展的新思路、新举措、新经验和新成果，为全市经济社会跨越式发展营造良好的舆论环境。积极做好“攀枝花两会”“五创联动”“迎庆中共十八大”等战役性宣传报道。媒体号召力不断增强，爱心送考、相亲汇、“冬日暖阳”“爱心午餐”“爱心书屋”“同一片蓝天下”等广电媒体活动品牌效应逐步形成。

积极推进和加强中国城市广播协作体、云贵川三省毗邻地区广播影视媒体协作等，区域合作异地采访、与全国60多家广播电台互动直播等合作形成长效机制。加大在上级媒体宣传攀枝花市的力度，全年在央视播出新闻17条、中央电台39条，在省电视台播出新闻206条、省电台播出新闻293条。

电视专题片和直录播节目水平不断提升，完成攀枝花宣传片《中国阳光花城》《同在一片蓝天下》等10多部专题片，并完成6场转录播任务。

节目创优成绩斐然，组织第十六届攀枝花广播电视节目奖评奖工作，从63件作品中评选出47件获奖。参加2011年度四川广播电视节目奖（新闻类）评选，3件作品获得优秀奖、11件作品获得提名奖，获奖率比2011年提高17.8%。

【安全播出】 为确保中共十八大期间广播电视安全播出，根据省广电局及市委、市政府安全播出工作会议及相关文件要求，攀枝花市立即行动，迅速部署，召开全市广播电视安全播出工作会，成立组织机构，完善预案，加强演练，督查督办，严格进行全面自查、复查、整改，不走过场，确保实效；召开全市安全播出领导小组扩大会，开展防无线插播市级综合演练，发布联合通告，市领导亲自带队督查，重要时段各相关部门集中到安播指挥中心统一协调调度指挥，认真迎接省局及省委、省政府检查，全面加强管理，健全制度，完善预案，明确责任，落实措施，确保安全播出工作万无一失。圆满完成春节、“两会”、省十次党代会期间及重要节假日期间的广播电视安全播出任务，确保了全年无任何安全播出事故发生。

（杨　忠）

文联工作

【领导调研】 2012年1月13日，市委副书记赵辉到市文联调研，市文联党组书记、主席李平汇报市文联近年来的工作情况和存在的问题。赵辉听取汇报后，提出几点要求：市文联要不断创新工作方法和工作理念，不断提升工作水平，不断加强文艺基础设施建设，对市政府已立项的“攀枝花文艺创作中心”要做好相关服务工作，要加快推进；对市文联“关于塑造攀枝花城市文化形象的课题研究方案”还要进一步提炼、充实、细化，为市委、市政府塑造攀枝花城市文化形象、建设区域性文化高地提供决策参考；对于市、县（区）文联目前存在经费紧张、人员编制少、文艺基础设施还不适应新时期文化大发展大繁荣之需要等问题，要求市文联首先要努力克服自身劣势，多联系社会，树立文艺工作的营销意识，紧紧围绕市委、市政府的中心工作，多谋划重点文艺项目，不断壮大自身实力。在开展全市文艺培训、邀请国内名家到攀枝花市交流、重点打造文艺精品力作和推出优秀文艺人才等方面要积极拓展思路，多方争取支持。文联和全市文艺事业发展中存在的问题和困难，市委、市政府将进一步创造条件，逐步加以解决。

【参与城市文化形象塑造筹划】 2011 年 9 月，市委副书记赵辉指示市文联就塑造攀枝花城市文化形象进行专题研究，并要求拿出具有指导性的策划方案。为此，市文联在多次组织专业人员到全市各景区、景点进行实地察看的基础上，结合考察其他城市形象塑造的经验，进行深入而广泛的讨论，并于 2012 年 2 月草拟《攀枝花市城市文化形象策划方案》。4 月 26 日，市文联应邀参加攀枝花城市文化形象塑造座谈会。座谈会上，市文联党组书记、主席李平从策划背景、基本思路、主要途径、具体项目建议、实施措施等方面对该策划方案进行全面解释。参与人员一致认为该方案对攀枝花市景区建设、景点设计、城市规划具有指导意义。赵辉在座谈会上强调，一个城市应具有独特文化形象的直观展示，随着攀枝花工业化和城市化进程的加快，塑造攀枝花城市文化形象的工作显得十分紧要迫切，要大力贯彻市九次党代会精神，努力把攀枝花建设成区域性文化高地，从根本上解决攀枝花人对这座年轻工业城市的认同感、归宿感，将攀枝花真正建设成为百万人民共同的精神家园。

【知名书画家进校园暨学生百米长卷现场展示活动】 2012 年 12 月 6 日，攀枝花市书画院、市美术家协会应邀参加攀枝花市第十九中小学第 17 届校园艺术节"知名书画家进校园暨学生百米长卷现场展示"活动。市政府副市长张敏，市政府副秘书长杨星坪，市教育局党委书记、局长孔炜等市、区领导和知名画家参加活动。第十九中有三百多名学生参加活动：百名学生跳校园韵律操、百名学生赤脚印画、百名学生画卷作画。书画家们以绘画、书法等艺术形式创作并将作品现场赠送师生。

【特殊青少年结对帮扶工作见面会召开】 2012 年 12 月 22 日，市文联"关工委"召开特殊青少年结对帮扶工作见面会，10 余名被帮扶的青少年和市文联的叔叔阿姨们度过了一个愉快的周末。在见面会上，市文联全体干部职工分别了解帮扶对象的家庭情况，并与帮扶对象交心谈心、交朋友，以掌握其思想动态，为今后的帮扶工作打下良好基础。活动得到市关工委的大力支持，市关工委副主任刘凤义等出席见面会并讲话。市文联党组书记、主席李平在见面会上强调，希望通过见面会，将市文联"关心下一代"工作提高到一个新的高度。会上向帮扶对象赠送书报杂志。

【新村共建和文化惠民活动】 12 月 27 日，市文联干部职工深入米易县麻陇乡中心村开展新村共建和文化惠民活动。针对中心村文化活动室科技资料和书籍缺乏的问题，市文联送去一批价值5 000余元的 12 种种养殖实用科技书籍和党刊资料，以此充实村文化活动室，供群众和中心村党员干部学习之用。对于麻陇乡中心村在发展万亩核桃基地和集贸市场建设中面临的实际困难，市文联将与市工商局一道竭尽所能给予支持。当天，还开展新春送福、送吉祥、送欢乐活动。文艺工作者为中心村群众奉上一台丰富多彩的文艺演出；书法家们挥毫为群众书写春联，摄影工作者为群众照全家福；同时，还为联系户送去新年慰问品。

【市文联知名文艺家被聘请为米易县文化顾问】 7 月 13 日，市文联党组书记、主席李平，市作家协会主席刘成东和市民间文艺家协会主席刘胜利 3 人被米易县委、县政府聘为米易县文化顾问。米易县委、县政府聘请文联知名文艺家为文化顾问，这是文艺工作为地方文化建设服务的新端口，为推动地方经济社会发展注入新的活力。

【文艺创作】 2012 年，出版徐召唤的中短篇小说集《芦花白，芦花飞》，钟少曦的三线建设题材长篇小说《裂谷燃情》等 10 多本书。徐召唤、马飚、甘文良、黄薇等小说家和诗人都表现出旺盛的创作激情，分别在《朔方》《四川文学》等省级刊物发表作品。市书画作品参加"《纪念延安讲话精神 70 周年》全国美展"等近 10 来个全国性美展，其中，梁云彬的国画作品《复活》在中国美术家协会主办的"2012 吴冠中艺术馆开馆暨全国中国画作品展"中获得优秀奖（最高奖），吴汉怀作品《巢》获四川省巴蜀文艺奖银奖，杨向宇作品《爱》获得第九届子恺杯中国漫画大展优秀奖，蔡光明到成都市、内江市等地举办岩彩画联展并有作品被收藏。普光泉的长篇小说《一个说纳西话的人》获"中国人口文化奖"和"四川省少数民族文学奖"，徐召唤的单篇散文《水乡厨具》获"孙犁散文奖"，徐良的单篇散文《我是"龙"的传人》获"中国年度散文"二等奖，还有诗词学会的杨树支和雷雨声分别获第十届"中华颂"全国文学艺术大赛一等奖和"华文诗歌奖"一等奖；

【作家签约】 2012 年 3 月，攀枝花市作家、攀枝花文学院院长周强成为巴金文学院 2012 年度签约作家，全省本年度共 8 人签约；马飚、黄薇、徐海涛、姚春早、杨解 4 人成为第四届攀枝花文学院签约作家。

【文艺表演】 2012 年 9 月 24 日，根据省委宣传部、省文联、省文化厅下发的《关于举办迎接中共十八大"唱响山歌——四川省首届传统民歌大赛"的通知》精神，由攀枝花市民间文艺家协会选送的盐边“阿咪子组合”，代表攀枝花市赴泸州市参加四川省首届“唱响山歌”比赛。此次比赛共有全省21个市、州代表队48支队伍参加，“阿咪子组合”声情并茂演唱的《格萨拉情歌》经过分、复赛的激烈角逐进入决赛，并最终获得优秀组织奖和优秀传承奖。

【著名文艺评论家廖全京应邀到攀枝花文学院参加座谈会】 2012年3月，四川省戏剧家协会主席、评论家协会副主席、著名文艺评论家廖全京应邀到攀枝花文学院，就攀枝花市作家钟少曦的三线建设题材长篇小说《裂谷燃情》进行把脉。座谈会上，廖全京提出了很多中肯的意见和建议。裂谷燃情》是攀枝花市第一部集中反映三线建设的长篇小说，2012年12月由中国文联出版社出版。

【“2012中国·星星大学生诗歌夏令营”活动在攀枝花市举行】 7月23日~26日，由中共四川省委宣传部、四川省作家协会主办，中共攀枝花市委宣传部、攀枝花市文联、四川师范大学文理学院、《星星诗刊》编辑部共同承办的“阳光花城之旅——2012中国·星星大学生诗歌夏令营”活动在攀枝花市举行，来自中国18所高校的近40名师生参加活动。中共攀枝花市委常委、市委宣传部部长沈钧，四川省作家协会副主席、著名诗人梁平，著名诗人龚学敏、李自国等出席开营仪式。中共四川省委宣传部副部长朱丹枫发表书面讲话；中共攀枝花市委常委、市委宣传部部长沈钧致欢迎辞，介绍攀枝花开发建设史以及攀枝花市的自然和人文特点等方面情况；座谈交流会上，攀枝花市文联党组书记、主席李平就“城市文化与诗歌创作的关系”发表看法，认为诗人应有担当精神。活动结束后，大学生诗人们以“阳光花城”为主题所创作的作品，分别由《攀枝花文学》《星星诗刊》以专号的形式刊发。

【四川省美术家协会副主席张国忠一行莅临书画院】 12月13日，应市文联邀请，四川省美术家协会副主席张国忠一行莅临攀枝花书画院，就攀枝花市重大题材美术创作的部分稿件进行认真的审议和指导，并初步确定两幅作品（由梁云彬、杨绍刚创作的《1965—弄弄大会战》和由攀枝花艺术学院院长吴汉怀创作的《成昆铁路》）作为四川省重大题材稿件带回成都市，以备最终评选之用，市文联副主席刘虹就攀枝花重大题材美术创作情况作详细介绍，张国忠一行认为攀枝花市美术工作者在重大题材创作方面已经走在全省的前面。

【中国国家画院唐虎泉一行到攀枝花书画院进行艺术交流】 10月27日，中国国家画院唐虎泉一行到攀枝花书画院进行为期2天的艺术交流。攀枝花市文联副主席刘虹，攀枝花市书画院院长梁云彬、原院长李良胜以及部分攀枝花本土画家与来访画家一道在攀枝花书画院工作室举行现场笔会。双方画家当场挥毫泼墨，以书画寄情怀，以笔墨写春秋，切磋书画技艺。并在座谈中就中国画艺术的继承与创新、传统与当代等话题进行交流。

【第七届“攀枝花文学艺术奖”颁奖大会】 2012年5月23日，中共攀枝花市委、攀枝花市人民政府在会展中心召开第七届“攀枝花文学艺术奖”颁奖大会。一批优秀的文艺人才和文艺作品脱颖而出，47件文艺作品榜上有名。获奖作品涵盖文学、平面艺术、舞台艺术、民间文艺、文艺评论、广电文艺等六大艺术门类，刘成东、马莎获文学艺术贡献奖。市委常委、市委宣传部部长沈钧出席颁奖大会，副市长张敏宣读表彰决定。市文联党组书记、主席、第七届攀枝花文学艺术奖评委会主任李平在会上作《评奖工作报告》。此届评出的绝大部分小说、诗歌作品均在国家级核心文学期刊上发表过，美术作品均在国家级重大美术展上展出并获奖，部分作品被中国美术馆、中央美术学院收藏。

颁奖大会由市政府副秘书长杨星坪主持。市委常委、市委宣传部部长沈钧代表市委、市政府在大会上作重要讲话，肯定了广大文艺工作者的文艺创作水平和为攀枝花文艺事业作出的成绩和贡献，要求广大文艺工作者深入人民群众和社会生活，注重创新，增强责任感和使命感，创作出更多更好的文艺作品。

【文艺机制建设】 2012年，市文联进一步完善签约作家机制，以重点题材规划作为选择签约的意向和标准，突出导向性、规约性和督促性，有力地推动了攀枝花文学艺术的发展。通过第七届攀枝花文学艺术奖评奖颁奖活动，进一步完善攀枝花市文艺创作激励机制，采取注重艺术质量和宁缺毋滥的评奖办法，为真正评选出高质量的文艺作品、奖励有突出贡献的文艺人才在制度上进行完善和保障。并就文艺人才培养机制建设做了进一步的探索和努力，通过派员到中央美术学院深造、参加中国文联举办的文学理论高研班等方式，为进一步优化文艺人才的知识结构，提升其文艺理论修养创造了良好条件。

（杨 解）

地方报业

【概 况】 攀枝花日报社下辖“三报一网一厂”：《攀枝花日报》《攀枝花晚报》《攀枝花广播电视报》、攀枝花新闻网、攀枝花日报印刷厂。

截至2012年年底，攀枝花日报社在编人数128人（编辑部56人、印刷厂72人），其中专业技术人员83人（高级职称6人、中级职称18人、初级职称59人）；大专及以上学历142人。招聘人员61人，其中中级职称2人、初级职称24人，大专及以上学历54人。资产总额2 926万元，净资产总额1 445万元。

2012年，攀枝花日报社在新闻宣传方面坚持“走基层、转作风、改文风"，"三报一网"各展所长，专栏专版形式多样，主题宣传特色鲜明，新闻报道精彩纷呈。全年共获得省级及以上新闻奖一等奖6篇，二等奖19篇，三等奖19篇；市级新闻一等奖12篇，二等奖30篇，三等奖26篇；好版面2个，好专栏3个，被全国知名网站转载稿件100余篇。

全年，报社党委建立西华师范大学实习基地、攀枝花日报社实习基地和攀枝花日报社青年记者论坛，全年共引进本科类新闻人才8人，接纳实习生10余人，发展论坛会员12人，上挂省级报刊锻炼2人，下派县（区）5人，外出参加培训12人次。同时在公开竞聘中优选中层领导干部18人，为报业持续有效和谐发展提供坚实的组织保证和人才支持。

全年，报社党委整合优势资源，成功实现晚报改版；非时政类报刊转企改制逐步推向深入；网络媒体发展迅速；党报进社区工作稳步推进。报社继续保持省级文明单位、省级园林式单位、市级卫生红旗单位等称号，获得2007～2012年度攀枝花市关爱留守学生（儿童）进城务工人员随迁子女工作先进集体、中国报业新闻社会活动精品案例公益成就奖，社会治安综合治理一等奖、绿化卫生工作一等奖、计划生育初级保健一等奖、会计结算工作一等奖、年度妇女儿童工作目标综合考核一等奖，党内统计、档案统计、劳资工作、保密工作、工会工作、群众信访、党委系统信息等工作均卓有成效受到表彰。全年广告收入1 615万元，实施品牌战略，拒绝刊登虚假和不良广告。

【深入学习贯彻中共十八大精神宣传】 攀枝花日报社"三报一网"提前进行总体策划和安排部署，确定宣传基调，落实宣传任务，配齐采编力量，为宣传好中共十八大精神夯实工作基础。在深入学习贯彻中共十八大宣传中图文并茂，声势浩大，亮点纷呈。

报社"三报一网"进一步创新报道形式，实施版面联动、报网互动。《攀枝花日报》陆续推出《建设幸福攀枝花喜迎中共十八大》《十八大代表风采录》《科学发展建设幸福攀枝花——喜迎中共十八大特别报道》等专栏20余个，共刊发稿件200余篇（幅）；《攀枝花晚报》推出《百姓看变化——迎接中共十八大特别报道》《数字看变化——迎接中共十八大特别报道》等动态性专栏5个，共刊发稿件、图片60余篇（幅）；攀枝花新闻网开设《喜迎中共十八大胜利召开》等栏目。

"三报一网"陆续推出《辉煌成就举世瞩目美好蓝图催人奋进——全市各族干部群众欢庆中共十八大召开》《科学发展建设幸福攀枝花——喜庆中共十八大特别报道》《十八大·解读》《十八大·声音》《十八大·人物》《十八大·花絮》《十八大·新闻回顾》等栏目，开通网页实时转播十八大盛况，对攀枝花市出席中共十八大代表进行动态报道。

报社精心策划并及时刊载学习宣传贯彻落实十八大精神的系列言论，同时设置《高举旗帜为全面建成小康社会而奋斗——深入学习贯彻中共十八大精神》专题网页，推出《市民寄语十八大》等聆听群众声音的互动话题，在全市范围内掀起学习宣传贯彻落实中共十八大精神的热潮，为攀枝花市继续解放思想、坚持改革开放、推动科学发展促进社会和谐、全面建成小康社会营造良好的舆论氛围。

【宣传贯彻省第十次党代会精神】 紧紧围绕"加快发展"的工作基调，报社"三报一网"在省第十次党代会会前推出《幸福攀枝花喜看新变化——迎接省第十次党代会特别报道》《攀枝花党建工作巡礼——迎接省第十次党代会召开》《幸福攀枝花·喜看新变化迎接省第十次党代会晚报特别报道》《攀枝花民营经济巡礼·庆祝省第十次党代会晚报特别报道》等专栏，集中反映攀枝花市经济社会加速发展的辉煌成果。

同时，报社在会议期间开设《连线省第十次党代会》专栏，刊发一批动态消息、通讯、图片及时宣传报道大会盛况，随后又及时刊登攀枝花市贯彻落实省第十次党代会系列评论员文章，开设《掀起学习贯彻省第十次党代会精神热潮》专栏，及时宣传报道各县（区）党政机关、各级各部门、企事业单位等社会各界学习贯彻省第十次党代会精神的情况，共刊发稿件100余篇、图片50余幅，为省第十次党代会胜利召开提供了舆论支持。

【学习贯彻市委九届三次全体（扩大）会议精神宣传】 攀枝花日报社在全面报道市委九届三次全体（扩大）会议的基础上，撰写刊发《加快发展底气何来？——论贯彻落实市委九届三次全体（扩大）会议》等5篇系列评论员文章，引导全市上下深刻理解、全面领会、认真学习贯彻会议精神和市委最新的战略决策。同时，推出《'五个带头'看行动'五个表率'看面貌》专栏，引导全市上下改进工作作风，狠抓落实，全面落实会议精神，为推进"三个加快建设"（加快建设中国钒钛之都、加快建设中国阳光花城、加快建设四川南向开放门户）、"三个走在全省前列"（在推进新型工业化新型城镇化、实现"两化"互动上走在全省前列；在推进新村建设、实现统筹发展上走在全省前列；在推进保障性住房建设、实现改善民生走在全省前列）、打好"六大硬仗"（打好资源综合开发利用的硬仗；打好建设宜居宜业百万人口大城市的硬仗；打好区域交通枢纽建设的硬仗；打好现代农业和新村建设的硬仗；打好建设全国著名阳光度假康养旅游目的地的硬仗；打好民生改善和社会事业发展的硬仗），奋力实现"四个翻番"（到2015年，地区生产总值、地方财政收入、城镇居民人均可支配收入和农民人均纯收入分别在2010年的基础上翻一番，固定资产投资总量在前五年的基础上翻一番）的工作目标营造良好的舆论氛围。

【两会宣传】 攀枝花日报社坚持版面创新，做优主题报道的工作思路，"三报一网"发挥报网互动优势，在《攀枝花日报》重要版面开设“观察”“焦点”“声音”“代表故事”“政协故事”“热评”等“两会”专栏，集中宣传报道“两会”盛况。

《攀枝花晚报》坚持贴近民生，从百姓视角推出《2012攀枝花两会特别报道》专刊，开设“两会动态”“两会数字”“两会观点”“两会现场”“两会人物”“两会连线”等栏目和新闻网“两会”互动宣传报道，共刊发专版20余个，刊登稿件100余篇(幅)。既提升“两会”宣传质量，又确保“两会”新闻报道的互动性、权威性、严肃性，同时增强报纸可读性。

【主题活动宣传报道】 2012年，攀枝花日报社充分发挥主流媒体舆论引领作用，深入基层，立足民生，全方位做好重大主题活动宣传报道工作，为建设幸福攀枝花，推进全市经济社会发展提供坚强的舆论支持。

围绕“五创联动”活动主题，营造良好社会氛围。攀枝花市“五创联动”活动开展以来，报社“三报一网”在重要版面开设《掀起“五创联动”高潮，全面建设幸福攀枝花》等专栏，刊登《我们的城市如何拥抱森林?》《小城之梦》等一批思考性强的通讯，并及时反映县(区)“五创联动”工作开展情况等稿件。

紧抓“两化”互动·统筹城乡发展战略宣传，助力幸福攀枝花建设。攀枝花日报社从2012年6月开始，陆续推出《“两化”互动统筹城乡建设幸福攀枝花》《突破瓶颈》《新村建设铿锵行》等一批反映攀枝花市各县(区)、部门在“两化”互动·统筹城乡发展中涌现的好做法、好经验、好成果的深度报道40余篇(幅)。同时开设《盘点2011年》《2012年开门红》等专栏，调动全市上下为建设幸福攀枝花而努力奋斗。

以“挂包帮”、“百千万·干群心连心”等活动为抓手，深化创先争优活动宣传。攀枝花日报社推出《“挂包帮”在行动——贯彻省第十次党代会精神特别报道》《百千万·干群心连心》等专栏，刊登《沙坝村:村民失地不离家》等一批记录基层群众在帮扶中得实惠的稿件;《“挂包帮”带来的“双赢”模式》等以点带面对“挂包帮”活动模式的探索的稿件;《走进深山的太阳能电视机》等反映边远山区看上太阳能电视的民生类稿件。同时，开设《“领导挂点、部门包村、干部帮户”特别报道》专栏，着重宣传报道攀枝花市在创先争优活动开展中的创新做法。共刊发相关稿件400多篇(幅)。

【突发事件舆论引导】 攀枝花日报社紧紧围绕市委、市政府中心工作，对民众关心的就业问题、水电调价、“八二九”矿难等重大敏感问题高度重视，加强对重大突发事件的舆论引导。

在应对8月29日肖家湾煤矿瓦斯爆炸事故、攀枝花大旱等突发事件中，报社“三报一网”反应迅速，精心策划，第一时间赶赴现场，推出《托起生命的希望》《一场正在进行的生命接力》《守护生命》《吹响抢救生命的集结号》《警钟长鸣彻底整改打一场安全生产翻身仗》等稿件和图片共150余篇幅，客观、真实地反映事件的进展情况，以及政府抢险、救援的积极措施，稳定群众情绪，“三报一网”应急宣传能力和水平得到市委领导和社会各界的充分肯定。

【联合举办“圆梦行动”资助贫困学子】 2012年，报社与市总工会继续联合开展“圆梦行动”。《攀枝花晚报》在重要版面开设“2012圆梦行动特别报道”专版，陆续推出大量贫困大学新生自强不息、社会各界为贫困学生奉献爱心的感人故事、贫困学生回报社会的真情故事以及爱心捐款动态等宣传报道。

2012年，“圆梦行动”共收到社会各界捐款237万余元，这也是“圆梦行动”开展8年来，捐款首次突破200万元。149名贫困学生受到爱心人士和热心企业的定向资助，其中69人达成协议长期结对帮扶。此公益活动不但让贫困学子真切地感受到党和政府的温暖，社会各界的爱心，同时也进一步提升《攀枝花晚报》的社会影响力。

【民生服务新闻宣传】 攀枝花日报社始终坚持“三贴近”(贴近生活、贴近群众、贴近实际)原则，坚持“大众情怀”“百姓视角”，立足民生服务，增强报道贴近性、针对性和实效性。

攀枝花日报社以“走基层、转作风、改文风”活动为抓手，刊发《编制“幸福网格”》《“小气鬼”背后的故事》《真情洒山乡》等反映贫困群众真实写照的稿件150余篇。

以毛泽东“向雷锋同志学习”题词50周年纪念日为契机，《攀枝花日报》在重要版面开设《道德观察》《传承和弘扬雷锋精神》《人物看台》等专栏，及时刊发动态新闻，深度报道随时跟进。通过发动“传承和弘扬雷锋精神”征文，开设理论专刊刊登优秀征文，形成宣传报道整体声势。

针对一年一度的中高考，报社推出“教育专刊·关注高考”专版20余个，从高校咨询会、部门保考、高考新政策、高考试题解读、高考成绩、志愿填报等方面入手，为考生和家长提供服务。

推出《丽攀高速攀枝花段今年将投资18亿元》《雅西高速干海子特大桥主体完工》《丽攀高速新庄特长隧道贯通》等系列稿件，全方位报道攀枝花市高速公路路况、收费、高速大巴开通的班次等内容，受到读者的青睐。

积极宣传攀枝花市关于百姓安居、社会保障、卫生医疗等方面的政策法规，持续关注攀枝花市保障房建设情况。重点关注基础设施建设、扶贫解困、就业促进等进展情况。

报社经济专刊版面积极探索与市场接轨新途径，推出房产、汽车、家居、旅游、财经等专刊，在丰富报道内容的同时，也带来一定的经济效益，并且受到业内的高度认可。同时特别策划《购物达人·秀出自己》《车轮上的攀枝花》《长假归来车比人累仔细体检谨防综合征》《机动车驾驶证申领和使用规定》等系列报道。

在国庆、中秋来临之际，《攀枝花晚报》重点策划，推出

32 个版的假日特别读本，增加“游乐专刊”“金沙专刊”。“游乐专刊”推出 7 个版的“吃住行游购娱”专题报道；“金沙专刊”以诗歌、散文、故事等形式，充分展现中国传统特色。

【舆论监督】 2012 年，攀枝花日报社积极发挥舆论监督作用，全年刊发反映民生问题的稿件2 000余篇，收到良好的社会效果。

攀枝花日报社在来信来访和热线电话反映的问题中，选择与市民利益密切相关、反映强烈的热点难点问题，通过认真调查核实后予以报道。尤其是针对市民普遍反映强烈的食品安全卫生质量、消费购物欺诈、噪音扰民等有碍社会和谐的问题，报社本着实事求是的原则对事实明确的坚决见报，发挥舆论监督作用，为维护社会稳定和建设文明幸福攀枝花提供舆论支持。

【报业发展稳步推进】 报社紧紧围绕市委“建设特色文化强市”的目标，抢抓文化产业发展机遇，进一步推动报业经济开始向多元化发展。2012 年，报社党委通过科学推进文化体制改革和提升办报水平等方式，整合优势资源，成功实现晚报改版；非时政类报刊转企改制逐步推向深入；网络媒体发展迅速；党报进社区工作稳步推进；基本清偿长达 10 余年的银行负债，进一步为报业经济多元化发展奠定基础，扩大主流媒体舆论影响力，增强市场竞争力。

档案事业

【概　况】 2012 年，攀枝花辖区内市级档案部门 1 个，县(区)级档案局 5 个，履行本地区档案行政管理和机关、团体、企事业单位档案保管、使用职能，均为当地政府直属事业单位。

攀枝花档案局按照国家、省档案部门和市委、市政府对档案工作的要求，以“三个体系”(档案资源体系、档案利用体系、档案安全体系)建设为核心，以服务民生为己任，以开展“档案基础业务建设年”为契机，开展档案工作基础业务年活动，加强档案法制建设、新农村档案示范村的创建，完善重大建设项目档案和专门档案管理，围绕抓好馆库建设、健全实体管理、加强档案整理、规范库房管理、完善基础设备、确保档案安全、夯实基础业务的工作思路，通过档案专项行政执法检查、规范化复查和业务指导工作加大监督指导力度，确保全市档案工作顺利完成。

全年全市档案系统的基础业务得到加强，综合档案馆库得到改善，米易县综合档案馆新馆投入使用，盐边县档案馆建设列为国家西部档案馆建设规划，并列入四川省“十二五”规划。新农村档案工作得到巩固，2012 年攀枝花市选择仁和区布德镇布德村和米易县草场乡华龙村、新山乡新山村、攀莲镇柳溪村作为村级档案文化信息综合管理利用新机制的试点。仁和区成功创建 1 个示范乡镇。档案资料征集范畴有所突破，除接收机关、企业、事业单位到期档案、征集名人和攀枝花老领导档案外，新增攀枝花地方特色餐饮档案、地方书画名人作品等资料，进一步丰富馆藏档案。档案资源开发利用取得良好社会效应，编辑《情系攀枝花——党和国家领导人视察攀枝花图片选辑》、《攀枝花市历届人民代表大会文件选编(第一集)》。新举办《中国苴却砚精品档案展》、继续开展《感动攀枝花十位共产党员事迹档案展》。

全年全市档案工作的薄弱环节在于在新农村建设工作中，乡镇、村(社区)人员缺乏，且流动性大，接受档案业务培训少，乡镇、村(社区)工作人员档案意识淡薄，未建立村委会换届档案交接制度，部分乡镇、村(社区)即使建立也存在执行不力的情况；另外由于新农村建设档案工作没有专项经费或经费严重不足，制约了发展，而相关涉农部门配合不力，也使得一些经济合作组织等农村新兴机构开展档案工作困难。

【档案资料收集】 2012 年，根据国家档案局 9 号令制定《攀枝花市档案馆收集档案范围实施细则》和《攀枝花市档案馆关于实施〈国家档案局发布的各级各类档案馆收集档案范围的规定〉的工作方案》，根据攀枝花市机构的变化情况调整档案接收名册。并对 1 个企业(攀枝花市产业投资经营有限责任公司)、2 个事业(攀枝花市第三人民医院、攀枝花市广播电视大学)共 3 个单位文件材料归档范围和档案保管期限表进行修订审批。

全年全市新增 2 个接收单位档案资料：攀枝花市电视台(攀枝花市文化广电新闻出版局下属事业单位)、攀枝花市救助管理站(攀枝花市民政局下属事业单位)共 257 卷永久和长期保存的文书档案接收进馆；新增门类——科技成果档案，征集攀枝花市科学技术与知识产权局的科技成果档案1 357卷，同时拟写《关于开展新增单位和新增门类到期档案移交进馆的情况汇报》。

全年对档案馆全宗名册进行清理，印发《攀枝花市档案馆 2012 年档案接收计划的通知》，按照档案法的规定，要求立档单位 1992 年以前形成的永久和长期保存的档案应移交进馆，截至 12 月 31 日，应接收档案为38 341卷(件)，实际已接收档案42 672卷(件)，市档案馆已按计划超额完成到期档案的进馆任务。已进馆档案全部整理上架，无积存。馆藏档案档号编制科学、规范。以“卷”为单位整理的档案按《档号编制规则》要求编制档号，以“件”整理的档案按《归档文件整理规则》要求编制件号、盒号、年度、保管期限等。建立健全馆藏档案的各种登记、统计台账，做到账物相符。建立规范的全宗名册，馆藏档案按照《全宗卷规范》及有关规定全部建立全宗卷，全宗卷的内容完整、详细。

按《攀枝花市现行文件服务中心有关工作制度的通知》，制定《现行文件(政府公开信息)收集制度》《现行文件

(政府公开信息)管理制度》《现行文件(政府公开信息)利用制度》,全年严格按照制度有效开展政府公开信息的收集、登记和利用工作,全年收集政府公开信息918份,经过初审可转为公开利用100份,已登记造册,对公众提供利用。全年应报送政府公开信息单位为37个,已报送19个,报送比例为52%。

全市馆藏档案内容得到进一步丰富,全年共收集征集档案资料1 110件,其中市档案馆征集到常隆庆各种档案资料269件;开展"攀枝花城市记忆"照片征集工作,形成200件图片资料;收集攀枝花市委原书记秦万祥62件珍贵照片档案;收集全市知名餐饮文化档案382件;收集全市知名书画家档案资料60件;全市各种有保存价值的资料137件。至年底,市档案馆整理市级领导照片、常隆庆照片档案等共7卷1 424张;修补、复印文件材料785页;对文书档案、照片档案著录并挂接全文共1 584条;打印归档笺169页;装订文件材料、全引目录1 584件。

西区档案局开展特色档案提前进馆工作,接收西区文管所2010年文物普查档案129件;征集平江天主教堂形成的档案资料66件(其中服饰10件,书、文件等资料15件,光盘1件,画像、实物、照片等40件)。

盐边县档案馆特色档案征集到中华人民共和国建立60周年、中国共产党建立90周年摄影作品250件,接收实物档案(印章)164枚,刁荣普题字1幅。

东区档案局完成司法公证档案进馆工作,涉及民事、经济、涉外三类,公证内容涉及亲属关系、夫妻关系、出生、继承、婚姻、委托等方面。此次移交进馆的司法公证档案形成于1984年~2010年,其中国内民事、国内经济2类,共4 585件、案卷目录20本。

【馆库建设】 2012年,米易县综合档案馆建成并投入使用。该工程于2011年动工,2012年9月竣工。新馆建设规模6 500平方米,全部投资为2 750万元,其中中央及省级投资1 200万元、地方投资1 550万元。新建档案馆采用保温工程、空气检测、防雷检测等技术,设施齐备主要包括建筑隔震支座、电梯、中央空调、气体消防,监控系统、无轨密集架。全部档案资料已于2012年10月中旬迁入新馆并作设备试运行,11月正式开馆。

盐边县综合档案馆建设列为国家西部档案馆建设规划,已列入四川省"十二五"规划。新馆基础工作已完成,初设方案已于9月通过省发改委批复。

【档案法制建设】 2012年,市档案局制发《攀枝花市档案局2012年度推进依法行政工作计划》,部署全年依法行政、依法治档工作。

11月6日~7日,攀枝花市人大常委会副主任张汝林率市人大教科文卫委员会成员对攀枝花市档案执法进行调研。现场考察米易县草场乡政府、龙华社区、草场乡卫生院、米易县档案局、市社保局、市医保局、东区向阳村街办朝阳社区和市档案馆8个部门贯彻执行《中华人民共和国档案法》情况。

为规范行政行为,市档案局制定《攀枝花市档案局重大决策听取意见制度(试行)》《攀枝花市档案局重大决策专家咨询论证制度(试行)》《攀枝花市档案局重大决策集体决定制度(试行)》《攀枝花市档案局重大决策实施情况后评估制度(试行)》《攀枝花市档案局重大行政决策公示、听证制度(试行)》《攀枝花市档案局重大行政决策合法性审查制度(试行)》《攀枝花市档案局规范性文件备案审查制度(试行)》《攀枝花市档案局规范性文件定期清理制度》。

配合省档案局开展档案立法调研工作,12月12日~13日,省档案局在攀枝花市对全市6个档案行政管理部门针对政策环境、业务工作、服务能力等32项工作进行调查,并邀请副市长张敏、市政府副秘书长杨星坪和市委组织部、市委宣传部、市发改委、市财政局、市人社局、市经信委6个部门主要领导参加座谈会,对攀枝花档案工作机构的设置、人员配备、工作经费等问题提出建议和要求,力促攀枝花市档案工作协调发展。

【档案行政执法】 2012年,市档案局制定《攀枝花市档案局关于开展2012年度档案行政执法检查活动的通知》,对业务指导工作中掌握的17个具有典型代表意义的省直管部门和市级部门作为行政执法检查对象,于2012年5~8月进行专项行政执法检查。

根据《攀枝花市人民政府办公室关于开展清理规范行政权力工作的通知》要求,组织开展清理规范行政权力工作,对2012年3月31日之前颁布的行政权力事项在规定时间内进行清理。清理后的行政权力共29项、其中行政审批(行政许可)3项、行政处罚5项、行政征收2项、行政强制1项、其他行政权力18项。编制行政权力外部运行流程图和行政权力的编码,报市政府法制办审批。

【重点建设项目档案管理】 2012年,根据《四川省档案局关于印发2012年全省重点建设项目名单的通知》,结合攀枝花市2012年重点建设项目,印发《关于印发2012年重大建设项目档案工作重点监控项目名单的通知》,对攀枝花市花城新区基础设施项目、世行贷款金沙江沿江整治、长江上游中心城市水环境综合治理日元贷款项目、炳仁路后段工程等21项重点建设项目的档案管理进行业务指导和项目档案管理登记,做到100%覆盖。3月,根据《重大建设项目档案验收办法》的要求与相关单位对"大竹河水利工程一期项目档案"进行专项验收。8月,与市林业局联合印发《关于进一步加强天然林资源保护工程档案管理工作的通知》,组成验收组对"天保工程(一期)项目档案"进行验收。

【农业农村档案】 2012年,攀枝花市选择仁和区布德镇布德村和米易县草场乡华龙村、新山乡新山村、攀莲镇柳溪村作为村级档案文化信息综合管理利用新机制的试点。通过试点，形成《攀枝花市仁和区档案局关于开展村级档案文化信息综合管理利用新机制试点情况调研报告》和《米易县村级档案文化信息综合管理利用新机制试点调研报告》。仁和区成功创建1个示范乡镇。

盐边县16个乡镇中有11个达到社会主义新农村建设档案工作示范标准，占68%；完成82个行政村档案规范化管理审批归档，完成24个村档案规范化管理验收，至年底，盐边县164个行政村档案室全部达到档案规范化管理省级标准。

【企业档案管理】 2012年，根据《四川省档案局四川省政府国有资产监督管理委员会〈关于进一步加强国有企业档案工作的意见〉》要求，市档案局与市国有资产监督管理委员会联合制发《攀枝花市档案局攀枝花市政府国有资产监督管理委员会关于转发〈四川省档案局四川省政府国有资产监督管理委员会〈关于进一步加强国有企业档案工作的意见〉〉的通知》；同时根据《企业档案工作规范》，对攀枝花市部分国有企业、民营企业的档案工作进行业务指导。全年共对8家民营企业提供16次指导服务，帮助部分民营企业初步建立档案管理体系。在攀枝花市39个国有企业和科技事业单位已全面实现规范化管理的基础上，为巩固已取得的规范化管理成果，全年对2006年和2009年实现档案工作规范化管理的11个企业、科技事业单位进行规范化复查，经复查全部合格。

【档案规范化管理】 2012年，按照《四川省行政规范性文件制定和备案规定》的要求，制定《攀枝花市国家综合档案馆收集档案范围实施细则》并报省档案局批准和备案。

指导全市各级机关、企事业单位认真贯彻实施《四川省档案工作规范化管理办法(试行)》，继续推进综合档案馆、机关档案室、企业、科技事业单位档案工作规范化管理。制定并印发《关于二〇一二年市属单位档案规范化管理复查工作的通知》。全市各级档案行政管理部门对78个机关事业单位的档案工作规范化管理进行监督指导，整体情况良好。业务处指导人员对攀枝花市2009年实行档案工作规范化管理的44个市属机关及科技事业单位(其中省一级标准单位19个、省二级标准单位25个)进行指导，并于2012年5~6月开展规范化管理复查工作，全部复查合格。同时对县(区)30个一标单位开展规范化管理复查工作，2012年规范化晋级6个单位。

【档案培训与宣传】 2012年，全市档案行政管理部门共组织18期业务培训班，参训人员772人。市档案局与四川省档案人员培训基地联合举办1期档案人员业务培训，参训人员133名。在市内举办继续教育培训，67名档案工作者参训。为加强信息化建设，市档案局于2012年6月举办1期"数字化档案馆知识讲座"，各县(区)档案局分管档案信息化工作和数字档案馆建设的领导及业务骨干、市档案局全体职工共35人参加培训。同时按省档案局要求，选派学员参加"四川省国有企业档案业务培训班""档案信息化建设培训班""重大建设项目及天府新区建设项目档案业务培训班"学习，共送培学员50人。

市档案局组织全市档案系统参加全国"飞狐灵通杯"档案法制知识竞赛，发出竞赛题1 000份；"一二·四"法制宣传日活动中，利用《法制宣传挂图》宣传各种法律法规，制作攀枝花市档案法制工作及档案工作成就的专题宣传片和宣传展板。同时发放宣传资料520份(册)，受教育600多人次。

全年全市档案系统在市级以上党报党刊共刊发宣传稿件5篇，在《中国档案报》《中国档案》刊发宣传稿件4篇，在《四川档案》刊发宣传稿件22篇。至年底，市档案局全年共向省局和"四川档案信息资源网"上报并被采用的信息32条。

【档案资源开发利用】 2012年，市档案局为再现党和国家领导人情系攀枝花的历史，铭记党和国家领导人对攀枝花开发建设和发展的关心，市档案馆编辑《情系攀枝花——党和国家领导人视察攀枝花图片选辑》。为客观系统地反映攀枝花市历届人大、政府工作主要情况，市档案馆结合攀枝花市2012年人大换届选举工作，利用馆藏档案资料编印《攀枝花市历届人民代表大会文件选编(第一集)》。

攀枝花市档案馆举办《中国苴却砚精品档案展》；组织攀枝花市实验学校360名中小学生到市档案馆参观《感动攀枝花十位共产党员事迹档案展》。全年全市6个综合档案馆的爱国主义教育基地共接受参观人次达900余人。

全年全市综合档案馆共接待档案查阅利用4 726人次，调阅卷宗12 229卷(件)，主要是婚姻核实、工龄证明、纠纷调解和工作查考，从近年档案查阅内容反映出档案的服务功能得到提升。

【数字化档案馆】 2012年，为保障市政府下达的重点任务的全面完成，市档案馆开展馆藏档案全文数字化加工工作，完成案卷级目录数据库占馆藏档案的51.2%，文件级目录占馆藏的76%。聘请10位工作人员成立数字化加工室，至12月底已完成文书档案91万页、照片档案47 973张、珍贵字画题词141件、录音(磁带)1 920盘的数字化加工工作。

为确保馆藏档案信息数据安全，规范馆藏档案信息数据管理，攀枝花市档案局先后出台《攀枝花市档案局(馆)档案信息数据安全制度》《攀枝花市档案局(馆)数据备份制度》，9月与绵阳市档案局签订《档案电子数据异地备份协议》，完成市档案馆重要档案刻盘备份异地保存工作。

(曾姗姗)

教　育

【概　况】 2012年，攀枝花市教育系统以建区域性教育高地为目标，以深入贯彻落实中长期教育改革和发展规划纲要为主线，以深化教育改革为突破口，以增加教育财政投入为保障，以教师队伍建设为关键，以实施教育重点项目为抓手，狠抓教育内涵发展，全力维护教育和谐稳定，努力办人民满意的教育，各项工作顺利推进。依据《攀枝花市"十二五"教育发展规划》，代市政府拟发了《攀枝花市中长期教育改革和发展规划纲要2012年实施方案》，明确了重点工作和工作措施。召开教育体制改革及贯彻落实《市纲》推进会，指导并督促各县(区)、市直属单位(学校)、局机关各处室认真总结教育体制改革及贯彻落实《市纲》推进情况，并提出了工作要求。"九项改革试点"(素质教育改革试点、义务教育均衡发展改革试点、职业教育改革试点、现代学校制度建设改革试点、教师管理体制改革试点、教师培养培训改革试点、中小学教育教学质量评价与监测改革试点、发展性督导改革试点、社区教育改革试点)工作有序推进，"九大重点工程"(教育体制改革工程、学前教育建设工程、基础教育总体战工程、义务教育学校标准化建设工程、职业教育基础能力建设工程、数字化校园建设工程、学校文化建设工程、名师培养工程、教育民生工程)取得新进展。2012年，全市大力发展和规范学前教育。全市学前一年幼儿毛入园率达99%以上，学前三年幼儿毛入园率为94.1%，比上年提高了0.3个百分点。推进义务教育均衡发展。2012年，全市小学入学率100%、毕业率99.98%、辍学率0.05%、完成率99.75%；初中入学率96.16%、毕业率99.89%、辍学率0.29%、完成率98.88%，各项指标保持或优于上年水平，全面达到了省政府规定的标准。强力统筹两类高中教育协调发展，2012年全市初中毕业生升学率达95.75%，比上年提高了0.17个百分点。

表18　　2012年攀枝花市教育事业发展情况

学校类别	学校数(所)	毕业生数(人)	招生数(人)	在校生数(人)	教职工数(人)	
					合　计	其中：专任教师
一、基础教育						
1. 普通中学	60	22 256	23 542	70 993	11 004	10 101
高　中	10	6 514	6 943	22 261	1 650	1 499
其中：民办	–	–	–	–	–	–
初中	50	15 742	16 599	48 732	3 852	3 521
其中：民办	1	20	20	85	33	19
2. 小学	237(含小学教学点174个)	16 860	12 541	84 821	5 502	5 081
其中：民办	–	18	9	87	–	–
3. 幼儿园	188	14 201	11 875	31 248	2 601	1 251
其中：民办	158	7 339	4 926	17 146	1 941	886
4. 特殊教育	1	13	12	152	40	30
二、中等职业教育						
1. 中等职业学校	4	3 476	6 046	15 179	735	538
其中：民办	2	546	1 251	3 062	187	122
2. 成人中等专业教育	–	–	–	–	–	–

说明：1. 普通中学教职工数11 004，专任教师数10 101为全市普通中小学教职工、专任教师总数。
2. 民办小学为九年一贯制学校，教师人数计入初中教师人数中。
3. 成人中等专业教育人数计入市电大，未单独统计。

基础教育

【学前教育】 2012年,全市教育系统全面贯彻《攀枝花市人民政府关于当前发展学前教育的实施意见》,继续组织实施《攀枝花市学前教育三年行动计划》。加强幼儿园基本建设,9所城乡公办幼儿园全部开工建设。加强幼儿园规范管理,出台《攀枝花市幼儿园等级评定暂行办法》,全市所有幼儿园达到"一教一保"要求。

【义务教育】 2012年,攀枝花市教育局制定下发《攀枝花市教育局关于推进县域内义务教育学校携同发展的意见(试行)》,将各县(区)义务教育阶段优质学校与薄弱学校结对进行帮扶,促使共同发展和提高。进一步修订完善义务教育考核奖励办法,着力巩固提高"两基"国检成果。特殊教育发展水平进一步提高,2012年,全市义务教育阶段在校残疾学生为734人,三类残疾儿童入学率达97.4%,比2011年提高1.6个百分点,全面完成省教育厅下达的目标任务。

【普通高中教育】 2012年,全市进一步规范普通高中招生秩序,稳控普通高中招生规模。全年全市普通高中招生6 943人,比2011年减少917人,在校学生人数达22 261人,比2011年增加1 063人,其中5所国家级、省级示范性普通高中在校学生数为14 964人,占所有普通高中学生人数的67.2%。积极推进普通高中新课程改革,全市所有普通高中任课教师均接受一轮培训。

【贯彻落实攀枝花市教育改革发展规划纲要】 2012年,攀枝花市大力实施《攀枝花市教育改革发展规划纲要》(以下简称《市纲》)和《攀枝花市"十二五"教育发展规划》。代市政府拟发《攀枝花市中长期教育改革和发展规划纲要2012年实施方案》,并下发到各级教育机构,明确重点工作和工作措施。召开教育体制改革及贯彻落实《市纲》推进会,指导并督促各县(区)、市直属单位(学校)、机关各处室认真总结教育体制改革及贯彻落实《市纲》推进情况,提出工作要求。"九项改革试点"工作有序推进,"九大重点工程"取得新进展。全年编发教育体制改革试点工作简报9期,完成2012年度市教育规划纲要实施方案确定的目标任务。

【法制建设】 2012年,攀枝花市教育系统全面推进依法行政,对教育行政权力进行清理,规范教育行政执法、加强规范性文件的管理等工作。深入推进依法治教,制定实施全市教育系统"六五"普法规划,贯彻落实《中小学生法制教育指导纲要》,推进领导干部、公务员、学校校长、教师和青少年学生法制宣传教育工作。全面加强依法治校工作,创建第五批市级依法治校示范学校13所。大力推进各级各类学校信息公开和办事公开。

【教育督导】 2012年,全市大力推进督导基本制度建设,加强督学队伍建设,完成第四届54名市政府督学、第二届70名市政府教育督导团督导评估专业委员会的推荐、评审、公示和聘任工作,"两个"专家群体的整体素质得到大幅提高。坚持督政督学,指导盐边县顺利通过省政府教育督导团督导评估。启动义务教育均衡发展专项督导。大力推进"中小学发展性教育督导"的落地研究,2012年教育发展性督导研究所有子课题取得实质性进展。

【对外交流与合作】 2012年,全市教育系统加快"引进来、走出去"步伐,拓展学生国际文化教育交流项目,与四川大学海外教育学院签订合作协议,协调指导市第15中学校与四川大学海外教育学院达成合作协议,开办国际班,招生40多人。推荐国家公派汉语教师2名。推荐20名符合条件的外派教师,建立侨办外派教师储备库。继续实行外籍教师登记报告制度,加强外籍教师管理工作。

【藏区"9+3"免费教育】 2012年,攀枝花市有藏区学生647人,其中市经贸旅游学校330人、市建筑工程学校317人。积极努力,多措并举,2009级320名藏区"9+3"学生全部落实就业岗位,就业安置率达100%。至年底,2010级145名藏区"9+3"学生中,已落实111人参加顶岗实习。

【民族地区教育】 2012年,攀枝花市制定并实施新一轮民族地区教育发展十年行动计划,积极做好行动计划项目库的建设、申报、评审和实施工作。民族地区教师队伍建设水平、学前三年教育毛入园率和高中阶段教育毛入学率进一步提高。

【民办教育】 2012年,全市落实民办教育法律法规政策,重点加强对东区、西区民办学前教育的指导和管理。开展2011年度全市民办学校办学情况评估和年度审查工作。年底全市民办学校201所,其中196所年检评估合格、停办4所、未参加年检评估1所。开展2009~2011年财政资金支持民办教育统计,有力督促县(区)设立民办教育发展专项资金,促进民办教育发展。

【德育工作】 2012年,全市充分发挥主渠道作用,贯彻落实《社会主义核心价值体系融入中小学教育指导纲要》,树立创新意识,加强德育实践活动。积极开展青少年科技创新活动,有36个项目获第27届四川省青少年科技创新大赛奖励,有6个项目获第10届四川省青少年科技创新大赛奖励,有10名学生、6名科技辅导教师、3所学校在第4届攀枝花青少年科技创新市长奖评选活动中受到表彰。认真做好评优表彰工作,2012年评选、表彰省、市"三好"学生1 163人、优秀学生干部579人、先进班集体199个;德育工作先进单位26个,优秀德育工作者32人,优秀班主任(辅导员)79人,优秀思想政治(思想品德)课教师35人。

【智育工作】 2012年,攀枝花市教育系统进一步建立和完善学校教育教学质量评价与监测体系,对教学质量实施有效监控。深化课堂教学改革,全力推进普通高中课堂教学改革。教育科研工作全面加强,取得一批教学科研成果。中小学教育教学质量显著提高,全市高考再创新高。普通高考高位攀升:本科上线2 736人,比2011年增加322人,增长13.39%,上线率为39.63%,比2011年增加2.09个百分点,超全省平均水平3.29个百分点;其中重本上线557人,比2011年增加99人,增长21.62%,上线率为8.07%,比2011年增加0.97个百分点,超全省平均水平1.74个百分点。艺体高考和高职高考再创佳绩,全市艺体考生本科双上线295人,上线率达35.08%,比2011年增长1.62个百分点;全市高职高考上线111人,专科以上上线率达58.4%,超全省平均水平13.5个百分点。各类高考成绩逐年提升,表明攀枝花市义务教育教学改革取得实质性成果,基础教育质量大幅提升。

【体育、卫生、艺术、国防教育】 2012年,全市教育系统全面贯彻中央7号文件(补文件名)精神,开展学生阳光体育运动和冬季长跑运动,落实"学生每天1小时校园体育活动"。认真贯彻实施《国家学生体质健康标准》,全市乡(镇)中心校以上学校施行面达98%以上,达标率93%以上。全年全市有近110所乡中心校以上学校测试数据直接上报国家教育部,排全省第二。圆满完成2012年全市高中阶段教育学校招生体育考试工作。加强艺术教师研修和素质能力培训,积极组织参加省第7届中小学艺术节参赛活动,在省第7届中小学音乐教师基本功比赛中,获一等奖1名,二等奖2名。组织参加省第8届中小学生优秀艺术人才大赛(攀枝花赛区)比赛,共有3 779名学生获奖。贯彻实施教育部《中小学校健康教育指导纲要》,2012年无重大传染病流行现象发生。

【改善中小学校办学条件】 2012年,攀枝花市努力增加教育财政投入,管好用好教育经费。全面落实国家、省、市关于加大财政投入的有关要求,依法落实教育财政拨款"三个增长"。2012年市本级安排教育改善办学条件及资金补助计划8 790万元,争取到中央、省各类专项资金14 747.2万元。全力抓好校安工程的实施。至年底,校安工程累计完工学校311所,完工率100%,完工单体项目1 149个,完工率100%,完工面积1 646 269平方米,完成率100%。积极协调市级有关部门,督促有关县(区),扎实推进主城区学校建设。市第40中小学校于2012年秋季学期建成并投入使用,市第27中小学校、市第36中小学校、仁和区51阳光家园小学已开工建设。安排落实其他各类专项工程项目资金3 000万元,重点实施农村义务教育薄弱学校改造、农村教师周转房建设工程、民族地区教育发展十年行动计划等一批重点项目建设,改善农村和民族地区学校办学条件,有力地推进义务教育学校标准化建设。加强学校信息化建设,完善各级各类学校教育信息化体系,积极实施"班班通、堂堂用"工程。全年全市教育技术装备经费投入3 075.73万元,按新标准装备学校10所,装备微机1 393台,新建网络教室21间,新增图书338 920册。

【教师队伍建设】 2012年,全市教育系统狠抓师德师风建设,教师职业道德水平有新提升。坚持把师德师风建设摆在首位,制发《攀枝花市中小学教师职业道德"十禁"补充通知》《攀枝花市教育局关于对在职教师从事有偿家教的处理办法(试行)》,全市1万余名中小学教师签订不违规补课、有偿家教承诺书,有力规范了教师从教行为。认真做好评优选模工作,推荐评选第五批攀枝花模范校长和优秀教师20人。大力实施四川省中小学教师素质能力建设"三大计划"(中小学骨干教师成长计划、农村教师专业发展计划、中小学教师学历学位提升计划)。加强各级各类骨干教师的动态管理,开展2012~2014年骨干教师评选活动,共评选出市级学科带头人104名、市级骨干教师1055名、县级学科带头人94名和县级骨干教师1 068名,县级以上骨干教师占专任教师的比例达到24%。按照"面向全员、倾斜农村、侧重骨干、强化师德、聚焦教学"的原则,大力开展教育行政干部、中小学校校长、骨干教师、农村教师、教育课程改革等各级各类培训,全年完成国培、省培、市培计划6 349人。认真做好教师岗位管理工作,落实岗位设置实名制管理。认真开展教职工编制的清理及核编工作,落实编制实名制管理,全市中小学教职工配置更趋合理。认真落实教师各项待遇及激励政策,全部兑现非义务教育学校绩效工资,兑现骨干教师津贴,兑现高中阶段教育学校教育教学质量奖、义务教育质量奖、教育督导奖。启动“百村支教行动”，选派100名城区学校小学各学科教师，以全职支教的方式到100所村小承担教学、培训、科研等支教任务，提高农村教师整体素质。加强名师工作室和专家团队的建设，新成立3个名师工作室。积极争取，开展中小学职称改革试点工作。努力做好教育系统高层次人才培养工作，全市有42人被评为市级突出贡献专家、学术技术带头人及后备人选，有8人被评为省突出贡献专家、省学术技术带头人、省突出贡献专家和学术技术带头人培养人选。认真做好人才引进工作，全市全年引进教师441人。认真实施教师资格制度，认定教师资格633人。

【民生工程】 2012年，全市教育系统认真做好义务教育“两免一补”工作，对义务教育阶段学生144 889人全部免除学杂费，对农村义务教育阶段学生91 028人全部免费提供教科书，做到“应免尽免”；对农村义务教育阶段家庭经济困难寄宿学生22 127人发放生活费补助，做到“应补尽补”。全年共下达“两免一补”补助资金9 600.34万元。为受助范围内的农村义务教育阶段家庭经济困难寄宿学生22 006人提供每周5元的免费肉食，市、县（区）共安排补助资金441.52万元。全面落实普通高中家庭经济困难学生资助政策，下达落实到各普通高中学校国家助学金共939.9万元，资助贫困学生12 000余人次。全面落实中等职业学校学生资助政策，下达各级资金1 087万元，春季学期资助中职在校学生9 772人，秋季学期对中职学生16 262人免除学费。积极推进生源地信用助学贷款工作，共办理737人，发放贷款约375.5万元。圆满完成高校新生入学资助项目、中央彩票公益金项目、滋蕙计划、励耕计划、省属高校毕业生就业学费奖补工作等各项社会教育助学项目工作，资助各级各类学生7 879人。在仁和区、盐边县、米易县三个省级试点县（区）全面启动农村义务教育学生营养改善计划，按照每生每天3元的营养膳食补助标准，为全市225所义务教育学校（不含县城学校），约55 000名学生提供免费营养餐。制定《攀枝花市高寒山区学生温暖工程实施办法》，市、县（区）财政安排落实资金200万元，通过政府采购为全市16个高寒山区乡（镇）寄宿制学生配备免费卧具，同时结合农村寄宿制学校建设，配套解决饮水、洗澡等问题，进一步改善全市高寒山区学生学习和生活条件。认真做好进城务工人员随迁子女平等接受义务教育工作，全年全市进城务工人员随迁子女在校生达21 207人，占全市义务教育学校学生人数的15.9%，比2011年增加0.9个百分点。进一步加强全市898名农村“留守儿童”的教育和管理。

【招生考试】 2012年，全市教育系统深入实施招生“阳光工程”，建成国家教育考试标准化考点9个、指挥中心15间、保密室6间和标准化考场596间并投入使用。圆满完成高中阶段教育学校招生统一考试、普通高校和成人高校招生考试及高等教育自学考试各项工作任务。全年成人高校招生考试各类考生报名总人数7 045名，比2011年增加917名，增长15%，创历史新高。高等教育自学招生考试报考9 459人次、17 359科次，分别比2011年增长12%和11%。普通高考全市录取6 107人，录取率81%，高于全省（录取率为76%）5个百分点。

【教育系统党建】 2012年，全市教育系统不断提高教育系统党的建设科学化水平，加强理论武装，推进学习型组织建设。积极开展基层组织建设年活动，进一步加强领导班子和干部队伍建设，深入落实“城乡党组织互助工程”，推进“挂包帮”工作；深入开展“五创联动”进校园活动，切实推进“四川省文明城市创建”工作。抓好教育系统党风廉政建设和政风行风建设。深入开展政治纪律教育和廉政宣传教育，提高教育系统党员和领导干部的责任意识、公仆意识、服务意识；切实落实党风廉政建设责任制；建立和完善教育系统惩治和预防腐败体系基本框架；加强教育政风行风建设，开展政风行风建设年活动；进一步规范教育收费工作，全年共接到各类信访举报20件，所有举报问题均已核查办理，其中查处乱收费3起，清退违规收费金额56万元；继续推进廉政文化进校园、进机关工作。

【安全和维稳】 2012年，全市教育系统全面加强学校安全工作，全年全市教育系统未发生校园安全责任事故，落实安全生产“一岗双责”制度，修改完善市教育局安全生产责任体系相关制度，落实目标责任；强化日常管理，加强师生的安全教育，积极组织开展安全演练活动，强化师生安全意识和应急能力。切实维护教育系统的稳定，进一步深化社会稳定风险评估工作，积极开展关系群众切身利益的矛盾纠纷“大排查、大调处、大化解”活动，及时化解社会矛盾纠纷；认真落实信访工作制度，着力解决义务教育阶段学生就近入学、教师有偿补课、非义务教育学校绩效工资改革、民办教师待遇等信访突出问题，细致做好全国、省、市两会、中共十八大、春节、国庆节等重点时段及敏感期、特殊事件期间的维护稳定工作。

【全市教育工作会】 2012年3月7日，攀枝花市人民政府召开教育工作会。会上，市教育局党委书记、局长孔炜总结2011年的教育工作，并对2012年全市教育工作进行安排部署；表彰2011年教育工作突出的县（区）政府、钒钛产业园区管委会和市教育局直属系统，并为他们颁发获奖证书。会议签订2012年教育工作目标责任书、攀枝花市中小学校舍安全工程2012年度攻坚责任书、学前教育项目建设2012年目标责任书。会上，市委常委、宣传部部长沈钧要求各相关部门加强组织领导，积极落实责任，认清当前教育工作的形势，把握攀枝花市教育工作实际，按照“三个走在全省前列”（在推进新型工业化新型城镇化、实现“两化”互动上走在全省前列，在推进新村建设、实现统筹城乡发展上走在全省前列，在推进保障性住房建设、实现改善民生新突破上走在全省前列）的工作要求，坚持“五个带头、五个表率”（要带头坚持理想信念，做始终忠诚党和人民事业的表率；要带头真抓实干，做千方百计为攀枝花人民谋福祉的表率；要带头坚持群众路线，做密切联系群众的表率；要带头坚持精诚团结，做顾全大局的表率；要带头坚持清正廉洁，做风清气正的表率），下决心解决教育资源结构性矛盾，积极推动与攀枝花产业发展相适应的职业教育，扎实推进教育内涵发展，全力维护教育和谐稳定，努力办好人民满意的教育。攀枝花市人民政府副市长张敏就2012年教育工作提出相关要求。

其他教育

【中等职业教育】 2012年，全市教育系统积极推进职教集团组建、职教资源整合工作。分别以市经贸旅游学校、市建筑工程学校为依托组建攀枝花市现代服务业职业教育集团和攀枝花市工业职业教育联盟，市信息职业技术学校顺利并入市经贸旅游学校。认真做好中职招生工作，全年全市各中职学校招生7 925人，比2011年增加534人，超额完成省教育厅下达的7 000人的招生任务，全市中职在校生总数达19 683人，比2011年增加678人，招生职普比达到5.1∶4.9，在校生职普比达到4.7∶5.3，职普比更趋合理。进一步加强中职学校基础能力建设，设备设施不断完善，办学条件有效改善。积极推进国家中等职业教育改革发展示范学校创建工作，市经贸旅游学校、十九冶技校（十九冶建校）已成为示范学校立项单位，市建筑工程学校创建工作深入推进。

【成人教育】 2012年，全市加强成人学历教育，努力办好攀枝花广播电视大学。成人高校共招生7 706人，成人高校在校生达15 752人。继续保持高标准扫盲成果。

（兰 洋 邬 婷）

高等教育

攀枝花学院

【基本情况】 攀枝花学院是教育部布点在川西南、滇西北唯一以工为主的地方综合性普通本科院校，其前身是始建于1983年专科层次的攀枝花大学，2001年经教育部批准改建为本科院校并更名为“攀枝花学院”，2007年顺利通过教育部本科教学工作水平评估。学校实行“省（四川）市（攀枝花）共建共管，以市为主”的管理体制，设置电气信息工程学院、机械工程学院、土木与建筑工程学院、数学与计算机学院、人文社科学院、外国语学院、经济与管理学院、艺术学院、材料工程学院、生物与化学工程学院、资源与环境工程学院、交通与汽车工程学院、医学院、临床医学院、继续教育学院（继续教育处）等15个二级学院及思想政治教育教学部、体育部等2个教学部。有四川省钒钛材料研究技术工程中心（钒钛资源综合利用四川省重点实验室）和检测中心等2个科研机构。校内设置图书馆、学报、档案馆（史志办）、现代技术教育中心、就业指导中心、教师发展指导中心、科技创业产业园、卫生院、计算中心、心理健康教育中心等10个教辅单位及党政群团部门18个、企业化管理部门1个。年内经调整，学校共有41个本科专业、40专科专业，涵盖理、工、文、法、经、管、医、艺、农等9个学科门类。建有国家级特色专业1个（材料科学与工程），省级特色专业7个，省级精品课程9门；国家重点实验室1个（国家钒钛检测重点实验室）、省级工程中心1个、省重点实验室1个、省高校重点实验室2个、省实验教学示范中心3个、市级重点实验室和工程中心11个、校级研究所11个。形成以工为主、多学科兼容，普通高等教育、高等职业教育、成人高等教育协调发展的办学格局。

表 19　　2012 年攀枝花学院基本情况

类　目	数　量	类　目	数　量
一、学生情况(单位:人)		2. 专任教师数	819
1. 普通高等教育在校学生总数	14 963	3. 正高级职称数	63
普通本科生数	12 651	4. 副高级职称数	250
普通专科生数	2 312	5. 博士	55
2. 普通高等教育招生数	4 035	6. 硕士	515
普通本科生数	3 212	四、办学条件	
普通专科生数	706	1. 固定资产总值(万元)	60 621.43
3. 普通高等教育毕业生数	3 355	2. 校园占地面积(万平方米)	84
普通本科生数	2 663	3. 校舍面积(万平方米)	49.24
普通专科生数	692	4. 教学科研仪器设备总值(万元)	11 210.25
4. 成人教育在校生数	4 657	5. 图书馆面积(万平方米)	1.69
成人教育毕业生数	666	6. 纸质图书册数(万册)	113.6
成人教育招生数	1 917	7. 教学用计算机台数(台)	3 942
二、学科及专业设置(单位:个)		8. 省级工程中心	1 个
1. 本科专业数	41	9. 省级重点实验室	1 个
2. 专科专业数	40	10. 省高校重点实验室	2 个
三、教职工构成(单位:人)		11. 市级重点实验室及工程中心	11 个
1. 教职工总数	1 030	12. 校级研究所	12 个

【第五届本科教学工作研讨会】 2012 年 7 月 6 日,学校召开第五届本科教育教学工作研讨会暨中心组学习扩大会。会议围绕“深入学习贯彻高教三十条,建设地方高水平特色大学”这一主题,从学科专业建设、卓越人才培养、课程教学改革、实践教学创新等方面对学校的本科教育教学工作的开展以及如何提高人才培养质量等问题进行深入的研讨。会议收到各类研讨论文 40 余篇,汇编为《攀枝花学院第五届本科教学工作研讨会论文集》,建设地方高水平特色大学的理念深入人心。

【院系设置调整和学科专业建设】 2012 年,学校调整二级学院设置,撤销工程技术学院,成立资源与环境工程学院、交通与汽车工程学院、临床医学院;土木工程学院更名为土木与建筑工程学院,机电工程学院更名为机械工程学院,计算机学院更名为数学与计算机学院。成功申报车辆工程、金属材料工程、新能源科学与工程、秘书学、商务英语等 5 个本科专业及汽车电子技术、道路桥梁工程技术、工业分析与检验、供用电技术、金融管理与实务等 5 个专科专业,撤销生物技术及应用、供热通风与空调工程技术、计算机系统维护、装潢艺术设计、艺术设计、旅游英语等 6 个专科专业。调整后,学校共设置 15 个二级学院、2 个教学部;41 个本科专业,40 个专科专业,开设专业涵盖理、工、文、法、经、管、医、艺、农等 9 个学科门类。“机械设计制造及其自动化”专业被列为 2012 年四川省本科院校“专业综合改革试点”省级立项建设项目,“冶金工程”被省教育推荐申报教育部“专业综合改革试点”项目。

【人才培养改革】 2012 年,学校遴选物流管理等 4 个专业、1 个班级,共 5 个项目作为学校人才培养模式改革试点专业或班级进行立项建设;启动校级“卓越工程师、法律人才、医生教育培养计划”试点专业的申报及建设工作,批准化学工程与工艺、土木工程、软件工程、材料科学与工程、冶金工程、电气工程与自动化、机械设计制造及其自动化、临床医学(本科)、法学、汽车服务工程等 10 个专业作为校级“卓越计划”试点专业立项建设,其中化学工程与工艺、电气工程与自动化、软件工程、土木工程、冶金工程、材料科学与工程、机械设计制造及其自动化等 7 个专业列为 2012 年度四川省卓越工程师教育培养计划立项名单建设。

【课程教学与实践教学】 2012 年,学校开设课程共1 914 门、上课班级 878 个、上课教师1 337 人次;开设素质选修课程 112 门;组织开展省校级精品开放课程的建设工作,已完成5门省级精品开放课程的预报工作，并开始启动新一批次校级精品开放课程的申报工作；布点的校级重点学科共承担省市级科研项目30余项，发表论文200余篇，其中核心期刊72篇，EI、SCI、ISTP等收录50余篇，出版专著2部、教材2部；组织教师参加国家精品课程师资培训，送培教师30人次；开展校级教育教学成果奖评选工作，48项校级教育教学成果获奖，成果完成人受到表彰；开展“攀枝花学院第七届教师风采大赛”，进一步提高教师整体教学水平。

完成学校2012年实验室建设计划，拟建医学技能仿真实验室等45个实验室；积极做好电工电子、材料科学、力学等3个省级实验教学示范中心的建设工作；与攀钢集团公司等单位合作，共建“攀枝花学院——攀钢集团公司大学生校外实践教育基地”等4个校外实践教学基地；批准“特殊函数的计算机仿真研究”等71个学生创新实验项目立项；组织学生参加全国大学生英语竞赛、全国大学生数学建模竞赛等26项各级各类学科竞赛，获省级以上奖励82项目，共160人次。

【继续教育】 2012年，学校通过多种渠道开展继续教育的招生宣传，完成成人高等教育招生2 509人，应用型自学考试852人；学历教育招生共3 361人，同比增长16.3%。大力推广非学历教育考试，全国计算机等级考试报考人数11 654人，同比增长54.4%；全国英语等级考试报考人数853人，创历史新高。举办各类短期培训，培训人员达26 700人次。校本部共安排完成2 584人，69个专业，482门次，共14 836学时的面授教学工作；安排指导2010级23个专业，共824人完成毕业实习和毕业论文的写作、答辩工作。

【学生奖助学】 2012年，学校积极做好学生资助管理工作，为1 080名学生办理约600万元的生源地助学贷款；完成奖助学金评审工作，为4 824人发放国家奖助学金约1 600万元；完成李嘉诚特别助学金、广州助学金等社会奖助金的评审发放工作，资助金额18.4万元；做好应征入伍毕业生学费代偿工作和贫困新生入学绿色通道工作，为26名入伍新生办理学费补偿，共计约36万元，为442名新生办理“绿色通道”手续，保证了贫困新生顺利入学；利用企业助学金，资助50余名家庭困难学生完成学业。

【普教招生和就业】 2012年，学校面向全国19个省（市、自治区）计划招生4 035名，实际录取新生4 101名，新生报到3 904名。举办大中型就业“双选会”3场、专场招聘会196场，提供就业岗位约11 000个；建立大学生“见习、实习、就业、创业”四位一体的信息资源基地，新建毕业生就业信息资源基地13个、毕业生就业实习基地41个；举办校院两级困难家庭毕业生就业双选会13场，218名困难家庭毕业生与用人单位达成就业协议；设立“困难家庭毕业生帮扶基金”，对280名困难家庭毕业生进行帮扶。2012届毕业生共3 618人，取得毕业证书学生3 367人，毕业率为92.7%；取得授位资格的本科毕业生2 541人，授位比例达89.6%；就业总人数3 575人，就业率达98.81%，其中本科为99.40%、专科为96.73%，超过全省的平均就业率12.81个百分点。

【科研工作】 2012年，学校积极组织项目申报，争取到各级科研立项73个，其中省级项目6个、市厅级项目55个、横向项目12项，科研经费总额1 009万元，创历史新高。努力拓宽科研合作领域，搭建科研平台，与宝鸡钛产业协会、重庆大学、攀钢集团冶金工程技术有限公司、攀枝花钢城集团有限公司等多家单位签订科技合作协议；获准与中国钢研科技集团、攀枝花钒钛研究院共同组建“攀枝花钛及钛合金研究所”，与攀枝花钒钛研究院共同组建“四川钒钛产业技术研究院”；与省市出入境检验检疫局联合成功申报“国家钒钛检测重点实验室”，实现国家重点实验室零的突破；成立攀枝花学院社科联，成为四川省社科联团体会员。组织科研成果申报，对34项项目结题验收，其中国家自然科学基金1项，省科技厅科6项，省规划办1项，市科技局21项，省教育厅6项；申报省级成果鉴定1项、市级成果鉴定3项，申报省级成果奖1项、市级成果奖1项，科研成果获得市级科技进步二等奖2项；举办校园专利活动和发明创造竞赛，收到专利成果304件，获得专利授权101项；发表核心期刊208篇，EI、SCI、ISTP收录105篇，学术著作16部。与攀枝花钒钛产业园区管理委员会共同成立学校产学研合作办公室，实现科研成果产业化项目2项，签订专利转让项目2项，预计实现科研成果产业化产值2亿元。加强大学生科技创业孵化园的建设，完成科学技术孵化园的前期工作。

【师资队伍建设和职称工作】 2012年，学校引进博士研究生2名，硕士研究生26名，招考紧缺专业的本科生4名。至年底，学校共有硕士学（历）位以上教师570名（其中博士45名、在读博士23名）；选送13名教师到国内知名高校做高级访问学者；组织参加省哲学社会骨干教师培训10多人次，省岗前培训100人，拟出国人员培训30人。认定19名高层次人才，其中第四类人才17人、第五类人才2人。推荐评审省市级各类专家41人次，其中“四川省有突出贡献专家”2名，“四川省学术和技术带头人及后备人选”17名，“四川省学术和技术带头人培养资金资助项目”3名，“攀枝花市创新人才奖”4名，“攀枝花市首批高层次人才省级专家、学术和技术带头人培养人选”6名，“攀枝花市首批高层次人才市级专家、学术和技术带头人”9名。完成对学校第四届学术梯队7名拔尖人才、30名学科带头人、26名学术骨干的中期考核工作。

向省高评委推荐44名教师参加高级专业技术职务评审，其中申报教授19名、研究员1名、副教授23名、高级实验师1名，至年底，学校共有正高级专业技术人员63人。工商管理学科获得教授任职资格学科评议权，这是学校首次取得正高级专业技术职务的省级评议权；英语语言文学学科获得副教授任职资格学科评议权；工商管理、材料科学与工程等2个学科的副教授任职资格学科评议权通过省教育厅的复核；年底学校工商管理、材料科学与工程、电气工程、英语语言文学等4个学科分获教授、副教授的学科评议权（省级）。

【绩效工资改革】 2012年，根据国家、省、市有关事业单位绩效工资改革文件精神，结合学校客观实际，反复讨论修改，拟定《攀枝花学院绩效工资实施方案》，完成新一轮的收入分配改革，教职工收入不同程度增加，工作积极性得到进一步提高。年底，根据市政府有关文件精神，学校对岗位津贴进行调整，提高津贴分值，教职工待遇进一步改善。

【对外交流与合作】 2012年，学校积极推进研究生联合培养工作，招生专业发展到材料学、材料加工工程、材料物理与化学、机械电子工程、机械制造及自动化、机械设计及理论、电力电子与电力传动、电力系统及其自动化、信号与信息处理、岩土工程、企业管理等11个专业。2012年，西华大学将攀枝花学院单独列为一个招生单位进行独立招生，学校招收联合硕士研究生18人，涵盖专业8个，在校研究生人数达到50人。加强国际合作与交流，继续加强与英国斯旺西大学、美国罗伯特莫里斯大学的合作；招收2名外国留学生；选派2名学生赴瑞典哈姆斯塔大学学习，1名学生赴英国斯旺西大学攻读硕士学位；组织1批（3人）赴奥地利、德国访问，选派2名教师分赴斯旺西大学和阿伯丁大学进行访问学习。校友工作全面推进，成立上海、成都、资阳校友分会，宁波、重庆、深圳及攀枝花市三区两县校友分会正在筹建中；完善校友信息数据库，追踪校友信息近3万条；加强校友工作信息化建设，建立"攀枝花学院校友总会"网站。

【校园文化建设】 2012年，召开校园文化建设研讨会，明确校园物质文化建设的方向和宗旨；成立校园文化建设工作领导小组，为校园文化建设工作提供组织保障；召开省高校校报研讨会，成为省高校校报常务理事单位；实施大学生素质拓展工程，研发"攀枝花学院大学生素质拓展信息化管理平台"，推动学生综合素质管理的网络化、信息化建设；组织校运动会、社团文化艺术节，科技文化节、创业设计大赛、大学生"挑战杯"、阳光讲坛等校园文化活动，丰富学生第二课堂；培育优良教风，宣传师德建设先进典型，表彰优秀教育工作者17名、师德标兵8名、优秀教师27名；开展校歌征集、二级学院办学理念凝练工作；推进学校主体雕塑、西苑大门、森林音乐广场、校史展览馆、读报长廊等校园文化项目建设；四川博物院"大篷车"流动博物馆走进学校，丰富学校的文化生活；完成校史的撰稿任务，获"攀枝花市第二轮修志工作"二等奖。学校获"2011年度攀枝花市精神文明创建工作先进单位"称号。

【送温暖活动】 2012年，工会协助校级领导，在元旦、春节、教师节等节日走访慰问离退休干部、重病教职工、困难教职工，发送慰问金共27 200元；关爱女教职工，举办女性健康知识讲座，"三八"妇女节为女教职工526人发送慰问金共52 600元；"六一"儿童节为有14岁以下孩子的教职工家庭发送慰问费共19 850元；开展全校教职工生日慰问活动，充分表达对教职工的人本关怀；完善教职工住院医疗保险互助会制度，1 482人参加（含离退休人员）互助会，至年底共220人次报销住院费用136 436元；组织校教职工抗旱救灾，共筹集捐款54 145元。

【后勤服务】 2012年，为进一步提高后勤保障服务水平，学校加快后勤综合服务大楼建设，年底该项目已进入施工阶段；推进附属医院新住院大楼建设，完成新门诊急诊医技大楼占地搬迁工作；完成西苑运动场场平工程、励志楼加层施工、教职工活动室改造、西苑食堂维修、第二家属区油烟管道改造、西苑排污管道工程、校园地形图修补测量和C区北片区规划工作；稳步推进西苑校区校内道路、西苑大门、医学实验楼、游泳馆、校史馆、科技综合大楼等基础设施建设工作。加强学校房屋管理，提高房产利用率。加大食堂食品安全的监管力度，对食堂硬件设施进行改造，提高后勤服务水平和质量。

【党建工作】 2012年，学校召开第一次党代会，完成新一届领导班子的选举工作；认真落实《中国共产党普通高等学校基层组织工作条例》，完善党的基层组织设置，现设有分党委7个，同意5个二级学院筹建分党委；制定《中共攀枝花学院委员会关于在创先争优活动中开展基层组织建设年的实施意见》，对全校22个直属党组织现状进行全面调查摸底，明确今后学校基层党组织建设的思路；制定《关于做好党员组织发展基本信息每月报送的通知》，完善学校党员基础数据；制定《关于认真做好2012年发展学生党员工作的通知》做好学生党员发展工作；开设入党积极分子培训班3期，培训学员1 613人；选拔6名副县级干部、2名党群系统科级干部，推选出副厅级后备干部1名，进一步优化干部队伍结构；安排15名干部外出培训，对83名基层党务干部进行基层党务工作培训；与国家教育行政学院远程培训部签署《中国教育干部培训网与攀枝花学院合作开展干部远程培训协议》，建立"攀枝花学院干部在线学习中心"；制定《攀枝花学院党建工作研究实施办法》，确定课题6项；接受省委组织部对干部人事档案工作的检查工作，达到优秀等次；成立四川同心·专家服务团攀枝花学院分团；实落"百千万·

干群心连心”活动精神，对口帮扶群众250人；7人当选政协第八届攀枝花市委员会委员；12人成为攀枝花市首届党外知识分子联谊会成员；学校被授予“攀枝花市东区十届人大代表选举工作先进集体”称号，医学院党委获得“攀枝花市创先争优活动先进基层党组织”称号，3人获得“攀枝花市创先争优活动优秀共产党员”称号。

组织学习贯彻党的十七届六中、七中全会精神；制定《中共攀枝花学院委员会关于学习贯彻中共十八大精神的通知》，邀请市委书记刘成鸣到校做“学习宣传贯彻十八大精神”的报告；组织召开党委理论学习中心组学习扩大会，安排全校教职工对中共十八大精神、省第十次党代会精神、市委九届三次全会精神、《教育部关于全面提高高等教育质量的若干意见》文件精神等的学习14次；学校获“2011年度党委中心组理论学习组织工作先进单位”、“攀枝花市2011年度思想政治工作考核优秀工作单位”称号，继续保持“全国文明单位”称号。

（莫家莉）

四川机电职业技术学院

【基本情况】 四川机电职业技术学院（攀钢党校）〈以下简称学校〉是攀钢集团有限公司（以下简称攀钢）投资举办的一所普通高职学院。学校占地面积约65万平方米，建筑面积约24万平方米，有马家田、金江两大校区，固定资产1.93亿元（不含土地资产）。

2012年末，学校有全日制在校学生7 623人，有教职工608人，其中教师360人。学校教学科研仪器设备资产总值5 323万元，设置与专业配套的实习室、培训车间和实验室64个、校外实习实训基地248个。有计算机1 011台，图书馆馆藏图书50.98万册，较2011年增加4万余册。有400米和300米塑胶跑道绿茵运动场各1个，标准游泳池2个，多功能室内体育馆2座，有沙滩排球场、多功能活动中心、形体训练厅、学术报告厅；建有与国际互联网相连的校园网。学校设电子电气工程、机械工程、信息工程、材料工程、管理工程、基础、政治理论教学、实训实验等教学系部，共开设电气自动化技术、钢铁冶炼、计算机网络技术、机械制造及自动化、材料成型与控制技术、工业分析与检验、数控技术、市场营销等32个专业。现有国家级和省级教学改革试点专业6个、省级精品课程11门、省级教学名师2名，省级教学团队1个。

【职业教育与培训】 2012年，学校主动适应攀钢二次创业和社会领域对高技能人才的需求，采取脱产、业余、联合、送教上门、基层宣讲等办班形式，面向攀钢、服务攀钢，服务社会，充分发挥学校干部职工培训的主阵地作用，为攀钢及社会各领域培养了大批人才。全年完成各类培训2.8万人次。其中举办党群类、管理类、技术技能类、综合类等培训班约1.8万人次，组织完成技术比武、特种作业、技能鉴定等各类考试1万人次。

学校继续加强与省、市等地的培训战略合作，积极开拓全方位培训市场。与杭州富铭、市工业园区、东方钛业开展培训合作，承接中小企业培训项目，开发“绩效管理培训”“班组长降本增效培训”“煤化工特种作业资格培训”“攀枝花市中小企业家培训”和“富邦订单班培训”等30个社会培训新项目，取得较好的规模效应，学校与市教育局合作开展GYB（创办你的企业）培训，与市人社局开展创业实训培训；多次承接攀枝花市、攀钢集团、钢城集团的技术大赛的组织和考试工作。

学校积极开展与省内知名高校合作，提高培训总体水平。与成都电子科大签订校校合作协议，就层次人才培养工作方面开展合作，拓展学校培训工作。首次承接省高职院校骨干教师培训项目。采取“师带徒”的培养模式，学员深入攀钢各厂矿参加生产实践，掌握企业生产应用中的新知识、新技术、新工艺，特色培训项目得到了普遍赞誉。

【教学科研】 2012年，学校继续把推动专业和课程建设作为教学管理的重点，完善教学质量保障和评价体系，探索实施教学督导工作新机制。修订“教学督导工作细则”及“教学督导工作流程”，进一步规范教学督导工作环节。全年共组织期初、期中、期末较大规模的教学质量检查6次、专项检查4次。全年组织完成5个新专业和3门省精品资源课的申报工作。完成中高职衔接“3+3”培养方案的设计，制定3个专业中专段教学计划。重新修订近30个专业的教学计划，组建500多份试题库，完成100多门课程标准的修订。新开设的钒钛资源利用技术专业、工业分析与检验技术专业（五年高职）实现首次招生。

学校认真组织各类考试和技能鉴定工作，开展各专业核心课程的教考分离工作，严把考试关，培养学生良好的学习风气。全年共组织自主招生、计算机等级、英语等级等各类大型考试10多次。学校积极构建具有区域特色的教育信息化公共服务体系，变革教育教学方式，与中国移动攀枝花分公司合作建设数字化校园，并获得移动公司价值200多万元的设备和软件支持，学校教学条件进一步改善。已完成教务、人力资源、实训、培训和学生等管理工作系统的调试，校园数字化建设取得一定成效。2012年，学校完成各类科研课题17项（省级项目5项）、出版教材16种、发表论文123篇、获得专利2项。

【人文与素质教育】 2012年，学校积极发挥各教学系部作用，进一步完善学生工作制度，制定下发《关于强化学工系统基础工作的通知》，开展第七届“育人杯”竞赛，强化各学生党支部要着力抓好基础工作，推进精细化管理，及时掌握学生状况，做好学生教育管理工作，进一步提高工作质量和效率。学校完善辅导员（班主任）管理相关制度，出台《四川机电职业技术学院辅导员、班主任岗位设置与津贴发放办法（试行）》，对学生党支部书记、辅导员岗位职责与工作量作进一步规范，分流富余人员，调整辅导员津贴发放，极大地调动了辅导员、班主任的工作积极性。

为提高学生的安全防护意识，增强急救常识，帮助学生正确应对突发安全事故，维护校园的安全稳定，加强学生安全教育，学校举办2期“救护知识培训”。为帮助学生正确应对自然灾害，提高学生应急逃生技能，组织“五一二”抗震应急疏散演练。学校积极开展心理健康教育工作，举办“新生适应大学生活”等心理健康系列讲座；共接待来访学生267人次，团体辅导380余人次，危机干预7人次，举行心理素质拓展训练8场次；认真组织开展“5·25”大学生心理健康教育宣传周活动，举办第十三届“宿舍文化月”活动，举办2012“校园无烟月”活动。

【学生资助与奖励】 2012年，学校全力为困难学生开展资助工作。为完善学生管理服务体系，学校积极贯彻落实国家大学生城镇基本医疗保险政策，完成在校学生参保工作，全年共有6 764人参保。为6 764名学生办理意外伤害保险及校方责任险，为272人办理生源地助学贷款审核及回执打印。26名学生获得总额为5.2万元的广州助学基金；49名中职学生享受人均1 500元/年的中职助学金。

【招生与就业】 学校积极挖掘办学潜力，全年招收全日制高职新生3 000人，其中三年制高职专科2 267人、五年制高职专科470人、五年制转录263人。招收成人学历教育生771人，现有各类成人学历教育在籍学生1 900人，其中各类本科教育1 400余人、专科教育500余人。

2012年，学校加强单招考试环节监督力度，改革出题和阅卷方式，探索单招工作管理办法，从565名考生中选拔录取400人，优秀学生和特长生生源报考率大幅提高，参考率和录取率较2011年提升300%，单招工作得到省、市领导的充分肯定。学校积极发挥教育资源优势，与四川大学、昆明理工大学、西南科技大学、川师大等院校合作，开展函授、网络、自考等本科教育，成人教育工作取得显著成绩。

学校完善就业服务指导，促进就业观念转变。通过开展课堂教育、系列讲座等形式，做好毕业生就业创业指导。全年共有毕业生2 048人，提供就业岗位4 400多个，推荐就业1 986人，毕业生就业率97%。

【对标挖潜】 2012年，学校建立对标挖潜指标体系，并将指标层层分解落实到责任主体。对标挖潜覆盖学校各方面工作，基本形成全过程、全方位、全员参与的对标工作格局。通过对标挖潜，降本增效，学校在人力资源管理、财务管理、教学质量、培训质量、科研成果、节能降耗等方面取得明显成效。全年优化在岗职工16人，减少劳务用工18人，各部门在岗位人员逐年减少的情况下，确保工作质量和任务的完成。学校选拔和重点培养5名青年科技人才及10名A类专业带头人，组织近40名教师下厂实践锻炼，60多名教师到企业调研学习。学校人才队伍结构更加优化，人力资源管理更加科学。学校积极开展修旧利废，提高材料使用效率，改进原有的实习手段和设备，保障教材零库存。降低实习耗材消费，实习成本节约费用5万多元。改革考试模式，降低印卷成本，降低低值易耗品使用。加强汽车修理费、油费等管理，节约费用近7万元。对锅炉房进行太阳能改造，节约用煤费用15万元。学校加强水电巡查维修，杜绝跑冒滴漏，水、电等消耗大幅下降，其中用水88万吨、用电299万千瓦时，比2011年少用水20万吨、少用电58万千瓦时。

【党建工作】 2012年，学校党委根据省委教育工委和攀钢党委的要求，坚持党的教育方针和社会主义办学方向，服从服务于攀钢二次创业大局及学校中心工作和发展目标，围绕发展抓党建，抓好党建促发展，继续深化学习实践活动，认真贯彻中共十八大精神，落实全国、四川省高校党建工作会议和宣传思想工作会议精神及攀钢有限公司党委2012年工作要点，以改革创新精神全面加强党的建设。学校重视领导班子建设，发挥两级领导班子作用，出台加强两级领导班子建设实施意见。认真开展“面对面、心贴心、实打实，服务在基层”活动，学校领导深入各部门与广大教职工交流恳谈，召开14场座谈会，沟通拉近距离，交流凝聚共识。学校创新党建工作载体，完善党总支（支部）工作目标管理体系。深入开展“创先争优”活动和“先锋·旗帜”主题实践活动，把党组织建设与学校重大工作、系部自身建设紧密结合，增强党组织活动的吸引力、创造力和工作效率。学校当年申请入党学生2 000多人，发展学生党员323人，转正41人。

学校把党建工作与关注民生结合起来，认真落实国家政策，做好职工的养老保险工作，为符合条件的教师办理国有企业职教退休教师待遇专项补助。组织离退休职工男、女队参加退管中心乒乓球比赛，建立离退休和息岗职工QQ群，分片区组织离退职工活动6次400余人。全年走访慰问住院职工、困难职工和老干部等160人次4.4万元。为27名正退职工购买纪念品1.5万元，发放生日费、重阳节慰问费等7.8万元。为577名教职工办理省总工会住院医疗互助保险，赔付38人次2.4万元。

（周官强）

体育·卫生

体　　育

【管理机构】　2012年，攀枝花市有市体育局、市体育总会、市全民健身指导委员会，有市级单项体育协会10个；县（区）级体育行政主管部门5个、体育总会5个、全民健身指导委员会5个、单项体育协会36个；44个乡镇、16个街办均成立体育健身活动领导机构，44个乡镇均建立综合文化站和老年人体育协会，130个社区全部建有社区文体活动中心；全市有健身辅导站197个。

【全民健身活动】　2012年，攀枝花市体育局认真实施《全民健身条例》，深入开展全民健身活动。年内开展2012年全国“全民健身日”系列群众体育活动，举行中老年排舞、健身秧歌、健身球操比赛，全市第九届三人制篮球比赛，国民体质测试，公共体育场馆免费开放等系列全民健身活动；开展纪念毛泽东“发展体育运动、增强人民体质”题词60周年活动，举行全国第九套广播体操通讯赛四川选拔赛攀枝花赛区比赛，全市第四届“俱乐部杯”乒乓球比赛、第8届棋类比赛、第27届钓鱼比赛等群众体育活动；开展重大节庆假日群众健身活动，举行元旦节越野赛、春节趣味体育活动、元宵节登山活动、“五一节”足球比赛、国庆节和中秋节体育展示活动。

【群众体育竞赛】　2012年，攀枝花市全年举行市级群众体育竞赛35次，开设乒乓球、篮球、棋牌等20余个比赛项目，2万余人次参加；各县（区）、各行业系统举行群众体育竞赛近50次，开设健身球操、乒乓球、广播体操等20余个比赛项目。

全年，攀枝花市组队参加全国、全省群众体育比赛并取得优异成绩，获得四川省地掷球锦标赛男、女团体第一名，女子双打第一名，女子单打第一名，男子三人第一名，男子双打第一名；获得四川省老年人太极拳（剑）比赛集体项目优胜奖4个，个人项目金牌7枚；获得全国健身气功比赛集体项目一等奖1个，二等奖1个，个人项目铜牌1枚；获得四川省健身气功交流比赛大会集体项目《易筋经》《八段锦》一等奖，个人项目金牌2枚；获得四川省第五届象棋“棋王”争霸赛第一名。

【假日体育健身活动】　2012年，攀枝花市体育局认真组织重大节庆假日群众体育健身活动，逐步引导市民树立“假日体育”健身理念，举行第三十八届元旦越野赛、春节趣味体育活动、元宵节市直机关第十一届登山活动、“五一节”全市第七届五人制足球比赛、国庆和中秋节体育展示及趣味体育活动。

【社会体育指导员培训】　2012年，攀枝花市体育局为推动全民健身活动开展，全年举办全市性的太极拂尘、健身腰鼓、柔力球、彩绸舞、太极拳、门球等6期体育骨干培训班以及数期小型体育骨干培训班，培训体育骨干800余人。为推行《社会体育指导员等级制度》，培训107名二级社会体育指导员，各县（区）分别培训审批120名三级社会体育指导员；选派5人参加四川省一级社会体育指导员培训，选派2人参加国家级社会体育指导员培训。

【残疾学生青少年体质测试】　2012年11月16日，为关爱残疾学生青少年身心健康，了解残疾学生青少年体质状况，攀枝花市体育局在攀枝花市国民体质测试中心首次开展全市残疾学生青少年国民体质测试活动，来自攀枝花市特殊学校以及有关单位的150余名残疾学生青少年参加体质测试，为每位参测人员出据体质报告和运动处方，为疾学生青少年开展体育健身活动提供科学依据。

【启动工间操活动】　2012年，为深入贯彻国务院《全民健身条例》、《全民健身计划（2011～2015）》，攀枝花市体育局积极指导全市机关、企事业单位和人民团体广大干部职工开展工间操活动，印发《关于开展工间操活动的通知》，明确工间操为“全国第九套广播体操”；与市电视台合作开设“阳光体育汇”栏目，通过宣传全民健身活动和科学健身知识，引导广大干部职工积极参与健身活动；举办全国第九套广播体操培训班，为全市各机关、企事业单位、人民团体以及相关单位培训一批骨干人员；号召各单位工、青、妇等群团组织充分发挥引领作用，指导本地本单位职工、青年、妇女等积极参加工间操活动。

【备战“省十二运会”】 2012 年，攀枝花市认真制定备战“省十二运会”工作方案，全力推进各项备战工作，成立“攀枝花市备战省十二运会工作领导小组”，建立健全相关职能机构；修订完善《攀枝花市备战省十二运会备战总体方案》，确保备战工作有序推进；分解备战目标任务，各业余训练责任单位分别与市政府签订目标任务责任书；制定《攀枝花市备战四川省第十二届运动会运动队管理办法》、《攀枝花市业余训练工作评估办法》，加强对训练单位、教练员、运动员的管理；制定《攀枝花市参加四川省第十二届运动会奖励办法》，以充分调动参赛各方积极性。

攀枝花市体育局精心组织、合理安排、搞好培训、深入检查，做好青少年运动员注册工作，提交上传1 204名运动员注册信息，通过年度锦标赛和补充注册，全年最终注册成功706 名，在备战“省十二运会”周期内累计成功注册1 109名青少年运动员，为攀枝花市参加“省十二运会”打下坚实的人才储备基础。

【青少年体育竞赛】 2012 年，攀枝花市体育局、市教育局结合参加省运会的项目、群众性基础好的项目、新兴发展的趋势项目、安全系数相对较高的项目，举办足球、篮球、游泳等10 个项目市级中、小学生年度体育竞赛。

全年，攀枝花市体育局积极组队参加国家级、省级青少年体育竞赛，获得全国少年儿童垒球比赛第五名；选派 818名运动员参加四川省年度锦标赛，在田径、游泳等 22 个大项的比赛中，获得取得金牌 24 枚、银牌 17 枚、铜牌 41 枚，总分2 511. 81分的成绩，多支运动队获得“体育道德风尚奖”，攀枝花市青少年业余训练水平得到明显提升。

【参加四川省青少年体育俱乐部健身操比赛】 2012 年 5 月，全市 6 个国家级青少年体育俱乐部 7 支队伍，参加在乐山市举办的“四川省国家级青少年体育俱乐部全民健身操比赛”，攀枝花市雏鹰阳光俱乐部（市三小）获得小学组健身舞蹈第一名，攀枝花市钢城青少年体育俱乐部（市七中会员单位米易一小）取得小学组传统有氧操第二名，攀枝花市苏铁阳光俱乐部（市十中）取得小学组健身舞蹈第三名，攀枝花市东区阳光青少年体育俱乐部（市十五中）及其会员单位（市 23 中小）分别获得中学组健身舞蹈第五名和第二名，攀枝花市致远青少年体育俱乐部（市三中）获得中学组健身舞蹈第四名，盐边县飞天阳光青少年体育俱乐部（盐边中学）取得中学组传统有氧操和排舞第六名。攀枝花市体育局荣获优秀组织奖。攀枝花市代表队综合成绩在四川省排名第二，取得历届最好成绩。

【业余体育训练管理】 2012 年，攀枝花市体育局加强督导促进业训工作规范管理。开展业余训练工作调研，掌握各业余训练单位“冬训”工作开展情况、青少年注册工作情况和队伍组队情况等，对各单位存在问题提出整改意见；加大业余训练经费投入，全市投入业余训练经费 300 余万元，保障训练工作顺利开展。

【业余体育训练师资培训】 2012 年，攀枝花市体育局加强业训体育训练师资培训工作，派出 7 人次参加国家级业训培训班，32 人次参加省级业训培训班；举办运动员注册工作人员培训、篮球裁判员和教练员培训、校园足球校长和教练员培训、俱乐部和传统项目学校管理人员培训等 15 期市级培训班，参训人数达4 000余人次；采取“请进来”的培训模式，邀请篮球国际级裁判员闫军、国家级教练员李健、四川省校园足球办公室主任余东风到攀枝花市授课，提高教练员业训水平，进一步夯实业训工作基础。

【国家级青少年体育俱乐部建设】 2012 年，攀枝花市体育局加大国家级青少年体育俱乐部建设力度，5 月，选派全市6 个俱乐部 7 支队伍，参加在乐山市举办的四川省大众健身操比赛，攀枝花市代表队取得 1 个第一名、2 个第二名、3 个第三名的成绩；11 月成立“攀枝花市国家级青少年体育俱乐部联合会”，加强各俱乐部之间的联系，促进各俱乐部之间经验交流。

【体育传统项目示范学校建设】 2012 年，攀枝花市体育局加强体育传统项目示范学校建设，修改完善《攀枝花市体育传统项目示范学校申报评比管理办法》和《攀枝花市体育传统项目示范学校工作评分细则》，对所有市级体育传统项目学校进行重新申报和审批，加大资金投入力度，实行动态管理，扩大业余训练基层覆盖面，建立起“资源共享，责任共担，人才共育，特色共建”的运行机制和多层次的训练网络。

【启动青少年校园足球活动】 2012 年，攀枝花市被评为四川省校园足球布局城市，攀枝花市启动校园足球活动。攀枝花市体育局、攀枝花市教育局联合下发《关于开展攀枝花市青少年校园足球活动的通知》文件，在全市范围内选拔 20所学校（12 所小学、8 所中学）作为攀枝花市第一批校园足球布点学校。2012 年 10 月 31 日至 11 月 2 日，邀请四川省校园足球办公室主任余东风和中国校园足球讲师到攀枝花市对申报攀枝花市校园足球布点学校的校长和教练员们进行培训。11 月 3 日，攀枝花市体育局、攀枝花市教育局在攀枝花市第二小学校举行“攀枝花市青少年校园足球活动启动仪式”，攀枝花市人民政府副市长张敏、四川省运动技术学院副院长蔡世民参加启动仪式。

【高水平体育后备人才基地建设】 2012年,攀枝花市体育局加强"国家级高水平体育后备人才基地"建设工作,将攀枝花市体育中学作为"国家级高水平体育后备人才基地"向国家体育总局进行申报。

【体育人才输送】 2012年,攀枝花市通过深化体教结合,夯实业余训练基础,市级各训练单位结合自身实际,开展多种不同形式的业余训练和后备人才培训。年内,攀枝花市向四川省优秀运动队、高等院校等输送体育专业人才109人。

【体育产业】 2012年,攀枝花市体育局积极吸引社会资金支持体育事业发展,加强与企业、商家联姻举办体育赛事,引资举办攀枝花市"安利杯"第三十八届元旦越野赛、攀枝花市"舒华杯"趣味体育活动、中国职业篮球联赛(CBA)季前赛(攀枝花站)、香港足球明星队VS攀枝花足球联队邀请赛等赛事,带动相关产业发展。

全年,攀枝花市体育局充分利用体育场、馆资源,积极拓展体育培训项目,引导社会转变思想观念,不断壮大发展体育培训产业。年内,全市体育系统面向社会开展体育技能和体育健身培训达6 500余人次。

11月2日~4日,为丰富群众体育文化生活,培育体育赛会经济产业,攀枝花市举办2012年中国职业篮球联赛(CBA)季前赛。此次比赛由国家体育总局篮球运动管理中心、攀枝花市人民政府主办,攀枝花市体育局、攀枝花市总工会、攀枝花市文化广电新闻出版局承办,来自山西汾酒、新疆广汇、青岛双星、山东黄金4支队伍70余名运动员参赛。该赛事是攀枝花市历史上举办的最高水平篮球比赛,赛事全部采取市场运作方式进行,为培育攀枝花体育赛会产业进行了大胆探索,为攀枝花市今后承办高水平体育赛事积累了经验。

【全民健身路径工程】 2012年,攀枝花市体育局加强城市社区、农村体育健身设施建设,投资100余万元建成49套全民健身路径,其中45套为市级投入、4套为省级投入,为广大市民就近就地开展健身活动提供了便利。

【民生工程】 2012年,攀枝花市体育局认真实施体育民生工程。完成的省级民生工程有:改善社区体育活动条件,新建全民健身路径4条;加强公共体育场馆设施日常管理,延长市级体育场馆开放时间,全市公共体育场馆免费向群众开放78.6万人次,完成率为112%;加大对贫困体育特长学生资助力度,向省上争取94名资助名额,受助金额达22.56万元。完成的市级民生工程有:在社区、乡村及新建生活区等安装45条全民健身路径,完成率为112%;投入15万元市级体彩公益金对150名贫困体育特长学生予以资助。

【行政审批】 2012年,攀枝花市体育局严格执行体育行政审批制度,按照《运动员等级制度》《裁判员管理办法》和社会体育指导员确认标准以及证书发放办法等相关法律法规,全年完成84名国家二、三级裁判员,50名二级运动员,108名二级社会体育指导员的行政确认工作;审核5名一级运动员上报材料。接件受理满意率100%,按时办结率达到100%,满意率达到100%。

【行政执法】 2012年,攀枝花市体育局加强体育行政执法工作,规范管理体育经营市场,成立游泳场所专项安全检查组,对全市20个经营性游泳场所进行指导检查,针对存在的问题下发整改通知。同时,为进一步提高全市游泳安全救护水平,结合安全检查情况,举办2012年度全市游泳救生员培训班,参加培训和年审的救生员共60名,合格57人,合格率为95%。

【体育政策制定】 2012年,攀枝花市体育局根据国务院《全民健身条例》《全民健身计划(2011~2015年)》和《四川省全民健身实施计划(2011~2015)》《四川省全民健身实施计划2012年实施计划》,结合全市全民健身工作实际,经深入调研,反复征求意见,制定出台《攀枝花市全民健身实施计划(2011~2015)》和《攀枝花市全民健身实施计划2012年实施计划》,并以市政府的名义下发实施。

【体育彩票销售】 2012年,攀枝花市体育局认真贯彻落实四川省体育彩票工作会议精神,结合攀枝花彩票市场实际,制定营销宣传方案,指导各县(区)做好宣传工作,全市体育彩票销量达1.009亿元,攀枝花市体育彩票销量首次突破亿元大关。

(彭小平)

卫　生

【机构和队伍】 至2012年底,全市共有各级各类医疗卫生机构1 024个。已建成国家三级甲等综合医院2所,三级甲等中西医结合医院1所,三级甲等专科医院2所,三级乙等综合医院1所,二级医院7所;疾病预防控制机构6个,卫生监督机构5个,医学科学研究机构1个,采供血机构1个;有47个社区卫生服务机构,43个乡镇卫生院;全市共有床位

8 578张。全年全市共有卫生技术人员达8 218人，其中执业(助理)医师3 660人、注册护士3 523人。

【医药卫生体制改革】 2012年，完善新型农村合作医疗制度(以下简称"新农合")。全市新农合(以下简称"新农合")参合人数48.42万人，参合率达到98.98%，新农合人均筹资标准提高到290元，其中各级政府补助240元，年度筹资总额达1.42亿元。扩大提高重大疾病保障水平覆盖病种范围，将肺癌、食道癌、胃癌、结肠癌、直肠癌、慢性粒细胞白血病、急性心肌梗死、脑梗死、血友病、I型糖尿病、甲亢、唇腭裂等12种大病纳入保障试点范围，提高其报销比例。全年全市新农合基金支出总额15 181万元，受益543 665人次，政策范围内补偿比达76.11%，实际补偿比达61.67%。

巩固完善基本药物制度，市卫生局组织人员对基层医疗机构实施基本药物制度进行调研，召开全市基本药物制度工作会议，确保制度有效落实。为71个基层医疗卫生机构配置基本药物集中采购终端设备，将基本药物监管纳入各级卫生执法监督机构日常监督检查内容。全年，实施基本药物制度的基层医疗机构网上采购基本药物2 328.65万元。

巩固基层医疗卫生机构运行新机制，市卫生局与市发改委联合印发《关于进一步加大基层医疗卫生机构综合改革力度，加快建立和完善运行新机制的意见》，将奖励性绩效工资占工资总额的比重调整为70%~50%。制定并下发《关于补助乡村一体化管理的村医购买养老保险的办法的通知》，落实乡村医生的多渠道补偿、养老政策。推进社区卫生服务示范中心建设，东区大渡口社区卫生服务中心、密地社区卫生服务中心和西区清香坪社区卫生服务中心成功创建为省级示范社区卫生服务中心。基层医疗卫生机构管理信息系统启动实施，全面推进村卫生室信息系统建设。

年内推进公立医院改革。攀枝花市以县级公立医院为重点，推进公立医院改革试点。10月1日起，米易县人民医院开始执行取消药品加成政策，所有药品按实际进价销售。市卫生局加强对各级医院管理，开展预约诊疗服务，优化诊疗服务流程，加强二级以上医院费用监测，促进人均费用零增长；安排200余名城市卫生技术人员开展城乡医院对口支援活动，完成21名县级医院骨干医师培训工作；积极推进临床路径试点工作。

2012年，市卫生系统继续做好10类国家基本公共卫生服务项目，完善基本公共卫生服务项目管理制度，加大考核力度。城乡居民健康档案规范化电子建档率达95.52%。全市高血压、糖尿病患者规范化管理人数分别达到6.74万人、2.61万人；农村孕产妇住院分娩率为99.8%，住院分娩补助5 241人；农村妇女新增补服叶酸6 537人；孕产妇艾滋病检测率为99.98%，管理的艾滋病感染阳性孕产妇9人；开展农村妇女宫颈癌和乳腺癌筛查工作，分别完成宫颈癌和乳腺癌筛查4 000人和2 000人。

【爱国卫生工作】 2012年12月，攀枝花市通过国家卫生城市复审验收。年内开展健康生活知识电视大赛等纪念爱国卫生运动60周年活动。全市完成新增800座无害化卫生厕所任务。继续深入开展"亿万农民健康促进行动"，推广和普及《健康66条》。市卫生局在仁和区、米易县组织开展农村环境卫生监测项目工作，全面按时完成数据录入和上报工作。

【卫生应急】 2012年，攀枝花市加快卫生应急指挥与决策平台建设，制定120急救指挥中心系统升级方案。按照《2012年攀枝花市防灾救大演练总体方案》的具体部署，在米易县进行防灾救灾医疗救援大演练。积极应对"毒胶囊"事件，做好医疗卫生机构的清查工作；积极应对并妥善处置盐边县温泉乡不明原因猝死事件，及时筛查和积极救治可疑病例，全方位开展流行病学调查，密切配合卫生部和省卫生厅相关专家深入林区排查、采集可疑致病野生菌标本，为国家卫生部查明西南地区类似事件的致病因素做出了积极努力，受到卫生部、省卫生厅领导和专家的高度评价和充分肯定；8月29日，攀枝花市肖家湾煤矿发生特别重大瓦斯爆炸事故，省卫生厅厅长沈骥、副厅长王正荣第一时间赶赴攀枝花，深入事故现场，迅速建立"省市'8·29'煤矿事故现场指挥部医疗救治组"，指挥医疗救援工作，此次医疗救援累计出动救护车辆530余辆次、医务人员5 500余人次，确保了成功升井的54名伤病员得到精心救治，并实现了零死亡目标。

【卫生项目建设】 2012年3月，市卫生局组织召开全市卫生建设项目工作会。年内，市卫生局下发《攀枝花市卫生局关于加强中央预算内投资卫生项目管理的通知》《攀枝花市卫生局关于加强卫生建设项目管理的通知》，进一步明确职责、加强监管、积极协调，确保项目顺利进行。2012年，全市开展的卫生基建项目共119个，总投资2.3亿元，其中中央及省预算专项资金1.01亿元，建筑面积7.08万平方米。2011年中央预算内投资县级卫生监督机构、农村急救体系、中心卫生院和村卫生室共94个基层医疗卫生机构建设项目有序推进，全部开工，其中79个已主体封顶；2012年下达的22个基建项目有序推进；市第二人民医院外科住院大楼和市第四人民医院门诊医技办公综合楼开工建设；攀西职业病防治中心项目进行了挂网招投标。年内，市中心医院第二住院大楼、仁和人民医院门诊楼和米易县中医院综合楼项目主体封顶并进入内外装修阶段。花城新区医院通过省卫生厅审批，设置标准为三级甲等综合医院。市妇幼保健院迁建已初步确定用地选址，正在设计方案。

【疾病预防控制】 2012年,全市共报告法定传染病20种,无甲类传染病发生,乙丙类传染病报告发病4 032例,报告发病率331.85/10万。

免疫规划 继续实施扩大国家免疫规划,有效预防和控制疫苗针对传染病的流行。全市1岁儿童卡介苗、脊灰、百白破、麻疹、乙肝疫苗报告接种率分别为99.60%、99.43%、99.40%、99.25%、99.52%。

艾滋病防治 至2012年底,全市建成HIV初筛实验室15个,快速检测点67个,共检测156 325人次,全市累计报告现住址为攀枝花市的艾滋病病毒感染者和病人1 186例,其中艾滋病病人353例,死亡331例。

结核病防治 2012年,全市各级结防机构共接诊肺结核可疑者1 934人,共发现、登记活动性肺结核病人728例,其中涂阳肺结核病人118例,对发现的肺结核病人给予免费抗结核药品治疗和相应的系统管理。西区通过全省结核病综合防治示范区考核。

慢性病防治 积极开展国家级慢性病综合防控示范区创建工作,东区获得国家级慢性病防控示范区称号。在米易县丙谷镇筹建慢病营养教育示范点,为周边居民开展慢病营养教育和具体的营养指导工作。全面开展死因监测,组织修订《攀枝花市居民死亡原因登记报告实施方案》,确定将攀枝花市所辖全部5个县(区)纳入全人群死亡登记报告范围。确定米易县为全市精神卫生工作示范点创建单位,制定《米易县创建省级重性精神疾病综合防控示范县工作实施方案》,2012年12月4日,在米易召开米易县创建“省级食品安全、免疫规划、重性精神疾病综合防控示范县”启动会。

健康教育 拟定健康教育工作方案,大力开展面向大众人群宣传活动,展出宣传展板计112块次,散发各类宣传资料23类5.67万份。与攀枝花日报社续签合同,开展健康知识宣传44期;与攀枝花广播电台开展健康教育知识和公民健康素养66条等内容的宣传44期;在《攀枝花日报》开辟“攀枝花市国卫复审健康教育知识问答”专栏。春季开学时期,对全市28所学校健康教育工作开展情况的进行抽查。

【食品安全监管】 2012年,攀枝花市组织修改完善市食品安全委员会成员单位的职责,进一步清除监管空白,理清交叉职能,初步实现食品安全的全程监管和无缝衔接。市卫生局配合市人大代表完成全市贯彻落实《中华人民共和国食品安全法》情况调研。牵头组织食品安全周宣传、食品安全标准宣贯跟踪调查,在米易县开展省级食品安全示范县建设工作,落实食品安全风险监测相关工作要求。建立食品安全信息员和网络评论员队伍。强化节前食品安全保障和工作的统筹,确保节日期间全市无食物中毒等食品安全事件及食品安全相关群众投诉。

【卫生监督执法】 2012年,攀枝花市各级卫生监督机构以“国家卫生城市复审”为中心,以提升卫生监督执法能力为核心,以“重塑卫生监督新名片”为目标,结合城乡环境综合治理和市委、市政府提出的“五创联动”,全面开展各项卫生监督执法工作。

公共场所卫生 年内,攀枝花市制定《攀枝花市迎接国家卫生城市复审公共场所及“五小”专项整治方案》,以网格为基础,对建成区公共场所经营单位进行拉网式监督检查。对公共场所经营单位进行迎接国卫复审的强化培训,分设5个培训会场同时进行,3天共培训25班次、1 568人次。开展重点场所专项监督。

生活饮用水 加大城市集中式供水单位的监督检查力度和频次,开展枯水期生活饮用水监测,对供水单位的水源水、出厂水、管网水和二次供水进行监测,监测结果符合《生活饮用水卫生标准》要求。全面实施集中式供水单位卫生信息公开。组织全市各级卫生监督机构开展对农村供水及学校供水开展水质基线调查工作。开展旱情对学校生活饮用水影响情况专项调查。

净化医疗服务市场 继续开展打击非法行医工作,共取缔游医摊点30余处、非法行医窝点3个、收缴中草药及其他药品1 000余千克、医疗器械68件,没收违法所得6 060元。对1家超范围开展诊疗活动的医疗机构立案调查,对医疗机构不良执业行为实行记分管理。在全市民营医疗机构全面推行量化分级管理。对医疗广告进行全面监督,约请发布医疗广告的医疗机构对《医疗广告管理办法》进行再次学习。开展打击非法采供血、保障临床用血安全、母婴保健技术服务活动、消毒卫生、放射诊疗等专项检查。

学校卫生 2012年,各级卫生监督机构在春、秋假期开学后对学校传染病应急预案、传染病登记报告制度、学生因病缺课登记排查追踪制度落实情况以及入学儿童“预防接种证”的查验补种、健康教育、医务室设置、校医配备等进行监督检查。根据手足口病发病疫情,开展学校、托幼机构手足口病防治专项监督检查。市卫生局联合市教育局、市食品药品管理局组成联合检查组,开展春季学校卫生专项监督检查。抽查各县(区)中小学校、托幼机构和市教育局直管学校共27所。

职业卫生监督 市卫生监督局对全市的职业健康体检机构和职业病诊断机构进行监督检查,对检查存在的问题下达《卫生监督意见书》,责令限期整改。利用《职业病防治法》宣传周等活动,多次开展现场宣传和咨询。

卫生行政许可 对卫生监督行政审批职权和便民服务事项进行全面清理,梳理归纳出卫生许可服务事项基本信息、办理流程图、常见的咨询问题、岗位说明等内容,并将信息进行公示。全市共受理各类卫生许可申请2 434件。

【医政管理】 提高医疗质量,保障医疗安全。年内,市卫生局继续开展抗菌药物专项整治行动，促进抗菌药物合理使用，确保人民群众的用药安全。实行医疗费用信息月报制，加强医疗费用监测，督促医疗机构严格控费，部分二级以上医院下半年人均住院和人均门诊费较6月实现零增长。大力开展“优质护理服务示范工程”活动，全市三级医院开展优质护理服务的病房覆盖率达到100%，二级医疗机构开展优质护理服务的病房覆盖率达到90%以上。

强化医疗监管，规范医疗市场。根据《医疗机构校验管理办法(试行)》及《四川省医疗机构不良执业行为记分管理办法》等，市卫生监督局对医疗机构的执业行为进行日常监督；完成2012年医师资格考试工作；开展全市医疗废物管理专项检查工作，对二、三级医疗机构、采供血机构的监督覆盖率达到了100%；公布“医托”举报电话，依法严肃打击“医托”。

【无偿献血工作】 年内，市卫生局加强血液监管，积极推行无偿献血工作。贯彻落实《医疗机构临床用血管理办法》，加大对各医疗机构临床用血的监督考核力度，促进临床科学、合理、安全、有效用血。全市4个单位获四川省2005～2011年无偿献血先进集体奖，近400人分别获四川省2005～2011年无偿献血先进个人金、银、铜奖和促进奖；连续7年保持了临床用血100%来自无偿献血和自愿无偿献血达到100%的“双百”目标。

【惠民医疗服务】 年内，市卫生系统大力开展“千户送医”活动，对75个边远贫困村开展巡回医疗，累计接待就诊患者3 899人次，开具处方1 278张，赠送价值6.93万元的药品。继续在4家医院开展惠民医疗服务，实行“十免、十减、两优惠、一方便”的惠民措施，全年，累计惠民服务达6 701人次，费用总计18.64万余元。

【妇幼卫生】 2012年，全市妇幼保健水平不断提高。以贯彻落实“一法两纲”为核心，全面推进妇幼卫生工作。实施农村孕产妇住院分娩补助和降消项目，住院分娩率提高到99.75%。加强产前诊断能力建设，提高产前筛查率和产前诊断水平，产前筛查率达47.76%，比2011年提高28.34个百分点。加强妇女儿童疾病防治，孕产妇和3岁以下儿童健康管理率分别提高到93.60%和91.43%。2012年，全市孕产妇死亡率下降到27.81/10万，较2011年下降2.63%；婴儿和5岁以下儿童死亡率分别下降到7.69‰和10.2‰，较2011年分别下降11.2%和9.17%。

【人才工作】 2012年，根据《攀枝花市2012年高层次人才和急需紧缺人才引进计划》，市卫生局直属事业单位共考核招聘29名工作人员。招聘10名执业医师到乡镇卫生院工作。年内，还组织开展四川省民族地区卫生学术技术带头人及后备人才培养人选推荐工作，1名民族待遇县卫技人员被推选为四川省民族地区卫生学术技术带头人及后备人才培养对象。1名专业技术人员获“攀枝花市创新人才奖”，市第二人民医院获“攀枝花市人才开发奖”。完成全市卫生系统《医药卫生中长期人才发展规划(2011～2020年)》和《四川省“十二五”卫生人才发展规划》监测评估工作。完成四川省农村订单定向医学生免费培养协议签订工作。根据《关于印发四川省民族地区阳光天使计划实施方案的通知》要求，共有15名考生拟聘用到攀枝花市的3个民族待遇县(区)基层医疗卫生机构在编在岗工作。12月，攀枝花市中心医院被评为全国卫生系统先进集体。组织开展攀枝花市首批高层次专业技术人才和高技能人才培养人选申报工作，向市人社局推荐1人为省级以上专家、学术和技术带头人培养人选；推荐3人为市级专家、学术和技术带头人培养人选。

【援助木里藏区】 年内，攀枝花市卫生局与木里县卫生局达成卫生援助协议，攀枝花市卫生局将通过多种形式对木里县在卫生人才培养、学科发展、医疗技术等方面开展全方位的援助。按照市委组织部选派第二批援藏人才的要求，从市中心医院、市二医院等5个单位挑选6名优秀人才奔赴木里藏区工作。制定《攀枝花市卫生局2012年对口支援木里藏区人才培训计划》，接收木里县医院放射科主任到市中心医院挂职任放射科主任助理。7月，市卫生局被评为攀枝花市参加全省第一批“千名干部人才援助藏区行动”先进集体。

【中医药】 年内，攀枝花市人民政府《关于扶持和促进中医药事业发展的实施意见》下发实施。全市加强基层中医网络建设，落实“三进”工程，全市95%的乡镇卫生院和社区卫生服务中心均设有中医科(室)，农村和社区中医药服务量达到40%。在“名科、名院”建设中，市中西医结合医院的肿瘤科和耳鼻咽喉科分别被国家中医药管理局确定为“十二五”期间“国家中医重点专科建设培育单位”“国家中医重点专科建设单位”，眼科被国家中医药管理局授予“国家重点中医专科”。市传染病医院被确定为“国家中医药防治传染病临床基地”建设单位。市中西医结合医院申报的“中医住院医师规范化培训基地”获得省中医药管理局批准。

【红十字会工作】 2012年，市红十字会开展“博爱送万家”活动。将399个“博爱家庭包”全部发放到5个县(区)的贫困家庭中。向仁和区红十字会划拨资金64 000元，定向资助大龙潭乡抗旱救灾。对贫困重病患者给予救助，向7名贫困重病患者发放救助金近2万元。开展群众性卫生救护知识的宣传与培训工作。9月，攀钢总医院被评选为全省先进红十字会基层组织，全市3人分别被评选为全省“优秀红十字会员”或“优秀红十字自愿者”。

(田维新)

社 会

人口和计划生育

【人口主要指标完成情况】 截至2012年9月30日(人口计生年度),全市户籍人口112.1万人,流动人口243 603人。全市出生9 109人、死亡5 665人,人口自然增长率为3.08‰;符合政策生育8 276人,符合政策生育率为90.86%。出生人口性别比为113,完成四川省下达本市的自然增长率4‰、符合政策生育率86%的控制目标。市人口计生委被人社部、国家人口计生委授予“全国人口和计划生育系统先进集体”荣誉称号。

【统筹解决人口问题机制建设】 2012年,攀枝花市在统筹解决人口问题工作机制上取得重大突破,市委将市人口和计划生育领导小组更名为市统筹解决人口问题领导小组,并调整充实成员单位,标志着本市人口计生工作开始向统筹解决人口问题方向转变,走在全省前列。结合“十二五”人口计生事业发展总体目标和要求,市人口计生委制订《2012年度人口和计划生育工作党政目标管理责任书》《2012年度人口和计划生育工作业务目标》,下发《攀枝花市“十二五”期间人口和计划生育党政责任目标考核内容及奖惩办法》《攀枝花市统筹解决人口问题领导小组成员部门人口和计划生育工作职责考核办法》,为严格实行“三线考核”推进工作打下基础。结合省“十二五”人口和计划生育事业发展规划2012年实施计划,市政府下发《攀枝花市“十二五”人口和计划生育事业发展规划2012年实施计划》,进一步明确各县(区)、大企业、市统筹解决人口问题领导小组成员部门工作目标和工作任务。

【人口文化建设】 2012年,加大对县(区)、大企业对外宣传工作考核指导力度,修订完善人口计生业务目标宣传教育内容。全年在市级以上党报党刊和人口计生专业报刊登载反映本市人口计生工作文章130余篇。与市主流媒体合作,制作完成并播出两部电视专题片,制作攀枝花人口计生形象宣传邮册《和谐·攀枝花》。《人口信息》创刊,同时还将人口理论纳入市委党校教学内容。利用“三下乡”、“科技之春”、“五二九”协会活动日、“七一一”世界人口日、中国第十三个男性健康日等,积极开展集中宣传、避孕药具发放、义诊咨询、走访慰问等宣传服务活动,促进群众生育观念持续转变。东区“男性生殖健康日”宣传活动、仁和区人口计生文艺宣传队开展的系列活动、攀钢“家庭健康”人口文化公益活动等特色鲜明;同计生协会在四川机电职业学院开展“生育关怀—青春健康”项目,受到省人口计生部门的充分肯定。推进竹湖园人口文化公园、西区蓝湖国际人口文化公园、迤沙拉人口文化基地等人口文化宣传阵地建设。攀枝花市作品《一个说纳西话的人》获第十四届中国人口文化奖文学类优秀奖,市友谊出租汽车公司董事长董锡芳获全省唯一“第二届全国计划生育家庭妇女创业之星”称号,梁云彬作品《高风亮节》获全国人口计生系统党风廉政建设书画比赛三等奖。

【依法行政】 2012年,市人口计生委加强政策法规工作调研和与上级相关部门的沟通协调,努力解决违法生育行为调查取证难问题和本市城市化进程中因户籍性质变化导致群众不能享受农村奖励扶助制度的问题。组织开展对基层社会抚养费征收、管理、使用情况的专项检查和依法行政督查,及时发现基层在文书、程序等方面的问题,督促各县(区)整改。加强执法队伍培训,受训干部扩展到乡镇、街道一级。做好中共十八大前的维稳隐患排查,并对各县(区)的相关工作进行安排部署,确保全市人口计生系统的安全稳定。严格执行信访工作相关规定,妥善解决来访者合理诉求,减少信访“回头率”,提高群众“满意度”。认真办理市群众工作局督办的信访案及违法生育等案件,按时办结、回复“12345市民热线”和“12356”阳光计生热线市民咨询等,信访结案率和问题咨询办结率实现100%,全市没有因违法行政引发的恶性案件,被评为2012年全省人口计生信访工作先进单位。开展理顺地企人口计生管理体制调研,全面了解多年来影响攀枝花市人口计生事业发展的体制障碍和存在的问题,形成调研报告,提出改革试点方案。东区申报为全省人口计生依法行政示范县(区),东区弄弄坪街办、西区玉泉街办、仁和区前进镇等4个单位申报为全国人口计生依法行政示范街道(乡镇)。东区瓜子坪街道北部社区、东区银江镇攀枝花村、西区玉泉街道矸石电厂社区、仁和区啊喇彝族乡官房村被确定为全国基层群众自治示范村居。

【民生工程】 2012年，全市全面落实人口计生利益导向制度。落实兑现独生子女父母奖励金，共兑现32 557户、奖励金196万元；实施农村计划生育家庭奖励扶助制度，共确认奖励扶助对象4 848人，兑现奖励资金465.41万元；落实计划生育家庭特别扶助政策，共确认特别扶助对象600人，兑现扶助资金93.58万元；开展将手术并发症人员纳入特别扶助制度范围的工作，共确认432人，兑现特别扶助金52.44万元；实施计划生育"少生快富"扶贫工程，2户纳入工程对象；实施农村独生子女伤残死亡家庭特别扶助政策，为137人缴纳城镇企业职工基本养老保险金97.1万元，因年龄等原因不能纳入养老保险的9人享受每人每年600元的定期扶助。2012年，全市共下达计划生育"三结合"帮扶任务7 993户，其中新增户1 410户、联系户2 436户、帮带户4 147户，新建帮扶基地45个。市、县(区)与帮扶部门签订责任书，将"三结合"帮扶任务进行分解落实。9月，攀枝花市接受省政府"三结合"工作检查小组的检查，受到充分肯定。市计生协实施了扶贫帮困工程、"幸福工程"、"生育关怀行动"，利用"五二九"会员活动日，投入3万余元，由市领导带队看望慰问计生特别困难家庭、流动人口计生困难家庭。全市各级计生协共筹集善款60多万元用于帮扶计生困难家庭，与太平洋保险公司等合作，为4万余人开展相关保险。

【流动人口服务管理】 2012年，攀枝花市健全流动人口信息采集队伍，完善流动人口计划生育基本公共服务体系和维权体系。召开流动人口计划生育基本公共服务均等化示范单位建设工作现场会，启动示范单位建设工作。制发《攀枝花市流动人口计划生育基本公共服务均等化示范单位建设工作实施方案》，确定12个社区(村)纳入首批示范单位建设。市计生协在流动人口多的社区、市场等建立流动人口计生协会139个。市人口计生委、盐边县红果彝族乡及桐子林镇、攀枝花煤业(集团)获得"2012年全省流动人口计划生育工作先进单位"称号。重新修订《攀枝花市流动人口计划生育工作协调管理市级部门目标责任书》条款内容，并与相关部门签订责任书，促使各部门在加强流动人口服务管理上形成联动效应。按照国家人口计生委流管司的统一安排部署，完成本市18个动态监测样本点的数据检测工作，形成《2012年攀枝花市流动人口动态监测总结报告》和《2012年攀枝花市流动人口动态监测财政支出绩效报告》。截至9月30日，全市流动人口信息平台累计登记全员流动人口243 603人，其中跨省流入人口34 227人、省内流入人口149 361人、流出人口60 015人。县、乡两级流动人口平台应用率，省际协查信息反馈率、一孩生育服务登记通报接收率等指标均达到省级部门的要求。盐边县也圆满完成国家人口计生委流管司对"三类地区人口流动及其影响因素监测调查"的追踪调查工作。

【技术服务机构建设】 2012年，"市世代人口服务中心"进入选址和建设资金筹集阶段，并纳入市行政中心一并建设。2011年国家预算内基本建设投资计划项目——仁和区服务站新建工程已按期竣工并投入使用。东区和西区计划生育服务站搬迁新建工程列入2012年国家和省预算内基本建设投资计划，中央和省共安排投资423万元，项目进展顺利。在全市系统内开展科技大练兵活动。在全省大练兵竞赛中，攀枝花代表队获得集体三等奖，B超专业参赛人员张玉美获得个人理论知识考试第一名。市人口计生指导所在不孕不育诊治方面卓有成效，深受群众好评。组织力量对各县(区)技术服务机构开展依法执业督查和技术服务安全隐患排查，对个别存在超范围服务的乡镇计生服务机构进行督导整改，杜绝大月份引产和超范围执业。成立市级并发症鉴定协调小组和市级并发症鉴定专家组，组织专家对全市62人进行复核定级，组织2例市级并发症鉴定。调整病残儿医学鉴定领导小组，充实专家库，组织85人参加2012年病残儿医学鉴定，36人被确定为不可再生育。全年市人口计生系统未出现医疗纠纷及医疗事故。

【优生促进工程】 2012年，攀枝花市仁和区、米易县、盐边县纳入国家免费孕前优生检查试点县(区)，市人口计生委以确保"六个到位"(党政重视到位、宣传发动到位、检查督导到位、工作协调到位、优质服务到位、信息通报到位)为抓手，指导、督促三个县(区)做好免费孕前优生健康检查试点工作，强力推动国家免费孕前优生健康检查工作。至2012年底，全市已有3 803对符合条件的农村夫妇享受国家免费孕前优生健康检查，目标人群参检率达82.14%。东区全面实施优生促进工程，全年为辖区已婚育龄妇女(含流动人口)提供免费生殖健康普查3万余人次，为993对城乡夫妇提供免费孕前优生健康检查。各县(区)结合本地实际，切实加强儿童早期发展教育。东区与"央视大风车"栏目合作进一步深化，合办《关注成长让爱飞扬》教育宣传活动。在早教基地免费开展亲子启蒙课程培训，拓展幼儿家庭培训教育进社区活动；仁和区开展孕期保健知识宣传和婴幼儿看护知识技能培训；西区在婚育学校开设婴儿早期发展课程，倡导家长当好儿童的良师益友。

【人口信息化建设】 2012年，攀枝花市以东区、西区、仁和区、米易县4个省级试点县(区)为重点，积极推进全员人口信息采集机制创新试点工作。东区和西区在推进网格化管理、米易县在共享居民健康档案信息方面取得新进展，东区、仁和区在推进部门间数据共享等方面进行积极的探索。市人口计生委与市卫生局、市民政局建立出生、死亡人口数据共享机制。继续开展"人口计生统计数据质量信得过活动"，重点利用市人社局、卫生局共享的相关人口数据对PIP

系统数据进行比对核实和修改完善,PIP系统数据质量得到进一步提升。全市的PIP系统主要数据完整性达到96.47%、逻辑关系正确性为95%,市人口计生委被评为2012年全省人口计生统计工作优秀单位。分县(区)、企业组织开展统计与信息岗位人员业务培训,提升其对PIP系统的操作运用能力。在全市2012年人口计生统计与信息岗位技能竞赛中,各县(区)人口计生局和大企业计生办8支代表队24名选手参加竞赛。通过比赛选拔出了优胜队,以备战全省竞赛。

【人口发展战略研究】 2012年6月开始,市人口计生委会同东区、仁和区和花城新区及相关部门,全面开展花城新区人口现状调研,年底已完成数据调查以及问卷调查等工作,2013年上半年将形成《花城新区人口现状分析报告》,向市委、市政府提出新区人口发展等对策建议,助推本市百万人口特大城市建设。收集、整理、解读全国第六次人口普查数据资料,形成《攀枝花市人口红利展望》《攀枝花市人口老龄化现状、趋势及对策分析》等调研文章。配合市政协开展全市老龄化和社会化养老工作调查。

【阳光计生行动】 2012年,全市深入开展"阳光计生行动",推进行政效能建设。深化"三评议"((请农民兄弟姐妹评计生、请流动人口评计生、"下评上")活动,推进基层计划生育民主管理和监督。将"阳光计生行动"的开展情况纳入人口计生业务目标考核和相关责任人的年度考核。各级人口计生部门、技术服务机构和村(居)群众自治组织,通过多种方式对人口计生信息进行公开,并实现全覆盖。继续在米易县、盐边县全面开展诚信计生工作,大力开展创建"诚信计生"活动。西区创建为"全国首批阳光计生示范单位"。东区、仁和区推荐为省诚信计生示范区培育单位。完善"12356阳光计生服务热线"值守制度,保障群众对人口计生工作的知情权、参与权和监督权。全市"12356"共接受电话来访1 512人次,无投诉。

【干部队伍建设】 2012年,市人口计生委狠抓干部队伍建设,围绕市委、市政府安排,抓好政治理论学习,推进"学习型机关"建设活动。按照"三分类,三升级"工作要求,认真开展"基层组织建设年"活动。加强干部作风建设,深入开展"思想大解放、作风大转变、工作大落实"主题教育活动,全面推进"强基提质"工程。组织多次政法培训,信息与统计岗位培训、技术服务培训等,并安排业务骨干到成都、北京等地的大专院校、培训机构及医疗机构参加中短期业务培训,以高层培训和业务培训相结合,提升干部队伍整体素质。抓好机关干部党风廉政教育,组织干部听报告,观看《雨中的树》、《风铃》等宣传片和《赌向深渊》等警示教育片,实现反腐倡廉学习教育常态化。结合机关实际,强化内部管理,修订机关车辆管理制度、公务接待制度、请销假制度、财务管理制度等,制定下基层工作纪律。在省"第四届四川人口奖"评选活动中,攀枝花市仁和区李天蓉获得"四川人口奖"工作奖,为全省获奖7人中唯一基层人口计生干部。

(何双江)

民政事业

【概 况】 2012年,攀枝花市民政局内设办公室、民间组织管理处(行政审批处)、优抚安置处、救灾处、社会救助处、基层政权和社区建设处、区划地名处(攀枝花市地名领导小组办公室)、社会福利和慈善事业促进处(挂攀枝花市救灾捐赠接收办公室牌子)、社会事务处、法规财务处、人事处(社会工作处)共11个职能处室。攀枝花市拥军优属拥政爱民工作领导小组办公室与优抚安置处合署办公,承担拥军优属拥政爱民工作领导小组具体工作。机关党委负责机关和直属单位的党群工作。市纪委、市监察局派驻纪检监察机构合署办公。市民政局还管理攀枝花市老龄工作委员会办公室、攀枝花市军供站、攀枝花市救助管理站(含攀枝花市流浪未成年人救助保护中心)、攀枝花市社会福利院(含攀枝花市社会福利有奖募捐委员会办公室)、攀枝花市儿童福利院、攀枝花市军队离退休干部休养所、攀枝花市殡仪馆、攀枝花市青山公墓管理所、攀枝花市减灾中心(挂攀枝花市救灾物资储备管理中心牌子)等9个事业单位。对东区民政局、西区民政局、仁和区民政局、盐边县民政局、米易县民政局、钒钛产业园区社会事务管理局的民政业务进行指导。全市民政系统组织机构和工作网络健全,44个乡镇、16个街道办事处配备有专(兼)职民政助理员或社会事务工作人员。至2012年底,市、县(区)、乡(镇)、街道办事处共有民政工作人员410人,其中市民政局(含事业单位)147人、县(区)民政局(含事业单位、钒钛产业园区社会事务管理局)138人、乡(镇)、街道办事处民政助理员或社会事务工作人员125人,其中27人为"一村(社)一名大学生"计划、"支农、支教、支医和扶贫工作"计划、临时聘用等性质的工作人员。

2012年,攀枝花市民政工作在各级党委、政府的领导下,覆盖城乡的社会救助制度不断完善,农村五保供养水平稳步提高,困难群众生活得到有效保障;救灾应急体系建设不断加强;基层群众自治组织管理规范完善,社区服务水平进一步提升;开展城乡环境综合治理进社区活动,城市社区风貌明显改善;优抚安置政策全面落实,退役士兵和军队离退休干部得到妥善安置,拥军优属、拥政爱民活动深入开展;帮扶特殊群体的社会福利慈善事业取得新成效;民间组织管理更加规范,区划地名、婚姻、殡葬、社会救助等专项社会事务依法管理;法制、宣传、信访、安全、综治、维稳、精神文明建设等其他各项工作整体推进,民政干部队伍自身建设全面加强。2012年市民政局获得全国慈善城市五星级奖牌、民政部2012年清明节工作突出单位、攀枝花市社会治安综合治理工作目标执行一等奖、2012年度攀枝花市政务调研工作二等奖、全市维护社会稳定工作一等奖等20余项表彰。

【城乡居民最低生活保障】 至2012年底，攀枝花市城市低保对象有10 931户共20 854人，平均每月保障22 246人，全年累计保障266 956人次，月平均支出519.98万元，累计支出6 239.76万元，月人均补助水平达到233.74元，超额完成省级下达的目标任务，进度达115.71%；其中，1～7月，攀枝花市启动"社会救助和保障标准与物价上涨挂钩的联动机制"，向21 478名城市低保对象发放"临时物价补贴"共180.42万元。全年，中央、省级财政补助资金5 682万元，占91.1%；市级财政补助资金350万元，占5.6%；县(区)财政资金207.72万元，占3.3%。

至2012年底，全市农村低保对象有13 297户共29 397人，平均每月保障29 451人，全年累计保障353 414人次，月平均支出277.17万元，累计支出3 326.04万元，月人均补助水平达到94.11元，超额完成四川省下达的目标任务，进度达113.39%。其中，1～7月，攀枝花市启动"社会救助和保障标准与物价上涨挂钩的联动机制"，向29 458名农村低保对象发放"临时物价补贴"，共支出123.72万元。全年中央、省级财政补助资金2 633万元，占79%；市级财政补助资金130万元，占4%；县(区)财政资金563.07万元，占17%。

根据省、市关于降低物价上涨对困难群众生活影响的安排部署，2012年春节前，攀枝花市按照城市低保对象每人300元，农村低保对象每人200元的标准发放"春节一次性生活补贴"，共发放1 295.88万元。其中，城市低保对象24 088人，发放资金合计722.64万元；农村低保对象28 660人，发放资金合计573.24万元。

为缓解物价上涨给城乡低保对象基本生活带来的压力，确保城乡低保对象基本生活，经市政府、各县(区)政府常务会研究决定，从2012年11月起，上调各县(区)城乡低保标准。攀枝花市最新城乡低保标准为：三区两县城市低保标准统一调整至330元/人·月；农村低保标准按照不低于城市低保标准的55%进行调整，东区调整至2 280元/人·年，西区调整至2 220元/人·年，仁和区调整至2 400元/人·年，米易县调整至2 400元/人·年，盐边县调整至2 200元/人·年。

开展临时救助工作，2012年全市共救助591户(其中城市118户、农村473户)，共支出29.26万元(其中城市8.21万元、农村21.05万元)，其中省以上财政拨款16万元。

【城乡医疗救助】 2012年，攀枝花市城市医疗救助累计直接救助5 911人次，支出637.16万元；资助城市低保对象参加居民医保16 585人，支出57.44万元。其中，门诊救助3 110人次，支出110.9万元；住院救助2 801人次，支出526.26万元，平均救助比例达到医保报销后医保目录范围内个人承担费用的55.75%。城市医疗救助总体救助水平达到每个城市低保对象平均救助325.55元，超额完成省级下达的目标任务，进度达203.47%。

2012年，攀枝花市农村医疗救助累计直接救助7 838人次，支出962.69万元；资助农村低保、五保等对象参加新农合43 716人，支出218.62万元。其中，门诊救助2 859人次，支出95.11万元；住院救助4 979人次，支出867.58万元，平均救助比例达到新农合报销后医保目录范围内个人承担费用的55.48%。农村医疗救助总体救助水平达到每个城市低保对象平均救助378.82元，超额完成省级下达的目标任务，进度达222.83%。

2012年，攀枝花市开展"挽救生命再造健康"行动，市民政局作为行动牵头部门，积极与人社、卫生等部门配合，印发全市儿童先天性心脏病救治工作的实施方案，督促县(区)抓好此项工作，切实将政策落到实处，同时加大宣传力度，通过广播、电视、报刊、网络等各类新闻媒体多渠道宣传儿童先天性心脏病救治行动的有关政策，营造了全社会都关心先心病儿童的良好氛围，全年全市共救治先心病患儿19例，超额完成省政府下达的目标任务。

2012年，中央、省级财政下达攀枝花市城乡医疗救助资金681万元，其中城市医疗救助272万元、农村医疗救助409万元。市级预算40万元，市级彩票公益金安排100万元。

【农村五保】 依据攀枝花市政府建立农村五保供养标准自然增长机制的有关规定，县(区)民政局及时会同本级财政、统计等部门认真测算基数，全面完成2012年农村五保供养标准调整。将2012年五保供养标准调整为最低供养3 240元/年，最高供养标准5 520元/年。全市农村五保集中供养平均标准3 874元/年，农村五保散居供养标准3 091元/年。2012年底，全市有农村五保供养对象3 666人，农村五保实现应保尽保。其中，集中供养2 273人，集中供养率62%；分散供养1 393人，分散供养率38%。2012年全市农村五保供养金支出1 433.2万元，全部由县(区)财政预算安排，有效保障了五保户的基本生活权益。

根据省、市关于降低物价上涨对困难群众生活影响的安排部署，2012年春节前，攀枝花市按照农村五保对象每人200元的标准发放"春节一次性生活补贴"，共为3 337名五保对象发放补贴64.74万元。

2012年1～7月，攀枝花市启动"社会救助和保障标准与物价上涨挂钩的联动机制"发放"临时物价补贴"，为3 341人五保对象发放14.03万元。

2012年，攀枝花市完成1所新建(米易县得石镇敬老院)农村敬老院建设，新增敬老院床位80张(米易县60张、仁和区20张)，完成年度目标任务的，集中供养床位率达到

70%，集中供养率达到62%。

为做好敬老院新建、改(扩)建工作，市民政局有效整合政策资金资源，积极主动向省民政厅汇报工作，落实省级补助资金110万元，用于农村敬老院建设。

【救 灾】 2012年，攀枝花市遭受旱灾、洪涝、风雹等多种自然灾害侵袭。据统计，2012全市共有24万人受灾；因灾倒塌房屋212间，损坏4 627间，紧急转移安置754人；有8.68万人和8.5万头大牲畜出现不同程度的饮水困难，农作物受灾面积近2.23亿平方米，绝收面积近2 500公顷，灾害直接经济损失达3.23亿元。

2012年，全市下拨救灾资金914万元，四川省民政厅下拨本市救灾棉被1 500床，棉大衣500件，绒衣裤500套，电热毯100床。

为提高民政系统救灾能力，攀枝花市民政局不断完善救灾应急预案，认真做好综合减灾救灾应急指挥体系建设工作，修订完成《攀枝花市民政局自然灾害救灾应急工作规程》，指导完善县级《救灾应急预案》。完成市、县(区)综合减灾救灾应急指挥体系新增、变更设备采购工作。2012年，市民政局出台《攀枝花市民政局自然灾害救灾应急工作规程》，县(区)、乡镇(街道)结合当地实际，制定《自然灾害应急救助预案》；推进"减灾进社区"工作，东区弄弄坪街道办事处东风社区和西区河门口街道办事处北街社区被命名为"全国减灾示范社区"。

2012年9月7日，云南省昭通市发生5.7级地震，攀枝花市于9月9日调集各类救灾帐篷1 760顶，救灾棉被1 200床，大米4吨，方便面200箱紧急支援昭通地震灾区。

【优待抚恤】 2012年，攀枝花市共下达各类抚恤补助经费1 296万元，3 800多名优抚对象得到保障。发放优抚对象抚恤补助自然增长经费285万元，最高的达到2 011元/人·年。提高义务兵家属优待金标准，攀枝花市义务兵优待金标准城镇最高达到1 300元/人·年，农村最高达到15 000元/人·年，2012年共向512户(人)发放义务兵家属优待金223.3万元。为1 300多名优抚对象发放医疗补助126.13万元。仁和区在2011年开展优抚对象医疗费结算"一站式"服务试点的基础上，将试点医院扩展到仁和、大田、啊喇三家医院。投入经费45.9万元解决优抚对象的"住房难"问题，为47户住房困难的优抚对象新建、维修住房。做好烈士褒扬工作，实施烈士陵园的改扩建和修缮，清明节期间，全市共接待本市及外来祭扫的人员达6 000余人次。全市共审核上报新调(评)残人员共11人，新接收部队退役伤残军人4人。组织9名高龄伤残军人参加省民政厅组织的优抚对象疗养。落实优抚对象"两节"期间的一次性生活补贴共82.69万元。

【退役士兵安置】 2012年，攀枝花市共接收退役士兵313人，其中自主就业229人、安置工作64人，发放退役士兵待安置期间生活补助经费17.36万元。出台攀枝花市自主就业退役士兵地方经济补助政策，对自主就业的退役士兵由安置地的县级人民政府根据服役年限，按照退役义务兵每人每年6 000元，退役士官每人每年7 000元的标准发给一次性地方经济补助。开展退役士兵就业技能培训，补助经费38.44万元帮助111名退役士兵完成驾驶培训。落实32名驻攀部队随军随队配偶的自谋职业一次性补助金发放工作，发放经费30.08万元。指导军供站、军休所做好军供、军休相关工作。协助做好市军休所办公用房、军休干部活动中心的项目建设和市军供站维修改造工作。

【双拥工作】 2012年元旦、春节期间，全市紧紧围绕宣传和学习贯彻中共十七大精神，以军地开展"双向纳入"活动为载体，大力弘扬拥军优属、拥政爱民的光荣传统，广泛、深入、扎实地做好节日期间的拥军优属工作。节日期间，对优抚对象及驻攀各部队进行了走访慰问，共走访慰问2 134名优抚对象，发放走访慰问金50.37万元。

市军供站继续加强正规化建设，改善军供设施，完善应急供应方案，军供工作做到了优质、快速、准确、安全、保密。

【基层群众自治组织和社区建设】 2012年，攀枝花市民政局开展全国村务公开民主管理示范单位创建工作，上报米易县为创建单位，在四川省民政厅综合检查考评中，攀枝花市综合评定成绩在全省6个创建市(州)中排第一。

抓好"民生工程"城乡社区建设工作。按照"面积大、功能全、能力强、服务好"的工程建设目标全面完成2012年20个城市社区和30个农村社区的建设任务。积极申请国家社区建设项目，攀枝花市西区杨家坪社区服务站被纳入国家社区服务体系建设项目，国家下拨资金55万元，改善社区基础设施。

提高社区干部待遇。市民政局指导督查县(区)按照有关规定调整社区干部待遇，并及时足额兑现。调整后，东区，社区书记、主任每人每月1 800元，委员1 600元，社工1 500元；西区，社区书记、主任每人每月1 600元，委员和社工1 400元；仁和区，社区书记主任每月1 550元，委员1 350元，社工1 000元；米易县，社区书记、主任每人每月1 600元，委员1 400元，社工1 014元；盐边县，社区书记主任每人每月1 500元，委员1 300元，社工1 200元；钒钛园区，社区书记、主任每人每月1 800元，委员、社工1 600元。

提升社区服务功能。推进村居务监督委员会建设，全市352个村委会、132个社区居委会均已建立村(居)务监督委员会。推进社区廉政文化建设，创建10个廉政文化进社区示范点。开展花园社区创建、学习型社区建设工作。推进"五创联动"进社区、进村组。市民发展意识、爱市意识、文明意识、卫生意识、环保意识较大提升。

【社会福利事业和福利企业】 2012年,攀枝花市按照“残疾孤儿手术康复明天计划”的要求,为5名残疾儿童实施手术。市民政局指导市社会福利院和各县(区)民政局完成孤残儿童统计工作,至年底,全市认定孤儿267名。推荐8名品学兼优的孤儿就读四川省志翔职业技术学校。在全市5个县(区)积极开展关爱老年人“晚晴行动”活动,全市共有285名“三无”和“五保老人”得到省康复中心赠送340套(件)康复器材。开展养老服务社会化示范社区创建,经省民政厅检查小组验收评定,东区高峰社区等5个社区评为四川省养老服务社会化示范社区(一类),东区佳运社区评为四川省养老服务社会化示范社区(二类)。加强福利企业监管,维护残疾职工合法权益。完成1家社会福利企业的变更工作,2012年全市有社会福利企业13家,安置残疾职工1 208人。

【社会慈善捐助】 2012年,攀枝花市福利彩票实现销售17 559万元,募集到1 580余万元的福利彩票公益金。开展“在同一片蓝天下”系列慈善活动,募集善款5 287.05万元,通过“慈善助学”“慈善助医”两个子活动,对攀枝花市914名品学兼优的贫困家庭学生进行慈善助学,资助金额达191.34万元;帮扶因病导致特别困难家庭537户,资助金额达677.21万元。市慈善会成功申请中央财政支持社会组织示范项目资金25万元用于全市慈善组织建设。

【行政区划和地名管理】 2012年,市民政局加强行政区划调研,草拟攀枝花市行政区划调整方案,向市政府、省民政厅做专题汇报。承办仁和区政府机关办公驻地迁移的审核、报批,经省政府常务会议研究,同意仁和区政府机关办公驻地迁移的请求,并下发《四川省人民政府关于同意攀枝花市仁和区人民政府机关办公驻地迁移的批复》。

市民政局与楚雄州民政局、丽江市民政局共同完成川滇行政界线楚雄州、丽江、攀枝花段第二轮行政区域界线联检工作。攀枝花市政府还与楚雄州政府签订《睦邻友好公约》。对乡级以上的行政区域界线进行了清理核查,并建立界线管理档案。

年内,市民政局完成《政区大典·攀枝花市分卷》的编纂工作。启动地名文化建设,制定攀枝花市加强地名文化建设实施方案;开展地名文化遗产保护普查统计上报。对攀枝花市地名命名更名、地名规划、地名标志设置等工作进行清理整顿。对门楼牌设置情况进行调查清理,并加强与门楼牌使用部门的沟通、协调、配合,使门楼牌的设置与使用、管理相衔接,提高门楼牌的使用效率。全年共对25个新建楼盘进行楼门牌编码,共编制楼门牌3万余块。对城区的天宇路、常乐路、奥林匹克路、奥林匹克北路等4条道路进行命名。对主城区内的地名标牌进行检查。

【民间组织管理】 2012年,攀枝花市民政局审批同意市工程爆破协会、攀枝花市南充商会、市自驾车旅游爱好者协会等11个社会组织成立;注销市老年问题研究会、四川省舞蹈学校攀枝花分校;为16个社团,1个民办非企业单位办理有关变更登记;根据《四川省〈中华人民共和国民办教育促进法〉实施办法》有关规定,办理攀枝花市新理念英语学校、攀枝花市瑞新电脑培训学校等6家民办非企业单位由市民政局移交给东区民政局、仁和区民政局登记管理;实行主动上门实地年检,完成2011年度全市社会组织年检工作,年检率达96%,表彰奖励18个2011年度优秀社会组织。至12月,全市有社团394个,民办非企业单位244个,其中市级社团154个、民办非企业单位28个。

开展市级社会组织培育孵化工作。提出有关建议,指导东区在炳草岗街道启动社会组织孵化机构和场所建设试点。推荐攀枝花市社会组织申报“中央财政支持社会组织参与社会服务”项目,市慈善会获得中央财政资金30万元。支持市援助少年儿童志愿者协会与市救助管理站(市流浪未成年人救助保护中心)签订志愿服务协议,并在市救助管理站(市流浪未成年人救助保护中心)挂牌设立“攀枝花市援助少年儿童志愿者协会志愿服务基地”。

指导社会组织开展创先争优活动,完成市委“两新”工委党建工作综合信息管理系统中社会组织基础信息、组织详情、党员信息以及活动各阶段有关资料的录入、报送工作。攀枝花市民政局获省社会组织创先争优活动指导小组“全省社会组织创先争优活动优秀指导单位”的表彰。

【婚姻登记和收养登记】 2012年,全市依法办理结婚登记11 178对,离婚4 218对,补领结婚证6 894对,补领离婚证479人(次),出具婚姻登记记录证明11 661人次,婚姻登记合格率达到99%。做好婚姻登记机关等级评定工作,指导各县(区)民政局解决和落实婚姻登记机关的机构设置、人员编制、经费保障、场所建设等问题,开展各婚姻登记机关申报国家3A级标准工作,西区民政局婚姻登记处、仁和区民政局婚姻登记处和盐边县民政局婚姻登记处已被民政部命名为国家3A级婚姻登记机关。市民政局获婚姻等级评定工作突出贡献单位称号。加强对全市婚姻登记登记信息化建设工作的指导。与计生、卫生等部门协作开展婚前保健,做好婚前保健服务宣传工作,向婚姻当事人发放“免费婚检卡”、婚前保健宣传资料。2012年,全市共办理国内收养登记29个,登记达标率100%。

【殡葬管理】 2012年清明节期间,攀枝花市民政局围绕“惠民、绿色、人文”的主题,建立多部门联动协作的工作机制,积极开展“行风建设月”活动,采取各项措施倡导文明、绿色殡葬新风尚。全市各殡仪服务单位在3月17日至4月4日期间共接待群众祭扫20多万人次,机动车辆1万多辆,全市清明期间未发生拥堵、踩踏、火灾等任何安全事故。利用清明节,攀枝花市各级民政部门加强对文明、环保、人文祭扫的宣传引导工作，首次举办百姓公祭活动，有6篇文明祭扫、鲜花祭扫的新闻报道被攀枝花市媒体和《四川日报》刊登，增强群众文明、环保、健康的清明节祭扫理念。3月1日，在全市建立并实施《攀枝花市人民政府办公室关于在攀枝花市实施殡葬惠民救助保障制度的通知》，各县(区)认真贯彻执行这一政策，配套出台的有关文件，落实保障经费。自3月1日至12月31日，市殡仪馆和各县(区)民政部门共为1 224名符合政策对象办理基本殡葬费用减免手续，减免金额达44.2万余元。督促各公墓经营单位完善公墓审批手续，向四川省民政厅申请换发新"四川省公墓(塔陵)经营许可证"。2012年全市火化遗体3 062具，全市经营性公墓销售墓穴1 546个，新修墓穴1 916个，已入墓安葬1 035个。

【流浪乞讨人员救助】 2012年，市民政部门积极做好全市流浪乞讨人员的救助管理工作，加强对流浪乞讨人员中无行为能力和限制行为能力人员的救助和安置。2012年全市共救助5 141人次，其中老年人456人次、未成年人164人次、残疾人719人次。对符合救助条件的求助对象救助率达100%，救助信访处理率达85%。指导市救助管理站申报并创建成省级文明救助管理站，并继续开展创建国家三级救助管理站工作，市救助站的整体救助管理保障水平有明显提高。指导市救助管理站进一步加强街面救助力度，按照《攀枝花市人民政府办公室关于建立流浪乞讨人员救助管理工作联席会议制度的通知》，明确政府责任和有关部门职责，进一步加强流浪未成年人救助保护工作。根据省民政厅转发民政部、中央综治办等八部委《关于在全国开展"接送流浪孩子回家"专项行动的通知》文件要求，积极开展"接送流浪孩子回家"专项行动，开展"寒冬送暖"活动，对街头流浪乞讨人员实行上街主动劝导，及时发放食品和御寒衣物。

(李泽明)

残疾人事业

【概　况】 2012年，攀枝花市残疾人联合会(以下简称"市残联")内设办公室、康复处、教育就业处、维权处等4个职能处室和管理残疾人康复教育中心、残疾人劳动就业服务中心等2个事业单位。全市残联系统(含三区两县残联)有在职职工61人(含临聘人员17人)，其中市残联21人(机关11人、事业单位10人)、东区残联8人(含临聘人员4人)、西区残联6人(含借调1人、临聘人员3人)、仁和区残联11人(含临聘人员6人)、米易县残联6人(含临聘人员1人)、盐边县残联9人(含临聘人员2人)。全市残疾人人口7.46万人，持证残疾人1.74万人。

2012年，全市残疾人工作在各级党委、政府的领导下，以残疾人民生工程为重点，以残疾人"两个体系"建设为主要内容，深入开展为残疾人提供"量体裁衣"式个性化服务，扎实推进残疾人康复、教育、就业、维权等各项工作加快发展，推动全市残疾人工作持续健康发展。2012年，攀枝花市残疾人民生得到进一步关注，残疾人民生状况得到较好改善；残疾人康复、就业、维权等工作又添新措施，残疾人需求得到更大限度满足；政务信息交流无障碍建设得到加强，残疾人网上政务信息交流工作有新突破；残疾人文化体育活动日趋丰富，残疾人参加体育赛事取得新成绩。存在不足：基层残疾人组织建设工作还很薄弱，且发展不平衡，影响残疾人工作深入开展；残疾人综合服务设施建设工作滞后，活动开展受限制。

【残疾人社会保障体系建设】 2012年，全市残疾人社会保障制度进一步落实。全市符合最低生活保障条件的城乡残疾人家庭实现"应保尽保"，全年有2 732名残疾人纳入城乡低保，其中城市低保对象1 261人，农村低保对象1 471人，城市低保对象当年累计人均补差达到272元，农村低保对象当年累计人均补差达到129元，均处于全省前列。全市城乡社会养老保险工作实现全覆盖，残疾人参保优惠政策得到落实，全年新型农村社会养老保险残疾人参保率98.8%，城镇居民养老保险残疾人参保率98%。城乡基本医疗保险制度实现全覆盖，残疾人参保及报销优惠政策全落实，全年新型农村合作医疗残疾人参保率98%，城镇居民基本医疗保险残疾人参保率98.5%。

2012年5月2日，攀枝花市人民政府印发《攀枝花市全民健身实施计划(2011~2015)》，将残疾人健身内容纳入全民健身实施计划。具体措施包括：建立各级体育和残联共同发展残疾人体育的协作机制，充分发挥残疾人体育组织在开展残疾人体育活动中的主导作用，培养为残疾人服务的体育教师和社会体育指导员，组织开展残疾人体育健身活动；实施"助残健身工程"，为残疾人建设就近方便的体育健身设施；对公共体育设施进行必要的无障碍改造，为残疾人参加体育活动提供便利；特殊教育机构要提供适合残疾学生特点的体育健身与体育康复服务；建立健全残疾人运动员培训机制，积极培养优秀残疾人体育人才。

【攀枝花市第四次残疾人事业工作会暨2012年残联系统工作会】 2012年3月8日下午，攀枝花市第四次残疾人事业工作会议暨2012年残联系统工作会议与全市民政人社工作会议一同在攀枝花会展中心国际厅召开。攀枝花市级有关部门和单位负责人，县(区)政府常务副县(区)长，县(区)民政局、人社局、残联负责人及办公室主任100余人参加会议。市人大财经委员会、市政协社会和法制委员会负责人应邀出席会议。会议由市政府副秘书长凌永航主持，市委常委、市政府常务副市长杨自力出席会议并作重要讲话。会议总结全市残疾人事业"十一五"计划执行情况，安排部署"十二五"时期及2012年全市残疾人工作，表彰全市"十一五"残疾人事业先进集体和先进个人。

【残疾人康复】 年内,市残联以"爱耳日""助残日""爱眼日""世界精神卫生日""国际残疾人日"等节日为契机,利用报纸、电台、电视台、网络等媒体,向社会公众、残疾人及其亲友普及康复知识,提高公众残疾预防和康复意识。继续开展各项康复服务,帮助残疾人恢复或补偿功能,减轻残疾人痛苦和家庭负担。

白内障复明年内,全市继续巩固"全国白内障无障碍市(县)"成果,按照"当年白内障患者新发现1例、手术1例"的要求开展白内障患者复明工作,全年为175名贫困白内障患者免费实施复明手术。同时,市残联继续指导盐边县"全国白内障无障碍县"创建工作(全市仅盐边县未建成"全国白内障无障碍县")。

国家残疾人事业专项彩票公益金康复项目年内,为东区80名贫困精神病患者实施医疗救助工作(其中服药救助50名、住院救助30名);为7名贫困成年听力残疾人佩戴助听器;为7名智力残疾儿童开展康复训练。

辅助器具适配年内,为320名贫困肢体残疾人配送轮椅(其中四川省残疾人福利基金会配赠轮椅170辆、"台北曹仲植基金会"捐赠50辆、攀枝花市人民政府匹配100辆);为30名残疾人进行辅具适配,为100名残疾人发放腋拐、助行器、手杖、盲杖等辅助器具;为贫困残疾儿童申请到"集善如新儿童蜜儿餐"792袋(价值15.84万元),并发放到人。8月,市残联向四川省残联为125名贫困聋儿申报免费助听器,待批。

残疾儿童康复年内,为5名聋儿提供听力语言训练,培训聋儿家长5名;为5名智力残疾儿童提供康复训练,培训智力残疾儿童家长5名;护送4名脑瘫儿童到八一康复中心接受补贴肢残矫治二次手术。11月20日,米易县脑瘫儿童康复站成立,解决了米易县脑瘫儿童康复训练难问题。至此,全市及5个县(区)全部建有脑瘫儿童康复站(点),全市脑瘫儿童康复站(点)实现县(区)级覆盖。

麻风畸残矫治年内,市残联配合卫生部门,为5名麻风患者实施"麻风畸残矫治手术"8台。

【残疾人扶贫】 2012年元旦、春节期间,全市残联系统继续开展"温暖万家行"活动。活动期间,市、县(区)政府残工委各成员单位(含残联)走访慰问贫困残疾人1 340户,赠送慰问金及慰问品价值约22万元;攀钢集团有限公司等大企业走访慰问残疾职工1 000余户,赠送慰问金及慰问品价值约26万元。年内,为米易县36户贫困残疾人家庭实施农村贫困残疾人危房改造,每户补贴资金1万元(其中省里6 000元,市、县各2 000元)。对西区格里坪大水井村、凉山州木里县残联开展对口帮扶工作。

【残疾人教育】 2012年,全市残联系统资助350名残疾学生继续接受教育。协助教育部门、招生单位做好2012年3名上线残疾高考生录取工作,圆了残疾学生的"大学梦"。协助攀枝花市特殊教育学校做好盲、聋、哑学生招生工作,帮助残疾适龄儿童入学。

【残疾人就业】 2012年,市残联以就业援助月活动为契机,认真开展残疾人求职登记、职业指导、职业介绍等服务,全年组织残疾人就业招聘会3次,为245名残疾人进行求职登记,提供就业咨询330多人次,开展残疾人就业推荐250多人(次)。加强残疾人职业培训促进就业工作,将残疾人职业培训与省级民生工程和全市创业型城市建设工作结合起来,全年投入培训和扶持经费100多万元,免费培训城镇残疾人240名,农村残疾人600多人,全部实现扶持就业。年内,市残联、市地税和市财政部门密切配合,加大残疾人就业保障金征收力度,2012年收取残疾人就业保障金1 500多万元。

【残疾人维权】 2012年,全市残联系统办理残疾人来信来访300件次,其中市本级办理残疾人来信来访件50余件次,领导批示件和信访案件办结率为100%。未发生残疾人赴省、赴京集体上访事件。2012年3月,市残联协调市法律援助中心,成立残疾人法律救助站。救助站有专职律师3名,志愿者5名,年内办理维护残疾人权益案件67件。11月,向全市2 170名残疾人机动轮椅车燃油补贴对象发放2012年度残疾人机动轮椅车燃油补贴,发放总金额79.205万元。年内,全市有22名残疾人领取C5(残疾人专用小型载客汽车)车型驾驶证,至2012年底全市已有35名残疾人领取C5车型驾驶证。2012年8月,市残联为21名取得C5车型驾驶证的残疾人申领一次性辅助装置和技能培训补助费每人1 500元,为1名取得C2车型驾驶证的残疾人申领技能培训补助费1 000元,此笔款项已于2012年底向残疾人兑现。11月1日起开展2012年度残疾人状况监测工作,年内对东区瓜子坪街道青年路社区和东区长寿路街道冶金东街社区48户残疾人家庭进行了监测。

【残疾人宣传】 2012年,市残联与市广播电台继续联办《同在一片蓝天下》残疾人专题节目,向广大市民,特别是残疾同胞宣传残疾人法律法规、政策和相关知识,介绍自强不息残疾人事迹,促进全市残疾人事业发展。全年联办节目24期。年内,市残联积极与新闻单位联系,加大残疾人工作宣传力度,全年在市电视台、市广播电台和市级报刊播放、刊登反映残疾人事业和自强不息残疾人信息50余次(篇),中残联网站报道本市残疾人信息22条,省残联网站报道本市残疾人信息29条,新华网、人民网刊登攀枝花市残疾人艺术展成果,《四川省民生报》刊登攀枝花市残疾人民生工作4篇。

【政务信息无障碍建设】 2012年初,为方便残疾人获取和利用信息,实现残疾人政务信息交流无障碍,攀枝花市在政府门户网站——攀枝花市公众信息网(www.panzhihua.gov.cn)开设残障版。年内,攀枝花市电子政务办公室联手市残联,通过反复调试、征求残疾人意见和反复修改,不断完善和改进残障版功能,基本实现残疾人政务信息交流无障碍。攀枝花市公众信息网残障版中设有方便残疾人阅读的功能,低视力残疾人可以通过残障版中的放大字体、缩小字体,放大页面、缩小页面功能来获取信息;盲人可通过视图模式与纯文本模式功能转换,选择适合自己的阅读方式来获取信息。

【开展第二十二次全国助残日活动】 在第二十二次全国助残日活动期间,结合"加强残疾人文化服务,保障残疾人文化权益"活动主题,攀枝花市各级党委、政府、残联和相关部门结合自身实际,积极开展形式多样的助残活动。

走访慰问　5月16日上午,市残联党组成员、副理事长杨关云率领市残联和东区残联相关人员走访慰问全市部分残疾人文化艺术创作者,并送上慰问金。县(区)和各乡镇残联、大企业纷纷开展走访慰问活动。助残日期间,全市慰问残疾人1 200余人,赠送慰问金约24万元。

文艺展示活动　5月18日,攀枝花市特殊教育学校在该校举办助残日文艺演出和文化艺术作品展示。

志愿者助残活动　全市各志愿者协会、学校、爱心人士纷纷通过"红领巾手拉手助残""文化助残""扶残助学""爱心赠书"等方式,积极开展助残活动。各医院为残疾人提供各类"义诊"服务500余人次。

【残疾人体育】 年内,为备战2015年在四川省举行的第九届全国残运会和2014年第八届四川省残运会,市残联协调市体育局面向全市公开选拔运动员。结合本市实际,组建了残疾人游泳队,有运动员9人,坚持每周训练不少于3次。

8月底,组织3名听力残疾运动员参加2012年四川省青少年游泳锦标赛,与健全人同场竞技,其中2名获评国家三级运动员。9月16日,攀枝花市肢体残疾人赵攀伟在四川省全民健身第五届象棋棋王赛业余组比赛中战胜众多业余组象棋高手,夺得四川省"象棋棋王"称号,这是攀枝花市建市40多年来首次有残疾人选手夺得省级象棋成人比赛冠军。11月,攀枝花代表队8名盲人跳绳运动员代表四川省参加全国盲人跳绳比赛。

【残疾人文化事业】 年内,市残联认真贯彻落实中共十七届六中全会精神,大力发展残疾人文化事业,丰富残疾人文化生活。

残疾作家新书签售会　3月10日上午,在新华文轩书店,市残联与相关部门组织并参加攀枝花市残疾女作家于彬《天堂中的爱》新书现场签售会。同时市残联购买其新书200本,分发给全市各村、社区残疾人文化服务站。

艺术人才推荐　配合四川省残联做好四川省残疾人艺术团招生工作。通过选拔,4月,向四川省残联推荐残疾人艺术人才4名,舞蹈教师1名。

残疾人文化赛事　3月,参加四川省残联组织的2011年度好新闻评选,推荐作品2篇。5月,选送1名盲人(李明,女)参加全国盲人诗歌、散文朗诵大赛。5月,推荐3名残疾人作品参加由四川省残联和四川省聋人协会组织的四川省听力残疾人"4·23"世界读书日读书征文比赛,其中黄云(听力残疾,女)的《我的世界因阅读而精彩》获一等奖。9月,组织参加四川省首届电视手语大赛,选拔3人分别参加专业组、业余组和聋人组比赛,有1人进入复赛。

残疾人文化进社区　年内,建立残疾人基层文化体育活动示范站点3个(东区炳草岗湖光社区、仁和区总发乡立新村社区和市图书馆盲人有声读物阅览室)。6月,组织盐边县、米易县、仁和区残联开展"农家书屋"情况调研。

【民生工程】 2012年,市残联认真做好8项涉及残疾人民生工程(其中省级民生工程6项:扶持城镇新就业残疾人240人;帮助720名农村贫困残疾人发展生产;居家托养智力、精神和重度残疾人740人,资助残疾人托养服务机构1家;救助贫困家庭脑瘫儿童100人;救助贫困家庭0至6岁符合人工耳蜗手术条件的重度听力残疾儿童5名;为200户有需求的残疾人家庭实施无障碍改造。市级民生工程2项:残疾人职业技能培训600人;为400名贫困精神病患者补贴服药费用,为50名重症精神病患者提供一次性住院治疗补助)的项目申报、实施、督查、验收、后续管理等工作,确保各项民生工程全面完成,切实让残疾同胞受益。

扶持城镇残疾人新增就业　年内,市残联按照中国残联和四川省残联"加强残疾人职业培训促进就业工作"的要求,结合全市创业型城市建设工作,以培训促进就业,全年投入资金17.82万元(补助每位新增就业残疾人培训费600元),扶持297名城镇残疾人新增就业,完成任务数的123.8%。

帮助农村贫困残疾人增收　年内,市残联以农村残疾人实用技术培训为主,辅以基本生产资料发放等方式,全年投入资金48.6万元(每户平均补助600元),帮助810户农村贫困残疾人发展生产、增加收入,完成任务数的112.5%。

实施"阳光家园"计划　全年市、县两级财政投入资金44.4万元(居家托养护理补贴600元/人·年),居家托养智力、精神和重度残疾人740人,完成任务数的100%;投入资金40万元,资助仁和区大河中路街道阳光社区残疾人托养服务站,完成任务数的100%。

贫困家庭脑瘫儿童康复救助　全年各级财政投入资金200万元(其中省级投入100万元、市级投入50万元、县区级投入50万元),为100名贫困家庭脑瘫儿童实施康复救助,完成任务数的100%。其中为20名脑瘫儿童实施矫治手术，为3名有需求的脑瘫儿童适配了辅具。

"聆听世界"人工耳蜗助听救助 年内，全市残联系统初筛0岁~6岁重度听力残疾儿童29名，于5月起分3批送至四川省聋儿中心进行术前筛查(术前筛查包括教育评估、医学评估和专家评估3项评估)，有1人通过3项评估，等待手术；有2人通过了教育评估和医学评估，等待专家评估后再确定是否能做手术。另未通过术前评估的聋儿中有3名，自行到四川大学华西医院进行人工耳蜗植入术。

残疾人家庭无障碍改造 全年各级财政投入资金57.05万元〔其中中央、省级财政补贴21.8万元，市级财政匹配经费12万元，各县(区)残联通过多方努力和各部门协作支持，筹措资金23.25万元〕，为206户有需求的残疾人家庭实施家庭无障碍改造，完成任务数的103%。

残疾人职业技能培训 年内，全市残联系统根据市场需求和残疾人自身实际，在城市，结合创业型城市建设和新增残疾人就业等工作，开展残疾人职业技能培训；在农村，因地制宜，开展即适合当地生产需求，又便于残疾人操作的实用技术培训，全年投入资金39万元，免费培训残疾人650名，完成任务数的108.3%。

贫困精神病患者救助 2012年，攀枝花市首次将"贫困精神病患者救助"工作纳入全市民生工程。年内，全市投入资金73万元(市、县两级各投入36.5万元)，为400名贫困精神病患者提供每人每年1 200元的服药补贴，为50名重症贫困精神病患者提供每人5 000元的一次性住院补贴，完成任务数的100%。

(黄金秀)

民族宗教事务

【概　况】 2012年，全市有彝族、傈僳族、苗族、回族、纳西族等41个少数民族；有少数民族人口15万余人，占全市总人口的14%；有17个民族乡镇(米易县5个、盐边县7个、仁和区5个)，占全市44个乡镇的39%；民族地区辖区面积3 940平方千米，占全市总面积的54%。全市两县三区中，盐边县、米易县、仁和区享受民族地区待遇。

全市有宗教团体5个，其中市域宗教团体4个，分别是市佛教协会、市天主教爱国会、市基督教三自爱国运动委员会和市伊斯兰教协会，县域宗教团体1个，即米易县伊斯兰教协会；批准开放宗教活动场所32处，其中佛教寺庙14处、伊斯兰教清真寺7处、天主教教堂6处、基督教教堂5处。全市有宗教教职人员70人，有信教群众约11万人，其中佛教约91 000人、道教约2 100人、伊斯兰教约2 560人、基督教约7 000人、天主教约6 000人。

2012年，市民族宗教事务委员会(以下简称市民宗委)按照"抓发展、保稳定、关注民生"的工作总体要求，把握"共同团结奋斗、共同繁荣发展"的民族工作主题和"落实政策抓管理、引导适应防渗透"的宗教工作思路，按照年初确定的目标和任务，团结奋斗、开拓创新，全面贯彻落实党和国家的民族宗教政策，奋力推进民族地区的经济社会发展，有效维护民族地区和宗教领域稳定。2012年，全市17个民族乡镇国内生产总值达203 544万元，比2011年增加18 504万元，增长10%；农民人均纯收入达7 050元，比2011年增加839元，增长13.5%。民族地区呈现出经济发展、社会稳定、人民安居乐业的良好局面，圆满完成各项目标任务。

2012年民族宗教工作存在的主要问题和困难：民族地区经济总量小，人均水平偏低，贫困面大，贫困程度深，与相对发达的坝区相比民族地区差距拉大，特别是盐边西北部地区少数民族群众平均年收入与全市平均收入水平差距达到3 000元以上。基础设施落后，全市不通水、不通电、不通路的村社主要集中在民族地区，特别是道路等级低、晴通雨阻、连续干旱、人畜饮水困难等问题十分突出，基础设施落后对民族地区经济发展的约束日渐加剧。教育科技文化卫生事业仍然没有摆脱落后的状态，看病贵、上学难的问题十分突出，特别是村小撤并后，家长接送学生支出增加，读高中难、上大学难等问题在民族地区反映较大。城市少数民族流动人口的管理难度加大，自发迁居农民管理任务艰巨，涉及少数民族和宗教领域的各类矛盾日趋复杂，维护稳定的任务日益加重。民族地区的部分干部和群众仍然缺乏自力更生、艰苦创业的精神，一些地区不同程度地存在"等、靠、要"的依赖思想。

【民族地区开发资金投入及项目】 2012年，攀枝花市争取和安排省市民族地区开发两项资金2 436万元，其中争取省级资金1 786万元(省三州开发资金1 119万元、支援不发达地区发展资金220万元、省自发迁居农民专项扶持资金200万元、省少数民族发展金和散杂居民族发展资金174万元、省民族工作机动金73万元)、安排市级民族资金650万元(市级少数民族发展资金400万元、市级民族工作机动金150万元、市级支援不发达地区发展配套资金100万元)。

全市实施民族地区开发项目107个，其中民族新村建设项目1个、小流域现代农牧业增收项目3个、"四小"(小路、小桥、小水、小能源)基础设施建设项目63个、自发迁居农民安置发展项目9个、民族教育发展十年行动计划项目7个、民族地区实用技术培训项目8个、民族宗教事务及维稳工程项目16个。

【六大民生工程】 2012年，按照"富民惠民、改善民生"的资金投入导向和"五个到位"(责任落实到位、项目实施到位、资金保障到位、督促指导到位、政策宣传到位)的资金管理的要求，在民族地区实施民族团结新村建设工程、小流域现代农牧业增收工程、"四小"基础设施建设工程、自发迁居农民安置发展工程、民族教育十年行动计划工程、民族地区培训和维稳工程六大民族地区民生工程，加快民族地区水、电、路基础设施建设步伐，改善民族地区生产生活条件，促进民族地区农业结构调整，有力推进民族地区经济社会发展。

民族新村建设工程　投入资金300万元，实施项目1个。米易县麻陇乡中心村实施农房风貌改造245户、"一池三改"65户、道路硬化6.6千米等工程。

小流域现代农牧业增收工程　投入资金400万元，实施项目3个。在盐边县、米易县民族地区实施1 666.67公顷核桃基地建设，在仁和区民族地区实施333.33公顷芒果基地建设。

"四小"（小路、小桥、小水、小能源）基础设施建设工程　投入资金1 158万元，在民族地区实施小路、小桥、小水等"四小"基础设施建设工程项目63个。小路建设，投入资金704万元，道路硬化46千米、改造42千米、新建22千米、恢复受灾道路38千米，改善2万余人通行和农产品运输条件；小桥建设，投入资金20万元，新建一座15米的钢筋混凝土桥梁，改善1 000余人出行及农副产品运输条件；小水利设施建设，投入资金434万元，修建提灌站2座，三面光整治沟渠18.7千米、新建1.5千米，架设管道27.3千米，修建蓄水池、分水池17口，整治山坪塘3座，改善了400公顷农田灌溉，解决4 000余人的人饮困难问题。

自发迁居农民安置发展工程　争取资金200万元，实施项目9个。硬化、维修道路19.5千米，新建10.4千米，改善3 000余人的通行及农副产品运输条件；改造一个村小活动场所，改善30余名师生的学习、生活条件；实施40户自迁农民住房改造，改善200余人的住房条件。

民族教育十年行动计划工程　投入资金168万元，实施7个项目。为民族地区3所学校购置教学设施设备、4所学校活动场所进行改造，改善4 000余名师生的学习生活条件。

民族地区实用技术培训工程　投入资金34万元，实施3个项目。在民族地区开展核桃、芒果等种植实用技术培训24期，培训2 200人次；开展进城务工技能培训3期，培训100人；开展民族干部培训3期，培训200余人次。

【计生"三结合"】　2012年，市民宗委投入计划生育配套资金26万元，实施大纸房村新建三面光水渠2千米，改善26.67公顷农田灌溉，同时为大纸房村小维修加固教学楼、购置课桌椅及黑板，进一步改善帮扶对象的生产生活条件。省计生委主任徐凡凡在攀检查验收时高度评价市民宗委"三结合"工作"帮扶工作认识到位、措施有力、成效明显，让遵守计划生育政策的群众切实得到实惠"。

【对口"扶贫帮村"】　2012年，市民宗委投入资金29万元，实施对口扶贫帮村项目3个。投入资金20万元，完成盐边县渔门镇高坪村护林社老田堰三面光沟渠3千米，改善15.33公顷土地的灌溉问题；投入资金8万元，实施高坪村小学道路硬化250米，解决400余学生的出行困难；投入资金1万元，开展高坪村核桃技术培训，培训学员200余人。

【维护民族宗教领域稳定】　2012年，市民宗委深入推进民族团结进步创建活动，加强对民区群众进行党的民族政策和法律法规的宣传教育，增强法律意识，提高自觉守法的能力，从源头上预防和减少矛盾纠纷。在元旦、春节、省十次党代会、中秋国庆黄金周、中共十八大召开前后，市民宗委组织人员深入民族地区和各宗教活动场所，调查了解社情民意，排查不稳定因素40余次。认真接待和处理来信来访，对各类涉及少数民族问题的来信来访，谨慎处理，及时反映，依法答复，督办少数民族同胞权益保障事宜。全年共接待来信来访29人次，其中来访27人次、来信2人次。按照"发现早、控制住、处理好"的原则，妥善协调和处理米易县麻陇乡少数民族在钒钛产业园区内发生交通事故致一死一伤事件、市四医院与米易麻陇乡患者兰金秋死亡医患纠纷事件、西区"八二九"矿难事故死亡人员善后处理等23起涉及少数民族纠纷。

年内加强宗教政策法规的宣传教育和爱国主义教育，利用"宗教政策法规宣传月"、宗教界人士迎春座谈会、中秋茶话会、重大宗教节日等活动和各类培训班，深入开展宗教政策法规宣传教育，提高宗教工作干部处理、应对实际问题的能力，增强宗教界人士、信教群众的国家意识、公民意识、法律意识，全市宗教界形成自觉学法、守法、用法的良好氛围。

稳步推进全市宗教活动场所财务规范管理，认真贯彻《宗教活动场所财务监督管理办法（试行）》，帮助活动场所建立完善了财务审批报销制度、财务大额收支制度、功德箱（奉献箱）开箱制度、固定资产管理制度、物资采购库管制度、财务档案管理制度等规章制度；指导活动场所抓好财务人员建设，聘请事业心强、职业道德素质高、具有财务专业知识和财务会计从业资格证的人员担任场所会计、出纳。

抓好和谐寺观教堂创建活动，在攀枝花市"八二九"特别重大事故后结合全市安全大检查，认真、细致、排查宗教活动场所安全隐患，完善宗教场所各类安全预案和安全措施，力争将安全事故的苗头消灭在萌芽阶段。全年，全市宗教活动场所无安全事故发生。

对非法宗教活动进行综合治理。督促指导各县（区）民宗局对辖区范围内的基督教私设聚会点和佛教乱建小庙进行治理，共取缔基督教私设聚会点6处和佛教乱建小庙8处。

【依法办理民族宗教事务】　2012年，根据四川省民族事务委员会、四川省公安厅关于印发《四川省实施〈关于中国公民确定民族成分的规定〉办法》的通知精神，依法办理民族成分更改、更正173份。

2012年，投入资金40万元，完成米易县白马镇乡农清真寺改造、盐边县桐子林镇清真寺修建项目。投入资金5 970万元,完成东区玉佛寺藏经楼、佛塔、方丈院、斋堂主体建设;东区江南基督教堂迁建完成选址、调规、施工图纸设计;西区西佛寺建设完成观音殿建设,大雄宝殿主体建设过半;西区基督教圣恩堂已启动主体工程建设;西区平江天主教堂建设完成用地选址、临时活动场所维修和搬迁使用;仁和区基督教伯利恒堂建设完成主体建设;仁和区大田天主教堂建设完成土地协调和图纸设计。按照属地原则、自愿原则、权利与义务对等原则,协助宗教团体为26名宗教教职人员办理养老保险,37名宗教教职人员办理医疗保险,2名宗教教职人员办理"五保"。

【《彝词汉译释义》通过专家审定】 2012年1月11日,市民宗委组织盐边县召开《彝词汉译释义》专家审定会,审定会邀请四川省民族事务委员会副主任、党组成员甘映平,中央民族大学研究生院院长、教授、博士生导师曲木铁西,西南民大民族研究院副院长、教授、硕士研究生导师李文华,凉山州民研所所长、译审(教授)马尔子,凉山州语委办公室主任摩瑟磁火,攀枝花市文联编辑杨解等6位著名彝学专家参加,出席评审会的还有中共攀枝花市委宣传部常务副部长徐明义,攀枝花市民宗委党组书记段怀云,中共盐边县委常委、宣传部部长肖方敏。

各位专家通过认真阅审和讨论,一致认为,《彝词汉译释义》是一本大型综合性百科类词典,是一部集语词和百科的大型综合性辞书,内容包括语言文字、文学艺术、政治经济、哲学宗教、文化教育、伦理道德、法律、农业牧业、历史地理、动物植物等,它的编撰和出版,对丰富彝族文化宝库,对彝族文化的继承和发展都将发挥重要的作用,对彝族学科的建设将产生积极和深远的影响,该书的编撰出版,成为攀枝花市文化建设的一项标志性成果。本词典所收集的词语大大超过了以往已出版的许多彝文词典。

《彝词汉译释义》是本市毛乌列从上世纪60年代开始,几十年如一日,艰辛编撰而成,收集的彝语词条达6万余条,整部词典共300多万字,是当前收罗词汇最多的彝汉词典。省、市、县领导对之给予高度评价和肯定,省民委副主任甘映平评价该书"有意义、有价值、有特色,对挖掘、保护、传承彝族文化做出了巨大贡献"。

【少数民族考生考录优惠政策制定】 2012年3月5日,攀枝花市委组织部制定《关于进一步明确我市少数民族考生报考本市事业单位享受加分政策的意见》,明确在攀枝花市各级事业单位人员公开招聘中,对盐边县、米易县、仁和区的少数民族考生(生源地或户籍地,下同),在笔试成绩折合前加5分;在本市各级事业单位人员公开招聘中,对市级和东区、西区的少数民族考生在笔试成绩折合前加2分;在本市各级事业单位人员公开招聘中,对本市的少数民族考生报考本市少数民族乡镇事业单位岗位的,在笔试成绩折合后加5分。以上3项加分不重复享受。另外要求,为进一步加大少数民族干部队伍建设力度,各县(区)少数民族乡镇可拿出一定事业单位岗位面向相应少数民族考生定向招考。

【制发《关于全面推进民族地区跨越式发展的意见》】 2012年8月3日,攀枝花市委、市政府制发《关于全面推进民族地区跨越式发展的意见》,该文件明确要求各县(区)党委、政府,市级各部门要认真贯彻落实上级党委和政府对少数民族的扶持政策和优惠措施,进一步研究制定扶持民族地区的政策,加大对民族地区的资金投入力度,并形成长效机制:从2013年开始,市级少数民族发展资金要随财政收入的增长而增加,市、县(区)的产业化发展资金要重点向民族地区倾斜;仁和区、米易县、盐边县按增值税、一般营业税等8个税种原省级分享部分留给县(区)收入的20%,设立本县(区)少数民族地区发展专项资金,重点用于弥补不宜列入新村建设的农户实施住房、厨房、厕所、庭院、圈舍改造补助经费和基础设施建设、产业化发展资金,东区、西区民族工作机动金在现有基础上随财力的增长逐步增加;从2012年秋季学期起,对17个民族乡(镇)和49个散杂民族村普通高中阶段家庭经济困难的学生给予普通高中国家助学补助金,用于补助其学费、书费和生活费。

【市第七次民族团结进步表彰大会】 2012年8月6日,攀枝花市在攀枝花会展中心召开第七次民族团结进步表彰大会,市委常委,市人大常委会主任,市政协主席,市人大、市政府、市政协分管领导,各县(区)区委、政府主要领导,市级各部门主要负责人,大企业和民营企业代表,模范集体、模范个人及统战和民族工作战线的领导、干部共290人参加会议。会议由市委副书记、市长张剡主持,市委书记刘成鸣,省委民族工委副书记、省民委党组书记、主任敬全林出席大会并作重要讲话。大会表彰了第六次民族团结进步表彰会以来攀枝花市在民族团结进步事业中涌现出的42个模范集体和121名模范个人。

【资助少数民族贫困生】 2012年9月1日,市民宗委启动2012年关爱少数民族贫困大学新生入学补助活动。经审核,对2012年考取大学的符合补助条件的94名农村少数民族贫困生予以资助,帮助他们解决入学资金困难问题,全市共资助资金9.4万元。

【攀枝花市民族地区第一个花卉产业园投产】 2012年10月25日,10万余盆高档盆栽花卉在西区庄上民族村千亩花卉苗木园竞放,西区庄上民族村花卉产业园正式投产。千亩花卉园是西区庄上民族村打造"现代观光农业产业园区"的重点项目,占地17.33公顷,总投资约5 000万元。产业园依托攀枝花独特的光热资源优势,采用先进的无土栽培、管理技术，规模化生产红掌、凤梨、竹芋、蝴蝶兰等高档盆栽花卉，年产量约150万盆，年产值约5 000万元。年内完成3个大棚建设，2013年规划兴建11个高档自动化环控温室大棚，全部建成后，将成为攀枝花市最大的休闲主题花卉园。

【举办第八届全市民宗系统暨工商联系统职工运动会】2012年11月2日~3日，市民宗委与市工商联联合在米易县举办第八届职工运动会。市民宗委、市工商联、盐边、米易、仁和、东区、西区等共七支队伍参加比赛。比赛项目有拔河、篮球、乒乓球、羽毛球等10个项目。经过为期两天的激烈角逐，市工商联代表队、米易代表队获得拔河、篮球、接力团体比赛第一名；王纪伦、蒋雷、杨录径等获得乒乓球、羽毛球、绑腿竞走等比赛第一名。

【自发迁居农民定额补助政策】 2012年11月14日，四川省人民办公厅办发文，明确省政府已同意对攀枝花市政府自发迁居农民每年实行200万元定额补助政策，由原来阶段性扶持方式改变为长期固定扶持方式。

【仁和区民族中学、啊喇彝族乡啊喇村获四川省民族团结进步创建活动示范单位称号】 2012年11月30日，四川省民族团结进步创建活动示范单位和民族团结进步教育基地授牌仪式在成都市举行。市民族中学、仁和区啊喇彝族乡啊喇村分别被省委宣传部、省委统战部、省民委授牌命名为四川省民族团结进步创建活动示范学校和示范村。

（马 灏）

社会保障

【社会保障体系建设】 2012年，全市人力资源和社会保障系统以抓扩面、促征缴、保发放为主线，稳步推进社会保障体系建设。全年全市基本养老保险参保人数为460 616人，其中在职参保人员达到302 346人，完成目标任务的105.31%；职工基本医疗保险参保人数为418 699人，完成目标任务的103.4%；失业保险参保人数为217 881人，完成目标任务的103.75%。工伤保险参保人数为215 935人，完成目标任务的100.76%，其中农民工参保人数为37 500人，完成目标任务的101.35%；生育保险参保人数为231 760人，完成目标任务的101.83%。1~12月，累计征收基本养老保险费227 727万元，完成目标任务的112.68%；城镇职工基本医疗保险和失业保险征收额分别达到90 621万元和23 502万元，分别完成目标任务的101.71%和195.85%；征收工伤保险费10 937万元，完成目标任务的114.16%；征收生育保险费4 193万元，完成目标任务的109.76%。继续确保全市152 870名企业离退休人员基本养老金按时足额发放，全年共发放养老金31.46亿元，社会化发放率和按时足额发放率达100%。按时足额支付其他各项社会保险待遇，切实维护参保人员合法权益，全市共支付各项社会保险待遇475 289万元，其中企业职工基本养老金358 509万元、医疗保险金87 672万元、工伤保险金13 893万元、失业保险金13 355万元、生育保险金1 860万元。稳步提高社会保险待遇水平，对全市2011年底前退休（职）的149 951名企业退休人员调整增加基本养老金，全市企业退休人员月平均基本养老金达到1 864.3元，高于全省平均水平400余元。按规定完成事业单位退休人员绩效工资制度实施后由社保机构发放待遇人员的退休费调整和补发兑现工作。认真做好领取失业保险金人员参加基本医疗保险工作。调整城镇职工生育保险待遇，新制定的待遇标准从2012年9月开始执行，预计从2013年起每年增加生育保险待遇支出600万元。

【城乡居民养老保险】 2012年，市人力资源和社会保障局按照“保基本、广覆盖、有弹性、可持续”的基本原则，深入推进城乡居民社会养老保险各项工作。不断完善各项养老保障制度，畅通制度衔接转换渠道，允许农村户籍居民可参加城镇职工养老保险，从制度上破除城乡社会保险的壁垒。打破城乡居民身份界限，整合城镇居民养老保险与新型农村社会养老保险制度，努力推进攀枝花市全市城乡居民养老保险市级统筹，以实现城乡养老保障制度接轨。建立失地农民参加养老保险、医疗保险、失业保险制度，积极解决好失地农民的参保问题。加快促进农村劳动力转移就业，将更多的农民纳入城镇社会保障范围。完善经办服务，逐步形成业务办理一站式、业务结算一卡通和业务工作信息化的经办服务体系。建立城镇居民社会养老保险市级统筹制度。将全市各县（区）城居保和新农保全部纳入市级统筹范围，统筹对象包括具有本市户籍，年满16周岁（全日制学校在校生除外），非国家机关、事业单位、社会团体在编人员，未参加职工基本养老保险的城乡居民。全年全市城乡居民社会养老保险参保人数达到222 255人（含新农保参保人数214 648人和城市居民保参保人数7 607人），完成年度民生工程目标任务168 000人的132.3%，参保覆盖率达到82.4%，其中领取待遇人数68 026人（含新农保享待人数61 424人和城市居民保享待人数6 602人）。缴费人数144 859人（含新农保缴费人数143 854人和城市居民保缴费人数1 005人），完成年度民生工程目标任务119 000人的121.7%。全市城乡居民社会养老保险基金收入9 176.9万元，基金支出6 350.2万元。

【医疗保险】 2012年，市人力资源和社会保障局以“提升经办管理质量、加强医疗服务监管”为抓手，医保工作稳步推进。全年全市基本医疗保险参保人数686 262人，其中城镇职工医保参保418 699人（含农村户籍参加统账结合13 729人，参加当期农民工医保41 303人），扣除农村户籍人员参加统账结合和当期农民工医保人数后，参保率为

98.60%;城镇居民医保参保267 563人,参保率为96.30%。分别完成省局下达目标任务65万人、40.5万人、24.5万人的105.58%、103.38%、109.21%;分别完成市政府下达目标任务61.3万人、39.3万人、22万人的111.95%、106.54%、121.62%。全年全市城镇职工基本医疗保险基金征缴收入为90 621万元(含“单建统筹”方式基金收入4 133万元、个人账户收入41 385万元、统筹基金收入45 103万元),分别完成省人社厅89 100万元和市政府61 000万元全年目标任务的101.71%%、148.56%,同比增长13 498万元,增幅为17.50%;同期基金支出87 674万元(其中统帐结合统筹基金支付51 602万元、单建统筹基金支出1 248万元、个人医疗账户支出34 824万元),当期结余5 477万元。全市城镇居民基本医疗保险基金当期收入7 653万元,统筹基金当期支出6 056万元,当期结余2 018万元,医保基金当期结余率为20%。至2012年底,全市居民医保基金累计结余8 440万元,累计结余率为33.34%。全市居民医保基金当期结余率和累计结余率均处于合理范围,居民医保整体运行情况平稳正常。全年审核支付城镇职工医保统筹基金支付155 161人次、41 960.90万元,其中市内住院58 065人次、统筹支付33 835.98万元,垫付住院费用8 473人次、统筹支付6 014.51万元,慢性病门诊补助88 497人次、统筹支付2 050.20万元,建国前老工人、农民工等126人次、60.21万元;全年审核支付城镇居民医保统筹基金市内住院13 916人次、5 408.20万元;全年审核支付特殊照顾人群医疗费用1 457人次、61.10万元;全年审核支付离休干部、二乙人员医疗费用结算6 287人次、1 118.74万元。全年办理长期外地居住(工作)人员地址变更和登记备案3 774人,办理长期外地居住(工作)人员个人账户下账107 510人次、6 571.22万元(一年两次),办理异地居住(工作)人员个人医保账户余额转账不成功回退2 955人次、294.14万元,办理异地人员个人账户查询3 960人次;办理转诊转院等住院登记2 067人次(其中转诊转院400人次、市外住院审批245人次、市内无卡住院登记1 422人次),办理特殊诊疗项目(药物)审批2 049人次,审批肝、肾移植病人外购抗排异药物136人次,审批慢性病门诊补助人员提前开药和返攀人员慢性病门诊补助开药1 283人次,办理参保人员医疗保险卡加磁、密码重置1 050人次。全年审核通过慢性病门诊补助资格人员5 256人,至年底全市享受慢性病门诊补助资格人员为41 402人,其中排名前5位分别是糖尿病13 785人,高血压10 864人,冠心病3 696人,各种恶性肿瘤非放、化疗治疗3 531人,慢性阻塞性肺气肿并感染2 202人。

【医疗保险制度改革】 2012年,市人力资源和社会保障局积极推进医疗保险制度改革,不断提高待遇标准和管理服务水平。城镇职工医保和城镇居民医保统筹基金年度最高支付限额继续保持达到2011年职工年平均工资和居民可支配收入的6倍,并提高与商业保险公司合作开展的重大疾病补充医疗保险最高支付限额,统账结合方式参保人员、单建统筹方式参保人员和农民工当期住院保险参保人员的年度最高赔付额度已达到35万元,居民医保参保人员的年度最高赔付额度已达到30万元,分别比2011年提高5万元和3万元。居民医保财政补助标准提高40元,达到每人每年240元,参保居民个人缴费标准不变。并再次提高学生儿童特殊重大疾病医疗待遇水平,学生儿童脑瘫康复治疗、因先天性心脏病、血友病、地中海贫血等罕见疾病住院治疗及特殊门诊治疗不设起付线标准,报销比例提高10个百分点。建立健全监管规范化规程。印发《市内定点医疗机构住院费用审核拨付流程》,进一步规范审核支付经办流程;进一步完善医疗待遇监督管理规程。出台《攀枝花市城镇基本医疗保险定点单位违规约谈制度》、《攀枝花市城镇基本医疗保险内部稽核规程(试行)》、《基本医疗保险待遇监督检查工作规程》等监管制度,完善《攀枝花市基本医疗保险违规举报投诉奖励办法》,印发《医疗费用审核支付工作规程》等,形成重要岗位和重点科室间的制衡、制约机制。推进按病种收付费结算,印发《关于城镇基本医疗保险参保人员按病种收付费结算及有关问题的通知》,明确详细的实施办法,并于7月1日实施。开展医疗保险总额预付结算付费方式改革试点。市医保局、盐边县医保局和盐边县中医院(渔门中心卫生院)签订2012年度《定点医疗机构总额预付结算补充协议》,正式启动医疗保险总额预付结算付费方式改革。进一步加强协议管理。结合实际细化、量化定点医疗机构的协议内容,医疗服务协议管理从市内延伸到异地、从住院延伸到门诊、从单一的按项目付费延伸到按病种和总额预付等,实现对定点医疗机构的多层次、全方位的契约化管理,建立定点医疗机构管理的长效机制;印发《关于进一步加强我市城镇居民医保经办管理服务工作的通知》,提出工作要求,规范居民医保POS机刷卡缴费流程,规范社会保险费专用票据的使用管理,强化基金安全;进一步完善居民医保经办管理工作,修订完善居民医保普通门诊统筹管理制度,新增实施“一般诊疗费”的基层医疗卫生机构7家,实施“一般诊疗费”的基层医疗卫生机构达到52家。加强定点医疗机构日常监管。加强事前监管力度,以开展医疗服务监控系统建设试点工作为契机,加强医疗服务监控系统建设进度,首次将职工医保慢性病门诊和居民医保普通门诊纳入监控体系,强化信息监控力度;加强事中检查力度,开展市、县(区)联合检查,定期或不定期对市内和市外定点医疗机构进行稽查,采取“一听、二看、三查、四访问”的方式,实地查看住院病员在院情况,抽查住院病历,开展住院病人满意度调查等,发现问题及时处理,从源头上解决不合理开药、过度检查、乱收费、分解住院等问题;合理解决日常稽查中发现的各类问题,对检查出的一般违规行为,通过摆事实、讲道理,以理服人,起到杜绝再犯的目的,对严重违规行为或欺诈骗保行为,依法依规进行处理,绝不留情。全年全市稽核检查定点医疗机构57家,查实违规费用70.3万元,处理定点医院2家,根据协议按违规费用的3倍予以处罚。全面实施定点医疗机构分级管理。印发《关于开展定点医疗机构分级管理工作有关问题的通知》,全面启动定点医疗机构分级管理申请、初审、推荐、复审、公示、公布、备案工作流程,确保定点医疗机构分级管理逐步在全市范围推行,充分调动定点医疗机构自我管理、自我约束的积极性,提升定点医疗机构医疗保险管理工作质量,提高医疗保险基金使用效率和参保人员的满意度。积极开展基本医疗保险个人权益记录规范化管理。印发《关于加强基本医疗保险个人权益记录管理有关问题的通知》和《关于签订城镇居民医疗保险个人权益信息保密承诺书的通知》,启动医疗保险个人权益记录规范管理工作。引入风险管理理念提升医保监管品质,为有效提升监管质量夯实了基础。

【失业保险】 2012年,市人力资源和社会保障局通过开展重点工作专项检查,加强稽核和重点监控等,顺利推进失业保险扩面征缴工作。全年全市参加失业保险的人数达22.24万人,完成全年目标任务21.88万人的101.65%;征收失业保险费2.08亿元,完成全年任务12 000万元的173.77%,新增扩面20 985人,完成全年目标任务5 000人的417.9%,实现参保人数快速增加,保费收入大幅增长。及时调整失业保险金标准,按时足额发放失业人员失业保险待遇,认真落实领取失业保险金人员参加基本医疗保险的有关规定,做好失地无业农民失业保险工作,切实维护其合法权益。全市共保障3 757名失业人员基本生活,累计支出失业保险基金3 699.04万元。扎实开展使用失业保险基金促进就业、帮扶创业、预防失业工作。全年使用失业保险基金1 761.45万元,弥补就业专项资金不足,确保了就业专项资金按时足额兑现各项补贴。进一步加大财政投入力度,减轻企业负担,有效促进了创业带动就业工作的开展。强化制度建设,进一步加强基金审计、稽核工作。积极配合部、省厅、省局开展失业保险基金专项检查,并组织对全市2011年至2012年10月期间各项就业专项资金使用情况进行自查,共抽查稽核补贴金额4 488.26万元,涉及99家企业学校,(其中,社保补贴企业85户,补贴金额3 928.87万元;培训补贴11户,补贴金额301.51万元;职业介绍补贴1户,补贴金额5.4万元;职业技能鉴定补贴2户,补贴金额7.2395万元;富士康公司招募3 493人,支付专项资金245.24万元),确保了基金安全和使用规范。

【工伤、生育保险】 2012年,市人力资源和社会保障局加强工伤、生育保险工作。工伤保险参保人数为215 935人,完成目标任务的100.76%;生育保险参保人数为231 760人,完成目标任务的101.83%。全面实现工伤保险定点医疗机构联网工作,二甲以上定点医疗机构全部实现联网结算,工伤医疗费用的管理实现规范化、精细化、科学化。调整生育保险待遇政策,对定点医疗机构生育保险医疗费包干定额等情况进行调研,并在此基础上对生育保险待遇调整进行测算,并按照政策规定,从2012年9月1日起对全市生育保险待遇标准和范围进行调整和增加,预计每年将增加生育保险待遇支出600万元。

【社会保险基金监管】 2012年,市人力资源和社会保障局进一步完善基金监管制度,制定全市社会保险基金和就业专项资金监管惩治和预防腐败体系基本框架工作方案。进一步加强就业专项资金管理,规范就业专项资金分配管理使用程序。配合国家审计组完成全市社保基金审计工作。按照省厅统一部署,开展全市工伤保险基金、就业专项基金检查工作,积极推进社保基金监管软件联网运行工作。深入开展经办机构内部控制制度评价工作,规范内部管理,确保社保基金的安全完整。积极推进社保基金监管软件的联网工作,已完成五项社保基金数据前期清理准备工作和项目专项资金的申请。

【社会保险经办管理服务】 2012年,市人力资源和社会保障局稳步推进企业退休人员社会化管理服务工作,社区管理覆盖率达95.9%,企业离退休人员社会化发放率达100%。积极推进医疗保险付费方式改革,有效推进按病种收付费结算,开展总额预付结算付费方式改革试点。修订完善居民医保普通门诊统筹管理制度,新增实施"一般诊疗费"的基层医疗卫生机构7家,实施"一般诊疗费"的基层医疗卫生机构已达到52家。进一步规范工伤认定程序,二甲以上定点医疗机构全部实现工伤保险联网结算。认真开展好2012年度社会保险年检工作,完成全市1 309户参保机关、企(事)业单位五个险种的年检和社会保险登记工作,签订缴费承诺书1 309份,收集156 335人的工资表并进行初步稽核。按照基本养老保险转移接续办法,认真办理基本养老保险转移接续手续,全年全市共办理省内转入16人,省外转入326人,转入基金851万元;省内转出900人,省外转出483人,转出基金1 038万元;办理市内转移10 000余人;机关事业单位养老保险转入40万元,转出17万元。并从2012年11月起配合军队后勤部门办理好退役军人及配偶养老保险关系转移接续工作;同时依据攀枝花市基本医疗保险关系转移接续暂行办法办理基本医疗保险关系转移接续。全年共办理转入81人,转出604人。转入基金7.93万元,转出45.56万元。全面实施定点医疗机构分级管理。社会保障卡发卡总量达60万张,圆满完成省人社厅下达的发卡任务;成功发行加载金融功能社会保障IC卡,进一步推进"一卡多用、全国通用"目标的实现;"12333"话务服务工作成效明显,来电总量达112 445人次,较2011年同期总量相比增长55%。

【劳动能力鉴定】 2012年,市人力资源和社会保障局本着"公平、公正、公开"的宗旨,严格按照《鉴定规程》的相关要求，积极开展劳动能力鉴定工作。认真做好申请人的档案进行审核、分类和归档工作；严格执行保密制度，劳动能力及病退鉴定社会关注度高，事关用人单位及劳动者切身利益，为依法维护双方的合法权益，严格保密措施及保密制度；严格核对身份证或有效证件，要求被鉴定人在医院进行医学检查的过程中必须出示身份证或有效证件，并经核对后才能进行医学检查；严格医学检查资料和档案管理，鉴定人员的医学检查资料和档案必须当天返回市劳动能力鉴定委员会，医检当日不允许将档案留在医院；严格现场监督，每次鉴定均派2～3名工作人员对鉴定人员的相关检查进行全程现场监督；医学检查完成后组织专家集中评定，对在医学检查中发现的疑难复杂问题，组织相关专家进行再次面检、会评；完善鉴定结论送达制度，规范送达行为，对采取当面及邮寄送达均无法送达的，及时采取公告送达方式，及时告知双方当事人的权利，维护了双方当事人的合法权益。全年全市共组织劳动能力鉴定体检33批，共1 910人（其中初次鉴定1 896人，再次鉴定14人），与2011年相比，鉴定总人数增加70人次。

（肖礼荣）

老龄事业

【概　况】 2012年底，全市60周岁及以上常住人口18.3万人，百岁及以上人口25人。全市建有老年活动站（中心、室）199个，老年人参与人数为4.5万人。全市成立各种老年人活动协会168个，参加活动人数为3.5万人。全市有各种老年学校（大学）40个，在校学员1.2万人。

2012年，攀枝花市积极推进社会养老服务体系建设。按照市委、市政府的工作部署，市老龄办研究制订社会养老服务体系建设有关指导性文件，着手编制《攀枝花市老龄事业发展规划》《攀枝花市养老服务设施布局规划》《关于加快我市老龄服务事业和产业发展的意见》，至年底，已形成初稿。

年内，市老龄办联合市法建办下发《关于在“六五”普法中加强宣传〈中华人民共和国老年人权益保障法〉的意见》，要求各县（区）老龄办、法建办认真贯彻落实中央、省、市关于老龄工作的部署，积极开展老年人法制宣传、法律服务和法律援助工作。全市通过电视、广播、报刊、网络、村（居）务公开栏等载体，深入开展宣传教育工作，提高《中华人民共和国老年法》的知晓率，在全社会营造尊老、爱老、敬老、助老的良好氛围。

【高龄老人生活津贴制度】 2012年3月，市政府下发《关于建立80至89岁高龄老人生活津贴制度的通知》，攀枝花市在四川省率先执行80～89岁老人每人每月50元的高龄补贴制度。全市符合条件的1.3万名老年人均享受高龄津贴，全年共发放高龄津贴722万元。

【老年教育事业】 市老龄办与市委老干局等五部门联合印发《攀枝花市老年教育“十二五”发展规划》，提出在“十二五”期间，全市基本建立起覆盖城乡的老年教育体系，各县（区）都要建立1所老年大学或1所老年活动中心，至“十二五”期末，全市老年大学（学校）在现有基础上增加30所，在校老年人数占全市老年人口的比例达到7%。要求县（区）老年大学室内教学面积达到1 000平方米，乡镇（街道）老年学校室内教学面积达到200平方米，社区老年学校室内教学面积达到100平方米；50%的老年大学（学校）达到市级示范校标准，30%的老年大学（学校）达到省级等级标准。

按照省老龄办的要求，由市老龄办牵头，联合市委老干部局、市教育局、市文广新局下发《关于开展老年大学（学校）第二轮评估定级有关事项的通知》，对全市老年大学（学校）开展第二轮评估定级工作进行安排部署。在全省老年大学（学校）第二轮评估定级工作中，西区巴关河社区老年学校获四川省B级老年学校称号、西区高家坪社区老年学校、东区湖光社区老年学校、米易县老年活动中心学校获四川省C级老年学校称号。在市级老年学校示范校创建活动中，西区蓝湖社区老年学校等12所老年学校荣获市级老年学校示范校称号。

【居家养老服务补贴制度】 继续执行城镇低保空巢老人及90岁以上高龄老人每人每月享受40～120元的居家养老政府购买服务制度。至年底，全市（除盐边外）共投入资金26.9万元，有363名低保空巢及高龄老人享受居家养老服务。

【许炳森、王秀珍获“全国十大百岁夫妻”称号】 12月26日，全国第三届中国十大百岁夫妻排行榜在北京市揭榜。攀枝花市仁和区大河中路街道的许炳森（夫，107岁）、王秀珍（妻，106岁）夫妻，以年龄之和213岁名列第二位，被授予“二〇一二年中国十大百岁夫妻”称号。年底，许炳森、王秀珍夫妇是四川省唯一进入全国寿命前十名的百岁夫妻。

【“攀枝花阳光康养旅游”摄影展】 10月20日～21日，市老龄办联合市老年摄影协会在中心广场举办“攀枝花阳光康养旅游”摄影展。此次活动，组委会共收到摄影作品424幅，经评委会筛选，选出84名老年人的127幅优秀作品进行展览，在优秀作品中评选出一等奖1名、二等奖2名、三等奖3名、其余为优秀奖。

【第十三届“老龄杯”网球赛】 2月25日～26日，由市老龄办、市老年人体协主办，市网球协会承办的全市第十三届“老龄杯”网球比赛在攀枝花学院网球场进行。市直机关代表队、攀煤（集团）公司代表队、攀钢冶建公司代表队、攀钢选矿厂代表队、攀枝花学院代表队等5只代表队的近百名老年网球爱好者参加比赛，其中年纪最大的选手为75岁。

（李虹桦）

附　　录

市级领导名录（2012 年）

中共攀枝花市委

书　记　刘成鸣
副书记　张　剡　赵　辉
常　委　张祖芸（女，—2012.09）　杨自力　李群林　程少华　沈　钧　许健民　张　伟　王海波
　　　　李章忠（2012.10—）　熊　伟（2012.09—）

攀枝花市人大常委会

主　任　谢道全（2012.01—）　赵爱明（女，—2012.01）
副主任　谢道全（—2012.01）　邓可兴（—2012.01）　栗素娟（女，—2012.01）　张如英（女）　唐建民
　　　　张汝林　张国民　许秀峰（2012.01—）　王向阳（2012.01—）

攀枝花市人民政府

市　长　张　剡
副市长　杨自力　柳康健　殷旭东　张　敏（女）　刘建明（2012.01—）　李仁杰（2012.01—）
　　　　许健民（—2012.01）　李章忠（—2012.01）　贾德华（2012.10—）

政协攀枝花市委员会

主　席　单　荣（2012.01—）　高方芹（女，—2012.01）
副主席　赵　勇　严文洪（—2012.01）　庞向东　伍维根　何　群　吴文发　刘建明（—2012.01）
　　　　刘德顺（2012.01—）　马晓凤（女，2012.01—）　周治端（2012.01—）

攀枝花军分区

司令员　程少华
政　委　陈向东

统计资料

攀枝花市国民经济和社会发展主要统计指标

表 20

指　标	单　位	2012 年
一、自然资源	*	
行政区域土地面积	平方公里	7 401
年末实有耕地面积	公顷	40 809
二、人口和劳动力	*	
年末总户数	户	360 887
#乡村户数	户	118 916
年末户籍总人口	万人	111.86
#农业人口	万人	51.77
非农业人口	万人	60.09
#男	万人	31.01
女	万人	29.08
当年出生人口	万人	0.91
当年死亡人口	万人	0.57
平均预期寿命	岁	75.29
社会从业人员	万人	66.65
#第一产业	万人	21.82
第二产业	万人	20.65
第三产业	万人	24.18
年末单位从业人员	万人	18.61
#女	万人	6.04
#第二产业	万人	12.31
第三产业	万人	6.22
城镇从业人员(工商年报或劳动年报)	万人	31.19
#国有单位	万人	13.38
城镇集体单位	万人	0.45
港澳台投资单位	万人	0.01
外商投资单位	万人	0.03
私营企业	万人	8.65

续表20

指　标	单　位	2012 年
个体	万人	8.67
城镇登记失业人员数	人	15350
三、农村经济	*	
有效灌溉面积	公顷	30 980
农业机械总动力	万千瓦	64
水产品产量	吨	30 410
四、年主营业务收入在2000万元及以上的工业企业	*	
企业单位数	个	338
#轻工业	个	21
重工业	个	317
#大型企业	个	9
中型企业	个	56
小型企业	个	254
#国有及国有控股	个	17
#内资企业	个	330
港澳台商投资企业	个	3
外商投资企业	个	5
工业总产值(当年价)	万元	12 831 386
#轻工业	万元	624 059
重工业	万元	12 207 327
#大型企业	万元	6 255 526
中型企业	万元	2 780 054
小型企业	万元	3 664 364
#国有及国有控股	万元	5 260 074
#内资企业	万元	12 568 794
#国有企业	万元	495 358
集体企业	万元	69 601
股份合作企业	万元	0
联营企业	万元	2 123
有限责任公司	万元	6 222 008
股份有限公司	万元	96 615
私营企业	万元	5 683 088
其他企业	万元	0
港澳台商投资企业	万元	36 747
外商投资企业	万元	225 845

续表20

指　标	单　位	2012 年
工业增加值(当年价)	万元	4 601 007
资产总计	万元	25 944 696
流动资产合计	万元	8 522 390
固定资产合计	万元	7 216 837
负债合计	万元	20 574 021
所有者权益	万元	5 351 854
主营业务收入	万元	13 502 439
主营业务税金及附加	万元	93 247
应收账款	万元	764 804
产成品	万元	480 705
利润总额	万元	377 415
#应交所得税	万元	84 747
利税总额	万元	940 217
本年应交增值税	万元	445 705
全部从业人员年平均人数	万人	20.26
五、交通运输、邮电通讯、能源	*	
公路客运周转量	万人公里	135 266
公路货运周转量	万吨公里	568 533
境内公路总里程	公里	4 519
#等级公路(含高级、一、二、三和四级公路)	公里	2 888
#高速公路	公里	145
等级外公路	公里	1 631
境内铁路营运里程	公里	182
境内火车站个数	个	16
民用汽车拥有量	辆	103 955
#私人汽车拥有量	辆	80 443
邮电主营业务收入	万元	108 617
#电信主营业务收入	万元	100 412
年末本地固定电话用户(不包括分机)	户	327 577
#住宅电话	户	299 381
#城市	户	256 403
农村	户	42 978
年末移动电话用户数	户	1 326 141
国际互联网用户数	户	282 607
全年用电量	万千瓦时	1 306 526

续表20

指　标	单　位	2012 年
#工业用电量	万千瓦时	1 047 412
#农村用电量	万千瓦时	9 938
六、固定资产投资	*	
全社会固定资产投资完成额	万元	5 632 507
#国有经济	万元	1 774 310
集体经济	万元	48 435
个体经济	万元	114 100
固定资产投资完成额(不含农户)	万元	4 522 807
固定资产投资项目个数	个	868
房地产开发投资完成额	万元	546 834
#住宅	万元	422 605
商品房屋销售额	万元	369 357
#住宅	万元	330 956
商品房屋销售面积	万平方米	80.8
#住宅	万平方米	76.3
商品房屋平均销售价格	元	4 571
#住宅	元	4 339
七、建筑业	*	
建筑企业单位数	个	84
建筑业企业年平均从业人员	人	35 645
建筑业总产值	万元	1 644 455
房屋建筑施工面积	万平方米	466.3
房屋建筑竣工面积	万平方米	95.9
八、国内贸易、对外经济和旅游	*	
限额以上批发零售、住宅和餐饮业企业个数	个	215
#批发零售业	个	156
限额以上批发零售、住宿和餐饮业从业人员	人	12 127
#批发零售业	人	7 908
限额以上批发零售住宿餐饮业购进总额	万元	1 885 835
限额以上批发零售住宿餐饮业销售总额	万元	2 020 867
#批发	万元	1 217 017
#零售	万元	803 850
限额以上批发零售住宿餐饮业库存总额	万元	239 079
社会消费品零售总额	万元	1 921 048
城市零售额	万元	1 806 277

续表20

指　标	单　位	2012 年
乡村零售额	万元	114 771
#批发和零售业	万元	1 675 411
住宿和餐饮业	万元	245 637
进出口总额(包括转口贸易)	万美元	26 343
#进口总额	万美元	4 336
#出口总额	万美元	22 007
外商实际直接投资	万美元	10 382
当年合同外资金额	万美元	23 504
当年实际使用外资金额	万美元	10 382
星级饭店个数	个	17
星级饭店额房总数	间	1 687
名胜风景区和文物保护区个数	个	11
旅游人数	人次	8 526 800
#接待入境旅游者旅游人数	人次	1 600
#外国人	人次	410
#国内旅游者旅游人数	人次	8 525 200
旅游收入总额	万元	668 559
#国内旅游收入	万元	668 236
入境旅游外汇收入总额	万美元	51
九、人民生活和劳动工资	*	
城镇在岗职工人数	人	180 818
#国有经济单位	人	131 232
城镇集体经济单位	人	4 489
其他单位合计	人	45 097
城镇在岗职工年平均人数	人	185 310
城镇在岗职工工资总额	万元	879 393
#国有经济单位	万元	645 874
城镇集体经济单位	万元	17 926
其他单位合计	万元	215 593
农村居民人均纯收入	元	8 728
农村居民人均生活消费支出	元	7 114
#食品支出	元	3 397
农村人均住房面积	平方米	37
城市人均建筑面积	平方米	51
#住宅	平方米	28.7

续表20

指 标	单 位	2012 年
城镇居民人均可支配收入	元	22 808
城镇居民人均消费性支出	元	15 286
#食品支出	元	6 500
十、社会保障		
各种社会福利收养性单位数	个	31
各种社会福利收养性单位床位数	床	3 220
参加基本养老保险的职工数	人	311 869
参加基本医疗保险的职工数	人	377 396
参加失业保险人数	人	221 875
城镇居民最低生活保障人数	人	20 854
农村居民最低生活保障人数	人	29 397
农村传统救济人数	人	152
参加农村合作医疗的人数	人	485 200
十一、财政、金融	*	
财政总收入	万元	1 437 817
#市州本级财政	万元	563 402
地方财政收入(含基金收入)	万元	828 955
#地方公共财政收入	万元	571 980
#市州本级财政	万元	251 153
各项税收	万元	409 499
#增值税	万元	82 787
营业税	万元	79 159
企业所得税	万元	55 539
个人所得税	万元	15 248
财政总支出	万元	1 356 623
地方公共财政支出	万元	1 081 729
#教育	万元	229 715
科学技术	万元	12 081
社会保障和就业	万元	93 149
医疗卫生	万元	79 152
农林水事务	万元	108 310
金融机构人民币存款余额	万元	7 656 902
#企业存款	万元	3 872 827
居民储蓄存款余额(包括邮政储蓄)	万元	3 589 878
#定期	万元	2 124 564

续表20

指　标	单　位	2012 年
金融机构人民币贷款余额	万元	5 321 903
十二、文化、教育、科技、卫生	*	
广播覆盖率	%	97
电视覆盖率	%	97.6
有线电视入户率	%	73.3
公共图书馆	个	6
艺术馆、文化馆(站)个数	个	50
公共图书馆图书总藏量	千册	747
体育场馆数	个	6
剧场、影剧院数	个	4
幼儿园数	所	188
在园儿童数	人	31 248
学校总数	所	129
#小学	所	63
普通中等学校	所	64
#普通中学	所	60
普通高等学校	所	2
在校学生总数	人	199 766
#小学	人	84 821
#女	人	40 233
普通中等学校	人	86 172
#普通中学	人	70 993
#女	人	34 877
普通高等学校	人	24 681
招收学生总数	人	51 432
#小学	人	12 541
普通中等学校	人	29 588
#普通中学	人	23 542
普通高等学校	人	7 639
毕业学生总数	人	50 239
#小学	人	16 860
普通中等学校	人	25 732
#普通中学	人	22 256
普通高等学校	人	6 649
专任教师总数	人	12 206

续表20

指　标	单　位	2012 年
#小学	人	5 081
普通中等学校	人	5 558
#普通中学	人	5 020
普通高等学校	人	1 179
学龄儿童入学率	%	100
#女童入学率	%	100
专业技术人员率	人	62 719
#农业技术人员	人	839
企业科技与服务单位个数	个	61
全年专利申请数	件	1 308
卫生机构数	个	136
#医院、卫生院	个	71
疾病预防控制中心	个	6
妇幼保健站	个	6
卫生机构床位数	张	8 573
#医院、卫生院床位数	张	7 954
卫生机构人员数	人	11 283
医院、卫生院技术人员	人	6 505
#执业(助理)医师	人	2 322
卫生机构人员数	人	11 283
医院、卫生院技术人员	人	6 505
#执业(助理)医师	人	2 322
注册护师、护士	人	2 953
卫生防疫人员数	人	224
5 岁以下儿童死亡率	‰	10.2
婴儿死亡率	‰	7.7
产妇住院分娩比例	%	99.8
十三、市政公用事业	*	
城市排水管道长度	公里	685
水厂综合生产能力(包括单位自备水源)	万吨/日	60.98
供水管道长度	公里	1 311
用水人口	万人	67
全年供水总量	万吨	13 414
#生活用水量	万吨	3 488
煤气供应量	万立方米	159 925.1
#生活用	万立方米	5 567.6

续表20

指　标	单　位	2012 年
天然气供应量	万立方米	0
#生活用	万立方米	0
液化石油气供应量	万立方米	6 520
#生活用	万立方米	5 804
年末营运车辆数	辆	24 060
年末出租汽车数	辆	1 477
建成区土地面积	平方公里	74
公园面积	公顷	409
建成区绿化覆盖率	%	38. 4
城市房屋建筑面积	万平方米	3 114
城市住宅建筑面积	万平方米	1 867
城市住宅使用面积	万平方米	1 307
城镇生活污水处理率	%	85. 1
污水处理厂数	座	7
垃圾处理站数	个	4
污水排放量	万吨	10 725
污水处理量	万吨	5 060
生活垃圾清运量	万吨	27
生活垃圾处理量	万吨	26
十四、社会治安	*	
交通事故件数	件	163
刑事案件立案件数(一审)	件	1 320
犯罪人数	人	1 966
民事案件发案数	件	8 482
十五、资源、环境可与持续发展		
建成区绿化覆盖面积	平方公里	28
森林面积	公顷	438 759
当年造林面积	公顷	3 287
#退耕造林面积	公顷	0
自然保护区个数	个	3
自然保护保护区面积	公顷	99 938
环境污染治理本年完成投资总额	万元	
工业二氧化硫排放量	吨	111 301
工业化学需氧量排放量	吨	1 701
工业烟尘排放量	吨	41 656
城市空气质量达标率	%	93. 7
地表水达标率	%	100

攀枝花市规模以上主要工业产品生产量

表21 (2012年)

产品名称	单 位	本年止累计
原煤	吨	9 607 637.6
洗煤	吨	15 765 469.5
铁矿石原矿	吨	63 196 464.3
成品糖	吨	10 296.2
饮料酒	千升	61 404
#啤酒	千升	61 309
人造板	立方米	
焦炭	吨	5 344 644.5
硫酸(折100%)	吨	1 293 532.4
盐酸(氯化氢含量31%)	吨	16 702
烧碱(折100%)	吨	26 288
纯苯	吨	33 162
涂料	吨	7 495
硅酸盐水泥熟料	吨	485 842.8
水泥	吨	1 716 903
商品混凝土	立方米	4 112 926.9
水泥混凝土电杆	根	13 080
砖	万块	11 326
陶质砖	平方米	4 219 707.3
天然花岗石建筑板材	平方米	1 012 078.6
中空玻璃	平方米	18 811
耐火材料制品	吨	51 460
生铁	吨	6 142 196.8
粗钢	吨	5 754 823.7
钢材	吨	4 619 710
#铁道用钢材	吨	998 179
#重轨	吨	941 644
大型型钢	吨	96 919
中小型型钢	吨	76 720
棒材	吨	545 205
钢筋	吨	365 818
线材(盘条)	吨	68 748

续表21

产品名称	单 位	本年止累计
中板	吨	62 266
热轧薄板	吨	8 237
冷轧薄板	吨	161 743
中厚宽钢带	吨	921 485
热轧薄宽钢带	吨	253 487
冷轧薄宽钢带	吨	553 283
热轧窄钢带	吨	555
冷轧窄网带	吨	38 658
镀层板(带)	吨	437 839.0
涂层板(带)	吨	24 924
焊接钢管	吨	5 644
铁合金	吨	64 413.9
锰硅合金	吨	3 769
铝合金	吨	17 018
铸铁件	吨	413 937
铸钢件	吨	213 890
高压开关板	面	17 691
发电量	万千瓦小时	2 095 729
#火力发电量	万千瓦小时	659 951.4
水力发电量	万千瓦小时	1 435 777.6

注:本表范围是全市年主营业务收入2000万元及以上的工业法人企业。

攀枝市全社会固定资产投资

表22　(2012年)　单位:万元

指标名称	攀枝花市	东 区	西 区	仁和区	米易县	盐边县
合 计	4 632 507	1 346 555	606 317	1 321 613	822 873	535 149
1. 基本建设	2 011 681	529 227	352 942	481 577	442 975	204 960
2. 更新改造	1 942 839	512 053	221 108	686 156	340 498	183 024
3. 房地产开发投资	546 834	281 638	8 476	118 058	9 200	129 462
4. 其他投资	131 153	23 637	23 791	35 822	30 200	17 703
#农户投资	109 700	17 700	15 100	35 700	24 500	16 700

2012 年重要文件目录

2012 年市委、市委办制发文件目录

文 号	文件标题	发文时间
攀委发〔2012〕1 号	中共攀枝花市委关于印发《中共攀枝花市第九届委员会工作规则》、《中共攀枝花市第九届委员会常务委员会议事决策规则》、《中共攀枝花市第九届委员会常务委员会关于加强自身建设的意见》的通知	2012 年 2 月 10 日
攀委发〔2012〕2 号	中共攀枝花市委 攀枝花市人民政府关于全面加强农业科技创新推广确保农业农村经济持续健康发展的意见	2012 年 10 月 12 日
攀委发〔2012〕3 号	中共攀枝花市委关于深化文化体制改革推动文化大发展大繁荣的实施意见	2012 年 4 月 13 日
攀委发〔2012〕4 号	中共攀枝花市委 攀枝花市人民政府关于建立发展软环境测评长效机制的意见	2012 年 4 月 13 日
攀委发〔2012〕5 号	中共攀枝花市委 攀枝花市人民政府关于加强和创新社区(村)社会管理工作的意见	2012 年 4 月 26 日
攀委发〔2012〕6 号	中共攀枝花市委 攀枝花市人民政府关于加快新村建设推进城乡统筹发展的实施意见	2012 年 4 月 28 日
攀委发〔2012〕7 号	中共攀枝花市委 攀枝花市人民政府关于 2012 年党风廉政建设和反腐败工作的意见	2012 年 5 月 2 日
攀委发〔2012〕8 号	中共攀枝花市委 攀枝花市人民政府关于加快推进新型工业化新型城镇化互动发展的实施意见	2012 年 6 月 12 日
攀委发〔2012〕9 号	中共攀枝花市委 攀枝花市人民政府关于进一步加强招商引资工作的实施意见	2012 年 6 月 13 日
攀委发〔2012〕10 号	中共攀枝花市委关于开展基层组织建设年的实施意见	2012 年 7 月 11 日
攀委发〔2012〕11 号	中共攀枝花市委关于建立市级领导干部联系高层次人才制度的意见	2012 年 7 月 26 日
攀委发〔2012〕12 号	中共攀枝花市委 攀枝花市人民政府关于全面推进民族地区跨越式发展的意见	2012 年 8 月 3 日
攀委发〔2012〕13 号	中共攀枝花市委 攀枝花市人民政府关于进一步加快工业经济发展的意见	2012 年 10 月 19 日
攀委发〔2012〕14 号	中共攀枝花市委 攀枝花市人民政府关于加快建设中国钒钛之都的实施意见	2012 年 11 月 1 日
攀委发〔2012〕15 号	中共攀枝花市委 攀枝花市人民政府关于关于深入开展“思想大解放，作风大转变，工作大落实”主题教育活动的意见	2012 年 12 月 10 日
攀委办发〔2012〕2 号	中共攀枝花市委办公室关于印发《攀枝花市委、人大、政府、政协“四大班子”主要领导联席会议工作规则》的通知	2012 年 1 月 29 日
攀委办发〔2012〕3 号	中共攀枝花市委办公室关于印发《攀枝花市委、市人大、市政府、市政协秘书长联席会议制度》的通知	2012 年 2 月 6 日
攀委办发〔2012〕4 号	中共攀枝花市委办公室 攀枝花市人民政府办公室关于进一步加强新	2012 年 2 月 9 日

	形势下农村精神文明建设工作的实施意见	
攀委办发〔2012〕5 号	中共攀枝花市委办公室 攀枝花市人民政府办公室印发《关于进一步推进企业依法普遍建立工作组织和开展工资集体协商的意见》的通知	2012 年 2 月 20 日
攀委办发〔2012〕6 号	中共攀枝花市委办公室 攀枝花市人民政府办公室关于进一步精简文件会议改进文风会风的意见	2012 年 3 月 6 日
攀委办发〔2012〕7 号	中共攀枝花市委办公室关于印发《攀枝花市 2012 年宣传思想工作要点》的通知	2012 年 3 月 27 日
攀委办发〔2012〕8 号	中共攀枝花市委办公室 攀枝花市人民政府办公室关于印发《攀枝花市金沙江中心区段沿江景观规划建设工作方案》的通知	2012 年 3 月 28 日
攀委办发〔2012〕9 号	中共攀枝花市委办公室 攀枝花市人民政府办公室关于强力推进重大工业产业化项目建设的意见	2012 年 4 月 5 日
攀委办发〔2012〕10 号	中共攀枝花市委办公室转发《市委宣传部关于 2012 年各级党委(党组)中心组理论学习意见》的通知	2012 年 4 月 6 日
攀委办发〔2012〕11 号	中共攀枝花市委办公室 攀枝花市人民政府办公室关于印发《攀枝花市贯彻＜四川省民族地区卫生发展十年行动计划 2011－2020 年实施方案＞》的通知	2012 年 4 月 12 日
攀委办发〔2012〕12 号	中共攀枝花市委办公室关于转发《市委党史研究室 2012－2016 年党史工作规划》的通知	2012 年 4 月 25 日
攀委办发〔2012〕13 号	中共攀枝花市委办公室 攀枝花市人民政府办公室关于印发《攀枝花市结对共建新村方案》的通知	2012 年 4 月 27 日
攀委办发〔2012〕14 号	中共攀枝花市委办公室 攀枝花市人民政府办公室关于印发《市委及市政府领导小组成立规则(试行)》的通知	2012 年 5 月 3 日
攀委办发〔2012〕15 号	中共攀枝花市委办公室 攀枝花市人民政府办公室关于印发《攀枝花市 2012 年民生工程实施方案》的通知	2012 年 5 月 7 日
攀委办发〔2012〕16 号	中共攀枝花市委办公室 攀枝花市人民政府办公室关于印发《攀枝花市加强乡镇纪检组织建设实施意见》和《攀枝花市加强乡镇检组织建设考核管理办法》的通知	2012 年 5 月 8 日
攀委办发〔2012〕17 号	中共攀枝花市委办公室 攀枝花市人民政府办公室关于印发《攀枝花市 2012 年未成年人思想道德建设工作要点》的通知	2012 年 5 月 21 日
攀委办发〔2012〕18 号	中共攀枝花市委办公室 攀枝花市人民政府办公室关于印发《省委第六巡视组反馈意见整改实施方案》的通知	2012 年 5 月 20 日
攀委办发〔2012〕19 号	中共攀枝花市委办公室 攀枝花市人民政府办公室关于印发《攀枝花市党政机关公务用车配备使用管理实施细则》通知	2012 年 6 月 13 日
攀委办发〔2012〕20 号	中共攀枝花市委办公室 攀枝花市人民政府办公室关于印发《攀枝花市 2012 年度“急难险重”项目专项考核奖惩办法及《攀枝花市 2012 年度“急难险重”项目目标责任分解表》的通知	2012 年 6 月 19 日
攀委办发〔2012〕21 号	中共攀枝花市委办公室关于印发《攀枝花市定点扶贫、对口支援木里藏族自治县工作领导小组职责分工》的通知	2012 年 6 月 25 日
攀委办发〔2012〕22 号	中共攀枝花市委办公室关于印发《＜中国共产党攀枝花历史＞(第一、二卷)编纂工作方案》的通知	2012 年 6 月 27 日
攀委办发〔2012〕23 号	中共攀枝花市委办公室 攀枝花市人民政府办公室印发《关于党政领导干部职务变动后党风廉政谈话的实施办法》的通知	2012 年 7 月 9 日
攀委办发〔2012〕24 号	中共攀枝花市委办公室 攀枝花市人民政府办公室关于开展“百千万.	2012 年 7 月 19 日

	干群心连心"活动的实施意见	
攀委办发〔2012〕25号	中共攀枝花市委办公室 攀枝花市人民政府办公室关于进一步深化政务公开加强政务服务工作的实施意见	2012年7月30日
攀委办发〔2012〕26号	中共攀枝花市委办公室 攀枝花市人民政府办公室关于印发《攀枝花市民族地区教育发展十年行动计划(2011—2020年)》的通知	2012年8月1日
攀委办发〔2012〕27号	中共攀枝花市委办公室 攀枝花市人民政府办公室关于印发《金江中心区段沿江两岸视野区生态景观林建设实施方案》的通知	2012年8月6日
攀委办发〔2012〕28号	中共攀枝花市委办公室关于印发《攀枝花市市级党群部门及归口单位目标绩考核办法(试行)》的通知	2012年8月7日
攀委办发〔2012〕29号	中共攀枝花市委办公室 攀枝花市人民政府办公室关于印发《攀枝花市国家森林城市建设实施方案》的通知	2012年8月9日
攀委办发〔2012〕30号	中共攀枝花市委办公室 攀枝花市人民政府办公室关于印发《攀枝花市区(县)目标绩效管理办法(试行)》及《2012年区(县)综合工作目标任务书》的通知	2012年8月9日
攀委办发〔2012〕32号	中共攀枝花市委办公室 攀枝花市人民政府办公室关于深入开展关爱留守学生(儿童)、进城务工人员子女工作的意见	2012年8月23日
攀委办发〔2012〕33号	中共攀枝花市委办公室 攀枝花市人民政府办公室关于在全市煤矿建立市级领导包县(区)和县(区)领导包矿责任制度的通知	2012年9月17日
攀委办发〔2012〕34号	中共攀枝花市委办公室 攀枝花市人民政府办公室关于印发《攀枝花市级党政领导安全生产职责》的通知	2012年9月20日
攀委办发〔2012〕36号	中共攀枝花市委办公室 攀枝花市人民政府办公室关于印发《攀枝花市人才做强先发展试验区室建设实施暂行办法的通知》	2012年9月24日
攀委办发〔2012〕37号	中共攀枝花市委办公室 攀枝花市人民政府办公室关于印发《进一步加强人民政协提案办理工作的实施意见》的通知	2012年11月7日
攀委办发〔2012〕38号	中共攀枝花市委办公室 攀枝花市人民政府办公室关于印发《攀枝花市创建中国阳光康养旅游城市工作方案》及《创建中国阳光康养旅游城市目标任务分解表》的通知	2012年11月14日
攀委办发〔2012〕39号	中共攀枝花市委办公室关于转发《市纪委、市委组织部、市委宣传部关于加强领导干部反腐倡廉教育的实施办法》的通知	2012年11月29日
攀委办发〔2012〕40号	中共攀枝花市委办公室 攀枝花市人民政府办公室关于开展对口支援边远民族地区经济社会发展的实施意见	2012年11月29日
攀委办发〔2012〕41号	中共攀枝花市委办公室 攀枝花市人民政府办公室关于实施"十二五"期间人口和计划生育工作目标管理责任制的通知	2012年12月7日
攀委办发〔2012〕42号	中共攀枝花市委办公室 攀枝花市人民政府办公室关于印发《"思想大解放,作风大转变,工作大落实"主题教育活动领导小组宣传工作实施方案》的通知	2012年12月10日
攀委办发〔2012〕43号	中共攀枝花市委办公室 攀枝花市人民政府办公室关于印发《"思想大解放,作风大转变,工作大落实"主题教育活动领导小组组织组工作实施方案》、《"思想大解放,作风大转变,工作大落实"主题教育活动领导小组巡查组工作实施方案》的通知	2012年12月14日
攀委办发〔2012〕44号	中共攀枝花市委办公室关于印发《攀枝花市党委信息工作细则(试行)》的通知	2012年12月17日
攀委办发〔2012〕45号	中共攀枝花市委办公室关于印发《攀枝花市基层党建工作联述联评联考实施细则(试行)》的通知	2012年12月26日

2012 年市政府、市政府办制发文件目录

文　号	发文标题	发文时间
攀办发〔2012〕1 号	关于印发我市 2012 至 2013 年政府集中采购目录及采购限额标准的通知	2012.01.08
攀办发〔2012〕2 号	关于调整充实治理公路三乱领导小组成员及办公室成员的通知	2012.01.17
攀办发〔2012〕3 号	关于印发攀枝花市企业联盟标准管理办法的通知	2012.02.09
攀办发〔2012〕4 号	关于印发攀枝花市十二五卫生事业发展规划的通知	2012.02.14
攀办发〔2012〕5 号	关于印发中华人民共和国政区大典攀枝花市分卷编纂工作实施方案的通知	2012.02.15
攀办发〔2012〕6 号	关于加强工业园区安全生产工作的意见	2012.02.17
攀办发〔2012〕7 号	关于在我市实施殡葬惠民救助保障制度的通知	2012.02.20
攀办发〔2012〕8 号	关于表彰 2011 年度政务服务示范窗口等先进集体和先进个人的通报	2012.02.22
攀办发〔2012〕10 号	关于通报 2011 年工业经济责任目标完成情况和下达 2012 年工业经济责任目标的通知	2012.02.27
攀办发〔2012〕11 号	关于下达 2012 年第一批污染源限期治理项目的通知	2012.03.09
攀办发〔2012〕12 号	关于印发《攀枝花市重大行政处罚决定备案办法》《攀枝花市重大行政强制决定备案办法》的通知	2012.03.07
攀办发〔2012〕13 号	关于印发攀枝花市政务信息工作管理规定的通知	2012.03.15
攀办发〔2012〕14 号	关于印发 2012 年全市消防工作实施意见的通知	2012.03.15
攀办发〔2012〕15 号	转发省政府关于解除汶川地震灾区灾后恢复重建建材价格临时干预措施的通知	2012.03.14
攀办发〔2012〕16 号	关于印发攀枝花市 2012 年度市本级国有建设用地供地计划的通知	2012.03.22
攀办发〔2012〕17 号	关于建立 80 至 89 岁高龄老人生活津贴制度的通知	2012.03.21
攀办发〔2012〕18 号	关于成立攀枝花市减灾委员会的通知	2012.03.21
攀办发〔2012〕19 号	关于印发攀枝花市 2012 年金融工作指导意见的通知	2012.03.21
攀办发〔2012〕20 号	关于建立统计工作联席会议制度的通知	2012.03.23
攀办发〔2012〕21 号	关于印发攀枝花市保障性住房配建管理暂行办法的通知	2012.03.23
攀办发〔2012〕22 号	关于 2012 年全市太阳能应用工作安排的通知	2012.03.28
攀办发〔2012〕23 号	关于印发攀枝花市开展国家知识产权示范城市培育工作方案的通知	2012.04.01
攀办发〔2012〕24 号	关于印发市政府 2012 年推进依法行政工作安排的通知	2012.04.10
攀办发〔2012〕25 号	关于开展攀枝花市第七次民族团结进步模范集体模范个人评选工作的通知	2012.04.13
攀办发〔2012〕26 号	关于表彰 2011 年城乡住户调查工作先进单位和先进个人的通报	2012.04.16
攀办发〔2012〕27 号	关于表彰攀枝花市第六次全国人口普查先进集体和先进个人的通报	2012.04.16
攀办发〔2012〕28 号	关于印发《攀枝花市部门统计工作规范化管理办法》的通知	2012.04.16
攀办发〔2012〕29 号	关于印发《攀枝花市县级统计机构工作规范化管理办法》和《攀枝花市乡镇（街道）统计基础工作规范化管理办法》的通知	2012.04.16
攀办发〔2012〕30 号	关于建立攀枝花市金融经济形势分析联席会议制度的通知	2012.04.16
攀办发〔2012〕31 号	关于印发攀枝花钒钛产业园区创建国家级经济技术开发区工作方案的通知	2012.04.17

攀办发〔2012〕32 号	关于印发攀枝花市中长期教育改革和发展规划纲要 2012 年实施方案的通知	2012. 04. 19
攀办发〔2012〕33 号	关于印发 2012 年市政府门户网站工作实施方案的通知	2012. 04. 26
攀办发〔2012〕34 号	关于集中开展安全生产领域“打非治违”专项行动的通知	2012. 04. 24
攀办发〔2012〕35 号	关于开展 2012 年保险工作的通知	2012. 04. 26
攀办发〔2012〕36 号	关于印发攀枝花市突发地质灾害应急预案的通知	2012. 04. 28
攀办发〔2012〕37 号	关于印发攀枝花市 2012 年整治违法排污企业保障群众健康环保专项行动工作方案的通知	2012. 05. 03
攀办发〔2012〕38 号	关于印发我市 2012 年地质灾害防灾预案的通知	2012. 04. 29
攀办发〔2012〕39 号	关于加强和改进流浪未成年人救助保护工作的通知	2012. 05. 21
攀办发〔2012〕40 号	关于印发攀枝花市全民科学素质行动计划纲要实施方案的通知	2012. 05. 25
攀办发〔2012〕41 号	关于组团参加第九届中国—东盟博览会的通知	2012. 05. 24
攀办发〔2012〕42 号	关于印发攀枝花市农村义务教育学生营养改善计划实施方案的通知	2012. 05. 25
攀办发〔2012〕43 号	关于继续深入扎实开展安全生产年活动的实施意见	2012. 05. 25
攀办发〔2012〕44 号	关于转发攀枝花市 2012 年普通高考安全工作实施方案的通知	2012. 05. 31
攀办发〔2012〕45 号	关于印发攀枝花市市级金融机构支持地方经济发展考核奖励暂行办法的通知	2012. 06. 12
攀办发〔2012〕46 号	关于组团参加第十六届中国国际贸易投资洽谈会的通知	2012. 06. 01
攀办发〔2012〕47 号	关于印发攀枝花市深化医药卫生体制改革 2012 年度主要工作安排的通知	2012. 06. 05
攀办发〔2012〕48 号	关于清理调整市政府设立的各类领导小组的通知	2012. 06. 12
攀办发〔2012〕49 号	关于印发第十三届西博会攀枝花展位布展工作方案的通知	2012. 06. 14
攀办发〔2012〕50 号	转发省政府办公厅关于加强孤儿保障工作实施意见的通知	2012. 06. 19
攀办发〔2012〕51 号	关于加强当前安全生产工作的通知	2012. 06. 21
攀办发〔2012〕52 号	关于印发攀枝花市预防、化解和妥善处置因道路交通事故引发群体性问题指导意见的通知	2012. 06. 25
攀办发〔2012〕53 号	关于转发市纠正行业不正之风办公室 2012 年纠风工作实施意见的通知	2012. 06. 26
攀办发〔2012〕54 号	关于印发攀枝花市“十二五”社会管理创新发展规划的通知	2012. 07. 16
攀办发〔2012〕55 号	关于印发《攀枝花市社会信用体系建设实施方案》的通知	2012. 07. 22
攀办发〔2012〕56 号	关于印发《攀枝花市社会信用体系建设工作制度》的通知	2012. 07. 25
攀办发〔2012〕57 号	关于印发《攀枝花市东区倮果、五道河片区环境污染综合整治工作实施方案》的通知	2012. 07. 17
攀办发〔2012〕58 号	关于 2011 年我市县(区)城市环境综合整治定量考核结果的通报	2012. 07. 18
攀办发〔2012〕59 号	关于印发《攀枝花市“12345 市民热线”管理暂行办法》的通知	2012. 07. 19
攀办发〔2012〕60 号	关于深入开展企业安全生产标准化建设的实施意见	2012. 07. 19
攀办发〔2012〕61 号	关于印发《金沙江攀枝花市城区段沿江环境综合整治实施方案》的通知	2012. 07. 23
攀办发〔2012〕62 号	转发省政府办公厅关于印发四川省公共资源交易监管过错责任追究办法的通知	2012. 07. 22
攀办发〔2012〕63 号	关于印发攀枝花市 2012 年政务公开和政务服务重点工作安排的通知	2012. 07. 25
攀办发〔2012〕64 号	关于印发《2012 年攀枝花市政府网站绩效评估指标体系》的通知	2012. 08. 10

攀办发〔2012〕65 号	关于印发《攀枝花市国家森林城市建设总体规划》的通知	2012.07.25
攀办发〔2012〕66 号	关于印发《关于鼓励社会力量参与花城新区山地森林公园建设的试行意见》的通知	2012.07.25
攀办发〔2012〕67 号	关于加快发展现代林业产业的意见	2012.07.31
攀办发〔2012〕68 号	关于印发《攀枝花市全面推进旅游标准化行动计划工作实施方案》的通知	2012.08.15
攀办发〔2012〕69 号	关于调整我市城镇居民基本医疗保险相关政策规定的通知	2012.08.16
攀办发〔2012〕70 号	关于开展推荐攀枝花市第二届创业明星活动的通知	2012.08.16
攀办发〔2012〕71 号	转发《四川省人民政府办公厅关于推行农村小型公共基础设施村民自建的意见》的通知	2012.08.17
攀办发〔2012〕72 号	关于印发《攀枝花市人民政府教育督导团工作规则(试行)》的通知	2012.08.27
攀办发〔2012〕73 号	关于印发《攀枝花市纠风工作目标考核办法(试行)》的通知	2012.09.10
攀办发〔2012〕74 号	关于印发《攀枝花市第六届无车日活动组织方案》的通知	2012.09.10
攀办发〔2012〕75 号	关于印发《攀枝花市 2012 年纠正物流领域乱收费和深化治理公路“三乱”工作要点》的通知	2012.09.13
攀办发〔2012〕76 号	关于做好重大节假日期间旅游工作的通知	2012.09.10
攀办发〔2012〕77 号	关于进一步提高办文办会质量的通知	2012.09.25
攀办发〔2012〕78 号	关于印发攀枝花市高寒山区学生温暖工程实施方案的通知	2012.10.16
攀办发〔2012〕79 号	关于印发攀枝花市文化广播影视新闻出版局主要职责内设机构和人员编制规定的通知	2012.11.01
攀办发〔2012〕80 号	转发市人口计生委、市扶贫移民局关于进一步做好人口计生与扶贫开发相结合工作实施方案的通知	2012.11.08
攀办发〔2012〕81 号	关于印发《2012 中国・攀枝花欢乐阳光节总体方案》的通知	2012.11.11
攀办发〔2012〕82 号	关于印发“十二五”节能减排综合性工作实施方案的通知	2012.11.12
攀办发〔2012〕83 号	关于印发攀枝花市地方煤矿复产复工工作意见的通知	2012.11.23
攀办发〔2012〕84 号	关于印发攀枝花市安全生产目标管理考核办法的通知	2012.12.04
攀办发〔2012〕85 号	关于进一步巩固深化基层医改工作的意见	2012.11.24
攀办发〔2012〕86 号	关于印发《攀枝花市加快推进千亿产业工作方案》等 6 个工业发展工作方案的通知	2012.11.27
攀办发〔2012〕87 号	关于调整城乡低保标准的通知	2012.12.17
攀办发〔2012〕88 号	关于印发《攀枝花市开展城市街面流浪乞讨人员专项救助管理工作的实施方案》的通知	2012.12.17
攀办发〔2012〕89 号	关于印发《攀枝花市加强气象灾害监测预警及信息发布工作的实施意见》的通知	2012.12.30
攀办发〔2012〕90 号	关于印发攀枝花市气象灾害应急预案的通知	2012.12.30
攀府发〔2012〕1 号	关于对周廷银等 5 名见义勇为先进进行表彰奖励的决定	2012.02.02
攀府发〔2012〕2 号	关于 2011 年度攀枝花市科学技术奖励的决定	2012.02.09
攀府发〔2012〕3 号	关于加强松脂采集管理工作有关问题的通知	2012.02.24
攀府发〔2012〕4 号	关于印发攀枝花市构建本质安全型城市行动纲要(2012~2020)的通知	2012.02.23
攀府发〔2012〕5 号	关于表彰 2011 年度商务服务业粮食工作先进单位的决定	2012.02.27
攀府发〔2012〕6 号	关于表彰全市“两基”迎国检工作先进单位的决定	2012.03.01

攀府发〔2012〕7 号	关于2011 年度全市人口和计划生育工作目标考核结果的通报	2012. 02. 27
攀府发〔2012〕8 号	关于调整全市最低工资标准的通知	2012. 02. 28
攀府发〔2012〕9 号	关于进一步加强松材线虫病防控工作的通知	2012. 03. 15
攀府发〔2012〕10 号	关于印发攀枝花市进一步健全乡镇或区域公益性农技推广体系实施方案的通知	2012. 02. 29
攀府发〔2012〕11 号	关于进一步规范行政机关行政行为预防和减少行政争议的意见	2012. 03. 02
攀府发〔2012〕13 号	关于表彰2011 年度招商引资先进单位、先进个人、优秀项目团队和单项工作先进集体的通报	2012. 04. 09
攀府发〔2012〕14 号	关于印发加强全市物业管理工作意见的通知	2012. 08. 16
攀府发〔2012〕15 号	关于第四届攀枝花市青少年科技创新市长奖的决定	2012. 04. 13
攀府发〔2012〕16 号	关于进一步加大财政教育投入的意见	2012. 04. 18
攀府发〔2012〕17 号	关于促进2012 年固定资产投资持续较快增长的意见	2012. 04. 17
攀府发〔2012〕18 号	关于进一步做好驻攀部队随军家属就业和子女入学工作的意见	2012. 04. 18
攀府发〔2012〕19 号	关于表彰2011 年度我市金融工作先进单位的通报	2012. 04. 19
攀府发〔2012〕20 号	关于印发攀枝花市全民健身实施计划的通知	2012. 05. 02
攀府发〔2012〕21 号	关于进一步加快推进保障性安居工程建设的实施意见	2012. 05. 07
攀府发〔2012〕22 号	关于进一步加强县区人民政府行政复议规范化建设的通知	2012. 05. 21
攀府发〔2012〕23 号	关于进一步做好打击侵犯知识产权和制售假冒伪劣商品工作的实施意见	2012. 06. 20
攀府发〔2012〕24 号	关于印发《攀枝花市环境保护“十二五”规划》的通知	2012. 07. 02
攀府发〔2012〕25 号	关于印发攀枝花市重大科技成果转化工程实施方案(2011 ~2015 年)的通知	2012. 07. 19
攀府发〔2012〕26 号	关于印发《攀枝花妇女发展纲要》和《攀枝花儿童发展纲要》的通知	2012. 07. 23
攀府发〔2012〕27 号	关于表彰民族团结进步模范集体和模范个人的决定	2012. 08. 01
攀府发〔2012〕28 号	关于印发《攀枝花市政府部门目标绩效考核办法(试行)》的通知	2012. 08. 06
攀府发〔2012〕29 号	关于进一步加强清理整治拖欠农民工工资工作的意见	2012. 08. 20
攀府发〔2012〕30 号	关于表彰第五批攀枝花模范校长和优秀教师的决定	2012. 09. 04
攀府发〔2012〕31 号	关于启动2012 年社会救助和保障标准与物价上涨挂钩联动机制的通知	2012. 09. 07
攀府发〔2012〕32 号	关于攀枝花市煤矿整顿关闭工作的指导意见	2012. 09. 17
攀府发〔2012〕33 号	关于攀枝花市建设社会主义新矿山工作的指导意见	2012. 09. 19
攀府发〔2012〕34 号	关于加强和改进消防工作的实施意见	2012. 09. 25
攀府发〔2012〕35 号	关于进一步加快推进文化产业发展的意见	2012. 09. 27
攀府发〔2012〕36 号	关于攀枝花市铁矿产品价格调节基金使用补充办法的通知	2012. 09. 28
攀府发〔2012〕37 号	关于稳定工业经济增长若干措施的通知	2012. 08. 02
攀府发〔2012〕38 号	关于转发《四川省人民政府关于坚持科学发展安全发展促进安全生产形势持续稳定好转的实施意见》的通知	2012. 10. 30
攀府发〔2012〕39 号	2012 年冬季征兵命令	2012. 11. 06
攀府发〔2012〕40 号	关于贯彻落实省政府关于进一步加强安全生产工作紧急通知的意见	2012. 11. 27
攀府发〔2012〕41 号	关于表彰2012 年度餐饮住宿美容美发行业达标创优活动获奖企业的通报	2012. 12. 28
攀府发〔2012〕42 号	关于扶持和促进中医药事业发展的实施意见	2012. 12. 28

2012·民生攀枝花

2012年，攀枝花市制定以“就业促进、扶贫解困、教育助学、社会保障、医疗卫生、百姓安居、道路通畅、民生基础设施、生态环境、文化体育”为主要内容的民生工程实施方案，在省委、省政府的坚强领导下，市委、市政府以民生工程建设为抓手，强化组织领导、完善协调机制、落实部门责任、制定工作方案、积极筹措资金、注重督查指导、开展政策宣传，在承担省政府下达的10大项、54个分项目标任务的基础上，广泛征集民意，自加压力，根据攀枝花市的实际情况，增加49个分项，全年攀枝花市的民生工程项目总数达到10个大项、103个分项，民生工程涉及领域更宽，项目涵盖范围更广，方案内容不断拓展，财政资金预算安排也达到历年之最。通过市政府及各相关责任部门和各县（区）的共同努力，至年底，攀枝花市民生工程10个大项、103个分项的目标任务已全面完成。全年全市“十大民生工程”项目合计安排资金31.6亿元，1月～12月资金预算执行情况总体良好，执行资金为32.5亿元，执行进度为102.8%。

（一）就业促进工程

1. 扩大就业规模。至年底，全市城镇新增就业17 617人，完成15 000人目标任务的117.4%；城镇失业人员再就业8 711人，完成5 800人目标任务的150.2%（其中：市人力资源和社会保障局完成7 782人，完成5 000人目标任务的155.6%；市总工会完成929人，完成800人目标任务的116.1%）；就业困难人员再就业1 714人，完成1 000人目标任务的171.4%；扶持城镇新就业残疾人297人，完成240人目标任务的123.8%；城镇登记失业率控制在3.6%以内；发放小额担保贷款12 899万元，完成5 000万元目标任务的258%；提供青年创业小额贴息贷款200万元，完成目标任务的100%；发放妇女创业小额贴息贷款3.08亿元，完成4 000万元目标任务的770%。

2. 促进毕业生就业创业。至年底，促进高校毕业生参加就业见习301名，完成300名目标任务的100.3%；促进高校毕业生实现创业182名，完成180名目标任务的101.1%。2009级藏区“9+3”免费教育计划毕业生初次就业率达98.4%，完成就业率95%目标任务的103.6%。

3. 加强农民工职业技能培训。至年底，全市培训农民工22 770人，完成19 100人目标任务的119.2%。其中：在岗培训10 431人，完成8 800人目标任务的118.5%；品牌培训800人，完成目标任务的100%；农村劳动力技能培训5 643人，完成4 500人目标任务的125.4%；新型农民培训5 896人，完成5 000万人目标任务的117.9%。开展农民实用技术培训37.6万人（次），完成30万人（次）目标任务的125.3%；农村青年技能培训300人，完成200人目标任务的150%。

4. 扶持自主创业。支持全社会劳动者创业发展，构建以创业激励、创业服务、创业培训为主要内容的政策体系。此项工作由省财政厅会同省经信委、人力资源社会保障厅等部门组织进行。

5. 举办各类旅游服务技能培训班。至年底，组织经营管理、投资开发等各类培训班51期，完成全年目标任务30期的170%；培训人员3 341人次，完成全年目标任务2 500人次的133.6%。

6. 残疾人职业技能培训。至年底，完成残疾人职业技能培训650人，完成全年目标任务600人的108.3%。

（二）扶贫解困工程

1. 农村扶贫解困。至年底，已扶持农村贫困人口8 855人改善其生产生活条件，完成8 846人目标任务的100.1%。

2. 城乡困难群众医疗救助。至年底，按城市低保人数计算，城市年人均医疗救助标准达到325.55元，完成160元目标任务的203.5%；按农村低保和五保人数计算，农村年人均医疗救助标准达到378.82元，完成170元目标任务的222.8%。

3. 慈善爱心超市建设。至年底，已新建10个慈善爱心超市，完成目标任务的100%。

4. 法律援助。至年底，为受援人群提供法律援助21 684人（次），完成目标任务17 000人（次）的127.6%；在仁和区新建成1个规范化法律援助接待受理厅；已在东区银江镇、米易县攀莲镇和草场乡建成3个规范化法律援助工作站。

5. 落实计划生育扶助政策。至年底，全市农村计划生育奖励扶助人数为4 848人，奖励资金465.41万元；计划生育家庭特别扶助对象确认为600人，奖励资金93.58万元。奖扶资金已划拨到各县（区）财政，并全部兑现完毕。

6. 困难职工救助。至年底,全市各级工会共发放生活困难救助金、医疗救助金等 485.57 万元,救助困难职工、农民工11 875人(次),人均救助金额达到 408.9 元,完成全年目标任务。

7. 农村贫困残疾人扶贫解困。至年底,已帮助 810 名农村贫困残疾人发展生产、增加收入,完成目标任务的 112.5%。

8. 贫困家庭脑瘫儿童康复救助。至年底,已对 100 名贫困家庭脑瘫儿童实施康复救助,完成目标任务的 100%。

9. 开展精神康复工作。至年底,已帮助 450 名精神病患者服药和住院治疗,已完成全年目标任务。

10. 建立贫困白内障患者绿色通道。白内障复明手术定点医疗机构开通白内障复明绿色通道,设立白内障复明门诊、病房、手术室、档案管理专柜。至年底,全市已完成贫困白内障患者复明手术 150 例,对符合条件的患者进行常态化或批量手术治疗。

11. 在民族地区新建核桃基地。至年底,米易县和盐边县总共完成核桃定植 966.67 万平方米,完成目标任务 866.67 万平方米的 111.5%。

12. 帮扶特殊困难群众工作。"在同一片蓝天下·2012 慈善助学"和"慈善助医"帮扶活动已有效实施,至年底,完成914 名贫困生助学金的发放工作,总资助金额达到 446.29 万元,慈善助医活动投入 677.21 万元,最大限度解决特殊困难家庭及时就医问题。

(三)教育助学工程

1. 义务教育"两免一补"。2012 年春季学期全市免除学杂费受助学生144 889人,免费提供教科书受助学生91 028人,补助贫困家庭寄宿制学生生活费22 127人;秋季学期全市免除学杂费受助学生144 889人,免费提供教科书受助学生90 903人,补助贫困家庭寄宿制学生生活费22 093人。同时为受助范围内的农村义务教育阶段家庭经济困难寄宿学生22 006人提供每周 2 次、每次 2.5 元的免费肉食,做到"应免尽免"和"应补尽补"。

2. 职业教育。大力推进职业教育发展,加大中等职业教育基础能力建设,对中等职业学校改善办学条件给予支持,根据省教育厅、省财政厅、省发展和改革委员会、省人力资源和社会保障厅联合下发的《关于 2012 年省级财政中等职业学校建设专项资金市州项目实施计划的批复》,同意攀枝花市中等职业学校建设专项资金项目实施计划,并批复下达省级资金 410 万元,用于中职学校基础设施和教学设备建设;中等职业技术学校已招生7 925人,完成7 000人目标任务的 113.2%;对涉农专业和农村家庭困难的中职学生16 262人已全部免除学费。

3. 发展学前教育。至年底,8 所城乡公办幼儿园全部开工建设。

4. 资助家庭经济困难学生。2012 年春季学期资助中职在校学生(含技工学校)9 772人,完成7 500人目标任务的 130.3%,对中等职业学校(含技工学校)1～2 年级所有农村学生、城市家庭经济困难中职学校学生9 131人给予生活费资助;2012 年普通高中国家助学金 981.9 万元全部下达落实到各普通高中学校,资助贫困学生12 490人次,2012 年春季和秋季学期分别资助普通高校家庭经济困难学生4 645人和4 794人,完成全年的目标任务;已将助学金发放到 150 名业余训练贫困学生运动员手中,完成目标任务的 100%;资助家庭困难职工子女上学1 229人,完成 500 人目标任务的 245.8%;资助贫困学生团市委按照捐方意愿,通过"芙蓉学子"、"加多宝"、"国酒茅台"、"至诚烟草"等项目捐助市内应届高中毕业生 78 名,落实助学金 39 万元,至年底,已将助学金全部发放到受助学生手中。

5. 农村留守学生关爱工作。开工建设农村留守儿童寄宿制学校,根据《四川省教育厅 四川省财政厅关于下达 2012 年乡村教育发展留守儿童寄宿制学校建设项目的通知》,2012 年省级资金未安排下达给攀枝花市,因此 2012 年不实施该项工程;已在仁和区五十一阳光家园社区、东区银江镇五道河社区、湖光社区新建留守学生之家 3 所,完成目标任务的 100%。

6. 实施中小学校舍安全工程。至年底,完成中小学校舍安全工程 61.36 万平方米建设任务,完成目标任务的 100%。

7. 特殊教育。至年底,义务教育阶段在校残疾学生已达到 733 人,完成目标任务的 100%。

8. 实施高寒山区温暖工程。至年底,共采购学生卧具10 000套,并于 12 月底前全部发放到 16 个高寒山区乡镇寄宿制学校的9 222名学生手中,超额完成全年目标任务。

(四)社会保障工程

1. 城乡困难群众最低生活保障。提高城乡低保补助水平,实现动态管理下应保尽保,至年底,城市低保对象累计月人均补助金额为 233.74 元,完成目标任务 200 元/月·人的 116.9%;农村低保对象累计月人均补助金额为 94.11 元,完成目标任务 82 元/月·人的 114.6%。

2. 农村五保供养。至年底,已完成新建、改扩建敬老院 1 所,新增床位 80 张,农村敬老院集中供养床位率已达到 70.3%,集中供养率达到 62%,全部完成年度目标任务。

3. 新型农村和城镇居民社会养老保险。攀枝花市城乡居民社会养老保险制度已实现从城镇到农村、从城镇职工到城乡居民的全覆盖,至年底,新型农村和城镇居民社会养老保险参保人数达 22.2 万人,完成 16.8 万人目标任务的 132.1%,其中,参保缴费人数达 14.5 万人,完成 11.9 万人目标任务的 121.8%。

4. 城镇居民基本医疗保险。至年底,攀枝花市城镇居民医保险参(续)保人数达 26.7 万人,完成 24.2 万人目标任务的 110.3%。政府补助达到每人每年 240 元,完成年度目标任务。

5. 社区养老工作。至年底,已建成东区高峰社区、阳光馨园和仁和区阳光家园 3 个省级养老服务示范社区,并通过省级达标验收。

6. 志愿服务队伍建设。至年底,已招募志愿者 43 人,完成目标任务 40 人的 107.5%。

7. 阳光家园计划。至年底,已实施居家托养对象 740 人,完成目标任务的 100%;已建成五十一阳光之家残疾人日间服务中心 1 家残疾人托养服务机构。

8. 残疾人家庭无障碍改造。至年底,为 206 户有需求的残疾人家庭实施无障碍改造,完成目标任务 200 户的 103%。

9. 殡葬惠民减免政策应减尽减。至年月底,已制定下发《攀枝花市人民政府办公室关于在我市实施殡葬惠民救助保障制度的通知》,共为 1 179 名对象办理基本殡葬费用减免手续,减免金额达 41 万余元。

10. 80 岁~89 岁老年人高龄津贴实现应享尽享。至年底,全市已有 10 305 名符合条件的老年人享受高龄津贴补助。

11. 法律援助。至年底,市级法律援助流动服务工作站仁和分站已挂牌开展工作,并配备专门的办公设备,为仁和区残疾人、行动不便的孤寡老人及偏远乡村群众提供巡回上门法律服务。

(五)医疗卫生工程

1. 巩固新型农村合作医疗制度。至年底,新农合制度继续覆盖 4 个涉农县(区),农村居民参合率达到 99%,超过目标任务数 4 个百分点;新农合筹资标准提高到人均 290 元,其中各级政府补助 240 元(中央财政补助 156 元/人,省级财政补助 50 元/人,市、县(区)级财政补助 34 元/人),个人支付 50 元,达到国家规定标准。

2. 基层卫生人才培养。省卫生厅 2012 年下达攀枝花市招收农村订单定向医学培养任务为 15 名,现已与 15 名考生签订培养协议,已完成年度目标任务;省卫生厅 2012 年下达攀枝花市全科医师转岗培训任务为 15 名,现已完成 15 名人员报名工作,按照省卫生厅要求将于 2014 年 6 月前完成转岗培训任务。

3. 城乡医院对口支援。至年底,全市已安排 226 名三级医院医师支援县级医院,完成目标任务的 100%;已安排 69 名二级医院医师支援乡镇卫生院,完成 46 名目标任务的 150%;已安排 77 名县级医院医师到三级医院进修培训,完成目标任务的 100%。

4. 困难职工健康体检和职业病防治中心建设。至年底,已对建档困难职工健康体检21 870万人,完成体检任务的 100%。攀西职业病防治中心建设项目布局在市第二人民医院,总建筑面积12 500平方米,项目总投资5 760万元。至年底,已完成施工图评审和财评工作,施工队伍已进行招标。

5. 完善基层医疗卫生服务体系。至年底,全市基层医疗卫生服务体系 8 个村卫生室建设项目已全部完工。

6. 实施农村孕产妇住院分娩补助。至年底,按 500 元/人的标准,全市共补助农村孕产妇住院分娩4 664人,农村孕产妇住院分娩率为 99.6%,超过目标任务 9.6 个百分点。

7. 开展"聆听世界"人工耳蜗助听救助活动。至年底,人工耳蜗植入项目已确定 5 名符合条件的患儿送省上实施手术,已完成全年目标任务。

8. 开展"爱佑童心"救助活动。至年底,已救助先天性心脏病儿童 3 名,完成目标任务的 100%。

9. 实施《四川省民族地区卫生发展十年行动计划(2011~2020 年)》。至年底,已按照省卫生厅要求派出 7 名卫生管理干部、12 名乡镇卫生院院长、3 名县级疾病预防控制中心负责人参加省级培训,已完成全年的目标任务。

(六)百姓安居工程

1. 解决农村居民住房安全问题。至年底,农村 D 级危房改造已开工建设2 187户,完成目标任务的 100%。

2. 缓解城镇居民住房困难。至年底,保障性安居工程项目建设用地已全部落实,已开工建设廉租房、经济适用房、公共租赁住房等保障性住房2 976套,完成2 919套目标任务的 102%;实施棚户区改造1 651户,完成1 311户目标任务的 125.9%。

3. 地质灾害治理。组织开展的 1 处重大地质灾害治理项目为攀枝花市东区博美建材广场对面斜坡危岩治理,至年底,已完成省国土资源厅要求的全年工作任务;西区格里坪二社崩塌地质灾害应急排危除险、格里坪苦荞村五社后山崩塌地质灾害应急排危除险和米易县得石镇得石村危岩地质灾害应急排危除险 3 个地质灾害治理项目已全部完成。

4. 沼气建设。至年底,全市共新建沼气池1 300口,完成目标任务的 100%。

5. 解决饮水安全问题。至年底,工程项目全部完工,工程进度达 110%,解决 4.4 万农村人口饮水安全问题,完成全年目标任务。

6. 新村建设。至年底,新村基础设施建设投入资金累计执行24 190万元,完成全年目标任务。

7. 建设 3 处地质灾害应急避险场所。至年底,盐边县新九乡大邦子滑坡蹋鲊村中心组、仁和区同德镇龙塘村红花地和米易县普威镇椒子湾 3 处地质灾害应急避险场所项目施工全部完成,并投入使用。

8. 完成西区尖山子地质灾害治理工程。至年底,该项治理工程已经完成，并通过验收。

9. 完成防震减灾科普教育基地室外改扩建工程。至年底，此项工程全面竣工。

10. 建成市属国有改制企业职工安置房。在原市汽运总公司二分公司（西区席草坪社区）建成市属国有改制企业职工安置房240套。至年底，240套安置房建设全部完工。

11. 煤炭采空沉陷区居民安置。至年底，已完成煤炭采空沉陷区居民安置609人，完成500人目标任务的121.8%。

12. 实施已售公有住房用电"一户一表"改造和用水"一户一表"改造。至年底，电表改造完成1 577户，完成1 572户目标任务的100.3%；水表改造完成1 249户，完成740户目标任务的168.8%。

13. 建设"公安智能安全系统"项目。至年底，完成对视频监控资源整合及优化，已立项，待审批；省公安厅组织专家正在对《攀枝花公安智能安全系统建设项目技术方案》进行评审，已通过公开招标方式招出1家招标代理负责招标工作相关事宜，前期工作已全部完成。

14. 城市社区和农村社区建设。至年底，20个城市社区建设和20个农村社区建设全部完成。

15. 创建民族团结示范新村。至年底，仁和区平地镇迤沙拉"民族团结"新村项目已建设完成。

16. 新增主城区人防结建工程停车位。至年底，已竣工的"结建"人防工程有22条，已投入使用的停车位数量2 026个，完成2 000个目标任务的101.3%。

17. 建立便民餐饮示范店。至年底，20家便民餐饮示范店全部建设完成。

18. 新增星级农家乐（乡村酒店）。至年底，全市共评定农家乐（乡村酒店）115家，其中五星级2家、四星级9家，三星级以下104家，完成110家目标任务的104.5%。

19. 新创建餐饮服务示范店。至年底，各示范单位普遍建立起较为规范的可追溯的食品安全台帐系统、采购查验和索证索票制度，食品原料、食品添加剂、食品相关产品的可追溯率达到90%以上，从业人员健康证持证率达到100%，按照先进管理模式开展了对员工的培训，各种软件资料得到规范统一。全市10家餐饮服务示范店的创建工作已全部完成。

20. 创建食品安全示范街和示范区。至年底，全市2条食品安全示范街（东区1条、仁和区1条）和西区1个示范区创建工作已全部完成。

21. 食品药品安全科普宣传。至年底，已印刷5万册食品药品安全科普书籍，全部分发到各县（区）；在33个街道（乡镇）开展集中宣传56次，发放书籍5.55万册，完成5万册目标任务的111%；宣传18.34万人次，完成5万人次目标任务的366.8%。

22. 集贸市场计量器具检定。至年底，共对全市31家集贸市场开展电子秤、杆秤、字盘秤、台案秤等各类在用计量器具检定2 786台（件），完成2 600台（件）目标任务的107.2%。

23. 食品生产单位监督抽查。至年底，共开展全市监督抽查食品生产单位288家467批次，完成461批次目标任务的101.3%；开展食品生产领域风险及专项监督抽查436批次，完成目标任务的100%。

（七）道路通畅工程

1. 农村机耕道建设。至年底，全市共新建机耕道25.6千米，完成25千米目标任务的102.4%；硬化37.4千米，完成35千米目标任务的106.9%。

2. 在民族地区新建水泥路或弹石路。至年底，已在米易县、仁和民族地区新建水泥路或弹石路29.8千米，完成25千米目标任务的119.2%。

3. 新增（更新）公交车辆和新建公交车站。至年底，新增公交车辆40台，已投入使用，超额完成目标任务；炳仁线公交不锈钢候车站亭7组共14个已全部完工。

4. 平稳推进全年市区出租汽车报废更新工作。至年底，市区67辆出租汽车全部报废并更新完毕，完成目标任务的100%。

5. 密地桥南至龙箐大桥主干路建设。至年底，密地桥南至龙箐大桥主干路路基工程完成工程总量的80%，已完成投资1.9628亿元，完成1.2亿元目标任务的163.6%。

6. 完成炳仁路后段四十九立交桥至渡仁西线路段工程。此项工程于6月30日建设完工，已按计划进度完成通车目标。

7. 完成金沙江大道（滨江大道）中段改造桥梁维修加固工程。至年底，该项目已完成。

8. 完成临江路立交桥A匝道渐变车道边坡挡墙维修加固工程。至年底，该项工程已全面完工。

（八）民生基础设施工程

1. 农村交通建设。至年底，建成农村公路284.8千米，完成180千米目标任务的158.2%。其中：建成通乡油路（水泥路）50.7千米，完成30千米目标任务的169%；建成通村公路234.1千米，完成150千米目标任务的156.1%。

2. 国省干线公路养护管理。省交通运输厅公路局监控抽检我市国省干线公路路面使用性能指数（PQI）达到80，已完成年度目标任务。

3. 公路安保工程。至年底，已完成公路安全保障工程里程数62.6千米，完成目标任务的125.2%。

4. 水利基础设施建设。至年底，"2+10"中型水库2座已全部开工建设；5座病险水库除险加固工程已全部完成建设任务。

5. 农村通信。至年底，自然村通电话累计完成43个村,完成目标任务的100%;已解决65个行政村通宽带问题,完成目标任务的100%。

6. 建设3处行人过街设施。至年底,市二中、市实验学校的地下通道和西区三站转盘的人行天桥已建设完工并投入使用。

7. 烟叶生产基础设施建设。至年底,全市已累计修建水池41口、容积14 257立方米,分别完成41口、13 700立方米目标任务的100%和104.1%;修建支渠Ⅰ型30条、43.115千米,完成目标任务的100%;建成配套管网29片(条),58.423千米,分别完成29条、50.98千米目标任务的100%和114.6%;建成小塘坝1座、容积24 000立方米,分别完成1座、20 000立方米目标任务的100%和120%;修建烟田机耕道6条、16.188千米,分别完成6条、15.53千米目标任务的100%和104.2%;新建密集式烤房568座,完成目标任务的100%;修建育苗设施2 488座,完成目标任务的100%;推广农机具32台,完成目标任务的100%。以上工程项目全部实施完成,并通过县、市、省三级验收。

8. 对火车站广场小商铺进行改造,对火车站广场进行绿化和美化。至年底,该工程已全部完工并投入使用。

9. 光网智慧小区建设。至年底,共完成45个光网小区建设任务,完成目标任务的100%。

(九)生态环境工程

1. 天然林保护及退耕还林工程。至年底,对233 533.33万平方米国有林进行有效管护,同时继续巩固18 333.33万平方米退耕还林成果。

2. 耕地质量建设。至年底,已完成"金土地工程"建设整理开发土地53.33万平方米和新增耕地6.67万平方米的目标任务;全市共建成高产稳产基本农田33.33万平方米,完成目标任务的100%;共建成高标准粮田1 533.33万平方米,完成1 333.33万平方米目标任务的115%。

3. 污染治理。至年底,省政府限期治理的4个工业项目攀枝花钢钒有限公司煤化工厂C410除尘系统扩能改、攀枝花钢钒有限公司煤化工厂蒸氨系统改造、攀枝花三维发电有限责任公司4号钢灰库布袋除尘器改造、攀枝花天亿化工有限公司磷酸车间转锅烟气无组织排放集中整治已全部完成治理任务。

4. 核桃产业发展。至年底,已完成基地配套基础设施建设,核桃定植1 373.33万平方米,完成1 333.33万平方米目标任务的103%。

5. 完成世行贷款金沙江沿江整治3个景点项目。至年底,江涛欲静、两江帆影和4处沿江护坡治理工程已全部竣工并验收。

6. 积极推进马坎污水处理厂、金江污水处理厂项目前期准备工作,年内开工建设马坎污水处理厂,力争开工建设金江污水处理厂。至年底,两座污水处理厂前期准备工作已完成,工程已于12月27日开工建设。

(十)文化体育工程

1. 文化基础设施建设。至年底,市图书馆和县(区)图书馆以及市文化馆和县(区)文化馆已全部免费开放,44个乡镇综合文化站从建立起所有服务项目全部免费,每周开放时间不少于40小时,并免费组织形式多样的活动;攀枝花开发纪念馆、大田会议纪念馆均已向社会免费开放;大力推动全市公共文化服务体系建设工程,实现公共文化服务体系四级全覆盖(市、县、乡、村及社区),完成全市44个乡镇综合文化站、352个村文体活动室的基础设施建设,完善132个社区文体活动中心建设。"支持改善青少年宫设施条件"项目,由团省委根据青少年宫公益性活动开展评估情况及存在的安全隐患等情况选择市青少年宫并分配资金,攀枝花市少年宫已向团省委及相关部门报送评估报告;"配置青少年宫文体设施"项目,由团省委根据捐方意愿选择资助地区范围,至年底,未有捐助方对攀枝花进行捐助。

2. 体育场馆免费开放。至年底,全市体育场馆免费开放体育锻炼共计78.6万人次,完成70万人次的112.3%。

3. 广播电视"村村通"。至年底,直播卫星工程设备已全部安装调试完毕,完成2 480户目标任务的100%;已发展地面数字电视用户13 100户,完成目标任务的131%。

4. 农村电影放映工程。至年底,在全市352个行政村共放映4 224场农村公益电影,已完成全年的放映任务。

5. 利用体彩公益金安装全民健身路径投放到部分社区和乡村。至年底,共安装45套健身路径,完成目标任务40套的112.5%。

6. 开办"攀枝花讲坛"精品讲座。至年底,已开办"攀枝花讲坛"精品讲座29场,完成全年12场目标任务的241.7%。

7. 持续开展"大家唱"、"大家跳"广场群众文化活动。至年底,"大家唱"共举办266场,完成180场目标任务的147.8%;"大家跳"举办281场,完成240场目标任务的117.1%。

8. 社区公益电影放映工程。至年底,已在全市132个社区共放映528场社区公益电影,已完成全年的放映任务。

9. "村村响"工程。至年底,共完成6个乡镇及其所属村的"村村响"广播建设任务,完成目标任务5个乡镇的120%。

10. 城市应急广播工程。至年底,已完成播控中心、管理平台及30个终端建设并开通运行,完成目标任务20个的150%。

11. 改造火车站广场出口至金江镇政府大门路段并建设完成园区文化墙。至年底,该项工程已建设完工。

(张　薇)

索 引

本索引为要目索引。包括正文部分21个部类(不包括特载、大事记、专文、附录)的内容。索引标目按汉语拼音字母表排序,同音字排声调顺序排序。标目后数字为正文页码,字母a为左栏,b为右栏。

Y

Z